근대
일선관계의
연구 下

근대
일선관계의
연구 下

김종학 옮김

다보하시 기요시(田保橋潔) 지음

일조각

옮긴이 서문

최근 우리 역사학계의 주목할 만한 연구 경향 중 하나로 이른바 식민사학(植民史學)에 대한 재검토 작업을 들 수 있다. 식민사학에 의해 왜곡되고 날조된 우리 역사의 실상을 바로잡아야 한다는 비판적 인식은 이미 1960년대부터 공고하게 정립되었지만, 최근의 연구는 이에 더하여 식민사학과 그 대안으로 제시된 민족사학 간에 존재하는 구조적 유사성을 탐구하거나 식민사학과 민족사학을 아우르는 동아시아 근대 역사학의 기원이나 한계에 관해 근원적 질문을 제기한다는 점에서 전 시대의 그것과 차이를 보인다. 이러한 맥락에서 고대·중세사의 대표적 식민사학자인 구로이타 가쓰미(黑板勝美)·이나바 이와키치(稻葉岩吉)·이마니시 류(今西龍)·하야시 다이스케(林泰輔)·시라토리 구라키치(白鳥庫吉) 등에 관한 연구가 꾸준히 진행되어 왔으며, 근대사의 다보하시 기요시(田保橋潔) 또한 예외는 아니었다.

비록 외교사를 연구하고는 있지만, 대학에서 국제정치학을 전공하였고 지금도 주로 정치외교학과 강단에 서 있는 역자는 일반적인 의미에서의 역사학자는 아니다. 국내 학계에서 이루어진 식민사학에 관한 연구 성과를 본격적으로 검토하기 시작한 것 또한 지난 2013년 『근대 일선관계의 연구』 상권을 번역 출간한 이후의 일이었다. 그런데 적어도 다보하시에 관한 한, 여러 연구들의 문제의식의 소재가 상이함에도 불구하고 그 비판의 요지는 대체로 하나로 귀결되는 현상을 볼 수 있었다. 즉, 다보하시의 연구는 엄밀한 실증주의를 표방한 것으로 알려졌고 또 이러한 견지에서 높은 학문적 권위를 인정받아 왔지만, 실제로는 경성제국대학 법문학부 교수(국사학 담당)로서의 존재구속성(Seinsgebundenheit)으로 말미암아 연구대상에 대해 객관적이고 공정한 태도를 유지하는 데 실패했다는 것이다. 다보하시의 연구에서 보이는 조선사에 대한 부당한 인식과 멸시, 일본 식민지배의 옹호 등은 그 명백한 병증(病症)으로 간주된다. 다시 말해서 다보하시가 표방한 실증주의 그 자체가 문제가 아니라, 실증주의를 표방하면서도 이를 관철하지 못한 위선 내지 철저하지 못한 학문적 태도가 문제라는 인식이다.

하지만 이와 같이 실증주의적 접근방식에 대한 확고한 신념에 입각해서, 다보하시의 편향된 역사서술을 연구자 개인의 존재구속성과 실증주의의 대의(大義)에 충실하지 못한 결과로 설명하는 방식은 재고할 필요가 있다고 생각된다. 비근한 예로 이 책의 별편 「조선 통신사 역지행빙고(易地行聘考)」에서 다보하시는 불행한 근대 한일관계의 역사적 기원을 통신사제도의 단절에서 찾으면서, 일본의 명상(名相)·숙유(宿儒) 중에서는 1명도 성호(星湖) 이익(李瀷)의 탁견(卓見)에 이른 사람이 없었으며, 만약 성호의 주장에 따라 통신사제도를 개혁했더라면 양국 정부 간의 오해가 그토록 깊어지지는 않았을 것이라고 깊은 유감을 표시하고 있다. 이를 두고서 갑자기 다보하시가 존재구속성으로부터 벗어나 참된 실증주의에 도달했다고 평가할 수는 없을 것이다.

다보하시의 연구가 높이 평가되어 온 것도, 그리고 오늘날 비판을 받는 근거도 실증주의에 있다면, 역사학에서의 실증주의의 의미와 근대 동아시아 역사학의 성립 과정에 그것이 미친 영향에 관해서 다시 음미해 보는 것 또한 무의미한 일은 아닐 것이다.

역사학에서의 실증주의란 무엇인가? 일반적으로 그것은 근대역사학의 아버지로 일컬어지는 랑케(Leopold von Ranke, 1795~1886)가 제시한 역사학 방법론을 가리킨다. 랑케는 역사가의 사명은 과거의 사실을 객관적으로 재현하는 것, 즉 '단지 그것이 본래 어떠했는가를 보여 주는 것(bloss zeigen, wie es eigentlich gewesen)'에 있다고 확신했으며, 이를 위해서 역사연구는 기존의 역사가들이 만들어 놓은 2차 문헌이 아니라 당대에 생산된 1차 문헌 위주로 이뤄져야 한다고 보았다. 따라서 역사학은 1차 문헌을 다룰 수 있는, 사료비판 능력을 가진 전문가들의 고유한 연구영역이 되어야 했는데, 랑케는 역사학도들에게 그 능력을 배양시키기 위해 대학 커리큘럼에 문헌강독 세미나를 처음 만든 인물이기도 했다.

이러한 실증주의 역사학은 크게 3가지 역사철학적 전제에 입각하고 있다. 첫째, 일어난 사건들 그 자체로서의 역사세계는 역사가의 인식과 관계없이 이미 완성되어 있다는 존재론적 전제, 둘째, 역사세계를 기술하는 진술들은 있는 그대로의 사실을 드러내는 한에서만 참이라는 의미론적 전제, 셋째, 비록 역사가는 역사세계의 일원이기는 하나 이성의 능력으로 과거의 역사세계를 객관화해서 있는 그대로 밝히는 것이 가능하다는 인식론적 전제가 바로 그것이다.[1] 특히 세 번째 인식론적 전제와 관련해서, 랑케는 자신

---

1) 이한구, 『역사학의 철학』(서울: 민음사, 2007), 24쪽.

의 주관을 배제하고 사실 그 자체를 탐구하려는 금욕적 자세를 역사가의 첫 번째 덕목으로 제시했다: "나는 나의 자아를 제거하여 다만 사실로 하여금 말하게 하며, 강대한 모든 힘을 눈앞에 나타나게 하려고 할 뿐이다." 그렇게 본다면 다보하시의 비판자들은 첫 번째와 두 번째 역사철학적 전제에 대해서는 완전히 동의하고 있음을 알 수 있다. 그들이 다보하시를 비판하는 지점은 세 번째 전제에 관한 것이다. 즉, 다보하시는 경성제국대학 교수이자 조선사편수회 주임으로서의 존재구속성 때문에 자아를 완전히 제거하는 데 실패했으며, 따라서 그에게는 역사의 진실을 볼 자격이 없었다는 것이다.

한편, 앞에서 일반적으로 실증주의 사학이란 랑케사학을 가리킨다고 서술했지만, 이러한 용어에는 다소 오해의 소지가 있는 것 또한 사실이다. 랑케는 역사연구 방법론으로서 엄밀한 사료비판을 강조하였고 같은 맥락에서 근대 실증사학의 창시자로 평가받고 있지만, 이러한 역사연구 방법론은 역사가 목적론적으로 진보한다고 보는 계몽주의적 사관이나 헤겔류(流)의 역사 법칙론을 부정하고, 역사세계의 기본 개체로 상정되는 각 민족의 고유한 발전과정과 전통을 시간의 흐름 속에서 구체적으로 규명한다는 독일 역사주의(German Historicism)의 지적 전통과 불가결한 관계에 있었다. 따라서 랑케사학은 역사연구의 주된 대상으로서 국가와 민족을 설정하고, 경제·문화·종교 등 제반 사회영역에 대한 정치외교사의 상대적 우위를 주장하며, 1차 문헌 가운데서도 외교문서를 중시하는 특징을 갖게 되었다. 그에 비해 근대 동아시아에 전파된 랑케사학은 이와 같은 문제설정 방법과 더불어 역사연구 방법론으로서 엄밀한 사료비판만 강조되었을 뿐, 그 역사철학적 배경이나 문제의식은 사상(捨象)된 측면이 없지 않다고 생각된다.

19세기 일본의 근대 역사학은 절대적으로 독일 역사학 전통, 특히 랑케사학의 영향 아래서 만들어진 것이었다. 메이지 정부가 제국대학령(帝國大學令)을 반포하고 도쿄제국대학을 신설한 것은 1886년 3월의 일이었다. 그리고 그 이듬해인 1887년 2월에는 랑케의 제자 루트비히 리스(Ludwig Riess, 1861~1928)가 문과대학에 외국어 교사로 초빙되어 랑케사학을 본격적으로 전수했다. 같은 해 9월에는 문과대학 내에 사학과, 1889년 6월에는 국사과(國史科)가 설치되었으며, 11월에는 리스의 지도로 사학회(史學會)가 창립되고 그 기관지로 『史學會雜誌』가 창간되었다. 랑케사학이 실증사학이라는 이름으로 전파된 것 또한 이즈음의 일이었을 것으로 생각된다.

그런데 일본 근대 사학의 실증주의에는 단순히 랑케사학의 영향만으로는 설명하기 어려운 독특한 에토스(ethos)가 있었다. 도쿄제국대학 설립 초기에 발생한 구메 구니타케(久米邦武)의 필화(筆禍) 사건은 일본 근대 사학의 성격을 결정하는 중요한 계기가 되었다.[2] 이 사건을 비롯한 일련의 정치적 탄압은 일본 대학의 아카데미즘에 이후에도 씻기 어려운 정신적 외상(trauma)을 남기게 되었다. 19세기 초반 유럽 대학 내에서 분과학문으로서 근대 역사학이 출현한 것이 근대 국민국가를 정당화해야 하는 정치적 필요와 밀접하게 관계되어 있었던 것은 이미 상식에 속하는 문제이지만, 일본의 경우에는 역사학이 단순히 국가권력과의 내연관계를 넘어 경우에 따라서는 오히려 그것에 의해 위협받고 억압당하는 상황에 처해 있었던 것이다. 이러한 상황에서 일본 대학의 역사학이 점차 정치적 논란을 회피하기 위해 스스로 사료 수집 및 편찬사업에 집중하는 대신, 방대한 사료의 축적과 이를 다루는 전문적 기술을 내세워 학문적 권위를 주장하게 된 것은 오히려 자연스러운 귀결이었다. 일본의 근대 실증주의 역사학의 특징은 이와 같이 역사가의 주관적인 해석이나 사관(史觀)에 관한 문제의식은 상대적으로 부족했던 반면에, 사료의 방대한 집적이나 사료비판과 같은 형식적·기술적 요소에 경도된 데서 찾을 수 있다고 생각된다.

일본의 근대 실증주의 역사학이 식민사학을 정당화하는 기제로 활용된 것은 지금까지 많은 연구를 통해 지적되어 왔다. 하지만 다른 한편으로 그것은 사료에 대한 적극적 해석이나 사관에 대한 진지한 검토를 회피하는 것에 대한 편리한 면죄부를 제공함으로써 — 상권의 「옮긴이 서문」에서 인용한 다보하시에 대한 평가에서 알 수 있듯이, 이와 같은 실증주의하에서는 그 주관적 해석을 최대한 자제하는 것이 최고의 미덕으로 칭양(稱揚)된다. — 역사가가 현실 정치권력으로부터 도피하거나 또는 무비판적으로 그것에 순응하는 태도를 낳는 데도 일조했던 것으로 보인다. 『근대 일선관계의 연구』 또한 이와 같은 근대 일본 사학계의 지적 전통의 산물이었다. 원문 그대로 수록한 방대한 분량

---

2) 도쿄제국대학 교수 구메 구니타케(1839~1931)는 1891년 10월『史學會雜誌』에 「신토는 제천의 고대풍속(神道は祭天の古俗)」이라는 논문을 발표했다. 이 논문은 이듬해 1월에『史海』라는 학술잡지에 전재되었는데, 그 논지의 핵심은 신토(神道)는 어떤 민족에서나 공통적으로 볼 수 있는 제천풍속의 일종에 불과하다는 것이었다. 이러한 주장은 신토를 일본 국체(國體)의 기초로 간주한 신토계 역사가들의 학설과 정면으로 배치됐을 뿐 아니라, 메이지 정부의 신토 국교화 정책에도 위배되는 것이었다. 신토계 역사가들의 강한 반발로 인해 구메는 결국 1892년 2월에 사실상 도쿄제국대학에서 쫓겨나고 말았다. 이와 함께『史學會雜誌』와『史海』는 발매 금지 처분을 받았으며, 1893년 4월에 이르러서는 도쿄제국대학에서 진행되어 오던 국사 편찬 작업이 중단되고 그 주무기관이었던 사지편찬계(史誌編纂係)도 폐지되는 비운을 맞게 되었다. 그리고 1895년 4월에는 도쿄제국대학 내에 사료편찬계(史料編纂係, 뒷날의 사료편찬소)가 설치되고 순수한 사료 수집 및 편찬으로만 그 임무가 국한되었다. 이는 고대사와 중세사의 기본사료들을 모두 도쿄제국대학 내에 집적함으로써 그 소속 연구자에게 압도적으로 유리한 연구조건을 제공하는 한편, 고문서학과 문헌고증학이 일본 근대 역사학의 핵심에 자리 잡게 하는 결과를 낳았다고 한다(永原慶二,『20世紀日本の歴史學』, 東京: 吉川弘文館, 2003).

의 문서, 그리고 역사가의 개입을 최대한 자제하는 '객관적' 서술방식은 『근대 일선관계의 연구』가 일본의 근대 실증주의 역사학의 전범(典範)으로 자리매김하게 했다. 그렇다면 다보하시의 연구가 갖는 한계는 실증주의를 관철하지 못했기 때문이 아니라, 오히려 실증주의를 철저히 추구한 결과 실증주의 자체가 갖는 문제점들이 탄로 난 것으로 이해해야 하는 것이 아닐까.

서울대학교 사학과 창설을 주도한 두계(斗溪) 이병도(李丙燾)가 한국의 랑케를 자임했다는 일화에서도 일본의 실증주의 역사학이 해방 이후 한국 역사학에 미친 영향을 짐작할 수 있거니와, 앞에서 지적한 것처럼 최근 국내학계에 제출된 다보하시의 연구에 대한 비판이 주로 실증주의적 태도를 추궁하는 데 집중된 것만 봐도 우리에게도 실증주의의 신화가 상존하고 있음을 알 수 있다. 하지만 문제는 실증주의만으로는 동북아시아 국가들 간의 심각한 역사인식의 격차를 메우는 데 한계가 있다는 사실에 있다. 다음 인용문은 2006년 12월 30일자 일본 『朝日新聞』의 논설 「일·중 역사연구, 사실로 하여금 말하게 하라(日中歷史研究, 事實に語らせることだ)」 중 일부를 발췌한 것이다.

> 양국 간에 특히 인식이 대립하는 것은 일본의 침략전쟁을 둘러싼 역사이다. 예컨대 난징대학살에 있어서, 중국 측은 희생자의 수를 30만 명이라고 하고, 일본군에 의한 잔학행위의 상징적인 사건으로 본다. 그러나 일본 측에는 20만 명 설(說)이나 수만 명 설 등 여러 가지 견해가 있다. 사실을 과장해서 일본을 비판하는 데 정치적으로 이용하고 있는 것은 아닐까라는 반발이 일본에서 계속 이어진다. 한편 중국에서는 일본의 책임 회피는 허락할 수 없으며, 역사를 직시하라는 비판이 높아지고 있다. 일중전쟁(日中戰爭) 전체의 희생자 수나 노구교사건의 원인, 종군위안부 문제 등을 둘러싼 대립에서도 같은 불신의 구도가 있다. (중략)
>
> 요는 협력해서 가능한 한 많은 사실을 포개어 놓는 것이다. 서로가 가져온 사실이 많아질수록 잘못된 해석이 나타날 여지는 적어진다. 이미 양국의 역사연구자 간에는 다양한 교류 및 공동연구가 행해져서 그 성과가 출판으로까지 이어지고 있다. 사실로 하여금 말하게 하라. 냉정하게, 실증주의의 자세로 한 걸음씩 전진해야 한다.

2006년 10월, 베이징에서 개최된 일본의 아베 신조(安倍晋三) 총리와 중국의 후진타오(胡錦濤) 국가주석은 양국 정상회담에서 양국 간 근대사 인식의 격차를 해소하기 위한 중일역사공동연구회의 설치에 합의하였다. 이에 따라 같은 해 12월 26일과 27일에 베이징에서 제1차 공동회의가 개최되었다. 이 논설은 그 직후에 발표된 것이다. 중국과 일본 간의 근대사 인식의 격차를 줄이기 위한 방법으로서 '되도록 양국의 사료를 많이 종합한 후, 사실로 하여금 말하게 해서 냉정하게 실증주의의 자세로 한 걸음씩 전진할 것'을 제안한 것에 주목하자. 전형적인 랑케식의 접근방식이며, 아마 당시 공동역사연구에 합의한 양국의 정치지도자나 이 프로젝트에 참여한 역사학자들도 대부분 여기에 동의하고 있었을 것이다. 하지만 2010년 1월에 제출된 최종 연구보고서는 중일 근대사의 주요쟁점에 대해 양국 역사가들이 각각 제출한 논문을 모은 것에 불과했다. 다시 말해서, 이 공동연구 작업은 중일 양국 간의 역사적 쟁점과 그것에 대한 입장 차이를 확인하는 데 그쳤을 뿐, 역사인식의 간격을 좁힌다는 소기의 성과는 거의 달성하지 못했던 것이다. 일본의 역사교과서 문제를 계기로 2002년에 발족한 한일역사공동연구위원회의 성과 또한 아직까지는 크게 다를 바 없는 것으로 보인다.[3]

이는 단순히 실증주의적 접근방식이 랑케사학을 불완전하게 수용한 결과에 불과하며, 또한 근대 초기의 시대착오적 유물이기 때문에 마땅히 폐기되어야 한다고 주장하려는 것은 아니다. 그 반대로 식민사학의 역사 왜곡을 바로잡기 위한 기초적 작업으로서 실증주의적 접근방식은 여전히 중요한 의미를 가진다. 왜냐하면 운요호 사건(1875)을 비롯해서 경복궁 무단 점거(1894), 을미사변(1895), 을사늑약 체결(1905) 등 한반도 침략 과정에서 일본 정부와 군부가 중요 문서와 증거들을 조직적으로 위조, 은폐해 온 정황이 지금까지 많은 연구들을 통해 속속 밝혀져 왔으며, 최근 논란이 되고 있는 위안부 문제를 비롯하여 여전히 규명해야 할 역사적 진실이 많이 남아 있기 때문이다.

다만 실증주의를 내세운 일본의 근대 역사학이 식민사학의 과학성을 강조하면서 식민지 지배를 정당화하고, 다른 한편으로는 현실의 문제로부터 도피하는 편리한 수단으로 사용된 데서도 알 수 있듯이, 실증주의는 주관적인 역사 해석이나 신념을 스스로 반성할 기회를 박탈해서 '과거와 현재의 대화'를 불가능하게 하며, 또 그것을 보편타당한 진리로 포장함으로써 '동시대인들과의 대화' 또한 가로막는다는 데 문제의 심각성이 있다. 이는 실증주의에 대한 맹목적 믿음만으로는 최근 국내외적으로 첨예한 논란이 되고 있는 역사문제의 유효한 해법에 도달할 수 없음을 의미한다. 그리고 우리의 경우 실증주의의 주술로부터 벗어나는 길은 한국민족주의의 특징인 저항민족주의의 실체와 사상

---

3) 한일역사공동연구위원회는 제1차(2002~2005년)와 제2차(2007~2010년) 두 차례에 걸쳐 설치되었다. 그 최종 보고서는 동북아역사재단 홈페이지(http://www.historyfoundation.or.kr)를 통해 확인할 수 있다.

적 유산을 더듬어나가는 고통스러운 작업에서부터 시작되어야 할 것으로 믿는다.[4]

앞에서 필자는 19세기 말 랑케사학이 동아시아에 전파되는 과정에서 엄밀한 사료비판에 기초한 방법론만 강조되었을 뿐, 그 역사철학적 전제나 문제의식은 사상(捨象)된 면이 없지 않다고 지적했다. 하지만 놓친 것은 이뿐만이 아니었다. 분명 실증주의라는 외피는 랑케사학과 독일 역사주의가 그 정체를 숨기고 보편적인 역사학 방법론으로 전파되는 것을 가능케 했지만, 역설적으로 독일 역사주의의 가장 핵심적이고 의미 있는 역사학 방법론 또한 왜곡되고 말았던 것이다. 바로 역사적 사건의 의미와 인간의 사상에 대한 관조(Anschauung)와 이해(Verstehen)의 노력이다.

홈볼트와 슐라이어마허 이후 독일의 역사가들과 문화과학자들은 역사학과 문화과학에서는 개념 및 일반화의 가치를 극히 제한시켜야 한다고 줄기차게 강조해 왔다. 그들은 자기 고유의 생생한 특성을 갖고 있는 역사적 실체가 개념화로 인해 공허하게 되어버린다고 주장했다. 의지적인 인간의 행동영역인 역사에 필요한 것은 이해이다. 이 이해(Verstehen)는 우리가 우리 자신을 주된 역사문제의 개체적 특성 속으로 몰입시킬 경우에만 가능하다. 이 과정은 또한 추상적 사유가 아니라, 개념적 사고의 한계에서 탈피하여, 이해하고자 하는 주제에 맞부딪혀 관조(Anschauung)할 때 가능하다. 역사적 이해는 직관적 요소를 필요로 한다는 점에 관해서는 홈볼트와 랑케, 딜타이 모두가 다 동의하였다.[5]

『근대 일선관계의 연구』의 연구사적 의의나 저자 다보하시 기요시가 한일관계사 또는 한국 근대사 분야에서 차지하는 학문적 위상에 관해서는 이미 상권의 「옮긴이 서문」에서 설명했으므로 다시 언급하지 않는다. 하권은 시기적으로 1884년 갑신정변 직후부터 1894년 8월 1일 청과 일본이 개전을 선포하기까지의 10년을 다루고 있다.

지금까지 하권은 상권에 비해 연구자들에 의해 많이 인용되지 않은 것이 사실이다. 그것은 개화사(開化史)의 관점에서 갑신정변의 실패 이후 갑오개혁의 착수까지의 10년이 그 전후시대에 비해 많은 흥미를 끌지 못했던 탓도 있겠지만, 본질적으로는 동학농민운동에 대한 저자의 멸시(蔑視)와 일본의 조선 침략 및 청일전쟁 도발 책임에 관한 불

---

4) 저항민족주의의 개념에 관해서는 이용희 저, 노재봉 편, 『한국민족주의』(서울: 瑞文堂, 1977) 참조. 우리의 저항민족주의의 가장 뛰어난 문학적 알레고리는 지금부터 정확히 100년 전에 민족사학의 선구자로 일컬어지는 단재(丹齋) 신채호(申采浩)의 『꿈하늘』(1916)이라는 소설을 통해 성취된 바 있다.

5) Georg G. Iggers, 최호근 역, 『獨逸 역사주의』(서울: 박문각), 1992, 30쪽.

충분한 서술에서 그 원인을 찾아야 할 것이다. 하지만 역설적으로 지금까지 상대적으로 관심을 덜 받아 왔기 때문에 오히려 더 깊이 음미해 봐야 할 대목 또한 적지 않다. 예컨대, 최근 국내학계에서 고종의 자주독립외교를 상징하는 사건으로서 한러밀약사건에 대한 재조명 작업이 활발히 이뤄지고 있는데, 관견에 따르면 이 사건에 대한 본격적 연구는 『근대 일선관계의 연구』가 효시였다. 또한 다보하시는 하권의 상당 부분을 갑신정변 실패 후 일본에 망명한 김옥균의 행적과 그를 둘러싼 자유당(自由黨)의 음모를 추적하는 데 할애했는데, 이 부분 역시 갑신정변의 배경과 본질을 이해하기 위해서는 반드시 다시 검토해야 할 대목이라고 생각된다. 조선 침략 및 청일전쟁의 배경에 관한 서술 또한 무쓰 무네미쓰(陸奧宗光)의 『蹇蹇錄』이나 스기무라 후카시(杉村濬)의 『在韓苦心錄』, 그리고 청일전쟁 승리 후 일본 참모본부에서 편찬한 『日淸戰史』 등 그 주모자들의 손으로 날조된 1차 문헌에 '실증적으로' 의거했다는 점에서는 문제가 많지만, 아직까지 국내에 청일전쟁에 관한 본격적인 연구서가 많지 않다는 점에서는 참고할 만한 가치가 있다. 특히 청일전쟁 전야(前夜)에 영국·러시아·미국·이탈리아 등 유럽 각국을 대상으로 벌어진 청과 일본, 그리고 조선의 치열한 외교적 교섭과 그 성패는 오늘날 우리의 외교에도 시사하는 바가 적지 않다. 무엇보다 『근대 일선관계의 연구』의 서술은 일본 학계에서 여전히 정설의 지위를 차지하고 있다는 점에서 그 역사인식의 차이를 이해한다는 의미에서도 일독의 가치는 충분하다고 할 것이다.

하권의 후반부는 2개의 별편(別編)으로 구성된다. 첫 번째 별편 「조선 통신사 역지행빙고(易地行聘考)」에서는 이른바 역지행빙(易地行聘) 문제를 다루고 있다. 역지행빙이란, 원래 조선에서 일본에 파견하는 통신사(通信使)는 에도(江戸)까지 가서 쇼군(將軍)을 알현하고 조선국왕의 국서를 전달하는 것이 관례였으나, 로주(老中) 마쓰다이라 사다노부(松平定信)의 건의에 따라 1811년에 이르러 통신사의 빙례(聘禮)를 타이슈 번, 즉 쓰시마 섬에서 거행한 사건을 말한다. 역지행빙은 임진왜란 이후 타이슈 번을 사이에 둔 조일관계의 특징과 작동원리가 전형적으로 드러난 사건이었을 뿐 아니라, 조선과 일본 양국의 전근대 질서의 내재적 해체를 상징적으로 보여 주는 사건이었다. 두 번째 별편 「메이지유신기의 타이슈 번 재정 및 번채(藩債)에 관하여」는 메이지유신을 전후한 시기의 타이슈 번의 채무 실태와 그 상환 과정을 통해 타이슈 번의 방만한 재정 운용 관행을 고발하고 일본사회의 전통적 지배계급이었던 사족(士族)이 메이지유신의 제도 개혁에 앞서 이미 경제적으로 몰락해 간 양상을 서술하고 있다. 이상 2개의 별편은 마치 독립된 논문인 것처럼 보이지만, 다보하시가 서언(序言)에서 지적했듯이 원래는 이 책의 첫머리에 들어가야 할 것을, 중세봉건사회의 해체를 다룬 부분이 적지 않기 때문에 편의상 별도로 배치한 것에 불과하다. 이로부터 우리는 다보하시가 근대 한일관계의 기원을, 단순히 근대화된 일본과 아직 전근대 상태에 머물고 있는 조선 간의 대결이 아니라, 타이슈번을 중심으로 하는 전근대 한일관계의 특수성과 그 작동원리의 붕괴에서 찾는 역사적 관점을 취하고자 했음을 알 수 있다.

『근대 일선관계의 연구』 상권의 번역과 상재(上梓)를 마친 지 3년 만에 하권의 번역서를 세상에 내놓게 되었다. 개인적으로는 상권의 번역을 마치고 나서 역자의 능력 부족을 절감하고 하권의 번역 작업은 엄두도 내지 못하고 있었다. 일조각 김시연 대표의 독려와 오랜 기간 변함없이 이어진 관심이 없었더라면 이 작업은 불가능했을 것이다. 상권에 이어 하권의 출판 과정에서도 편집자 강영혜 씨의 도움을 받을 수 있었던 것은 대단한 행운이었다. 편집자의 헌신적인 노력과 해박한 지식 덕분에 역자의 부족한 실력이 그나마 감춰질 수 있었다. 모든 작업을 마무리하며 두 분께 특별한 감사를 드린다. 내 삶의 의미가 되어주는 아내 이수진, 그리고 아들 서하와 함께 5년여에 걸친 오랜 숙제를 끝낸 후련함을 만끽하고 싶다.

2016. 1.

역자 김종학

일러두기

1. 본서는 서울대학교 고문헌자료실이 소장한 田保橋潔 著, 『近代日鮮關係の研究(下)』(朝鮮總督府 中樞院 編, 1940. 청구기호: 4280 79)를 대본(臺本)으로 하여 완역한 것이다. 서울대학교 고문헌자료실 소장본의 원문은 2016년 2월 현재 서울대학교 도서관 홈페이지(http://lib.snu.kr)를 통해서 열람할 수 있다.

2. 『近代日鮮關係の研究(下)』에는 총 8건의 도판(圖版)이 수록되어 있는데, 이미 널리 알려진 도판들이라 본서에는 옮기지 않았다. 원서에 수록된 도판 목록은 다음과 같다.
   (1) 병조참판 묄렌도르프(Paul George von Möllendorff) 사진
   (2) 청 직예총독 이홍장이 조선국왕에게 보낸 공함(公函)(경성제국대학 부속도서관 소장, 가로 14㎝, 세로 26㎝)
   (3) 메이지 26년 5월 4일 일본국 변리공사 오이시 마사미(大石正已)가 조선의 독판교섭통상사무에게 보낸 최후통첩(경성제국대학 부속도서관 소장, 가로 20㎝, 세로 29.5㎝)
   (4) 『공문등록(公文謄錄)』, 이태왕 갑오년 3월(경성제국대학 부속도서관 소장, 판광(板匡) 가로 23㎝, 세로 33㎝)
   (5) 어윤중(魚允中) 초상(경성 어용선(魚龍善) 씨 소장, 이탈리아 인 에도아르도 코소네(Edoardo Chiossone) 그림, 가로 43㎝, 세로 64㎝)
   (6) 신정희(申正熙) 초상(경성 신현익(申鉉翼) 씨 소장, 가로 52㎝, 세로 74.5㎝)
   (7) 『옹문공공일기(翁文恭公日記)』 제33권, 광서(光緒) 20년 갑오 6월 14일(판광(板匡) 가로 12.5㎝, 세로 20㎝)
   (8) 『관보(官報)』 메이지 27년 8월 2일 호외

3. 원주에서 인용한 책명 또는 사료명이 명백하게 잘못된 경우, 별도의 역주를 부기하지 않고 교정하였다. 또 원주에서는 인용한 자료에 별도의 문장기호를 표기하지 않았으나, 본서에서는 공간문서집은 『　』로 표기했다.

4. 본서의 역사용어 및 연호 표기는 현재 통용되는 한국사 용어로 순화하지 않고, 원문 표현을 그대로 옮기는 것을 원칙으로 했다. 날짜 표기도 원서의 표기 방법에 따라 특정 국가의 사건이나 문서의 날짜를 언급할 경우 해당 국가의 연호와 음력 날짜를 기준으로 하고 양력을 괄호 안에 넣어서 부기하였다. 일본은 메이지 5년(1872) 12월부터 태음력을 폐기하고 태양력을 채용하였으므로 이 시점 이후의 날짜 표기는 조선과 청의 연호가 병기되어 있지 않은 한 양력을 뜻한다.

5. 중국 인명 표기는 한자음대로 표기했다. 일본 인명은 국립국어원 표기 원칙을 우선으로 하되, 대체로 관용적으로 쓰이는 대로 표기했다. 중국과 일본 지명은 현지음대로 표기했다.
   예) 李鴻章 → 이홍장, 伊藤博文 → 이토 히로부미, 北京 → 베이징, 東京 → 도쿄

6. 관직명은 중국의 경우 한자음대로 표기했으며, 일본의 경우 에도막부의 정부기구 및 관직명은 현지음으로, 메이지유신 이후의 정부기구 및 관직명은 한자음으로 표기했다.
   예) 總理衙門 → 총리아문, 老中 → 로주, 外務省 → 외무성

7. 본서의 역주(譯註)는 본문 하단의 각주(脚註)로, 원주(原註)는 원서의 체재에 따라 각 절 말미의 미주(尾註)로 처리했다.

8. 원서에서 인용한 자료의 출전이나 인용문을 제외한 간략한 해설 등을 미주로 처리하지 않고 동그라미 기호(○)나 괄호에 넣어서 본문에 부기한 것이 있다. 본문에서 직접 인용한 문서 중에는 일부 위첨자가 부기된 구절이 있는데, 동그라미 기호가 있는 것은 저자 다보하시의 설명이고, 그것이 없는 것은 원문 자체에 있는 소주(疏註)를 뜻한다.

9. 각 절 말미에 수록된 원주(原註)에서 독자의 이해를 돕기 위해 별도의 해설이 필요한 대목에서는 별도의 역주 표기를 하지 않고 괄호 안에 부기했다. 단, 일부 다보하시가 해설을 붙인 구절은 '〔 〕'로 표기했다.

차례

제4편 조선에서의 일청 양국의 항쟁

제20장 갑신변란 후의 정세

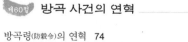
제21장 조선 방곡(防穀) 배상 사건

제23장 동학변란(東學變亂)

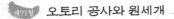

제27장 조선 내정개혁과 청

 제76절 조선 내정개혁과 청 ——————————————— 358

제28장 갑오정변(甲午政變)

 제77절 오토리 공사의 최후통첩 ——————————————— 370

 제78절 대원군의 제3차 집정 / 청한종속관계의 폐기 —————— 385

제29장 열강의 조정(調停)

 제79절 러시아의 조정 ——————————————————— 402

 제80절 러시아의 조정[續] —————————————————— 417

제31장 일청개전(日淸開戰)

별편 타이슈 번(對州藩)을 중심으로 한 일한관계

별편 1 조선 통신사 역지행빙고(易地行聘考)

별편 2 메이지유신기의 타이슈 번 재정 및 번채(藩債)에 관하여

부록 인용사료 서목(書目)

조선에서의 일청 양국의 항쟁

제 4 편

갑신변란 후의 정세

제 20 장

묄렌도르프와 제1차 한러비밀협정

임오·갑신의 2대 정변이 겨우 2년 사이에 연달아 발생했다. 전자는 조선국왕의 생부인 대원군의 반란이었고, 후자는 국왕 측근의 중신들이 일본공사와 내통해서 일으킨 혁명이었다. 두 차례의 변란을 당한 국왕과 묘당은 반도(叛徒)에게 위협을 받고 어찌할 바를 몰랐으며, 종주국인 청군대의 힘을 빌려서 간신히 이들을 진압할 수 있었다. 국가의 불상(不祥)[1]이 이보다 더 클 수 없었고, 독립자주를 표방했지만 그 실제가 없음이 폭로됐다.

근대 조선의 정세는 극히 착종(錯綜)되고 복잡해서 국외자(局外者)가 쉽게 이해할 수 없다. 이 때문에 갑신변란을 전후해서 일청 양국 정부는 물론이고 현지 주재 관헌들조차 그 진상을 파악할 수 없어서, 김홍집(金弘集)·김윤식(金允植) 등 여러 중신들의 설명을 듣고 따를 수밖에 없었다. 일본 정부 내에서조차 다케조에 공사가 간신들에게 이용당해서 가짜 교지를 섣불리 믿은 과실을 비난하는 사람들이 많았고, 이러한 판단에 기초해서 선후책을 강구했다. 그러나 조선인들은 이처럼 편의적인 해석에 만족하지 않았다. 대신경재(大臣卿宰)들은 물론, 산림은일(山林隱逸)의 유생들까지도 국왕이 연소하고 경박한 근신을 중용하고, 그들의 말만 믿고 일본공사에게 접근해서 마침내 스스로 반란에 휩쓸린 사실을 모르는 이는 없었다. 국왕은 그들에게 무언가 해명의 뜻을 표시해야만 했다. 국왕은 메이지 18년 1월 15일(이태왕 갑신년 11월 30일) 시원임대신들이 상참입시(常參入侍)[2]하는 자리에서 심정을 토로하는 별유(別諭)[3]를 내려 자신의 입장을 분명히 밝히고 앞으로의 일에 대해 공약했다.

---

1) 불상(不祥): 상서롭지 못함. 불길(不吉)
2) 상참입시(常參入侍): 상참(常參)은 중신과 시종관이 매일 편전(便殿)에서 임금에게 정사에 관해 아뢰는 일을 말한다. 입시(入侍)는 대궐에 들어가서 임금을 뵙는다는 뜻이다.
3) 별유(別諭): 왕이 특별히 내리는 유지(諭旨)

아아! 나는 부덕한 몸으로 만민지상(萬民之上)의 자리를 물려받아 현인을 등용하려는 뜻이 있지만 사람을 아는 데 밝지 못하고, 크게 다스리려는 마음을 품고 있지만 통치의 요체를 알지 못한다. 왕위에 오른 이래로 21년 동안 정사를 돌보느라 한밤이 돼서야 밥을 먹고 새벽이 오기도 전에 어의(御衣)를 입어서 한가롭게 쉴 겨를이 없었거늘, 서무(庶務)가 총좌(叢脞)[4]하고 백공(百工)[5]이 해체(解體)[6]했으며, 일을 온전히 위임하지 못해서 공적을 이루지 못했다. 여러 소인들이 이를 빌미로 잡다하게 나와서 나의 총명함을 현혹했으니, 난(亂)의 형체가 날로 드러나는데도 스스로 깨닫지 못해서 10월의 변고를 서서히 초래하여 종사(宗社)를 거의 위태롭게 했다. 아아! 변란은 하늘에서 내리는 것이 아니요, 다만 사람에게서 생겨나는 것이다. 애달픈 나의 6, 7명의 재보(宰輔)[7]와 수백 명의 생령들, 그리고 중주(中州)[8]의 용사들과 인방(隣邦)의 상민(商民)들은 하늘에 무슨 죄를 지었기에 그리도 많이 횡화(橫禍)[9]를 입었는가? 이미 많은 날이 지났지만 마음은 더욱 애통하기만 하다. 지금부터 나는 징계할 바를 알 것이다. 이에 속마음을 낱낱이 펼쳐서 너희 백료(百僚)와 서민(庶民)에게 널리 고하노라.

여러 사람들의 지혜를 모아서 군주 한 사람을 보좌하더라도 오히려 부족할까 근심해야 하거늘, 하물며 군주 한 사람의 지혜로 백공(百工)의 일을 대신하려고 했으니 어찌 난리를 초래하지 않을 수 있겠는가? 지금부터 너희 만민과 약속하노니, 나는 감히 스스로 총명하다고 여기지 않을 것이며, 나는 감히 아랫사람들의 서무에 간여하지 않을 것이다. 또 세인(細人)[10]을 가까이 하지 않고 사재(私財)를 축적하지 않을 것이며 오직 공론(公論)만을 따르겠다.

인군(人君)의 책무는 재상을 간택하는 데 있고, 재상의 직무는 오직 현인을 천거하는 데 있다. 지금부터 국가의 이난(理亂)[11]을 나는 감히 알려고 하지 않을 것이며, 오직 정부에 책임을 맡기고 위임해서 앙성(仰成)[12]할 것이니, 너희 정부는 마음을 모아 정치를 보좌해 알면서도 하지 않음이 없게 하며,[13] 머뭇거리고 관망하거나 윗사람의 뜻에 구차히 영합해서 앞사람의 오류를 답습하지 말라.

너희 여러 신하와 집사(執事)는 각자 그 직무를 맡았으니 두려워하거나 동요하지 말라. 나

---

4) 총좌(叢脞): 자잘하게 부서짐. 잡다함
5) 백공(百工): 백관(百官)
6) 해체(解體): 마음이 흩어짐. 와해(瓦解)
7) 재보(宰輔): 재상(宰相)
8) 중주(中州): 중국
9) 횡화(橫禍): 예상치 못한 재앙
10) 세인(細人): 소인(小人)
11) 이난(理亂): 다스림과 어지러움. 치란(治亂)
12) 앙성(仰成): 남이 이뤄 놓은 성공에 의지함
13) 알면서도 하지 않음이 없게 하며: 원문은 "知無不爲"이다. 『春秋左氏傳』, 僖公九年조에 "국가의 이익이 될 일을 알고서 하지 않음이 없는 것이 충이다(公家之利 知無不爲 忠也)."라고 한 데서 유래한 말이다.

는 너희의 일에 간여하지 않겠다. 사람을 쓰고 정무를 처리하는 모든 일은 반드시 공론이 정해진 다음에 나에게 아뢰어라. 나는 모두 윤허하고 따를 것이다.

아아! 너희 백료와 서민, 그리고 팔도의 신사(紳士)들은 모두 나의 말을 들으라. 지금부터 나는 쇄세한 일을 친히 하지 않고 세인(細人)에게 맡기지 않을 것이다. 위에서 수공(垂拱)[14]하기만 할 뿐, 아랫사람에게 책성(責成)[15]할 것이다. 너희 여러 신하와 유사(有司)는 혹시라도 머뭇거리거나 관망하지 말고 윗사람의 뜻에 구차히 영합하지 말라.

아아! 환난을 당한 끝에 천심(天心)[16]이 과오를 뉘우치니, 만약 이제 수거(修擧)[17]해서 나를 돕지 않는다면 화란(禍亂)이 이제 그치지 않을 것이다. 너희 정부는 확연(廓然)[18]하게 병공(秉公)[19]하라. 나는 모든 것을 존중하며 따를 것이다. 만약 나의 공심(公心)이 진심이 아닐 것으로 의심해서 그 사심(私心)에 영합한다면 대신의 체통이 아니니, 이는 너희 정부의 죄다. 아아! 내가 이 시언(矢言)[20]을 냈으니 내 말을 어기지 않을 것이다. 너희 중외(中外)의 백료와 서민은 아마도 이 뜻을 잘 알 것이다.[1]

이 별유(別諭)는 병조판서 김윤식이 제술한 것이다. 김윤식의 학식은 조선 관리들 중에서 단연 발군이었고, 또 성품이 공정해서 여러 사람들로부터 존경을 받고 있었기 때문에 일본과 청의 관헌들도 그를 존중했다. 그는 왕명을 받아서 별유를 기초하는 일을 맡게 되자, 국왕의 성격 결함과 관계(官界)의 폐해를 기탄없이 들춰냈다. 즉, "여러 소인들이 이를 빌미로 잡다하게 나와서 나의 총명함을 현혹했으니, 난(亂)의 형체가 날마다 드러나는데도 스스로 깨닫지 못해서", "나는 감히 스스로 총명하다고 여기지 않을 것이며, 나는 감히 아랫사람들의 서무에 간여하지 않을 것이다. 또 세인(細人)을 가까이 하지 않고 사재(私財)를 축적하지 않을 것이며 오직 공론(公論)만을 따르겠다", "지금부터 나는 쇄세한 일을 친히 하지 않고 세인(細人)에게 맡기지 않을 것이다. 위에서 수공(垂拱)하기만 할 뿐, 아랫사람에게 책성(責成)할 것이다"라고 서술한 것은, 국왕이 자책하는 의미가 아니라 김윤식 등 분별 있는 중신이 국왕의 과실이 어떻게 국사(國事)에 해를 끼쳤는가를 지적하고 그 반성을 촉구한 말이라고 이해할 수밖에 없다. 실제로 국왕은 이 별유

---

14) 수공(垂拱): 옷자락을 늘어뜨리고 손을 맞잡고 있는 모양으로, 직접 사무를 처리하지 않음을 뜻한다.
15) 책성(責成): 다른 사람에게 일을 맡겨서 임무를 완수하게 함
16) 천심(天心): 군주의 마음
17) 수거(修擧): 여러 가지 뜻이 있는데, 여기서는 '시의에 맞게 사무를 처리한다'는 뜻으로 보인다.
18) 확연(廓然): 넓고 큰 모양
19) 병공(秉公): 마음가짐을 공정하게 함. 또는 공도(公道)를 지킴
20) 시언(矢言): 굳게 맹서한 말

를 반포한 것을 단 하루도 기억한 형적이 없으며, 변란 이전보다 더 소인(小人)들을 가까이 하고, 쇄세한 일을 친히 하고, 사재를 축적해서 난(亂)의 형체가 날마다 더욱 드러났다. 그중에서 가장 심한 것은 두 차례의 한러비밀협정[韓露秘密協定]이었다.

한러비밀협정이 병조참판 묄렌도르프의 주장에 따라 시도됐음은 그의 전기(傳記)로도 분명하지만, 그 교섭경과에 대해서는 아직 명확하지 않은 부분이 적지 않다. 여기서는 조선 정부 기록을 비롯해 일청 양국의 주한 사신의 보고에 기초해서, 정확하다고 인정할 만한 사실에 한해 개략만 서술할 것이다.

처음에 묄렌도르프가 조선 정부의 외교고문으로 취임하자마자 느낀 것은, 조선에 미치는 일청 양국의 정치적 세력이 몹시 강대해서 조선의 독립을 크게 저해한다는 사실이었다. 그는 이를 조정하기 위해서는 두 나라 이외의 많은 강국들이 조선과 국교를 개시하고, 더 나아가서는 그 내정에 간여함으로써 일청 양국의 대항세력(對抗勢力)을 중화시켜야 한다고 보았다. 이러한 의미에서 묄렌도르프는 미국특명전권공사 루서스 푸트, 영국특명전권공사 해리 파크스의 부임을 환영했지만, 양국 공사는 오히려 일청 양국의 외교를 추종해서 묄렌도르프의 기대에 전혀 부응하지 않았다. 영국과 미국 양국에 실망한 묄렌도르프가 가장 크게 기대한 나라는 러시아였다. 왜냐하면 러시아는 일청 양국보다 훨씬 강대하고, 또 청한 양국과 직접 경계를 접해서 극동 정세에 매우 큰 관심을 갖고 있었으므로 조선 국내의 권익에 대해 어떤 이해관계를 감지하면 곧바로 그 내정에 간여할 것으로 보였기 때문이다.

묄렌도르프가 처음 접촉한 러시아 대표는 메이지 17년 6월에 한러수호통상조규 체결의 임무를 띠고 내한한 톈진 주재 영사 카를 베베르(Carl Waeber)였다. 당시 묄렌도르프는 협판교섭통상사무(協辦交涉通商事務)로서 독판교섭통상사무(督辦交涉通商事務) 김병시(金炳始)를 도와서 이 일을 처리했으며, 베베르를 위해 진력했다. 그가 나중에 러시아황제로부터 성(聖) 안나 3등훈장 서훈(敍勳)의 은명(恩命)[21]을 받은 것은 이 공적에 따른 것이다.[2]

묄렌도르프는 이 기회를 이용해서 자신의 친러설을 베베르 영사에게 누설하고 어느 정도의 양해를 얻었던 것으로 생각된다. 그런데 묘당에서는 친러정책을 반드시 환영하지만은 않았다. 말할 것도 없이 청의 내정간섭은 청한종속관계에 의거한 것이기 때문에, 이제 다시 러시아의 간섭을 구하는 것은 청의 종주권을 침해할 우려가 있었기 때문

---

21) 은명(恩命): 군주가 승진, 서훈, 사면 등을 위해서 내리는 명령

이다. 묄렌도르프의 말을 들은 참판 민영익(閔泳翊)은 분명한 반대 의사를 표명했고, 국왕과 왕비도 처음에는 주저하는 기색을 보였을 것이다.

얼마 후 메이지 17년 12월 4일에 변란이 돌발했다. 우세한 청군대는 소수의 일본공사관 경비대를 공격해서 결국 인천으로 퇴각시켰지만, 만약 일본 정부가 임오변란 때와 마찬가지로 즉시 강력한 육해군을 증파했더라면 경성과 인천은 참담한 전장이 됐을 것이다. 국왕과 척족은 무엇보다 이러한 사태를 두려워했다. 이제는 이 두 나라보다 더 강대한 제3국의 간섭을 간청해서 적어도 일청 양국 군대가 조선 영토 내에서 전쟁을 벌이는 사태를 방지해야 했다.

국왕과 묄렌도르프는 제3국, 즉 러시아의 간섭을 간청해야 한다는 원칙에는 일치했지만, 그 수단에 관해서는 서로 의견이 달랐다. 국왕은 다케조에 공사에게 했던 것처럼 극히 개인적인 비밀수단을 취했다. 아마도 당시 조선인으로서 러시아령 연해주 지방에 왕복하면서 어느 정도 러시아어를 할 수 있고 그곳의 사정에 익숙한 인물들이 들어가서 설득한 까닭도 있었겠지만, 국왕은 묘당과 통리아문은 물론 묄렌도르프에게도 극비로 한 채 러시아황제의 보호를 간청하는 친서를 작성해서, 전영 영관(前營領官) 권동수(權東壽), 김용원(金鏞元) 등 4명에게 그것을 갖고 함경도 경흥부(慶興府)를 거쳐 블라디보스토크로 잠행(潛行)하게 했다. 그들은 연해주 군무지사(軍務知事)에게 회견을 요구해서 국왕의 친서를 전달해 줄 것을 부탁했다. 그리고 그 회답을 받아서 메이지 18년 5월에 경성으로 돌아와 국왕에게 복명(復命)[22]했다.

권동수, 김용원 등의 사명(使命)은, 독판교섭통상사무 김윤식이 청 총판조선상무(總辦朝鮮商務) 진수당(陳樹棠)과 일본 대리공사 곤도 마스키(近藤眞鋤)에게 한 말로 미뤄 보면, 그러한 사실이 있었음을 부정할 수 없다. 그런데 러시아 정부가 이처럼 비합법적인 수단으로 전달된 조선국왕의 친서를 어떻게 처리했는가는 분명치 않다.[3]

러시아황제의 보호 요청과 관련해서 묄렌도르프는 보다 합법적인 수단을 취했다. 그는 왕명으로 도쿄 주재 러시아공사관에 타전해서 이를 요청했다. 이 전보는 아마도 일본인 누군가에게 부탁해서 나가사키에서 타전했을 것이다. 그리고 국왕은 묄렌도르프에게 밀사 파견은 비밀로 한 채, 전보를 통한 요청에 동의했던 것으로 생각된다. 주일러시아특명전권공사 다비도프(Davidov)는 묄렌도르프의 전보 요청의 진의를 파악할 방법

---

22) 복명(復命): 명령받은 일에 대해서 그 처리 결과를 보고하는 일

이 없었으므로, 공사관 서기관 알렉세이 드 슈페이에르(Alexei de Speyer)에게 명하여 경성으로 속히 가서 조선국왕의 보호 요청의 진상을 확인하게 했다. 슈페이에르 서기관은 요코하마에서 순양함 라즈보이니크(Razboinik)에 탑승해서 메이지 17년 12월 28일에 인천에 입항한 후, 바로 경성으로 들어가 남별영(南別營)을 여관으로 삼았다. 그리고 이듬해인 메이지 18년 1월 2일에 국왕을 알현하고, 7일에 인천을 출항해서 귀국했다.[4]

슈페이에르 서기관의 사명과 관련해서 조선 정부의 기록에는 다음 한 통의 조회만이 남아 있을 뿐이다.

> 대조선독판교섭통상사무 조(趙)가 조회함.
>
> 우리나라는 현재 큰일이 있습니다. 귀국과 우리나라는 비록 수호를 맺었지만 아직 환약(換約)[23]하지 않았는데, 뜻밖에 귀국이 즉시 귀 참찬을 파견해서 이렇게 와서 도와주셨습니다. 우리나라 신민이 그것에 의지해서 편안해졌으니, 귀 참찬의 기의(氣誼)[24]가 출중하여 힘을 써서 일을 잘 처리하신 것을 존경하지 않는 이가 없습니다. 우리 대군주께서 이미 귀 참찬을 인견(引見)해서 직접 후의(厚意)를 전하셨으며, 거듭 본 대신에게 명하여 대신 지극한 감사의 뜻을 전하게 하셨으니, 이는 귀 정부가 특별히 교의(交誼)를 염두에 두어서 격식에 구애받지 않고 모충(謀忠)[25]하여 두 나라의 화목한 정을 돈독히 하셨기 때문입니다. 본 대신은 실로 깊이 존경하여 잊지 않을 것입니다.
>
> 글을 갖춰서 조회하니, 부디 귀 정부는 살펴보신 후에 시행하시고 조회를 보내시기 바랍니다.
>
> 이상과 같이 대아국주차일본참찬관(大俄國駐箚日本參贊官) 시(是)[26]에게 조회함.
>
> 갑신년 11월 20일○메이지 18년 1월 7일[5]

이 조회에 따르면, 슈페이에르 서기관은 비단 묄렌도르프뿐만 아니라 독판교섭통상사무 조병호(趙秉鎬)와도 회견을 갖고 일본과 청이 전쟁을 벌였을 때 조선의 중립을 유지할 방법에 관해 상당히 심도 있게 의견을 교환했던 것 같다. 묄렌도르프는 이 서기관이 '모든 수단을 동원한 보호(Jede Art von Unterstützung)'를 약속했다고 기록하고 있다. 그것이 당장 실현되지 않았던 것은, 일청 양국 모두 사변 불확대 방침을 취해서 조선이 일청 양국 군대의 전장이 되지 않았기 때문이다.[6]

---

23) 환약(換約): 비준서 교환
24) 기의(氣誼): 의기(義氣)와 정의(情誼)
25) 모충(謀忠): 남을 위해서 계책을 세워 주는 일
26) 슈페이에르의 한문 음역이 昰貝耶이기 때문에 이렇게 쓴 것이다.

러시아공사관 서기관이 한러수호조약이 비준되기 전이었음에도 불구하고 돌연 사변의 현장에 출현해서 국왕의 인견을 받은 것은 사람들의 이목을 집중시켰다. 『용호한록(龍湖閒錄)』에 "아라사(俄羅斯)[27] 사신 또한 신남영(新南營)을 왕래했다. 그런데 이번 행차는 환약(換約) 때문이 아니요, 단지 조약을 맺은 국가에 분쟁이 생기면 군대를 이끌고 와서 형세에 따라 처리하는 것이 공법(公法)에 기재되어 있기 때문이다."라는 구절이 보이는 것으로 봐서 그 사명의 진상은 일반적으로 알려져 있었다고 생각되지만, 이노우에 특파전권대사와 청 흠차(欽差) 오대징(吳大澂) 모두 그 중대성을 간과하고 있었다.[7]

이보다 앞서 묄렌도르프는 전권부관의 자격으로 전권대신 서상우(徐相雨)와 함께 일본 파견이 결정되어 있었다. 그는 자신의 계획을 실현할 기회를 얻은 것을 기뻐했고, 경성에 체재 중인 슈페이에르 서기관과 연락을 취하면서 획책을 게을리하지 않았다.

묄렌도르프의 주장에 따르면, '청이 최근 청불전쟁 및 일청 간 분쟁에 말려들어서 조선의 내정에 온 신경을 쓰지 못하는 것은 조선 독립의 절호의 기회이다. 또 일본도 그것에 이의가 있을 리 없다. 다만 조선은 사실상 독립할 능력이 없기 때문에 일본과 청 외에 양국보다 더 강력한 제3국의 보호 아래 있을 필요가 있다. 이 제3국으로서 러시아 말고는 적당한 국가를 찾을 수 없다. 그 보호 형식으로는, 러시아가 일청 양국과 함께 공동 또는 단독으로 조선의 독립과 영토 보전을 보장하는 것, 혹은 조선에 군사적 원조를 제공하는 것, 또는 조선의 영토 보전을 주목적으로 해서 러시아의 완전한 보호국을 선언하는 것 등 여러 가지 방식이 있지만, 이는 모두 러시아에 상당한 부담을 지우는 일이기 때문에 그 나라에 대해 어떤 보상을 제공하지 않으면 불가능할 것이다. 다행히 일본 정부는 조선사변의 선후책(善後策)으로 일청 양국의 주한 군대의 공동철수를 청에 제의할 의향이 있고, 청 정부도 원칙적으로 동의할 것으로 기대된다. 일청 양국 군대가 철수한 후, 조선 정부를 지지하고 경성의 치안을 유지하는 것은 친군(親軍) 전후좌우 4영(營)의 병사 약 2천 명이다. 이 4영의 훈련을 위해 러시아 육군 장교와 하사관 몇 명을 교관으로 초빙한다면, 군사적으로 상당히 큰 효과가 있을 뿐만 아니라 정치적으로도 앞으로 조선 정부가 취할 방침을 제3국에 분명하게 드러내는 효과가 있으리라.'는 것이었다.[8]

묄렌도르프가 자신의 견해를 어디까지 국왕에게 아뢰었는지는 알 수 없지만, 러시아 육군교관의 초빙에 관해서는 국왕과 왕비의 동의를 얻었으며, 왕명으로 러시아공사와

---

27) 아라사(俄羅斯): 러시아의 한문 음역

교섭하라는 내명(內命)을 받은 것은 확실하다. 그러나 국왕과 묄렌도르프는 이 사실을 대신들에게 극비로 했기 때문에 영의정 심순택(沈舜澤), 좌의정 김홍집, 독판교섭통상사무 김윤식 등 대신과 중신들은 물론, 일본 파견 전권대신 서상우조차 이 사실을 전혀 알지 못했다. 또 이 일과 관련해서 국왕 친서나 전권위임장, 또는 통리아문 조회 등 어떠한 공문도 부여되지 않았다.

메이지 18년 2월 16일, 전권대신 일행이 도쿄에 도착했다. 도쿄에 체재한 14일 동안 묄렌도르프는 주일러시아특명전권공사 다비도프, 공사관 서기관 슈페이에르와 한러관계에 관해 격의 없이 협의했다. 묄렌도르프가 자기의 권한을 표시하는 어떠한 증빙문서도 제시할 수 없었음에도 불구하고 다비도프 공사가 이 협의에 응한 것은, 그 전에 슈페이에르 서기관이 경성에 출장 갔을 때 묄렌도르프의 사명에 대해 국왕과 어느 정도 양해가 이뤄졌기 때문이라고 봐야 할 것이다. 아무튼 묄렌도르프와 다비도프 공사 간에 조선의 군사교관으로 장교 4명과 하사관 16명을 초빙하고, 조선 정부는 재정 궁핍으로 교관의 봉급을 지불할 수 없기 때문에 그 대가로 어느 정도의 이권을 제공하기로 합의가 이뤄졌다. 또 이를 문서로 작성해서 묄렌도르프가 귀임한 이후에 국왕의 친재(親裁)를 거쳐 통리아문에 내려보내면, 조만간 파견될 슈페이에르 서기관이 통리아문과 상의해서 그 세부항목을 협정하기로 결정했을 것이다.[9]

전권대신 서상우와 부관 묄렌도르프는 메이지 18년 4월 5일에 사명을 마치고 경성에 귀임했다. 묄렌도르프는 도쿄에서의 러시아공사와의 교섭 성과를 국왕에게 은밀히 아뢰고 윤허를 얻었지만, 여전히 대신들은 물론이고, 독판교섭통상사무 김윤식에게도 이를 보고하지 않았다. 마침 그때 영국 정부가 지나(支那)함대 사령관 해군중장 윌리엄 몬테규 도월(W. Montague Dowell)에게 명하여 무력으로 전라도 흥양현(興陽縣) 거마도(巨磨島)[거문도(巨文島, Port Hamilton)라고 부르기도 한다.][28]를 일시 점령했으므로, 조선 정부는 영국함대의 철수를 요구하기 위해 정부 유사당상(有司堂上) 엄세영(嚴世永)을 파견해

---

28) 조선시대에는 거문도를 서도·동도·고도의 3개 섬으로 구성됐다는 뜻에서 삼산도(三山島), 또는 삼도(三島)라고 불렀다. 원문에 나온 거마도(巨磨島)는 거문도 인근에 있는, 현재 전라남도 여수시 소재 금오도(金鰲島)의 다른 이름이었다. 19세기 당시 청나라 사람들은 종종 지도에서 거문도를 거마도라고 잘못 표기했는데, 원문에서 거마도와 거문도를 같다고 한 것은 이러한 오류를 답습한 것으로 생각된다. 삼산도(三山島)를 거문도(巨文島)라고 부르게 된 유래에 관해서는, 청의 통령북양수사기명제독 정여창이 영국함대의 거문도 불법 점령 사건을 조사하기 위해 파견됐을 때 그곳의 귤은(橘隱) 김류(金瀏, 1814~1884)와 그 문하의 유생들이 모두 뛰어난 문장가인 것에 감탄해서 거문도로 불렀다는 이야기가 전한다. 이하에서는 원문의 거마도를 모두 거문도로 고쳐서 옮겼다.

서 영국함대 사령관과 직접 교섭하기로 결정했다. 묄렌도르프는 협판교섭통상사무로서 부관에 임명되어 청 통령북양수사기명제독(統領北洋水師記名提督) 정여창(丁汝昌)과 함께 거문도로 갔다.

당시 도월 사령관은 나가사키에 머물고 있었으므로 정여창, 엄세영, 묄렌도르프는 다시 나가사키로 향했다. 이들은 5월 16일에 도착해서 사령관과 회견을 가졌지만, 사령관에게는 외교교섭을 할 수 있는 권한이 없었으므로 교섭을 중단했다. 그리고 추후에 영국 정부와 직접 교섭을 하기로 결정하고, 엄세영과 묄렌도르프는 경성으로 귀환했다. 나가사키에 정박한 틈을 이용해서 묄렌도르프는 전보로 도쿄에 있는 다비도프 공사에게 러시아의 육군교관 초빙에 관한 비밀협정이 국왕의 윤허를 얻었다고 통고했다.

이보다 앞서 다비도프 공사는 한러비밀협정을 본국 외무성에 상신하고, 외무대신이 황제에게 상주해서 칙재(勅裁)를 거쳐 실행하기로 결정했다는 통지를 받았다. 이에 따라 묄렌도르프의 전보를 접수하자마자 곧바로 타전해서 묄렌도르프와 교섭을 거듭하고, 조만간 슈페이에르 서기관을 경성에 파견해서 조선 외무당국과 세부항목을 협정하기로 결심했을 것으로 생각된다.[10]

묄렌도르프가 경성에 귀임한 후, 한러비밀협정의 성립을 통리아문 당국에 내보(內報)할 기회를 미처 갖기도 전에, 전술한 권동수와 김용원 등이 5월 하순에 경성에 귀환했다. 그들이 휴대한 러시아 정부 당국의 회답서에는 러시아 또한 일청 양국과 마찬가지로 조선 출병에 대한 균등한 권리를 요구하는 내용이 명기되어 있었다고 전해진다. 독판교섭통상사무 김윤식은 크게 당황해서 어찌할 바를 모르고 묄렌도르프를 힐책했지만, 그 또한 이 일과 관계가 없음이 판명됐다. 김윤식은 최후의 수단으로 일본 대리공사 곤도 마스키와 청 총판조선상무 진수당에게 내보(內報)하고, 그 처리방법을 강구하기 위해 톈진협약의 조인 당사국인 일청 양국 정부의 원조를 요청했다.[11]

슈페이에르 서기관은 이처럼 러시아 측에 불리한 분위기를 감지하면서 6월 10일 경성에 도착했다. 그는 경성에 도착한 후에 통리아문도 방문하지 않고, 국왕의 인견을 청하지도 않은 채 오직 묄렌도르프하고만 비밀회의를 거듭했다. 그리고 러시아 육군교관 초빙 협정의 세부안과 함께 별도로 장문의 사유서를 작성해서 국왕의 품재(稟裁)를 청하고, 통리아문에 배부했다. 여기서 5월 이래 비밀협상의 전모가 폭로됐다.

당시 경성의 정세는 한러비밀협정에 극도로 불리했다. 첫째, 일본과 청이 공동철병한 틈을 타서 어부지리를 거두려고 하는 러시아에 대해 일청 양국이 극도로 불쾌감을 느낀 것, 둘째, 외국인 육군교관을 이미 미국 정부에 부탁한 것, 셋째, 묄렌도르프에 대한 개인적 반감이 매우 큰 것을 고려해야 했다. 두 번째 미국의 육군교관 초빙에 관해서는 이미 1년 전인 메이지 17년에 미국공사 루셔스 푸트를 경유해서 미국 정부에 의뢰했지만, 마침 변란이 발생해서 자연히 중단된 상황이었다.

슈페이에르 서기관은 6월 20일에 처음으로 독판교섭통상사무 김윤식과 회견을 갖고, 그 뒤로 6월 24일과 7월 2일에 세 차례에 걸쳐 회담을 진행했다. 그는 묄렌도르프와 협정한 한러비밀협정 및 세부항목을 승인받으려고 했으나 김윤식은 단호히 거부했다. 그 이유는, 첫째, 묄렌도르프가 다비도프 공사와 협정한 사항은, 전권위임장은 물론이고 어떤 형식의 공문서도 그에게 부여된 일이 없으며 통리아문도 관여하지 않았다. 또 이번에 슈페이에르 서기관이 내한했을 때도 러시아 외무성 또는 주일러시아공사관으로부터 공식 통고가 없었고, 어떠한 공문서도 지참하고 오지 않았으니 무효라는 것, 둘째, 조선 정부는 이미 미국 정부에 육군교관 초빙을 공식적으로 의뢰했기 때문에 이제 그것을 취소하고 러시아 육군교관을 초빙하는 것은 불가능하다는 것이었다. 슈페이에르 서기관은 이번 교관 초빙은 조선국왕이 러시아황제에게 직접 의뢰한 사실을 역설하고, 특히 '한러수호통상조규가 아직 비준되지 않아서 양국 사이에 국교가 성립되지 않았기 때문에 각종 공문을 왕복할 수 없다. 특히 묄렌도르프는 외무차관의 중책을 맡고 있으므로 그의 발언은 조선 정부를 대표할 만한 충분한 효력을 가진다.'라고 주장하면서 물러서지 않았다.

조선 정부는 슈페이에르 서기관의 강압에 크게 우려했다. 영의정 심순택, 좌의정 김홍집, 독판교섭통상사무 김윤식, 서리독판교섭통상사무 서상우는 날마다 회의를 거듭하고, 또 청 총판조선상무 진수당과 방판조선상무(幇辦朝鮮商務) 담갱요(譚賡堯), 그리고 일본 임시대리공사 다카히라 고코로(高平小五郎)에게 도움을 청했다. 이 가운데 청 상무총판은 그의 책임상 전력을 기울여 묘당을 독려했다.

조선 정부의 방침은 묄렌도르프의 월권행위에 책임을 돌려서 모든 문제를 해결한다는 것이었다. 하지만 처음부터 국왕의 동의를 얻은 사실은 부정할 수 없었으므로, 그 처리를 고심한 끝에 육군교관을 반으로 나눠서 그 절반은 미국, 다른 절반은 러시아로부터 초빙할 것을 제의했지만 그 자리에서 일축됐다. 다음으로 육군교관 건은 어쩔 수 없으니 광산 기사를 러시아 정부에서 초빙할 것을 제의했으나 슈페이에르 서기관은 이번 육군교관 초빙은 단순한 군사 문제가 아니라 정치적 의미를 다분히 내포한 것이라고 주장하면서 여러 가지 타협안을 모두 거절했다. 그리고는 '조선국왕의 직접 의뢰에 따라 본국 황제에게 상주해서 재가를 얻은 육군교관 초빙을 조선 정부가 거절하는 것은 러시아의 위신을 훼손하는 것이기 때문에 본국 정부에 상신해서 상당한 보상을 요구하기로 결심했다.'라고 언명했다. 조선 정부는 일청 양국의 전면적인 지지를 얻을 것으로 확신하고 있었기 때문에 슈페이에르 서기관의 위협에 굴복하지 않았다. 그리고 그가 아무런 공문도 지참하지 않은 것을 이유로 이 안건에 관한 회담을 거절하고, 조만간 한러수호조규 비준의 임무를 띠고 부임할 공사와 상의하겠다고 성명했다. 슈페이에르 서기관은 조선 정부가 이 안건에 동의하지 않는다면 공사는 부임하지 않을 것이라고 주장했지만, 결국 조선 측의 양보를 받아 낼 방법이 없자 7월 7일에 경성을 떠났다.[12]

슈페이에르 서기관과의 교섭에서 청 총판조선상무 진수당의 도움은 매우 컸다. 하지만 한편으로 이 사건은 종주국인 청의 위신을 적지 않게 손상시킨 것이었으므로 국왕은 북양대신 이홍장(李鴻章)에게 엄중한 힐책을 받을 것을 두려워해서, 슈페이에르 서기관이 경성을 떠난 지 3일 후인 7월 10일에 이조참판 남정철(南廷哲)을 천진주차독리통상사무(天津駐箚督理通商事務)에 임명해서 국왕의 친서를 갖고 톈진으로 급히 보냈다. 국왕의 의도는 모든 문제를 묄렌도르프의 월권행위로 돌리고, 그의 파면과 소환을 요구하려는 것이었다. 이홍장이 그것에 동의했으므로, 묄렌도르프는 7월 27일에 협판교섭통상사무에서 감하(減下)되어 해관총세무사(海關總稅務士)만 맡았다가 곧이어 8월 25일에 3개월분의 급료를 받고 총세무사에서 면직됐다.

묄렌도르프는 원래 이홍장의 추천으로 조선 정부의 외무 및 해관에서 근무했기 때문에 두 직책에서 파면됨과 동시에 당연히 톈진으로 돌아가야 했지만, 실제로는 계속해서 인천에 머물렀다. 그것은 이번 한러비밀협정이 청한종속관계의 폐기를 전제로 하는 것이어서 그의 은인인 이홍장의 정책을 망가뜨리는 결과를 초래했기 때문에 그에게서 무거운 견책을 받을 것을 두려워한 까닭도 있지만, 주된 이유는 조선주차러시아공사가 부임하기를 기다리고 있었기 때문이다.[13]

러시아 정부는 이미 메이지 18년 5월에 전(前) 톈진 주재 영사 카를 베베르를 조선주차 대리공사 겸 총영사에 임명하고, 한러수호조규 비준교환의 임무를 부여해서 조만간 부임시킬 예정이었다. 그는 예전부터 묄렌도르프와 친교가 있었으므로, 그의 부임은 형세를 역전시켜 한러비밀협정을 성사시킬 가능성이 매우 컸다. 통리아문은 슈페이에르 서기관에게는 정식권한이 없음을 이유로 비밀협정을 승인하지 않겠다고 주장했지만, 베베르 공사에 대해서는 이러한 구실을 댈 수가 없었다. 이에 왕비와 척족들도 다시 묄렌도르프의 의견에 귀를 기울였으며, 그를 잔류시키는 편이 한러비밀교섭에 유리하다고 판단했던 것으로 생각된다. 이 때문에 어쩔 수 없이 묄렌도르프를 협판교섭통상사무와 해관총세무사직에서 파면할 수밖에 없는 지경이 됐으면서도, 계속해서 전환국(典圜局) 방판(幫辦)[조폐국(造幣局) 차장(次長)]의 직위를 줘서 인천에 머물게 했던 것으로 보인다.

원세개(袁世凱)는 묄렌도르프가 조선을 떠나지 않는 이유에 주목했다. 그는 대원군을 호송해서 조선에 도착하자마자, 묄렌도르프가 조선에 있는 것이 불리하다고 보고 방판 조선상무 담갱요를 통해 퇴거(退去)를 권고했지만 묄렌도르프는 응하지 않았다.[14]

베베르 대리공사의 부임은 예상보다 많이 늦어져서 메이지 18년[29] 10월 6일이 돼서야 경성에 도착했다. 그리고 14일에 독판교섭통상사무 김윤식과 회동해서 조약 비준을 매듭짓고, 22일에 일단 상하이로 출발했다. 성 안나 3등훈장의 대훈자(帶勳者)[30]인 묄렌도르프가 2주간 체재하면서 베베르 대리공사와 회견했으리라는 것은 의심할 여지가 없다. 아마도 이때 왕비와 척족의 밀지를 전달했을 것으로 추측되지만, 베베르 대리공사가 어떤 의사를 표명했는지에 관해서는 전혀 알려진 바가 없다.

베베르 대리공사가 경성을 떠나고 한 달이 지난 메이지 18년 11월 17일, 원세개가 주차조선총리교섭통상사의(駐箚朝鮮總理交涉通商事意)로 부임했다. 이제 원세개는 종주국의 주재관(駐在官) 자격으로 묄렌도르프에게 조선 퇴거를 요구하는 한편, 그를 위해서 일부러 이홍장에게 권해(勸解)[31]해서 청 해관에 다시 근무할 수 있게 해 주겠다고 보장했다. 이 말은 묄렌도르프를 크게 안심시켰던 것 같다. 그는 베베르 대리공사가 11월 20일에 귀임한 것에 개의치 않고, 11월 25일에 인천을 떠나 톈진으로 향했다.[15]

한러비밀협정과 관련해 슈페이에르 서기관, 베베르 대리공사의 입장은 갑신정변 당시의 다케조에 변리공사 및 시마무라 서기관의 입장과 공통점이 있다. 조선은 국왕절대독재제(國王絶對獨裁制)이기 때문에 이들은 중신을 통한 의사 표명이나 옥새를 검인한 친서를 절대적으로 신뢰해서 비밀협정에 동의하고 본국 정부에 보고했다. 그런데 국왕과 왕비는 종주국의 압박과 국내의 반대에 직면하자마자 곧바로 이를 간신의 교지(矯旨) 혹은 위함(僞函)이라고 하면서 군소 관리들을 유배하거나 주륙(誅戮)해서 입을 막았고, 그것으로 모든 것을 호도하려고 했던 것이다.

---

29) 원문에는 메이지 19년(1886)으로 되어 있으나, 이는 18년(1885)의 잘못이므로 바로잡았다. 그 다음 단락에 원세개가 진수당을 대신해서 조선에 부임한 때도 메이지 19년으로 잘못 되어 있어 수정했다.
30) 대훈자(帶勳者): 훈위(勳位)나 훈장(勳章)을 가진 사람
31) 권해(勸解): 권고해서 분규를 해결함

【원주】

1 『日省錄』, 李太王 甲申年 11月 30日;『雲養集』9권, "綸音布諭常參綸旨".

2 R. von Moellendorff, P. G. von Moellendorff: ein Lebensbild. Leipzig, 1930, p. 66;『統理衙門日記』 3권, 甲申年閏五月十五日;『俄案』1권;『舊條約彙纂』3권, 565~585쪽.

3 明治 18年 5月 26日, 駐韓代理公使近藤眞鋤報告.

4 P. G. von Moellendorff, pp. 76~77;『統理衙門日記』4권, 甲申年 11月 12·13·20日.

5 『俄案』1권.

6 P. G. von Moellendorff, p. 77.

7 『龍湖閒錄』33권.

8 P. G. von Moellendorff, pp. 77~80.

9 『俄案』1권, 乙酉 5月 24日, "督辦金允植照會";『日案』4권, 乙酉年 5月 24日;『美案』3권, 乙酉年 5月 15 日, "美國代理公使福久照覆";『各國交涉文字』2권;『光緖朝中日交涉史料』8권, 문서번호 390의 부건 3. "朝鮮吏曹參判南廷哲面呈密議"; 明治 18年 6月 30日, 高平駐韓臨時代理公使報告.

10 P. G. von Moellendorff, p. 82;『光緖朝中日交涉史料』8권, 문서번호 390의 부건 4. "朝鮮統署與俄參 贊談草".

11 明治 18年 6月 30日, 高平臨時代理公使報告.

12 『光緖朝中日交涉史料』8권; 문서번호 390의 부건 4. "朝鮮統署與俄參贊談草"; 明治 18年 7月 7日, 高平 臨時代理公使報告.

13 明治 18年 7月 11日, 高平臨時代理公使報告;『光緖朝中日交涉史料』8권, 문서번호 390의 부건 2. "李 鴻章與朝鮮往復函件"·부건 3. "朝鮮吏曹參判南廷哲面呈密議";『統理衙門日記』6권, 乙酉年 6月 16日.

14 『光緖朝中日交涉史料』9권, 문서번호 407의 부건 2. "袁世凱上李鴻章稟", 문서번호 409의 부건 3. "袁 世凱來稟".

15 『統理衙門日記』7권, 乙酉年 10月 20日;『光緖朝中日交涉史料』9권, 문서번호 409의 부건 3. "袁世凱來 稟".

대원군의 석방·귀국 / 제2차 한러비밀협정

　메이지 18년의 봄여름 사이에 발생한 한러비밀협정 사건은 이후 조선을 중심으로 한 국제 정세에 중대한 영향을 미쳤다는 점에서 가볍게 간과할 수 없다. 지난 갑신정변 당시 정면충돌의 위기 직전까지 갔던 일청 양국은 최후의 파국으로부터 자국의 안전을 확보하는 데 급급해서 그 근본 원인인 조선의 앞날을 고려할 겨를이 없었다. 일청 양국은 양국으로부터 버림받은 조선이 어떻게 스스로 지탱해야 할지를 몰라서, 크게 허둥대며 북방의 강린(強隣)의 발아래 꿇어 엎드려 보호를 간청하는 모습을 보고서야 비로소 경악하며 자기들의 실책, 즉 텐진협약에서 조선의 보호에 관한 규정을 삽입하지 않은 과실을 알아차렸다.

　사실 텐진협약의 입안자인 이토 히로부미, 이노우에 가오루, 이홍장 등 정치가들은 일청 양국이 손을 떼면 조선은 메이지 9년 병자일한수호조규 체결 이전의 옛 모습을 회복해서 정교자주(政敎自主)의 형태를 갖출 것으로 기대했을 것이다. 불행히도 이 기대는 완전히 배신당했다. 10년 후의 조선은 표면상 구태를 조금도 개선하지 않았지만, 실질은 근본적으로 달라져 있었다. 즉, 일본과 청을 비롯한 열강의 세력이 깊이 침투해서 취약한 조선의 정치·경제·사회 조직을 뿌리부터 뒤흔들었고, 국왕·왕비·척신(戚臣)·상신(相臣)들은 모두 이 위태로운 국면에 처하여 나라를 통치할 자신을 완전히 상실하고 있었다. 그들은 일본과 청, 혹은 다른 강국의 보호를 받지 않으면 자립할 수 없었던 것이다.

　조선의 정세를 조금이나마 제대로 파악해서 한러비밀협정의 중대성을 올바르게 인식한 것은 일본 정부가 처음이었다. 이노우에 가오루 외무경은 메이지 18년 5월 30일자 곤도 대리공사의 제1보를 접수하자마자 사태가 심상치 않음을 깨닫고 일청 양국이 협력해서 선후책을 강구할 필요를 느꼈다. 그는 6월 5일에 청공사 서승조(徐承祖)와 회견을 갖고 조선의 내정을 개혁해서 장래의 화근을 완전히 근절해야 한다는 의견을 개진했다. 그리고 텐진 주재 영사 하라 다카시(原敬)에게 전훈(電訓)해서 직예총독 이홍장에게

도 전하게 했다.[1]

얼마 후 다카히라 임시대리공사의 상보(詳報)가 도착해서 사건의 전모가 분명해지자 전보다 더 광범위하고 구체적인 내정개혁안을 입안했다. 그리고 특별히 에노모토 주청공사에게 전훈(電訓)해서, 톈진으로 가서 7월 3일에 이홍장에게 전달하게 했다. 이 개혁안은 8개조로 구성됐으며, 그 주요 내용은 다음과 같다.

1. 조선의 외교방침은 이홍장 총독이 이노우에 외무경과 협의한 후, 조선국왕에게 전달해서 실시하게 할 것.
2. 내환(內宦)[1])의 국정 간여를 엄금할 것.
3. 대신의 임용을 신중히 할 것. 그리고 그 인선은 국왕이 이홍장 총독에게 승인을 구하고, 이홍장 총독이 이노우에 외무경에게 내시(內示)한 후에 결정할 것. 현재 묘당의 중신 중에는 김홍집, 김윤식, 어윤중 등이 적임이라고 인정됨.
4. 외교·국방·재정은 특히 중요하므로 김홍집, 김윤식, 어윤중 등을 그 장관으로 임명할 것.
5. 묄렌도르프를 파면하고, 그 후임으로 미국인 가운데 유능한 자를 임용할 것.
6. 청 총관조선상무 진수당을 경질하고, 보다 유능한 자를 후임으로 할 것.
7. 청 주재관은 항상 주한일본공사와 연락을 취하고, 중대한 사건이 돌발했을 때는 서로 협의할 것.[2]

이와 동시에 에노모토 공사는 이노우에 외무경의 밀함(密函)을 보이면서 대원군의 석방과 귀국을 제의했다. 외무경의 견해에 따르면, '대원군은 정치적 재간이 부족하지 않다. 오직 외교를 좋아하지 않는 것이 유감이지만, 만약 대원군이 지난날의 생각을 고쳐서 다시 변란을 일으키지 않는다는 조건으로 귀국을 허락해서 국정을 감독하게 한다면 좋은 결과를 얻을 수 있으리라.'는 것이었다.[3]

대원군의 석방과 귀국은 이전부터 이홍장이 고려해 온 문제인데, 이제 이노우에 외무경으로부터 조선 내정개혁과 관련해서 제의가 들어 온 이상 신중하게 재검토할 필요가 있었다.

이보다 앞서 메이지 17년 6월에 대원군이 도찰원(都察院)에 글을 올려서 석방과 귀국을 청원했지만 각하(却下)된 사실은 이미 제48절에서 서술했다. 그 후 이홍장은 조선 내

---

1) 내환(內宦): 내시(內侍), 환관(宦官)

정의 난맥상을 듣고, 또 일부 조선인들 사이에서 대원군의 귀국과 내정쇄신을 희망하는 목소리가 나온다는 것을 알고는 대원군의 석방을 고려하게 되었다. 마침 이해 12월에 조선사변이 발발하자, 청 조정에서는 이번 변란도 대원군의 여당(餘黨)이 기도한 것이 아닌지 의심해서 12월 11일에 이홍장에게 명하여 대원군을 조사하게 했다. 이홍장은 처음부터 그것이 사실이 아님을 알고 있었지만, 밀유(密諭)에 따라 후보도(候補道) 심능호(沈能虎)를 바오딩(保定)에 파견해서 이번 변란의 유래 및 현재의 심경 등을 묻게 했다. 본국과 직접 연락을 취할 수 없는 대원군에게서는 어떠한 자료도 얻을 수 없었다. 하지만 이홍장은 이 기회를 이용해서 12월 14일에 총리아문에 밀함(密函)을 보내 대원군을 귀국시켜서 중국의 은위(恩威)[2]를 배경으로 국왕에게 적당한 압력을 가하고, 시국수습의 임무를 맡겨야 한다고 진술했다.[4] 이홍장의 뜻은 바로 대원군에게 전해졌을 것이다. 대원군은 메이지 18년 3월 4일에 청지기 이익서(李益瑞)를 보내서, 이번에는 예부(禮部)에 글을 올려 늙고 병들었음을 호소하며 석방해서 귀국시켜 줄 것을 애원했다. 그 내용은 작년에 도찰원에 올린 글과 동일했고 정치문제는 전혀 언급하지 않았다. 예부에서는 3월 13일에 대주(代奏)했고, 이튿날인 14일에 예부 상주문을 보류하라는 명이 내려졌다.[5] 대원군은 이에 굴하지 않고, 5월 27일에 세 번째로 청지기 이익서에게 명하여 예부에 글을 올리고 석방을 애원하게 했다. 외국과 관계된 사안이었으므로 예부에서도 더 이상 사태를 방치하기 어려웠다. 이에 6월 5일에 상주해서, 북양대신에게 명하여 대원군의 병 상태를 조사하게 할 것을 주청(奏請)했다.

　　이하응을 바오딩에 안치(安置)했는데, 언제 석방해서 귀국시킬지에 관해서는, 성심(聖心)께 따로 크게 바르고 지극히 공정하신 저울이 있으니 이하응이 재차 번거롭게 할 일이 아니요, 또한 신 등이 감히 누차 청할 일도 아닙니다. 응당 이러한 뜻을 여기 온 심부름꾼에게 고하고 그 원정문(原呈文)을 돌려보내야 할 것이로되, 일이 외국과 관계되니 신 등이 감히 신청(宸聽)[3]을 막을 수 없나이다. 그가 말한 병세의 침중(沈重)[4] 여부를, 북양대신에게 칙명을 내리시어 적당한 관원에게 맡겨서 은밀히 조사한 후 상주하여 처리하는 일에 대해 엎드려 성재(聖裁)를 기다리옵니다. ○상략, 하략[6]

---

2) 은위(恩威): 은혜와 위력. 상과 형벌을 마음대로 내릴 수 있는 통치자의 강력한 권력을 의미한다.
3) 신청(宸聽): 제왕이 말을 듣는 것
4) 침중(沈重): 병세가 위독함

청 조정이 대원군의 석방을 주저한 것은, 극도로 혼란한 조선의 국내 정세 속에서 대원군의 석방으로 인해 척족과의 갈등이 반복될 것과 유약한 국왕이 이를 통제할 힘이 없어서 임오변란이 재현될 것을 우려했기 때문이다. 그리고 대원군의 정문(呈文)이 있더라도, 조선국왕의 진주(陳奏)가 올라오기 전에 석방하는 것은 온당치 않은 감이 있었다. 이홍장은 대원군에게 내유(內諭)해서, 바오딩 부에 머물고 있는 장자 완흥군(完興君) 재면(載冕)을 귀국시켜서 대원군 귀국에 관한 국왕의 의향을 살피고, 이홍장 자신보다는 완흥군을 통해서 국왕에게 완곡하게 간언하여 속히 대원군 석방 진주사(陳奏使)를 파견하게 했다.[7]

이홍장이 대원군을 석방할 뜻을 가진 것을 안 국왕과 척족은 전율했다. 물론 국왕의 생부 석방에 반대할 만한 정당한 이유는 하나도 없었으므로 판서 민종묵(閔種默)을 진주정사(陳奏正使), 판서 조병식(趙秉式)을 진주부사(陳奏副使) 겸 문후관(問候官)에 차하했으나, 가능한 한 그 출발을 연기하고 먼저 이홍장의 진의를 확인하기로 했다. 척족의 대표자인 참판 민영익(閔泳翊)이 직접 톈진으로 급히 향했다.[8]

이홍장은 민영익을 불러서 대원군 석방 문제에 관해 대화를 거듭했다. 그는 청 조정의 의향을 전하고 민씨 일가와 운현(雲峴) 사이의 원한을 풀 것을 권했지만, 민영익은 자신의 양부인 민승호(閔升鎬)가 폭사(暴死)한 이래로 대대로 원수라고 하면서 거절했다. 민영익처럼 명민한 인물은 조선 중신들 사이에서 쉽게 찾아볼 수 없었다. 그 민영익을 운현과 화해시키지 못한다면, 두 가문의 일치협력 같은 것은 단념해야만 했다.[9]

대원군의 석방·귀국이 조선의 국내 사정으로 인해 중단된 동안에 이노우에 외무경이 대원군의 석방과 국정 참여를 제의했다. 대원군의 석방은 일본 외무당국의 의견을 기다릴 것도 없었지만, 이노우에 외무경의 주장처럼 조선국왕을 보좌해서 국정을 지도하게 하는 일은 완전히 불가능했다. 굳이 대원군을 귀국시킨다면, 국정 간여를 엄금해서 바오딩에서의 유수생활(幽囚生活)을 반복시킬 수밖에 없었다. 7월 17일(광서 11년 6월 6일)에 이홍장은 이러한 의견을 총리아문에 개진했다.

이하응의 석방·귀국을 일전에 에노모토가 문의하고 외무경 이노우에의 서함을 보여 주었습니다. 그 내용에, '이하응은 본디 재간이 있지만, 외교를 좋아하지 않는다. 만약에 과연 생각이 변해서 다시 일을 일으키지 않는다면 돌려보내서 국왕을 돕게 하는 것이 실로 양책이 될 것이다.'라고 했습니다. 하응이 작년 10월○메이지 17년 12월 후보도(候補道) 심능호(沈能虎)와

필담한 것을 예전에 초록해서 균서(鈞署)[5]에 보냈으니, 아마 검열하셔서 그의 지략(志略)[6]을 아셨을 것입니다.

그와 민비(閔妃) 사이의 원한이 이미 깊습니다. 처음에 왕비가 피살됐다는 소식을 듣고 오히려 조정에 돌아가서 국정을 광보(匡輔)[7]하려고 했는데, 계속해서 왕비가 무양(無恙)하며 은밀히 정병(政柄)[8]을 잡고 있음을 알고는 오직 생환해서 강호(江湖)에서 퇴로(退老)[9]하기만을 구할 뿐입니다. 나이가 벌써 예순여섯이며 큰 뜻이 없습니다. 올봄에 그 아들 재면(載冕)을 귀국시켜서 왕의 뜻을 살피고 제가 곁에서 은미하게 충고하니, 그 국왕이 전사(專使)[10]를 보내서 상소를 올려 간청하고자 이미 민종묵에게 파견 명령을 내렸으나, 중도에 오래 지체되어 아직 출발하지 않았습니다. 그것은 민비와 하응의 형세가 양립할 수 없기 때문입니다. 각기 사당(私黨)이 있어서 국인(國人)들이 다른 변고가 생길까 두려워하는데, 국왕은 본래 유약해서 눈치나 살피며 오락가락하고, 또한 자기에게 불편한 부분이 있으니 이것이 가장 융합하기 어려운 이유입니다.

하응이 구금됨을 원망해서 향배(向背)를 예측하기 어렵고, 또 여전히 수구(守舊)의 설을 고집할 것이라는 존려(尊慮)[11]에 관해서는, 예전 일로 비록 원망이 없을 순 없지만 만약 특은(特恩)을 입어서 사면되어 귀국한다면 응당 감격하고 두려워할 바를 알 것입니다. 또한 그도 시국을 크게 깨달아서 외교를 반드시 거부하지 않고, 일본에 의부(依附)[12]하고 러시아와 결탁하는 일을 원치 않을 것이니, 저 국왕이 암약(暗弱)해서 정견(定見)이 없는 것과는 큰 차이가 있습니다. 오직 그 가정(家庭)과 군신(君臣) 간에 수고를 아끼지 말고 거듭 권하며 조정해야 할 것입니다.

생각건대, 우선 하응을 위원(委員)과 함께 톈진으로 오게 한 후, 제가 그와 여러 번 밀담을 해서 그의 뜻과 재략(才略)을 알아보는 것이 어떻겠습니까? 그가 진작(振作)해서 훌륭한 일을 하고 다시 내변(內變)을 일으키지 않을지, 혹은 귀국을 명하여 전원에 병거(屛居)[13]하게 하고 오직 지위를 높이고 녹(祿)을 무겁게 해서 그 부자간의 은의(恩誼)를 보전하게 할지에 관해서는, 다시 글을 갖추어 상주해서 칙지를 청하는 것이 아마도 온당할 듯합니다.[10]

---

5) 균서(鈞署): 상대방 관서(官署)를 높이는 말로, 여기서는 총리아문을 가리킨다.
6) 지략(志略): 포부(抱負)
7) 광보(匡輔): 임금의 잘못을 바로잡으면서 통치를 보좌함
8) 정병(政柄): 정권(政權)
9) 퇴로(退老): 연로하여 은퇴해서 요양함
10) 전사(專使): 특정한 목적을 위해 보내는 사신
11) 존려(尊慮): 존의(尊意). 상대방의 생각을 높여서 이르는 말
12) 의부(依附): 의탁하다, 빌붙다.
13) 병거(屛居): 속세를 떠나 숨을 죽이며 은둔함

총리아문은 이홍장의 의견대로 상주를 올렸다. 청 조정에서도 그 의견을 채택해서, 7월 21일에 이홍장에게 명하여 이하응을 톈진으로 소환해서 하문(下問)하고 관찰하게 했다. 이홍장은 후보도(候補道) 허검신(許鈐身)을 바오딩으로 파견해서 이하응과 동행하게 했다.[11]

대원군의 톈진 소환은 그의 석방과 귀국의 전제였다. 톈진에 머물고 있던 민영익은 대세를 만회하기 어려움을 깨닫고, 7월 28일에 종인(從人) 이명선(李鳴善)의 이름으로 이홍장에게 서한 한 통을 보내서 자신이 대원군의 귀국에 동의할 수 없고, 함께 국사를 논의할 수 없는 이유를 진술한 후 당일로 톈진을 떠나 버렸다. 일이 뜻밖으로 진행되는 것에 놀란 이홍장은 심복인 직예천진해관도(直隷天津海關道) 주복(周馥)에게 명해서 급서(急書)를 보내 민영익을 불러들이고 다시 양자 사이를 조정하려고 했다. 하지만 민영익은 즈푸(芝罘)에서 답서를 보내서 이를 거절하고, 홍콩으로 건너가서 머물렀다.[12]

대원군은 도원(道員) 허검신과 동행해서 7월 30일에 톈진에 도착했다. 이홍장은 8월 1일에 그를 소견(召見)하고 또 후보도(候補道) 허검신과 장소화(張紹華) 및 천진해관도 주복(周馥)에게 명하여 8월 3일과 4일 이틀에 걸쳐 회견을 갖고, 대원군의 현재 심정과 조선을 중심으로 한 시국 문제에 관해 격의 없이 의견을 묻게 했다. 대원군은 이홍장의 질문에 대해 임오변란과 관련된 죄는 전혀 사실이 아니라고 변명하고, 이제 요행히 귀국을 허락받는다면 연로하고 병이 많으니 강호(江湖)에서 요양이나 하고, 감히 당류(黨類)를 가까이 해서 다시 흉변(凶變)이 발생하는 일이 없게 하겠다고 장담했다. 이홍장은 다시, "예전에 체포되어 중화(中華)에 왔으니, 실로 무지한 국인(國人)들이 이름을 빙자해서 사단을 일으키지나 않을까 우려했다. 그러나 바오딩에 온 이후로 성은(聖恩)으로 곡진히 보살펴 주었으니 응당 감대(感戴)[14]할 줄을 알아서 원망이 없으리라. 이제 다만 귀국한 후 어떻게 자처(自處)할 것이며, 어떻게 국인들로 하여금 다시 사단을 빚지 않게 할 것인지만 결정하면 될 것이다. 흉험(凶險)한 설계(設計)에 다시 빠지지 않겠다는 그대의 말은, 국왕이 비록 유약하나 천성이 매우 효성스럽고, 여러 신하들은 각각 의견이 있어서 마땅히 대의(大義)를 알 것이니, 자신이 먼저 흉험한 계책을 세우지 않는다면 누가 감히 위험한 계책으로 해를 끼치겠는가? 그대는 본래 총명해서 사리에 통달하니, 부디 이 충고를 양찰하라."라고 했다. 물론 대원군은 이 말에 따를 수밖에 없었다. 이홍장은 다시 추

---

14) 감대(感戴): 은혜에 감격해서 떠받드는 것

궁해서, "숙소로 돌아간 다음에 세 번 내 말을 생각하라."라고 주의를 주었다.[13] 이홍장
과의 회견은 대원군의 심경을 묻고, 또 그를 계칙(戒飭)하는 데서 그쳤지만, 8월 3일 회
견에서 허검신은 이홍장의 명에 따라 대원군이 귀국한 이후 척족과의 관계, 특히 왕비
민씨가 국정에 간여하는 잘못을 논하고 그 대책을 물었다. 이에 대한 대원군의 의견은
매우 중대한 의미를 가진다.

　　오늘날 소방(小邦)의 정형(情形)은 제(弟)가○대원군 차마 말할 수 있는 바가 아니니, 이는 기
자(箕子)가 은(殷)나라의 일을 입에 올리지 않은 것과 마찬가지입니다. 부디 양해하십시오.
형께서○허검신 왕비의 국정 간여 여부에 관해 누누이 질문하시니, 제가 어찌 감히 사적인 감정
으로 진실을 토로하지 않을 수 있겠습니까? 소방의 위태로움이 이러한 지경에 이른 것은 무
슨 이유입니까? 국정(國政)이 날로 망가지고 뇌물이 자행되어 관직에 임명되는 사람은 모두
민문(閔門)의 친척과 재산이 많은 자들뿐이니 백성을 도탄에 빠지게 합니다. 재부(財賦)[15]는
비유하자면 사람의 피와 살과 같습니다. 본방(本邦)은 원래 작은 나라라서 설령 절약해서 경
비를 줄이더라도 배비(排備)[16]하기 어렵습니다. 더구나 기강이 썻은 듯 사라져서 한갓 건납
(愆納)[17]만을 일삼고 여간한 세입은 모두 사적인 용도로 들어가서, 안으로는 국재(國財)가 고
갈되고 밖으로는 민심이 크게 불안하니, '나라는 나라요, 백성은 백성이다.'[18]라고 할 만합니
다. 이렇게 하고도 소국(小國)이 위태롭지 않은 경우는 들어 본 적이 없습니다. 어제 중당(中
堂)께서 제(弟)에게 누차 순문(詢問)하셨습니다. 이는 나라의 시정(施政)에 관계되니, 저와 무
슨 관계가 있겠습니까? 그러나 국사를 생각하면 한밤중에도 잠을 이루지 못하고 저도 모르는
사이에 눈물이 흘러 얼굴을 적십니다. 이는 실로 국왕이 스스로 잘못한 것이 아닙니다. 이는
사적인 말이 아니니, 깊이 양찰하십시오.
　　제 생각에 좋은 방법이 있습니다. 왕비가 국정에 간여하면 소방(小邦)이 비록 중조(中朝)에
서 곡진히 비호해 주는 은혜를 받더라도 몇 년이 지나지 않아 반드시 보전키 어려워질 것입
니다. 엄지(嚴旨)를 내려서 왕비가 국정에 간섭하지 못하게 하고, 대신(大臣) 한 명을 특파해
서 왕경(王京)에 주재시키면서 대소(大小) 사무(事務)를 처리하게 하신다면, 국세(國勢)를 지
탱할 수 있고 민심 또한 안정시킬 수 있을 것입니다. 다만 각국이 주시하고 있으니 중조(中

---

15) 재부(財賦): 재물과 부세(賦稅)
16) 배비(排備): 안배(按排), 준비(準備)
17) 건납(愆納): 조세를 기한 내에 바치지 못하는 것
18) 나라는 ~ 백성이다: 원문은 "國自國民自民"으로 나라와 백성이 서로 관계없이 따로 존재한다는 뜻이다. '너는
　　너 나는 나'의 의미와 같다.

朝)에서 특사를 파견해서 왕경(王京)에 주재하며 사무를 처리한다면 비록 장애가 있겠지만, 작은 것을 돌아봐서 큰 것을 잃는 것과 비교한다면 그 경중(輕重)이 어떠합니까? 이 방법이 아니면 삼한(三韓) 한 구역은 필시 천조(天朝)의 소유가 아니게 될 것입니다. 이것 말고는 다른 도리가 없습니다.

절실한 질문을 받았기에 이에 사실을 폭로하는 것이니, 혹시 중당께서 비밀리에 하순하시면 또한 제 말씀대로 사실에 따라 고하시되, 형은 꼭 비밀을 지키십시오. 옛날 고려시대에 원(元)나라 조정에서 특별히 엄지(嚴旨)를 내려서 고려대신 오기(吳祈)[19]를 체포해 가서 서안(西安)으로 유배 보내고, 정동행성(征東行省)[20]을 특파한 전례가 있습니다. 하물며 오늘날의 사세(事勢)가 당시에 비견할 정도가 아님에 있어서겠습니까?○상략, 하략14

이미 민영익과 회담하고, 이제 또 대원군과 회견을 한 이홍장은 운현 일가와 민씨 일족의 갈등은 생각보다 뿌리가 깊어서 자신의 위망(威望)으로도 그것을 조정할 수 없다는 사실을 깨달았다. 따라서 당초에 이홍장이 고려했고, 뜻밖에 이노우에 외무경에게서도 같은 제안을 받은, 대원군을 귀국시킨 다음에 종주국의 위세를 배경으로 이홍장의 지도하에 조선국왕을 보좌하고 국정개혁의 임무를 맡기는 것 또한 불가능했다. 또 왕비의 국정 간여가 모든 폐단의 근원이라고 해도, 대원군의 주장처럼 감국(監國)을 상주시켜서 국정을 감독하는 것 또한 현재의 국제 정세로 볼 때 현실성이 없었다. 이제 남은 마지막 수단은, 대원군이 스스로 말한 것처럼 강호(江湖)로 조용히 물러나서 한가로이 생활하며 국정에 간여하지 못하게 하는 것이 조선의 치안을 유지하고 대원군 일신의 안전을 보장할 수 있는 유일한 소극적 해결책이었다. 이홍장은 8월 8일에 총리아문에 밀함(密函)을 보내서, 지금까지 민영익, 대원군과의 회견 경과를 보고하고 자신의 의견을 개진했다.

조선의 시국이 변고가 많아서, 지난 6월 3일에 이하응의 귀국에 관한 공함(公函)을 받고 제가 초6일에 상세히 답신했습니다. 곧이어 초10일에 이하응을 톈진으로 데려와서 순문(詢問)

---

19) 오기(吳祈, 생몰년 미상): 고려 충렬왕 때 급제해서 승지 등 여러 관직을 역임했다. 충렬왕과 충선왕 부자 사이에서 이간질을 하고 충신들을 모함해서 해쳤다는 죄목으로 원나라로 송치됐다. 오잠(吳潛)이라고도 하며, 『高麗史』 125권, 列傳 38, 姦臣, 吳潛傳에 실려 있다.

20) 정동행성(征東行省): 원(元)나라가 고려 개경(開京)에 설치한 관청이다. 충렬왕 6년(1280) 원 세조(世祖)가 일본을 정벌할 때 정동행중서성(征東行中書省)이라는 관청을 개경에 두었는데, 일본 정벌을 그만둔 뒤로는 이를 정동행성(征東行省)으로 고치고 고려의 내정을 감시했다. 다만, 정동행성의 장(長)에 해당하는 좌승상(左丞相) 직에는 항상 고려왕이 임명됐고, 원나라의 관인으로 규정된 평장정사(平章政事)·좌우승(左右丞)·참지정사(參知政事) 등은 실제로는 비워 두고 있었다는 점에서 원나라와의 연락기관, 혹은 의례적인 기관으로 보기도 한다. 원문에는 '東征行省'이라고 잘못 표기되어 있다.

하고 관찰할 것을 명한 칙유(勅諭)를 받고, 즉시 도원(道員) 허검신을 바오딩으로 급히 파견했습니다. 그는 이하웅과 함께 6월 19일에 톈진에 도착했습니다. 제가 명령을 전하고 그와 반복해서 밀담을 했는데, 하웅은 오직 생환해서 은퇴하여 한가로이 요양하기만을 바랄 뿐, 국사에는 간여하기를 원치 않았습니다. 그래서 바로 설파하지 않고, 다시 천진해관도 주복과 허검신 등에게 날마다 그를 찾아가 한담(閑談)하고 일체를 개도(開導)[21]하게 했더니, 그가 비로소 속내를 다 토로했습니다.

그의 뜻을 총괄하건대, 왕비가 정치에 간여하고 민당(閔黨)이 권력을 농단하고 있으니 물러나서 그들을 피하기에도 겨를이 없을 것인데, 어찌 자신이 감히 일어나서 일을 맡겠느냐는 것이었습니다. 또 특별히 엄지(嚴旨)를 내려서 왕비가 정치에 간여치 못하게 해도 여전히 안에서 간여할 우려가 있으니, 반드시 원(元)나라 때의 고사를 따라 대신(大臣)을 감국(監國)으로서 흠파(欽派)[22]하고, 행성(行省)을 설치해서 왕과 왕비가 감히 임의로 행동하지 못하게 해줄 것을 청했습니다.

생각건대, 이러한 논의는 관계되는 바가 중대합니다. 원나라 때 여러 차례 감국을 파견했으나 사권(事權)[23]이 일정하지 않아서 더욱 분란을 초래했습니다. 만약 조선왕을 폐위하고 다시 행성을 설치한다면 거동이 크게 기굴(奇崛)[24]할 것입니다. 더구나 오늘날에는 각국이 이미 조선과 입약(立約)해서 통상(通商)을 하고 있고, 러시아와 일본이 옆에서 호시탐탐 노리고 있습니다. 이들이 필시 틈을 타서 옆에서 교란할 것입니다. 다스리려고 하다가 도리어 어지러움을 초래할 것이니, 사세로 볼 때 아마도 실행하기 어려울 듯합니다.

이보다 앞서 왕비의 조카 민영익이 봄에 톈진에 와서 하웅의 석방과 귀국 여부를 탐문했습니다. 저는 그에게 직접 '조만간 귀국할 것이니 너는 국왕과 왕비의 명을 교칭(矯稱)[25]해서 바오딩으로 가서 안부를 묻고 이 기회에 양가의 원혐(怨嫌)을 풀라.'라고 했습니다. 그러나 영익은, 사람됨이 비록 명달(明達)하지만 주저하면서 감히 스스로 결정하지 못했습니다. 그러더니 6월 17일에 영익의 수원(隨員) 이명선이 갑자기 밀함(密函) 한 통을 보냈는데, 영익은 대원군이 곧 귀국한다는 말을 듣고 다른 곳으로 떠난다는 내용이었습니다. 제가 급히 사람을 보내서 알아보니, 영익은 이미 그날 밤에 설명도 없이 서양 화륜선을 타고 남쪽으로 떠나 버렸습니다. 이 한 가지 일만 봐도 하웅과 왕비 사이를 조화시키기 어려움을 알 수 있습니다.

---

21) 개도(開導): 뜻을 열어 주고 앞에서 인도함
22) 흠파(欽派): 황제가 직접 사신을 파견하는 일
23) 사권(事權): 권력
24) 기굴(奇崛): 홀로 우뚝 솟아서 범상치 않음
25) 교칭(矯稱): 사칭(詐稱)

하응이 정병(政柄)[26]을 놓은 뒤로 민비가 정치에 간여한 지 오래됐고, 세자가 또 그 친생(親生)이요, 당여(黨與)가 조정에 가득하니 안팎으로 연결되어 뿌리가 깊습니다. 가령 엄지(嚴旨)를 내려서 정사에 간여치 못하게 하더라도, 왕이 유약해서 따를 수 없는데 어찌하겠습니까?

최근에 병선(兵船)이 조선에서 돌아와서 보고하기를, 중국과 일본이 철병한 후 러시아 사신이 아직 한성에 도착하지 않아서 오히려 평안하고 무사하다고 했습니다. 하응은 지금 나라가 이미 망했다고 하지만, 본래 이는 위태로운 말로 듣는 이를 놀라게 하려는 것입니다. 하지만 이 괴려(乖戾)를 조장한다면, 반드시 위망(危亡)의 기틀이 아니라고 할 수도 없습니다. 조정에서는 심사숙려하시옵소서. 만약 구장(舊章)을 경솔히 고쳐서 속방(屬邦)의 내정에 간여하기를 원치 않으신다면, 반드시 경려(勁旅)[27]를 미리 준비해서 동성(東省)의 변경에 주둔시켜 불우의 사태를 막고 급박한 상황에 대비하시옵소서. 하응과 관련해서는, 본래 종전에 큰 죄가 없으니 잠깐 본국을 떠나게 한 것은 바로 일시적인 권의(權宜)[28]의 계책이었습니다. 이제 이미 3년간 구속됐고, 늙고 병든 한 몸이 칠순이 됐습니다. 만약 죽지 않는다면 한갓 후회만을 남길 것이니 은혜를 베풀어서 고향으로 돌려보내고, 잠시 강제로 국정에 간여치 못하게 해서 내란을 피하는 것이 마땅할 듯합니다. 왕비는 그가 귀국해서 국외인(局外人)이 된 것을 보더라도, 하응의 성세(聲勢)[29]가 여전하므로 어쩌면 조금 신경을 쓰면서 제멋대로 하지 못할 수도 있습니다. 또 국왕이 아비를 생각함은 자식의 천성이니, 혹시 은밀히 그를 도와서 조금이나마 추향(趨向)[30]이 생길지도 모를 일입니다.

이상의 사정은 감히 대번에 복주(覆奏)할 수 없습니다. 부디 속히 고명한 결단을 알려 주시어 그에 따라 처리하게 하시옵소서. ○하략15

조선 국내에서는 이보다 앞서 민영익의 사명이 실패로 돌아갔다는 소식도 있었으므로, 대원군의 귀국을 저지할 수 없다면 몇 년만이라도 연기하고, 그것도 가망이 없으면 대원군을 변경에 유배 보내는 것에 관해 미리 청 조정에 양해를 구하려고 했다. 이에 승정원 동부승지 김명규(金明圭)(우의정 김병시의 조카)를 문의사(問議使)에 임명해서 국왕의 밀지를 주어 톈진에 급파했다.

---

26) 정병(政柄): 정권(政權)
27) 경려(勁旅): 정예부대
28) 권의(權宜): 잠깐 동안 형편에 맞게 취하는 조치
29) 성세(聲勢): 명성과 위세
30) 추향(趨向): 앞으로 나아감. 경향(傾向). 대세를 쫓아감

문의사 김명규는 8월 20일에 톈진에서 이홍장과 회견했다. 그는 국왕과 왕비의 밀지를 갖고, '대원군은 임오변란의 수괴로 국인(國人)들이 용납할 수 없으며, 그의 사면과 귀국으로 인해 화란(禍亂)이 일어날 것'이라고 말했다. 이홍장은 그 말을 반박해서, '대원군이 바오딩 부에 안치된 뒤로 조선에 화란이 속출한 것을 보면 대원군과 관계없이 민씨 일족의 책임이다. 또 왕비가 최고의 부귀영화를 누리고 있는데 그 시아비인 대원군이 이처럼 불우한 상황에 빠져 있는 것은 아마도 인륜에 어긋난 것'이라고 말했다. 김명규는 마침내 본론에 들어가서, "뜻이 그러하시니 참으로 황공합니다. 태공(太公)과 왕비가 상능(相能)[31]하지 않으니 국인(國人)들이 모두 호인(好人)이라고 해도 반드시 변란이 일어날 것입니다. 지금의 계책으로는, 우선 3, 4년을 기다려서 폐방(弊邦)의 민지(民志)가 안정되기를 천천히 기다렸다가, 역당(逆黨)과 요얼(妖孼)[32]을 차례로 복법(伏法)[33]한 후 다시 사면령을 내리시는 것이 좋겠습니다. 만약 그렇게 할 수 없다면, 부디 공정하고 염명(廉明)[34]한 사람을 파견해서 멀리 떨어진 곳에서 군대를 거느리고 태공을 옹호(擁護)[35]하며, 그 식솔을 데려가서 세상에 왕래하지 못하게 하고, 서찰 또한 노봉(露封)해서 바오딩 부에서의 규칙과 똑같이 하는 것이 아마 도리에 맞을 것입니다."라고 간청했다. 그는 왕비의 대변자나 다름없었다. 이홍장도 여기서, "각하는 거의 편단(偏袒)[36]을 하고 있습니다. 국왕에게는 그 아비를 금고(禁錮)할 수 있는 이치가 없고, 왕비는 내정(內政)[37]을 보좌하니 본래 외사(外事)에 간여해서는 안 됩니다. 설령 상능(相能)하지 못한다고 해도 어찌 그 일흔 살 노옹(老翁)을 한가롭게 지내지도 못하게 한단 말입니까? 어찌 병사를 보내서 간수를 둘 필요가 있습니까?"라고 통렬히 질책하며 논의를 중단했다.[16]

김명규의 사명은 아무 소득도 없었다. 그러나 국왕과 왕비는 여전히 희망을 버리지 않았다. 참의교섭통상사무 이응준(李應俊)이 사역원(司譯院) 당상역관으로서 이홍장을 비롯해 베이징·톈진 관계(官界)에 지인이 많은 것을 이용해서, 톈진에 많은 재물을 갖고 가서 뇌물로 뿌리게 했지만 이 또한 아무 효과가 없었다. 이제는 어쩔 수 없었다. 갖

31) 상능(相能): 서로 가까이하며 화목함
32) 요얼(妖孼): 요망스러운 사람
33) 복법(伏法): 법에 따라 사형에 처함
34) 염명(廉明): 청렴결백
35) 옹호(擁護): 일반적으로 어느 한쪽 편을 들어서 지지한다는 뜻이지만, 여기서는 감싸 안아서 보호한다는 뜻이다. 대원군을 유폐하고 감시하겠다는 뜻을 완곡하게 표현한 말이다.
36) 편단(偏袒): 한편에 치우쳐서 비호하는 것
37) 내정(內政): 국가 내부의 정치문제를 뜻하지만, 여기서는 문맥상 궁궐 내부의 일 혹은 집안일의 의미인 것으로 보인다.

가지 이유를 들면서 출발을 연기하고 있던 진주정사(陳奏正使) 민종묵, 부사 겸 문후관 조병식, 서장관 김세기(金世基)도 마침내 압록강을 넘어서 9월 20일 베이징에 도착했다. 그리고 예부에 출두해서 대원군 귀국에 관한 조선국왕의 상주문과 진헌예물(進獻禮物)을 진달하고 대신 상주해 줄 것을 신청했다. 예부에서는 이튿날인 21일에 전주(轉奏)했다. 당일(광서 11년 8월 12일)로 상유(上諭)가 내려와서 이하응에게 은혜를 베풀어 석방을 허락하며, 이홍장에게 명해서 위원을 파견하여 본국까지 호송하라는 칙지가 전달됐다. 이 상유문 말미에, "그리고 예부로 하여금 그 국왕에게 이 일은 짐이 법외(法外)로 인정(仁政)을 베푼 것임을 알리게 하라. 이하응은 마땅히 넓은 은혜에 영원히 감대(感戴)해서 그 만년을 신중히 처신해야 하리라. 그 국왕 또한 앞 수레의 실책을 통렬히 거울로 삼아서 참소하는 자들을 물리치고 말 잘하는 간신을 멀리하며, 어진 신하를 가까이하고 이웃나라와 좋게 지내서, 끊임없이 마음을 가다듬어 국가를 잘 통치할 것을 생각하라."라고 했다.[17]

광서 11년 8월 12일(메이지 18년 9월 20일)의 상유를 통해 대원군의 호송, 귀국이 직예총독에게 위임됐다. 이홍장은 바로 상주문의 뜻을 받들어 대원군 호송위원으로 예전에 귀조의 명을 받은 전(前) 총리주방각영영무처보용동지(總理駐防各營營務處補用同知) 원세개(袁世凱)와 전(前) 강서남공진총병(江西南贛鎭總兵) 왕영승(王永勝)을 위원으로 지명했다. 대원군은 왕 총병, 원 동지의 호위를 받으며 북양해군 소속 군함 진해(鎭海)를 타고 10월 2일에 출발해서, 다음 날인 3일에 인천에 안착했다.[18]

대원군의 도착 일시가 미리 통보됐음에도 불구하고, 조선국왕은 중사(中使)[38]를 보내서 위문하지 않았다. 이날 밤은 인천의 청 이사공관(理事公館)에서 묵었는데, 이사관(理事官) 이내영(李乃榮)과 일본영사대리 히사미즈 사부로(久水三郎) 등이 방문했다. 10월 5일에 입경할 때는 왕 총병과 원 동지가 북양해군 육전대를 인솔해서 호위했다. 남대문에서 국왕의 영근(迎覲) 및 청 총판상무 진수당 등의 영접을 받고 운현궁으로 들어갔다.[19] 다음 날인 6일에 입궐해서 국왕을 근현(覲見)하고, 7일에는 운현궁에서 외교단과 접견하고, 11일에는 각국 공사관을 답방했다. 대원군의 낯선 사교적인 모습은 주한 외국사신들을 놀라게 했다. 일본 임시대리공사 다카히라 고코로는 다음과 같이 보고했다.

---

38) 중사(中使): 궁중에서 명을 전하는 내시

같은 달 11일에○^{10월} 대원군이 본 공관을 시작으로 청·미국 등 각 공관을 직접 방문했는데, 그 풍채는 예전과 같았고, 말투가 활발해서 교제에 익숙했습니다. 제가 그와 두 차례 면담하면서 그의 말을 들으니, 대체적인 뜻은 앞으로는 국정에 간여하지 않을 것이며, 외교를 진척시키겠다는 두 가지 점에 있다고 생각됩니다. 아무튼 대단히 개방적인 것처럼 보였습니다. ○상략, 하략**20**

대원군의 귀국에 즈음해서 왕비와 척족은 노골적인 시위를 감행해서 세인들을 놀라게 했다. 그리고는 척족의 반대운동이 효과를 거두지 못해서 대원군의 귀국이 확정되자, 좌우포도청에 임오변란의 잔당에 대한 대대적인 수색명령을 내렸다. 곧바로 변란 이후 3년간 도피 중에 있던 괴수 무위영(武衛營) 포수 김춘영(金春榮)과 훈련도감(訓鍊都監) 나팔수 이영식(李永植)을 체포해서 모반대역부도(謀反大逆不道)의 죄명으로 대원군이 입경한 당일에 능지처참(陵遲處斬)을 했다. 대원군의 청지기로서 독살된 자도 있었고, 또 톈진에서 수행했던 통사(通事)³⁹⁾ 김병문(金炳文)도 체포됐기 때문에(후에 원세개의 항의로 석방됐음) 시종 10여 명이 모두 대원군의 주변에서 달아났다고 한다. 임오변란 당시 큰 공을 인정받은 태안부사(泰安府使) 홍재희(洪在義)○홍계훈(洪啓薰)가 충청도 수군절도사로 전임(轉任)된 것 또한 이와 무관하지 않았을 것이다. 아무튼 임오변란 잔당의 처형은 대원군에게 내려질 왕비의 복수가 가공할 만한 것임을 예감하게 했고, 대원군을 전율시켰다.²¹

다음으로 대원군의 입경 당일, 국왕은 예조에 명하여 대원군 존봉의절절목(尊奉儀節節目)을 상의해서 정하게 했다. 이는 존봉(尊奉)⁴⁰⁾을 구실로 대원군의 자유를 구속해서 일종의 감시 상태에 두려는 것이었다.

전교하셨다.

대원군께서 이제 돌아오셨으니, 나의 정사(情私)⁴¹⁾가 기쁘고 다행스러움을 어찌 이루 다 말하겠는가? 그러나 방금 황상(皇上)의○청 황제 유지(諭旨)를 보니, 석방한 이후에 오히려 더 불안하다는 구절이 있었으니, 그 은혜에 감격해서 송덕(頌德)하는 와중에도 다시 크게 답답한 것이 있다. 몇 해 전의 사건을 어찌 다시 입에 올리겠는가마는, 그것은 모두 잡류(雜類)가 까닭 없이 출입하면서 유언비어와 비방을 일으켜서 대원군께 누를 끼친 데서 연유

---

39) 통사(通事): 통역관
40) 존봉(尊奉): 존숭(尊崇)해서 높이 대우함
41) 정사(情私): 친족 사이의 사사로운 정

한 것이다. 생각이 여기에 미치니 나도 모르게 통탄스럽다. 또 사체(事體)로 말하더라도 예모(禮貌)가 본디 크게 구별되니, 모든 존봉(尊奉)하는 절목에 대해 다시 예조에 명해서 묘당에서 의논한 후 마련해서 들이도록 하라. 그리고 조신(朝紳)과 할 일 없는 잡인들이 시도 때도 없이 왕래하지 못하게 하라. 만약 혹시라도 무례하게 굴어서 예전의 습관을 답습한다면, 위제지율(違制之律)[42]로 다스릴 것이다.[22]

처음에 이홍장은 조선의 내치외교의 난맥상을 우려해서 대원군을 귀국시켜서 국정을 감시하게 하려고 했다. 그 첫걸음으로 민씨 일족과 운현 일가의 화해를 계획하고 민영익에게 중재를 시키려고 했지만, 민영익은 완강히 거절했을 뿐만 아니라 마치 보란 듯이 톈진을 벗어나서 홍콩으로 달아났다. 게다가 왕비는 모든 수단을 다해서 대원군의 귀국을 저지하려고 했으며, 결국 대원군의 귀국과 동시에 그의 당여(黨與)를 처형하고 대원군을 반감금 상태에 두었다. 이는 광서 11년 8월 12일 상유(上諭)의 취지를 어기고, 이홍장의 체면을 손상시키는 것이었다. 이 때문에 사실상 이홍장을 대표해서 내한한 원세개가 크게 분개했던 것이다.

메이지 18년 10월 대원군의 귀국을 계기로 이홍장의 대한방침이 일변했다. 즉, 그 이전에 이홍장은 국왕을 도외시하고 척족 민씨·조씨를 조선 정권의 대행자로 인정해서, 그들을 적당히 지도해서 중국 동쪽 번병(藩屛)으로서의 임무를 다하게 하려고 했다. 이 때문에 정교자주(政敎自主)의 전통적 방침을 폐기하지 않고, 지도·원조와 함께 그 독립성을 크게 훼손시키지 않는 정도에서 그쳤던 것이다. 하지만 메이지 18년 10월 이후로 이 방침이 완전히 달라졌다. 즉, 척족을 중국의 위신을 손상시키고 조선의 건전한 발전을 저해하는 사당(私黨)으로 간주해서 국왕을 독려해서 그들을 억제하려고 한 것이다. 이에 따라 이홍장의 조선에 대한 내정간섭은 노골적인 것이 되었고, 조선은 독립국으로서의 실체를 거의 잃는 지경에 이르렀다. 그 결과 척족은 청의 강압에 고심하면서, 청보다 더 강한 나라의 원조를 계속해서 물색하게 되었다.

척족에 대한 이홍장의 강압은 주한사신의 경질로부터 시작됐다. 메이지 16년 10월 이래로 도원(道員) 진수당이 총판조선상무의 직함으로 조선에서 청의 대표자 역할을 담당했지만, 그는 과거 일본인에게서 뼈 없는 해삼과 같다고 조롱당했고, 이홍장조차도, "조선 주재 도원 진수당은 근후(謹厚)함은 뛰어나지만, 재주와 지식이 부족하다는 것이

---

42) 위제지율(違制之律): 제도를 위반한 죄에 대한 형률

본디 확론(確論)[43]이다."[23]라고 인정할 정도였다. 원래 진수당의 직무는 영사와 유사했고, 스스로도 통상과 거류민 보호·단속에만 치중해서 조선의 내치외교에는 거의 간여하지 않았다. 그는 대한정책의 쇄신과 함께 당연히 경질되어야 했다.

도원 진수당을 경질한다면, 그 후임자의 인선에 신중을 기해야 했다. 조선은 청의 번속(藩屬)으로서 조선국왕과 이홍장은 대등한 관계에 있었다. 따라서 만약 주한사신으로 높은 지위의 대신을 파견할 경우, 체제상 곤란한 문제가 생겨서 국왕과의 원만한 협력이 어려울 수도 있었다. 이홍장은 숙고한 끝에 원세개를 기용하기로 했다. 원세개가 유용한 인재라는 것은 이미 임오변란을 통해 확인됐고, 그 뒤로 주방각영영무처(駐防各營營務處)라는 직함으로 사실상 청군 지휘관의 지위에 있었다. 갑신변란 또한 그의 힘으로 진정(鎭定)[44]한 것이었다. 다만 원세개는 연소기예(年少氣銳)[45]하고 공명심에 불타서 종종 사려 깊지 못한 행동을 했기 때문에 크게 계칙(戒飭)해야 할 필요를 느낀 것이 한두 번이 아니었다. 그렇지만 이홍장은 원세개가 "담략(膽略)이 모두 우수해서 능히 대체(大體)를 알 수 있고", 또 조선의 사정에 정통하다는 이유로 도원 진수당의 후임으로 천거했다. 다만 앞으로는 상무(商務)에만 국한하지 않고 외교에도 관여할 수 있는 권한을 주기 위해 주차조선총리교섭통상사의(駐箚朝鮮總理交涉通商事宜)라는 직함을 주고, 또 현지에서의 지위를 높이고자 삼품함(三品銜)을 상가(賞加)[46]해서 도원(道員)으로 승용(升用)[47]시킬 것을 주청(奏請)했다. 이는 메이지 18년 10월 30일 상유(上諭)로 발령됐다.[24]

주차조선총리교섭통상사의승용도(駐箚朝鮮總理交涉通商事宜升用道) 원세개는 메이지 18년 11월 17일에 경성에 부임했다. 원세개가 종주국의 주재관으로서 우선 처리해야 할 중요한 안건은 제2차 한러비밀협정이었다. 당시 척신들 가운데 친러파는 고(故) 민겸호(閔謙鎬)의 아들로 민영익의 사촌동생이 되는 협판내무부사(協辦內務府事) 민영환(閔泳煥)을 비롯해서 좌영사(左營使) 민응식(閔應植), 전(前) 충청도 수군절도사 홍재희 등이 중심이었고, 내무부주사(內務府主事) 김가진(金嘉鎭)·김학우(金鶴羽) 등도 가담하고 있었다. 이들은 묄렌도르프와 밀접한 연락을 취하면서 신임 러시아 대리공사 겸 총영사 카를 베베르에게 접근할 기회를 노리고 있었다. 원세개는 모든 화근이 당시 실의에 빠져

---

43) 확론(確論): 확설(確說)
44) 진정(鎭定): 반대세력을 힘으로 억눌러서 평정함
45) 연소기예(年少氣銳): 젊고 기백이 날카로움
46) 상가(賞加): 공로에 대한 상으로 품계를 올려 주는 일
47) 승용(升用): 관직을 높임

있던 묄렌도르프에게 있다고 단정하고, 청 해관에 복직하는 것을 조건으로 조선을 떠나게 했다. 원세개는 이것으로 조선과 러시아의 연락 통로가 차단될 것으로 예상했지만, 왕비와 척족은 큰 어려움 없이 새로운 방법을 찾아냈다.[25]

묄렌도르프가 톈진으로 돌아간 후, 죽산부사(竹山府使) 조존두(趙存斗), 내무부주사 김가진·김학우·김양묵(金良黙) 등이 왕비와 척족의 뜻을 받들어 러시아공사관에 출입했다. 그리고 채현식(蔡賢植)이라는 사람이 러시아어가 가능해서 국왕, 왕비와 베베르 대리공사 사이의 연락을 맡았던 것 같다. 이들에게 암약할 기회를 제공한 것은 아마도 거문도 철수 분규였을 것이다.

당시 청은 조선을 대표해서 거문도 철수 교섭을 계속했지만, 영국 정부는 군사적 필요를 이유로 쉽게 수락하지 않았다. 청의 무력함이 점차 논의되고 있을 때, 조존두의 무리가 연달아 국왕과 왕비에게 러시아의 강성함을 설명했다. 러시아에 간청하면 영국에 압박을 가해서 거문도도 어렵지 않게 돌려받을 수 있으며, 게다가 그 나라의 보호를 받으면 그 병력으로 청한종속관계를 폐기해서 형식상 완전한 독립국으로서 일청 양국과 평등해지고 성가신 청 주재관의 간섭에서 벗어날 수 있다고 설명했을 것이다.

이른바 '인아반청(引俄反淸)' 음모는 아마도 베베르 대리공사가 부임한 지 얼마 지나지 않아서 싹트기 시작했을 것이다. 정부 부처 내에서는 공식적으로는 거의 비밀에 부쳐졌을 것이다. 이 음모에 반대한 것은, 척신 중에서는 최근 홍콩에서 귀국한 민영익과 중신 중에서는 독판교섭통상사무 김윤식 등 2명에 불과했다. 민영익이 반대한 이유는 자신의 정치적 경험으로 볼 때 '인아(引俄)'가 성공할 가능성은 매우 의심스러운 반면, '반청(反淸)'의 보복은 가공할 만하리라는 것을 알았기 때문이다. 반면 김윤식의 반대는 이 음모가 그의 정의(正義) 관념에 반했기 때문일 것이다.[26]

민영익의 반대는 어쩔 수 없었지만, 외무당국의 반대는 친러론자들에게 큰 불안감을 느끼게 했다. 그렇지만 김윤식은 이홍장과 원세개의 신임이 두터웠기 때문에 그의 경질은 오히려 긁어 부스럼을 만드는 결과를 초래할 우려가 있었다. 실제로 비밀은 그에게서 누설됐다.

제2차 한러비밀협정은 메이지 19년 8월경에 예비교섭이 대략 성립됐다. 조선 정부에서는 베베르 대리공사에게 조회문을 보내서 조선을 보호하고 타국과 '일률평행(一律平行)'하게 하며, 혹시 제3국과 분쟁이 발생할 경우에는 군함을 파견해서 원조해 줄 것을 요청하기까지 했다. 그런데 이보다 앞서 메이지 19년 7월 말에 민영익이 원세개에게 이 사실을 밀고하고, 원세개는 즉시 이홍장에게 보고해서 방지할 수단을 취했다고 한다.

지금까지 이 사건의 전모를 설명했는데, 상세히 살펴보면 의문점이 적지 않다. 먼저 원세개가 민영익에게서 입수한, 베베르 공사에게 보내는 밀함(密函) 등본이라고 하면서 이홍장에게 전보로 보낸 문건을 한번 살펴보자.

본론만 알립니다. 폐방(敝邦)은 한 모퉁이에 치우쳐 있어서 비록 독립자주(獨立自主)했지만 끝내 타국의 관할(管轄)을 면치 못하니 우리 대군주께서 크게 부끄럽게 여기고 근심하고 계십니다. 이제 힘을 쏟아 진흥(振興)해서, 예전 제도를 모두 개혁하고 영원히 타국의 통제를 받지 않으려고 하지만 끝내 우려되는 바가 있습니다. 폐방과 귀국은 목의(睦誼)가 매우 돈독하고 순치(脣齒)[48]의 형세가 있으니 타국과 본디 구별되는 바가 있습니다. 부디 귀 대신께서는 귀 정부에 품고(稟告)해서, 협력하고 묵윤(默允)[49]하며 온 힘을 다해 폐방을 보호해서 영원히 변치 않게 하시기를 바랍니다. 우리 대군주께서는 천하각국(天下各國)과 일률평행(一律平行)하시니, 혹시 타국과 불화가 생기면 귀국에서 병함을 파견·원조해서 반드시 타당하게 처리해 주기를 깊이 바라는 바입니다. 이와 같이 진심을 알리니 살펴 주시기 바랍니다. 훈안(勳安)을 송축합니다.

대조선 개국 495년 병술(丙戌) 7월 일

봉칙(奉勅) 내무총리대신 심순택

대아국흠명대신(大俄國欽命大臣) 위(韋)[50] 각하에게 보냅니다.[27]

그리고 발신 일자의 위에 '한국보(韓國寶)', '심(沈)' 자의 위에 '도장(圖章)'이 찍혀 있었다고 한다.

이 밀함은 딱 봐도 매우 이례적이다. 당시 조선 조정에서 통용된 외교문서 서식에 따르면, 이번과 같은 중대한 외교교섭에서는 조선국왕이 러시아황제 앞으로 보내는 친서에 통리아문의 조회를 부속문서로 첨부하는 것이 상례였다. 그런데 문제의 공문은 의정부 영의정[총리내무부사(總理內務府使)]의 이름으로 된 밀함이다. 독판교섭통상사무 김윤식을 움직이기 어려워서 영의정 명의의 ─ 심순택도 이 사실을 몰랐다고 한다. ─ 밀함을 보냈다고 보더라도, '봉칙(奉勅)'의 두 글자가 매우 온당치 않고, 또 의정부 신함(信函)에

---

48) 순치(脣齒): 입술과 이로 운명을 함께하는 밀접한 관계를 비유한다. 순망치한(脣亡齒寒)의 줄임말이다.
49) 묵윤(默允): 은밀히 찬성해서 허락함
50) 베베르의 한문 음역이 '韋貝'이기 때문에 이렇게 쓴 것이다.

'조선국대군주보(朝鮮國大君主寶)'를 검인한 전례는 전혀 찾아볼 수 없다. 이 밀함의 존재를 부정할 수 없다면, 이것은 민영익이 국왕 친서와 영의정 조회의 두 문건을 의도적으로 섞은 다음에, 일견 이상한 문서를 만들어 원세개에게 전달한 것으로 볼 수밖에 없다.

다음으로 이 중대한 제의를 받은 베베르 대리공사의 반응은 전혀 알 수 없다. 메이지 19년 8월 5일자 이홍장에게 보내는 원세개의 전보에 민영익의 말이라고 하면서, "베베르는 의심하고 주저하면서 아직 허락하지 않았습니다. 그리고 중국이 먼저 군대를 움직일까 우려된다고 말하자, 한(韓)의 소인(小人)들이 중국군대는 쓸모가 없으니 만약 러시아군대가 오면 중국군대는 필시 퇴각할 것이라고 답했습니다. 그러자 베베르는 거듭 생각해 보고 다시 결정하자고 했습니다."라고 한 구절이 보인다. 또 8월 11일 전보에는 궁내(宮內)의 소신(小臣)[51]으로서 러시아어를 할 줄 아는 채현식(蔡賢植)에게 명하여, 국보(國寶)를 찍은 밀함(密函)을 러시아공사관에 보내게 했다는 구절이 있다. 하지만 베베르 대리공사의 회답밀함이나 조복(照覆)은 전해지지 않는다.[28]

제2차 한러비밀협정은 그 성격이 대단히 중대했다. 따라서 러시아 정부가 문자 그대로 이를 수락해서 청한종속관계를 폐기하려고 했다면, 10년 뒤 일청전역(日淸戰役)과 마찬가지로 반드시 청과 전쟁을 벌여야만 했다. 하지만 당시 러시아는 청과 전쟁을 벌여서 조선을 원조할 이유가 없었다. 예전에 묄렌도르프는 다비도프 공사, 슈페이에르 서기관과 접촉했을 때, 조선의 일반적 보호 혹은 군사상의 원조를 러시아에 요청하는 것은 단지 러시아에 희생을 강요하는 것일 뿐, 조선에서 제공할 수 있는 대가가 거의 전무하다는 데 고심했다. 베베르 또한 아마도 묄렌도르프와 같은 의견이었을 것이다.

마지막으로 주목해야 할 것은 극동지역에서 제정 러시아의 군비가 아직 정돈되지 않았다는 사실이다. 여기서 이 문제를 상세하게 서술할 수는 없지만, 제정 러시아가 극동에서 강력한 육해군을 보유하게 된 것은 전적으로 일청전역의 결과였고, 그 10년 전에는 아직 청 북양육해군에 대항할 만한 자신이 없었다.

'인아반청(引俄反淸)'의 음모에는 이와 같이 의문의 여지가 많다. 그런데 이에 대한 원세개의 활동에 크게 주목할 필요가 있다. 그는 직속상관인 이홍장에게 사건의 경과를 상세히 보고하고 단호한 조치를 취할 것을 요청하고, 8월 6일자 전보에서는 다음과 같이 극언을 하기에 이르렀다.

---

51) 소신(小臣): 낮은 직책의 관리. 또는 궁중에서 잡역을 맡은 환관

제 관견(管見)으로는, 한(韓)이 비록 러시아에 글을 보냈으나 러시아군대는 신속히 올 수 없으니, 그 인아(引俄)의 형적이 크게 드러나기를 기다렸다가 중국이 먼저 수군을 파견하고, 육군을 조금 태워서 칙지를 받아 신속하게 보낸 다음에 이 혼군(昏君)을 폐위하고 이씨 중에 현명한 자를 따로 옹립하는 것만 못합니다. 그리고 나서 수천 명의 병사가 그 뒤를 따른다면, 러시아는 중국군대가 먼저 들어온 것과 한(韓)이 새 군주로 바뀐 것을 보고 손을 뗄 것입니다. 또 지금 인심이 와해되고 각국이 원망·비방하고 있으니, 유지(諭旨)를 분명히 내려서 다시 대헌(大憲)○이홍장을 통해 이하응에게 새 군주를 돕게 하신다면, 며칠 내로 안정되어 처리가 어렵지 않을 것입니다. 만약 러시아군대가 먼저 들어오기를 기다린다면 아마도 중국은 손쓰기 어려울 것입니다.○상략, 하략29

이홍장은 원세개의 국왕폐위론에 동의하지 않았다. 하지만 원세개는 8월 16일에 서리독판교섭통상사무 서상우를 불러서 정색하고 조선 군신의 불법을 면책(面責)했다. 국왕 이하는 당황해서 어찌할 바를 몰랐다. 영의정 심순택과 판중추부사 김홍집을 비롯해서 내무부와 통리아문 당상들이 참집(參集)하여 상의한 결과, 갑신년의 전례에 따라 러시아대리공사에게 밀함을 보낸 것은 간신들의 교지(矯旨)[52]로서 국왕 자신은 관여한 바가 없고, 국보(國寶)와 도서(圖書)[53] 모두 훔쳐서 위조한 것이라고 해명했다. 또 문제의 밀함은 국왕의 윤재(允裁)를 거치지 않았다는 것을 이유로 베베르 대리공사에게 반환을 간청하는 것으로 끝냈다. 이어서 8월 17일에 의정부와 통리아문에서 원세개에게 변무(辨誣)[54]하는 조회를 보냈다.

조선서리독판교섭통상사무(朝鮮署理督辦交涉通商事務) 서(徐)가 은밀히 조회를 보냅니다. 본 아문(衙門)에서는 어제 간세(奸細)[55]한 무리가 우리 정부의 공문을 날조해서 러시아공사에게 보내 보호를 요청했다는 등의 사실을 들었습니다. 우리 국왕과 정부는 실로 이 일을 전혀 알지 못했으니, 듣자마자 경악해서 마음을 진정할 수 없었습니다. 바로 러시아공사에게 문빙(文憑)[56]의 반환을 청했으나, 그 공사는 한 마디로 의아해했다고 합니다. 전혀 형적이 없어서 조사할 도리가 없으니 어찌 애타는 마음을 억누르겠습니까? 폐방(弊邦)은 황상(皇上)의

---

52) 교지(矯旨): 왕명을 사칭해서 만든 가짜 교지(敎旨)
53) 국보(國寶)와 도서(圖書): 국보(國寶)는 옥새(玉璽)이고, 도서(圖書)는 인장(印章)을 뜻한다.
54) 변무(辨誣): 사리를 따져서 억울함을 밝힘
55) 간세(奸細): 간사하고 도량이 적음
56) 문빙(文憑): 증거가 될 만한 문서

자소지은(字小之恩)[57]을 특별히 입어서, 내복(內服)[58]과 동일하게 간주해서 수전(殊典)[59]으로 대우하신 것이 하늘과 더불어 끝이 없고, 또 몇 년 전에 다시 재조지은(再造之恩)을 입었습니다. 동토(東土)의 모든 생명을 머금은 것들이 천조(天朝)[60]의 비호 덕분이니 누군들 감격하며 떠받들지 않겠습니까? 그런데 뜻밖에 아무 이유 없이 유언비어가 날조하고 무함해서, 충정이 도리어 청천백일 하에 쉽게 가리고 말았습니다. 생각이 여기에 미치니 모골이 송연하고 간담이 서늘해집니다. 이른바 '문빙'은 애초에 파악할 수 없고, 유언비어는 저절로 허망한 데로 돌아갈 것이니 다시 따질 필요가 없습니다. 하지만 국왕께서는 이 말을 들으시고는, 큰 무함을 받았는데도 천조(天朝)에 충정을 드러내지 못할 것을 우려하셔서, 저희 정부에 정실(情實)을 고하게 하시고, 다시 본 아문에 은밀히 고하라고 명하셨습니다.

귀 총리께서는 상세히 살펴보셔서 양찰하십시오. 아울러 총서(總署)의 여러 왕공(王公) 대인들과 북양대신께 전달해서, 실정을 통촉하여 폐방(敝邦)이 무함받았음을 밝히고 억울함을 풀게 하신다면 뼛속까지 사무치는 감격이 또 어떻겠습니까? 문서를 갖추어 비밀리에 조회하니, 귀 총리께서는 살펴보신 후 시행하십시오.

이상과 같이 흠명주차조선총리교섭통상사의(欽命駐箚朝鮮總理交涉通商事宜) 삼품함승용도(三品銜升用道) 원(袁)에게 조회함.

광서 12년 7월 18일○메이지 19년 8월 17일 **30**

하지만 원세개는 이것으로 만족하지 않았다. 그는 먼저 통리아문에 압력을 가해서 문제의 밀함(密函)을 반드시 되돌려 받을 것과 이른바 소인배에게 엄중한 징계를 내릴 것을 요구했다. 또 대원군에게 부탁해서, 신정대왕대비(神貞大王大妃)와 명헌왕대비(明憲王大妃)를 움직여 국왕에게 읍간(泣諫)[61]하게 했다.

밀함 반환 문제와 관련해서 베베르 대리공사는 그러한 문서를 받은 사실이 없다고 강력히 부인했을 뿐만 아니라, 오히려 청의 대표자가 한러 외교에 간섭한다고 힐난했다. 원세개는 다시 서상우 등에게 압력을 가해서, 베베르 대리공사가 밀함의 반환을 승낙하지 않는다면, 다시 통리아문에서 공사에게 조회를 보내서 국왕과 정부에서 관여한 바가 아니므로 무효라는 성명을 시키려고 했다. 또 소인배에 관해서는, 이미 8월 18일에 조

---

57) 자소지은(字小之恩): 대국이 소국을 보살펴 주는 은혜
58) 내복(內服): 고대에 왕성(王城) 주위 1,000리 이내의 지역을 왕기(王畿)라고 했는데, 왕기 이내 지역을 지칭함. 왕기 이외 지역은 외복(外服)이라 부름
59) 수전(殊典): 황제가 신하에게 내리는 특별한 은전(恩典)
60) 천조(天朝): 천자의 조정
61) 읍간(泣諫): 울면서 간하는 것

존두, 김가진, 김학우, 김양묵 등 4명을 의금부에 하옥해서 23일에 각각 유배형에 처했다. 이는 인아반청(引俄反淸)의 실제 주모자는 왕비와 척족이지만, 이들을 처분하는 것이 불가능하기 때문에 러시아공사관에 출입한 4명을 처벌한 것으로 보인다.[31] 이 조처는 베베르 대리공사의 감정을 크게 자극했다. 그는 8월 24일에 공함(公函)을 보내서, 조선 정부가 타국의 간섭을 받아 조존두 등의 범죄 사실이 확실치 않은 데도 멀리 유배 보낸 데 대해 설명을 요구했다. 이튿날인 25일에 서리독판교섭통상사무 서상우는 베베르 대리공사에게 조복(照覆)해서, 조존두 등의 처분은 "실로 본국 내부의 일이니, 애초에 여러 나라와 관계되는 일이 아닙니다."라고 성명하고, 이것으로 결말을 지었다.[32]

제2차 한러비밀협정에 관해 조선 주재 도원(道員) 원세개가 보낸 상보(詳報)를 접하자마자, 북양대신 직예총독 이홍장은 원세개의 신청을 받아들여 긴급 방지수단을 취했다. 그 첫 번째는 조선 정부의 밀함 문제였는데, 이미 베베르 대리공사가 밀함의 반환을 거절한 이상 직접 러시아 정부에 그것이 무효임을 선언할 수밖에 없었다. 다행히 러시아 외무대신 임시대리 우란갈리(Vlangaly)는 원래 주청공사로서 이홍장과도 면식이 있었고, 또 청한종속관계도 잘 아는 인물이었다. 이홍장은 8월 15일에 주러특명전권공사 유서분(劉瑞芬)에게 타전해서 베베르 대리공사로부터 밀함이 올라왔는지 여부를 탐문하게 했다.

> 최근에 조선에 있는 원세개로부터 밀전(密電)이 있었다. 조선 정부가 러시아에 보호를 구해서, 이미 밀함을 보내어 베베르에게 전달을 요청하고, 러시아 조정은 병선을 파견해서 원조할 것을 윤허했다고 한다. 조선이 수천 년 동안 중국의 속방이었음은 천하가 모두 아는 사실이다. 러시아와 중국은 평소에 우호가 있다. 은밀히 탐문하고 계산해서 러시아가 그 밀함을 접수하지 않게 하고, 조선은 무사하니 파병하지 않게 해야 한다.[33]

또 원세개의 상신에 따라 러시아 함대가 도착하기 전에 청 북양해군의 주력을 인천에 보내기로 하고, 나가사키에 있는 북양해군제독 정여창(丁汝昌)에게 전보를 쳐서 명령했다. 그런데 정 제독은 최근 독일에서 완성되어 들어온 신식전함 정원(定遠)·진원(鎭遠) 및 순양함 제원(濟遠)을 이끌고 나가사키에 도착해서 차례대로 입거(入渠)[62]하던 중에 불행히 승무원과 나가사키 경찰서 사이에 일대 충돌이 벌어졌는데, 이 사건이 아직 해결되지 않아서 나가사키를 떠날 수가 없었다. 그래서 일단 제원(濟遠)만 인천으로 급파했

---

62) 입거(入渠): 선박을 선거(船渠, dock)에 넣는 일

다. 이홍장은 상주를 올려서, 그 대신에 통령남양수사(統領南洋水師) 오안강(吳安康)에게 명하여 휘하 군함 4척을 이끌고 인천으로 가게 했다.[34] 또 이홍장은 오랫동안 경성에 머물러서 조선 사정에 정통한 전(前) 총판조선전무(總辦朝鮮電務) 진윤이(陳允頤)를 전신업무 시찰의 명목으로 경성에 급파해서, 현지 사정을 살핀 후 원세개와 상의해서 만약 대원군에게 사변을 처리할 자신이 있으면 그를 원조해서 간신과 난당(亂黨)을 조사, 처리하게 했다. 그리고 한편으로는 톈진조약 제3조에 따라 일본 정부에 지조(知照)[63]한 후, 흠차사신에게 병력을 주고 조선에 보내서 조선국왕의 폐위를 단행하려고 했다.[35]

유(劉) 주러공사의 회답이 쉽게 오지 않았으므로 이홍장은 크게 초조했다. 그러다가 8월 28일에 러시아 외무대신이 베베르 대리공사에게서 조선국왕 혹은 정부의 밀함에 관해 어떠한 보고도 받은 일이 없다고 언명하고, 설령 그 밀함이 진달되더라도 그것은 위조된 문서로서 무효로 간주하는 데 동의했다는 보고가 유 주러공사에게서 올라왔다. 진윤이의 보고로 보더라도 대원군은 정치적으로 완전히 고립돼서 사건을 처리하는 데 무력하고, 또 조선의 군신들은 모두 이 사건이 발각된 후 몹시 두려워하고 있으며 청의 출병과 탄압을 예상해서 인심이 흉흉하다는 사실이 판명됐다.[36] 이홍장도 이제 밀함에 관한 한, 사태를 더 이상 확대하지 않고 해결할 자신이 생겼다. 이에 원세개가 8월 22일에 타전해서, "어제 한(韓)에서 채(蔡)[64]를 몰래 도망치게 한 다음에 은밀히 해쳐서 입을 막았습니다. 그리고 저뢰(抵賴)[65]하고 증거를 은닉하면서 러시아군대가 오기를 기다리려고 했으나, 문빙(文憑)에 한왕(韓王)의 국보(國寶)가 찍혀 있는데 장차 어떻게 저뢰한다는 것인지 모르겠습니다. 귀역(鬼魊)의 정형(情形)이 참으로 절치부심할 만합니다. 지금 신민(臣民)이 서로 싸워서 온 나라가 소란스러우니, 500명 병사만 있으면 반드시 왕을 폐위시키고 여러 소인들을 사로잡아 톈진으로 압송하여 신문할 수 있습니다. (상략, 하략)"라고 상신한 데 대해서, 28일에 "너는 진정하고 소요를 일으키지 말라."라고 계칙하기에 이르렀다.[37]

이홍장의 방침이 책임소재를 확대하지 않는 데 있는 이상, 원세개도 이를 따를 수밖에 없었다. 이에 일단 이 사건과 관련해서 스스로 관직을 내놓고 조정을 떠난 독판교섭통상사무 김윤식을 복직시키고, 또 통리아문에서 각국 공사에게 조회를 보내서 앞으로

---

63) 지조(知照): 공문을 보내서 통지하는 일
64) 러시아공사관을 왕래한 밀사 채현식(蔡賢植)을 가리킨다.
65) 저뢰(抵賴): 변명을 하면서 신문(訊問)에 복종하지 않음

각국에 발급하는 문서에 설령 조선의 국보(國寶)가 찍혀 있더라도 통리아문 인장이 찍혀 있지 않으면 무효로 간주한다는 뜻을 공식적으로 통지하게 하고 이 사건을 종결했다.

　　은밀히 조회합니다.

　　본국의 제 분수에 안주하지 못하는 자들이 왕왕 요언(謠言)[66]을 거짓으로 지어내서 문빙(文憑)을 위조하고 국보(國寶)를 베껴서 외인(外人)을 기만합니다. 본 독판이 일찍부터 이를 우려해서 전년에 각국 공관에 조회하기를, "앞으로 외국인과 조선인이 입약(立約)할 때 공사(公私)를 막론하고 만약 본 아문의 개인(蓋印)이 없으면 사약(私約)과 동등하게 간주한다."고 했으며, 이제 이를 원근(遠近)에 공포했습니다.

　　지금 어떤 사람이 일본에서 와서 전하기를, 김옥균(金玉均)이 국보가 찍힌 문빙을 휴대하고 있다고 하니 계책을 세워서 체포하려고 합니다. 본 독판이 정부와 회동해서 함께 조사해 보니 그것은 위조가 확실합니다. 즉시 대군주께 아뢰자 우리 대군주께서는 깊이 통한(痛恨) 해 하시고 이러한 간폐(奸弊)[67]가 아직도 암암리에 그치질 않고 있음을 생각하시어, 본 독판 에게 특별히 명해서 다시 성명하게 하셨습니다.

　　이 때문에 문서를 갖추어 조회하니, 부디 귀 총영사께서는 살펴보시고 이처럼 본 아문의 개인(蓋印)이 없는 불분명한 문빙이 있으면 모두 휴지로 버리시기 바랍니다.

　　　　　　　　　　　　　　　　　　　　병술년 8월 초6일○메이지 19년 9월 4일[38]

　　조선국왕이 국새를 찍어서 내려보낸 친서가 모두 위조라고 외무장관이 공식성명하 는 지경에 이르러서는, 조선의 국정에 아무리 상궤(常軌)가 없다고 해도 그 악영향이 클 수밖에 없었다. 실제로 9월 4일자 통리아문의 조회에 대해서 조복(照覆)을 보낸 것은 원 세개와 신임 독일 총영사 켐퍼만(Kempermann) 2명뿐이었고, 일본·미국·영국·러시아 등 각국 대표자들은 모두 이를 묵살해 버리고 말았다.[39]

　　이렇게 해서 한러비밀협정에 관한 일체의 암약(暗躍)이 덮였다. 그런데 여기서 주목 해야 할 것은 총리교섭통상사의 원세개의 지위이다. 원세개는 이미 4년간 조선에 주재 해서 다케조에 공사 등과는 비교할 수도 없을 정도로 조선의 정세에 정통했다. 더욱이 원세개는 종주국의 절대적인 권위를 등에 업고 조선의 모든 정무에 간섭했다. 대체로 원세개처럼 천성이 명민하고 연소기예(年少氣銳)하며, 게다가 정력적인 영재로부터 내

---

66)　요언(謠言): 뜬소문
67)　간폐(奸弊): 남을 기만해서 폐단을 일으킴

정 일체를 간섭받는 일은, 조선국왕과 척족이 아닌 어느 누구라도 도저히 감당할 수 없다. 마지막으로 원세개는 국왕의 폐위에까지 간여했다. 이 문제에 관해서는 다소 보충 설명이 필요하다.

처음에 대원군의 석방·귀국이 계기가 돼서 왕비와 척족이 이홍장의 조처를 원망하고 노골적으로 반항적인 태도를 드러내서 이홍장과 원세개를 불쾌하게 했다는 것은 이미 서술했다. 척족은 이제 청의 지지를 단념하고 보다 관용적인 제3국의 보호를 구했다. 한러비밀협정은 그 구체적 결과였다. 원세개는 이 모습을 보고 크게 경계했다. 그는 척족에게 통렬한 일격을 가하지 않으면 도저히 청의 종주권을 유지할 수 없음을 통감했다. 그런데 척족의 지위는 상당히 견고해서 그들을 대신할 세력을 발견하기란 거의 불가능했다. 국왕은 척족, 특히 왕비 앞에서는 완전히 무력했고, 왕세자 척(坧) 또한 사후 영의정에 추증(追贈)된 민태호(閔台鎬)의 딸을 빈(嬪)으로 삼았다. 따라서 척족을 정권 밖으로 몰아내기 위해서는 국왕을 폐위시키고 왕세자를 왕위계승 순위에서 제외하는 것 외에는 방법이 없었다. 원세개는 부임 직후 그 필요를 느꼈다. 한러비밀협정은 그 절호의 기회였다. 원세개는 이 문제를 김윤식과 협의했다. 김윤식도 국왕의 재위가 모든 폐단의 원인임을 인식하고 있었지만, 신하로서 국왕의 폐위에 대번에 동의할 수는 없었다. 중신들 중에서도 김윤식과 같은 의견을 가진 이들이 있었던 것으로 생각된다.

원세개는 척족을 추방하고 그 자리를 운현 일가에게 대신하게 하려고 했다. 하지만 뜻밖에도 대원군은 정치적으로 고립되어 완전히 무력했고, 그 장자(국왕의 친형) 완흥군 재면이 민영익이나 민영환 등에게 도저히 미치지 못한다는 사실도 느꼈을 것이다. 또 원세개는 대원군이 운현 일가의 번영과 척족에 대한 보복 외에는 아무것도 안중에 없으며, 특히 그가 사랑하는 손자인 재면의 장자 준용(埈鎔)이 왕위에 올라서 운현이 영원토록 부귀를 누리는 것에 부질없는 희망을 걸고 있다는 것도 잘 알고 있었다. 대원군은 척족을 대신할 수 있는 유일한 세력이었는데, 원세개가 준용을 옹위해서 조선국왕으로 삼는다면 운현은 환호작약하면서 그의 충실한 신하가 될 것을 맹서했을 것이다.

준용이 국왕의 자리에 올라서 대원군이 다시 정권을 잡는다면 원세개는 사실상 감국(監國)의 지위에 오를 것이며, 그에 따라 청의 종주권은 최대한 강화되어 조선의 독립자주는 한갓 공문(空文)에 지나지 않게 되었을 것이다. 다만 남은 문제는 국왕폐위의 형식과 국제관계에 미치는 영향이었다. 국왕폐위 형식에 관해서, 원세개는 종주국 황제의 칙명으로 시행할 것을 고려했다. 이는 원나라와 고려의 관계에서 착안한 것인데, 타당성이 결여되어 있었다. 원래 이태왕의 즉위는 신정대왕대비의 교지에 따른 것이었으므로 그의 폐위와 신왕의 즉위 또한 이 전례에 따르는 것이 무난했다. 따라서 이 문제는 대원군과 협의해서 처리했을 것으로 생각된다.

다음으로 국왕폐위가 국제관계에 미칠 영향은 생각보다 중대할 것이었다. 가장 먼저 문제가 되는 것은 일본이었다. 톈진협약 이후 이토 수상과 이노우에 외무경은 이홍장에게 접근해서, 조선 국정의 난맥상을 보고 북양(北洋)에게 주의를 주면서 대원군의 석방까지 제의해 왔다. 이토, 이노우에 두 재상의 의견은 척족을 추방하고 대원군이 정권을 장악하게 한다는 점에서 이홍장, 원세개의 그것과 별 차이가 없어 보였지만, 이와 함께 일청 양국이 협력해서 조선의 내정을 지도·감독할 것을 제의했다. 즉, 일본은 조선을 일청 양국의 공동보호 아래 두는 한이 있어도, 청의 보호국으로 만드는 것은 생각하지 않았던 것이다. 특히 일본 정부는 이홍장과 원세개처럼 조선의 정세에 정통하지 않았으므로, 척족을 배척할 필요를 인정하면서도 국왕폐위나 준용의 옹립(擁立)에 대해서는 이를 정치적 죄악으로 간주해서 극력 반대했으리라는 것 또한 충분히 상상할 수 있다. 다음으로 고려해야 할 것은 러시아였다. 척족은 러시아를 유일한 지지자로 간주하고 있었다. 따라서 척족의 추방은 러시아와의 마찰 없이는 실행할 수 없었다. 특히 국왕폐위는 청의 내정간섭으로서, 러시아의 엄중한 항의는 당연했다. 한러비밀협정을 방해한 것 때문에 원세개와 베베르 사이의 반감은 심각해졌고, 러시아 외무대신 미하일 기르스(Mikhail Nikolayevich von Giers)는 주러시아청특명전권공사 유서분에게 원세개가 조선 국정에 간섭하는 것에 대해 항의성 질문을 전달하기까지 했다.

이와 같이 국왕폐위는 국제관계상 중대한 분규를 초래할 형세에 있었다. 이홍장이 당초 국왕폐위에 동의하는 기색을 보였으면서도 끝내 허락하지 않은 것은 주로 국제관계를 고려했기 때문일 것이다.

원세개의 국왕폐위와 척족 추방은 끝내 무산됐지만, 이 일이 조선 정국에 미친 영향은 매우 컸다. 지난날 원세개는 조선에서 일본의 세력을 몰아냈고, 한러비밀협정이 이뤄지기 전에 그것을 분쇄함으로써 종주국의 위력을 실질적으로 과시했을 뿐만 아니라, 필요에 따라 언제든지 국왕과 왕세자를 폐위시키고 척족을 추방할 수 있는 실력이 있음을 보여 주었다. 국왕과 척족은 오직 원세개의 앞에 꿇어 엎드려 두려움에 떨 수밖에 없었다. 그 뒤로 8년 동안 원세개를 거쳐 내려오는 종주국의 명령은 절대적이었고, 그에 대한 반대는 허용되지 않았다.

1 『光緒朝中日交涉史料』8권, 문서번호 385의 부건 1. "徐承祖與日本井上馨問答"·부건 4. "李鴻章信".
2 『光緒朝中日交涉史料』8권, 문서번호 385의 부건 5. "日使榎本武揚抄呈之該國外務卿井上來信".
　　일본 외무경 이노우에 가오루 백작이 조선 외무(外務)의 판법(辦法: 처리방법)에 관해 은밀히 진술함.
　조선 외무의 판법은 일본·중국의 이권과 크게 관계되니, 만약 스스로 하게 맡긴다면 필시 외교의 지절(枝節: 곡절)이 제멋대로 생겨서, 중·일의 이권이 큰 피해를 볼 것입니다. 이에 이노우에 백작께서는 다음과 같이 판법을 구상하셨습니다.
　　1. 이중당(李中堂: 이홍장)과 이노우에 백작은 조선 외무의 주의(主意)를 비밀리에 상의해서 그 판법을 결정한 후, 이중당이 조선에 칙령을 내려서 그에 의거해서 시행하게 함.
　　2. 조선국왕은 내감(內監: 환관)과 국정을 상의할 수 없으며, 내감이 국정에 관여하는 권리를 일체 없애서 국사에 내감이 간여하는 것을 모두 허락하지 말 것. 국왕은 그 전례에 따라 위임한 대신하고만 상의할 것.
　　3. 조선 대신들 중에 반드시 가장 충성스러운 자를 택해서 국정을 맡길 것. 국왕이 중신을 선택하면, 누구를 막론하고 반드시 먼저 이중당과 상의하고, 이중당은 다시 이노우에 백작과 짐작(斟酌: 참작, 적절히 고려함)할 것. 김굉집, 김윤식, 어윤중 등은 모두 국사를 맡길 수 있는 자들임.
　　4. 외부(外部)·호부(戶部)·병부(兵部)의 사무와 같이 가장 중요한 국사는 모두 앞에서 거론한 충성스러운 중신들에게 위탁해서 처리할 것.
　　5. 재간이 있는 미국인 1명을 간택해서, 조선 정부에서 고용하게 해서 묄렌도르프를 대신할 것.
　　6. 한성에 주찰(駐紮)하며 국정을 좌탐(坐探: 정보 수집)하는 중국의 대원(大員)은, 현재 주찰하고 있는 대원(大員)보다 재간이 나은 인물로 속히 간택해서 파견할 것.
　　7. 국정을 좌탐하기 위해 중국에서 파견한 대원 및 묄렌도르프를 대체하기 위해 조선에 천거한 미국인은, 반드시 중당으로부터 상세히 가르침을 받게 하여 앞으로의 판법의 주의(主意)를 분명히 깨닫게 할 것. 그가 조선에 부임할 때, 도중에 일본에 들러 이노우에 백작을 뵙게 할 수 있음.
　　8. 국정을 좌탐하는 중국의 대원과 일본의 서리공사(署理公使)는 정의(情誼)를 돈독히 해서, 만약 필요한 일이 있으면 서로 상의해서 처리할 것.
3 『光緒朝中日交涉史料』8권, 문서번호 390의 부건 1. "李鴻章覆總署信".
4 『李文忠公全集』(譯署函稿) 17권, "光緒十一年六月六日條議朝鮮事".
5 『光緒朝中日交涉史料』7권, 문서번호 350. "光緒十一年正月二十九日禮部奏朝鮮李昰應懇請釋放據呈代奏摺"·문서번호 350의 부건 1. "朝鮮李昰應釋放呈文".
6 『光緒朝中日交涉史料』8권, 문서번호 383. "光緒十一年四月二十二日禮部奏朝鮮李昰應前因患病呈請恩釋應于何時釋回請旨摺".
7 『李文忠公全集』(譯署函稿) 17권, "條議朝鮮事".
8 『日省錄』, 李太王 乙酉年 3月 20日；『光緒朝中日交涉史料』8권, 문서번호 405. "光緒十一年八月十二日禮部奏朝鮮呈進貢物懇准李昰應回國據咨轉奏摺"·문서번호 405의 부건 1. "朝鮮國王咨請恩准李昰應回國來文"·문서번호 405의 부건 2. "朝鮮國王呈進貢物末單".
9 『李文忠公全集』(譯署函稿) 17권, "光緒十一年六月二十七日籌議赦還李昰應".
10 『李文忠公全集』(譯署函稿) 17권, "條議朝鮮事".

11 『光緖朝中日交涉史料』8권, 문서번호 391. "光緖十一年六月十日軍機處密寄李鴻章上諭".

12 『李文忠公全集』(譯署函稿) 17권, "籌議赦還李昰應".

덧붙이자면 광서 11년 6월 17일자 이명선의 밀함은 다음과 같다.

은밀히 아룁니다. 저는 해외의 보잘 것 없는 자취로서 천하 대사를 논하기에 부족하고, 또 정치하는 자리에 있지 않으니 어찌 감히 국정을 함께 도모하겠습니까마는, 다만 우충(愚衷)이 격동하는 바를, 분수 넘음을 무릅쓰고 감히 미천한 말로 아뢰고자 합니다.

천하의 일은 더 말할 것이 없거니와 우리나라의 일로 말하자면, 강린(强隣) 사이에 끼여 있어서 스스로 떨쳐 일어날 수 없고, 어느 하나 상국(上國)의 힘을 빌려서 처리하지 않는 일이 없으나, 그 요점은 '내수외화(內修外和)'의 네 글자에 지나지 않습니다. 예전에 러시아에 보호를 요청했다는 설 같은 것은 전해지는 소문일 뿐이니, 사실이 아니라고 생각하는 것이 좋을 것입니다. 이 소식이 만약 확실하다면, 범을 길러서 자기를 지키겠다고 하는 것과 무엇이 다르겠습니까? 참으로 한번 약속이 맺어진 뒤에, 진(秦)나라와 연결하는 형세가 이뤄지고 주(周)나라를 높이는 의리가 희미해질까 두려우니, 중국에 대해서는 또한 어찌하겠습니까?

또 학도를 선발해서 입학시키고 전기를 가설하는 등의 일은, 쉬운 듯 보이지만 사실 어렵습니다. 어째서겠습니까? 왕의 좌우에 있는 신하가 모두 유능한 자들이 아니라서 많은 일이 모두 취약해지고 나라가 날마다 잘못되고 있습니다. 이 무리들은 좋은 일을 이루지 못할 뿐만 아니라, 나쁜 일도 하지 못하는 자들입니다. 그러나 대원군의 사람됨은 좋은 일도 할 수 있고 나쁜 일도 할 수 있으니, 이 때문에 국인(國人)들이 지금까지 그를 생각해서 버리지 못하는 것입니다. 그런데 민씨 일족에 부의(附依)하는 여러 당(黨)은, 러시아도 두려워하지 않고, 영국도 두려워하지 않고, 일본도 두려워하지 않고, 오직 대원군이 귀국하는 것만을 두려워합니다.

무릇 안에서 불화하는 데 밖으로 업신여김을 막은 나라가 있습니까? 한갓 칠우(漆憂: 漆室之憂의 준말로 분수에 넘는 근심을 비유함)만을 가슴에 품고 억울함을 풀 수 없었습니다. 그러다가 마침 민영익이 서유(西遊)한다고 해서, 혹은 은미하게 충고하고 혹은 바로 말해서 톈진으로 가서 중당(中堂: 재상을 비유하는 말로 이홍장을 가리킴)을 만나 천폐(天陛: 중국황제)께 전주(轉奏)하여 대원군의 귀국을 윤허하는 칙지를 받으라고 권했습니다. 그리고 묵은 원한을 풀려고 하지 말고, 돌아가 왕비에게 곡진히 아뢰어서 서로 편안할 수 있도록 힘쓰라고 했습니다. 이는 비단 이(李)·민(閔)의 두 성(姓)이 안전을 보장할 수 있는 방도일 뿐만 아니라, 신민(紳民) 중에 대원군을 생각하는 자들에게는 그 희망에 꼭 부합할 것이요, 대원군을 두려워하는 자들에게는 조금 수습할 줄 알게 할 것입니다. 그렇게 한다면 혹시 대원군도 이로 인해 감동해서 나라를 위해 힘을 쓸 것이요, 무수한 사람들이 죽지 않고 살 것이니, 이 또한 음공(陰功: 세상이 모르는 숨은 공덕)의 일입니다.

생각건대, 양쪽을 조제(調劑)할 수 있는 것은 이 사람밖에 없다고 보았습니다. 누차 권한 다음에 그가 유람 차 압록강을 건널 때 따라와서 중당의 영문(營門)에 왔으며, 국왕과 왕비의 명을 받들어 직접 바오딩에 가서 대원군을 위문하고 그것을 기회로 예전의 혐의를 풀라는 지시까지 받았습니다. 그러나 아직까지 주저하면서 결행하지 못한 것은 혹시라도 왕비의 뜻을 거스를까 우려해서요, 또한 대원군이 귀국한 후에 그가 일을 일으키지 않으리라고 보장하기 어렵기 때문입니다. 이제 톈진을 떠나서 다른 곳으로 가려고 하니, 여러 하문(下問)하신 것에 대해서는 답변을 드리기 어렵습니다.

최근에 들으니 대원군이 귀국할 기미가 있다고 했습니다. 만약 그것이 사실이라면 민씨 일족을 안도케 할 한 가지 방책을 시행할 수 없을 것이니 애석합니다. 이는 이씨를 비호하려고 이러한 말씀을 드리는 것이 아닙니다. 또 듣건대, 어떤 자가 베이징에 와서 유언비어를 퍼뜨리면서 대원군이 석방·귀국되지 않기를 기도한다고 했습니다. 만약 그것이 사실이라면, 좋건 나쁘건 나라를 위해서 힘을 쓸 수 있는 인물을 어찌 없애겠습니까? 나라가 장차 러시아의 속국이 될지, 영국의 속국이 될지, 일본의 속국이 될지 알 수 없으니 이는 참으로 한 수라도 늦출 수 없습니다.

지금 바로 민영익을 은밀히 부르십시오. 다른 사람을 대동하지 않게 하시고, 반복해서 타일러서 인도하십시오. 먼저 간찰을 보내서 중개를 하신 다음에 날짜를 정해서 그를 바오딩에 보내시되, 이 계책이 저에게서 나온 것을 알리지 마십시오. 화(禍)만 초래할 뿐 무익할 것입니다. 만일 부르지 않는 것이 좋다고 생각하신다면, 반드시 사람을 공관에 보내서 감시하고 다른 곳에 가지 못하게 하십시오. 그리고 한편으로 주청(奏請)해서 칙지를 받아 대원군을 석방·귀국시키시고, 그에게 국사를 맡기되 요란을 일으키지 않게 하신다면 크게 다행이겠습니다.

위급한 마음을 가누지 못하여 이처럼 자세히 아뢰었사오니, 부디 정신을 가다듬어 살펴주시옵소서.

13 『李文忠公全集』(譯署函稿) 17권, "與朝鮮大院君問答節略".

14 『李文忠公全集』(譯署函稿) 17권, "李昰應與候補道許鈐身密談節略".

15 『李文忠公全集』(譯署函稿) 17권, "光緖十一年六月二十七日籌議赦李昰應".

16 『日省錄』, 李太王乙酉年六月八日; 『李文忠公全集』(譯署函稿) 17권, "光緖十一年七月十一日與朝員金明圭筆談節略".

17 『光緖朝中日交涉史料』8권, 문서번호 393. "光緖十一年七月十八日北洋大臣來電"·문서번호 398. "七月二十日盛京將軍來電"·문서번호 400. "七月二十七日盛京將軍來電"·문서번호 401. "八月三日北洋大臣來電"·문서번호 405. "八月十二日禮部奏朝鮮呈進貢物懇准李昰應回國據咨轉奏摺"·문서번호 405의 부건 1. "朝鮮國王咨請恩准李昰應回國來文"·문서번호 405의 부건 2. "朝鮮國王呈進貢物單"·문서번호 406. "上諭".

18 『李文忠公全集』(譯署函稿), "光緖十一年八月十五日送李昰應回國摺".

19 『光緖朝中日交涉史料』9권, 문서번호 407의 부건 1. "王永勝袁世凱上李鴻章稟".

20 "明治十八年十月十四日仁川駐在領事代理久水三郎宛駐韓代理公使高平小五郎書翰".

21 「大逆不道罪人春永永植等鞫案」; 『日省錄』 李太王 乙酉年 8月 26日; 『光緖朝中日交涉史料』9권, 문서번호 407의 부건 2. "袁世凱上李鴻章稟".

22 『日省錄』, 李太王 乙酉年 8月 27日.

23 『光緖朝中日交涉史料』8권, 문서번호 385의 부건 4. "李鴻章信".

24 『光緖朝中日交涉史料』9권, 문서번호 410. "光緖十一年九月二十一日李鴻章奏派同知袁世凱接辦朝鮮交涉通商事宜摺"·문서번호 410의 부건 1. "李鴻章奏袁世凱出使朝鮮請隆其位望籍資坐鎭片".

25 『光緖朝中日交涉史料』9권, 문서번호 409의 부건 3. "袁世凱來稟".

26 『光緖朝中日交涉史料』9권, 문서번호 409의 부건 3. "袁世凱來稟"·409의 부건 4. "袁世凱與朝鮮執政諸臣筆談節略"·409의 부건 5. "袁世凱摘姦論".

27 『李文忠公全集』(海軍函稿) 2권, "光緖十二年七月十四日袁道來電"

28 『李文忠公全集』(海軍函稿) 2권, "光緖十二年七月六日袁道來電"·"七月十五日袁道來電".

29 『李文忠公全集』(海軍函稿) 2권, "光緖十二年七月七日袁道來電".

30 『李文忠公全集』(譯署函稿) 18권, "論朝鮮辦誣附朝鮮照會".

31 『日省錄』, 李太王 丙戌年 7月 17日 · 22日.

32 『俄案』1권.

　　공경히 알립니다. 근일 죽산부사 조존두·내무부주사 김가진·김학우·김양묵 등이 성품이 비휼(秘譎)하다는 이유로 원도(遠島) 안치(安置)의 판결을 받았음을 알게 되었습니다. 조사에 따르면, 석연치 않은 정상으로 귀국의 충성스러운 인물들에게 중대한 죄명을 판결했으니, 귀 대신에게 분명히 알리지 않을 수 없습니다. 본 공사는 그 자거(字據: 증거가 되는 문서)를 상세히 알고 있으니 참으로 한탄스럽고 애석합니다. 경내(境內) 인민들이 모두 그들에게 중죄를 판결한 진짜 이유를 알고 있으므로 본 공사는 재론하지 않겠습니다. 참으로 귀 대신의 충의로움이, 떠도는 말에 기만과 압박을 당한 듯합니다.

　　본 공사는 일찍이 귀국 내사(內事)에 간여하려는 뜻이 없었으나, 화약(和約)에 따르면 각 외국들은 귀국에서 동일한 율례(律例)에 따르니, 이미 귀 정부에 타국이 귀국 내사에 간여하지 못하게 할 것을 희망했으며, 또 귀 정부의 대신 등이 국민을 다스리는 모든 일을 공정한 도리에 따라 처리하기 바랐습니다. 우리나라 정부는 성실하게 이웃나라의 안녕을 원합니다. 그러므로 본 공사의 심의(心意)의 본분(本分)을 상세히 알리는 것입니다. 터럭만큼도 죄가 없는 이들을 한꺼번에 유배 보내는 것처럼 양국의 화목을 손상할 수 있는 지시 등은 아마도 나중에 위험하고 난처한 결과를 낳을 것입니다. 이제 조회를 보내니 귀 대신 등은 회람하고 귀 정부에 알리시기 바랍니다.

병술 7월 23일　　이름은 따로 기재함.

　　대조선서리독판교섭통상사무 서(徐)가 조복(照覆)합니다.

　　이번 달 23일에 죽산부사 조존두·내무부주사 김가진·김학우·김양묵 등이 원지(遠地)로 정배(定配)된 일에 관해 귀 대신께서 보내신 글을 접수했습니다. 이 4명의 죄범(罪犯)은 실로 우리나라의 내사(內事)에 관계됩니다. 애초에 각국에 관계되는 일이 아니요, 또한 각국이 형전(刑典)이 무거운지 가벼운지 간여할 수 있는 일도 아니니, 우리 대군주의 성충(聖衷)에 따라 독단(獨斷)하실 뿐입니다. 귀 대신께서는 혹시 이 4명의 죄가 어디에 있는지 알지 못하고, 전해지는 말만을 믿어서 이렇게 부지런히 관심을 쏟아 번거롭게 조회하신 것이 아닙니까? 본서(本署)의 대신들은 의아함을 이길 수 없습니다. 앞으로 만약 전해지는 말이 있으면, 귀 대신은 우선 본서에 명백히 질문하신 다음에 공문을 보내야만 비로소 타당할 것입니다. 문서를 갖추어 조회하니, 부디 귀 대신은 살펴보십시오.

　　이상과 같이 대아국흠차전권대신 위(韋)에게 조회함.

병술 7월 24일

33 『李文忠公全集』(海軍函稿) 2권, "寄彼得堡劉使電"; (電稿) 7권, "寄譯署轉呈醇邸".

34 『李文忠公全集』(海軍函稿) 2권, "袁道來電"·"譯署來電"·"議朝鮮事"·"寄長崎交中國水師提督丁"·"崎長寄交中國水師提督丁琅".

35 『李文忠公全集』(海軍函稿) 2권, "籌朝鮮私叛".

36 『李文忠公全集』(海軍函稿) 2권, "寄彼得堡劉使電"; (電稿) 7권, "光緖十二年七月二十三日劉使來電"·"七月二十六日劉使來電"; (海軍函稿) 2권, "議朝鮮事"·"光緖十二年七月二十一日袁道來電".

37 『李文忠公全集』(海軍函稿) 2권, "光緖十二年七月二十一日袁道來電"; (電稿) 7권, "寄煙臺泰安輪船送朝鮮袁道".

38 『日案』6권; 『德案』5권; 『華案』11권.

39 『德案』5권, "丙戌八月七日景曼照覆"; 『華案』, "光緖十二年八月七日袁道照覆".

조선 방곡(防穀) 배상 사건

제 21 장

방곡 사건의 연혁

메이지 22년부터 26년까지 4년 동안 3명의 주한공사와 3명의 독판교섭통상사무를 교체시킨 조선 함경도·황해도에서의 방곡[1] 배상 사건은 그 성격으로 보면 순수한 경제 문제지만, 뒷날 일본·청·한국 3국간의 중대한 외교문제로 비화했을 뿐 아니라 일본의 내정문제로까지 논의되었다.

원래 조선의 주요 곡물산지는 한쪽에 편재된 감이 있고, 또 농민은 사회경제적 사정 혹은 농업기술의 미비로 많은 수확에 힘쓰지 않고 최소한의 생산에 만족하고 있었다. 이 때문에 한번 흉작이 들면 심각한 공급 부족을 초래할 우려가 있었다. 게다가 실제 수요와 공급 사이에 큰 차이가 없을 때도, 어느 지역의 작황이 좋지 않다는 소식이 들리면 다른 지역 지방관들이 관내 곡물이 그곳으로 유출돼서 식량이 부족할 것을 우려하여 각자 방곡을 명하는 경우가 드물지 않았다. 곡물산지의 편중은 이러한 폐단을 조장하는 경향이 있었다.

원래 방곡과 같이 중대한 정책은 중앙정부가 결정하는 것이 당연하지만, 지나(支那)와 조선에서는 지방관의 권한에 속해 있었다. 특히 조선 말기에는 지방관은 방백(方伯)[2]과 수령을 막론하고 똑같이 방곡을 발령할 수 있는 권한이 있었다. 이 때문에 주요 미곡 산지인 삼남(三南), 즉 충청·전라·경상의 3개 도와 양서(兩西), 즉 황해·평안 2개 도에서 평년 작황에 미치지 못할 때에는 각 읍(邑)이 경쟁적으로 방곡령(防穀令)을 내렸고, 이 때문에 경성에 곡물 반입이 끊기는 경우조차 있었다. 이때를 틈타 곡물상은 대자본으로 매점(買占)을 행하고, 이 때문에 경성에서는 쌀값이 등귀해서 무산대중의 생활 곤란을 초래하는 것이 상례였다. 정부는 곡물상을 하옥시키기도 하고, 진곡(賑穀)[3]을 내다 팔기

---

1) 방곡(防穀): 지방관이 관할지역 내 곡식의 유출을 금하는 것
2) 방백(方伯): 관찰사
3) 진곡(賑穀): 나라에서 평상시에 비축해 두었다가 흉년에 내어놓는 곡식

도 했지만 곡물가격은 기대한 것만큼 떨어지지 않았다. 이는 중앙관청, 주로 사헌부의 하예(下隷)[4]나 지방관청의 서리가 곡물상과 결탁해서 가격을 조작했기 때문이다.

이처럼 방곡에 관한 권한은 지방의 가장 하급관청에까지 위임되어 있었고, 이로 인한 남용의 폐해에 대해서는 조선 정부 자신이 상당히 심각한 경험을 하고 있었다는 데 우선 주의할 필요가 있다.

다음으로 고려해야 할 것은 곡물의 일본 수출이다. 원래 에도시대의 일한관계는 타이슈(對州)[5]를 중심으로 발달했다. 다시 말하자면 타이슈가 조선으로부터 그 생계를 유지할 수 있을 만큼의 미두(米豆)를 제공받는지 여부에 달려 있었다. 따라서 메이지 9년 2월 일한수호조규 체결 당시, 조선 전권(全權)이 곡물의 수출 금지를 주장하자 일본 전권은 수출 금지가 단지 타이슈 인들을 고통스럽게 하는 결과만을 초래할 것이라면서 주의를 주었던 것이다. 이어서 같은 해에 미야모토 이사관을 조선에 파견할 때 산조(三條) 태정대신(太政大臣)은 이러한 의미를 보다 명확히 해서, "저 나라에서 쌀과 보리의 수출 금지를 요청할 때는 그것을 허락하되, 타이슈 인민이 연래로 조선쌀을 식용(食用)해 온 편리(便利)를 잃지 않도록, 저들이 승낙한다면 공무역(公貿易)과 유사한 변통의 방법을 모색하라."라고 훈령했다.[1] 이 훈령은 사실상 조선 정부가 언제든지 방곡령을 내릴 수 있는 권리를 갖고 있음을 인정한 것이었다. 미야모토 이사관은 이 문제에 대해 신중한 태도를 취해서, 일한무역규칙 제6칙에 "앞으로 조선의 여러 항구에서 양미(糧米)[6] 및 잡곡 모두 수출입할 수 있다."라는 조항을 규정하는 데 그쳤다.[2]

이처럼 일한수호조규 체결 당시에는 곡물 수출 문제를 가볍게 보았는데, 이는 외무당국이 조선의 산업 및 일한무역의 실제에 밝지 못해서 생긴 결과였다. 조선은 천연자원이 부족하고 또 국내의 산업이 발달하지 못했으므로 수출이 가능한 상품은 일본에는 곡물, 지나에는 홍삼과 소가죽 등 약간에 지나지 않았다. 특히 일본은 유신 이후의 인구 증가로 인해 국내의 쌀 생산량이 부족했다. 그렇다고 해서 미곡 주산지인 미얀마·태국·인도·지나 지방에서 생산되는 쌀, 이른바 남경미(南京米)[7]는 일본인들이 먹기에 적합하지 않았다. 일본인의 입맛에 잘 맞고, 대량으로 수입할 수 있는 것은 조선쌀 뿐이었다. 이 때문에 조선쌀의 수출이 급증했는데, 특히 일본에 흉작이 들면 더 심했다. 쌀의 수출과

4) 하예(下隷): 관청에 예속된 하인
5) 타이슈(對州): 쓰시마 섬(對馬島)
6) 양미(糧米): 식량으로 쓰는 쌀
7) 남경미(南京米): 안남미(安南米)

함께 잡곡, 특히 대두(大豆)의 수출 또한 따라서 증가했다. 그 결과 조선에서는 곡물 가격이 등귀해서 무산대중의 생활고를 가중시켰다. 이를 본 보수적 정치가들은 외국무역의 폐해에 주목해서 곡물 수출을 금지해야 한다는 의견을 갖게 되었다. 이런 사정은 우리 가에이(嘉永)·안세이(安政) 연간의 개국 당시 상황과 유사한 면이 있다. 하지만 당시 일본에서는 물가상승과 함께 국내 산업이 진흥돼서 그 피해를 만회할 수 있었던 반면, 조선의 경제구조는 이러한 방식대로 움직이지 않았고 중대한 사회문제로 남게 되었다.

이러한 사정으로 인해 조선쌀의 수출에 대해 일한 양국 정부 모두 무관심할 수 없었다. 일본 정부도 결국 조선 정부가 곡물 수출에 어느 정도 제한을 두는 것을 승인해서, 어쩔 수 없이 조약에 명기했다. 메이지 16년 3월에 일한통상조약 교섭을 시작하면서 외무경 이노우에 가오루는 변리공사 다케조에 신이치로(竹添進一郎)에게 다음과 같이 훈령했다.

수출품 중에 쌀은 저들이 일찍부터 수출 금지를 주장했던 것이지만, 원래 쌀은 수출량의 7, 80%를 차지하고 있으니 그것을 금제(禁制)한다면 무역 촉진의 목적을 크게 저해할 것이다. 또 이 수출로 인해 근래 곡가(穀價)가 등귀하고, 그에 따라 산출량도 증가하는 형세이니 결코 금지할 필요가 없다. 하지만 크게 등귀할 경우에는 세민(細民)들이 궁고(窮苦)를 호소할 것이다. 이는 우리도 어느 정도 고려해야 할 사정이니, 만약 저들이 수출 금지를 주장하면 쌍방이 양보해서 1할(割)의 세율로 정하라.[3]

이는 조선의 쌀값이 매우 저렴하기 때문에 10%의 종가세(從價稅)는 수출업자들에게 거의 고통을 주지 않을 것이라는 전망에 따른 것이었다.

다케조에 공사는 이 훈령에 기초해서 조선 전권 민영목(閔泳穆)과 교섭한 결과, 곡물도 일반상품과 동일하게 수출세 5%로 정하고, 일한통상장정 제37관(款)에 다음과 같은 규정을 두었다.

만약 조선에 홍수·가뭄 혹은 전쟁 등의 사고가 생겨서 경내(境內)의 식량 부족이 있을 것을 우려해 조선 정부가 잠시 양미(糧米)의 수출을 금지하고자 한다면, 반드시 예정일보다 1개월 전에 지방관이 일본영사관에 지조(知照)[8]해야 한다. 그러면 미리 그 날짜를 각 항구에 있

---

8) 지조(知照): 공문으로 통지함

는 일본 상민에게 고시해서 일체(一體)로 준수한다. 미곡류(米穀類)는 진구(進口)와 출구(出口)[9] 모두 5푼(分)의 관세를 부과하지만, 만약 조선에 재황(災荒)이 있어서 진구(進口)가 필요하거나 일본에 재황이 있어서 출구(出口)가 필요할 경우에는 지조(知照)를 거쳐 진·출세(進出稅)를 면제할 수 있다.[4]

이 규정은 조선 전권의 주장을 그대로 조문화한 것으로 생각되는데, 지방관이 방곡령을 내릴 수 있는 권한을 승인한 것은 나중에 중대한 결과를 초래했다. 이후로 지방관은 1개월 전에 관내에 주재한 일본영사관에 통고하는 것만으로 방곡령을 내릴 수 있는 반면, 영사관은 그 불법을 교정할 수단이 없었기 때문이다.

일한통상장정 제37관의 방곡에 관한 규정은 메이지 22년에 처음 적용됐고, 실제로 일한 양국 간에 중대한 분규를 초래했다. 이해 10월에 함경도 관찰사 조병식(趙秉式)은 관내의 작황이 좋지 않고, 특히 대두[황두(黃豆)]의 피해가 커서 도민의 식량이 부족하리라는 전망에 따라 이태왕(李太王) 기축년(己丑年) 10월 1일(메이지 22년 10월 24일)부터 1년간 함경도 내의 대두 수출을 금지하려고 했다. 일한통상장정 제37관의 규정에 따르면, 그 1개월 전, 즉 기축년 9월 1일(메이지 22년 9월 25일)까지 감리원산구통상사무(監理元山口通商事務)를 거쳐 일본영사관에 통고해야 했다. 원산감리는 통리아문의 직속이었으므로, 지방관은 사전에 통리아문에 품신(稟申)하고, 통리아문에서 원산감리에게 명령을 내리는 것이 통례였다. 그런데 당시 감리원산구통상사무는 덕원부사(德源府使) 신형모(申珩模)가 겸직하고 있었으므로, 조병식은 이러한 절차를 생략하고 발령 예정일 1개월 전에 통리아문과 동시에 원산감리에게 관문(關文)으로 방곡령 시행을 통고하는 데 그쳤다. 그런데 원산감리 신형모는 이러한 절차가 규정 위반이라고 보고, 일본영사관에 통고하지 않았던 것 같다.[5]

함경도 관찰사 조병식의 관문은 기축년 9월 14일(10월 8일)에 통리아문에 도착했다. 발령 예정일인 10월 1일까지는 15일 밖에 남지 않은 시점이었다. 그렇지만 통리아문은 반드시 10월 1일부터 시행되리라고는 생각지 않았던 듯, 9월 17일(10월 11일)에 독판교섭통상사무 민종묵의 이름으로 함경도의 방곡령 시행을 일본 대리공사 곤도 마스키에게 통고했다.

---

9) 진구(進口)와 출구(出口): 진구(進口)는 수입(輸入), 출구(出口)는 수출(輸出)을 뜻한다.

대조선독판교섭통상사무 민(閔)이 조회함.

방금 함경도 관찰사 조(趙)의 보고를 받았는데 내용이 다음과 같았습니다.

　본성(本省)의 금년 농사가 흉작을 면치 못해서 백곡(百穀)이 모두 없는데, 그중에서도 황두(黃豆)가 더욱 심하니, 우리 백성들이 식량을 구하기 어려워서 이산(離散)하는 자들이 속출하고 몸은 비쩍 마르고 얼굴은 파리해서 곳곳마다 처참합니다. 조치를 취해서 구제하지 않을 수 없으니, 부디 각 공관(公館)에 조회해서, 1년 동안 특별히 양미(糧米)의 출구(出口)를 금지하게 하십시오.

　이에 따라 조일통상장정 제37관을 살펴보니, '가뭄이나 홍수로 국내의 식량 부족이 우려되어 잠시 양미의 출구를 금지하고자 한다면 1개월 전에 지방관을 통해 일본영사관에 지조(知照)해야 한다. 이로써 항구에 있는 상민들에게 고시하여 일률준판(一律遵辦)[10]하게 한다.'라고 했습니다. 원산감리에게 명하여 아력(我曆) 금년 10월부터 특별히 양미의 출구를 금지하고, 시행 1개월 전에 원산 주재 귀국 영사에게 지조하게 했으며, 아울러 문서를 갖추어 귀 공사에게 조회하니, 부디 살펴보신 후 시행하시기 바랍니다.

　이상과 같이 일본대리공사 곤도에게 조회함.

기축년 9월 17일[6]

　곤도 대리공사는, 함경도에 가뭄과 수해가 난 사실은 원산 주재 영사의 보고도 없고, 또 조선국왕의 교지에서도 본 일이 없었으므로 크게 미심쩍어했다. 따라서 원산 주재 영사에게 명해서 실정을 조사하게 하고, 그 보고가 올라올 때까지 기다렸다가 다시 논의할 것을 요청했다.

　방곡령 시행은 발령 전에 미리 통보해야 하지만, 외국공사의 동의가 필요한 것은 아니었다. 통리아문은 9월 24일(10월 18일)에 감리원산구통상사무에게 관문을 보내서 함경도의 방곡령 시행을 일본영사에게 통고하게 했다. 이 관문이 10월 1일 이전에 원산에 도착했는지는 의심스러운데, 어찌 됐든 간에 10월 1일 전에 방곡령 시행이 일본영사에게 통고되지 않은 것은 분명하다. 그리고 조병식은 이러한 절차상의 누락에 대해서는 전혀 신경 쓰지 않고, 예정된 10월 1일(10월 24일)부터 각 읍에 지시해서 일본 상민에게 대두 판매를 금지하고, 이미 일본 상민에게 판매된 대두는 운송을 중단하게 했다.[7]

---

10) 일률준판(一律遵辦): 동일하게 준수해서 처리함

얼마 후 11월 6일에 곤도 대리공사는 원산 주재 영사대리 외무서기생 히사미즈 사부로(久水三郎)의 보고에 기초해서 함경도에는 가뭄이나 수해가 없으며 특히 대두는 50년 이래로 가장 큰 풍작이라고 하면서, 원산 상업회의소 이사 요시하마 주타로(葭濱忠太郎) 등의 보고를 첨부해서 함경도 관찰사의 보고를 반박했다.

대일본대리공사 곤도가 조회함.

함경도 관찰사가 1년 동안 대두의 출구(出口) 금지를 고시한 사안에 대해서, 본 공사는 금년에 함경도에 가뭄이나 홍수 등 천재(天災)가 있었다는 사실을 듣지 못했으니, 우선 원산 주재 영사의 조사 결과가 오기를 기다렸다가 다시 확실히 회답하겠다는 내용으로 금년 10월 13일에 조복(照覆)한 바 있습니다. 이제 원산에 주재한 우리나라 영사의 보고가 다음과 같습니다.

함경도 각지에 금년에는 전혀 가뭄·홍수 등 천재가 없었으니 오곡(五穀)이 흉작이라는 소식은 듣지 못했습니다. 가령 황두(皇豆)로 말하더라도 수확이 매우 풍성합니다. 다만 홍원(洪原)·북청(北青) 소속의 신포(新浦)·북청(北青)·이원(利原) 등 연해 소읍(小邑)에서 우연히 보리와 피[稗]에 해충이 생겨서 수확이 타읍(他邑)에 조금 미치지 못한 사실은 있으나, 겨우 몇 개 읍의 미미한 피해에 불과하니 함경도 전체가 흉년이라고 말할 수는 없습니다. 또 함경도는 몇 해 전부터 다행히 천재로 인한 흉작이 없으며, 원산항에서 나가는 황두도 매년 증가해서 함경도의 농민들이 매우 큰 이득을 얻고 있습니다. 그러므로 보리와 피를 파종해서 각자 식용하는 것 외에 산야(山野)의 쪼가리 땅에도 콩을 파종하지 않는 데가 없으니, 본 항구가 개시(開市)한 이후로 가색(稼穡)[11]이 진흥된 한 가지 증거를 충분히 볼 수 있습니다. 혹시 보리와 피가 부족해서 빈민들이 밥을 굶을 우려가 있다고 하더라도, 이는 단지 게으른 백성들이 농사를 짓지 않아서 그런 것일 뿐, 전혀 흉년으로 인한 것이 아닙니다. 그런데도 함경도 감사가 최근에 황두의 무분별한 매매를 금지한다는 명분으로 판로를 막은 것은 수호조규 제9관(款)에서 용납하지 않는 바이며, 또 그 보고가 대부분 실정과 맞지를 않으니 이는 그 원인을 알지 못해서 그런 것이 아니겠습니까? 함경도의 농민들은 대체로 황두를 내다 팔기를 바라고 있습니다. 이는 매년 종자가 늘고 금년에는 더욱 수확이 풍성하기 때문입니다. 그런데도 농민들이 1년 동안 땀 흘려 거둬들인 성과가 하루아침에 감사의 통제를 받아서 갑자기 재물과 바꿀 길을 잃었으니, 그 곤액(困厄)이 오히려 흉년이 든 것보다 더 심함은 어째서입니까? 저 농가에 비록 축적한 곡식이 있다고 해도 돈과 비

---

11) 가색(稼穡): 파종과 수확

단으로 바꿀 수 없다면 생계가 막막해서 결국에는 가색(稼穡)을 그만두기에 이를 것이니, 그 폐단이 어찌 작겠습니까?

본 공사가 살펴보니, 일한조약에 '가뭄·홍수·전쟁[旱潦兵戎]' 등의 글자가 있어서 금지에도 제한이 있음을 밝혔고, 각국의 조약에도 특별히 '대군주가 유지(諭旨)를 내려서[大君主降旨]' 등의 글자가 있으니 이는 모두 경거망위(輕擧妄爲)로 상민(商民)에게 누를 끼치는 것을 신중히 경계하는 의미입니다. 그런데 이번에 함경도 감사가 보고한 정형(情形)에는 흉작의 원인이 전혀 상세하지 않았으며, 그 사실에 이르러서는 또한 모든 사람이 목도한 바와 다소 차이가 있으니, 이것이 곧 '경거(輕擧)'가 아니겠습니까? 더구나 귀국은 이미 개항호시(開港互市)를 허락했으니, 그 요점은 대체로 유무상제(有無相濟)[12]에 있습니다. 따라서 실제로 해당 감사의 흉작 보고가 사실이더라도, 귀 정부는 삼남(三南)에서 가뭄이 났을 때의 전례에 따라 우선 진구곡세(進口穀稅)[13]를 면제해서 이재민의 구제를 도모해야 하거늘, 그 이른바 '시급한 일[當務之急者]'이라는 것은 이것을 버려두고 어디서 찾는 것입니까? 한번 생각해 보십시오. 하동(河東)의 곡식을 옮기지 않고서도 하내(河內)의 백성을 충분히 양육할 수 있으니,[14] 어찌 이를 흉작이라고 할 수 있겠습니까? 이미 흉작의 실제가 없으니, 이는 조약에서 허용하지 않는 바입니다. 본 공사가 이번 방곡의 금령(禁令)에 동의할 수 없음이 유감입니다.

이에 특별히 함경도의 금년 작황 실정에 대해 원산 주재 영사 위원이 보고한 공문을 번역해서 드립니다. 오직 이러한 연유로 글을 갖추어 조복(照覆)하니, 귀 독판은 살펴보시기 바랍니다.

이상과 같이 대조선독판교섭통상사무 민(閔)에게 조회함.

메이지 22년 11월 6일[기축년(己丑年) 10월 14일]8

이 조회에 원산상업회의소 이사 요시하마 주타로 등의 보고서 한역문을 첨부했다. 하지만 이 보고서는 겨우 원산과 함흥을 시찰한 결과가 대부분이며, 나머지는 농부나 가마꾼 등의 말에 근거해서 함경도 전체가 대풍년이라고 단정한 것이었다. 상업회의소 이

---

12) 유무상제(有無相濟): 있고 없는 것을 교역해서 서로 구제한다는 뜻
13) 진구곡세(進口穀稅): 곡물 수입 관세
14) "하동(河東)의 곡식을 ~ 충분히 양육할 수 있으니": 『孟子』, 「梁惠王 上」에서, 양혜왕이 맹자에게 "과인은 국사에 대해서 마음을 다하고 있습니다. 하내(河內)에 흉년이 들면 그 백성을 하동(河東)으로 이주시키고 그 곡식을 하내(河內)로 옮기며, 하동(河東)에 흉년이 들어도 똑같이 합니다. 이웃나라의 정치를 살펴보건대 과인처럼 마음을 쓰는 군주가 없거늘, 이웃나라의 백성이 줄지 않고 과인의 백성이 늘지 않음은 어째서입니까?(寡人之於國也 盡心焉耳矣 何內凶 則移其民於河東 移其粟於河內 河東 凶 亦然 察隣國之政 無如寡人之用心者 隣國之民 不加少 寡人之民 不加多何也)"라고 한 구절을 인용했다.

사의 조사보고서로서는 두찬(杜撰)[15]이라고 하지 않을 수 없다.[9]

방곡령 실시와 관련해서 곤도 대리공사와 통리아문의 의견이 대립하고 있는 동안에 현지에서는 예고한 대로 메이지 22년 10월 24일(기축년 10월 1일)부터 방곡령이 실시돼서 일본 상민의 대두(大豆) 매입이 도처에서 방해를 받았다. 이는 명백히 일한통상장정의 위반이었으므로 히사미즈 영사대리는 감리원산구통상사무(監理元山口通商事務)에게 항의했지만, 감리는 말을 이리저리 돌리면서 확답을 주지 않았다. 영사대리의 보고를 받은 곤도 대리공사는 11월 7일에 통리아문에 조회를 보내서 함경도 관찰사의 불법행위를 힐책하고, 속히 관찰사에게 명령해서 방곡령을 철회하고 그를 징계할 것을 요구했다. 곧이어 히사미즈 영사대리로부터, 감리원산구통상사무에게서 통리아문의 명에 따라 함경도의 대두 수출을 금지하고 조약에 따라 1개월 전에 미리 통보한다는 취지의 공문을 받았지만 이미 방곡령은 시행된 뒤였다는 내용의 보고가 도착했다. 곤도 대리공사는 이 사실을 크게 중대시해서, 함경감사뿐만 아니라 통리아문도 일한통상장정을 무시한 것으로 간주했다. 그는 11월 7일에 조회를 보내서, 통리아문의 책임을 묻고 방곡령의 불법 시행에 따라 일본 상민이 중대한 손해를 입은 사실을 서술하면서 손해배상을 요구할 것임을 성명했다.[10]

대일본대리공사 곤도가 조회함.

조금 전에 접수한 원산 주재 우리나라 영사의 보고가 다음과 같습니다.

원산항 감리(監理)의 조회를 받았는데, 통리아문의 관칙(關飭)[16]에 따라 금년 10월부터 1년간 잠시 양미(糧米)의 출구(出口)를 금지한다고 했습니다. 본 영사는 아직 귀 공사의 찰칙(札飭)[17]을 받지 못했으며, 또 함경도는 금년에 가뭄·홍수·전쟁 등의 천재(天災)가 전혀 없는데도 조선 정부에서 갑자기 금령(禁令)을 내렸으니 실로 이해할 수 없습니다. 더구나 그 감리의 공문은, 비록 예정일 1개월 전에 지조(知照)한다는 말이 적혀 있기는 하나, 그 실제를 보면 함경도 감사가 이미 순포(巡捕)[18]를 각 읍(邑) 요로(要路)에 파견해서 대두의 판매와 운반을 막고 있으니, 우리나라 객상(客商)들이 내지무역(內地貿易)한 화물을 운송할 길이 없어서 얼마나 자본을 잃었는지조차 알 수 없습니다.

---

15) 두찬(杜撰): 근거가 불확실하고 오류가 많은 글
16) 관칙(關飭): 관문(關文)을 내려서 명령함. 관문은 상급 관서에서 하급 관서로 내리는 지시문서를 말한다.
17) 찰칙(札飭): 상급 관서에서 하급 관서에 공문을 내려서 지시하는 일
18) 순포(巡捕): 구역의 순찰과 범죄인의 체포를 맡은 군관으로서, 특히 외국인 조계지의 경찰을 가리키기도 한다.

본 공사는 예전에 귀 독판의 공문을 받고 조복(照覆)하기를, 원산에 주재한 우리나라 영사에게 찰칙(札飭)해서 조사하고, 보고가 올라오기를 기다렸다가 다시 확실하게 조복하겠다고 했습니다. 그런데 이제 원산 주재 영사가 보고한 정형(情形)에 따르면, 귀 아문은 본 공사의 조복을 기다리지 않고 제멋대로 그 금령의 포고를 허락한 것처럼 보입니다. 더구나 비록 예정일에 앞서 통보해야 하는 전례를 따랐더라도, 실제로는 이미 금조(禁阻)를 시행했으니 의아한 마음을 억누르기 어렵습니다.

양국의 호시(互市)에 관계되는 사안은 손익을 따지지 말고 반드시 먼저 상의해서 타협한 이후에야 시행할 수 있으니, 결단코 한 나라가 임의로 하는 것을 용납하지 않습니다. 만약 이 나라가 저 나라와의 상윤(商允)[19]을 전혀 거치지 않고 제멋대로 금지령을 내려서 저 나라 상민(商民)에게 손실을 초래했다면, 마땅히 이 나라가 그 액수대로 배상하는 것이 바로 통법(通法)입니다. 지금 귀 아문은 본 공사의 상윤을 전혀 기다리지 않고 갑자기 금지령을 실시해서 우리 상민에게 손실을 입혔습니다. 따라서 마땅히 귀 정부에서 그 배상 책임을 맡아 천전(擅專)[20]한 잘못을 사죄해야 합니다. 어찌 본 공사가 많은 말을 할 것이 있겠습니까? 조속히 정상으로 돌려서 계획을 변경하는 것으로 말하자면, 오직 귀 독판의 숙계(熟計)[21]에 달려 있을 뿐입니다. 문서를 갖추어 조회하니, 귀 독판은 깊이 따져 보시고 속히 확실한 조복을 보내시기 바랍니다.

이상과 같이 대조선독판교섭사무 민(閔)에게 조회함.

메이지 22년 11월 7일^{기축년 10월 15일}[11]

곤도 대리공사로부터 힐책을 받은 통리아문은, 같은 내용으로 함경도 감사를 문책하지 않을 수 없었다. 통리아문은 조병식이 일한통상장정의 명문(明文)을 무시해서 미리 통리아문에 품신(稟申)하고, 통리아문을 거쳐서 1개월 전에 일본영사관에 사전통보하지 않고 제멋대로 방곡령을 시행해서 일한 양국 간에 중대한 사건을 초래했는지 파악하기 위해 고심했다. 바로 11월 9일에 통리아문은 함경감영(咸鏡監營)에 명해서, 관문(關文)을 접수하는 대로 즉시 대두의 판매 금지령을 해제하고, 다시 실정을 조사한 후 만약 실제로 흉작이 들어서 방곡의 필요가 있으면, 규정된 절차를 거쳐 통리아문에 품신(稟申)하고 발령하기를 바란다는 뜻을 전했다.[12]

---

19) 상윤(商允): 상의와 허락
20) 천전(擅專): 독단에 따라 제멋대로 행동함
21) 숙계(熟計): 깊이 생각해서 계획을 마련함

통리아문에서는 방곡 해금을 관칙(關飭)했지만, 함경도 관찰사 조병식은 민정(民情)에 따른다고 하면서 통리아문의 명에 불응했다. 이 보고를 접한 곤도 대리공사는 감사의 위법을 성토하고 그의 경질을 요구했다. 하지만 민종묵이 주저하면서 결단을 내리지 못하자, 메이지 23년 1월 17일에 국왕을 알현하고 직접 아뢸 테니 허락해 줄 것을 요구했다.[13] 묘당에서도 더 이상 사태를 방치하기 어려워지자 1월 28일에 함경도 관찰사 조병식에게 칙령항거(飭令抗拒)의 죄명으로 삼등월봉(三等越俸)[22]의 처분을 내렸다. 이에 앞서 함경감영에서도 결국 대두 판매 금지령을 해제했다.[14]

조선 정부는 곤도 대리공사의 항의가 정당하다고 인정해서 함경도의 방곡령 철폐를 명하고 관찰사 조병식을 징계했다. 그렇지만 수령들이 각각 방곡을 발령할 수 있는 권한을 갖고 있었기 때문에 감사의 명령은 철저히 이행되지 않았다. 특히 길주목(吉州牧) 이북은 함경북도 안무사(按撫使)[예전 함경북도 병마절도사(兵馬節度使)]의 소관으로 사실상 감사의 권력이 미치지 않았으므로, 안무사의 명에 따라 방곡령이 계속 유지되고 있었다. 히사미즈 영사대리는 메이지 23년 1월 중에 경성에 올라와서 곤도 대리공사에게 이러한 사정을 보고했다. 곤도 대리공사가 그 조치에 관해 독판교섭통상사무 민종묵과 협의를 거듭한 결과, 3월 30일에 이르러 함경감영(咸鏡監營)과 원산감리(元山監理)에게 관칙(關飭)해서 즉시 대두 판매 금령의 해제를 포고하고, 또 호조(護照)[23]를 소지한 일본 상민에게 임의무역(任意貿易)을 행하게 할 것을 명령했다. 그리고 이 명령이 시행되지 않을 것을 대비해서, 원산감리에게 명하여 원산항 서기관 겸 경찰관 박의병(朴義秉)을 함흥 이북 각 읍(邑)에 파견해서 지방 관민에게 일한통상장정의 취지를 설명하게 하고, 또 그에게 원산영사관에서 근무하던 외무서기생 나카무라 쇼지로(中村庄次郎)를 붙여서 감시했다.[15]

함경도 관찰사 조병식은 월봉(越俸) 처분을 받았기 때문에 당연히 교체되어야 했다. 메이지 23년 3월 21일에 의정부 초기(草記)에 따라 '열군(列郡)을 복종시켜서 백성을 회무(懷撫)[24]하고 은혜로운 정사를 펴서 공적이 우수하다.'는 이유로 과만(瓜滿)[25]을 기다

---

22) 삼등월봉(三等越俸): 월봉(越俸)은 공무상 과오를 범한 관리에 대한 감봉 처분을 뜻하는데, 봉급의 10분의 1을 감봉하는 것을 월1등, 10분의 2를 감봉하는 것을 월2등, 10분의 3을 감봉하는 것을 월3등이라고 했으며, 8등을 넘지 않았다.
23) 호조(護照): 외국인의 내지여행 허가증
24) 회무(懷撫): 어루만져서 편안하게 함
25) 과만(瓜滿): 관리의 임기가 만료되는 것을 말한다. 『春秋左傳』, 莊公 8년조의 "제후(齊侯)가 연칭(連稱)과 관지보(管至父)로 규구(葵丘)를 지키게 했는데, 마침 오이가 날 때였다. 이들을 보내면서 제후가 '다시 오이가 익을

렸다가 특별히 일과(一瓜)를 더해서 유임시킨다는 명이 내려졌지만 이는 중신을 우대하기 위한 형식에 지나지 않았다. 4월 20일에 강원도 관찰사 이원일(李源逸)과 교대하라는 명이 내려졌고, 얼마 지나지 않아 이조판서에 등용됐다.[16]

함경도 방곡 사건 또한 방곡령의 철폐와 그 책임자인 지방관의 경질로 일단락됐다. 하지만 손해배상 문제가 남아 있었다. 원래 곡물 매입에 종사하는 일본 상인의 대부분은 자본이 극히 빈약해서, 매년 파종 전에 은행이나 개인들로부터 자금을 융통받아서 ─그들의 신용상태로는 당연히 가장 높은 금리가 적용됐다.─ 그것을 조선인에게 대부했다. 그리고 추수를 기다렸다가 수확물을 인도받은 다음에 개항장으로 싣고 가서 더 큰 규모의 무역상들에게 인계했다. 이 과정에서 다소의 손해를 감수하더라도 바로 대출금 이자를 갚기 어려운 자들이 많았다. 메이지 22년 방곡령의 포고와 함께 대두 가격은 당연히 대폭락했지만, 현재 경성에서 일본공사가 통리아문과 교섭 중이었으므로 머지 않아 방곡이 해금돼서 가격이 다시 등귀할 것은 확실했다. 하지만 자본이 빈약한 원산의 곡물상들은 차입금의 이자 때문에 그때까지 버틸 수 없었고, 대부분은 보유 중인 대두를 헐값에 처분했을 것이다. 이 때문에 곡물 수출상들의 손해는 막심했고, 원산 거류지는 쉽게 회복할 수 없는 큰 타격을 입었다. 이에 원산상업회의소가 중심이 돼서 손해액의 조사에 착수했다. 그런데 피해자의 규모가 40여 명에 이르자 그 이해관계가 대단히 복잡해져서 조사에 큰 어려움이 생겼고, 메이지 23년 5월부터 반년이 지난 10월이 돼서야 조사가 끝나 히사미즈 영사대리를 거쳐 곤도 대리공사에게 제출됐다. 외무성은 이듬해인 메이지 24년 3월에 교제관시보(交際官試補) 이시이 기쿠지로(石井菊次郎)와 마쓰이 게이시로(松井慶四郎)를 원산에 파견해서 현지조사를 했다. 그렇게 해서 손해액의 조사는 일단 완료됐지만 조선 정부에는 제출하지 않고, 원산상업회의소와 거류민회(居留民會)는 경성공사관과 외무성에 위원을 파견해서 운동을 벌였다.[17]

메이지 24년 12월 7일,[26] 변리공사 가지야마 데스케(梶山鼎介)는 외무대신 자작 에노모토 다케아키(榎本武揚)의 훈령에 따라 독판교섭통상사무 민종묵에게 조회를 보내서 메이지 22년 4월부터 9월까지 방곡 시행에 따른 일본 상민의 손해 및 이자 총 147,168.322엔의 지불을 요구했다.

때 교대해주겠다.'"라고 한 고사에서 유래한 말이다. 뒤의 구절의 일과(一瓜)를 더한다는 말은 관리의 정해진 임기를 한 번 더 연장한다는 뜻이다.

26) 원문에는 2월 7일로 되어 있으나, 『日案』에 수록된 조회문의 날짜에 따라 바로잡았다.

대일본흠차변리공사대신 가지야마가 조회함.

메이지 22년 9월 이후로 귀국의 함경도 지방에서 멋대로 방곡을 시행해서, 우리 상민들의 곡식 무역과 운반을 막았을 뿐만 아니라 우리 상민의 화물과 전문(錢文)[27]을 압수했습니다. 그리고 이러한 폐단이 이듬해인 메이지 23년 4월까지 이어지고 있다는 사유로 이미 당시에 전임 곤도 대리공사가 귀 독판에게 조회를 보낸 바 있습니다. 그런데 우리 상민들의 정실(情實)에 부합하지 않아서, 해당 금령(禁令)으로 인한 직간접적 실손 금액을 정산해서 원산영사관을 통해 공고(控告)[28]했더니, 우리 정부도 사안이 중대하다고 보고 특별히 금년 봄에 원산항에 위원을 파견해서 손해액을 정밀히 계산해서 그 사실 여부를 확인했습니다. 이제 우리나라 외무대신의 훈령을 받으니, 조만간 귀 정부에 사후배상을 요구하겠다고 했습니다.

본 공사는 생각건대, 방곡금령의 시행이 양국 조약의 위반임을 이미 귀 정부에서도 확실히 알고 있었을 것입니다. 그렇다면 그 위약(違約)으로 인해 체맹국(締盟國) 상민에게 손해를 끼친 책임은 마땅히 돌아갈 데가 있을 것입니다. 귀 정부가 그 배상을 떠맡아야 함은 본래 말하지 않아도 알 수 있는 것이니, 귀 독판도 이의가 없을 것입니다. 이에 가지야마 신스케(梶山新介) 등 40명의 피해금액으로 일본은화 총 141,442.247엔을 합산해서 기록합니다. 이 밖에 별도로 오쓰카 에시로(大塚榮四郎)의 피해금액으로 일본은화 총 5,726.075엔이 있으니, 두 항목의 합계는 147,168.322엔입니다. 이제 이 두 항목을 별단(別單) 2개에 적어서 첨부하니, 귀 정부는 즉시 단자를 살펴보고 속히 배상을 시행해서 이 안건을 매듭짓는 것이 공편(公便)[29]할 것입니다. 문서를 갖추어 조회하니, 귀 독판은 살펴보시고 속히 조복(照覆)하시기 바랍니다.

이상과 같이 대조선독판교섭통상사무 민(閔)에게 조회함.

메이지 24년 12월 7일^{신묘(辛卯) 11월 초7일}

별단(別單) 1

가지야마 신스케 등 40명의 피해금액을 다음과 같이 나열함.

1. 본 조회에 기재된 함경도 방곡이 시행됐을 당시, 해당 도(道)의 관리가 제멋대로 우리 상인의 화물과 전문(錢文)을 관청에 억류하거나 강제로 압수한 것 등의 손실금액이 일본은화로 총 48,597.404엔.

2. 함경도의 방곡이 시행되는 동안 우리 상민 등이 구매한 곡물의 운수와 선적(船積)을 금지

---

27) 전문(錢文): 돈
28) 공고(控告): 고발(告發), 고소(告訴)
29) 공편(公便): 서로 공평하고 편리함

해서 오랫동안 노적(露積)[30]하고, 화물 운송이 지연돼서 손실을 끼친 금액이 일본은화로 총 27,386.154엔.

3. 우리 상민들이 함경도 방곡으로 인해 부득이 사용한 금액이 일본은화로 총 15,806.186엔.

4. 이상 3개 항목에 기재된 금액은 첫 손실이 발생했을 때부터 메이지 24년 11월 30일까지의 것으로, 이자 및 기타이자(즉, 함경도에서 방곡령을 내렸을 때 우리 상민 등이 금령으로 인해 곡물을 구매하지 못해서 그 사이에 유익한 자금을 헛되이 체납하게 만들어서 발생한 이자 등)가 일본은화로 도합 49,652.503엔.

이상 4개 항목의 총계는 일본은화로 141,442.247엔이며, 앞의 3개 항목에 기재된 금액은 뒷날 상환을 완료할 때까지 당연히 이자가 추가됨.

별단 2

오쓰카 에시로의 피해금액을 다음과 같이 나열함.

1. 본 조회에 기재된 함경도 방곡이 시행됐을 당시, 함경도 명천(明川)지방에서 안무사(按撫使)가 이 상인이 구매한 곡물을 압수해서 손실을 끼친 금액이 일본은화로 총 2,433.60엔.

2. 함경도의 방곡이 시행되는 동안 구매한 곡물의 선적을 금지해서 운반할 수 없고, 화물 수송이 지연되어 손실을 끼친 금액이 일본은화로 총 596.40엔.

3. 이 상인이 함경도 방곡으로 인해 부득이 사용한 금액이 일본은화로 총 611엔.

4. 이상 3개 항목에 기재된 금액은 첫 손실이 발생했을 때부터 메이지 24년 11월 30일까지의 것임. 이자 및 기타이자(즉, 함경도에서 방곡령을 내렸을 때 우리 상민 등이 금령으로 인해 곡물을 구매하지 못해서 그 사이에 유익한 자금을 헛되이 체납해서 발생한 이자 등)가 일본은화로 도합 2,085.075엔.

이상 4개 항목의 총계는 일본은화로 5,726.075엔이며, 앞의 3개 항목에 기재된 금액은 상환을 완료할 때까지 당연히 이자가 추가됨.[18]

가지야마 공사는 영사 겸 공사관 서기관 스기무라 후카시(杉村濬)에게 이 문서를 갖고 통리아문에 출두해서 독판 민종묵에게 설명하게 하려고 했지만, 와병 중이라는 이유로 거절당했다.

메이지 25년 1월 11일, 가지야마 공사는 민종묵 독판과 회견을 갖고 손해배상 문제를

---

30) 노적(露積): 곡식 따위를 창고가 아닌 공터 등에 쌓아 놓는 일

제기했다. 조선 정부로서는 이미 함경도 관찰사 조병식의 과실을 인정한 이상 손해배상을 거부할 의사는 없었다. 다만 14만 엔은 지나치게 커서 사실상 조선 정부가 부담할 수 있는 금액이 아니었다. 3월 10일에 가지야마 공사가 민종묵과 제2차 회담을 가진 뒤로 이해 8월에 이르기까지 10여 차례에 걸쳐 회담이 반복됐으나, 독판은 오로지 금액이 지나치게 크기 때문에 감액을 요청하고, 일본 상인들이 제출한 증거서류의 미비점을 반복해서 지적할 뿐이었다. 가지야마 공사는 결국 통리아문의 천연책(遷延策)[31]을 참지 못하고 6월 3일에 독판 민종묵에게 공함(公函)을 보내서 그 무성의를 힐책하고, 영의정 심순택과의 회견 및 직접 교섭을 요구했다. 하지만 통리아문은 여전히 회답하지 않았다. 아마도 조선 정부로서는 원칙적으로 피해 일본 상민들에게 손해배상금을 지급한다는 데 이의가 없었지만, 그 지출에 큰 어려움을 느꼈고 또 당시 충청도 관찰사로 옮긴 조병식의 책임 문제가 야기될 것을 우려했던 것 같다.[19]

메이지 25년 8월 4일,[32] 민종묵 독판은 메이지 24년 12월 7일에 접수한 가지야마 공사의 조회에 대한 조복을 보내서 요구액 14만 엔 중 6만 엔을 전달하겠다고 회답했다.

　　대조선독판교섭통상사무 민(閔)이 조복함.
　　아력(我曆) 신묘년 11월 초8일에 함경도 방곡에 관해 언급한 귀 공사의 조회와 별단(別單)에 나열한 각 건을 접수하고, 모두 상세히 살펴보았습니다. 그것에 의거해서 살펴보건대, 배상 건은 어렵게 여겨서 신중히 처리해야 합니다. 이 때문에 1년 넘게 귀 공사와 상의하면서 지금까지 지연했던 것입니다. 별단에 나열한 각 항목을 살펴보니, 어떤 것은 쉽게 밝힐 수 있는 증거가 있으나 어떤 것은 상세한 근거가 없습니다. 그 상인들이 거액의 손실을 입은 것은 원래 일부러 의도한 것이 아니요, 또한 오래된 사건이라서 실로 일일이 분석하기 어렵습니다.
　　이미 이번 달 초9일에 귀 공사(스기무라 영사)가 본서(本署)에 왕림해서 회견을 가졌습니다. 가지야마 신스케 등 40명과 오쓰카 에시로의 피해금액 총계 은화 147,168.322엔은 적당히 참작해서 조금 감축할 것이로되, 다만 가지야마 등의 사안 중에서 제1조의 4개 항목 전부·제2조 제2항·제3조 제1·4항의 은화 58,340.306엔과 오쓰카의 제1항 은화 2,434.60엔, 도합 60,774.906엔은 배상을 시행해서 [현재 위원을 해당 각 지방에 파견해서 우리나라 전주

31) 천연책(遷延策): 바로 결론을 내리지 않고 시일을 질질 끄는 술책
32) 원문에는 8월 6일로 되어 있으나, 본 조회문의 발신일인 임진년 윤6월 12일은 양력으로 1892년 8월 4일에 해당하므로 바로잡았다.

(錢主)와 용인(傭人)[33]의 실제 사정 일체를 조사하고 있음], 공정하고 타당하게 처리하도록 노력할 것입니다. 문서를 갖추어 조복하니 부디 귀 공사는 살펴보시고 아울러 귀 정부에 상세히 전달하시기 바랍니다. 귀 정부에서 사정을 참작하고 상세히 따져서, 배상 건을 잘 타결해서 더욱 우의를 돈독히 하기를 간절히 바랍니다.

이상과 같이 대일본흠차변리공사대신 가지야마에게 조복함.

임진(壬辰) 윤6월 12일[20]

은 14만 7천 엔의 요구에 대해 지불을 승낙한 것은 6만 엔뿐으로, 요구액의 절반에도 미치지 못했다. 그러나 원래 요구액을 정밀하게 계산하면, 실제로 방곡 손해배상에 포함시키기에 의심스러운 것이 적지 않았다. 메이지 24년 12월 7일자 가지야마 공사의 조회 및 별단 1·2를 보면, 제1항은 방곡령 시행에 따른 직접적인 손해이기 때문에 당연한 요구지만, 매입한 대두의 수량에 이르러서는 거의 대부분이 매입 상인과 조선 농민 및 중개업자의 구두계약이었고, 게다가 금전수수 방법도 애매하고 매매 성립을 증명할 방법도 없어서 매우 부정확했다. 제2항은 매입 대두의 적출(積出)[34]이 지연돼서 그만큼 환금(換金)이 늦어졌으므로, 이 기간 동안의 금리 손실에 따른 배상을 요구하는 내용이다. 이 또한 제1항에 준하는 순손실이지만, 그 금리는 경악스러울 정도로 높았으며, 이러한 점에서 의논할 여지가 적지 않았다. 제3항은 방곡 사건이 발생한 이후 배상 문제 해결을 위해 경성 공사관과 도쿄 외무성, 그리고 조선 통리아문을 오가는 데 든 비용을 요구하는 것이다. 그 지출이 상당한 금액이 돼서 원래 자본이 빈약했던 원산 거류 상인들이 더욱 궁핍에 빠진 것은 동정할 만하지만, 그 배상을 조선 정부에 요구하는 것은 방향이 잘못됐다. 제4항의 이자는 다시 둘로 나누었다. 첫 번째 '이자'는 방곡 사건의 발생부터 배상 요구를 제기한 시점까지 거의 2년간의 연체이자를 청구한 것인데, 이 요구가 2년이라는 긴 시일이 걸렸던 것은 무엇보다 피해상인의 속사정과 일본 외무당국의 태만에 기인한 것으로 조선 정부의 책임으로 돌릴 수 있는 것이 아니었다. 따라서 이 기간의 금리 배상은 응할 수 없었다. 두 번째 '기타이자'는 방곡령 실시 이전에 일본 상인들이 대두의 매입을 위해 수중에 갖고 있던 자금이 방곡 실시로 인해 투자처를 잃어서, 그 금리를 지불할 수 없게 된 것에 대해 배상을 요구하는 것으로 해석된다. 만약 그렇다면, 그것을

---

33) 용인(傭人): 피고용인
34) 적출(積出): 화물을 적재해서 보내는 일

산출하는 방법은 매우 어려워서 사건 발생 당시 원산에서 운용하고 있던 금액을 명백히 입증하는 것은 불가능하며, 또 그중에서 얼마만큼이 대두 매입과 관계된 것이었는지도 당사자의 증언 말고는 증거가 없다.

이상을 종합해 보면, 함경도에서의 방곡 시행으로 인해 직간접적 손실로서 요구한 배상금액 약 14만 7천 엔 가운데 직접적인 손실로 인정할 수 있는 것은 그 절반인 약 6만 9천 엔이며, 나머지는 간접적인 손실로서 조선 정부가 부담해야 하는 것인지 매우 의심스러운 것들이었다.

조선 정부는 대체로 지금까지 서술한 내용에 가까운 견해를 취해서 제4항은 전혀 인정하지 않고, 제1항의 대부분, 제2항·제3항의 일부를 승인해서 합계 은 60,774엔의 배상을 승인했다. 직접손실의 전체 금액에 어느 정도 근접한 것으로 인정된다.

더욱이 당시 조선 정부의 재정 또한 고려하지 않을 수 없다. 민종묵은 계속 국고의 궁핍을 반복해서 말했는데, 그것은 결코 과장이 아니었다. 당시 국내의 재원 중에 이익이 될 만한 것은 모두 국왕의 내탕(內帑)[35]과 척족의 사고(私庫)에 들어갔고, 게다가 국왕이 필요하다고 인정하면 국고에 임시지출을 명하는 경우가 드물지 않았다. 예를 들면 국왕은 자기가 필요한 물품을 구입하기 위해 외국 상인에게서 자금을 빌리고, 그것을 외채의 형식으로 국고에 원리(元利) 지불을 명했다. 따라서 국왕과 척족이 부유해지는 것에 반비례해서 국고는 나날이 고갈되어 갔으며, 관리와 군졸의 봉미(俸米)는 지출할 방도가 없고 5만·10만의 외채조차 월부로 3천 엔·5천 엔씩 갚아 나가는 상황이었다. 15만 엔에 육박하는 배상금은 지불할 수 없다고 단정한 것도 무리는 아니었다.

가지야마 공사도 이러한 사정을 고려했던 듯, 은 6만 엔의 배상금으로 사건을 마무리 짓기로 했다. 경성에 체재 중이던 원산 상인 대표 요시하마 주타로, 가지야마 신스케 등에게 이를 내시(內示)[36]하고, 8월 15일에 통리아문에 조회해서 외무대신에게 청훈하겠다고 약속했다.

대일본흠차변리공사대신 가지야마가 조회함.

함경도 방곡 배상에 관해, 조금 전에 귀력(貴曆) 임진년 6월 12일에 조복하신 내용을 받아서 모두 상세히 살펴보았습니다. 그 안에 가지야마 신스케 등 40명 및 오쓰카 에시로의 손해

---

35) 내탕(內帑): 왕실의 사적 금고. 또는 그 안에 수장된 재물
36) 내시(內示): 몰래 알려 줌. 귀띔

금액 도합 은화 147,168.322엔은 적당히 참작해서 조금 감축할 것으로되, 다만 이들의 손해 금액 중에서 합계 60,774.906엔은 배상을 시행하겠다는 내용이 있었습니다. 예전에 만나서 상의할 때 귀 독판은 누차 이 일을 논의했습니다. 본 공사는 비록 동의하지 않았지만, 귀 독판이 보내신 글을 즉시 우리 정부에 보고해서 회훈(回訓)을 청할 것입니다. 이 때문에 문서를 갖추어 지조(知照)하니 살펴보시기 바랍니다.

이상과 같이 대조선 독판교섭통상사무 민(閔)에게 조회함.

메이지 25년 8월 15일^{일진 윤6월 23일}[21]

가지야마 공사로부터 통리아문의 제안을 전해 들은 원산 피해상민 대표위원 등은 그 금액이 의외로 적은 것에 큰 불만을 보이고, "이런 소액은, 요구액의 반에도 미치지 못하는 금액입니다. 방곡 사건이 발생한 이래로 오랜 세월과 고통을 감내하면서 오늘까지 그 배상만 기대해 왔는데 도저히 승낙할 수 없습니다. 원래 처음에 외무대신과 차관이 담판을 연 이상 한 걸음도 물러서지 않겠다고 언명했습니다. 따라서 앞으로 다소 시일을 늦추는 한이 있더라도, 정히 어쩔 수 없으면 12, 13만 엔의 배상을 얻어 내기를 바랍니다. 그렇지 않으면 원산 상민들은 심각한 곤란에 빠질 것이니 지금보다 한층 더 분발해 주시기를 바랍니다."라고 진정했다.[22]

외무대신 무쓰 무네미쓰(陸奧宗光)는 가지야마 공사의 보고를 받고, 피해자들의 반대 의견도 고려한 끝에 6만 엔이라는 적은 금액으로는 피해자들을 만족시켜서 사건을 원만히 해결할 가망이 없다고 보고, 통리아문의 배상금 감액안을 전면적으로 거절하기로 결정했다. 그런데 한편으로 가지야마 공사는 조선 정부에 특별한 강압수단을 가하지 않으면 더 이상 양보를 얻어 낼 수 없다는 의견을 갖고 있었으므로, 무쓰 외상은 외무성 통상국장(通商局長) 겸 취조국장(取調局長) 하라 다카시(原敬)를 경성에 특파해서 가지야마 공사에게 외무대신의 의향을 전달하고, 또 일본 정부의 적극방침을 구체적으로 제시하기로 결정했다.

가지야마 공사는 외무대신의 회훈(回訓)에 기초해서, 메이지 25년 10월 5일에 통리아문에서 제의한 배상금액 삭감에 동의하지 않는다는 뜻을 통고했다.

대일본흠차변리공사대신 가지야마가 조회함.

함경도 방곡 배상 요구 건과 관련해서 귀력(貴曆) 임진년 윤6월 12일에 접수한 귀 조회의 내용에, 우리의 배상 요구 금액 14만여 엔을 조금 삭감해서 6만여 엔으로 배상을 실시하겠다고 했습니다. 당시에 속히 우리 정부에 보고하겠다고 회신한 바 있습니다. 조금 전에 우리 외무대신의 회훈(回訓)을 받았는데, 그 내용이 다음과 같습니다.

그 배상의 건은 본래 조선 정부가 조약을 위배해서 제국 신민에게 손해를 끼친 것이다. 그러므로 그 손해는 곧 신민의 손해이니, 해당 피해 상민들이 수락하는가의 여부에 달려 있다. 그런데 지금 통리아문에서 조금 삭감한 배상금액은 그들이 기꺼이 수락하는 바가 아니며, 통리아문의 조회 가운데 '별단에 나열한 것들을 조사하니 실로 일일이 분석하기 어렵다'라는 말은 추호도 삭감해야 할 근거가 되지 않는다. 따라서 제국 정부는 결코 이러한 뜻에 응할 수 없으니, 이러한 내용으로 조선 독판에게 조복(照覆)하라. 또 이와 같은 배상은 손실을 본 자금에 따라 이자를 추가하는 것이 보통법리(普通法理)에 옳바르다. 이후로 상의하면서 책임을 미뤄서 헛되이 시일을 보낸다면, 마땅히 날짜에 따라 이자를 추가해서 함께 배상을 요구할 것이다. 그렇게 되면 조선 정부의 결손(缺損) 항목이 더욱 커질 것이다.

이를 함께 지조(知照)해서 공평하고 윤당하게 처리할 수 있게 합니다. 문서를 갖추어 조회하니 귀 독판은 살펴보시기 바랍니다.

이상과 같이 대조선독판교섭통상사무 민(閔)에게 조회함.

메이지 25년 10월 5일^{임진 8월 15일}23

하라 통상국장은 10월 7일에 경성에 도착해서, 가지야마 공사를 만나 교섭경과를 전해 듣고, 피해자 대표 가지야마 신스케 등의 진정(陳情)을 접수했다. 그리고 그 다음 날인 8일에 독판교섭통상사무 민종묵과 회견을 갖고, 무쓰 외무대신의 명에 따라 속히 일본 정부의 요구를 승인해서 원만히 해결하기를 희망했으나, 독판은 여전히 국고(國庫)의 궁핍을 호소하면서 동의하지 않았다. 또한 외무대신은 하라 국장의 출장과 관련해서 통리아문에 다음 조회를 보냈다. 이 조회는 가지야마 공사를 통해 10월 8일에 전달됐다.

조회함.

예전에 귀국 함경도 감사가 일한조약의 조관(條款)을 위배하고 해당 도(道)에 방곡령을 포고해서 우리나라 상민 가지야마 신스케 등 40여 명이 그 때문에 피해를 입었습니다. 따라서 손실에 대한 배상 요구 건을 지난번에 우리 변리공사 가지야마가 귀 독판과 반복해서 상의했는데, 지금까지 시간을 끌어서 끝내 타협하지 못했습니다. 이 안건은 그 요점이 배관(賠款)³⁷⁾

---

37) 배관(賠款): 손실에 대해 금전으로 배상함

에 있습니다. 그 책임소재에 관해 이미 귀 정부가 스스로 확실히 인정했는데도 아직까지 매듭을 짓지 못한 것은 오직 배관의 액수 때문입니다. 이러한 안건을 오래 현안으로 남겨 두면서 결행하지 않는다면 장차 양국의 교의(交誼)에 혹시 장애가 생길 수 있으니, 본 대신은 이를 크게 유감으로 여깁니다. 이에 외무성 통상국장 겸 취조국장 하라 다카시를 귀국 경성에 특파해서 변리공사 가지야마와 회동하여 일체를 상의해서 처리하고자 합니다. 부디 귀 독판은 본 대신의 뜻을 양찰하여 그 국장과 형편에 따라 적절히 참작(參酌)하고 온당히 상의해서, 이 안건이 반드시 속히 타결되기를 깊이 바랍니다. 이 때문에 문서를 갖추어 조회하니 귀 독판은 살펴보시기 바랍니다.

메이지 25년 9월 26일[24]

하라 통상국장은 경성에 체류한 지 겨우 10일 동안에 세 차례나 독판교섭통상사무 민종묵과 회담을 가졌지만 끝내 소기의 성과를 거두지 못했다. 그는 10월 16일에 독판에게 신함(信函)을 보내서 "그러나 지금 귀 정부는 부질없이 정실(情實)만 이야기하고 이론(理論)을 따지지를 않으니 끝내 신속히 처리할 마음이 없는 것 같다."라고 유감의 뜻을 표명하고, 이튿날인 17일에 경성을 떠났다.[25]

함경도 방곡 배상 사건이 아직 해결되지 않은 동안에 황해도 방곡 사건이 발생했다. 메이지 23년 3월 황해도 관찰사 오준영(吳俊泳)은 아무 예보도 없이 방곡을 시행했고, 이 때문에 이 지방에 머물면서 미곡 매입과 수출에 종사하던 인천 거류 곡물상 도이 가메타로(土井龜太郎), 사타케 진타로(佐竹甚太郎)가 적지 않은 손실을 입었다. 이 소식을 접한 곤도 대리공사는 통리아문에 항의했는데, 도이 가메타로 등은 메이지 25년 11월에 인천 주재 영사 하야시 곤스케(林權助)를 거쳐서 가지야마 공사에게 손해배상을 신청했다. 그 배상금액이 은화로 총 48,682.075엔, 그에 대한 이자가[메이지 23년 7월 1일부터 메이지 25년 10월 31일까지 일변(日邊)[38] 5센(錢)[39]] 은화 20,787.214엔으로 합계 69,469.289엔에 달했다.[26]

---

38) 일변(日邊): 1일을 기준으로 해서 계산하는 이자율. 즉, 원금 100엔(圓)에 대해서 하루 이자가 몇 센(錢) 몇 린(厘)이라고 정하는 이율계산방식이다.
39) 메이지 초기 일본 화폐단위로 100센(錢)이 1엔(圓)이고, 10린(厘)이 1센(錢)이었다.

【원주】

1 『善隣始末』3권.

2 『舊條約彙纂』3권, 18쪽.

3 『善隣始末』7권.

4 『舊條約彙纂』3권, 48쪽.

5 『統理衙門日記』21권, 己丑年 9月 17・19日; 『日案』14권, "己丑年九月十七日督辦閔種黙到近藤代理公使照會"・"九月十九日近藤代理公使照覆".

6 『日案』14권.

7 『總理衙門日記』21권, 己丑年 9月 24日; 『統椽日記』6권, 己丑年 9月 24日.

8 『日案』14권.

9 『日案』14권, "明治二十二年十一月六日近藤代理公使照會附屬委員稟帖節略".

10 『日案』14권, "明治二十二年十一月七日近藤代理公使照會".

11 『日案』14권.

12 『統理衙門日記』22권, 己丑年 10月 17日.

13 『統理衙門日記』22권, 己丑年 11月 21・24・26日, 12月 16・18・24日; 『日案』14권, 己丑年 11月.

14 『日省錄』, 李太王 27年 正月 7日; 『統理衙門日記』23권, 庚寅年 正月 7・11・13日.

15 『統椽日記』7권, 庚寅年 正月 15日; 『日案』15권, "庚寅年正月十一日督辦閔種黙到近藤代理公使照覆"・"明治二十三年三月十八日近藤代理公使信函".

16 『日案』15권, "明治二十三年三月二十三日近藤代理公使照會"・"庚寅年三月二十三日督辦閔種黙照覆"; 『日省錄』, 李太王 庚寅年 윤2月 29日・6月12日.

17 高尾新右衛門, 『元山發展史』(大正 5年), 131~132, 139~141쪽.

18 『日案』19권.

19 『統理衙門日記』30권, 辛卯年 11月 8日・32권 壬辰年 4月 9・22日; 『日案』19권, "明治二十四年十二月七日梶山辨理公使照會"; 20권, "明治二十五年五月十八日同公使照會".

20 『日案』20권.

21 『日案』20권.

22 『元山發展史』, 152쪽.

23 『日案』20권.

24 『日案』24권.

25 『統理衙門日記』33권, 壬辰年 8月 18・26日; 『日案』20권, "明治二十五年十月八日梶山公使信函"・"十月十六日原通商局長信函"・"壬辰年八月二十六日督辦閔種黙到陸奧外務大臣照會".

26 『日案』20권, "明治二十五年十一月十七日梶山公使照會".

방곡 배상안의 일시 중단

    메이지 22년부터 26년까지의 4년은 메이지 시기에서도 특히 외교상의 중대 안건이 빈발하고 또 가장 치열하게 논의된 시대였다. 메이지 초년 이래로 정부의 외교방침에 대해 많은 불만이 있었고 그것이 중대한 내란을 유발하는 원인이 되기도 했지만, 정부는 외교에 관해서는 군사 이상으로 — 육해군은 오늘날의 관점에서 보면 생각보다 개방주의였다. — 비밀을 엄수해서, 밖에서는 짐작과 억측으로 간접적인 공격을 가하는 데 불과했다. 그런데 제국의회 개설과 함께 정부는 의원들의 질의에 대해 어느 정도의 설명을 하지 않을 수 없었고, 이로 인해 외교문제는 더욱 활발하게 논의돼서 마침내 내정문제로 진화하는 경향을 띠었다. 이로써 외무당국이 종전처럼 국가의 중책을 두 어깨에 짊어지고 준조(樽俎)의 사이에서 절충(折衝)하는[1] 구식외교를 펼치는 시기는 지나가고, 외교가 내정에 미치는 영향을 고려하고 여론의 지지를 계산해서 외교방침을 결정하는, 말하자면 일본의 외교에 새로운 국면을 여는 계기가 되었다. 방곡 배상 사건은 그 시금석이었다고 할 수 있다.

    방곡 배상 문제가 발생하자 조선 정부는 처음부터 지방관의 조처를 부당하다고 보고, 그 징계와 전임(傳任)을 명하고 원칙적으로 손해배상을 승인했다. 따라서 정치적으로는 전부 해결되고, 배상금액의 결정이라는 비교적 지엽적인 것처럼 보이는 문제만 남아 있었다. 그러나 이 손해배상은 피해자인 해당 업자의 청원에 기초해서 외무성이 주한공사에게 훈령하고, 다시 그가 조선 정부에 요구하는 것이었기 때문에 그 금액은 임오·갑신두 차례의 변란 때처럼 정치적 관점에서 결정할 수 있는 것이 아니었다. 해당 업자들이

---

1) 준조(樽俎)의 사이에서 절충(折衝)하는: 준조(尊俎)는 술과 고기를 담는 그릇으로서 연회를 뜻하며 절충(折衝)은 적을 막아 낸다는 뜻이다. 『晏子春秋』에 "공자가 듣고 말씀하시기를, '훌륭하구나! 연회의 자리를 벗어나지 않으면서도 천 리 밖의 적을 막아 낸다고 하니, 안자를 두고 한 말일 것이다(仲尼聞之曰 善哉 不出尊俎之間 而折衝於千里之外 晏子之謂也).'"라고 한 구절에서 연유한 말로 연회석상에서 담소하는 가운데 상대를 제압한다는 뜻이다.

주장하는 실제 손실액과 비교해서 그들이 만족하는 정도의 금액을 지불하게 해야 했고, 따라서 이번처럼 해당 업자들의 요구액과 조선 정부의 제시액 사이에 큰 차이가 있을 경우에 외무당국은 둘 사이에 껴서 생각지도 못한 곤란한 지경에 처할 우려가 있었다.

외무당국에 불리한 조건이 하나 더 있었다. 예전부터 정부는 외교를 절대 비밀에 부치고 민간에서의 논의를 차단해 왔지만, 방곡 배상 문제는 민간에서 시작된 것으로 외무당국은 교섭과정에서 일일이 해당 업자와 협의해야 했기 때문에 일체의 비밀 유지가 불가능했다. 정당들은 이를 좋은 소재로 삼아서 정부를 공격했다. 반대로 외무당국의 입장에서는 그 견제로 인해 문제의 해결이 매우 어려워지는 경향이 있었다.

원산의 피해상인들은 원산 상업회의소(商業會議所)와 거류민회(居留民會)를 중심으로 진정위원(陳情委員)을 선임하고, 경성공사관과 도쿄 외무성 사이를 오가면서 열심히 진정운동(陳情運動)을 계속했다. 하지만 가지야마 변리공사의 평화적 해결책은 이들의 불만을 샀고, 특히 배상금 6만 엔으로 타협할 것이라는 방침이 내부적으로 전해지자 더 이상 공사를 신뢰하지 않았다. 이들은 상경하여 외무성에 출두해서 외무대신과 차관에게 면회를 요구하고, 관계 국장·과장을 차례로 방문하면서 집요하게 진정하는 한편, 각 정당에 도움을 청해서 의회에서 외무대신의 책임을 논하는 등, 이 문제를 내정문제로 비화시키려고 했다.

원산 거류민들의 제스처(gesture)에 호응해서 자유당(自由黨)과 개진당(改進黨)은 이 문제를 이슈화했고, 자신들의 기관지(機關紙)에서 정부 공격의 소재로 삼거나 의회에서 질문·연설했다.

메이지 25년 12월 6일 제4차 의회 중의원(衆議員) 본회의에서 자유당 소속의원 이노우에 가쿠고로(井上角五郎)는 방곡 문제에 관해 외무대신에게 질의했다. 그 요지는 다음과 같다.

"'메이지 22년 함경 관찰사 조병식이 불법적으로 일본인에게 쌀대두(大豆)의 착외의 판매를 금지해서 합계 14만 엔의 손해를 끼쳤다. 피해 상인들이 외무성 및 공사관에 탄원해서 가지야마 공사가 교섭을 했는데, 조선 정부는 14만 엔은 과다하기 때문에 12만 엔을 부담하겠다고 말했다. 오늘날의 조선 상황으로 보면 어렵기 때문에, 그렇다면 12만 엔으로 하겠다고 했다. 그런데 그 후 가지야마 공사가 조선 외아문[의정부]에 가서 12만 엔을 달라고 하자, 심순택이라는 사람이 말하기를, 그 문제는 모쪼록 외무성[외아문]에 가서 이야기하라고 했는데, 그러는 동안 외아문 독판이 사직하고 말았다. 그 후 하라 다카시라는 사람을 조선에 파견해서 어쨌든 방곡 사건은 매듭짓지 않으면 안 된다고 말하자, 조선 정부는 6만 엔을 부담하는 것이라면 응하겠다.'라고 한 것이 최종 담판이라고 저는 전해 들었습니다. 메이지 22년의 14만 엔의 요구가 금일에 와서 6만 엔으로 매듭짓게 된 것이 외무성 외교관들이 책임지지 않고 끝낼 수 있는 것인가, 이것은 어떠한 결과를 보게 될 것인가, 왜 오늘날까지 꾸물대고 있는 것인가, 외아문이나 영의정을 날마다 방문하는 것으로 인민을 달래고만 있는 것이 아닌가 하는 것이 제 질문의 요지입니다."[1]

이노우에 의원의 질문에는 오해도 있었다. 영의정 심순택이 12만 엔의 배상을 승낙했다는 말은, 그가 원산 피해자 대표에게서 입수한 정보에 기초해서 발언했음을 알려준다. 이 질의에 대해 무쓰 외무대신은 12월 9일 본회의의 답변을 통해 외무당국의 입장을 분명히 했다. 즉, 정치적으로는 모두 해결돼서 지금은 단지 배상금액을 교섭 중이며, 이러한 종류의 계쟁(繫爭)[2]은 오랜 시일이 걸리더라도 어쩔 수 없다는 것이었다. 그 요지는 다음과 같다.

"이 방곡령 건에 관해서는, 일본 인민뿐만 아니라 많은 조선 인민도 관련되어 있기 때문에 실제로 손해가 있었는지 조사하는 데 많은 노력이 필요합니다. 조선 정부에서는, 차례대로 담판한 결과, 해당 지방관의 조처가 분명히 조약 위반임을 분명히 인정했고, 지금은 그 배상금을 두고 담판하고 있습니다. 질문자께서 연설하신 것처럼 몇 만 냥의 금액을 몇 만 냥으로 부담할 것인가 부담하지 않을 것인가라는 논의를 한 적은 없고, 최종 담판을 하고 있다고 말씀하셨지만 최종 담판은 아닙니다. 그렇지만 무엇보다 조선 정부가 조약 위반 사실을 인정한 것은 확실합니다. 이러한 대화가 3년이나 지속된다면 대단히 곤란하다고 하신 말씀에 대해서는, 당연히 곤란한 일이기 때문에 본 대신도 가능한 한 재촉해서 조속히 결말을 짓도록 훈령을 내리고 있으며, 나름대로 수단을 취하고 있습니다. 하지만 양국의 금전상의 관계라든지 배상금 지불과 같은 문제는 비단 조선과 일본뿐만 아니라, 어떤 나라에서 발생해도 언제나 길어질 수밖에 없습니다. 민사상의 재판처럼 재판소에 가져갈 수 있는 성질의 것이 아닙니다. 따라서 그 질문하신 여러 조목들에 관해서, 일본 정부는 방곡령의 손해배상에 관해 조선과 이미 담판을 시작했는가, 그것은 그렇다고 답변드릴 수 있습니다. 그 구체적 양상은 어떠한가, 그것은 답변드릴 수 없습니다. 답변드릴 수 없는 것은, 답변을 못하는 것이 아니라 저희의 직책상

---

2) 계쟁(繫爭): 당사자들 간의 분쟁으로, 특히 소송을 일으켜서 법정에서 다투는 것을 말한다.

답변이 허용되지 않기 때문입니다."

이노우에 의원은 이 답변에 불만을 표시하고 질의를 중단했다.[2]

외무대신의 의회 설명은 당연히 사건의 내용은 언급하지 않았지만, 방곡 배상 건이 의회에서 문제가 된 것만으로도 상당한 효과가 있었다. 정부에서는 바로 의회에 대한 대책도 마련했을 것이다. 메이지 25년 11월 29일에 가지야마 변리공사는 갑자기 귀조 (歸朝)의 명을 받고, 12월 16일에 직위에서 면직됐다.

가지야마 공사의 후임으로 오이시 마사미(大石正已)가 메이지 25년 12월 16일에 변리 공사에 임명돼서 조선 주차(駐箚)를 명받았다. 오이시는 옛 고치(高知) 번사(藩士) 출신으로, 자유당의 간부로서 총리 이타가키 다이스케(板垣退助)와 함께 자유민권(自由民權)을 창도했다. 나중에 고토 쇼지로(後藤象二郎)를 추종해서 대동단결(大同團結)[3]의 한 중심이 되었는데, 이제 갑자기 주한공사로 발탁됐다. 외교관으로서 전혀 경험이 없는 재야정객이 이러한 중임을 맡은 것은 이례적인 일이었다. 오이시 자신의 말에 따르면, 메이지 25년에 청과 조선 지방을 관찰하고 조정에 복귀한 그는 이토 총리대신을 시작으로 야마가타 육군대신, 이노우에 내무대신 등에게 회견을 요청해서 대한정책의 쇄신을 주장했으며, 반은 자천(自薦)한 모양으로 주한변리공사에 임명됐다고 한다.[3]

오이시 변리공사는 무쓰 외상의 내훈(內訓)을 받고, 메이지 25년 12월 24일에 경성에 부임해서 29일에 국왕을 폐현(陛見)하고 신임장 및 가지야마 전 변리공사의 해임장을 봉정했다.[4]

이보다 앞서 조선 정부는 독판교섭통상사무 민종묵을 파직하고 조병직(趙秉稷)을 그 후임으로 임명했다.[5] 오이시 공사는 메이지 26년 1월 30일에 통리아문에서 조병직 독판과 첫 회견을 가진 이후로 거의 1개월에 걸쳐 회담을 거듭했지만, 조병직 또한 전임 독판 민종묵과 마찬가지로 재정 궁핍만 되풀이하여 언급할 뿐이어서 교섭은 조금도 진전되지 않았다. 오이시 공사는 2월 25일에 통리아문에 조회를 보내서 방곡 배상액 은(銀) 147,168.322엔에 메이지 24년 12월부터 메이지 26년 1월 31일까지의 이자 은

---

3) 대동단결(大同團結): 제국의회 설립(1890)에 대비해서, 1887년부터 1889년까지 이른바 자유민권파(自由民權派)가 연합해서 일으킨 반정부운동을 말한다. 그전에 자유민권운동은 메이지 정부에 의해 탄압을 받아서 자유당(自由黨)은 해산되고 입헌개진당(立憲改進黨) 또한 사실상 활동 중단 상태였다. 그런데 1887년에 정부의 조약 개정 교섭 실패를 계기로 고토 쇼지로(後藤象二郎) 등 자유민권파가 지조(地租) 경감, 언론·집회의 자유, 외교 실책의 만회 등 3개 요구를 제출하고 정부를 격렬히 공격한, 이른바 '3대 사건 건백운동'이 발생하였고, 고토는 이를 계기로 자유민권운동의 여러 파벌이 다시 결집해서 제1차 중의원 총선거에 대비할 것을 주장했다. 1889년에 고토가 구로다 기요타카(黑田淸隆) 내각의 체신대신(遞信大臣)으로 입각하면서 분열됐다.

28,591.051엔을 더해서 합계 은 175,759.373[4]엔을 요구했다.[6]

　　대일본변리공사 오이시가 조회함.

　　아력(我曆)으로 메이지 22년 9월 이래로 귀국 함경도 지방에서 무분별하게 방곡금령(防穀禁令)을 시행해서 비단 우리 상민의 곡물 매입과 그 운반을 막았을 뿐 아니라, 간혹 소유한 화물과 전문(錢文)을 압수해서 그 피해가 이듬해 4월까지 지속됐습니다. 이로 인한 우리 상민들의 피해금액의 본리(本利)[5] 합계 147,168.322엔의 배상 책임은 당연히 귀 정부에 있습니다. 이에 전임 가지야마 변리공사가 메이지 24년 12월 7일에 제27호 조회를 전임 민(閔) 독판에게 보냈고, 그 후로도 가지야마 공사가, 그리고 임무를 인수받은 다음부터는 제가 여러 차례 배상을 재촉했습니다. 그러자 전(前) 독판은 재정이 곤란한 실정을 간곡히 설명하며 그 감액을 요구했습니다. 그런데 어찌 생각이나 했겠습니까? 이제 또한 귀 독판은 조사를 핑계로 한갓 시일을 지연하려고 합니다. 이제 다시 타결할 방도가 없으니, 본 공사는 실로 그 의도를 이해하지 못하겠습니다.

　　이 안건은 본래 귀국 지방관이 조약을 위배하고 우의를 저버려서 체맹국(締盟國) 상민에게 손해를 입힌 것이니, 귀 정부가 그 배상 책임을 져야 함은 이치상 명백합니다. 이 때문에 귀 정부에서도 그 책임을 인정했던 것입니다. 그러나 인순(因循)하며 지엽적인 문제를 고집해서, 끝내 사건의 해결을 피하며 우방(友邦) 상민의 참상(慘狀)을 묵과하고 있으니 이는 인교(隣交)를 돈독히 하는 길이 아닙니다. 이 문제가 현안이 된 지 이미 1년 3개월이 지났습니다. 이자가 나날이 증가해서 예전에 요구한 배상금액 147,168.322엔에 현재 불어난 이자를 합산하면 실제로는 175,759.373엔이 됩니다. 이것이 귀 정부에서 배상해야 할 금액입니다. 이처럼 매일 이자가 붙는다면 아마도 끝이 없을 것입니다. 이 문제가 현안이 된 지 오래됐으니, 실로 귀 정부에는 무익하며 우리 상민들은 곤궁해서 그 폐단을 이루 다 형언할 수 없습니다. 우리 정부의 직책으로 볼 때 정리(情理)상 용납할 수 없으니, 부디 귀 독판은 이러한 정의(情誼)를 생각해서 속히 배상을 시행하여 이웃나라 백성을 편안하게 하고 문제를 해결하기 바랍니다. 이자를 계산한 별단(別單)[6]을 조회합니다. 이로써 조회하니, 귀 독판은 부디 살펴보시고 속히 회신하시기 바랍니다. 이자를 계산한 별단을 첨부함 (생략)

　　이상과 같이 대조선독판교섭통상사무 조(趙)에게 조회함.

　　　　　　　　　　　　　　　　　　메이지 26년 2월 25일 계사(癸巳) 정월 초9일7

---

4) 원문에는 175,759.372라고 되어 있으나 합계가 맞지 않아 수정했다.
5) 본리(本利): 원금과 이자
6) 별단(別單): 원문에는 明單으로 잘못 표기되었다.

이 조회에 대해 통리아문에서는 아무 회답도 없었다. 오이시 공사는 2월 28일에 통리아문을 방문해서 독판 조병직에게 회견을 독촉했고, 독판은 3월 8일에 회답하겠다고 약속했다. 독판이 항상 시일을 끄는 데 큰 불쾌감을 느끼고 있던 오이시 공사는 예정된 기일보다 2일 앞선 3월 6일에 신함(信函)을 보내서, 8일까지 회답을 주지 않으면 국왕을 폐현(陛見)해서 통리아문의 실태(失態)[7]를 직접 아뢰겠다고 주장했다.[8]

방곡 배상 문제의 분규가 계속되면서 청 주차조선총리교섭통상사의(駐箚朝鮮總理交涉通商事宜) 원세개가 국면에 등장했다. 원세개는 당초 이 사건을 지방의 경제문제로 해석해서 특별히 간여하지 않았지만, 가지야마 공사의 소환과 오이시 공사의 임명으로 정치문제로 비화할 징후가 보이자 직접 적극적으로 통리아문에 간섭해서, 이 안건은 원래 경제문제이기 때문에 설령 일본 정부의 제안을 전면적으로 거절해서 외교상 중대한 분규를 초래하더라도 개전의 위험은 없다고 보증하고, 조병직을 격려해서 배상안을 재검토하고 일본 정부의 요구를 크게 경감(輕減)하게 했다. 조병직은 일본 정부의 배상 요구에 대한 대안을 협판내무부사(協辦內務府事) 그레이트하우스(具禮, Clarence Ridgeby Greathouse)와 협판교섭통상사무(協辦交涉通商事務) 르젠드르(李仙得, Charles W. Le Gendre) 두 미국인 고문에게 부탁했을 것이다. 그리고 상세하게 계산한 대안을 작성한 후 원세개의 검열을 거쳐 3월 7일에 오이시 공사에게 보냈다.

대조선독판교섭통상사무 조(趙)가 조복함.

우리 역법(曆法)으로 금년 정월 초9일에 북도(北道) 방곡(放穀)의 처리를 독촉하는 귀 공사의 조회와 첨부한 별단(別單)의 각 조목을 접수해서, 본 독판이 모두 자세히 살펴보았습니다. 기축년(己丑年) 가을에 전 독판 민(閔)이, 함경도 관찰사 조(趙)에게서 해당 도(道)의 수확량이 부족해서 양미(糧米)의 출구(出口) 금지를 청하는 보고를 받았습니다. 그래서 조일 양국 조약을 살펴보니, 본 아문(衙門)은 본래 그것을 시행할 수 있는 권리를 보유하고, 시행 시기보다 1개월 전에 지조(知照)하게 되어 있었습니다. 그런데 그해 10월의 금령 실시를 귀국의 전전(前前) 공사 곤도는 상민들에게 고시해서 준수하려고 하지 않았을 뿐더러, 오히려 여러 가지 구실을 대면서 방해하고, 그 뒤에는 또 금령의 완화를 억지로 요청했습니다. 이 때문에 전 독판은 융통하지 않을 수 없어서, 바로 금령의 완화를 관칙(關飭)하고, 칙령을 위배한 해당 도

---

7) 실태(失態): 행동거지가 타당성을 잃은 모양

(道) 장관에 대한 감처(勘處)[8]를 품청(稟請)[9]했던 것입니다. 본 정부에서는 그것으로 이 안건은 타결된 것으로 보고, 경인년(庚寅年) 3월 23일에 전 독판 민(閔)이 귀국의 전전 공사 곤도에게 조회를 보내서 타결했으니 아마 기록이 남아 있을 것입니다. 당시 귀국의 전전 공사 곤도는 전혀 이의가 없었는데, 뜻밖에 2년이나 지난 신묘년(辛卯年) 11월 초8일에 귀국의 전(前) 공사 가지야마가 갑자기 이미 타결된 안건에 대해 문서를 만들고 별단에 기록해서 억지로 배상을 요구했습니다. 담판한 지 1년이 지났으나 끝내 결말은 없고, 끝이 없이 계속되는 배상 요구는 급하기가 성화(星火)와 같습니다. 본 정부는 참으로 뜻밖의 행위라고 여겼지만, 양국의 교의(交誼)를 깊이 중시했으니, 그 뜻은 특별히 친목을 돈독히 하는 데 있었습니다.

임진년(壬辰年) 윤6월 12일에 이르러, 전 독판 민(閔)이 배상 요구를 조금 줄여 달라는 요청을 했습니다. 본 정부는 그 일을 깊이 따지기를 원치 않고, 우선 원만히 해결해서 방교(邦交)를 굳건히 하면 응당 타결되리라 여겼습니다. 그런데 도리어 2개월 뒤에 귀국의 전(前) 공사 가지야마가 귀 외부(外部)의 회훈(回訓)을 받았는데, "별단에 나열한 것들을 조사하니 실로 일일이 분석하기 어렵다는 말은 삭감해야 할 근거가 추호도 되지 않는다."라고 했고, 심지어 귀 외무대신은 조회(照會)를 보내고 관원을 파견해서 회동하여 상판(商辦)까지 했습니다. 전 독판 민(閔)이 문서를 갖춰서 조복(照覆)해서 우리나라에 온 관원 하라 다카시에게 갖고 돌아가게 했으니, 또 이것으로 박론(駁論)을 종식시킬 수 있으리라 생각해서 좋은 소식을 기다리고 있던 차에 다시 귀 공사의 조회와 첨부한 별단을 받고, 여러 차례 담판을 하게 된 것입니다.

본 독판은 교의(交誼)의 소중함을 생각해서, 특별히 방도를 마련해서 따로 주판(籌辦)하여 영원히 돈독한 친목을 다지고자 합니다. 이에 각 사안에 대해 조사한 것을 조목별로 말씀드립니다.

(1) 예전에 가지야마 공사가 보낸 두 개의 별단에서, 제1관(款)의 48,597원(元)과 2,433원을 가리켜 귀국 상인 가지야마·오쓰카 등의 화물 및 전문(錢文)이 압류·압수당한 금액이라고 했습니다. 이 조관에 대해 여러 차례 본서(本署)에서 관원을 파견해서 상세히 조사했는데 대부분 증거가 없습니다. 어제 다시 그 관원의 회보(回報) 한 줄을 받으니, 북도(北道) 각 읍(邑)의 우리 백성들이 기축년 가을과 겨울 사이에 귀국 상인에게 대두(大豆)를 판매한 것이 총 19,004섬[擔]이요, 1섬당 관고(關估)가 1원(元) 1각(角)이니, 전체 가격은 20,904원 4각입니다. 이 대두의 수량은 조사 관원이 그 백성들을 불러 모아서 상세히 따져서 물은 것이니 확실히 실증(實證)이 있는 것입니다. 따로 별단을 갖춰서 첨부했으니

---

8) 감처(勘處): 죄를 심리해서 처단함
9) 품청(稟請): 윗사람에게 아뢰어 청함

살펴보시기 바랍니다. 이를 귀국 상인의 장부에서 요구한 배상액과 비교해 보면, 본 정부는 그처럼 증빙할 수도 없는 조항이 많은 것을 이해할 수 없고, 또 만약 조사관원이 보고한 대로 귀국 상민들에게 배상을 허락하더라도 필시 기꺼이 승낙할 리가 없습니다. 본 독판이 이 안건을 반복해서 숙고해 보니, 귀서(貴署)에서 상민들을 대신해서 배상을 청구했을 때는, 방곡령을 시행한 지 이미 오랜 시일이 지나서 실로 상세히 조사하기 어려웠을 것입니다. 이에 원산해관(元山海關)에서 무자년(戊子年)·기축년(己丑年)·경인년(庚寅年)[10]에 각각 대두(大豆)의 수출량을 기록한 책자를 갖고 계절별로 상세히 조사하게 했습니다. 최근에 온 보고에 따라 본 독판이 살펴보니, 무자년 겨울에 항구를 나간 대두의 양이 28,811섬, 기축년 겨울에 18,708섬, 경인년 겨울에 5,036섬이었습니다. 세 계절을 비교해 보면 경인년 겨울에 항구를 나간 대두가 기축년 겨울에 나간 것보다 훨씬 적지만, 무자년 겨울이 방곡령을 내린 기축년보다 조금 많다고 해도 그 차이는 1만여 섬에 불과합니다. 또 무자년 봄에 항구를 나간 대두가 15,444섬, 기축년 봄에 36,551섬, 경인년 봄에 53,499섬이었으니, 이 세 계절을 비교해 보면 또 경인년 봄이 가장 많고, 각각 그 전 겨울과 비교해 보면 또한 몇 배가 됩니다. 경인년 봄의 대두 양을 방곡령이 내려진 기축년 겨울과 비교해 보면 실제로 34,791섬이 더 나갔습니다. 이상의 각 숫자는 관책(關冊)에 기재되어 있어서 확실하게 입증할 수 있습니다. 귀 상인의 장부책과 조사원들이 나열한 각 항목을 대조해 보면 모두 명확해질 것입니다. 본 독판은 양조(兩造)[11]는 우선 놓아두고, 3년간 봄·겨울의 여섯 계절 중에서 경인년 봄, 즉 항구에서 나간 대두의 양이 가장 많았을 때를 택해서 기축년 겨울에 항구에서 나간 대두 18,708섬을 빼면 34,791섬이 더 나갔으니, 이를 여유 있게 계산하면 35,000섬이 귀국 상인들이 그해 겨울에 방곡령으로 피해를 본 물품 액수입니다. 섬[擔] 당 가격이 1원(元) 1각(角)이니 총 38,500원을 귀국 상인들에게 배상하는 것이 본 독판의 소견으로는 가장 공정하고 타당합니다. 혹시라도 귀서(貴署)에서 기어코 귀국 상인들의 장부를 가져온다면, 본서(本署)는 또 조사원들이 보고한 숫자를 갖고 다투지 않을 수 없습니다. 그리하면 아마도 끝날 때가 없을 것이니, 평화롭게 공무를 처리하는 방법이 크게 아닐 것입니다.

(2) 두 개의 별단에서 제2관의 27,386원과 596원을 가리켜 귀국 상민 가지야마·오쓰카 등이 방곡령으로 인한 운송 지연 때문에 손실을 본 금액이라고 했습니다. 하지만 기축년에 지연된 화물은 곧 경인년 봄에 항구에서 나갈 대두 중 일부였습니다. 그런데 본서(本署)

---

10) 무자년·기축년·경인년: 양력으로 각각 1888년, 1889년, 1890년에 해당한다.
11) 양조(兩造): 원래 원고와 피고를 통칭하는 말로 사용되지만, 여기서는 일본 상민들의 주장과 조선 관원들의 조사 내용을 가리킨다.

에서는 기축년 가을에 그해 10월부터 금령을 시행한다는 것을 지조(知照)했고, 곧바로 12월에 금령을 풀었으므로 운송 지연은 2개월에 불과합니다. 경인년 봄에 항구에서 나간 대두가 모두 방곡령 때문에 운송이 지연됐다고 하더라도 53,499섬에 불과하니 손실 금액은 58,848원(元) 9각(角)에 지나지 않습니다. 귀국의 인천 은행과 본국 간에 왕래하는 보통이자[常息]를 보건대, 1원당 하루 4호(毫)[12]이니 매월 이자를 계산하면 1푼(分) 2리(厘)요, 1만 원당 한 달 이자는 120원입니다. 따라서 58,848원 9각의 두 달 이자를 계산하면 마땅히 1,412원 3각 7푼 3리 6호(毫)가 되어야 합니다. 그런데 2개의 별단에서는 운송 지연으로 인한 실리(失利)를 자그마치 27,980여 원이나 계산했습니다. 이는 대략 20여만 원의 1년 치 이자와 같습니다. 참으로 어떻게 계산했는지 알 수 없으니, 본 정부는 단연코 배상을 허락하기 어렵습니다.

(3) 두 개의 별단에서 제3관의 15,806원과 611원을 가리켜 귀국 상인들이 부득이 소비한 경비라고 했습니다. 하지만 귀국 상인들에게 긴요한 안건이 생겼다면, 마땅히 귀서(貴署)와 본서(本署)가 수시로 상의해 처리해야 하니 본래 다른 경비를 남용할 필요가 없습니다. 그런데도 귀국 상인들은 자기 재물을 아끼지 않고 함부로 다른 사람에게 청구하니, 본 정부에서 어찌 들어줄 수 있겠습니까? 이 조관 또한 결코 배상할 수 없습니다.

(4) 두 개의 별단에서 제4관의 49,652원과 2,085원을 가리켜 귀국 상인들의 이자 손실을 총합한 금액이라고 했습니다. 그러나 방곡은 기축년 10월에만 있었는데, 귀국의 전(前) 공사 가지야마의 조회와 별단은 신묘년 11월 초8일에 왔으니, 그 기간이 윤달을 포함해서 26개월이 됩니다. 이 안건은 귀서(貴署)에서 마땅히 2, 3개월 내에 상인들의 진정을 본서(本署)에 전달했어야 합니다. 그래야 쉽게 조사해서 처리할 수 있었을 텐데, 오히려 2년 2개월이나 지났습니다. 귀서에서는 일찍 진정을 전달해서 조사를 청하지도 않고, 갑자기 이자를 매우 크게 계산해서 별단에 적어 요구하고 있으니, 본 정부는 더욱 그 배상 책임을 맡기 어렵습니다. 더구나 어떤 일을 막론하고 중대한 안건은 결코 이처럼 오래 끌어서는 안 되며, 또 귀서에서 상인들의 진정(陳情)을 전달하기 전에 아무도 그것을 전한 적이 없었으니, 연수(年數)에 따라 스스로 큰 이자를 계산해서 다른 나라에 배상을 요구하고 심지어 정산(精算)을 기다린다고 말하는 것은, 바로 귀서의 책임이요 본 정부의 책임이 아닙니다. 혹시라도 10년이 지난 다음에 와서 진정을 전달했다면 이자가 필시 10여만 원

---

12) 호(毫): 1892년(고종 29)에 제정한 '신식화폐조례(新式貨幣條例)'에 따르면, 신식화폐는 냥(兩)을 기준으로 하되 1냥을 열로 나누어 1전(錢), 1전을 열로 나누어 1푼(分)으로 계산하였다. 그리고 푼 이하는 그에 해당하는 화폐는 없지만 혹시 계산할 필요가 있으면 이(釐)·호(毫)·사(絲)·홀(忽)의 단위를 사용한다고 했다. '신식화폐조례'는 은화(銀貨)를 본위화로 하고 동화(銅貨)를 보조화로 채택한 근대식 화폐제도였는데, 조선의 5냥 은화는 일본의 1엔(圓), 1냥 은화는 20센(錢)과 등가로 교환됐다.

에 이르고, 그 또한 본 정부에 대해 배상을 요구했을 것이니 교제(交際)에 어찌 이러한 이례(理例)[13]가 있겠습니까?

(5) 두 개의 별단 마지막에 "기재된 금액은 아직까지 배상 기한이 없으니 마땅히 이자가 추가된다."라고 했습니다. 그러나 앞의 각 항목들은 모두 사실 조사가 끝나지 않았고, 본서(本署)는 전혀 상의해서 타결하지 않았습니다. 따라서 손해배상 요구에 응해서 지불할 때 가서 결정할 일이요, 지금 당장 각 사정에 따라 지급할 것이 아니니, 또 무슨 근거로 이자를 추가한다는 것인지 모르겠습니다.

(6) 귀 공사가 보낸 별단을 보면, 28,590원의 주석에 "귀력(貴曆) 메이지 24년 12월 1일부터 26년 1월 30일까지 각 항목의 이자"라는 구절이 있습니다. 그런데 귀국의 전(前) 공사 가지야마가 보낸 별단의 내용을 아직 다 조사하지 못했고, 또 본 정부는 각 조관의 배상 책임을 맡을 수도 없습니다. 따라서 이번에 이자를 추가하더라도 본 정부에서는 결코 그 배상 책임을 맡을 수 없습니다.

본 독판의 소견으로는 본 정부에서 몇 개 항목에 대해서는 마땅히 배상을 해야 합니다. 바로 앞에서 언급한 항구에서 나가는 대두의 수량에 따른 손해금액 38,500원과 운송 지연에 따른 이자 1,412원 3각(角) 7푼(分) 3리(厘) 6호(毫), 합계 39,912원 3각 7푼 3리 6호입니다. 또 귀국의 전(前) 공사 가지야마가 조회를 보낸 날짜인 신묘년 11월 초8일부터 금년 2월 초7일까지, 윤달을 포함해서 16개월 동안 매월 1푼 2리로 이자를 계산하면 합계 7,663원 1각 7푼 5리 7호 3사(絲) 1홀(忽) 2합(合)이니, 이를 모두 합하면 47,575원 5각 4푼 9리 3호 3사 1홀 2합입니다.

이상의 각 사항을 살펴보고 서로 비교해 본 후에 배상액을 조금 감축하는 것이 명석하고 이치에 맞을 것입니다. 혹시 귀 공사의 의견이 저와 같다면, 본 독판은 즉시 그 금액대로 피해를 입은 각 상인들에게 지급할 수 있도록 준비해서 현안을 타결할 것입니다. 즉시 조복(照覆)하시기를 바랍니다. 마땅히 기한을 정해서 그 금액을 보내서 우목(友睦)의 정의(情誼)를 온전히 할 것입니다. 그러나 만약 계속해서 다른 구실을 대며 논박해서 지연된다면, 금일부터 어떤 항목을 막론하고 이자를 추가하는 것은 본 정부에서 알 바가 아닙니다. 성명(聲明)하기에 앞서 글을 갖추고 별단을 첨부해서 귀 공사에게 조회하니, 부디 살펴보시기 바랍니다. ^{계첩초단}
(計牒抄單)(생략함)

이상과 같이 대일본변리공사 이시이에게 조회함. ^{계사년 정월 19일(메이지 26년 3월 7일)}9

---

13) 이례(理例): 상규(常規), 관례(慣例)

이 조회는 일한국교를 최후 단계까지 끌고 간 중요한 문서였을 뿐만 아니라, 해관사무 및 은행 업무에 정통한 외국인이 기안한 것이라고 생각될 만큼 매우 복잡한 내용을 담고 있다. 다음에서 조목별로 설명하기로 한다.

1. 통리아문의 주장에 따르면, "메이지 22년의 함경도 방곡은 일한통상장정에 준거해서 시행된 것으로 조선 정부에는 과실이 없고, 따라서 손해배상 책임도 없다. 그런데 당시 곤도 대리공사는 방곡 시행을 고의로 방해해서 그 해금(解禁)을 강요했을 뿐만 아니라, 나중에 가지야마 변리공사가 부임하고 나서야 일본 상민의 손해배상 문제를 제기했다. 당시 독판교섭통상사무 민종묵은 사리 여하를 따지지 않고 양국 국교를 중시하는 데 주안(主眼)을 두어 오직 그 문제 제기를 받아들였으며, 배상안(賠償案) 같은 것도 우선 그 액수를 줄여서 동의했다."는 것이다.

이 문제는 앞 절에서 상세히 서술한 것처럼, 방곡의 불법 여부를 따지는 것이 주안이 아니라 오직 당시 함경도 관찰사 조병식의 절차상 위법과 일한통상장정의 위반이 문제가 됐으며, 손해배상도 이 문제에 수반해서 파생된 것이었다. 이 사실은 『통리아문일기(統理衙門日記)』·『등록(謄錄)』에 상세하고 명확하게 기재되어 있고, 통리아문 당상(堂上)과 주사(主事) 모두 숙지하고 있었기 때문에 이제 다시 이 문제를 꺼낼 이유가 없다. 3월 7일의 조회 원안이 통리아문 이외의 제3자의 손에 의해 기안된 하나의 증거로 볼 수 있다.

2. "메이지 22년 12월 7일자 가지야마 공사 조회 별단의 제1항에 의하면 직접 손해액은 은(銀) 48,597.404엔으로 계상되어 있지만, 이 숫자를 그대로 승인할 수는 없다. 통리아문이 원산해관 책자에 의거해서 조사한 결과에 따르면, 메이지 21년부터 메이지 23년[14]까지 3년 동안의 대두 수출액은 다음과 같다.

[단위는 섬(擔: picul). 1섬은 약 60킬로그램]

무자년 (메이지 21년)	봄	15,444
	가을	28,811
기축년 (메이지 22년)	봄	36,551
	가을	18,708
경인년 (메이지 23년)	봄	53,499
	가을	5,036

---

14) 메이지 23년: 원문에 메이지 22년으로 되어 있으나 문맥상 23년의 오자가 분명하므로 바로잡았다.

이 숫자는 해관뿐만 아니라 통리아문 파견원의 조사 결과 및 피해 일본 상인들이 제출한 장부를 참조하더라도 정확한 것임을 알 수 있다. 메이지 22년 가을과 겨울 사이에 수출이 감소한 것은 방곡령의 시행 때문으로 추정되며, 메이지 23년 봄에 이례적인 증가를 보인 것은 방곡령의 해금으로 일본 상인들이 보유하고 있던 대두를 한꺼번에 수출했기 때문일 것이다. 따라서 23년 봄에 수출한 53,499섬에서 22년 가을에 수출한 18,708섬을 뺀 나머지는 34,791섬이 되며, 이를 반올림해서 계산한 35,000섬이 방곡령 시행 때문에 일본 상인들이 보유하고 있다가 실제 손실을 입은 대두의 수량으로 볼 수 있다. 이 대두를 1섬당 시가로 은(銀) 1엔 10센이라 보면, 35,000섬에 은 38,500엔이 된다. 이 금액이 일본 상인의 실제 손실액이며, 정확한 근거를 갖는다."는 것이다.

원산해관의 책자에 기재된 대두 수출량이 정확하다는 것은 의심할 여지가 없지만, 이러한 역산(逆算)으로 일본 상인이 보유한 대두의 총액을 추산하는 방법은 어떨까. 특히 가지야마 공사의 조회에서는 손실금액만 기재되어 있을 뿐, 보유한 대두의 수량이나 가격 환산 방법을 명기하지 않았기 때문에 양자를 비교해서 어느 쪽이 정확한지 논하는 것은 불가능하다.

3. "가지야마 공사의 별단 제2항에 따른 손실은 27,386엔이라고 계상되어 있는데, 이 또한 승인할 수 없는 숫자이다. 방곡은 기축년 10월에 시행돼서 12월에 해금됐으므로 금령이 시행된 것은 2개월에 불과하다. 당시 일본 상인들이 메이지 23년에 수출한 53,499섬 전부를 보유하고 있었다고 해도, 그 가격은 1섬당 1엔 10센으로 계산하면 58,848.900엔에 불과하다. 이 금액이 바로 일본 상인들의 수중에 묵혀서 운용할 수 없게 된 금액으로 볼 수 있다.[15] 그리고 문제의 이자인데, 당시 일본 다이이치국립은행(第一國立銀行)[다이이치은행(第一銀行)] 인천지점의 대출이자는 100엔당 하루 4센(錢)[16]이었다. 이 이자율로 기한을 2개월로 잡고 앞의 금액의 이자를 계산하면 겨우 1,412.373엔에 지나지 않는다. 가령 제2항의 이자 27,386엔이 정확한 것이라면, 이는 100엔당 하루 4센의 이자로 쳐서 20여만 엔의 1년간 이자에 해당한다. 별단 제2항은 무슨 근거가 있어서 이처럼 무책임한 숫자를 제시했는가?"라는 것이다.

이 건에 관해서도 별단 제2항에서 상세한 숫자를 제시하지 않고 있으므로 분명히 논

---

15) 원문의 직역으로 인해 의미가 불명확하나, 방곡령 시행으로 인해 2개월간 묶인 일본 상인들의 자본을 뜻한다.

16) 당시 일본의 화폐 단위로 보면 100센(錢)이 1엔(圓)이었으니, 100엔당 4센의 이자는 하루 0.0004%의 이자율을 뜻한다.

할 수는 없다. 일단 알려진 사실만 거론해 보자. 통리아문의 주장에 따르면 방곡령이 2개월 동안 시행됐다고 하지만, 형식상 철폐된 이후에도 여전히 지방 차원에서는 유지되고 있었으므로 그 기한은 적어도 4개월로 보는 것이 타당하다. 다음으로 이자 문제인데, 원산 상인들이 융통받은 자금의 이자가 100엔당 하루에 4센과 같은 저리(低利)가 — 오늘날의 저금리 상황에서는 놀랄 만큼 고리(高利)이지만 — 아니었다는 것은 단언할 수 있다. 경성과 인천에 거류하는 영국·미국인들은 다이이치국립은행 인천지점의 입장에서는 소중한 고객이었으므로 100엔당 4센의 이율로 대부해 주었겠지만, 메이지 25년 11월 황해도 방곡 피해자 도이 가메타로의 청원서에 따르면 평범한 일본 상인에게는 100엔당 하루에 5센의 이율이 적용됐음을 추정할 수 있다. 게다가 다이이치국립은행에서 대부받은 상인들은 비교적 신용이 있는 사람들이었고, 그 밖의 적지 않은 상인들은 사금융에 의지하고 있었을 것이다. 그들이 계약한 이율이 대단히 높았을 것임은 쉽게 상상할 수 있다. 통리아문의 주장은 합리적이지만, 원산 거류 일본 상인의 실정을 무시한 것이다.

4. "가지야마 공사 조회의 별단 제3항에 따른 일본 상인이 청원 등을 위해 사용한 비용은 배상할 수 없다."고 했다.

5. "별단 제4항에 기재된 연체이자는 조선 정부의 과실에 의한 것이 아니기 때문에 배상 책임이 없다."고 했다.

6. 메이지 26년 2월 25일자 오이시 공사의 조회에서 요구한 연체이자 가운데, 메이지 24년 12월 7일 가지야마 공사가 손해배상 요구를 제기한 당일부터 메이지 26년 3월 24일까지의 기간은 100엔당 하루 4센의 연체이자를 붙이는 데 동의했다.

7. 이상을 종합하면 통리아문에서 동의한 손해배상액은, 가지야마 공사 조회의 별단 제1항의 은(銀) 38,500엔, 제2항에 따른 이자손실액 1,412.373엔, 그리고 이상의 합계 은 39,912.373엔에 대한 메이지 24년 12월부터 메이지 25년 3월까지의 연체이자 7,663.175엔으로서, 총합 47,575.548[17]엔이다.

이 조회는 함경도 방곡에 관한 조선 정부당국의 과실과 일한통상장정 위반 사실을 부인하고, 예전부터 독판교섭통상사무 민종묵과 곤도 대리공사, 가지야마 변리공사 간에 이뤄진 일체의 교섭을 무시해서, 문제를 메이지 24년 12월 이전으로 돌려 백지 상태에

---

17) 원문에는 47,575.549엔이라고 되어 있으나 합계가 맞지 않아 수정했다.

서 모든 것을 일방적인 견지에서 재검토하려는 것이었다. 조선 정부가 이와 같은 비상수단을 취함으로써 발생할 정치적 책임은 중대했다. 따라서 이 문제의 진행 여하에 따라 장래 일한국교에 중대한 영향이 생긴다면, 그 책임은 전적으로 조선 정부와 그 지도를 담당한 원세개가 져야 했다.

오이시 공사는 3월 7일자 통리아문 조회를 일견하고는 그 내용을 상세히 검토할 겨를도 없이 그 첫머리부터 보이는 조선 정부의 책임 방기에 분격해서, 3월 9일에 통리아문으로 독판 조병직을 방문해서 면전에서 그 불법을 엄하게 힐책하고 즉시 원(原)조회를 반환했다. 조병직의 미약한 항의성 반박 따위는 극도로 분격한 오이시 공사의 귀에 들리지도 않았을 것이다. 하지만 이때 만약 오이시 공사가 냉정하게 원조회에 의거해서 조목별로 토의했더라면, 원래 이 조회는 통리아문 외부에서 기안한 것이었기 때문에 조병직은 바로 설명이 궁해져서 자발적으로 그것을 철회하지 않을 수 없었을 것이다.[10]

오이시 공사로부터 조회 수리를 거절당한 독판교섭통상사무 조병직은, 이 일을 국제관례를 무시하고 아울러 조선 정부를 모욕한 것으로 해석했다. 그는 3월 10일에 다시 신함(信函)을 첨부해서 3월 7일자 원조회를 다시 보냈지만, 오이시 공사는 신함만 수리하고 당일로 원조회를 반환했다. 며칠이 지나 21일에 오이시 공사는 이 안건의 교섭을 위해 독판과의 회견을 요구했지만, 독판은 신병으로 인해 사직 상소를 올렸고, 관례상 교지가 내려오기 전까지 공무를 볼 수 없다고 하면서 회견을 거절했다. 오이시 공사는 다음 날인 22일에 신함을 보내서 조병직이 외무장관으로서 태만한 것을 꾸짖고, 국왕을 알현해서 직접 독판교섭통상사무의 교체와 방곡 배상에 관해 국왕의 직재(直裁)[18]를 청하겠다고 요구했다. 조병직은 23일에 장문의 신함을 보내서 오이시 공사의 말을 반박하는 한편, 오이시 공사는 국제적 관례를 지키지 않고 그 언동이 신중하지 않아 일국의 대표자라고는 생각되지 않는다고 하고 태도를 고칠 것을 요망했다. 그리고 3월 7일자[19] 원조회를 수리하지 않는 한 일체의 회견을 거부한다고 성명했다. 덧붙여 말하자면, 오이시 공사가 3월 7일자 통리아문 조회의 수리를 거부한 결과로 통리아문과 오이시 공사 간에 조회 왕복은 저절로 중단돼서 이후의 교섭안건은 오직 신함을 통해서 전달할 수밖에 없었다. 일국의 국교에 관계되는 중대안건을 신함을 통해서 처리하는 것은, 분명히 동방 국가들의 외교문서 형식에 반하는 것이었다.[11]

---

18) 직재(直裁): 국왕이 직접 결재함
19) 원문에는 3월 9일로 되어 있으나, 문맥상 7일의 오기인 것으로 보고 바로잡았다.

조복(照覆)함.

어제 보내신 신함(信函)을 받고 모두 상세히 읽어 보았습니다. 북도(北道)의 방곡과 관련된 공문의 처리방법에 관해서는, 우리 조사원의 보고에 따르면 귀국 상인의 장부는 대부분 증빙이 없습니다. 그럼에도 불구하고 본 독판은 격외(格外)의 법규를 둬서 별도로 주판(籌辦)[20]해서 47,575원 5각 4푼 9리의 금액을 일일이 따져서 계산했으니, 이는 공윤(公允)[21]한 판법(辦法)[22]에서 나온 것입니다. 양측의 정리(情理)를 다하고 시비(是非)가 환히 드러나서 그 정대광명(正大光明)이 비단 청천백일(靑天白日)에 견줄 정도가 아니니, 귀 공사 또한 응당 그것이 이치에 합당함을 깊이 양촉(諒燭)했을 것입니다. 그런데도 대답하는 말이 없다가 두세 번 글을 올림에 갑자기 물리쳐서 되돌려 보냈습니다. 본 독판이 비록 명백히 상의해서 타당하게 처리하려고 해도 전혀 빙준(憑准)[23]이 없습니다. 이는 실로 귀 공사가 허다한 공안(公案)의 타결을 돌보지 않는 것이요, 또한 교섭사무의 직책을 헛되이 만들려는 것이니, 본 독판은 참으로 이해할 수가 없습니다.

또 교제공례(交際公例)를 살펴보건대, 문독(文牘)[24]의 왕래는 본래 응당 있는 일인데, 조회는 작환(繳還)[25]하고 신함(信函)은 답이 없으니, 공안(公案)을 처리하려고 해도 증빙할 것이 없습니다. 이는 귀 공사가 양국의 화약(和約)을 가볍게 버리는 것이니, 이 또한 본 독판이 이해하지 못하는 바입니다. 귀 공사가 우리 서울에 주재하신 날부터 본 독판은 일찍이 귀 공사의 명성을 흠앙해서 곤핍(悃愊)[26]을 모두 펼쳐 보이고, 사안이 있을 때마다 상의해서 타당하고 흡족한 결과가 되도록 애를 썼거늘, 어찌 생각이나 했겠습니까? 아력(我曆) 정월 22일에 귀 공사가 홀연히 본서(本署)를 방문해서 원조회를 되돌려 보내고 입으로는 능욕하는 말을 했으니, 이는 본 독판이 각하에게 마음 깊이 바라던 것이 아니었습니다. 또 공법(公法)에 따르면, "마땅히 언행을 공손하고 신중히 해서 국가의 체면을 훼손해서는 안 되며, 일체의 분노하고 증오하는 말이나 남을 무시하는 글자는 일반적으로 사용할 수 없다[宜謹言愼行 不可毀傷國體 一切忿疾藐視字樣 不得率用]."라고 했습니다. 이처럼 훌륭한 명망을 지닌 귀 공사라면 이러한 괴거(乖擧)[27]를 해서 공법을 위배해서는 안 될 것입니다. 이 또한 본 독판이 이해할 수 없는 바입니다.

---

20) 주판(籌辦): 형편이나 사정 등을 헤아려 처리함
21) 공윤(公允): 공정하고 합당함
22) 판법(辦法): 문제를 해결하는 방법. 또는 사무의 처리
23) 빙준(憑准): 근거
24) 문독(文牘): 관부(官府)의 문서, 공문
25) 작환(繳還): 문서나 물건 등을 돌려보내는 일
26) 곤핍(悃愊): 지성(至誠)
27) 괴거(乖擧): 도리에 어긋난 행동

지금 본 독판이 사제(私第)에서 병을 조리한 지 며칠 되지 않았습니다. 조금 병이 나으면 스스로 알아서 공무를 볼 것인데, 어찌 귀 공사가 이처럼 개결(開缺)[28]을 주청(奏請)하겠다고 힐책할 줄 알았겠습니까? 각하께서 어디서 무슨 말을 들었기에 제가 이처럼 신문을 당하는지 모르겠습니다. 설령 본 독판이 병으로 개결하더라도, 그것은 본래 우리나라의 내정에 속하는 문제이니 귀 공사는 간여해서는 안 됩니다. 이 또한 본 독판이 이해할 수 없는 바입니다.

종합하건대, 한 번 가고 한 번 오는 것이 원래 교섭공례(交渉公例)입니다. 혹시 귀 공사가 고집을 꺾어서 먼저 원조회를 접수하고, 그 다음에 명백한 조복(照覆)을 보내 주신다면 본 독판 또한 응당 사안에 따라 타당하게 상의해서 주획(籌劃)[29]을 들어 볼 것입니다. 부디 귀 공사는 마음가짐을 공평히 해서 평화롭게 대화를 열고, 공례(公例)에 부합해서 훌륭한 명성을 잃지 마시기를 바랍니다. 그리하시면 비단 본 독판이 더불어 그 영예를 가질 뿐만이 아니요, 우국(友國)의 대행(大幸)이 될 것입니다. 부디 각하는 생각하십시오. 만약 혹시라도 고집스런 견해를 돌리지 않고, 끝내 돌아보지 않고 떠나신다면 그것은 귀 공사가 스스로 교섭의 직책을 저버리는 것이니, 확실히 본 독판이 앙면(仰勉)할 수 있는 바가 아닙니다. 회담 약속에 관해서는, 응당 이 공문을 상세히 검토하시고 조복(照覆)하신 이후에 짐작(斟酌)해서 처리할 것입니다. 이에 원조복(原照覆)을 신함(信函)과 함께 보냅니다. 부디 귀 공사는 깊이 양찰하시어 선처하시기 바랍니다. 정중히 답신하며, 날마다 복되시기를 송축합니다.

조병직(頓)

계사 2월 초6일[12]

독판 조병직은 이 신함과 별도로 2통의 신함을 오이시 공사에게 보냈다. 하나는 오이시 공사의 알현 청구를 거절하는 것이고, 다른 하나는 3월 7일자 통리아문 조회를 세 번째로 보낸다고 하면서 만약 이번에도 되돌려 보낸다면 오이시 공사가 고의로 배상안의 천연책(遷延策)을 꾸미는 것으로 간주하며, 앞으로 이 건에 관해 중대한 결과가 발생하더라도 조선 정부는 책임이 없다고 성명하는 것이었다.

오이시 공사는 통리아문으로부터 원조회를 세 번째로 받자마자 당일로 그것을 되돌려 보냄과 동시에 다음 날인 3월 24일에 독판과의 회견을 요구했으나 당연히 아무런 회답도 받지 못했다. 그는 3월 26일에 신함을 보내서 3월 23일자 독판의 신함 내용을 반박했다.

---

28) 개결(開缺): 관리가 사고로 더 이상 직무를 볼 수 없게 됐을 때, 그를 면직하고 다른 사람으로 교체하는 일
29) 주획(籌劃): 계획, 계책

조복(照覆)함.

보내신 글을 받고 모두 상세히 살펴보았습니다. 보내신 글을 살펴보건대, 다음에 나열하는 5개 항목의 뜻에 불과합니다.

하나, 우리 상민의 장부는 대부분 증빙이 없음에도 불구하고, 귀 독판이 격외(格外)의 법규를 둬서 별도로 주판(籌辦)하여 47,575원 5각 4푼 9리의 금액을 일일이 따져서 계산했으니, 이는 공윤(公允)한 판법(辦法)에서 나왔다는 것.

하나, 교제공례(交際公例)를 살펴보면 문독(文牘)의 왕래는 본래 응당 있는 일인데, 조회는 작환(繳還)하고, 신함(信函)은 답이 없으니 증빙할 것이 없어서 공안(公案)을 처리할 수 없다는 것.

하나, 귀 독판은 사안이 있을 때마다 상의해서 타당하고 흡족한 결과가 되도록 애를 썼는데, 생각지도 못하게 아력(我曆) 정월 22일에 본 공사가 귀서(貴署)를 찾아가서 원조회를 반환하고 입으로 능욕하는 말을 했으며, 공법에 언행을 공손하고 신중히 하라는 말이 있는 것.

하나, 개결(開缺)의 주청(奏請)에 대해서, 본 공사가 어디서 무슨 말을 들었기에 그처럼 신문하는 것이며, 또 설령 귀 독판이 병으로 개결하더라도 그것은 본래 자국(自國)의 내정(內政)에 속하는 문제라는 것.

하나, 회담 약속에 관해서는, 응당 이 공문을 상세히 검토하고 조복(照覆)한 이후에 짐작(斟酌)해서 처리할 것이며, 이에 원조복(原照覆)을 신함(信函)과 함께 보낸다는 것.

이제 본 공사가 항목별로 말씀드리겠습니다.

하나, 일전에 귀서(貴署)에서 회견했을 때 많은 문제를 논구(論究)해서 처리했고, 그것으로 귀 독판의 그릇된 견해를 거의 남김없이 소상히 밝혔습니다. 귀 독판도 제 말이 옳다고 하면서 그 자리에서 귀 조복(照覆)을 거둬들였고, 또 따로 이 안건에 관해 협의하겠다고 했으니 그 말씀이 아직까지 본 공사의 귀에 쟁쟁합니다. 그럼에도 두 차례나 그 원문을 보내오시니, 본 공사는 몹시 괴이하게 생각합니다. 언행의 번복이 이와 같으니 거의 어떻게 귀결될지 알 수 없습니다. 사사로운 교제에서도 오히려 부끄럽게 여길 만하거늘, 하물며 차마 당당한 공서(公署)에서 그렇게 할 수 있겠습니까? 부디 귀 독판은 세 번 생각하십시오.

둘, 교제공례(交際公例)에 문독(文牘)이 왕래한다는 것은 삼척동자도 알고 있습니다. 그러나 지금 귀 독판이 본 공사에게 그 말을 하는 것은 과연 무슨 의도입니까? 무릇 혼탁한 하류를 맑게 하고자 한다면, 우선 수원(水源)으로 거슬러 올라가야 한 번에 깨끗이 할 수 있으니, 그래야 비로소 맑은 물을 얻을 수 있는 법이요, 이와 반대로 하면 아마도 공을 이루지 못할 것입니다. 귀 독판의 언론은 이와 유사한 점이 많습니다. 예컨대 앞에서 언급한 공문의 반환은, 그 수원(水源)은 놓아두고 말류(末流)만을 논하는 것이니 전도(顚倒)됨이 또한 심합니다. 이는 두 번 생각하지 않아도 알 수 있는 일입니다.

셋, 귀 독판이 사안이 있을 때마다 상의해서 타당하고 흡족한 결과가 되도록 힘썼다는 것은, 직분상 당연합니다. 만약 그렇지 않다면 100명의 독판이 있더라도 독판 1명도 없느니만 못할 것입니다. 하지만 양국의 많은 현안이 다년간 지연되어 쌓인 채로 해결되지 않고 있으니, 과연 사안이 있을 때마다 상의해서 타당하고 흡족한 결과가 되도록 힘썼다고 할 수 있겠습니까? 귀 독판의 언행이 일치하지 않음을 알 수 있습니다. 또 입으로 능욕하는 말을 했다고 운운한 것은, 본 공사는 일찍이 능욕하는 말을 한 적이 없습니다. 오직 회담할 적에 이론을 원용하고 전례를 미루어서 끝까지 관철할 것만을 생각했습니다. 이는 곧 공사(公私)를 막론하고 세간에서 많이 행해지는 관례입니다. 만약 불경스럽고 신중치 못한 언사가 있었다면 그때그때 따져서 책망해야 합니다. 그래야만 본 공사도 그 책임을 질 수 있습니다. 당시로부터 날짜가 많이 지났는데, 이제 와서 다른 사람에게 거침없이 많은 말로 허물을 돌리고 있으니, 본 공사는 수긍하지 못하겠습니다. 오히려 억울하고 분한 마음만을 일으킬 뿐입니다. 또 공법을 준수하는 것은, 본 공사가 귀 독판에게 바라는 바이니 부디 거듭 생각하십시오.

넷, 본 공사가 이번 달 21일 오후 1시에 귀부(貴府)에 가서 알현을 요청했는데, 귀 집사가 전하는 말에, 귀 독판에게 병이 있다고 했으며 또 개결을 주청하는 동안에는 직무를 보지 않는다고 했습니다. 만약 귀 독판이 집사가 말을 잘못 전한 탓으로 돌린다면, 본 공사는 또한 무슨 말을 하겠습니까? 오직 귀 집사 중에 주인의 말을 날조해서 전하는 자가 있다고 밖에 할 수 없을 것입니다. 무릇 열국(列國)에서 그 직책을 비워두는 것은 아마도 사체(事體)에 흠결이 있을 것입니다. 만약 귀 독판의 집사가 전한 말이 과연 사실이라면, 귀국 정부는 교섭사무관(交涉事務官)이 없는 것입니다. 피차간에 현안이 타결되지 않고 계속 이어지고 있으며, 더구나 언제 무슨 사단이 빚어질지도 알 수 없는데 누구와 상의해서 처리해야겠습니까? 이것이 본 공사가 우려해 마지않는 이유입니다. 그러므로 알현해서 하루라도 그 직책을 비워 둘 수 없는 이유를 분명히 상주하겠다고 청한 것입니다. 이는 이치가 참으로 그러한 것입니다. 귀 독판의 질병이나 개결 여하는 본 공사가 알 바가 아닙니다.

다섯, 예전에 다시 회동하여 처리하기로 약속했습니다. 그러므로 귀 조복(照覆)을 거둬들이게 한 것입니다. 약속을 위반하고 이치에 어긋나는 안건은 본 공사는 결단코 고식적으로 용납하지 않을 것입니다. 이에 그 원문을 다시 반환하니 살펴본 후 거둬들이십시오.

이미 전술한 바와 같으니, 귀 독판의 말씀은 자문자인(自問自認)하면 이치에 어긋나고 우의를 저버린 것입니다. 더구나 약속한 말을 돌아보지 않고 말을 번복해서 일정함이 없으니 대단히 타당하지 않습니다. 참으로 일국 정부의 대신의 언행은 무거워야 합니다. 부디 귀 독판은 약속을 이행해서 다시 회동하여 타당하게 처리하시기 바랍니다. 많은 안건이 오래토록 타결되지 않는 것은 실로 인교(隣交)를 돈독히 하는 방도가 아닙니다. 부디 당장 내일이나 모레 이틀 사이에 귀 독판이 본서(本署)에 왕림하거나, 아니면 본 공사가 귀서(貴署)로 갈 것으로 생각하십시오. 즉시 일체를 상의해 타결할 것입니다. 조복하시기 바랍니다. 이로써 진심을 전하며, 날마다 복되시기를 송축합니다.

오이시 마사미^{돈(頓)}

아력(我曆) 3월 26일 계사 2월 9일[13]

오이시 공사는 국면이 전환되는 것에 노심초사했던 듯, 독판 조병직에게 연달아 회견을 요청했다. 하지만 독판은 여전히 앞의 말을 반복하면서 거절했을 뿐만 아니라, 26일자 신함(信函)에 대해 "이는 실체가 없는 그림자요, 수원(水源)이 없는 말류(末流)이니, 그 이치에 어긋나고 우의를 저버림이, 아! 또한 심합니다. 이처럼 이치에 어긋나고 우의를 저버린 안건은 본 독판은 단연코 접수할 수 없습니다."라고 하면서 3월 27일에 돌려보냈다.[14] 이 글은 조회가 아니라 신함이었기 때문에 반환하더라도 특별한 의미는 없었지만, 보복의 의미로 그렇게 했던 것으로 보인다. 이로써 통리아문과 오이시 공사는 서로 조회와 신함의 수리를 거부하면서 경쟁적으로 반환했고, 이 상태가 계속된다면 상호간에 문서를 통한 왕복도 단절될 위험이 있었다. 형세의 중대함을 깨달은 오이시 공사가 3월 27일에 되돌아온 신함을 수리해서 다시 반환하지 않았으므로, 조병직도 3월 7일자 통리아문조회를 네 번째로 보내는 것을 단념했다. 이것으로 문서 왕복이 단절되는 사태만큼은 면할 수 있었다.

3월 27일에 신함이 되돌아온 후에도 오이시 공사는 굴하지 않았다. 그는 4월 2일에 다시 조병직에게 신함을 보내서 앞의 말을 반복하면서 조선 정부의 무성의와 약속 위반을 비난하고, 특히 독판의 회견 회피에 대해 "끝끝내 교섭안건을 지연시켜서 그 분책(分責)[30]을 모면하고자 한편으로 대외적으로 의리를 잃고 한편으로 사신의 면의(面議)[31]를 단절시켰으니, 아마도 국교에 장애가 있을 것입니다. 실로 만국에 견줄 데 없는 신례(新例)입니다."라고 극언했다.[15]

오이시 공사가 큰 기대를 갖고 시작한 방곡 배상 안건은 메이지 26년 1월 말 이후 2개월 동안에 완전히 암초에 걸렸다. 오이시 공사는 독판 조병직과 회견을 갖고, 그래도 결판이 나지 않으면 국왕을 폐현(陛見)하고 직접 설명해서 이 국면을 타개하고자 했다. 그는 극도로 집요하게, 때로는 예의를 무시하면서 회견을 강요했지만, 조병직은 완고하게 문서 이외의 모든 교섭을 거절했다. 그러나 문서에 의한 교섭은 이미 그 시기를 놓쳐서, 앞으로 몇 번을 반복하더라도 형세를 완화하고 사태를 해결할 방법이 되지 않는다는 것은 누가 봐도 분명했다.

---

30) 분책(分責): 직분에 따른 책임
31) 면의(面議): 직접 대면해서 상의함

【원주】

1 『大日本帝國議會誌』1권, 「第四議會衆議院」, 396쪽.

2 『大日本帝國議會誌』1권, 「第四議會衆議院」, 446~447, 448~449쪽.

3 大石正巳, "買って出た韓國公使"(東京朝日新聞社編, 『その頃を語る』, 昭和 3年刊), 92~94쪽.

4 『統理衙門日記』32권, 壬辰年 12月 8 · 10日.

5 『日省錄』, 李太王 壬辰年 9月 6 · 22日.

6 『統理衙門日記』35권, 癸巳年 正月 9 · 18 · 22 · 23日.[32]

7 『日案』22권.

8 『日案』22권, "明治二十六年三月六日大石公使信函".

9 『日案』22권.

10 『日案』22권, "癸巳年正月二十三日督辦趙秉稷信函".

11 『統理衙門日記』35권, 癸巳年 2月 6 · 7 · 9 · 13 · 14 · 15 · 16 · 17 · 18日.

12 『日案』22권.

13 『日案』22권.

14 『日案』22권, "癸巳年二月十一趙秉稷信函".

15 『日案』22권, "明治二十六年四月二日大石公使信函".

---

32) 원서에는 주석의 위치가 표시되어 있지 않음

오이시 공사의 최후통첩 / 손해배상의 확정

오이시 변리공사는 평소 청한(淸韓) 양국에 대한 적극정책(積極政策)을 앞장서서 주창했고, 결국 반은 자천(自薦)해서 조선주차공사에 임명됐다. 이번 방곡 배상 사건은 포부를 실현할 좋은 기회였다. 아마도 그는 부임에 앞서 이토 수상, 무쓰 외상에게 이를 단언하고, 부임하고 나서는 원산 곡물상 대표 등에게 요구금액을 반드시 받아 주겠다고 확언했을 것이다. 그런 만큼 오이시 공사는 이번의 교섭 중단에 대해 깊은 책임감을 느꼈을 것이다. 그의 입장에서는 현재의 방침을 고수해서 한걸음도 물러설 수 없었고, 그 결과가 어떨지는 돌아볼 겨를이 없었다.

만약 오이시 공사가 조선에서의 외교교섭에 경험이 많은 인물이었다면 다음과 같은 수단을 취했을 것이다. 즉, 3월 7일에 통리아문 조회를 수령했다면, 그 내용을 상세히 검토해서 통리아문 외부의 제3자의 지도로 그것이 작성된 사실을 확인하고 독판을 힐책해서 자발적으로 그 조회를 철회하게 만들었을 것이다. 그 다음에 그 지도자인 원세개에게 회견을 요구해서 방곡 배상 문제가 발생한 이후의 경과를 상세하게 설명하고 그 오해를 풀어서—원세개는 아마도 당초의 상세한 사정을 잘 알지 못하고 있었을 것이다.—우리 주장이 합리적인 이유를 설득했을 것이다. 물론 그 교섭에서 우리의 제안 중에서 불합리한 부분을 철회하는 것은 당연하다. 그렇게 해서 원세개와의 사이에 양해가 성립하면, 통리아문과의 교섭은 두세 차례 조회가 왕복하는 것으로 끝났을 것이다. 물론 원세개와의 교섭이 이처럼 간단하게, 그리고 순조롭게 진행되지 않으리라는 것은 충분히 예상할 수 있으므로, 조선 정부의 대관 또는 국왕 측근의 중신들과 연락을 취해서 한편으로는 국왕과 왕비의 의향을 탐지하고, 다른 한편으로는 원세개를 견제해야 했다. 경성 주재 외교단의 도움은 기대할 수 없지만, 그들에게 일본 정부의 요구의 진의를 알리는 것은 적어도 원세개를 견제하고, 경우에 따라서는 그의 진의를 확인하는 편리한 수단이 되었을 것이다.

이상은 오히려 외교의 상도(常道)이며, 다케조에 변리공사가 메이지 17년 12월의 갑신변란(甲申變亂)에서, 그리고 오토리(大鳥) 특명전권공사가 메이지 27년 6, 7월에 일청개전(日淸開戰)에 즈음해서 큰 어려움 없이 실행한 방법이기도 했다. 그러나 오이시 공사는 이것이 불가능했다. 첫 번째로 오이시 공사는 외국 주재 사신으로서 전혀 경험이 없었고, 외교관으로서 당연히 지켜야 할 관례나 의례 같은 것도 알지 못했다. 그의 촌스럽고 에티켓을 갖추지 못한 태도는 다른 나라 사신들의 비웃음을 샀고, 그들과 회견할 기회조차 얻을 수 없었다. 게다가 오이시 공사는 부임하자마자 일부 조선인 추종자들에게 재야정객다운 무책임한 말들을 쏟아 냈고, 이 때문에 원세개의 감정을 해쳐서 그의 의심을 자초했다. 마지막으로 당시 오이시 공사에게 접근한 조선인 정객은 전(前) 주일참찬관(駐日參贊官) 김가진 등 중인 2, 3명에 불과했고, 정부 대관이나 국왕 측근의 중신은 1명도 없었기 때문에 국왕, 정부와의 연락은 전혀 불가능했다. 즉, 오이시 공사는 남산 공사관 안에서 농성(籠城)하면서 완전히 고립무원(孤立無援)의 처지에 놓여 있었던 것이다.[1]

방곡 배상 문제는 이제 최종 단계에 도달했다. 오이시 공사는 병력을 써서 조선 정부에 강압을 가할 필요성을 느끼고, 메이지 26년 4월 4일에 전보로 외무대신에게 청훈(請訓)했다.

방곡상금(防穀償金) 사건의 완결과 관련해서, 지난 30일 동안 강경한 담판을 했음에도 불구하고 조(趙) 독판은 이미 구두로 협의·결정한 사항을 위반했으며, 지난 3월 10일자 문서에서 진술한 것처럼 상대가 한 번 돌려보낸 서간을 세 번이나 송부했습니다. 당연히 본관(本官)은 그때마다 물리쳤습니다. 또 독판은 기타 각종의 담판 사건에 관해 절대 공식적인 답변을 주지 않고, 합당한 처분을 내리지도 않았습니다. 게다가 독판은 무책임하며, 또 무례한 언사를 사용했는데, 그중에서도 특히 본관이 앞의 서간에 대해 공식적인 회답을 주기 전에는 절대 본관과 면담하지 않겠다고 통지했습니다. 본관은 다만 평화로운 결론에 도달하기 위해 지금까지 극도로 인내하면서 모든 수단을 시도했지만, 독판의 서간을 통해서 그가 말한 것은 모두 구실에 불과하며 그의 진의는 이 안건을 결정짓지 않은 채 방치하는 데 있음을 미루어 알 수 있습니다. 본관은 독판의 이러한 행위를 설령 양국의 화친을 깨뜨리는 것으로 간주하지 않더라도, 우리나라 그리고 우리 국민의 명예에 대해 중대한 모욕을 가하는 것으로 생각하기에 저 정부에 대해 다음의 수단을 시도할 것을 희망합니다. 첫째, 저쪽 국왕전하를 알현해서 7일 이내에 그 정부의 결답(決答)을 줄 것을 요구하는 것, 둘째, 상당한 시일 내에 알현을 허락하지 않거나 또는 1주가 경과할 때까지 결답을 주지 않을 경우 본관을 소환하는 것,

셋째, 필요한 경우 인천 및 부산의 세관(稅關)을 점령하기 위해 급히 이 2개 항구에 군함을 파견하는 것입니다. 이상에 대해 전보로 훈령을 내려 주시기 바랍니다.[2]

오이시 공사는 세 가지 방법을 상신했다. 하지만 첫 번째 방법은 보나마나 통리아문에서 일축될 것이고, 두 번째 방법은 일본의 위신상 실행할 수 없었다. 세 번째, 병력을 동원해서 부산·인천 2개 해관을 점령하고, 조선 정부가 일본 정부의 요구를 전면적으로 승낙할 때까지 점령한다는 비상수단 외에는 뾰족한 방법이 없었고, 오이시 공사도 이를 예상하고 있었다.

오이시 공사의 청훈은 이토 총리대신과 무쓰 외무대신을 곤혹스럽게 했다. 특히 그가 상신한 부산·인천 2개 해관 점령책은 톈진협약(天津協約)의 위반일 뿐 아니라 제3국과의 갈등을 야기할 위험이 있었으므로, 일본 정부로서도 오이시 공사를 신뢰해서 그를 지지할 수 없는 상황이었다. 곧바로 무쓰 외상은 4월 4일 당일로 회훈(回訓)해서, 추후 명령이 있을 때까지 어떤 행동도 취하지 말라고 명해서 오이시 공사의 행동의 자유를 구속했다.[3]

4월 4일의 외무대신의 회훈은 정부가 오이시 공사에게 절대적 신뢰를 주고 있지 않다는 사실을 보여 준 것으로, 오이시 공사에게도 반성하는 계기가 되었던 것 같다. 오이시 공사도 종전의 태도를 조금 완화해서, 양측이 정면충돌하지 않을 정도에서 통리아문과의 문서전(文書戰)을 속행했다. 오이시 공사의 4월 4일자 신함(信函)을 보면, 분명히 종전의 태도와는 달리 추상적인 격론을 피하고, 3월 7일자 통리아문 조회에 대해 불완전하나마 조목별로 반박을 하고 있다.[4]

방곡 배상 문제가 끝내 완전히 교착상태에 빠져서 오이시 공사와 도쿄 외무성 사이에 장문의 전신(電信)이 오가고 있는 사실이 예민한 조선 국왕·정부에 아무 반향도 일으키지 않을 리 없었다. 그들은 교섭 중단 이후의 사태를 두려워했다. 묘당에서도 조병직 일파의 강경정책의 그릇됨을 비난하는 자들이 있었던 것 같다. 그들은 문제를 메이지 25년 12월 이전으로 환원해서, 가지야마·민종묵 협정을 부활시켜 조선 정부의 과실을 인정하고 은(銀) 6만 엔의 배상으로 타협할 수 있다면 다행이라는 생각이었다. 묘당은 거듭 원세개와 협의했는데, 원세개 또한 사태의 악화를 우려해서 서둘러 동의했다. 곧바로 독판 조병직은 4월 6일에[1] 신함을 보내서 가지야마·민종묵 협정의 부활을 제의해 왔다.

---

1) 서한 본문에서 2월 22일(양력 4월 8일)에 오이시 공사가 조선 조정에 보낸 서한을 어제 받아 보았다고 했으므

회신함.

귀 공사가 이번 달 22일에 우리 정부에 보낸 문함(文函) 각 건(件)을, 어제 우리 정부로부터 받아서 본 독판이 모두 상세히 살펴보았습니다. 글 속의 사리(事理)는 예전에 이미 누차 상세히 조복(照覆)했으니 다시 조목조목 췌언(贅言)[2]할 필요가 없을 것입니다. 그런데 그 글에 "전(前) 독판 민(閔)이 그 사의(事宜)를 능히 살펴서 보상책임을 인정하고 마침내 6만여 원을 보상해서 이 안건을 매듭짓고자 했다."라는 한 구절은, 귀서(貴署)에서 애초에 윤허하지 않아서 저절로 폐안(廢案)[3]이 된 것입니다. 혹시 귀 공사가 이제라도 이미 버려진 의안(議案)을 부활시켜서, 이전에 독판이 허락한 액수로 이 안건을 매듭짓고자 한다면, 본 독판의 뜻은 각별히 방교(邦交)를 돈독하고 화목하게 하는 데 있으니 또한 우리 정부와 함께 논의할 것입니다. 하지만 만약 "실로 일일이 분석하기 어려우니 조금이라도 감축할 이유가 없다."는 문장을 고집한다면 본 독판은 실로 어쩔 수 없습니다. 생각건대, 관세(關稅)를 참조해서 숫자를 비교해서 처리하는 것이 가장 공평하고 타당하니, 귀 공사는 가부를 결정해서 알려 주십시오. 만약 귀 공사가 끝내 자기 견해를 고집하여 기어코 왕복하며 논박해서 헛되이 시일을 끌기를 바란다면, 그 또한 귀 공사가 하는 대로 놓아 두겠지만, 이는 참으로 본 독판이 기변지법(奇變之法)[4]을 쓰기를 좋아하는 것이 아닙니다. 꾸짖고 매도하는 말과 우롱하는 말을 드러낸 각 구절로 말하자면, 부디 귀 공사는 마음을 평안히 하고 기운을 진정시키십시오. 전후의 담판과 글을 상세히 다시 살펴보신다면 그 잘못이 누구에게 있는지 바로 쉽게 판단하실 수 있을 것입니다. 본 독판도 부질없이 논박만을 일삼아 우의를 훼손하기를 원치 않습니다. 부디 귀 공사는 화충(和衷)하게 공무를 처리해서 우의를 돈독히 하시기를 간절히 바랍니다. 이에 회신을 보냅니다. 날마다 평안하심을 송축합니다.

조병직(頓)[5]

2월 20일[메이지 26년 4월 6일]

이 신함(信函)은 묘당이 자발적으로 정체된 국면을 타개할 의지를 표명한 것으로 주목할 필요가 있다. 그런데 묘당 또는 원세개와 아무런 연락을 취하고 있지 않던 오이시 공

로, 4월 6일이라는 날짜는 잘못된 것이다. 그런데 『舊韓國外交文書』, 「日案」 제2권에 수록된 같은 문서를 보면, 발신일을 2월 20일(양력 4월 6일)이라고 표기하고, 각주에 "日子缺落이 分明하여 本來대로 月末에 넣어 둔다."고 했다. 따라서 원래 「日案」에 수록된 문서 날짜가 잘못되었고[二月二十(결락)日], 다보하시는 이 잘못된 날짜를 답습해서 4월 6일이라고 한 것으로 보인다. 정확한 날짜는 23일(양력 4월 9일)부터 29일(양력 4월 15일) 사이일 것으로 생각되나, 정확히 상고하기 어려워서 일단 원문대로 옮겼음을 밝혀 둔다.

2) 췌언(贅言): 쓸데없는 군더더기 말을 하는 것
3) 폐안(廢案): 토의하지 않고 버려둔 의안(議案)이나 안건(案件)
4) 기변(奇變): 기이하게 변함

사는 형세의 호전을 알아채지 못했다. 그는 오히려 형세의 악화에만 신경을 쓰고 있었던 듯, 4월 6일자 신함을 접하자마자 당일로 외무대신에게 타전해서 조선 정부의 무성의를 비난하고, 신속하게 단호한 조처를 취할 것을 요청했다. 단, 본문 중에 51,000엔의 혜여금(惠與金) 운운한 것은 『통리아문일기(統理衙門日記)』・『등록(謄錄)』에는 보이지 않으므로 다시 연구할 필요가 있다.

4월 4일자 전보는 이상 없이 받았습니다. 독판은 그 뒤로 종전보다 한층 더 무책임해져서 2통의 무례한 서간을 보내왔습니다.○계사년 2월 18일과 2월 20일자 독판의 서신을 가리킴 그 대의(大意)는, 조선 정부는 결코 조약의 명문(明文)을 위배한 것이 아니니 다시 책임이 없지만, 양국의 화친을 유지하기 위해 곧 일본 상인에게 지급할 혜여금(惠與金)으로 51,000엔의 금액을 지출하겠다는 것입니다. 실로 독판의 주의(主意)는 조선 정부가 완전히 책임을 면하고, 또 현재 담판 중이고 앞으로 담판할 일체의 사건에 관해 구두로든지 서면으로든지 본관(本官)과의 교섭을 단절하는 데 있습니다. 저 정부의 행위는 이처럼 본관이 그 나라에 재류(在留) 중인 우리나라 사람들에 대해 필요한 경우에도 합당한 보호를 하지 못하게 하고, 또 양국 간의 교제를 단절하려는 것이니 차제에 신속히 과감한 처분을 내릴 필요가 있습니다. 그렇지 않으면 비단 우리나라의 명예에 덧칠해서는 안 될 오점을 남길 뿐만 아니라, 현재 담판 중인 사건을 결정지을 가장 좋은 기회를 상실할 것입니다.[6]

오이시 공사가 청훈한 당일, 즉 4월 6일에 전년도 11월에 가지야마 공사가 제기한 메이지 23년 황해도 방곡 배상 조회에 대한 통리아문의 조복(照覆)이 도착했다. 그 내용에 따르면, '당시 황해도 관찰사 오준영은 도내(道內) 조선 상민들이 미곡을 잠매(潛賣)[5]해서 탈세를 시도하는 것을[6] 방지하기 위해 방곡을 실시한 것으로, 일본 상민들이 곡류를 매입해서 개항장에 운송하는 것을 방해하려는 목적은 없었다. 또 방곡은 경인년 2월 10일(메이지 23년 2월 28일)에 실시돼서, 같은 해 윤2월 14일(메이지 23년 4월 3일) 통리아문의 관문(關文)이 도착하기 전에 이미 철회됐다. 즉, 방곡이 시행된 것은 겨우 34일에 불

---

5) 잠매(潛賣): 암매(暗賣), 즉 물건을 몰래 판다는 뜻이다. 원문에는 潛買로 잘못 기록되어 있다.

6) 원문을 직역하면, "도내(道內) 조선 상민들이 미곡을 잠매(潛賣)해서 외국인에게 전매탈세(轉賣脫稅)를 시도하는 것을 방지하기 위해"가 되지만, 조병직 독판이 오이시 공사에게 보낸 조회 원문에, "다만 내지(內地)의 우리 백성들 가운데 해외와 몰래 미곡을 무역해서 관세 탈루를 도모하는 자들을 금하기 위해서이다(祗禁內地我民潛買出洋 希圖漏稅者也)."라고 한 구절에 따라 간략하게 옮겼다.(『舊韓國外交文書』, 「日案」 제2권, 문서번호 2265번)

과하다. 그런데 피해자라고 하는 일본 상인들이 실제로 3년이 지나서야 거액의 손해배상을 청원하고 있다. 그 장부에 기재된 액수는 믿기 어려울 뿐 아니라, 3년 전에 곡가가 저렴했던 시대의 손실을 현재 곡가가 폭등한 시대의 가격으로 환산해서 원가의 몇 배가 되는 손실액을 계상했으며, 또 거기에 3년 동안의 연체이자를 덧붙였다. 통리아문은 절대 이 부당한 손해배상에 동의할 수 없다.'라는 것이었다.[7]

황해도 방곡 배상 문제에 관한 4월 6일자 조회는, 황해도 관찰사가 일한통상장정을 무시하고 사전에 일본영사관에게 통고하지 않은 중대한 과실을 간과하고 있다. 하지만 오이시 공사는 함경도 방곡 배상 문제가 해결되는 것과 동시에 저절로 해결될 것으로 생각해서 깊이 추궁하지 않고, 오직 4월 6일자 조회는 일찍이 가지야마 공사·스기무라 임시대리공사의 반대로 일단 철회했다는 사실만을 거론하며 그 수리를 거절했다.[8]

그 사이 오이시 공사는 외무대신에게서 어떠한 훈령도 받지 못해서 몹시 초조했을 것이다. 그는 4월 8일에 영의정 심순택, 좌의정 조병세(趙秉世), 우의정 정범조(鄭範朝)에게 연함(連銜)[7)]의 공함(公函)을 보내서 함경도 방곡 배상에 관한 일본공사와 통리아문 간 교섭의 요점을 상세히 진술했다. 조선 정부가 조약을 위반하고, 게다가 그것에 의해 발생한 손해에 대한 정당한 배상 요구에 불응했기 때문에 국교가 저해되고 피해 상민들이 몹시 큰 곤경에 빠진 사실을 기술한 후, 심순택, 조병세, 정범조 세 대신이 국왕에게 상세한 사정을 아뢰어서 국왕의 성단(聖斷)으로 원만히 해결할 것을 희망했다. 영의정 심순택은 4월 11일에 오이시 공사에게 회함(回函)을 보내서, 대외적인 사항은 통리아문에서 처리하기 때문에 아무리 중대한 안건이라도 그 독판과 교섭할 것을 희망하고, 4월 8일에 보낸 신함은 통리아문에 보냈다고 답하는 데 그쳤다.[9]

이보다 앞서 이토 수상과 무쓰 외상은 4월 4일에 오이시 공사의 급전(急電)을 받고 우선 추후 명령이 있을 때까지 독단적으로 조처하지 말라고 전명(電命)했으나, 6일에 다시 급전을 받고는 급히 구체적인 대책을 결정해서 오이시 공사에게 회훈(回訓)할 필요성을 느꼈다. 이미 4월 4일자 전보에서 오이시 공사가 청훈한 3개의 대책이 모두 당장 실행하기에 부적절한 것이라면, 지금은 오이시 공사에게 명령해서 조선에 주재한 청 대표의 도움을 구해 조선 정부의 반성을 촉구하는 것 외에는 방법이 없었다. 그런데 다행히 최근까지 주일특명전권공사였던 이홍장(李鴻章)의 양자 이경방(李經方)은 항상 오이시 공

---

7) 연함(連銜): 직함을 연달아 쓴 것. 여기서는 이 서신의 수신자를 삼정승으로 지정했다는 뜻이다.

사는 원세개와 협력해서 조선 정부를 지도해야 한다고 주장하였고, 퇴직해서 귀국한 뒤에도 무쓰 외상에게 사신(私信)을 보내서 이러한 말을 전하기까지 했다. 이경방의 말이 이홍장의 문하인 원세개에게도 전달되고 있음은 충분히 상상할 수 있었다. 따라서 이번 기회에 오이시 공사가 종전의 경과는 우선 차치하고, 원세개를 만나 모든 사정을 털어놓으면서 그의 도움을 간청하고, 그를 통해 조선 정부에 적절한 압박을 가하는 것이 오이시 공사의 체면도 세우고 사건을 해결할 수 있는 유일한 방법이라고 판단했다. 물론 이 일은 오이시 공사와 원세개의 회담만으로는 성공 가능성이 희박했으므로 이토 수상이 이홍장에게, 무쓰 외상이 이경방에게 반공신(半公信)을 보내서 도움을 구할 필요가 있었다. 이러한 수단은 설령 실패하더라도 일한관계의 악화, 나아가서는 일청관계의 악화를 방지하는 효과가 있었다. 무쓰 외상은 다시 다음과 같은 말을 덧붙였다. "귀관○오이시 공사은 전신(前信)의 내용에 따라 차제에 아무 언급도 하지 말고 원(袁) 씨와의 교제를 한층 더 친밀히 하기를 바란다. 마침내 이 수단을 실행했을 때, 원 씨도 우리의 요청을 수용하여 조선 정부에 권고해서 이 건의 해결을 보게 된다면 최상의 상황일 것이다. 또 조선 정부가 원 씨의 말을 듣지 않아서 그의 거중(居中)[8]의 노고를 물거품으로 만든다면 원 씨도 조선 정부에 대해 악감정을 품을 것이다. 그렇게 된다면 조선 정부는 일청 양국에 악감정을 주는 결과가 돼서, 뒷날 이 건과 관련한 우리 정부의 행위로 인해 생길 청과의 갈등을 어느 정도 예방할 수 있을 것이다."[10]

무쓰 외상은 4월 6일에 이러한 의향을 우선 오이시 공사에게 전달하는 것과 동시에, 이토 수상과 협의한 후 각의의 결정을 거쳐 오이시 공사에게 다음과 같은 훈령을 내렸다.

방곡 사건에 관한 담판 결과, 그리고 앞으로 그것에 대한 방책에 관해 전신(電信)으로 진술한 내용은 잘 보았다. 조선 정부가 오늘날까지 몇 년 동안 이리저리 핑계를 대면서 일을 완만하게 방치했음에도 불구하고, 앞으로도 주저하면서 그 의무를 다하는 것을 피할 경우에는 양국 간의 우의를 해치고 감정을 악화해서 교제상 여러 가지 일에 삽체(澁滯)[9]를 초래할 우려가 있다. 그러므로 이번 기회에 가능한 한 사단(事端)의 범위를 줄여서 속히 온당한 결말에 도달하도록 힘쓰는 것은, 실로 일한 양국의 이익일 뿐만 아니라 또한 동아(東亞) 전국(全局)의 치안을 위해서도 득책(得策)이다. 그런데 전임 청공사 이경방 씨는 우리나라에 주재할 때

---

8) 거중(居中): 가운데서 중재함
9) 삽체(澁滯): 일이 원활하게 해결되지 않고 막힘

부터 매번 본 대신에게 일본과 청이 연합해서 조선을 유도(誘導)할 필요가 있음을 역설했을 뿐만 아니라 지난 편지에서 말한 것처럼, 최근에 톈진 주재 제국(帝國) 부영사 아라카와 미노지(荒川已次)를 통해 귀관과 원세개 씨의 일에 관해 본 대신에게 전언(傳言)하기도 했다. 또 그 후 이 씨가 사신(私信)을 보내서 귀관과 원 씨는 반드시 상호 협력해야 한다고 믿는다고 한 일도 있다. 따라서 귀관은 이번 기회에 원 씨에게 구체적으로 이 사건의 전말을 설명하고, 그 결말 여하에 따라 발생할 이해득실을 상세히 진술해서, 그의 도움으로 조선 정부가 이 안건을 신속하게 타결하도록 주선해 줄 것을 간곡히 이야기하라.

이 훈령의 취지는 이토 백작이 이중당(李中堂)[10]에게, 본 대신이 이경방 씨에게 전달해 두었다.[11]

무쓰 외상은 자신의 훈령을 실행하기 위해서는 상당한 외교수완이 필요한데, 사태를 이렇게까지 악화시킨 아마추어 공사에게는 대단히 어려울 것으로 판단했다. 무쓰 외상은 훈령의 취지를 보다 철저히 전하고 사태의 진상을 조사하기 위해 외무성 참사관 마쓰오카 이쿠노신(松岡郁之進)을 경성에 급파했다.

마쓰오카 참사관은 군함 야에야마(八重山)에 편승해서 4월 17일에 인천에 입항한 후, 이튿날인 18일에 입경해서 오이시 공사에게 외무대신의 훈령을 전달하고, 또 구두로 여러 가지 주의를 주었다.[12]

외무대신의 훈령은 오이시 공사가 기대했던 강압정책을 승인하지 않고, 원세개에게 원조를 간청해서 조선 정부와 타협할 것을 명령하는 것이었다. 체면을 손상한 오이시 공사는 큰 불만을 가졌지만, 한편으로는 자신의 외교적 경험 부족으로 사태를 악화시킨 것을 스스로 인식하고 있었으므로 마쓰오카 참사관의 말에 따라 뜻을 굽혀서 원세개와 회견을 가졌다.[13]

그런데 원세개에게 도움을 청하는 과정에서 무쓰 외상에게 부득이한 차질이 생겼다. 앞에서 서술한 것처럼 오이시 공사는 완전히 고립돼서 묘당의 속사정이나 묘당과 원세개 사이의 연락에 관해서는 아무 정보도 얻지 못했고, 따라서 다시 외무성에 보고하지 않았다. 이 때문에 외상은, 통리아문의 외교는 오직 원세개의 지도에 따르고 있으며, 이미 배상액을 47,000엔으로 감액했다가 최근 일한관계가 악화됨에 따라 가지야마-민종

---

10) 중당(中堂): 중국 당(唐)나라는 중서성(中書省)에 정사당(政事堂)을 설치하고 재상이 그 사무를 다스리게 했다. 이로부터 재상을 가리켜 중당(中堂)이라고 했다. 또 명(明)·청(淸) 시대에는 대학사(大學士)를 중당이라 부르기도 했다. 이홍장에게는 문화전(文華殿) 대학사의 직함이 있었다.

묵 협정을 부활시켜서 6만 엔으로 증액한 일이 모두 원세개의 의도에 따른 것이라는 사실을 듣지 못했다. 더욱이 오이시 공사의 신중치 못한 언동이 원세개의 감정을 크게 해친 사실도 파악하지 못했다. 당시의 정세로 보면, 오이시 공사와 원세개가 만나서 격의 없이 방곡 배상 문제에 관해 협의하는 일은 전혀 가망이 없었다. 외무대신 훈령에서 언급한, 이홍장 부자에게 보낼 이토 수상과 무쓰 외상의 반관적(半官的) 사신(私信)은 적절한 때를 가늠하느라 아직 발송하지 않고 있었다.

이러한 정세 속에서 오이시 공사와 원세개의 회담이 진행됐다. 원세개는 오이시 공사의 설명을 듣고, 가지야마·민종묵 협정에 따른 배상액 6만 엔이 공정한 액수임을 설명하고 그것을 수락하도록 힘껏 권유했던 것으로 생각된다.

가지야마-민종묵 협정의 부활은 오이시 공사로서는 절대 수락할 수 없었다. 따라서 이를 실행하려면 오이시 공사를 소환해야 하는데, 지금 오이시 공사를 소환하는 것은 일본의 위신상 있을 수 없는 일이었다. 그렇다면 오이시 공사의 주장을 수용해서 최후 통첩을 보내되, 그러면서도 일한관계가 결렬되지 않도록 주도면밀한 예비공작을 펼쳐야만 했다.

이토 수상의 반공신(半公信)이 드디어 이 최후의 단계에서 등장했다. 이토 수상과 무쓰 외상은 5월 3일에 오이시 공사에게 최후통첩의 발송을 허가함과 동시에 톈진 주재 영사대리 부영사 아라카와 미노지에게 타전해서 이토 수상이 이홍장에게 보내는 반공신(半公信)을 전달할 것을 명했다. 그 내용은 전체 방곡 배상 요구액인 175,759엔에서 이자 전액을 제외하고 순손실액으로 간주되는 은(銀) 95,429엔을 요구함으로써 오이시 공사의 체면을 세우고 국면을 매듭지으려는 것이었다. 이는 가지야마·민종묵 협정에 비해 겨우 은(銀) 28,355엔이 증액된 데 불과했다. 이 정도면 조선 정부의 재정에 큰 부담을 주지 않을 것으로 생각했던 것이다.

외무대신의 훈전(訓電)을 받은 아라카와 부영사는 5월 4일에 이토수상의 영문 반공신(半公信)을 도원(道員) 나풍록(羅豐祿)에게 전달하고, 다음 날인 5일에 이홍장과 회견했다. 이홍장은 배상 사건에 관한 분규는 주로 오이시 공사의 외교수완 부족 때문임을 강조하고, 이제 와서 타협할 수 있는 여지는 대단히 적다고 말했다. "일한 간에 방곡 사건이 발생해서 오랫동안 타결에 이르지 못한 것은, 경성주재관(京城駐在官) 원(袁) 씨로부터 여러 차례 보고가 있었지만, 이 사건이 그 정도로 중대한 문제라고 생각하지 않았으므로 상세한 경과는 확실히 기억하지 못합니다. 하지만 조선 정부가 일한 양국의 조약을 위반해서 경솔하게 방곡령을 내린 일이 결국 부당한 것이었음을 그 정부에서 이미 승인한 사실은, 그들이 상당한 배상금을 지불하겠다고 한 데서도 알 수 있습니다. 이번 사태에서 정치적인 문제는 이미 곡직(曲直)이 판명됐습니다. 그렇다면 여기서 파생된 일본 상인들의 피해배상액의 다과(多寡)는, 최종적인 국제 담판을 할 정도의 일이라고는 생각하지 않습니다. 솔직히 말씀드리면, 금일의 상황에 이른 것은 어느 정도 오이시 공사의 수단이 원활치 않은 데서 기인했다고 들었습니다. 아무튼 귀국이나 조선 모두 인방(隣邦)의 관계이니, 나는 언제나 그 교제를 친밀히 해서 화평(和平)을 손상하는 일이 없기를 희망하고 있습니다. 그래서 이 건에 관해서는 신속하게 원세개에게 훈령을 내려서, 일한의 사이에서 우방(友邦)의 의무를 다하고 원활히 국면을 매듭짓도록 조처했습니다. 그럼에도 불구하고 끝내 이러한 지경에까지 이른 이상, 나의 양우(良友) 이토 백작의 희망을 수포로 돌리는 것 같지만, 실로 앞으로 어떻게 진력해야 할지 방도를 찾지 못했습니다. 잘 아시다시피 조선은 빈약한 나라입니다. 따라서 그 정부가 스스로 조사를 마치고 합당한 배상금액이라고 인정한 6만 달러 외에는 아마 지불할 방법이 없을 것입니다. 유감스럽게도 귀 영사가 이러한 취지로 전보를 보내 왔지만, 최종담판은 반드시 단행하지 않기를 희망합니다." 즉, 이홍장은 원세개의 보고에 기초해서, 가지야마·민종묵 협정을 되살려서 원만히 타협할 것을 권고했다. 이는 이토 수상의 간청을 전면적으로 거절하는 것이었으므로 아라카와 부영사는 사건을 전제로, "소관(小官)은 이토 백작의 신함을 각하께 진달하라는 훈령을 받았을 뿐, 그 외에는 일체 관계가 없으니 아무 것도 진술할 것이 없습니다. 그런데 이번에 이토 백작이 각하께 종래의 경과를 전보로 알리고, 특히 조선 정부에 대해서라기보다는, 오히려 각하께 제3자로서 조선 정부에 권고를 부탁드리고자 한 걸음 양보하신 것이 아닐까 추측됩니다. 그렇다면 이토 백작의 사신(私信)에 적힌 것처럼, 끝내 일이 결말나지 않으면 부득이 최종수단을 취하게 될 것은 명약관화합니다. 원래 이 사건은 단지 조선에 있는 우리나라 인민 일부의 손해금액을 다투는 것으로, 각하께서는 대사(大事)를 야기하지 않으리라고 생각하시는 것 같지만, 그것은 결코 그렇지 않습니다. 금액은 적어 보이지만, 저들이 조약에 위배되는 조치를 취한 것은 저들 및 스스로 평화를 깨뜨리려고 하는 자들이 국제(國際)를 중시하지 않는 결과로 이어질 것입니다. 또 상황은 우려할 만한 것이 됐습니다. 이 건이 이처럼 오랫동안 담판이 해결되지 않은 경과로 볼 때, 평화를 유지하기 어려운 상황에 임박한 것 같으니 이토 백작의 고심을 알고도 남습니다. 생각건대, 이토 백작은 각하를 경애(敬愛)하시기 때문에 이 사건에 관해 흉금을 터놓고 각하의 진력(盡力)를 희망하시는 것 같습니다. 각하께서도 가벼이 간과하지 마시고 재고해 주시기를 간절히 희망합니다."라고 간곡히 말했다. 이홍장도 아라카와 부영사의 권고를 양해해서, "이토 백작에 대해서는, 물론 진력의 수고를 피할 생각이 없습니다. 그러나 조선 정부의 내정(內情)에 관해 공평하게 고찰해 본다면, 또한 그 주장이 반드시 부당하다고는 할 수 없으니 강요할 수는 없습니다. 그렇지만 이제 일단 이토 백작의 희망대로 그 정부에 권고할 것을 원(袁) 도대(道臺)에게 전훈(電訓)하겠습니다. 또 이자금액만큼은 일본 정부에서 삭감할 것이라는 특지(特旨) 또한 조선 정부에 은밀히 알려서, 가능한 한 신속하게 이 일을 완결하도록 조처하겠습니다."라고 약속했다.[14]

이홍장은 아라카와 부영사와의 구두 약속에 기초해서 당일 오후에 원세개에게 다음과 같이 전보를 쳐서 명했다.

근일 이토 수상이 전보를 보내기를, "한(韓)이 방곡 배상 요구를 허락하지 않으니, 부디 원세개에게 배상원금은 추가하고 이자는 빼는 조건으로 풍간(諷諫)[11]할 것을 명령해 주십시오. 그렇지 않으면 우리나라 공사를 소환하고 국교를 단절할 것입니다."라고 했다. 나는 회신하기를, "한(韓)이 6만 원(元)의 배상을 허락했다. 원세개가 다시 증액할 것을 권고하더라도 한(韓)이 허락하지 않으면 억지로 다그치기 어렵지만, 어쩌면 방도를 마련해서 조정을 시도할 것을 다시 부탁할 수도 있다. 이렇게 작은 일로 어찌 흔단(釁端)을 열 필요가 있겠는가?"라고 했다. 저들이 제독(提督)에게 명해서 배상을 요구하고 의병(疑兵)[12]을 과시하듯 펼쳤으니, 기회를 살펴 한(韓)에 배상금의 증액을 권고해서 이 갈등을 끝내라.[15]

이홍장의 간섭에 앞서 오이시 공사는 이미 활동을 재개하고 있었다. 그는 최후통첩을 보내기 전에 미리 국왕을 폐현(陛見)하고 교섭경과를 직접 상세히 아뢰겠다고 했지만, 통리아문은 이를 허락하지 않았다. 그런데 마침 4월 30일에 참모본부차장 육군중장 가와카미 소로쿠(川上操六)가 수행원 육군보병 소좌(少佐) 다무라 이요조(田村怡與造), 포병소좌 이치지 고스케(伊知地幸介) 등을 거느리고 시찰 목적으로 입경해서 공사관에 체재하며 근일 내 국왕의 알현을 요청해 놓고 있었으므로 이 기회를 이용하기로 했다.

---

11) 풍간(諷諫): 완곡한 말로 권고함
12) 의병(疑兵): 실제 전쟁을 위한 것이 아니라 허장성세로 적을 혼란스럽게 만들기 위한 가짜 군대

통리아문으로부터 가와카미 참모차장의 알현을 메이지 26년 5월 4일에 허락한다는 통고가 있었다. 오이시 공사는 알현에 앞서, 당일 오전에 5월 4일부터 14일의 기한을 정하고 독판교섭통상사무 조병직에게 최후통첩을 보냈다.[16]

대일본변리공사 오이시가 조회함.

아력(我曆) 메이지 22년 9월부터 이듬해 4월 사이에 귀국 함경도 관찰사 조(趙)가 제멋대로 방곡을 시행해서, 우리 상민들의 곡물 매입을 방해하고 운반을 막았을 뿐만 아니라 그들이 소유한 화물 및 전문(錢文)을 압수했습니다. 이로 인해 우리 상민 등이 입은 손실금액 147,168엔 32센(錢) 2린(厘)은 응당 귀 정부에서 배상을 책임져야 합니다. 이에 전임 변리공사 가지야마가 본국 정부의 훈령을 받들어 메이지 24년 12월 7일에 조회하고, 이어서 귀국 전임 독판 민(閔)과 상의했습니다. 그 후 귀국 정부는 배상 책임이 있음을 확실히 인정하고, 국고가 궁핍해서 전액을 보상하기는 어려우니 그 태반을 줄여서 배상액을 결정하자고 했습니다. 곧바로 20여 차례나 상의했으나 8개월이 지나도록 결안(結案)에 이르지 못하다가, 메이지 25년 8월 11일에 귀국 전임 독판 민(閔)이 조복(照覆)을 보내서 60,774엔 90센 6린으로 배상액을 줄였습니다.

이는 우리 요구액의 절반에도 못 미치는 것으로, 우리 정부에서 승인하지 않을 것을 알면서도 귀국 전임 독판 민(閔)이 절실히 애원해 마지않았기에 전임 가지야마 공사가 이 제안을 우리 외무대신께 보고했습니다. 바로 무쓰 대신께서 회훈(回訓)을 내리셨는데, 그 내용에 "이 손해배상 요구 안건은 바로 조선 정부가 조약에 위배되는 행위로 우리 상민들에게 손해를 끼친 것이니, 마땅히 그 상민들의 공낙(公諾)을 받아야 타결할 수 있다. 따라서 민 독판이 제시한 배상금액을 우리 정부에서 자의로 승낙하기는 어렵다. 또 정당한 이자를 계산해서 추가로 요구해야 한다."라고 했습니다. 이에 즉시 같은 해 10월 4일에 이러한 뜻을 귀국 전임 독판에게 알렸습니다. 이후로 전임 가지야마 공사가, 당시 외무대신께서 특파하신 외무성 통상국장 겸 취조국장 하라(原)를 대동해서 전임 민 독판과 여러 차례 회담을 갖고, "이러한 사건이 오랫동안 결론이 나지 않아서 우리 피해 상민 등이 나날이 더욱 곤란을 겪고 있는데도 귀 정부는 여전히 배상 책임을 이행하지 않으니, 끝내 피차의 교의(交誼)를 해칠 것이다."라는 우리 외무대신의 뜻을 전달했는데도, 결국 타결에 이르지 못했습니다. 하라 국장은 즉시 이러한 사유를 복명하기 위해 경성을 떠나 귀국했습니다. 마침 귀 정부에서는 외무독판을 교체하고, 우리나라도 주차공사를 교체해서 그 사이에 이 안건을 상의하려고 해도 협의할 곳이 없었습니다.

그러다가 본 공사가 부임한 날에 흉금을 터놓고 일한 양국 교의(交誼)의 돈목(敦睦)과 의향의 소재를 숨김없이 적어서 조회를 보냈습니다. 그 후 귀 독판과 면담할 수 있었는데, 또한 본 공사와 같은 마음이었습니다. 지난 2월 28일과 3월 초8일에 통리아문에서 만나 상의할 적에 귀 독판은 활안(活眼)[13]으로 능히 전국(全局)을 돌아보고는, 단연코 이 문제를 타결함으로써 오직 양국의 교의(交誼)를 회복하는 데만 뜻을 두고, 국가의 앞날에 대해 계획을 세우기를 크게 희망했습니다. 이는 바로 귀 독판의 뜻이었으니, 필시 기억하고 있을 것입니다.

그러나 어찌 생각이나 했겠습니까? 지난달 9일에 보내신 신함에 따르면, 배상액을 4만여 엔으로 감축해서 배상 문제를 타결하자고 했습니다. 우리 정부는 전임 민(閔) 독판이 제시한 6만여 엔의 배상금도 허락하지 않았는데, 이제 그 배상액을 더 줄여서 이 문제를 매듭짓기를 바라니 이는 연목구어(緣木求魚)와 같습니다. 더구나 보내신 조복(照覆)의 문구는 본 공사로 하여금 편벽한 마음을 갖게 했습니다. 그러므로 지난달 초10일에 통리아문으로 귀 독판을 찾아 갔을 때 일일이 이치에 따라 논했더니, 귀 독판 또한 그 원문을 폐기할 것을 생각하고 별도로 처리방법을 논의했습니다. 그에 따라 본 공사는 내심 귀 독판의 조복을 기다리고 있었는데, 어째서 귀 독판은 약속한 말을 함부로 뒤집고, 이미 폐기된 안을 부활시켜서 그 원문을 두세 번씩이나 보냈단 말입니까? 그 글에 결례되는 자구(字句)가 있기에 끝내 거절했더니, 본 공사와의 면담을 방치한 채 처리하지를 않으니 크게 개탄하지 않을 수 없습니다.

몇 년 전 귀국 함경도 방곡의 거조(擧措)는 바로 그 도(道) 관찰사 조(趙)가 감히 귀국과 우리나라 지존(至尊)이 비준하신 약장(約章)을 무시하고 거리낌 없이 침월(侵越)한 것이니, 이는 곧 귀 정부에 조약 위반의 책임이 있는 것입니다. 이로 인한 피해 및 손해비용은 마땅히 귀 정부에 보상 책임이 있으니 속히 타당하게 매듭지어야 하거늘, 머뭇거리며 시일을 지체해서 1년 남짓 되도록 조처가 없으니, 이것이 과연 귀 정부의 뜻입니까? 우리 정부는 일찍부터 귀 정부의 국고가 궁핍함을 양해했습니다. 그래서 이와 같은 배상 요구안을 좋아하지는 않지만, 귀 정부에서 위약(違約)으로 인해 우리 상민들의 피 같은 수만 자금을 물거품[14]으로 만들고 마침내 생업을 잃게 했으니, 백성을 보호할 책임이 있는 우리 정부가 이를 묵과할 수 없는 것은 부득이한 사정에서 나온 것입니다. 그러나 기안할 당시에 귀 정부의 보상 책임을 경감해 주고자 신중히 조사하고, 이시이(石井) 교제관시보(交際官試補)[15]○현재 자작(子爵) 이시이 기쿠지로(石井菊次郞)를 원산에 특파해서 확증을 가지고 배상을 재촉했습니다.

---

13) 활안(活眼): 사물의 도리나 본질을 꿰뚫어 보는 안목
14) 원문은 '烏有'로 세상 어디에도 존재하지 않는 물건을 비유하는 말이다.
15) 교제관시보(交際官試補): 외교관보(外交官補)의 옛 명칭으로, 메이지 32년에 공포된 '외교관 및 영사관 관제'에 따르면, 외교관보는 외교사무를 견습 중인 공무원을 가리킨다.

또 전임 가지야마 공사가 논의를 개시한 이래로 지금까지 우리 사신들은 귀국 외무독판과 이 안건을 상의할 때, 항상 우리 외무대신의 훈령을 체인(體認)해서 교의(交誼)를 중시하고 화평을 생각했습니다. 그리고 편의한 방법으로 협의해서 신속하게 결론을 내리고자 노력했습니다. 결국 1년여 동안 30차례의 회견을 했지만, 어떠한 처리도 하지 못했으니 본 공사로서는 크게 유감이었습니다. 이에 호의를 갖고 이 안건을 협의하고자 지난 2월 이래로 누차 면담을 요청했지만, 제멋대로 거절하여 받아들이지 않았고, 또 책직(責職)[16]이 없는 공문을 발송해서 날이 갈수록 더욱 허망해졌습니다.

아마도 이는 귀 독판에게 처리 의사가 없기 때문인 듯하니, 본 공사는 본국 정부에 자세히 보고하고 어떻게 조처할지 묻지 않을 수 없었습니다. 이제 우리 외무대신의 전훈(電訓)을 받았으므로 다음과 같이 전달합니다.

일한 양국 정부 사이에 원산 방곡 손해배상의 현안이 생겨서 지난 메이지 24년 12월 이래로 전임 가지야마 공사 및 본 공사가 그 나라 외무독판과 누차 회담을 했지만 1년이 넘도록 아무런 타결을 보지 못했다. 제국 정부는 한정 없이 시일을 허락할 수 없다. 그러므로 본 대신은 전칙(電飭)하노니, 전명(電命)을 받는 날로부터 14일 이내에 그 나라 정부가 어떻게 결답(決答)[17]하는지 확인하라. 황해도 방곡 손해배상 요구도 현안이 됐으므로 이 또한 처리하지 않을 수 없다. 그러므로 본건과 동일한 시한 내에 똑같이 결답(決答)을 확인하라.

이상이 우리 외무대신의 훈령입니다. 귀 독판에게 전달해서 알리니 살펴보십시오. 본 공사는 이미 귀 독판과 타협할 방도가 없으니 또한 어찌하겠습니까? 귀 독판은 일전에 보낸 전시(電示) 두 건에 대해 기일 내에 귀 정부의 결답을 알려 주시기 바랍니다. 이 때문에 조회하니 귀 독판은 살펴보십시오.

이상과 같이 대조선독판교섭통상사무 조(趙)에게 조회함.

메이지 26년 5월 4일^{계사 3월 19일}[17]

최후통첩을 보내고 오이시 공사는 가와카미 참모차장과 수행원들을 대동하고 입궐해서 국왕을 폐현(陛見)했다. 이때 독판 조병직은 병으로 참열(參列)[18]하지 않고, 참의교섭통상사무 김사철(金思轍)이 독판을 대리했다. 의식을 마친 후 가와카미 차장 등은 물러갔으나, 오이시 공사는 단독 근현(覲見)을 청해서 최후통첩을 발송한 사유를 숨김없이

---

16) 책직(責職): 직무상의 책임
17) 결답(決答): 결단하여 대답함. 확답(確答)
18) 참렬(參列): 관계자의 한 사람으로서 예식에 참여하는 일

진술하고, 특히 독판 조병직이 회담을 회피하는 것에 대해 호소했다. 이러한 행동은 국제적 관례와 궁중의 예전(禮典)을 무시한 것이었다. 묘당에서는 오이시 공사의 방자함에 분격했지만 어찌할 방법이 없었으므로, 일본공사관 차비관(差備官) 현영운(玄暎運)의 실수로 책임을 돌려서 전라도 진도부(珍島府) 금갑도(金甲島)에 감사정배(減死定配)[19]하는 엄형에 처했다.[18]

오이시 공사는 메이지 26년 5월 4일자 조회를 스스로 '최후통첩(ultimatum)'이라고 불렀지만, 이 문서는 최후통첩의 조건을 갖추고 있지 않았다. 첫 번째로 최후통첩의 목적인 방곡 배상금액이 명기되지 않았다. 즉, 조선 정부는 어느 정도의 금액을 지불해야 할지 이 통첩을 수령한 다음에 다시 일본공사와 협의해야 했다. 다음으로 그 기간이 2주나 되었다. 교통이 불편한 시대에는 최후통첩에 긴 기간을 두어야 했지만, 오이시 공사가 조선 정부에 제시한 최후통첩의 기한은 경성에서 도쿄, 베이징까지 모두 전신이 개통되어 있었음을 고려하면 쓸데없이 길었다.

이상 두 가지 점에서 보자면, 오이시 공사는 외무대신의 훈령에 따라 최후통첩을 발송하면서도 교섭의 여지를 남겨 두는 데 충분히 주의를 기울였음을 알 수 있다.

오이시 공사는 이처럼 교섭의 여지를 남겨 둔 '최후통첩'을 보내고서도 여전히 그 이유를 국왕에게 설명할 필요를 느꼈다. 그는 이튿날인 5월 5일에 통리아문에 신함(信函)을 보내서, "본 공사의 직책을 생각해 보건대, 대군주(大君主)를 알현해서 우리 정부가 교제를 중시하는 뜻을 분명히 아뢰고자 한다."라는 이유로 국왕 폐현(陛見)을 청구했다.[19]

조병직은 다음 날인 5월 6일에 회신을 보내서, 최후통첩을 발송한 이상 기한 내에 조선 정부의 회답이 오기를 조용히 기다리길 바라며, 특히 오이시 공사가 국제관례에 어두운 것이 유감이라고 했다. "귀 공사가 귀 정부의 전훈(電訓)을 전달한 건은, 본 독판이 응당 알아서 공정하게 조복(照覆)할 것입니다. 귀 공사는 또한 조용히 핵판(核辦)[20]을 기다려야 할 것인데, 하루도 지나지 않아서 갑자기 폐현(陛見)을 청하니 귀 공사의 의도가 과연 무엇인지 참으로 모르겠습니다. 귀 정부의 교의(交誼)를 중시하는 뜻은 우리 대군주께서 일찍부터 소상히 알고 계시므로 귀 공사의 알현과 상주는 필요 없습니다. 본 독판이 대신 신주(申奏)[21]하는 것은 편치 않습니다. 따라서 곧 교지(教旨)를 기다렸다가 날

---

19) 감사정배(減死定配): 사형에 처할 죄를 감하여 귀양을 보내는 것
20) 핵판(核辦): 조사해서 처리함
21) 신주(申奏): 왕에게 사정을 아뢰거나 무언가를 신청하는 일

짜를 정할 것이니 이 또한 귀 공사가 기한을 정할 일이 아닙니다. 본 독판의 소견으로는, 귀 공사는 끝끝내 교제상(交際上) 왕래에 관한 예례(禮例)를 따르지를 않으니 참으로 크게 개탄스럽고 애석합니다."[20]

국제관례를 알지 못한다고 일축당한 오이시 공사는 그 자리에서 격분하여 "무용(無用)하고 무례(無禮)한 망언(妄言)"이라고 반박했다. 이로부터 서로 격앙된 언사가 오가며 격렬한 논란을 거듭했다.[21]

최후통첩을 보내고 난 후 오이시 공사의 태도가 이와 같았으므로 통리아문의 태도도 비교적 냉정해서 2주 뒤에 일한국교가 단절되는 위기가 닥치리라고는 예상하지 않았다. 특히 당시 충청도에서 동학비란(東學匪亂)[22]이 발생해서 경성의 인심도 크게 동요했기 때문에 묘당은 원세개와 협의해서 그것을 진무(鎭撫)하느라 방곡 배상 문제에는 신경 쓸 겨를이 없었다.

현지 관헌인 오이시 공사와 통리아문이 뜻밖에도 결론에 도달하고 있던 것과는 달리, 양자의 외교적 수완을 믿지 못한 본국 정부는 사태의 악화를 우려해서 그 수습에 노력한 흔적이 보인다. 즉, 이토 수상은 5월 12일에 이홍장에게 타전해서, 오이시 공사가 부득이 최후통첩을 보낸 사정을 설명하는 한편, 그 기한이 5일 후로 임박했음을 전하며 한층 더 노력해 줄 것을 희망했다. 이에 대해 이홍장은 전보를 보내서, 경성에서 원세개가 계속 조정을 시도하고 있지만 조선 국내에 비란(匪亂)이 발생해서 그것을 초멸(剿滅)하고 진무(鎭撫)하는 데 분주하여 이 안건을 상의할 겨를이 없으니, 오이시 공사가 조급하게 일을 결정해서 국교를 단절시키지 않게 하라고 주의를 주었다.[22] 총리아문에서도 이를 우려해서 북양(北洋)과 협의한 후 주일특명전권공사 왕봉조(汪鳳藻)에게 전훈(電訓)해서 무쓰 외상과 직접 회견하고 일한 간의 조정을 시도하게 했다.[23]

당시 국왕과 척신, 중신의 대다수는 오이시 공사의 요구에 따르는 것 외에는 길이 없음을 자각하고 있었겠지만, 원세개의 태도가 아직 불명확했다. 원세개가 오이시 공사에게 호의를 갖고 있지 않았던 것은 앞에서 서술한 대로며, 이미 통리아문에서 가지야마·민종묵 협정을 부활시키는 데 동의한 이상 더 이상의 양보는 필요 없다고 생각했을 것이다. 그렇지만 북양대신의 전보는 이토 수상의 간청을 전하면서 오이시 공사와 협조할 것을 명령하고 있었다. 원세개는 개인적 감정을 누르고 그의 스승이자 직속상관인 이홍

---

22) 비란(匪亂): 비(匪)는 원래 다른 사람의 인명을 해치고 재물을 약탈하는 도적을 뜻하는 말로, 비란(匪亂)은 '도적떼가 일으킨 난리'라는 뜻이다.

장의 명령에 복종해야 했다.

5월 14일, 국왕은 독판교섭통상사무 조병직을 교체하고, 전(前) 주차천진독리통상사무(駐箚天津督理通商事務) 남정철(南廷哲)을 후임에 임명했다.[24] 묘당이 양보한 첫걸음이었다. 이후로 방곡 배상 문제는 남정철과 원세개가 밀접한 연락을 유지하면서 오이시 공사와 교섭을 계속하는 방식이 되었다.

묘당의 입장에서는 결국에는 일본 정부의 요구에 굴복하더라도 가능한 한 체면을 손상하지 않도록 노력해야 했다. 이를 위해서는 방곡 배상 문제에서 양보하는 대가로 오이시 공사의 소환을 요구해야 했다. 이미 이토 수상은 이 현안이 타결되는 것과 동시에 오이시 공사를 경질하겠다고 이홍장에게 은밀히 약속했다.[25] 굳이 원세개를 통하지 않아도, 내외의 정세로 판단하면 방곡 문제의 해결과 별도로 오이시 공사의 유임은 불가능함을 알 수 있었다. 원세개는 오이시 공사를 경질시키기 위한 첫걸음으로, 통리아문에 주의를 줘서 이 안건의 교섭을 도쿄로 옮기고, 주일임시대리공사 권재형(權在衡)[고(故) 자작 권중현(權重顯)][23]에게 무쓰 외상과의 직접 교섭을 맡기고자 했다. 곧바로 통리아문은 5월 16일 밤에 다음과 같은 조회를 오이시 공사에게 보냈다.

대조선독판교섭통상사무 남(南)이 조복함.

본서(本署)의 교대안(交代案) 가운데 귀 공사가 아력(我曆) 3월 19일에 보내신, 귀 외무대신의 전훈(電訓)에 관계된 조회문 한 건을○메이지 26년 5월 4일자 최후통첩 상세히 살펴보았습니다. 원산 방곡 현안에 대해 14일 이내로 결답(決答)하고, 황해도 방곡 현안도 마찬가지로 그 기한 내에 결답하라는 내용이었습니다. 본 독판이 원산안(元山案)을 받아서 알아보니, 귀국의 전(前) 공사 가지야마의 임기 중에 이미 전 독판이 60,700여 원(元)의 배상을 승인했고, 황해안(黃海案)은 우리 정부가 아직 상세히 조사하지 못해서 아직 확실히 알지 못합니다. 이처럼 오래 지연되어 귀 외무대신이 멀리서 정중한 전음(電音)을 보내시게 했으니, 본 정부는 개탄스럽고 애석하기 짝이 없습니다. 이미 각각의 결답(決答)한 뜻을, 본국 도쿄 주재 서리공사(署理公使) 권재형에게 상세히 전보로 알려서 귀 외무대신에게 전달하게 했습니다. 아마도 양국은 오랫동안 우목(友睦)을 돈독히 하고 일찍부터 방교(邦交)를 중시했으니, 타협해서 안건을

---

23) 권중현(權重顯, 1854~1934): 조선 말기의 관리로 1891년에 주일공사로 도쿄에 부임했으며, 한성부윤·법부대신·농상공부대신 등을 역임했다. 적극적으로 친일활동을 하고 일제로부터 많은 훈장을 받은 인물로서, 1905년 농상공부대신으로 있을 때 을사조약 체결에 찬성한 을사오적(乙巳五賊) 중 한 사람이다. 1907년에 을사오적의 처단을 도모한 나인영(羅寅永) 등에게 저격을 당했으나 요행히 화를 면했다. 1910년 국권 피탈 후 일본 정부로부터 자작 작위를 받고, 조선총독부 중추원과 조선사편수회 고문 등을 지냈다.

매듭짓기를 본 독판은 깊이 기망(跂望)²⁴⁾합니다. 문서를 갖추어 조복하니 귀 공사는 부디 살펴보시기 바랍니다.

이상과 같이 대일본변리공사 오이시에게 조회함.

계사 4월 초1일²⁶

오이시 공사는 이 조회를 가져온 일본공사관 차비관 고영석(高永釋)을 불러서, 일본 정부가 주한공사에게 명해서 제출한 최후통첩에 대해 조선 정부가 직접 공사에게 회답하지 않고 제3자를 시켜서 일본 정부에 회답한 것은 국제적 관례에 어긋나는 것이라고 힐책하고 그 자리에서 조회를 반환했다.²⁷

다음 날인 5월 17일에²⁵⁾ 오이시 공사는 통리아문에 가서 독판 남정철을 만났다. 독판은 함경·황해 두 도(道)의 방곡 배상에는 원칙적으로 동의하지만, 그 금액은 아직 협의 중이어서 결정이 나지 않았고, 특히 황해도 방곡 건은 조선 정부의 조사가 아직 끝나지 않았으므로 앞으로 조사 보고가 올라온 다음에 결정하겠다고 말했다. 오이시 공사는 두 도(道)의 방곡 배상 문제를 심사·조사하려면 많은 시일이 걸리기 때문에 이제 다시 조사할 필요가 없다고 하면서 그 말에 반대하고, 타협안으로 다음 금액을 제시했다. 즉, 함경도 방곡 배상액에서 이자를 공제한 대수(大數)²⁶⁾ 98,000엔에 황해도 방곡 배상액을 20,000엔으로 감액해서 합계 118,000엔을 전체 배상액으로 하고, "이는 우리 정부의 뜻은 아니지만, 제가 직책을 걸고 우리 정부와 피해 상민들을 설득해서 성립시키겠습니다."라고 언명했다. 또 최후통첩의 기한이 이날이었기 때문에 당일 내로 확답을 줄 것을 요구했다. 독판은 이 일은 국왕의 재가를 받아야 하기 때문에 이튿날인 5월 18일²⁷⁾ 오전 7시까지 연기해 달라고 했고, 오이시 공사도 동의했다.²⁸

오이시 공사의 이 타협안은 최종안으로 보였다. 그래서 원세개도 수락할 것을 권고했지만, 통리아문은 그 지불이 어려울 것을 예상했기 때문인지 쉽게 결정을 내리지 않았다. 약속대로 독판 남정철은 5월 18일에 오이시 공사를 방문했지만, 여전히 확답을 줄 수 없었다. 오이시 공사는 다시 배상액의 감액을 수락해서, 함경도 방곡 배상액 9만

---

24) 기망(跂望): 발꿈치를 들고 멀리 바라보며 애타게 기다리는 모양
25) 원문은 4월 17일로 되어 있으나, 문맥상 5월 17일의 잘못인 것으로 보고 바로잡았다.
26) 대수(大數): 작은 자리의 숫자를 반올림하거나 제해서 큰 자리의 숫자로 대략 표시한 수
27) 원문은 5월 3일로 되어 있으나, 문맥상 5월 18일의 잘못으로 보고 바로잡았다. 다음 단락의 독판 남정철이 오이시 공사를 방문한 날짜도 본문에 5월 3일로 되어 있으나 5월 18일로 고쳤다.

엔과 황해도 방곡 배상액에 인삼의 불법 압수 및 다른 잡다한 배상액을 합친 2만 엔, 도합 11만 엔을 전체 배상액으로 하고, 그중 6만 엔은 즉시 지불하고 5만 엔은 3년 동안 분할 지불할 것을 제의했다. 그리고 이것이 최후 타협안이라고 하면서 이날 오후 4시까지 확답을 줄 것을 요구했다. 묘당에서도 이를 따를 수밖에 없어서 당일로 동의한다는 회답을 보냈지만, 그 지불 방법은 유보했다.

> 대조선독판교섭통상사무 남(南)이 조복(照覆)함.
>
> 본서(本署)의 교대안(交代案) 중에서 귀국 공사가 아력(我曆) 3월 19일에 보내신, 귀 외무대신이 전보로 원산·황해 방곡 2개 현안의 결판(決辦) 기한을 정한 것과 관계된 조회문 1건을 상세히 살펴보았습니다. 금일 오각(午刻)[28]에 본 독판이 귀 공사에게 가서 상의하고 다시 귀의(貴意)를 들었는데, 기축년 4월의 황해도 방곡 손해 및 그 도(道)의 중세(重稅)와 포도청에서 생삼(生蔘)을 몰수한 것 등 3개 항목을 앞의 2개 항목과 합쳐서, 총 5개 항목을 모두 은(銀) 11만 원(元)의 금액 내에서 분별(分別)해서 상환(償還)하는 것으로 타결하자고 했습니다. 본 독판은 즉시 우리 정부와 깊이 상의했습니다. 귀 정부와 우리 정부는 오랫동안 우목(友睦)을 돈독히 했는데, 귀국 상민이 이번 일로 손해를 입은 것은 몹시 안타까운 일입니다. 각별히 넉넉하게 보상해서 상민들의 심정을 위로하고 방교(邦交)를 굳건히 하지 않을 수 없기에 이미 귀의(貴意)에 따라 11만 원의 금액을 보내서 배상하기로 윤허했습니다. 그러나 어떻게 기한을 나눠서 상환할지는 다시 깊이 상의해서 타당하게 결정할 필요가 있습니다. 이에 문서를 갖추어 조복하니 부디 귀 공사는 확인하시고 조복하시기를 깊이 바랍니다.
>
> 이상과 같이 대일본변리공사 오이시에게 조회함.
>
> 계사 4월 초3일[29]

통리아문이 배상 방법의 명시를 유보한 것은 실제로 국고가 고갈돼서 대충 가늠해도 11만 엔을 지불할 가망이 없었기 때문이다. 하지만 오이시 공사는 이 문장을 두고 "어쩌면 뒷날 이를 핑계로 변상 시기를 늦추려고 할지도 모른다."라고 해석해서, 통리아문에 즉시 수정할 것을 강요했다. "제가 바로 통서(統署)에 가서 그것을 고칠 것을 요청했으나, 아무튼 이런저런 핑계를 대면서 쉽게 응하지 않기에 저는 단연코 우리의 결의가 움직일 수 없는 것임을 보여 주었습니다. 양측의 담판이 여기까지 왔는데 단지 변상 방법

---

28) 오각(午刻): 하루를 12개로 나눈 시간 중에 7번째 시(時)로 오전 11시부터 오후 1시 사이를 가리킨다.

문제로 협의를 마치지 못한 것은 참으로 애석하지만, 저는 부득이 금일을 기하여 귀조(歸朝) 길에 오르기로 하고 전부터 준비해 놓은 경성 출발의 고지서(告知書)를 제출했습니다. 그러자 독판도 크게 낭패한 모습으로 상환 방법에 관해서는 앞의 조복(照覆)과 별도로 신속히 회답하겠다고 하면서 2, 3일만 유예해 줄 것을 청했지만, 저는 한마디로 잘라서 거절했습니다. 그리고 만약 제안할 것이 있으면 금일 정오에 제가 출발하기 전에 말하고, 만약 제안이 없으면 당장 앞의 조복(照覆)을 반려하고 귀조(歸朝)하겠다고 한 후, 바로 자리에서 일어나서 공관으로 돌아왔습니다."[30]

오이시 공사는 5월 19일 정오를 기해 국기를 거두어 귀조(歸朝)할 기세였으므로, 통리아문은 크게 당황해서 출발을 늦춰 줄 것을 요청했다. 그리고 같은 날 오후 2시 30분에 독판이 신함(信函)을 보내서 지불 방법을 명시했다.

> 삼가 알립니다.
> 원산·황해의 방곡 2개 현안 및 기축년 4월 황해도 방곡 손해, 그리고 그 도(道)의 중세(重稅)와 포도청에서 생삼(生蔘)을 몰수한 것 등 3개 항목 등 도합 5개의 항목을 모두 11만 원(元) 금액 내에서 분별(分別)해서 상환(償還)하는 일로 아력(我曆) 4월 초3일에 이미 조회를 보냈습니다. 그리고 기한을 나눠서 상환하는 일은, 본 독판이 우리 정부와 깊이 상의해서 타당하게 결정했습니다. 북관(北款)[29] 9만 원 중에서 6만 원은 아력(我曆) 4월 초5일○메이지 26년 5월 20일부터 3개월 내에 배상을 시행할 것이며, 나머지 3만 원은 5년 이내에 준비해서 상환할 것입니다. 황해도의 방곡·중세(重稅) 등 3개 항목 및 생삼의 몰수 등의 비용 2만 원은 6년 동안 나눠서 상환할 것입니다. 이것으로 현안을 타결하고자 합니다. 오로지 이를 위해 신함(信函)을 보내서 진정을 알리니, 부디 귀 공사께서는 살펴보신 후 외무성에 보고하시기 바랍니다.
>
> 남정철[頓]
> 계사 4월 4일[31]

오이시 공사는 이 타협안과 함께 당일로 청훈(請訓)해서 외무대신의 회훈(回訓)을 받았다. 그리고 다음 날인 20일에 조회를 보내서 통리아문의 분할 지불 방법에 동의한다는 뜻을 통고했다.[32] 이것으로 방곡 배상 문제는 전부 끝났으므로 오이시 공사는 6월 3일에 이임(離任)해서 귀국했다. 그는 한두 달 후에 귀임하겠다고 밝혔지만, 묘당과 원세

---

29) 북관(北款): 원산 방곡에 대한 배상금

개는 당연히 그의 경질을 기대하고 있었다.[33]

　함경도와 황해도에서의 방곡 손해배상 문제는 겨우 11만 엔을 얻어내기 위해 비정상적이기는 해도 최후통첩까지 보내야 했다. 메이지 9년 일한수호조규 체결 이래로 일본 정부는 선진국으로서 조선의 지도를 자임했다. 임오·갑신 두 차례의 변란을 겪으면서 일본 정부는 당연히 요구해야 할 손해배상을 최대한도로 감면하거나 혹은 자발적으로 그 권리를 포기했다. 이는 청이 북양의 관금(官金)으로 조선의 외채를 대신 떠맡은 것과 마찬가지로, 선진국의 긍지와 관용으로 행한 일이었다. 그런데 이제 방곡 배상 문제가 터지자 오이시 공사는 다른 나라 관헌들의 비웃음까지 사면서 겨우 28,000엔의 증액에 광분해서 한때는 국기를 거두어 귀조하려고까지 했다. 이토 수상과 무쓰 외상은 어쩔 수 없이 외교의 상도(常道)를 가르치고 조선에 선처할 것을 계칙(戒飭)했다. 하지만 극도로 흥분해서 날뛰고 있던 공사는 이를 이해할 수 없었다. 이토 수상은 부득이 오이시 공사를 희생시켜서 국가의 위신을 지키기로 결심했다. 그는 이홍장과 직접 교섭해서, 오이시 공사의 소환을 조건으로 조선 정부에 압박을 가해 오이시 공사의 요구에 동의하게 했다. 이로써 그의 체면을 다치지 않도록 주의하면서 간신히 경솔한 최후통첩의 뒷수습을 할 수 있었던 것이다. 즉, 방곡 배상 문제가 최후 단계에서 의외로 유리하게 해결된 것은 이토·이홍장의 비밀교섭이 성공했기 때문이며, 오이시 공사의 광열(狂熱)의 결과가 아니었다. 하지만 그는 끝까지 이 사실을 깨닫지 못했다. 그가 만년까지 방곡 배상 문제의 해결을 자신의 외교상의 일대공적으로 득의양양하게 선전하고 다닌 사실은 많은 사람들이 잘 알고 있다.

1 "朝鮮國典圜局會辨大三輪長兵衛談話"(明治 26年 6月 18日 大阪府內報); 『光緒朝中日交涉史料』 12권,
문서번호 875. "光緒十八年十二月十四日北洋大臣來電".

원세개의 전보가 다음과 같았습니다.

　　최근에 들으니 일본의 신임 주재 공사 오이시가 '나는 각국과 연합해서 한국의 자주(自主)를 도
와 영원히 중국의 업신여김을 받지 않게 할 수 있다. 중국에서 파견한 해관원(海關員)을 내쫓고, 5개
국의 사신을 파견하게 할 수 있다.'라는 말을 했다고 합니다. 그러자 왜(倭)에 들러붙는 많은 소인들
이 갑자기 세력이 커졌으니, 아마도 자주(自主)의 의론이 다시 일어날까 우려됩니다. 하지만 전년에
베베르, 데니(德尼) 등이 한국의 자주를 꾀했지만 지금까지 한 치의 공(功)도 없었습니다. 왜(倭)는
러시아만큼 강하지 못하고, 또 음험하고 교활하기로 말하더라도 오이시가 베베르 등에게 미치지 못
하니, 각국 또한 반드시 그 연합의 제의를 받아들이지는 않을 것입니다. 용렬한 인물이 한갓 소요를
일으키는 것에 불과해서, 아마 아무 일도 하지 못할 것입니다.

이홍장.

2 "明治二十六年四月四日大石駐韓辨理公使電報".
3 "明治二十六年四月六日大石公使宛陸奧外務大臣半公信".
4 『日案』 22권, "明治二十六年四月四日大石公使信函".
5 『日案』 22권.
6 "明治二十六年四月六日大石公使電報".
7 『日案』 22권.

대조선독판교섭통상사무 조(趙)가 조복(照覆)함.

아력(我曆) 작년 9월 28일에 귀 전임공사 가지야마의 조회(照會)를 받았는데, 그 내용에 황해도 관
찰사가 제멋대로 방곡을 시행해서 일본 상인 등이 피해를 입었다고 했습니다. 이에 따라 왕복한 공독
(公牘)과 전후의 보첩(報牒)을 조사하고, 또 당시 황해도 관찰사에게 그 본말을 물어보니, 이 사안의 실
재 정형이 마치 손바닥에 올려놓은 것처럼 분명해서, 조목별로 분변하지 않더라도 저절로 명석(明晳)
했습니다.

황해도 미곡의 반출을 잠시 금한 것은, 가뭄으로 인한 식량 부족으로 스스로 유출을 막아서 백성의
식량을 여유 있게 하려는 것이었습니다. 이는 참으로 백성과 가까이 있는 관리가 마땅히 일찍 계획해
야 할 일이었습니다. 그러나 오직 내지(內地)의 우리 백성들이 외국에 밀매해서 탈세하려는 것만 금지
했을 뿐이요, 애초에 외국 상민의 무역이나 운송을 막은 것이 아니었으니, 그 금령의 실시와 철회는 귀
국 상민의 곡식 무역과는 조금도 관계가 없고 또한 통상항구(通商港口)에서의 무역·운송에도 지장이
없었습니다.

그런데 당시 본서(本署)의 전임 독판 민(閔)이, 귀 전전(前前) 공사 곤도의 조회문을 승인해서 즉시
황해도 관찰사에게 관칙(關飭)해서 해당 금령을 바로 철폐하게 했습니다. 그 뒤에 바로 회신을 받아 보
니, 관문이 도착하기 전에 이미 금령을 폐지했다고 품보(稟報)했습니다. 다시 이 금령을 조사해 보니,
비록 가뭄 끝에 백성의 식량이 고갈될 것을 우려해서 스스로 우리 백성의 유출을 막았지만, 그 뒤로 특
별히 귀국 상민이 의심할 것을 배려해서 즉시 철폐하여 상로(商路)를 마련해 주었습니다. 본 정부의 이
일은 실로 백성들의 식량 부족을 원치 않은 것이지만, 특별히 상업의 국면을 온전히 했으니 교제우목

(交際友睦)에 할 바를 다한 것입니다. 당시 곤도 공사도 교의(交誼)의 흡족함에 몇 차례나 직접 사례했고, 그 상민들 또한 자유로운 무역이 우리 정부의 은혜로운 정사(政事) 덕분임을 인정했습니다.

또 해당 금령을 시행한 것이 경인(庚寅)년 2월 초10일이었는데, 윤(閏)2월 14일에 본서(本署) 관문(關文)이 도착하기 전에 이미 철폐했습니다. 따라서 그 날짜를 모두 계산하더라도 20여 일에 불과하니, 그 상민들이 무슨 손해를 본 것이 있겠습니까? 또 3년이나 지나도록 한마디 언급도 없다가, 이제 갑자기 당시의 원(原)곡가를 몇 배나 부풀려서 손해비용이라고 하고, 게다가 3년간의 이자를 더해서 거액을 만들어 배상 장부를 날조해서 이와 같이 공소(控訴)하고 있으니, 해당 상민들이 없는 일을 날조한 것은 대단히 사체(事體)에 맞지 않습니다. 본서(本署)는 결코 이처럼 오래 지난 공소를 인정할 수 없고, 또한 이처럼 무리한 안건을 처리할 수도 없습니다. 부디 귀 공사는 이러한 실재 정형(情形)을 인천 주재 영사에게 보내서, 그 상인들에게 분명하게 전유(傳諭)하시고, 아울러 각각 생업에 안분(安分)해서 제멋대로 개유(凱覦: 기회를 노려서 엿봄)하지 않게 하시는 것이, 실로 공편(公便)할 것입니다. 사실에 근거해서 조복(照覆)하니, 부디 귀 공사는 살펴보시고 전유(傳諭)하시기를 바랍니다.

이상과 같이 대일본변리공사 오이시에게 조회함.

계사년 2월 20일

8 『日案』22권, “明治二十六年四月七日大石公使信函”.

9 『日案』22권, “明治二十六年四月八日大石公使信函”·“癸巳年二月二十五日領議政沈舜澤信函”.

10 “明治二十六年四月六日陸奧外務大臣半公信”.

11 “大石辨理公使へ訓令案”.

12 “明治二十六年四月二十日大石公使報告”.

13 “明治二十六年五月五日在京城松岡外務省參事官電報”.

14 “明治二十六年五月九日外務大臣宛荒川天津駐在領事代理報告”.

15 『李文忠公全集』(電稿) 14권, “寄朝鮮袁道”.

16 『日案』22권, “明治二十六年五月三日大石公使信函”·“明治二十六年五月五日松岡參事官電報”;『その頃を語る』, 95~96쪽.

17 『日案』22권.

18 『統理衙門日記』35권, 癸巳年 3月 18·19日;『日省錄』, 李太王 癸巳年 3月 19·21日.

19 『日案』22권, “明治二十六年五月五日大石公使信函”.

20 『日案』20권, “癸巳年三月二十一日督辦趙秉稷信函”.

21 『日案』20권, “明治二十六年五月七日大石公使信函”.

22 『李文忠公全集』(電稿) 14권, “光緒十九年三月二十七日寄朝鮮袁道”.

23 『李文忠公全集』(電稿) 14권, “光緒十九年三月三十日譯署來電”.

24 『日省錄』, 李太王 癸巳年 3月 28日;『統理衙門日記』35권, 癸巳年 3月 28日.

25 『光緒朝中日交涉史料』12권, 문서번호 907. “光緒十九年四月六日北洋大臣來電”.

원도(袁道)의 전보에, 얼마 전에 오이시가 와서 4월 19일에 휴가를 받아 귀국했다가 2개월 후에 어쩌면 다시 올 수 있다는 말을 했다고 함. 예전 이토의 전보에, 일이 정해지면 즉시 오이시를 소환해서 사단이 벌어지는 것을 피하겠다고 했음. 이홍장.

26 『日案』22권.

27 “明治二十六年五月十九日大石公使報告”.

28 "明治二十六年五月十九日大石公使報告".

29 『日案』23권.

30 "明治二十六年五月十九日大石公使報告".

31 『日案』23권.

32 『日案』23권, "明治二十六年五月十九日大石公使信函"·"明治二十六年五月二十日大石公使照會".

33 『統理衙門日記』36권, 癸巳年 4月 16日; 『日案』23권, "明治二十六年五月三十一日"; 『李文忠公全集』(電稿) 14권, "寄譯署", "典圜局會辦大三輪長兵衛談華".

김옥균 암살 사건

제 22 장

독립파 간부의 일본 망명

갑신변란의 수괴 박영효(朴泳孝), 김옥균(金玉均), 서광범(徐光範), 서재필(徐載弼)의 4명의 수령 이하 이규완(李圭完), 유혁로(柳赫魯), 정난교(鄭蘭敎) 등이 혁신(革新)의 실패와 함께 일본으로 망명한 것은 제52절에서 서술했다. 이듬해인 메이지 18년 1월 변란의 선후조약(善後條約)을 상의할 당시, 조선 전권 김홍집(金弘集)은 역적이라는 이유를 들어 박영효, 김옥균, 서광범, 서재필의 인도를 요청했지만 이노우에 특파대사는 일한 양국 간에 범죄인 인도조약이 체결되지 않았고, 특히 이 4명은 정치범이라는 이유로 거절했다. 곧이어 같은 해 3월 한성협약(漢城協約) 제1조에 따른 사죄를 위해 전권대신 서상우, 전권부관 묄렌도르프가 일본에 파견됐을 때도 이 요구를 반복했지만, 이노우에 외무경은 같은 이유로 거절했다.

근대 조선에서 중대한 정치범이 국외로 망명한 전례는 드물지 않다. 그 대부분은 국경을 넘거나 혹은 바닷길을 통해 종주국인 청의 영토 안으로 도주해서 숨었으므로, 국왕은 청 예부에 자회(咨會)해서 그 체포를 청원하고, 청 조정에서도 이에 응해서 상유(上諭)를 내려 펑톈(奉天)·지린(吉林)의 두 지역 장군이나 산동순무(山東巡撫) 등에게 도주 중인 조선 범죄인의 조사·체포를 명령하는 것이 관례였다. 또 부산의 초량왜관(草梁倭館)에는 조선의 법권(法權)이 미치지 않았지만, 왜관 관수(館守)가 자발적으로 도망친 조선인 정치범을 체포해서 동래부사에게 인도한 선례가 있다.

이러한 관례에 비춰서 묘당은 옛 독립파 간부의 일본 망명 문제에 관해서 비교적 낙관하고 있었던 것으로 보이지만, 일본 정부가 국제적 관례를 내세워서 그들의 인도를 거절하자 묘당은 사태를 더 이상 방치할 수 없음을 인식했다. 그 이유는 첫째, 김옥균 등 4명의 범인과 같은 대역죄인을 방치하는 것은 국왕과 묘당의 위신을 손상시킨다는 점, 둘째, 옛 독립파 간부들이 일본에 망명해서 일본 관민(官民)들 가운데 동정심을 느끼는 자들이 많아지는 것은 조선 국내의 치안을 위협한다는 점, 셋째, 가장 중요한 이유로서 척신(戚臣) 민태호, 민영목, 조영하(趙寧夏)를 살해하고 민영익을 위험에 빠뜨린 옛 독립파, 특히 김옥균에 대한 척족의 원한은 상상할 수 없을 정도로 강렬해서 어떤 대가를 치르더라도 반드시 보복하려고 했다는 점이다.

이상 세 가지 이유 중에서 두 번째 이유에 관해서는 다소 보충 설명이 필요하다. 갑신변란은 일본공사 및 공사관 경비대의 원조 아래 계획되고 실행된 것이었지만, 일본 내에서도 독립파를 지지하거나 혹은 그들을 이용해서 조선의 혁신을 단행하려고 한 민간세력이 있었다. 후쿠자와 유키치(福澤諭吉) 일파가 전자에 속한다. 후쿠자와가 독립파의 정신적인 지도자였을 뿐만 아니라, 박문국(博文局) 주사(主事) 이노우에 가쿠고로를 통해서 그들의 계획에 참여하고 자금과 병기의 공급을 담당한 사실은 이미 대략 서술했다.

다음으로 독립파의 주장과는 직접 관계가 없지만, 독자적인 견지에서 조선 개혁을 계획한 인물은 전(前) 참의(參議) 백작 고토 쇼지로(後藤象二郎)이다. 처음에 김옥균은 갑신변란 1년 전인 메이지 16년 10월에 후쿠자와 유키치의 소개로 고토 백작을 만나서, 이노우에 외교가 양국에 불리한 사정을 호소하고 혁신운동에 필요한 병력과 자금의 공급을 간청했다. 고토 백작은 그 자리에서 승낙하고, 또 "쇼지로가 이미 이를 떠맡은 이상 결코 두 말을 하지 않을 것이나, 오직 이 일에 대한 조선국왕의 신한(宸翰)[1]을 바라오. 즉, 조선 개혁은 일체 이 고토 쇼지로에게 위임한다는 조칙(詔勅)을 받지 않는다면 나중에 여러 소인들이 혹시 내 행동을 방해해서 대사(大事)를 그르칠지도 모르기 때문이오. 각하께서 정말로 나를 신뢰한다면 바로 그것을 받아 오시오. 나는 1백만 엔의 자금과 뜻을 같이하는 지사들을 이끌고 귀국으로 건너가서 일거에 잡배(雜輩)를 일소하여 팔도의 백성들을 편안히 하고, 귀국을 태산과 같은 안정 위에 올려놓을 것이오."라고 큰소리를 쳤다. 만약 고토 백작이 실제로 1백만 엔의 정치자금을 제공하는 일이 가능했다면 국왕이 그의 희망대로 친필 서한을 보냈으리라는 것은 의심할 여지가 없지만, 실제로는 4만 엔 이상의 자금을 조달할 수 없었기 때문에 모처럼의 약속도 예의 호언장담으로 간주돼서 자연히 소멸되고 말았다.[1]

김옥균도 고토 백작의 장담을 그 자리에서의 이야기로만 받아들였던 듯, 그 뒤로 양자 사이에는 조선 내정개혁에 관한 어떠한 연락도 없었다. 그럼에도 불구하고 고토 자신은 의외로 진지했다. 특히 메이지 17년에 청불사변(淸佛事變)이 발생하자 이 기회를

---

1) 신한(宸翰): 국왕의 친필 서한

이용해서 조선 개혁을 단행하기로 하고, 이를 위해 1백만 엔의 자금을 구하려고 했으나 여의치 않자 마지막으로 사변을 이용해서 프랑스로부터 자금을 지원받을 것을 계획했다. 다행히 자유당 간사 고바야시 구스오(小林樟雄)가 프랑스 유학 경험이 있어서 프랑스어에 능통하고 프랑스공사관에 지인이 있는 것을 이용하기로 했다. 그리고 그의 통역으로 프랑스 전권공사 조제프 아담 시엔키에비치(Joséph Adam Sienkiéwicz)와 회견을 갖고, 이번 사변 중에 조선의 독립자주(獨立自主)를 단행한다면 필연적으로 청에서 가장 큰 육해군을 보유한 북양(北洋)의 세력을 견제해서 프랑스 측에 유리하게 형세가 호전될 것이 확실하다고 설명했다. 다만 이를 실행하는 데 필요한 자금과 함선의 부족으로 고민 중인 사정을 털어놓고, 그 실행 자금으로 금 1백만 엔의 제공 및 쿠르베 해군중장 휘하의 극동함대 소속 함선의 사용 허가를 간청했다. 그의 말에 수긍한 공사는 자금을 제공할 만한 사람을 소개할 것이며, 쿠르베 사령관의 일은 재고하겠다고 말했다.[2]

시엔키에비치 공사의 회답이 쉽게 오지 않아서 고토 백작과 고바야시 구스오를 크게 초조하게 했다. 마침내 메이지 17년 여름과 가을 사이에 시엔키에비치 공사는 특별히 고바야시를 불러서, "쿠르베 해군중장 및 조선 내정개혁 자금을 제공할 내 친구의 회답이 같은 날짜에 도착했소. 1백만 엔의 자금은 분명히 때가 되면 언제라도 보내올 것이며, 군함 사용 문제는 시의(時宜)가 허락하는 한 요구에 응할 것이오."라고 말했다. 이 소식을 듣고 크게 기뻐한 고토 백작은 마침내 준비에 착수해서, 심복 오토리 고조(大鳥更造)에게 명하여 조선에 건너갈 장사(壯士)와 박도(博徒)[2)]를 모집하는 한편, 이 계획의 대강을 참의 겸 궁내경 이토 히로부미(伊藤博文)에게 누설했다. 아마도 정부의 동의와 원조를 기대했던 것이리라. 그런데 이토 참의는 이 음모를 듣고, 겉으로는 동의를 표하면서도 이노우에 외무경과 협의해서 그것을 저지하기로 결심하고는 휴가를 받아 귀조(歸朝)해 있던 다케조에 변리공사를 업무에 복귀시켜 조선의 내정개혁에 착수하게 했다. 이 때문에 고토 백작 등의 계획이 무르익기도 전에 갑신변란이 발발해서 결국 이를 단념할 수밖에 없게 되었다고 전해진다.[3]

이상은 고바야시 구스오의 진술을 비롯해,『자유당사(自由黨史)』와『백작 고토 쇼지로 전(伯爵後藤象次郎傳)』에 기록된 내용의 대요를 간략히 서술한 것이다. 이들 기사는 정확성이 떨어지고, 또 모순되는 부분이 적지 않지만 모두 허구로 치부할 수는 없다. 왜

---

2) 박도(博徒): 도박꾼

냐하면 청불사변 당시 쥘 페리 내각은 부득이 사변 불확대 방침을 취할 수밖에 없었고, 쿠르베 사령관이 주장하는 북지나(北支那) 원정이 유리하다는 것을 인정하면서도 실천할 수 없었다. 따라서 이번에 조선을 둘러싸고 일청 간에 중대한 분쟁이 발생해서 북양 육해군이 북지나에 머물러야 한다면 프랑스에는 가장 유리한 결과가 된다. 이러한 맥락에서 시엔키에비치 공사가 일본 내 최대의 정치단체인 자유당이 조선 개혁을 기도한다는 소식을 듣고, 약간의 자금과 병력을 대 주고 원조를 약속했다고 해도 이상할 것은 없었다.

고토 백작은 갑신변란과 옛 독립파 간부들의 망명으로 조선 개혁 계획을 단념했지만, 젊고 혈기가 왕성한 고바야시 구스오는 포기하지 않았다. 고바야시는 고토 백작이 고려했던 것처럼 막대한 자금이 드는 계획을 중지했다. 그의 계획은 겨우 2, 30명의 장사들을 조선에 몰래 들여보내서 척족의 대표인 민영환, 민종묵, 민응식 등 여섯 간신을 죽이고, 일본 국내에 남아 있는 옛 독립파를 규합해서 정국을 일신하고 조선의 독립자주를 단행함으로써 조선을 영원히 일본의 울타리로 삼는다는 것으로, 자유당원에게 걸맞는 직접행동이었다. 고바야시는 메이지 18년 2월경에 자유당의 간부이자 프랑스 법학의 선배인 오이 겐타로(大井憲太郎)와 협의한 끝에 자신은 그와 함께 최고 책임자가 돼서 실행계획 수립 및 자금 조달 등을 담당하기로 하고, 자유당원인 이소야마 세베에(磯山淸兵衛), 아라이 쇼고(新井章吾), 이나가키 시메스(稻垣示) 등을 동지로 삼아 직접행동을 맡겼다. 뒷날 이 사건으로 유명해진 오카야마 현(岡山縣) 사족(士族) 가게야마 히데(景山英)라는 19세 처녀가 직접행동 부대에 가담한 것도 고바야시 구스오와의 관계 때문이었다. 고바야시는 오사카(大阪)에서 한학사숙(漢學私塾)을 열고 있는 야마모토 겐(山本憲)에게 부탁해서 조선국민에게 보내는 격문을 기안하게 했다.[4]

일본의 의도(義徒)[3]가 우내(宇內)[4] 인사(人士)들에게 격문을 고하노라.

조선은 자주지방(自主之邦)이다. 이씨가 나라를 세우고 영토를 넓혔으며 본래 스스로 나라를 다스려서 타국의 간섭에 의지하지 않았는데, 청조(淸朝)가 그 병력으로 그것을 빼앗아 속방(屬邦)으로 만들어서 책봉(冊封)을 받고 조공(朝貢)을 바치게 했으며, 그 국권(國權)을 압살

---

3) 의도(義徒): 의(義)를 주창하는 무리. 의중(義衆)
4) 우내(宇內): 온 세계. 천하

하고 자유를 침탈해서 자기의 명령을 따르게 했다. 그러나 조선은 단고(單孤)[5]해서 오늘날까지 이를 막지 못했다. 국인(國人)들이 모두 분노가 쌓여 이를 갈고, 눈물을 삼키고 가슴을 치면서 하늘에 원통함을 울부짖고 있다. 우내 인사들은 이를 보고 들으면서도 괴이하게 여길 것이 아니라고 하는 것인가? 아니면 포악함이 아니라고 여기는 것인가?

무릇 열국(列國)이 대치(對峙)해서 각자 나라를 다스리니, 타국이 침략해서 자기에게 예속시키는 것이 어찌 포악함이 아니겠는가? 지금 조선은 군주부터 서민에 이르기까지 선대의 업적을 회복해서 자주지방(自主之邦)을 만들기를 바라고 있다. 그러나 청은 나라가 크고 인구가 많은 것을 믿고서 그 왕을 위협하고, 왕의 생부를 유폐(幽閉)하고, 왕후를 욕보이고, 그 백성에게 고통을 주었다. 또 군대로 그 왕궁을 핍박해서 정리(正理)를 내버리고 대의(大義)를 무너뜨려서 그 패학(悖虐)[6]과 낭려(狼戾)[7]가 그치지를 않는다. 그 죄가 가득차고 그 악이 하늘에 닿도록 넘쳤으니, 누가 청의 포악함에 분개하지 않으며, 조선의 실정을 가엾게 여기지 않겠는가?

조선의 상하가 자주(自主)에 용감함이 이와 같은 데도 아직 그 공을 이루지 못하고, 청이 거리낌 없이 포악함을 자행하는 것은, 조선 조정의 몇몇 무리가 붕당을 이루고 떼 지어 사대(事大)를 주창해서 조선의 사정을 청에 밀통하기 때문이다. 이들 몇몇 무리들은 비겁하고 나약해서 큰 절개를 알지 못하는 자가 아니면 간사해서 나라를 팔아먹는 좀벌레 같은 도적이니, 조선의 의인들이 그들의 살을 씹기를 바란 것이 오래됐다. 또 대체로 청나라 사람은 본성이 견양(犬羊)[8]처럼 돼서 어리석기가 마치 돼지 같으며, 완고하고 총명하지 못한 데다가 거만하고 방탕하다. 스스로는 중화(中華)라고 하나, 누군들 오랑캐[夷]가 아니라고 하겠는가? 우내의 문명(文明)을 가로막은 것이 이미 적지 않은데, 또 다른 나라를 속여서 그들이 좋은 운수를 얻는 것마저 지연시킨다. 예전에 프랑스 인들과 월남(越南)을 다투다가 예봉이 부러져서 징벌할 수 없게 되자 조선 내정에 더욱 간섭했으니, 이것을 참을 수 있다면 참지 못할 일이 무엇이겠는가?

우리는 항상 자유대의(自由大義)로 천하에 섰으니 통분하고 강개하지 않을 수 없다. 아아! 청의 포악함을 미워할 만하고, 조선의 실정을 불쌍히 여길 만도 하다. 우리는 천명에 순응해서 이제 천리(天吏)[9]가 되어 청의 죄를 드러내고 하늘을 대신해서 위엄을 떨쳐서, 조선의 선

---

5) 단고(單孤): 도움 받을 곳이 없는 외톨이, 혹은 의지할 부모가 없는 고아
6) 패학(悖虐): 도리에 어긋나고 잔인함
7) 낭려(狼戾): 거칠고 사나움
8) 견양(犬羊): 노예나 죄수가 된 듯 다른 사람에게 운명을 맡기는 무기력한 사람을 비유함
9) 천리(天吏): 천명을 받들어 백성을 다스리는 자를 뜻하는 말로, 『孟子』, 「公孫丑 上」에 "천하에 대적할 자가 없는 사람이 천리이다(無敵於天下者 天吏也)."에서 나왔다.

업(先業)[10]을 회복해서 자주지방(自主之邦)으로 만들고자 한다. 이로써 청나라 사람의 굴레를 벗어나고 그 포악한 종적(蹤迹)을 끊어서 구미문명(歐美文明)의 교화를 전파하는 것이 참으로 조선국왕의 마음이요, 조선국민의 마음이다.

비록 그러하나 우리가 어찌 일 만들기를 좋아해서 그런 것이겠는가? 자유대의(自由大義)를 소홀히 할 수 없기 때문이다. 미국 13개 주가 영국에 대항할 때, 프랑스 인들이 크게 힘을 써서 그들이 자주지방이 되는 것을 도왔다. 프랑스도 열국이요, 영국도 열국인데, 13개 주는 영국의 식민지였다. 영국 식민지의 난이 프랑스에 무슨 관계가 있었겠는가? 그런데도 프랑스가 크게 힘을 써서 마침내 천고의 미담이 되었으니, 자유대의를 소홀히 할 수 없음이 참으로 이와 같은 것이다: 하물며 우리는 이제 천리(天吏)가 되어 하늘을 대신하여 위엄을 떨칠 것이니, 어찌 국경의 차이를 따질 것이 있겠는가?

아아! 우리의 마음은 지성(至誠)으로써 스스로 맹세했고, 신명을 던져서 의(義)에 죽을 것이니 어찌 반드시 완전한 성공을 기약하겠는가? 그러나 사(邪)는 정(正)을 이기지 못하고 역(逆)은 순(順)에 대적할 수 없으니, 원악대추(元惡大醜)[11]는 오직 현륙(顯戮)[12]을 당할 것이다. 그 공을 이루기 위해서는 때를 놓쳐서는 안 된다. 이에 격문을 포고하니, 부디 천하만세(天下萬世)는 우리의 마음이 저 하늘에 빛나는 해와 달 같음을 알기 바란다. 자유대의를 해치는 자들은 모두 함께 두려워해야 할 것이다.[5]

이 격문은 먼저 고바야시 구스오가 입안하고, 야마모토 겐이 윤색해서 한문으로 엮은 것을 오이 겐타로가 교열했다고 한다. 마지막 문장에 특별히 13개 주 독립을 서술한 것은, 고바야시가 항상 라파예트 후작[13]의 대의에 자신을 견주었기 때문이다. 가게야마 히데는 고바야시의 말에 감동받아서 항상 잔 다르크를 자임했다고 한다.[6]

라파예트 후작의 환생을 본 이상, 조선의 조지 워싱턴도 나타나야 했다. 고바야시가 마음속으로 김옥균을 그에 비견했으리라는 것은 대략 상상할 수 있다. 그리고 고바야시와 김옥균의 교섭이야말로 이 사건의 본질을 이해하는 데 특히 중요한 문제이지만, 유

---

10) 선업(先業): 선대의 공업(功業)

11) 원악대추(元惡大醜): 악하고 추한 것들의 우두머리라는 뜻으로, 이 문맥에서는 청을 가리킨다.

12) 현륙(顯戮): 형벌에 따라 죄인을 처형하고 그 시체를 거리에 전시하는 일

13) 라파예트 후작(Marquis de Lafayette, 1757~1834): 프랑스의 정치가, 혁명가, 군인. 부유한 귀족가문에서 출생했으나 미국독립전쟁이 일어나자 1777년 도미해서 독립군에 참가, 많은 전공을 세워 영웅이 되었다. 이후 귀국해서 삼부회(三部會) 소집의 주창자가 되었으며, 삼부회에는 귀족의원으로 참여해서 1789년 '인권선언(Déclaration des Droits de l'Homme)'을 기초했다. 바스티유 함락 이후에는 프랑스 입헌왕정을 실현하고자 했다.

감스럽게도 그 내용을 파악할 수 있을 만한 사료가 매우 부족하다. 메이지 21년 4월 오이 겐타로, 고바야시 구스오 등의 '외환(外患)·폭발물취체벌칙(爆發物取締罰則)[14] 위반 피고발 사건'에 관한 오사카 공소원(公訴院)[15] 검사장의 공소장을 통해서만 겨우 그 일부만을 알 수 있을 뿐이다. "또 피고인 무라노 쓰네에몬(村野常右衛門)(자유당원)은 메이지 18년 9월 하순에 야마모토 요시치(山本與七), 미즈시마 야스타로(水島保太郎)로부터 조선에 대한 계획을 듣고, 메이지 18년 10월 1일에 3명이 함께 오이 겐타로에게 가서, 조선의 난(朝鮮の亂)에서 실패하고 우리나라에 숨어 있는 김옥균을 옹위해서 도한(渡韓)한다면 명분이 바르고 일에 이로울 것이라고 설득했다. 그가 자금 300엔의 지출을 승낙하자, 오이 겐타로는 고바야시 구스오가 김옥균과 오랜 안면이 있으니 그를 시켜서 김옥균에게 말하는 것이 가장 좋겠다고 했다. 그런데 고바야시 구스오는 이소야마 세베에, 아라이 쇼고와 함께 오사카에 머물고 있었으므로, 무라노 쓰네에몬은 오이 겐타로의 첨한(添翰)[16]을 받아서, 메이지 18년 10월 17일에 도쿄를 출발해서 오사카로 건너와 고바야시 구스오 및 이소야마 세베에를 만나 오이 겐타로의 서한을 보이고 여기에 온 이유를 말했다. 그러자 고바야시 구스오는 김옥균에게 발설하는 것은 위험하며, 또 비용이 넉넉하지 않음을 생각해서 아직 도한(渡韓) 자금이 부족하다고 말했으므로, 무라노 쓰네에몬은 도쿄에서 가져온 금 130엔을 건넸다. 그 후 귀경해서 이러한 내용을 오이 겐타로, 야마모토 요시치, 미즈시마 야스타로에게 전해서 마침내 김옥균과 동행하는 것을 중지했다." 그리고 오이와 고바야시 모두 법정에서 이상의 사실을 설명, 혹은 보충하는 내용으로 진술했다.[7]

당시 박영효, 서광범, 서재필은 이미 미국으로 도항했고, 옛 독립파 간부 중에서 일본에 잔류한 사람은 김옥균 뿐이었다. 김옥균을 제외하면 독립파라고 부를 수 있는 인물은 아무도 없었던 것이다. 고바야시 구스오가 오이 겐타로 등 동지들의 권유를 물리치고 김옥균과의 동행을 반대한 데는 필시 깊은 이유가 있었을 것이다.

고바야시 구스오는 김옥균과 면식이 있었으므로, 이 계획을 입안하면서 그에게 모든

---

14) 폭발물취체벌칙(爆發物取締罰則): 치안을 해치고 다른 사람의 신체나 재산을 침해할 목적으로 폭발물을 사용하는 자의 처벌을 규정한 태정관(太政官) 포고령으로, 메이지 17년(1884) 12월 27일에 제정되어 메이지 18년(1885) 1월 15일부터 시행됐다. 자유민권운동 급진파에 의한 폭동이 빈발하고 경찰관에 대한 폭발물 테러가 행해지자 이를 탄압하기 위해 제정했다.

15) 공소원(公訴院): 1886년부터 1947년까지 일본에 설치된 재판소로서, 오늘날로 말하면 지방법원과 대법원 사이의 고등법원에 상당하는 위상을 가졌다.

16) 첨한(添翰): 첨부해서 보내는 서한

사실을 털어놓고 동의를 구했으리라는 것은 의심할 여지가 없다. 그렇지만 김옥균은 이미 일본인들의 원조에 기대는 혁신은 실행 가능성이 적을 뿐 아니라, 신뢰하기도 어렵다는 것을 통감하고 있었다. 일본을 대표한 다케조에 공사의 보증조차 신뢰할 수 없었으니, 자유당원의 혁신계획 같은 것은 경솔한 폭거로서 일고의 가치도 없었다. 김옥균은 직접행동을 통한 혁신을 극도로 배척하고, 혁신의 성공을 위해서는 많은 정치자금이 필요하다고 설명했을 것이다. 고바야시 구스오는 김옥균의 자금론(資金論)에 불쾌감을 느끼고, 결국 "김옥균에게 발설하는 것은 위험하며 또 비용이 넉넉하지 않다."라고 주장했던 것으로 상상할 수 있다. 아무튼 오이와 고바야시의 혁신계획은 옛 독립파 간부를 전혀 염두에 두지 않았던 것이 사실이다.

오이 겐타로와 고바야시 구스오의 혁신계획은 메이지 18년 6, 7월 초 사이에 마침내 실행에 들어갔다. 오이 등은 자금 조달과 동지 확보에 진력했고, 이소야마 세베에는 동지들을 이끌고 일본도의 조달과 폭약 제조를 담당했다. 가바 산(加波山) 사건[17] 이래로 자유당에게 폭약은 실과 바늘 같은 물건이었고, 이번 폭동에서도 폭약을 주요 병기로 활용할 계획이었다. 또한 이 사설(私設) 원정군은 오사카를 병참기지로 삼을 예정이었으므로, 이해 8월 말부터 고바야시 구스오와 이소야마 세베에 등은 오사카로 내려와서 동지들과 회합하고, 도쿄에서 제조한 폭약을 수송해 왔다.

오이, 고바야시 등의 음모는 자금 마련을 실패한 데서부터 파탄이 생겼다. 오이 등이 각지에 동지들을 파견해서 획득한 자금은 도합 5,000엔이 넘었지만, 26명의 장사(壯士)들을 몇 달 동안 유지하고 그들에게 병기를 지급해서 도한(渡韓)시키기에는 당연히 부족했다. 특히 이들은 당시 장사들이 으레 그러했듯이 유흥에 탐닉했고, 오이와 고바야시마저도 부족한 자금을 거리낌 없이 유흥에 탕진했다. 더욱이 당시 자유당의 고질적인 폐단으로 불량한 무리에서 섞여 들어온 자들이 있었는데, 이소야마 세베에 등은 그들을 교사해서 가나가와 현(神奈川縣)·오사카 부(大阪府)에 속한 군야쿠쇼(郡役所)[18]·무라

---

17) 가바 산(加波山) 사건: 1884년 9월에 발생한 도치기(栃木) 현령(縣令) 미시마 미치쓰네(三島通庸)의 암살 미수 사건이다. 고노 히로미(河野広躰) 등 자유민권운동 분파 가운데 젊고 급진적인 인물들이 주동이 되어 일으킨 사건으로, 도치기 현청의 낙성식을 기회로 폭약을 터뜨려서 자유민권운동을 탄압하던 미시마 미치쓰네와 정부 대신들을 폭살할 계획이었으나, 폭약 제조 중에 오발 사고가 나서 계획이 탄로 나고 말았다. 이 사건으로 인해 300명에 달하는 민권운동가들이 체포됐으며, 재판 결과 가바 산에서 농성하던 7명에게 사형, 3명에게 무기징역형이 선고됐다. 이 사건을 계기로 폭발물취체벌칙(爆發物取締罰則)이 제정됐다.

18) 군야쿠쇼(郡役所): 군(郡)의 행정사무를 담당하는 관청

야쿠바(村役場)[19] 혹은 민가에 침입해서 금 1천여 엔을 강탈하고, 그 반을 자금으로 내놓도록 했다. 어쨌든 자금의 부족이 동지의 분열 원인이 된 것은 사실이다. 그중에서도 이소야마 세베에는 이러한 사정으로 인해 오이와 고바야시가 성의가 없다고 보고 불만을 품어서, 메이지 18년 10월 말에 독자적으로 행동하겠다고 하면서 자금 일부를 괴대(拐帶)[20]해서 종적을 감췄다. 당시 아라이 쇼고가 장사 9명을 이끌고 나가사키로 먼저 출발했으므로, 고바야시는 크게 당황해서 오이를 도쿄에서 소환해서 선후책을 협의했다. 또 아라이는 10월 28일에 나가사키에 도착했는데, 이소야마로부터 사건이 발각됐음을 의미하는 암호 전보를 받고는 급히 오사카로 귀환했다. 그제야 그는 그 암호 전보가 거짓이었으며 이소야마가 실종됐다는 사실을 알게 됐다. 오이, 고바야시, 아라이 등은 곧바로 협의한 후, 이소야마를 대신해서 아라이가 실행부대의 책임을 맡기로 했다. 또한 부족한 자금도 오이가 분주하게 움직인 덕분에 보충할 수 있었다. 그리하여 11월 16일에 아라이는 이나가키 시메스, 가게야마 히데와 함께 장사 14명[21]을 이끌고 폭약을 갖고 오사카를 출발, 20일에 나가사키에 도착했다. 아라이가 인솔한 실행부대는 가게야마를 포함해서 겨우 15명에 불과했다. 게다가 이나가키가 아라이의 통제에 불복해서 다시 분열의 조짐이 나타났다.

이보다 앞서 경찰 당국은 가나가와 현·오사카 부에서 발생한 강도사건이 심상치 않은 것에 주목해서 은밀히 수사하던 중에 이 폭동계획의 단서를 입수했다. 11월 23일에 오사카에 체재 중이던 오이 겐타로와 고바야시 구스오, 나가사키에 체재 중이던 이나가키 시메스와 가게야마 히데를 구인한 것을 시작으로 전국적으로 수사망을 펼쳐서 같은 달 26일에는 아라이 쇼고를 체포하고, 구마모토 현(熊本縣)에 잠복해 있던 이소야마 세베에까지 관계자 전부를 수사·체포했다. 그 수는 63명에 달했다.

오이 겐타로, 고바야시 구스오, 아라이 쇼고, 이소야마 세베에 등의 범죄는 외환·폭발물취체벌칙 위반 등의 중죄에 해당했으므로 모두 오사카로 압송됐다. 오사카 임시중죄재판소(臨時重罪裁判所)에서 심리가 이뤄졌고, 1년여에 걸쳐 예심이 진행된 후 메이지 20년 5월에 공판이 열렸다. 같은 해 9월 24일에 언도된 판결을 통해 오이 겐타로, 고바야시 구스오, 이소야마 세베에에게 각각 경금옥(輕禁獄) 6년, 아라이 쇼고에게 경금옥 5

---

19) 무라야쿠바(村役場): 무라(村)의 행정사무를 담당하는 관청으로 면사무소에 상당한다.
20) 괴대(拐帶): 남이 맡긴 물건을 갖고 도망치는 일
21) 원문에는 4명으로 되어 있으나, 문맥상 14명의 잘못인 것으로 보고 바로잡았다.

년·감시 2년의 형이 내려진 것을 비롯해서, 31명에게 경·중금옥과 금고 처분이 내려졌다. 오이, 고바야시, 쇼고 등은 대심원(大審院)에 상고했는데, 대심원에서는 메이지 21년 3월에 원판결을 기각하고 나고야(名古屋) 임시중죄재판소의 심리로 이송했다. 심리는 곧바로 진행됐고, 메이지 21년 7월에 오이, 고바야시, 아라이에게 각각 중징역(重懲役) 9년 형이 언도됐다. 오이 등은 다시 상고했지만 기각되고, 결국 형이 확정되어 하옥됐다. 그러나 이듬해인 메이지 22년 2월에 「헌법발포의 대사령(憲法發布의 大赦令)」이 내려져서 다른 이들과 함께 석방됐다.[8]

오이 겐타로, 고바야시 구스오 등의 폭동계획은 조선의 내정개혁을 표방했지만, 그 궁극적 목적은 국내의 혁신에 있었다. 즉, 당시 그 배후에 번벌(藩閥)이 존재하고 있던 정부는 민간 정치단체에 강력한 탄압을 가해서, 자유당(自由黨)과 개진당(改進黨) 같은 큰 정당도 해체하지 않을 수 없는 비운에 빠졌다. 재야정당은 크게 격앙했다. 언론만으로는 도저히 민권 신장의 목적을 달성할 수 없다고 판단한 이들은 테러리즘에 호소했고, 더 나아가서 국제적으로 중대한 분규를 야기해서 정부의 입장을 곤란하게 함으로써 혁신의 계기를 촉진하고자 했다. 이것은 정치사에서 흔히 볼 수 있는 현상이지만, 한편으로는 조선 문제가 외교에 그치지 않고 내치 문제로까지 진전했음을 보여 준다.

오이 겐타로, 고바야시 구스오 등의 폭동계획은 정부를 경악시켰다. 주요 범인들은 오사카와 나가사키에서 체포했지만, 아직 많은 공모자들이 있었다. 죽음을 각오한 장사 가운데 한두 명이라도 조선에 잠입해서 참간(斬奸)[22]을 실행한다면, 조선 내에서 일본 정부의 위신이 완전히 실추돼서 외교적으로 막대한 손해를 입을 수 있었다. 외무당국은 메이지 18년 12월에 외무소서기관(外務少書記官) 구리노 신이치로(栗野愼一郎), 해군소좌(海軍少佐) 히다카 소노조(日高壯之丞)에게 순사 27명을 붙여서 경성에 급파하고, 주한대리공사 다카히라 고코로와 협력해서 불령(不逞)[23] 일본인의 도한(渡韓)을 단속하게 했다.[9]

이보다 앞서 다카히라 대리공사는 오이 겐타로 등의 폭동계획이 발각됐다는 보도를 접하고, 부산·인천·원산 각 항구에 주재한 영사들에게 조선에 입국한 일본인들을 엄중히 단속할 것을 명했다. 12월 22일에 이르러 구리노 서기관 일행이 기선 도쿄마루(東京丸)로 인천에 도착했지만, 당시 경인 지방은 평온해서 재류 일본인들 사이에 어떠한 동요도 없었고, 또 외무성이 경계수단으로 적지 않은 순사를 파견한 것은 지나치게 시기

---

22) 참간(斬奸): 악인을 베어서 죽이는 일
23) 불령(不逞): 불만이나 원한을 품어서 제멋대로 난리를 일으키거나 국가에 반역하는 일

가 일러서 조선국왕과 묘당에 의외의 충격을 주었기 때문에 구리노 서기관 일행은 12월 30일에 인천을 출발해서 귀조(歸朝)했다.[10]

오이 겐타로와 고바야시 구스오 등의 폭동계획은 다행히 미수로 그쳤지만, 이 사건을 통해 옛 독립파 간부들은 비단 조선의 위험분자일 뿐만 아니라 일본 정부에도 대단히 달갑지 않은 손님이라는 사실이 폭로됐다. 원래 박영효와 김옥균 등의 일본 망명은 조선에서 일본을 대표한 다케조에 공사가 동의하지 않았고, 따라서 나가사키에 들어온 뒤에도 일본 관헌은 도움을 주지 않았다. 이들은 종전의 개인적 관계에 의탁하였고, 또 이노우에 가쿠고로 등의 동정적인 권유에 따라 메이지 17년 12월 말에 상경해서 후쿠자와 유키치를 찾아가 그의 보호 속에서 나날을 보내고 있었다. 당시 일본 정부의 대한방침이 아직 분명하지 않았으므로 후쿠자와는 박영효, 김옥균, 서광범, 서재필에게 잠시 시국을 관망할 것을 조언했고 그들도 이 말에 따랐다. 하지만 메이지 18년 4월 톈진협약(天津協約)의 성립과 함께 일본 정부가 조선에 대한 적극정책의 단념을 표명하자, 옛 독립파가 일본 정부의 원조를 얻어 가까운 장래에 재기하는 일은 전혀 가망이 없어 보였다. 이에 같은 해 5월 박영효, 서광범, 서재필은 미국으로 도항하고, 김옥균만 홀로 일본에 잔류했다.[11]

박영효, 서광범, 서재필이 미국으로 건너간 사정에 관해 후쿠자와 유키치는 침묵을 지켰고, 또 그 항해비가 어디서 나왔는지도 분명치 않다. 당시 정부는 조선 문제에 관해서는 일청협조주의(日淸協調主義)를 취하고 있었으므로, 옛 독립파 간부들이 일본을 근거지로 정치적 책동을 꾸미다가 외교적으로 중대한 분규를 일으킬 것을 우려해서 은밀히 후쿠자와에게 내유(內諭)해서 그들을 안전한 제3국인 미국으로 떠나게 하고 그 여비를 지급한 것은 아닌지 의심된다. 명민한 김옥균은 신대륙이 망명 조선인들이 안주할 수 있는 땅이 아님을 예견하고 미국으로 건너가기를 거부했던 것이리라.

박영효와 김옥균은 대표적인 조선 양반으로서, 이제 정치범이 돼서 아무 자산도 없이 해외에 망명하는 운명에 처했음에도 불구하고 여전히 본국에서 대감, 영감의 존칭을 듣던 긍지를 잃지 않았다. 이들은 스스로 직업을 구해서 생활 밑천을 마련할 의지도 없고, 실제로 그럴 능력도 없었다. 따라서 이들을 동정하거나 이용하려는 일본인들에게 생활비의 원조를 바랄 수밖에 없는 상황에 처해 있으면서도, 도움 받은 자금은 조금의 거리낌도 없이 일상생활 내지는 향락에 탕진했다. 언어와 습속이 다른 이역(異域)에서 온갖 역경 속에 갖은 고초를 겪으며 생활비를 구하고, 그 나라 관헌의 엄한 감시를 속여가면서 주의(主義)를 선전하고 동지를 얻기 위해 노력하는 등의 열렬한 혁명가 정신은 이들에게서 결코 찾아볼 수 없었다. 이러한 점에서 박영효와 김옥균 등은 제정시대 러시아의 공산당원이나 청조시대의 중국 혁명당원은 물론, 프랑스 혁명 당시의 탈주귀족(émigré)[24]에도 크게 미치지 못한다. 이 또한 조선 양반의 성격으로 보자면 부득이한 면이 있지만 일본인의 통념과는 거리가 멀었고, 따라서 일반 일본인들의 눈에는 망명객이 근신하지 않고 절제가 없는 것처럼 비쳐졌다. 대체로 조선인에게 마음속 가득히 아낌없는 동정심을 가졌던 후쿠자와 유키치조차도 조선인의 무책임과 뻔뻔스러움에 불만을 표출하게 되었다. 이러한 상황의 주된 책임은 특히 김옥균에게 있다.[12]

일본 정부와 민간 유지들의 눈에 비친 옛 독립파 간부의 모습은 이와 같았지만, 조선 국왕과 척족의 입장에서 보면 이들의 일본 망명은 곧 사나운 범을 들판에 풀어놓은 것과 같아서 이보다 더 불안하고 위험한 일이 없었다. 그들은 곧바로 일본 정부에 수차례 이들의 체포·인도를 요구했지만, 일본 정부는 언제나 이들이 정치범이라는 이유를 내세워서 거절했다. 이에 국왕과 척족은 자위를 위해서라도 비상수단을 동원하지 않을 수 없었다.

옛 독립파 간부들의 체포·인도는 가망이 없어 보였으므로, 국왕과 척족은 다음 수단을 고려했다. 즉, 박영효와 김옥균 등을 꾀어서 조선에 귀국하게 한 다음에 일망타진하는 것이었다. 이를 위해 미끼 역할을 한 것이 국왕의 종형(從兄) 강화유수 이재원(李載元)이다. 이재원은 갑신변란 당시 종신(宗臣)의 대표자로서 독립파에 가담했다. 이 때문에 그는 국왕과 척족의 혐의를 받았으므로 신용을 회복하기 위해 자진해서 이 임무를 맡았던 것으로 생각된다. 그리고 이재원의 수족으로서 일본에 잠입한 자들 가운데, 그 이름이 알려진 인물로 장은규(張溵奎)와 송병준(宋秉畯) 2명이 있다. 장은규는 일명 장갑복(張甲福)이라고도 하며, 궁녀 장씨[의화군(義和君)의 생모]의 친오빠로만 알려져 있을 뿐, 다른 것은 알 수 없다. 송병준은 함경도 장진(長津) 출신으로 비천한 신분이었지만, 어린 나이에 상경해서 민씨 일족의 심부름꾼이 되었고 독립파가 우세했던 때는 거기에 가입한 적도 있었다. 뒷날 근대조선사상 거물이 되어 은진(恩津) 송씨(宋氏)를 칭하고, 백작 작위를 받은 바로 그 인물이다.[13][25]

---

24) 탈주귀족(émigré): 프랑스혁명 중 영국·사르디니아·네덜란드·러시아·라인 공국 등지로 망명한 프랑스 귀족·성직자 등을 이르는 말로, 현재는 일반적으로 '망명귀족(亡命貴族)'이라는 용어를 사용한다.

25) 송병준(宋秉畯,1858~1925): 이완용(李完用)과 함께 구한말의 대표적인 반민족 친일파로 꼽히는 인물이다. 김옥균을 암살하기 위해 도일했다가 도리어 김옥균에게 설득당해서 그의 동지가 되었다. 1886년에 귀국한 후,

장은규와 송병준은 국왕의 밀지를 받고 메이지 18년 봄여름 사이에 일본에 건너와서 옛 독립파 간부들에게 접근했다. 이들은 아마 이재원의 소개장을 소지하고 있었을 것이며, 쉽게 김옥균과 친교를 맺었다. 이재원은 장은규를 통해 한글로 쓴 밀서를 김옥균에게 보내서, 전년에 혁신운동이 실패로 돌아간 것은 유감이며 김옥균에 대한 국왕의 신임은 지금까지도 조금도 변함이 없다고 전했다. 또 강화부유수라는 자신의 지위를 이용해서 정예병을 모집하여 다시 거사를 도모할 뜻이 있음을 시사하고, 김옥균의 밀입국을 요청했던 것 같다. 김옥균은 이재원 밀서의 진실성을 의심하지 않고 장은규에게 속마음을 토로했다. 그리고는 이재원에게 회신을 보내서, 일본 민당(民黨)의 수령 백작 이타가키 다이스케, 고토 쇼지로 등과의 제휴가 이미 성립돼서 ─ 이는 물론 사실이 아니었다. ─ 소총 1천 정을 입수할 수 있고, 또 임진역(壬辰役) 당시 포로로 정착한 조선인의 자손들로부터 의병(義兵) 1천 명을 모집해서, 그들을 이끌고 우선 강화부에 상륙한 후 경성까지 진격한다면 척족을 일소하고 정국을 일변할 수 있을 것이라고 했다. 이재원은 이와 같은 기밀서한을 받으면 적당히 회신을 보낸 다음에 원서한은 즉시 국왕과 척족에게 진달했다고 한다. 메이지 18년 9월 상순의 일이었다. 김옥균이 이재원에게 보낸 한글 기밀서한의 한역문(漢譯文) 한 통을 다음에 인용한다.

뜻밖에 보내 주신 서한을 받았습니다. 엎드려 읽고 나니 온 마음이 경복(敬服)해서, 희경(喜慶)[26]이 매우 깊음에 도리어 비감(悲感)이 생깁니다. 대감○이재원께서 군주와 나라를 위해 목숨을 바치기로 결심하셔서, 변변치 못한 사람을 이처럼 대우하시니 저는 죽어도 여한이 없습니다. 예전에 제가 우리나라에는 다시 나라를 위해 목숨을 바치는 인물이 없다고 말씀드렸는데, 대감께서 바로 이와 같으시니, 비록 일이 이뤄지지 않더라도 우리나라 500년의 기업(基

김옥균과 통모한 혐의로 투옥됐다가 민영환(閔泳煥)의 주선으로 출옥해서 흥해군수(興海郡守)·양지현감(陽智縣監)을 역임했으나, 정부가 다시 체포령을 내리자 일본으로 피신했다. 이때 이름을 노다 헤지로(野田平治郎)로 개명했다. 1904년 러일전쟁이 발발하자 일본군의 통역으로 귀국했다. 이용구(李容九)의 진보회(進步會)를 매수해서 일진회(一進會)에 통합하고, 1905년 11월에는 을사늑약을 10여 일 앞두고 이용구와 함께 우리나라 외교권의 이양을 제창한 이른바「일진회 선언서」를 발표해서 반민족 친일파로서의 면모를 적나라하게 드러냈다. 1907년 헤이그 밀사 사건 직후 고종황제의 양위운동을 주도했으며, 1907년에 이완용 정부가 들어서자 농상공부대신·내부대신 등을 역임했다. 1909년에 내부대신에서 사임한 이후 일진회 총재가 되었고, 이용구와 공동으로「일진회합방성명서」를 비롯해「상소문」·「상통감서(上統監書)」·「상내각서(上內閣書)」등을 발표하면서 매국활동에 광분했다. 당시 일본수상 가쓰라 타로(桂太郎)에게 1억 엔이면 자기가 대한제국 정부를 무난히 매수해서 일본에 병합해 줄 수 있다는 망언을 하여 국민의 공분을 산 일화가 있다. 1920년 백작이 되었고, 사후 일본천황이 정삼위훈일등욱일동수장(正三位勳一等旭日桐綬章)을 추서했다.

26) 희경(喜慶): 매우 기쁜 경사

業)은 반드시 무너지지 않을 것입니다. 대감의 이 마음은 천지신명께 묻더라도 떳떳해서 결코 변할 리가 없지만, 혹여 일이 이뤄지지 않을 우려가 있습니다. 그러나 제가 응당 대감을 위해 질정(質定)²⁷⁾할 것입니다.

간신배들이 천하대세를 알지 못하고 괴사(壞事)²⁸⁾를 만들어내면서도 나라가 장차 외국에 빼앗길 것을 끝내 알지 못합니다. 설령 그렇지 않더라도 결코 남들에게서 신뢰를 얻지 못할 것입니다. 나라를 위한 대감의 큰 바람이 필시 성취될 날이 있을 것이니, 부디 이러한 뜻을 굳건히 정하시고 신중히 비밀을 유지하면서 때를 조금 기다리십시오.

대감께서 일본인들과 조금 관계를 갖고 또한 크게 외교에 뜻을 두셨다고 들었습니다. 이는 참으로 아름다운 일이지만, 절대 그렇게 하지 마십시오. 우리나라의 내부 형세가 갑자기 외교로 통정(通情)할 수 없으니 한갓 다른 이들의 의혹만을 불릴 뿐입니다. 무엇보다 청나라 사람들의 혐의(嫌疑)가 매우 커질 것입니다. 따라서 우선 청나라 사람들과 함께 하면서 겉으로 친밀함을 보이면 필시 대단히 유리할 것입니다. 또 민영익, 김윤식, 어윤중 등에게는 반드시 은근하게 깊이 결탁하는 기색을 보여야 합니다. 이는 긴요한 일은 아니지만, 또한 대국을 헤아리고 사람을 섬기는 한 가지 방책이 될 것입니다. 만약 외국과 관계할 일이 생기면, 반드시 사람을 시켜서 통정(通情)하시고 자주 접촉하지 마십시오. 대감께서는 친왕(親王)²⁹⁾의 지위에 계시니 외인(外人)들이 경솔히 움직이게 해서는 안 됩니다. 외교의 일은 제게 일임하시고, 부디 오직 내사(內事)만을 생각하십시오.

제가 듣건대, 상감께서 하늘처럼 크신 어짊으로 저희의 죄를 크게 처벌하지 않으신다고 하니, 과연 사실인지 모르겠습니다. 저희는 역적이 돼서 세상에서 버려졌으니, 그것이 비록 상감의 뜻이 아니었더라도 과연 억울한 것이 있습니다. 상감의 의중을 부디 알려 주십시오. 또 양전(兩殿)께서 혹 의향이 같지 않은 부분이 있다는 말이 있는 듯한데, 참으로 의외입니다. 그것이 과연 사실입니까? 비록 말하기 어려운 일이라도 부디 세세히 적어서 보내 주십시오. 선편(船便)으로는 몹시 위험하니 신중에 신중을 기해야 합니다. 또 다른 사람이 볼까 두려우니 암호를 고안하신 후 바로 보내십시오. 비록 중요치 않은 말이라도 상세히 기록해서 보내십시오.

기시모토(岸本)³⁰⁾를 보낸 일로 대감께서 큰 곤액을 당하셨다는 말을 듣고 몹시 죄송했습니다. 그러나 만약 대감께서 나라를 위한 뜻을 이처럼 굳히셨음을 알았더라면, 제가 어찌 그 글을 올릴 리가 있었겠습니까? 그 뒤로 저는 한층 더 신중히 하고 있으니 부디 염려하지 마십시

---

27) 질정(質定): 사리를 살펴서 일의 방향을 분명히 정함
28) 괴사(壞事): 좋지 않은 사정. 나쁜 일
29) 친왕(親王): 원래 중국에서는 적장자를 제외한 황제의 아들이나 형제로서 왕에 봉해진 자를 말하지만, 여기서는 왕의 형제라는 뜻으로 쓰였다.
30) 미상

오. 혹시라도 서신이 누설되어 대모(大謀)가 탄로 난다면, 저는 두려울 것이 없지만 국내에 있는 사람들은 큰 화를 면치 못할 것입니다. 깊이 양찰하십시오.

송병준은 과연 깊이 신뢰해서 의심할 것이 없는 인물입니까? 만약 불편한 것이 있다면, 제게 확실히 의심을 없앨 방도가 있으니 부디 자세히 하교(下敎)하시기 바랍니다. 보내 주신 두 가지 물건은, 대감께 무슨 돈이 있다고 이렇게까지 생각해 주셨습니까? 마침 처지가 군핍하니, 그것으로 만 원(元)은 구할 수 있겠습니다.

무릇 천하의 일은 돈이 없으면 이룰 수 없습니다. 대감께 전재(錢財)가 없음은 저 또한 잘 알고 있습니다. 또 흉중으로 대사를 경륜(經綸)하려고 해도 재물이 없어서는 안 되고, 또 영사(營使) 중에서 1명, 화(華)·심(沁) 사이에서 1명^{○강화부유수, 수원부유수}을 취해서 은밀히 사사(死士)³¹⁾를 모집하려고 해도 반드시 많은 돈이 필요할 것입니다. 그 비용이 얼마나 들지 대략 계산해서 적어 보내시기 바랍니다. 제가 생각한 방도가 있으니 반드시 적어서 보내십시오. 전영(前營)은 반드시 전재(錢財)를 풀어서 두목 몇 명과 결탁해야 합니다. 대감께서 만일 영사(營使) 1명을 얻을 수 있다면, 그때가 바로 일이 이뤄지는 날이 되리니, 저 또한 몸을 일으켜 착수할 수 있을 것입니다. 부디 온 힘을 다해 도모하십시오.

민응식이 평양에서 군대를 이끌고 온다는 말을 들었습니다. 그렇다면 국면은 필시 민응식의 것이 될 것이니, 민응식과 은밀히 연결하는 것이 어떻겠습니까? 여기 일본인들이 사정을 탐지해서 보내온 쪽지를 올리니 살펴보시기 바랍니다. 대감의 이 글은,^{이하 9자는 말뜻이 분명치 않다.} ^{오락(誤落)인 듯하다.32)} 갑복^{○장은규} 편으로 부치신 글을 혹시라도 다른 사람에게 보여 주시지는 않았습니까? 그것을 보고 매우 놀랐습니다. 다시 돌려보냅니다. 그 안에 있는 자익(子翼)^{○민영익의} ^{자(字)}의 짧은 설(說)은 한번 시험해 볼 만한 계책입니다. 만약 민응식과 결탁하려면 이와 같은 설이 어쩌면 도움이 될 수도 있습니다. 그러나 반간(反間)³³⁾의 방법은 충분히 치밀한 것이 아니면 도리어 해를 입을 수 있으니 신중을 기해야 할 것입니다.

이 한 몸은 예전에 계책을 이루지 못했습니다. 그러므로 종적을 감추지 않고 거짓으로 일을 꾸미는 모습을 보여 왔으나, 이제 안에는 대감이 계시고 밖에는 대강(大綱)이 실마리를 찾아가고 있으니, 앞으로는 몸을 숨길 것입니다. 1천 명 정도는 오늘 당장에라도 모을 수 있지만, 이 일은 반드시 심사숙고한 다음에야 성공할 수 있습니다. 또 다른 나라 사람을 적게 쓰고

---

31) 사사(死士): 죽음을 각오한 용사

32) 이 다음에 '似是初頭之說又或有何事勢'라는 12자가 있는데, 주석에서 말뜻이 분명치 않아 오락(誤落)이 의심된다는 9자는 바로 이 구절을 가리키는 것으로 보인다. 그런데 12자를 9자로 쓴 이유는 알 수 없다. 만약 9자가 정확하다면, '似是初頭之說又或有'와 '何事勢'를 떼어서 읽어야 하는데, 전후 문맥상 이상하다. 원서에서 인용한 『李文忠公全集』에 수록된 서한도 이와 같다.

33) 반간(反間): 적이 보낸 첩자를 속여서 우리 편에 유리하도록 활용하는 계책

우리나라 사람을 많이 쓰고자 하신다면, 이 1천 명은 외국 인종(人種)이 아니요, 바로 우리나라 인종입니다. 그러므로 우리나라 사람들과 똑같은 것입니다. 타국에서 몇 백 년을 보낸 뒤에 부모의 나라로 돌아가 영원히 조선 사람이 되기를 원하는 자들입니다. 옛날 임진년에 다이라노 히데요시(平秀吉)[34]에게 포로로 잡혀서 일본에 들어와 별도로 조선촌(朝鮮村)을 이루어 서로 혼인하면서 일본인과 무관하게 지낸 자들이 이제 7만 명이 됩니다. 이 사람들은 전혀 금전을 요구하지 않으니, 오늘이라도 당장 이끌고 갈 수 있습니다. 이는 오늘의 일이 아니요, 이미 작년부터 제 수중에 들어와서 한번 사용하고자 상감께 아뢴 적도 있습니다.

묄렌도르프가 러시아 사관(士官)을 청해서, 그들이 이미 들어와 큰 불편이 있다는 말을 들었는데, 결국 어떻게 되었는지 모르겠습니다. 이로 인해 나라가 어찌 망하지 않겠습니까? 저는 모르겠습니다. 그러나 조영하는 핵사(劾死)[35]의 죄가 있으면서도 사리를 알지 못해서 묄렌도르프를 데리고 들어왔으니, 이는 바로 그의 죄입니다. 제가 묄렌도르프 놈을 죽이지 못한 것이 후회가 됩니다. 조선인들이 묄렌도르프 놈을 죽이고 싶어 하지만, 그놈은 청병(淸兵)에 요청해서 항상 은밀히 보호받고 있다고 합니다. 그놈을 죽이는 것 또한 이번 계책에 포함되어 있습니다.

대체로 러시아는 호오(好惡) 간에 쉽게 관계해서는 안 됩니다. 오늘날 나라를 위한 책략으로는, 첫째, 외국 가운데 공정하고 또 강력한 한 나라와 깊이 결탁해서 시종 그 보호하는 힘에 의지하는 것이며, 둘째, 내응하는 사람을 많이 만드는 것이며, 셋째, 일본인을 데리고 입국해서 한번 영험(靈驗)함을 과시하는 것 뿐입니다. 두 번째 책략은 대감께서 신명을 바쳐 담당하시고, 세 번째 책략은 맹세코 제가 담당할 것입니다. 이 가운데 첫 번째 책략만 현재 아직 무르익지 않았으니, 이곳에서 주선하면서 앞으로 자세히 아뢰겠습니다. 대감께서 안에서 주선하시고, 제가 밖에서 주선해서 안팎이 상응한다면 일은 반드시 이뤄질 것입니다. 다만, 첫 번째 책략을 고려하기 시작한다면, 그것은 곧 일을 개시하는 날이 될 것이니 그 밖의 제반 사항들이 갖춰져 있어야 합니다. 이를 통촉하십시오.

영국영사 애스턴에게는 사람을 보내서 은밀하게 은근한 뜻을 전하시고, 절대로 먼저 그를 찾아가지 마십시오. 보내는 사람도 신중히 선택하시기 바랍니다. 애스턴은 저와 관계가 좋지 않고, 또 애스턴과 관계를 맺으면 대사를 도모할 수 없습니다. 하지만 대감께서는 한번 시험 삼아 교분을 맺어 보십시오. 일본인과는 많은 관계를 맺을 필요가 없습니다. 영계씨(令

---

34) 다이라노 히데요시(平秀吉): 임진왜란의 원흉 도요토미 히데요시(豊信秀吉)을 가리킨다. 일본 에도시대에는 성(姓)과 묘지[苗字: 봉토의 이름에서 유래한 가명(家名)]가 구분됐는데, 도요토미 히데요시는 성씨로 다이라(平)를 사용하다가 후지와라(藤原), 도요토미(豊臣) 등으로 다시 바꾸었다.

35) 핵사(劾死): 사형을 판결함. 원문은 該死로 잘못 표기되어 있다.

季氏)[36]○이재완(李載完)는 필시 대감과 같은 생각이 아닐 테지만,[37] 근일의 의견은 다시 어떠합니까?

만일 상감께서 조금 성려(聖慮)를 더하셔서 이씨종사(李氏宗社)가 무너지는 지경에 이르지 않게 하신다면 할 만한 일이 저절로 생기겠지만, 어찌 바랄 수 있겠습니까? 부디 대감께서는 상감께 모든 것을 말로 아뢰지 마십시오. 궁중의 일은 가장 비밀로 하기 어려우니 부디 신중히 처신하십시오. 영사(營使) 또는 심류(沁留)[38] 사이에서 도모할 수 없거든 반드시 조용히 인내하면서 몇 달을 두고 보는 것이 좋겠습니다.

또 한 가지 드릴 말씀이 있습니다. 제가 우리 상감 한 분을 위하는 이 마음은 신명(神明)에게 질정해도 부끄러움이 없습니다. 결코 다른 마음이 없으니 부디 살펴주십시오. 상감께서 설령 저를 미워하시더라도 제 마음은 변치 않을 것입니다. 우리 국가의 존망이 터럭 끝에 매달려 있는데, 양전(兩殿)께서 미처 이를 깨닫지 못하고 한갓 한때 놀라신 것만을 참지 않으시니, 어찌 하겠습니까?

혹시라도 제 서신을 갖고 계책을 쓸 만하다고 생각하시면, 가짜로 만들거나 혹은 말뜻을 지어낸 다음에 다른 이들에게 보여서 일처리를 편하게 하시고 다시 돌려주십시오. 가장 절묘한 계책은 "김옥균은 병이 골수에까지 미쳐서, 서양 의원도 매우 위험하다고 한다. 또한 그도 세사(世事)가 이뤄지지 않음을 깨닫고 참선을 배우고 있다."라는 말을 퍼뜨리는 것입니다. 만약 사람들이 이 말을 믿는다면, 저는 이 편이나 돌아오는 배 편으로 대감의 회답이 오기를 기다렸다가 바로 도쿄로 가서 은신하겠습니다. 말이 지나치게 지리(支離)하니 이만 줄입니다. 부디 신중하십시오. 이 서한에서 아뢴 바에 대해 조목별로 하답(下答)하시고, 내부 사정을 모쪼록 상세히 기록해서 보내 주십시오. 내관 중에서 친밀한 자는 누구입니까? 신적(信蹟)은 도서(圖書)[39]로 표식을 삼으십시오. 엎드려 바라옵니다.[14]

김옥균은 이재원은 물론, 장은규에 대해서조차 의심을 품지 않았지만, 그의 동지들 중에는 장은규가 척족의 스파이일 것으로 의심하는 이들이 적지 않았고, 그에게 보복할 수단도 강구했을 것이다. 그때 마침 전(前) 동남제도개척사수원(東南諸島開拓使隨員) 백춘배(白春培)라는 사람이 변란 전에 상관 김옥균의 명으로 일본에 출장 중이었는데, 이

---

36) 영계씨(令季氏): 남의 아우를 높여 부르는 말
37) 원문에는 '必與大監同心'으로 되어 있으나, 『李文忠公全集』에 '必不與大監同心'이라고 기록된 것에 의거해서 바로잡았다.
38) 심류(沁留): 강화부유수의 별칭
39) 도서(圖書): 책·그림·문서 등에 찍는 도장

해 9월에 조선의 내부 사정을 정탐하라는 명을 받고 은밀히 귀국했다가 결국 발각돼서 체포당했다.[15] 그의 진술에는 근본적으로 예전에 김옥균이 이재원에게 보낸 비밀서한의 내용과 일치하는 것이 있었으므로, 묘당은 이 사건을 중대시하여 메이지 18년 12월 20일에 독판교섭통상사무 김윤식에게 명해서, 일본 대리공사 다카히라 고코로에게 조회를 보내 김옥균 등 망명 정치범들의 체포와 처분을 요구하게 했다.

대조선독판교섭통상사무 김(金)이 은밀히 조회를 보냅니다.

김옥균은 우리나라의 난신(亂臣)입니다. 귀국으로 도주한 지 이미 몇 년이 돼서 귀국에 여러 차례 체포해서 송치할 것을 요청했으나 끝내 허락을 받지 못했습니다. 귀국은 관례를 어기고 체포해서 송치할 방도가 없다고 했으니, 또한 결코 난을 일으키려는 것을 들어줄 이치가 없을 것입니다. 이 역적은 몇 해 전부터 우리나라의 불초(不肖)한 무리와 은밀히 결탁해서 허황된 말로 사람들을 현혹했으니, 갖가지 불법을 모두 이미 분별해서 수시로 징판(懲辦)[40] 했습니다. 그런데 뜻밖에 이 역적이 대담하게도 감히 우리 강화유수 판서 이재원에게 서한을 보냈습니다. 이 판서는 거짓으로 회신을 보내서 그 정황을 탐지하고자 했습니다. 금년 7월 25일에 이 역적이 보낸 서한에 따르면, 소총 1천 자루를 사두었으니 시기를 봐서 움직인다면 대사(大事)를 이룰 수 있다고 했습니다. 또한 장갑복○장은규 등 앞뒤로 보낸 밀정의 말에 따르면, 이 역적이 장차 군대 1천 명을 고용해서 우선 강화로 들어온 후 경성을 범할 것이라고 했습니다. 이에 한문으로 번역한 서한과 원서한을 귀 대리공사에게 보내니, 속히 귀국 정부에 보고해서 조사하고 처분해서 난(亂)의 근원을 제거하십시오. 그리하여 양국의 우의를 더욱 돈독히 하신다면 큰 다행이겠습니다. 이 때문에 문서를 갖추어 조회하니, 부디 살펴보신 후 시행하시기 바랍니다.

이상과 같이 대일본대리공사 다카히라에게 조회함.

을유년 11월 15일○메이지 18년 12월 20일[15]

또한 이 조회의 발송과 동시에 전(前) 동남제도개척사 수원 백춘배의 공초(供招) 요약문을 등서해서 보냈다.[16] 그리고 다시 일본 정부가 망명 조선인 정치범을 체포하는 과정에서 이들과 장은규를 혼동할 것을 우려해서, 12월 30일에 독판 김윤식이 다카히라 대리공사에게 신함(信函)을 보내서 일본 정부의 주의를 촉구했다.

---

40) 징판(懲辦): 징벌(懲罰), 처분(處分)

은밀히 고합니다.

우리나라 사람 장은규는 예전에 우리 대군주의 밀지(密旨)를 받들어 귀국에 건너가 오로지 역적 김옥균의 실정을 은밀히 탐지하고 있으니, 그 빙거(憑據)를 휴대하고 있습니다. 이제 귀국에서 난당(亂黨)을 체포할 때 혹 옥석(玉石)을 구분하지 못할 우려가 있고, 또 어쩌면 난당에게 미움을 사서 부지불식간에 그들에게 해를 당할지도 모릅니다. 부디 귀국 정부에 비밀리에 보고해서, 그를 특별히 보호하여 의외의 근심이 생기지 않게 하시기를 깊이 바랍니다.

을유년 11월 25일   김윤식
다카히라 대리공사 각하[17]

다카히라 대리공사는 독판 김윤식의 요구를 접한 후 본국 정부에 청훈(請訓)하고, 또 외무대신의 명에 따라 김옥균의 밀함(密函) 원본을 통리아문에서 빌려서 본국으로 보냈다. 그리고 메이지 19년 2월 9일에 이르러 외무대신의 훈령에 기초하여 독판 김윤식에게 회답을 보내서 김옥균의 조사와 처분 요구를 거절했다.

삼가 고합니다.

귀력(貴曆) 을유년 11월 15일에 귀 조회를 받았습니다. 김옥균의 일로 이미 우리 정부에 보고했으며, 이번에 우리 외무대신의 회시(回示)를 받았습니다. 그 내용에, "전에 보낸 김옥균의 서신을 본 대신이 모두 잘 살펴보았다. 그러나 이는 그의 심의(心意)를 드러낸 것에 불과하고 실제로 증거로 삼을 만한 범적(犯跡)[41]이 없다. 또 우리 정부는 사람의 심의만으로 책벌(責罰)을 가할 수 없다. 이는 만국보통(萬國普通)의 법리(法理)이다. 김옥균의 서신을 갖고 있어도 쓸 데가 없으니 조선 정부에 돌려보내라."라고 했습니다. 본 공사는 이에 훈령을 받들어 소유하고 있는 서신을 봉하여 귀 정부에 보내니, 부디 조사하신 후 거둬들이시기 바랍니다. 우리 정부는 이번 일에 있어 귀 정부의 희망에 부응할 수 없음이 전술한 바와 같으니, 부디 양해하시기 바랍니다.[18]

김옥균의 밀함에 적힌 고토 백작과의 제휴, 소총 1천 정의 구입, 임진역(壬辰役) 당시 포로로 잡혀 온 조선인 자손의 모집 등은 전부 그의 공상을 서술한 것으로, 하나도 실행에 착수한 것이 없다. 즉, 단순히 범죄의사를 표시한 것에 불과하기 때문에 형법상 이를 처벌할 수 없음은 외무대신 훈령의 내용 그대로다. 그렇지만 김옥균이 이재원과 밀서를

---

41) 범적(犯跡): 죄를 범한 자취

교환하며 책동한 사실은 일본 외무당국에서도 인정했기 때문에, 이를 이유로 엄중한 단속을 요구한 것 또한 조선 정부로서는 당연한 행동이었다.

척족이 종신(宗臣) 이재원을 미끼로 김옥균을 유인하려고 한 방법은 매우 졸렬해서 한 갓 일한 양국 간의 분규를 키우는 데 불과했다. 하지만 그들은 이 실패를 거울삼아 두 번 째 방법을 취했다. 그것은 암살이었다. 가장 먼저 이 일을 맡은 것은 전(前) 통리군국아 문(統理軍國衙門) 주사(主事) 지운영(池運永)이었다. 지운영은 충청도 충주 출신인데, 그 동생 지석영(池錫永)은 우두(牛痘)를 전파한 인물로 잘 알려져 있다. 박영교, 박영효, 김 옥균 등과 친교가 있어서 독립파와도 관계가 있었다.

지운영은 사진 기구를 구입한다는 구실로 메이지 19년 5월에 일본에 건너왔다. 그는 당시 고베(神戸)에 체재 중이던 장은규와 잦은 왕래를 가졌기 때문에 김옥균 등은 일찍 부터 그의 사명(使命)을 의심했다. 후에 지운영은 상경해서, 5월 하순에 교바시 구(京橋 區) 야리야초(槍屋町)에 머물고 있던 김옥균에게 서신을 보내서 면회를 요청했으나, 김옥 균은 이를 거절하고 자신을 수종(隨從)하던 유혁로, 정난교 등에게 시바 구(芝區) 미나미 사쿠마초(南佐久間町)의 여관으로 지운영을 방문해서 속사정을 탐지하게 했다. 지운영 은 유혁로 등 3명을 유혹해서 김옥균의 암살을 실행하기로 하고, 자신이 왕명으로 김옥 균 암살 임무를 띠고 일본에 건너왔다고 하면서 국왕 위임장을 보여 주었다. 그리고 만 약 유혁로 등이 암살에 성공하면 금 5천 엔을 지급하겠다는 증서를 주었다. 메이지 19 년 6월 1일의 일이었다.[19]

·유혁로와 정난교 등은 지운영에게서 국왕위임장과 그 밖의 기밀서류를 빌린 다음에 김옥균에게 보여 주었다. 김옥균은 이제 지운영의 사명이 의심할 바 없다고 보고, 곧장 이토 총리대신과 이노우에 외무대신에게 밀보하고, 또 경시총감 자작 미시마 미치쓰네 (三島通庸)에게 보호를 청원했다.

정부는 김옥균 등의 동정에 큰 관심을 갖고 있었는데, 이제 김옥균의 요청을 접하자 우선 망명 조선인 모두에게 제도(帝都)[42]에서 퇴거(退去)할 것을 명했다. 그리고 이와 동 시에 이노우에 외상은 각의(閣議)의 결정을 거쳐 다카히라 대리공사에게 지운영이 휴대 한 국왕위임장의 진위를 통리아문에 확인하게 했다. 또 일한 양국 간의 친교를 보전하 기 위해 일본 정부는 김옥균에게 국외 퇴거를 명했으니, 조선 정부도 지운영을 소환할

---

42) 제도(帝都): 제국의 수도. 도쿄(東京)를 가리킨다.

것을 요구하게 했다. 서리독판교섭통상사무 서상우는 다카히라 대리공사의 조회에 동의하고, 6월 12일에 다음과 같은 전문안(電文案)을 지운영 본인에게 전달해 줄 것을 요청했다.[20]

이제 정부의 명을 받았다. 현재 처리하고 있는 일에 관해, 신속히 귀국하라고 특령(特令)하셨으니 즉각 출발하라.

외무서리독판 서(徐)[21]

이노우에 외상은 가나카와 현령 오키 모리카타(沖守固)에게 명하여 6월 15일에 요코하마 거류지 5번관(番館) 클럽 호텔에 머물고 있던 지운영에게 이 전명(電命)을 전달했지만, 지운영은 쉽게 출발하려고 하지 않았다. 오키 현령이 6월 19일에 지운영을 소환해서 간곡히 이야기했음에도 그는 이런저런 핑계를 대면서 귀국에 동의하지 않았다. 현령은 경찰관에게 지운영의 감시를 명하는 한편, 그의 처분을 내무대신에게 상신했다. 6월 22일, 내무대신은 가나카와 현령에게 "지운영이 받았다고 주장하는 것 같은 명령을 소지한 외국인이 우리나라에 체류하는 것은, 우리나라의 치안을 방해하고 또 외교상의 평화에 지장을 줄 것으로 우려할 만한 이유가 있다고 일본 정부는 확신한다. 따라서 본 대신은 귀하에게 지운영을 억류해 놓고, 적당한 기회에 그를 속히 조선에 송환할 것을 명한다."라고 명령했다. 현령은 이튿날인 23일에 출범하는 요코하마마루(橫濱丸)로 지운영을 인천으로 송환하고, 경찰관을 시켜서 호송하게 했다.[22]

지운영은 7월 4일에 인천에 도착해서 일본영사에 의해 감리인천구통상사무(監理仁川口通商事務)에게 인도됐다가, 7월 11일에 "제멋대로 출몰하며 무슨 이유로 헛된 말로 세상을 현혹했는가? 이미 많은 수치를 끼쳤으니 가만 놓아둘 수 없다."라는 이유로 왕명으로 의금부로 보내져서 엄문봉초(嚴問捧招)[43]를 당했다.[23] 의금부의 지운영 공초(供招)[44]의 대요는 다음과 같다.

제가 이 한 몸을 일으켜서 두 자루 칼을 갈아서 곧바로 일본으로 들어가 도주한 역적 옥균

---

43) 엄문봉초(嚴問捧招): 엄문(嚴問)은 엄하게 문초한다는 뜻이고, 봉초(捧招)는 죄인에게서 구두로 자백을 받는 일을 말한다.

44) 공초(供招): 죄인에 대한 신문과 답변을 통틀어 이르는 말. 공초는 그 내용에 따라 취초(取招)·봉초(捧招)·갱초(更招) 등으로 구분되며, 신문에 대해 구두로 답변한 내용을 공사(供辭) 또는 초사(招辭)라고 한다.

을 베어 죽이려고 한 것은 오로지 사충(私衷)[45]이 분노한 데서 나왔을 뿐입니다. 이른바 사분 (私憤)이라는 것에는 두 가지가 있습니다. 난신적자(亂臣賊子)[46]는 사람들이 모두 그를 죽일 수 있다고 한 것이 한 가지요, 주인을 위해서 원수를 갚는 것이 또 한 가지입니다. 아아! 난적 (亂賊)을 아직 죽이지 못하고 주인의 원수도 갚지 못했거늘, 전후의 사정(私情)을 모두 주상 의 명이라고 거짓으로 칭하여 스스로 국치(國恥)를 끼쳤으니, 저의 죄는 응당 만 번 죽어도 여 한이 없을 것입니다. 지극히 황공한 마음을 이길 수 없나이다.[24]

지운영이 국왕의 밀지를 갖고 김옥균을 암살하기 위해 들어왔다는 것은 오키 가나카 와 현령에게도 확언한 것으로, 아마도 사실일 것이다. 그는 의금부에서 이 사실을 일체 부인하고 모두가 사원(私怨)에 의한 것이라고 자백했지만, 원래 의금부에서는 국왕과 척 족에게 불리한 자백은 일체 인정하지 않았기 때문에 의금부의 기사대로만 믿을 수는 없 다. 그가 죄를 받아 경상도 영변부(寧邊府)로 유배된 것은 김옥균 암살의 명을 받고 일본 에 건너갔으면서도 끝내 실행하지 못한 죄를 물은 것으로 이해된다.

다음으로 김옥균 등의 처분을 서술한다. 김옥균은 당국의 내유(內諭)에 따라 도쿄에 서 퇴거하고, 6월 3일에 요코하마 시 거류지 20번관(番館) 그랜드 호텔에 투숙했다. 정부 는 6월 7일 각의의 결정 취지에 따라 김옥균에게도 15일 이내에 제국영토 밖으로 퇴거 할 것을 명하기로 결정했다. 이에 내무대신은 6월 11일에 오키 가나카와 현령에게 다음 의 훈령을 내렸다.

조선인 김옥균이라는 자가 국사범이라는 이유로 본국에서 탈주하여 현재 일본에 체류하 고 있다. 일본 정부의 입장에서는, 그가 우리나라에 체류하는 것은 일본 정부와 우의후정(友 誼厚情)의 관계가 있는 현 조선 정부에 불쾌한 감정을 일으킬 뿐 아니라, 우리나라의 치안을 방해하고 외교상 평화에 지장을 줄 우려가 있다고 믿을 만한 충분한 이유가 있으므로, 본 대 신은 김옥균에게 이 명령서가 송달된 다음 날부터 계산해서 15일 이내에 우리 제국을 떠나서 이 명령서의 취소가 있기 전까지 다시 우리 영지 내에 들어오지 말 것을 명한다. 따라서 귀하

---

45) 사충(私衷): 사사로운 진심
46) 난신적자(亂臣賊子): 신하로서의 도리를 지키지 않고 난리를 일으켜 천하를 어지럽히는 자를 뜻하는 말로, 『孟 子』, 「滕文公 下」에 "공자께서 춘추를 완성하시자 난신적자가 두려워했다(孔子成春秋 而亂臣賊子懼)."라는 구 절이 있다. "난신적자는 모든 사람들이 그를 죽일 수 있다(亂臣賊子 人人得而誅之)."는 말은 공자가 『春秋』를 찬술하여 밝히고자 한 대의(大義), 즉 이른바 '춘추지법(春秋之法)'으로 잘 알려져 있다.

에게 명하노니, 김옥균이 만약 귀하의 관할 내에 있을 경우에는 이 명령서의 정사(正寫)[47]를 김옥균에게 송달하고, 앞에서 말한 15일이 경과해도 김옥균이 여전히 우리 제국을 떠나지 않을 경우에는 그를 억류하여 퇴거 명령을 결행하는 데 필요한 힘을 써서 가능한 한 속히 김옥균을 우리 일본 국외로 추방하라. 이에 따라 이 명령서를 통해 이상의 권한을 귀하 등에게 부여한다.

메이지 19년 6월 11일   내무대신 백작 야마가타 아리토모(山縣有朋)

가나카와 현령 오키 모리카나 귀하[25]

오키 가나카와 현령은 6월 12일에 김옥균에게 퇴거 명령을 송달했다. 아울러 외무대신의 내명(內命)을 받아서 미국 도항을 권고하고, 여권을 발급해 주고 필요하면 여비를 지급해 주겠다는 말을 전했다. 김옥균은 일본 밖으로 나갈 뜻이 없었다. 그는 자신의 부채를 상환하고, 미국 도항 후의 생활비를 미리 마련할 필요가 있다고 하면서 퇴거 날짜로 지정한 6월 27일에 다시 기한을 유예해 줄 것을 청원했다. 현령은 내무대신에게 지휘를 청한 후, 7월 13일 샌프란시스코행 정기선이 출항하는 날까지 체류 연장을 허가했다.

김옥균처럼 스스로 생활할 능력과 의지를 결여한 자가 일본 이외의 나라에서 살 가능성은 없었다. 또 그가 미국에서 오랫동안 방만한 생활을 영위할 만한 자금을 선뜻 내 줄 독지가를 찾을 리도 만무했다. 김옥균에게 국외로 나갈 의지가 없고, 또 그의 거주지가 일본의 법권(法權)이 미치지 못하는 요코하마 거류지에 있는 것은 사태의 해결을 어렵게 했다. 오키 현령은 우선 그랜드 호텔이 프랑스 인 소유였으므로, 김옥균을 억류하기에 앞서 요코하마 주재 프랑스영사에게 동의를 구했다. 영사는 주일프랑스공사에게 지휘를 청했다. 7월 21일에 시엔키에비치 공사는 이노우에 외상에게 '김옥균에 대해서는 요코하마 주재 영사와 가나카와 현령이 협의해서, 프랑스 우편선에 편승해서 일본 영토를 떠날 것을 명령했으나 그가 동의하지 않았다.'라고 통고했다. 이노우에 외상은 다시 시엔키에비치 공사와 교섭을 거듭한 끝에, 공사의 승낙을 얻어 7월 24일에 김옥균을 그랜드 호텔에서 구인할 수 있는 권한을 가나카와 현지사(縣知事)[메이지 19년 7월 19일부로 관제개혁에 따라 개칭됨]에게 부여하기로 결정했다.

오키 가나카와 현지사는 외무대신의 훈령에 따라 가나카와 현 경부장(警部長) 덴 겐지로(田健次郎)에게 명하여, 7월 26일에 그랜드 호텔에서 김옥균을 구인해서 요코하마 시

---

47) 정사(正寫): 흘려 쓰지 않고 정자(正字)로 옮겨 적은 문서

미야자키초(宮崎町) 66번지 교슈엔(共衆園)에 구류했다.

　김옥균에게 국외로 나갈 의사가 없음이 분명했으므로 정부는 그의 처분을 고려해야 했다. 첫 번째로 그의 정치적 책동을 막고, 두 번째로 조선인 자객으로부터 그를 보호하기 위해 안전한 지점에 구치(拘置)할 필요가 있음을 인정해서 그를 오가사와라 제도(小笠原諸島)로 이주시키기로 결정하고 오키 지사에게 그 시행을 훈령했다.

　오키 지사는 8월 5일에 덴 경부장을 교슈엔에 파견해서, 오가사와라 제도까지 호송하기 위해 도쿄 부(東京府)에 인도하겠다는 명령을 전달했다. 그리고 그 섬에서 생활하는 데 필요한 비용만 지급할 것이며, 유혁로 등에게는 김옥균을 수행하든 내지에 남아 있든 그것은 자유지만, 만약 동행하겠다면 허가하고 식비에 한해 지급하겠다는 말을 전했다. 김옥균은 "예전에 나에게 외국 추방 명령서를 전했으면서, 이제 다시 오가사와라 섬으로 호송한다는 명령을 한 데는 필시 이유가 있을 터이다. 그 이유를 이 명령서에 명시하지 않는다면 받아들이기 어렵다. 더구나 오가사와라 섬 호송 같은 것은 기꺼이 복종하기 어렵다."라고 하거나, "대체로 섬에 폄류(貶流)[48]하는 것은 형벌 중에서도 가장 무거운 것이니, 분명히 그 죄명을 적시하지 않으면 승복하기 어렵다."라고 하면서 항의를 그치지 않았다. 덴 경부장은 외무당국의 내의(內意)를 충실히 이행해서, 백방으로 간곡히 타이르면서 평화적 해결책을 강구했다. 하지만 김옥균이 끝내 불응했으므로, 8월 7일 새벽에 경찰관을 교슈엔에 파견해서 김옥균을 강제로 범선 슈고마루(秀鄕丸)에 옮겨 태운 후 도쿄 부에서 파견한 관리에게 인도했다. 이리하여 김옥균은 조선인 종자 1명을 데리고 9일 시나가와 앞바다를 출항, 오가사와라 제도에 호송되어 치치지마(父島) 오우기무라(扇村) 도쿄 부 출장소에 억류됐다.[26]

　김옥균 같은 망명 정치범에 대해 일본 정부가 국외 퇴거를 명한 것은 당연하지만, 김옥균이 이 명령에 따르지 않자 이노우에 외상이 내린 조치는 논의할 여지가 있다. 사실상 경찰력을 동원해서 강제했더라면 김옥균을 기한 내에 국외로 내보내는 데 아무 어려움이 없었을 것이다. 그렇다고 국내에 억류하는 호의가 있었다면 어째서 절해 고도로 ─ 당시 오가사와라 제도는 오늘날 남양청(南洋廳)[49] 관할하의 섬들보다도 본국에서 멀리 있었다. ─ 호송해서 필요 이상으로 가혹하게 구속했던 것일까. 후쿠자와 유키치가

---

48) 폄류(貶流): 관직을 낮추고 귀양을 보내는 일
49) 남양청(南洋廳): 베르사유조약에 의해 일본의 위임통치령이 된 남양군도(南洋群島)에 설치된 행정기관으로 1922년에 개설되어 1945년 태평양전쟁 패전과 함께 사실상 소멸됐다.

"내무대신의 명령에서 필요한 힘을 써서 가능한 한 속히 김옥균을 일본 국외로 추방하라고 한 것을 보면, 도저히 이 사람의 일신은 일본의 영토에 놓아둘 수 있는 것이 아니었다. 하지만 오가사와라 섬이라면 길은 멀지만 역시 일본제국의 일부분이니, 요코하마에 있는 김옥균도, 오가사와라 섬에 있는 김옥균도, 김옥균은 바로 김옥균으로서, 조선의 국사범 김옥균은 변함없이 일본제국 안에 있는 것이니, 현 조선 정부에 불쾌한 감정을 일으키고, 일본의 치안을 방해하고, 외교상의 평화에 지장을 준다는 우려는 변함없이 존재한다고 하지 않을 수 없다."라고 논한 것은 당연했다.[27]

1 大町桂月, 『伯爵後藤象二郎』(大正 3年刊), 541~543쪽.

2 『後藤象二郎』, 544~549쪽; 『自由黨史』 하권(明治 43年刊), 346~347쪽.

3 『大阪日報附錄國事犯事件公判傍聽筆記』(明治 40年 5~9月), 100~131쪽; "明治 20年 6月 4日 小林樟雄 陳述"; 『自由黨史』 하권, 346~347쪽.

4 『大阪日報附錄國事犯事件公判傍聽筆記』; 福田(景山)英子, 『妾の半生涯』(改造文庫, 第2部 第278編, 昭和 12年刊); 『自由黨史』 하권, 356~359쪽.

5 『國事犯事件公判傍聽筆記』, 21쪽.

6 『國事犯事件公判傍聽筆記』, 41~45쪽, "山本憲陳述"; 『妾の半生涯』.

7 『國事犯事件公判傍聽筆記』, 3~17쪽, "公訴狀".

8 『國事犯事件公判傍聽筆記』; 『妾の半生涯』; 『自由黨史』 하권, 359~373쪽.

9 「仁川領事館記錄」, "京城公使館來機密".

10 「仁川領事館記錄」; 『總理衙門日記』 8권, 李太王 乙酉年 11月 17・18・19日; 『日案』 5권, "明治十八年十二月二十二日高平代理公使到督辦金允植密函"・"乙酉年十一月十七日督辦金允植密函"・"十二月二十四日高平代理公使到督辦金允植密函"・"同 十二月三十日高平代理公使到督辦金允植密函".

11 『福澤諭吉傳』 3권, 345~347쪽; 『世外井上公傳』 3권, 741~743쪽.

12 『福澤諭吉傳』 3권, 434~436쪽.

13 鈴木省吾編, 『朝鮮名士金氏言行錄』(明治 19年刊), 86~87쪽; 『福澤諭吉傳』 3권, 352~353, 451~460쪽.

14 『李文忠公全集』(譯署函稿) 18권, "發覺朝鮮金玉均密謀附譯金玉均致沁留書".

15 『日案』 5권.

16 『日案』 5권, "李太王乙酉年十一月十九日外衙門督辦照會 附白春培供招".

　　죄인 백춘배(白春培), 나이 43, 한성 중부 익랑동(翼廊洞: 현재 종로구 익선동) 거주.

　　사실을 사뢰옵건대, 저는 적균(賊均: 역적 김옥균)의 개척속원(開拓屬員)[동남제도개척사(東南諸島開拓使) 김옥균 속원(屬員)]으로서 일본에 파견된 지 몇 년 되었으니, 반드시 역적의 사정을 잘 알고 있습니다. 이처럼 엄한 심문을 당하게 되었으니, 어찌 감히 조금이라도 숨기겠습니까? 오직 보고 들은 것들을 아뢰겠습니다.

　　저는 계미(癸未) 7월[메이지 16년 8월]경에 개척수원(開拓隨員)의 자격으로 일본에 들어와서 울도(蔚島)[울릉도] 목재를 경영했습니다. 작년 10월[메이지 17년 12월]에 이르러, 제가 목재를 운송하려고 울도(蔚島)로 향했다가, 마침 풍랑으로 인해 고베(神戶)로 돌아와서 정박하던 중 변란 소식을 듣고 경악했습니다. 그런데 뜻밖에 역도(逆徒) 옥균, 영효, 규완 등이 밤에 정박해서 만났습니다. 그들은 제 질문에 대해 말하기를, "우리의 소행은 실로 일세(一世)를 개화(開化)하려는 뜻에서 나왔다. 하지만 지금 우리 조정은 필시 우리가 일본공사와 음모를 꾸미고 거짓 교지로 병정을 불러들여서, 난여(鑾輿: 임금의 수레)를 협박해서 파천하고 대신을 제멋대로 살육했다고 하여 대역(大逆)으로 간주하고 있을 것이다. 우리 가족이 모두 주륙당한 것은 형세상 당연하지만, 필시 옥석구분(玉石俱焚)의 지경에 이를 것이니 어찌 애석하지 않겠는가?"라고 하고, 이어서 국모(國母)를 능멸[語逼]하고 조정을 욕한 후에 다시 크게 웃었습니다. 제가 앞으로 어떻게 할 것이냐고 묻자, 그는 "바로 도쿄로 갈 것이다. 고토 쇼지로(後藤象次郎)[백작 고토 쇼지로(後藤象二郎)]에게 가서 별도로 양책을 마련할 것이다."라고 했습니다. 고토 쇼지로는 민권당(民權黨)의 영수로, 적균(賊均)이 예전에 도쿄에 있었을 때 깊이 약속을 맺은 자라고 했습니다. 그는 또 저에게, "그대는 부산 영사관으로 가서 은신하고, 정형(情形)을 탐지해서 자주 통보하라."고 하고는 다음 날 도쿄로 떠났습니다.

저는 울도(蔚島)의 일이 급해서 즉시 그곳으로 가서 일을 처리했습니다. 금년 4월(메이지 18년 5월)에 고베 항으로 돌아오니, 적균(賊均)이 이미 며칠 전부터 그곳에 와 있었고, 장은규도 마침 정탐을 하려고 우리나라에서 왔습니다. 적균은 은규를 믿지 않았습니다. 저는 옥균을 책망해서, "이제 용인(用人)할 때를 당해서 우리를 위해 사지로 들어온 자를 심복으로 대하지 않는다면, 누가 명령을 받들겠습니까? 이는 매우 잘못된 것입니다."라고 했습니다. 역적도 제 말이 옳다고 여겨서, 장은규에게 계속 사정을 탐지하게 했습니다.

어느 날에는 갑자기 탄식하기를, "일본인은 뜻이 작고 도량이 편협해서 함께 대사를 도모하기 어렵다. 청인(淸人)은 함께 일을 할 만하지만, 교분을 맺을 길이 없으니 어쩌겠는가?"라고 하고, 또 "그대가 옛날 블라디보스토크[海蔘威]에 있을 때 혹시 러시아 인 중에 쓸 만한 사람을 보지 못했는가?"라고 물었습니다. 저는 답하기를, "구차하게 먹을 것만 생각하는 사람들을 어찌 쓰겠습니까?"라고 했습니다. 당시 제가 보기에는 역적들은 모두 어찌할 도리가 없었고, 삼흉(三凶: 박영효, 서재필, 서광범을 가리킴)이 미국으로 갈 때도 역적[김옥균을 가리킴]과 상통(相通)하지 않았습니다.

적균(賊均)은 답답하고 무료해서 날마다 유희를 일삼았습니다. 그러다가 장은규가 돌아온 지 5일째 되는 날 니시무라야(西村屋)에서 이야기를 나누었습니다. 장은규가 언문(諺文)으로 된 서신을 역적에게 주어 함께 보았는데, 눈으로 웃는 것이 기쁨을 감추지 못했습니다. 적균(賊均)이 제 손을 잡고, "그대는 여기에 머물러 있으라. 밥 먹을 방도만 있으면 서너 달만 참도록 하라."라고 말했습니다. 저는 "무슨 좋은 꾀가 있어서 그리 말씀하시는 것입니까?"라고 물었습니다. 그는 "조만간 알게 될 것이다."라고 답했습니다.

그 다음 날, 제가 장은규와 역적의 일을 의논하면서 어제 무슨 기쁜 서한이 왔는지 물었습니다. 그가 답했습니다. "그 서한은 계동대감(桂洞大監)[이재원]이 내응(內應)을 허락한 것이다.". 제가 물었습니다. "그렇다면 여기서 병력을 마련할 수 있는가?". 그가 답했습니다. "있다면 있다고 할 수 있다. 그런데 김옥균은 많은 병사를 대동하기를 원한다. 나는 이미 내응이 있으니 많은 병사가 필요 없다고 말했고, 서로 의견을 고집해서 결판을 내지 못하고 헤어졌다.".

며칠 뒤 장은규는 역적이 급전(急電)으로 불러서 떠났습니다. 그가 돌아와서 말하기를, "이제 형세가 이뤄졌으니, 내 계산에서 벗어나지 않는다."라고 했습니다. 제가 그 이유를 묻자, 그는 "김옥균과 함께 고토 쇼지로를 찾아가서, 군대 5,000명을 크게 일으켜서 9, 10월 사이에 강화도를 기습하고 다시 경궐(京闕: 서울의 대궐)을 범할 것이다. 일이 이뤄지지 않더라도 주상을 나가사키로 모신다면 일은 반드시 이뤄질 것이다."라고 했습니다. 저는 크게 놀라서 물었습니다. "대체 고토는 무슨 빙거(憑據)가 있기에 그렇게까지 하는 것인가?". 그가 말했습니다. "밀지가 있다.". 저는 더욱 놀라서, "무슨 밀지가 있는가?"라고 물었더니, 은규가 답하기를, "작년에 김옥균이 한성에 있을 때, 국채를 얻으려고 하는데 어보(御寶)가 찍힌 문빙(文憑)이 필요하다고 상주했다. 그래서 어보를 찍은 빈 종이를 하사하셨다. 김옥균이 그 종이에 밀지를 위조해서 고토에게 보여 주었다. 그래서 고토가 이를 증거로 믿는 것이다."라고 했습니다.

그리고 은규는 저에게 은밀히 부탁하기를, 귀국해서 그 사정을 상세하게 비밀리에 전해 달라고 하고, 또 적균(賊均)에게도 백춘배를 귀국시켜서 내정(來情)을 정탐해서 보고 받는 것이 좋겠다고 하니 적균(賊均)도 그 말을 옳게 여겼습니다. 제가 귀국할 때, 적균(賊均)이 서한을 주었는데 그 내용에는 "우리 서울에 도착하거든 일의 대소를 막론하고 장은규에게 상세히 알려라. 그리하면 나는 호랑이가 날개를 얻는 것과 같을 것이다."라는 구절이 있었습니다. 저는 "지시대로 하겠습니다. 부디 속히 도모해서 생령들을 도탄해서 구원하십시오."라는 뜻으로 답했습니다.

제가 호랑이 아가리에서 벗어나 다시 하늘의 태양을 보게 됐으니, 어찌 감히 추호라도 사실을 속이겠나이까? 전에 이미 소회를 은밀히 아뢰었고, 이제 밝으신 신문을 받아 세세히 진술을 마쳤습니다. 저의 전후 정적(情迹)은 신명(神命)에 질정해도 떳떳합니다. 설령 적균(賊均)과 대질하더라도 필시 추호도 거짓이 없을 것입니다. 부디 살피시옵소서.

17 『日案』 5권.
18 『統理衙門日記』 8권, 李太王 乙酉年 11月; 『日案』 5권.
19 『日省錄』, 李太王 丁亥年 4月 26日; 『金氏言行錄』, 87~103쪽.
20 『統理衙門日記』 10권, 李太王 丙戌年 5月 11日; 『世外井上公傳』 3권, 747~749쪽.
21 『統理衙門日記』 10권, 丙戌年 5月 11日.
22 『世外井上公傳』 3권, 750~751쪽.
23 『統理衙門日記』 10권, 李太王 丙戌年 6月 3·4·5·10日.
24 『日省錄』, 李太王 丙戌年 6月 17日.
25 渡邊修二郎, 『東邦關係』(明治 27年刊), 233쪽; 『福澤諭吉傳』 3권, 353~354쪽.
26 『世外井上公傳』 3권, 747, 751~758쪽; 『田健治郎傳』(昭和 7年), 52~56쪽.
27 『福澤諭吉傳』 3권, 355~356쪽.

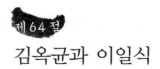

김옥균과 이일식

김옥균은 거의 2년간 오가사와라 제도에 구류됐다. 그동안 김옥균은 이 섬의 기후가 건강에 좋지 않는다는 이유로 여러 차례 내지 귀환을 청원했는데 메이지 21년 7월에는 홋카이도(北海島) 삿포로(札幌)로 옮겨져서 여전히 경찰 관리의 감시하에 있다가 메이지 23년이 돼서야 도쿄 복귀가 허가됐다.[1]

조선 망명정치범의 중심인물인 김옥균이 일본 정부에 의해 억류돼서 외부와의 교통이 차단된 동안에는 망명정치범들에게 사건이 생길 수 없었다. 그의 억류가 풀려서 외부와 자유롭게 교통할 수 있게 되자 중대한 문제가 발생하기 시작했다.

이보다 앞서, 박영효는 미국생활을 견디지 못하고 일찍 돌아와서 이규완, 정난교 등 독립파 간부들과 함께 요코하마·교토·도쿄를 전전하면서 한거(閑居)했고, 김옥균은 억류 해제 이후로 주로 도쿄에 거주하고 있었다. 박영효와 김옥균은 모두 옛 독립파의 수령이었지만 일본에 망명하고 얼마 지나지 않아 두 사람의 사이는 멀어져서, 김옥균이 홋카이도에서 도쿄로 돌아왔을 즈음에는 전혀 접촉도 없었다. 두 사람과 함께 망명한 무리는 대부분 박영효를 따랐고, 옛 독립파 중에서 김옥균에게 변함없이 충실했던 사람은 유혁로 1명 정도였다. 덧붙여 말하면, 일본어 구사 능력과 관계없이 이들은 모두 일본에서 원래 성을 사용하지 않고 가명을 썼다. 주요 인물들의 가명은 다음과 같다.

박영효[야마자키 에이하루(山崎永春)]
김옥균[이와다 슈사쿠(岩田周作)]
이규완[아사다 료(淺田良)]
정난교[나카하라 유조(中原雄三)]
유혁로[야마다 유이치(山田唯一)]

메이지 25년 5월, 조선인 이일식(李逸植)[1][일명 이세식(李世植), 가명 와다 쓰네이치(和田常一)], 권동수(權東壽)[가명 나카노 고신(中野耕心)], 권재수(權在壽)[가명 나카노 사다시(中野貞志)] 3명이 일본에 건너왔다. 이일식은 진사(進士)로 자칭하면서 미곡 무역을 위해, 권동수·재수 형제는 일본 여행을 위해 왔다고 했지만, 실제로는 권동수는 친군(親軍) 장위영(壯衛營) 영관(領官)이었고 권재수는 일본어를 못하는 형의 통역으로 건너왔다고 한다.

이일식은 당초 오사카 시(大阪市) 니시 구(西區) 니시나가호리 미나미토리(西長堀南通) 4정목(丁目)에 있는 조선 전환국(典圜局) 회관(會辦) 오미와 조베(大三輪長兵衛)의 도움을 받았던 것 같다. 그는 오사카 시 기타 구(北區) 도지마기타마치(堂島北町)의 여인숙 미나미 스케시치(南助七)의 집에 오랫동안 머물면서, 같은 집에 기숙하던 오사카 부(大阪府)의 평민 노무라 도메(野村とめ)(23세)를 첩으로 삼아 오사카 부 근교에 집 한 채를 짓고 자주 도쿄를 왕래했다. 당시 사가 현(佐賀縣) 사족(士族) 가와쿠보 쓰네키치(川久保常吉)라는 자가 있었다. 원래 그는 문부성(文部省)에서 고용한 조선인 이수정(李樹廷)에게서 조선어를 배우고, 조선에 건너가 다이이치국립은행 인천지점의 통역으로 근무하다가 메이지 26년 11월에 해고돼서 도쿄로 돌아왔다. 그리고는 의매(義妹) 야스이 리우(安井リウ)가 경영하는 도쿄 시 시바 구(芝區) 사쿠라다혼고초(櫻田本鄕町) 4번지 운라이칸(雲來館)에서 기숙했다. 이일식은 전부터 가와쿠보와 면식이 있었으므로 그 뒤로 운라이칸을 거처로 정하고, 또 가와쿠보를 심복으로 삼았다.[2]

이일식은 일본에 건너오자마자 박영효, 김옥균에게 접근하려고 노력했다. 그는 적지 않은 현금을 소지하고 있었고―스스로 57,000엔이라고 했다.―또 백작 소에지마 다네오미(副島種臣)를 비롯해서 다카시마 가에몬(高島嘉右衛門), 삿사 도모후사(佐佐友房), 도야마 미쓰루(頭山滿) 등 여러 명사들의 주변에 출입했으므로 당시 궁핍한 상태에 있던 옛 독립파 간부들은 점차 그에게 모여들었다. 그중에서도 비교적 위험을 덜 느꼈던 박영효는, 당시 교토 쇼코쿠지(相國寺)의 탑두(塔頭)[2] 지운안(玆雲庵)에 임시 거처가 있었으므로 여러 차례 이일식의 첩의 집을 방문했고, 이후에는 생활비 보조까지 받았다. 메이지 26년 9월, 박영효는 한가한 짬을 이용해서 도쿄에 학교를 설립하고, 유능한 조선청년 30명을 받아들여 신교육을 시행해서 훗날 신정권 건설에 대비하고자 했다. 그는 이토

---

1) 사료에 따라서는 이일직(李逸植)이라는 이름으로 표기된 경우도 있다.
2) 탑두(塔頭): 원래 선사(禪寺)에서 조사(祖師)나 명찰(名刹)의 고승이 입적한 후 그 제자가 스승의 덕을 추모하여 세운 탑의 부근이나 그 부지 안에 건립한 작은 사원을 뜻했는데, 후에는 사원 부지 내에서 고승이 은퇴한 후에 머무르는 자원(子院)도 탑두라고 했다.

총리대신과 이노우에 내무대신 등에게 원조를 구했지만 이렇다 할 성과를 얻지 못했다. 이일식은 자진해서 원조를 제공하고, 조선과 관계가 있는 명사들을 설득해서 상의원(常議員)[3]으로 모시고, 또 학생을 소개해 주겠다고 약속했다. 학교 이름은 친린의숙(親隣義塾)으로 하고, 도쿄 시 고지마치 구(麴町區) 이치방초(一番丁) 29번지 이층집의 한 동(棟)을 빌려서 숙사(塾舍)로 삼았다. 박영효는 후쿠자와 유키치의 게이오기쥬쿠(慶應義塾)처럼 만들 생각이었겠지만, 자금 준비가 부족해서 입숙(入塾)한 사람은 박영효와 관계가 있는 사람 4명, 그리고 이일식이 소개한 김태원(金泰元)[일명 김경흠(金慶欽)·김인순(金仁淳), 가명 가네야마 겐타로(金山元太郎)] 등 모두 합쳐도 몇 명에 지나지 않았고, 그나마 퇴숙(退塾)하는 사람도 있었다. 한편, 박영효를 따르던 이규완, 정난교 등 망명정치범이 항상 여기서 지냈기 때문에 친린의숙은 학교라기보다는 오히려 조선 독립파의 일본 본부처럼 보였다.[3]

그사이 김옥균은 유혁로와 이의고(李誼杲)[가명 고노 지로(小野次郎)]를 데리고 도쿄 시내 여기저기서 임시로 거주하고 있었는데, 이일식은 김옥균을 자주 방문하면서 그의 환심을 사려고 노력했다. 김옥균은 지운영 때의 경험으로 이일식을 경계했지만, 나중에는 결국 친교를 맺었다고 한다.

이일식이 일본에 건너온 사명(使命)은 지운영과 마찬가지로 옛 독립파 간부들의 암살이었지만, 그의 진술은 대단히 애매해서 어디까지 믿을 수 있을지 분명치 않다. 아무튼 이일식이 메이지 27년 3월에 도쿄 시 고지마치(麴町) 경찰서, 그리고 같은 해 4월에 도쿄지방재판소 검사정(檢事廷)과 예심정(豫審廷)에서 진술한 내용을 종합하면, 그는 메이지 25년 5월에 전(前) 병조판서 민영소(閔泳韶)에게서 왕지(王旨)에 따라 갑신년에 법망을 뚫고 달아난 역적 김옥균, 박영효 등을 토멸(討滅)하라는 명을 받고―출성토역어사(出城討逆御史)라고 자칭했다.―막대한 자금을 갖고 건너왔다. 그는 처음에 역적을 토멸(討滅)하는 세 가지 방책을 생각했다. 상책(上策)은 생포하는 것이고, 중책(中策)은 은밀히 베어 죽인 후 그 시신을 주일조선공사관에 보내는 것이고, 하책(下策)은 도로나 인가에서 베어 죽이는 것이었다. 그런데 일본에 건너오고 나서 조사해 보니 옛 독립파 간부들은 각지에 흩어져서 일망타진할 수 없었을 뿐만 아니라 일본 관헌의 감시가 엄중하고, 또 일본의 법률에 따르면 아무리 역적이라도 사람을 베어 죽이면 일반적인 살인죄가 적

---

3) 상의원(常議員): 위원회 등의 상설위원

용된다는 것을 알고는 조급하게 하수(下手)$^{4)}$하는 것을 주저했다.^{4}

원래 이일식이 목표로 한 갑신역적은 김옥균이 첫 번째고, 박영효가 두 번째였다. 그런데 옛 독립파 간부 이규완, 유혁로, 정난교, 신응희 등이 이들을 수행하고 있어서 이일식 혼자로는 하수(下手)할 수가 없었다. 권동수, 권재수 형제가 이일식을 보조하기 위해 파견된 것은 틀림없지만 여전히 충분치 않았다. 이일식은 일본에 체재하면서 동지를 구하려고 노력했다. 우선 오미와 조베의 집에 기숙하는 조선인 청년 김태원을 유인해서 한패로 삼고, 그 다음에 메이지 26년 가을에 도쿄에서 방랑하던 홍종우(洪鍾宇)를 설득해서 가담시켰다. 홍종우는 남양(南陽) 홍씨(洪氏), 도사(都事) 홍재원(洪在源)의 아들로, 오랫동안 프랑스 유랑을 마치고 귀국길에 도쿄에서 체류하던 중 친구 김유식(金有植)의 거처에서 이일식을 만났다. 이일식은 왕지(王旨)에 따라 역적 토멸을 위해 일본에 건너왔다고 설명하고, 만약 자신에게 협력해서 목적을 달성하면 큰 상을 받을 것이라고 하면서 힘껏 권유했다. 홍종우는 이를 수긍하고, "만약 실패해서 목숨을 잃더라도 유방천추(流芳千秋)$^{5)}$이니 무엇이 부끄럽겠는가?"라고 하면서 충심으로 협력할 것을 맹서했다. 이와 더불어 이일식은 가와쿠보 쓰네키치에게도 똑같이 역적 토벌의 왕지(王旨)를 받은 사실을 털어놓고 협력을 청했다. 그는 '만약 일이 성공하면 동양의 가와쿠보 쓰네키치라는 이름을 널리 떨칠 것이며, 또 조선이 비록 가난한 나라라곤 하나 국왕은 큰 부(富)를 갖고 있으니 성공한 다음에 보수는 원하는 대로 줄 것이다. 특히 역적들에게 살해된 척족의 자손들이 모두 고관이 됐으니, 그들에게 은인으로 대접받을 것이다.'라고 가와쿠보를 설득해서 마침내 가담시켰다. 이일식은 가와쿠보와 의형제 결의를 하고 그의 요청에 따라 금품을 주었다.^{5}

이렇게 해서 이일식은 일당 5명을 얻었지만, 김옥균과 박영효 그리고 이들의 추종자를 동시에 살해할 수는 없다고 생각해서 비교적 고립된 김옥균을 떼어 내 먼저 암살하기로 계획했다. 하지만 김옥균 살해 소식이 들리면 박영효 등이 경계해서 암살이 불가능할 우려가 있으므로 크게 고심해야 했다. 이에 이일식은 김옥균을 일본에서 멀고, 게다가 경찰권이 엄중하지 않은 상하이(上海)로 유인해서 죽이는 것이 유리하다고 판단하고, 자신이 가장 신뢰하는 홍종우에게 이 임무를 맡겼다. 그리고 자신은 권동수, 권재수, 김태원 및 가와쿠보 쓰네키치를 지휘해서 친린의숙에서 거주하는 박영효 일파를 살해

---

4) 하수(下手): 손을 움직여서 사람을 죽이는 일
5) 유방천추(流芳千秋): 아름다운 명성을 후세에 오래도록 남김

하기로 결정하고, 메이지 27년 1월경부터 그 준비에 착수했다.[6]

그 첫 단계로 김옥균을 상하이로 유인해야 했다. 마침 메이지 27년 1월에 이일식이 도쿄 시 시바우라(芝浦) 해수욕장으로 김옥균을 방문했을 때, 김옥균은 해외에 망명한 지 10년이 되었지만 자금이 부족해서 끝내 혁신을 실행하지 못한 것을 한탄하고, 그에게 좋은 방법이 없겠느냐고 질문했다. 이일식은 좋은 기회가 왔다고 생각해서 해외 도항을 권고했고, 홍종우도 옆에서 그것이 좋겠다고 설득했다. 이와 관련해서 메이지 27년 4월 1일 도쿄지방재판소 검사정(檢事廷)에서의 이일식의 진술이 다음과 같다.

> 언젠가 김옥균이 혁명을 기도하는 데 어떠한 수단을 쓰는 것이 좋겠느냐는 이야기를 했습니다. 저는 드디어 기회가 왔다고 생각해서, 김옥균에게 "우선 사업을 일으키고자 한다면 프랑스를 이용하건 혹은 러시아를 이용하건 두 나라 가운데 한쪽을 이용하지 않으면 안 된다. 이를 위해서는 아무튼 먼저 러시아에 가서 시기를 살피는 것이 좋을 것"이라고 말했습니다. 홍종우도 곁에서 계속 같은 말을 거들며 권유하자 김옥균도 크게 마음이 동했던 듯, 한번은 러시아에 가겠다는 생각까지 하게 됐습니다.
>
> 그때 러시아에 가서 프랑스어를 하면 말도 통할 것이니, 홍종우를 데리고 가면 좋을 것이라고 말했습니다. 그런데 저는 원래 지나(支那)에서 14년간 있었습니다. 그래서 사실은 이홍장과 그의 양자 이경방 등과도 아는 사이이기 때문에 지나에 가면 크게 상황이 좋을 것이며, 이홍장만 진력해 준다면 대체로 일이 이뤄질 것이라고 했습니다. 또 지나에 갈 때는 오보인(吳葆仁)을 통변(通辯)[6]으로 하면 좋을 것이라고 말했습니다. 그 뒤로 김옥균도 상하이에 가겠다는 결심을 조금씩 하게 됐습니다.[7]

김옥균의 상하이 도항에 대해 일본인 지인들은 물론, 박영효 등도 크게 불안해했다. 그럼에도 불구하고 그가 이를 단행한 동기가 이일식의 진술처럼 이일식과 홍종우의 권유 때문인지, 아니면 자발적 의지에서 비롯된 것인지는 다시 연구해 볼 필요가 있는 문제이다. 이 점에 관해서는 메이지 27년 4월 4일 도쿄지방재판소 예심정(豫審廷)에서의 진술이 검사정(檢査廷)에서의 진술을 보충하면서 어느 정도 해결의 단서를 준다[질문은 예심판사 이다 다카아키(飯田高顯), 답은 이일식].

---

6) 통변(通辯): 통역(通譯)

문: 마침내 김옥균의 살해를 결심한 것은 언제인가?

답: 지난달○메이지 27년 3월 12, 13일경이오.

문: 상하이까지 데리고 나가려고 생각한 것이 3월 12, 13일경인데, 그때까지는 일본 안에서 죽일 작정이었는가, 아니면 외국으로 데리고 나가서 죽일 생각이었는가?

답: 김옥균을 일본에서 죽이는 것은 어렵기 때문에, 김옥균은 ☐에 갈 생각이 있었으므로 그때 상하이나 다른 곳에서 죽일 생각이었소.

문: 김옥균을 상하이까지 데리고 나간 것은, 우선 무슨 계책으로 데리고 나간 것인가?

답: 이홍장의 양자 이경방이나 이홍장을 만나면 동양의 계획을 이루는 데 만사 편리할 것이라고 권유했고, 홍종우도 중간에서 좋게 말을 했소. 김옥균은 왕복할 비용이 없다고 했는데, 나는 그것에 관해서는 생각이 있었소.

문: 너는 김옥균에게 이홍장을 만나면 어떻게 되리라고 말했는가?

답: 나는 아무 말도 하지 않았소. 다만 이홍장을 만나서 영걸(英傑)다운 대화를 하면 분명히 그대는 영걸이라는 명성을 얻을 수 있을 것이라고 했소.

문: 너와 김옥균은 이홍장을 만나면 무슨 이야기를 하고, 무슨 방법을 취할지 대화한 것은 없는가?

답: 나는 김옥균에게 지나(支那)에서 이홍장을 만나는 것만 가르쳐 주고, 그 이상 무슨 대화를 한다는 것에 관해서는 말하지 않았소. 왜냐하면 그와 생각이 반대되면 곤란했기 때문이오.

문: 네가 지나에 간 적이 있어서 이홍장이나 이경방을 알고 있다고 했는데 네가 소개서라도 써 주었는가?

답: 오보인이라는 지나 공사관의 통변(通辯)을 중개로 이홍장과 이경방을 만나기로 하고, 오보인을 붙여서 김옥균을 보냈소.

문: 오보인에게는 김옥균을 데리고 가게 하면서 누구를 죽인다는 것은 말하지 않았는가?

답: 그것은 절대 말하지 않았소. 오보인은 김옥균을 지나에 데려가서 이홍장을 만나고, 김옥균이 귀국해서 훌륭하게 되면 자기도 이름을 날릴 수 있으리라는 생각으로 김옥균을 데리고 간 것이오.

문: 마침내 김옥균이 상하이에 간 것은, 그 비용은 주었다고 했는데 네가 준 것인가?

답: 그렇소.

문: 김옥균에게 전부 얼마나 주었는가?

답: 이곳에서 이것저것 지불해 주고, 선임(船賃) 등으로 4천여 엔이오.○김옥균의 종자 와다 엔지로(和田延太郎)의 진술에 따르면 금 1천 엔 남짓이었던 것 같다.

문: 상하이에 간 뒤로 계속 돈을 보내 줄 것인지, 또는 따로 떨어질 것인지에 관해서 이야기한 것은 없는가?

답: 왕복 승선권을 사 준 정도이기 때문에 그것은 말하지 않았지만, 4명이서 3개월에 5천 엔이나 쓰는 것은 많다고 말했소. 그렇지만 톈진에 가서 이홍장을 만나면, 톈진에는 나의 지점이 있기 때문에 그곳에서 바로 1만 엔을 보낼 것이라고 말했소.

문: 네가 5천 엔이나 1만 엔의 돈을 주었다고 하는데, 김옥균은 그 돈이 무슨 돈이라고 생각하고 있었는가?

답: 지나에 오래 있어서 돈이 많은 자라고 생각하고 있었으므로, 김옥균은 돈 문제는 별로 의심하지 않았소.[8]

이 예심조서(豫審調書)로 알 수 있는 사실은, 첫째, 김옥균은 이일식과 홍종우의 권유를 받기 전에 이미 스스로 청에 가려는 생각을 갖고 있었다는 것, 둘째, 이일식은 이홍장, 이경방과 아는 사이라고 했지만 이 말은 의심스러웠기 때문에 김옥균은 신용하지 않았고, 이 때문에 특별히 청공사관 동문번역관(東文飜譯官) 오보인을 붙여서 이홍장 부자와 김옥균 사이의 연락을 맡겼다는 것, 셋째, 김옥균이 이일식에게 기대한 것은 오직 그의 재력뿐이었다는 것이다. 이일식이 김옥균의 부채를 전부 갚아 주고, 왕복 승선권까지 주면서 게다가 액면 5천 엔의 수표를 주지 않았더라면 청으로 가라는 권고에 응할 가능성은 없었던 것이다.

김옥균과 주일청특명전권공사 이경방, 그리고 그 후임 왕봉조(汪鳳藻)의 관계는 이제 하나의 수수께끼가 되었다. 이와 관련해서 후쿠자와 유키치는 다음 8개 조목을 열거해서 양자의 관계를 설명했다.

첫째, 김옥균이 살아 있을 때 이경방 공사와 왕래한 것은 이의를 제기할 수 없는 사실로, 이 공사가 상을 당해 귀국하면서 후임 왕봉조 공사에게 김옥균을 소개했다. 왕 공사도 전임 공사와 마찬가지로 친교를 유지했으므로, 메이지 26년 9월경부터 김옥균은 자주 청공사관을 방문해서 왕 공사와 회담했다.

둘째, 이경방은 귀국 후 안휘(安徽) 무호(蕪湖)에 거주하면서 여러 차례 김옥균에게 서한을 보내서 청에 올 것을 재촉했다. 게다가 이 서장(書狀)은 왕 공사가 두 번이나 김옥균에게 전달했다.

셋째, 메이지 27년 2월 6일에 김옥균은 왕 공사에게서 초대장을 받아서 청공사관 신년연회에 참석했다.

넷째, 메이지 26년 8, 9월 사이에 왕 공사는 이경방의 뜻이라고 하면서 여러 차례 김옥균에게 청으로 갈 것을 재촉했다.

다섯째, 김옥균은 청으로 가려는 희망이 있었기 때문에 지나어 일상회화를 배우는 한편, 청으로 건너간 후 통역을 맡기기 위해 왕 공사에게 적당한 지나어 교사를 물색해 줄 것을 부탁하기도 했다. 왕 공사는 일본어 통역관 오보인[자(字)는 정헌(靜軒)] 외 2명을 추천했다.

여섯째, 왕 공사는 오보인이 김옥균을 수행해서 청으로 건너가 있는 동안 오보인의 여비를 지급하겠다고 제의했지만 김옥균은 이를 사양했다.

일곱째, 김옥균은 도쿄를 출발하기 전인 3월 8일에 제국 호텔에서 왕 공사 및 청 공사관원들을 초대해서 만찬회를 열었다. 왕 공사는 사양했지만, 참찬관함 동문번역관(參贊官銜東文飜譯官) 유경분(劉慶汾) 등 몇 명은 참석했다.

여덟째, 메이지 27년 3월 10일 야간열차로 김옥균이 출발하려고 할 때, 왕 공사는 종인(從人)에게 명함을 주고 김옥균을 불러오게 했다. 그리고 시바헨(芝邊)의 작은 음식점에서 7시 30분경부터 9시가 넘을 때까지 회담한 사실이 있다. 당시에 받은 명함이 김옥균의 호주머니 속에 있었고, 상하이에서 검시할 때 발견됐다.[9]

이상의 사실로 판단하면, 이경방이 일본에 재임할 당시 김옥균과 모종의 합의가 이뤄졌으며, 그가 귀국한 다음에 김옥균에게 청에 올 것을 재촉하고 왕 공사도 그것에 찬동해서 김옥균에게 청국행을 권유한 것은 사실인 것 같다. 다만 이경방이 김옥균에게 접근해서 그를 부른 이유는 분명치 않다. 단순히 불우한 망명지사를 회유해서 훗날에 대비하려는 정도에 그친 것인지, 아니면 이홍장의 은밀한 뜻을 받들어 김옥균을 정치적으로 이용할 생각이 있었는지는 판명할 수 없다. 당시 일본인들은 대부분 후자를 상상했지만, 크게 신뢰하기는 어렵다. 요컨대 김옥균의 사망 당시 그와 이경방, 그리고 왕봉조의 관계를 입증할 수 있는 문서를 휴대한 것은 분명하나 모두 상하이 현(上海縣)에서 압수했을 것이다.

아무튼 김옥균의 청국행은 이일식과 홍종우가 권유하기 전에 결심한 것이었다. 단, 김옥균은 생계 때문에 부득이한 부채가 있었고, 또 그의 성격으로 볼 때 조선 양반의 체면을 지키면서 청으로 건너가고 싶었겠지만, 이는 모두 적지 않은 금액이 필요한 일이라서 쉽게 실행할 수 없었다. 마침 그때 거액의 자금을 가진 이일식이 일본에 머물면서 자신에게 접근하려는 것을 확인했다. 이에 김옥균은 자신이 먼저 나서서 이일식과 홍종우에게 친교를 구하고, 짐짓 그들을 신뢰하는 척하면서 필요한 여비를 내게 했을 것이다.

다음으로 청 공사관원 오보인이 김옥균을 따라간 것에 대해 살펴보자. 이일식의 진술에 따르면, 이일식이 직접 오보인에게 공사관에서 매달 50엔의 봉급을 받는 것보다는 지금 김옥균의 통역으로 청에 가는 편이 보다 많은 보수를 얻을 수 있다고 설득해서 승낙을 받았다고 했다. 하지만 이는 후쿠자와 유키치의 말처럼 오보인이 왕봉조 공사의 은밀한 명령을 받고 김옥균을 따라간 것이며, 그 비용만 이일식이 김옥균을 통해서 지출한 것으로 보는 편이 정확하다.

이러한 경과를 거쳐 김옥균의 청국행이 결정됐다. 즉, 이일식이 오랜 시간 심사숙고해서 계획한 옛 독립파 간부 암살을 실행할 때가 마침내 온 것이다. 이일식은 먼저 가와쿠보 쓰네키치, 김태원에게 도쿄에 머무르면서 박영효 등의 동정을 감시하게 하고, 자신은 권동수와 권재수를 데리고 오사카 부 니시나리 군(西成郡) 소네자키무라(曾根崎村) 252번지에 있는 첩의 집으로 돌아갔다.[10]

김옥균은 메이지 27년 3월 10일 밤 야간열차로 도쿄를 출발해서 이튿날인 11일 오후에 오사카에 도착한 후 오카와초(大川町)의 여인숙 이소베 진키치(磯部甚吉)의 집에 투숙했다. 그를 수행한 사람은 서생 와다 엔지로[19세, 오가사와라 제도 치치지마 오기무라 출신] 외에 홍종우와 오보인, 그리고 김옥균의 오랜 막료라고 할 만한 가이 군지(甲斐軍治)[교시(鄕司)] 4명이었다. 일행 중에서 홍종우만 소네자키무라에 있는 이일식의 첩의 집에서 숙박했다.

김옥균이 오사카에 도착해서 출발하기까지 10일 동안, 이일식은 옛 독립파 간부 암살계획의 실행책임자로서 본국에서 가져온 6연발 권총 1정과 단도 1자루를 홍종우에게 전달하고 김옥균 암살방법을 상세히 지시했다. 즉, 김옥균의 여관을 상하이 미국조계 내의 철마로대교(鐵馬路大橋) 북쪽 동화양행(東和洋行)[요시지마 도쿠사부로(吉島德三郞) 경영]으로 정하고, 탑승한 배가 밤에 도착하면 그 여관으로 가는 길에 뒤에서 권총으로 사살한 다음에 그 머리를 베어서 들고 도주하라고 지시했다. 홍종우는 노상에서 암살하는 것은 위험하다며 동의하지 않았다. 두 번째 방법으로, 동화양행에 투숙한 다음에 그 객실이 3층이면 권총을 쓰고, 2층 이하면 사람들이 총성에 놀라지 않도록 단도를 써서 살해한 후 머리와 손발을 잘라서 가죽가방에 넣어서 도주하되, 단 상황이 급박해서 그렇게 할 겨를이 없으면 즉시 도주해도 무방하다고 지령했다. 또한 상하이에 상륙할 때 홍기가 발견돼서 압수당하는 것을 예방하기 위해, 숨기기에 편리하도록 두루마기 속에 주머니를 단 조선옷 한 벌을 만들어 주었다.[11]

이리하여 김옥균 일행은 이일식, 권재수, 가이 군지의 전송을 받으며 3월 22일에 고베로 갔다. 그곳에서 김옥균은 이와다 산페(岩田三平), 와다 엔지로는 기타하라 엔지로(北原延次郎), 홍종우는 다케다 다다카즈(武田忠一)라는 가명을 썼다. 이들에 오보인을 더해서 총 4명이 고베~상하이 왕복 승선권을 구입했다. 그리고 당일 밤에 일본우선주식회사(日本郵船株式會社) 선박 사이쿄마루(西京丸)에 승선해서 이튿날인 23일에 고베를 출항했다.

사이쿄마루는 시모노세키(下關)와 나가사키(長崎)에 기항한 후, 3월 27일 오후에 상하이에 입항했다. 입항과 동시에 홍종우는 동화양행의 지배인과 함께 먼저 출발해서 객실배분을 마치고, 선박에 남아 있던 김옥균 등을 마중하러 나가서 오후 7시 30분경 여관에 도착했다. 2층 1호실이 김옥균과 종자(從者), 3호실이 홍종우, 4호실이 오보인의 객실이었다.[12]

김옥균은 도쿄에서 출발할 때부터 홍종우를 의심해서 승선하기 전부터 그와의 동행을 거부하는 기색을 보였다. 이일식은 크게 당황해서, 이번에 여비로 김옥균에게 준 상하이 현 소동문(小東門) 밖 천풍은호(天豊銀號)[7] 앞으로 된 액면 5천 엔의 수표는 이일식 본인이나 그 대리인 홍종우가 가지 않으면 현금을 인출할 수 없고, 만약 홍종우가 전혀 동행할 필요가 없다면 상하이에서 돌려보내도 괜찮다고 하면서 억지로 동행을 승낙하게 했다. 김옥균은 종자 와다 엔지로에게도 홍종우를 경계할 것을 명했다고 한다.[13]

상하이에 도착한 다음 날인 3월 28일 이른 아침에 홍종우는 수표를 현금으로 바꿔 오겠다고 하면서 외출했다. 원래 이 수표는 위조였으므로 천풍은호를 찾을 리 없었다. 홍종우는 빈손으로 여관에 돌아왔다. 오보인도 이날 점심을 마치고 외출했다. 오후 3시경 홍종우는 이일식에게서 받은 조선옷으로 갈아입고 1호실을 방문했다. 김옥균은 외출을 다녀온 후 기분이 조금 좋지 않다고 하면서 양복 상의를 벗고 등나무 의자에 가로누워 지나(支那) 소설을 읽고 있었다. 홍종우는 방 안에 들어와서 이곳저곳을 천천히 걸어 다녔다. 그리고 마침 와다 엔지로가 주인의 부름으로 1층에 내려간 틈을 타서 권총을 꺼내

---

7) 은호(銀號): 중국의 구식 상업금융기관으로서 전장(錢莊)·전포(錢鋪)라고도 했다. 원래는 은과 동전의 교환 업무를 담당했으나, 19세기 초 이후로는 전표(錢票)·은표(銀票)·회표(會票) 등의 교환권을 발행하고 예금·대부·환어음을 다루는 등 거의 모든 은행 업무를 취급했다.

김옥균을 저격했다. 첫 번째 총탄은 왼쪽 광대뼈 아래에, 두 번째 총탄은 복부에 명중했다. 세 번째 총탄은 방에서 빠져나오려던 김옥균의 왼쪽 등 어깨뼈 아랫부분을 맞혔다. 김옥균은 자기 방에서 약 20미터를 달아나서 2층 제8호 객실 앞에서 쓰러졌다.

와다 엔지로는 계단 중간에서 세 발의 총성을 들었지만, 마침 여관 부근에서 폭죽들이 많이 터지고 있어서 총성이라고는 생각하지 못했다. 그때 홍종우가 2층에서 뛰어내려와 문밖으로 달아나는 것을 보고는 이상하게 여겨서 동화양행 밖으로 쫓아갔지만 북대교(北大橋) 근처에서 그를 놓치고 말았다. 한편 2층 8호실에 숙박하던 해군대좌 시마자키 요시타다(島崎好忠)가 소리에 놀라서 나왔다가 김옥균이 쓰러져 있는 것을 발견하고 1층에 급히 알렸다. 와다는 2층으로 뛰어 올라갔지만, 이미 빈사상태에 놓인 김옥균은 한마디 말도 하지 못했다. 김옥균은 의사가 오는 것을 기다리지도 못하고 절명했다.

뜻밖의 참사가 일어난 동화양행의 주인 요시지마 도쿠사부로는 공동조계(共同租界) 공부국(工部局)[8] 경찰부(警察部)와 상하이 주재 일본 총영사관에 신고했다. 공부국 경찰부에서는 바로 현장을 조사하고, 범인 수사 착수와 동시에 사건을 상하이 현으로 이첩했다. 범인 홍종우는 우쑹(吳淞)으로 도주해서 한 객잔(客棧)[9]에 숨어 있다가 29일 오전 3시에 체포되었다.[14]

이 사건은 공동조계 내 일본 여관에서 발생했지만, 가해자와 피해자 모두 상하이에 주재 영사가 없는 조선인이었기 때문에 그 처리에 중대한 의문이 생겼다. 처음에 3월 29일 오전 10시, 상하이 현 지현(知縣) 황승훤(黃承暄)은 공부국 경찰부의 통고에 따라 동화양행으로 가서 김옥균의 시체를 검안하고, 범인 홍종우 및 김옥균의 종자 기타하라 엔지로, 즉 와다 엔지로와 동화양행 주인 요시지마 도쿠사부로를 신문했다. 홍종우는 지현(知縣)의 신문에 답하여, "김옥균은 예전에 우리나라 상신(相臣)이 되어 조정에 있을 때 대역부도(大逆不道)한 짓을 일으켜서 수백 명을 죽이고 내 친우(親友)도 그에게 살해당했소. 국왕께서 이를 한스럽게 여기신 지가 10년이 되었소. 그는 동양(東洋)[10]으로 도주해서 이름을 이와다 슈사쿠(岩田周作)로 고쳤소. 내가 전에 친구와 동양(東洋) 오사카에 있을 때 국왕의 명을 받았는데, 우리들에게 충성하는 마음으로 김옥균을 잡아 죽여서 왕의

---

8) 공부국(工部局): 중국 상하이·톈진 등의 외국인 거류지인 조계(租界)에 설치된 자치행정기구. 상하이에는 1854년에 처음 공부국이 설치됐다. 초기에는 토목 건설 사업이 주된 업무였으나, 점차 사법·경찰·교정 등 정부와 유사한 행정체계를 갖추었으며, 건설·치안·징세 업무까지도 담당했다.
9) 객잔(客棧): 중국의 여관으로 객상(客商)의 물건을 맡아 주거나 대신 거래하는 일을 했다.
10) 동양(東洋): 여기서는 일본을 가리킨다.

마음을 편안히 하라고 했소. 공문은 내 친구에게 있소. 이제 내가 그를 만나서 상하이에 왔소. 그는 이와다 산와(페)[岩田三和(平)]로 개명했소. 내가 방금 6연발 권총으로 그를 쏘아 죽이고 곧바로 달아났는데, 우쑹강(吳淞江)에서 순포(巡捕)[11]들에게 추격을 당해 사로잡혔소. 권총은 우쑹강에 던져 버렸소. 나는 국가의 대사를 위해 이 일을 하려고 생각한 것이니, 그가 총상을 당해 죽은 정형(情形)을 우리나라에 전하면 응당 회답전보가 와서 내 말이 사실임이 입증될 것이오."라고 진술했다. 와다 엔지로의 증언도 대체로 일치했으므로 황 지현(知縣)은 사안의 중대성을 깨달았다. 그는 홍종우를 잠시 공부국 경찰부에 구치시키고, 김옥균의 시체는 와다 엔지로와 동화양행 주인 요시지마 도쿠사부로에게 인도했다. 그러면서 시신을 일본으로 보내는 것은 일주일간 연기하라고 지시했다.[15]

동화양행의 임검(臨檢)을 마친 후, 상하이 지현은 강소해관도(江蘇海關道) 섭집규(聶緝槼)에게 보고하고 지휘를 청했다. 섭집규는 주차조선총리교섭통상사의 원세개에게 타전해서 홍종우 진술의 진위를 확인하고 사건 처리를 마무리할 생각이었으나, 그때 이미 조선에 있는 원세개로부터 급전(急電)이 도착해서 가해자 홍종우에게 적당한 보호를 제공해 달라는 요청이 도착해 있었다.

---

11) 순포(巡捕): 청에서 총독·순무·장군 등을 수행하던 관리 또는 조계(租界)의 경찰

[원주]

1 『東邦關係』, 235~236쪽.

2 『福澤諭吉傳』 3권, 381~382쪽.

3 「朝鮮人李逸植謀殺未遂被告事件記錄」; 『世外井上公傳』 3권, 762~764쪽.

4 「李逸植謀殺未遂被告事件記錄」.

5 위와 같음.

6 위와 같음.

7 위와 같음. "檢事聽取書".

8 위와 같음. "李逸植謀殺未遂被告事件豫審調書".

9 『福澤諭吉傳』 3권, 387~390쪽.

10 "李逸植謀殺未遂被告事件豫審調書".

11 위와 같음.

12 위와 같음.

13 위와 같음; 葛生東介, 『金玉均』(大正 5年刊), 부록. 120~134쪽, "和田延次郎談話". 와다 엔지로의 담화는 후년의 회고담으로서, 종종 사후에 전해 들은 사실로 수정하고 있기 때문에 주의할 필요가 있다.

14 "李逸植事件豫審調書"; 『公文謄錄』.

15 『公文謄錄』, "光緒二十年三月九日駐淸道員袁到朝鮮領議政沈照會".

김옥균 암살과 박영효 암살 미수

메이지 27년 3월 28일, 상하이에서 김옥균이 암살되자 그 소식은 당일로 도쿄에 전해졌고 — 이 전보의 발신자는 분명치 않다. 일반적으로 알려진 것처럼 와다 엔지로는 아니다. — 다음 날인 29일에 주일조선임시대리공사 유기환(兪箕煥)이 이 소식을 본국 정부에 타전했다. 국왕과 척족은 모두 손뼉을 치며 기뻐해 마지않았고, 무엇보다 먼저 청 총리교섭통상사의 원세개에게 가해자 홍종우가 통상적인 살인범 취급을 받지 않고 즉시 본국으로 송환될 수 있도록 해당 관헌에게 교섭을 지시해 달라고 요청했다. 원세개는 즉시 북양대신 직예총독 이홍장에게 품신(稟申)했고, 이홍장은 당일로 강소해관도에게 타전해서 부탁했다.

원세개의 전보가 다음과 같다.

조금 전에 조병직이 말을 전하기를, '일본 도쿄 주재 한원(韓員)이 보낸 전보를 받았는데, 어제 신각(申刻)에 한인(韓人) 홍종우가 상하이에서 김옥균을 살해했습니다. 홍종우는 조계(租界)의 순포(巡捕)들에게 잡혀서 감옥에 갇혔습니다. 그 뜻이 가상하니 부디 호도(滬道)에게 명령을 내려서 조치를 취해 구호해 주십시오.'라고 했습니다.

김옥균은 한국의 입장에서는 모반(謀叛)의 수범(首犯)이니, 중화(中華)에 왔을 때 처리하기 어려웠다. 이제 한인에게 조계 내에서 칼에 찔려 죽었으니, 그 죄의 처분은 우선 놓아두고 논하지 말라. 외인(外人)들이 시끄럽게 하면 바로 보고하라.[1]

그런데 홍종우는 이미 공부국 경찰부에 체포됐고, 김옥균의 시신은 관계 일본인들에게 인도됐으므로 섭집규는 공부국 경찰부를 지휘하는 공동조계참사회(共同租界參事會)[공부국 동사(董事)[1)] 및 일본 총영사관에 양해를 구해야 했다.

---

1) 공부국(工部局) 동사(董事): 공부국의 최종의결기구를 동사회(董事會)라고 하는데, 동사(董事)는 동사회의 임원

원래 상하이 공동조계에서 영사가 주재하지 않는 나라의 국민이 범죄를 일으키면 공부국 경찰부장이 원고관(原告官)이 돼서 상하이 회심아문(會審衙門)에 고소한다. 회심아문에서 예심 결정이 나면 상하이 현으로 송부하고, 상하이 현의 지현(知縣)이 심리를 마친 후 강소해관도의 인가를 거쳐 판결을 선고하고 형 집행을 명하는 것이 통례였다. 이 건에 관해서 말하자면, 회심아문의 예심관이 일단 유죄 결정을 내리면 홍종우를 구제할 방법이 없었다. 그런데 당시 상하이에서는 영국인의 세력이 절대적이었고, 영국총영사의 한마디는 바로 공동조계참사회·공부국 경찰부를 움직일 수 있었으므로 섭집규는 미리 영국총영사 니콜라스 하넨(Nicholas J. Hannen)에게 양해를 구했다. 그 결과 공부국 경찰부장은 홍종우를 회심아문에 고소하는 절차를 생략하고 직접 상하이 현에 인도해 주었고, 회심아문 배심관이었던 영국부영사 제임스 스콧(James Scott)도 이러한 절차상의 위법을 눈감아주었다. 상하이 주재 일본총영사 대리영사 오코시 시게노리(大越成德)는 "처음부터 이 일을 듣자마자 대단히 부당한 처분이 있을 것을 예상해서 총영사 회의에 제출할까도 생각했지만, 신참 영사가 직접 제안자가 되는 것은 조금 온당치 않은 감이 있고, 더구나 이 범죄 사건은 외교적으로도 큰 관계가 있었으므로 일부러 자제했다." 고 한다.[2]

김옥균의 시신에 관해서도 유사한 일이 벌어졌다. 처음에 상하이 현 지현(知縣) 황승훤은 김옥균의 사체를 일주일간 보관할 것을 명했으나, 동화양행 주인 요시지마 도쿠사부로의 입장에서는 자기가 경영하는 여관 안에서 외국인인 조선인 간의 살인사건이 발생해서 막대한 손해를 입은 데다가, 피해자 김옥균은 미성년자인 일본인 종복(從僕) 하나가 수행하고 있었을 뿐 마땅히 시신을 인수할 사람도 없었으므로 상하이 현에서 이러한 명령을 받고 몹시 불쾌했을 것이다. 게다가 김옥균이 남긴 현금은 매우 적어서 숙박료를 지불하기에도 부족했다. 이러한 사정으로 인해 요시지마는 와다 엔지로에게 한시라도 빨리 시신을 가지고 떠나라고 독촉했다. 동화양행에서 쫓겨난 와다 엔지로는 망연자실했으나, 다행히 고베까지 가는 왕복승선권을 갖고 있었으므로 빨리 귀국하기로 마음먹었다. 그는 요시지마 도쿠사부로의 도움으로 시신을 납관한 후, 3월 30일에 귀항하는 사이쿄마루에 적재 비용을 지불하고 통관 수속을 마쳤다.

김옥균의 시신 반출은 상하이 현의 내명(內命)에 위배되는 것이었으므로, 섭집규는 오

을 뜻한다. 상하이 공부국 동사회에는 1870년 이후로 9명의 동사가 있었다. 본문의 공동조계참사회는 곧 상하이 공부국 동사회를 가리킨다.

코시 총영사대리에게 중지를 요청했다. 오코시 영사대리는 와다 엔지로를 소환해서 타일렀지만, 이미 배수진을 친 와다는 이 설득에 승복할 수 없었다. 오코시 총영사대리는 일본우선주식회사(日本郵船株式會社) 상하이 지점에 내명(內命)을 내려서 시신 적재를 거절하게 했다. 와다는 어쩔 수 없이 몇 차례나 부두와 우선지점(郵船支店), 총영사관을 왕복하면서 교섭해야 했다. 그러는 동안에 김옥균의 시신은 감시하는 사람도 없이 오랫동안 부두 노상에 방치돼 있었으므로 조계규칙 위반이라는 이유로 공부국 경찰관에게 압수됐다. 와다 엔지로는 청 관헌들에게 압수당한 것으로 오해해서, 당황한 나머지 공부국 경찰부에 출두해서 시신 반환을 청원하지도 않고 30일에 출항하는 사이쿄마루를 타고 귀국해 버렸다. 이렇게 해서 인수자가 없어진 김옥균의 시신은 나중에 섭집규의 요구로 공부국 경찰부에서 홍종우와 함께 상하이 현으로 인계됐다.[3]

이보다 앞서 조선국왕은 원세개를 통해 홍종우의 보호를 요청했는데, 3월 31일에는 주차천진독리통상사무(駐箚天津督理通商事務) 서상교(徐相喬)에게 타전해서 상하이로 달려가 홍종우와 김옥균 시신의 인도 교섭을 할 것을 명하고, 북양대신 직예총독 이홍장에게도 도움을 간청했다. 이홍장은 이 요청에 따라 상해해관도(上海海關道) 섭집규에게 타전해서, 홍종우를 조선관원 서상교에게 인도해서 본국으로 송환해 줄 것을 부탁했다. 그때는 이미 섭집규가 공부국 경찰부에서 홍종우와 김옥균 시신을 인도받은 뒤였으므로 섭집규는 즉시 동의했지만, 다만 상하이에서 조선으로 가는 배편이 없었다. 섭집규는 주차상해찰리통상사무(駐箚上海察理通商事務) 조한근(趙漢根)과 협의한 끝에, 남양대신(南洋大臣) 양강총독(兩江總督) 유곤일(劉坤一)에게 품신(稟申)해서 남양수사(南洋水師)의 함선 1척을 파견해서 인천까지 호송하되, 항해에 필요한 제반비용은 조선 정부에서 받기로 결정했다.

주진독리(駐津督理) 서상교는 4월 6일에 상하이에 도착해서 주호찰리(駐滬察理) 조한근과 함께 강소해관도 섭집규를 방문했다. 섭집규는 이미 이홍장에게서 전보를 받았고, 또 찰리 조한근과의 협의도 끝났으므로 즉시 홍종우와 김옥균의 시신을 두 조선 관원에게 인도했다. 이리하여 서상교와 조한근은 홍종우 및 김옥균의 시신을 호송해서 남양수사 소속군함 위정(威靖)을 타고 상하이에서 출항했다.[4]

홍종우의 인도와 관련해서 상하이 회심아문(會審衙門)의 절차에 중대한 위법이 있었다는 것은 이미 앞에서 서술했다. 실제로 이것이 상하이 주재 각국 영사들 사이에서 문제가 되었다. 그중 가장 깊은 관계가 있는 일본총영사대리는 신임(新任)이라는 이유로 침묵을 지켰지만, 제3국 영사들의 주장으로 4월 5일에 영사단회의가 개최됐다. 이 자리에서 각국 영사들의 질문이 하넨 영국총영사에게 집중됐으므로 하넨 총영사는 마치 피고와 같은 입장에서 변론하는 데 애썼다. 각국 영사들 중에는 강경론을 주장하는 사람도 있었지만, 이미 공동조계참사회의 동의를 얻어서 범인 홍종우를 청 관헌에게 인도했고, 또 이 건에 가장 관계가 깊은 일본총영사가 침묵을 지키고 있는 이상 어찌할 방법이 없었다. 결국 "범인 홍종우를 합당한 형벌에 처하도록 청 정부에 조회할 것을 각자 자국 공사에게 요구할 것"을 결의하는 데 그쳤다.[5]

홍종우와 김옥균의 시신을 실은 군함 위정(威靖)은 4월 12일 오후 1시에 인천에 입항했다. 독리 서상교는 즉시 통리아문에 타전해서 김옥균의 시신을 인천에 내려야 할지 문의했다. 통리아문은 회훈(回訓)을 내려서, 기선 한양호(漢陽號)에 옮겨 싣고 양화진(楊花津)까지 수송하게 했다. 한양호는 다음 날인 13일에 양화진에 도착했다. 서상교, 조한근, 홍종우는 즉시 입경하고, 김옥균의 시신은 나루 근처의 민가로 옮기고 군졸을 보내서 엄중히 지키게 했다. 4월 14일에 원세개는 영의정 심순택에게 조회를 보내서 홍종우 및 김옥균 시신의 호송과 인도를 정식으로 통고했다.[6]

이보다 앞서 외무대신 무쓰 무네미쓰는 오코시 상하이 주재 총영사대리의 보고로 김옥균의 시신이 조선 본국으로 송치된 사실을 알고는, 조선국왕과 척족이 구습(舊習)을 답습해서 사체에 잔학한 형륙(刑戮)을 가해 한편으로 국제적으로 신용을 잃고, 다른 한편으로 일본 국내의 감정을 자극할 것을 우려했다. 이에 주한특명전권공사 오토리 게이스케(大鳥圭介)에게 전훈(電訓)해서 경성 주재 각국 대표자들과 협력해서 김옥균의 시신에 형륙을 가하지 말 것을 권고하게 했다.

오토리 공사는 경성외교단의 수석(首席)이었으므로 4월 14일에 외교단회의를 소집해서 본국 정부로부터 전명(電命)을 받은 사실을 알리고, 조선 정부에 대한 권고에 동참해 줄 것을 희망했다. 그러나 러시아대리공사 카를 베베르는, 김옥균은 조선의 중대한 범죄자이기 때문에 그 처형은 조선국왕의 권한에 속하며, 외교단의 공동 권고는 내정간섭에 해당할 가능성이 있다는 이유로 반대했다. 외교단회의에서는 결국 어떠한 결의에도 이르지 못했다. 이 자리에서는 각국 공사가 개인 자격으로 죄인의 시신에 참륙(斬戮)을 가하는 것 같은 조선의 오랜 관습은 조선의 국제 신용을 크게 해친다는 사실을 비공식적으로 조선 정부에 설명하는 것 외에 어떠한 간섭도 하지 않는 것이 옳다는 의견이 지배적이었다.

4월 14일 오전에 외교단회의를 마치고 나서 오토리 공사는 바로 독판교섭통상사무 조병직과 회견을 갖고, 김옥균이 비록 중대한 정치범이기는 하지만 이미 죽음을 당한 이상 형벌은 충분히 내린 것이며, 만약 그 사체에 다시 형륙을 가한다면 각국 여론이 결코 묵과하지 않을 것이라고 주의를 주었다. 그러나 조병직이 그것은 조선의 오랜 형률이라고 주장하면서 오토리 공사의 권고를 그 자리에서 거부했으므로 오토리 공사는 불만이 가득한 기색으로 떠났다고 한다.[7]

묘당에서는 4월 13일에 형조와 한성부에 명하여 김옥균의 사체를 검안(檢案)하게 했다. 14일에 시원임대신을 비롯한 사헌부·사간원·홍문관 신하들이 잇달아 상소를 올려서, 김옥균의 모반대역부도(謀叛大逆不道)의 죄에 대해 인조 갑자년 대역부도죄인 이괄(李适)과 영조 을해년 대역부도죄인 신치운(申致運)의 전례에 따라 능지처참을 적용해야 한다고 논했다. 국왕은 그날 바로 이를 가납(嘉納)해서 의금부에 명하여 양화진에서 형을 집행하게 했다.[8]

김옥균 시신의 참륙(斬戮)은 급히 실행됐기 때문에 일본공사를 제외한 나머지 각국 공사들은 개인 자격으로 비공식적 권고를 할 시간이 없었다. 주청영국특명전권공사 니콜라스 오코너(Nicholas R. O'Conor)는 특별히 총리아문에 역관을 보내서, 총리아문이 조선국왕에게 전칙(電飭)해서 김옥균 시신을 속히 매장하고 홍종우의 임용을 연기할 것을 권고해 달라고 부탁했다. 오코너 공사의 권고가 총리아문에서 이홍장을 거쳐 원세개에게 도달한 것은 4월 16일로, 이때는 이미 김옥균의 시신을 형륙한 뒤였지만 국왕은 홍종우의 임용 연기만큼은 승낙했다.[9]

김옥균과 나란히 갑신변란의 주모자로 지목된 인물은 박영효였다. 이일식은 두 사람의 암살을 동시에 결행할 계획이었다. 3월 24일, 김옥균 일행의 고베 출발을 배웅한 후 이일식은 오사카 부 니시나리 군(西成郡) 소네자키무라(曾根崎村)에 있는 첩의 집으로 돌아가서 권동수와 권재수 형제를 불러 박영효를 비롯한 옛 독립파 간부의 암살계획을 밝혔다. 조선옷을 입고 상투를 틀고 있는 모습으로는 목적을 이룬 뒤에 도주하기 어렵기 때문에 3명 모두 머리를 깎고 양복을 입기로 했다. 이들은 이날 밤 오사카에서 출발해서 25일에 도쿄에 도착한 후, 시바 구(芝區) 사쿠라다혼고초(櫻田本鄕町) 운라이칸(雲來館)에 투숙했다.

이일식은 운라이칸에서 그 중책(中策), 즉 은밀히 베어 죽인 다음에 그 시신을 주일공사관으로 반입한다는 계획을 세우고, 운라이칸 2층 12첩(疊)의 객실을 거사 장소로 정했다. 먼저 사체 운반용으로 초대형 시나카방(支那鞄)[2] 4개를 구하고, 또 모포를 사서 객실 안에 깔아 피가 흐르는 것을 막았다. 이일식은 가와쿠보 쓰네키치를 조수로 삼아 이것들을 준비했다. 3월 26일에 모든 준비가 끝났다. 이일식은 권동수가 서화에 능한 것을 이용해서, 별실에서 휘호를 하게 하고 박영효 등이 그것을 품평하는 틈을 타서 습격할 계획이었다.

이보다 앞서 이일식은 김태원을 스파이로 친린의숙에 잠입시켰는데, 결국 김태원이 비밀을 누설해서 이규완 등이 이 사실을 알게 되었다. 이일식은 3월 26일에 박영효를 운라이칸으로 부를 예정이었지만, 오히려 이날 박영효에게 친린의숙으로 소환돼서 힐문을 당했다. 크게 초조해진 이일식은 다음 날인 27일에 친린의숙을 찾아가 해명하고 박영효를 운라이칸으로 부르려고 했지만, 박영효가 이런저런 구실을 대면서 응하지 않았기 때문에 결국 목적을 달성하지 못했다.[10]

3월 27일 오후에 김옥균이 상하이에 도착할 예정이었다. 홍종우는 27일 밤, 늦어도 28일 중에는 흉행(兇行)의 목적을 달성할 것이고, 그 소식이 전해지면 이일식의 계획은 수포로 돌아갈 것이었다. 즉, 28일 중에는 반드시 암살을 결행해야만 했으므로 이일식은 미리 계획한 중책을 단념하고 하책(下策), 즉 장소를 가리지 않고 암살을 단행하기로 했다. 이일식은 자진해서 친린의숙을 찾아가 박영효, 이규완, 정난교 등과 논쟁을 벌이고, 그것을 기회로 권동수, 권재수에게 명해서 권총으로 습격한다는 계획을 세웠다. 원래 김옥균을 따랐던 유혁로는 이일식에게 도움을 받은 이후로 거의 그와 한패가 되었는데, 친린의식의 분위기가 심상치 않음을 느끼고 27일 밤에 이일식에게 달아날 것을 권고했지만 이일식은 동의하지 않았다.[11] 이와 관련해서 이일식의 예심조서가 다음과 같다.

(28일 오전) 6시경에 권동수와 권재수를 불렀는데, 어젯밤에 유혁로가 와서 이런저런 이야기를 하고 돌아갔고, 김태원에게서 이런 편지가 왔다고 하면서 그것을 보여 주었소. 28일에는 확실히 상하이에서 홍종우가 김옥균을 처리할 것이기 때문에, 내 책략은 당장 저들이 모두 모여 있는 학교○친린의숙로 가기로 했소. 이와 관련해서, 나는 국왕의 명령을 받은 사람이기 때문에 권동수와 권재수에게 "나는 먼저 인력거로 갈 테니, 너희 둘은 나중에 칼과 철포(鐵砲)○권총를 가지고 오라. 그래서 내가 저들과 이야기를 하고 있을 때 밖에서 철포를 쏘면 안에 있는 자들이 당황해서 소란스럽게 밖으로 뛰쳐나갈 것이다. 그때 그들을 베거나 철포로 쏘아

---

2) 시나카방(支那鞄): 함[櫃]처럼 생긴 중국식 목제 가방

죽여라."라고 말했소. 그러자 두 사람의 낯빛이 새파래졌소. 그래서 내가 "그렇게 안색이 변할 일이 아니다. 공의(公義)를 위해서는 내 자식이라도 방해가 되면 죽여 버린다는 각오로 마음을 확고히 정하고 움직여라."라고 명하자 두 사람도 이 일을 승낙했소. 다만 권동수와 권재수 두 사람은 처음부터 그렇게 살인을 시킬 작정은 아니었고, 잘린 수급(首級)을 갖고 귀국하는 일에 이용할 생각이었소. 그러나 상하이에서 홍종우가 김옥균을 죽이는 날짜가 당장 오늘로 임박해서, 지금이라도 그 전신(電信)이 오면 박영효 등이 경계해서 내가 생각하는 일을 달성하지 못하게 될 것이므로 이와 같이 두 사람을 이용하여 박영효 등을 살해하려고 한 것이오.[12]

이 진술에서는 가와쿠보 쓰네키치의 이름이 보이지 않는다. 이일식의 진술과 방증(傍證)으로 볼 때 그도 분명히 권동수 형제와 같은 자리에서 이일식의 명령을 들었지만, 가와쿠보는 예심정(豫審廷)과 공판정(公判廷)에서 절대 부인했다. 어쩌면 가와쿠보는 이일식에게 강요를 당하기는 했지만, 친린의숙 습격에 동의하지 않았던 것이리라.

다음으로 이일식은 가와쿠보 쓰네키치에게 맡겨 둔 6연발 권총(실탄 장전) 각 1정과 일본도 각 1자루를 권동수 형제에게 주고, 자신은 28일 오전 8시에 친린의숙으로 향했다. 그때 박영효는 아직 도착하지 않았고, 이규완과 정난교 등이 나와서 이일식을 2층으로 인도했다. 그리고는 두세 차례 입씨름을 벌인 후 마승(麻繩)[3]으로 이일식을 결박하고는 시코미즈에(仕込杖)[4]로 위협하고, 부지깽이로 구타해서 코끝에 작은 상처를 입혔다. 잠시 후 박영효도 현장에 와서 이일식에게 이것저것 신문했지만, 이일식은 말을 돌리면서 사실을 털어놓지 않았다. 하지만 그의 말 속에서 김옥균의 암살과 관련된 단서가 언뜻 비쳤으므로, 박영효는 반신반의하면서 정난교 등에게 운라이칸에 가서 이일식의 대형 가죽가방 2개를 가져오게 한 다음에 그 안을 뒤졌다. 마침내 의혹이 깊어진 박영효는 김옥균 암살의 진상을 문의하기 위해 친린의숙을 나와서 후쿠자와 유키치를 방문했지만 아무런 소득이 없었고, 다음 날인 29일이 돼서야 그 진상을 확인했다. 박영효는 그동안 이일식을 감시하라고 했고, 이규완 등은 밤을 꼬박 새며 29일 오후까지 이일식을 감시했다.[13]

권동수, 권재수는 이일식에게서 친린의숙 습격을 명령받았지만 이들에게는 애초부터 그럴 의지도, 능력도 없었다. 이들은 운라이칸에 숨어서 한 걸음도 밖에 나가지 않고 형

---

3) 마승(麻繩): 삼 껍질로 꼰 노끈
4) 시코미즈에(仕込杖): 지팡이 속에 칼날을 숨긴 무기로 메이지 9년(1876) 폐도령(廢刀令)이 내린 뒤로 상인들이 호신용으로 많이 소지했다.

세를 관망했다. 그러다가 이일식의 소식이 두절되고, 특히 이일식의 부탁이라고 하면서 정난교가 운라이칸에 와서 이일식의 가죽가방을 가져갈 때 그와 함께 친린의숙에 다녀온 가와쿠보 쓰네키치의 말로 미루어 봐도 이일식의 생명에 우려할 만한 일이 생긴 것 같았다. 28일 오후 5시에 권동수, 권재수, 가와쿠보 쓰네키치는 이일식에게서 받은 권총과 도검을 갖고 조선공사관에 출두해서 임시대리공사 유기환에게 보호를 요청했다. 유기환은 고지마치(麴町) 경찰서에 통지하고, 경부(警部) 다나베 마사노스케(田邊政之助)를 불러서 사건을 설명했다. 다나베 경부는 본서로 돌아가서 보고한 후, 다시 경부 1명과 순사 10명을 이끌고 와서 29일 오후 1시경에 친린의숙을 임검(臨檢)하고, 이일식의 구금을 풀어 주고 전부 본서로 연행했다.[14]

경시청에서는 이 사건을 중대시했다. 경시총감 소노다 야스카타(園田安賢) 이하 각 수뇌부들은 고지마치 경찰서까지 출장을 나와서, 서장을 지휘해서 3월 31일에 이일식, 박영효, 이규완, 정난교 등 7명을 취조한 후에 도쿄지방재판소 검사국(檢事局)으로 넘겼다.

박영효와 이일식 등의 연행에는 아무 문제가 없었지만, 권동수와 권재수는 조선공사관으로 도피했기 때문에 이들을 연행하려면 외교적 절차가 필요했다. 바로 무쓰 외무대신은 유기환 대리공사에게 권동수 형제의 인도를 요구했지만, 대리공사는 이를 공사관의 불가침권(不可侵權)을 침해하는 것으로 간주해서 동의하지 않았다. 외무대신은 오토리 특명전권공사에게 타전해서 조선 통리아문에 직접 교섭할 것을 명했다. 오토리 공사는 4월 2일에 독판교섭통상사무 조병직을 방문해서 외무대신 훈령을 설명하고, 이어서 다음 날인 3일에 스기무라 서기관을 보내서 4월 4일 정오까지 권동수 형제의 인도에 관한 회답을 줄 것을 독촉했다. 독판 조병직은 참의교섭통상사무 르젠드르와 협의를 거듭한 끝에 일본 재판소의 취조에 필요하다면 권동수 형제를 일단 인도하는 데 동의하되, 취조가 끝나면 이일식, 권동수, 권재수는 모두 조선 법률을 위반한 범죄인으로서 처분할 필요가 있으니 일본 정부에 이들의 인도를 요구하기로 결정했다. 그리고 이러한 결정을 곧바로 4월 3일 오후에 유(兪) 대리공사에게 전훈(電訓)했다. 이에 따라 대리공사는 권동수, 권재수에게 공사관에서 나갈 것을 명하고, 문밖에서 경찰 관리들이 이들을 체포하게 두었다. 하지만 오토리 공사는, 조선과 일본 간에 아직 범죄인 상호인도조약이 체결되지 않은 것을 이유로 이일식과 권동수 등의 인도를 4월 5일에 거절했다.[15]

원래 유기환 대리공사는 권동수 형제의 인도에 절대 반대했다. 그런데 통리아문이 훈령을 내려서 인도를 명하자, 그는 크게 격앙해서 4월 5일에 '국권피침(國權被侵)'을 이유로 자신을 소환해 달라고 요청했다. 통리아문은 4월 6일에 이임(離任)의 필요가 있다면 그 사유를 상세히 상신한 뒤에 정부의 지휘를 기다리라고 회훈(回訓)했다. 그런데 유 대리공사는 이미 전날 무쓰 외무대신에게 공문을 발송해서 권동수 형제의 구인사건(拘引事件)을 격렬하게 비난하고, 앞으로 무쓰 외무대신과는 외교사무를 상의할 수 없다는 뜻을 성명한 상황이었다. 그리고는 공사관 사무를 대리할 사람의 이름도 통고하지 않고 그날로 도쿄를 떠나 버렸다.

유 대리공사의 귀국은 외교적으로 중대한 위기를 초래할 우려가 있었다. 무쓰 외무대신은 4월 6일에 오토리 공사에게 전훈(電訓)해서, 대리공사의 귀국이 조선 정부의 명령에 따른 것인지 설명을 요구하고, 아울러 유기환 대리공사를 다시 외교관으로서 일본에 파견하는 것을 원치 않으며 후임공사가 부임하면 그에게 적당한 징계를 가할 것을 요구하겠다는 뜻을 통고하게 했다.[16]

유 대리공사의 갑작스런 귀국은 통리아문에도 뜻밖의 사건이었다. 통리아문은 4월 9일에 휴가를 얻어서 귀조 중이던 변리공사 김사철(金思轍)에게 귀임(歸任)을 명하고, 그가 부임할 때까지 주일서기관 김사순(金思純)에게 공사관 업무를 대리하게 했다. 그리고 다음 날인 10일에 오토리 공사에게 조회를 보내서, 유 대리공사의 귀국은 완전히 독단에서 나온 것으로 조선 정부의 훈령에 따른 것이 아니라고 해명했다.[17]

어제○이태왕 갑오년 3월 4일·메이지 27년 4월 9일 보내신 제20호 공문을 받고 모두 살펴보았습니다. 일전에 유(兪) 서사(署使)가 보낸 전보에, 긴요한 공무가 있어서 반드시 귀국해서 직접 보고해야 한다고 했습니다. 본 독판은 전보로 회훈(回訓)하기를, 혹 긴요한 공무 사건이 있더라도 우선 전보로 분명히 보고하고, 정부의 명령을 기다린 다음에 진퇴를 결정하라고 했습니다. 그후 어제 일본공관 서기관 김사순의 전보를 받으니, 유 서사가 아력(我曆) 2월 30일○메이지 27년 4월 5일에 지조(知照)하고 출발했다고 했으니, 그 서사는 본 독판의 회훈 전보가 도착하기 전에 이임(離任)한 것입니다. 생각건대, 그 관원이 처음 서리(署理)할 때 우리 정부에서 찰칙(札飭)[5]하기를, 만약 긴요한 공무가 있어 직접 보고할 일이 있다면 정부의 명령을 기다리지 말고 수시로 귀국하라고 했습니다. 이번에 그 서사(署使)가 한 번 전보로 보고하고 곧바로 출발하는 바람에 비록 귀 외서(外署)에 지조(知照)는 했지만 누가 그 직무를 인계받았는지 미처 알리지 못했습니다. 이 때문에 본서(本署)에서 전칙(電飭)[6]한 후, 공관 서기관 김사순이 공관 사

---

5) 찰칙(札飭): 공문을 보내서 명령함
6) 전칙(電飭): 전보를 쳐서 명령함

무를 임시로 대신 처리한다는 것을 아울러 귀 외무성에 지조하라고 명했습니다. 부디 귀 공사께서는 살펴보시고, 이상의 각 사안을 귀 외무대신께 상세히 전달하시기 바랍니다.[18]

이어서 유기환이 귀국한 후 그의 관직을 낮추는 것으로 이 사건을 매듭지었다.

얼마 후 4월 26일에 이일식, 박영효 등 피고에 대한 예심이 결정됐다. 이일식은 모살교사(謀殺敎唆), 가와쿠보 쓰네키치는 모살방조, 박영효, 이규완, 정난교 등 6명은 감금·제박(制縛)[7]·구타·고문의 죄명으로 기소됐고, 권동수, 권재수, 김태원은 모살예비(謀殺豫備)[8]라는 이유로 예심면소(豫審免訴)를 언도받았다. 그렇게 해서 이일식, 박영효 이하는 도쿄지방재판소의 공판으로 넘겨졌다. 입회검사는 이일식에 대해서는 김옥균에 대한 모살교사 및 박영효에 대한 모살미수로 사형, 가와쿠보에 대해서는 모살방조로 무기도형(無期徒刑)[9], 이규완과 정난교에 대해서는 감금과 제박으로 2월 이상 2년 이하의 중금고(重禁錮) 및 벌금을 구형하고, 박영효에 대해서는 증거불충분으로 공소를 포기했다. 6월 27일 결심판결에서 이일식, 가와쿠보 쓰네키치, 박영효 등은 모두 무죄를 선고받았고, 이규완과 정난교에게만 제박·감금·구타죄로 중금고 1월 10일(정난교는 1개월) 및 벌금 각 2엔의 처분이 내려졌다. 이규완과 정난교는 원판결에 불복해서 항소했고, 입회검사도 이일식과 가와쿠보 쓰네키치에 대한 판결이 법률을 잘못 적용한 결과라며 항소했다. 이심(二審)은 도쿄공소원(東京控訴院)[10]의 심리를 거쳐 메이지 27년 10월 1일의 판결에서 두 사건 모두 공소기각이 선고됐다.[19]

김옥균과 박영효 암살계획의 경과를 상세히 검토해 보면, 이일식, 권동수, 권재수에게 실제로 그럴 의지가 있었는지 매우 의심스럽다. 이들이 일본에 건너온 뒤로 거의 3년간 김옥균은 고립무원의 상태에 있었기 때문에 어딘가로 유인해서 살해하는 것은 그다지 어려운 일이 아니었다. 다만 이들은 실행할 의지도, 능력도 없었기 때문에 실행 능력을 가진 인물이 나타나기만을 기다리고 있었다. 홍종우의 출현은 뜻밖의 행운이었다. 이일식은 홍종우에게 김옥균 살해를 위탁하고 이것으로 모든 것을 호도할 생각이었겠지만, 지운영의 선례도 있었으므로 자신도 빈손으로 국왕과 척족에게 복명(復命)할 수는

---

7) 제박(制縛): 제재를 가해서 인신을 속박함
8) 예비(豫備): 범행 장소의 물색, 범행 도구의 구입 등 범죄 실현을 위한 일체의 준비행위로서, 실제로 범죄가 이뤄지기 전이라는 이유로 형법상 처벌되지 않는다. 다만 내란·외환·방화·살인·통화(通貨) 등 중범죄의 경우는 예외적으로 처벌되기도 한다.
9) 무기도형(無期徒刑): 중죄인을 평생 섬에 가두어 노역을 시키거나 변방의 관청에 속한 노예로 만드는 형벌
10) 공소원(控訴院): 공소(控訴)는 구법에서 항소(抗訴)를 이르던 말로, 공소원은 항소 법원의 예전 명칭이다.

없었다. 운라이칸에서의 대규모 준비나 친린의숙에 단신으로 뛰어든 것은 그 반간고육 책(反間苦肉策)이 구체화된 결과였다. 특히 후자에 관해서 보면, 이일식은 권동수, 권재수 형제에게 살인을 할 의지도, 능력도 없음을 확인한 다음에 자신이 소유한 무기 전부를 분배하고, 시기를 가늠해서 습격을 강요했다. 그리고 자신은 촌철(寸鐵)[11]도 소지하지 않은 채 적진인 친린의숙으로 결연히 쳐들어갔다. 이런 방법으로 몇 번이나 사람을 죽인 경험이 있는 망명정치범들을 살해할 수 있으리라고 믿는 사람은 아무도 없을 것이다. 잠정적 피해자인 박영효 등도 이일식에게 살의가 있었다고는 생각하지 않았고, 임검한 경찰관이 피해자와 가해자를 식별하는 데 헷갈릴 정도였다. 재판소가 이일식의 모살미수를 인정하지 않은 것은 당연했다.

이일식이 법정에서 끝까지 침묵을 지켰던 진짜 의도는 다음과 같은 것이 아니었을까. 그는 3년간 일본에 체류한 경험을 통해 일본은 경찰제도가 매우 잘 갖춰져 있으며, 조선인 정치범과 관련한 사건은 그 발생과 동시에 탐지된다는 사실을 알고 있었다. 그가 운라이칸에서 대규모의 암살계획을 진행하면 반드시 경찰관의 이목을 끌어서 실행에 착수하기 전에 발각될 것이며, 그와 권동수 형제는 지운영의 선례에 따라 일본 관헌에게 체포된 다음에 국외 추방을 당할 것이다. 그의 실행계획은 신문에 상세히 보도될 것이니, 그것은 귀국할 때 좋은 선물이 될 것이다. 운라이칸 계획의 실패가 이일식의 입장을 불리하게 만들었음은 두말할 나위도 없다. 제2단계의 책략으로 친린의숙에 가면 당연히 감금과 구타를 당하겠지만, 흉기를 소지하지 않았기 때문에 생명의 위험은 없다. 그리고 겁이 많고 나약한 권동수 형제는 공포에 질린 나머지 틀림없이 조선공사관이나 경찰서로 달려가서 보호를 요청할 것이다. 그러면 경찰권이 발동되고, 이일식은 당연히 풀려날 것이다. 그리고 이일식 자신은 박영효 등에게 위해를 가한 사실이 없기 때문에 어떠한 처형도 받지 않고 국외 추방 명령을 받을 것이다. 신문에서는 이일식이 목숨을 걸고 박영효 등을 습격했지만 권동수 형제가 비겁하고 나약해서 목적을 달성하지 못한 사실을 상세히 보도할 것이므로, 그는 그것을 선물로 당당히 귀국할 수 있을 것이었다. [당시 국왕과 척족이 일본 신문기사에 늘 관심을 두고 있었던 것은 사실이다.]

이상은 단순히 필자의 억측이 아니며 메이지 19년부터 메이지 43년까지 23년 동안에 조선 내외에서 발생한 수많은 암살 사건을 검토한 끝에 내린 결론이다.

---

11) 촌철(寸鐵): 극히 작은 무기나 쇠붙이

박영효 암살 미수 사건과 관련해서 조선국왕의 친서 및 인새(印璽)[12] 위조 문제가 발생했다. 처음에 3월 28일 박영효가 친린의숙에서 이일식을 심문했을 때, 이일식은 오미와 조베로부터 2만 엔 내지 5만 엔의 정치자금을 받아 내기 위해 국왕 칙유(勅諭)를 김옥균에게서 부탁받았다고 진술했다. 이일식의 가죽가방을 가져오게 해서 검사한 박영효는 그 안에서 국왕의 친서라고 하는 종이 2통을 발견했는데, 그 형식이나 인새로 볼 때 얼핏 봐도 위조임을 쉽게 알 수 있었다. 박영효는 김옥균이 전각(篆刻)에 능하고 특히 국왕 친서의 위조 등은 그의 상투수단이기 때문에 김옥균의 위조가 아닐까 의심했지만, 그 필적이 전혀 달랐다. 인새도 이일식의 가죽가방에서 2개 모두 발견됐다. 그 하나는 사각형으로 '이씨계극수전소보(李氏繼極壽傳召寶)'가, 다른 하나는 원형으로 '주연(珠淵) [이태왕의 회]'이라는 두 글자의 인문(印文)이 새겨져 있었다. 나중에 이일식의 진술에 기초해서 취조한 결과, 2개의 인장은 메이지 27년 2월에 오사카 시 기타 구 조안마치(常安町) 116번 야시키(屋敷)의 인장 조각을 하는 나카니시 세지로(中西淸治郎)가 이일식의 주문으로 인각(印刻)한 것임이 판명됐다.[20]

조선국왕 친서는 처음부터 위조품이 분명했지만, 이일식이 김옥균과 박영효 살해는 왕명에 따른 것임을 주장했으므로, 재판소는 사법대신을 경유해서 외무대신에게 이일식의 주장의 진위 여부를 조선 정부에 문의해 줄 것을 요청했다.

무쓰 외무대신은 도쿄지방재판소에서 발송한 조선국왕 친서를 한 번 보고는 바로 그 인새가 위조된 것임을 짐작했다. 그는 4월 2일에 오토리 주한특명전권공사에게 전명(電命)해서 친서의 진위를 확인하되, 그 회답은 반드시 공문으로 받으라고 주의를 주었다. 오토리 공사는 4월 3일에 서기관 스기무라 후카시를 독판교섭통상사무 조병직에게 보내서 외무대신의 전훈에 포함된 이일식 등의 진술을 전달하고, 그 진위, 특히 이른바 국보의 진위를 질문하게 했다. 독판 조병직은 당일로 조회를 보내서 이를 전적으로 부인하고, 아울러 이일식 등 범죄자의 인도를 요청했다.[21]

예전에 아력(我曆)○이태왕 갑오년 정월에 귀국 수도에 주재하는 우리 공사가 전보로 이일식, 권동수가 집조(執照)[13]를 받지 않고 종적(蹤跡)이 수상한 각 정절(情節)을 보고했기에, 본서(本署)에서는 즉시 세 항구의 감리(監理)에게 밀칙(密飭)해서 그들이 도착하는 대로 나판(拿

---

12) 인새(印璽): 옥새(玉璽)와 국새(國璽)의 통칭
13) 집조(執照): 관에서 발급하는 증명문서

辦)[14]하게 했습니다. 아울러 귀 공사에게 언명하기를, 적절한 조치를 취해서 그들을 체포한 후 본국에 돌려보내 간악한 무리를 징계하게 해 달라고 했습니다. 그런데 근래 들으니, 이일식과 권동수가 아직도 귀국에서 사단을 일으킨다고 하고, 또 오늘 귀 서기 스기무라 후카시가 와서는 "지금 우리 정부의 전명(電命)을 받으니, 이일식이 옥새가 찍힌 문빙(文憑)을 소지하고 있으므로 본 공사에게 조선 정부에 그 진위를 문의하라고 했습니다. 이에 우선 언명하니, 이후에 조회하시기 바랍니다."라고 했습니다.

본 독판이 살펴보건대, 이일식은 문빙(文憑)을 위조하고 인국(隣國)에 몰래 월경했으니, 그 죄가 망사(罔赦)[15]에 속합니다. 따라서 귀 정부는 응당 전장(典章)에 따라 그를 조사·체포해서 오직 신안(訊案)[16]만 하고 이일식과 권동수 등 여러 범인들을 신속히 본 정부에 압송해서 법률에 따라 처리하게 하는 것이 실로 공정하고 윤당할 것입니다. 부디 이러한 내용을 귀 정부에 전달해서 시행하고 조복(照覆)하시기 바랍니다.[22]

일본·청·한국 3국 외교관계에 관한 한, 김옥균 암살 사건은 이것으로 종결됐다. 그렇지만 이 사건의 정치적 의의는 매우 중대해서 일한 양국의 내정문제로 발전했다.

조선에서는 국왕과 척족 모두 갑신변란의 수괴가 자국 법권(法權)이 미치지 않는 안전지대에 거주하면서 척족 타도의 책모(策謀)를 꾸미는 것을 한탄하고 있었는데, 이제 의병장 홍종우의 손을 빌려서 이들을 정법(正法)[17]하게 되자 국가의 더없는 경사로 여겨서 이를 종사에 고했다. 5월 31일에는 국왕이 창덕궁 인정전에 임어(臨御)해서 왕세자 척(坧)과 종친, 그리고 문무백관의 진하(進賀)를 받고, 전교를 반포해서 사형 이하의 범죄에 대해 특별사면을 명했다. 이 성대한 의식이 거행된 날, 전주 이씨가 용흥(龍興)한 땅인 전주부(全州府)가 동학 수괴 전봉준(全琫準)의 손에 함락된 사실은 보는 이로 하여금 일종의 감개(感慨)에 젖게 한다.[23]

반교문(頒敎文)[18]에 이르기를,

원악(元惡)[19]을 추륙(追戮)해서 귀신과 인간의 분이 풀렸으니, 구장(舊章)을 이제 상고하

---

14) 나판(拿辦): 체포해서 법대로 처리함
15) 망사(罔赦): 용서할 수 없는 큰 죄. 보통 사형을 뜻한다.
16) 신안(訊案): 어떤 안건을 심리(審理)함
17) 정법(正法): 법률에 따라 사형에 처함
18) 반교문(頒敎文): 나라에 경사가 있을 때 백성들에게 반포하는 임금의 교서(敎書)
19) 원악(元惡): 가장 큰 악인. 악당의 우두머리

여 조야(朝野)에 정성껏 고하노라. 이에 대호령(大號令)을 내리니, 너희는 분명히 들으라.

　　나는 왕조의 큰 터전을 계승해서 불행히 여러 번 액운(厄運)을 만나서, 선왕들께서 맡기신 강토와 국민을 밝게 받아서 거듭 아름답게 하고자[20] 위험하고 고생스러운 일을 모두 겪었지만은 어찌 차마 갑신년(1884)의 일을 말할 수 있겠는가? 흉당(凶黨)을 체포하고 국청(鞫廳)을 설치해서 법에 따라 처단한 자들이 많지만, 거특(巨慝)[21]은 아직 죽이지 못했고 법망(法網)을 빠져나가 망명한 자들이 적지 않았다. 역괴(逆魁) 김옥균은 필시 천지가 개벽한 이래로 없었던 자이니, 괄운(适雲)○대역부도죄인 이괄과 신치운의 난역지변(亂逆之變)에 비할 바가 아니다. 홍영식, 박영효의 경효(獍梟)[22] 같은 마음과 울음소리를 함께 해서 여기(厲氣)[23]를 불러 모았고, 서광범, 서재필과 함께 뱀과 지렁이처럼 얽혀서 오랫동안 음모를 꾸며 왔다. 그러다가 삼경(三更)[24]에 불을 지르니, 뜻밖에 곡하(轂下)[25]에서 군대가 일어나 왕궁을 이틀간 포위하고 마침내 주액(肘腋)[26]에서 변이 일어났다. 장상(將相)과 여러 신하들을 교체해서 관직을 거짓으로 내리고, 재상과 여러 선비들을 참혹하게 죽여서 조신(朝紳)들에게 원한을 갚으니, 종사(宗社)가 두려움에 떨어 위태롭기가 마치 터럭 끝에 매달린 것 같았고, 전궁(殿宮)이 두 번이나 파월(播越)[27]했다.

　　분침(氛祲)[28]을 확청(廓淸)[29]한 것은 감령(感靈)이 미친 덕분이지만, 재앙의 싹은 마땅히 그 추류(醜類)를 모두 죽여야 하니 어찌 천지 사이에서 숨을 쉴 수 있게 하겠는가? 그러나 먼 바다 밖으로 종적을 감춰서 마음은 죽고 혼백은 무너졌으니 실오라기 같이 연명하는 것에 무슨 근심이 있었겠는가? 하지만 의심스러운 말을 해 대고 잘못된 말을 전해서 간혹 뜬소문이 서로 선동하는 지경에 이르렀다. 통탄스럽도다! 저처럼 고금에 없을 큰 악인에게 10년이나 형을 내리지 못함이여! 아녀자조차도 인간의 떳떳한 본성이 있으니, 만백성의 쌓인 분노가 하늘을 찌른다.

　　마침내 상천(上天)이 우리 방국(邦國)을 묵묵히 보우하여 죄인이 비로소 도끼 아래에서

---

20) 원문은 '昭受申休'인데, 『書經』, 「益稷」에 "이로써 상제에게 밝게 받으면 하늘이 거듭 명하여 아름답게 할 것이다(以昭受上帝 天其申命用休)."라고 한 데서 인용했다.

21) 거특(巨慝): 가장 큰 악인

22) 경효(獍梟): 경(獍)은 악한 짐승으로서 그 아비를 잡아먹고, 효(梟)는 올빼미로서 그 어미를 잡아먹는다고 한다. 따라서 경효는 불효하고 은혜를 알지 못하는 사람을 비유하는 말이다.

23) 여기(厲氣): 사악한 기운

24) 삼경(三更): 밤 11시부터 새벽 1시 사이

25) 곡하(轂下): 곡(轂)은 황제가 타는 수레로, 곡하(轂下)는 서울을 비유하는 말이다.

26) 주액(肘腋): '팔꿈치와 겨드랑이'라는 뜻으로, 몸에서 매우 가까운 곳을 비유한다. 여기서는 '궁궐 내부'라는 뜻이다.

27) 파월(播越): 임금이 난을 피해 다른 곳으로 피난 가는 일. 파천(播遷)

28) 분침(氛祲): 악하고 요사스러운 기운

29) 확청(廓淸): 더럽고 어지러운 것을 숙청해서 깨끗하게 함

복주(伏誅)당하게 되었다. 역절흉모(逆節凶謀)는 격식을 갖추지 않고 처단하는 것은, 요요난령(妖腰亂領)[30]은 경폐(徑斃)[31]하게 해서 은혜를 베풀어서는 안 되기 때문이다. 역적 김옥균은 이미 잡아다가 이괄과 신치운의 형률을 적용해서 능지처사(陵遲處死)를 추시(追施)[32]했으니, 태실(太室)[33]에서는 공경히 고하는 의식을 진설하고, 대정(大庭)[34]에서는 널리 선포하는 의전을 거행하라. 바다에서 태양이 떠오르는 날을 맞이하여 모든 것이 음양(陰陽)의 참서(慘舒)[35] 안에 모여 있으니, 솔토보천(率土普天)[36]에 어찌 뇌우(雷雨)와 같은 사면을 내리는 데 인색하겠는가? 이번 달 27일 매상(昧爽)[37] 이전부터 잡범으로서 사죄(死罪) 이하는 모두 유제(宥除)[38]하라. 관직에 있는 자들은 한 자급(資級)씩 더해 주고, 자궁(資窮)한 자는 대가(代加)하라.[39] 아아! 천리(天理)가 틀림이 없어서 왕의 법을 펼 수 있었다. 아래에서 반란이 없으면 위에서 주륙이 없을 것이니 비록 난을 일으키기 전에 처리한 것은 부끄러우나, 악은 반드시 징벌하고 선은 반드시 권면해야 아마도 백성의 교화를 이룰 수 있을 것이다. 그러므로 이에 교서를 내려서 알리니, 이러한 뜻을 당연히 잘 이해했으리라. 예문제학 윤용선(尹容善)이 짓다.**24**

라고 했다.

김옥균 암살 사건은 일본 국내에서도 조선에서와는 다른 의미로 정치적으로 중대한 문제가 되었다. 원래 김옥균은 망명한 10년 동안 맹우(盟友)였던 박영효와 결별하고 일본 관민에게도 거의 동정을 잃어서, 그가 상하이로 마지막 여정을 떠날 때 고베 부두로 배웅 나온 일본인이 가이 군지 단 1명일 정도로 비참한 상황이었다. 그런데 그가 상하이에서 혁명지사에게 어울리는 극적인 최후를 맞았다는 소식이 전해지자, 국민들은 과거

---

30) 요요난령(妖腰亂領): 허리를 자르고 목을 베어야 할 간악한 자
31) 경폐(徑斃): 형을 집행하기 전에 죄인이 죽는 것
32) 추시(追施): 나중에 시행함
33) 태실(太室): 종묘(宗廟)
34) 대정(大庭): 대궐의 뜰
35) 참서(慘舒): 참(慘)은 음지에 있을 때 몸이 움츠러드는 것이고, 서(舒)는 양지에서 몸이 펴지는 것으로, 참서(慘舒)는 근심과 즐거움, 너그러움과 엄함, 성함과 쇠퇴함 등을 비유하는 말이다. 여기서는 너그러움과 엄함이라는 뜻으로 쓰였다.
36) 솔토보천(率土普天): 온 천하를 가리킨다. 『詩經』, 「小雅」, '北山'에 "하늘 아래가 모두 왕의 땅이며 땅끝 물가에 이르기까지 모두가 왕의 신하이다(普天之下 莫非王土 率土之濱 莫非王臣)."라고 한 구절에서 유래했다.
37) 매상(昧爽): 이른 새벽
38) 유제(宥除): 임금이 교지를 내려서 죄를 사면함
39) 자궁(資窮), 대가(代加): 자궁은 당하관(堂下官)으로서 다시 더 올라갈 품계가 없는 것으로, 당하관의 가장 높은 등급인 정3품 통훈대부(通訓大夫)를 가리킨다. 대가는 임금의 은전(恩典)으로 가자할 때, 자궁에 해당하는 사람 대신에 그 아들, 조카, 사위, 손자 등의 품계를 올려 주는 것이다.

김옥균의 실행(失行)[40]은 모두 잊고 오직 그가 조선의 자주독립을 위해 분투하여 일신을 돌보지 않고 희생한 공적만을 추억해서 온갖 동정과 원조를 아끼지 않았다. 그중에서도 김옥균의 옛 친구 오이 겐타로, 이노우에 가쿠고로, 오카모토 류노스케(岡本柳之助) 등을 중심으로 '김씨우인회(金氏友人會)'라는 모임이 조직되어, 고준샤(交詢社) 내에 사무소를 설치하고 관계 당국과 연락을 취해 김옥균의 시신 인도·장례 등을 담당하기로 했다.

얼마 후 김옥균의 종복(從僕) 와다 엔지로가 쓸쓸히 귀국하자, 김씨우인회는 그에게 물어서 김옥균이 청에 간 사정과 그의 최후, 사체 압수에 관해 상세히 파악할 수 있었다. 이에 김옥균에 대한 동정은 점차 청 관헌의 횡포와 조선국왕과 척족의 잔학함에 분노하는 목소리로 바뀌어 갔다. 김씨우인회는 상하이 공동조계 공부국 경찰부에 압수돼서 강소해관도(江蘇海關道)에게 인도된 김옥균 시신의 반환청구를 급무로 보고, 회원 중에 외무대신 무쓰 무네미쓰와 특수한 관계에 있던 오카모토 류노스케를 통해 외무당국과 교섭하고, 대표자로 오카모토와 사이토 신이치로(齋藤新一郎)를 상하이에 파견했다. 그런데 김옥균의 시신은 강소해관도가 다시 조선의 출장관원에게 인도해서 이미 본국으로 호송됐으므로, 김씨우인회는 고바야시 가쓰타미(小林勝民) 등을 대표로 내세워 외무차관 하야시 다다쓰(林董)에게 김옥균 시신 인도에 관해 조선 정부와 교섭할 것, 오코시 총영사대리를 징계할 것 등을 요구했지만 그 자리에서 거절당했다.

김씨우인회는 이제 아무것도 할 수 있는 일이 없었다. 마지막으로 메이지 27년 5월 20일에 직접 주최단체가 돼서 도쿄 시 아사쿠사 구(淺草區) 니시혼간지(西本願寺) 별원에서 김옥균을 위한 법요(法要)[41]를 열고, 김옥균의 머리카락을 아사야마(青山) 묘지에 매장했다. 마침 임시의회가 소집된 중이었으므로 정치적인 이유에서도 많은 참석자가 모여 보기 드문 성대한 의식이 되었다.[25]

김옥균 암살 사건은 이제 외교문제에서 내정문제로 바뀌었다. 국민은 이미 공표된 단편적이면서도 왜곡된―고의는 아니었지만―사실로부터 판단해서 이 사건의 배후에 청, 특히 이홍장과 이경방의 음모가 있음을 감지했다. 갑신변란 이후 10년간 억눌러 온 배청감정(排淸感情)이 일시에 폭발했다. 메이지 27년 5월 18일 제6회 임시의회 중의원 본회의에서의 의원 모리야 고노스케(守屋此助)의 질문 연설은 바로 이러한 종류의 격렬한 감정을 대표하는 것이었다.

---

40) 실행(失行): 도리에 어긋난 행동
41) 법요(法要): 죽은 사람의 명복을 기원하는 불교의식. 법회(法會)·법사(法事)

○^{상략} 일본 정부가, 이 김옥균과 관련된 사건은 일개인의 일이기는 하지만 일·청·한 3국에
관계된 외교적으로 중대한 문제라고, 이렇게 생각하고 있습니다. 왜냐하면 왕복 승선권을 사
서 상하이에 가서도 일본인이 개업 중인 여관 동화양행(東和洋行)에 숙박할 정도로 어디까지
나 일본의 보호 아래 있다고 생각했기 때문입니다. 그 사람이 총기로 살해당한 것은 지나(支
那)의 상하이에서 발생한 일이기 때문에 지금 — 지금 그러한 사변이 벌어진 나라에서 검시
절차를 밟는 것은 당연합니다. 하지만 검시 절차를 마친 다음에, 그 상하이 도대(上海道臺)는
어떻게 결정했냐면, 일본인 와다 엔지로에게 인도하지 않았습니까? 따라서 이 인도가 끝난
다음에는 일본인 와다 엔지로의 화물이 된 것입니다. 그러므로 세관 수속을 해서 — 세관 수
속을 거쳐 그것을 화물로 해서 짐을 싸서 일본의 우선회사(郵船會社) 선박에 싣고 귀국하려
고 한 것입니다. 그가 귀국하려고 할 때, 상하이 도대는 검시 절차를 마쳤으면, 그것으로 지나
관리가 일본인 와다 엔지로에게 넘겨 준 것입니다. 그 다음부터는 와다 엔지로의 화물입니
다. 그 물건이 일개인의 단순한 사유물로서, 어떻게도 나라의 교제상(交際上), 외국과의 관계
상(關係上) 다시 관계가 없는 것이라면 굳이 이 연단에 서서 말씀드릴 것도 없습니다. 앞에서
말씀드려서 여러분께서 숙지하시는 것처럼, 그것은 일·청·한 3국에 중대한 관계가 있는 물
건입니다. 그 물건을 지나 정부는 한번 일본인 와다 엔지로에게 인도했으면서, 그 뒤로 기묘
하게 말을 지어내서 정정당당한 담판도 없이 다시 가져갔습니다. ○^{중략} 그래서 지나 정부가
일단 일본인 와다 엔지로에게 인도한 물건을, 정정당당한 절차를 통해 인도한 물건을, 정당
한 이유 없이 애매모호한 틈에 가져가서는 자국 군함에 실어 홍종우와 같은 배편으로 그것을
보냈습니다. 이 일은 여러분, 어떻습니까? 일본을 향해 저들이 모욕을 가하고 있지 않습니까?
무례한 행위를 하고 있지 않습니까? 이것이 무례가 아닙니까? 모욕이 아닙니까? 무례와 모욕
이라고 하는 것은, 이러한 사실을 이름 하여 모욕과 무례라고 하는 것이라고 저는 확신합니
다. ○^{하략26}

외무대신 무쓰 무네미쓰는 5월 29일에 서면으로 다음과 같이 답변했다. 그는 사무적
으로 사건의 진상을 설명하고, 오코시 총영사대리의 조처에 과실이 없음을 해명했다.
[사실상 오코시 총영사대리의 조처에 유감스러운 점이 적지 않다는 것은 영사 자신도 인정하고
있었다.]

상하이 주재 제국(帝國) 총영사의 보고에 따르면, 조선인 김옥균이 같은 나라 사람 홍종우
에게 살해되자 그 고용인, 우리나라 사람 와다 엔지로라는 자가 상하이 현령에게 부탁해서 그
사체를 인수하여 3월 31일 상하이에서 출항하는 사이쿄마루에 싣고 우리나라로 돌아오려고

했습니다. 그때 상하이 현령이 우리 총영사에게 사체의 적재를 잠시 늦춰 줄 것을 요청해 왔습니다. 그러나 우리 총영사는 상하이 현령이 일단 와다 엔지로 본인에게 하부(下附)[42]했고, 세관 수속도 마친 물건에 대해 그것을 막을 권리는 없다는 말로 그 요청을 거절했습니다. 그런데 그 후 와다 엔지로는 그 사체를 길가에 방치해 둔 채로 그 장소를 떠났습니다. 따라서 상하이 거류지 경찰서장은 도로에 사체를 방치하는 것이 거류지 규칙에 위배된다는 이유로 그것을 경찰서로 가져갔고, 와다 엔지로는 다시 경찰서에서 사체를 인도받는 절차를 밟지 않고 귀국했습니다. 경찰서장은 청 관헌의 청구에 응해서 사체를 그 관헌에게 인도했다고 합니다.

사실이 이러하기 때문에 지키는 사람이 없는 사체에 대해서 청 관헌이 그 지방관에게 명하여 처분하게 한 것은 사실이지만, 질문서에서 말한 것처럼 청 정부가 약탈한 것은 아닙니다. 그리고 일개 조선인인 김옥균의 시체, 그리고 일개 조선인인 가해자 홍종우의 사건이 발생한 나라의 정부, 즉 청 정부가 그것을 누구에게 인도하더라도 제국 정부가 간섭할 일은 아닙니다.[27]

의원들은 격분해서 고함치고, 외무당국은 냉정하고 사무적인 태도로 서면 답변했다. 하지만 한 발자국만 더 들어가면, 겉으로는 대립하고 있는 것처럼 보이는 양측의 가슴 속에는 똑같이 격렬한 배청감정(排淸感情)이 흐르고 있었음을 이해해야 한다.

---

42) 하부(下附): 일본식 한자어로 관청에서 민간인에게 물건 등을 내려 주는 것을 말한다.

【원주】

1 『李文忠公全集』(電稿) 15권, "寄上海聶道".

2 "明治二十七年四月二十六日大越上海駐在總領事代理報告".

3 "李逸植謀殺未遂被告事件豫審調書".

4 『公文謄錄』, "光緒二十年三月九日駐韓淸道員袁世凱到朝鮮領議政沈舜澤照會"; 『李文忠公全集』(電稿) 15권, "寄上海聶道"·"寄朝鮮袁道".

5 "明治二十七年四月六日外務大臣宛大越上海駐在總領事代理報告".

6 『總理衙門日記』39권, 甲午年 3月 7·8日; 『公文謄錄』.

7 『李文忠公全集』(電稿) 15권, "寄譯署"; Mr. H. N. Allen, U. S. Chargé d'Affaires a. i. to Korea, to Mr. W. Q. Gresham, Secretary of State, April 17, 1894. Papers relating to the Foreign Relations of the United States, 1894. Appendix, p. 17.

8 『日省錄』, 李太王 甲午年 3月 9日; 『李文忠公全集』(電稿) 15권, "寄譯署".

9 『李文忠公全集』(電稿) 15권, "寄 朝鮮袁道".

10 "李逸植謀殺未遂被告事件檢事聽取書"; "同豫審調書".

11 위와 같음.

12 "李逸植謀殺未遂被告事件豫審調書".

13 위와 같음.

14 "李逸植謀殺未遂被告事件記錄".

15 "李逸植謀殺未遂被告事件記錄"; 『統理衙門日記』39권, 甲午年 2月 28·29日.

16 "朝鮮國臨時代理公使兪箕煥離任貴國事件"; 『統理衙門日記』39권, 甲午年 3月 2日.

17 『統理衙門日記』39권, 甲午年 3月 4·5·7·9日; 『李文忠公全集』(電稿) 15권, "寄譯署"·"寄日本汪使".

18 『統理衙門日記』39권, 甲午年 3月 7日.

19 "李逸植謀殺未遂被告事件豫審決定書"; "公判記錄".

20 "李逸植謀殺未遂被告事件記錄".

21 위와 같음; 『統理衙門日記』39권, 甲午年 正月 9·10, 2月 28日.

22 『總理衙門日記』39권, 甲午年 2月 18日.

23 『日省錄』, 李太王 甲午年 3月 23日, 4月 27日.

24 『日省錄』, 李太王 甲午年 4月 27日.

25 『金玉均』, 31~33쪽.

26 『大日本帝國議會誌』2권(昭和 2年刊), "第六議會衆議院", 1529~1530쪽.

27 『大日本帝國議會誌』2권(昭和 2年刊), "第六議會衆議院", 1735~1736쪽.

동학변란(東學變亂)

제 23 장

제 66 절

동학의 연혁 / 계사동학변란(癸巳東學變亂)

동학은 최근까지 조선의 유사종교 가운데 가장 큰 세력을 가졌던 천도교(天道敎)·시천교(侍天敎)[대동일진회(大東一進會)]·상제교(上帝敎) 3개 종교의 기원이 되며, 그 연구는 근대조선의 정치·사회를 이해하는 데 반드시 필요하다. 필자는 쇼와(昭和) 5년 경성제국대학 법문학부 연구조사책자 제3집『근대 일지선관계의 연구(近代日支鮮關係の硏究)』를 발표할 때 특별히 한 장을 할애해서 이 문제를 논했다.[1] 그 후 상제교주의 후손으로 젊은 나이에 세상을 떠난 문학박사 김문경(金文卿) 씨와 알게 되었고, 그의 진지한 연구에서 적지 않은 도움을 받았다. 쇼와 10년에는 조선총독부 촉탁(囑託) 무라야마 지준(村山智順) 씨가 조선총독부 조사자료 제42집으로『조선의 유사종교(朝鮮の類似宗敎)』라는 제목의 방대한 책을 발표했다. 이 책은 전부터 경찰관헌 및 그 밖의 관청에서 조사 수집한 동학 관계 자료를 풍부하게 수록하고 있어서 매우 유용하다.[2] 이처럼 동학이 종교학적으로, 또 정치적·사회적으로 연구되기 시작한 것은 대단히 반가운 현상이 아닐 수 없다. 이에 따라 예전에는 거의 그 존재를 기대하지 않았던 동학 관계 사료가 계속해서 세상에 등장하게 되었다.

동학은 이러한 견지에서 재검토되어야 한다. 그러나 이 문제는 이 책에서 논해야 할 범위를 벗어나는 것이 많기 때문에 여기서는 일한관계에 깊은 관계가 있는 동학도(東學道)의 변란에 중점을 두고, 동학의 기원 및 그 본질에 관해서는 되도록 간략하게 서술할 것이다. 그 자세한 검토는 뒷날을 기약하고자 한다.

동학도의 교조(敎祖)는 최제우(崔濟愚)이다. 그는 닌코(仁孝) 천황 분세이(文政) 7년(순조 갑신년) 10월 28일에 경상도 경주부(慶州府) 현곡면(見谷面) 용담리(龍潭里)에서 태어났다. 초명(初名)은 복술(福述)이고 후에 제우로 개명했다. 부친은 최옥(崔鋈), 모친은 한씨(韓氏)이다. 장성해서는 훈장을 업으로 삼았는데, 가산(家産)을 돌보지 않아 적빈여세(赤貧如洗)[1]했다. 평소 사학(邪學) 또는 서학(西學)이라고 부르는 천주공교회(天主公敎會)[2]

가 민간에서 널리 신봉되는 것을 개탄해서 그것과 싸워서 근절하는 데 뜻을 두고, 고향을 떠나 경상도 양산군(梁山郡) 천성산(千聖山)에 들어가서 단(壇)을 쌓고 오랫동안 공부에 전념했다. 그러다가 만엔(萬延) 원년(철종 경신년) 4월에 홀연히 한울님[天主]의 강림을 영감하고 영부(靈符)[3]를 받았다. 최제우는 그것을 갖고 더욱 더 공부를 거듭해서 새롭게 하나의 도(道)를 개창했다. 동학 관계자들은 이 경신년을 포덕 원년(布德元年)이라고 부른다.[3]

최제우는 새 도(道)를 서학에 대비(對比)해서 동학이라고 이름 붙였다. 그 교지(敎旨)는 경천순천(敬天順天)의 마음을 한울님으로 보고, 항상 "지기금지원위대강(至氣今至願爲大降)"[4], "시천주조화정영세불망만사지(侍天主造化定永世不忘萬事知)"[5]의 8자와 13자 주문을 외웠다. 그리고 기도를 할 때는 산속에 제단을 설치하고 주문을 외워서 신을 강림케 하고, 목검을 잡고 뛰면서 춤을 췄다고 한다. 치료를 청하는 사람이 있으면 주문을 주어 외게 하고, 또 '궁궁(弓弓)' 자를 쓴 종이 조각을 주고 그것을 태운 재를 복용하게 했다. 그렇게 하면 모든 병이 반드시 나았다고 전해진다. 실제로 주문과 영부(靈符)의 힘으로 질병을 치료하는 것은 동학의 가장 중요한 사명이 되었는데, 그것은 갑오년 동학 수괴 전봉준이 "동학을 배우면 질병을 피하는 것 말고 다른 이익은 없다."라고 말한 데서도 알 수 있다.

오늘날 최제우의 저작으로 전해지는 여러 책들을 보면, 그것이 후대의 수정을 거쳤다고 해도 그가 지방의 상민(常民) 혹은 향반(鄕班)들 중에 학식을 가진 인물이었음은 의심할 여지가 없다. 그가 새로운 종교를 창시할 때 안팎으로 여러 경전을 참고했겠지만, 주로 반도(半島)의 민속에 깊이 뿌리 내린 샤머니즘 신앙에 기초를 두었다는 사실은 부정할 수 없다 — 현재 천도교를 비롯한 여러 분파들에는 그 형식상 큰 변화가 있었겠지만 — . 이로 인해 동학은 쉽게 대중의 귀에 들어가서 낫 놓고 기역자도 모르는 시골 아낙네와 아이들에게까지 전파됐다. 불과 2, 3년 만에 8자 주문과 13자 주문을 외는 소리가 경상도 전역에서 들렸다고 한다.

동학이 성행해서 경상도 전역을 풍미하자, 미약한 철종의 묘당도 더 이상 간과할 수

---

1) 적빈여세(赤貧如洗): 마치 물로 씻은 듯 아무것도 가진 것이 없이 가난한 모양
2) 천주공교회(天主公敎會): 가톨릭교회
3) 영부(靈符): 1860년 4월 5일에 최제우가 한울님에게서 받았다고 하는 천신(天神)을 그림으로 나타낸 부도(符圖)
4) "지극한 기운이 이제 이르렀으니, 바라옵건대 크게 강림하소서."라는 뜻이다.
5) "한울님을 모시면 조화가 완성되니, 영원이 이를 잊지 않으면 만사를 알게 된다."는 뜻이다.

없었다. 특히 동학의 주문과 다른 글들에서 '천주(天主)', '상제(上帝)'라는 글자가 발견된 것은 — 아마 최제우가 사학(邪學)에 관계된 책자에서 배운 용어이리라 — 사학(邪學)과 혼동되는 원인이 되었고, 마침내 분큐(文久) 3년(철종 계해년) 11월에 선전관(宣傳官) 정구용(鄭龜鎔)을 파견해서 최제우와 그 무리 20여 명을 체포한 후 경상감영으로 보내서 사핵(査覈)[6]하게 했다. 이윽고 이태왕의 치세에 들어서 겐지(元治) 원년(이태왕 갑자년) 3월 10일에 경상도 관찰사 서헌순(徐憲淳)의 사계(査啓)[7]에 따라 좌도혹민(左道惑民)[8]의 죄로 최제우를 대구부(大邱府) 남문 밖에서 효수하고, 무리 10명을 찬배(竄配)했다.[4]

교조(敎祖)의 순도(殉道)[9]는 신흥종교가 피하기 어려운 운명이다. 하지만 이 사건은 동학에 큰 타격을 줘서 한때는 재기 가능성이 의심스럽기조차 했다. 그 부흥을 완성하고, 경상도에 국한되었던 동학을 반도 전역으로 전파시킨 것은 제2대 도주(道主) 최시형(崔時亨)이었다. 최시형은 초대 도주 최제우의 혈족으로 분세이(文政) 10년(순조 정해년) 3월 21일에 경주부 동촌(東村) 황오리(簧梧里)에서 태어났다. 어려서 부모를 여의고 외롭고 의지할 데가 없이 온갖 고난을 겪었다. 최시형은 교조와 같은 학식을 갖추지는 못했지만, 강인한 성품으로 어떤 어려움에도 굴하지 않는 수난시대의 도주(道主)에 걸맞는 인물이었다.

겐지 원년에 교조가 순도했을 때 최시형은 경상·강원·충청 3개 도(道)의 경계를 이루는 태백산 깊은 곳으로 피난했고, 그 후 지방관의 이목을 피해서 경상도·전라도·충청도를 넘나들며 잠행하고 있었다. 동학이 가장 쇠미(衰微)[10]한 시기였다. 하지만 최시형은 조금도 굴하지 않고 새로운 도인(道人)을 구하는 데 노력하는 한편, 동학의 경전이 갖춰지지 않은 것을 우려해서 문하 중에 학식이 높은 제자에게 명하여 순도 후에 흩어진 교조의 유편(遺編)을 편찬·교정하게 했다. 그 결과 메이지 13년(이태왕 경진년)에『동경대전(東經大全)』과『용담유사(龍潭遺詞)』를[11] 간행하고, 메이지 16년(이태왕 계미년)에는 이를 증보 간행했다.[5]

최시형과 그 문하의 집요한 노력은 마침내 보상받아 동학은 충청도와 전라도 민간에

---

6) 사핵(査覈): 실정을 자세히 조사해서 밝히는 일
7) 사계(査啓): 사핵계본(査覈啓本)의 준말로, 어떤 사안에 대해 조사한 결과를 상주하는 보고서를 가리킨다.
8) 좌도혹민(左道惑民): 바르지 못한 술수로 백성을 현혹함
9) 순도(殉道): 도(道)를 위해서 목숨을 바치는 일
10) 쇠미(衰微): 쇠퇴해서 형세가 미약함
11) 본문에는『용담유사』가 1880년에 간행된 것으로 되어 있으나, 실제로는 1881년 6월에 충청북도 단양군 남면 여규덕(呂圭德)의 집에서 최시형(崔時亨)에 의해 처음 간행된 것으로 알려져 있다.

견고하게 뿌리내리게 되었다. 이에 따라 충청도·전라도에서의 동학은 점차 사람들의 이목을 끌었고, 반도의 어딘가에서 반란, 폭동이 발생한다면 어떤 형태로든 동학과 직간접적으로 관계가 있으리라 감지할 수 있었다. 동학은 이제 대반란의 요람이라고 할 수 있을 정도로 위험한 민간정치단체로 변화하고 있었다.

이씨조선의 역대 왕들과 양반들이 송학(宋學)[12]에 심취한 나머지 불교를 그 형태만 남겨 둔 채 생명을 빼앗은 이후로 조선인들은 과거와 미래의 인과응보를 완전히 망각해 버렸다. 그들은 어떠한 종류의 선근(善根)[13]에 대해서도 현세의 직접적인 보상을 요구한다. 이 때문에 조선에서 발생한 모든 종교 — 관헌의 용어에 따르면 유사종교 — 의 교주는 그 신도들에게 현세에서의 직접적인 보상을 약속해야 한다. 천연자원이 부족한 땅에 정착해서 살고 있는 그들은 토지에서 나는 부(富)에 기대를 갖지 않는다. 오직 가난한 농민들을 수탈해서 큰 부를 축적한 지방관만을 동경하고 있다. 이에 교주는 다시 그 교도들에게 지방관의 자리를 대량으로 약속할 수밖에 없다. 교주 자신은 국왕이나 척족이 아니다. 신도들의 끝없는 욕망의 일부를 만족시키고 자기의 위신을 유지하고자 한다면, 유일한 직접행동, 즉 반란에 기대는 것 말고는 다른 방법이 없는 것이다.

동학에 대해 이른바 유사종교의 방정식을 적용하는 것은 부당할지도 모른다. 사실상 교조 최제우의 유편(遺編)에는 그러한 사상의 존재를 입증할 만한 흔적이 전혀 없다고는 할 수 없어도 매우 적고, 2대 도주(道主) 최시형은 자신의 언행을 전할 만한 기록 — 천도교도의 말은 믿기 어렵다. — 을 남기지 않았기 때문에 명확하게 단언하기 어렵다. 그러나 최시형의 문하에 모인 수많은 무지한 도도(道徒)[14]는 모두 현세에서 직접적이고 가장 이로운 보상을 기대하는 무리이고, 교주를 보좌하는 문하의 학식이 높은 제자들은 동학의 집단세력을 이용해서 직접행동을 통해 야심을 이루고자 하는 위험분자들로 구성되어 있었다. 이러한 상태를 방치한다면 최시형의 뜻과는 무관하게 유사종교의 전철을 밟을 수밖에 없음은 분명했다.

최시형과 동학도인들이 취한 직접행동의 첫걸음은 교조신원(教祖伸寃)의 형태로 나

---

12) 송학(宋學): 주자학(朱子學)
13) 선근(善根): 좋은 보답을 낳게 하는 선한 행위. 탐하지 않고[無貪], 성내지 않고[無瞋], 어리석지 않은 것[無癡]을 삼선근(三善根)이라고 한다.
14) 도도(道徒): 도교(道敎), 혹은 미신(迷信) 집단에 참여하는 무리를 말한다. 다보하시는 동학을 단순히 종교로 규정하기 어렵다는 견지에서 교주, 교도 대신에 도주(道主), 도도(道徒)라는 용어를 사용하고 있다. 도도(道徒)는 오늘날 흔히 사용되는 단어가 아니라서 이하에서는 모두 도인(道人)으로 옮겼다.

타났다. 신원(伸寃)이라는 것은 당론(黨論)의 부산물로서, 당론의 희생양이 되어 사형당하거나 유배, 추방되어 객사한 죄인의 아들, 손자, 문하가 그 아비, 할아비, 옛 스승을 위해 상소를 올려서 그 억울함을 호소하고, 죄명을 씻고, 관작(官爵)의 회복을 청원하는 것을 말한다. 그 방법은 대체로 국왕이 출행(出幸)할 때를 노리거나 궁문(宮門)으로 틈입(闖入)[15]해서 격쟁(擊錚)[16]·격고(擊鼓)와 함께 소장(疏章)을 제출하는 것이었다. 이는 물론 비합법적인 것으로 신원의 소두(疏頭)[17]는 처벌을 면치 못했지만, 소장 자체는 수리되어 국왕의 어람(御覽)을 위해 바쳐지는 것이 원칙이었다.

신원은 일견 도덕적 견지에서 행해지는 것처럼 보이지만, 당론을 배경으로 할 경우 중대한 정치적 의미가 더해졌다. 즉, 신원이 이뤄지면 그 은전(恩典)은 아비, 할아비, 옛 스승에 그치지 않고 자손과 문하에게까지 미쳐서, 연좌로 얻게 된 죄명은 특사(特赦)되고 관작을 회복할 수 있었다. 그렇게 해서 일단 묘당에서 부활하면, 곧바로 그들의 아비, 할아비, 옛 스승을 유배 보내고 처형한 반대당과 투쟁을 시작해서 그들이 같은 운명을 밟기 전에는 그치지 않았다. 즉, 신원은 순환성을 가지며, 당론이 존재하는 한 멈출 수 없는 것이었다.

동학도인들의 최초의 정치운동이 교조신원의 형식으로 구체화된 것은 물론 당론의 영향 때문이지만, 동학도(東學道)는 묘당에서 정권을 다투는 양반의 혈족단체가 아니라 순수한 민간의 정치적·종교적 단체였기 때문에 그 목적과 수단이 다소 달랐다. 동학도의 교조신원은 교조 최제우의 죄명 탕척(蕩滌)[18]과 건사(建祠) 허가를 표면상의 이유로 내세우고 있었지만, 실제로는 동학도의 공인과 전도의 자유를 목적으로 했다. 그리고 신원의 수단 또한 양반과 달리, 격쟁(擊錚) 상소와 같은 온건한 수단이 아니라 집단세력을 이용해서 직접행동을 취하려고 했다. 동학도인들의 신원이 중대한 정치적 의의를 가지며 일대 반란의 위험을 배태하고 있었던 사실은 근대 조선사 연구자들이 특별히 주의해야 할 부분이다.

동학도인들의 교조신원은 겐지 원년 최제우의 사형 직후 곧바로 계획됐을 것으로 생각되는데, 하나의 변란의 형태로 구체화된 것은 메이지 4년(이태왕 신미년) 3월 경상도

---

15) 틈입(闖入): 느닷없이 함부로 들어감
16) 격쟁(擊錚): 억울한 일을 당한 사람이 직접 국왕에게 호소하기 위해서 징이나 꽹과리를 치는 행위로서, 1746년 (영조 22)에 편찬된 『속대전(續大典)』에서 그 방식과 격쟁을 할 수 있는 사유 등이 정식으로 법제화됐다.
17) 소두(疏頭): 연명 상소문에서 가장 먼저 이름을 적은 사람으로, 상소의 총책임자를 말한다.
18) 탕척(蕩滌): 죄명이나 전과를 깨끗이 씻음

영해부(寧海府) 민란이 그 시초였다. 영해민란의 수괴 이필제(李弼濟)는 아마 양반 출신이었을 것이다. 그는 철종 말년의 국정 문란을 틈타 경상우도 병마절도사 백낙신(白樂莘)의 학정을 성토한다는 명분으로 분큐 2년(철종 임술년) 2월에 진주부(晉州府)에서 반란을 일으켰다. 병마절도사를 몰아내는 데는 성공했지만, 후에 관헌의 추적을 당하자 달아나서 영해(寧海)에 숨었다. 이필제는 일찍이 최제우에게 가르침을 받은 일이 있었으므로 동학의 숨은 세력을 이용해서 반란을 일으키기로 하고, 다른 사람을 통해서 경상도 영천군(榮川郡) 경계의 죽령(竹嶺)에 운둔하고 있던 도주(道主) 최시형에게 교조신원을 위해 창의(倡義)[19]할 것을 청했다. 최시형은 자중하여 불응했지만, 이필제는 포기하지 않고 영해부·영덕현(盈德縣)·상주목(尙州牧)·문경현(聞慶縣) 등 경상도 북부지방의 동학도인들을 선동해서 메이지 4년 3월 10일 교조순도기념일(教祖殉道紀念日)에 영해부에서 폭동을 일으켰다. 이필제는 곧바로 도인과 난민 500명을 이끌고 부아(府衙)에 난입했다. 이들은 불을 지르고 군기고를 부수어 무기를 약탈하고 영해부사 이정(李玫)을 살해했지만, 영해부 포군들이 공격해 오자 난민들은 사방으로 흩어지고 이필제도 간신히 몸만 건져서 달아났다.

영해민란에서 다시 뜻을 이루지 못한 이필제는 충청도 단양군(丹陽郡)으로 가서 그곳에 거주하는 정기현(鄭岐鉉)에게 몸을 의탁했다. 정기현은 태백산 월정사(月精寺) 승려 초운(樵雲)의 말을 듣고『정감록(鄭鑑錄)』을 맹신해서, 충청도 계룡산(鷄龍山)의 주인이 되면 전주 이씨를 대신해서 반도의 왕이 될 것으로 기대하고 있었다. 그는 이필제를 맞이해서 메이지 4년 8월에 경상도와 충청도의 경계를 이루는 험요(險要)한 새재[鳥嶺] 초곡(草谷)에서 당여(黨與)를 소취(嘯聚)[20]하여 반란을 일으키려고 했으나, 약속 날짜에 모인 숫자는 겨우 수십 명에 불과해서 진영(陣營)의 병졸들에게 곧바로 격파되고 말았다. 수괴 이필제와 정기현 및 그 수하의 태반이 즉시 체포됐고, 이들은 경성으로 압송되어 국문(鞫問)과 취초(取招)[21]를 당한 후 능지참(凌遲斬)·효수(梟首) 등의 형에 처해졌다.[6]

영해민란은 사회에 불만을 품은 양반사족이 교조신원의 명분으로 동학의 집단세력을 이용해서 반란을 일으킨 것으로, 몇 년 후 동학변란의 모태가 된다는 점에서 주목할 필요가 있다. 덧붙여 말하면, 앞에서 서술한 것처럼 도주 최시형은 이필제의 강력한 권

---

19) 창의(倡義): 대의(大義)를 밝히기 위해 의로운 군대를 일으킴
20) 소취(嘯聚): 도적들이 휘파람으로 군호(軍號)를 삼아서 한패를 불러 모으는 일
21) 취초(取招): 죄인을 문초해서 범죄 사실의 진술을 받는 일

유에 불응하여 교조신원의 명분에 움직이지 않았는데, 동학도인들이 전하는 말에 따르면 이는 최시형이 교조신원은 세속적인 정에 따르는 것으로, 동학의 참뜻으로 보면 무의미하다는 견해를 갖고 있었기 때문이라고 한다. 그러나 앞으로 서술할 것처럼, 최시형은 결국 동학도인 대중의 힘에 밀려서 교조신원운동의 선두에 서게 된다.

영해민란은 경상도 관찰사 김세호(金世鎬)를 크게 당황시켰다. 그는 영해부 안핵사(按覈使)[22] 박제관(朴齊寬)을 지휘해서 동학의 검거에 힘을 기울였다. 그 결과 참륙을 당한 도인들이 100명이 넘고, 또 최시형의 신변에도 큰 위험이 닥쳤으므로 그는 경상도와 충청도 경계의 산악지대를 전전하며 잠행(潛行)했다.[7]

메이지 18년 6월에 최시형은 경상도에서 충청도 보은군(報恩郡) 장내리(帳內里)로 거처를 잠시 옮겼다가, 충청도의 기찰(譏察)[23]이 엄해지자 다시 전처럼 여러 곳을 전전하며 유랑했다. 그 사이에 도인들 중에서 이른바 당고(黨錮)[24]의 난을 당한 이들이 적지 않았다. 메이지 25년 12월에 조병식이 충청도 관찰사에 임명된 이후로 동학도(東學道)에 대한 탄압이 급속히 강화됐고, 이를 기회로 간교한 이서(吏胥)·군교(軍校)들이 동학이라는 이름을 붙여서 양민을 학대하는 사례가 급증했다. 동학도인 서인주(徐仁周), 서병학(徐丙鶴), 손천민(孫天民), 손병희(孫秉熙) 등은 이를 계기로 교조신원을 창도(唱導)하고, 도주(道主)의 동의를 얻어 같은 해 12월에 각 도(道)의 동학도(東學道) 접주(接主)들에게 통문(通文)을 보내서 각각 포(包) 내 도인들을 이끌고 전라도 삼례역(參禮驛)에 집결하게 했다. 계속해서 손천민이 소두(疏頭)가 되어 충청도 관찰사 조병식과 전라도 관찰사 이경직(李耕稙)에게 글을 올려 교조신원 및 도인들에 대한 이서(吏胥)·군교(軍校)의 학대 금지를 청원했다. 당시 삼례에 모인 도인의 수가 수천 명을 헤아렸으므로 도신(道臣)[25]은 사태가 심상치 않음을 우려했다. 그는 동학은 조정에서 금하는 것이므로 교조신원은 도신이 마음대로 허락할 수 없다고 하면서 물리치는 한편, 관문(關文)을 내려보내서 동학도인에 대한 이서·군교들의 토색과 침탈을 금했다.[8]

---

22) 원문은 접핵사(接覈使)로 되어 있는데, 안핵사(按覈使)의 잘못이다. 안핵사는 조정에서 지방의 민란을 수습하기 위해 임시로 파견하는 관리를 말한다.
23) 기찰(譏察): 범인의 행적을 수소문하고 염탐하는 일
24) 당고(黨錮): 당(黨)은 당인(黨人), 고(錮)는 금고(禁錮)의 뜻으로, 중국 후한(後漢) 환제(桓帝) 때 환관들이 권력을 농단하자 이응(李膺), 진번(陳蕃) 등의 사대부가 이를 성토했다. 그러자 환관들이 이응 등이 붕당을 만들고 있다고 무고해서 금고(禁錮)에 처하고 벼슬길을 막은 고사에서 유래했다. 당인(黨人)들이 관직을 맡는 것을 금지하거나 그 활동을 제한하는 것을 비유한다.
25) 도신(道臣): 관찰사(觀察使)

동학도인들은 전라도 관찰사에게 진정해서 대략 목적의 절반을 달성했으므로, 다시 이듬해인 메이지 26년 초에 복합상소(伏閤上疏)를 해서 교조신원을 청원하기로 했다. 이들은 곧바로 충청도 청주목(淸州牧) 송산리(松山里)에 소청(疏廳)을 설치하고, 각 도(道)의 동학도인들에게 통문을 보내서 한성부 남부 남소동(南小洞)의 최창한(崔昌漢)의 집에 집결할 것을 명했다. 그리고는 바로 소두(疏頭) 박광호(朴光浩)와 청수(廳首) 손병희·김연국(金演局), 제소(製疏) 손천민, 사소(寫疏) 남홍원(南弘源), 봉소(奉疏) 임규호(任奎鎬) 등이 각각 일을 분담한 후, 과거에 응시하는 선비로 가장하고 3월 25일에 경성의 회합장소에 모였다. 이윽고 3월 29일에 소두 박광호 등 40여 명은 경복궁 광화문 앞에 홍건(紅巾)을 덮은 궤안(几案)을 놓고 봉장(封章)[26]을 들고 사흘 밤낮을 애달픈 목소리로 울부짖었다. 이른바 규혼(叫閽)[27]이었다.[9]

각 도의 유학(幼學) 신(臣) 박광호 등이 참으로 황송하여 머리를 조아리오며, 재계하고 백배(百拜)를 올리며 통천륭운 조극돈륜 정성광의 명공대덕 요준순휘 우모탕경 응명입기 지화신열(統天隆運肇極敦倫正聖光義明功大德堯峻舜徽禹謨湯敬應命立紀至化神烈)[28] 주상전하께 아뢰옵니다.

곤궁하면 부모를 부르고 병으로 아프면 천지에 울부짖는 것은 인지상정이요, 자연스러운 이치입니다. 이제 전하께서는 바로 신 등의 천지부모이시며, 신 등 또한 전하께서 화육(化育)하시는 적자(赤子)[29]입니다. 이제 곤궁하고 병으로 아픈 처지가 되어 분수를 넘는 죄를 헤아리지 않고, 많은 이들이 일제히 외치며 먼 길을 걸어와서 천위(天威)[30]의 지척(咫尺)에서 울부짖음이 참망(僭妄)[31]하며 공구(恐懼)[32]한 일임을 모르는 것이 아니오나, 이처럼 원통한 사정을 천지부모께 호소할 수 없다면 천지간에 다시 어디로 돌아가겠나이까?

예로부터 성제명왕(聖帝明王)과 현상양좌(賢相良佐)[33]가 사문(四門)을 열고 사방의 소리를 들으며,[34] 음양(陰陽)을 다스리고 사시(四時)에 순응해서 안전한 태산 위에 천하를 둔 것은,

---

26) 봉장(封章): 임금 외에 다른 사람이 보지 못하도록 밀봉해서 올리는 상소문
27) 규혼(叫閽): 대궐 문 앞에 가서 원통한 일을 호소하는 것
28) 원문에는 '明功大德'이 '明光大德'으로 잘못 표기되어 바로잡았다.
29) 적자(赤子): 갓난아이라는 뜻으로 임금에 대해서 백성을 비유하는 말
30) 천위(天威): 제왕의 위엄
31) 참망(僭妄): 분수에 넘고 분별이 없음
32) 공구(恐懼): 몹시 두려움
33) 현상양좌(賢相良佐): 현상(賢相)은 현명한 재상이고, 양좌(良佐)는 임금을 잘 보필하는 신하이다.
34) 『書經』,「舜典」에 있는, 순 임금이 즉위한 후 '사악에 자문을 구하고 사방의 대문을 열어 사방의 눈으로 자신의 눈을 밝게 하고 사방의 귀로 자신의 귀를 통하게 했다(詢于四岳 闢四門 明四目 達四聰).'는 구절을 인용했다.

천명(天命)을 공경하고 천리(天理)에 순응하며 인륜(人倫)을 밝히고 기강(紀綱)을 세운 것일 뿐입니다. 그런데 최근 이를 실천해서 도(道)를 행하는 참된 유자(儒者)가 얼마 되지 않아서, 허문(虛文)으로 표장(表章)[35]해서 한갓 겉치레만 힘쓰고, 경전을 표절해서 부박(浮薄)하게 명성을 쫓는 선비들이 열에 여덟아홉이 되니, 덕성을 보존하고 학문을 말하는 선비의 풍습은 모두 사라져버렸다고 할 만합니다. 이 일은 나라가 다스려지는 것에 관계돼서 실로 작은 연고가 아니니, 저도 모르는 사이에 통한이 하늘에 사무쳐 눈물을 흘리며 통곡하는 것입니다.

그러나 다행스럽게도 천운(天運)은 순환해서 한번 가면 반드시 다시 돌아옵니다. 지난 경신년(1860) 여름 4월에 황천(皇天)[36]이 묵묵히 보우하고 귀신이 은밀히 도와서, 경상도 경주의 고학생(故學生)[37] 신(臣) 최제우가 비로소 천명을 받아 사람들을 가르치고 포덕(布德)[38]했습니다. 그리고 최제우는 병자년 공신(功臣) 정무공(貞武公) 진립(震立)의 7세손입니다. 도(道)를 행하고 포덕(布德)한 지 불과 3년 만에 위학(僞學)[39]이라는 이름으로 곡해당하고, 억울하게도 날조된 비방을 받아서 갑자년 3월 초10일에 끝내 영영(嶺營)[40]에서 정형(正刑)[41]을 받았습니다. 아마도 당시의 광경은 천지가 참담하고 일월이 빛을 잃었을 것입니다. 만약 추호라도 부정한 죄과를 범했다면 법에 따라 마땅히 주벌해야 하니, 어찌 감히 누명을 벗으려 하겠습니까? 그러나 다른 이들에게 억울한 날조를 당해서 이 원만무하(圓滿無瑕)[42]한 대도(大道)가 만고에 처음 있는 횡액을 만났으니 어찌 기막히지 않겠나이까?

인의예지(仁義禮智), 효제충신(孝悌忠信), 삼강오륜(三綱五倫)의 도리에 만약 조그마한 흠결이라도 있었다면 감히 도학(道學)이라는 두 글자로 용훼(容喙)[43]하지 못했을 것이며, 또한 어찌 감히 신원(伸冤) 등의 말로 천청(天聽)[44]에 거짓으로 아뢰겠나이까? 그 글은 『시경(詩經)』·『서경(書經)』·『주역(周易)』·『춘추(春秋)』이며, 그 법은 예악형정(禮樂刑政)이며, 그 도(道)는 온량공검(溫良恭儉)과 효우목인임휼(孝友睦婣任恤)과 지인성의충화(知仁聖義忠和)[45]

---

35) 표장(表章): 세상에 널리 드러냄
36) 황천(皇天): 크고 넓은 하늘, 하느님
37) 고학생(故學生): 학생(學生)은 벼슬하지 않고 죽은 사람에 대한 존칭이다.
38) 포덕(布德): 동학에서 한울님의 덕을 세상에 편다는 뜻으로, 전도(傳道)와 같은 말이다.
39) 위학(僞學): 사람을 속이는 가짜 학문
40) 영영(嶺營): 영남의 감영, 즉 경상도관찰사의 집무처
41) 정형(正刑): 사형(死刑)
42) 원만무하(圓滿無瑕): 완전하여 조금도 흠이 없음
43) 용훼(容喙): 의논에 간섭함
44) 천청(天聽): 임금의 귀
45) 『周禮』,「地官」,"大司徒"에 "향학에서는 세 가지로 만민을 교육하고, 인재는 빈례로 우대해서 천거한다. 그것은 첫째는 육덕이니 지·인·성·의·충·화요, 둘째는 육행이니 효·우·목·인·임·휼이요, 셋째는 육예이니 예·악·사·어·서·수이다(以鄕三物教萬民而賓興之 一日六德 知仁聖義忠和 二日六行 孝友睦婣任恤 三日六藝 禮樂射御書數)."라는 구절을 인용했다.

와 변화기질(變化氣質)일 뿐입니다. 선사(先師) 최제우가 말하기를, "인의예지[46]는 선성이 가르치신 바요, 수심정기는 오직 내가 새로 정하는 것이다(仁義禮智 先聖之所敎 守心正氣 唯我之更定)"라고 하고, 또 말하기를, "부자(夫子)[47]의 도를 깨달으면 하나의 이치가 정해질 수 있으니, 우리의 도를 따져 본다면 대동소이하다(覺來夫子之道 則一理之所定也 論其唯我之道 則大同小異也)"라고 했습니다. 그 조금 다른 것 또한 이상한 별건(別件)이 아닙니다. 성(誠)·경(敬)·신(信)의 삼단(三端)으로 천지를 공경히 받들어서 일이 있을 때마다 반드시 고하여 마치 부모를 섬기듯 하는 것이니,[48] 이 한 가지 도리는 실로 선성(先聖)이 아직 발명(發明)하지 않은 것이요, 신(臣)의 선사(先師)가 창시한 종지(宗旨)입니다. 대체로 그 종지(宗旨)는 하늘을 부모처럼 섬기고, 유(儒)·불(佛)·선(仙) 세 교(敎)의 통일된 이치를 겸하는 것입니다. 그러므로 조금 다르다고 말한 것입니다. 그 겸하는 원인을 따져 보면, 머리를 삭발하고 치의(緇衣)[49]를 입고서 멀리 떠나가 돌아보지 않는 것은 그 군부(君父)를 등지는 것이니, 오직 불(佛)·선(仙) 두 교(敎)에서 자비(慈悲)와 수련(修煉)과 같이 서로 화합하는 이치만 겸하여, 실로 공부자(孔夫子)의 광명정대한 도체(道體)에 흠결이 없게 하는 것입니다.

또 '동학(東學)'이라고 하는 것은, 그 학명(學名)은 본래 동학이 아니었습니다. 이것이 하늘에서 나와서 동(東)에서 창시되었거늘, 당시 사람들이 서학(西學)이라고 생각해서 잘못 배척하여 여지를 남겨 두지 않았습니다. 그러므로 선사(先師) 신(臣) 최제우가 문하의 제자들에게 말하기를, "도(道)는 비록 천도(天道)이지만, 학(學)은 동학(東學)이다. 더구나 땅이 동서로 구분되어 있으니, 서(西)를 어떻게 동(東)이라고 하고, 동(東)을 어떻게 서(西)라고 하겠는가? 공자께서는 노(魯)나라에서 태어나 추(鄒)나라에서 교육을 하셨으니 추로(鄒魯)의 풍습이 지금까지 전해 오는 것이지만, 나는 여기에서 도를 받아서 여기에서 펼쳤으니 어찌 '서(西)'라는 이름을 붙일 수 있겠는가?"라고 하신 것이니, 이를 서학(西學)이라고 배척해서는 안 되고, 또한 동학(東學)이라고 해서도 안 될 것입니다. 그런데도 영(營)마다 읍(邑)마다 이들을 속박하고 죽이고 찬배(竄配)했으니 어찌 원통하지 않겠나이까?

무릇 수심정기(守心正氣)하고 경천순인(敬天順人)해서, 각자 그 자질에 따라 성자(聖者)는 성스럽게 되고 현자(賢者)는 현명하게 되는 것은, 부자(夫子)의 도 또한 여기서 벗어나지 않을 것이니, 어찌 조금 다르다고 해서 이단으로 지목할 수 있겠습니까? 대체로 이 도(道)는 심화(心和)를 근본으로 삼으니, 심화하면 기화(氣和)하고, 기화하면 형화(形和)하고, 형화하면

---

46) 원문에는 예의예지(禮儀禮智)로 되어 있으나, 인의예지(仁義禮智)의 잘못이다.
47) 부자(夫子): 선생이라는 뜻으로 여기서는 공부자(孔夫子), 즉 공자(孔子)를 가리킨다.
48) 원문은 '知事父母'로 되어 있으나, 문맥상 知는 如의 오자인 것으로 보고 옮겼다.
49) 치의(緇衣): 승복(僧服)

천심(天心)이 바르게 되고 인도(人道)가 설 것입니다. 진실로 이와 같을진대, 선사(先師) 신
(臣) 최제우는 옛 성인들이 아직 발명하지 못한 대도(大道)를 창시해서 어리석은 백성들이 모
두 천리(天理)의 본원(本原)을 깨닫게 한 것이니, 어찌 다만 편협하게 '동학'이라고 명명할 수
있겠습니까? 실로 천하무극(天下無極)의 대도(大道)입니다.

신 등이 어찌 감히 아곡(阿曲)[50]하는 말로 천폐(天陛)에 거짓으로 아뢰어, 위로는 기망(欺
罔)의 죄를 짓고 아래로는 외설(猥褻)의 주벌(誅罰)을 재촉하겠나이까? 부디 전하께서는 화육
(化育) 중에 있는 이 적자(赤子)들을 불쌍히 여기시어 신의 스승의 억울한 원한을 속히 풀어
주시며, 종전에 찬배(竄配)한 교도(教徒)들을 사면하시고, 덕음(德音)[51]을 크게 공포하시어
화기(和氣)를 존영(尊迎)하시옵소서. 신 등은 참으로 황공하오나, 피눈물을 흘리며 간절히 바
라는 마음을 억누르기 어렵나이다.[10]

광화문 앞에서 무릎 꿇고 울부짖은 동학도인은 겨우 40여 명에 불과했지만, 도주(道
主)의 통문을 좇아 경성에 잠입한 도인들은 수천에서 수만 명에 달했다고 전해진다. 묘
당은 한때 크게 당황했지만, 이후 상황을 보니 도인들은 의외로 잠잠하고 평온했으므로
우선 봉장(封章)은 물리치고, 소두는 기한을 정해서 체포하고 나머지 무리들은 해산을 명
하기로 결정했다. 4월 12일(이태왕 계사년 2월 26일)에 전교를 내려서, "그 이른바 소두는
별도로 경외(京外)에 신칙해서 기한을 정해서 체포하라. 나머지 무지한 무리들은 금단(禁
斷)할 것을 효유(曉諭)해서 각자 편안히 살면서 생업을 즐기게 하라."라고 명령했다.[11]

규혼(叫閽)을 한 동학도인들이 저절로 해산했기 때문에 국왕의 전교도 사실상 시행할
수 없었다. 단, 해산한 도인들의 다수는 경성 시내에 잠복해서 활발한 활동을 계속했고,
묘당은 이를 탄압할 수단이 없었다.

동학도인들의 봉장규혼(封章叫閽)을 통해 새로 중대한 사실이 폭로됐다. 동학이 배외
주의(排外主義)를 내포한다는 사실이었다. 교조 최제우의 유편(遺編) 『동경대전』 · 『용담
유사』에서는 '척왜양(斥倭洋)'이라는 글자는 보이지 않지만, 원래 동학 그 자체가 사학(邪
學)인 서학을 배척하고 동학을 크게 일으키는 것을 주의(主義)로 했던 이상, 교조가 마음
속에 배외주의를 품고 있었다고 봐도 틀리지 않을 것이다. 다만 그 전에는 동학이 충청
도 · 전라도 · 경상도의 외진 곳에 숨어 있어서 외국인과 접촉할 기회가 없었던 까닭에 배

---

50) 아곡(阿曲): 거짓된 말로 편파적으로 한쪽을 비호함
51) 덕음(德音): 임금의 조서(詔書)

외주의를 발휘할 기회가 없었는데, 이제 경성·인천에 진출하자 바로 외국인들의 주목을 끌어 중대한 외교문제가 야기됐다.

동학도인들의 경성 진출과 배외운동은 메이지 26년 초에 이미 경성 외교단의 귀에 들어갔지만, 일이 순조롭게 실현되지 않았으므로 외교단은 반신반의하고 있었다. 그런데 3월 하순에 이르러 동학도인들이 잠입했다는 풍문이 늘자 정부는 시중의 경계를 엄중히 하기 시작하고, 3월 29일의 규혼(叫闇)과 함께 미국의 각 교단의 예배당을 시작으로 거류 외국인들의 집에 괘서(掛書)[52] 사건이 발생했다. 경성 외교단은 큰 불안을 느꼈고, 미국 변리공사 겸 총영사 오거스틴 허드(Augustine Heard) 같은 이는 특별히 독판교섭통상사무 조병직을 만나 동학도인들의 괘서에 대해 설명을 요구했는데 독판 조병직은 외국인들에게 위험한 일은 없을 것이라고 단단히 보증했다. 당시 영국·독일 양국의 군함이 인천에 정박하고 있었지만, 그 육전대(陸戰隊)[53]를 경성으로 불러들여야 할 정도로 외국인에게 위난(危難)이 가해진 사건은 발생하지 않았다.[12]

그런데 일본영사 스기무라 후카시는 4월 13일에 경성 거류민에게 내유(內諭)해서 우선 여자와 어린아이들의 퇴거 준비를 명하고, 또 인천 주재 영사대리 노세 다쓰고로(能勢辰五郎)에게 통첩해서 한강을 항행하는 정기기선(定期汽船)의 용산 회항을 의뢰했다.

거류인민에게 내유(內諭)함.

근년에 동학당(東學黨)이라고 하는 외국인 배척주의를 가진 당파(黨派) 하나가 이 나라 남쪽 지역에서 홍기했다. 현재 당원 약간이 상경해서 당국에 억지로 상소하고, 또한 계속해서 다수의 당원들이 상경한다는 풍문이 있으니, 그들의 기염(氣焰)이 실제로 불처럼 일어났을 때 우리 거류인민에게 어떤 위험이 미칠지 알 수 없다. 다만 만일의 경우에는 조선 정부가 당연히 재류 외국인을 충분히 보호하겠지만, 지금 우리 인민들의 입장에서 미리 불우의 사태에 대비하는 것 또한 긴요한 일이니, 각자는 다음 조항들을 명심하라.

첫째, 동학당원의 거동에 관해 무엇이라도 탐지한 것이 있으면 신속히 본 영사관에 보고할 것.

둘째, 미리 각자가 필요한 식품 등을 준비해서 불우의 사태에 대비할 것.

셋째, 형세가 절박해졌을 때는 노약자와 부녀자를 인천으로 피난시킬 각오를 하되, 시의 (時宜)에 따라 인천에 타전하여 기선(汽船)을 용산으로 회항시킬 것.

넷째, 거류민 중 장년(壯年)인 자들은 우리 경찰관 및 관원들과 합동해서 방어에 진력할 것.

---

52) 괘서(掛書): 익명으로 벽보를 붙이는 것
53) 육전대(陸戰隊): 해군에 소속되어 필요시 육전(陸戰)에 종사하는 군대로, 오늘날의 해병대(海兵隊)와 같다.

이상과 같이 내유함.

메이지 26년 4월 13일
영사 스기무라 후카시[13]

조선 정세에 정통한 것으로 알려진 일본영사가 부인과 어린아이의 인천 퇴거 준비를 명한 사실은 외국인들을 놀라게 했다. 허드 미국공사는 스기무라 영사의 포고 내용을 듣자마자 바로 4월 14일에 서한을 보내서 포고문에 기재된 것과 같은 위험이 실재하는지 질문했다. 스기무라 영사의 회답은, 그것은 단순히 풍문에 따른 것으로 만일의 사태에 대비한 것이라고 한 데 불과했다.

허드 공사는 영국총영사 월터 힐리어(Walter C. Hillier)와도 의견을 교환한 결과, 조만간 조선에서 중대한 반란이 돌발할 조짐이 있지만, 당장은 그러한 사실이 없고 또 외국인에게 위해를 가할 위험도 없다고 판단해서 인천에 정박 중인 군함을 출발시키는 것에 동의했다.[14]

당시 일본 변리공사 오이시 마사미는 함경도 방곡 손해배상건으로 인해 통리아문과의 교섭도 거의 중단되고, 외교단도 그를 기피해서 완전히 고립되어 있었다. 따라서 동학도인들의 규혼(叫閽)의 진상을 확인하고 거류민 보호의 방법을 고안하는 데 어려운 점이 적지 않았을 것이다.

4월 17일, 경성 주재 일본영사관 문벽(門壁)에서 다음과 같은 동학 괘서(掛書)가 발견됐다.

일본 상려관(商旅館)에서는 읽어 보라.[54]
태극(太極)이 처음 나뉘어져 양의(兩儀)[55]가 자리를 잡은 이후로 사람이 그 사이에서 경계를 구획해서 군주를 두고 나라를 만드니 삼강(三綱)이 정해지고 오륜(五倫)이 생겼다. 그런데 세상에서 중토(中土)에 처하여 이륜(彝倫)[56]을 가진 종족을 사람이라고 하고, 몰지각한 부류를 이적(夷狄)이라고 한다. 그러므로 중국의 글이 원예(遠裔)[57]에까지 이어지고 성인의 교화가 절역(絶域)에까지 미치는 것이다. 천도(天道)는 지극히 공정해서 선한 사람은 비호하고 악

---

54) 상려(商旅)는 떠돌아다니는 장사꾼을 말한다. 따라서 상려관(商旅館)은 자국 상인을 보호하는 영사관(領事館)의 의미로 사용되었다. 원문에는 館이 關으로 잘못 표기되었다.
55) 양의(兩儀): 음양(陰陽), 또는 천지(天地)
56) 이륜(彝倫): 사람으로서 지켜야 할 도리
57) 원예(遠裔): 먼 후손

한 사람은 벌을 내린다. 너희가 비록 중원에서 멀리 떨어진 종족이지만 천성은 대략 동일하니 어찌 이를 모르겠느냐? 이미 인도(人道)를 자처했다면, 각자 제 나라를 다스리고 제 생산을 보호해서 오래토록 구역을 지키면서 윗사람을 공양하고 아랫사람을 길러야 할 것이거늘, 무분별하게 탐람(貪婪)[58]한 마음으로 다른 나라를 점거해서 공격을 장기로 여기고 살육을 근본으로 삼으니, 이는 참으로 무슨 마음이며 끝내 어쩌려는 것이냐? 옛날 임진년의 화(禍)에서, 우리나라가 너희에게 무슨 용서할 수 없는 허물을 저질렀다고 온 나라 군대를 이끌고 와서 몸을 망치고 돌아갔으니, 우리나라의 참화를 어찌 차마 눈뜨고 볼 수 있었겠느냐? 우리는 너희에게 잊지 못할 원수가 있지만, 너희는 반대로 우리에게 무슨 아직 잊지 못한 원한이 있느냐? 너희의 잔명(殘命)은 아직까지 용서하기 어려운 죄가 있거늘, 어찌 미련하게도 순식간의 짧은 목숨으로 우리의 빈틈만 노리고 있는 것이냐? 너는 동국(東國)의 성인을 듣지 못했느냐? 서산대사의 가르침과 사명대사의 도술은 지금도 행할 수 있다. 석굴(石窟)의 도(道)는 말을 타고 열흘을 갈 길을 단축시키고, 옥호(玉壺)의 구름은 으뜸가는 죽을 감옥도 피할 수 있지만, 우리 스승님의 덕은 광대무애(廣大无涯)해서 너를 보제(普濟)[59]의 동산에 놓아둔 것이다. 너희는 우리 말을 따르겠느냐? 아니면 우리를 해치겠느냐? 하늘이 너희를 미워하고 스승님이 경계하셨으니, 안위(安危)의 갈림길은 너희가 스스로 선택하되 나중에 후회하지 말라. 우리는 두말하지 않을 것이니 네 땅으로 속히 돌아가라.

계사년 3월 초2일○^{메이지 26년 4월 17일} 자시(子時)

조선 삼사원(三師員) 우초(羽草)[15]

오이시 공사는 이 이른바 우초(羽草)를 일람하고, 정치적으로 중대한 의미가 있다고는 생각하지 않았지만 그 내용에 상당히 일본인을 모욕하는 것이 있었으므로 통리아문에 신함을 보내서 설명을 요구하는 한편, 공사관 서기생(書記生) 고쿠분 쇼타로(國分象太郎)에게 원본을 갖고 가서 좌포도대장 신정희(申正熙)에게 제시하게 했다.

용건만 고합니다.
일전에 들은 전언(傳言)에, 동학 종도(宗徒)[60]가 시끄러운 일을 벌이고 있으며, 혹은 각처에 벽보를 붙여서 여러 사람들을 현혹한다고 하기에 그 종도의 동정(動靜) 여하에 관해 지조(知照)한 일이 있습니다. 이제 그들이 또 벽보 2장을 적어서 우리 영사관 벽에 붙였습니다. 그

---

58) 탐람(貪婪): 탐욕스러워 만족을 알지 못함
59) 보제(普濟): 널리 중생을 구제함
60) 종도(宗徒): 신도(信徒)

중 하나는 인천의 우리 주민들에게 고하는 것으로, 이것이 본래 무뢰한(無賴漢)의 못된 장난에서 나온 것이기는 하나, 우리 상민들이 이 소식에 불안해하고 있습니다. 생각건대, 귀 정부는 이러한 말들이 전해질 때 응당 수시로 순찰해서 이러한 악한(惡漢)이 빈틈을 노리는 것을 막을 것입니다. 이에 그 벽보를 첨부해서 보내니, 부디 안선(眼線)[61]을 매수해서 이들을 체포한 후 엄하게 처단하여 다른 자들에게도 경고하시기 바랍니다. 이상과 같이 용건을 고하며, 아울러 날로 복되심을 송축합니다.

오이시 마사미 돈(頓) 서력 4월 17일 계사년 3월 초2일

며칠 후 4월 19일에 독판교섭통상사무 조병직은 오이시 공사에게 회함(回函)을 보내서 이번 사건에 대해 유감의 뜻을 표시하고, 묘당이 포도청·형조에 계칙(戒飭)해서 범인을 체포한 후 형벌을 내릴 것이니, 일본 재류민들에게 이 소식을 전해서 뜬소문에 현혹되지 말고 생업에 편안히 종사하게 할 것을 희망했다.

용건만 조복(照覆)합니다.

3월 초2일, 즉 귀력(貴曆) 4월 17일 29호(號) 서신 및 벽보 등의 문건을 어제 접수하고 상세히 살펴보았습니다. 무지한 잡류(雜類)가 무분별하게 비어(蜚語)[62]를 꾸며 내어 객민(客民)을 모욕했습니다. 법률을 살펴보건대 범죄가 매우 무거우니, 본 독판은 매우 안타깝게 생각합니다. 현재 이미 포도청과 법사(法司)[63]에 전후로 엄칙(嚴飭)해서 비선(秘線)을 매수해서 은밀히 그치게 하고, 기필코 그들을 잡아들여 전형(典刑)을 밝게 세우고자 힘쓰고 있으니, 부디 귀 공사는 분별해서 칙유(飭諭)하여 귀국 백성과 상민들이 각자 편안히 생업에 종사하게 하고, 아울러 한두 명의 잡류가 퍼뜨리는 헛소문 때문에 의심을 품지 않게 하시기 바랍니다. 이상과 같이 회신하며, 계절마다 복되심을 송축합니다.

조병직 돈(頓) 계사년 3월 초4일16

동학도인들의 규혼(叫閽)으로 야기된 경성 외교단과 거류민들의 불안은 일본영사관 괘서 사건을 끝으로 해소됐다. 덧붙여 말하면, 이 사건에 관한 주차조선총리교섭사의 원세개의 공헌도 빠뜨릴 수 없다. 처음에 동학도인들의 규혼이 발생하고 경성의 인심

---

61) 안선(眼線): 염탐꾼, 앞잡이
62) 비어(蜚語): 근거 없이 남을 헐뜯는 말
63) 법사(法司): 사법 업무를 담당하는 관청으로 형조·사헌부·한성부·의금부·장례원 등을 총칭하는 말이다.

이 흉흉해지자 원세개는 국왕과 묘당을 독려해서 동학도인들을 엄중히 단속해서 처벌하게 하는 한편, 북양대신 직예총독 이홍장에게 타전해서 강력한 군함의 파견을 상신했다. 이홍장은 북양해군 소속 순양함 내원(來遠)·정원(靖遠)을 파견했고, 두 함선은 4월 8일에 인천에 도착했다. 이와 함께 원세개는 영국·미국 등의 대표자들에게, 만약 조선에 내란이 발생하면 종주국인 청에 진압 책임이 있으며, 자신이 책임지고 재한 외국인의 생명과 재산의 안전을 보증할 테니 관계국들이 군함을 파견해서 보호하는 일이 없게 해달라고 주의를 주었다. 원세개의 정력적인 성격으로 봐서 그가 틀림없이 이 보장을 실행하리라는 것은 누구도 의심치 않았으므로 외국인들의 물의(物議)[64]는 곧바로 잠잠해졌다고 한다.[17]

메이지 26년 3월의 봉장규혼(封章叫闇)은 동학도인들의 완전한 실패로 끝났다. 지방에서는 무시할 수 없는 집단세력을 가진 동학도 중앙에서는 국왕·척족에 대항할 만한 실력을 아직 갖추지 못했던 것이다. 특히 외국인들이 가한 소극적 압박은 의외로 강력했다. 묘당이 동학에 대해 탄압적 태도로 임한 것 또한 외국의 지지와 동정에 크게 힘입었다. 동학도인들은 이러한 상황을 경험한 적이 없었다. 동학도인들의 실패 원인도 여기에 있었다고 할 수 있다.

이보다 앞서 동학 소두(疏頭) 박광호 등의 복합상소가 실패하고 포교의 기찰(譏察)을 피해 충청도 보은군 속리면(俗離面) 장내(帳內)[충청남도 보은군 속리면 사내리(舍乃里)로 추정됨]로 돌아왔을 때, 도주 최시형은 처음부터 교조신원에 큰 기대를 걸고 있지 않았으므로 개의치 않았다고 전해지지만, 문하의 손병희와 손천민 등은 크게 불만을 품고 다시 거사를 일으켜야 한다고 계속 재촉했다. 게다가 4월 12일의 전교에 따라 경외(京外)의 동학도인들에 대한 체포와 학대가 이어졌으므로 최시형도 마침내 다시 거사를 일으키기로 결심하고, 각 도(道)의 동학 접주(接主)들에게 통문을 보내서 계사년 3월 10일(메이지 26년 4월 25일)을 기해 보은군에 집결할 것을 명했다. 곧바로 4월 26일에 보은군 군아(郡衙)에 다음과 같은 통문을 붙이고 창의(倡義)의 뜻을 밝혔다.

사람의 일에는 어려운 것이 세 가지 있으니, 절개를 지켜 충성을 다해서 나라를 다스리다가 죽는 것은 신하의 어려운 일이요, 힘을 다해 효도해서 부모를 섬기다가 죽는 것은 자식의 어려운 일이요, 정조를 지키고 열녀를 흠모하여 지아비를 따르다가 죽는 것은 아녀자의 어려

---

64) 물의(物議): 어떤 일에 대해 세상 사람들이 이러쿵저러쿵 논란하는 일

운 일입니다. 태어나고 죽는 것은 사람에게 항상 있는 일이요, 일이 있고 없는 것은 때가 정하는 것입니다. 하지만 무사안락(無事安樂)한 때 태어나 충효의 도리를 즐거이 여기고, 유사환난(有事患難)한 때 태어나 충효를 지키려고 죽는 것은 바로 신자(臣子)의 어려운 것 같지만 쉽고, 쉬운 것 같지만 어려운 일입니다. 생의 즐거움이 있는 자는 군부(君父)의 환난에 죽지 않고, 죽으려는 마음이 있는 자는 군부의 환난에 기꺼이 죽습니다. 목숨을 아까워하는 자는 신자(臣子)의 의리를 이루지 못하고, 그 죽음을 즐거이 여기는 자는 능히 충효의 절의를 세울 수 있습니다.

지금 왜양(倭洋)의 도적이 뱃속까지 들어와 대란(大亂)이 극에 달했습니다. 참으로 오늘날 국도(國都)를 보면 마침내 이적(夷狄)들의 소굴이 되었으니, 임진년의 원수와 병인년의 치욕을 어찌 차마 입에 올릴 수 있겠습니까? 지금 우리 동방의 삼천리 국토가 금수(禽獸)의 발자국으로 뒤덮였으니 오백 년 종사가 장차 서직(黍稷)의 탄식[65]을 보게 될 것입니다. 인의예지(仁義禮智)와 효제충신(孝悌忠信)은 지금 어디에 있습니까? 더구나 저 왜적은 오히려 회한(悔恨)하는 마음을 품고 화태(禍胎)[66]를 감춰서 바야흐로 그 독(毒)을 제멋대로 뿌리니 위기가 조석(朝夕)에 박두했습니다. 그런데도 이를 태연하게 보면서 편안하다고 여기고 있으니, 지금의 형세가 불타는 섶 위에 누워 있는 것과 무엇이 다르겠습니까?

저희는 비록 초야의 어리석은 백성이지만, 그래도 선왕의 법을 따르고 국군(國君)의 땅을 경작해서 부모를 봉양하고 있으니, 신민의 분수에 비록 귀천은 다르나 충효가 어찌 다르겠습니까? 나라에 충성을 바치고자 하나 구구한 하정(下情)을 상달(上達)할 길이 없습니다. 엎드려 생각하건대, 합하께서는 충량(忠良)한 세가(世家)[67]로서 길이 국록(國祿)을 보전하시고 벼슬길의 진퇴(進退)를 근심하시니, 애군충국(愛君忠國)의 정성이 저희와 견줄 바가 아닐 것입니다. 그러나 옛말에 큰 집이 기울려고 할 때 나무 하나로는 떠받치기 어렵고, 큰 파도가 몰아치려고 할 때 갈대 하나로는 대항할 수 없다고 했습니다. 저희 수만 명은 힘을 합쳐 죽기를 맹서하고 왜양(倭洋)을 소탕해서 대보지의(大報之義)를 바치고자 합니다. 부디 합하께서는 같은 뜻으로 협력해서 충의(忠義)로운 사리(士吏)를 모집·선발해서 함께 국가를 보필하시기를 간절히 바라옵니다.

계사년 3월 초10일 묘시(卯時)

동학 창의유생(倡義儒生) 등이 백배상서(百拜上書)하옵니다.[18]

---

65) 서직(黍稷)의 탄식: 서직(黍稷)은 기장과 피로 옛날 국가의 제사에 사용한 물건이다. 『詩經』, 「王風」, "黍離"의 "저 기장이 우거지고 저 피에 싹이 났다(彼黍離離 彼稷之苗)."고 한 데서 유래한 말로, 고금의 흥망을 탄식하는 의미로 쓰인다.

66) 화태(禍胎): 재앙의 근원

67) 세가(世家): 대대로 나라의 녹을 받는 집안이라는 뜻으로 명문거족(名門巨族)을 말한다.

여기에서 주의할 것은, 메이지 26년 4월 26일의 보은 창의(倡義)를 기점으로 동학도인들이 더 이상 교조신원을 주장하지 않았다는 사실이다. 교조신원만으로는 무지한 도인 대중을 선동해서 대규모 반란을 일으키기에 적당하지 않았으므로, 보다 대중적으로 매력 있고 직접 이해관계를 느낄 수 있는 표어를 제시할 필요가 있었다. 교조신원 같은 것은 그 속에 감춰 두면 충분히 목적을 이룰 수 있었다. 당시 삼남(三南)의 민정을 살펴보면, 배외주의는 가장 인기를 끌 수 있고 탐관오리의 응징은 인심을 조종할 수 있는 가장 좋은 수단이었음을 반드시 알아야 한다.

도주 최시형의 통문을 받은 각 도의 동학 접주들은 그 접(接)의 도인들을 이끌고 보은군에 집결했다. 도인들의 행렬은 끝없이 이어져서, 5월 5일경에는 2만여 명에 달했다고 한다. 곧바로 속리면 장내 앞강에 길이 100여 보(步), 넓이 100여 보, 높이 반 장(丈) 쯤 되는 석벽(石壁)을 쌓고 사문(四門)을 설치하고 깃발을 세웠다. 큰 깃발에는 '척왜양창의(斥倭洋倡義)'의 다섯 글자를 쓰고, 중간 깃발에는 충의(忠義)·선의(善義)·청의(淸義)·광의(廣義)·홍경(洪慶)·무경(茂慶) 등 접주의 포명(包名)을 썼다. 그 밖에도 무수히 많은 작은 깃발들이 나부꼈다. 석벽 안에는 전체 인원의 반만 수용할 수 있었으므로 나머지 반은 성 밖에 흩어져 있었다. 집결한 도인들은 접(接)별로 집단을 이루고, 낮에는 성안에서 주문을 외우고 밤에는 속리면 장내와 다른 동(洞)의 민가에서 숙박했다. 도주 최시형이 성안에서 전체적으로 통제하고, 서병학(徐丙鶴), 손병희, 손천민 등이 그를 보좌했다.[19]

보은군수 이중익(李重益)은 관내인 속리면 장내에서 동학변(東學變)이 일어났다는 소식을 듣고, 속리(屬吏)를 보내서 창의(倡義)의 의미는 4월 25일의 괘서에서 모두 밝혔으니 해산하라고 명했지만, 도인들은 각 도의 도유(道儒)[68]들이 모두 모이기 전에는 돌아갈 수 없다고 하면서 따르지 않았다. 5월 7일, 군수는 직접 속리면 동학도인들의 집회장소에 와서 도주 최시형 등에게 왕과 충청도 관찰사의 이름으로 해산을 명했다. 하지만 최시형 등은 이번의 창의(倡義)는 오직 왜양(倭洋)을 격퇴하기 위한 것이며 다른 의도는 없다고 주장하고, 다시 동학이 사학이 아닌 이유를 설명하고 지방관의 탐학무도(貪虐無道)를 비난하며 해산 명령에 따르지 않았다. 군수는 빈손으로 물러갈 수밖에 없었다.[20]

이보다 앞서 묘당은 충청도 관찰사 조병식과 보은군수 이중익의 보고를 접하고 보은군 동학변(東學變)의 사태가 간단치 않음을 깨달았다. 5월 2일에 호조참판 어윤중(魚允

---

68) 도유(道儒): 동학교도(東學教徒)

中)을 양호도어사(兩湖都御史)에 임명하고 — 5월 10일에 양호선무사(兩湖宣撫使)에 개차(改差)[69]됐다. — 충청(호서)·전라(호남) 두 도의 동학도인을 진무(鎭撫)하게 했다.[21]

양호도어사 어윤중은 왕지(王旨)를 받들어 보은으로 급히 내려갔다. 그리고 5월 8일에 효유(曉諭)를 내려서, 보은에 집결한 동학도인들 가운데 생각 없이 남들을 따라 온 부류는 먼저 돌아가 생업에 종사하고, 두령으로서 조금 사리를 이해하는 자들은 그 사유를 상세히 아뢰고 도어사의 면유(面諭)를 기다리라고 했다. 며칠 후 5월 11일에 양호선무사 어윤중은 공주영장(公州營將) 이승원(李承遠), 보은군수 이중익, 순영군관(巡營軍官) 이주덕(李周德)을 대동하고 보은군 속리면 장내의 동학도인들의 집회장소로 가서 왕지(王旨)를 선포하며 순역(順逆)의 뜻을 타일렀다.

왕께서 말씀하셨다. "근일 이른바 동학의 무리가 소취(嘯聚)해서 선동하고 궤설(詭說)[70]로 현혹하고 있다. 예전에 제멋대로 규혼(叫閽)을 한 것이 이미 무엄하니, 그들이 배운 것은 무슨 책이며 몰려든 것은 무슨 일 때문인가? 설령 충성을 바치고 신원(伸寃)할 만한 것이 있다손 치더라도 각각 목수(牧守)[71]가 있고 방백(方伯)[72]이 있는데, 어째서 사실대로 사유를 올려서 계문(啓聞)[73]하지 않는 것인가? 도리어 이를 빌미로 여러 사람을 부르고 동류를 끌어들여서 무리를 이루고 작당을 하니, 이 때문에 여리(閭里)[74]가 서로 동요하고 물정(物情)이 헛소문으로 소란스럽다. 예전에 칙유(飭諭)한 뒤로는 마땅히 두려워하며 위축되어야 하거늘, 오히려 다시 양호(兩湖) 사이에 왕왕 둔취(屯聚)해서 종적(踪跡)이 상도(常道)에 어긋나고 성세(聲勢)를 과장하고 있다. 이는 사악한 무리가 화(禍)를 즐겁게 여기는 것이 아니면 바로 어리석은 백성들이 지각이 없는 것이다. 왕법(王法)에 따라 솎아 내고 다스리는 것이 무엇이 어렵겠는가마는, 이들은 모두 나의 적자(赤子)라 교화한 다음에 형벌을 내리는 것이 또한 인정(仁政)에 우선해야 할 바이다. 이에 경을 양호도어사(兩湖都御史)로 삼으니, 오직 저들이 모여 있는 곳으로 가서 충군애민(忠君愛民)의 뜻을 깨우쳐 각자 귀화(歸化)[75]해서 편안히 살면서 즐겁게 생업에 종사하게 하라. 만약 혹시라도 뉘우치지 않는다면 그것은 항명하는 것이니, 경은 즉시 장계를 올리라. 마땅히 처분이 있을 것이리라. 경에게 마패(馬牌) 1개를 내리노니 이

---

69) 개차(改差): 관원을 새로 임명함
70) 궤설(詭說): 사실이 아닌 말
71) 목수(牧守): 목(牧)을 다스리는 지방관. 목사(牧使)
72) 방백(方伯): 관찰사(觀察使)
73) 계문(啓聞): 지방관이 임금에게 상주하는 일
74) 여리(閭里): 민가들이 모여 있는 마을. 여염(閭閻), 여항(閭巷)
75) 귀화(歸化): 귀순(歸順)

는 전제(專制)[76]의 의미임을 또한 잘 이해하라."[22]

동학도인 서병학, 손병희 등은 선무사의 효유에 복종하지 않고, '동학의 집회와 창의(倡義)는 왜(倭)와 양(洋)을 물리쳐서 국가에 충성을 바치는 데(斥倭斥洋 爲國家效忠) 그 목적이 있음에도 불구하고, 지방관들은 도인들을 비류(匪類)[77]로 대해서 침략(侵掠)하고 학대해 마지않는다. 이제 갑자기 해산한다면 반드시 비류로 지목당해서 보전을 기약할 수 없다. 부디 이러한 하정(下情)을 조정에 아뢰어 명지(明旨)[78]를 받은 다음에 각자 물러가서 편안히 생업에 종사하고 싶다.'고 진정하고, 또 문장(文狀)[79]을 제출해서 이러한 뜻을 부연했다.

황공하오나 살펴보시옵소서. 저희는 선왕조(先王朝)가 화육(化育)한 적자(赤子)요, 천지간에 기댈 데 없는 창생(蒼生)으로 도를 닦아서 윤강(倫綱)[80]의 밝음을 알고 있습니다. 안과 밖에 화이(華夷)의 차이가 있으니, 그러므로 견양(犬羊)과 같은 왜양(倭洋)은 비록 5척(尺)의 아이라도 같이 있는 것을 부끄럽게 여기는 것입니다. 역사에 이르기를, 만이(蠻夷)로 만이(蠻夷)를 공격하는 것은 중국의 장기라고 했습니다. 그런데 지금 조선으로 조선을 공격하는 것이 왜양(倭洋)의 장기가 되었으니, 통곡하며 한심하게 여길 일입니다. 합하의 명찰(明察)로 어찌 이를 통촉하지 않으시겠습니까마는, 창의(倡義)해서 왜양(倭洋)을 격퇴하는 데 무슨 큰 죄가 있다고 오직 잡아다 가두고 싹 쓸어버리려고만 하는 것입니까? 천지귀신이 모두 굽어 살피시고, 거리의 아이들과 잔심부름하는 하인들까지도 그 곡직(曲直)을 알 것입니다. 순상(巡相)[81]이 우리를 크게 미워해서 이 무고한 창생들을 모두 도탄(塗炭)에 빠뜨렸으니 한 나라에서 태어나서 어찌 이처럼 잔인한 것입니까?

또 왜양이 우리 임금님을 위협하는 것이 망극합니다. 조정에 누구 하나 이를 수치스럽게 여기는 사람이 없으니, 군주가 욕을 당하면 신하가 죽는 의리는 어디에 있습니까? 수의(繡衣)[82]를 입은 합하께서는 산두(山斗)[83]의 명망이 있고, 성왕(聖王)의 명을 받들어 각 도의 선

---

76) 전제(專制): 독단으로 결정해서 행동함. 여기서는 진무(鎭撫)와 관련해서 전권(專權)을 부여한다는 뜻이다.
77) 비류(匪類): 도적의 부류
78) 명지(明旨): 국왕의 교지(敎旨)
79) 문장(文狀): 조선시대 아전 등이 관아에 올리던 문서양식. 문첩(文牒)
80) 윤강(倫綱): 삼강오륜(三綱五倫)
81) 순상(巡相): 순찰사(巡察使)
82) 수의(繡衣): 옛날 중국에서 지방에 파견하는 어사들에게 수놓은 옷을 입혔던 데서 유래하여 어사를 비유하는 말이다. 고귀한 관원을 비유하기도 한다.
83) 산두(山斗): 태산북두(泰山北斗)의 준말로 명망이 매우 높은 것을 비유함

비들에게 효유하시니, 수만 명 선비들이 모두 마치 큰 가뭄에 비구름을 바라듯 기대하고 있습니다. 그러나 세상일은 끝이 없는데 의리를 보기 힘든 것은, 다만 강약의 형세만 보고서 왜양을 격퇴하기 어렵다고 생각하기 때문입니다. 그렇다면 천하만고(天下萬古)에 '목숨을 버려서 의를 이룬다(捨生而就義)'는 것이 어디 있겠습니까? 저희가 비록 촌구석의 천품(賤品)이지만 어찌 왜양이 강적(強賊)임을 모르겠습니까? 하지만 열성조(列聖朝)에서 유학을 숭상한 교화로 인해 모두가 "왜양을 격퇴하다가 죽는다면 죽는 것이 사는 것보다 낫다."라고 말하고 있으니, 이는 국가에서 경하할 일이지 우려할 일이 아닌 것입니다.

부디 합하께서는 밝게 살피시고 개도(開導)[84]하셔서 이 어리석지만 충성스러운 무리가 의리의 본분을 깨닫게 하소서. 장계를 올려 천폐(天陛)에 아뢰어 우리 왕의 소간(宵旰)[85]의 근심을 없게 하시고, 회계(回啓)[86]해서 저희가 의리를 이룰 수 있는 길을 열어 주신다면 어찌 감히 각자 돌아가서 편안히 생업에 종사하지 않을 수 있겠습니까? 가슴을 치며 합하께 호소하오니 부디 굽어 살피시옵소서. 간절히 바라는 마음을 이기기 어렵나이다.

창의유생(倡義儒生) 허연(許延), 이중창(李重昌), 서병학, 이희인(李熙人),
송[헌]병희, 조재하(趙在夏), 이근풍(李根豊)

선무사 어윤중은 동학도인들의 문장(文狀)에 글로 답했다.

너희가 취당(聚黨)[87]한 의도가 양이(攘夷)에 있다면, 온 나라의 공공(共公)의 의리를 갖고 어찌 독자적으로 한 깃발을 세운 것이냐? 그러나 문장(文狀)에서 위협 운운한 것은, 소문이 잘못된 것임을 이미 효유(曉諭)했다. 이러한 사연을 상세히 아뢰어 상달(上達)할 길을 마련하겠으니 너희들도 물러가서 편안히 생업에 종사할 것을 고하노라. 앞으로는 평안 무사하게 있으라.

계사년 3월 26일
장내(帳內)에서[22]

이미 양호선무사는 왕지(王旨)를 선유(宣諭)해서 동학도인들에게 해산 및 생업 종사를 명했다. 그러나 도인들은 그 창의(倡義)의 취지를 진정하고 항의하면서 선무사의 명에 따르지 않았다. 이 사건을 전후로 큰비가 자주 내렸는데, 집회장소 부근은 도인들이

---

84) 개도(開導): 생각을 깨우쳐 주고 앞에서 인도함
85) 소간(宵旰): '소의간식(宵衣旰食)'의 준말로 날이 새기 전에 옷을 입고 밤이 돼서야 밥을 먹는다는 뜻이다. 임금이 아침 일찍부터 밤 늦게까지 부지런히 정사에 임하는 모양을 비유하는 말이다.
86) 회계(回啓): 신하들이 임금의 질문에 대해 심의해서 다시 아뢰는 일
87) 취당(聚黨): 한 패거리를 불러 모음

모두 있을 수 없었기 때문에 각 접(接)은 일단 노약자들을 내보내서 숫자를 조금 줄였다. 하지만 성인들은 여전히 남아 있었고, 게다가 나중에 도착하는 도인들도 있어서 과연 언제나 이들 전부가 해산할지 예측하기 어려운 상황이었다.

경성 궁궐 앞에서 복합상소한 동학도인들은 전교(傳敎)로 해산을 명해서 유혈 참상 없이 평화적으로 해결했다. 하지만 이번 동학도인들은 동학의 본거지에 집결해서 이른바 장기저항을 하려고 마음먹고 있었다. 그 준비로 보나 인원으로 보나 복합상소 때와는 비교할 수도 없었다. 묘당은 조선관료 중에서 준수한 인물인 어윤중을 뽑아서 선무(宣撫)[88]의 임무를 맡겼지만, 과연 목적을 달성할 수 있을지는 알 수 없었다. 선무의 목적을 달성할 수 없다면 병력을 사용해서 토벌해야 하지만, 당시 군비는 극도로 이완되고 황폐해서 공주감영(公州監營)·청주병영(淸州兵營)·전주감영(全州監營)에는 실제로 토벌에 동원할 병력이 없는 상황이었다.

보은에서의 동학변(東學變)이 장기화될 경우 우려되는 문제들이 있었다. 먼저 생각이 미친 것은, 이해 3월의 복합상소 이후로 많은 수의 동학도인이 경성에 숨어 있다는 사실이었다. 다음으로 국왕과 척족의 다년간에 걸친 비정(秕政)[89]의 결과로 민심이 완전히 이반해서, 동학변의 정세 여하에 따라서는 경성에서도 변란이 발생할 위험이 있었다. 이들이 척왜척양(斥倭斥洋)을 표방한 이상, 동학도인들은 당연히 거류 외국인들에게 폭행을 가할 것이었다. 국왕과 척족은 이를 가장 우려했다. 5월 10일, 국왕은 경복궁 함원전(含元殿)에서 영의정 심순택, 좌의정 조병세, 우의정 정범조를 소견(召見)해서 자순(諮詢)했다. 영의정 심순택은 강화·평양 두 영(營)의 병사를 수원부·용인군(龍仁郡)에 주둔시켜서 비도(匪徒)의 북상에 대비하고, 경군(京軍)은 형세에 따라 조용(調用)[90]해야 한다고 아뢰었지만, 국왕은 만일의 경우를 우려해서 경군의 파견에 동의하지 않고 청군(淸軍)을 빌려서 진압할 것을 제의했다. 영의정은 설령 청군을 빌리더라도 그 비용은 조선이 지불해야 한다는 이유로 반대했다. 국왕은 청이 영국군대를 빌려서 내란을 진압한 전례를 거론했다. 아마 태평천국난(太平天國亂) 당시의 상승군(常勝軍)[91]을 가리킨 것이

---

88) 선무(宣撫): 조정에서 지방에 대신을 파견하여 국왕의 명령을 전하고 흥분한 군민(軍民)을 진정시키며 문제가 된 사안을 처리하게 하는 일

89) 비정(秕政): 악정(惡政). 백성을 해치는 잘못된 정치

90) 조용(調用): 적절히 골라서 사용함

91) 상승군(常勝軍): 1860년 중국의 태평천국운동을 진압하기 위해 조직된 외국인과 중국인의 혼성 용병부대. 1860년 상하이가 위협당하자 상하이의 거상 양방(楊坊)의 자금으로 미국인 선원에게 서양식 소총부대의 조직을 맡긴 데서 비롯됐으며, 나중에는 영국장군 고든(C.G.Gordon)의 지휘하에 수천 명의 중국 유민(遊民)을 모

리라. 하지만 우의정 정범조가 청에서 군대를 빌리는 데 절대 반대하는 뜻을 개진했으므로, 국왕도 더 이상 이 문제를 논하지 않았다.[23]

청에서 군대를 빌리는 문제는 현직 대신들의 강경한 반대로 일단 철회하지 않을 수 없었지만, 그럼에도 국왕은 여전히 단념하지 못하고 전(前) 협판내무부사 박제순(朴齊純)을 주한도원(駐韓道員) 원세개에게 보내서 협의하게 했다. 원세개도 청군(淸軍)의 출동에는 동의하지 않고, 중신(重臣)에게 경군과 강화영의 병사 1천 명을 줘서 충청도에 파견해서 초무(剿撫)[92]하되 먼저 그 우두머리를 주륙(誅戮)하고 저항하는 잔당을 무찌른다면 동학도인들은 병기도 없고 식량도 넉넉하지 않으니 쉽게 진압할 수 있을 것이라는 의견을 내놓았다.[24]

양호선무사 어윤중은 5월 11일에 청주병영(淸州兵營)에서 타전해서 동학도인들을 직접 만나 타일렀지만 해산하지 않는 사정을 상신했다. 국왕은 원세개의 조언대로 이들을 초무(剿撫)하기로 결정하고, 5월 28일에 양호선무사에게 동학 선유(宣諭)의 윤음(綸音)[93]을 내리는 것과 동시에 친군(親軍) 장위영(壯衞營)[94] 정령관(正領官) 홍계훈에게 병사 600명과 개틀링 구식 기관포 3문(門)을 주어 청주목으로 급히 내려보냈다.

국왕의 전보 윤음은 5월 14일에 청주병영으로부터 보은군에 도착했다. 선무사 어윤중은 5월 16일에 청주영장(淸州營將) 백남석(白南奭), 보은군수 이중익 등을 대동하고 속리면 장내의 동학 집회장소로 가서 윤음을 선포하며 조정의 관대한 은혜를 알리고 무조건 해산을 명했다. 하지만 동학도인들은 여전히 척왜척양을 논하고, 또 충청도 관찰사 조병식과 공주영장(公州營將) 윤영기(尹泳璣)의 탐학(貪虐)과 불법을 호소했다. 마지막으로 이들은 5일 내로 해산하겠다고 제안했는데, 선무사는 그 기한을 3일로 단축했다. 도인들도 이를 수락했다.

4월 25일에 속리면 장내에 처음 집결한 이래로 이제 20일이 되었다. 그동안 날씨가 좋지 않아서 줄곧 큰비가 내렸다. 게다가 산간벽지에 물자와 식량이 부족해서 도인들은 크게 지쳤고 환자도 속출했다. 그러는 사이에 조선의 유일한 신식 군대인 경군(京軍)이 곧 토벌에 나선다는 소식이 전해졌다. 동학도인들도 이제는 선무사의 효유(曉諭)에 복종

집, 훈련시켜 이홍장(李鴻章)의 회군(淮軍)과 공동으로 태평천국군을 진압했다.

92) 초무(剿撫): 토벌하고 어루만짐

93) 윤음(綸音): 임금이 신하나 백성에게 내리는 말, 혹은 그것을 적은 문서

94) 장위영(壯衞營): 조선 말의 군영(軍營)으로 고종 25년(1888)에 친군영(親軍營)을 개편하면서 그 좌영(左營)과 전영(前營)을 합쳐서 만들었다. 고종 31년(1894)에 폐지됐다.

할 수밖에 없었다. 약속일 하루 전인 5월 17일부터 속리면 장내에 집결한 동학도인들은 접(接)별로 접주의 인솔에 따라 귀향길에 올랐고, 홀로 도망치는 자들도 생겼다. 5월 18일에는 전부 해산했다. 도주 최시형과 수괴들은 17일 밤에 은밀히 사라져서 그 행방을 알 수 없었다. 선무사에게 체포당할 것이 두려웠기 때문이리라.[25]

보은군에 집결한 동학도인들의 해산 소식을 접한 묘당은 양호선무사의 장계에 따라 충청도와 전라도에 그 수괴의 체포명령을 내렸지만, 이미 때가 늦어서 서병학 1명만 체포하였다. 또 이번 변란은 동학도인들의 주장에 따르면 충청도 지방관, 특히 관찰사 조병식과 그 심복 공주영장 윤영기의 탐람학민(貪婪虐民)에 적지 않은 원인이 있었으므로, 5월 4일에 조병식을 체임(遞任)하고 조병호를 그 후임에 임명했다가, 양호선무사 어윤중의 장계에 따라 5월 25일에 조병식에게 다시 간삭(刊削)[95]의 형벌을 내리고, 그 불법의 정상(情狀)을 선무사에게 별도로 조사해서 장계로 아뢰게 했다. 윤영기는 의금부로 내려 보내서 나문(拿問)[96]·정죄(定罪)하게 했다. 양호선무사 어윤중도 형벌 남용을 이유로 같은 해 10월에 황해도 연일현(延日縣)으로 유배됐다.[26]

보은 동학집회는 결국 양호선무사의 효유(曉諭)에 따라 해산하지 않을 수 없었으므로, 마치 그해 3월의 규혼(叫閽)과 마찬가지로 효과가 없었던 것처럼 보인다. 하지만 다시 자세히 관찰해 보면 적어도 동학도주 최시형의 당초 기대는 실현했음을 알 수 있다. 당시 동학에서 가장 고심한 문제는, 조정에서 동학을 금지하면 지방관들이 이를 틈타 동학도인들에게 불법적인 침학(侵虐)을 가하는 것이었다. 그런데 보은집회를 거치면서 동학 금령(禁令)은 거의 사문화됐음이 드러났다. 도주의 통문에 호응해서 충청·전라는 물론 경기·경상 등 각 지방의 동학접주가 각 포(包)의 도인들을 이끌고 공공연히 보은집회로 가는데도 지방관들은 방관할 뿐 저지할 수 없었다. 동학은 이제 조정의 금령과 관계없이 조선 남부에 견고한 세력을 가진 정치적·종교적 단체임을 유감없이 과시했던 것이다.

다음으로 지방관의 탐학(貪虐)은 동학이 전파되지 않은 지방에서도 일반적인 현상이었으며, 보은집회만으로 이를 근절할 수는 없었다. 그렇지만 양호선무사의 조사 장계에 따라 충청도 관찰사 조병식 이하 수령들의 탐람학민(貪婪虐民)이 논의된 것은 동학집회의 목적 일부를 달성한 것이었다.

---

95) 간삭(刊削): 관직이나 공신의 지위를 뺏는 일
96) 나문(拿問): 죄인을 잡아다가 심문하는 일

【원주】

1 「近代日支鮮關係の硏究-天津條約より日支開戰に至る」,『京城帝國大學法文學部硏究調査冊子』 제3집, 44~72쪽.

2 村山智順,『朝鮮の類似宗敎』(朝鮮總督府調査資料 제42집).

3 朴寅浩,『天道敎書』(大正 10年刊), 1~53쪽; 李敦化,『天道敎創建史』(昭和 8年刊) 第1編; 金仁泰,『上帝敎歷史』(昭和 7年刊); W. M. Junkin, The Tong Hak(The Korean Repository, Jan. 1895), 57~61쪽.

4 『日省錄』, 李太王 甲子年 2月 29日;『天道敎創建史』 제1편;『上帝敎歷史』.

5 『天道敎書』;『天道敎創建史』 제1편,『上帝敎歷史』.

6 『日省錄』, 李太王 辛未年 3月 16日, 8月 11·12日;『右捕廳謄錄』, 辛未年 8月 29日, "辛未逆賊李弼濟鄭岐鉉等鞫案";『上帝敎歷史』.

7 『上帝敎歷史』,『海月神師實史』(『天道敎會月報』 195號, 海月神師出世百年記念號, 17~47쪽).

8 『天道敎書』;『天道敎創建史』 第2編;『上帝敎歷史』;『海月神師實史』.

9 東學黨匪亂史料』;『聚語』, 癸未年 2月;『天道敎創建史』 第2編;『上帝敎歷史』;『海月神師實史』.

10 『天道敎創建史』 第2編.

11 『日省錄』, 李太王 癸巳年 2月 26日.

12 『統理衙門日記』 3권, 癸巳年 2月 27·28日;『日案』 22권; Mr. Augustine Heard, U. S. Minister Resident to Korea, to Mr. Walter Q. Gresham, Secretary of State, April 4, 1893(Papers relating to the Foreign Relations of the United States, 1894, Appendix, pp. 5~9); The same, April 6, 1893(Ibid, p. 9).

13 東學黨匪亂史料』.

14 『李文忠公全集』(電稿) 14권, "寄譯署"; Mr. A. Herard to Mr. W. Q. Gresham, April 7, 1893(Foreign Relations of the United States, 1894. Appendix, p. 10); The same, April 20, 1893(Ibid., pp. 10~14).

15 東學黨匪亂史料』;『日案』 22권.

16 『日案』 22권.

17 『李文忠公全集』(電稿) 14권, "寄譯署"; Mr. A. Herard to Mr. W. Q. Gresham, April 7, 1893(Foreign Relations of the United States, 1894. Appendix, p. 10).

18 『聚語』.

19 『聚語』;『天道敎創建史』;『上帝敎歷史』;『海月神師實史』.

20 『聚語』.

21 『聚語』;『李文忠公全集』(電稿) 14권, "寄譯署"·"覆譯署".

22 『聚語』.

23 『日省錄』, 李太王 癸巳年 3月 25日.

함원전(含元殿)에서 차대(次對)를 거행함.

○ 차대(次對)이다.

○ 영의정 심순택(沈舜澤): 양호(兩湖) 도신(道臣)이 올린 전보를 연달아 받아 보았습니다. 궤탄(詭誕)한 무리가 양호(兩湖) 사이에 날마다 더욱 소취(嘯聚)해서, 그 깃발이 줄을 지어 종적을 예측할 수 없다고 하니, 효유(曉諭)로 귀화(歸化)시킬 수 없는 자들입니다. 다만 지금 예방의 책임이 전적으로 단속(團束)하는 수령에게 있으니, 다시 관문(關文)을 내려보내서 기필코 불일내에 해산시킨 후

등문(登聞)하라고 지시하는 것이 어떻겠사옵니까?

여(予)(國王): 이는 필시 어리석은 백성들이 지각이 없어서, 법을 두려워할 줄 몰라서 그런 것이리니 참으로 애통하다. 같은 부류를 끌어들여서 무리를 이루는 의도가 어디에 있는가? 이는 심상하게 완게(玩愒)해서는 안 되는 일이니, 총리대신(영의정)은 시원임장신(時原任將臣)·병조판서와 회의해서 속히 저들을 솎아 내서 다스릴 방법을 마련하라.

좌의정 조병세(趙秉世): 양호(兩湖) 사이에 요탄(妖誕)한 무리가 모여서 해산하지 않고, 남쪽에서 오는 소문 때문에 갈수록 더욱 소요가 일고 있거늘, 날마다 늑장을 부리며 대책도 세우질 않으니, 지금이 어찌 그럴 때이겠습니까? 군제(軍制)를 단속하고, 향곡(餉穀)을 비축하는 일은 조금이라도 늦출 수 없지만, 오직 그 열읍(列邑)의 수재(守宰)를 잘못 간택했으니, 난민(亂民)과 궤도(詭徒)가 모두 여기서 연유한 것입니다. 어찌 수재가 자기 일신의 욕심을 채워서, 온 나라에 해를 끼친 것이 아니겠나이까? 또 지금 급박한 상황에서 믿을 것은 오직 기호(畿湖)의 수령들 밖에 없으나, 평소에 관리들이 백성에게 신뢰를 잃어서 호령이 행해지지 않으니, 마땅히 파면과 견책을 빨리 시행해서 법(法)으로 종사(從事)해야 할 것입니다. 그런데 조정에서 관칙(關飭)을 내린 지 며칠이 지났거늘 도계(道啓)가 아직 올라오지 않으니, 어찌 이와 같은 국체(國體)가 있겠나이까? 신의 이 상주의 내용으로 다시 각 도(道) 도신(道臣)들에게 관문(關文)을 보내서 일일이 규핵(糾覈)하게 하고, 며칠 내로 등문(登聞)하지 않으면 법으로 처단하시옵소서.

여(予): 백성을 아끼고자 할진대, 반드시 먼저 탐학한 수령을 징계해야 하리라. 아뢴 바가 절실하니 엄중히 더욱 명령하라. 병사(兵事)는 하루라도 준비가 없어서는 안 되거늘, 승평(昇平)한 날이 오래되어 양병(養兵)하지 않았다. 이제 들건대, 금영(錦營)(공주감영)과 청영(淸營)(청주병영)은 병사가 아예 없다고 할 만하다니, 완영(完營)(전라도감영) 또한 병사가 없을 것이다.

우의정 정범조(鄭範朝): 완영(完營) 또한 그렇사옵니다.

여(予): 오직 문(文)만 숭상하고 융사(戎事)를 닦지 않음은 과연 안 될 일이다.

정범조: 문사(文事)가 있는 자는 반드시 무비(武備)가 있는 법이거늘, 어찌 닦지 않을 수 있겠나이까?

여(予): 지금 사세(事勢)를 앞으로 어떻게 처리해야겠는가?

심순택: 어윤중이 도어사(都御史)의 자격으로 명을 받들어 내려갔다고 들었으니, 그가 효유해서 귀화시키면 다행이거니와, 그렇지 못하면 어찌 초제(剿除)하지 않을 수 있겠나이까?

여(予): 예전에 어사(御史)를 보내라고 명한 것이 바로 그 뜻이었다.

정범조: 예전에 임술진요(壬戌晉擾)(철종 임술년 진주민란)에서 특별히 윤지(綸旨)를 내리셨으니, 이는 곧 신유(申諭: 효유해서 깨우침)한 것입니다. 그렇게까지 했는데도 계속 저항한다면 그 죄를 엄히 성토하는 일을 늦춰서는 안 됩니다.

여(予): 그렇다면 선유사(宣諭使)를 보내야겠는가, 아니면 선무사(宣撫使)를 보내야겠는가? 어윤중이 이미 내려가 있으니, 그대로 그를 임명해야겠는가, 아니면 다른 이를 보내야겠는가?

심순택: 임술년에 선무사를 내려보냈는데, 영남에는 이삼현(李參鉉)이요, 호남에는 조구하(趙龜夏)였습니다. 지금도 선례에 따라 선무사로 칭하는 것이 좋을 듯하옵니다.

여(予): 어윤중을 그대로 임명하는 것이 좋겠다.

심순택: 선무사의 차하(差下)는, 연석(筵席)에서 물러간 후에 전보(電報)하겠사옵니다. 그런데 그 직함은 어사(御史)와 다르니, 전제지권(專制之權)을 주어야 편의대로 조처할 수 있을 것이옵니다.

여(予): 절제(節制)는 어떻게 하는가? 조병(調兵: 병사를 뽑아서 파견함)도 할 수 있는가?

심순택: 군대 조발(調發)에는 부신(符信)이 있으니, 그것은 감병사(監兵使: 감사, 병사)의 책임이지만, 선무사가 상의해서 할 수 있을 것이옵니다.

여(予): 전제지권이 없어서는 안 된다. 수령의 선악 또한 염찰(廉察: 몰래 사정을 살핌)해서 백성의 마음을 위로해야 한다. 만약 불법이 있으면 감사가 장계로 보고하고, 절도사 이하가 직접 처단하는 것이 마땅하다.

심순택: 그 하교가 지당하십니다. 우선 전보로 알리겠습니다.

여(予): 예전에 청주(淸州) 병사들을 총제관(總制官)에게 옮겨서 배속했는데, 그 남은 병사가 아직 청주에 있고, 기계도 모두 그대로 두었으리라.

심순택: 아직 기계가 있고 또 남은 병사가 있으니 그래도 다행이옵니다.

여(予): 요충지에 모두 몇 개의 길이 있는가?

심순택: 수원과 용인이 직로(直路)입니다. 심영(沁營: 강화친군영)과 기영(箕營: 평안감영)의 병사를 우선 수원, 용인 등지에 파견해서 주둔시키고, 경군(京軍)은 형세를 관망하다가 조용(調用)하는 것이 좋겠나이다.

여(予): 경군은 당분간 파견해서는 안 된다. 다른 나라 군대를 차용(借用)하는 데 또한 각국의 전례가 있다. 그런데 어찌 군대를 빌리지 않는가?

심순택: 그것은 불가합니다. 만약 다른 나라 군대를 쓴다면 군량을 우리나라에서 마련하지 않을 수 없습니다.

여(予): 중국에서 일찍이 영국의 군대를 차용한 일이 있다.

정범조: 어찌 중국을 본받겠나이까?

여(予): 각국에서 군대를 빌리려는 것이 아니다. 청병(淸兵)이 쓸 만하니, 그래서 말하는 것이다.

정범조: 청병을 차용하는 것이 비록 각국과 같진 않으나, 어찌 애초에 빌리지 않는 것만 같겠습니까?

여(予): 포유(布諭)를 해도 해산하지 않는다면, 초토(剿討)할 만한 자들은 초토하고, 안집(安集)할 만한 자들은 안집해야 하리라. 묘당은 회의하고, 또한 시원임장신들에게 상의하라. 원임대신도 입참(入參)하라.

정범조: 만약 초토한다면 어떻게 하시겠사옵니까?

여(予): 그 우두머리만 죽이면 저절로 해산할 것이다.

정범조: 연로(沿路)의 몇몇 수령 가운데 진위현령(振威縣令)은 임무를 감당할 수 없으니 간택해서 내려보내는 것이 좋겠사옵니다.

여(予): 응당 간택해서 내려보낼 것이다. 영남은 방수지지(防守之地)이다. 새재[鳥嶺]와 추풍령(秋風嶺) 중에 어디가 더 나은가?

심순택: 두 고개가 모두 요충지입니다. 영남 병사들 또한 방수(防守)하게 해야 할 것이옵니다.

여(予): 단속해서 솎아 내고 다스릴 방법을 잘 회의하라.

24 『李文忠公全集』(電稿) 4권, "寄譯署".

25 『日省錄』, 李太王 癸巳年 4月 1日; 『聚語』; 『李文忠公全集』(電稿) 14권, "寄譯署".

26 『日省錄』, 李太王 癸巳年 4月 10日, 8月 25·29日; 『聚語』.

【참고지도】 조선총독부 5만분의 1 지도. 내성(乃城)·영주(榮州)·단양(丹陽)·적성(赤城)·문경(聞慶)·속리산(俗離山)·청산(靑山)·보은(報恩).

제 67 절

갑오동학변란(甲午東學變亂)

메이지 26년 4월에 충청도 보은군에서 열린 동학집회는 동학의 장래에 관해 여러 가지 중요한 시사점을 주었다. 첫째, 동학의 실제 세력이 대단히 견고하며, 그 집단세력은 관헌도 어떻게 하기 어렵다는 것. 둘째, 동학도인들이 거대한 집단세력을 갖고 있으면서도 양호선무사(兩湖宣撫使)의 효유(曉諭)에 따라 해산할 수밖에 없었던 것은 그들이 전혀 무장하지 않았고 관병(官兵)에게 저항할 방법을 몰랐기 때문이라는 것. 이에 따라 일부 도인들이 앞으로의 집단운동은 상당한 병기를 갖추고 병력을 동원하지 않으면 소기의 목적을 달성하기 어렵다는 생각을 가진 흔적이 있다. 셋째, 보은에 집결한 동학도인 중에는 전라도 출신이 가장 많았다는 것 등이다.

"남도는 헛소문이 쉽게 퍼진다(南道易訛)."라는 말은 근대 조선의 위정자들의 일반적인 탄식이다. 전라도는 반도(半島)에서 가장 천연적 혜택을 많이 받은 지방으로, 그에 따라 인구도 조밀하고 인지(人智)도 개발되어 있다. 그 반면에 통치하기가 매우 어려워서 걸핏하면 집단적으로 위정자에게 반항하는 경향이 강하다. 남도에 헛소문이 쉽게 퍼진다는 것은 이조시대 뿐만 아니라, 통감부(統監府)와 조선총독부(朝鮮總督府)를 거치면서 당국이 경험한 사실이다. 동학도인들 중에 전라도 출신이 가장 많다는 것은 쉽게 간과할 수 없는 문제로서, 보은집회에 이어질 다음 동학변란이 전라도에서 발생할 위험을 경고하는 것이었다고 할 수 있다.

국왕과 척족은 물론 이러한 사실에 관심을 두지 않을 수 없었다. 메이지 26년 5월 6일 신임 전라도관찰사 김문현(金文鉉)이 사폐(辭陛)할 때, 국왕은 동학에 대해 경계할 것을 당부하고 김문현은 이들을 초제(剿除)[1]할 방법을 아뢰었다.

---

1) 초제(剿除): 제거(除去), 섬멸(殲滅)

여(予)○국왕: 호남은○전라도 용흥(龍興)2)이 시작된 땅으로 어진(御眞)3)을 모신 곳이라 그 소중
함이 본래 다른 지역과 구별된다. 그런데 근래 어째서인지 세속의 풍습이 무너지고 인심이
간악하고 교활해져서, 심지어 동학이라는 부류가 창궐해서 횡행한다고 한다. 백성을 편안
하게 하고 그것을 초제(剿除)할 방책을, 경은 재단(裁斷)해서 처결(處決)하라.

김문현○전라도관찰사 김문현: 신은 재기(才器)4)가 거칠고 졸렬해서 보답하지 못할까 두렵습니다.
이른바 비도(匪徒)의 준동(蠢動)은 참으로 일대 변괴(變怪)이옵니다.

여(予): 처음에는 일종의 사설(邪說)이었다가 끝내 점차 넝쿨처럼 퍼졌으니, 혹시 사람들의
마음을 선동하는 폐해가 있는지 우려된다. 경은 내려가서 특별히 금지를 더하라.

김문현: 신이 완주(完州)○전주부(全州府)에서 온 사람의 말을 들어 보니, 서울 안의 소문과 다른 것
이 매우 많았습니다. 소문이 옮겨지면서 퍼지고 있으니 와설(訛說)5) 또한 간혹 있을 것입
니다.

여(予): 한 번 옮겨지고 두 번 옮겨지면서 와설을 지어내는 것 또한 없지 않을 것이다. 부설(浮
說)6)은 믿을 만한 것이 못되는데, 호남에서도 금구(金溝)에 가장 많다고 한다. 완영(完營)
○전주감영에서 거리는 얼마나 되는가? 우선 그 소굴을 파괴하는 것이 그들을 초제(剿除)해서
그치게 하는 방법이 될 것이다.

김문현: 거리는 30리쯤 되오며, 금구와 완평(完坪)에서 과연 무리를 불러 모으고 있다고 하옵
니다. 최근에 인심이 흩어져서 점차 폐막(弊瘼)7)이 된 것은, 오로지 수령이 불법을 저질러
서 평민이 곤궁함에 몰린 나머지 그것에 물들어 가담한 자들이 가장 많다고 하옵니다. 신
은 이제 내려가서 그 탐묵(貪墨)8)을 징계하고자 하옵니다.

여(予): 근년에 수령들이 백성을 잘 다스리는 데 애쓰질 않으니 이것이 어찌 도리이겠는가?
이른바 사설(邪說) 또한 일찍이 들어 본 적도 없는 것인데, 근래 황탄(荒誕)9)이 만연(蔓延)
한 것이 반드시 지방관의 탐오(貪汚)에서 비롯된 것이 아니라고는 할 수 없으리라. 따라서
먼저 탐오한 지방관을 징계하고 비류(匪類)를 더욱 단속하는 일이 가장 중요할 것이다. 경
은 실심(實心)으로 대양(對揚)10)하라. 능히 훌륭한 공적을 이룰 수 있으리라.1

---

2) 용흥(龍興): 왕조를 일으킴
3) 어진(御眞): 임금의 초상화. 전주 경기전(慶基殿)에 태조 이성계의 어진이 봉안되어 있었다.
4) 재기(才器): 재주와 기량
5) 와설(訛說): 그릇된 소문
6) 부설(浮說): 뜬 소문. 유언비어(流言蜚語)
7) 폐막(弊瘼): 고치기 어려운 폐단
8) 탐묵(貪墨): 탐욕스럽고 더러움
9) 황탄(荒誕): 근거가 없고 허황됨. 황당무계(荒唐無稽)
10) 대양(對揚): 임금의 명령에 응답해서 그것을 백성들에게 널리 알림

국왕의 하교는 통치하기 어려운 지역에 부임하는 지방관에게 주는 주도면밀한 당부였고, 김문현의 봉답(奉答) 또한 흠잡을 데가 없었다. 하지만 불행히도 이것들은 구두선(口頭禪)[11]에 불과했다. 만약 국왕과 김문현이 이날의 대화를 망각하지 않았더라면 적어도 김문현의 임기 중에 전라도에서 중대한 민란이 발생하는 일은 없었을 것이다.

극동의 정세를 완전히 뒤바꾸고, 한국병합의 단서를 제공한 갑오동학변란은 앞의 대화가 있은 지 반년 후에 발생했고, 그 직접적 원인은 바로 수령의 탐묵(貪墨)에 있었다.

당시 전라도 고부군수(古阜郡守) 조병갑(趙秉甲)은 전(前) 충청도 관찰사 조병식과 현 관찰사 조병호의 일족[양주 조씨(楊州 趙氏)]으로서 대표적인 탐관오리로 알려져 있다. 그는 고부 부임과 동시에 온갖 명목으로 백성의 재물을 수탈하는 데 혈안이 되어 있었다. 그중 몇 가지를 들자면, 농민에게 황무지 경작을 허가하고 관(官)에서 문권(文券)[12]을 발급해서 세금 면제를 약속하고는 추수할 때 강제로 징세한 것, 부유한 백성에게 불효(不孝)·불목(不睦)·음행(淫行) 및 잡기(雜技) 등의 죄목을 씌워서 2만여 냥을 강탈한 것, 조병갑의 아비가 예전에 전라도 태인현감(泰仁縣監)을 지냈는데 그 비각(碑閣)을 세우기 위해 1천여 냥을 강제로 수렴한 것, 대동미(大同米)를 민간에서 징수할 때 정백미(精白米) 16말의 비율로 절전징수(折錢徵收)[13]하고 상납할 때는 거칠고 질 나쁜 쌀을 사서 올리고 이익을 착복한 것 등이다. 하지만 그중에서도 민간에 가장 큰 물의를 일으킨 것은 만석보(萬石洑)의 수리였다.[2]

만석보는 고부군 답내면(沓內面) 두전리(斗田里)[현재 전라북도 정읍군(井邑郡) 이평면(梨坪面) 두리(斗里)] 동진강(東津江) 남안(南岸)에 설치돼서 고부군 태인현에서 그 혜택을 입었다. 그런데 그 수세(水稅)가 매우 가혹해서 지방민이 여러 차례 경감해 줄 것을 청원했다. 고부군수 조병갑은 부임하자마자 만석보가 멀쩡한데도 옛 보 아래에 새 보를 만들었는데 부역을 동원하면서 한 푼의 임금도 지급하지 않았다. 그리고 새 보가 완성되자 고부군민들로부터 상답(上畓)은 1마지기당 2말, 하답(下畓)은 1마지기당 1말의 비율로 수세(水稅)를 추가 징수하고, 그 총액 700여 섬을 착복했다.[3]

조병갑의 행동은 탐학이 지나쳤으므로 지각 있는 친척들이 그에게 충고했지만 아무

---

11) 구두선(口頭禪): 불교 용어로, 선(禪)을 직접 실천해서 그 철리(哲理)를 깨닫지 못하고, 흉내만 내거나 말만 장황하게 늘어놓는 것
12) 문권(文券): 토지나 가옥의 소유권이나 그 밖의 권리를 증명하는 문서
13) 절전(折錢): 현물을 금전으로 환산하는 것

효과가 없었다. 그때 태인현 산외면(山外面) 동곡(東谷)에 거주하는 향반(鄕班)[14] 중에 전봉준(全琫準)이라는 사람이 있었다. 자(字)는 명숙(明叔)이고, 체구가 왜소해서 녹두(綠豆)—키가 작은 사람 또는 콩이라는 의미—라고 불렀다. 현재 그의 본명은 거의 사용되지 않으며 전명숙(全明叔) 또는 녹두라고 알려져 있다. 부친의 이름은 전창혁(全彰赫)이다. 부자가 모두 훈장 일을 업으로 삼고, 학식이 있어서 향당(鄕黨)에서 중요한 위치를 차지하고 있었다. 전봉준은 일찍이 동학도주 최시형을 따라다니면서 동학을 배웠고, 고부 지방 접주(接主)에 임명됐다. 메이지 26년 4월의 보은집회에도 고부접(古阜接)의 도인들을 이끌고 참가했을 것이다. 그는 동학에 가입한 많은 향반들과 마찬가지로 동학의 집단세력을 이용해서 반란을 계획한 사람들 중 하나였을 것으로 생각된다.[3]

전봉준 자신은 향반이고, 또 그가 가진 전답은 3마지기에 불과했으므로 군수의 학정으로 손해 본 것은 거의 없었다. 하지만 고부군 일대에 불온한 기운이 퍼지자 솔선해서 일어나 메이지 26년 12월 22일에 군민 40여 명을 이끌고 고부 군아(郡衙)로 가서 군수에게 진정했지만, 장두(狀頭)[15]라는 이유로 수감됐다가 얼마 후 쫓겨났다. 전봉준은 굴하지 않고 메이지 27년 1월에 다시 60여 명을 이끌고 가서 군수에게 진정했지만 다시 쫓겨났다.[4]

전봉준은 앞선 두 차례의 실패에 굴하지 않고 그 동지 정익서(鄭益瑞), 김도삼(金道三)과 공모해서 민폐교구(民弊矯捄)[16]의 명분을 내세우며 지방민을 선동했다. 군수의 학정에 분노한 적지 않은 수의 지방민이 호응했다. 메이지 27년 2월 15일 새벽에 1천여 명이 만석보의 남쪽 고부군 답내면 마항리(馬項里)에 집결한 후, 곧바로 고부 읍내로 가서 군아를 습격했다. 군수 조병갑은 뜻밖의 사건을 당해 홀몸으로 달아났으므로, 전봉준은 이서(吏胥)[17]의 체포를 명하고 공해(公廨)의 무기고를 부수고 무기를 탈취했다. 그리고 군수가 불법으로 징수한 세곡(稅穀)은 원주인에게 돌려주고 만석보의 새 보를 무너뜨렸다.[5]

이상의 경과에서 분명히 알 수 있는 것처럼, 메이지 27년 2월 15일의 고부군 변란은 순수한 민란으로서 난을 일으킨 백성도 반드시 동학도인은 아니었다. 따라서 그들은 군수를 쫓아내고 새 보를 파괴해서 당초 목적을 달성하자 더 이상 전봉준의 명령에 따라

---

14) 향반(鄕班): 토착 양반. 즉 여러 대에 걸쳐서 벼슬을 하지 못한 채 대대로 향촌에 거주하면서 토착세력이 된 양반을 뜻한다.
15) 장두(狀頭): 연명으로 올린 청원장(請願狀)이나 소장(訴狀)의 첫머리에 이름을 적은 사람
16) 교구(矯捄): 잘못된 것을 바로잡음. 교정(矯正)
17) 이서(吏胥): 관아에 딸린 하급 관리. 아전(衙前)·서리(胥吏)

행동할 필요를 느끼지 않았다. 이들은 자발적으로 해산했고, 2월 25일경에는 대부분의 난민(亂民)들이 고부로 물러갔다. 전봉준 자신은 태인으로 돌아갔던 것 같다.

고부군수 조병갑은 간신히 난을 벗어나 2월 20일에 전주에 도착해서 전라도 관찰사 김문현에게 보고했다. 김문현은 바로 고부군에 속리(屬吏)를 파견했지만, 이미 난민들은 물러간 뒤였다. 난민들이 제시했다고 하는 설폐조목(說弊條目)을 봐도 군수 조병갑과 고부군 관속(官屬)들의 탐묵(貪墨)은 의심할 여지가 없고 민란의 원인도 여기에 있음이 분명했으므로, 조병갑은 파직해서 체포하고 관속들은 체포해서 취초(取招)[18]한 후 장계를 올렸다. 묘당은 도계(道啓)[19]에 따라 3월 21일에 우선 전라감사 김문현에게는 월봉삼등(越俸三等)의 형전을 시행하고, 고부군수 조병갑은 의금부로 압송해서 신문한 후 정죄(定罪)하게 했다. 그리고 전라도 장흥부사(長興府使) 이용태(李容泰)를 고부군 안핵사(按覈使)에 차하했다.[6]

당시 지방관의 탐학(貪虐)은 비단 고부군만의 문제가 아니었다. 정도의 차이가 있을 뿐 오히려 그렇지 않은 방백수령(方伯守令)을 찾기가 더 어려웠다. 이제 고부군에서 동학도(東學道) 접주 전봉준이 창의(倡義)해서 지방관을 몰아내고 그 불법을 광정(匡正)[20]했다는 소식이 들리자 동학의 근거지인 충청도와 전라도가 동요하는 조짐이 보였다. 그중에서도 고부군에 인접한 태인·금구(金溝)·정읍·부안(扶安)·무장(茂長) 등 각 현(縣)의 동학도인들은 난민들과 통모해서 반란의 기회를 엿보고 있었다. 따라서 고부군 민란의 사판(査辦)[21]은 특별히 신중을 기해야 했다.

하지만 고부군 안핵사 이용태는 일촉즉발의 위기상황에 처한 사실을 깨닫지 못했던 것 같다. 그는 고부군 민란을 사판하면서 일체의 죄를 동학도인에게 돌리고, 도인들의 명부를 작성해서 일일이 그들을 수감한 후 그 주거지를 불태웠으며, 본인의 소재를 알 수 없는 자들은 그 처자식을 살육하는 등의 불법을 감행했다. 안핵사의 불법에 분노한 전봉준, 정익서, 김도삼 등은 앞에서 열거한 각 지방의 접주들에게 통문을 돌리고 보국안민(保國安民)을 위해 분기(憤起)할 것을 종용했다. 메이지 27년 4월 하순의 일이었다.[7]

전봉준의 격문에 호응해서 가장 먼저 그 밑으로 집합한 것은 고부군과 태인현의 동학도인들이었다. 그중에서도 태인의 비도(匪徒)는 5월 4일에 현아(縣衙)를 습격해서 무기

---

18) 취초(取招): 죄인을 신문해서 범죄 자백을 받는 일
19) 도계(道啓): 각 도의 관찰사가 임금에게 아뢰는 말이나 그 문서
20) 광정(匡正): 잘못을 바로잡아 고침
21) 사판(査辦): 조사해서 처분함

고를 때려 부수고 무기를 탈취한 후, 현감 홍면주(洪冕周)를 추궁해서 인신(印信)을 빼앗으려고 했지만 거절당했다고 한다. 그 사이 전봉준은 고부군 동학비도를 인솔해서 고부군 백산면(白山面)의 백산(白山)을 점거했다. 백산은 고도 47.6미터의 작은 언덕에 불과하지만, 조선의 곡창이라고 할 수 있는 동진강과 만경강 유역을 내려다보는 매우 중요한 요충지일 뿐만 아니라 식량 보급에도 편리하기 때문에 이 지점을 점거했다고 한다.

전봉준이 다시 봉기해서 백산을 점거했다는 소식이 들리자, 태인·금구·부안 등 인접한 각 읍의 동학도인들이 일제히 향응(響應)[22]해서 앞서거니 뒤서거니 백산으로 향했다. 이곳에 모인 동학도인들은 순식간에 수천을 헤아리는 거대 집단이 되었다.[8]

묘당에서도 전봉준과 고부·태인 지방의 동학비도에 대한 주시에 태만하지 않았던 듯, 전봉준이 다시 봉기했다는 소식을 접하자마자 5월 6일에 전라도 병마절도사 겸 친군장위영정령관(親軍壯衛營正領官) 홍계훈의 전라도 병마절도사 직책을 체임(遞任)하고 양호초토사(兩湖招討使)에 차하했다. 장위영은 외국인 교관에게 훈련된 경군(京軍) 내 정예부대로서 장비로 모제르(Mauser) 소총과 크루프(Krupp) 야포(野砲)를 보유하고 있었다. 또한 묘당은 초토사 지원 및 부족한 수송능력을 보완하기 위해 청 총리교섭통상사무(總理交涉通商事務) 원세개와 교섭해서 인천에 정박 중인 경비함 평원(平遠)의 사용을 허가받았다.

양호초토사 홍계훈은 장위영 5대(隊) 약 800명, 야포 2문·개틀링(Gatling) 구식 기관포 2문을 이끌고 5월 7일에 경성을 출발해서 인천에 도착했다. 그리고 인천항 거류지에서 군수품을 보급받고, 대관(隊官) 원세록(元世祿)의 1대(隊)를 기선 창룡호(蒼龍號)에, 대관 이두황(李斗璜)의 1대를 기선 한양호(漢陽號)에 나눠 태우고, 초토사 자신은 3대를 거느리고 군함 평원에 탑승했다. 이들은 5월 8일에 인천에서 출항해서 이튿날인 9일에 전라도 군산포에 입항했다.[9]

전년 5월에 충청도 보은에서 동학변란이 발생했을 때, 묘당은 처음에 선무(宣撫)와 해산을 위주로 해서 양호선무사를 내려보냈다. 사태가 악화될 조짐이 보이자 비로소 토벌대를 파견했지만, 다행히 병력을 사용하는 일 없이 해산의 목적을 달성했다. 하지만 이번 변란은 수괴 전봉준이 처음부터 도당(徒黨)을 이끌고 지방관아를 습격해서 무기를 약탈하고 백산을 점거하는 등 평범한 민란과 동일시할 수 없었고, 또 청 도원(道員) 원세개

---

22) 향응(響應): 소리가 서로 호응한다는 뜻으로, 예컨대 계곡에서 고함을 치면 그 메아리가 바로 되돌아오는 것과 같다. 응답이 매우 신속한 모양을 비유한다.

의 권고도 있었으므로 문관(文官)인 선무사(宣撫使)를 임명하지 않고 무관(武官)인 초토사를 내려보낸 것으로 생각된다. 따라서 초토사는 토벌과 선무공작(宣撫工作)을 병행해서 임무를 완수해야 했다. 다만 전봉준은 처음부터 지방관과의 타협을 절대 거부하고 있었으므로 선무공작이 성공할 가능성은 희박했다.

이미 고부군 백산을 점거한 전봉준은 5월 8일에 고부·태인·금구·부안 등 4개 읍의 동학비도(東學匪徒)로 크게 거병해서 부안에 침입했다. 그리고 현아(縣衙)를 습격해서 부안현감 이철화(李喆和)를 결박하고, 공해(公廨)의 무기고를 부수고 돈·곡식·무기를 약탈했다. 이들은 사흘간 머문 후, 11일에 부안을 떠나 고부군 도교산(道橋山)에 집결했다.[10]

전라도 관찰사 김문현은 2월에 고부민란이 발생한 이래로 동학도인들의 사판(査辦)에 진력했다. 그러다가 그 괴수 전봉준이 백산을 차지한 후 재차 봉기를 기도한다는 소식이 들리고, 이어서 부안 현아가 위험하다는 경보를 받게 되자 영장(營將) 이광양(李光陽), 이재섭(李在燮), 송봉수(送鳳洙)에게 급히 명해서 별초군(別抄軍) 250명에 다수의 보부상(褓負商)들을 더한 병력을 이끌고 부안으로 달려가 지원하였다. 이광양 등은 정읍을 거쳐 백산에서 부안으로 통하는 길까지 진출했다가, 5월 11일에 도교산에 집결한 동학비도들과 황토현(黃土峴)에서 충돌했다. 비도의 주요 장비는 매우 열악해서 각 읍의 무기고에서 탈취한 화승총, 도검, 창 따위에 불과했지만, 감영 군사들 또한 군대라고는 보기 힘든 오합지졸이었다. 전투 결과, 수적으로 우세한 비도가 감영 군대를 격파하고 영장 이광양 이하 적지 않은 수의 사상자를 만들었다.[11]

5월 11일의 황토현 전투는 비도와 관군 사이에 벌어진 최초의 충돌이었다. 전투 자체는 특별히 언급할 것이 없지만 이 전투가 관군의 완패로 끝난 사실은 틀림없이 비도의 사기를 크게 고무시켰을 것이다. 관군을 몰아낸 비도는 당일로 정읍현에 침입해서, 현아를 습격하여 죄수들을 석방하고 무기고를 부수고 많은 무기를 탈취한 다음에 지방관과 읍리(邑吏)의 집을 파괴했다. 또 황토현 전투에 대한 보복의 의미로 보부상들이 묵은 민가에 불을 질렀다. 정읍 공격을 마친 비도는 서쪽으로 향해서 고부군 삼거리(三巨里)에서 숙영했다.[12]

황토현 전투에서 승리를 거둔 전봉준이 정읍을 공격한 것은, 아마도 원래는 전주부(全州府)로 향할 계획이었던 것 같은데, 5월 9일에 군산에 상륙한 양호초토사 홍계훈이 경군을 이끌고 11일에 전주에 입성했다는 소식이 도착했으므로 그 예봉을 피해 전라도 서안(西岸)으로 향했던 것으로 생각된다.

5월 11일, 고부군 삼거리에서 숙영한 비도는 이튿날인 12일에 흥덕현(興德縣)에 침입해서 곧장 무기고를 부수고 무기를 탈취했다. 그리고 이날 다시 고창현(高敞縣)에 침입해서 먼저 옥문(獄門)을 부수고 죄인들을 석방한 후, 현아 건물을 때려 부수고 무기를 탈취하였으며, 읍내의 부민(富民)을 약탈하고 방화하였다. 이날 밤은 고창 읍내에서 숙영했다.

5월 13일, 전봉준은 비도를 대거 이끌고 무장현에 침입했다. 고부·태인·부안·정읍·흥덕·고창 등 여러 읍의 관청을 때려 부수고 마치 무인지경을 내달리듯 진군한 비도의 사기는 갈수록 더욱 충천했고 가담하는 자들도 날마다 늘어났다. 고부·정읍에 있을 때 수천 명이었던 비도의 숫자는 무장에 들어올 때 1만여 명을 헤아리게 되었다.[13]

무장은 동학의 일대 중심이 되었다. 또 전부터 지방관에게 체포·수감된 도인들도 적지 않았으므로 도인들은 가혹한 보복을 행했다. 비도는 무장 읍내에 들어오자마자 현아 건물을 때려 부수고 수감된 동학도인 40여 명을 석방했다. 지방관을 찾았으나 신임 현감 김오현(金五鉉)이 아직 부임하기 전이었으므로 읍리(邑吏)들을 잡아다가 그 태반을 살해하고, 읍내 및 성 밖 칠거리(七巨里)에 불을 질렀다. 그리고는 성 밖 고산봉(孤山峰)에 진을 치고 웅거하면서 마구 총을 쏘아대며 군세(軍勢)를 과시했다. 아마 무장을 점령했을 때가 전봉준의 전성기였을 것이다. 진을 치고 나서 사흘간 이들은 포고(布告)를 발해서 동학 창의(倡義)의 취지를 천명하고, 특히 척족의 학정을 통렬히 공격하며 보국안민(保國安民)의 뜻을 강조했다. 이 포고문은 전봉준 자신이 집필했다고 전해지는데, 당시 시폐(時弊)에 가장 적절한 것으로 전라도 전역의 식자(識者)들이 널리 전송(傳誦)[23]했다.

세상에서 인간이 가장 귀한 것은 그 인륜(人倫) 때문이요, 군신부자(君臣父子)는 인륜 중에서 가장 큰 것이다. 군주는 어질고 신하는 올곧으며 아비는 자애롭고 자식은 효도한 후에 가(家)와 국(國)을 이루어 무강(無疆)한 복으로 나아갈 수 있다. 이제 우리 성상(聖上)께서 인효자애(仁孝慈愛)하시고 신명성예(神明聖睿)하시니, 현량(賢良)하고 정직한 신하가 익찬(翼贊)[24]해서 밝게 보좌한다면 요순(堯舜)의 교화와 문경(文景)[25]의 통치를 손꼽아 기다릴 수 있을 것인데, 지금 신하된 자들은 나라에 보답할 것을 생각하지 않고 한갓 녹위(祿位)만 훔쳐서

---

23) 전송(傳誦): 여러 사람들이 전달하면서 읽고 외우는 것
24) 익찬(翼贊): 군주를 잘 보필해서 올바른 길로 인도함
25) 문경(文景): 중국 한(漢)나라의 3대 황제 문제(文帝)와 그 아들 경제(景帝)를 일컫는 말로, 이들이 한나라를 잘 다스려 부강의 기틀을 마련했다고 한다.

성상의 총명을 가리고 뜻에 영합하여 아첨하며 아양을 떤다. 충간(忠諫)을 하는 선비를 요언(妖言)이라고 하며 정직한 사람을 비도(匪徒)라고 하니, 안으로는 나라를 보필하는 인재가 없고 밖으로는 백성을 학대하는 관리가 허다하다. 인민의 마음이 날마다 더욱 각박하게 변해서, 들어가서는 삶을 즐길 만한 생업이 없고 나와서는 일신을 지킬 방법이 없다. 학정(虐政)이 날마다 심해져서 원성이 계속 이어지니, 군신(君臣)의 의리와 부자의 인륜과 상하의 구분이 따라서 깨끗이 무너져 버렸다.

『관자(管子)』에 이르기를, "4개의 밧줄로 매어 두지 않으면 나라가 바로 멸망한다(四維不張 國乃滅亡)."[26]라고 했거늘, 지금의 형세는 옛날보다 더욱 심하다. 공경(公卿) 이하 방백수령(方伯守令)에 이르기까지 국가의 위태로움은 생각지 않고 한갓 제 일신을 살찌우고 가문을 윤택하게 할 계획에만 급급하다. 전선(銓選)[27]의 문을 재화를 낳는 길로 여기며, 응시(應試)하는 과장(科場)[28]을 모두 관직을 사고파는 시장판으로 만들었다. 허다한 뇌물은 왕의 창고로 들여보내지 않고 도리어 사장(私藏)[29]으로 삼아서, 나라에 누적된 채무가 있는 데도 갚으려고 생각하지 않는다. 사치하고 음탕함에 거리낌이 없어서 팔로(八路)[30]가 어육(魚肉)이 되고 만민이 도탄에 빠졌다. 수재(守宰)[31]들의 탐학에는 참으로 이유가 있으니, 어찌 백성이 곤궁하지 않겠는가?

백성은 나라의 근본이니, 근본이 깎이면 나라가 무너진다. 보국안민(保國安民)의 방책을 생각하지 않고, 밖에 향제(鄕第)[32]를 마련해 두고 저 혼자 온전할 방도만 꾀해서 한갓 녹위(祿位)를 훔치는 것이 어찌 이치이겠는가? 우리는 비록 초야(草野)의 유민(遺民)[33]이지만, 임금님의 땅을 파먹고 임금님의 옷을 입고 있으니 국가의 위망(危亡)을 좌시할 수 없다. 팔로(八路)가 한 마음이요, 억조(億兆)가 순의(殉義)[34]할 것이다. 이제 의로운 깃발을 올림은 목숨을 걸고 보공보국안민(報公保國安民)을 맹서하는 것이다. 금일의 광경이 놀랍더라도 절대 두려워하거나 동요하지 말고 각자 편안히 생업에 종사하라. 함께 승평(昇平)한 세상을 이루어 모두가 성화(聖化)를 입는다면 천만다행이리라.[14]

---

26) 『管子』, 「牧民」에 나오는 말로, 여기서 사유(四維)란 예(禮)·의(義)·염(廉)·치(恥)를 말한다. 『管子』는 중국 춘추시대 제(齊)나라의 정치가인 관중(管仲)의 행정과 사상을 전술한 책이다.
27) 전선(銓選): 인재를 전형(銓衡)해서 선발하는 일
28) 과장(科場): 과거 시험장
29) 사장(私藏): 개인이 몰래 저장한 재물
30) 팔로(八路): 팔도(八道)
31) 수재(守宰): 고을의 수령(守令)
32) 향제(鄕第): 고향에 있는 집
33) 유민(遺民): 원래 나라가 멸망한 이후에 살아남은 백성을 가리키는 말이지만, 여기서는 벼슬을 하지 않고 초야에 묻혀 사는 평민의 의미로 보인다.
34) 순의(殉義): 의리를 지키기 위해 목숨을 바침

5월 16일 새벽, 전봉준은 비도를 이끌고 무장을 출발했다. 그리고 다음 날인 17일 정오에 영광군(靈光郡)에 도착했다. 바로 성안으로 침입해서 군아(郡衙)를 습격하여 군수 민영수(閔泳壽)를 쫓아내고, 무기고를 부수어 무기를 탈취한 후 적지 않은 민가를 약탈했다. 영광에서 나흘간 머물고 나서 5월 20일에 출발해서 함평현(咸平縣)으로 갔다. 무장·영광의 진중(陣中)에 잔류한 인원이 적지 않았으므로 병력은 1만여 명에서 6, 7천 명으로 줄어 있었다. 하지만 "깃발을 앞세우고 창을 들고 칼을 휘두르고 대포를 쏘았다. 말을 탄 자들은 100여 명이었다."라는 기록으로 미뤄 보면 이들은 각 읍(邑)의 무기고를 약탈한 결과 이제 상당한 무기를 갖추게 되어, 처음에 고부·태인·정읍 등에서 집산(集散)했을 때와 비교하면 면목을 일신했음을 알 수 있다.[15]

5월 20일에 동학비도가 함평에 침입하자, 함평현감 권풍식(權豊植)은 급히 수성군(守城軍) 150명을 모집해서 현아(縣衙)를 방어했지만 일거에 격파됐다. 비도는 공해(公廨)에 들어오지 않고 읍내의 부민(富民)들에게서 양식을 징발하고, 또 현감을 사로잡아서 대곤(大棍)[35] 5대를 쳤다고 한다.[16]

다음으로 양호초토사 홍계훈이 이끈 경군(京軍)의 움직임을 서술한다. 5월 9일 전라도 군산포에 상륙한 경군은 11일에 비도의 저항을 받지 않고 전주부에 입성했다. 이날 전주감영의 군대는 황토현에서 동학비도와 일전을 벌여서 완패했다. 비도는 더 진격해서 정읍을 점령하였고 언제 전주를 공격할지 예측할 수 없었으므로 토벌군의 출동은 일각을 다투고 있었다. 초토사는 전라도 관찰사 김문현과 상의한 결과, 전주 감영과 병영 내부에 동학비도와 내응하는 자들이 적지 않으므로 그들을 먼저 숙청하지 않으면 전주의 치안을 기약할 수 없다고 판단했다. 그래서 사전에 실시한 병영 포교(捕校)의 정탐 결과에 기초해서, 동학과 통모한 혐의가 있는 수십 명을 체포하고 5월 15일에 전(前) 영장(營長) 김시풍(金始豐) 등 4명을 효수했다. 22일에는 비도 수괴 전봉준과 공모하고 수뢰(受賂)했다는 이유로 감영 수교(首校) 정석희(鄭錫禧)를 태인에서 효수했다.[17]

그 사이 전봉준은 부안에서 영광까지 연해(沿海)의 읍들을 공략했다. 각 읍(邑)에서 경군의 출동 요청이 연이어 들어와서 관찰사 김문현도 출동을 독촉했지만 홍계훈은 쉽게 움직이지 않았다. 처음에 초토사가 경성에서 이끌고 온 경군은 800명이었는데, 동학비도가 창궐한다는 소리에 겁을 먹고 도중에 도망치는 자들이 속출해서 전주에서 진을 치

---

35) 대곤(大棍): 죄인에게 태형을 가하던 곤장의 일종으로, 곤장은 그 크기에 따라 중곤(重棍)·대곤(大棍)·중곤(中棍)·소곤(小棍)·치도곤(治盜棍)으로 나뉘었다.

고 대기하는 동안 그 수가 470명으로 줄었다. 그렇지 않아도 경군의 병력이 적은데 더 줄어서는 도저히 토벌 임무를 감당할 수 없었다. 홍계훈은 계속해서 증파부대 파견을 신청했지만 쉽게 승인이 나지 않았다. 이 때문에 그는 출동을 주저했던 것 같다.[18]

묘당이 양호초토사를 내려보낸 것은 선무공작(宣撫工作)과 병력토벌(兵力討伐)을 병행하려는 뜻이었지만, 홍계훈은 후자에 중점을 두고 계속해서 병력 증원을 요구했다. 묘당도 사태가 부득이함을 인정해서, 5월 19일에 장위영(壯衛營)과 함께 경군의 정예부대였던 총제영(總制營)의 일부를 해로(海路)로 증원하기로 결정했다. 이어서 5월 22일에는 전라도 민란 책임자의 처분을 결정해서, 전라도 관찰사 김문현에게 간삭(刊削)의 형전을 시행하고, 전(前) 고부군수 조병갑은 의금부에 명하여 형틀을 채워 압송해 오게 하고[36], 고부군 안핵사 이용태를 경상도 금산군(金山郡)에 유배 보냈다. 또 같은 날 다시 전라도 백성들에게 윤음(綸音)을 내려서, 불법을 저지른 지방관의 징계를 선포하고 지방의 폐정(弊政) 중에서 실제로 백성들에게 해를 끼치는 것은 백성들의 논의에 따라 교정하겠다고 약속했다. 그리고 난류(亂類)에 협종(脅從)[37]한 자들은 처벌하지 않을 것이니, 속히 고향으로 돌아가서 편안히 생업에 종사하라고 타일렀다. 이는 곧 동학 수괴 전봉준이 무장에서 포고한 격문에 대한 답변이었다.[19]

하늘이 백성을 내셨으니 백성이 살기만을 바라실 뿐이다. 비와 이슬과 서리와 눈이 모두 백성을 살리려고 내리는 것이다. 왕정(王政)에 형벽(刑辟)[38]이 있는 것 또한 부득이하니, 그 흉악하고 해로운 자들을 제거해야 백성들이 비로소 평안할 수 있다. 가령 한 사람이 패려(悖戾)해서 한 고을이 그 때문에 근심한다면 그를 징계해서 고을을 평화롭게 만들 수 있지만, 만약 그 한 사람에게 차마 벌을 내리지 못한다면 장차 수십 명에게 벌을 내려야 할 것이다. 이것이 이번에 초토사(招討使)를 파견한 이유이다.

근래 민생(民生)이 통곡하듯 울부짖으며 안도하지 못하는 것은, 오직 백성 곁에 있는 관리들이 백성을 다친 사람 보듯 하며 갓난아이처럼 돌보는[如傷若保][39] 나의 지극한 뜻을 체행하지 않아서, 잔학(殘虐)한 정치가 이를 데 없어 백성들을 애오라지 살 수 없게 하기 때문이다.

---

36) 원문은 '구격나래(具格拿來)'이다. 이는 중죄인에게 수갑과 차꼬를 채우고 칼을 씌워서 잡아 오는 것을 뜻한다.
37) 협종(脅從): 협박에 못 이겨서 복종함
38) 형벽(刑辟): 형법(刑法), 형률(刑律)
39) 여상약보(如傷若保): 여상(如傷)은 '시민여상(視民如傷)'의 준말로 백성을 다친 사람처럼 봐서 지나친 부역에 부리거나 학대하지 않는다는 뜻이다. 약보(若保)는 '약보적자(若保赤子)'의 준말로 갓난아기 돌보듯 조심스럽게 백성을 기른다는 뜻이다.

이 때문에 작뇨(作鬧)[40]하는 폐단이 생겨서 분수와 기강을 범하는 자들이 종종 나타난다. 이러한 습속은 극히 경악스러우나 그 실정 또한 응당 생각해야 하리니, 법망(法網)을 보여서 그 고질을 바로잡으며, 그 탐관오리를 쫓아내고 동려(董勵)[41]하는 데 별도로 조가(朝家)의 조처가 있을 것이다.

그러나 저 난류(亂類)[42] 중에는 도리어 궤사불경(詭詐不經)[43]한 말로 무지한 백성을 꾀고 부추겨서 당여(黨與)를 소취(嘯聚)해서 여기저기 날뛰며 창궐(猖獗)하는 자들이 있다. 억울한 사정을 호소한다는 말을 빙자하지만, 실제로는 망측한 마음을 품어 무리가 많은 것만을 믿고 오로지 재물의 약탈만 일삼는다. 심지어 관장(官長)[44]을 겁박하고 향리(鄕里)를 짓밟아서 그 형적(形迹)이 걸오(桀驁)[45]하니, 단순히 소란을 일으키는 백성[鬧民]으로서 논할 수 없는 것이다.

살기를 좋아하고 죽기를 싫어하는 것은 인지상정이다. 비록 그 안락한 생업을 버리고 죽을 곳으로 나가서 기꺼이 망사(罔赦)의 죄를 범하더라도, 그것이 박할(剝割)[46] 때문에 편안히 있을 수 없고 유혹과 협박에 못 이겨서 따라나선 것임을 내가 어찌 모르겠는가? 내가 잠시도 쉴 겨를이 없이 밤낮으로 근심하는 것은 오직 위민(爲民) 한 가지일 뿐이거늘, 통치가 혜지(徯志)[47]하지 못하고 혜택이 아래까지 미치지 못해서, 너희 원원(元元)[48]을 이러한 지경으로 서로 흩어지고 떠돌게 했으니 나는 실로 통탄스럽다.

그러나 백성들이 허황된 말에 현혹되어 스스로 교화(敎化)의 바깥으로 투신하려고 하는 것이 어찌 그 상성(常性)이겠는가? 그 요점은 어리석고 몰지각해서 그런 것에 지나지 않을 것이다. 어린아이가 우물로 들어가는 것을 보고서 급히 손을 뻗어 구해 주지 않을 수 있겠는가? 너희는 도신(道臣)과 수재(守宰)에게 명하여 은위(恩威) 가운데 어느 하나만 버릴 수 없음을 상세하고 명확하게 효유(曉諭)해서, 각자 뉘우치고 속히 고향으로 돌아가 편안히 생업에 종사하게 하라. 이는 다만 협종(脅從)한 자들을 처벌하지 않는다는 뜻일 뿐만이 아니다. 내가 백성을 가엾게 여기며 어진 마음을 미루어 나가는 것은 교화를 우선하려는 것이니, 재산을

---

40) 작뇨(作鬧): 소란을 일으킴
41) 동려(董勵): 감독하고 면려(勉勵)함
42) 난류(亂類): 고의로 법을 어기고 난리를 일으키는 무리
43) 궤사불경(詭詐不經): 궤사(詭詐)는 남을 기만한다는 뜻이고, 불경(不經)은 정상적인 이치에서 벗어났다는 뜻이다.
44) 관장(官長): 고을의 수령
45) 걸오(桀驁): 거칠고 사나움
46) 박할(剝割): 껍질을 벗겨 내고 살점을 뜯어낸다는 뜻으로 관리의 가혹한 수탈을 비유하는 말이다.
47) 혜지(徯志): 백성이 왕의 정치에 호응해서 명을 기다린다는 뜻으로, 『書經』, 「益稷」에 "모든 일에 백성들이 크게 호응해서 임금의 뜻을 기다린다(惟動丕應徯志)."라는 구절이 있다.
48) 원원(元元): 백성

잃어버려 의지할 곳이 없는 자들은 따뜻하게 어루만지고 위휼(慰恤)[49]해서 편안히 살 곳을 갖게 할 것이며, 이미 고친 전철(前轍)은 다시 추론(追論)하지 않고 안돈(安頓)[50]하는 데 힘써 함께 유신(維新)할 것이다.

이와 같이 포고한 후 즉시 해산해서 떠나는 자는 옛 오염을 지우고 본심을 회복한 자이니, 그 백성을 좀먹고 해를 끼치는 것들과 백성에게 이익이 될 만한 것들을, 민론(民論)을 듣고 읍(邑)의 보고를 참작해서 즉시 일체를 상확(商確)[51]하고, 재량껏 교구(矯捄)한 후 사실대로 등문(登聞)[52]하라. 그러나 그 뒤에도 다시 항거해서 군취(群聚)하며 물러가지 않는 자들은 어찌 항민(恒民)[53]으로 대할 수 있겠는가? 또한 상법(常法)이 있으니 관용을 베풀 수 없다. 일단 초토사에게 위임했으니 법에 따라 처리할 것이다.

백성의 휴척(休戚)[54]이 어찌 수령에게 달려 있지 않겠는가? 진실로 마음과 직분을 다해서 백성에게 어려움이 없게 하여 스스로 자기 음식과 삶을 즐기게 했더라면, 집집마다 돌아다니며 소란을 일으키라고 권하더라도 그렇게 하겠는가? 여러 읍들이 잘 다스려지는지를 조사해서 지방관을 출척(黜陟)[55]하는 것은 번얼(藩臬)[56]의 책임이거늘, 애초에 탄압하지 못해서 점차 이러한 지경에 이르게 하고, 또 잘 어루만져서 통제하지도 못했다. 또한 즉시 사실을 조사해서 치계(馳啓)하지 않고 심상하게 날짜를 보냈으니 한쪽 방면을 맡긴 뜻이 어디에 있는가? 전라감사 김문현에게 우선 간삭(刊削)의 형전을 시행하라. 호남의 소란은 고부에서 시작된 것이 점차 변해서 이 지경에 이르렀으니 어찌 통탄스럽지 않겠는가? 마땅히 한번 구핵(鉤覈)[57]해야 할 것이다. 전(前) 군수 조병갑은 왕부(王府)[58]에서 의금부 도사를 보내서 차꼬를 채워 압송해 오라. 법에 따라 조사하는 일이 또 얼마나 긴급한데, 아직까지도 조사 장계를 올리지 않아서 도리어 소란을 키우고 있으니 사체(事體)가 이미 무너지고 분오(僨誤)[59]가 또한 많다. 고부 안핵사(按覈使) 이용태에게 찬배(竄配)의 형전을 시행하라. 그리고 도신(道臣)에게 명해서 소란이 일어난 읍의 수령들을 낱낱이 조사해서 그 잘못을 논한 장계를 올리게 하라. 조가

---

49) 위휼(慰恤): 위로하고 구휼함
50) 안돈(安頓): 안정(安靜)
51) 상확(商確): 상의해서 확정함
52) 등문(登聞): 임금 혹은 상부에 아룀
53) 항민(恒民): 일반적인 사람
54) 휴척(休戚): 기쁨과 근심. 좋은 일과 나쁜 일
55) 출척(黜陟): 공과에 따라 관리를 내쫓거나 승진시키는 일
56) 번얼(藩臬): 중국의 번사(藩司)와 얼사(臬司), 즉 포정사(布政司)와 안찰사(按察司)의 장관을 가리키는데, 조선에서는 절도사(節度使)와 관찰사(觀察使)를 뜻했다.
57) 구핵(鉤覈): 잡아들여서 조사함
58) 왕부(王府): 의금부(義禁府)
59) 분오(僨誤): 일을 잘못해서 그르침

(朝家)에서 또한 그 경중을 살펴서 신속히 합당한 형률을 시행하여 민심을 위로할 것이다. 이러한 뜻을 백성들에게 널리 알릴 것을, 묘당에 명해서 글을 지어 관칙(關飭)하게 하라.[20]

전라도 백성에 대한 초무(招撫)[60]의 윤음(綸音)이 반포된 다음 날인 5월 23일에 총제영(總制營) 중군(中軍) 황현주(黃顯周)는 초토사에 합류하기 위해 병졸 400명을 이끌고 인천에서 기선 현익호(顯益號)에 탑승, 전라도 법성포(法聖浦)를 향해 출항했다. 한편, 증원부대의 출발 소식을 접한 초토사는 마침내 남진(南進)을 결정하고, 5월 22일에 전주를 출발, 그 행군 속도를 늦추면서 23일에 정읍에 도착해서 숙영했다. 비도가 이미 영광을 떠나서 함평으로 전진했다는 소식을 들은 초토사는 전투 준비를 갖춘 후 5월 24일에 고창에서 숙영하고, 25일에 영광에 도착했다. 증원부대를 태운 기선 현익호는 아직 법성포에 도착하지 않았다. 이날은 영광에서 숙영했는데, 5월 26일 새벽에 함평현감 권풍식이 보낸 급사(急使)가 와서 동학비도가 권풍식에게 보낸 원정서(原情書)[61]를 진달하고, 또 함평에 진치고 있던 비도가 나주목(羅州牧)·장성부(長城府) 방면으로 이동하고 있다고 보고했다.[21]

동학비도의 최종 목적지는 아직 알 수 없었지만, 장성 방면으로 진출한다면 경군과의 충돌은 피할 수 없었다. 초토사는 증원부대가 아직 도착하지 않고 병력이 부족함을 고려한 듯 개전에 앞서 먼저 초무(招撫)를 행하기로 결정하고, 5월 26일에 양호초토사 종사관 이효응(李斅應)과 배근환(裵根煥)에게 명해서 5월 22일자 윤음을 갖고 비도가 있는 곳으로 향하게 했다. 그런데 두 군관은 도중에 비도에게 붙잡혀서 소식이 두절됐으므로, 경계를 겸하여 대관(隊官) 이학승(李學承), 원세록(元世祿), 오건영(吳健泳)에게 병정 300명, 크루프식 야포 1문, 개틀링 기관포 1문을 주어 장성 방면으로 진출하게 했다.

5월 27일에 기선 현익호가 법성포에 입항했다. 총제영 중군 황현주는 부대를 인솔해서 상륙한 후 영광에서 초토사에 합류했다. 그리고 이날, 장성으로 전진한 이학승 부대가 비도와 충돌했다.[22]

장위영(壯衛營) 대관(隊官) 이학승은 26일에 영광을 출발해서 27일 오전에 장성에 도착했다. 그리고 동학비도 약 4천 명이 앞쪽의 황룡촌(黃龍村)에 모여서 식사 중인 것을 정탐하고는 황룡천(黃龍川)을 건너 월평리(月坪里)로 진출해서 야포 1문으로 포격을 가

---

60) 초무(招撫): 불러서 위무(慰撫)함
61) 원정서(原情書): 개인이 당한 원통한 일이나 억울한 사정을 국왕 또는 관부에 호소하는 문서

했다. 동학비도는 전날에 포로로 잡은 초토사 군관을 통해서 경군이 영광·장성 사이에 진을 치고 있는 것을 이미 알고 있었지만, 군사적 지식이 부족해서 정찰을 태만히 했던 것 같다. 갑작스러운 포격으로 4, 50명의 사망자가 발생했지만, 자신들의 압도적인 수적 우세를 믿고 바로 경군을 향해 역습했다. 양측의 거리가 짧아서 포전(砲戰)에 불리했으므로, 수적으로 열세인 경군은 비도의 역습을 받자 야포와 기관포 각 1문 및 탄약을 버리고 황룡천을 건너서 영광 방면으로 퇴각했다. 황룡천의 대안(對岸) 채호리(茝湖里) 일대의 언덕은 천원(川原)을 내려다보아서 지형적으로 유리했다. 이에 따라 대관(隊官) 이학승은 채현(茝峴)을 확보하고 퇴각하는 패잔병들을 엄호하다가 비도의 습격을 받아 병졸 5명과 함께 전사했다. 대관이 전사하자 경군은 완전히 전의를 잃고 영광으로 궤주(潰走)했다.[23]

장성 전투에서 야포와 기관포 각 1문과 대관을 잃었지만 병력의 손실은 그리 크지 않았다. 초토사 홍계훈은 27일 저녁에 도착한 패잔병에게서 장성에서의 패전 소식을 들었지만 군이 움직이려고 하지 않았다. 28일은 영광에서 패잔병을 수습하면서 보내고, 29일에 고창으로 이동했다.

종전에 경군과의 충돌을 피해서 계속 남하하던 전봉준이 함평에서 나주 방면으로 퇴각하지 않고 오히려 장성으로 전진한 이유는 이해하기 어렵다. 아무튼 장성으로 전진했을 때는 틀림없이 경군과의 전투를 예상하고 있었을 것이다. 동학비도는 수적으로는 우세였지만, 그 병기는 각 군현의 무기고에서 탈취한 가장 구식의 화승총이나 칼과 창 위주였고, 갑주(甲冑)[62] 따위를 입은 자도 적지 않았다. 경군은 그 병력만 적었을 뿐, 조선 내에서는 비교적 우수한 부대였다. 동학비도가 관병과 전투를 벌여서 이들을 격파할 것이라고는 상상하기 어려웠다.

어쨌든 장성 전투가 경군의 진격을 늦춘 사실은 의심할 여지가 없다. 전봉준은 황토현 승리가 전주감병영[63]의 전의를 잃게 만들었던 것과 같은 효과를 기대했을 것이다. 일단 단념했던 전주부 공격을 다시 시도할 절호의 기회였다. 전봉준은 동학비도를 이끌고 5월 28일에 장성을 출발, 행군 속도를 내서 이날 정읍에서 숙영하며 약탈을 자행하고, 다음 날인 29일에는 태인에서 숙영했다. 5월 30일 태인에서 출발해서 북상하는 길에 마침 전라도 주둔병의 위문 및 내탕금 1만 냥 분급(分給)의 명을 받아 경성에서 내려오던

---

62) 갑주(甲冑): 갑옷과 투구
63) 전주감병영: 감병영은 감영과 병영을 합쳐 부른 말이다. 당시 전라감영은 전주에, 전라병영은 강진에 있었다.

선전관(宣傳官) 이주호(李周鎬)와 그 하례(下隸) 2명을 태인현 완평리(阮坪里)에서 잡아서, 지난번에 장성에서 억류한 초토사 군관 이효응, 배근환과 함께 베어 죽였다. 이날 금구에서 숙영할 예정이었지만, 경군의 북상 소식을 듣고 다시 전진해서 전주부 외곽 삼천(三川)에 둔취(屯聚)하고, 5월 31일에 전주부를 공격했다.[24]

당시 전라도 관찰사 김문현이 간삭(刊削) 처분을 받아 서리독판교섭통상사무 김학진(金鶴鎭)이 후임으로 임명됐으나 아직 부임하지 않은 상태였다. 5월 31일, 동학비도가 전주로 몰려오자 전주판관(全州判官) 민영승(閔泳昇)과 영장(營將) 임태두(任泰斗)는 급히 군졸을 이동배치하고, 또 부민(府民)을 징발해서 무기를 주어 사문(四門)을 수비하게 했다. 하지만 전혀 전의(戰意)가 없어서, 비도가 대거 성 밖에 나타나서 발포하기 시작하자 수성군(守城軍)은 갑자기 무너져 버려서 어쩔 도리가 없었다. 판관 민영승은 조경묘(肇慶廟)[64]의 위패와 경기전(慶基殿)의 태조영정을 모시고 동문(東門)으로 탈출해서 전주부 동북쪽의 위봉진(威鳳鎭)으로 피난한 후 진(鎭) 내 위봉사(威鳳寺) 대웅전에 봉안했다.

원래 전주부가 싸우지도 않고 동학비도에게 항복한 것은 수성군에게 전의가 없었을 뿐만 아니라, 감영의 이서(吏胥)와 군교(軍校)들 중에 내응하는 자들이 적지 않았기 때문이라고 한다. 전봉준은 전주에 입성하자마자 도신(道臣)을 대신해서 선화당(宣化堂)을 차지하고 비도를 나누어 사문(四門)을 수비하게 했다. 전주가 불시에 함락되는 바람에 성 안의 이교노령(吏校奴令)[65]과 백성들이 탈출할 기회를 놓쳐서 적지 않은 사람들이 비도에게 참사를 당했다고 한다.[25]

이보다 앞서 양호초토사 홍계훈은 장성 전투 다음 날인 28일에 장성의 유향(留鄕)[66]과 읍리(邑吏)에게서 동학비도가 노령(蘆嶺)을 넘어서 정읍 방면으로 향했다는 정보를 입수하고 비도의 목적지가 전주라는 것을 짐작했다. 하지만 즉시 출발해서 추적하지 못하고, 다음 날인 29일에 영광을 출발해서 고창에서 숙영하고, 30일에 고창을 출발해서 정읍에서 숙영하고, 31일에 정읍을 출발해서 그날 저녁에 금구에 도착했다. 그때는 이미 동학비도가 금구에서 전주로 향해서 삼천에 집결 중인 사실을 알고 있었지만, 날이 저

---

64) 조경묘(肇慶廟): 전주 이씨의 시조인 이한(李翰) 부부의 위패를 봉안한 전각으로, 1771년(영조 47)에 세워졌다.

65) 이교노령(吏校奴令): 지방관아에 딸린 아전(衙前)·장교(將校)·관노(官奴)·사령(使令)의 총칭

66) 유향(留鄕): 유향소(留鄕所)의 좌수(座首)를 가리킨다. 유향소는 수령을 보좌해서 나라의 정령을 백성에게 전달하고, 향리의 횡포를 막고, 조세의 징수를 도우며, 지방풍속을 교화하는 기능을 했다. 고려 말부터 설치된 지방자치행정기관으로서 그 고을의 유력자에게 좌수(座首)·별감(別監)의 향직(鄕職)과 품계(品階)를 주었는데, 이들을 유향품관(留鄕品官)이라고 했다. 수령에 버금가는 관청이라는 뜻에서 이아(貳衙)라고도 했다.

물었기 때문에 전진공격을 유보했다. 6월 1일 새벽[67], 금구를 출발해서 삼천으로 가는 도중에 전주가 전날 비도의 수중에 떨어졌다는 소식을 들었다.[26]

전주 함락 사실을 확인한 초토사는 다시 전진해서 전주읍 남쪽 완산(完山)에 진지를 구축했다. 완산은 고도 183미터로, 전주천(全州川)을 사이에 두고 읍내를 내려다보아서 전주를 공격할 진지로는 절호의 지점이었다. 하지만 전봉준은 전주가 전주 이씨의 발상지이고 완산이 봉산(封山)[68]인 것을 생각해서 군사적 목적으로 이용하지 않았다. 이 때문에 그는 경군이 완산에서 성안에 포격을 가해 경기전이 파손되는 것을 보고는 불경하다고 여겨 크게 분노했다.[27]

완산에 진지를 펼친 초토사는 즉시 야포 포격을 시작했다. 성안의 동학비도는 경군이 내습(來襲)하는 것을 보고 일단 방비를 엄중히 하다가, 화포 포격이 시작되는 것과 동시에 역습을 시도해서 남문·서문을 열고 2대(隊)로 나누어 완산진지로 돌격하고, 성벽에 배치된 부대는 격렬하게 사격했다. 경군은 장성전투 때와는 달리 지형적으로 유리했기 때문에 즉각 응전했다. 특히 동강(東岡)에 배치된 부대는 돌격대의 선두에서 비도의 정예병 30여 명을 사살했다. 이를 보고 비도가 일제히 궤주(潰走)해서 성안으로 퇴각하자 경군이 그 뒤를 추격해서 수백 명을 죽였다. 이날 밤, 성안 곳곳에 불이 나서 천지가 온통 화염에 휩싸인 참상이 연출됐다.[28]

당시 형국은 장성 전투에서 경군의 1대(隊)를 격파한 전봉준이 패잔병을 더 이상 추격하지 않고 전주의 허점을 찌른 상황이었다. 전봉준은 경군의 북상 소식을 듣고는 애써 충돌을 피했고, 전주를 점령한 뒤에도 성문을 폐쇄하고 수성(守成) 태세를 갖추고 있었다. 다시 말해서, 전투에서 패배한 나머지 경군이 몇 배나 되는 비도를 포위 공격하는 형세였다. 경군과 동학비도의 전투는 군사적 상식으로 판단하기 어려운 부분이 많다.

공성(攻城) 첫날 비도의 돌격을 격파해서 장성 패전의 오명을 씻었지만, 초토사는 그 뒤로도 오로지 완산 진지를 고수하며 가끔 성안을 포격하기만 했다. 동학비도는 장성 전투에서 경군에게 야포·기관포 각 1문 및 탄약을 노획했지만 사용할 줄 몰랐기 때문에 응전할 수 없었다.

6월 6일에 비도는 마지막 돌격을 시도했다. 이날 오후 비도는 북문을 열고 돌격해서 용두현[龍頭峴] 서쪽 봉우리의 경군 진지를 공격했지만, 경군이 오히려 역습해서 500여

---

67) 원문에는 '31일 새벽'으로 되어 있으나, 문맥상 6월 1일의 잘못이므로 바로잡았다.
68) 봉산(封山): 나라에서 벌목을 금지한 산

명을 죽이고, 대장기(大將旗)와 총검 500여 자루를 노획했다. 그리고 수괴로 칭한 김순명(金順明)과 소년장사 이복용(李福用)(14세)을 생포해서 당일 바로 베어 죽였다. 패잔병의 일부는 도주하고, 일부는 성안으로 달아났다.

6월 6일의 제2차 충돌로 비도는 치명적 타격을 입고 완전히 전의를 잃었다. 초토사는 그 뒤로 성안에 위협포격을 가하지 않았다. 그는 적극적인 공성을 피하면서 5월 22일자 윤음을 베껴 적어서 들여보내는 한편, 효유문(曉諭文)을 보내서 비도를 초무(招撫)하는 데 노력했다. 6월 4일의 효유문은 다음과 같다.

> 아아! 너희는 모두 국가의 적자(赤子)로서, 전명숙(全明叔)○전봉준의 궤탄(詭誕)[69]하고 험피(險詖)[70]한 말에 현혹되어 스스로 망사(罔赦)의 죄에 빠진 것을 모르고 있으니 몹시 안타깝도다. 너희의 그간 정형(情形)으로 말하자면 이루 다 주벌(誅罰)할 수 없는데, 심지어 윤음(綸音)을 모셔 간 관리를 제멋대로 해치고, 스스로 부도(不道)한 사부(辭賦)[71]를 지었다. 말이 여기에 이르니 귀신과 사람이 모두 분노하는구나. 너희가 지금이라도 요행히 회개하고 귀화(歸化)해서 척사(斥邪)하고 위정(衛正)한다면, 그것은 이른바 "사람이 누군들 허물이 없겠느냐, 고치는 것이 선하다(人孰無過 改之爲善)."[72]라는 것이리라. "협박에 못 이겨 따른 자들은 처벌하지 말라(脅從罔治)."[73]는 유훈(維訓)이 있으니, 너희가 속히 의기(義氣)로 나와서 이른바 전명숙을 포박해서 원문(轅門)[74]으로 끌고 나와 왕법(王法)을 바르게 한다면 평상시처럼 아뢰어 높은 상을 내릴 것이다. 공을 세워서 속죄하라는 뜻으로 예전에 몇 번이나 타일렀는데도 아직도 변하질 않으니 더욱 한탄스럽다. 만약 계속 미혹돼서 따르지 않는다면, 다시 무엇을 애석하게 여기겠는가? 결단코 한 명도 남김없이 죽여 없앨 것이다. 나는 두말을 하지 않을 것이니, 너희는 모두 이 말을 잘 이해하라.[29]

초토사의 효유문을 살펴본 전봉준은 6월 5일에 다음과 같은 원정서(原情書)를 보내서 자신들의 행동을 해명하고, 또 전(前) 전라도 관찰사 김문현과 초토사 자신의 불법과 탐학을 지적하면서 반성을 촉구했다.

---

69) 궤탄(詭誕): 괴이하고 허황됨
70) 험피(險詖): 음험하고 사악함
71) 사부(辭賦): 중국 고전문체 중 하나로 초(楚)나라 굴원(屈原)의 「楚辭」에서 시작된, 산문에 가까운 운문 문체
72) 『論語』, 「子罕」에, "바로잡아 주는 말을 따르지 않을 수 있겠는가. 잘못을 고치는 것이 중요하다(法語之言 能無從乎 改之爲貴)."는 구절에서 따온 것이다.
73) 『書經』, 「胤正」에 나오는 말이다.
74) 원문(轅門): 장수의 영문(營門)

저희는 또한 선왕의 유민(遺民)이니, 어찌 부정(不正)하며 윗사람을 범하려는 마음을 갖고 천지 사이에서 숨쉬기를 바라겠습니까? 비록 저희의 이번 거사가 경악스러움을 알고 있으나, 군대를 일으켜 도륙한 것은 누가 먼저 시작했습니까? 옛 수령○전 전라도관찰사 김문현이 수많은 양민을 살육한 것은 생각지 않고 도리어 저희의 죄려(罪戾)라고 하시니, 교화를 베풀고 백성을 다스려야 할 사람이 양민을 많이 죽인 것이 죄가 아니면 무엇입니까? 인장을 꾸며서 방문(榜文)을 붙였다는 것은, 서명을 가리켜 인장이라고 하신 것입니까? 태공(太公)의 감국(監國)[75]을 받듦은 그 이치가 매우 타당하니, 어찌 불궤(不軌)[76]라고 하겠습니까? 선유(宣諭) 종사관을 살해한 것은, 윤음(綸音)은 미처 보지 못하고 단지 토포모병(討捕募兵)[77]의 문자만 보았기 때문입니다. 만약 그것이 사실이라면 어찌 그렇게 할 리가 있겠습니까? 완영(完營)에서 대포를 쏘았다는 설은, 저희의 죄라고 하시지만 초토사가 주도해서 대포를 쏘아 궁궐[殿]을 훼손한 것이 전례(前例)에 있고 옳은 것입니까? 군대를 일으켜서 죄 없는 중민(衆民)을 문죄하여 살해하는 것이 옳습니까? 성에 들어가서 무기를 탈취한 것은 일신을 지키고 목숨을 부지하려는 뜻에 불과합니다. 작은 원한도 반드시 보복하는 것과[78] 무덤을 도굴해서 재물을 구하는 것은 저희가 크게 증오해서 금지하는 바입니다. 탐오한 관리들이 학대를 하는데, 조정에서는 듣지 못해서 생민(生民)이 목숨을 부지하기 어렵습니다. 탐오한 관리는 마땅히 일일이 죽여 없애야 하니, 무슨 죄가 있겠습니까? 완산(完山)은 국가의 소중한 봉산(封山)이라서 진(陳)을 펼치고 구덩이를 파는 것을 법에서 금지하고 있는데, 합하께서 고의로 이를 범함은 무슨 의도입니까? 저희가 감격해서 깨닫고 속죄하는 방법은 오직 합하께 달려 있으니, 선처해서 보고하신다면 아마도 생민들이 한번 위로를 받을 수 있을 것입니다. 드릴 말은 이뿐입니다.[30]

며칠 뒤인 6월 7일에 초토사는 동학비도의 원정서에 대해 답문을 보냈다.

백성이 원통한 일이 있으면 호소하고, 호소하면 반드시 원통함을 풀어 준다. 설사 원통한 일이 있는데 미처 풀지 못한 사단이 있더라도, 슬프고 고통스러운 말로 호소하기를 그치지 않는다면 거의 실정에 따라 이리저리 참작할 것이니 신원(伸冤)할 방도가 없다고 걱정할 필요가 없다. 그런데도 어째서 군기를 탈취하고 공해(公廨)를 때려 부수며, 인가를 불태우고 백성을 협박해서 그 재산을 빼앗아 지나는 곳을 모두 진멸(殄滅)했는가? 어찌 감히 죄를 짓지

---

75) 감국(監國): 군주에게 일이 있어서 친정(親政)을 할 수 없을 때 권신(權臣)이나 근친(近親)이 섭정(攝政)하는 것
76) 불궤(不軌): 반란
77) 토포(討捕): 토벌해서 체포함
78) 원문은 '睚眦必報'로, 눈을 조금 흘기는 것 같은 작은 원한도 반드시 보복한다는 뜻이다.

않았다고 할 수 있는가? 또 그동안 누구이 효유(曉諭)를 반복했는데 끝내 귀화하지 않을 뿐더러, 심지어 윤음(綸音)을 선유(宣諭)하는 관원까지 해쳤으니 어떤 형벌에 처해야 하겠는가? 그러나 괴수 전명숙이 이미 경폐(徑斃)했다고 하니, 특별히 협박에 못 이겨 따른 자들은 처벌하지 않는다는 뜻에 따라 너희의 생명을 부지해 줄 것이다. 탈취한 무기를 지금 당장 와서 바치고, 성문을 열고 군대를 맞아들여 조가(朝家)의 호생지덕(好生之德)[79]에 복종한다면, 여러 읍의 고질(痼疾) 가운데 남겨 둘 만한 것은 남겨 두고 혁파할 만한 것은 혁파할 것이다. 그런데 지금 바친 여러 조항들은 모두 혼잡해서 이치에 맞지 않으니, 개과천선의 뜻이 어디에 있는가? 이는 바로 어리석은 백성들을 속여서 미혹에 빠뜨려 화란(禍亂)을 즐기는 계책이니 극히 경악스럽다.[31]

같은 날 다시 성안의 동학비도에게 효유문을 보내서 해산을 명하고, 절대 쫓아가서 체포하지 않겠다고 약속했다.

전후로 여러 차례 효유(曉諭)를 반복했는데, 너희는 끝내 의혹을 돌이키지 못하고 의심할 바 없는 데서 의심하여 주저하며 따르지 않고 있으니 어찌 그리도 어리석은가? 너희가 차라리 목숨만이라도 부지해서 달아나고 싶으면 속히 성문을 열고 해산하라. 나는 절대 추격해서 체포하지 않을 것이며, 또한 각 읍에 신칙(申飭)해서 너희를 막지 못하게 하리라. 이미 왕명(王命)을 받았으니 내가 어찌 너희에게 거짓말을 하겠는가? 이렇게 거듭 타이르는데도 여전히 의혹을 돌이키지 않아서 끝내 마음을 고쳐먹지 않는다면 내가 다시 무엇을 아까워하겠는가? 당장 나와 모두 살육을 당해야 하리라. 그렇지 않으면 성을 부수고 바로 쳐들어가 남김없이 초멸(剿滅)할 것이다. 너희는 모두 명심하라.[32]

초토사는 수괴 전봉준이 전사했다는 풍문을 믿고 비도가 자발적으로 해산하기를 기다렸지만 그럴 기색은 쉽게 보이지 않았다. 다음 날인 6월 8일에 다시 효유문을 보내서 귀순하는 자들은 전년의 충청도 보은 동학변란의 전례에 따라 일체 죄를 묻지 않겠다고 선유(宣諭)했다.

당시 동학비도는 전주성 안에서 농성하는 상태였는데, 전후 두 차례의 출격이 대패로 끝나서 용사들을 잃고 사기가 크게 떨어져 있었다. 관군의 항복 권유에 응해야 한다는

---

79) 호생지덕(好生之德): 생명이 있는 것을 아끼고 사랑해서 죽이기를 즐기지 않는 제왕의 덕이라는 뜻으로,『書經』,「大禹謨」에, "호생지덕이 백성의 마음에 무젖다(好生之德 洽於民心)."라는 구절이 있다.

의견이 점차 대두했다. 다만 귀순할 명분이 없는 것, 그리고 귀순·해산한 뒤에 우두머리가 체포될 것을 염려했지만, 전자에 관해서는 5월 22일의 윤음을 통해 전(前) 전라도 관찰사 김문현 이하 관계 지방관들이 징계 처분을 받은 이상 체면은 섰고, 후자에 관해서는 특별히 항복할 필요 없이 성문으로 빠져나가 도망친다면 추격해서 체포하지 않겠다고 왕지(王旨)로 약속을 받았다. 이제 해산에 관한 모든 장애가 제거됐다.

6월 11일, 전주성 안에서 농성하던 동학비도들이 동과 북, 두 문을 열고 일제히 도주하기 시작했다. 초토사는 그들 전부가 도망갈 시간을 주었다. 그리고 성벽에 사다리를 걸고 군사를 성안으로 들여보내서 남문을 열게 한 후 전군을 이끌고 입성했다. 성안을 순시하다가 선화당(宣化堂)에 이르니, 장성 전투에서 노획한 야포·기관포 각 1문과 탄약, 전주성에서 비축한 구식 대포와 탄약, 이 밖에도 갑주(甲冑)와 칼, 도끼 등 실전에 쓸모없는 병기가 산처럼 쌓여 있었다. 초토사는 그것들을 압수했다.[32]

이보다 앞서, 장성의 패전 보고가 경성에 도착하자 묘당은 크게 놀라서 5월 31일에 이원회(李元會)를 양호순변사(兩湖巡邊使)에 차하하여 경군 2대(隊) 및 평양영병(平壤營兵) 3대(隊)를 이끌고 가서 응원하게 하고, 양호초토사를 그의 지휘 아래 두었다. 또 엄세영을 삼남염찰사(三南廉察使)에 차하하고, 충청·전라·경상 세 도의 통치를 감찰해서 지방관의 불법사실이 적발되면 임의로 처단한 후 장계를 올리도록 허가했다. 이는 염찰사에게 특별한 권한을 부여해서 지방정치의 병폐를 근절하고 반란의 요소를 제거하려는 결의를 보여 준 것이다.[33]

양호순변사 이원회는 친군(親軍) 장위영(壯衛營) 1대(隊)·통위영(統衛營) 2대·기영(箕營)[80] 3대, 총 1천 명의 병력과 크루프식 야포 2문을 이끌고 6월 2일에 경성을 출발, 육로로 공주를 거쳐 전주로 향했다. 하지만 양호순변사가 전장에 도착하기 전에 전주성은 양호초토사에 의해 수복됐다.[34]

전봉준은 전주를 점령한 지 12일 만에 그것을 포기하지 않을 수 없는 상황에 이르렀다. 당시 동학비도는 5월 31일과 6월 3일 두 차례의 출격으로 큰 손실을 입어서 사기가 극도로 저하되고 도망자가 속출하는 상황이었다. 따라서 양호순변사의 도착을 기다려 병력을 배가해서 강습했더라면, 순조(純祖) 신미년의 정주성(定州城) 공략 때와 마찬가지로 전주성을 공략해서 수괴 전봉준 이하 비도의 거의 전부를 살육 또는 생포할 수 있었

---

80) 기영(箕營): 평양감영의 별칭

을 것이다. 그런데 그렇게 하지 않고 반도(叛徒)의 자발적 해산─차라리 자발적 도망─
을 권유할 수밖에 없었던 것은, 다음 두 가지 이유 때문이었을 것이다.

첫째, 전주는 전주 이씨가 용흥(龍興)한 곳으로 가장 소중한 땅으로 간주됐다. 만약 초
토사 또는 순변사가 강습을 시도해서 공략했다면, 조경묘와 경기전은 당연히 병화(兵火)
에 휩싸이고 백성들은 비도와 함께 옥석구분(玉石俱焚)[81]의 횡액을 당해서 대살육을 면
치 못했을 것이다. 그 광경은 분카(文化) 9년(순조 임신년)[82] 4월 19일 정주성 공략 당시의
참상을 재현했을 것이다. 그렇게 한다면 정주성 공략 당시 양서순무사(兩西巡撫使) 중군
(中軍) 유효원(柳孝源)이 그랬던 것처럼, 순변사와 초토사 모두 공적을 인정받지 못하고
오히려 그 책임을 추궁당해서 징계 처분을 받았을 것이다. 이러한 점에서 순변사와 초
토사는 모두 전주의 보전을 최우선으로 하고, 비도 토벌은 오히려 부차적인 문제로 본
형적이 있다.

둘째, 첫 번째 이유보다 더 중대한 원인은 국제관계에 있었다. 이보다 앞서 국왕과 척
족은 동학비도의 창궐이 극에 달해서 자국 군대로는 진압할 수 없게 되자 사태를 우려
해서 청군대의 출동·진압을 요청하기로 결정하고, 6월 1일에 원세개를 통해서 청 북양
대신 직예총독 이홍장에게 청원했다. 이홍장은 바로 이 요청을 승낙하고, 토벌을 위해
북양 신식 육군을 파견해서 그 선봉대가 6월 8일에 충청도 아산현(牙山縣)에 도착했다.
일본 정부는 청군대의 출동소식을 듣고 6월 7일에 역시 공사관 및 거류민 보호를 위해
출병하겠다고 통고했다. 이에 경악한 묘당은, 차라리 동학변란이 이미 진압됐다고 하면
서 양국 군대의 철수를 요구하려고 했다. 따라서 형식적으로 전주 수복만이라도 서둘러
공시할 필요가 있었던 것이다.

전주 수복은 이와 같은 정치공작의 결과였기 때문에 가장 먼저 입성한 양호초토사 홍
계훈은 뒤늦게 도착한 양호순변사 이원회, 전라도 관찰사 김학진과 협력해서 전주부민
의 진휼과 질서 회복에 최대한 노력하고 동학비도의 사판(査辦)에는 큰 관심을 두지 않
았다. 6월 11일에 해산해서 도망친 비도는 고부·태인·금구·김제·부안·무장 등 여러
읍 출신이었고 이들의 태반은 고향으로 돌아갔다. 하지만 수괴 전봉준은 관헌의 체포망
을 피해서 간부들과 함께 비도 수백 명을 이끌고 전주에 인접한 전라도 순창군(淳昌郡)·

---

81) 옥석구분(玉石俱焚): 좋은 것과 나쁜 것이 함께 사라져 버림을 비유하는 말로 『書經』, 「亂征」에 나오는, "곤산
   에 불이 나면 옥이나 돌이나 구분 없이 타버린다(火炎崑岡 玉石俱焚)."라는 구절에서 유래했다.
82) 서력으로는 1812년에 해당한다.

남원부(南原府)에 숨어서 다시 거사할 기회를 노렸다. 묘당도 남도(南道)의 동학변란이 아직 완전히 진압되지 않은 사정이 밖으로 누설되는 것을 꺼려서, 차라리 간섭하지 않고 방치함으로써 전봉준을 자극하지 않으려고 노력한 경향이 있다.[35]

전라도 동학변란은 전주 함락 및 전봉준의 후퇴와 함께 지하 잠행(潛行)의 상태에 들어갔다. 다음으로 그 사이 전봉준 이외의 동학도인들, 특히 도주 최시형이 어떤 행동을 취했는지 살펴볼 필요가 있다.

전봉준이 고부에서 궐기했을 때 도주 최시형과 어느 정도 연락이 있었는지는 분명치 않다. 동학도인들은 양자 사이에 아무런 연락도 없었고, 특히 도주는 전봉준이 지방관의 탐학을 이유로 궐기하는 것이 옳지 않다고 보고 서신을 보내서 계칙(戒飭)했다고 하지만 믿기 어렵다. 오히려 최시형은 충청도 보은군에 잠복해 있으면서 형세를 관망했을 것으로 생각된다.[36]

메이지 27년 2월의 고부군민란은 아직 전국적인 대란으로 발전할 조짐을 보이지 않았고 최시형 또한 자중하고 있었다. 하지만 같은 해 4월 하순에 전봉준이 고부·태인·금구·부안 등 각 읍의 동학도인들을 이끌고 지방관아를 부수고 지방관을 몰아내면서 점차 폭동에서 반란의 형태를 갖추자, 최시형 문하의 고족(高足)[83]들은 계속 전봉준을 도와야 한다고 주장하면서 더 이상 자중하며 관망하는 것을 참지 않았을 것이다. 이에 5월 6일 도주 최시형의 이름으로 각 접주들에게 통문을 보내서, 전라도 도인들과 협력해서 창의(倡義)할 것이니 각 접의 동학도인들을 이끌고 6월 10일에 충청도 청산현(青山縣) 소사리(小蛇里)에 집결하라고 명했다. 예정된 날짜에 청산에 모인 도인들의 수는 수천 명에 달했다고 한다. 이들은 전봉준을 모방이라도 하듯이 청산에서 전진해서 공주목(公州牧)과 진령현(鎭岑縣)의 경계에 있는 성전평(星田坪)[충청남도 대전군 유성면(儒城面) 성전리(星田里)]에 웅거했다. 6월 12일, 황토현 전투의 승전보를 들은 이들은 사기가 크게 올라서 대거 회인현(懷仁縣)을 습격해서 무기고를 부수고 무기를 탈취했으며, 다시 방향을 바꿔서 진령으로 들어가 약탈을 자행했다.[37]

충청도 관찰사 조병호는 회덕(懷德) 비란(匪亂)의 소식을 듣고, 곧바로 진령 방면으로 군사를 파견해서 초무(招撫)할 필요를 느꼈다. 이에 각 읍의 서리와 백성을 모집했지만 쓸모가 없었고, 감영의 포군 또한 수가 매우 적어서 활용할 수 없었다. 보부상을 불러 모

---

83) 고족(高足): 학업과 품성이 우수한 제자

아도 100여 명에 불과했다. 어쩔 수 없이 충청도와 전라도 경계의 은진현(恩津縣) 파수군졸 100명을 급파하고, 또 충청도 병마절도사 이용복(李容復)에게 이첩해서 청주병영에서 군졸 200명을 파견하게 했다. 그래도 여전히 충분치 않았으므로 전주에 진을 치고 있는 양호초토사 홍계훈에게 타전해서 급히 원조를 요청했다.[38]

공주·진령 간 동학도인들의 집회는 이렇게 해서 점차 세인의 이목을 끌었지만, 6월 14일에 귀화[귀순]라고 하면서 돌연 자발적으로 해산했다.[39]

동학도주 최시형의 창의(倡義)가 이처럼 용두사미로 끝난 것은 전봉준이 한 달여에 걸쳐 전라도를 횡행하면서 경군 및 감영 군대를 격파한 것과 비교하면 의외이다. 아마도 최시형은 평화적 집회는 거부하지 않았지만, 무장집단을 이끌고 관군과 전투를 벌이는 것은 별로 이롭지 않다고 생각했을 것이다. 전년의 보은집회에서도 경군이 도착하기 전에 해산했던 그는, 이번에도 청주병영에서 토벌대를 파견하고 경군의 공격이 머지않다는 풍문을 듣고는 깜짝 놀라서 급히 해산을 결정한 것으로 생각된다.

공주·진령 집회의 해산 이후 동학도인들은 완전히 통제를 상실했다. 이들은 각 접(接)별로 작은 집단을 이루고 반비적화(半匪賊化)해서 충청도 문의현(文義縣)·옥천군(沃川郡)·회덕현·진령현·청산현·보은군·목천현(木川縣) 등지에서 폭동을 일으키고, 관청과 지방 명족(名族)의 저택을 습격해서 돈과 식량을 약탈한 후 굶주린 백성들에게 나눠 주었다. 피해를 입은 명족도 분노해서 각자 통문을 보내고 하인들을 모아서 동학도인들과 전투를 벌여 그들을 쫓아내거나 죽이는 지경에 이르렀다. 이 때문에 공주와 청주 이남의 각 읍은 한때 완전히 무정부 상태에 빠졌다. 하지만 동학도인들은 시시각각 압박을 받아서 6월 중순에 양호순변사 이원회가 공주에 도착했을 무렵에는 이미 태반이 도망치고 흩어졌던 것으로 보인다.[40]

【원주】

1 『日省錄』, 李太王 癸巳年 3月 20日.

2 「全琫準供草」;「全羅道東學匪亂調査報告」.

3 「全琫準供草」;「全羅道東學匪亂調査報告」.

4 일부 동학 관계자들의 말에 따르면, 최초로 군수의 불법을 호소한 것은 전봉준의 부친 전창혁으로, 전 창혁은 이 일로 군수 조병갑에게 장살(杖殺)됐다고 한다. 하지만 전봉준 공초에는 자기의 행동이라고 되어 있다. 전창혁이 지방관에게 반항하다가 장살된 것이 사실이라도, 조병갑이 있었을 때는 아니었을 것이다. 따라서 전봉준이 부친의 원수를 갚기 위해 민란을 일으켰다는 설에는 의심할 여지가 있다(『上帝敎歷史』;「全琫準供草」;「全羅道東學匪亂調査報告」).

5 「全琫準供草」;『東學黨匪亂史料』;『全羅道古阜民擾日記』;「全羅道東學匪亂調査報告」.

6 『日省錄』, 李太王 甲午年 2月 15日;「全琫準供草」;『東學黨匪亂史料』;『全羅道古阜民擾日記』.

7 「全琫準供草」;「全羅東學匪亂調査報告」.

8 『東學黨匪亂史料』;『全羅道古阜民擾日記』.

9 『日省錄』, 李太王 甲午年 4月 2·4日;『兩湖招討謄錄』; 林樂知·蔡爾康,『中東戰紀本末續編』 2권,「東征電報上」,"寄總署".

10 『兩湖招討謄錄』;『東學黨匪亂史料』;『全羅道古阜民擾日記』.

11 위와 같음.

12 위와 같음.

13 위와 같음.

14 『東學黨匪亂史料』;『聚語』.

15 『兩湖招討謄錄』;『東學黨匪亂史料』.

16 『兩湖招討謄錄』.

17 『兩湖招討謄錄』;『東學黨匪亂史料』.

18 『東學黨匪亂史料』.

19 『日省錄』, 李太王 甲午年 4月 15日;『東學黨匪亂史料』;『中東戰紀本末續編』 2권,「東征電報上」,"寄總署".

　　나중에 다시 전교해서 전(前) 고부군수 조병갑은 원악도(遠惡島)에 안치하고, 전(前) 전라도관찰사 김문현은 경상도 거제부(巨濟府)에 감사안치(減死安置)한 후 이어서 가극(加棘)의 형전을 시행했다.

20 『日省錄』, 李太王 甲午年 4月 18日.

21 『兩湖招討謄錄』;『東學黨匪亂史料』; 杉村濬,『明治二十七年在韓苦心錄』(昭和 7年), 2~3쪽.

22 『兩湖招討謄錄』.

23 『兩湖招討謄錄』;「全琫準供草」;『勉庵集』 25권, "宣傳官左承旨李公學承殉義碑",「全羅道東學匪亂調査報告」.

24 『兩湖招討謄錄』;『東學黨匪亂史料』.

25 위와 같음.

26 『兩湖招討謄錄』.

27 「全琫準供草」.

28 『兩湖招討謄錄』; 『東學黨匪亂史料』.

29 『兩湖招討謄錄』.

30 위와 같음.

31 위와 같음.

32 『兩湖招討謄錄』; 「全琫準供草」.

33 『日省錄』, 李太王 甲午年 4月 27日; 『聚語』.

34 『日省錄』, 李太王 甲午年 4月 28·29日; 『兩湖招討謄錄』; 『東學黨匪亂史料』.

35 『兩湖招討謄錄』; 淸藤幸七郎, 『天佑俠』(明治 36年刊).

36 『上帝敎歷史』; 『海月神師實史』.

37 『東學黨匪亂史料』; 『隨聞要抄』.

38 『兩湖招討謄錄』; 『東學黨匪亂史料』.

39 『日省錄』, 李太王 甲午年 4月 12日; 『東學黨匪亂史料』.

40 『東學黨匪亂史料』.

【참고지도】 조선총독부 5만분의 1 지도. 이리(裡里)·김제(金堤)·정읍(井邑)·갈담(葛潭)·줄포(茁浦)·고창(高敞)·담양(潭陽)·영광(靈光)·나주(羅州)·전주(全州)·고산(高山)·공주(公州)·유성(儒城)·대전(大田).

일청 양국의 출병

제 24 장

청의 출병

갑오동학비란(甲午東學匪亂)이 1년 전 메이지 26년의 보은 동학집회에 비해 중대화할 우려가 있다는 것은 국왕과 척족도 일찍부터 인식하고 있었다. 따라서 전년에는 선무 (宣撫)를 위주로 했던 것에 반해, 이번에는 초토(招討)에 중점을 두고 메이지 27년 5월에 양호초토사 홍계훈에게 친군 장위영을 주어서 전라도에 파견했다는 것은 이미 앞 장에서 서술했다. 초토사의 파견과 관련해서 청 주한도원(駐韓道員) 원세개와 협의했으리라는 것은 의심할 여지가 없다. 인천에 정박 중인 북양해군 소속 포함 평원(平遠)을 초토사에게 제공하고, 또 차판(差辦) 서방걸(徐邦傑)을 초토사에 붙여서 전주로 파견한 것이 이를 증명한다.

국왕과 척족, 그리고 원세개는 동학비도(東學匪徒)의 수가 아무리 많아도 경군(京軍)이 온 것을 보면 전년의 보은집회 때와 같이 자발적으로 해산할 것으로 예상했을 것이다. 그런데 초토사가 출발하자마자 들려온 5월 11일 황토현 전투의 소식은, 동학비도가 해산은커녕 오히려 관병(官兵)을 공격할 실력을 갖추고 있음을 입증했다. 초토사는 5월 11일에 전주에 입성했지만, 우세한 비도(匪徒)의 압박으로 인해 도망병이 속출해서 전주에서 출동할 수 없었다. 그러는 동안에 비도는 마치 무인지경을 달리듯 전라도 서남지방을 공략했다. 그제야 비로소 묘당은 초토사 병력으로 비란(匪亂)을 진압할 수 있을지 의심하기 시작했다.

조선의 신식 군대 중에서 비교적 잘 훈련되고 장비도 우수한 장위영마저 비란(匪亂)을 진압할 능력이 없다면 외국 군대, 특히 종주국인 청군대의 증원(增援)을 요청할 수밖에 없다. 이러한 의견이 국왕과 척족, 원세개 가운데 누구에게서 먼저 나왔는지는 의문의 여지가 있지만, 필자는 다음 두 가지 이유로 국왕과 척족이 적극적으로 청군대의 증원 요청을 주장했고, 원세개도 그 필요성을 통감했을 것으로 생각한다.

외국 군대를 빌려서 자국의 반란을 진압하는 일은 외교적으로 중대한 문제가 될 뿐만 아니라, 내정문제로서도 민심에 미칠 큰 영향을 고려해야 한다. 그런데 국왕과 척족은 그 중대성을 이해하지 못했다. 이미 메이지 26년 보은집회 당시 국왕은 청군대의 출동을 요청하려고 했지만, 시원임대신들의 반대 때문에 겨우 단념한 일도 있었다. [제66절 참조]

다음으로 원세개의 입장을 살펴볼 필요가 있다. 동학비도의 창궐이 극에 달하면 경성과 인천 지방도 동요하고, 게다가 동학은 배외주의(排外主義)를 표방하고 있기 때문에 거류 외국인의 생명과 재산에 위해를 가할 우려가 있었다. 원세개는 종주국의 대표자로서 당연히 외국인의 생명과 재산을 보호할 책임이 있었다. 더욱이 원세개는 자신의 군사적 경험을 바탕으로 비교적 적은 수의 청군대로 우세한 비도를 토벌함으로써 종주국의 위신을 확립할 수 있다는 자신감을 갖고 있었다.

이상의 두 가지 이유로 척족의 대표자인 병조판서 민영준(閔泳駿)과 원세개 사이에 극비리에 청군대의 출동에 관한 협의가 이뤄지고, 그 다음에 국왕의 양해를 얻었던 것으로 생각된다.

메이지 27년 5월 23일, 전라도 영광군에서 진을 치고 있던 양호초토사 홍계훈은 타전해서 동학비란을 진압할 자신이 없음을 고백하고, 임오·갑신 두 차례의 변란을 중국군대의 힘으로 진압한 전례를 인용하며 청의 출병을 요청할 것을 상주했다.

엎드려 생각하옵건대, 난에는 병란(兵亂)과 민란(民亂)이 있고, 학문에는 정학(正學)과 곡학(曲學)이 있습니다. 하지만 안집(安集)[1]의 방법과 비어(備禦)의 책략은, 아마도 조가(朝家)가 그 시의(時宜)를 얻는지 여부에서 벗어나지 않을 것입니다. 지금 동학이 창궐해서 양남(兩南)에 소굴을 만들었습니다. 무뢰배들은 이를 칭탁해서 개미떼처럼 몰려들고, 지조를 지키는 자들은 위축되어 호랑이를 보듯 합니다. 큰 집단은 만 단위로 헤아리고, 작은 집단은 천 단위로 헤아립니다. 애초에 수령의 탐묵(貪墨)으로 인해 생령(生靈)이 도탄에 빠졌으니, 학문은 따질 것도 없이 난이 실로 우려됩니다. 본디 방어하는 군대와 도수신(道帥臣)[2]이 있거늘, 어찌 좌시하여 이처럼 불어나게 했단 말입니까? 후회해도 소용이 없지만, 작년에 귀화한 자들이 오늘 다시 봉기하니, 이는 비단 우리 조정의 원려(遠慮)일 뿐만이 아니요, 또한 인국(隣國)의 수치입니다.[3] 작년과 올해 2년 동안 멀리서 왕사(王師)를 일으켰으니, 영접하고 전송하는

---

1) 안집(安集): 평안하고 화목하게 함
2) 도수신(道帥臣): 도(道)의 병권을 잡은 관찰사, 병마절도사, 수군절도사 등의 총칭
3) 문맥상 오자가 있을 것으로 생각되나, 상고할 방법이 없어서 원문 그대로 옮겼다.

데 백성들이 피폐한 것과 왕래하는 데 병사들이 피곤한 것을 이루 다 말할 수 없습니다. 하늘처럼 크신 성군(聖君)의 도량으로 심하게 죄를 내리지 않으시고, 다시 신을 파견해서 초토(招討)하고 이어서 윤음(綸音)을 내리셨으니 이는 은위(恩威)를 병행해서 시행한 것이지만, 저들은 여전히 방자해서 마치 기운이 넘치는 군대로 피로한 적을 상대하는 듯이 합니다.[4] 이는 이른바 '깎아 내도 반란을 일으키고, 깎아 내지 않아도 반란을 일으킨다(削之反 不削亦反).'라는 것이니, 뿌리까지 솎아 낸 뒤에야 그칠 것입니다. 동쪽으로 쫓으면 서쪽으로 달아나서 전혀 초멸(剿滅)할 방도가 없습니다. 신의 죄가 크오니, 복명하는 날에 스스로 포박하고 대죄(待罪)해서 왕법(王法)에 순응할 것입니다. 그러나 지금 사세(事勢)가, 우리는 수가 적고 저들은 많아서 군대를 나눠서 추격(推擊)하기 어렵습니다. 부디 바라옵건대, 외국 군대를 빌려서 돕게 하신다면 저 무리의 머리와 꼬리가 접지 못하게 하고 그 소식을 서로 전하지 못하게 될 것이니, 저들은 반드시 형세가 고립되어 흩어지다가 힘이 다하면 스스로 와해될 것입니다. 일거에 만전(萬全)을 기할 수 있는 것은 오직 이 한 가지 일에 달려 있사옵니다. 처분을 알지 못해서 두려울 뿐입니다.[1]

홍계훈은 국왕과 척족이 가장 신임하는 장수였다. 그 장수가 청군대의 증원을 청원하자 모두 경청하지 않을 수 없었다. 이어서 5월 27일에 장성(長城) 패전, 31일에 전주 함락의 비보가 전해져 초토사의 전보를 뒷받침했다. 국왕과 척족은 처음부터 청군대의 증원을 요청해야 한다는 입장이었다. 그런데 이즈음 청이 만약 출병하면 톈진협약의 취지도 있으므로 일본이 그것을 모방하고 러시아 또한 그 뒤를 따라서, 경성은 외국 군대로 가득 차고 묘당은 완전히 외국 관헌의 간섭을 받을 것을 우려하는 의견이 대신들 사이에서 대두했다.

이보다 앞서 5월 31일에 국왕은 양호순변사 이원회를 임명하고, 시원임대신을 사차(私次)로 소견(召見)해서 청군대의 증원 요청에 관해 자순(諮詢)했다. 대신들은 시세가 부득이하다고 아뢰었고, 국왕은 이 일을 구실로 일본이 동시에 군대를 움직일 우려가 있다고 거듭 말했다. 하지만 판중추부사 김홍집은 조선의 군대로는 비도를 초무(剿撫)할 수 없기 때문에 부득이 청에 원조를 요청하는 것이며, 일본에 대해서는 우리가 원조를 요청한 사실이 없으므로 망동할 이유가 없다고 주장했다. 사적인 알현을 마친 후, 민영준은 원로 영돈녕부사 김병시에게 서한을 보내서 연석(筵席)의 상황을 상세히 알리고, 또 사

---

4) 원문은 '以逸待勞'이다. 충분히 휴식을 취해서 기운이 넘치는 군대로 멀리서 와서 피로한 군대를 상대한다는 뜻이다.

람을 보내서 의견을 물었다. 김병시는 "대체로 이 일에는 이미 정해진 논의가 있다고 하니 억측으로 분명히 대답하기는 어렵소. 그러나 비도의 죄가 비록 망사(罔赦)에 해당한다고는 하나, 모두 우리 백성인데 어찌 우리 군대로 초멸하지 않소? 만약 다른 나라 군대를 빌려서 토벌한다면 우리 백성들의 마음이 어떻겠소? 민심이 쉽게 흩어질 것이니 이 문제는 과연 신중히 생각해야 하오. 일본의 일은 그럴 우려가 없지 않으니, 청관(淸館)에 조회를 보내는 것은 당분간 늦추고, 이미 우리 군대를 보냈으니 우선 결과를 기다리는 것이 좋겠소."라고 주의를 주었다. 경험이 있는 노재상의 온건한 의견이었지만, 양호순변사와 양호초토사 모두 비도를 초무(招撫)할 자신이 없었기 때문에 그 성공을 기다리며 헛되이 시일을 낭비할 수는 없었다. 결국 국왕은, "이 논의가 참으로 좋지만, 장래의 일은 알 수 없고, 여러 대신들의 논의 또한 증원을 요청해야 한다고 하니 청관(淸館)에 서둘러 조회를 보내도록 하라."라고 전교를 내려서 김병시의 자중론을 따르지 않았다.[2]

5월 31일, 전주의 함락 소식이 내외를 경악시켰다. 이제는 청군대의 증원 요청을 논의하고 있을 때가 아니었다. 민영준은 국왕의 내명(內命)에 따라 원세개와 교섭을 갖고 6월 1일에 출병 동의를 얻었다. 다만 아직 의정부에서 조회를 발송해서 정규 절차를 밟지는 않았다.

청군대의 출동과 관련해서 원세개가 척신(戚臣)의 대표자인 민영준과 격의 없는 교섭을 마치고 국왕의 동의까지 얻었음에도 불구하고, 여전히 주저하는 기색을 보인 것은 일본의 태도가 분명하지 않았기 때문이다. 청의 출병은 번속(藩屬)의 요청에 기초해서 종주국으로서 고유한 권한을 행사하는 것이라고 해도, 분명히 톈진협약에 저촉되고 당장 일본의 출병을 유발할 우려가 있었다. 따라서 원세개는 계속 주한일본임시대리공사 스기무라 후카시의 태도를 주시했다. 원세개는 특히 스기무라 대리공사가 독판교섭통상사무 조병직에게 내란을 진압하기 위해 외국 군대의 원조를 요청해서는 안 된다고 비공식적으로 충고하고, 또 일부 인사를 통해 국왕에게 은밀히 상주한 사실이 있으며, 묘당에서도 그의 말에 동조하는 사람들이 있다는 것을 경계해야 했다. 원세개는 이 안건에 관해 대리공사와 의견을 교환할 기회를 갖지 못해서 초조해 하고 있었다.

6월 2일에 이르러 스기무라 임시대리공사는 청군대 증원 요청이 이미 확정됐다는 정보를 입수하고, 공사관 서기생(書記生)[지나어(支那語) 통역] 데에호(鄭永邦)를 보내서 진위를 확인하게 했다. 원세개는, "공문은 아직 접수하지 않았지만, 쌍방의 논의가 이미 내정됐으니 공문을 접수하는 대로 출병할 준비를 하고 있다."라는 뜻을 내비쳤다. 이에 스기무라 대리공사는 6월 3일 새벽에 원세개를 방문해서 거의 3시간 동안 회담을 갖고 청 군대 증원 요청에 이르기까지의 교섭경과를 들었다. 이 회담에 관해 스기무라 대리공사 는 다음과 같이 서술했다.

원(袁) 씨의 말의 대체적인 뜻은, "현재 동양의 평화를 유지하고자 한다면, 조선의 내란이 치성(熾盛)하기 전에 진압하는 것이 매우 큰 급무이다. 동학당의 난은 정부와 지방관 등의 학 정에 원인이 있으니 정부를 징계(懲戒)[5]하는 유일한 침폄(針砭)[6]이기는 하나, 만약 이를 방 관해서 흘러가는 대로 방임할 경우 정부의 힘으로 진압하지 못하고 오히려 난도(亂徒)들 때 문에 전복되는 지경에 이를 것이다. 그 경우 반드시 외국의 간섭을 초래해서 조선은 끝내 각 국이 다투는 지역이 될 것이다. 그러므로 내 의견은, 조선 정부의 시정(施政) 여하를 불고하 고 어쨌든 난민(亂民)을 진압해서 외국 간섭의 화단(禍端)을 근절해야 한다는 것이다."라는 것 같았지만, 그는 이처럼 공평한 논의를 펴는 이면(裏面)에 하나의 야심을 품고 있었다. 근년 에 조선에서 일본이 심하게 경쟁하지 않는 것을 보고는 내심 일본을 업신여겨서, 이 기회를 틈타 원병(援兵)을 보내서 청한종속관계를 분명히 하고 자기의 공명(功名)을 세우려는 데 그 의도가 있음은 외면에서 추측할 수 있었다. 그때 내가 조금 희롱하는 표정으로, "그것은 실로 곤란하다. 귀국이 정말로 출병한다면, 우리나라도 출병하지 않을 수 없을 것이다."라고 말하 자, 원 씨는 갑자기 안색을 바꾸더니 "무엇 때문에 출병하는가?"라고 물었다. 나는 "우리 공사 관과 인민을 보호하기 위해서다."라고 답했다. 원 씨는 거듭 "우리나라가 원병을 보내서 난민 을 진압하여 외국인에게 추호도 위해가 미치지 않게 할 것이니, 귀국은 출병할 필요가 없다." 라고 말했다. 나는 "조선 정부는 스스로 그 난민을 진압할 수 없어서 외국에서 원병을 빌릴 정도이다. 따라서 우리나라는 편안히 그 보호에 의지하고 있을 수 없고, 또 조선 안에서 귀국 의 보호에 기댈 이유도 없으니, 우리나라는 우리 군대를 이끌고 스스로 지키는 것이 당연하 다."라고 답했다. 그러자 원 씨가 "귀국이 만약 군대를 불러들인다면, 다른 나라도 군대를 불 러들일 것이다. 이는 진실로 화란(禍亂)의 단서이다. 게다가 외국 군대가 경성에 진입하는 것 은 국왕이 매우 좋아하지 않는다."라고 꽤 진지하게 말했다. 나는 그 말을 부정해서, "내가 앞 에 한 말은 하나의 공상(空想)을 서술한 것에 불과하니 부디 염두에 두지 말라." 라고 하고 화 제를 돌렸다.[3]

---

5) 징계(懲戒): 과거의 과실을 반성하고 스스로 경계함
6) 침폄(針砭): 의술에 쓰는, 쇠로 만든 침과 돌로 만든 침. 교훈, 경계를 비유하는 말로 쓰인다.

스기무라 임시대리공사 및 데(鄭) 서기생과의 회견 결과, 원세개는 마침내 출병을 결심하고 자신의 직속 상관인 북양대신 직예총독 이홍장에게 상신했다. 그 정치적 책임은 매우 중대했다. 덧붙여 말하자면, 메이지 27년 6월 1일(광서 20년 4월 28일)과 6월 4일(5월 1일) 자로 이홍장은 이 회담 내용을 다음과 같이 총리아문에 보고했다.

원세개가 여러 차례 타전해서 다음과 같이 보고했습니다.

경병(京兵)은 패하고 무기는 빼앗겨서 한(韓)의 각 군대가 모두 간담이 서늘해졌습니다. 최근에 서울과 평양 군사 2천 명을 보내서 각각 나눠서 비도(匪徒)를 막고 초멸(剿滅)할 것을 상의했는데, 왕은 병력이 부족하니 추가파병할 수도 없고 신뢰할 수도 없다고 하면서 중국[華]에서 군대를 보내 대신 초멸해 줄 것을 요청했습니다. 한국이 중국의 보호에 귀화하고 그 내란을 스스로 끝내지 못해서 중국이 대신 평정해 줄 것을 구하고 있으니, 상국(上國)의 체면에 억지로 물리칠 수 없습니다. 그래서 얼마 전에 "만약 반드시 중국군대가 필요하다면 정부에서 문서를 갖춰 오라. 즉시 대신 타전해서 대헌(大憲)에게 처리해 달라고 청할 것이다."라고 했습니다.

만약 우리가 윤허하지 않으면 다른 나라 사람 중에 반드시 기꺼이 이 일을 할 자가 있을 것이니, 장차 중국의 처지가 어떻게 되겠습니까? 그 공문이 오기를 기다렸다가 부디 총서(總署)에 전달해 주시고, 주일(駐日) 왕성사(汪星使)[7]에게 타전해서 조약에 따라 일본[倭]의 외부(外部)에 공문을 보내 한국의 요청을 고지하게 하십시오. 을유년(乙酉年, 1885) 약조에, 중국과 일본이 파병할 때는 단지 사전에 공문을 보내서 알린다고만 했고, 애초에 중국이 파병하면 일본도 파병한다는 문장은 없었습니다.

일본은 다사(多事)를 좋아해서,[8] 공사관 보호를 구실로 100여 명의 군대를 조발(調發)하여 서울[漢]에 보내는 데 불과할 것입니다. 그렇지만 비도는 아직도 서울과 멀리 떨어져 있기 때문에 일본군대가 들어오면 오히려 소동이 일어날 것입니다. 따라서 한국의 외서(外署)는 응당 이를 막을 것이요, 각 양원(洋員)[9]들도 일본이 먼저 스스로 소요를 일으키는 것을 원치 않을 것입니다. 얼마 전에 일본의 역원(譯員) 데에호(鄭永邦)가 명령을 받고 제게 와서 비도의 실정에 관해 문의했습니다. 그리고 말하기를, "비도가 소동을 부린 지 오래돼서 상무(商務)에 크게 손해를 끼치고 있으니 여러 가지로 우려된다. 한인(韓人)은 필시 이

---

7) 왕성사(汪星使): 성사(星使)는 사신(使臣)의 뜻으로, 주일공사 왕봉조(汪鳳藻)를 가리킨다.
8) 다사(多事)를 좋아해서: 긴요하지 않은 일에 간섭하기를 좋아한다는 뜻이다. 원문은 '倭如多事'로 되어 있으나, 문맥상 如는 好의 오자인 것으로 보고 옮겼다.
9) 양원(洋員): 서양의 외교관

를 종식시킬 능력이 없으니, 시간이 지날수록 처리하기 어려울 것이다. 귀 정부는 어째서 한국을 대신해서 속히 평정하지 않는가?'라고 했습니다. 저는 "한국 조정에서도 그런 요청이 있었다. 우리 정부는 한국이 전투에 익숙해져서 스스로 강해지기를 바라기 때문에 아직 조사해서 승인하지 않은 것이다."라고 답했습니다. 그리고 을유년 약조에 따라 만약 우리가 파병한다면 어느 기관에서 통보해야 하는지 질문했습니다. 데에호는 "총서에서 통보해도 괜찮고 북양(北洋)에서 통보해도 괜찮다. 우리 정부는 필시 다른 의견이 없을 것이다."라고 답했습니다.○하략4

원세개의 30일○메이지 27년 6월 3일 전보가 다음과 같습니다.

얼마 전에 일본[倭] 서사(署使)[10] 스기무라 후카시가 찾아와서 회견을 했는데, 이야기의 뜻은 또한 중국[華]이 신속하게 대신 난을 평정하기를 희망하고, 아울러 중국이 이 일을 윤허했는지 여부를 문의하는 것이었습니다. 저는 "한국[韓]이 백성의 목숨을 아껴서 군대는 사용하지 않고 백성을 달래서 해산시키기를 바라고 있다. 아직 문서 요청이 없으니 대번에 한국 백성을 살육할 수 없다. 하지만 요청이 있으면 응당 윤허할 것이다."라고 답했습니다. 그러자 스기무라가 "혹시 요청이 지연돼서 비도(匪徒)가 전주(全州)[11]까지 오면 한성이 매우 위험해질 것이니, 우선 군대를 불러들여서 방호(防護)할 것을 생각하고 있다. 중국은 어떻게 처리할 것인가?'라고 말했습니다. 저는 "군대를 불러들여서 방호하건, 단지 상민(商民)을 인천으로 피신시키건 비도가 접근하면 다시 결정할 것이다."라고 했습니다. 그러자 스기무라가 "부디 한국에서 공문을 보내는 대로 고지해서, 이 바람에 부응하기 바란다. 혹시 늦어지면 불평이 생길까 몹시 우려된다."라고 했습니다. 스기무라는 저와 오랜 친분이 있습니다. 그 말뜻을 살펴보건대, 상민의 보호에 무게를 두고 다른 뜻은 없는 것 같았습니다.○하략5

스기무라 대리공사와 데(鄭) 서기생의 말은 근본적으로 일치했다. 조선의 현재 상황으로 볼 때 동학비란을 진압하려면 청군대의 출동이 불가피한 사정을 인정하고, 그 경우 일본 정부도 공사관 및 거류민 보호의 명분으로 출병 의사가 있음을 분명히 했다. 그 병력에 관해서는 두 사람 모두 확언하지 않았지만 과거 실례에 비춰 보면 보병 1개 중대일 것으로 예상됐다─6월 1일자 이홍장 전보에서 "병사 100여 명을 조발(調發)해서 한

---

10) 서사(署使): 공사(公使)
11) 원문에는 공주(公州)로 되어 있으나,『淸光緒朝中日交涉史料』제13권, 문서번호 954에 의거해서 전주로 고쳤다.

성에 올 것"이라고 한 말은 이를 의미한다. — . 정말로 이것이 사실이라면 일본의 출병은 대세에 영향을 미치지 못할 것이며, 특히 실제로 경성이 평온해서 병력을 동원해서 보호할 필요가 없으면, 통리아문에서 일본공사에게 항의하고 원세개와 경성 주재 외교단이 이를 지지해서 일본이 어쩔 수 없이 철병하게 만드는 방법도 있을 것이었다. 이러한 판단에 따라 마침내 출병을 결의한 것으로 이해된다.

묘당에서는 원세개의 독촉에 따라 6월 3일 밤에 참의교섭통상사무 성기운(成崎運)에게 명하여 원세개를 방문해서 의정부 조회로 출병을 요청하게 했다.

조선 의정부 좌의정 조(趙)가 ○조병세 조회함.

폐방(弊邦)의 전라도 소관 태인(泰仁)·고부(古阜) 등의 현(縣)은 백성의 습속(習俗)이 흉한(兇悍)[12]하고 성정(性情)이 험휼(險譎)[13]해서 평소 통치하기 어렵다고 하는 곳입니다. 최근 몇 달 동안에 부곶(附串)[14]의 동학교비(東學教匪) 1만여 명이 모여서 현읍(縣邑) 십여 곳을 공격해서 함락하고, 이제 또 북쪽으로 몰려가 전주 성치(省治)[15]를 함락했습니다. 전에 연군(練軍)을 파견해서 초무(剿撫)했지만, 이 비도(匪徒)들이 끝끝내 목숨을 걸고 항전해서 연군이 패하고 많은 대포를 잃었습니다. 이 흉완(兇頑)한 자들이 오래 요란을 일으킬 듯 하니 크게 우려됩니다. 더구나 지금 한성까지의 거리가 겨우 4백 몇 십 리에 불과하니, 다시 북쪽으로 달아나게 내버려 둔다면 아마도 기보(畿輔)[16]에 소동이 생겨서 적지 않은 손실이 있을 것입니다. 그런데 폐방의 갓 조련한 각 군대의 현재 숫자가 간신히 도회(都會)를 호위할 수 있을 정도요, 또 전진(戰陣)을 아직 경험하지 못해서 흉구(兇寇)를 진제(殄除)[17]하는 데 쓰기 어렵습니다. 혹시라도 이들이 오래 불어난다면 중조(中朝)에 더욱 많은 근심을 끼칠 것입니다. 조사해 보니 폐방의 임오년과 갑신년 두 차례 내란에서 모두 중조(中朝)의 병사들이 대신 감정(勘定)해 준 것에 도움을 받았습니다. 이에 전례를 원용하려고 하니 부디 귀 총리께서는 신속히 북양대신에게 전보를 보내서, 몇 개 부대를 파견해서 속히 대신 초멸(剿滅)해 줄 것을 청하시기 바랍니다. 그리고 폐방의 병사와 장수들이 뒤를 따르며 군무(軍務)를 익히게 해서 이

---

12) 흉한(兇悍): 거칠고 사나움
13) 험휼(險譎): 음험하고 속임이 많음
14) 부곶(附串): 미상. 문맥상 고부(古阜) 정도의 뜻이 되어야 할 것 같지만 분명치 않다. 『淸光緖朝中日交涉史料』 제13권, 문서번호 953에도 부곶(附串)으로 되어 있다.
15) 성치(省治): 원래 중국의 지방행정단위인 성(省)의 행정기관 소재지를 뜻하는 말인데, 여기서는 감영(監營)을 비유한다.
16) 기보(畿輔): 수도 근방. 경기도
17) 진제(殄除): 초멸(剿滅)

로써 장래 한위(捍衛)¹⁸⁾의 계책을 삼는다면, 사나운 비도(匪徒)들이 꺾여서 사라진 이후에 즉시 철병을 청할 것이니, 감히 유방(留防)을 요청해서 천병(天兵)¹⁹⁾을 외국에서 오랫동안 수고롭게 하지 않을 것입니다. 아울러 귀 총리께서는 속히 원조할 방도를 계획해서 이 급박한 상황을 구제해 주시기를 간절히 바랍니다.

이상과 같이 흠명주차조선총리교섭통상사의(欽命駐箚朝鮮總理交涉通商事宜) 이품함(二品銜) 정임(正任) 절강온처해관병비도(浙江溫處海關兵備道) 원(袁)에게 조회함.

광서 20년 5월 초2일○메이지 27년 6월 3일6 20)

이어서 다음 날인 6월 4일에 공조참의(工曹參議) 이중하(李重夏)를 중국군함 영접관(迎接官)에 임명하고, 독판내무부사(督辦內務府事) 신정희와 참의내무부사(參議內務府事) 성기운에게 군무사(軍務司)를 맡겨 다스리게 했다. 모두 청군대를 접반(接伴)²¹⁾하기 위한 것이었다.⁷

조선 정부의 출병 요청은 북양육해군의 입장에서 가장 이상적인 때에 들어왔다. 동학란이 재발하기 직전에 덕종(德宗)은 북양대신 직예총독 이홍장과 동삼성연병대신(東三省練兵大臣) 정백기만주도통(正白旗滿洲都統) 정안(定安)에게 칙유(勅諭)해서 북양을 중심으로 대대적인 육해군 연합 훈련을 실행하게 했다. 이홍장이 광서 초년에 북지나(北支那) 방비에 착수한 지 꼭 10년 만에 북양해군의 창설과 북지나 연안의 항구, 즉 다롄 만(大連灣)·뤼순커우(旅順口)·타이구(太沽)·웨이하이웨이(威海衛)·자오저우 만(膠州灣)의 방비가 대략 예정대로 완성됐기 때문이다.

이 대대적 훈련은 청조로서는 전무후무한 것이었다. 북양해군제독 정여창 휘하의 함선들은 물론, 푸젠(福建)·광둥(廣東) 두 수사(水師)²²⁾의 정예를 선발해서 연합함대를 편성하고, 육지에서는 성징(盛京)·즈리(直隸)·산둥(山東) 3성(省)에 주둔한 북양육군을 모두 참가시켰다. 이 훈련은 영국 지나함대사령관 해군중장 에드먼드 프리맨틀(Edmund R. Fremantle)을 비롯해서 여러 나라의 해군장교들이 참관한 가운데 거행됐다.

이홍장은 해군영무처(海軍營務處) 담기승(覃起勝), 산둥등래청도(山東登萊靑道) 유함방(劉含芳), 여순구수륙영무처(旅順口水陸營務處) 공조여(龔照璵) 등 많은 막료들을 거느리고

---

18) 한위(捍衛): 방어(防禦), 호위(護衛)
19) 천병(天兵): 천자의 군대
20) 원문에는 '메이지 27년 6월 5일'로 잘못 기재되어 있어 바로잡았다.
21) 접반(接伴): 외국 사신을 접대하는 일
22) 수사(水師): 수군(水軍)

메이지 27년 5월 7일에 톈진을 출발, 즈리(直隸) 샤오잔(小站)을 시작으로 뤼순커우·웨이하이웨이·자오저우 만·산하이관(山海關)을 차례대로 검열한 후 5월 27일에 톈진에 돌아왔다.[8] 이홍장이 아직 샤오잔에 머물고 있을 때, 조선에 있는 원세개는 급전(急電)을 보내서 동학비란이 점차 확대되어 조선 조정은 장위영(壯衛營) 영관(領官) 홍계훈이 직접 인솔한 토벌대를 파견하고, 그 성세(聲勢)를 돕기 위해 북양해군제독과의 협의를 거쳐 인천에 정박 중인 경비함 평원(平遠)을 파견한 사실을 보고했다. 이후로 원세개는 누차 동학의 창궐과 토벌대가 미약해서 임무를 감당하지 못하는 것을 보고하고 청의 출병과 진압이 부득이함을 시사하면서도 동시에 아직 조선국왕은 공식적인 출병 요청을 하지 않았고 일본 또한 출병하려는 모습이 없다고 전해 왔다.

이홍장은 외유 중에 원세개로부터 받은 상세한 전보를 통해 조선국왕은 동학비도를 토벌할 능력이 없으며, 따라서 조만간 어쩔 수 없이 북양에서 출병을 하게 되리라는 것을 예상하면서 귀임했다. 과연 6월 1일 원세개로부터 들어온 전보는 조선국왕이 비공식적으로 출병과 진압을 간청한 사실을 보고하고 있었다. 이홍장은 다시 이를 총리아문에 타전하고, 북양육해군에 출동 준비를 명했다.[9]

메이지 27년 6월 4일, 원세개는 조선 정부가 공문을 통해 출병 및 진압을 공식적으로 요청했음을 보고하고 그 전문을 타전했다. 이홍장은 바로 총리아문에 타전하는 것과 동시에 직예제독 섭지초(葉志超), 산서태원진총병(山西太原鎭總兵) 섭사성(聶士成)에게 명하여 북양육군의 정예인 노유방(蘆楡防) 7영(營)을 이끌고 조선으로 건너가게 했다. 또 북양해군제독 정여창에게 타전해서, 순양함 제원(濟遠)·양위(揚威)를 인천에 분파(分派)해서 거류민 보호 및 군대 수송선의 호위 임무를 맡길 것을 명했다.[10]

북양육해군은 대대적인 훈련을 마친 직후였으므로 출전 준비는 매우 원활하고 신속하게 진행됐다. 선발(先發) 명령을 받은 총병 섭사성은 고북구연군(古北口練軍)·무의군(武毅軍) 3영의 병력 900명과 산포(山砲) 4문을 갖고 즈리 루타이(蘆臺)의 주둔지를 출발, 6월 6일에 타이구에서 초상국(招商局) 기선 도남호(圖南號)에 승선해서 출항했다. 또 산하이관에 주둔하고 있던 제독 섭지초는 정정연군(正定練軍) 4영 병력 약 1,500명과 8.7센티미터 박격포[臼砲] 4문을 갖고, 초상국 기선 해안호(海晏號)와 해정호(海定號)에 분승(分乘)해서 6월 7일에 출항, 조선으로 향했다.[11]

청의 조선 출병은 그 이유가 무엇이건 간에 톈진협약 제3관에 저촉된다. 이홍장은 6월 1일 직예제독 섭지초에게 출병 준비를 명함과 동시에 총리아문에 타전해서, 주일청

공사를 경유해서 일본 외무성에 통고할 필요가 있다고 설명했다. 그런데 일본 정부에 통고할 책임 관청이 총리아문인지 아니면 북양인지 혼선이 있었던듯, 몇 차례 왕복을 거듭한 후 6월 6일에 이르러서야 이홍장이 주일특명전권공사 왕봉조에게 전훈(電訓)해서 일본 외무성에 출병을 통고하게 하고, 이 사실을 총리아문, 섭지초, 원세개에게 타전했다.

광서 11년 중국과 일본이 의정한 전조(專條)[23]에, "장래 조선에서 만약 변란 사건이 생겨서 중국이 파병할 필요가 있으면 사전에 공문을 보내서 통지하며, 사건이 진정되면 즉시 철수해서 다시 유방(留防)하지 않는다."라는 구절이 있다. 본 대신이 방금 조선 정부의 공문을 접수했는데, 그 내용이 다음과 같다. "전라도 소관 백성들의 습속(習俗)이 흉한(兇悍)해서, 부곶(附串)의 동학교비(東學敎匪)가 떼를 지어 현읍(縣邑)을 공격해서 함락하고, 또 북쪽으로 몰려가 전주를 함락했습니다. 예전에 연군(練軍)을 파견해서 초멸하려고 했으나 승리를 거두지 못했습니다. 혹시라도 이들이 오래 불어난다면 상국(上國)에 끼치는 근심이 더욱 많을 것입니다. 조사해 보니, 폐방(敝邦)의 임오·갑신년 두 차례의 내란을 모두 중조(中朝)의 병사에게 의뢰해서 대신 토벌해 주었습니다. 이에 전례를 원용해서 몇 개 부대를 파견해 줄 것을 간청하오니 속히 와서 대신 초멸해 주십시오. 우리나라의 비도(匪徒)가 꺾여서 사라진 이후에는 즉시 철병을 요청할 것이니, 감히 유방(留防)을 청해서 천병(天兵)을 오랫동안 외국에서 수고롭게 하지 않을 것입니다."

본 대신이 살펴보건대 그 진정(陳情)하는 말이 매우 절박하다. 파병해서 원조하는 것은 바로 우리 조정이 속방(屬邦)을 보호하는 오랜 관례이다. 그러므로 상주한 후 유지(諭旨)를 받들어 직예제독(直隸提督) 섭(葉)에게 경려(勁旅)[24]를 선발해서 그들을 이끌고 조선의 전라·충청 일대로 급히 달려가 기회를 살펴 토벌하고 정해진 기한 내에 박멸함으로써 속방의 경내(境內)를 예안(乂安)[25]하고, 한국에서 통상하는 각국 사람들이 모두 편안히 생업을 영위할 수 있게 한 것이다. 그리고 일이 끝난 뒤에는 즉시 철병해서 다시 유방(留防)하지 말라고 명령했으니, 마땅히 조약에서 '공문으로 통지해야 한다(行文知照).'라고 운운한 규정에 따라야 할 것이다. 부디 이상의 각 사항을, 즉시 문서를 갖추어 일본 외무아문에 통지하기 바란다.

홍(鴻), 강(江)[12]

---

23) 전조(專條): 협약(agreement)
24) 경려(勁旅): 정예군(精銳軍)
25) 예안(乂安): 태평(太平), 안정(安定)

이전에 북양대신의 명령에 따라 북양해군에서 분파(分派)한 군함 제원과 양위는 6월 4일에 뤼순커우를 출항, 이튿날인 5일에 인천에 입항해서 먼저 도착한 평원과 합류했다. 당시 인천항에 정박 중인 각국 군함은 미국 순양함 볼티모어(Baltimore)와 일본 순양함 야마토(大和)[함장 해군대좌(大佐) 후나키 렌타로(舟木練太郎)]·쓰쿠시(築紫)[함장 해군대좌 미요시 가쓰미(三善克巳)] 3척이었으며, 청 군함보다 조금 늦게 포함(砲艦) 아카기(赤城)[함장 해군소좌 사카모토 하치로타(坂元八郎太)]가 입항했다. 당시 청의 출병 소식은 널리 알려졌고 그 상륙지점은 충청도 아산현(牙山縣)일 것으로 예상됐으므로, 아카기함의 사카모토 함장은 해군성의 전명(電命)에 따라 충청도 면주군(沔州郡)·아산현 일대의 바다를 경계하고, 쓰쿠시함의 미요시 함장은 동선한 해군소위 와카바야시 긴(若林欽)의 지휘 아래 기정(汽艇)을 파견해서 아산만을 정찰하게 했다. 이처럼 아산 일대에 일본 함정(艦艇)이 계속해서 왕래하고 있었으므로, 제원의 관대(管帶)[26] 북양해군중영부장(北洋海軍中營副將) 방백겸(方伯謙)은 군대 수송선과 관련해서 만일의 사태를 우려하여 평원을 아산에 파견하고, 6월 7일에는 양위도 급히 보내서 경계 임무를 맡겼다.[13]

섭사성이 탑승한 도남호는 6월 8일에 아산만 안섬[內島] 앞바다에 도착했다. 그리고 군함 양위·평원의 도움을 받아 이튿날인 9일 새벽까지 상륙을 마치고 아산읍에서 숙영했다. 섭지초가 탑승한 해안호(海晏號)는 뤼순커우를 경유해서 포함(砲艦) 조강(操江)의 호위를 받으며 6월 9일에 아산에 도착하고, 해정호(海定號)는 다음 날인 10일에 도착했다. 육군 병력과 군수품이 모두 상륙한 것은 6월 12일경이었던 것 같다.[14]

섭사성 총병은 아산에 상륙하자마자 청군의 상륙으로 인한 지방민의 동요를 우려해서 청 출병의 취지를 설명하고, 또 동학비도들을 불러다가 무마하겠다는 내용의 고시문을 아산·공주 지방에 게시했다. 그런데 앞으로 서술할 것처럼, 이 고시문에, "너희 국왕이 타전해서 급박한 사정을 고했다. 우리 중조(中朝)는 속국(屬國)을 아끼고 긍휼히 여기니 차마 좌시하며 구원하지 않을 수 없었다(爾國王發電告急 我中朝愛恤屬國 不忍座視不救).", "방영(防營)의 원정(遠征)은 속방(屬邦)을 보호하고 상민(商民)을 보호하려는 것이다(防營遠征 保護藩屬 辦衛商民)."라는 구절이 있었는데, 이 지방을 시찰하던 일본인이 이를 옮겨 적어 공사관에 보고하면서 중대한 문제로 비화됐다.[15]

섭지초 제독은 상륙과 동시에 이홍장에게 타전해서 루타이 주둔부대의 후속 출발을

---

26) 관대(管帶): 청 말의 신군제(新軍制)에서 1개 영(營)을 관할하는 장관(長官)을 뜻하는 말인데, 해군의 함장도 관대(管帶)라고 했다. 여기서는 후자의 의미이다.

신청하여 허가받았다. 이에 운송선 해정호가 6월 22일에 아산에서 타이구로 복귀한 후, 다시 무의군 보병대·고북구연군 기마대의 일부 등 총 400명을 태우고 6월 24일에 아산만 외해에 도착하여 이튿날인 25일에 상륙을 마쳤다. 청군대의 제1차 수송은 이것으로 완료됐고, 아산·공주 일대에 집중된 육군 병력은 약 2,800명, 야포는 8문에 달했다.[16]

섭지초와 섭사성의 원래 임무는 조선 상륙과 동시에 소멸되고, 보다 중대한 새 임무가 부여됐다. 이들 부대는 원래 동학비도의 토벌을 위해 왔지만, 이미 6월 11일에 전주부는 양호초토사 홍계훈에 의해 수복되고 비도는 자발적으로 해산했다. 그런데 일본 정부는 청의 출병을 기회로 재한 공사관과 거류민 보호의 명목으로 대규모의 육군 부대를 파견하기로 결정하고 그 선발대로 6월 10일에 400명의 해군 육전대가 경성에 입성했다. 이에 청군대는 멀리 조선 내지에 고립돼서 본국과의 연락이 두절되는 위험에 빠졌던 것이다.

1 『東學黨匪亂史料』.

2 『甲午實記』, 甲午年 5月 1日.

3 杉村濬, 『明治廿七八年在韓苦心錄』(昭和 7年), 3~5쪽.

4 『光緒朝中日交涉史料』13권, 문서번호 949. "光緒二十年四月二十九日北洋大臣李來電".

5 『光緒朝中日交涉史料』13권, 문서번호 954. "光緒二十年五月一日北洋大臣來電".

6 『公文謄錄』, 甲午; 『中日交涉史料』13권, 문서번호 953. "光緒二十年五月一日北洋大臣來電".

7 『日省錄』, 李太王 甲午年 5月 1日; 『甲午實記』, 甲午年 5月 1日.

8 『中東戰紀本末』1권, 「北洋大閱海軍記」; 『六十年來中國與日本』2권, 3~13쪽.

9 『中東戰紀本末續編』卷亨, 「東征電報上」, 光緒 20年 4月 4·21·28日, 5月 1日, "李督電報".

10 『李文忠公全集』(電稿) 15권, "光緒二十年五月一日寄山海關提督葉志超".

　　조금 전에 총서 전보를 받았는데, 그 내용이 다음과 같다.

　　　　오늘 칙지(勅旨)를 받았다. 그 내용에, "이홍장의 전주(電奏)를 잘 살펴보았다. 이번에 조선 난비(亂匪)가 매우 많이 결집해서 중조(中朝)에서 파병해서 초멸(剿滅)을 원조한다고 했다. 평소 지세(地勢)와 적정(敵情)에 익숙하지 않으니, 반드시 만전을 기해 계획을 세워서 필승지세(必勝之勢)를 갖추는 데 힘쓰고, 적을 경시해서 조금이라도 부주의하여 실수를 저질러서는 안 된다. 총 파견군대 1,500명은 초멸하는 데 부족하지 않은가? 만약 병력을 많이 집결해야 한다면, 즉시 추가 병력 동원을 작량(酌量)하여 늦지 않게 뒤따라 보내서, 한 번 북소리에 탕평(蕩平)해서 번복(藩服)을 편안케 하시려는 지의(至意)에 부응케 하라."고 하셨다.

　　이 칙지를 받기 전에 전보로 군대 1,500명을 파견한다고 상주했는데, 조정에서는 그래도 부족할 것을 우려하시니, 제(弟)[葉]는 아산·공주에 도착한 후 적정(敵情)을 살펴서 만약 증병(增兵)이 필요하면 즉시 타전해서 속히 조발(調撥)할 것을 상의하라. 본부(本部) 및 위(威)[海威]·여(旅)[順口] 각 영(營)을 막론하고 똑같이 동원하리라.

11 姚錫光, 『東方兵事紀略』1권, 援朝編; 參謀本部, 『明治二十七八年日淸戰史』(明治 37年刊) 1권, 77~80쪽; 海軍軍令部, 『二十七八年海軍史』상권, 41~42쪽.

12 『中日交涉史料』13권, 문서번호 958. "光緒二十年五月三日北洋大臣來電".

13 『二十七八年海戰史』상권, 39~40쪽; 『中東戰紀本末』4권, "冤海紀聞".

14 『日淸戰史』1권, 80~81쪽; 『二十七八年海戰史』상권, 80~81쪽.

15 『日案』28권, 甲午年 6月 18日, "到統理衙門大鳥公文附屬書".

　　이 고시문의 전문은 다음과 같다.

　　　　흠명두품정대기명제독(欽命頭品頂戴記名提督) 산서태원총진통령직예노방회련마보등영(山西太原總鎭統領直隸蘆防淮練馬步等營) 파도륭아파도로(巴圖隆阿巴圖魯) 섭(聶)이 개절(凱切: 적절히 충고한다는 뜻)하게 효유함.

　　　　너희 조선 전라도에서 교비(敎匪)가 난을 일으켜서 성회(省會: 성(省)의 수도)를 점거하고 군민(軍民)을 살해하자, 너희 국왕이 타전해서 위급을 알렸다. 우리 중조(中朝)는 속국(屬國)을 애휼(愛恤)해서 차마 구원하지 않으며 좌시할 수 없었다. 이에 흠차북양대신 이(李)에게 특별히 칙유를 내려서, 흠명직예제독군문(欽命直隸提督軍門) 섭(葉)에게 자회(咨會)하여 본 통령과 함께 마(馬)·보

(보步)·창(槍)·포(砲) 대대를 이끌고 와서 정벌하고 초멸하게 하셨다. 다만 생각건대, 너희는 본래 선량한데 혹은 생각을 한번 잘못하고, 혹은 협박을 받았을 것이니, 어찌 모든 이가 기꺼이 적(賊)을 따랐겠느냐? 이에 갑자기 많이 살육하는 것은 연민을 이길 수가 없다. 대병(大兵)이 도착하는 날, 너희가 죄를 뉘우쳐서 성심으로 마음을 고쳐 면모를 바꾼다면 모두 죽음만은 면할 것이요, 주모자를 잡아다 바치는 자에게는 반드시 큰 상을 내리리라. 만약 여전히 미혹에 빠져 깨닫지 못하고 감히 항거한다면, 모두 죽여서 용서치 않을 것이다. 이 때문에 효유(曉諭)를 게시하노라. 본 통령은 기율이 엄명(嚴命)하고, 한번 포고한 법은 엄중히 집행할 것이니, 너희는 절대 내가 말을 일찍 하지 않았다고 하지 말라. 이를 각각 지켜서 어기지 말라. 특별히 효유하노라.

이상의 내용을 명심할 것.

광서 25년 5월 초8일

고시

이에 효유(曉諭)를 붙인다. 통령노회방군기명제독(統領蘆淮防軍記名提督) 산서태원진(山西太原鎭) 섭(聶)이 명을 받들어 격문(檄文)으로 명하노라. 방영(防營)이 원정(遠征)함은 속방(屬邦)을 보호하고 상민(商民)을 보호하기 위한 것이다. 본래 군대를 움직일 때는 기율이 엄정하고 분명하다. 이제 조선에 들어옴에 군령을 거듭 밝히노니, 물건을 구매할 때는 전문(錢文: 돈)을 지급하라. 만약 소요가 생기거나 다른 정절(情節)을 범한다면 군법으로 다스려서 결코 그 죄를 조금도 경감해 주지 않을 것이다. 병원(兵員)들에게 유시(諭示)하노니 모두 이를 준수하라.

16 『東方兵事紀略』1권, "援朝編"; 『日淸戰史』1권, 82~83쪽.

제 69 절

일본의 출병

메이지 27년 2월부터 메이지 28년 10월까지, 일한관계가 가장 중대하고 미묘했던 시기에 조선에서 근무한 공사관 1등서기관 스기무라 후카시가 공헌한 바는 매우 크다. 당시 일본 정부는 주한공사를 자주 경질했다. 예컨대 오이시 마사미, 오토리 게이스케, 이노우에 가오루 백작, 미우라 고로(三浦梧樓) 자작 등은 모두 본국 정계에서 세력이 있거나 또는 사무에 능숙한 인물들이었지만, 외국 주재 사신으로서는 반드시 적임이라고 할 수 없었고, 특히 청·한 양국과의 복잡한 관계를 충분히 인식하지 못한 감이 있다. 스기무라 1등서기관은 메이지 13년 4월에 외무성에 들어온 이후로 거의 줄곧 조선에서 근무하거나 조선관계 사무를 관장했으므로 조선의 정세에 정통하기로는 자주 교체된 공사들에 비할 정도가 아니었다. 따라서 그의 의견은 종종 공사의 방침을 좌지우지하고, 심지어 본국 외무성까지 움직일 만한 힘이 있었다. 외무대신 무쓰 무네미쓰도, "임시대리공사 스기무라 후카시는 전후 수년간 조선에서 근무해서 조선의 실정에 대단히 밝기 때문에 정부는 당연히 그의 보고를 신뢰하고 그것에 의거했다."라는 사실을 인정했다.[1]

메이지 27년 5월 4일, 오토리 특명전권공사는 휴가를 받아서 귀조(歸朝)하고 스기무라 1등서기관이 임시대리공사에 임명됐다. 당시 전라도 고부·태인·부안 등 여러 읍에서 동학의 창궐이 극에 달해서 수괴 전봉준이 고부군 백산(白山)을 점거한 소식이 들어왔음에도 불구하고, 오토리 공사와 스기무라 서기관 등이 여전히 이러한 상황을 중대시하지 않은 증거로도 볼 수 있다.

스기무라 임시대리공사는 동학이 내란을 일으킨 사실보다도 청 주차조선총리교섭통상사의 원세개가 관여하는 것에 더 큰 관심을 두고 있었다. 그는 5월 8일 양호초토사 홍계훈이 출정할 때 청 북양해군소속 포함(砲艦) 평원(平遠)에 편승한 사실을 알고, 외무대신에게 인천에 정박 중인 경비함 오시마(大島)[함장 해군소좌 게키 야스마사(外記康昌)]를 전라도 연안까지 파견해 줄 것을 전보로 요청했다. 그런데 이 경비함은 곧바로 본국으로 회항했기 때문에 인천에 있는 선임 해군장교에게 함선을 교체해 줄 것을 요구해서, 결국 5월 22일에 그의 동의를 얻어 순양함 쓰쿠시(築紫)[함장 해군대좌 미요시 가쓰미]를 파견했다.[2]

그 사이 동학변란은 점차 만연해서 초토사의 병력으로는 진압이 거의 불가능할 것처럼 보였다. 동학 수괴 전봉준이 초토사를 격파해서 전주와 공주를 점령하고, 다시 북상해서 경성을 공격할 가능성도 전혀 없지 않았다. 만일의 경우를 예상해서 그 대책을 강구하는 것은 외국 주재 사신의 당연한 책무였다.

스기무라 임시대리공사는 조선국왕과 묘당이 취할 방침을 연구한 끝에 다음 두 가지 안을 상정했다.

> 1안　정부는 백성의 소원을 용납하고 백성의 소망에 응한다는 목적에 따라 즉시 내정개혁을 실행해서 국민이 가장 싫어하는 폐해를 제거함으로써 난당(亂黨)을 회유하고 서서히 진정(鎭定)[1]하는 것.
>
> 2안　청군대의 출동을 요청해서 그 원조로 비란(匪亂)을 진정(鎭定)하는 것.

스기무라 임시대리공사는, '1안은 척신(戚臣)의 실정(失政)을 드러내서 그들을 묘당에서 몰아내는 결과를 초래할 것이므로 실행할 수 없다. 따라서 묘당에서 다소 반대하더라도 결국에는 2안을 취하게 될 것'이라고 내다봤다.

스기무라 임시대리공사는 이러한 견해에 기초해서, 5월 22일에 외무대신에게 만일의 경우를 대비해 일본 정부에서도 출병 준비가 필요하다고 상신했다. "그리고 만일 지나병(支那兵)이 [공식적인 통지 절차를 밟아서] 들어온다면 조선의 장래 형세에 어떤 변화를 초래할지 예측하기 어렵습니다. 따라서 우리도 당장 우리 관민을 보호하고 일청 양국의 권형(權衡)[2]을 유지하기 위해 민란이 진정돼서 청병(淸兵)이 철군할 때까지 공사관 호위 명분으로 구약(舊約)에 의거해서 군대를 보낼지, 아니면 청병이 들어오더라도 우리 정부는 별도로 파병 논의를 하지 않을 것인지, 이는 매우 시기상조인 것 같지만 반드시 미리 결정해 둘 필요가 있습니다."[3]

스기무라 대리공사의 상신에서 일청 양국의 세력균형을 유지하기 위해 출병이 필요하다고 논한 대목은 크게 주목해야 한다. 공사관 및 거류민 보호를 위해서라면 실제로 경

---

1) 진정(鎭定): 반대하는 세력의 기세를 억눌러서 안정되게 함
2) 권형(權衡): 저울추와 저울대라는 뜻으로 사물의 균형을 비유한다.

성이 위급한 상황에 처하지 않는 한 출병할 필요가 없고, 그 병력도 소규모의 부대로 충분하다. 하지만 세력균형이라면 경성의 정세와는 무관하게 청의 출병과 동시에 출병해야 하며, 그 병력도 청의 출동병력에 따라 결정되어야 하므로 예측하기 어렵다. 하지만 스기무라 대리공사의 전후 보고 및 6월 3일 청 도원(道員) 원세개와의 회담을 통해, 그가 청의 출병이 실현되더라도 그 병력은 필요한 수를 넘지 않을 것임을 확인하고, 따라서 일본 정부도 대규모 부대를 출병할 필요는 없을 것으로 생각하고 있었음을 알 수 있다.

출병에 관한 외무당국의 예상은, 처음에는 스기무라 대리공사의 의견을 따라 출병은 시기상조이며 만에 하나 출병이 필요한 상황이 되더라도 소규모의 부대로 충분할 것으로 믿고 있었다. 그런데 정부에는 조선 내란과 관련해서 공사관 이외의 다양한 루트를 통해 정보가 들어왔다. 이 정보들 중에는 의식적 혹은 무의식적으로 사실을 과장한 것들이 있었는데, 정부 당국은 이러한 정보들로 인해 사실을 오인한 부분이 적지 않다. 무쓰 외상의 경우도 5월 중순까지는 여전히 스기무라 대리공사의 보고를 신뢰해서 냉정한 태도를 유지했지만, 그달 말부터 점차 초조한 기색을 드러내기 시작했다. 특히 청의 출병 소식을 접하고 나서는 5월 29일에 스기무라 대리공사에게 "조선 정부가 청에 원병을 요청했다는 풍설(風說)이 있다. 사실을 확인해서 보고하라."라고 전훈(電訓)했다. 스기무라 대리공사는 당일로 회전(回電)해서, "민영준이 청사(淸使)에게 원병을 청했지만 대신들 가운데 동의하지 않는 이들이 많아서 아직 확정되지 않았습니다."라고 부정했다. 며칠이 지나서 6월 3일에 스기무라 대리공사는 원세개와의 회견 전말을 상세히 보고하고, 다음 날인 4일에 이르러 조선 정부가 3일 밤에 청에 정식으로 출병을 요청했음을 보고했다.

> 원세개는 그 서기관을 보내서, 원병 요청 건과 관련해서 조선 정부가 지난밤에 공문을 보내왔다고 통고했습니다. 저는 그 서기관을 통해 원(袁) 씨에게 '귀국이 조선에 출병하는 것과 관련해서, 톈진조약에 따라 적절한 절차를 취할 것을 귀국 정부에 상신하기를 바란다.'는 뜻을 전달했습니다. 제 짐작대로라면 원병의 수는 대략 1,500명으로, 웨이하이웨이(威海衛)에서 직파(直派)돼서 올 것입니다. 따라서 우리 정부도 바로 출병해야 합니다.[4]

지금까지 대략 서술한 것처럼 무쓰 외상과 스기무라 대리공사는 조선 출병에 대해 소극적인 견해를 갖고 있었다. 하지만 대륙외교에 관한 한, 외무당국이 반드시 리드하는 입장에 있었던 것은 아니다. 최종 결정권을 군부가 장악한 것은 오늘날과 큰 차이가 없었다. 특히 당시 참모본부 차장 육군중장 가와카미 소로쿠(川上操六)는 유명한 대륙론자(大陸論者)로, 조선 정세에도 정통해서 평범한 외교관은 그 앞에서 명함도 내밀 수 없을 정도였다. 동학변란이 점차 확대되자 특별히 주한공사관 무관 육군포병대위 와타나베 데쓰타로(渡邊鐵太郎)에게 부산으로 가서 공사관과 별도로 정보를 수집할 것을 명했는데, 다시 참모총장 육군대장 아리스가와노미야 다루히토(有栖川宮熾仁) 친왕(親王)에게 보고한 뒤 5월 20일에 참모본부 소속 육군포병소좌 이치지 고스케(伊知地幸介)에게 중요사명을 부여해서 부산에 파견했다. 이치지 소좌의 복명 내용은 알 수 없다. 그런데 5월 30일에 그가 귀경한 이후로 가와카미 차장을 중심으로 군부에서는 출병론이 성행해서, 동학비란(東學匪亂)을 기회로 병력을 동원해서 조선 정부의 개혁을 단행하고 갑신변란 이후 부진한 일본세력을 회복해야 한다는 소리가 높아졌다. 마침내 참모총장의 이름으로, "동학당비(東學黨匪)의 세력이 크게 창궐하는데 한병(韓兵)은 이를 진압할 능력이 없으니, 현재의 추세는 필시 청에 원병을 요청할 것이며, 청 정부 또한 그 요청을 받아들일 것이다. 한국에 있는 우리 신민을 보호하고 제국의 권세를 유지하기 위해서는 우리도 출병해야 한다."라는 요지로 내각에 조선 출병을 희망했다. 이와 동시에 극비리에 동원 준비에 착수해서, 참모본부 제1국장 육군보병대좌 데라우치 마사타케(寺內正毅)를 주임에 임명하고, 공병소좌 야마네 다케스케(山根武亮), 해군대위 마쓰모토 가즈(松本和), 공병대위 이노우에 진로(井上仁郎), 기병대위 니시다 지로쿠(西田治六)에게 육군 수송 사무를 관장시켜서 개전 이후 운수통신부(運輸通信部) 개설에 대비했다.[5]

　　당시 정부는 제2차 이토(伊藤) 내각으로, 의회와의 투쟁이 가장 격렬한 시기였다. 메이지 26년 12월 제5차 의회는 농상무대신 백작 고토 쇼지로와 차관 사이토 슈이치로(齋藤修一郎)의 독직(瀆職)에 관한 결의안을 통과시켰다. 같은 해 12월 29일에 중의원 해산 명령이 내렸지만 반정부당의 투지는 조금도 약해지지 않아서, 메이지 27년 5월에 소집된 제6차 임시의회에서는 조약 개정 문제를 이유로 정부불신임안을 제출하기에 이르렀다. 정부는 전력으로 중의원의 양해를 구해서 간신히 부결시키는 데 성공했다. 하지만 곧이어 5월 31일에는 관직 기강 확립과 정무비용 절감, 특히 당시 번벌(藩閥)의 정폐(情弊)[3]가 가장 크다고 인식된 해군성의 쓸모없는 예산을 절약해서 해군 확장 비용을 충

---

3) 정폐(情弊): 사사로운 정이나 관계로 인해 생기는 폐단

당하는 상주안이 상정됐다. 이 상주안은 정부의 방해도 효과를 거두지 못해서 139표 대 153표로 가결됐다. 중의원 의장 구스모토 마사타카(楠本正隆)는 6월 1일에 참내(參內)해서 궁내대신을 통해 상주문을 봉정했지만, "중의원의 상주는 불가하다"라는 뜻의 성지(聖旨)가 내려서 각하됐다.[6]

중의원 상주문은 각하됐지만 이것은 이토 내각에 대해 불신임을 표시한 것과 마찬가지였다. 내각총리대신 백작 이토 히로부미는 다시 중의원 해산을 결의하고, 6월 2일에 수상관저에서 임시각의를 소집했다. 마침 이날 스기무라 대리공사의 급전이 외무성에 도착해서 조선 정부가 비공식적으로 청에 출병을 요청한 사실이 알려졌다. [6월 1일 공사관 서기생 데에호(鄭永邦)가 원세개와의 회견을 통해 파악한 사실을 전보로 보고한 것으로 보인다.] 무쓰 외상은 이 전보를 손에 들고 각의에 참석했다. 그는 각의가 시작되자마자 먼저 이 사실을 보고하고, "만약 청이 어떤 명분을 불문하고 조선에 군대를 파견하는 일이 생길 경우, 우리나라도 상당한 군대를 조선에 파견해서 불우의 변에 대비하고, 조선에 대한 일청 양국의 세력균형[權力の平均]을 유지해야 한다."라는 의견을 진술했다. 각료들도 모두 동의했으므로 이토 수상은 바로 참모총장과 가와카미 참모본부 차장을 각의에 소환해서 공사관 및 거류민 보호의 명분으로 출병을 협의했다. 병력은 군부의 주장에 따라 혼성 1여단으로 정했다. 수상은 출병 및 중의원 해산에 대한 각의(閣議)를 갖고 당일 참내(參內)해서 메이지천황에게 상주하고 재가를 얻었다.[7]

각의에서 출병이 결정되자, 무쓰 외상은 오이소(大磯)에 체재 중인 청주차조선겸근 특명전권공사 오토리 게이스케에게 타전해서 언제든 경성에 귀임할 준비를 하라고 명했다. 6월 4일에 스기무라 대리공사로부터 조선 정부가 공문으로 청에 출병을 요청했다는 전보가 도착하고, 청주차임시대리공사 고무라 주타로(小村壽太郎)도 청이 산하이관(山海關)에서 1,500명의 병사를 조선에 파견하기로 결정한 사실을 보고했다. 이것들을 접한 무쓰 외상은 당일로 오토리 공사에게 외무성 출두를 명해서 필요한 훈령 및 구두 지시사항을 내리고 급히 귀임할 것을 명했다.[8]

이번에 각하가 조선 경성에 귀임한 후 다음 기재한 각 건들을 명심해서 실행하기를 바람.

하나, 현재 조선 내에서 일어나고 있는 변란이 지금보다 한층 더 범위를 확장해서 제국 공사관·영사관 및 거류 제국신민에게 위험을 끼칠 우려가 있다고 생각될 경우, 그 내용을 즉시 전보로 보고할 것.

하나, 변란의 정형(情形) 여하에 관계없이 청 정부가 군대를 조선에 파견하려는 정형이 확인될 경우, 그 내용을 즉시 전보로 보고할 것.

이상의 두 경우에 제국 정부는 바로 군대를 파견할 것임. 군대 파견에 있어 한국과의 관계는 메이지 15년 제물포조약 제5관과 메이지 18년 7월 18일 다카히라 임시대리공사의 지조(知照)[4]에 근거하고, 청과의 관계는 메이지 18년 텐진조약 제3관에 규정된 절차를 거쳐 출병한 것임을 명심할 것.

단, 각하가 부임하기 전에라도 제국 정부는 경성 주재 스기무라 임시대리공사의 보고에 따라 출병할 수 있음.

하나, 제국 정부의 출병 목적은 제국 공사관·영사관을 호위하고 거류 제국신민을 보호하기 위해서지만, 만약 조선 정부가 변란 진정을 위해 제국병력의 도움을 청할 경우에는 출장 중인 제국 육군 총지휘관과 협의한 후 조선 정부의 요청에 응할 것.

하나, 제국군대를 수용할 영사(營舍)는 제물포조약 제5관에 따라 조선 정부에게 설치·수선의 책임을 맡겨야 함. 단, 만약 조선 정부에 적당한 설비를 할 능력이 없을 경우에는 병력 주둔에 편리한 장소라도 대여받을 것.

하나, 제국군대가 만약 청군대와 같은 지역에 주둔하거나 또는 똑같이 조선 정부의 요청에 따라 전투 지역에 출진(出陳)할 경우에는 피차 충돌을 일으키지 않도록 충분히 주의할 것.

하나, 청 관리가 우리의 출병 이유를 질문할 경우에는 텐진조약 제3관에 의거해서 조선 내에 변란이 생겨서 제국 공사관·영사관 및 거류 제국신민의 생명과 재산에 위험이 미칠 우려가 있기 때문에 출병했으며, 해당 조약의 규정에 따라 이미 청 정부에 공문으로 통보했다고 답할 것. 만약 그 이상 상세히 질문하면 바로 제국 정부에 상세히 문의하라고 답할 것.

하나, 경성 주재 외국 관리가 우리의 출병 이유를 질문할 경우에는 제국 정부는 제물포조약 제5관 및 텐진조약 제3관에 의거해서 출병했으며, 결코 다른 뜻이 없다고 보증할 것.

하나, 난민(亂民)이 경성에 처들어오는데 조선 정부가 그곳에 있는 각국 공사관·영사관 및 외국 인민을 보호할 능력이 없어서 각국 사신이나 영사가 우리의 보호를 요청할 경우에는 출장 중인 육군 총지휘관과 협의해서 최대한 보호를 제공할 것.

하나, 그 밖에 여기에 열거하지 않은 사항이 시급을 요해서 전훈(電訓)을 청할 겨를이 없

---

4) 지조(知照): 공문을 보내서 통보함

을 때는 각하가 임기응변으로 처분할 것. 또한 그 경우에는 사후에 전신이나 서신으로 신속하게 사정을 자세히 보고할 것.

　이상과 같이 훈령함. 경구(敬具).

메이지 27년 6월 4일

외무대신 무쓰 무네미쓰

조선주차특명전권공사 오토리 게이스케 귀하[9]

　당시 청 출병에 관한 보고는 고무라 주청대리공사는 물론, 톈진 주재 영사 아라카와 미노지, 북경 공사관 무관 육군보병소좌 가미오 미쓰오미(神尾光臣)로부터 계속 도착해서 하루에 몇 차례나 들어올 때도 있었다. 모두 청 출병이 착착 진행 중인 사실을 알렸으므로 무쓰 외상은 오토리 공사의 귀임을 재촉하고, 특히 해군대신 육군중장 백작 사이고 쓰구미치(西鄉從道)와 협의해서 군함을 파견하고 육군이 도착하기 전에 육전대(陸戰隊)를 상륙시켜서 경성에 진입하기로 했다.[10] 이보다 앞서, 해군대신은 청 푸젠성(福建省) 민장(閩江) 어귀의 마주다오(馬祖島)에 정박 중인 상비함대(常備艦隊) 사령관 해군중장 이토 스케유키(伊東祐亨)에게 전명(電命)해서, 순양함 마쓰시마(松島)·지요다(千代田)·다카오(高雄)를 직접 이끌고 부산으로 회항하게 했다. 이토 사령관은 이 전보를 접수함과 동시에, "각 함대는 신속하게 시동을 걸고 알아서 부산으로 회항하라."라고 명령하고, 속력이 처지는 다카오를 남겨 둔 채 마쓰시마·지요다 두 함선을 직접 인솔해서 부산으로 급히 항행했다. 곧이어 사이고 해상(海相)은 무쓰 외상의 요청에 따라 이토 사령관에게 타전해서, 부산에서 인천으로 회항해서 가능한 한 많은 수의 육전대를 상륙시키고 공사를 호위해서 경성에 진입할 것을 명령했다.[11]

　오토리 공사는 외무성 참사관(參事官) 모토노 이치로(本野一郞), 해군 군령부(軍令部) 제2국 소속 해군소좌 야스하라 긴지(安原金次)와 함께 6월 5일 오후 4시 45분에 순양함 야에야마(八重山)에 편승해서 요코스카(橫須賀)에서 출항, 귀임길에 올랐다. 외무성 경부(警部)와 순사(巡査) 20명은 공사의 호위를 위해 승선했다. 야에야마 함장 해군대좌 히라야마 도지로(平山藤次郞)에게는, 해군대신으로부터 공사와 진퇴를 함께 하며 인천에 도착한 이후에 공사가 요청하면 그 함선에 임시 승선한 하사관과 병사 70명은 물론, 인천에 정박 중인 제국군함장과 협의해서 가능한 한 많은 수의 육전대를 상륙시키라는 명령이 부여돼 있었다.

군함 야에야마는 당시 일본해군 최고의 쾌속함[계획속력(計劃速力, designed speed) 21노트] 중 한 척이었다. 요코스카에서 출항한 이후 평균 16노트의 빠른 속도로 항행해서 6월 6일 밤에 고베(神戶)에 도착했다. 그리고 석탄과 식수를 보충한 후 바로 출항해서 6월 9일 새벽에 조선 인천의 뱃길인 풍도(豊島) 앞바다에서 경계 중이던 쓰쿠시(築紫)를 만나 청에서 파견한 부대가 이미 충청도 아산만에 도착한 사실을 확인한 후, 같은 날 오후 3시에 인천에 입항했다. 이보다 앞서, 이토 사령관은 마쓰시마·지요다 두 함선을 직접 이끌고 부산에 입항하자마자 부산 주재 총영사 무로타 요시아야(室田義文)로부터 2개 함선을 인솔해서 인천으로 가라는 해군대신의 명령을 전달받았다. 그리고 다음의 6월 5일자 전명(電命)을 수령했다.[12]

> 조선 폭도의 세력이 더욱 더 창궐해서 우리 공사관 및 인민 보호를 위해 제5사단의 일부를 파견한다. 귀관은 그 나라에 파견된 군함을 통할(統轄)하며, 우리 공사 및 영사와 연락을 취하고 우리 육군과 협력해서 우리 인민을 보호하며, 또 해상 통상의 보호 등 그 방면에서의 해군 임무 집행을 맡을 것.[13]

이토 사령관은 다카오를 부산에 남겨 두고, 마쓰시마·지요다 두 함선을 거느리고 부산을 출발해서 아에야마보다 조금 늦게 인천에 도착했다. 곧장 아에야마로 오토리 공사를 방문해서 협의한 결과, 공사는 다음 날인 6월 10일에 상륙해서 경성에 부임하고 사령관은 공사 호위를 위해 그 휘하 각 함선들에서 일대(一大) 육전대를 편성해서 상륙하기로 결정했다.

당시 인천에 정박 중인 일본 군함은 상비함대 기함(旗艦) 마쓰시마를 비롯해서 지요다·아에야마·쓰쿠시·야마토·아카기 6척이었다. 이토 사령관은 연합해군육전대의 편성을 명하고, 마쓰시마 부함장 해군소좌 무코야마 신키치(向山慎吉)를 총지휘관 겸 대대장에 지명했다. 육전대는 총원 준사관(準士官) 이상 26명, 하사관과 병사 405명, 야포 2문으로 구성됐다. 이들은 9일 저녁부터 계속 상륙해서 인천의 일본 거류지에서 숙영했다.

오토리 공사는 6월 10일 새벽에 호위 경찰관을 거느리고 인천을 출발해서 같은 날 저녁에 경성공사관에 들어갔다. 해군육전대는 10일 오전 3시에 인천영사관에 집합해서 무코야마 대대장의 지휘 아래 공사와 동행해서 도보로 경성을 향해 출발했다. 지난밤부터 내린 호우가 그치지 않아 행군에 많은 어려움이 있었지만, 같은 날 저녁에 마포에서 한강을 건너 남대문으로 입성해서, 오후 6시 45분에 공사관에 도착한 후 일본인 가옥에서 숙영했다. 야포는 별도로 기선 준메 호(順明號)에 싣고 한강을 거슬러 올라와 오후 1시에 용산에 먼저 도착했다.[14]

육군의 출동 계획은 이미 완성되어 있었으므로 동원은 원활하게 진행됐다. 파견부대는 국방 및 수송 관계상 히로시마(廣島) 제5사단에서 차출하기로 하고, 6월 5일 오후 5시에 제5사단장 육군중장 자작 노즈 미치쓰라(野津道貫)에게 동원을 명했다. 이 사단에서 우지나(宇品) 인근에 주둔한 보병 제9여단, 즉 보병 제11연대와 제21연대를 근간으로 하고, 여기에 기병 1개 중대·산포병(山砲兵) 2개 중대·공병 1개 중대를 더해서 혼성여단을 편성했다. 동원을 할 때도 예정계획과 달리 보충대를 편성하지 않고, 주둔지 인근 지방의 재향군인을 소집해서 가능한 한 신속하게 동원을 마치는 데 주력했다고 한다. 이상의 파견부대를 수송하기 위해 육군성은 6월 4일에 일본우선주식회사(日本郵船株式會社)와 오미마루(近江丸)·도토미마루(遠江丸)·야마시로마루(山城丸)·효고마루(兵庫丸)·에치고마루(越後丸)·와카노우라마루(和歌浦丸)·센다이마루(仙臺丸)·사카타마루(酒田丸)·스미노에마루(住ノ江丸)·구마모토마루(熊本丸)의 10척의 용선계약을 체결하고, 이어서 부산~인천 통신선으로 오사카 상선주식회사 소유 선박 기소가와마루(木曾川丸)·지쿠고가와마루(築後川丸) 2척의 소기선(小汽船)을 대여했다. 제1차 수송은 이상 12척의 선박을 사용할 예정이었다.[15]

6월 8일, 신규 편성된 대본영(大本營)은 파견부대 사령관인 혼성여단장 육군소장 오시마 요시마사(大島義昌)에게 여단의 임무를 규정한 명령 및 외교적 문제에 관해 주의해야 할 사항을 훈령했다.

첫째, 조선 내에 내란이 봉기해서 그 나라에 주재하는 우리나라 공사관·영사관 및 국민을 보호하기 위해 군대를 파견함.
둘째, 혼성여단은 인천항이나 그 부근에 상륙해서 최우선적으로 먼저 경성 및 인천에 있는 자들을 보호할 것.
여단에서 보병 1개 중대[1개 소대 빠짐]를 부산에, 보병 1개 소대를 원산에 나누어 파견해서 그곳에 있는 자들을 보호하게 할 것. 단, 이 병사들은 제2차 수송을 통해 파견함.
셋째, 보호의 방법 및 외교에 관해서는 항상 그곳에 주재한 우리나라 공사와 협의할 것.

첫째,　　이번 출병은 제국 공사관을 호위하고 거류 제국신민을 보호하려는 목적으로 다른 의도는 없다. 그리고 출병과 관련해서 한국과의 관계는 메이지 15년 제물포조약 제5관 및 메이지 18년 톈진조약 제3관에 의거해서 이미 필요한 절차를 거쳤다. 따라서 청 및 다른 나라 관리 등과 접응(接應)할 때 이러한 뜻을 체인(體認)할 것.

둘째,　　청·한 및 기타 외국 관리와 교섭할 때는 온화함을 주지(主旨)로 하는 데 노력하고, 특히 한민(韓民)의 환심을 잃지 않도록 주의할 것.

셋째,　　제국군대의 영사(營舍)는 공사가 조회해서 조선 정부가 그 설치 및 수리를 담당해야 하나, 그 정부가 적당한 설비를 마련할 능력이 없을 경우에는 주둔에 편리한 장소를 대여받도록 진력할 것.

넷째,　　변란의 진정을 위해 조선 정부가 제국군대의 원조를 요청할 경우에는 공사와 협의한 후 그 일에 종사할 것. 그러나 작전과 관계된 사항은 물론 귀관이 전행(專行)할 것.

다섯째,　전(前) 항(項)의 경우, 만약 청군대와 함께 전투 지역에 나가거나, 혹은 같은 지방에 주둔할 경우에는 공사와 협의해서 구처(區處)[5]하여 피아의 충돌을 초래하지 않도록 주의할 것.

여섯째,　난민(亂民)들이 경성에 쳐들어왔는데 조선 정부가 그곳에 주재하는 각국 공사관·영사관 및 외국인민을 보호할 능력이 없거나 각국 사신 또는 영사들이 제국공사에게 보호를 요청할 경우에는 공사와 협의를 거쳐 최대한의 보호를 제공할 것.

일곱째,　조선에 파견한 제국함대 사령관과 항상 서로 호응(呼應)해서 모든 정보를 교환할 것.[16]

당초 참모본부의 계획에 따르면 혼성여단의 동원은 6월 10일에 마치고 이후 두 차례에 걸쳐 수송할 예정이었지만, 6월 4일부터 5일까지 가미오 주청공사관 무관은 청의 파견부대가 6월 6일에 산하이관을 출발한 사실을 보고하고 있었다. 이에 대본영은 청군대의 기선을 잡기 위해 노심초사하다가 결국 동원이 완료되기 전에 보병 1개 대대[공병 1개 소대를 추가했다.]를 먼저 출발시켜서 경성에 진입하기로 결정했다. 선발대대(先發大隊)는 보병 제10연대에서 차출하고, 보병소좌 이치노헤 효에(一戶兵衛)의 지휘 아래 6월 8일에 우지나(宇品)에서 운송선 와카노우라마루에 승선해서 이튿날인 9일에 출항했다. 그리고 모지(門司)에서부터 군함 다카오[함장 해군대좌 사와요시 간(澤良渙)]의 호위를 받으며 6월 12일에 인천에 입항, 당일로 상륙을 마쳤다. 다음 날인 13일에 도보로 경성에 도착해서

---

5) 구처(區處): 사물을 구분해서 처리함

무코야마 해군소좌가 인솔하는 해군육전대와 교대했다.

혼성여단 제1차 파견부대는 당초 6월 10일과 11일에 승선할 계획이었지만, 이치노헤 보병소좌의 선발대가 출발한 후 준비를 서둘러서 하루라도 빨리 출발을 앞당기려고 했다. 하지만 여의치 않아 혼성여단장 오토리 육군소장은 운송선 오미마루(近江丸)·구마모토마루(熊本丸)·도토미마루(遠江丸)·에치고마루(越後丸)·사카타마루(酒田丸)의 5척을 이끌고 6월 10일 밤에 우지나(宇品)에서 먼저 출발했다. 6월 10일까지 출발 준비가 완료되지 않은 부대는 운송선 스미노에마루(住ノ江丸)·효고마루(兵庫丸)·센다이마루(仙臺丸)·야마시로마루(山城丸)의 4척에 승선해서 이튿날인 11일에 우지나를 출항, 6월 13일에 선발대를 따라잡고, 군함 요시노(吉野)[함장 해군대좌 가와하라 요이치(河原要一)]의 호위 아래 6월 15일을 전후해서 인천에 입항했다. 6월 16일에 전원 상륙하고 여단사령부를 인천 거류지의 스이즈(水津) 여관에 설치했다. 이것으로 혼성여단의 제1차 수송이 완결됐다. 이는 청의 출병보다 겨우 4일밖에 늦지 않은 것이었다.[17]

6월 2일 각의에서 출병이 결정됨과 함께 군부는 조선 파견 육해군을 통솔할 최고통수부를 설치할 필요가 있다고 보고, 6월 5일에 칙재(勅裁)를 거쳐 대본영을 설치했다. 곧바로 막료장(幕僚長)으로 참모총장 육군대장 다루히토 친왕, 육군참모로 참모본부 차장 육군중장 가와카미 소로쿠, 해군참모로 해군군령부장 해군중장 자작 나카무타 구라노스케(中牟田倉之助)[메이지 27년 7월 17일에 예비역 명령을 받아서 해군중장 자작 가바야마 스케노리(樺山資紀)가 대신함.] 이하 직원을 임명하고, 여기에 육군대신 육군대장 백작 오야마 이와오(大山巖)와 해군대신 육군중장 백작 사이고 쓰구미치를 더해서 대본영을 조직했다.[18]

당시 조선 파견군은 혼성 1개 여단, 해군은 상비함대 일부에 불과했다. 따라서 이들을 통솔하는 데 방대한 대본영은 필요 없었다. 그럼에도 불구하고 대본영을 설치한 이유는, 가미오 베이징 공사관 무관의 보고가 과장돼서 청 조정이 개전을 결심했다고 오해하게 만든 것도 있지만, 그보다는 주로 내각이 가졌던 대청·대한 방침 결정권을 군부가 차지함으로써 가능한 한 개전으로 이끄는 데 유리하게 만들려는 계획이었다고 보는 편이 타당할 것이다.

【원주】

1 『在韓苦心錄』,「自序」, 1쪽; 陸奧宗光, 『蹇蹇錄』, 3~4쪽.

2 『在韓苦心錄』, 2쪽.

3 『朝鮮交涉史料』중권, 329~331쪽; "全忠兩道民亂＝付杉村濬意見書".

4 『蹇蹇錄』, 14~15쪽; 『在韓苦心錄』, 5~6쪽.

5 『日淸戰史』1권, 94~95쪽; 黑田甲子郎, 『元帥寺內伯爵傳』(大正 9年), 190쪽.

6 『大日本帝國議會誌』2권, 1343, 1547~1552, 1775~1780, 1797쪽.

7 『蹇蹇錄』, 4~5쪽; 『日淸戰史』1권, 95쪽.

8 『日淸韓交涉事件記事』; 『蹇蹇錄』, 6쪽.

9 『日淸韓交涉事件記事』.

10 『蹇蹇錄』, 24~25쪽.

11 『戰袍餘薰懷舊錄』, 3~15쪽, "常備艦隊參謀海軍大尉釜屋忠道談話"; 『二十七八年海戰史』상권, 37~38, 42쪽.

12 『二十七八年海戰史』상권, 38~42쪽; 『日淸戰爭實記』1권, 37~38쪽.

13 『二十七八年海戰史』상권, 43쪽.

14 『二十七八年海戰史』상권, 41~49쪽.

15 『日淸戰史』1권, 96쪽; 『元帥寺內伯爵傳』, 190쪽.

16 『日淸戰史』1권, 부록 11 · 12.

17 『日淸戰史』1권, 106~111쪽.

18 『日淸戰史』1권, 95~96쪽, 부록 9.

조선 출병 후의 정세

오토리 주한공사는 귀임 명령을 받고 메이지 27년 6월 5일에 도쿄를 출발했다. 무쓰 외무대신은 다음 날인 6일에 경성 주재 스기무라 임시대리공사에게 타전해서 오토리 공사의 귀임과 호위병 인솔을 알렸다.

오토리 공사는 6월 5일 오후 1시에 야에야마(八重山)로 요코스카(橫須賀)를 출항해서 인천으로 향했으며, 총 300명의 수병과 20명의 순사가 호위(護衛)를 위해 수행한다. 단, 수병이 출발한 사실은 추후 훈령이 있을 때까지 공언(公言)하지 말라.[1]

스기무라 대리공사는 이 훈전(訓電)에 따라 오토리 공사의 귀임과 순사 호위는 당일 통리아문과 원세개에게 통고했으나, 해군 육전대의 파견은 비밀로 했다. 그는 다음 날인 7일이 돼서야 외무대신으로부터 '조선 출병 건은 청에 공문을 통한 통보[行文知照]를 완료했으므로 조선 정부에도 제물포조약 제5관에 근거한 공사관 호위병의 파견을 통보하되, 그 병력은 명시하지 말라.'는 훈전(訓電)을 받았다.

스기무라 대리공사는 6월 7일에 독판교섭통상사무 조병직에게 회견을 요구했는데, 독판 조병직이 마침 입궐했으므로 통리아문 주사 이학규(李學圭)에게 출병 사실을 밝히고 독판에게 전달할 것을 부탁했다.

6월 8일 새벽에 독판 조병직이 주사 이학규를 일본공사관에 보내서 출병 이유를 물었다. 스기무라 대리공사는 다시 통리아문을 방문해서, 독판을 만나 "이번에 우리 정부가 군대를 파견하는 이유는 귀국의 민란 때문에 우리 공관과 상민(商民)을 보호하려는 것 뿐이다. 그리고 우리 정부는 메이지 15년 제물포조약에 의거해서 호위를 위해 귀국에 병력을 파견할 수 있는 권리를 가진다. 따라서 이번에 그 조약에 근거해서 군대를 파견한 것이다."라고 설명했다. 독판은 물론 이 설명에 만족하지 않았다. 그는 '전라도 동학비란(東學匪亂)은 점차 평정을 되찾고 있고, 경성이 완전히 평온한 사실은 각국 인사가 모두 인정하는 바다. 이처럼 평화로운 때에 일본 정부가 돌연 군대를 보내서 공사관을 호위하는 것은 평지풍파를 일으키는 것이다. 또 경성에는 각국 공사관이 상설되어 있음에도 불구하고, 일본군이 입성해서 인심을 경동(驚動)하는 것은 온 도성의 안위에 관계되며 일본에게도 이로울 것이 없다. 속히 파견군의 소환을 본국 정부에 상신하기 바란다.'라고 주장하고, 같은 날 조회를 보내서 이 말을 반복 설명했다.[2]

대조선독판교섭통상사무 조(趙)가 조회함.

한경(漢京)[1]은 현재 매우 안정(安靜)하므로 타국 병정이 경내(京內)에 들어와서 인심의 소동을 초래해서는 안 된다는 각 정형(情形)을, 낮에 이미 대면해서 그 상세한 사정을 전했는데 아직까지 귀 대리공사의 결정을 듣지 못했으니 귀 대리공사를 위해 다시 한 번 상세히 말씀드리지 않을 수 없습니다. 예전에 남도교비(南道敎匪)가 창궐했을 때 도하(都下)에서 조금 유언비어와 의심이 일어났으나, 최근 그 비도(匪徒)가 전주로 다시 들어가 수비해서, 창성(創成)과 좌절(挫折)을 번갈아 겪어 기세가 점차 위축되고 있습니다. 이로 인해 우리 도하의 인심이 매우 안정되어 조금도 동요가 없음은 진작부터 각국 인사가 모두 인정하는 바입니다. 이처럼 매우 편안해서 동요가 없는 때에 만약 귀국 병정이 갑자기 들어와서 공관을 호위한다면, 어찌 이미 편안한 땅에서 일부러 동요를 일으키고, 경계할 것이 없는 때에 의도적으로 소란을 피우는 것이 아니겠습니까? 또 한경(漢京)은 우리나라의 연곡(輦轂)[2]을 모시는 중요한 땅이요 또한 각국의 옥백(玉帛)[3]이 모이는 곳이니, 마땅히 각자 안도(安堵)를 구해서 위험의 염려가 있어서는 안 됩니다. 이제 귀국 병정이 까닭 없이 들어온다면 도하의 인심이 필시 크게 동요할 것이요, 각국 인민이 모두 의심을 품을 것입니다. 만일 간사한 자들이 이 사단을 이용해서 일을 일으킨다면, 그것은 귀국 병정이 들어와서 우리 도성(都城)을 위험한 지경에 처하게 하는 것이니 우리 정부와 본 독판이 바라는 바가 아닙니다. 귀 정부는 평소 시국에 밝고 예전부터 우목(友睦)을 돈독히 했으니 응당 우리 도성이 위험한 지경에 처하기를 원치 않을 것입니다.

더구나 을유년(乙酉年) 여름에 귀국 공사관 호위 병정을 철수시킨 뒤로 본 아문은 각국 주경사원(駐京使員)들과 회동하고 장정(章程)을 체결해서, 각 공사관의 보호를 본 아문이 주관

---

1) 한경(漢京): 서울
2) 연곡(輦轂): 임금이 타는 수레로, 서울을 비유한다.
3) 옥백(玉帛): 고대 중국에서 제사나 회맹(會盟), 조빙(朝聘)할 때 사용했던 구슬과 비단으로, 국가 사이의 우호 또는 외국에 파견한 사신을 비유하는 말로 사용된다.

하기로 했습니다. 그 장정의 제2조에 "만약 일이 생기면 추가로 40명을 파견해서 더욱 호위를 엄중히 한다."라고 했습니다. 오래 전에 윤조(允照)를 거쳤으니 각각 기록이 남아 있습니다. 설령 한성에 위험한 일이 생기더라도 응당 본 아문이 파병해서 호위할 것인데, 하물며 이처럼 경내(京內)에 추호도 위험이 없어서 근본적으로 그 호위가 소용이 없는 때에 있어서겠습니까? 만약 귀국 군대가 들어와서 호위한다면 도리어 인심을 놀라고 의심하게 해서 온 도성을 위험한 지경에 빠뜨릴 것이니, 그 득실과 이해는 일목요연하게 판별할 수 있습니다. 부디 귀 대리공사는 전보로 귀 정부에 신속하게 각 항목의 상세한 정형(情形)을 전달해서, 즉시 철병을 시행해서 우목(友睦)을 돈독히 하고 지절(枝節)[4]이 생기지 않게 하기를 간절히 바랍니다. 이 때문에 문서를 갖추어 조회하니, 귀 대리공사는 부디 살펴보고 신속하게 시행하기 바랍니다.

이상과 같이 대일본 임시대리공사 스기무라에게 조회함.

갑오(甲午) 5월 초5일[3]

스기무라 대리공사는 이미 외무대신에게서 이번 출병이 제물포조약에 의거한 것이라고 통고하라는 훈령을 받았으므로 이 말을 반복하는 것 외에는 다른 도리가 없었다.

대일본 임시대리공사 스기무라가 조복(照覆)함.

어제 귀력(貴曆) 갑오년 5월 초5일 자 귀 독판의 제9호 공문을 접수했습니다. 그 내용에, 한경(漢京)은 현재 매우 안정(安靜)하므로 타국 병정이 경내(京內)에 들어와서는 안 된다고 했습니다. 본 서사(署使)는 모두 자세히 살펴보았습니다.

본 서사는 "이번에 우리 정부가 파병한 것은 바로 아력(我曆) 메이지 15년 8월 30일 제물포에서 정한 약조 제5관에 따라 병력을 파견해서 경비를 맡긴 것이며 특별히 다른 이유는 없다."라는 내용으로 외무대신에게서 전찰(電札)을 받고 곧바로 어제 귀 독판을 방문해서 직접 대면해서 낱낱이 설명했으며, 이제 예전의 인연(因緣)으로 특별히 다시 성명하는 바입니다.

또 지금 받은 공문에 '귀국 병정이 들어와서 우리 도성을 위험한 지경에 처하게 했다.'라는 한 구절은 실로 본 서사가 생각지도 못했던 말이요, 서술한 각 정형(情形)으로 봐도 결코 그럴 리가 없습니다. 즉시 철병하라는 한 구절은, 본 서사는 이미 우리 정부의 찰칙(札飭)을 받았으니, 이제 어떻게도 존의(尊意)에 부응할 수 없음이 애석할 뿐입니다. 보내신 공문의 각 사항을 신속히 우리 정부에 전달해서 조사하겠습니다. 이 밖에 문서를 갖추어 조복(照覆)하니 귀 독

---

4) 지절(枝節): 예상하지 못한 번거로운 사건

판은 살펴보기 바랍니다.

이상과 같이 대조선 독판교섭통상사무 조(趙)에게 조회함.

메이지 27년 6월 초9일^{갑오 5월 초8일}4

독판은 이 회답에 만족하지 않고 6월 8일부터 10일 저녁에 오토리 공사가 해군 육전대를 이끌고 경성에 들어올 때까지 구두와 문서로 호위병의 입성을 저지하려고 했지만, 스기무라 대리공사는 여전히 앞의 말을 반복할 뿐이어서 교섭은 전혀 진척되지 않았다.

일본 정부의 출병을 보고 가장 충격을 받은 것은 청 출병의 책임자 원세개였다. 스기무라 대리공사는 외무대신의 훈전(訓電)에 따라 6월 8일에 원세개에게 친전서(親展書)⁵⁾를 보내서 일본 정부도 출병을 결정한 사실을 통고했다. 원세개는 즉시 동문번역관(東文繙譯官)⁶⁾ 채소기(蔡紹基)를 일본공사관에 보내서 출병 이유와 상륙지점을 문의하게 했다. 스기무라 대리공사는 제물포조약 제5관에 의거해서 공사관 보호 목적으로 출병했고 상륙지점은 인천이라고 답했다. 원세개는 즉시 통리아문을 독려해서 스기무라 대리공사에게 항의하게 했다. 6월 9일에 독판 조병직은 원세개를 방문해서, 원세개의 지시에 따라 스기무라 대리공사를 힐책했지만, 스기무라는 단지 본국 정부의 훈령에 따라 출병을 통고한 것일 뿐 그 가부를 논의할 권한이 없음을 시사하였고, 결국 몇 차례나 회담을 했지만 효과가 없다고 호소했다. 원세개는 주일변리공사 김사철에게 전훈(電訓)해서 일본 외무대신과 직접교섭을 하게 하라고 독려했다. 원세개는 다시 경성외교단을 움직여 일본공사에게 압력을 가해 철병시키는 방법도 고려했지만, 당시 외교단을 구성한 인사들이 무력한 것에 비해 스기무라 대리공사의 태도는 대단히 강경해서 도저히 효과가 있을 것 같지 않았으므로 부득이 단념했다.⁵

국왕과 척신, 그리고 원세개가 시국의 앞날에 대해 위구심을 품고 있을 무렵, 오토리 공사가 6월 9일에 군함 야에야마를 타고 인천에 도착했다. 이 소식을 접한 스기무라 대리공사는 오토리 공사에게 당일 인천을 출발해서 10일 새벽에 입성할 것을 상신하는 한편, 통리아문에 신함(信函)을 보내서 오토리 공사가 다음 날인 10일 오전 4시에 해군 육전대 300명을 이끌고 입성할 예정이라고 통고했다. 묘당은 6월 9일에 반접관(伴接官) 자

---

5) 친전서(親展書): '친전(親展)'이라는 말을 겉봉에 쓴 서한을 말한다. 친전은 받는 사람이 직접 펴 보기를 바란다는 뜻이다.
6) 동문(東文): 일문(日文)

격으로 참의교섭통상사무 민상호(閔商鎬)를 인천에 내려보내 그곳에 체재 중인 협판교섭통상사무 르젠드르(Charles. W. Le Gendre, 李仙得)와 협의해서 오토리 공사의 호위병 인솔을 저지시키려고 했지만 두 사람 모두 공사와 회담할 기회를 얻지 못했다. 통리아문은 다시 다음 날인 10일에 협판교섭통상사무 이용식(李容植)에게 명하여 양화진에서 오토리 공사에게 호위병 철수를 요구하게 했다. 오토리 공사는 이러한 요구는 거들떠보지도 않고 당일 오후 6시에 해군 육전대를 이끌고 입성했다.[6]

6월 10일까지 상륙한 총병(總兵) 섭사성이 인솔하는 청 육군병사는 1천 명에 가까웠다. 그런데 그들은 멀리 아산읍에서 체진(滯陣)했으며, 또 바로 동학비도의 토벌을 위해 공주·전주 방면으로 전진해야 했다. 일본공사관 호위병은 겨우 420명의 해군 육전대에 불과했지만 수도에서 숙영하고 있었다. 멀리 떨어진 곳에 주둔하고 있는 많은 수의 청군보다도 일상적으로 여러 사람들의 눈에 띄는 적은 수의 일본군이 논의의 초점이 된 것은 오히려 당연했다.

오토리 게이스케는 옛 막부 출신으로 보신(戊辰)내란의 용장으로 이름을 떨쳤다. 그 뒤로 여러 관직을 역임한 후 메이지 22년 6월 3일에 원로원 의관에서 특명전권공사로 전임(轉任)되어 청 주차(駐箚)의 명을 받고, 메이지 26년 7월 15일에 조선국주차청국겸근(朝鮮國駐箚淸國兼勤)의 명을 받았는데, 복잡한 청한 양국의 정치사정에 정통하지는 못했다. 특히 이번에는 휴가를 받고 귀조(歸朝)하던 중에 갑자기 중대한 사명이 내려져 귀임 명령을 받았기 때문에 출발하기 전까지 동학비란의 성격을 충분히 검토할 여유가 없었을 것이다. 그는 외무성에서 수집한 약간의 정보를 훑어보고 또 외무대신의 훈령을 들은 정도만 갖고, 경성은 마치 임오·갑신 두 변란 당시의 혼란 상태에 있으며 공사 자신은 30년 전 옛날로 돌아가 직접 검을 휘두르며 호위병을 지휘해서 공사관과 거류민 보호 임무를 담당할 것으로 예상하면서 부임했을 것이다. 그런데 이제 보니 경성은 문자 그대로 평온한 상태에 있었고 또 스기무라 서기관의 상세한 보고를 받고 나서는 처음 도쿄를 출발할 때의 견해를 수정해야 한다는 것을 깨달았다.

오토리 공사가 귀임한 이후로 그의 대한(對韓) 의견(意見)이 일변한 것 때문에 외무대신의 힐책을 받고 또 자신의 부하인 스기무라 서기관과 마쓰이(松本) 교제관시보(交際官試補), 현지에 주재한 군대 관료들로부터 통렬한 비난을 받은 것은 아마도 공정한 일이 아니었을 것이다. 공사의 귀임 당시 조선 형세에 관해서는 각각의 입장에 따라 부득이 견해차가 있었지만, 군대의 존재를 필요로 할 만큼 불안하지는 않았고, 따라서 이유 없이 많은 육군 병력을 상륙시키는 것은 중대한 위기를 초래할 우려가 있었던 것이 사실이다. 이 문제에 관해 메이지 27년 6월 17일에 인천에 있던 상비함대 사령관 이토 해군 중장이 해군성 주사(主事) 해군대좌 야마모토 곤노효에(山本權兵衛)에게 보낸 사신(私信)은 당시의 조선 정세를 가장 냉정하게 판단하고 있으며, 다른 한편으로 사변에 대처하는 해군의 태도를 보여 주는 중요한 사료이다. 다음 그 대요를 기록한다.

그리고 이번 조선 난민 폭동과 관련해 우리 정부가 인민의 보호에 중책을 느껴서 함대의 전력(全力)으로 이를 담당한 것은, 물론 우리 군인들이 평소의 의무를 다할 수 있는 시기를 만난 것이니 경하할 일입니다. 그런데 이곳과 경성은 지극히 평온해서 지금까지는 사소한 사건도 없고, 들리는 말도 없습니다. 게다가 소문에 따르면, 아산에 있는 지나병(支那兵)은 머지않아 철수할 예정으로 각각 준비를 해서 본국에서 전령(電令)과 영선(迎船)이 도착하는 대로 병사를 철수시킨다고 합니다. (아카기(赤城)의 정찰보고도 같습니다.) 생각건대, 이 말이 사실에 가까울 것입니다. 실제로 그렇게 된다면, 대통 맞은 벙어리 꼴이 되어[7] 지금까지의 수고도 조금씩 수포로 돌아가 노력의 대가를 얻지 못하는 형세에 이를 것이니, 심히 유감스럽게 생각합니다.

현재 이러한 형세임에도 우리 육해군은 날마다 속속 항구에 도착해서, 예컨대 지난 17·8일○6월경에는 우리 군함 9척, 지나(支那) 3척, 미국·러시아·프랑스 각 1척, 우리 상선 11척이 집결했습니다. 이는 실로 미증유의 사건으로, 인천만(仁川灣)이 개방된 이래 처음이라고 합니다. 그 광경은 요코하마 항보다 더욱 굉장하고, 그중에서도 육군의 상륙과 수송을 할 때에는 실전을 방불케 해서 눈이 번쩍 뜨일 만큼 장관이었습니다. 그 모습을 상상하실 수 있을 것입니다.

지금 현지의 광경은 이와 같지만, 이번의 운동과 육군 파견 등을 깊이 숙고해서 그 결과는 어떨지, 또 여러 조약들과의 관계는 어떨지, 앞으로 우리에 대한 다른 외국들의 감정은 어떨지 등을 살펴보건대, 우리에게 유익함은 적고 오히려 그 반대의 결과를 초래할 것으로 추측됩니다. 왜냐하면 난민(亂民)은 날마다 진정되고 있으며, 지나병(支那兵)은 귀국한다는 소문이니 구실로 내세울 만한 아무 목적이 없습니다. 지금은 평상무사(平常無事)한 때라고 할 수 있습니다. 이러한 상황임에도 불구하고, 우리 병력은 계속 항구에 도착하고 있으며 [타카사

---

7) 원문은 'ボンヤリトシタ事ニナリ'로, 전혀 예상치도 못한 일을 만나서 어찌할 바를 모르고 당황하게 될 것이라는 뜻이다.

고마루(高砂丸) 입항], 육지에서는 인천·경성에서 사영(舍營)[8], 혹은 노영(露營)[9]을 실시해서 불온한 자세를 드러내며 마치 비상사태를 기다리는 것처럼 보이니, 관계가 없는 외국인들이 이러한 형세를 본다면 뭐라고 평가하겠습니까? 대단히 뜻밖의 광경일 것입니다. 한 사람이 무대에서 저 혼자만의 유희(遊戲)를 하는 것으로 간주한다면 특별히 신경 쓸 것도 없지만, 장래의 정책계획에 장애를 빚고 이 때문에 방해를 초래한다면 실로 유감이라고도 뭐라고도 하기 어려우니, 오직 이 한 가지 점이 염려됩니다.

또 러시아 인이 우리와 지나 사이에 갈등이 생기기만을 기다리고 있는 때이니만큼 피아(彼我)에 대해서 허허실실 말을 교묘히 하면서 계모(計謀)를 치밀하게 해야 합니다. 이를 생각하면 생각할수록 당국자들이 깊이 주의를 기울여서 현재 필요한 일을 충분히 행하고, 장래에 대해 계획하기를 간절히 바라는 바입니다.

또 조약국들은 이번 일에 대해서 관계가 없으니 크게 염려할 것은 아니지만, 미국인·영국인과 이야기가 있었음을 듣는다면, 우리 공사에게 무언가 질문을 해 올 것입니다. 그것은 앞으로 우리 정책 등에도 크게 관계가 있을 것으로 추측되니 부디 유념하십시오. 오토리 공사가 야에야마로 인천에 도착한 뒤로 아직까지 한 번도 면회하지 못했지만, 공사의 소식은 대략 알고 있습니다. 어제오늘 들은 바로는 그가 이러지도 저러지도 못하는 심정이라고 하는데, 무리는 아니라고 생각합니다. 저는 총리의 훈령과 해군대신의 희망을 지켜서 결코 주의를 태만히 하지 않을 것입니다. 마음 놓으시기 바랍니다. ○상략, 하략7

전부터 오토리 공사의 귀임을 기다리고 있던 외무독판 조병직은 6월 11일에 공사를 방문해서 지난번에 스기무라 대리공사에게 한 것과 동일한 취지로 항의했다. 오토리 공사의 답변도 스기무라 대리공사의 그것과 대동소이했지만, 동학비란(東學匪亂)이 평정되면 즉시 철병하겠다는 언질을 준 것은 주의할 필요가 있다. 실제로 독판은 이튿날인 6월 12일에 신함(信函)을 보내서, 양호초토사의 보고에 근거해서 그 전날인 6월 11일에 전주성을 회복하고 동학비란이 평정된 사실을 공식적으로 통고했다.[8]

오토리 공사의 귀임을 전후해서 출동부대는 계속 우지나(宇品)에서 승선했다. 이치노혜 보병소좌 부대의 출발 소식이 6월 10일, 오시마 혼성여단장의 출발 소식이 11일에 도착했으므로 오토리 공사는 대규모 육군부대의 조선 상륙이 국제관계에 미칠 영향을 고려해서, 6월 11일에 우선, "경성은 평온하며, 폭도에 관한 사정은 특이사항이 없습니

---

8) 사영(舍營): 군대가 병영 이외의 건물에서 숙영하는 일
9) 노영(露營): 야영(野營)

다. 따라서 전보를 올리기 전까지 '나머지 대대(自餘の大隊)'의 파견은 보류하시기를 바랍니다."라고 외무대신에게 상신하고, 다음 날인 12일에 다시, "경성의 현재 형세로는 과다한 병사들의 진입에 대한 정당한 이유가 없음이 우려됨."이라고 타전했다. 그런데 외무대신은 '나머지 대대'는 6월 11일에 출발했기 때문에 어떻게 할 수 없지만, 선발대로 떠난 이치노헤 부대를 제외하고, "그렇지만 각하[오토리 공사]가 경성 진입을 요청할 때까지 인천에 주둔시킬 수 있음. 그렇게 하는 것이 귀하의 뜻에 부합하면 그 뜻을 오시마에게 통고할 것."[6월 12일 전보]이라고 회훈했다.[9] 오토리 공사는 출병 반대의견이 관철되지 않은 것을 보고, 다음 날인 6월 13일에 다시 다음과 같이 타전했다.

6월 11일 저녁에 전보한 것처럼, 지나치게 많은 병사를 상륙시킬 경우 외교상 분의(紛議)를 초래할 수 있음. 본 공사가 필요하다고 인정한 병사 외에는 모두 쓰시마로 퇴각시켜서 명을 기다리게 하는 것이 바람직함. 육군대신과 상의해서 이러한 뜻을 오시마에게 훈령하게 할 것을 희망함.[10]

해군 육전대와 교대할 이치노헤 부대의 입성을 저지할 수는 없지만, 혼성여단의 주력을 인천에 주둔시키는 것은 외무·육군 두 당국의 동의를 얻었으므로 오토리 공사는 6월 12일에 오시마 육군소장에게 사정을 전하기 위해 공사관 무관 와타나베 포병대위를 인천에 급파했다. 그러고도 불안감을 느낀 그는 다음 날인 13일에 스기무라 서기관에게 공사의 친전서(親展書)를 건네주면서 인천에 가서 공사의 진의를 상세히 설명하게 했다.

이치노헤 부대는 6월 12일에 인천에 도착, 다음 날인 13일에 입성해서 해군 육전대와 교대했다. 그런데 혼성여단장 오시마 육군소장은 거친 날씨로 인해 승선이 지연돼서 6월 15일이 돼서야 인천에 입항했다. 여단장은 6월 16일에 상륙했고, 스기무라 서기관은 바로 그를 만나서 공사의 내명(內命)에 따라 사정을 설명했지만 오시마 육군소장은 확답을 피했다. 단, 그는 이미 참모총장으로부터 명령을 받았기 때문에 경성 출발을 당분간 보류하고 상륙부대를 인천 거류지에서 대기하게 했다. 스기무라 서기관은 오시마 육군소장 등을 만나고 나서 "새로 건너 온 군인들의 기세가 매우 등등해서 도저히 공사가 희망하는 목적을 이루기 어렵다."는 인상을 받았다고 한다. 육군에는 호전적 분위기가 넘쳐흐르고 있었던 반면, 그 상륙을 도운 해군은 냉정하게 시국을 관찰하면서 오히려 전쟁을 부인하는 언동을 보인 것은 흥미로운 대조를 이룬다.[11]

【원주】

1 『在韓苦心錄』, 6쪽.

2 『在韓苦心錄』, 7~8쪽.

3 『日案』28권, "甲午年五月五日".

4 『日案』28권, "甲午年五月六日".

5 『在韓苦心錄』, 6~7쪽; 『中日交涉史料』13권, 문서번호. 962, 967, 969, 975.

6 『在韓苦心錄』, 6~7, 8~9쪽; 『日案』28권, "甲午年五月六日"; 『統理衙門日記』40권, 甲午年 5月 6 · 7 · 8日.

7 『海と空』 제4권 제13호, 「日淸海戰小史」, 18~19쪽.

8 『日案』28권, "甲午年五月八日 · 九日 · 十日"; 『中日交涉史料』13권, 문서번호 981.

9 『日淸韓交涉事件記事』, 「朝鮮之部」; 『在韓苦心錄』, 10쪽.

10 『日淸韓交涉事件記事』.

11 『在韓苦心錄』, 10~11쪽.

제71절

오토리 공사와 원세개

오토리 공사가 혼성여단 주력의 상륙에 극력 반대한 것은 객관적 정세로 봐서 불리하다고 판단했기 때문만은 아니었다. 그는 원세개가 제의한 공동철병론에 마음이 움직였다. 처음에 오토리 공사는 6월 11일에 귀임하자마자 원세개를 방문했다. 마침 스기무라 대리공사와의 교섭에 완전히 좌절하고 있던 원세개는 오토리 공사의 귀임을 크게 환영하고, 바로 일청 양국의 출병 문제에 관해 의견 교환을 시작했다. 그리고 다음 날인 12일에는 원세개가 오토리 공사를 답방해서 계속 이 문제를 토의했다. 이 두 차례 회견을 계기로 출병과 관련된 교섭은 통리아문에서 원세개로 넘어가서 원세개가 직접 일본공사와 교섭하는 단서가 마련됐고, 이후로 통리아문은 원세개가 지시하는 대로 문서상의 항의를 반복하는 것 외에는 어떠한 적극적 행동에도 나서지 않았다.

6월 11일과 12일, 이틀 동안의 오토리 공사와 원세개의 회담은 매우 중대한 의의를 가진다. 원세개는 먼저 일본 출병의 이유를 질문했다. 이에 대해 오토리 공사는 '공사관 호위 목적이며, 만약 동학비란(東學匪亂)이 창궐하면 한병(韓兵)을 원조해서 난을 평정하는 것 외에는 다른 의도가 없다. 다행히 동학비란도 소강상태에 들었으니 오늘 인천에 입항한 1개 대대 800명의 병사[이치노헤 부대]는 잠시 경성에 주둔한 후 철수를 명할 것이며, 또 후발부대도 본국 정부에 타전해서 파견을 중지시키려고 한다. 그러므로 청 정부도 경성에 군대 파견을 중지하기 바란다.'라고 답했다. 원세개는 공사의 태도가 의외로 평화적인 것을 보고는 조금 안도감을 느끼며 다음과 같은 말로 공사를 설득했다. "한국의 일은 이미 조금씩 평온을 되찾고 있으니, 우리 군대는 일찍 철수해서 장마를 피하려고 생각 중이다. 그런데 소문에 따르면 일본이 대부대를 파견하고, 또 추가로 파병한다고 한다. 이 때문에 서로 방비한다면 필시 혐극(嫌隙)을 빚을 것이다. 한국에 주재한 서양인들이 혐극을 노리고 장난질을 쳐서 혹시라도 대거 군대를 파견한다면 어부지리를 얻을 것이다. 이는 비단 한국의 위험일 뿐만이 아니요, 중국과 일본에도 반드시 손해가 있을 것이다. 중국과 일본이 화목하면 아시아 전국(全局)을 보전할 수 있고, 혹시라도 혐극을 빚는다면 한갓 스스로를 해칠 뿐이다. 우리는 사명을 받았으니 마땅히 전국을 넓게 계산해서 나라를 이롭게 해야 한다. 어찌 무부(武夫)처럼 다사(多事)함을 바라겠는 가? 나는 그것이 필시 무익하리라는 것을 잘 알고 있다. 그래서 아직 1명의 병사도 한성에 들여보내지 않은 것이다." 공사는 원세개의 대국론(大局論)에 동감의 뜻을 표시하면서 말했다. "그 말씀이 매우 옳다. 마침 나도 같은 견해를 갖고 있다. 우리 조정은 한국의 비도를 대단히 중대시해서 대부대를 파견한 것이다. 내 나이 육순을 넘었으니 어찌 사단을 빚기를 바라겠는가? 즉시 타전해서 앞으로 올 함선을 멈추게 하겠다." 원세개는 선발부대 800명을 경성과 인천에 나눠서 주둔시킬 것을 권고했으나, 오토리 공사는 1개 대대 병사는 대대장 1명이 통솔하기 때문에 분리 주둔은 불가능하다고 설명했다. 다음으로 오토리 공사는 청이 다시 군대 1, 2천 명[1]을 증파한다는 풍문에 관해 질문했다. 원세개는 이를 부정하지 않고, '일본이 대부대를 파견했기 때문에 우리나라 정부도 증원(增援)을 준비하고 있을 것이다. 하지만 귀 공사가 후속부대의 파견을 저지한다면, 나도 북양대신께 타전해서 증원 중지를 요청하겠다.'라고 답했다. 오토리 공사는 '우리 두 사람이 이 자리에서 약정한다면, 나는 800명을 제외한 나머지 병력의 파견을 막을 것이니, 그대도 타전해서 중국의 추가파병을 저지하라. 우리 두 사람은 여기서 반드시 성심으로 상의해서 일을 처리해야 한다.'라고 거듭 말했다.[1]

오토리-원세개 회담의 결과는 대체로 현상유지, 즉 일본 측은 이치노헤 부대, 청 측은 섭군(葉軍)을 한도로 그 이상의 군대 증원을 하지 않는다는 데 대략 의견이 일치했다. 오토리 공사가 6월 13일에 이치노헤 부대를 제외한 육군부대의 쓰시마 후퇴를 상신한 것은 이 회담에 따른 것이다. 동시에 원세개도 아산에 있는 제독 섭지초에게 타전해서, 아산·공주에 머물면서 잠시 전진을 보류할 것을 요청했다.[2]

원세개는 오토리 공사와의 회담 결과에 따른 공동철병의 예비 작업으로, 독판 조병직을 독려해서 정식으로 동학비란(東學匪亂)의 평정을 통보하고 청군대의 철수를 요청하게 했다. 독판은 바로 이 말에 따라 6월 13일에 다음과 같은 의정부 조회를 원세개에게 보냈다.

---

1) 본문에는 '兵一二千'으로 되어 있으나, 본문에서 인용한 『中日交涉史料』의 원문에는 '兩千名', 즉 2,000명으로 되어 있다. 이 절의 원주 1을 참조할 것.

전에 남도비도(南道匪徒)가 창궐해서 천병(天兵)이 와서 대신 초멸(剿滅)해 줄 것을 간청했더니, 그 비도(匪徒)가 이러한 사정을 듣고는 간담이 서늘해져 앞뒤로 달아나 숨은 자들이 매우 많고, 폐방(敝邦)의 각 군사와 인민들은 이로 인해 용기가 크게 샘솟아 여러 차례 토벌을 행해서 죽이거나 포획한 자들을 이루 다 헤아릴 수 없습니다. 어젯밤에 또 첩보를 받았는데, 나머지 비도가 대군(大軍)이 상륙한다는 말을 듣고는 모두 흩어져 달아났다고 합니다. 전주성(全州城) 또한 수복해서, 현재 신속히 지방관리에게 명하여 입성해서 백성들을 어루만지게 하고 아울러 각 군대로 나눠서 체포, 토벌하게 했으니, 며칠 안으로 고립된 여얼(餘孽)[2]을 평정할 수 있을 것입니다. 이는 모두 천위(天威)[3]와 중당(中堂)[4]의 성원(聲援) 덕분이니, 동해(東海)[5] 백성들의 감격을 무슨 말로 형용하겠습니까? 즉시 우리 전하께, 상주문과 자문으로 나눠서 감사하는 마음을 전하시도록 아뢸 것입니다.

대군(大軍)이 한 번 도착함에 대적(大賊)을 즉시 제거해서 싸우지 않고도 이겼으니, 신무(神武)가 환히 드러났습니다. 그러나 이제 감히 천병(天兵)을 다시 수고롭게 전진시킬 수 없고, 또 이 비도가 깊은 수풀 속으로 흩어져 잠복했으니 아마 폐방(敝邦)의 병졸들로도 쉽게 포획할 수 있을 것입니다. 상국(上國)의 군사가 아니더라도 이러한 책무는 감당할 수 있을 것입니다. 다시 위급한 일이 생기면 소식을 전할 것입니다.

일본은 천병이 와서 대신 토벌하는 것 때문에 시기와 의심이 다단(多端)해서, 일전에 돌연 5,600명의 군사를 보내서 우리 도하(都下)에 주둔시켰습니다. 외서(外署)를 통해 누차 논박하고 저지했지만 끝내 듣지 않고 있으니, 아마도 반드시 천병이 철수한 후에야 비로소 공동 철병을 허락할 것입니다. 전해지는 소문에 수천 명의 병사가 뒤따라온다고 합니다. 우리 서울은 평소 경비가 소홀한데, 강적이 화심(禍心)[6]을 포장해서 심장부에 들어와 자리를 차지한다면 동토(東土) 신민들의 위기가 호흡지간(呼吸之間)에 달려서 하루가 마치 1년 같을 것이요, 인심이 크게 소란스러울 것은 차마 생각할 수도 없습니다.

다행히 비도가 이미 제거되어 재앙이 사라졌으니 부디 귀 총리는 즉시 중당(中堂)께 타전해서 보고하십시오. 작량(酌量)해서 원조하시는 것은 폐방이 감히 청할 수 없지만, 만약 시종 비호해 주시겠다면 부디 즉시 시행하시기 바랍니다. 심정과 형세가 급박하니 기망(企望)이 더욱 간절합니다.[3]

---

2) 여얼(餘孽): 완전히 소멸되지 않고 남아 있는 재앙이라는 뜻으로 동학 잔당을 가리킨다.

3) 천위(天威): 황제의 위엄

4) 중당(中堂): 재상이라는 뜻으로, 특히 명·청 시대에는 대학사(大學士)를 호칭하는 말로 쓰였다. 여기서는 이홍장을 가리킨다.

5) 동해(東海): 중국을 기준으로 동쪽 바다에 위치했다는 뜻으로, 조선을 가리킨다.

6) 화심(禍心): 남을 해치려는 마음

청군의 철수 요청은 일본군 철수의 전제였다. 과연 다음 날인 6월 14일[7]에 독판 조병직은 같은 내용의 조회를 오토리 공사에게 보내서 이치노헤 부대의 경성 철수를 요청했다.

대조선독판교섭통상사무 조(趙)가 조회함.

이번에 귀국 육병(陸兵) 800명이 인천을 경유해서 경성에 들어와 해병(海兵)과 교대해서 도하(都下)의 경악과 소요를 초래한 일과 관련해서, 어제 신함(信函)으로 조복(照覆)하여 속히 철수할 것을 요청했습니다. 그런데 귀 공사는 아직까지도 결정이 없으니, 다시 요청하지 않을 수 없습니다.

전주(全州)의 비도(匪徒)는 이미 소탕돼서 현재 우리 서울은 매우 안도하고 있습니다. 그럼에도 불구하고 귀 군대는 끊임없이 번갈아 진입해서 그 수가 두 배가 넘었으니, 이로 인해 인심이 크게 소요하고 풍학(風鶴)[8]이 모두 경계하고 있습니다. 각국의 객민(客民)들은 더욱 헛소문과 의심이 많으니, 이러한 정형(情形)은 실로 몹시 위태로운 지경에 빠질 우려가 있습니다. 아마 귀 공사도 이미 양찰했을 것이니, 본 독판이 다시 진술할 필요가 없을 것입니다.

부디 귀 공사는 즉시 귀 정부에 상세히 전보로 보고해서, 데리고 온 병사를 속히 철수시키기 바랍니다. 그리 하신다면 양국의 큰 다행일 것입니다. 혹시라도 귀 정부가 시국(時局)의 보전을 돌아보아 인호(隣好)를 보존한다면, 참으로 모든 것을 윤종(允從)[9]할 것입니다. 이에 문서를 갖추어 조회하니, 귀 공사는 부디 살펴본 후 시행하기 바랍니다.

이상과 같이 대일본특명전권공사 오토리에게 조회함.

갑오 5월 11일○메이지 27년 6월 14일4

그동안 오토리 공사와 원세개는 공동철병에 관한 교섭을 계속 진행하고 있었다. 6월 15일에 원세개는 다시 오토리 공사를 방문해서 상의했다. 그 결과 두 사람은 완전히 의견 일치를 봐서 오토리 공사가 외무대신에게 청훈(請訓)한 후 공문을 통해 협정하기로 결정했다.[5]

오토리-원세개 협정의 내용은 오토리 공사의 보고나 스기무라 서기관의 회고록에서는 볼 수 없지만, 원세개가 이홍장에게 보낸 보고에 따르면 그 요지는 일청 양국 모두 6월 15일 현재 상륙을 마친 육군 부대의 일부만 잔류시키고 대부대(大部隊)를 철수시킨다

---

7) 원문은 6월 11일로 되어 있으나, 문맥상 6월 14일의 잘못이므로 바로잡았다.
8) 풍학(風鶴): 의심하고 두려워해서 서로 경계하는 모양을 비유할 때 쓰는 말이다. 전쟁 소식을 비유하는 뜻으로 쓰기도 한다.
9) 윤종(允從): 다른 사람의 말을 허락해서 따름

는 것이었다. 즉, 일본군대는 그 4분의 3을 철수하고 4분의 1인 250명을 인천에 남기며, 청군대는 5분의 4를 철수하고 5분의 1인 400명을 남기되 이 부대는 아산읍에서 인천 부근으로 이동한 후, 비란(匪亂)이 진정되기를 기다렸다가 전원 철수한다는 것이었다.[6]

오토리 공사는 일본과 청의 철병에 관한 원세개와의 교섭 내용을 극비에 부쳐서 스기무라 서기관 등 부하관리나 현지에 파견된 군인들과도 협의하지 않고 외무대신에게도 교섭경과를 보고하지 않았던 것 같다. 이 때문에 무쓰 외상은 공사가 오로지 철병만 반복해서 상신하는 이유를 납득할 수 없었다. 그는 6월 13일에 공사에게 타전해서 그 이유를 설명할 것을 명했다.

　　각하의 의견에 따라 참모본부에서 오시마에게 그 군대를 인천에 주둔시키라는 명령을 내렸다. 각하가 군대의 경성 진입을 중지할 것을 요청하는 이유는 무엇인가? 청과 조선의 입장에서 다소 두려워하고 놀라리라는 것은 처음부터 충분히 예상됐다. 이는 각하도 잘 알고 있는 바다. 만약 오시마 소속 군대가 오랫동안 인천에 머문다면 아마 경성에 진입할 기회를 잃을 것이다. 아무 일도 하지 않고, 아무 데도 가지 않은 채 끝내 같은 장소에 있다가 빈손으로 귀국한다면 매우 체통이 서지 않을 뿐만 아니요, 또 올바른 정책이 아니다. 만약 특별히 중대한 지장이 없다면, 쓸데없이 지체하지 말고 그 군대를 경성에 들여보내는 것이 오히려 낫지 않겠는가? 이상의 이유와 의견을 전보(電報)하라.[7]

이 전보로 만족하지 못한 외무대신은 혼성여단이 입경(入京)하는 구실로 조선 정부가 동학비도 토벌 임무를 일본군에게 맡기도록 제의하라고 했다.

　　군대의 일부를 인천에 잔류시킬 필요가 있다고 해도, 6월 13일 아침의 전보에서 서술한 것처럼 외교적으로 조금 분의(紛議)가 발생해도 개의치 말고 오시마 소속의 본대(本隊)를 경성에 진입시키는 것이 득책(得策)이다. 가능한 한 신속하게 평화를 회복하는 것이 가장 바람직하다. 따라서 만약 청군대가 계속해서 아산에 머물면서 진군하지 않을 경우, 각하는 일본군대로 폭도를 진압하겠다는 뜻을 제안해도 무방하다. 조선에 대한 장래의 정책은, 일본 정부는 부득이 강경한 조처를 취할 것이다. 본 대신은 이 문제에 관해 이토(伊藤) 백작과 상의 중이다.[8]

이 6월 13일자 외무대신의 고압적인 명령은 오토리 공사에게는 완전히 뜻밖이었다.

오토리 공사는 자신이 원세개와 상의해서 공동철병을 실행하고, 이를 통해 일청 양국 관계의 결렬을 막는 것이 6월 4일 외무대신 내훈(內訓)의 취지에 전적으로 부합한다고 믿고 있었다. 따라서 당시 내훈과 양립하기 어려운 명령을 받게 되자, 6월 14일[16일에 외무성 착전(着電)]에 타전해서 강경한 말로 외무대신의 명령을 반박했다.

전라도에서는 폭도가 패배하고, 경성에는 청병(淸兵)이 파견되지 않았음. 이러한 상황에서는 우리 공사관 및 인민의 보호를 위해 많은 병사를 파견할 필요가 없을 뿐 아니라, 청·러시아 및 그 밖의 여러 나라들도 일본의 의도에 의심을 품어서 그 군대를 조선에 파견할까 크게 우려됨. 그러므로 현재의 사정이 바뀌어서 더욱 우리를 위험에 빠뜨리는 상황에 이르지 않는한, 경성에 4천 명의 병사를 진입시킬 만한 타당한 이유를 알 수 없음. 일본 정부가 그러한 조처를 시행하는 것은 우리의 외교관계에 해를 끼칠 것으로 생각됨. 그렇지만 일본 정부가 그출병의 원래 뜻을 달성하는 것 외에 일체의 우발적 사건에 응할 결심이 있다면 이상의 말은 모두 논외에 속함.○하략9

6월 14일의 오토리 공사의 전보는 종전의 외무대신의 훈령에서 보이는 것처럼 애매한 이유로 대규모의 육군 부대를 경성에 진입시키는 것은 불가능하다고 단정하고, 정부가 일청 국교의 단절까지도 각오할 결심을 갖고 있지 않은 한 신속히 철병해서 평화적 해결을 도모해야 한다는 의견을 강조한 것으로 보인다. 그런데 공사의 소극적 해결책은 본국 정부의 방침과 일치하지 않았을 뿐 아니라, 조선 주재 문무관료의 강경한 반대에 직면했다.

당시 공사관 1등서기관 스기무라 후카시, 교제관시보(交際官試補) 마쓰이 게이시로 등은 이번 출병을 기회로 조선 조정과 원세개에게 강한 압력을 가해서 척족 및 그들을 지지하는 청의 세력을 일소하고, 그 자리를 대신해서 일본 세력의 진출을 도모해야 한다는 생각을 갖고 있었다. 그리고 이를 위해서는 대규모 병력을 가능한 오래 경성에 주둔시키는 것이 유리하다고 판단했다. 따라서 오토리 공사가 외무대신에게 거듭 철병을 상신하자, 스기무라 서기관은, "우리 정부가 이처럼 많은 수의 병사를 파견한 것에는 필시 다른 뜻이 있을 것입니다. 만약 그렇다면 공사께서도 그 방향에 따라서 일을 처리해야 합니다. 시종일관 조선의 현재 상황만 설명하면서 우리 군대의 상륙을 막는 것은 아마도 안 될 것입니다."라고 공사에게 진언했지만, 공사는 외무대신의 내훈을 고집하면서 동의하지 않았다. 곧이어 스기무라 서기관은 공사의 명으로 인천에 가게 되자, 6월 13일에 독단으로 다음 각서를 외무대신에게 올려서 오토리 공사의 소극정책에 대한 반대의견을 표명했다.

첫째, 이번 우리의 행동으로 청나라인들이 조선에 가하는 허갈(虛喝)[10]을 억눌러서, 장래 저들이 조선에 대해 갖고자 하는 위세를 줄이고 우리의 위세를 은연중에 증가시켜야 함. 그리고 이 목적을 달성하기 위해서는 우리는 지중(持重)[11]해서 군대를 철수하지 않으며, 저들로 하여금 먼저 철수 문제를 제기하고 또 그것을 실행하게 한다면 충분할 것임.

둘째, 조선 내에 변혁을 일으켜서 민당(閔黨)을 배척하고, 그들에게 반대하는 인물이나 중립적인 인물들로 반드시 정부를 수립하게 해야 함. 며칠 전부터 민영준(閔泳駿)의 궁박(窮迫)함과 대원군의 입궐○한때의 유언비어였음이 그 단서를 조금 열었으니, 이제 잠시 지중(持重)해서 경성에 군대를 주둔시킨다면 십중팔구 그 목적을 달성할 수 있음. 그러므로 내부의 변혁을 완료하기 전까지 철병해서는 안 됨. 민당을 배척해서 반대당, 또는 중립적인 인물들로 정부를 수립하는 것은 장래에 조선의 이익이며, 이는 곧 우리나라의 이익이라고 믿음.

셋째, 일이 결말이 나면, 조선 정부는 그 난민(亂民)을 진정할 능력이 없으므로 이웃나라를 소란스럽게 한다는 구실로 청 정부와 협의해서 조선 정부에 내정개혁을 권고해야 함. 텐진조약에도 일청 양국이 조선 정부에 권고해서, 외국 교사(教師)를 고빙(雇聘)해서 병대(兵隊)를 훈련한다는 조문이 있으니, 그 전철을 따라가면서 권고의 범위를 넓혀야 함.

메이지 27년 6월 13일 인천에서 기록함.[10]

그 사이 경성에서는 오토리 공사가 원세개와 공동철병 교섭을 진행해서 6월 15일에는 벌써 본국 정부에 훈령을 청하는 단계까지 도달했다. 하지만 마쓰이 교제관시보가 극력 반대해서 스기무라 서기관의 의견을 들어 볼 것을 주장하고, 또 이치노헤 부대와 동시에 입성한 육군 보병중좌 후쿠시마 야스마사(福島安正)와 공병소좌 우에하라 유사쿠(上原勇作)도 반대했으므로, 공사도 결국 스기무라 서기관의 복귀를 기다리기로 했다.[11]

6월 16일, 스기무라 서기관은 복귀하자마자 곧바로 마쓰이 교제관시보의 의견을 듣고, 또 병중(病中)인 외무성 참사관 혼노 이치로(本野一郎)와도 협의했다. 그 결과, "일청

____
10) 허갈(虛喝): 거짓으로 꾸며 공갈함
11) 지중(持重): 몸가짐을 무겁고 신중하게 함

동시철병의 협의를 파기하고, 이 기회를 이용해서, 설령 청과 전단(戰端)을 여는 한이 있어도 조선의 독립 문제를 결정해야 한다."라고 결심하고, 6월 17일에 공사를 만나 이러한 의견을 개진했다. 공사는 공동철병의 중단에 한해서는 승낙했지만, 개전론은 즉각 반대했다. 하지만 혼노 참사관도 공사를 만나서 재차 같은 말로 설득하자 결국 공사도 강경론에 동의했다. 두 사람의 협의를 거쳐 17일 당일로 외무대신에게 보내는 다음 청훈(請訓)이 작성됐다[전신(電信) 불통으로 다음 날인 18일에 발신].

본관(本官)은 경성에 부임한 뒤로 이곳 사정을 관찰한 결과 도쿄를 출발할 때의 예상과 매우 다르다는 것을 발견했음. 청병(淸兵)은 경성에 없고, 동학당은 패배하고, 전주는 수복하고, 청병은 아산에 주둔한 채 진군하지 않았음. 이러한 상황이었기 때문에 본관은 호위병을 증가할 필요를 발견할 수 없었음. 그러나 6월 15일에 인천에 도착한 3천 명의 대부대를 빈손으로 철수시키는 것은 매우 득책(得策)이 아니므로, 우리는 이 대부대를 유효하게 사용할 방법을 찾아야 한다고 생각했음. 다행히 청사(淸使) 원세개가 6월 15일에 내방해서 양국 군대의 동시철수를 제안했지만, 본관은 철병 권한을 갖고 있지 않기 때문에 본국 정부의 훈령을 청해야 한다고 답변했음. 따라서 이 기회에 일병(日兵)의 철수에 앞서, 청병(淸兵)의 철수를 조선 정부 및 청사(淸使)에게 요구해야 함. 만약 청사가 우리의 요구를 거절할 경우에는, 우리는 이 거절을, 청은 조선에서의 군주권(君主權)을 유지해서 우리의 조선독립론(朝鮮獨立論)을 부인하고, 또 조선에서의 우리의 이익을 침해하는 것으로 간주해서 병력으로 청병을 조선 국경 밖으로 축출해야 함. 만약 우리의 위엄을 손상하지 않고 온건한 협의를 이룰 수 없을 경우, 본관이 앞에서 말한 극렬한 수단을 취해도 무방한지 급히 훈령을 청함.[12]

6월 17일의 청훈은 6월 14일의 전보와 비교해서 근본적으로 달라졌다. 여기서 오토리 공사는 부하관리와 현지 파견 군인들의 지지 속에 외무대신의 훈령 여하에 관계없이 파견병력을 배경으로 적극정책을 취하겠다는 결심을 드러내고 있다.

오토리 공사의 급격한 변신은, 동시에 오토리-원세개 철병협정을 단념했음을 뜻한다. 6월 15일 이후 원세개는 오토리 공사에게 철병협정의 조인을 독촉했지만, 공사는 오로지 확답을 피할 뿐이었다. 이는 오토리 공사가 더 이상 대한외교의 추진력을 가지지 못하는 현실을 폭로했다. 원세개도 이제 오토리 공사와 철병을 논의해도 쓸모없다는 것을 통감했다. 이러한 사정은 6월 18일자 원세개가 이홍장에게 보낸 보고에 자세히 서술되어 있다.

원도(袁道)의 산전(刪電)○광서 20년 5월 15일, 메이지 27년 6월 18일에, "제가 오토리와 약정해서 중국은 군대를 추가하지 않고, 일본은 후속 군대를 조금 쉬게 했다가 즉시 귀국시키기로 했습니다. 그런데도 이제 군대 이동을 마치고 함선을 돌려보냈으니, 그 의도는 오래 주둔시키려는 것입니다. 또 한(韓)의 잔여 비도(匪徒)는 수백 명의 군대로 충분히 제거할 수 있는데, 어찌 5천 명의 군대가 오래 주둔할 필요가 있겠습니까? 한인(韓人)들이 누차 공법과 조약에 의거해서 따지고 각국의 관원들까지 누차 힐책하는데도 모두 해명하지 않고 오직 공사관을 보호하는 것이라고만 하니, 이는 저절로 교활하고 허탄한 일이 됐습니다. 서양인들도 중국이 미리 대비해야 한다고 말하고 있습니다. 일본을 신뢰할 수 없으니 부디 미리 계획해서 준비하십시오."라고 하고,[12] 또 15일 술시(戌時) 전보에, "현재 한성의 인심은 솥의 끓는 물처럼 요란스러워서 막을 수가 없고, 오직 중국이 일본군을 물리쳐 주기만을 바라고 있습니다. 혹시라도 인천에 있는 4천 명 군대가 한성에 들어온다면 필시 모두 달아나서 한성은 텅 빌 것이요, 한왕(韓王)도 두려워하여 북한(北漢)[13]으로 도망칠 것입니다. 소문에 이미 은밀하게 도주 준비를 했다고 하니, 과연 그렇게 된다면 필시 대란이 일어날 것입니다."라고 했고, 또 15일 해시(亥時) 전보에, "누차 오토리를 만류해서 새 부대가 한성에 들어오지 못하게 했습니다. 그가 이미 수락했으면서도 이전의 말을 모두 식언(食言)했으니, 이후의 말을 어떻게 신뢰하겠습니까? 더구나 일본 조정의 뜻은 한국을 협박하는 데 있는데, 오토리는 스스로 주관할 능력이 없으니 입으로만 다투기 어렵습니다. 우선 남북수사(南北水師)를 징발해서 신속히 파견하여 엄중히 대비하고, 계속해서 육병(陸兵)을 준비시켜야 합니다. 또 한편으로 왕사(汪使)○주일청공사 왕봉조(汪鳳藻)에게 타전해서 담판을 하게 하며, 아울러 총서에서는 중국에 주재하는 각국 공사들에게 조정을 요청해야 아마도 갑작스러운 결렬에 이르지 않을 것입니다."라고 했습니다.○하략13

오토리 공사를 채찍질해서 소극적인 공동철병론에서 적극적인 일청개전론으로 전향하게 한 것은 물론 스기무라 서기관, 혼노 참사관, 후쿠시마 보병중좌 등의 힘이었지만, 다른 한편으로 무쓰 외상의 사설공사(私設公使)라고도 할 수 있는 오카모토 류노스케의 활약이 적지 않은 영향을 끼쳤던 것으로 보인다. 오카모토 류노스케는 무쓰 무네미쓰와 마찬가지로 구(舊) 와카야마(和歌山) 번사(藩士) 출신으로, 메이지 9년 1월에 육군대위로

---

12) 원문에는 이 구절 뒤에 "但倭知今年慈聖慶典 華必忍讓 儻見我將大擧 或易結束 否則非有所得不能去也"라는 33자가 있다. 그런데 이 인용문의 출처가 되는 『淸光緖中日交涉史料』 제13권, 문서번호 999, "光緖二十年五月十六日北洋大臣來電"과 비교해 보면, 이 33자는 연문(衍文)이다. 어떤 경위로 이 33자가 추가됐는지는 분명치 않아서 번역에서 누락시켰음을 밝혀 둔다.

13) 북한(北漢): 북한산성(北漢山城)을 가리키는 것으로 추정된다.

서 구로다, 이노우에 두 대신의 수행원을 역임했다. 그 후 메이지 12년 육군소좌로 도쿄 진대(鎭臺) 예비포병 제1대대장으로 근무하던 중에 이른바 다케바시(竹橋) 소동[14]에 연좌돼서 관직을 박탈당하고 문무 관리의 임용이 종신 금지됐다. 그 뒤로 이른바 지사(志士)로서 대륙 경영에 종사해서 널리 이름을 떨쳤다. 메이지 27년 5월에 경성에 들어왔으며, 동학비란(東學匪亂)이 점차 확대되자 스기무라 대리공사에게 출병을 권고하고 직접 무쓰 외상에게 의견서를 제출하기도 했다. 무쓰 외상 또한 오카모토가 충분히 신뢰할 만하다는 것을 알고, 오토리 공사가 귀임하는 편에 서한을 부탁해서, "이번 오토리 공사의 부임에 관해서는 안팎의 일을 모두 노형(老兄)의 활약에 의뢰한다."라는 뜻을 전했다고 한다. 그 후 오카모토는 오토리 공사와 무쓰 외상 간의 연락책으로 활동하거나, 혹은 사설공사(私設公使)로서 대원군과의 연락을 담당하는 등 적지 않은 공적을 세웠다.[14]

오토리 공사의 전향은 조금 시기를 놓쳤다. 당시 조선 국내의 전신선은 경부(京釜)·경의(京義) 두 선이 모두 고장이 잦아서 도쿄~경성 간의 통신은 2일 내지 4일이 걸리는 형편이었고, 6월 17일의 전보는 18일이 돼서야 타전했다. 그런데 정부는 오토리 공사의 상신을 기다리지 않고, 6월 14일의 각의에서 대한정책의 쇄신을 결정했다. 그리고 다음 날인 15일에 외무대신이 오토리 공사에게 전훈(電訓)했지만, 전선의 고장으로 18일까지 경성에 도착하지 않았던 것이다.[15]

---

14) 다케바시(竹橋) 소동: 1878년 8월 23일 밤에 급료 감액과 세이난 전쟁(西南戰爭)의 논공행상에 불만을 품은 육군 근위병 부대가 일으킨 무장반란 사건으로, 근위병 포병대대 다케바시 부대를 중심으로 250여 명이 봉기했으나 2시간 반 만에 진압됐다. 이후 일본군대의 사상적 통일을 꾀한 군인칙유(軍人勅諭)가 발표되고, 군대 내의 질서를 유지하기 위한 헌병(憲兵)이 창설되었으며, 근위병 외에 황거(皇居)를 경비하는 황궁 경찰이 설치되었다.

【원주】

1 『中日交涉史料』13권, 문서번호 986. "光緒二十年五月十一北洋大臣來電".

원세개의 초9일 전보가 다음과 같습니다.

며칠 전에 오토리가 내알(來謁)해서 2시간이나 논담(論談)했습니다. 그는 공관을 보호하기 위해 온 것이며, 아울러 기회를 살펴서 한(韓)을 도와 비도(匪徒)를 막을 것이라고 확언했습니다. 저는 그와 우호적으로 상의해서 약정했습니다.

오토리가 말했습니다. "지금 인천에 도착한 800명 병사는 한성에 와서 잠시 주둔했다가 즉시 철수할 것이며, 현재 한성에 있는 수사병(水師兵)은 800명 병사가 도착하기를 기다렸다가 함선으로 돌아갈 것이다. 뒤에 오고 있는 병사는 상륙하지 않고 원래 함선으로 귀국할 것이며, 아직 출발하지 않은 병사는 즉시 타전해서 저지할 것이니, 중국[華] 또한 한성에 추가로 파병해서는 안 된다."

저는 오토리에게 14척 함선에 실은 병사가 얼마나 되는지 물었습니다. 그는 답하기를, "대대(大隊)마다 800명의 병사가 있는데 모두 3개 대대이다. 그 각각에 잡역과 수행하는 자들이 또 많이 있다."라고 했습니다.

제가 말했습니다. "한국의 일은 이미 조금씩 평온을 되찾고 있으니, 우리 군대는 일찍 철수해서 장마를 피하려고 생각 중이다. 그런데 소문에 따르면 일본이 대부대를 파견하고, 앞으로 추가로 파병한다고 한다. 이 때문에 서로 방비한다면 필시 혐극(嫌隙)을 빚을 것이다. 한국에 주재한 서양인들이 혐극을 노리고 장난질을 쳐서 혹시라도 대거 군대를 파견한다면 어부지리를 얻을 것이다. 이는 비단 한국의 위험일 뿐만이 아니요, 중국과 일본에도 반드시 손해가 있을 것이다. 중국과 일본이 화목하면 아시아 전국(全局)을 보전할 수 있고, 혹시라도 혐극을 빚는다면 한갓 스스로를 해칠 뿐이다. 우리는 사명을 받았으니 마땅히 전국을 넓게 계산해서 나라를 이롭게 해야 한다. 어찌 무부(武夫)처럼 다사(多事)함을 바라겠는가? 나는 그것이 필시 무익하리라는 것을 잘 알고 있다. 그래서 아직 1명의 병사도 한성에 들여보내지 않은 것이다."

오토리가 답했습니다. "그 말씀이 매우 옳다. 마침 나도 같은 견해를 갖고 있다. 우리 조정은 한국의 비도를 대단히 중대시해서 대부대를 파견한 것이다. 내 나이 육순을 넘었으니 어찌 사단을 빚기를 바라겠는가? 즉시 타전해서 앞으로 올 함선을 멈추게 하겠다."

제가 또 한성 주둔부대는 조금만 남기고 인천에 나눠서 주둔시킬 것을 권했습니다. 오토리가 답했습니다. "우리 조정이 처음 파견한 부대는 사실 800명에 그치지 않는다. 더구나 1개 대대에 1명의 대대장이 있으니 분리해서 인천에 주둔시키는 것은 불편하다. 한국의 비도(匪徒)가 귀국 군대가 왔다는 소식을 듣고 비록 달아나 흩어졌지만, 군대는 여전히 해산하지 않고 있으니, 일이 결정되기를 기다렸다가 즉시 전부 철군해서 반드시 오래 머물지 않을 것이다."

오토리가 또 말했습니다. "톈진의 전보를 받으니, 중국에서 병사 2천 명을 한성에 파견할 것이라고 했다. 만일 그것이 사실이라면 아마도 피차가 철군하는 데 시간이 걸릴 것이다."

제가 답했습니다. "우리 조정에서는 너희가 대부대를 파견했을 뿐 아니라, 어쩌면 앞으로 추가로 한성에 파병할지 모른다는 소식을 들었다. 과연 네가 후속부대를 저지할 수 있다면 나도 타전해서 추가파병을 멈추게 할 것이다."

오토리가 말했습니다. "우리 두 사람이 이 자리에서 약정한다면, 나는 800명을 제외한 나머지 병력의 파견을 막을 것이니, 그대도 타전해서 중국의 추가파병을 저지하라. 우리 두 사람은 여기서 반드시 성심으로 상의해서 일을 처리해야 한다."

저(이홍장)는 본래 추가파병을 생각하고 있었지만, 원세개의 전보를 받고 바로 중지했습니다. 아울러 섭(葉)·섭(聶)에게 타전해서 잠시 공주·아산에 주둔하며 전주 일대의 적정(賊情)을 확실히 탐지하고 진퇴를 다시 생각하라고 부탁했습니다.

2 『中日交涉史料』13권, 문서번호 988. "光緒二十年五月十日北洋大臣來電"; 『中東戰紀本末續編』卷亨, 「東征電報上」, "光緒二十年五月十一寄朝鮮袁道"; 『在韓苦心錄』, 14~15쪽.

3 『中日交涉史料』13권, 문서번호 990. "光緒二十年五月十日北洋大臣來電".

4 『日案』28권, "甲午年五月十一日".

5 『在韓苦心錄』, 14쪽.

6 『中日交涉史料』13권, 문서번호 997. "光緒二十年五月十五日北洋大臣來電".

원세개의 전보가 다음과 같습니다.

방금 오토리와 상의했습니다. 한성에 이미 도착한 1천 명의 일본군은 4분의 3을 철수시켜서 250 명만 인천에 잔류하며, 청군은 5분의 4를 철수시켜서 400명을 인천 부근으로 이동 주둔해서, 똑같이 비도(匪徒)가 청소되기를 기다렸다가 전체 철군하기로 했습니다. 다만 오토리가 아직 일본 정부의 철군명령을 받지 못했으니, 회답전보가 와야 정해질 것입니다. (상·하략)

7 『日淸韓交涉事件記事』(朝鮮之部).

8 위와 같음.

9 위와 같음.

10 『在韓苦心錄』, 10~11쪽.

11 『在韓苦心錄』, 13~14쪽.

12 『在韓苦心錄』, 15~16쪽.

13 『中日交涉史料』13권, 문서번호 999. "光緒二十年五月十六日北洋大臣來電"; 『中東戰紀本末續編』卷亨, "光緒二十年五月十六日寄總署".

14 井田錦太郎, 『岡本柳之助小傳』, 184~185쪽.

15 『在韓苦心錄』, 16~18쪽.

일청의 출병과 톈진협약

제 25 장

일청의 출병과 톈진협약

북양대신 직예총독 이홍장은 조선 정부의 요청에 따라 비도(匪徒) 토벌을 위해 북양육군 1개 부대에 도한(渡韓)을 명령함과 동시에, 메이지 27년 6월 6일에 주일특명전권공사 왕봉조에게 타전해서 톈진협약 제3관의 규정에 의거해서 일본 외무성에 문서로 통고하게 했다.

왕 공사는 당일로 무쓰 외무대신과 회견하고, 북양대신의 훈전(訓電)을 설명한 후 다음 조회를 직접 전달했다.

대청흠차출사일본국대신(大淸欽差出使日本國大臣) 왕(汪)이 조회함.

조금 전에 우리 북양대신 이(李)의 전보를 받았는데, 그 내용에 "광서 11년에 중국과 일본이 의정한 전조(專條)에, '장래 조선에서 만약 변란사건이 생겨서 중국이 파병할 필요가 있으면 사전에 공문을 보내서 통지하며, 사건이 진정되면 즉시 철수해서 다시 유방(留防)하지 않는다.'라는 구절이 있다. 본 대신이 방금 조선 정부의 공문을 접수했는데, 그 내용에 '전라도 백성들의 습속(習俗)이 흉한(兇悍)해서, 부곶(附串)의 동학교비(東學敎匪)가 떼를 지어 현읍(縣邑)을 공격해서 함락하고, 또 북쪽으로 몰려가서 전주를 함락했습니다. 예전에 연군(練軍)을 파견해서 초멸하려고 했으나 승리를 거두지 못했습니다. 혹시라도 이들이 오래 불어난다면 상국(上國)에 끼치는 근심이 더욱 많을 것입니다. 조사해 보니, 임오·갑신년 폐방(敝邦)의 두 차례 내란을 모두 중조(中朝)의 병사에게 의뢰해서 대신 토벌해 주었습니다. 이에 전례를 원용해서 몇 개 부대를 파견해 줄 것을 간청하오니 속히 와서 대신 초멸해 주십시오. 사나운 비도(匪徒)가 꺾여서 사라진 이후에는 즉시 철병을 요청할 것이니, 감히 유방(留防)을 청해서 천병(天兵)을 오랫동안 외국에서 수고롭게 하지 않을 것입니다.'라고 했다. 본 대신이 살펴보건대 그 진정(陳情)하는 말이 매우 절박하고, 또 파병원조(派兵援助)는 바로 우리 조정이 속방(屬邦)을 보호하는 오랜 관례이다. 그러므로 상주한 후 유지(諭旨)를 받들어, 직예제독(直隸提督) 섭(葉)에게 경려(勁旅)를 선발해서 조선의 전라·충청 일대로 급히 달려가서, 기회를 살펴

토벌하여 기한 내에 박멸해서 속방을 예안(乂安)하고, 한국에서 통상하는 각국 사람들이 모두 편안히 생업을 영위할 수 있게 한 것이다. 그리고 일이 끝난 뒤에는 즉시 철병해서 다시 유방(留防)하지 말라고 명령했으니, 마땅히 조약에 따라 공문으로 통지해야 한다. 이 때문에 귀 대신에게 전보로 청하노니, 신속하게 문서를 갖춰서 일본 외무성에 조회하라."라고 했습니다. 이제 본 대신이 이를 접수하고 문서를 갖추어 조회하니, 귀 대신은 살펴보시기 바랍니다.

이상과 같이 대일본외무대신 무쓰에게 조회함.

광서 20년 5월 초3일[1]

왕 공사의 조회는 북양대신 훈전(訓電)의 전문을 기록한 것인데, 이 조회를 상세히 검토해 보면 이중의 의미가 함축돼 있음을 알 수 있다. 즉, 첫머리에 톈진협약 제3관의 전문을 게재하고 있지만, 뒷부분에 '파병원조는 우리 조정이 속방을 보호하는 오랜 관례에 따른 것'이라는 구절이 있고, 마지막에 '톈진협약에 의거해서 공문으로 통지하는 것'이라는 뜻을 서술하고 있다. 이 조회에 따르면 출병의 참된 이유는 속방보호(屬邦保護)의 관례에 있으며, 톈진협약에 따라 단순히 공문으로 통지하는 의무만을 이행하는 데 불과하다는 사실을 고백하고 있다.

무쓰 외상은 이 조회를 문자 그대로 해석해서 톈진협약 제3관에 따른 출병 통고로서 수령했지만, '속방보호(屬邦保護)'라는 구절에 관해서는 왕 공사에게 설명을 요구했다. 왕 공사는 온갖 방법으로 해명했으나, 무쓰 외상은 물론 양해하지 않았다.[2]

6월 9일에 무쓰 외상은 왕 공사에게 외무성 내방을 요청해서 6월 6일자 왕 공사의 조회에 대한 회답공문을 전달하고, 또 속방을 보호한다는 구절에 대해 항의했다.

서간으로 말씀드립니다. 다름이 아니라, 이번에 귀국 정부가 조선에 파병한 것에 관해, 메이지 18년 4월 18일 일청 양국 정부가 체결한 약서(約書) 제3관을 준수해서 공문으로 통지한다는 취지는 금일 보내신 서간의 내용으로 잘 알았습니다. 그런데 보내신 서간에, '속방을 보호한다'는 말이 보이는데, 제국 정부로서는 아직까지 조선을 귀국의 속방이라고 인정한 일이 없습니다. 이 점은 회답하면서 분명히 언급해 둡니다. 본 대신은 거듭 경의(敬意)를 표합니다. 경구(敬具).

메이지 27년 6월 9일　외무대신 무쓰 무네미쓰
대청특명전권공사 왕봉조 각하[3]

6월 9일의 회견에서 무쓰 외상은 왕 공사에게, 일본 정부도 출병을 준비 중이며, 이미 주청임시대리공사에게 톈진협약에 의거해서 총리아문에 공문으로 통지하라는 전명(電命)을 보냈다고 통고했다. 또 일본 정부는 오토리 공사 및 파견부대 사령관을 "긴히 경계하여 병사를 엄중히 단속해서 절대 사단을 일으키지 않게 했으니 부디 중국도 엄중히 명령하기 바란다."는 뜻을 전달했다. 왕 공사는 뜻밖으로 일이 진전되는 데 경악해서 당일로 이홍장에게 타전했다.[4]

무쓰 외상이 왕 공사에게 말한 것처럼, 6월 7일에 주청임시대리공사 고무라 주타로는 외무대신의 훈전(訓電)에 따라 일본 정부 또한 조선에 출병할 것이며, 톈진협약에 의거해서 이를 공문으로 통지한다는 조회를 총리아문에 보냈다.

> 대일본국서리흠차대신(大日本國署理欽差大臣) 고무라가 조회함.
>
> 본서대신(本署大臣)은 방금 본국 정부의 차부(割付)[1]를 받았는데, 그 내용에 "조선에 현재 변란 등 중대사건이 발생했으므로 우리나라에서 파병할 필요가 있다. 정부는 1개 대대 병력의 파병을 계획하고 있으니, 마땅히 메이지 18년 4월 18일에 우리 양국 정부가 의정한 조약의 조관에 의거해서 대청국(大淸國) 정부에 공문으로 통지해야 한다."라고 했습니다. 본서대신(本署大臣)은 이를 받들어 조회를 보내니, 귀 왕대신(王大臣)은 살펴보시기 바랍니다.
>
> 이상과 같이 대청흠명총리각국사무(大淸欽命總理各國事務) 왕대신(王大臣)에게 조회함.
>
> 메이지 27년 6월 초7일[5]

이 공문에 따르면, 일본의 출병은 톈진협약 제3관에 의거한 것이며, 또 그 명문(明文)에 따라 청 정부에 통고한다는 것이었다.

총리아문은 고무라 대리공사의 조회를 받고 의외라고 생각했을 것이다. 총리아문은 바로 조복(照覆)을 보내서, '청의 출병은 속방을 보호하는 오랜 관례에 따른 것으로 반란이 진정되면 신속하게 철병할 것이다. 그런데 일본의 출병은 공사관과 영사관, 그리고 거류민을 보호하기 위한 것이기 때문에 많은 병력이 필요 없다. 특히 조선 정부의 요청에 의한 것이 아니므로 내지에 침입해서 조선 백성을 놀라게 하거나 의구심을 품게 해서는 안 된다. 또 일청 양국 군대는 말이 통하지 않고, 군율(軍律)도 다르기 때문에 서로 마주친다면 충돌할 우려가 있다.'라는 등의 이유로 항의했다.

---

1) 차부(割付): 상급 관청에서 하급 관청으로 하달하는 공문

대청흠명총리각국사무(大淸欽命總理各國事務) 왕대신(王大臣)이 조복(照覆)함.

이번 달 4일 귀서대신(貴署大臣)의 조회를 받았습니다. 그 내용에, 귀국 정부의 차부(劄付)를 받았는데, 조선에 현재 변란이 생겨서 1개 대대를 파병할 것이니, 마땅히 양국이 정한 조약에 따라 문서로 통지해야 한다고 했습니다. 중국이 조선의 요청에 따라 파병해서 진압을 돕는 것은 속방을 보호하는 관례에 따른 것이요, 또 내지의 토비(土匪)를 초멸(剿滅)해서 일을 마친 뒤에는 즉시 귀국할 것입니다. 현재 인천·부산의 각 항구는 정형(情形)이 평안하고, 통상하는 지역에만 잠시 병선을 머물게 해서 보호를 돕고 있을 뿐입니다. 귀국의 파병은 오로지 사서(使署)·영서(領署)[2] 및 상민(商民)을 보호하기 위한 것이니 본래 많을 필요가 없습니다. 또 조선이 요청한 바가 아니므로 단연코 조선 내지에 들어가서 사람들을 놀라게 하거나 의구심을 품게 해서는 안 됩니다. 더욱이 중국과 일본의 병대(兵隊)가 마주치면 언어가 통하지 않고, 군례(軍禮)[3]가 서로 달라서 혹시 사단을 빚을 수도 있습니다. 부디 귀서대신(貴署大臣)은 즉시 귀국 정부에 타전해서 이 말을 전달하기 바랍니다. 이 때문에 조복합니다.

이상과 같이 대일본서리흠차전권대신(大日本署理欽差全權大臣) 고무라에게 조회함.

광서 20년 5월 초6일[6]

무쓰 외상은 고무라 대리공사에게 훈전(訓電)을 보내는 것과 동시에 톈진 주재 영사 아라카와 미노지에게 일본의 출병을 이홍장에게 통고하게 했다. 아라카와 영사는 6월 7일에 이홍장을 방문해서 외무대신의 전보를 제시하고, 조선의 내란 때문에 일본도 출병해서 공사관·영사관 및 거류민을 보호하겠다는 뜻을 전달했다. 이홍장은 '현재 경성·부산·인천 모두 평온해서 외국인의 생명과 재산에 조금도 위험이 없다. 중국이 출병하는 목적은 내지의 토비(土匪)를 평정하기 위한 것으로, 경성이나 다른 개항장에 파견하는 것이 아니다. 일본 정부가 대규모의 육군 부대를 파견해서 조선 백성을 놀라게 하거나 의구심을 품게 하는 일이 없기를 바란다.'라고 주의를 주었다. 아라카와 영사는 군대 파견은 이미 실행 중이지만, 그 수는 알지 못한다고 답했다. 이홍장은 "만약 이미 파병해서 공관과 상민들을 보호하기로 했다면, 절대 그 수가 많아서는 안 된다. 또 한국이 파견을 요청한 것이 아니라면, 절대 내지에 들어가서 중국과 일본 군대가 만나 혼단(釁端)을 빚게 해서는 안 된다."라고 주장하고, 이러한 뜻을 외무대신과 이토 수상에게 전보로 보고해 줄 것을 희망했다. 영사도 이를 승낙했다.[7]

---

2) 사서(使署)·영서(領署): 각각 공사관과 영사관을 뜻한다.
3) 군례(軍禮): 군법(軍法), 군율(軍律)

총리아문의 문서를 통한 항의와 이홍장의 구두 항의의 내용은 완전히 동일하다. 무쓰 외상은 기정방침에 따라 조선을 청의 속방으로 인정하지 않는다는 것, 그리고 일본 정부의 조선 출병은 제물포조약 및 텐진협약에 의거한 것으로 그 병력에 관해서는 제3국의 지시를 받을 이유가 없다는 것을 회답하기로 결정하고, 6월 12일에 고무라 대리공사에게 전훈(電訓)해서 총리아문에 조회를 제출하게 했다.

> 대일본서리흠차대신(大日本署理欽差大臣) 고무라가 조복(照覆)함.
> 이번 달 초9일에 받은 조복(照覆)에, 귀국이 조선에 파병하는 것은 속방을 보호하는 전례에 따른 것이며, 우리나라의 파병은 본래 많은 필요가 없으며, 절대 조선 내지에 들어가서는 안 된다는 등의 말이 있었습니다. 이를 우리 정부에 전보로 전달해서 이제 회답전보를 받았습니다. 그 내용에, "우리 정부는 조선이 청의 속방임을 전혀 인정한 적이 없다. 이번 우리나라의 조선 파병은 제물포조약에 의거해서 시행한 것이요, 텐진조약을 준수해서 처리한 것이다. 따라서 어느 정도로 병력을 동원해서 파견할지는 우리 정부가 스스로 결정하지 않을 수 없고, 그 행동 여하 또한 간섭 받을 일이 아니다. 전진해야 할 지역이 없는데, 어찌 전진을 운운할 필요가 있겠는가? 병대(兵隊)가 마주치면 언어가 통하지 않고 군례(軍禮)가 서로 달라서 혹시 사단을 빚을 수 있다고 하지만, 우리나라의 병사들은 엄중한 명령을 받았으니 설령 청 병대를 만나더라도 감히 일부러 사단을 일으키지 않을 것이다. 이는 우리 정부가 믿어 의심치 않는 바다. 부디 청 정부 또한 사전에 미리 경계해서 그 법도를 똑같이 하기를 바란다."라고 했습니다. 이에 귀 왕대신(王大臣)에게 조복합니다.
> 이상과 같이 대청흠명총리각국사무(大淸欽命總理各國事務) 왕대신(王大臣)에게 조회함.
> 메이지 27년 6월 12일[8]

6월 7일 고무라 대리공사의 공문에서는 일본의 출병 근거를 텐진협약 제3관에 두고 있었지만, 6월 12일의 공문에서는 제물포조약 제5관에 의거한 것이며, 또 텐진협약에 따라 문서로 통지한다는 뜻을 명기하고 있다.

이상의 사실을 다시 정리하면, 조선 출병의 근거를 청은 속방 보호의 관례에, 일본은 제물포조약에 두고, 텐진협약 제3관에 따라 서로 공문으로 통지한다는 것이었다. 이 대목에서 텐진협약을 다시 검토해 볼 필요가 있다.

메이지 18년 4월 18일에 텐진협약이 체결되기 전에 청이 조선에 군대를 주둔한 것은 전적으로 종주국의 고유한 권리를 행사한 것으로, 필요하다고 인정하면 언제라도 아무 제한이나 기한 없이 출병할 수 있었지만, 다만 관례상 조선국왕의 요청을 필요로 했다. ─물론 이것은 절차상의 문제로 절대적인 조건은 아니었다. ─ 또 일본은 원래 조선에 대해서 군대 주둔의 권리를 갖고 있지 않았지만, 메이지 15년 8월 30일의 제물포조약 제5관에 따라 공사관·영사관의 경비 목적으로 약간의 병력을 주둔할 수 있는 권리를 획득했다.

제물포조약 체결 후 일본은 조약상의 권리에 의거해서, 청은 종주국 고유의 권리에 의거해서 각각 자국의 군대를 주둔시켰다. 이것이 갑신변란의 직접적인 원인이 된 것은 이미 상세히 서술했다. 일본과 청, 양국 대표자는 그 선후책을 강구하기 위해 톈진에서 회동했다. 변란의 직접적 원인이 된 양국 주한 군대의 공동철병은 큰 논란 없이 원칙적으로 승인됐지만, 장래 조선에 군대를 주둔할 수 있는 권리를 가지는지의 여부가 완전히 암초에 걸리고 말았다. 이홍장은 조선은 청의 번속(藩屬)이기 때문에 종주국 고유의 권리로 언제라도 출병할 수 있다고 주장했고, 또 이를 조약에 명기해야 한다고 고집했다.[9] 만일 이토 대사가 이에 동의한다면 일본 정부의 대한외교의 근간을 무너뜨리는 결과를 초래할 것이었으므로 그는 회담 결렬을 무릅쓰면서까지 반대했다. 이홍장도 마지막에 회담 결렬을 피하기 위해 일본대표의 주장 일부를 인정해서 조선속방론(朝鮮屬邦論)을 중단하고 형식상 일청 양국이 평등하게 조선에 출병하는 권리를 보유하는 것을 승인하되, 단 문서를 통해 통지해야 한다는 조건을 붙였던 것이다.

이홍장이 톈진협약 제3관에 동의한 것은, 이 조항이 종주국의 군대주둔권에 조금도 저촉되지 않기 때문이었다. 즉, 이 조항의 존재 여부에 관계없이 필요하다고 인정할 때는 언제라도 출병할 수 있고, 단지 일본 외무성에 문서로 통지할 의무를 지는 것에 불과했다. 다시 말해서 톈진협약 제3관의 "장래 조선에 만약 변란 등 중대사건이 발생해서 일·중 양국, 혹은 일국이 파병할 필요가 있을 때"라는 전반부는 전혀 새로운 조건을 의미하는 것이 아니었고, 단지 후반부의 "사전에 상호 공문을 보내서 통지해야 하며, 그 일이 진정되면 즉시 철수해서 다시 유방(留防)하지 않는다."라는 구절만이 이 협정이 만든 새로운 사태였다.

일본 정부의 입장에서 봐도 사태는 크게 다를 것이 없었다. 일본이 조선에 출병할 수 있는 권리는 제물포조약 제5관에 의거한 것으로, 톈진협약 제3관으로 인해 그 기득권은 조금도 침해되지 않고 오직 청과 마찬가지로 출병할 때 문서로 통지하는 의무를 지는 데 불과했다.

텐진회의 당시 이홍장이 제물포조약의 존재를 간과해서, 텐진협약에 제물포조약 제5관을 무효화하는 조항을 삽입하지 않은 것은 부주의에서 비롯된 것으로 보인다. 그렇지만 청이 종주국의 군대주둔권을 완전히 보유하면서 일본의 출병권(出兵權)만 부인할 수는 없었고, 이홍장도 그와 같이 공정성을 잃고 일본에 일방적인 의무를 강제할 뜻은 없었다. 이는 텐진회의의 기록을 정밀하게 살펴보면 쉽게 알 수 있다. 따라서 이를 이홍장의 과실로 볼 수는 없다.

요컨대 일청 양국 모두 텐진협약을 과대평가하고 있었다. 이제 실제로 적용해야 할 사태가 발생하자, 텐진협약을 체결하기 전과 마찬가지로 그것이 조선에서 일청 양국 군대의 충돌을 방지하는 데 아무런 효과가 없다는 사실이 폭로됐던 것이다.

마지막으로 조선 출병 당시 일청 양국의 의도를 덧붙이고자 한다.

처음에 이홍장이 주한도원(駐韓道員) 원세개의 전청(電請)에 응해서 북양해군의 정예 7영(營)을 조선에 파견한 것은, 최고조에 달한 동학비란(東學匪亂)의 중대성을 감안하면 임오변란[4]을 평정하기 위해 친경군(親慶軍) 6영을 파견했던 것에 비해 아주 많다고는 할 수 없다. 더욱이 이 부대는 충청도 아산현에 상륙한 후 즉시 공주를 거쳐 반란지역으로 향하라는 명령을 받았다. 이러한 사실들로 미뤄 보면, 이홍장의 제1차 파견부대가 제3국 군대와의 교전을 예상하고 있지 않았다는 것은 분명하다. 또 메이지 27년 6월 6일에 주일공사 왕봉조를 통해서 특별히, "일단 일을 마무리하면 즉시 철수해서 다시 유방(留防)하지 않는다."라고 성명한 점으로 볼 때, 비란(匪亂)이 진정되는 대로 철병하려는 의도였다고 봐도 무방하다. 일본 측에서는 원세개가 이번 출병을 이용해서 오래 군대를 주둔시키고 척족과 결탁해서 청의 종주권 강화를 기도하는 것처럼 보았지만, 이는 조선의 정세를 정확히 이해한 것이라고 하기 어렵다. 원세개와 국왕·척족의 관계는 일본 측의 관측과는 반대로 걸핏하면 마찰을 빚었고, 이번의 출병 요청은 부득이한 사태에서 나온 것에 불과했다. 다음으로 청의 종주권은 극도로 강화되어 있었기 때문에 더 이상 시행할 것이 없었다. 마지막으로 국왕과 묘당은 모두 종주국이라고 해도 외국 군대의 주둔을 좋아하지 않아서, 임오변란 직후와 마찬가지로 하루라도 빨리 철병해 줄 것을 요청했을 것이다.

---

4) 원문은 '壬申變亂'으로 되어 있다. 임오·갑신 변란의 뜻으로 볼 수 없는 것은 아니나, 경군(慶軍) 6영이 조선에 파견된 것은 1882년 8월의 일이었으므로 임오변란의 오기로 보는 편이 정확하다고 생각해서 임오변란으로 수정하여 옮겼다.

다음으로 일본의 출병에 관해 살펴보자. 메이지 27년 6월 5일 오토리 공사의 귀임 당시 외무대신이 부여한 훈령에 따르면, 이번 조선 출병과 관련해서 한국과의 관계에서는 제물포조약 제5관, 청 및 열강과의 관계에서는 톈진협약 제3관에 의거한다고 명기되어 있었다. 하지만 두 조약 어느 쪽에 의거하더라도 일본 정부는 출병권(出兵權)을 갖기 때문에 양자를 구별해서 기재했지만 실제 적용할 때는 차이가 없었고, 오히려 제물포조약을 적용함에 매우 곤란한 면이 있었다. 제물포조약 제5관에는 공사관 경비를 위해 병력 약간을 둘 수 있다고 되어 있다. '약간'이라는 말에는 물론 제한이 없지만, 이것이 많은 수를 의미하지 않는다는 것은 분명하므로, 당초 조선 대표가 1천 명을 한도로 할 것을 제의했을 때 하나부사 변리공사도 원칙적으로 이의를 제기하지 않았던 것이다. 실제적인 문제로서, 제물포조약 체결 이후 일본 정부가 경성에 주둔시킨 경비대의 최대 병력은 평시편성된 보병 2개 중대로 구성된 1개 대대였고, 곧바로 1개 중대로 감축됐다. 그리고 철병 기한에 관해서는, 제물포조약 제5관의 단서에 "만약 조선 병민(兵民)이 1년간 법률을 준수한 후, 일본공사가 경비가 불필요하다고 인정할 때 철병해도 무방하다."라고 되어 있다. 따라서 철병할 시기에 도달했는지 여부는 전적으로 일본공사의 인정에 달려 있었는데, 조선처럼 정변이 계속 이어지고 정부의 경찰력이 취약해서 치안을 유지하기 어려운 나라는 정치적인 이유가 아닌 한, 쉽게 철병할 시기에 도달했다고 인정하기는 어려웠다.

　일본 정부가 이러한 경위를 가진 제물포조약 제5관을 근거로 돌연 혼성여단을 파견한 것은 내외를 경악하게 했다. 혼성 1개 여단의 병력은 족히 청의 파견병력의 3배에 해당했다. 어떻게 설명하더라도 조약을 정당하게 해석한 것이라고는 인정하기 어렵다. 실제 교섭 국면을 담당한 오토리 공사가 그렇게 우세한 병력을 배후에 가지고서도 진퇴양난의 처지에 빠진 것은 당연했다.

【원주】

1 『日淸韓交涉事件記事』.

2 『蹇蹇錄』, 19~20쪽.

3 『日淸韓交涉事件記事』.

4 『中日交涉史料』 13권, 문서번호 963. "光緖二十年五月五日北洋大臣來電".

　　왕사(汪使)의 지전(支電)(5월 초4일)에, "보내 주신 전보에 따라 이미 공문을 보냈습니다. 얼마 전 외무경과 회견했는데, 그가 말하기를 '군대를 보내서 상인을 보호하는 일은 부득이하다. 이미 일본공사에게 전령(電令)해서 총서에 지조(知照: 공문으로 통보함)하게 했고, 아울러 오토리 공사와 장수들에게 긴히 경계하여 병사를 엄중히 단속해서 절대 사단을 일으키지 않게 했으니, 부디 중국도 엄중히 명령하기 바란다.'라고 했습니다. 그리고 오직 조회문 가운데 '속방(屬邦)'이라는 두 글자를 갖고 변론을 크게 벌였습니다. 저들은 사관(使館)에서 그 수정을 상의해서 청하기를 바랐습니다. 바른말로 그 요청을 거절했지만, 아직도 그 의도를 이해할 수 없으니 부디 재결해서 지시하십시오."라고 했습니다. 저는 회신에서, "우리 조정이 속방을 보호하는 것은 오랜 관례이니, 이는 지난 일로 역력히 입증할 수 있으며, 천하 각국이 모두 알고 있다. 일본이 혹시 조선이 중국의 속방임을 인정하지 않더라도 우리는 우리 법을 행하면 될 뿐, 그 관례를 스스로 어지럽히는 것은 편치 않다. 원래 일본의 승인 여부는 묻지도 않았으니 그것을 고치기는 어렵다."라고 했습니다.

5 『日淸韓交涉事件記事』.

6 위와 같음.

7 『中日交涉史料』 13권, 문서번호 961. "光緖二十年五月五日北洋大臣來電".

8 『日淸韓交涉事件記事』; 『蹇蹇錄』, 21~22쪽.

9 「伊藤特命全權大使復命書」.

조선 내정개혁 문제

제 26 장

공동개혁과 단독개혁

오토리 공사는 메이지 27년 6월 10일의 귀임과 동시에, 경성의 정세가 6월 4일자 외무대신 훈령에 명기된 조건을 실행할 수 없다는 이유로 이미 본국에서 출발한 혼성 제9여단의 철수를 몇 차례 상신했다. 오토리 공사의 주장은 절대적이라고 할 만큼 강경한 것이었으므로 무쓰 외무대신은 오토리 공사를 경질하지 않는 한, 6월 4일자 훈령을 고쳐서 육군 부대의 입성을 정당화하는 이유를 찾아 오토리 공사에게 다시 훈령해야 했다. 이러한 훈령의 변경에는 각의의 동의가 필요했으므로 무쓰 외상은 이토 수상과 상의하는 한편, 오토리 공사에게 전훈(電訓)해서 혼성여단의 경성 진입에 대한 잠정적인 이유를 설명했지만, 오토리 공사는 그것이 실행 불가능하다는 것을 알고 따르지 않았다.

이토 수상과 무쓰 외상은 대한정책의 갱신에 관해 상의를 거듭한 끝에 초안을 마련해서 6월 14일 각의에 제출했다. 이토 수상의 원안은, ① 일청 양국 군대가 공동으로 동학비도(東學匪徒)를 토벌할 것, ② 비란(匪亂)을 평정한 후에는 내정개혁을 위해 일청 양국에서 상설위원 몇 명을 파견할 것, 내정개혁으로는 ③ 재정을 조사할 것, ④ 중앙정부 및 지방의 불필요한 관리를 제거할 것과 ⑤ 국내의 질서와 안녕을 유지하기에 충분한 경비대를 상설할 것, ⑥ 재정을 정리하고 공채를 모집해서 유익한 사업을 추진할 것 등의 조건을 청에 제안하는 것이었다. 수상의 원안은 각의에서 이의 없이 승인됐다. 단, 현재의 정세로 볼 때 청 정부가 조선 내정의 공동개혁에 동의할 가능성은 없었으므로 만약 청 정부가 공동개혁을 거절할 경우 일본 정부가 어떤 행동을 취할지 미리 연구해 둘 필요가 있었다. 이토 수상은 이 점에 관해서는 아무 언급도 하지 않았으므로, 외무당국으로서 무쓰 외상은 그 대책을 연구하기 위해 하루 동안의 시간을 요청했다.

무쓰 외상은 각의에서 나와서 밤새 고민한 끝에 "제국 정부는 이미 외교상 권변(權變)의 진동(進動)[1]으로 이행(移行)하지 않을 수 없는 시기에 도달했다. 또 청 정부는 십중팔구 우리의 제안에 동의하지 않을 것이다. 그러나 청 정부의 동의가 없다고 해서 우리가 아무 일도 없던 것처럼 우리 제안을 휴지통에 던져 버릴 수 없음은 물론이다. 따라서 대략 이토 수상의 제안에 따르는 것 외에 특별히 양책이 있을 것 같지 않더라도, 만약 청 정부가 우리 제안에 동의하지 않을 경우에는 우리나라가 단독으로 한국의 내정 개혁을 담당하겠다는 결심을 해두지 않으면, 훗날 피아의 의견이 상충했을 때 어쩌면 우리의 외교상의 진로가 차단될 우려가 있다."라는 결론에 도달했다.

6월 15일에 다시 각의가 소집됐다. 각의에 참석한 무쓰 외상은 외무당국의 입장을 설명하고 이토 수상의 원안에 이의는 없지만 만일의 경우를 생각해서, "청 정부와의 상의의 성공 여부에 관계없이 그 결과를 보기 전까지는 현재 한국에 파견한 우리 군대를 결코 철수시켜서는 안 되며, 만약 청 정부가 우리 제안에 찬동하지 않을 경우 제국 정부는 혼자 힘으로 조선 정부로 하여금 전술한 개혁을 하게 만드는 임무를 맡을 것"이라는 조건을 덧붙여야 한다고 역설했다. 이 제안은 각의의 승인을 받았으므로, 수상은 각의를 마친 후 상주해서 재가를 얻었다.[1]

6월 15일의 각의의 결과, 일본 정부는 조선 내정개혁이라는 근본방침을 추진하기로 결정했다. 그런데 이를 실시하기 위해서는 우세한 군대를 경성에 두는 것이 절대적으로 필요했으므로, 무쓰 외상은 당일로 오토리 공사에게 타전해서 각의의 결정을 전하고 어떤 명분을 내세워서라도 주둔부대의 철수에 동의하지 말라고 훈령했다.

6월 14일 정오에 발신한 귀 전보에서 개진한 이유는 자세히 살펴보았다. 그러나 현재의 폭도가 진정돼서 평화 상태로 돌아가더라도, 여전히 일청 간에 분의(紛議)를 발생시킬 수 있는 사건이 남는 것은 피할 수 없으리라. 이러한 사정으로 인해 내각 회의는 단호한 조치를 취해서, 청과 협력해서 조선 정부의 조직을 개혁하고 이 목적을 위해 공동위원을 임명할 것을 청에 독촉하기로 결의했다. 이것은 내일○6월 16일 본 대신이 재일본 청공사에게 제의할 것이다. 이 일은 극비로 해서, 원세개는 물론 그 밖에 아무에게도 누설하지 말라. 청과 이 일을 결정하기 위해서는 그 담판이 계속되는 동안 어떠한 구실을 대서라도 우리 군대를 경성에 두는 것이 가장 필요하다. 왜냐하면 이홍장은 일본군대를 철수시키는 데 매우 고심해서, 가령 청군대를 철수시켜서라도 이 목적을 달성하려고 할 것이기 때문이다. 우리 군대의 철수 지연의 이유로, 각하는 가장 공공연히 드러내면서 공사관원이나 영사관원을 실황(實況) 조사의 목적

---

1) 권변(權變)의 진동(進動): 권변(權變)은 어떤 원칙이 아니라 그때그때 상황에 따라서 임기응변으로 일을 처리한다는 뜻이고, 진동(進動)은 앞을 향해서 발전한다는 뜻이다.

으로 폭동 지역에 파견하라. 그리고 이 조사는 가능한 한 천천히 진행하고, 그 보고는 의도적으로 평화 상태와 가능한 한 반대되는 양상들을 포함시켜서 작성하게 하는 것이 가장 바람직하다. 만약 보호의 필요가 있으면 순사를 수행시켜도 괜찮다. 러시아의 조선 출병에 관해서는, 본 대신과 러시아공사의 담화 및 영국 주재 일본공사의 전보를 통해 살펴보건대 당분간 그러한 우려는 없을 듯하다. 만약 조선 정부가 평화와 질서가 회복됐다고 하면서 우리 군대의 철수를 요청할 경우에는, 일본 정부를 비롯해서 각하 자신도 만족하기 위해, 실황 조사 명목으로 특별히 파견한 관리의 보고를 기다려야 한다고 대답하라.[2]

곧이어 6월 16일에 무쓰 외상은 주일청국특명전권공사 왕봉조를 불러서 각의에서 결정된 동학비도(東學匪徒)의 공동토벌 및 조선 내정의 공동개혁을 제의했다. 그리고 당일 이 내용을 오토리 공사에게 타전하고, 또 일본군의 주둔 이유를 만들기 위해 조선 정부에 일본군의 비도(匪徒) 토벌을 제의할 것을 지시했다.

6월 16일 도쿄 주재 청공사와 장시간 대담하면서, 나는 조선의 평화 및 질서를 유지하기 위해 일본 정부가 청 정부와 협력해서 취할 방안으로서 다음 세 가지 조건을 제의했다.

첫째, 반적(叛賊)을 진압하고 질서를 회복할 것.
둘째, 행정 및 재정 개혁을 위해 양국이 공동위원을 임명할 것.
셋째, 자위(自衛)를 위해 유효한 군대를 편제하게 할 것.

이상의 제의에 구애받지 말고, 기회가 있으면 조선 정부를 도와서 반적(叛賊)을 진압하라.[3]

또한 무쓰 외상은 청이 절대 공동개혁안에 동의하지 않을 것으로 예상했다. 그는 설령 일본이 개전을 하는 한이 있어도 단독개혁을 단행하는 것 외에는 방법이 없으며, 그 준비의 일환으로 조선으로 하여금 필요한 이권을 양여하게 하는 것이 유리하다고 보고, 6월 18일에 다음과 같이 오토리 공사에게 전훈(電訓)했다.

조선과 관련한 우리의 제의에 대해 청 정부는 동의할 기미가 없다. 그렇다면 일본 정부는 스스로 만족하고, 공중(公衆)의 감정을 만족시키는 결과를 얻기 전까지 현재의 위치에서 물러서선 안 된다. 따라서 이 기회를 이용해서 경성~부산 전선의 양여, 내지에서 일본인 소유 상품에 대한 불법과세의 폐지, 방곡령의 완전 폐지를 조선 정부에 요구해야 한다. 만약 청 정부와의 협의가 만족스러운 결과를 낳지 못할 경우, 이러한 목적을 달성하기 위해 적당한 조처를 취할 것을 추후에 훈령할 예정이다. 이를 충분히 고려해서 그 준비를 하기 바란다.[4]

이 훈전(訓電)은 6월 20일 저녁에 경성공사관에 도착했는데, 이를 본 오토리 공사 등은 기이한 느낌을 받았다. 당시 일청 양국 대표자 간에 출병 문제에 관한 교섭이 진행돼서 조선은 오히려 종속적인 위치에 있었다. 따라서 조선에 다시 많은 희생을 강요하는 것은 불합리할 뿐만 아니라, 그 요구의 일부는 조약 위반이 될 우려가 있었기 때문이다. 오토리 공사 등은 6월 17일의 청훈(請訓)에 대한 회훈(回訓)을 하루라도 빨리 받고자 기다리고 있었는데, 오히려 이러한 종류의 훈령이 내려온 것을 의외라고 생각해서 당일로 18일 훈전에서 지시한 이권 양여의 요구는 시의(時宜)에 맞지 않다고 상신하고 17일자 청훈에 대한 회훈을 재촉했다.[5]

6월 21일에 공동토벌 및 내정공동개혁에 관한 이홍장의 회답이 청공사 왕봉조를 통해 전달됐다. 무쓰 외상의 예상대로 일본 정부의 제의를 전면적으로 거절하는 것이었다. 이로써 일본 정부는 자유로운 입장에서 단독으로 조선의 내정개혁을 담당할 수 있게 됐다. 정부는 6월 22일에 각의를 열고 단독개혁에 관한 방침을 확정했다. 그 실시를 담당할 오토리 공사의 책임이 더욱 중대해졌으므로 무쓰 외상은 정부의 방침을 설명하기 위해 당일로 외무성 문서과장 외무서기관 가토 마쓰오(加藤增雄)를 조선에 특파하고, 다음 날인 23일에 오토리 공사에게 타전해서 가토 서기관의 도한(渡韓)과 그의 사명을 미리 통보했다.[6]

청 정부와의 담판이 원활치 않으니 설령 동학당을 진압했더라도, 또 일청의 충돌을 피할 수 없더라도 단순히 청군대가 물러간다는 것만으로 우리 군대를 조선에서 철수할 수 없다. 우리 정부는 청 정부에 제의한 것과 같이 단독으로 그 조치를 행하지 않을 수 없다. 상세한 훈령은 가토 서기관이 휴대하고 있으니 그의 도착을 기다리라.[7]

6월 22일에 정부의 방침이 결정되자, 다음 날인 23일에 대본영은 제5사단장 노즈 육군중장과 혼성 제9여단장 오시마 육군소장에게 명해서 외교상의 이유로 일시 연기된 혼성여단의 경성 진입과 후발부대의 수송을 실시하게 했다. 오시마 여단장은 우선 인천 거류지에 머물고 있던 보병 제11연대 및 특과대(特科隊)를 경성으로 불러들였다. 이 부대는 6월 24일에 인천을 출발해서, 용산에서 아현리(阿峴里)까지 경성 서남쪽 교외에 군막을 치고 숙영했다. 또 제5사단장은 과거 대본영의 전명(電命)에 따라 잠시 출발을 연기했던 혼성여단 제2차 수송부대의 수송 개시를 명령했다. 이 부대는 보병 제21연대장 육군 보병중좌 다케다 히데노부(武田秀山)에게 지휘를 맡기고, 6월 24일까지 운송선 스미노에마루(住ノ江丸)·와카노우라마루(和歌浦丸)·미카와마루(三河丸)·효고마루(兵庫丸)·사카타마루(酒田丸)·구마모토마루(熊本丸)·센다이마루(仙臺丸)·에치고마루(越後丸)의 8척에 승선한 후, 같은 날 정오에 우지나(宇品)에서 출항해서 다음 날인 26일 새벽에 모지(門司)에 도달했다. 그리고 군함 나니와(浪速)[함장 해군대좌 도고 헤이하치로(東鄉平八郎)]의 호위 아래 27일에 인천에 도착해서, 28일 저녁에 상륙을 마쳤다.

보병 제21연대의 인천 상륙으로 당초 참모본부에서 계획한 혼성여단 전부의 수송을 마쳤다. 이로써 경성과 인천에 보병 6개 대대·기병 1개 중대·야포병(野砲兵) 2개 중대·공병 1개 중대 등 적어도 5천 명의 병력과 산포(山砲) 12문을 집결시킬 수 있었다. 오토리 공사는 이 우세한 병력을 배후에 두고 조선 정부에 어떤 개혁도 강제할 수 있는 지위에 섰던 것이다.[8]

인천에서 숙영 중이던 오시마 육군소장이 직접 통솔하는 부대가 경성에 진출한 이상, 이미 사태를 애매하게 처리할 수는 없게 되었다. 가토 외무서기관은 아직 며칠 뒤에나 경성에 도착할 예정이어서 그가 휴대한 외무대신 훈령의 상세한 내용은 알 수 없었지만, 그것이 조선의 내정개혁 요구라는 것은 분명했으므로 오시마 부대의 진출을 기회로 사전에 조선 정부에 대해 내정개혁을 요구하는 뜻을 표시하고, 가토 서기관이 도착한 다음에 구체안을 제출해야 한다는 의견이 대두했다. 오토리 공사도 그것에 동의했으므로 스기무라 서기관은 공사의 명에 따라 통리아문독판 조병직과 회견을 갖고 국왕 알현을 요청했다. 묘당에서도 공사가 알현할 때 중대한 요구를 하리라는 것을 예상해서 난색을 보였지만, 6월 26일에 알현을 받기로 승낙했다.[9]

6월 26일, 오토리 공사는 스기무라 서기관 및 통역으로 공사관 서기생 고쿠분 쇼타로를 거느리고 창덕궁에서 국왕을 알현했다. 그는 먼저 본국 정부의 훈령에 따라 조선의 내정개혁이 필요함을 역설하고, 또 조사위원을 임명해서 일본공사와 협의하게 할 것을 진주(陳奏)한 후, 미리 준비한 한문 의견서를 봉정(捧呈)했다. 국왕은 일본 정부의 호의에 사의(謝意)를 표하고, 의견서는 자세히 읽어 보겠지만 일본군이 도착한 이래 인심이 흉흉해서 불안감이 극에 달했으니 속히 철병해 줄 것을 희망했다.

사신 오토리 게이스케가 삼가 아룁니다.

대군주 폐하께서는 성덕(聖德)이 날마다 드높아서 억조의 백성이 교화에 무젖고 방치(邦治)[2]가 더욱 융성해서 환우(寰宇)[3]가 송축을 올리니 지극히 흠앙(欽仰)하는 마음을 이길 수 없습니다. 일찍이 남도의 백성들이 무지하게도 교화에 복종하지 않고 감히 유사(有司)[4]에게 항거해서 한때 도량(跳梁)[5]했습니다. 이에 왕사(王師)를 보내서 크게 달벌(撻伐)[6]했으나, 다시 이들을 박멸하기가 쉽지 않을 것을 우려해서[7] 마침내 이웃나라의 도움을 빌리는 조치를 취했습니다. 우리 정부는 이 소식을 듣고 사태가 다소 심각하다고 생각했습니다. 이에 천황 폐하의 유지(諭旨)를 받들어 본 사신으로 하여금 병사들을 이끌고 궐하(闕下)로 귀임해서 사관(使館)과 상민(商民)을 스스로 호위하게 했습니다. 아울러 귀국은 휴척(休戚)[8]이 관계되는 나라임을 생각하시어 만약 요청이 있으면 한 손을 내어 도와줌으로써 우의(友誼)를 끝까지 돈독히 할 것을 명했습니다.

본 사신이 명을 가지고 경성에 왔을 때, 마침 완성(完城)[9]을 수복하고 잔당이 달아나 숨었다는 말을 들었습니다. 이에 군대가 돌아오고 오래지 않아 사후처리가 궤도에 올랐으니, 이는 모두 성덕(盛德)을 입은 것이라, 실로 내외가 모두 경하하며 송축하고 있습니다. 다만, 우리 일본과 귀국은 동양(東洋) 한쪽에 함께 위치하고 강역(疆域)이 인접하니, 참으로 보거순치(輔車脣齒)의 관계일 뿐만이 아닙니다. 더구나 강신수목(講信修睦)해서 사신과 폐백의 왕래를 예로부터 지금까지 소홀히 하지 않았으니, 사책(史冊)을 살펴보면 뚜렷이 계고(稽考)할 수 있습니다. 이제 여러 나라들의 대세(大勢)를 관찰해 보건대, 정치(政治)·교민(教民)·입법(立法)·이재(理財)·권농(勸農)·장상(奬商)이 모두 스스로 부강을 이루려는 것이요, 장기를 펼치고 능한 것을 전공해서 우내(宇內)를 웅시(雄視)하려고 할 뿐입니다. 그렇다면 성법(成法)만 고집스럽게 지켜 변통달권(變通達權)해서 시야를 넓힐 것을 생각하지 않고, 힘껏 세력을 다투어서 자주(自主)를 하지 않는다면, 어떻게 상지(相持)[10]해서 여러 나라들이 둘러서서 지

---

2) 방치(邦治): 원문에는 郢治라고 되어 있으나 문맥상 어색하다. 이 인용문의 원출처인 「日淸韓交渉事件記事」에도 郢治로 되어 있으나 여기에서는 邦治의 오기인 것으로 보고 옮겼다. 邦治는 국가의 통치라는 뜻이다.
3) 환우(寰宇): 천하(天下)
4) 유사(有司): 관리(官吏)
5) 도량(跳梁): 함부로 날뜀
6) 달벌(撻伐): 토벌(討伐)
7) 원문은 '復慮滅此朝食之不易'로 되어 있는데, 朝食은 문맥상 오기일 것으로 보이나 상고할 수 없어서 일단 번역에서 누락했다. 「日淸韓交渉事件記事」에서도 이와 같다.
8) 휴척(休戚): 안락과 근심이라는 뜻으로, '휴척(休戚)이 관계된다'는 말은 양자의 관계가 밀접해서 안락과 근심을 공유한다는 뜻이다.
9) 완성(完城): 전주성
10) 상지(相持): 일반적으로는 상호 대립, 견제의 의미로 사용되지만, 이 말에는 상호 의존한다는 뜻도 있다. 문맥상 여기서는 두 가지 의미가 모두 통하는 것으로 보인다.

켜보는 가운데 개립(介立)[11]할 수 있겠습니까? 그러므로 또 본 사신에게 명하기를, 귀 조정의 대신과 회동해서 그 방도를 강명(講明)하고 귀 정부에 권고해서 힘껏 부강(富强)의 실정(實政)을 거행하게 한 것입니다. 그렇게 된다면 휴척상관(休戚相關)의 우의(友誼)가 시종여일(始終如一)할 것이요, 보거상의(輔車相依)의 국면을 보존할 수 있을 것입니다. 엎드려 바라옵건대, 폐하의 성감(聖鑑)[12]으로 유지(諭旨)를 내리셔서 관리교섭대신(辦理交涉大臣) 또는 전위대신(專委大臣)[13]에게 본 사신과 회동할 것을 명하여 제가 이 말을 모두 다 전할 수 있게 하십시오. 그리하여 우리 정부의 인의(隣誼)를 돈독히 생각하는 지극한 뜻을 저버리지 않으신다면, 대국(大局)에 큰 다행일 것입니다.

사신 게이스케는 몹시 앙망(仰望)하고 병식(屛息)[14]하는 마음을 이길 수 없습니다. 폐하의 홍복(洪福)이 무강(無疆)하시기를 기원합니다. 삼가 아룁니다.[10]

---

11) 개립(介立): 우뚝하게 홀로 섬
12) 성감(聖鑑): 제왕의 감별과 판단
13) 전위(專委): 전임(專任)
14) 병식(屛息): 두려워서 숨을 죽임

【원주】

1 『蹇蹇錄』, 32~35쪽.

2 『日清韓交涉事件記事』(朝鮮之部), "明治二十七年六月十五日大鳥公使宛外務大臣電報".

3 『在韓苦心錄』, 17~18쪽.

4 『在韓苦心錄』, 18쪽.

5 『在韓苦心錄』, 18~19쪽.

6 『日清韓交涉事件記事』(朝鮮之部).

7 『在韓苦心錄』, 19쪽.

8 『日清戰史』1권, 112~117쪽; 『二十七八年海戰史』상권, 57쪽.

9 『在韓苦心錄』, 19~20쪽.

10 『日清韓交涉事件記事』(朝鮮之部); 『在韓苦心錄』, 20~22쪽.

내정개혁과 일청개전론

오토리 공사가 가토 외무서기관의 도착을 기다리지 않고 급히 국왕을 알현해서 내정 개혁을 요망한 것은 혼성여단을 경성으로 불러들일 구실을 마련하기 위한 것으로, 공사 자신이 문란이 극에 달한 조선의 내정개혁을 단행할 가능성이 있다고 믿어서가 아니었 다. 대체로 국왕은 개혁의 필요성을 인식하지 못했고, 척족은 개혁으로 인한 정권 상실 을 두려워했고, 척족의 후원자로서 거의 독재자의 권력을 갖고 있었던 청 도원(道員) 원 세개는 개혁의 실시로 인한 일본 세력의 진출을 우려해서, 모두 하나가 되어 내정개혁 에 반대하고 있었다. 게다가 갑신변란 당시와는 사정이 달라진 것이, 묘당 내부에 유력 한 개혁분자도 존재하지 않았기 때문에 일본공사와 안팎으로 호응하면서 개혁의 기운 을 양성할 수도 없었다.

이러한 정치적 현실 속에서 일본 정부가 의도하는 것처럼 내정개혁을 진지하게 실행 하고자 한다면, 먼저 청 세력을 타파하고 척족을 묘당에서 몰아내서 정부를 근본적으 로 개조해야 했다. 오토리 공사가 스기무라 서기관, 혼노 외무성 참사관, 오카모토 류노 스케 등의 주장을 좇아 청한종속론을 거론하면서 조선 정부를 추궁하고, 청군대의 철수 를 강요하는 상황까지 몰고 감으로써 청 세력을 타파할 기회를 만들려고 한 것은 이 때 문이었다. 그런데 외무대신은 오토리 공사의 두세 차례 독촉에도 불구하고, 6월 17일의 청훈(請訓)에 대해 아무런 회훈(回訓)도 부여하지 않고 오히려 6월 23일에 이르러 내정개 혁을 제안하라고 전명(電命)했다. 오토리 공사는 6월 17일 청훈의 의미가 완전히 관철되 지 않은 것을 우려해서, 6월 26일에 국왕을 알현한 후 다시 타전해서 6월 17일자 전보의 취지를 강조하고 외무당국의 재고를 촉구했다.

가토○외무서기관가 아직 도착하지 않았으므로, 귀전(貴電)에서 지시하신 제의는 아직 공식적 으로 조선 정부에 통지하지 않았음(즉, 제국 정부가 단독으로 공식적으로 내정개혁을 권고하는 것). 그렇지만 비공식적 수단 및 그 밖의 보고 등에 따라 살펴보건대, 조선 정부는 청의 견제하에 있는 동안에는 우리 제의는 실행하지 않을 것이므로 유효한 개혁은 이뤄지지 않을 것으로 확신함. 따라서 한국의 주권 문제를 결정하는 것이 현재 가장 필요한 일임. 동시에 청장(清將) 섭(聶)이 발포한 고유문(告諭文)에 속국을 구원하기 위해 파견됐다는 뜻이 있었으므로, 본관은 6월 26일자 공문을 통해 원세개에게 사실 여부를 문의했음. 이 고유문에 대해서 필요한 경우, 강력(强力)을 써서라도 그것에 반대하는 조치를 취해도 좋을지 속히 회전(回電)을 바람.[1]

이 전보에 대한 회전(回電)을 받기 전에 가토 외무서기관이 27일에 경성에 도착했다. 가토 서기관이 오토리 공사에게 전달한 내훈은, "오늘날의 형세로는 일의 진행상 개전을 피할 수 없다. 따라서 우리가 허물을 지지 않는 한에 있어서 어떠한 수단을 취해서라도 개전의 구실을 만들 것."[2]이라는 내용이었다. 또 가토 서기관은 시모노세키에서 접수한, 6월 23일에 오토리 공사에게 부여된 훈전(訓電)도 전달했다.

조선의 행정·사법 및 재정 제도에 실제 유효한 개혁과 개선을 시행함으로써 장래에 다시 실정(失政)이 없으리라고 보증할 것을, 조선 정부에 권고 형식으로 엄중히 말할 것을 각하에게 훈령함. 그때 각하의 논봉(論鋒)을 강력하게 하기 위해서는 본 대신이 청공사에게 준 회답에서 진술한 이유를 내세울 것. 그 회답의 사본은 가토가 각하에게 전달할 것임. 그리고 각하는 적절하게 그 이유를 외국 공사들에게 상세히 알려서 일본 정부의 조처가 지당함을 세상에 공표할 것.[3]

6월 5일에 도쿄를 떠난 이후 오로지 전신 왕복만으로 본국 정부의 근본방침을 포착하기 위해 고심했던 오토리 공사와 부하관리들도, 이제 가토 서기관의 도착을 통해 정부 방침 또한 공사 등의 주장과 근본적으로 일치한다는 것을 알고 단단히 의지를 다졌다. 단, 가토 서기관이 휴대한 6월 23일자 외무대신의 훈전에는 오직 내정개혁을 조선 정부에 엄중하게 권고하라는 말만 있을 뿐, 청한종속관계에 관해서는 언급하지 않았다. 이와 관련해서 무쓰 백작의 수기 『건건록(蹇蹇錄)』에 다음과 같은 구절이 있다. "결국 조선의 내정개혁은 원래 일청 양국 사이에 얽혀서 풀리지 않는 난국을 조정하기 위한 정책이었는데, 시국이 일변해서 결국 우리나라 혼자 힘으로 담당하지 않을 수 없는 것이 되었기 때문에 나는 애초부터 조선의 내정개혁사업에 대해서는 특별히 무게를 두지 않았고, 또 조선 같은 나라가 과연 만족스러운 개혁을 완수할 수 있을지 의심했다. 그렇지만 조선의 내정개혁은 이제 외교상 일종의 중대 문제가 돼서 우리 정부는 어찌 됐든 그 실행을 시도하지 않을 수 없게 되었다. 우리나라 조야(朝野)의 의론이 어떤 사정과 원인에 기초하고 있는지와 같은 문제는 미처 따지지 못하고, 어쨌건 이러한 일치협동(一致協同)을 본 것이 안팎으로 대단히 유리한 상황이라고 보았다. 나는 이 좋은 명목을 빌려서 이미 한 번 파열된 일청 양국 관계를 다시 조화시킬 수 있을지, 만약 끝내 그것을 조화시킬 수 없다면 차라리 이것으로 파열의 계기를 재촉해야 할지, 아무튼 먹구름이 잔뜩 끼어 어두운 하늘을 크게 변화시켜서 일대 강우를 내리게 할지, 일대 쾌청한 날씨를 얻을지의 풍우침(風雨針)으로 이를 이용하고 싶었다."[4]

『건건록』의 기사는 사후 회고록이기 때문에 무쓰 백작의 호방한 말을 문자 그대로 믿을 수는 없지만, 그가 조선의 내정개혁에 주안을 둔 것은 그 실현 가능성을 믿었기 때문이 아니라 오히려 정치적인 이유였다는 것은 명백하다. 생각건대, 일청 간의 충돌을 촉진하더라도 예전부터 현안이 되었던 청한종속관계를 구실로 하는 것은 외교적으로 유리할 것이 없었다. 내정개혁은 설령 실행 불가능하다고 해도 조선 정세에 익숙하지 않은 서양인들에게 좋은 인상을 줄 수 있고, 이 개혁에 동의하지 않는 것을 개전의 이유로 내세운다면 책임을 청에 전가하는 것도 가능하다고 생각했을 것이다. 6월 23일 훈전(訓電)에서 개혁안을 경성 주재 외교단에게 회람시킬 것을 명령한 것 또한 이러한 이유 때문이었을 것이다.

어쨌건 오토리 공사와 스기무라 서기관 모두 무쓰 외상의 미묘한 외교정책을 실행할 만한 능력을 갖고 있지 않았다. 그들의 언행은 무쓰 외상의 눈에는 '다소 과격함'을 면치 못했다.[5] 당시 오토리 공사가 시국을 어떻게 관찰하고 있었는지는 메이지 27년 6월 28일 외무대신에게 올린 상신을 통해 상세히 알 수 있다.

어제 27일 가토 서기관이 인천에 도착해서 오늘 오전에 입경했으므로 훈령의 취지를 상세히 알았습니다. 아울러 지금까지 왕복전신으로 의미가 충분히 서로 통하지 않는 부분이 있었음도 판명됐습니다. 그러나 이곳의 형세는 조금씩 전신 및 기밀 서신 등을 통해 말씀드렸던 것처럼, 이 정부는 일반적으로 단지 무사평온만을 원하고 밤낮으로 일청 양국 군대의 철수를 바라고 있습니다. 그리고 그 목적을 달성하기 위한 수단으로 처음에는 오로지 원세개에게 의뢰하다가 신속한 결과를 보지 못하자, 다시 방향을 바꿔서 각국 공사에게 주선을 의뢰하거나,

혹은 전신으로 이홍장에게 의뢰하는 등 가능한 모든 수단을 다하고 있는 것으로 보입니다. 또 원세개는 현재 자주 큰소리를 지껄이거나, 혹은 위조한 전신을 보내서 한국 조정의 관리들을 공갈하고, 일본 정부의 이번 행동은 전부 조선을 병합하려는 야심을 포장한 것이라든지, 또는 내치에 간섭하는 단서를 열려는 데 있다든지 하면서 자기 멋대로 무리한 논리를 지어내 한국 관리들에게 말하기 때문에, 안 그래도 일본을 혐오하고 지나(支那)에 의뢰심이 깊은 조선 조정의 노인들은 철두철미 지나에서 떨어져서는 안 되며, 설령 일병(日兵)이 한때 수가 많더라도 최후의 승리자는 반드시 지나가 될 것으로 확신하고 있습니다. 그 밖에 조금 시세를 아는 사람이라도 일단은 양쪽을 관망하면서 그 승패를 보고 거취를 결정하려는 양상이니, 이른바 일본당(日本黨)이라고 지칭되면서 음으로 양으로 운동하는 자들은 현재 세력이 없는 김가진, 유길준(兪吉濬), 조희연(趙羲淵), 안경수(安駉壽) 등 10여 명에 불과합니다.

이러한 상황이므로 이번 기회에 반드시 지나와 한번 충돌을 일으켜서 그것을 처부수기 전까지는 내정개혁의 목적을 충분히 관철할 수 없다고 생각했습니다. 하지만 일청 양국 군대의 충돌은 쉽게 초래하기 어렵기 때문에 내정개혁을 먼저 내세워서, 만약 이로 인해 일청의 충돌을 촉진한다면 다행이라고 생각하고 계속 알현을 독촉했더니 26일 오후 3시에 국왕전하가 본관을 알현하시겠다는 뜻을 내무독판을 통해 통지했습니다. 따라서 이 기회를 이용해서 내정개혁의 단서를 열고, 조만간 가토 서기관이 도착한 다음에 정부에 개혁안을 제출해야겠다고 생각했습니다. 별지 갑호(甲號)의 사본과 같이 내치개량(內治改良)의 필요를 설명하고, 또 위원을 정해서 본 공사와 협의하기를 바란다는 뜻을 어전에 아뢰고, 동시에 상주문(즉, 별지 갑호)을 봉정했습니다. 따라서 개혁안을 준비하는 대로 외무독판 또는 전하가 특별 임명한 개혁조사위원에게 제출해서 협의할 수 있을 것으로 생각됩니다.

단, 예전부터 은밀히 개혁파를 교사해서 우리가 밖에서 독촉하는 것과 동시에 안에서 일어나서 개혁을 촉진할 수 있는 준비를 해두었지만, 앞에서 말씀드린 것처럼 개혁파의 세력이 매우 미약하니 그들이 과연 내응(內應)을 잘 할 수 있을지 매우 의심스럽습니다. 만일 우리가 개혁안을 제출할 때, 저들이 청사(淸使)의 후원을 믿고 거절해서 받아들이지 않는다거나 또는 겉으로만 응하면서 그 실행을 주저하는 등의 상황이 생길 경우에는, 본관은 조리(條理)가 허락하는 한 난폭한 수단을 사용해서라도 반드시 실행을 시키려고 생각하고 있으니 그 점은 알고 계시기 바랍니다.

또 장차 청 정부의 행동이 강경할 것인지, 유연할 것인지는 대단히 애매해서 분명치 않습니다. 지난 22일에 출발한 청병(淸兵) 약 500명은 24일에 아산에 도착했지만 이 분대는 보충을 위해 파견된 것 같습니다. 그 나머지 병대(兵隊)는 출발 준비의 보고를 받기 전에는 실제로 도한(渡韓)할지 알 수 없으며, 또 청군대의 입경설(入京說)도 완전히 사라졌습니다. 그렇다면 청 정부는 우리와 간과(干戈)를 겨루는 것이 좋은 방책이 아님을 깨닫고, 평화수단을 통해 양국 철병의 공을 세우려고 진력하고 있는 것으로 추측됩니다. 단, 지난 23일과 25일 양일에 원세개가 별지 을호(乙號)와 같은 공문을 보내서 "현재 전라도의 민란이 이미 평정됐다는 보고가 있더라도, 거괴(巨魁)와 여당(餘黨)의 행방이 밝혀지지 않았으니 아직 충분히 평정됐다고 보기 어렵다. 이는 다른 나라에게 군대를 주둔할 구실을 주는 것이니, 청한(淸韓)이 함께 군대를 파견해서 초토(剿討)의 실공(實功)을 세워야 한다."라고 독촉했는데, 조선 정부는 그 답변에 당혹스러워하면서 마치 울며 겨자 먹기로 원(原) 씨에게 간절히 출병 중지를 부탁하고 있다고 들었습니다. 앞에서 말씀드린 것처럼 일청 양국 군대는 각각 20여 리 떨어진 먼 지역에서 주둔하고 있으며 그 목적도 같지 않으니, 며칠이 지나도 양국 군대가 충돌할 기회는 없을 것입니다. 그런데 우리 군대는 조금씩 증가해서 저들의 2, 3배가 되었으니 우리에게 속전(速戰)이 이로움은 물론이요, 내치개혁(內治改革)의 목적을 달성하는 데도 속전이 이익이 될 것입니다. 따라서 지난 26일에 제11호를 통해 이러한 내용을 전보로 보고했던 것입니다. 그런데 금일 가토 서기관이 도착해서 귀 대신각하(大臣閣下)의 뜻도 충분히 이해했습니다. 따라서 앞의 단서를 좇아 문제를 독립속방(獨立屬邦)과 내정개혁의 두 가지로 구별해서, 다음 순서에 따라 이것들을 결행하려고 생각하고 있습니다.[6]

오토리 공사는 현지 주재 관헌으로서 외무대신이 보는 것보다 훨씬 더 형세가 긴박함을 깨닫고 하루라도 빨리 개전을 단행하는 것이 유리하다고 믿었다. 이를 위해서는 명분에 크게 얽매어 있을 수 없었다. 그는 외무대신의 전명(電命)에 따른 내정개혁은 외교적으로는 유리해도 간접적이라서 큰 효과가 없다고 생각했다. 이에 외무대신의 훈령에 구애받지 않고, 보다 유효한 청한종속관계의 해결을 첫 번째로, 그리고 내정개혁을 두 번째로 해서 조선 정부에 요구하기로 결심하고, 그 순서를 다음과 같이 정해서 외무대신에게 상신했다.

갑(甲). 조선 번속(藩屬) 문제
제1차 메이지 27년 6월 6일에 주일청공사가 외무대신에게 송치한 조회 사본을 조선 정부에 제시하고, 글 안에 명기된 '보호속방(保護屬邦)'의 자구를 승인하는지 여부에 관해 설명을 요구할 것.
제2차 제1차의 요구에 대한 조선 정부의 회답에 따라 다음 수단을 취함.
조선 정부가 만약 우리나라는 자주독립으로서 청의 속방이 아니라고 대답할 경우, 우리는 조선 정부에 대해서는○강조점은 원문 "이제 청병(淸兵)이 보호속방(保護屬邦)을 칭탁하면서 귀국 경내(境內)에 들어온 것은 귀국의 독립권(獨立權)을 침해한 것이다. 이를 물리쳐서 일조조약(日朝條約)의 명문(明文)을 보전하는 것은 귀 정부의 의무이니, 신속하게 청병을 축출해야 한다. 만약 귀국 정부의 힘으로 할 수 없을 때는 우리 병력으로 귀국을 원조해서 청병을 몰아내겠다."라고 독촉하고, 청 공사에 대해서는○강조점은 원문 "귀국이 보호속방의 명분으로 조선에 파병한 것은, 우리 정부가 어디까지나 동의하지 않는다고 성명했다. 우리 정부는 처음부터 조선의 독립을 인정했으니 그 독립을 보호할 의무가 있고, 또 조선 정부도 귀국의 속방이 아니라는 뜻을 명언(明言)했다. 그렇다면 귀국 군대는 부정(不正)한 명분으로 파견되어 온 것이니 신속히 철수해야 한다. 만약 주저할 경우에는 어쩔 수 없이 우리 병력으로 몰아내겠다."라는 뜻을 통지해야 함.

또 만약 조선 정부가 청의 속방이 틀림없다는 뜻으로 대답할 경우, 일단 독판을 면회해서 그 이해(利害)를 설명하여 공문을 철회하게 해야 함. 만약 저들이 우리 말에 복종하지 않을 때는 공식적으로 조선 정부에 대해 저들이 수호조규 제1관을 배약(背約)하고 또 조약 체결 이래 17년 동안 우리를 기만한 죄를 문책해서, 병력으로 저들을 협박해서 실질적인 사죄를 하게 하여 우리가 만족할 만한 보상을 얻어야 함.

또 만약 조선 정부가, "우리나라는 고래로 청의 속방이라고 부르지만, 내치와 외교는 자주에 맡긴다는 약속이 있으니 자주적인 속방(自主ノ屬邦)에 틀림없다."라고 대답할 경우에는, 우리는 조선에 대해 "내란을 진정하는 것은 내치에 속한다. 그런데 청이 보호속방이라는 명분을 빌려서 군대를 파견하는 것은 내치에 간섭하는 것이며, 실질적인 속방으로 만들려는 것이다."라는 이유를 내세우고, 나머지는 제1항의 절차에 따라 조선 조정과 청 조정에 추궁해야 함.

을(乙). 조선 내정개혁 문제

제1차 국왕에게 내정개혁의 필요를 진주(陳奏)할 것.

제2차 내정개혁안을 조선 정부에 제출하고, 정부가 이를 실시할 결심이 있는지 확인할 것.

제3차 조선 정부가 오토리 공사의 권고에 따르지 않고 내정개혁의 의지가 없을 경우, "조리(條理)가 허락하는 범위 내에서 공혁(恐嚇)[1] 수단을 취해서 그 실행을 독촉할 것."[7]

오토리 공사가 강제 수단으로 인해 일청 간의 충돌이 초래될 것으로 예상하고 있었다

---

1) 공혁(恐嚇): 위협(威脅), 공갈(恐喝)

는 것은 이미 앞에서 서술했다. 동시에 그는 갑신변란의 쓰라린 경험에 비추어 경성에 있는 부녀자와 아이들을 인천 또는 내지로 철수시킬 것을 고려했다.[8]

오토리 공사가 가장 먼저 실행해야 할 것은 갑·을 2개 안의 제1차에 있는 내용이었다. 그는 6월 28일 당일로 통리아문독판 조병직에게 조회를 보내서, 6월 29일까지 왕(汪) 주일청공사의 조회에 있는 '보호속방(保護屬邦)'에 관해 설명을 요구했다. 을안의 제1차에 있는 국왕에게 내정개혁을 진주(陳奏)하는 일은 6월 26일에 이미 실행했으므로 이번에는 제시하지 않았다.

> 서간으로 말씀드립니다. 다름이 아니라 이번에 우리나라 외무대신의 훈령을 받았는데, 그 내용이 다음과 같습니다.
>
> 아력(我曆) 금년 6월 7일에 도쿄 주재 청국흠차출사(淸國欽差出使) 왕(汪) 씨의 조회를 받았는데, 그 글에 또 '파병해서 원조함은 바로 우리 조정이 속방(屬邦)을 보호하는 구례(舊例)에 따른 것'이라는 말이 있었다. 그런데 우리나라 정부는 처음부터 조선을 자주독립의 방국(邦國)으로 인정했고, 현재 메이지 9년 2월 26일에 체결한 양국의 수호조규 제1관에도 '조선은 자주지방(自主之邦)으로서 일본과 평등지권(平等之權)을 보유한다.'라는 문자가 분명히 기재되어 있다. 그런데 이 청국흠차의 조회는 완전히 이와 반대되니 실로 뜻밖이라고 생각한다. 이는 일본과 조선 두 나라의 교제에 지대한 관계를 미치는 문제이므로, 조선 정부도 직접 '보호속방(保護屬邦)'의 네 글자를 인정하는지 급히 조선 정부에 의견을 확인해야 한다.
>
> 그 청국흠차의 조회 사본을 첨부해서 이에 조회하니 내일, 즉 아력(我曆) 이번 달 29일까지 무언가 회답을 보내시기 바랍니다. 이 때문에 조회합니다. 경구(敬具).
>
> 메이지 27년 6월 28일
특명전권공사 오토리 게이스케
독판교섭통상사무 조병직 각하[9]

청한종속 문제에 관해 오토리 공사로부터 명확한 답변을 요구받은 조선 정부는 경악해서 어찌할 바를 몰랐다. 원세개는 통리아문으로부터 일본공사의 요구 내용을 전해 듣자마자 당일로 이홍장에게 타전해서, "만약 조선 정부가 종속관계를 인정한다면 필연적으로 일한관계가 단절될 것이며 일본군대 '2만'이 경성에 진입할 것입니다. 이 때문에 조선 군신(君臣)들이 몹시 두려워해서 이심(貳心)[2]을 품고 있습니다. 속히 선후책(先後策)을 훈령하시기 바랍니다."라고 신청했다.[10] 원래 청한종속 문제는 메이지 18년 4월 톈진협약 체결 당시 이토 백작이 자발적으로 논의를 피한 문제였다. 따라서 이제 일본 정부가 갑자기 이 문제를 제출한 것에 대해 이홍장은 크게 당황해서 바로 원세개에게 전훈(電訓)해서 그것을 막고, 또 도쿄 주재 왕(汪) 공사에게 타전해서 일본 정부와 직접 교섭할 것을 명했다. 원세개에게 보낸 훈전[6월 29일자]은 다음과 같다.

> 한국이 중국에 속한 지 이미 천여 년이 되었다. 각국이 모두 알고 있으니, 이는 바로 한국이 서양 각국과 입약(立約)할 때도 성명한 것이다. 힘껏 국왕을 권면해서 견지(堅持)하게 하라. 만일 일본을 두려워해서 중국의 속방이 아니라고 인정하고 제멋대로 문거(文據)를 낸다면, 중국은 반드시 군대를 일으켜서 문죄할 것이다. 홍(鴻), 유신(宥申).[11]

청은 조선이 일본공사의 요구에 따라 청한종속관계를 부정한다면 출병해서 토벌하겠다고 성명했다. 다른 한편으로 일본 측은 우세한 군대를 경성에 주둔시키고 조선의 자주(自主) 선언을 강요하고 있었다. 국왕과 묘당이 양쪽을 잡은 채 줄다리기한 것도 어쩔 수 없는 일이었으리라.

6월 28일의 오토리 공사의 조회는 다음 날인 29일을 기한으로 하고 있었다. 그런데 통리아문은 기한이 될 때까지 아무런 회답을 주지 않았으므로, 오토리 공사는 30일 오전에 스기무라 서기관을 통리아문에 보내서 독촉하게 했다. 통리아문도 어쩔 수 없이 이날 다음의 조복(照覆)을 오토리 공사에게 보냈다.

> 대조선독판교섭통상사무 조(趙)가 조복(照覆)함.
> 아력(我曆) 이번 달 25일에 보내신 조회문을 접수했습니다. 그 내용에, "속방(屬邦) 여부를 핵탈(核奪)[3]해서 확실히 조복하라."고 했습니다. 병자수호조규 제1관에 '조선은 자주지방(自主之邦)으로 일본과 평등지권(平等之權)을 보유한다.'라는 한 구절이 기재되어 있습니다. 우리나라는 입약한 이래로 양국의 모든 교제와 교섭사건(交涉事件)을 자주평등지권(自主平等之權)에 따라 처리해 왔습니다. 이번에 중국에 청원한 것 또한 우리나라의 자유치권리(自由之權利)이니, 조일조약에는 추호도 위반이나 장애가 없습니다. 우리나라는 오로지 조선과 일

본이 정립(定立)한 조약을 준수해서 성실히 거행해야 한다는 것만 알 뿐이요, 또 우리나라의 내치와 외교가 예전부터 자주(自主)에서 연유한 것은 중국 또한 본디 알고 있는 바입니다. 중국 왕(汪) 대신의 조회의 경정(逕庭)⁴⁾ 여부는 당연히 우리나라와 관계가 없습니다. 우리나라와 귀국의 교제지도(交際之道)는 단지 양국의 조규에 따라 처리하는 것이 타당할 것입니다. 이에 문서를 갖추어 조복하니, 귀 공사는 살펴보기 바랍니다. 아울러 이를 귀국 외부대신(外部大臣)에게도 전달하십시오.

이상과 같이 대일본특명전권공사 오토리에게 조회함.

갑오 5월 27일[12]

이 조복(照覆)은 통리아문주사 유길준이 법률고문 클래런스 그레이트하우스(Clarence R. Greathouse, 具禮)와의 협의를 거쳐 기안하고, 원세개의 승인을 거쳤다고 한다.[13] 이 글은 왕(汪) 공사 조회의 속방(屬邦) 운운한 구절은 그의 독단적인 주장으로 조선 정부가 아는 바 아니라고 말하고 있다. 하지만 이번 사변이 일어나기 직전까지 조선은 중국의 속방임을 공공연히 명시했다. 그런데 이제 이처럼 애매한 태도를 취하고, 원세개 또한 이를 승인할 수밖에 없었던 데 중대한 정치적 의의가 있다.

6월 28일의 조회는 청한종속관계를 부정하는 단서를 만든 것만으로도 성공적이었다. 하지만 이를 통해 일청개전의 기회를 찾고자 했던 오토리 공사 등에게는 만족스럽지 않았다. 스기무라 서기관의 주장에 따르면, "우리는 한 걸음 더 나가서, '국가의 자주(自主)라는 것은 허문(虛文)만으로는 자주라고 부를 수 없으며, 사실상 자주권을 국내에서 행사해야 한다. 만약 타국의 주권이 그 나라에 침입하거나 조금이라도 타국의 주권에 지배받는다면 그것은 자주국이 아니다. 그런데 지금 청은 속방을 보호한다고 하면서 군대를 보내고, 그 통병관(統兵官)이 제멋대로 조금도 거리낌 없이 소재 인민들에게 명령하고 있다. 이것이 청이 귀국의 주권을 침해하는 것이 아니고 무엇인가?'라고 힐문하면 조선 정부는 대답할 말이 궁할 것이다."라고 논하고 있다.[14]

오토리 공사와 스기무라 서기관 등이 오시마 육군소장, 후쿠시마 보병중좌, 오카모토 류노스케 등과 연락을 취하면서 외무대신 훈령을 도외시하고 한참 독자적인 적극정책에 도취해 있던 6월 30일에 갑자기 외무대신의 훈전(訓電)이 머리 위에 떨어졌다. 이 전보는 6월 26일 청훈에 대한 회훈으로서, [28일 발신] 그 문장은 다음과 같다.

---

4) 경정(逕庭): 문밖의 작은 오솔길과 넓은 정원이라는 뜻으로, 거리가 멀거나 차이가 매우 큰 것을 비유하는 말이다.

섭(聶)의 포고에 있는 '속국(屬國)' 두 글자를 취소하게 하라. 그러나 아산에 있는 청병(淸兵)을 철수시키는 것은 현재의 정략에 어긋난다. 그러므로 조선 정부의 청종(聽從)[5] 여부에 관계없이 가토가 도착하는 대로 내정개혁 문제를 제의하라.[15]

이 훈전은 사실상 청한종속 문제에 깊이 개입하는 것을 경계하고, 조선 정부에 대한 요구는 내정개혁에 한정할 것을 명령한 것이었다.

이 전보를 앞에 두고 오토리 공사, 스기무라 서기관, 후쿠시마 보병중좌, 오카모토 류노스케 사이에 격론이 벌어졌을 것이다. 어찌 됐건 외무대신 훈전의 내용은 명확해서 위반을 용납하지 않았다. 6월 30일의 통리아문 조복(照覆)을 통해 청한종속관계 부정의 첫걸음을 내디딘 교섭 또한 잠시 중단해야 했다.

처음에는 외무당국의 방침이 현지 주재 관헌들에게 철저히 전달되지 않은 감이 있었으나, 이번에는 현지 관헌들의 의견이 외무당국에 관철되지 않은 감이 있었다. 오토리 공사 등은 협의 끝에, 조선의 현재 정세를 설명하고 적극정책을 촉진하기 위해 혼노 참사관과 후쿠시마 보병중좌를 일시 귀국시키기로 했다. 두 사람에게 부탁한 현지 관헌들의 적극론(積極論)은 대략 다음과 같았다.

금일의 형세는 일청의 충돌을 피할 수 없으니, 하루라도 빨리 전단(戰端)을 여는 것이 우리에게 이익이다. 그리고 개전의 구실은 조선의 자주(自主) 문제 외에는 달리 없을 뿐만 아니라, 자주(自主) 문제는 공명정대해서 각국에 우리의 의거(義擧)를 보여 주기에 충분하다. 청은 광대하고 근년에 육해군을 정비한 형상이지만, 그 이면(裏面)을 살펴보면 대단히 정돈되지 않아서 두려워할 것이 없다.[16]

혼노 참사관과 후쿠시마 보병중좌는 7월 3일에 귀국길에 올랐다. 오카모토 류노스케도 후쿠시마 중좌에게 부탁해서, 무쓰 외상과 추밀원의장 육군대장 백작 야마가타 아리토모에게 서한을 보내 즉시 개전할 것을 진언했다고 한다.[17]

---

5) 청종(聽從): 남의 말을 잘 듣고 따름

【원주】

1 『在韓苦心錄』, 24쪽.

2 위와 같음.

3 『日淸韓交涉事件記事』(朝鮮之部).

4 『蹇蹇錄』, 50쪽.

5 『蹇蹇錄』, 58~59쪽.

6 『日淸韓交涉事件記事』.

7 『日淸韓交涉事件記事』(朝鮮之部), "明治二十七年六月二十八日外務大臣宛大鳥公使報告".

8 위와 같음.

9 『日淸韓交涉事件記事』(朝鮮之部).

10 『中日交涉史料』 13권, 문서번호 1039. "光緖二十年五月二十六日北洋大臣來電".

　　원도(袁道)가 어젯밤에 보낸 급전(急電)에, "일본의 후속부대 3천여 명이 상륙했고, 추가로 1천 군사가 한성에 들어왔습니다. 오토리가 조회를 보내서 따지기를, '한국은 중국이 보호하는 속방(屬邦)인지의 여부를 내일까지 회신하라.'라고 했습니다. 그의 말에 따르면 준비한 병력이 2만이라고 합니다. 만약 속방임을 인정한다면 실화(失和)할 것입니다. 한국은 두려워하며 이심(貳心)을 품어 오래 버티기 어렵습니다. 부디 신속히 지시하시기 바랍니다."라고 했습니다. 저(이홍장)는 회신하기를, "전보가 이틀 동안 불통이었다가 갑자기 급전(急電)을 받았다. 일본이 추가파병 했는지의 여부는 확실치 않다. 한국을 핍박해서 중국의 속방임을 부인하게 하려고 하지만 절대 따라서는 안 된다. 러시아가 일본에서 상의하는 것이 긴요하다. 잠시만 인내하면 반드시 처분이 있을 것이다. 부디 간절하게 더욱 부탁하라."라고 했습니다.

11 『中東戰紀本末續編』 卷亨, 「東征電報上」, "光緖二十年五月二十六日寄袁道".

12 『日案』 28권, "甲午年五月二十八日".

13 『在韓苦心錄』, 28쪽.

14 위와 같음.

15 『在韓苦心錄』, 28~29쪽.

16 『在韓苦心錄』, 29쪽.

17 "男爵福島安正及岡本柳之助談話"(『大鳥圭介傳』, 330~333, 290~294쪽 수록); 『岡本柳之助小傳』, 186쪽.

내정개혁의 일시 중단

무쓰 외상은 가토 서기관을 조선에 파견해서 조선 내정개혁의 방침을 오토리 공사에게 전달했는데, 가토 서기관이 경성에 도착하기 전에 내정개혁의 구체안을 입안해서 6월 27일 임시각의에 제출했다. 이와 함께 외상은 내정개혁에 덧붙여서 조선 거류 일본 신민이 청신민과 동일한 특권을 향유할 것을 조선 정부에 요구하기로 결정하고 동시에 제안했다. 조선에 재류하는 청신민은 종주국 신민으로서 광범위한 특권을 향유하고 있었고, 그것이 사실상 조선의 주권을 침해해서 산업 발달에 많은 장해가 되고 있었다. 만약 조선의 독립자주를 완성할 의지가 있다면 가장 먼저 청신민의 특권을 폐지시켜야 했지만, 이를 존속시킨 채 일본도 그것을 균점하려고 했던 데에 무쓰 외상의 현실주의 외교의 진면목이 있다. 이 요구는 결국에는 청한종속관계를 소멸시키는 결과를 초래할 것이었으므로, 청 조정으로서는 마지막까지 양보할 수 없는 것이었다.

무쓰 외상이 제출한 두 가지 안은 6월 27일 임시각의에서 승인됐다. 다음 날인 28일에는 6월 26일에 타전한 오토리 공사의 청훈(請訓)이 도착해서, 그가 외무당국의 방침을 무시하고 청한종속관계를 최우선 과제로 상정해서 매우 활발한 적극정책을 취하려고 했음이 판명됐다. 당시 조선 내의 전신선은 고장이 잦아서 가토 서기관이 경성에 도착했는지도 불확실하고, 또 현지의 의견이 매우 강경해서 가토 서기관이 충분히 억제하지 못할 것이 우려됐다. 따라서 무쓰 외상은 외무성 정무국장 구리노 신이치로를 경성에 특파해서 조선 내정개혁과 청신민의 특권 향유에 관한 훈령을 오토리 공사에게 전달하고, 현지 측의 행동을 억제해서 외무대신의 훈령 범위를 일탈하는 일이 없도록 엄중히 주의를 주었다.[1]

본 대신은 이제 묘의(廟議)에서 결정한 취지에 따라 다음의 훈령을 내리니, 각하는 차제에 조선 정부에 다음 기록한 대로 제의하라. 또한 동시에 이를 공문으로 인정해서 그 정부에 조회하고, 그 공문에 대한 회답을 첨부하라.

예전에 우리 제국이 귀국과의 구교(舊交)를 다시 찾고 인교(隣交)를 닦을 때, 동양대국(東洋大局)을 깊이 생각하여 홀로 솔선해서 조약을 체결하여 평등의 권리를 확실하게 하고, 장정(章程)을 설립해서 통상의 편익을 크게 펼치게 했으니, 이것으로 귀국이 하나의 독립국임을 만국에 표창(表彰)했다. 그 뒤로 우리 정부가 귀국에 베푼 것들이 무엇 하나 귀국으로 하여금 날마다 융성을 이루어 마침내 독립자주의 실제를 거두게 하려고 힘쓰지 않은 것이 없었다. 만약 귀국 정부가 스스로 지난 일을 반성하고자 한다면 반드시 이 사실을 분명히 인식해야 한다. 그런데 귀국은 한갓 구장(舊章)을 묵수(墨守)해서 숙폐(宿弊)를 아직 제거하지 않으니, 이 때문에 소란이 계속 이어져서 민심이 괴리하고, 국가의 질서가 문란해지고, 방토(邦土)의 안녕이 위태로워져 여러 차례 이웃나라에 누를 끼쳤다. 만약 이제 구제할 방도를 강구하고 진작(振作)할 계획을 실행하지 않는다면 그 결말을 끝내 수습할 수 없는 형세이다. 이는 비단 자국 독립의 근간을 약화시킬 뿐만 아니라, 더 나아가 동양대국(東洋大局)에 큰 우환을 끼치게 될 것이다. 이것이 우리나라가 인방(隣邦)의 정의(情誼)로서, 또 우리 제국의 자위(自衛)의 방도를 돌봄에 있어 하루라도 차마 수수방관할 수 없는 이유이다. 그러므로 우리 정부는 이 기회에 귀국 정부에 독립자주의 실제를 거두고 왕실의 존영(尊榮)을 영원히 유지하는 장계(長計)[1]를 구하는 것 외에 다시 다음에 열거하는 사항들을 권고해서 귀국 내치의 개량을 촉구하는 것이다.

하나, 관리의 직책을 명확히 하고, 지방관리의 정실로 인한 폐단을 교정할 것.
하나, 외국교제(外國交際)의 사의(事宜)[2]를 중시하고, 그 직책에 적임자를 선택할 것.
하나, 재판을 공정히 할 것.
하나, 회계출납을 엄정히 할 것.
하나, 군사제도를 개량하고, 경찰제도를 신설할 것.
하나, 화폐제도를 개혁할 것.
하나, 편리한 교통을 만들 것.

이상 열거한 사항들을 각하가 권고할 때, 각 항목에 관해 다음에 기록하는 이유를 낱낱이 진술해서 실제로 이러한 개량들이 부득이한 이유, 그리고 하루라도 소홀히 할 수 없는 이유를 분명히 논변하라. 즉,

관리의 직책 항목에 관해서는,

---

1) 장계(長計): 오래도록 이익을 취할 수 있는 좋은 계책
2) 사의(事宜): 일의 마땅한 도리(道理)

조선은 정실로 인한 폐단이 많고, 오랫동안 인순(因循)[3]해서 정령(政令)이 횡출(橫出)하여 관직의 기강이 질서를 잃었다. 관서와 관리를 설치해도 한갓 그 자리를 채워서 결원을 보충할 뿐이다. 이런 상황에서 어찌 이치(吏治)[4]를 정돈할 수 있겠는가? 그러므로 당장 각기 관장하는 사무를 명확히 해서 반드시 그 책무를 버려두어서는 안 된다.

외국교제의 사의(事宜) 항목에 관해서는,

종래의 경험에 비춰 보면, 피아 교섭사건이 생겼을 때 권세 있는 문벌의 횡의(橫議)[5]가 항상 당국자의 말을 좌우해서, 아침에 옳다고 했다가도 저녁에 그르다고 하고, 어제 승낙했다가도 오늘 긍정하지 않는다. 범범망망(泛泛茫茫)한 가운데 억지로 그 언질을 찾아내서 추궁하면 갑자기 당국자가 사직하거나 전임(轉任)을 한다. 결국 외국사신이 그 나라 정부의 정견(定見)의 소재를 알 수 없게 해서, 당국자의 말을 신뢰할 수 없는 지경에 이른다. 그러므로 앞으로는 마땅히 외무당국자의 직책을 중시해서 그의 한 마디 한 마디가 그 나라 정부를 대표하는 것임을 명확히 해야 한다.

재판 항목에 관해서는,

그 나라의 현재의 재판제도에 따르면, 지방장관이 소송사건을 수리하고 그의 판결이 종심(終審)이 돼서 다시 공소(控訴)[6]하거나 상고(上告)할 길이 없다. 걸핏하면 시비곡직에 그 처분이 잘못돼서 왕왕 원통하게 굴복하지만, 다시 보상받거나 신원(伸寃)할 방법을 구할 수 없고 나아가서는 외교상의 사단을 키우는 데 이른다. 그러므로 마땅히 재판정을 공개해서 심리가 공평히 이뤄지도록 힘껏 기약해야 한다. 또 가능하다면 차제에 재판제도를 갖추고, 재판관을 상설하고, 재판소의 계급을 획정(劃定)해서 공소(控訴)·상고(上告)의 길을 열어야 한다.

회계출납 항목에 관해서는,

공조(貢租)와 부세(賦稅)의 실액을 조사하고 국고의 세출과 세입을 분명히 해서 탐관오리가 침식(侵蝕)[7]을 자행하지 못하게 해야 한다.

군사제도와 경찰 항목에 관해서는,

필요한 병비(兵備)를 갖추어 국가의 안녕을 보지하는 것은 독립국의 당연한 조치이니 정예병을 훈련해서 호국(護國)의 실제를 거두고, 또 항상 국내의 공안(公安)과 질서를 유지해서 소란을 미연에 방지하기 위해서는 경찰제도를 신설해서 반드시 낌새를 살펴야 한다.

---

3) 인순(因循): 오래된 관습을 답습함
4) 이치(吏治): 지방관의 행정
5) 횡의(橫議): 자기 멋대로 논의함
6) 공소(控訴): 항소(抗訴)
7) 침식(侵蝕): 잠식(蠶食)

화폐제도 항목에 관해서는,

현재 그 나라의 통화는 무절제하고 거칠게 주조해서 국가의 경제를 어지럽히니, 무역의 불편을 이루 말할 수가 없다. 그러므로 마땅히 새로 일정한 화폐제도를 마련하고 통화를 주조해서 더욱 더 무역의 편리를 도모해야 한다.

교통 항목에 관해서는,

원산·인천·부산 및 기타 요지까지 전신선(電信線)을 새로 만들거나 개조하고, 부산·경성 및 기타 지역에 철도를 부설하고, 또 가능한 한 우정(郵政)을 전국에 펼치고, 그 밖에 교통의 편리를 증진시킬 수 있는 것을 도모해야 한다.

이상과 같이 훈령함. 경구(敬具).

메이지 27년 6월 28일　　외무대신 무쓰 무네미쓰

경성 주재
특명전권공사 오토리 게이스케 님

각하는 별신(別信)의 훈령에서 열거한 조선국 내치의 개량에 관한 사항을 그 나라 정부에 권고하는 것과 동시에 제국의 이익과 관련된 다음의 사항을 요구하기 바람. 즉,

종래 청인민이 그 나라에서 타국 인민에 비해 특별히 향유하는 일체의 권익(權益)을 제국신민도 균점(均霑)하는 것.

예컨대 인천항의 매립공사와 그 밖에 현재 양국 정부 사이에 아직까지 결말이 나지 않고 지연 중인 사항을 신속히 처리하게 할 것.

또 그 나라가 점점 더 문명의 영역으로 나아가게 하려면 지식을 널리 열고 점점 더 신선한 원소(元素)를 주입하는 일 만한 것이 없고, 이러한 신선한 원소를 주입하려면 소년자제들로 하여금 외국의 사정을 널리 깨우치고, 우내(宇內)의 형세를 숙지하며, 아울러 전과(專科)[8]의 학문을 익히게 하는 것이 가장 좋은 방법이라고 믿는다. 따라서 이번에 조선의 문벌에서 준수한 자들을 선발해서 외국에 유학시킬 것을 권고하기 바란다. 또 담화의 형편을 봐서 좋은 기회가 생기면 각하의 판단으로 이 기회에 특사(特赦)를 시행하도록 한번 권해 보기 바란다. 알다시피 그 나라는 붕당비류(朋黨比類)[9]가 쟁투(爭鬪)하는 폐단으로부터 비예(睥睨)[10]가 끊이지 않고, 걸핏하면 자기의 사사로운 원한을 풀기 위해 제멋대로 죄를 날조해서 다른 사람을 빠뜨리는 풍조가 참으로 적지 않으니, 이는 실로 문명국에 있을 수 없는 나쁜 풍조라고 할

---

8) 전과(專科): 전문 과목. 전공(專攻)
9) 비류(比類): 비슷한 부류
10) 비예(睥睨): 남을 미워해서 흘겨보는 것. 남을 몰래 감시하거나 엿본다는 뜻도 있다.

만하다. 그러므로 이번에 특사의 은전을 행해서, 국사(國事)를 위해 죄를 입은 자들을 사면해서 정부의 넓은 도량을 보이고, 이것으로써 인심을 수습하는 데 힘쓰는 것은 조선 정부를 위해 득책이라고 생각한다.

　　이상과 같이 말씀드림. 경구(敬具).

메이지 27년 6월 28일

외무대신 무쓰 무네미쓰

^{경성 주재}
특명전권공사 오토리 게이스케 님[2]

　6월 28일자 외무대신 훈전(訓電)을 통해 조선에 내정개혁을 제안하라는 엄중한 훈령이 거듭 내려왔으므로 오토리 공사는 즉시 이를 실행하지 않을 수 없었다. 이에 가토 서기관과 협의를 거듭한 끝에 6월 28일 상신에 보이는 을(乙)안 가운데 두 번째 방법을 취하기로 결정했다. 내정개혁은 외무당국의 방침을 기준으로 했으며, 다음 5개조로 구성됐다. 현지 측의 의견이 덧붙여진 흔적은 보이지 않는다.

첫째,　　중앙정부 및 지방제도를 개혁하고, 아울러 문지(門地)에 구애받지 말고 인재를 발탁할 것.
둘째,　　재정을 정리하고 국내의 자원을 개발할 것.
셋째,　　법률을 정돈하고 사법제도를 개정해서 재판의 공정을 기할 것.
넷째,　　국내 민란을 진정시키고, 치안을 유지하는 데 필요한 군비를 갖출 것.
다섯째,　교육제도를 확립할 것.[3]

　이윽고 7월 3일에 오토리 공사는 독판교섭통상사무 조병직과 회견을 갖고 각서를 제시했다. 그리고 6월 26일 진주(陳奏)의 취지에 따라 내정개혁안을 제출하기까지의 경과를 설명하고, 그 이유를 다음과 같이 설명했다.

　대체로 귀국은 최근 10여 년의 경험으로 볼 때, 병변(兵變)과 민란(民亂)이 여러 차례 일어나서 국내가 평온하지 않으며, 그 영향이 이웃나라에까지 미쳐서 간혹 외국 군대를 초래하는 불행을 보는 것은 우리 양국이 모두 우려하는 바입니다. 필경 귀국은 그 독립을 유지하는 원소(原素)[11] 가운데 국내의 안녕을 유지하는 병비(兵備)가 결핍되어 있으니, 그 결과 이 지경에

---

11)　원소(原素): 물건을 구성하는 기본요소. 원소(元素)

이르렀다고 판단하지 않을 수 없습니다. 우리 제국은 귀국과 일위대수(一葦帶水)[12]의 간격으로 인접해 있고 따라서 정치 및 무역상의 관계가 얕지 않으니, 귀국의 변란은 우리 제국의 이익에 실로 적지 않은 영향을 미칩니다. 그렇다면 우리 제국이 오늘날 귀국의 곤란한 상태를 보고서 그대로 간과할 수 없음은 물론입니다. 왜냐하면, 우리 제국이 지금 귀국의 곤란을 진(奏)나라가 월(越)나라 보듯이 한다면,[13] 비단 지난 몇 년간의 우의를 저버리는 것일 뿐만 아니라, 그로 인해 우리 제국의 안녕을 해치고 이익을 손상시킬까 두렵기 때문입니다. 그러므로 지난번에 제국 정부는 도쿄에서 귀국의 선후방안(善後方案) 몇 개 조항을 획책(劃策)해서, 이를 우리나라와 대략 동등한 지위에 있는 청 흠차대신에게 제의해서 그 나라 정부의 협조를 요구했는데, 청 정부는 굳이 불응하고 냉담하게 우리의 제의를 물리쳤습니다. 그러나 우리 정부는 경솔하게 당초의 목적을 바꾸지 않고, 어디까지나 그 취지에 따라 귀국 정부에 권고해서 독립국에 적당한 정치를 확립하게 하고자 합니다. 이에 따라 본 공사에게 훈령해서 개혁방안 5개조를 제출하게 했으니, 귀 정부의 제공(諸公)은 우내(宇內)의 형세를 널리 관찰하고 국가 백년의 장계(長計)를 생각해서 우리 정부의 호의를 헛되이 하는 일이 없기를 깊이 바랍니다.[4]

다음으로 개혁요항(改革要項) 5개조를 설명하고, 개혁안 조사위원으로 국왕이 신임하는 중신 몇 명을 임명할 것을 요구했다. 구체안은 그 위원들과 상의할 때 제시하겠다고 약속했다.[5]

구리노 정무국장은 7월 5일에 경성에 도착해서 오토리 공사에게 외무대신의 훈령과 의향을 전달했다. 지난번 가토 서기관의 도착은 외무당국과 현지 사이의 연락에 별 효과가 없었는데, 구리노 정무국장은 당시의 결함을 보완했을 뿐만 아니라, 현지의 절박한 정세와 적극론, 특히 오시마 육군소장 이하 파견된 군 간부의 의기가 매우 충천해서 공사관 측이 걸핏하면 이들에게 견제를 당하고 있는 사실도 인식했던 것 같다. [구리노 정무국장은 가토 서기관과 함께 7월 6일에 경성을 출발해서 귀조(歸朝) 길에 올랐다.][6]

메이지 27년 6월 28일자 외무대신 훈령에 따른 내정개혁안은 7월 3일에 제시한 내정개혁안과 근본적으로 큰 차이가 없지만 세부적으로 다른 부분이 있었다. 특히 내정개혁에 덧붙여서 조선 내에서의 일본인의 권리를 확장하려고 했다는 점에서 공사의 이상안

---

12) 일위대수(一葦帶水): 조각배로 건널 수 있을 만큼 가늘고 좁은 강
13) 중국 춘추전국시대에 월(越)나라는 현재 중국 남동쪽 저장성(浙江省) 지역에 위치하였고, 진(秦)나라는 북서쪽 산시성(陝西省) 지역에 위치하였다. 따라서 진나라가 월나라 보듯이 한다는 것은, 서로 아무런 관계가 없음을 비유하는 말이다.

(理想案)과 마찰을 빚는 대목이 적지 않았다. 따라서 오토리 공사는 자신의 내정개혁안을 전반적으로 수정해야 했다.

오토리 공사가 통리아문에 제시한 내정개혁안 5개조에 대한 회답은 닷새가 지난 7월 7일이 되도록 도착하지 않았다. 따라서 공사는 통리아문 독판에게 공문을 보내서 7월 8일 정오까지 확답을 줄 것을 요구했다.[7]

일본공사로부터 내정개혁안 5개조를 제시받은 국왕과 묘당, 그리고 청 주한도원(駐韓道員) 원세개는 당황해서 허둥댈 뿐이었다. 일본공사가 대규모 육군 부대를 수도에 주둔시키고 내정개혁을 강요하는 것은 내정간섭이고, 또 주권침해의 소지가 있었다. 그렇지만 그런 문제를 따질 상황이 아니었다. 오직 어떻게 하면 일본공사의 내정개혁안에 대한 회답을 피할 수 있을지 고민해야 했다. 국왕은 이러한 난국을 맞아 7월 4일에 오랫동안 한직에 있었던 판중추부사 김홍집을 다시 기용해서 총리교섭통상사무에 임명했지만, 아무리 김홍집이라도 어떻게 할 도리가 없었다.[8] 묘당이 의지한 도원 원세개는 혼성여단의 입성과 함께 오토리 공사와 스기무라 서기관의 태도가 갑자기 강경해진 것을 보고 이미 문서와 말로 다툴 때가 아님을 직감했고, 7월 5일에는 이홍장에게 타전해서 급히 대책을 강구하고자 귀국을 신청할 정도였다.[9] 원세개마저도 일청·일한 관계의 긴장을 타개할 자신이 없다면 묘당은 절망할 수밖에 없었다. 묘당은 7월 7일에 주차천진독리통상사무(駐箚天津督理通商事務) 서상교에게 타전해서, 이홍장의 심복인 천진해관도(天津海關道) 성선회(盛宣懷)에게 사정을 호소하고 간섭을 간청하게 했다. "김굉집(金宏集) 외무총리는 내정개혁을 비난한다. 중당(中堂)께서 이 문제를 처리해 주시면 매우 감사하겠다. 단, 오토리의 재촉이 날마다 급해져서 사세(事勢)가 매우 위태로우니 민심이 동요하고 도성이 거의 텅 비었다. 속히 이를 처리해서 급박한 상황을 해결할 사람은 오직 중당(中堂) 뿐이다. 그런데 오토리가 말하기를, 관원 몇 명을 은밀히 보내서 5개조[내정개혁 5개조]를 상의하자고 했다. 이미 며칠을 지연한 까닭에 일본 참찬 스기무라의 독촉이 매우 심했으므로 부득이 내무당상(內務堂上) 몇 명을 보내서 그 자세한 사정을 물어보게 했지만, 사실 이는 시일을 끌려는 계책이다. 반드시 해결 방법을 마련해 주기를 바라는 간절한 마음을 중당께 말씀드리고 회답이 있으면 즉시 보고하라. 각국 공사에게 조회를 보내서 철병을 간청한 것은 별반 실효가 없다. 이제 다시 조회해야 할지 여부를 해관도(海關道)[천진해관도 성선회]에게 물어보고 바로 그 조복(照覆)을 보고하라."[10]

북양대신에게 도움을 요청했지만 발등에 떨어진 불을 끌 수는 없었다. 이에 7월 7일

밤에 국왕은 통리아문독판 조병직을 일본공사관에 보내서 독판내무부사 신정희, 협판 내무부사 김가진과 조인승(趙寅承)을 내정개혁조사위원에 임명한다는 것을 통고하게 했다. 다음 날인 7월 8일에는 묘당에 계칙해서 내정의 변란을 통론(痛論)하고, 대신과 재상들에게 명하여 폐단의 교정책을 의논하게 했다.[11]

　　정치의 요체는 오직 실심(實心)에 힘쓰고 실정(實政)을 행하는 데 있을 뿐이다. 내가 밤낮으로 부지런히 애쓰는 것은 오로지 백성과 나라를 위해서인데, 아직까지 바람대로 되지 않고 갈수록 그 총좌(叢脞)[14]만 보게 된다. 국계(國計)[15]는 날마다 더욱 궁색하고 민생은 날마다 더욱 피폐해져서, 뜬소문이 번갈아 일어나고 인심이 안정되지 않아 조금씩 수습할 수 없는 지경까지 이른 것은 모두가 나의 부덕 때문이요, 내가 조종(祖宗)의 성헌(成憲)을 잘 본받지 못했기 때문이다.

　　기강이 서지 않아서 무사안일이 습관을 이루고, 상벌이 미덥지 않아 간세(奸細)한 자들이 다기(多岐)하고, 군정(軍政)과 재정(財政)에 일정한 규칙이 없고, 사람을 등용하고 일을 맡기는 데 간혹 적합한 인재가 아닌 경우가 있다. 온갖 법도가 이에 따라 실추되고 해이해지고 있는데, 안으로는 모든 신료(臣僚)들이, 밖으로는 방백(方伯)과 수재(守宰)[16]들이 각각 제 직분을 잘 수행하고 있다고만 말할 뿐이다. 장리(長吏)[17]가 탐오(貪汚)가 많은 데도 관찰사들은 수수방관하며 쫓아내려고 하지 않고, 유사(有司)[18]가 임무를 감당하지 못하는 데도 대각(臺閣)[19] 신하들은 입을 다물어 건악(謇諤)[20]을 아직까지 들은 적이 없다. 말하는 것은 한갓 미문(彌文)[21]으로 돌아갈 뿐이요, 일삼는 것은 오로지 고식(姑息) 뿐이다. 이 때문에 금일의 지경까지 이르렀으니 이런 나라를 어찌 제대로 된 나라라고 하겠는가?

　　나는 참으로 스스로 돌이켜 봄에 참담하고, 또한 개탄하며 한심해 하지 않을 수 없다. 진실로 대경장(大更張)[22]과 대징창(大懲創)[23]이 아니면 오래 누적된 폐단을 교정하고 쇠퇴한 풍

---

14) 총좌(叢脞): 번잡하고 쇄세함
15) 국계(國計): 국가의 재정
16) 방백(方伯)과 수재(守宰): 방백(方伯)은 관찰사의 별칭이고 수재(守宰)는 지방 수령이다.
17) 장리(長吏): 수령(守令) 등의 지방관
18) 유사(有司): 일을 담당하는 관리
19) 대각(臺閣): 사헌부(司憲府)와 사간원(司諫院)의 총칭. 여기에 홍문관과 규장각을 더하기도 한다.
20) 건악(謇諤): 거리낌 없이 직언을 함
21) 미문(彌文): 과장되게 겉치레하는 말
22) 대경장(大更張): 느슨해진 거문고 줄을 고쳐 맨다는 뜻으로, 이완된 법도와 관습을 바로잡고 기강을 다시 세우는 급진적인 개혁을 의미한다.
23) 대징창(大懲創): 징창(懲創)은 징계(懲戒), 징벌(懲罰)의 뜻이다.

습을 진작할 수가 없으니, 이는 묘당의 책임이 아니겠는가? 묘당에서는 전신(銓臣)[24]과 장신(將臣), 그리고 재부(財賦)를 맡은 신하들과 회의해서 교정할 것, 혁파할 것, 죄를 내릴 것 등 모든 정교(政教)의 득실에 관계된 것들을 혹시라도 은폐함이 없이 각각 조목별로 진술하게 해서 즉시 명백히 아뢰고 시행하라. 만약 혹시라도 말해야 하는데 말하지 않는 것이 있다면 그 죄는 해당 관리에게 있고, 말을 했는데도 속히 따르지 않으면 그것은 나의 죄이다. 각각 진심으로 대양(對揚)해서 죄망(罪網)에 걸려들지 말라. 나는 다시 말하지 않겠다.[12]

이 전교는 두 가지 의미를 가진다. 첫 번째는 외교상의 의미로 일본공사에게 자발적으로 내정개혁을 하려는 의지가 있음을 알려서 급박한 상황을 모면하려는 것이고, 두 번째는 내정상의 의미로 앞으로 내정개혁을 시행하더라도 그것은 국왕의 자발적 의지에 따른 것으로 외국사신의 강요에 의한 것이 아님을 천명하려는 것이었다.

조선 정부의 동기가 어디에 있든지 간에 내정개혁심사위원을 임명한 것은 사실이기 때문에, 오토리 공사는 7월 10일 오후 6시에 남산 기슭의 노인정(老人亭)에서 독판내무부사 신정희, 협판내무부사 김종한(金宗漢)과 조인승(曹寅承) 등 3명의 위원과 회견했다. 회견장소로 이처럼 불편한 장소를 택한 것은 조선 측의 희망에 따른 것이었으며, 비밀을 유지하기 위한 필요에서 나온 것으로 보인다.

회의 시작에 앞서 오토리 공사는 세 위원의 권한을 확인했다. 위원들은, "정부의 훈령에 따라 개혁에 관한 일본공사의 의견을 상세히 청취한 다음에 우리의 의견을 덧붙여서 정부의 여러 대신들에게 보고하고, 대신들과 함께 그것을 대군주 폐하께 상주하여 결정을 청하는 것에 그칠 뿐, 우리에게는 공사의 권고를 취사절충(取捨折衷)해서 개혁을 단행할 수 있는 직권이 없다."라고 말했다. 공사는 위원들의 권한이 불충분한 것을 이유로 교섭을 거절하려고 했지만 다시 생각하니, '원래 이 내정개혁은 권고의 성질을 띠기 때문에 완전한 권한을 갖는 위원의 임명을 요청하는 것은 온당치 않은 감이 있다. 뿐만 아니라 내정개혁은 대단히 어려운 문제로서 국왕이라도 그것을 실행할 수 있을지 불확실하다. 더구나 2, 3명의 위원들에게 모든 책임을 지우더라도 결국 불가능한 일을 추궁하는 것으로 귀결될 것이다. 또한 이와 같은 권한 문제로 시일을 끄는 것은 일본 측에 조금도 유리할 것이 없다.'라는 결론에 도달해서 위원의 위임권한에 구애받지 않고 교섭을 개시하기로 했다.

---

24) 전신(銓臣): 문무 관리의 인사를 담당하는 이조(吏曹)의 당상관과 병조판서를 가리킨다.

7월 10일의 노인정 회의에서 오토리 공사, 스기무라 서기관이 신정희, 김종한, 조인승 등 3명의 위원에게 제시한 개혁안은, 내정개혁방안강목(內政改革方案綱目)이라는 제목으로 2부로 구성되어 있었다. 제1부는 7월 3일에 제출한 개혁 5개조의 구체적 조건을 열거하고, 제2부는 그것의 세목(細目) 및 추가조건을 열거한 후 각각의 실행기한을 덧붙였다. 이처럼 개혁안 세목이 대단히 중복되고 복잡하게 만들어진 것은 오토리 공사의 개혁원안에 외무대신의 훈령에 따른 조건을 추가했기 때문이다. 원래 오토리 공사의 개혁안은 이론적으로 치우치고, 무쓰 외상의 개혁안은 실리주의에 중점을 두고 있었다. 이처럼 서로 다른 주의(主義)에서 출발한 조항들을 병기하고 있었기 때문에 이 두 종류의 문서는 대단히 복잡해져서 오토리 공사와 스기무라 서기관은 그것을 설명하는 데 많은 수고를 해야 했다. 이로 인해 회의는 10일 저녁까지 끝나지 않아 다음 날인 11일 오후 1시에 제2차 노인정 회의를 속행했다.[13]

내정개혁방안강목(內政改革方案綱目)

제1조 중앙정부의 제도 및 지방제도를 개정하고, 아울러 인재를 채용할 것.

하나, 관리의 직책을 분명하게 할 것.

내외서정(內外庶政)을 총괄해서 처리하는 중요사무는 모두 의정부 소관으로 복구하고, 6조 판서가 각각 그 직책을 수행하게 하며, 세도집권(勢道執權)의 낡은 제도를 폐지할 것.

내외정무(內外政務)와 궁중사무(宮中事務) 사이에 분명한 구별을 두어 궁중에서 일하는 관리가 일체 정무에 간여하지 못하게 할 것.

하나, 외국교섭의 사의(事宜)를 중시하고, 국가를 대리해서 그 책임을 맡은 대신이 이를 주재하게 할 것.

하나, 정사(政事)를 시행하는 데 필요한 관아만 존치하고 나머지는 모두 폐지할 것. 또 갑(甲) 관아의 사무를 을(乙) 관아에 합병해서 간편하게 할 것.

하나, 현재의 부(府)·군(郡)·현(縣)의 지방관아는 그 수가 과다하므로 적절히 통폐합해서 백성을 다스리는 데 무방할 정도의 적은 수만 남길 것.

하나, 사무 집행에 필요한 관원만 남기고, 나머지 쓸모없는 관원은 도태시킬 것.

하나, 종전의 격식을 타파해서 널리 인재를 등용하는 문을 열 것.

하나, 매관(賣官)의 악폐(惡弊)를 중단할 것.

하나, 시세를 참작하여 관리의 봉급을 정해서, 생활을 영위하고 염치를 기르는 데 지장이 없게 할 것.

하나, 관리의 수뢰(受賂), 색전(索錢)의 악습을 엄금할 것.

하나, 지방관리의 정실로 인한 폐단을 교정하는 법을 만들 것.

제2조 재정을 정리하고 부원(富源)을 개발할 것.

하나, 국가의 수입과 지출을 조사해서 일정한 제도를 세울 것.

하나, 회계출납을 엄중히 할 것.

하나, 화폐제도를 개정할 것.

하나, 각 도(道)의 논밭을 정밀히 조사해서 조세를 개정할 것.

하나, 기타 세법을 개정하거나 새 조세를 만들 것.

하나, 불필요한 지출을 줄이고, 아울러 수입(收入)을 증가할 방법을 강구할 것.

하나, 국도(國道)와 통가(通街)25)를 넓히고 평탄하게 하며, 경성과 중요 항구 사이에 철도를 건설하며, 전국의 중요한 성시(城市)를 통하는 전신을 가설해서 편하게 통신(通信) 왕래할 것.

하나, 각 개항장의 세관은 조선 정부가 직접 관리해서 타국의 간섭을 용납하지 말 것.

제3조 법률을 정돈하고 재판법을 개정할 것.

하나, 구법 중에 시의(時宜)에 맞지 않는 것은 대략 폐혁(廢革)하고, 혹은 신법을 제정할 것.

하나, 재판법을 개정(改正)해서 사법을 공정하게 할 것.

제4조 국내의 민란을 진정하고 안녕을 유지하는 데 필요한 병비(兵備) 및 경찰을 설치할 것.

하나, 사관을 양성할 것.

하나, 구식 수륙병(水陸兵)은 일체 폐지하고, 다시 재력을 가늠해서 신식병(新式兵)을 증설할 것.

하나, 경성과 각 성읍에 엄정한 경찰을 설치할 것.

제5조 교육제도를 확정할 것.

하나, 시세를 헤아려서 학제(學制)를 새로 정하고, 각 지방에 소학교를 설립해서 연소자를 교육할 것.

---

25) 통가(通街): 사통팔달한 도로. 통구(通衢)

하나, 소학교의 설립 준비를 마친 후, 점차 중학교와 대학을 설립할 것.

하나, 학생 중에 준수한 자들을 선발해서 외국에 유학 보낼 것.[13]

이상 각 항목을 정리하고 일부 추가해서 총 27개 항목으로 만든 다음에 그 중요성과 필요성을 고려해서 10일 내,[26] 2년 이내에 실시하라는 기한을 덧붙였다. 그리고 개혁안 가운데 특히 일본의 이익과 밀접히 관계되는 것들은 10일 이내에 실행할 것을 요구했다.

갑(甲). 3일 이내에 의정해서 10일 이내에 실행해야 할 것.

1. 정무는 의정부 소관으로 복구하고, 6조 판서의 권한을 확립해서 이른바 세도집권의 폐단을 바로잡을 것.

2. 궁중(宮中)과 부중(府中)[27]의 구별을 분명히 해서 내환(內宦)[28]이 국정에 간여하는 것을 금할 것.

3. 외교의 직책을 중시해서 전임대신이 관장하게 할 것.

4. 문벌을 타파해서 유능한 인재를 등용할 것.

5. 매관(賣官)의 폐단을 바로잡을 것.

6. 관리의 수뢰(受賂)를 엄금할 것.

7. 경성 및 각 중요 항구 간에 철도를 건설하고, 전국의 중요 도시를 연결하는 견고한 전신선을 가설해서 교통·통신의 편리를 도모할 것.

단, 이 항목은 10일 이내에 기공(起工)을 결의하고 준비가 완료되는 대로 착수할 것.

을(乙). 6개월 이내에 실시해야 할 것.

8. 관제를 개혁해서 국무 집행에 긴요한 관청만 존치하고 나머지는 통폐합할 것.

9. 지방제도를 개혁해서 목(牧)·부(府)·군(郡)·현(縣)을 통폐합할 것.

10. 쓸모없는 관원을 도태시킬 것.

11. 관리의 봉급을 증액해서 생활의 안정을 도모할 것.

12. 지방관의 정실로 인한 폐단을 교정할 방법을 마련할 것.

13. 국가의 세출입을 조사해서 예산제도를 만들 것.

14. 회계출납의 법을 엄중히 할 것.

---

26) 원문에 '一〇日內二年以內'라고 된 것을 그대로 옮긴 것이나, 뒤에 이어지는 요구 조건의 내용으로 볼 때 '10일 내지 2년 이내' 또는 '6개월 내'의 잘못인 것으로 보인다.

27) 부중(府中): 일본식 한자어로, 궁중과 반대되는 의미로 공식적인 정치를 행하는 조정을 뜻한다.

28) 내환(內宦): 내시(內侍)

15. 통화제도를 개정(改正)할 것.

16. 쓸모없는 비용을 줄이고, 세입 증가를 도모할 것.

17. 각 해관(海關)은 조선 정부가 직접 관리해서 외국의 간섭을 허락하지 말 것.

병(丙). 2년 이내에 실행해야 할 것.

18. 각 도(道)의 전답을 조사해서 조세를 개정할 것.

19. 세법을 개정하거나 새 조세를 만들 것.

20. 도로를 개수(改修)할 것.

21. 옛 법을 개정·폐지하고 새 법을 제정할 것.

22. 재판을 개혁해서 공정을 기할 것.

23. 장교를 양성할 것.

24. 구식 군대를 폐지하고, 신식 군대를 설치할 것.

25. 경성 및 중요 도시에 완전한 경찰을 설치할 것.

26. 학제(學制)를 새로 제정해서 각지에 소학교를 설치하여 교육의 보급을 도모할 것.

27. 학생 중에 우수한 자들을 선발해서 해외에 유학 보낼 것.[14]

이상 27개 항목의 개혁방안은 조급하게 입안된 감이 있지만, 그 내용은 메이지 9년부터 거의 20년에 걸쳐 조선의 실정을 연구한 결과와 경험에서 만들어진 것으로 누구도 이것이 당시의 시폐(時弊)에 적절한 것임을 부정할 수 없었다. 당시 원세개의 대변인이었던 청말민국(淸末民國) 초기의 정치가 당소의(唐紹儀)조차, "오토리가 생각한 조선의 정치개혁안의 각 조항은 대부분 시폐(時弊)에 적절합니다."라고 인정하지 않을 수 없을 정도였다.[15]

7월 11일의 제2차 노인정 회의에서 오토리 공사의 설명이 끝나자, 조선 위원 신정희는 내정개혁에 기한을 붙여서 실행을 독촉하는 것은 내정간섭의 혐의가 있으므로 절대동의할 수 없다고 주장했다. 오토리 공사는 설령 기한을 붙이더라도 권고의 성질에는 변화가 없으니 내정간섭이 아니며, 그 권고에 따를지의 여부는 조선 정부의 권한이라고 설명했다. 신정희 등의 위원들도 마침내 납득해서 개혁안을 수리했다.[16]

7월 11일, 독판내무부사 신정희 등 위원들은 오토리 공사로부터 제시받은 내정개혁방안강목을 상주했고, 국왕은 즉시 시원임대신(時原任大臣)을 소견(召見)해서 내정개혁에 관해 자순(諮詢)했다. 이 자리에서 영돈녕부사 김병시는 척신(戚臣)의 실정(失政)을 통렬히 공격해서, 내란 진압을 위해 청군대를 불러들여 일본의 출병을 초래하고 오늘날의 난국에 이르게 한 실책을 비난했다. 그리고 총리교섭통상사무 김홍집의 무능과 무책임을 꾸짖은 후, 마지막으로 일본공사가 제시한 내정개혁 책자에 관해, "책자를 받아 올 때 이미 나라의 체통을 잃었습니다. 그 조목별로 나열한 것에 대해 오직 그 말을 따르시겠습니까? 만약 혹시라도 따르지 않는다면 병력으로 위협하겠지만, 저들의 말을 따른다면 다른 나라에서 어찌 아무 말도 없겠습니까? 타인의 말을 기다리지 않고, 우리 스스로 먼저 잘 다스릴 것을 도모해서 폐단이 드러나는 대로 교정하는 것이 편할 것입니다. 지금은 폐단이 누적되어 쇠미한 형국이니 끝내 일신개관(一新改觀)[29]을 하기 어려울 것입니다. 저 영련(楹聯)[30]에 적혀 있는 '어기지도, 잊지도 않아서 모두가 옛 법을 따랐네(不愆不忘 率由舊章),'[31]라는 8글자를 깊이 명심해서, 오직 옛 제도를 따르면서 간략하게 이정(釐正)[32]을 더해야 할 것입니다. 만약 다른 나라에 좋은 법규가 있다면 또한 채용할 수 있지만, 그 법만 전용(專用)해서는 안 됩니다."라고 논했다.[17] 국왕은 달리 좋은 방법이 없었으므로 이 계언(啓言)에 따라 7월 13일에 의정부에 교정청(校正廳)을 설치할 것을 명하고, 시원임대신을 총재관(總裁官)에, 이조판서 윤용구(尹用求), 호조판서 박정양, 병조판서 민영규(閔泳奎), 한성부판윤 신정희, 협판내무부사 심상훈(沈相薰)·김종한·조인승·김사철, 한성부우윤 어윤중 등을 당상에 임명했다. 그렇지만 단지 관제를 반포하고 직원만 임명했을 뿐, 실제로 개혁을 심의하지는 않았다.[18]

오토리 공사는 내정개혁방안을 제시한 지 3일이 지나도록 아무 회답이 없자, 7월 14일에 위원들에게 회견을 요구해서 그 다음 날인 15일에 세 번째로 노인정에서 회동했다. 회담 시작과 함께 오토리 공사는 내정개혁방안에 대한 조선 정부의 방침에 관해 설명을 요구했다. 이에 대해 위원 신정희는 준비한 문서를 통해, 내정개혁방안의 근본 취지에는 조선 정부도 동의하지만, 현재 일본군이 경성에 주둔하면서 개혁안에 기한을 정해서 실시를 독촉하는 것은 한편으로 국내 민심을 불안하게 하고, 다른 한편으로 내정간섭의 혐의가 있으니 먼저 일본군을 철수시키고 개혁방안에서 기한을 철회할 것을 바란다고 하는 데 그쳤다. 오토리 공사와 스기무라 서기관은 이 말을 반박했다. 하지만 몇

---

29) 일신개관(一新改觀): 본래의 면목을 아주 새롭게 함
30) 영련(楹聯): 판이나 종이 등에 대구(對句)되는 글을 적어서 대문 혹은 기둥 양쪽에 걸어 놓은 것. 주련(柱聯). 영련을 비롯해서 원문에는 몇 구절이 생략되어 있는데, 원사료인 「甲午實己」를 참조해서 보충했다.
31) 어기지도 …… 따랐네(不愆不忘 率由舊章): 『詩經』, 「大雅」, "假樂"에 나오는 구절이다.
32) 이정(釐正): 흐트러진 것을 정리해서 바로잡음. 개정(改正)

시간에 걸친 토론에도 끝내 의견 일치를 보지 못하자 다음 날인 7월 16일에 공문으로 회답하기로 약속했다.[19]

7월 16일, 독판교섭통상사무 조병직은 공신(公信)을, 신정희, 김종한, 조인승 등 3명의 위원은 반공신(半公信)을 오토리 공사에게 보내서, 전날 노인정 회의에서의 주장을 반복하여 일본군의 철수를 선결조건으로 제시하고, 내정개혁은 그 후에 고려하겠다는 뜻을 성명했다.[20]

조복(照覆)합니다. 아력(我曆) 이번 달 초10일○메이지 27년 7월 12일에 보내 주신 제76호 신함(信函)을 받으니, 그 내용에 "귀 정부에서 파견한 관원과 회동할 때 의판강목(擬辦綱目)을 제시했습니다. 이에 특별히 일부를 초록해서 드리니 즉시 상세히 살펴보기 바랍니다."라고 하고, 아울러 의리정각조강목(擬釐正各條綱目) 1책을 첨부했길래 모두 자세히 살펴보았습니다. 생각건대, 이 강목에 기재된 각 조항은 우리나라의 헌장(憲章)과 대략 차이가 없고, 또한 약간의 조관(條款)은 처음 시행하는 것입니다. 이제 우리 정부는 대군주 폐하의 칙지(勅旨)를 받들어 수거(修舉)[33]해서 시의(時宜)에 부합하도록 노력할 것을 천명했으니, 개량의 실효를 조만간 기약할 수 있을 것입니다. 그런데 지금 귀 공사가 대부대를 수도에 주둔시키고 조항들을 강요하는 것은, 비록 권면하려는 호의라고 해도 평화의 본지(本旨)를 결여한 것입니다. 만약 귀 공사가 먼저 주둔병을 철수시켜서 신목(信睦)을 드러낸다면, 우리 정부는 스스로 진심으로 강구(講求)[34]하고 취차(取次)[35]로 처리해서, 우리 대군주 폐하의 자주지권(自主之權)을 온전히 보존하여 귀 공사의 성심(誠心)으로 권유하는 지극한 뜻을 더욱 드러낼 것입니다. 생각건대 귀 공사도 응당 이 말이 옳다고 할 것입니다. 이 때문에 회신하며, 아울러 크게 복되심을 송축합니다.

조병직돈(頓)

갑오 6월 14일돈(頓)[21]

조선 내정개혁에 관한 심의는 7월 16일의 통리아문독판의 회답으로 부득이 잠시 중단됐다.

---

33) 수거(修舉): 훌륭한 정치를 펼쳐서 좋은 성과를 거둠
34) 강구(講求): 추구(追求)
35) 취차(取次): 편한 대로, 임의로. 또는 차례대로, 하나씩이라는 뜻도 있다. 어느 쪽이든 문맥이 통한다.

【원주】

1 『日淸韓交涉事件記事』;『蹇蹇錄』, 57쪽;『在韓苦心錄』, 27쪽.
2 『日淸韓交涉事件記事』(朝鮮之部).
3 『在韓苦心錄』, 29~30쪽.
4 『日淸韓交涉事件記事』(朝鮮之部).
5 『日淸韓交涉事件記事』(朝鮮之部);『在韓苦心錄』, 30쪽;『日案』28권, "甲午年六月一日";『中東戰紀本末續編』卷亨, "光緖二十年六月三日寄總署".

또한 오토리 공사가 조병직 독판에게 제시한 각서의 전문은 다음과 같다『日淸韓交涉事件記事』(朝鮮之部)].

귀국의 내정개혁이 오늘날 필요한 이유, 그리고 우리 정부가 그 지위 및 우의상(友誼上) 관계로부터 이를 귀 정부에 권고하지 않을 수 없는 이유는 지난번 본 공사가 귀국 대군주 폐하께 진현(進見)했을 때 자세히 어전에 진주(陳奏)했지만, 오늘날 내정개혁안을 제시함에 있어 다시 귀 정부에 그 이유를 상세히 진술하지 않을 수 없습니다.

대체로 귀국은 최근 10여 년의 경험으로 볼 때, 병변(兵變)과 민란(民亂)이 여러 차례 일어나서 국내가 평온하지 않으며, 그 영향이 이웃나라에까지 미쳐서 간혹 외국 군대를 불러들이는 불행을 보는 것은 우리 양국이 모두 우려하는 바입니다. 필경 귀국은 그 독립을 유지하는 원소(原素) 가운데 국내의 안녕을 유지하는 병비(兵備)가 결핍되어 있으니, 그 결과 이 지경에 이르렀다고 판정하지 않을 수 없습니다. 우리 제국은 귀국과 일위대수(一葦帶水)의 간격으로 인접해 있고 따라서 정치 및 무역상의 관계가 얕지 않으니, 귀국의 변란은 우리 제국의 이익에 실로 적지 않은 영향을 미칩니다. 그렇다면 우리 제국이 오늘날 귀국의 곤란한 상태를 보고서 그대로 간과할 수 없음은 물론입니다. 왜냐하면, 우리 제국이 지금 귀국의 곤란을 진(秦)나라가 월(越)나라 보듯이 한다면, 비단 지난 몇 년 간의 우의를 저버리는 것일 뿐만 아니라, 그로 인해 우리 제국의 안녕을 해치고 이익을 손상시킬까 두렵기 때문입니다. 그러므로 지난번에 제국 정부는 도쿄에서 귀국의 선후방안(善後方案) 몇 개 조항을 획책(劃策)해서, 이를 우리나라와 대략 동등한 지위에 있는 청 흠차대신에게 제의해서 그 나라 정부의 협조를 요구했는데, 청 정부는 굳이 불응하고 냉담하게 우리의 제의를 물리쳤습니다. 그러나 우리 정부는 경솔하게 당초의 목적을 바꾸지 않고, 어디까지나 그 취지에 따라 귀국 정부에 권고해서 독립국에 적당한 정치를 확립하게 하고자 합니다. 이에 따라 본 공사에게 훈령해서 개혁방안 5개 조를 제출하게 했으니, 귀 정부의 제공(諸公)은 우내(宇內)의 형세를 널리 관찰하고 국가 백년의 장계(長計)를 생각해서 우리 정부의 호의를 헛되이 하는 일이 없기를 깊이 바랍니다.

내정개혁방안강목(內政改革方案綱目)

　　제1조　중앙정부의 제도 및 지방제도를 개정하고, 아울러 인재를 채용할 것.
　　제2조　재정을 정리하고 부원(富源)을 개발할 것.
　　제3조　법률을 정돈하고 재판법을 개정할 것.
　　제4조　국내의 민란을 진정하고 안녕을 유지하는 데 필요한 병비(兵備) 및 경찰을 설치할 것.
　　제5조　교육제도를 확정할 것.

이상은 내정개혁의 대강목(大綱目)입니다. 그 세목(細目)은 귀 정부에서 위원을 임명한 후 다시 본 공사가 제의할 것입니다. 따라서 귀 정부는 첫 번째 착수(着手)로, 대군주 폐하께서 가장 신임하는 대신 몇 명을 위원으로 임명할 것을 희망합니다.

6 『在韓苦心錄』, 30~31쪽.

7 『日案』 28권, "甲午年六月五日大鳥公使照會".

오토리 공사가 조병직 독판에게 보낸 전문은 다음과 같다[『日淸韓交涉事件記事』(朝鮮之部)].

서간으로 말씀드립니다. 다름이 아니라, 아력(我曆)으로 금년 6월 26일 본 공사가 귀국 대군주 폐하를 진현(進見)했을 때, 귀국의 내정개혁이 오늘날 필요한 이유, 그리고 우리 정부는 그 지위와 우의상(友誼上) 관계로부터 그것을 귀 정부에 권고하지 않을 수 없는 이유를 어전에 진주(陳奏)했습니다. 이윽고 이번 달 3일에 귀 독판과 면회를 마치고 개혁안 1책, 즉 별책동문(別册同文)을 제출해서 대군주 폐하께 대신 상주해 달라고 부탁했습니다. 그런데 금일에 이르기까지 5일이 지났지만, 귀 정부에서 그 채용 여부를 결정했는지 아직 아무 회답을 받지 못했습니다. 대체로 우리 정부가 이번에 귀국에 대해 내정개혁을 권고하게 된 경위는, 그 개혁안 취의서(趣意書)에도 상세히 진술한 것처럼, 동양의 대국(大局)을 보전하기를 바라는 심려(深慮)에서 비롯되어 오직 귀 정부가 채용하기만을 희망하는 것이니, 하루라도 속히 회답이 오기만을 기다리고 있습니다. 따라서 전술한 제출안(提出案)에 대해 내일, 즉 이번 달 8일 정오 12시까지 무언가 확답을 하시기 바랍니다. 이를 위해 조회합니다. 경구(敬具).

메이지 27년 7월 7일
특명전권공사 오토리 게이스케
독판교섭통상사무 조병직 각하

8 『日省錄』, 李太王 甲午年 6月 2日.

9 『中東戰紀本末續編』 卷亨, 「東征電報上」, "光緖二十年六月三日寄總署".

원도(袁道)의 (중략) 강(江)(6월 초3일) 정오 전보가 다음과 같았습니다.

왜(倭)가 어제 또 한국에 관원을 파견해서 정부개혁을 논의할 것을 재촉하고 오늘 정오까지 회신하라고 했습니다. 이는 왜파(歪派: 사실을 날조해서 남을 비방함)일 것이니, 한국이 어찌 끝내 버티겠습니까? 또 격변이 있을까 두렵습니다. 이제 또 인천에 도착한 증원부대가 1,500명이니, 결코 화친하려는 뜻이 없습니다. 우리가 화친을 원한다면 속히 한국의 현재 정세와 왜(倭)의 계책을 만회하기를 바라오며, 전쟁을 원한다면 은밀히 타당한 계책을 마련해야 할 것입니다. 저는 여기서 조처할 방법이 마땅치 않아 한갓 곤욕을 당하고 있으니, 톈진으로 가서 직접 상세한 사정을 아뢰고 화전(和戰)의 계책을 수립하는 데 보좌하려고 생각하고 있습니다. 혹시 허락을 받으면 즉시 출발하고, 당수(唐守)[당소의(唐紹儀)]에게 잠간 대행을 시킬 것입니다. 그는 담력과 식견이 있지만 아직 명망이 없으니 왜(倭)가 기피하지 않을 것입니다. 소식을 탐지하고 은밀히 한국을 원조하는 일이 보다 쉬워질 것입니다. 속히 지시하시기 바랍니다.

10 『中日交涉史料』 13권, 문서번호 1103. "光緖二十年六月三日·光緖二十年六月六日北洋大臣來電".

11 『統理衙門日記』 40권, 甲午年 6月 5日; 『日案』 28권, 甲午年 6月 5日.

12 『日省錄』, 李太王 甲午年 6月 6日.

13 『日淸韓交涉事件記事』(朝鮮之部), 『在韓苦心錄』, 32쪽.

13 『日淸韓交涉事件記事』(朝鮮之部), "明治二十七年七月九日外務大臣宛大鳥公使報告附屬書"; 『在韓苦心錄』, 33~36쪽.

14 『日淸韓交涉事件記事』(朝鮮之部).

15 『中東戰紀本末續編』,「東征電報上」, "光緒二十年六月十三日寄總署".

　　밀신(密新). 당소의의 원전(元電)이 다음과 같습니다.

　　　오토리가 생각한 조선의 정치개혁안의 각 조항은 대부분 시폐(時弊)에 적절합니다. (하략)

16 『日淸韓交涉事件記事』(朝鮮之部);『在韓苦心錄』, 38쪽.

17 『甲午實記』, 甲午年 6月 초9日.

　　내무독판 신정희, 내무협판 조인승과 김종한이 명을 받고 함께 일본공사관에 가서 담판했다. 일본 공사 오토리 게이스케가 우리나라 정치에 관한 몇 개 조목으로 책 1권을 만들어서 주었다. 신정희가 그것을 대내(大內)에 수납(受納)했다. 이날 여러 대신들이 입시(入侍)했는데, 상께서 정치개혁을 하교하셨다.

　　영상(領相) 심순택이 말했다. "책자는 아까 보았습니다."

　　판부사 김홍집이 말했다. "이는 모두 응당 시행해야 할 일들입니다."

　　좌상(左相) 조병세가 말했다. "모든 일은 오직 성심(聖心)을 굳게 정하시는 데 달려 있습니다."

　　우상(右相) 정범조가 말했다. "신 또한 아까 받아 온 책자를 보았습니다."

　　상이 또 부득불 신속히 개혁할 수밖에 없다고 하교하시자, 영돈(領敦)(영돈녕부사 김병시)이 말했다. "신은 본래 지식이 없고, 지금 또 병 때문에 정신이 혼미해서 지금 상하가 수작하는 것을 자세히 들을 수 없사오나, 현재 상황이 우려할 만하니 불안한 마음을 이길 수 없나이다. 대체로 천하에 사리(事理)에서 벗어나는 일이 없으나, 이번 일은 참으로 사리로 이해할 수 없는 것입니다. 처음에 호남의 민요(民擾)로 인해 경사(京師)에서 군대를 움직이는 지경에 이르렀습니다. 그것은 본래 선량한 백성이 부극(掊克: 관리가 백성을 수탈함)하는 정치를 견디지 못해서 소란을 부린 것인데, 곧바로 이들을 동학도(東學徒)로 단정하고 수천 명을 살육했습니다. 이것도 이미 차마 할 수 없는 일인데, 청군대의 원조를 청한 것이 또 일대 실착이었습니다. 다른 나라 군대를 빌려 내 백성을 살육했으니, 어찌 이러한 일이 있을 수 있습니까? 당시 논하던 자들이 말하기를, '청군대가 오더라도 일본인은 필시 움직이지 않을 것이다.'라고 하고, 또 '다른 나라의 내정(內政)은 그 법률상 타국에 간여할 수 없다고 한다.'라고 했습니다. 그런데 갑자기 군대를 이끌고 와서는 심지어 정치에 관한 몇 개 조항을 기록해서 보내왔으니, 이것은 무슨 이유입니까?"

　　상께서 하교하셨다. "실로 무슨 이유인지 모르겠다."

　　영돈이 말했다. "혹 협잡하는 부류와 간세한 무리가 내통하지 않았겠습니까?"

　　하교하셨다. "그것은 아직 알 수 없다."

　　영돈이 말했다. "어찌 그럴 리가 있겠나이까. 천자를 끼고서 제후에게 명령을 내린 것은 옛날에 간혹 그런 일이 있었지만, 인방(隣邦)을 유인해서 국군(國君)을 위협했다는 말은 들어 본 적도 없으니, 이것이 반역이 아니면 무엇이겠습니까? 요행히 계획을 이룬다면 그는 필시 공을 세우고, 만약 국망(國亡)에 이른다면 그는 아마 화륜선을 타고 저 나라로 달아날 것입니다. 신하가 많다고 해서 심려(心慮)가 모두 미치는 것이 아니니, 더욱 깊이 성찰하시옵소서. 그렇게 하지 않으신다면 장차 이보다 더 큰일이 속출할 것입니다. 조회가 왕복할 때마다 매번 교린우의(交隣友誼)를 말하고, 붕우책선(朋友責善)을 말합니다. 참으로 권할 만한 일이 있으면 권하다가 따르지 않으면 그만두어야 하는데, 도리어 군대를 안고서 위협을 하니, 이것이 과연 우의이겠습니까? 저들이 천하에서 가장 막강한 나라가 아닌데, 무슨 믿는 바가 있기에 갑자기 타국 도성에 들어와서 정형(情形)이 갈수록 더욱 망측하니, 이 어찌 이유 없이 그렇게 하겠습니까? 외무총리대신(김홍집)에게 들으니 그도 누군지 모르겠다고 했습니다. 근래 각국각관(各國各館)에 통섭(通涉)하는 사람들이 많아서 매번 소접(召接: 임금이 신하를 불러서 만나 보는 일)한다고 들었는데, 어찌 이 일만 정형을 모른다고 하는 것입니까? 더욱 의아스럽습니다. 이와 같은 설은 오늘날의 시휘(時諱: 당시의 금기)라고 들었습니다만, 신은 한번 아뢰지 않을 수 없나이다. 오늘날 전하께서는 신하도 없고 백성도 없습니다. 조정에 참으로 인재가 있었다면 저들의 기탄없음이 어찌 이 지경에 이르렀겠습니까? 가령 우리나라가 이유 없이 군대를 이끌고 일본 도성에 난입한다면 저들도 우리처럼 아무 말이 없겠습니까? 그러므로 신하가 없다고 아뢴 것입니다. 호남 백성을 살육한 이후로 비단 그 도(道)의 백성뿐만 아니라 팔로(八路: 팔도)의 민심이 모두 이반했습니다. 먼저 윗사람이 적자(赤子)로 대하지를 않았으니, 그들이 어찌 부모를 섬기는 성심(誠心)이 있겠습니까? 그러므로 백성이 없다고 아뢴 것입니다. 신하도 없고 백성도 없는데, 전하께서는 무엇으로 혼자 나라를 다스리시겠습니까? 이른바 '자주(自主)'라는 것은, 신은 문자를 알지 못해서 뜻으로 이해할 뿐입니다. 비록 청빈한 가문이라도 진실로 재용(財用)을 절제하고 예법을 신중히 지켜서 규모를 엄하게 세운다면 다른 사람이 반드시 업신여기지 못할 것이니, 어찌 근면하게 다른 사람을 대하는 것이 '자주'가 되겠나이까? 또 이제 정치개혁을 오직 저들의 말에 따른다면, 저들은 스스로 '자주'하는 것이지만, 전하께서는 무엇으로 '자주'라고 하시겠습니까? 책자를 받아 올 때 이미 국가의 체통을 잃었고, 그 조목별로 나열한 것들이 모두 타당하니 오직 그 말을 따르시겠습니까? 만약 혹시라도 따르지 않는다면 또 장차 병력으로 위협하겠지만, 만약 저들의 논의를 따른다면 다른 나라에서 어찌 아무 말도 없겠습니까? 다른 나라의 말을 기다리지 않고, 우리 스스로 먼저 잘 다스릴 것을 도모해서 폐단이 드러나는 대로 교정하는 것이 마땅하고 편할 것입니다. 지금은 폐단이 누적되어 쇠미한 형국이니 끝내 일신개관(一新改觀)하기 어려울 것입니다. 마침 저 영련(楹聯)에 보이는 '어기지도, 잊지도 않아서 모두가 옛 법을 따랐네(不愆不忘 率由舊章).'[주련(珠聯)에 '不愆不忘 率由舊章 無偏無黨 王道蕩平'이라고 써 있었다.]라는 8자를 더욱 체념(體念)해서, 단지 옛 법을 따르되 대략 이정(釐正)을 더해야 할 것입니다. 만약 다른 나라에 좋은 법규가 있다면 또한 채용할 수 있지만, 전용(專用)해서는 안 됩니다. 일전의 특교(特敎)가 간측엄중(懇惻嚴重)하시니 흠앙(欽仰)해 마지않사오나, 몇 해 전부터 그 같은 윤음(綸音)이 한두 번이 아니었는데 일찍이 한 가지 일도 널리 시행된 것을 보지 못했으니 누가 기꺼이 믿겠습니까? 대체로 백성을 다스리는 일은, 비록 지금 이러한 때라도 한편으로 통할(統轄)하고 한편으로 후렴(厚斂)한다면 백성이 어떻게 살 수 있겠습니까? 묘당 업무는 세 정승이 모두 있고, 외무(外務)는 새로 총리가 있으니 스스로 온 마음을 다해 대양(對揚)할 것입니다. 그들이 하는 말을 들어 주시고, 세운 계획을 채용하신다면 하지 못할 일이 무엇이겠습니까?"

하고하셨다. "내가 언제 따르지 않은 적이 있는가? 일이 있을 때마다 진언(盡言)하라."(하략)

18 『日省錄』, 李太王 甲午年 6月 11日;『承政院日記』, 光緒 20年 6月 11·12日;『甲午實記』, 甲午年 6月 13日.
19 『日淸韓交涉事件記事』.

또한 노인정 회의에 관한 메이지 27년 7월 15일자 오토리 공사의 보고 전문은 다음과 같다.

이 나라 내정개혁과 관련해서, 우리의 권고 조회에 응해 이 정부에서는 내무독판 신정희, 내무협판 김종한과 조인승 3명을 선정했다는 뜻을 외무독판이 공식적으로 통고했습니다. 이번 달 10일 오후 6시부터 앞의 3명과 회동했습니다(회동 장소는 남산 기슭의 노인정이라고 하는 작은 정자임). 먼저 저들의 위임권한을 확인했는데, 저들은 정부의 훈령에 따라 개혁에 관한 일본공사의 의견을 상세히 청취한 후 자신들의 의견을 덧붙여서, 그것을 정부 대신들에게 보고하고 대신들과 함께 대군주 폐하께 상주해서 재단(裁斷)을 바랄 뿐이며, 자신들은 공사의 권고를 취사절충해서 개혁을 단행할 직권(職權)이 없다고 말했습니다. 따라서 일단 그 위임권한이 불충분함을 꾸짖고 저들을 물리치려고도 했지만, 돌이켜 이 건의 성질을 생각해 보면 본래 권고에 불과한 것이니, 우리가 군이 충분한 위임권한을 가진 관원과 상의하겠다고 청구하는 것은 다소 온당치 않은 점이 있을 뿐 아니라, 이 나라에서 내정개혁은 실로 대난제(大難題)라서 국왕이라도 단행할 수 있을지 의심스럽습니다. 더구나 두세 명의 관원에게 단행의 책임을 지우는 것은 도저히 할 수 없는 일을 추구하는 것이니, 좋은 결과를 얻을 가망이 없습니다. 게다가 이런 일로 다투는 동안에 한갓 시일을 허비할 우려가 있으므로 잠시 권한론(權限論)을 놓아 두고, 별지 갑호(甲號)의 개혁강목(改革綱目)을 제출하고 조목별로 설명을 시작했습니다. 그런데 이날은 점등(點燈) 후 약 1시간 정도 설명했지만, 그 반도 다하지 못했으므로 다음 날인 11일 오후 1시부터 다시 같은 장소에서 회동해서 나머지 각 조항을 설명하고, 끝으로 별지 을호(乙號)의 기한실행안(期限實行案)을 제출하며 협의했습니다. 저쪽 위원들은, "기일을 한정해서 실행을 독촉하는 것은 내정간섭의 혐의가 있다. 만약 간섭한다면 나라를 위해 죽는 한이 있어도 따를 수 없다."라고 하면서 거듭 동의하지 않는다고 주장했지만, 제가, "기한을 정해서 실행을 재촉하는 것도 권고이며, 결코 간섭이 아니다. 그 권고를 청종(聽從)할지의 여부는 귀 정부의 권한이다."라는 취지로 설명하자, 위원들도 마침내 납득해서 을호안(乙號案)을 받아서 돌아갔습니다.

본관(本官)이 최초로 개혁안을 제출할 때 우리가 막연히 제출하고 저들도 막연히 받아서, 입으로는 개혁에 동의한다고 하면서도 실효를 거두지 못한다면, 우리의 권고는 헛수고가 될 뿐만 아니라 나중에 일단락을 짓기도 어려울 것으로 생각했습니다. 따라서 개혁조항 중에서 가장 긴급히 처리해야 할 몇 개 조항을 따로 제출하면서, "이것들은 3일 내로 의정해서 10일 내로 실행하라. 만약 조선 정부가 실행할 수 없다면 우리 권고를 거절한 것과 마찬가지니, 우리는 권고를 거절한 것으로 간주할 것이다."라고 큰소리치고, 다시 두 번째 수단에 착수하기 위한 고안(考案)으로서 일부러 기한을 정해서 시행을 독촉했던 것입니다.

이상의 제안을 한 뒤에 내부 형세를 탐지하니, 대략 별지 병호(丙號)의 탐정서(探情書)와 마찬가지로, 국왕은 개혁에 예의(銳意: 어떤 일을 잘 하려고 단단히 먹은 마음)를 갖는 경향이 있지만, 여러 대신들은 여전히 주저해서 왕명을 받들지 못하는 것처럼 추찰(推察)됩니다. 이는 말할 것도 없이 저들이 인순고식(因循姑息)해서 좋은 일을 할 기상이 부족하며, 밖으로는 지나(支那)를 두려워하고 안으로는 민씨를 꺼린 결과라고 생각합니다. 자세한 사정은 별지 탐정서로 살피시기 바랍니다.

한편, 어제 14일은 제안을 한 지 3일째 되는 날이었습니다. 따라서 위원들에게 서면을 송부해서 면회를 요구했는데, 공무 때문에 면회 요청에 응하기 어렵다는 답변이 왔습니다. 그래서 그것을 돌려보내고 별지 정호(丁號)와 같이 우리 권고에 대한 조선 정부의 채택 여부를 문의했는데, 무호(戊號)와 같이 우리의 권고는 조선 정부의 의견과 부합하니 매우 감사하며, 자세한 내용은 오늘 회동할 때 설명하겠다고 전해 왔습니다. 오늘 회동 결과는 다시 보고드리겠습니다. 우선 이것으로 상신합니다.

메이지 27년 7월 15일
특명전권공사 오토리 게이스케
외무대신 무쓰 무네미쓰 님

이 나라의 내정개혁 권고와 관련해서 이번 달 10일과 11일, 이틀 동안의 회의 경과는 기밀신(機

密信) 제127호로 자세히 보고했습니다. 같은 달 15일 오후 3시부터 다시 해당 위원 3명과 노인정에서 회동하여 우리 제안에 대한 정부의 결의(決議) 여하를 질문했습니다. 위원의 우두머리 신정희 씨는 서면에 의거해서 길게 연설했습니다. 그 대요는 다음과 같습니다. "일본 정부의 권고는 감사하기 이를 데 없지만, 조선 정부로서도 지난 10년 이래 개혁의 필요성을 인식해서 점차 착수했다. 하지만 그 실효를 거두기도 전에 남도의 민란이 발생하고, 또 그 밖의 지방에서도 자주 민요(民擾)가 일어났던 것이다. 차제에 개혁을 단행해야 한다는 것으로 묘의(廟議)가 한번 결정됐고, 이를 위해 대군주 폐하께서도 엄중한 칙령을 내리셨다. 계속해서 교정청(校正廳)을 설치해서 각각 위원을 임명했으니, 머지않아 일신한 정치를 볼 것이다. 귀 공사가 지금 대부대를 주둔시키고 기한을 둬서 개혁의 실행을 독촉하는 것은 다소 내치에 간섭하는 혐의가 있으며, 따라서 수호조규 제1조의 취지에 맞지 않는다. 만약 우리 정부가 귀 공사의 청구에 응할 경우, 아마 조약을 체결한 각국들이 균점(均霑)의 예(例)에 따라 각각 마음 내키는 대로 요구를 할 것이다. 그렇게 되면 조선 자주(自主)의 체면을 손상할 우려가 있다. 게다가 대부대가 주둔하는 동안에는 민심이 소요해서 다스릴 수 없으니, 도저히 개혁의 목적을 달성하기 어렵다. 따라서 귀 공사는 우선 위병(衛兵)을 철수시키고, 또 을호(乙號)안 (즉, 기한을 둬서 실행을 독촉한 것)을 철회해 주기를 바란다."

본관(本官)은 그의 의사 표명에 대해 하나하나 변명을 해주었습니다. 그러자 저들도 조금 납득하는 모습을 보였습니다. 따라서 그 정부가 우리의 권고를 채용했다는 내용의 공문을 보내야 한다고 말하고, 다음 날인 16일까지 정부의 의정을 거쳐서, 한편으로는 외무독판이, 다른 한편으로는 위원이 회답하기로 약속하고, 이것으로 이날의 회의를 마쳤습니다. 그날 저녁에 외무독판은 별지 갑호(甲號), 위원들은 별지 을호(乙號)와 같이 회답을 보냈습니다. 그 대요는, 갑(甲)은 우리가 주둔병을 철수시키면 개혁에 착수하겠다는 것이고, 을(乙)은 우리가 주둔병을 철수시키고 또 제안을 철회하면 개혁에 착수하겠다는 내용이었습니다. 이는 전일의 협의와 크게 다른 것이었지만, 전일의 협의에서도 별도로 서면을 통해 약속한 것은 없었고, 게다가 저들은 정부의 의정에 따라 이 결답(決答)을 보내온 것이니, 이 이상 저들의 공문을 돌려보내고 다시 협의를 거듭하는 것은 한갓 시일을 낭비할 뿐 좋은 결과를 얻기 어려울 것입니다. 차라리 저들이 보내온 만족스럽지 못한 회답을 이용해서, 우리의 결의를 보이고, 계속해서 두 번째 수단으로 넘어가는 것이 일을 속결하는 좋은 방략이라고 생각했습니다. 따라서 외무독판에게는 별지 병호(丙號), 위원들에게는 별지 정호(丁號)와 같이 회답해 두었습니다. 별지 4통을 첨부합니다. 이상과 같이 보고합니다.

메이지 27년 7월 18일
특명전권공사 오토리 게이스케
외무대신 무쓰 무네미쓰 님

그 뒤로 오늘 안경수가 와서 한 말에 따르면, 조선 정부에서는 아무도 우리에게 보낼 답안(答案)을 기초할 사람이 없어서 새 외무주사(外務主事) 유길준이 붓을 잡고 우리의 권고를 단호히 거절하는 엄중한 문안을 작성했는데, 외무독판을 비롯한 여러 사람들이 첨삭해서 조금 원만한 내용으로 바꿨다고 합니다. 유(兪) 씨 등이 의도적으로 우리 권고를 단호히 거절하는 문안을 작성한 것은, 현재 당국자는 도저히 개혁을 실행할 가망도 없고 또 그 기력이 없음을 통찰해서, 차라리 일한의 충돌을 일찍 앞당기려는 고안(考案)에서 나온 것으로 추측됩니다.

20 『日案』 28권, "甲午年六月十四日".
21 위와 같음.

조선 내정개혁과 청

제 27 장

제76절
조선 내정개혁과 청

　　일본 정부가 메이지 27년 6월 15일의 각의에서 조선 내정의 공동개혁을 청 정부에 제의하기로 결정했다는 것은 앞 장에서 상세히 서술하였다. 이 결정은 외교의 중심을 조선에서 청으로 옮기는 것이었고, 그 결과는 매우 중대할 것이므로 정부는 일대결심을 하고 이 일에 임해야 했다. 다음은 무쓰 외상의 말이다.

　　　　이제 우리 외교는 백척간두(百尺竿頭)에서 한 걸음 내딛었다. 향후 한 오라기의 희망은 청 정부가 과연 우리 제안에 찬동할지의 여부에 달려 있다. 설령 청 정부가 어떤 조치로 나오더라도 만약 우리 제안을 거절한다면 우리 정부는 물론 묵시할 수 없다. 이로 인해 장래에 어쩌면 일청 양국의 충돌을 피할 수 없을 것이니, 우리는 끝내 부득이 최후의 결심을 실행해야 할 상황에 이를 것이다.[1]

　　6월 16일, 무쓰 외상은 주일청공사 왕봉조(汪鳳藻)에게 외무성 방문을 요청했다. 그리고 각의의 결정에 기초해서 조선 비란(匪亂)의 공동진압과 내정의 공동개혁을 제의하고, 이를 본국 정부에 진달할 것을 요청했다.

　　1. 일청 양국이 협력해서 신속히 동학비란(東學匪亂)을 진정시킬 것.
　　2. 동학비란을 진정시킨 이후에는 조선의 내정개혁을 위해 일청 양국이 상설위원 약간을 조선에 파견해서, 우선 대략 다음의 사항을 목표로 조사할 것.
　　　① 재정을 조사하는 것.
　　　② 중앙정부 및 지방관리를 도태하는 것.
　　　③ 필요한 경비병을 설치해서 국내의 안녕을 보지(保持)하게 하는 것.

　　무쓰 외상의 설명을 들은 왕(汪) 공사는 이 제안을 본국 정부에 진달하는 것에 크게 난색을 보이며, 조선 내란의 선후책을 강구하기 위해서는 일청 양국의 공동철병이 선결되어야 한다고 주장했다. 무쓰 외상은, '조선 내란의 원인(遠因)이 그 정부의 비정(秕政)에 있다는 것은 명백하며, 따라서 그것을 근본적으로 개혁하지 않으면 도저히 이러한 종류의 반란을 근절할 가망이 없다. 또 일시적으로 미봉해서 평화를 구하는 것은, "우리 정부의 영토와 근접한 인방(隣邦)의 우의(友誼)로 볼 때, 하루라도 안도할 수 없는 바"로서, 제국 정부는 이러한 안전이 보장되지 않는 한 조선에 주둔한 부대의 철수를 명할 수 없다. 아무튼 이 제안은 공동철병과는 전연 별개로 논의해야 할 성질의 문제이므로 본국 정부에 상신해서 그 견해를 들려주기를 바란다.'고 간곡히 말했다. 이 회견은 6월 16일 오후 8시부터 다음 날인 17일 오전 1시까지 계속됐는데, 결국 왕 공사는 일본 정부의 제의를 본국 정부에 상신하는 것을 승낙했다.[2] 무쓰 외상은 왕 공사가 실제로 일본 정부의 제안을 충분히 이해해서 정확하게 본국 정부에 보고했는지 의심해서, 6월 17일에 앞의 5개조를 공문으로 작성해서 왕 공사에게 보냈다.

서간으로 말씀드립니다. 다름이 아니라 조선의 현재의 사변 및 선후(善後)의 방법과 관련해서, 어제 면담했을 때 제국 정부가 제안한 귀국 정부와 협의하고자 하는 요지는 다음에 기록한 것과 같습니다.

조선사변에 관해서는, 일청 양국이 육력(戮力)[1]해서 신속히 난민(亂民)을 진압할 것.
난민을 평정한 후에는 조선의 내정을 개량시키기 위해 일청 양국이 상설위원 약간 명을 조선에 파견해서, 우선 대략 다음의 사항을 목적으로 그 조사를 하게 할 것.
첫째, 재정을 조사하는 것.
둘째, 중앙정부 및 지방관리를 도태하는 것.
셋째, 필요한 경비병을 갖추어 국내의 안녕을 보지(保持)하게 하는 것.

이상 다짐해 두기 위해 말씀드립니다. 본 대신은 이에 거듭 경의를 표합니다. 경구(敬具).

메이지 27년 6월 17일
외무대신 무쓰 무네미쓰
대청특명전권공사 왕봉조 각하[3]

---

1) 육력(戮力): 협력(協力)

이와 함께 외무대신은 고무라 임시대리공사 및 아라카와 톈진 주재 영사에게 타전해서 공동개혁안의 내용을 총리아문과 이홍장에게 설명하게 했다.[4]

왕 공사는 일본 정부의 공동개혁안은 현실성이 없는 공상에 불과하다고 보고, 그것을 진달해서 한갓 총리아문과 북양대신을 놀라게 하는 것을 꺼리는 분위기였다. 그는 무쓰 외상의 요청을 받고서도, 무쓰 외상으로부터 동학비란의 공동토벌 및 내정공동개혁의 제의가 있었음을 간단하게 보고하는 데 그쳤고, 다시 다음 날인 17일에 다음과 같이 북양대신에게 타전해서 일본의 정세를 보고했다.

> 왜(倭)의 뜻은 군대를 주둔시키고 위협해서 선후(善後)를 의논하는 데 있습니다. 한번 힘껏 다투고 나서야 이토(伊藤)는 비로소 협약대로 할 것을 허락했지만, 이는 중의(衆意)[2]를 크게 거스르는 것입니다. 어제 외무대신 무쓰가 이 결정을 가리켜 순사(循私)[3]라고 했습니다. 그의 의도는 논의를 번복하려는 것이니 다시 절변(折辯)[4]해야 비로소 진정될 것입니다.
>
> 이어서 말하기를, 반드시 비적(匪賊)이 모두 평정된 것을 확실히 탐지할 계획이라고 했습니다. 13일○메이지 27년 5월 17일 전보를 받고 즉시 통고하면서 그 실정을 정탐했는데, 오토리에게서 전혀 전보가 오지 않았다고 했습니다. 살펴보건대, 왜(倭)는 우리가 철병에 조급한 것을 보고 제멋대로 더욱 횡모(橫謀)를 펼치고 있습니다. 그 군사 배치는 마치 대적(大敵)을 대비하는 것과 같으니, 병력을 크게 집결시켜서 은연중에 그 음모를 꺾어야 합니다. 그리고 여얼(餘孽)이 모두 평정되기를 기다렸다가 다시 철병을 상의해야 저들이 취범(就範)[5]할 것입니다.[5]

왕 공사의 전보를 받은 이홍장은 일본 정부가 주장하는 공동철병·내정공동개혁의 의미를 이해할 수 없었다. 그는 아라카와 영사로부터 무쓰 외상의 훈전(訓電)을 전달받고서야 비로소 사안의 중대함을 깨달았다.

앞 장에서 서술한 것처럼, 이보다 앞서 경성에서는 오토리 공사와 원세개 사이에 공동철병에 관한 교섭이 진행돼서, 양국 모두 조선에 상륙한 부대 중에서 소규모 부대만 잔류시키고 주력부대를 철수하기로 타협이 이뤄졌고, 6월 15일에 오토리 공사가 외무대신에게 청훈한 이후 공문 협정을 하기로 내정하고 있었다. 이홍장은 이처럼 모순되는

---

2) 중의(衆議): 민의(民意)
3) 순사(循私): 사사로운 정분에 얽혀서 공적인 것을 돌아보지 않음
4) 절변(折辯): 시비를 따져서 논쟁함
5) 취범(就範): 지배나 통제에 순종함

2개의 보고를 앞에 놓고 틀림없이 고심했으리라. 출장 관헌은 공동철병에 동의하는데, 본국 정부는 군대의 주둔을 전제로 한 공동토벌안(共同討伐案)을 제시하고 있었다. 이홍장이 오토리 공사와 본국 정부 간 의사소통이 원활치 않은 사실까지 탐지할 수는 없었으므로, 그가 왕 공사의 6월 17일자 전보까지 종합해서 일본 외교에 신의가 없는 증거로 간주한 것도 당연했다. 이홍장은 일단 일본 정부의 공동토벌 및 내정개혁 제안을 거절하기로 하고, 6월 18일에 왕 공사에게 회훈(回訓)했다. 저간의 사정은 6월 18일 총리아문 앞으로 보낸 북양대신의 전보에서 분명히 드러난다.

얼마 전에 왜(倭) 영사○아라카와 영사가 와서 무쓰의 전보를 통지했는데, 그 요점은 대략 세 가지입니다. 하나, 왜군(倭軍)과 우리 군대가 모여서 한적(韓賊)을 초멸(剿滅)하는 것. 하나, 양국이 위원을 파견해서 한국의 정치와 세무(稅務)를 정리(整理)·경혁(更革)하는 것. 하나, 양국이 원변(員弁)[6]을 파견해서 한국군대를 교련하여 스스로 정란(靖亂)[7]할 수 있게 하는 것. 이는 이미 왕봉조 공사가 청훈한 사안이므로 저는 즉시 그에게, "한국의 난[韓亂]이 이미 평정됐으니 우리 군대가 더 들어가 토벌할 필요가 없고, 왜군은 더욱 초멸(剿滅)에 나설 이유가 없다. 을유(乙酉)년 이토와 정약(訂約)할 때 일이 평정되면 즉시 철병한다고 했고, 또 왜한조약(倭韓條約)○일한수호조규에서 한국이 자주(自主)임을 승인했으니 더욱 내정에 간여할 수 있는 권한이 없다. 이는 모두 조약 위반이므로 별도로 상의해서 처리하기 어려우니, 부디 직절(直截)[8]하게 회답하기 바란다."라고 타전했습니다. 그런데 원세개의 전보에, "현재 오토리와 상의해서 한국에 도착한 왜군 1천 명 가운데 4분의 3을 철병해서 250명만 인천에 잔류하고, 중국[華]은 5분의 4를 철병해서 400명만 인천 부근으로 이동 주둔했다가 비도(匪徒)를 소탕한 뒤에 똑같이 전원 철수하기로 했습니다. 다만 오토리가 아직 왜정(倭廷)의 철병 명령을 받지 못했으므로, 회답전보를 기다렸다가 바로 확정할 예정입니다."라고 했습니다.

이는 왜정(倭廷)의 의도가 매우 교활하고 방자한 것입니다. 한국 정부가 비록 암약(闇弱)하나 어찌 왜(倭)가 마음대로 개혁할 수 있겠습니까? 상시(嘗試)[9]가 한탄스럽습니다.

홍(鴻), 한해초(寒亥初).[6]

이홍장의 훈전(訓電)은 6월 18일에 타전됐는데, 왕 공사는 즉시 회답을 보내지 않았

---

6) 원변(員弁): 낮은 직급의 문무 관원
7) 정란(靖亂): 변란을 평정함
8) 직절(直截): 간단하고 명백함
9) 상시(嘗試): 상대방의 마음을 한번 떠보는 것

다. 왕 공사는 북양대신의 회훈을 전달하는 순간 양국 간 타협의 길이 끊어질 것을 우려했던 듯 회훈이 아직 도착하지 않았다고 하면서 회답을 미루는 한편, 무쓰 외상에게 회견을 요구해서 북양대신의 회훈 내용을 암시하며 외상의 생각을 탐지하려고 노력했다. 그 결과 오토리 공사의 의견과 무관하게 일본 정부의 의향은 철병에 절대 반대라는 것이 판명됐으므로, 왕 공사는 차라리 일청 공동토벌에 동의하고 그 대가로 조선에 대한 청의 종주권을 승인시키는 방안을 고려했다. 그는 6월 20일에 4개조로 구성된 회답수정안(回答修正案)을 작성해서 북양대신에게 보내고 훈령을 청했다.

1. 일본은 조선에 대한 청의 종주권을 승인함.
2. 청은 일본과 동학비도(東學匪徒)의 공동토벌에 동의함.
3. 동학비란(東學匪亂)을 평정한 후, 일청 양국 모두 톈진협약 제3관에 따라 철병함.
4. 일청 양국 모두 조선 내정에 간여하지 않고, 내정개혁은 조선이 자발적으로 행하게 함.

이홍장은, 무쓰 외상의 개혁 제의에 극도로 소극적인 태도를 보이면서 그 내용을 상세히 보고하는 것조차 꺼렸던 왕 공사가 이제 와서 일본 외무성의 독촉에도 불구하고 회훈은 전하지도 않은 채 수정안을 올린 동기를 이해할 수 없었다. 특히 조선에 대한 청의 종주권은 일본 정부가 지금까지 극력 부인해 온 것으로, 단순히 공동토벌의 대가로 승인받을 수 있는 성질의 것이 아니었다. 이홍장은 6월 21일에 거듭 왕 공사에게 전훈(電訓)해서, 왕 공사의 수정안 4개조를 거부하고 원안에 의거해서 일본 외무성에 회답하라고 독촉했다.

어제○메이지 27년 6월 20일 서전(署電)○총리아문의 전보에서 외부(外部)○일본 외무대신의 삼단(三端)에 관해 문의했는데, 귀하가 아직까지 전혀 명석하게 전보를 보내지 않아서 간신히 왜(倭)의 공사와 영사에게 들은 말로 전했다. 총서와 내가 저들을 만나서 대답한 말은, 바로 예전에 직절(直截)하게 회답하기를 바란다고 한 것과 동일하다. 지금 귀하가 보낸 전보에, 삼단(三端)을 대략 고쳐서 왜(倭)로 하여금 조선이 중국의 소속임을 승인하게 하려고 한다지만, 을유년에 이토와 회의한 이후로 일본은 지금까지 절대로 그것을 인정하려고 하지 않았으니, 한갓 말만 허비할 뿐 무익할 것이다. 한국의 난은 조만간 평정될 것이므로 실로 많은 군대가 모여서 토벌할 필요가 없다. 또 일본은 한국의 여국(與國)[10]이니, 그런 나라가 내지에서 용병(用兵)한

---

10) 여국(與國): 동맹국

것은 예로부터 전례가 없다.[11] 오직 한국에 권고해서 앞으로 스스로 내치(內治)를 정돈(整頓)하게 하고, 저들과 우리는 모두 간여하지 않는 것이 아마도 정론일 것이다. 부디 이를 헤아려서 회답하라. ○상략, 하략7

북양대신의 훈전을 받은 왕 공사는 어쩔 수 없이 자신의 수정 회답안을 단념하고 6월 18일자 훈전에 기초해서, 6월 21일에 무쓰 외무대신에게 회견을 요청해서 다음 공문을 전달했다. 이 글에 보이는 '면달(面達)'의 내용은 알 수 없지만, 공문의 내용을 설명하는 정도였을 것이다.

대청흠차출사일본국대신(大淸欽差出使日本國大臣) 왕(汪)이 조회함.

방금 본 대신이 우리 정부의 훈전(訓電)을 받았는데, 그 내용이 다음과 같습니다.

일본 정부가 상의하고 문의한 조선사변 및 선후사의(善後事宜)를 처리하는 문제에 관해 숙고했다. 다음과 같이 회답하라.

하나, 한국의 난이 이미 평정됐다. 이제 번거롭게 중국군대가 대신 토벌할 것도 없으니, 양국 군대가 모여서 토벌한다는 말은 논의할 필요가 없다.

하나, 선후(善後) 처리는 그 의도는 비록 좋지만, 단지 조선이 스스로 이혁(釐革)[12]을 시행해야 한다. 중국도 오히려 그 내정에 간여하지 않는데, 일본은 평소에 조선이 자주국임을 승인했으니 더욱 그 내정에 간여할 권리가 없다.

하나, 변란이 진정된 후에 철병한다는 것은, 을유년에 양국이 정한 조약에 온전히 남아 있으니 지금 다시 논의할 수 없다.

이미 본 대신이 면달(面達)한 것 외에 문서를 갖추어 조회하니, 귀 대신은 부디 살펴보기 바랍니다.

이상과 같이 대일본 외무대신 무쓰에게 조회함.

광서 20년 5월 18일[8]

청 정부의 회답은 일본 정부의 제의를 전면적으로 거절하는 것이었다. 하지만 이는 이미 예상됐으므로 조금도 놀랄 만한 일은 아니었다. 또한 이 회답에 대한 무쓰 외상의

---

11) 원문에 이 구절 뒤에 '定可由我代允'이라는 말이 있는데, 문맥상 오탈자가 있을 것으로 생각되나 상고하기 어려워서 일단 번역에서 누락했다. 『淸光緖朝中日交涉史料』 제13권, 문서번호 1007도 이와 같다.

12) 이혁(釐革): 개혁(改革)

견해는 다음과 같았다.

첫째, 조선의 내란이 이미 평정됐다고 하는 것은, 지금 피상적으로 관찰하면 조선 국내는 외견상 평화를 회복한 모습이 없지 않기 때문에 청 당국은 실제로 평정됐다고 믿는지도 모른다. 조선의 내란이 평정됐음을 인정한 이상, 톈진협약 제3관에 따라 양국 모두 군대를 철수해야 한다는 의견은 이론상 모순되지 않는다. 단, 일본 정부의 견해에 따르면, 조선의 내란은 그 근저의 화근을 제거하지 않으면 안도할 수 없다는 데 무게를 두고 있으므로, 허울뿐인 일시적 평화에 만족할 수 없다. 이것이 일청 양국 정부의 견해차에 불과하다고 한다면 그것도 어쩔 수 없다.

둘째, 청 정부의 회답에서 제2조는 일본 정부가 특히 중점을 두는 것으로, "조선의 개혁은 조선이 스스로 행하게 해야 한다고 말하는 것은, 듣기 좋은 이론을 빌려와서 자기의 책임을 회피하는 것이다. 뿐만 아니라 '중국도 오히려[尙] 내정에 간여하지 않는다.'라고 하면서 '오히려[尙]'라는 한 글자로 자기는 높은 지위를 차지하고, '일본은 조선이 자주국임을 승인했으니 더욱 그 내정에 간여할 권리가 없다.'라고 하면서 일본의 권리를 크게 억누른 것은, 청 정부, 특히 이홍장이 평소의 그 거만한 버릇을 버리지 못하고 지금 일본 정부가 이미 최후의 결심을 정했음을 깨닫지 못한 것이다. 여기서 여전히 처음의 망상과 미몽에 빠져 이번 대사(大事)를 장어허성(壯語虛聲)[13]으로 끝낼 수 있다고 속단하는 어리석음을 볼 수 있다."[9]

무쓰 외상의 말에 따르면, '6월 17일의 공문은 실제로 최후통첩의 성격을 갖고 있다고 하지 않을 수 없다. 이홍장은 일본과 청의 정면충돌을 회피하는 데 급급하고 일본 정부의 결심을 탐지하지 못하여 이번의 내정공동개혁을 전면적으로 거절해서 교섭의 여지를 남겨 두지 않았다. 이는 이홍장을 위해 매우 유감으로서, 향후 일청교섭을 매우 어렵게 만든 것은 사실'이라는 것이었다. 과연 무쓰 외상은 왕 공사의 회답을 접수한 다음 날인 6월 22일에 다시 왕 공사에게 공문을 보내서 이홍장의 주장을 일일이 반박하고, 일본 정부는 절대로 조선에서 군대를 철수시킬 수 없다고 성명했다.

서간으로 말씀드립니다. 다름이 아니라, 각하는 정부의 훈령에 따라 조선변란의 진정 및 선후 처리에 관한 제국 정부의 제안을 거절한다는 뜻을 귀력(貴曆) 광서 20년 5월 18일자 서

---

13) 장어허성(壯語虛聲): 장어(壯語)는 호방하게 큰소리치는 것을 말하며, 허성(虛聲)은 겉으로 꾸민 성세(聲勢)라는 뜻이다.

간으로 통보하셨는데 그것을 모두 상세히 살펴보았습니다. 다만 조선의 현재 정세를 관찰함에 있어 귀 정부와 견해를 같이 할 수 없음을 제국 정부는 유감으로 생각합니다.

지난 사적(事績)으로 징험해 보건대, 조선반도는 붕당의 쟁투(爭鬪)·내홍(內訌)과 폭동의 연총(淵叢)[14]으로서의 참상을 드러냈습니다. 이와 같은 사변이 자주 발생하는 이유는 독립국의 책무를 온전히 하는 요소를 결여한 데 기인한다고 충분히 확신할 수 있습니다.

강토(疆土)의 인접과 무역의 중요성을 고려하더라도 조선에 대한 제국의 이해(利害)는 매우 긴절(緊切)하고 중대하므로, 저 나라의 비참한 정황을 차마 수수방관할 수 없습니다.

이러한 정세를 맞이해서 제국 정부가 돌아보지 않는다면, 비단 평소 조선에 대해 가지고 있었던 인교(隣交)의 우정에 어긋날 뿐만 아니라, 우리나라 자위(自衛)의 방도를 저버렸다는 비난을 면할 수 없습니다. 제국 정부의 입장에서 조선의 안녕과 정밀(靜謐)[15]을 구하기 위해 각종 계획을 시행해야 할 필요는 전술한 이유에 따른 것이니, 이를 다시 간과할 수 없습니다. 지금 의심하고 주저하면서 시행하는 바 없이 헛되이 나날을 보낸다면 저 나라의 변란이 마침내 오래 불어나는 지경에 이를 것입니다. 그러므로 제국 정부가 군대를 철수하기 위해서는, 장래 저 나라의 안녕과 정밀(靜謐)을 보지(保持)하고 정도(政道)[16]가 올바르게 행해진다는 것을 보증하기에 충분한 판법(辦法)[17]을 협정하지 않는다면 결행하기 어렵습니다. 또 제국 정부가 철병을 쉽게 행하지 않는 것은, 비단 톈진조약의 정신을 준수하는 것일 뿐만 아니라 선후(善後)의 방범(防範)[18]이 될 것으로 생각합니다.

본 대신이 이처럼 흉금을 터놓고 진심을 토로함에 이르러, 설령 귀국 정부의 견해와 다른 것이 있더라도 제국 정부는 절대로 조선에 주둔한 군대의 철수를 명령할 수 없습니다. 이상과 같이 회답하며, 아울러 본 대신은 거듭 경의를 표합니다. 경구(敬具).

메이지 27년 6월 22일
외무대신 무쓰 무네미쓰
대청특명전권공사(大淸特命全權公使) 왕봉조 각하[10]

무쓰 외상은 이 공문을 제1차 절교서라고 불렀다. 사실상 조선의 내정개혁에 관한 일청교섭은 이것으로 중단됐다. 정부는 독자적으로 내정개혁을 단행하기로 결정하고 당

---

14) 연총(淵叢): 물고기와 새가 많이 모이는 연못과 수풀이라는 뜻으로 사물이 많이 모여드는 곳, 혹은 사건의 중심을 비유하는 말이다.
15) 정밀(靜謐): 고요하고 평안함
16) 정도(政道): 정치를 행하는 방침
17) 판법(辦法): 어떤 문제를 해결하거나 처리하는 방법
18) 방범(防範): 방비하는 방법

일로 오토리 공사에게 필요한 훈령을 내렸다.[11]

이보다 앞서 이홍장은, 일본군의 철병을 우선 실행하고 북양의 위신을 훼손하지 않고 조선 문제를 원만히 해결하기 위해 부심하다가 6월 20일경부터 주청 영국·러시아 양국 공사에게 조정을 간청했다. 러시아공사 카시니(Arthur Paul Nicholas Cassini, 喀希呢) 백작이 먼저 이 요청에 응해서 조정을 시도했으나, 일청 양국의 주장에 큰 차이가 있어서 도저히 타협의 여지가 없음을 발견하고는 스스로 조정을 단념했다. 또 영국공사 오코너(Nicholas Roderick O'Conor, 歐格訥)는 총리아문과 고무라 주청임시대리공사 사이에서 연락을 취하면서 조정 조건을 제시했지만, 총리아문은 중간에 이홍장의 강경론에 따라 갑자기 조정 조건을 부인하는 태도를 보였으므로 오코너 공사는 조정을 일시 중단해야만 했다(제79절·제81절 참조).

무쓰 외상의 대한방침은 이번 사건에 대해 제3국의 개입을 허락하지 않는다는 것이었지만, 러시아와 영국 두 나라의 조정을 거절할 표면적인 이유가 없었으므로 어쩔 수 없이 동의를 표했다. 따라서 조정이 진행되는 와중에도 조선에 계속 병력을 증원하고 내정개혁을 지속하는 한편, 영국과 러시아가 조정에서 손을 뗄 것을 기대하고 있었다. 그러다가 7월 9일에 이르러 총리아문이 영국공사의 조정안을 거절했다는 소식을 듣고 오히려 자유롭게 행동할 수 있는 여지를 얻은 것에 기뻐했다. 당시 조선에서의 일본의 계획은 착착 진행돼서 더 이상 지연할 수 없는 단계에 도달했다. 무쓰 외상은 이를 기회로 청과의 관계를 단절하는 것을 득책이라고 보고, 각의의 결정을 거친 후 7월 12일에 고무라 대리공사에게 전훈(電訓)해서, 일본 정부는 이전부터 평화적 해결을 희망해서 온갖 방법을 강구했지만 청 정부는 조금도 이에 응하지 않았으므로 앞으로 예상치 못한 사변이 발생하더라도 일본 정부는 그 책임을 질 수 없다고 성명하게 했다. 무쓰 백작의 이른바 제2차 절교서였다.[12]

대일본서리흠차대신(大日本署理欽差大臣) 고무라가 조회함.

메이지 27년 7월 초9일에 본서(本署) 대신이 귀서(貴署)에 가서 조선 사건에 관해 면담할 때 귀 왕대신(王大臣)이 내놓은 성명(聲明) 일체를 당일로 우리나라 외무대신에게 전보했습니다. 이제 전보를 받았는데 그 내용이 다음과 같습니다.

조선에서 자주 변란이 일어나는 것은 그 내치의 분란에서 유래한 것이다. 따라서 우리 정부는 생각건대, 지금 저 나라가 내치를 바로잡아서 변란이 싹트기 전에 근절하려면 일청 양국이 한마음으로 협력하는 것이 최선이다. 그것은 양국이 저 나라에 대해 가지는 관계가 본래 끽긴(喫緊)¹⁹⁾하기 때문이다. 이에 이러한 뜻을 청 정부에 제출했는데, 어찌 생각이나 했으랴? 청 정부는 절대로 따르지 않고 오직 철병만을 희망하고 있으니, 우리 정부는 실로 몹시 괴이하게 여긴다. 최근에 주경(駐京) 영국대신이 목의(睦誼)를 고념(顧念)해서, 일청 양국이 우호로 돌아가기를 바라서 온 힘을 다해 조정을 시도했다는 등의 말을 들었다. 그런데 청 정부는 계속 철병만을 주장해서 장차 우리 정부의 뜻에 따르려는 모습이 전혀 없다. 이상의 말을 종합하면 청 정부는 사단을 빚는 데 뜻을 두고 있으니, 이것이 일 만들기를 좋아하는 것이 아니면 무엇인가? 따라서 앞으로 이로 인해 혹시 예상치 못한 변란이 생기더라도 우리 정부는 그 책임을 질 수 없다.

접수한 전보를 번역해서 귀 왕대신에게 조회하니 살펴보십시오.
이상과 같이 대청흠명총리각국사무(大淸欽命總理各國事務) 왕대신에게 조회함.

메이지 27년 7월 14일¹³

무쓰 외상은 이 조회를 최후통첩으로 간주했을 것이다. 하지만 영국 정부는 아직 조정을 단념하지 않고 7월 19일에 다시 조정안을 제시했으므로 외교교섭은 다시 10일간 계속됐다.

---

19) 끽긴(喫緊): 매우 중요함

【원주】

1 『蹇蹇錄』, 35~36쪽.

2 『蹇蹇錄』, 36~38쪽.

3 『日淸韓交涉事件記事』(淸國之部).

4 『中日交涉史料』 13권, 문서번호 997. "光緖二十年五月十五日北洋大臣來電".

　　얼마 전에 왜(倭) 영사가 와서 무쓰의 전보를 통지했는데, 그 요점은 대략 세 가지입니다. 하나, 왜군(倭軍)과 우리 군대가 모여서 한적(韓賊)을 초멸(剿滅)하는 것. 하나, 양국이 위원을 파견해서 한국의 정치와 세무(稅務)를 정리(整理)·경혁(更革)하는 것. 하나, 양국이 원변(員弁; 하급 문무 관원)을 파견해서 한국군대를 교련하여 스스로 정란(靖亂)할 수 있게 하는 것. 이는 이미 왕봉조 공사가 청훈한 사안이므로 저는 즉시 그에게, "한국의 난[韓亂]이 이미 평정됐으니 우리 군대가 더 들어가 토벌할 필요가 없고, 왜군을 만나서 초멸(剿滅)할 이유가 더욱 없다. 을유(乙酉)년 이토와 정약(訂約)할 때 일이 평정되면 즉시 철병한다고 했고, 또 왜한조약(倭韓條約)에서 한국이 자주(自主)임을 승인했으니 더욱 내정에 간여할 수 있는 권한이 없다. 이는 모두 조약 위반이므로 별도로 상의해서 처리하기 어려우니, 부디 직절(直截)하게 회답하기 바란다."라고 타전했습니다.

5 『中日交涉史料』 13권, 문서번호 996. "光緖二十年五月十五日北洋大臣來電(二)".

6 『中日交涉史料』 13권, 문서번호 997. "光緖二十年五月十五日北洋大臣來電".

7 『中日交涉史料』 13권, 문서번호 1007. "光緖二十年五月十八日北洋大臣來電".

8 『日淸韓交涉事件記事』(淸國之部).

9 『蹇蹇錄』, 40~41쪽.

10 『日淸韓交涉事件記事』(淸國之部).

11 『蹇蹇錄』, 43~44쪽.

12 『日淸韓交涉事件記事』(淸國之部); 『蹇蹇錄』, 78~80쪽.

13 『日淸韓交涉事件記事』(淸國之部).

갑오정변(甲午政變)

제 28 장

오토리 공사의 최후통첩

메이지 27년 7월 10일 노인정 회의에서 오토리 공사는 조선 위원들에게 내정개혁 조사방안을 제시했다. 이 방안은 극히 광범위해서, 그 제1조조차 이씨조선 건국 이래 공전의 변혁이었다. 그것을 3일 이내에 결의하고 10일 이내에 실행하라고 독촉하는 것은 불가능한 일을 강요하는 것이었다. 특히 수도와 중요 지방도시를 연결하는 철도 및 전신 건설을 10일 이내에 결의하라는 것은 무모하기 짝이 없었다. 철도 건설에는 거액의 자금과 기술이 필요한데, 당시 조선에는 그러한 능력이 없었을 뿐만 아니라 일본의 재정과 기술로도 아직은 외국에 철도를 부설하고 경영할 여유가 없었던 것이다. 그렇지만 이러한 사실을 크게 고려할 필요는 없었다. 오토리 공사의 의도는 실행 불가능한 개혁안을 제시한 후, 이를 거절하면 조선에 개혁의 성의가 없다고 단정해서 단독개혁에 착수하는 구실을 얻는 데 있었기 때문이다. 스기무라 서기관은 수기에서 다음과 같이 기록했다. "이 개혁안에 완급을 구별해서 10일 내지 2년의 기한을 붙인 것은 매우 기이해 보이지만 거기에는 깊은 의미가 있었다. 그때 만약 실행기한을 붙이지 않았더라면, 한국 조정은 예의 관용수단으로 '귀안(貴案)에는 이의가 없으니 우리 정부는 그것을 채용해서 점차 시행하겠습니다.'라고 대답하고는 언제까지라도 실행하지 않을지 모를 일이었다. 그런데 실제 형세는 눈앞에 박두해서 우리 입장에서는 사단(事端)을 열 구실을 얻는 것이 매우 급했다. 그래서 기이하다고 생각하면서도 기한을 붙였던 것이다."[1]

이처럼 오토리 공사는 조선 정부의 강경한 반대가 있을 것을 예상하고 있었다. 이에 미리 대책을 연구해서 7월 10일 노인정 회의 전에, (1) 조선 정부에 내정개혁의 성의가 없어서 일본에 손해를 끼친다는 이유로 개혁을 강제하거나 (2) 청한종속관계의 폐기를 요구하고 필요한 경우에는 강압수단을 취할 것을 외무대신에게 상신했다.

조선 정부에 내정개혁안을 제출한 전말은 이미 기밀 제121호 서신에서 상세히 진술한 바와 같습니다. 그런데 이 정부의 속사정을 정탐한 결과, 국왕은 상당히 개혁에 기울어져 있지만, 이홍장의 내의(內意)를 담은 전신이 톈진에서 계속 도착하고 원세개도 그것에 부화(附和)해서 공갈을 하고 있기 때문에 수구(守舊), 즉 사대파(事大派)의 기염(氣焰)이 한층 더 강해졌으니, 저들은 겉으로는 우리에게 개혁을 하겠다고 하지만 그 실행은 도저히 가망이 없습니다. 저들의 속셈은 잠깐 우리의 예봉을 피해서 우리의 권고에 응하는 것처럼 안색을 꾸며서 시일을 보내다가, 그 사이에 이홍장과 각국 공사들에게 의뢰해서 우리의 주둔병을 철수시키려는 고안(考案)이라고 짐작됩니다. 따라서 우리가 평범한 수단으로 이에 맞선다면 반드시 저들의 술책에 빠질 것이 염려되니, 지금 과감한 조치를 써서 후환을 남기지 않는 것이 대단히 긴요하다고 생각됩니다. 그러므로 조선 정부가 결단코 우리의 권고를 거절하거나, 혹은 시일을 끌면서 가부의 확답을 하지 않거나, 혹은 표면상으로는 우리 권고를 수용하면서 실행하지 않을 경우에는 모두 우리의 권고를 거절하는 것으로 간주해서, 본관은 아래 기록하는 2개 조항 중에 반드시 하나를 택해서 직접 또는 간접적으로 개혁을 반드시 행하도록 독촉할 것입니다.

(갑) 조선 정부로부터 명시적으로 또는 묵시적으로 거절당할 경우, 우리는 "조선 정부는 내정이 정돈되지 않은 까닭에 자주 내란을 유발하고, 혹은 외국의 원조를 초래해서 실로 우리나라에 위험을 끼친다. 우리나라는 정치 및 무역에서 조선과의 관계가 매우 깊기 때문에 자위(自衛)를 위해 조선 내정의 개혁을 촉구하여 변란의 근원을 끊지 않을 수 없다."라는 것을 구실로 삼아 병위(兵威)로 저들을 압박해서 반드시 실행할 것을 독촉해야 함. 단, 병위로 저들을 압박하는 수단은, 우리 호위병을 파견해서 한성의 성문을 경비하고 또 왕궁의 문을 지켜서 저들이 승복할 때까지 강력히 요구해야 함.

(을) 조선 정부가 명시적으로 또는 묵시적으로 우리 권고를 거절할 경우, 우리는 우선 공문으로, "조선 정부의 거절은 동양의 대국(大局)을 전혀 돌아보지 않고, 우리나라와 제휴해서 함께 부강을 도모할 의사가 없음을 드러낸 것이니, 우리나라는 유감이지만 본국의 이익을 보호하는 수단을 취하지 않을 수 없다."라는 결의를 전하고, 그와 동시에 다음을 요구해야 함.

1. 일조조약(日朝條約) 중에, "조선은 자주지방(自主之邦)으로서 일본과 평등지권(平等之權)을 보유한다."라는 주의(主義)를 확장해서, 종래 청한 간에 존재한 종속관계를 모두 혁제(革除)[1]하게 할 것(단, 청한종속의 문제를 우리가 나서서 제출해서는 안 된다는 뜻은 예전의 훈전(訓電)으로 잘 알고 있지만, 조선에 이를 제출하는 것은 크게 지장이 없을 것으로 생각됨).

---

1) 혁제(革除): 폐기해서 제거함

2. 최혜국조관(最惠國條款)에 의거해서 지나(支那) 정부 및 인민에게 허여(許與)한 권리·특전(그중에서도 조선 내에서 조선인민을 재판하는 권리와 전선 가설 등)을 우리도 요구할 것.

　　이상 2개조의 실행을 보증할 때까지 우리 병사를 파견해서 한성 및 왕국의 문들을 지켜야 함.

　　단, 양국의 교섭사건 가운데 미결(未決)인 것들은 통상 담판(談判)을 통해 별도로 제출해야 함. 왜냐하면 지금 제출하는 것들은 어디까지나 강박(强迫)을 위한 재료이므로, 만약 조선 정부가 개혁을 온당하게 시행할 경우에는 반드시 제출할 필요가 없기 때문임.

　이상 갑·을 2개의 안은 모두 다소 예외적인 것이지만, 지금 이러한 예외의 조처를 행하지 않는다면 좋은 결과를 거둘 가망이 없습니다. 단, 갑(甲)안은 개혁의 목적을 관철하는 방법으로는 편리하지만 지나치게 예외로 치닫는다는 비난을 면할 수 없으며, 을(乙)안은 우리에게 일시적인 구실이기는 하나 요컨대 개혁의 목적과 어긋나기 때문에 우리의 행동에 일관성이 없는 혐의가 있습니다. 그러나 이 또한 개혁을 압박하는 하나의 수단에 불과하니, 차라리 비난이 가벼운 을안을 따르는 편이 타당하다고 생각합니다. 이상은 목전에 닥친 사건이므로 이 서신을 받으시는 대로 무언가 훈전(訓電)을 보내 주시기 바랍니다. 이상 급히 아룁니다.

메이지 27년 7월 10일

특명전권공사 오토리 게이스케

외무대신 무쓰 무네미쓰 님[2]

　예전에 오토리 공사의 특명을 받고 귀조(歸朝)한 혼노 외무성 참사관과 후쿠시마 보병 중좌는 7월 10일에 귀경해서 조선의 정세를 상세히 설명했다. 그리고 6월 28일자 오토리 공사의 보고를 보충해서, 지금 뭔가 구실을 만들어서 병력으로 조선 정부를 위협하고 청군대를 조선 내에서 철수시키지 않는다면 내정개혁은 가망이 없으며, 따라서 정부 훈령에서 지시한 이권 획득도 거의 불가능하다는 사실을 외무대신과 참모본부에 상신했다.[3]

　정부는 혼노 참사관 등의 보고를 받고 사건이 예상했던 것 이상으로 진전된 데 놀랐을 것이다. 특히 오토리 공사의 주장의 요점인 병력으로 조선 왕궁을 포위해서 일본 정부의 요구에 응하지 않을 수 없게 만드는 것, 그리고 청군대가 '보호속방(保護屬邦)'의 명분으로 조선에 주둔하는 것은 일한수호조규 제1관의 명문(明文)에 반한다는 것을 이유로 청군대의 철수를 조선 정부에 요구하는 것은 외교적으로 가장 비상수단이기 때문에 정부 부처 내에서도 이론(異論)이 적지 않았다. 이토 수상을 비롯한 원로 각료들의 관찰에 따르면, 오토리 공사가 건의한 고압수단을 실행할 경우 다음 문제가 예상됐다.

첫째, 구미열강에 일본이 의도적으로 명분 없는 전쟁을 도발한다는 감정을 갖게 할 우려가 있고, 특히 외무대신이 러시아공사 미하일 히트로포(Mikhail Aleksandrovich Hitrovo)에게 한, 일본은 스스로 전쟁을 도발하지 않겠다는 언질에 반한다는 것.

둘째, 청 정부는 당초의 파견부대에 속하는 보충병 약간을 수송한 것 외에 조선에 증병(增兵)한 사실이 없고, 특히 청군이 충청도 일대에 주둔하면서 굳이 경성으로 진격하려고 하지 않는 시점에 우세한 일본군이 열세인 청군을 공격한다면 개전 책임이 일본 측에 돌아갈 뿐만 아니라, "우리의 비겁함을 드러내는" 느낌이 있다는 것.

셋째, 일본군이 설령 청군을 공격한다고 해도 조선국왕의 의뢰가 필요하다. "그리하여 한국 조정으로 하여금 그러한 위탁을 하게 만들기 전에 우리는 먼저 강력(强力)으로 한국 조정을 압박해서 우리 뜻에 굴복시켜야 한다. 심하게 말하면 먼저 조선국왕을 우리 수중에 넣어야 한다." 그런데 이러한 행동은 일본 정부가 누차 조선의 자주독립을 성명한 것에 위배돼서 제3국의 동정을 잃을 우려가 있다는 것.

오토리 공사의 건의에 대한 내각과 원로들의 논의는 대략 이와 같아서 고압수단은 도저히 승인될 만한 상황이 아니었다. 다만 형세가 그렇게까지 발전한 이상 조만간 일청 관계의 결렬을 피할 수 없으리라는 것은 이토 수상 이하 일치된 의견이었다. 단지 가능한 한 합법적 수단을 통해서 목적을 달성하려고 한다는 점에서만 오토리 공사와 견해를 달리하고 있었다.[4]

하지만 당국자인 무쓰 외상의 의견은 반드시 이토 수상 등과 같지는 않았고, 오히려 오토리 공사의 주장에 동조하고 있었다. 그는 혼노 참사관 등의 보고를 받고 나서 7월 12일에 오토리 공사에게, "지금은 과감한 조처를 시행할 필요가 있다. 따라서 각하는 충분히 유의해서 세상의 비난을 초래하지 않을 만한 구실을 택해서 그것으로 실제 운동을 시작하라."라고 전훈(電訓)하고,[5] 이어서 조선의 내정개혁과 동시에 경부철도 부설권과 전신 가설권, 목포 개항과 같은 이권 획득을 게을리하지 말라고 주의를 줄 정도였다.[6] 속으로 이러한 방침을 갖고 있었으므로, 무쓰 외상은 혼노 참사관 등을 7월 13일에 다시 조선에 파견하면서, "일청의 충돌을 서두르는 것이 오늘날의 급무이다. 이를 단행하기 위해서라면 어떤 수단이라도 동원하라. 일체의 책임은 내가 직접 질 것이니 공사는 조

금도 속으로 고려할 필요가 없다."라는 뜻을 오토리 공사에게 전달하게 했다.[7]

　외무대신과 출장 관헌 사이의 의견 차이는 혼노 참사관과 후쿠시마 중좌의 귀조(歸朝) 보고를 통해 사라졌고, 이제부터 오토리 공사는 자신이 고려한 고압수단을 적당한 시기에 실행해도 좋다는 승인을 받았다. 『건건록』에 따르면, 무쓰 외상은, "좌중의 의론이 어떻든지 간에, 실제로는 앞으로 한국에서의 진행과정을 보고 임기응변으로 타당한 조처를 시행하는 것 말고는 이미 다른 일을 할 여유가 없었다."라고 생각했으므로 출장 관헌에게 조처를 일임할 것을 주장했다. 하지만 이토 수상 이하 관료들은 이러한 중대 사건을 공사 개인의 판단에 위임하는 것을 위험하다고 보고, 오토리 공사에게 전훈(電訓)해서 신중하게 일을 처리시켜야 한다고 논했다. 외상은 어쩔 수 없이 7월 19일에 "귀관은 스스로 적당하다고 생각하는 수단을 취할 것. 그러나 전에 전훈한 대로 다른 외국과 분요(紛擾)를 빚지 않도록 충분히 주의할 것. 우리 군대로 왕궁과 한성을 포위하는 것은 득책이 아니라고 생각되므로 결행하지 않기를 희망함."이라는 훈령을 보냈다.[8] 그렇지만 외상은 이 전훈이 공사의 판단을 바꾸고, 공사가 생각하고 있는 비상 고압수단의 실시를 방해할 것이라고는 믿지 않았다.

　그 사이 오토리 공사는 7월 10일 · 11일 · 15일의 세 차례 노인정 회의에서 조선 위원 신정희 등과 조선의 내정개혁방안을 심의한 결과, 기대했던 대로 조선 정부에게 거절당했다. 이제 7월 10일의 상신에서 언급한 강압수단을 취할 시기에 도달했다. 7월 10일자 청훈에 대한 회훈(回訓)은 아직 도착하지 않았지만, 12일과 13일의 훈전(訓電)을 통해 어느 정도의 강압수단을 가하는 것은 허락받았고, 또 철도 · 전신 등의 이권을 요구하라는 명령도 있었으므로 오토리 공사는 병력 사용만 빼고 7월 10일자 청훈의 방침에 따라 행동하기로 했다.

　7월 17일, 오토리 공사는 독판교섭통상사무 조병직에게 신함(信函)을 보내서, 출병과 내정개혁은 분명히 구별되는 사안이므로 출병은 내정개혁을 거부하는 이유가 될 수 없다고 주장하고, 이미 내정개혁을 거부한 이상 일본 정부는 자국의 이익을 위주로 해서 단독개혁을 맡을 것이라고 통고했다.

　　말씀드립니다. 어제 귀력(貴曆) 갑오 6월 14일○메이지 27년 7월 16일에 보내신 신함(信函)을 접수했습니다. 그 내용에, "이 강목에 기재된 각 조항은 우리나라의 헌장(憲章)과 대략 차이가 없고, 또한 몇몇 조관(條款)은 처음 시행하는 것이다. 이제 우리 정부는 대군주 폐하의 칙지(勅

旨)를 받들어, 잘 거행해서 시의(時宜)에 부합하도록 노력하겠다고 천명했으니 개량의 실효를 조만간 기약할 수 있을 것이다. 그런데 지금 귀 공사가 대부대를 수도에 주둔시키고 조항들을 강요하는 것은, 비록 권면하려는 호의라고 해도 평화의 본지(本旨)를 결여한 것이다. 만약 귀 공사가 먼저 주둔병을 철수시켜서 신목(信睦)을 드러낸다면, 우리 정부는 스스로 진심으로 강구(講求)해서 차례대로 처리할 것이다."라고 했습니다. 이를 받고 자세히 살펴보았습니다.

이번에 우리 정부가 귀 정부에 내치의 이정(釐正)을 권면한 것은, 참으로 우리 양국의 형세와 상무(商務)에 관계된 바가 긴중(緊重)해서, 기필코 귀국이 부강지정(富强之政)을 이룰 것을 권고하여 동양의 대국(大局)을 보전하려는 심려(深慮)에서 비롯한 것입니다. 저는 귀 정부도 필시 선한 말을 받아들이는 데 인색하지 않으리라 생각했습니다. 그런데 뜻밖에도 보내신 신함의 말이, 앞부분에서는 단지 "이 강목에 기재된 각 조항은 우리나라의 헌장(憲章)과 대략 차이가 없고, 또한 몇몇 조관(條款)은 처음 시행하는 것"이라고만 하여 우리 정부의 권고의 채용 여부에 관해서는 한 마디도 언급하지 않았으니, 본 공사는 명확한 말로 본국 정부에 보고할 수 없음을 안타깝게 생각합니다. 뒷부분에서는 "귀 공사가 먼저 주둔병을 철수시켜서 신목을 드러낸다면, 우리 정부는 스스로 진심으로 강구해서 차례대로 처리할 것"이라고 했는데, 이 구절 또한 본 공사는 동의할 수 없습니다.

우리 정부가 여기 파병한 이유는, 이미 공문과 면담을 통해 누차 밝혔던 것처럼, 남도(南道) 민란이 일시 창궐했는데 귀 정부는 형세를 만회하기 어렵다고 보고 역량이 부족해서 외국에 원조를 청했습니다. 이처럼 위급한 때에 우리 정부도 여기에 파병한 것은 사서(使署)와 상민(商民)을 보호하기 위해서였습니다. 이는 귀 독판도 일찍부터 잘 알고 계실 것입니다. 이제 귀 정부는 비록 남도 비란(匪亂)이 이미 평정됐다고 통보했지만, 외국 원병의 철수는 아직 보지 못하고 도리어 점점 더 남쪽을 향해 진격하는 것만 보았으니, 남도의 비도(匪徒)를 토평(討平)했다는 말을 대번에 믿을 수 없습니다.

더구나 민란의 발생에는 반드시 원인이 있습니다. 본 공사는 귀 정부가 설령 한때 병력으로 저들을 탄압해서 복종시켰더라도, 난의 근원을 제거하지 않으면 다시 싹트지 않으리라고 보장하기 어렵다고 믿습니다. 그러므로 우리 정부는 인의(隣誼)를 깊이 생각해서 귀 정부에 내정(內政)의 이개(釐改)[2]를 권고하는 것입니다. 요컨대 이는 난의 근원을 신속히 다스려서 우리 군대가 주둔할 필요가 없게 되기를 바라는 것에 불과합니다. 단, 지금 귀 독판이 언명하신 "먼저 주둔병을 철수시키면 진심으로 처리하겠다."는 말은, 본 공사의 이른바 "내정이 다스려지지 않으면 난의 근원을 모두 제거할 수 없고, 난의 근원이 모두 제거되지 않으면 주둔

---

2) 이개(釐改): 개정(改正), 개혁(改革)

병을 철수시킬 수 없다."는 뜻과 크게 모순됩니다. 따라서 본 공사는 우리 정부의 권고를 귀 정부에서 끝까지 불허하리라고는 믿지 않습니다. 이러한 연유를 본국 정부에 상세히 보고했습니다. 그 밖에 감히 거듭 번거로움을 끼쳤으니 부디 귀 독판은 양찰하기 바랍니다. 아울러 귀서(貴署)의 다복을 송축합니다.

오토리 게이스케^{돈(頓)}

아력(我曆) 7월 18일

갑오 6월 16일[9]

7월 13일에 도쿄를 출발한 혼노 참사관과 후쿠시마 보병중좌는 7월 18일에 인천에 도착, 19일에 입성해서 외무대신 훈령을 오토리 공사에게 전달하고 정부의 방침을 전했다. 이날 다시 도착한 외무대신의 훈전(訓電)은, 모든 책임은 외무대신이 질 것이니 어떤 강압수단을 취해도 좋다고 허가했다.[10]

7월 19일에 조선의 형세가 일변했다. 이날 오토리 공사가 외무대신에게서 강압정책을 승인받은 것에 반해, 청 도원(道員) 원세개는 직예총독의 허가를 받고 은밀히 경성을 빠져나가 인천에서 군함 양위(揚威)를 타고 톈진으로 급히 떠나 버렸다. 원세개는 당시 거의 고립 상태에 빠져서 외교적으로 시행할 만한 수단도 없는 데다가 갑신변란 이후 거의 10년간 반일정책의 중심인물로 지목됐다. 따라서 일청 국교가 단절됐을 때 일본군의 손에 떨어질 것을 크게 두려워한 것이리라. 원세개가 조정에 복귀한 동안 동지(同知) 당소의(唐紹儀)를 대리교섭통상사의(代理交涉通商事宜)에 지명해서 업무를 대행하게 했다.[11]

오토리 공사는 이제 외무대신의 승인을 받고, 오시마 육군소장 이하 장령들과 협의해서 필요한 강압수단의 실시에 착수했다. 첫 번째로 실행에 옮긴 것은, 당시 공사관과 파견부대 모두 그 필요성을 절감하고 있었던 경성~부산 전신선의 증설 및 공사관 부속병영의 신축이었다. 조선 내의 전신은 청국 기술자가 건설, 관리하고 있었는데, 경의·경부 두 전신선 모두 불통되는 일이 많았고, 특히 후자는 이해 5월에 사변이 돌발한 이래로 고장이 잦아서 거의 쓸모가 없었다. 이 때문에 육군성은 오사카상선주식회사(大阪商船株式會社) 소유의 소형기선 2척을 대여해서 해군 감독장교를 탑승시켜 통신선(通信船)으로 활용하며 부산과 인천 간 연락을 담당하게 하고 있었다. 이러한 사정을 감안하여 오토리 공사는 7월 7일에 통리아문독판에게 공함(公函)을 보내서, 경성~부산 전신선은 메이지 18년 일한해저전선설치조약속약(日韓海底電線設置條約續約)에 따라 조선 정부가 가설 및 유지 의무를 진다는 것을 지적했다. 그리고 파손돼서 불통되는 횟수가 매우 많고 특히 메이지 27년 5월 이래 오랫동안 불통인 것은, 공사가 부실해서 가벼운 고장에도 갑자기 불통되는 것으로 보인다고 한 후, 경성과 부산 사이에 견고한 전선이 필요하므로 조선 정부에서 신속하게 대대적인 수리를 하거나 새 전선을 가설할 것을 요청했다. "또 귀 정부에서 신속하게 기공(起工)을 논의해서 결정하지 않을 경우, 우리 정부는 당분간 별도로 전선을 가설해서 우리 양국의 통신의 편의를 도모할 것이다. 물론 그 전선은 우리나라 관보(官報)[3]를 취급하는 데 그칠 것이니, 귀국 전선에는 조금도 영향이 없을 것으로 생각한다."라고 했다.[12] 조선 정부는, 전신 불통은 일시적인 고장이므로 관계 관청에 명해서 수리·복구했다고 변명하고, 일본공사가 전선을 대신 가설하겠다고 주장하는 것은 조선 정부의 권리를 침해하는 것으로, "본 독판에게는 매우 뜻밖이다. 어찌 경아(驚訝)[4]를 억누르겠는가?"라면서 거절했다.[13] 오토리 공사는, 조선 정부에 견고한 전신을 가설할 의무가 있음에도 불구하고 이를 충실하게 이행하지 않았기 때문에 일본 정부가 일시적으로 대신 가설하려는 것으로, 결코 조선 정부의 권리를 침해하는 것이 아니라고 주장했다.[14] 조선 정부도 이 말을 다시 반박해서 교섭은 완전히 교착상태에 빠졌다.[15]

7월 19일에 이르러 오토리 공사는 결연히 다음 조회를 통리아문독판에게 보내서 경성~부산 전신 가설을 성명하고, 동시에 오시마 혼성여단장에게 청구해서 여단 소속 야전전신대로 군용전신 가설에 착수하게 했다.

알립니다. 이번에 우리나라가 잠정적으로 경성~부산 전선을 가설하기로 한 사안에 대해서, 귀력(貴曆) 갑오 6월 초9일에 귀 독판이 반박해서 보낸 조복의 각 구절을 모두 살펴보았습니다. 이 일의 연유는 이미 본 공사가 제71호·제74호 문함(文函) 2건으로 이미 상세히 서술했습니다. 경성~부산 전선은 본래 귀 정부가 조약에 따라 책임지고 설치해야 하는데, 구조가 조솔(粗率)해서 걸핏하면 풍우에 손상을 입어 효과를 기대하기 어렵습니다. 이는 실재 정형을 따져 보면 분명히 알 수 있는 사실입니다. 이 때문에 우리나라는 조약에 의거해서 견실한 전선의 설치를 요청했는데, 귀 정부는 계속 준행(遵行)을 원치 않고 있습니다. 그러므로 부득불 우리가 잠정적으로 대신 설치하려는 것일 뿐입니다. 요컨대, 현재 부설된 경성~부산 전선은 견실하지 않으니 우리의 요청은 전혀 무리한 것이 아니요, 또 귀국의 권리를 침해하는

---

3) 관보(官報): 여러 가지 뜻이 있으나 여기서는 관공서에서 타전하는 공용(公用) 전보의 의미이다.
4) 경아(驚訝): 놀랄 만큼 의아스러움

것이라고 할 수 없습니다. 금일부터 전공(電工)에게 명해서 경성과 부산 두 곳에서 각각 시공할 것입니다. 부디 귀 독판은 양해하기 바랍니다. 이로써 진심을 전하며, 아울러 귀 독판의 다복을 송축합니다.

오토리 게이스케^{돈(頓)}

아력(我曆) 7월 19일[16]

경성~부산 전신 가설과 함께 초미의 급무가 된 것은 파견부대를 수용할 영사(營舍)의 신축이었다. 오토리 공사는 메이지 15년 제물포조약 제5관 부칙에 조선 주둔 일본군대가 사용할 병영은 조선 정부에서 설치 및 수선 책임을 맡는다고 한 명문(明文)에 의거해서, 병사 1천여 명을 충분히 수용할 수 있는 병영을 일본공사관 부근에 신축할 것을 요구했다.[17]

7월 20일에 이르러 오토리 공사는 마침내 마지막 카드를 꺼냈다. 즉, 청한종속관계의 해결을 조선 정부에 독촉하고, 또 조선의 독립자주를 이유로 조선에 주둔한 청군대의 철수를 요구하는 것이었다. 그 회답 기한은 7월 22일 오후 12시로 정했다.

서간(書簡)으로 말씀드립니다. 다름이 아니라, 귀 조선은 본래 자주국으로서 어떤 방국(邦國)에도 기속(羈屬)⁵⁾되지 않음은 일조수호조규(日朝修好條規) 제1관에 명백히 기재되어 있으며, 또한 귀력(貴曆) 금년 5월 27일 귀 공서(公署) 공문 제16호 및 아력(我曆) 금년 7월 2일 본서(本署) 공문 제66호로 그 의의를 더욱 분명히 한 것은 귀 정부에서도 잘 아시는 일입니다. 그런데 금년 6월 초순에 청 정부가 군대를 파견했을 때, 우리 정부에 통지한 공문 가운데 '우리 조정이 속방을 보호하는 구례(我朝保護屬邦舊例)'라고 했고, 또 청 섭(聶) 군문(軍門)^{○기} 명제독(記名提督) 섭사성(聶士成)이 아산에서 전주까지 각 지방에 고시한 글에, "끝내 우리 중국 조정이 속국을 애휼(愛恤)해서 차마 좌시하며 구원하지 않을 수 없었다."라거나, 간혹 '보호속방(保護屬邦)' 등의 문자를 쓴 것은 분명히 귀국의 독립을 무시하고 자주의 권리를 해친 것으로 인정됩니다. 이상 청 정부의 통지는, 본서(本署) 금년 제59호 공문에 첨부해서 귀 독판에게 회시(回示)했으니 이미 상세히 살펴보셨을 것입니다. 섭 군문의 고시는 바로 별지 갑호(甲號)와 같습니다. 본 공사는 그 사실을 확인하기 위해 예전에 청의 총리 원(袁) 씨에게 문의했는데, 아력(我曆) 7월 1일에 청의 총리에게서 별지 을호(乙號)와 같이 틀림없는 사실이라고 회답이 왔습니다. 따라서 귀 정부가 이처럼 바르지 못한 명분으로 파견된 청군대를 영구히 귀

---

5) 기속(羈屬): 굴레에 묶여서 종속됨

경내(境內)에 주둔시키는 것은 귀국의 자주독립의 권리를 침해하고, 따라서 일조조약(日朝條約)에 기재된, '조선은 자주지방(自主之邦)으로서 일본과 평등지권(平等之權)을 보유한다.'라는 구절을 무시하는 것입니다. 따라서 속히 청군대를 국경 밖으로 내보내서 귀 정부가 조약 준수의 의무를 완수하기를 깊이 희망하는 바입니다. 이 청군대를 내보내는 것은 물론 긴급한 일이므로 신속히 결행하기를 바랍니다. 또 이에 관해 귀 정부가 결의한 내용을 모레, 즉 아력(我曆) 이번 달 22일까지 회답하기 바랍니다. 만일 귀 정부의 회답이 지연될 경우 본 공사는 스스로 결의하는 바가 있을 것입니다. 이상 조회로 통지합니다. 경구(敬具).

메이지 27년 7월 20일

특명전권공사 오토리 게이스케

독판교섭통상사무 조병직 각하[18]

한편, 중조상민수륙무역장정(中朝商民水陸貿易章程) · 중강통상장정(中江通商章程) · 길림무역장정(吉林貿易章程)의 3개 조약은 청한종속 문제와 불가분의 관계에 있었다. 이는 조선이 청의 번속(藩屬)임을 전제로 해서 이홍장의 명령으로 체결된 일방적 조약이었는데, 일반적인 국제관계에서 볼 수 없는 광범위한 특권을 청의 신민에게 부여하고, 최혜국조관과 무관하게 제3국의 균점(均霑)을 허락하지 않았다. 무쓰 외상은 6월 28일자 훈령을 통해 오토리 공사에게 일본신민에게도 청의 신민과 동일한 대우를 부여할 것을 조선 정부에 요구하라고 훈령했지만, 공사는 이를 시의(時宜)에 적절치 않은 것으로 봐서 따르지 않았다. 그 대신에 조선의 자주독립을 침해한다는 이유로 3개 조약의 폐기를 요구했다.

서간(書簡)으로 말씀드립니다. 다름이 아니라, 종래 귀국과 청 사이에 성립한 중국조선상민수륙무역장정(中國朝鮮商民水陸貿易章程) · 중강통상장정(中江通商章程) · 길림장정(吉林章程)은 모두 귀국을 청의 번봉(藩封) 또는 속방(屬邦)으로 간주해서 청의 군주권(君主權)으로 제정한 것으로 인정되는데, 이를 과거와 현재에 귀국이 스스로 내치와 외교를 주재하는 실정에 비춰 보면 완전히 사실과 다릅니다. 따라서 우리 정부는 지금까지 이들 각 장정을 모두 공문(空文)에 속하는 것으로 간주해서 굳이 그 내용에 개입하려고 하지 않았던 것입니다. 그런데 이번에 청 정부가 '보호속방(保護屬邦)'을 칭하면서 군대를 귀국에 보냄에 이르러 비로소 이들 장정이 공문이 아니라고 판단했습니다. 생각건대, 이들 장정이 과연 공문이 아니라 실제로 현재 시행되는 것이라면, 귀국의 자주독립 권리를 완전히 침해하고, 따라서 일조수호조규

(日朝修好條規)에 기재된, '조선은 자주지방으로서 일본과 평등지권을 보유한다.'라는 구절을 무시하는 것이라고 확실히 인정됩니다. 그러므로 귀 정부는 귀국의 자주 권리를 보호하고, 또 우리나라에 대한 조약 준수의 의무로서 급히 청 정부에 이들 각 장정의 폐기를 선언하고, 아울러 그 내용을 우리 정부에도 통지하기 바랍니다. 이상 조회로 통지합니다. 경구(敬具).

메이지 27년 7월 20일

특명전권공사 오토리 게이스케

독판교섭통상사무 조병직 각하[19]

오토리 공사의 공문은 최후통첩의 성격을 갖고 있었다. 크게 당황한 국왕과 척신은 원세개의 대리자인 대리교섭통상사의(代理交涉通商事宜) 당소의와 협의했다. 근대 지나(支那)의 정치가로는 유일하게 청, 중화민국, 국민정부 3대에 걸쳐 관직을 역임한 당소의 였지만 어린 나이에 이러한 난국에 처하게 되자 어찌할 바를 몰랐다. 그는 먼저 직속상 관인 이홍장에게 타전해서 지휘를 요청했지만, 당시 경성~의주 전신도 불통이라서 기 한인 7월 22일까지 이홍장의 회훈(回訓)이 도착하지 않았다. 통리아문은 부득이 주일청 공사의 조선 출병에 관한 조회, 그리고 '총병(總兵) 섭사성의 고시는 조선 정부와 관계가 없고, 청군대가 국내에 주둔한 것은 조선 정부가 자발적으로 내란을 진정하기 위해 구 원을 요청한 데 따른 것으로, 현재 내란이 진정돼서 철수를 요청했지만 아직까지 불응 하고 있는 것은 일본군대가 철수하지 않는 것과 마찬가지다. 그러므로 당(唐) 대리(代理) 를 통해 청 정부에 철병을 요청하는 중'이라는 내용으로 회답 조회를 기안했다.[20]

이 회답은 상황에 따라서는 일한 또는 청한 관계를 단절하는 계기가 될 수 있었다. 따 라서 통리아문은 이를 신중하게 기초한 후, 교열을 위해 당소의에게 제출해서 세 번이나 초고를 바꿨다고 한다. 회답기일인 7월 22일 밤을 어기지 않고 일본공사에게 전달됐다.[21]

대조선독판교섭통상사무 조(趙)가 조회함.

아력(我曆) 이번 달 18일, 즉 귀력(貴曆) 7월 20일에 보내신 공문을 접수했습니다. 그 내용 이 다음과 같았습니다.

귀국은 본래 자주지방(自主之邦)으로서 처음부터 예속된 바가 없으니, 이는 바로 일조수 호조규(日朝修好條規) 제1관의 첫 행에 분명히 기재되어 있다. 아울러 귀력(貴曆) 금년 5월 27일 귀 독판의 제16호 공문부터 아력 금년 7월 초2일 본 공사의 제 66호 공문까지 이 조관의 취지를 다시 상세히 천명했으니, 귀 정부의 견해 또한 필시 여기에 이의가 없을 것이다.

그런데 금년 6월 초순 청 정부가 군대를 파견할 때 우리나라 정부에 사전에 공문으로 통지했는데, 그 내용에, '우리 조정이 속방(屬邦)을 보호하는 구례(舊例)'라고 하고, 또 청의 섭(聶) 군문(軍門)이 아산과 전주 일대에 두루 게시한 고시문에, '끝내 우리 중국 조정이 속국을 애휼(愛恤)해서 차마 좌시하며 구호하지 않을 수 없었다.'라고 하고 혹은 '보호속방(保護屬邦)' 등의 글자가 있었으니, 청이 귀국의 독립 근본을 무시하고 자주지권(自主之權)을 침해함을 더욱 알 수 있다. 그 청이 통지한 문서는 이미 본 공사의 제59호 공문에서 사본을 첨부했으니 이미 열람해서 잘 알고 있을 것이다. 섭 군문의 고시에 관해서는, 예전에 본 공사가 청 총리 원(袁)에게 조회해서 진위(眞僞)를 문의했다. 그런데 바로 아력 금년 7월 초1일에 조복(照覆)을 받았는데 전부 사실이라고 했다. 이에 그 사본을 갑·을 두 통의 공문에 첨부했으니, 그 상세한 사실을 알아야 한다. 만약 귀 정부가 명분이 바르지 않은 청군(淸軍)이 오래 경내(境內)에 머무는 것을 용납한다면, 이는 비단 귀국의 자주독립지권(自主獨立之權)의 침해일 뿐만 아니라 일조조약(日朝條約)에 기재된, '조선은 자주지방(自主之邦)으로 일본과 평등지권(平等之權)을 보유한다.'라는 구절을 구문(具文)[6]으로 보는 것이니 매우 체통이 서지 않는다. 따라서 본 공사는 귀 정부가 속히 청군을 국경 밖으로 몰아내서 조약 준수의 책임을 완수하기를 간절히 바란다. 단, 사안이 긴급하니 반드시 신속하게 시행해야 한다. 아울러 귀 정부가 의정(議定)한 결과를 모레, 즉 아력 이번 달 22일까지 확답해서 회신하라. 혹시라도 귀 정부가 시일을 끌어서 회신하지 않는다면 본 공사는 스스로 결의해서 행동을 취하는 바가 있을 것이다. 이 때문에 문서를 갖추어 귀 독판에게 조회하니, 부디 살펴보기 바란다.

이를 접수하고 살펴보았습니다. 우리나라가 자주지방으로서 귀국과 평등지권을 보유하는 사실은 이미 조일조약에 기재되어 있고, 우리나라의 내치·외교가 예로부터 자주에 연유한 것 또한 중국이 본래 알고 있습니다. 이러한 각 사항을 아력(我曆) 금년 5월 27일에 이미 조복(照覆)했습니다. 이번에 섭 군문이 고시한 사항은 본 독판이 들은 바 없고, 귀 공사가 이미 원 총리에게 조회해서 진위를 문의했다고 하니 계속 원 총리에게 변론(辨論)해야 할 것입니다. 청군이 경내에 오래 머물고 있는 것은 우리나라가 도움을 요청해서 온 것이요, 남도(南道)의 비도(匪徒)가 조금 평정된 뒤에 이미 누차 철병을 요청했는데도 아직 물러가지 않는 것은 귀국 군대가 아직 머물고 있는 것과 마찬가지입니다. 이제 다시 당(唐) 대판(代辦)에게 중국 정부에 신속히 퇴병(退兵)할 것을 청하게 했습니다. 이상과 같은 사유로 귀 공사에게 조복하니

---

6) 구문(具文): 사문(死文)

부디 살펴보기 바랍니다.

　이상과 같이 대일본특명전권공사 오토리에게 조회함.

갑오 6월 20일[22]

　통리아문의 회답은 요컨대 궁색한 변명이었다. 이를 기안한 사람조차 이것으로 오토리 공사가 만족할 것이라고는 생각하지 않았을 것이다. 오토리 공사는 이를 예상하고 있었다. 그는 오시마 육군소장과 협의해서 통리아문의 회답 여부와 관계없이 7월 22일 오후 12시의 시한 만료와 동시에 병력을 동원한 직접행동을 실행할 수 있도록 준비했다.

　통리아문의 회답 조회는 지정된 시한 몇 시간 전에 도착했는데, 과연 예상한 것과 같은 내용이었다. 오토리 공사는 다음 행동에 착수하기에 앞서, 7월 23일 새벽에 통리아문독판에게 공문을 보내서 회답이 만족스럽지 못한 것을 힐책하고, 조선 정부가 조약 명문(明文)을 준수하도록 병력을 쓰는 일이 있을 것이라고 경고했다.[23]

　서간(書簡)으로 말씀드립니다. 다름이 아니라, 귀력(貴曆) 금년 6월 20일 귀 조회 제18호를 통해 말씀하신 내용은 잘 알았습니다. 생각건대, 청 정부의 통지에서, '우리 조정이 속방(屬邦)을 보호하는 구례(舊例)' 등의 말을 쓴 일에 관해서는, 지난번에 본 공사가 공식적으로 조회해서 귀 정부에서도 이미 잘 알고 있을 것입니다. 섭(聶) 군문(軍門)의 고시에 관해서는, 아산에서 전주까지 각지에 게시했으니 이 또한 귀국 정부에서 당연히 잘 알고 있으리라 생각합니다. 그런데 지금 귀 독판은 한갓 "우리나라와 관계가 없다"라거나 "들은 바 없다"라는 등의 말로 그 책임을 모면하려고 하니, 이는 귀국이 스스로 그 자주독립의 권리를 훼손하고, 아울러 일조조약(日朝條約)의, '조선은 자주지방으로 일본과 평등지권을 보유한다.'라는 구절을 무시하는 것입니다. 본 공사는 여기에 절대 동의할 수 없습니다. 따라서 차제에 귀국 정부로 하여금 조약 명문(明文)을 준수시키기 위해 만족스러운 회답을 요구하는 것은 우리 정부가 당연히 해야 할 일이라고 확신합니다. 이상에 대해 급히 회답을 보내시기 바랍니다. 또한 귀 정부로부터 만족스러운 회답을 받지 못할 경우, 시의(時宜)에 따라 우리 권리를 보호하기 위해 병력을 사용하는 일도 있을 수 있으니 미리 알고 있으시기 바랍니다. 이상 조회로 통지합니다. 경구(敬具).

메이지 27년 7월 23일
특명전권공사 오토리 게이스케
독판교섭통상사무 조병직 각하[24]

〔원주〕

1 『在韓苦心錄』, 36~37쪽.

2 『日淸韓交涉事件記事』(朝鮮之部).

3 福島安正談話 참조.

4 『蹇蹇錄』, 135~136쪽.

5 『日淸韓交涉事件記事』(朝鮮之部), "明治二十七年七月十二日大鳥公使宛外務大臣電報".

6 『日淸韓交涉事件記事』(朝鮮之部), "明治二十七年七月十二日大鳥公使宛外務大臣電報".

　　귀전(貴電) 제23호를 접수함. 각하는 개혁에 대한 요구를 관철시키는 데 노력하는 동시에 경성~부산 철도 및 전선 설치, 목포 개항과 같은 실리를 차지하는 데 진력할 것. 혼노 후쿠시마는 7월 13일 오후 9시 45분 경성을 향해 출발할 예정임.

7 『蹇蹇錄』, 136쪽.

8 『蹇蹇錄』, 137쪽.

9 『日案』 28권, "甲午年六月十八日".

10 福島安正談話; 『在韓苦心錄』, 41쪽.

11 『在韓苦心錄』, 41~43쪽; 『中日交涉史料』 14권, 문서번호 1141번. "光緒二十年六月十二日北洋大臣來電" · 1158번. "光緒二十年六月十四日發北洋大臣電".

12 『日淸韓交涉事件記事』(朝鮮之部).

　　오토리 공사 공문의 전문(全文)은 다음과 같다.

　　서간으로 말씀드립니다. 다름이 아니라, 귀국 경성에서 부산까지의 전선은, 아력(我曆) 메이지 18년 12월에 우리 양국 간에 체결한 해저전선설치조약속약(海底電線設置條約續約)에 따라 귀 정부의 의무로 가설됐습니다. 그런데 그 뒤로 그 전선이 얼마 지나지 않아서 파손·불통되어 가설한 효용이 충분치 않습니다. 현재 아력(我曆) 금년 5월 하순 이래로 오랫동안 막혀서 통신의 편리를 잃었다가 며칠 전에 겨우 개통됐지만, 종전의 경험으로 미뤄 보면 언제 다시 막힐지 알 수 없습니다. 필경 공사가 충분치 않아서 가벼운 재변(災變)도 견디지 못해서 여러 차례 파손된 것이라고 추측됩니다. 따라서 현재 두 지역 사이에 견고한 전선을 가설하는 것은 가장 시급한 일이며 또 귀 정부의 의무라고 인정되므로, 급히 옛 전선의 수선에 착수하든지 아니면 새 전선을 가설하기 바랍니다. 이와 관련해서 우리 전공(電工) 수백 명이 이미 부산과 인천에 도착했으므로 곧바로 곁에서 도울 수 있을 것입니다. 만약 귀 정부에서 조속히 기공 결정을 내리기 어렵다면, 우리 정부는 잠정적으로 별도의 전선을 가설해서 우리 양국의 통신 편의를 도모할 것입니다. 물론 그 선로는 본국의 관보(官報)만 취급할 것이므로 귀국 전선에는 조금도 영향이 없을 것입니다. 따라서 귀 정부에서 이 공사를 급히 착수할 것인지 속히 회답하시기를 바랍니다. 이에 본국 정부의 훈령을 받아 문의드립니다. 이상과 같이 조회합니다. 경구(敬具).

　　　　　　　　　　　　　　　　　　　　　　　　　　　　　메이지 27년 7월 7일

13 『日淸韓交涉事件記事』(朝鮮之部), "甲午年六月七日大鳥公使宛統理衙門督辦信函".

14 『日淸韓交涉事件記事』(朝鮮之部), "明治二十七年七月十日統理衙門督辦宛大鳥公使公文".

15 『日淸韓交涉事件記事』(朝鮮之部), "甲午年六月九日大鳥公使宛統理衙門督辦信函".

16 『日淸韓交涉事件記事』(朝鮮之部).

17 위와 같음.

오토리 공사 공문의 전문은 다음과 같다.

서간으로 말씀드립니다. 다름이 아니라, 아력(我曆) 금년 6월에 우리나라 정부에서 메이지 15년 8월 우리 양국 간에 체결한 제물포조약 제5관에 의거해서 경비병 약간을 파견한 것은 이미 통지했습니다. 이들을 위한 병영은, 같은 조관의 '병영의 설치와 수선은 조선에서 맡는다.'라는 구절에 따라, 귀 정부에서 설치해야 합니다. 따라서 본 공관 근방에 급히 경비병 1천여 명을 수용할 수 있는 병영을 설치하시기 바랍니다. 이상과 같이 조회합니다. 경구(敬具).

메이지 27년 7월 19일
특명전권공사 오토리 게이스케
독판교섭통상사무 조병직 각하

18 『日淸韓交涉事件記事』(朝鮮之部); 『日案』 28권, "甲午年六月十八日"; 『中日交涉史料』 15권, 문서번호 1207. "光緒二十年六月二十日北洋大臣來電".

19 『日淸韓交涉事件記事』(朝鮮之部); 『日案』 28권, "甲午年六月十八日"; 『中日交涉史料』 15권, 문서번호 1201. "光緒二十年六月二十日北洋大臣來電".

20 『中日交涉史料』 15권, 문서번호 1201 · 1207 · 1213. 「東征電報上」, "光緒二十年六月二十日寄漢城唐紹儀".

전신이 두절되어 조금 전에야 소해전(嘯亥電)을 받았다. 어찌 급박함을 이기리오? 서력(西曆) 22일 현재 한(韓)은 어떻게 답복(答覆)했는가? 만일 아직 답복하지 않았으면, "영국공사가 지금 베이징에서 조정하고 있으니, 불일간 중·왜 양국이 명백히 강명(講明)할 것"이라고 답하도록 부탁하라. 그 공사는 어찌 하필 성질이 급해서 분별없이 일처리를 하는 것인가? 즉시 전보로 회신하라.

홍(鴻), 20일 정오.

21 『日淸韓交涉事件記事』(朝鮮之部).

메이지 27년 7월 25일에 외무대신에게 올린 오토리 공사의 보고 한 구절을 인용하면 다음과 같다.

셋째, 아산에 있는 청군대의 철수를 청 정부에 요구하라는 뜻으로 이 나라 정부에 조회했습니다. 조선 정부가 예전에 남쪽의 민란을 진정시키기 위해 청 정부에 차병(借兵)을 신청했는데, 청 정부는 속방을 보호하는 구례(舊例)라고 하면서 병사 3천 명을 아산에 상륙시키고, 섭(聶) 군문(軍門)은 전라·충청 일대에 한 통의 고시문을 발포해서 '속방보호' 운운하는 말을 공포했습니다. 이는 조선의 독립을 멸시하고 아울러 우리 수호조규의 문면(文面)과 직접 충돌하는 것이므로, 속히 아산의 청병을 철수시켜야 한다는 뜻을, 본관은 별지 경호(庚號)와 같이 조회했습니다. 그런데 이에 관해서는 일찍이 고안(考案)도 없었을 뿐더러, 청과는 종래의 관계도 있어서 한갓 궁중의 회의로 밤을 세울 뿐이었는데, 그때 원세개가 갑자기 귀국길에 올랐기 때문에 정부 부처 내에서는 한층 더 곤란한 모양입니다. 우리에게 보내는 조복(照覆)도 3번이나 문서를 교체했다고 하는데, 결국 지난 22일, 즉 회답기일 밤에 별지 신호(辛號)와 같이 막연한 조복을 보내 왔습니다. (하략)

22 『日淸韓交涉事件記事』(朝鮮之部); 『日案』 28권, "甲午年六月二十日".

23 『日淸韓交涉事件記事』(朝鮮之部), "明治二十七年七月二十五日外務大臣宛大鳥公使報告"; 『在韓苦心錄』, 44~45쪽.

24 『日淸韓交涉事件記事』(朝鮮之部); 『日案』 28권, "甲午年六月二十一日".

대원군의 제3차 집정 / 청한종속관계의 폐기

오토리 공사는 7월 20일에 청한종속관계의 파기 선언을 요구하는 최후통첩을 발송했다. 이는 향후 중대한 영향을 미칠 것이기 때문에 주도면밀한 사전 준비 공작이 필요했다. 그 첫 번째는 경성 안으로 병력을 불러들이는 것, 두 번째는 조선 정부의 개조였다.

이보다 앞서 예정된 계획에 따라 혼성여단 전부가 인천에 상륙했다. 하지만 경성 내에 주둔한 것은 이치노헤 보병소좌가 인솔하는 1개 대대에 불과했고, 대부분은 경성 서쪽 교외에서 숙영하고 있었다. 그 일부의 입성은 최후통첩의 강제를 위해서도, 또 정부 개조의 단행을 위해서도 긴요한 일이었다.

오토리 공사는 이 문제와 관련해서 혼성여단장 오시마 육군소장과 격의 없이 상의할 필요가 있었다. 그런데 오시마 소장은 이미 7월 19일에 대본영으로부터 독단적으로 조선 내 청병을 공격하라는 명을 받았으므로, 최후통첩과 무관하게 7월 21일경에 경성을 출발해서 아산에 있는 청군대를 공격할 예정이었다. 그러나 이제 오토리 공사의 요청을 받고는 그 출발을 연기하고 최후통첩 기한이 만료된 후 조선 내정의 개조에 참여하기로 결정했다. 그리고는 예정된 계획에 따라 7월 23일 오전 3시 서대문의 개문과 동시에 보병 1개 연대를 입성시키고, 또 1개 중대를 운현궁 부근에 주둔시켰던 것이다.[1]

다음으로 청한종속관계의 폐기와 함께 척족 민씨를 몰아내고 묘당을 완전히 개조하지 않으면 내정개혁은 불가능했다. 청의 세력을 조선 내에서 일소하면 척족을 몰아내는 것은 물론 어려운 일이 아니었지만, 척신(戚臣)들을 몰아낸 다음에 누구를 신정부의 수반으로 삼을지는 미리 고려해야 했다. 스기무라 서기관은 일찍부터 대원군의 추대를 주장했다.

원래 대원군은 배외론(排外論)의 우두머리로 잘 알려졌고, 실제로 임오변란(壬午變亂) 같은 것은 그의 음모에서 비롯됐다. 그런데 3년간의 바오딩(保定) 유수(幽囚) 생활은 대원군의 사상에 적지 않은 변화를 일으켰다. 배외사상의 본질에는 어떠한 진보의 흔적도 보이지 않았지만, 조선 같은 약소국이 강린(强隣)을 배척하는 것은 바로 자멸하는 길이라는 사실을 이해했다. 또 석방·귀국을 허락받은 이후의 국내 정세를 보면, 정적(政敵)인 척신은 이홍장의 대표인인 도원(道員) 원세개와 결탁해서 대원군이 끼어들 여지가 없었다. 또 대원군은 이미 척족 이외의 세력은 미약해서 신뢰할 수 없다는 것을 통감하고 있었다. 만약 대원군이 정적을 타도하고 정권을 회복하기를 원한다면, 주장을 굽혀서 지난날의 원수인 일본과 결탁할 수밖에 없었다. 이는 일본 측과도 공통점이 있다. 척족과 서로 용납할 수 없는 일본 관민이 척족 이외의 제3세력을 이용하려고 해도 대원군 외에는 유력한 대상을 찾을 수 없었다. 특히 일본 측은 임오변란의 진상을 오랫동안 파악하지 못해서 대원군에 대한 불쾌한 감정도 적었으므로, 대원군이 귀국한 이후 얼마 되지 않아 양자 사이에 모종의 양해가 성립했다. 이와 관련해서 스기무라 서기관은 다음과 같이 기록했다. "대체로 대원군은 선천적인 한토(漢土) 숭배자이자 양이가(攘夷家)라서 일본을 달갑게 여기지 않는 인물이었으나, 근년에 마침내 세계의 형세를 깨닫고 일본·청·한국의 삼국동맹으로 동양의 형세를 유지할 필요가 있음을 설파하며 일본인을 우대했다. 이 때문에 우리의 전후(前後) 공사와 관원들은 모두 대원군과 교제가 있었고, 특히 나는 오래 재근했기 때문에 한층 더 깊이 교제했다."[2]

스기무라 서기관의 기록이 사실이라면 척족 추방과 묘당 개조에 관해 대원군과 사전에 격의 없이 협의할 수 있었을 것이다. 그런데 스기무라 서기관은 다시, "그런데 자주 그 저택(운현궁)에 출입하는 것은 민비와 민씨 일족[閔族]이 좋아하지 않았으므로 관원들은 항상 출입에 주의했고, 특히 우리 군대가 한국에 들어온 뒤로는 혐의를 피해서 거의 발걸음을 끊었다. 이 때문에 대원군과 교섭할 길이 사라졌고, 오직 그 저택의 하인 아무개가 고쿠분(國分) 서기생에게 와서 그 밀지를 전했지만 그것이 과연 대원군의 뜻에서 나온 것인지는 분명치 않았기 때문에 그 요령을 얻는 데 고심했다."라고 기록했다. 어쨌든 일한관계가 극도로 긴장됐던 당시에 스기무라 서기관 자신이 자주 운현궁을 방문하는 것은 불가능했으므로, 오토리 공사에게 상신해서 오카모토 류노스케에게 운현궁과 일본공사관 사이의 연락을 맡기기로 결정했다.

오카모토 류노스케는 스기무라 서기관의 소개로 7월 5일에 운현궁으로 대원군을 방문했다. 그리고 장시간 시사문제를 논했는데, 대원군은 조금도 귀를 기울이지 않았다. 그 후 오카모토는 한두 차례 대원군을 방문했으나, 결과는 언제나 요령부득으로 끝날 뿐이었다. 그런데 오카모토가 운현궁에서 숙소로 돌아왔을 때 대원군의 종자 정익환(鄭

益煥)이 기어코 오카모토를 방문해서 대원군의 전언이라고 하면서, "오늘은 남의 이목이 두려워서 의중을 토로하지 못했지만 고견에는 모두 동의하고 있으니 그렇게 아시기 바랍니다."라고 말하고, 또 시기를 앞당길 것을 누우이 희망했다고 한다.[3] 대원군의 태도는 앞뒤가 맞지 않았으므로 스기무라 서기관과 오카모토 류노스케 등은 그의 진의를 파악하기 위해 고심했다. 당시 오토리 공사와 스기무라 서기관의 지휘 아래 묘당과 일본 공사관 사이의 연락을 맡았던 김가진, 김학우, 안경수 등도 공사의 뜻에 따라 운현궁에 출입했지만, 이들은 원래 양반이 아니었고 척족에게 배척당해서 어쩔 수 없이 일본공사의 비호에 의탁한 자들이었으므로 조금도 대원군의 신용을 받지 못하고 있었다.

오토리 공사와 스기무라 서기관이 묘당 개조의 중심이 돼야 할 대원군의 진의를 알아내려고 노심초사하는 가운데, 7월 20일에 최후통첩이 발송됐다. 이제 대원군의 자발적인 의지와 관계없이 강제적으로 묘당 개조의 임무를 맡길 수밖에 없었다. 7월 22일, 대원군의 종자 정익환은 공사관을 방문해서 서기생 고쿠분 쇼타로를 만나 대원군의 결심이 아직 불확실함을 전하고, 대원군의 심복으로 알려진 전(前) 직장(直長) 정운붕(鄭雲鵬)을 이용해서 대원군을 설득시킬 것을 충고했다. 그런데 정운붕은 대원군을 따라 바오딩에서 귀국하자마자 국왕의 명으로 체포되어 포도청에 구금돼 있었다. 공사도 잠시 주저했으나 달리 방법이 없었으므로 결국 비상수단을 동원해서 정운붕을 석방하기로 하고, 7월 23일 오전 1시에 고쿠분 서기생에게 하사관과 병사 10명, 순사(巡査) 10명을 붙여서 포도청으로 보냈다. 한밤중이었으므로 신분을 묻는 옥리(獄吏)도 없었다. 오직 정운붕 자신만 일본인에 의해 석방되는 것에 반대했지만, 고쿠분 서기생이 설득해서 마침내 일본공사관까지 동행했다.[4] 정운붕은 스기무라 서기관에게서 공사의 내의(內意)에 관해 설명을 듣고는 의외라고 생각했던 듯, "제가 뜻밖에 대원군의 눈에 든 것은 실로 기쁘기 그지없지만, 저는 국왕 폐하의 명에 따라 구금 중이기 때문에 일본인의 손으로 해방되는 것은 제 뜻이 아닙니다."라고 말했다. 스기무라 서기관과 고쿠분 서기생은 현재 조선의 정세를 설명하고, '이러한 시국을 담당할 수 있는 사람은 대원군 말고는 찾을 수 없다. 대원군은 정운붕의 권유와 설득이 아니면 다시 일어설 가망이 없기 때문에 특별히 비상수단을 동원해서 탈옥시킨 것'이라고 설득했다. 정운붕도 결국 이러한 논리에 승복해서, 운현궁으로 가서 대원군에게 궐기를 종용할 것을 승낙했다.[4]

스기무라 서기관은 7월 22일 밤에 전(前) 주일조선공사관 고용인 기타카와 기치사부로(北川吉三郎)에게 명하여 운현궁에 잠입해서 대원군을 감시하게 했다. 그리고 23일 오전 2시에는 오카모토 류노스케, 호즈미 도라쿠로(穗積寅九郎), 스즈키 시게모토(鈴木重元)에게 통역 스즈키 준켄(鈴木順見)을 붙여서 보내고, 또 외무성 경부(警部) 오기하라 히데지로(荻原秀次郎)에게 명하여 순사 10명을 데리고 운현궁을 경계하게 했다. 정운붕도 통역 마에마 교사쿠(前間恭作)와 운현궁으로 갔다.[5]

오카모토 류노스케는 대원군에게 회견을 청해서, 장자 재면(載冕)과 적손(嫡孫) 준용(埈鎔)이 시좌(侍坐)한 가운데, 함께 입궐해서 묘당 개조의 임무를 맡을 것을 권고하고 정운붕도 곁에서 진언했다. 하지만 대원군은 쉽게 움직일 기색을 보이지 않았다. 오카모토는 분격해서, 만약 대원군이 끝내 일어나지 않는다면 스스로 할복해서 공사에게 사죄할 수밖에 없다며 과격한 말을 내뱉었지만 대원군은 여전히 응하지 않았다. 그러는 동안 시간은 흘렀고, 바깥에 있던 오기하라 경부는 순사에게 명해서 가마를 준비시키고 완력을 써서 대원군을 데려가려고 했다. 오카모토가 이를 물리쳤기 때문에 결국 두 사람 사이에 의견충돌이 일어났다. 오기하라 경부는 스기무라 서기관에게 급사(急使)를 보내서 지휘를 청했다.[6]

이보다 앞서 오시마 혼성여단장은 오토리 공사와의 협정에 기초해서, 보병 제21연대장 육군보병중좌 다케다 히데노부에게 전명(傳命)해서 해당 연대에 포병 약간을 붙여 용산 주둔지를 출발하여 7월 23일 오전 4시경에 서대문으로 들어와 경복궁 일대를 포위하게 했다. 마침 제21연대 제1대대가 영추문(迎秋門) 앞에 이르렀을 때 경복궁 안의 조선 병사가 먼저 발포했으므로, 대대장 보병소좌 야마구치 게이조(山口圭藏)는 바로 응전해서 경복궁으로 진입한 후, 조선군 전부를 몰아내거나 무장해제하고 대신 경비를 맡았다.[7]

경복궁 밖에서의 사소한 전투는 멀리 공사관에서도 보였다. 하지만 그와 동시에 오기하라 경부로부터 대원군을 유인하기 어렵다는 보고를 받은 스기무라 서기관은 공사의 명에 따라 고쿠분 서기생과 호위병을 거느리고 운현궁으로 급히 달려갔다. 운현궁 안은 많은 수의 일본인 장사들까지 섞여 들어와서 매우 혼잡했다. 스기무라 서기관은 먼저 "오늘 아침 동트기 전부터 오카모토 등과 함께 대원군을 응접하려고 하는데 아직 결판이 나지 않았습니다. 그래서 본관은 억지로라도 데려가려고 탈 가마까지 준비시켰지만 오카모토 등은 거절하며 허락하지 않았습니다."라고 보고하는 오기하라 경부와, "대원군을 꾀어내는 일에 관해서는, 저를 비롯한 4명이 그 임무를 맡아 온 힘을 다해 그를 설득해서 이제 조금 동의하는 기색을 보였습니다. 그런데 오기하라 등이 무관한 처지에 갖가지 의론을 꺼내서 저희의 행동을 방해했습니다. 이런 상황에서 저는 임무를 완수할 수 없으니 여기서 퇴장하겠습니다."라고 항의하는 오카모토 류노스케를 달래서 화해시킨 후 대원군을 만났다. 그 상황은 스기무라 서기관의 수기에 상세히 기록되어 있다.

나는 처음에 대략의 이유를 열거하고 (대)원군의 입궐을 권고했지만 듣는 것 같지 않았고, 오히려 나에게 왕비의 안부를 물었다. 나는 "궁궐 안의 남녀 가운데 뒷담을 넘어서 달아난 자들이 매우 많습니다. 아마 그들과 섞여서 춘천으로 잠행(潛行)하지 않았겠습니까?"라고 답했다. 그러자 대원군에게 조금 희색이 있었다.○^{중략} 나는 거듭 설득하기를, "오늘 아침의 상황은 많은 말이 필요 없습니다. 대체로 우리 정부는 오직 동양의 평화를 유지할 것만을 생각해서 귀국에 내정개혁을 권고했으나, 민당정부(閔黨政府)는 전혀 개혁을 실행할 가망이 없을 뿐 아니라, 은밀히 그것을 배척하려고 해서 부득이 금일의 상황에까지 이른 것입니다. 이제 내외의 인망(人望)은 오직 저하(邸下)의 일신에 집중되어 있으니, 우리나라는 저하께서 적극적으로 이 대임(大任)을 맡아 주시기를 희망합니다. 지금 저하께서 나서신다면 조선의 중흥을 기대할 수 있고 동양의 평화 또한 유지할 수 있을 것입니다. 그렇지 않으면 귀국 종사(宗社)의 안위가 어떻게 될지 알 수 없습니다. 따라서 저하께서 우리 권고를 거절할 경우, 우리나라는 달리 고안(考案)하지 않을 수 없으니 부디 저하께서는 숙고하시기 바랍니다."라고 말했다. 이 말을 이어서 오카모토, 정운붕 두 사람이 함께 "오늘은 천재일우의 기회이니 주저하지 마시옵소서."라고 권했다. 그러자 대원군의 안색이 변하며, "귀국의 이번 거사가 과연 의거(義擧)라면, 족하는 귀국 황제 폐하를 대신해서 성사된 후에 우리의 땅을 조금도 빼앗지 않겠다고 약속할 수 있는가?"라고 했다. 나는 "저는 일개 서기관의 신분이므로 황제 폐하를 대리해서 어떤 약속도 할 수 없지만, 지금 오토리 공사의 사절 자격으로 왔습니다. 오토리 공사는 아시다시피 일본 정부의 대표자이니, 저는 그를 대신하여 가능한 만큼의 약속을 할 수 있습니다."라고 말했다. 대원군은 "그렇다면 오토리 공사를 대신해서 우리의 땅을 조금도 빼앗지 않겠다는 약속을 해 주길 바란다."라고 하고, 시종에게 명하여 종이와 붓을 가져오게 했다. 나는 붓을 들고 "일본 정부의 이번 거사는 실로 의거(義擧)이다. 그러므로 일이 이뤄진 다음에 절대 조선의 땅을 조금도 빼앗지 않을 것이다."라고 적고, 말미에 내 관직과 성명을 서명해서 제출했다. 대원군은 한번 살펴본 후, "그렇다면 나는 귀하의 말씀에 응해서 일어서겠다. 다만 나는 신하의 신분이니 왕명(王命) 없이 입궐할 수 없다. 부디 칙사가 오도록 조처해 주기 바란다."라고 했다. 이에 급히 호즈미를 조희연의 집으로 보내서, 조희연으로 하여금 궁중의 상황을 손쓰게 했다.⁸

대원군은 내관이 도착한 후에 입시하겠다고 약속했다. 이제 교섭은 운현궁과 경복궁 간의 문제가 됐으므로, 스기무라 서기관은 일체를 오카모토 류노스케 등에게 일임하고 공사관에 복귀했다.[9]

국왕은 경복궁에 일본군이 진입하자마자 독판교섭통상사무 조병직을 일본공사관에 보내서 오토리 공사를 불러오게 했다. 국왕은 대원군이 입시하기 전에 오토리 공사를 만나고 싶었던 것 같지만, 오토리 공사의 입시는 크게 늦어져서 23일 오전 11시경이 돼 서야 경복궁 광화문으로 참입(參入)[1]했다. 대원군은 내관이 오기를 기다렸다가 오토리 공사와 전후해서 영추문(迎秋門)으로 참입했다. 이와 관련하여 오토리 공사의 메이지 27 년 7월 25일자 보고가 다음과 같다.

이보다 앞서 대궐 안에서는 민가(閔家) 일족이 우리 병사의 침입에 놀라서 차례대로 뒷문 으로 달아났고, 민가(閔家)의 아류들도 그 뒤를 따랐습니다. 궁중의 소요가 점차 극에 달하자 대군주 폐하는 특별히 외무독판을 우리 공사관에 파견해서 본관에게 속히 참내(參內)하라는 왕명을 전했습니다. 따라서 본관은 바로 입궐해야 했지만, 일본인과 한국인 모두 가마꾼이 부족해서 쉽지 않았습니다. 결국 11시경이 돼서야 간신히 공사관을 나서서 참내했는데, 그때 대원군도 참내했습니다. 오랜만의 부자 대면은 만열감읍(滿悅感泣)[2]의 모습이었으니, 대원 군이 노해서 국왕의 실정(失政)을 꾸짖고 폐하는 실제로 사죄하는 등 한때는 뜻밖의 연극(演 劇)을 보이기도 했습니다. 나중에 대원군이 정당(正堂)에 나와서 본관에게 대군주께서는 오 늘 귀 공사를 인견(引見)하실 계획이었으나, 다소 소란스러워 혼잡하므로 자신이 대신 진알 (進謁)을 받겠다고 하고, 또 자신이 대군주의 명에 따라 이제부터 정무를 통할(統轄)할 것이 니 조선 내정개혁과 관련한 일은 조만간 귀 공사와 자세히 협의하겠다고 말했습니다. 본관은 먼저 대군주 폐하의 무양(無恙)하심을 축하하고 다음으로 대원군 집정을 축하한다는 말을 아 뢴 후 물러났습니다.○상략,하략[10]

경복궁에 참입한 일본군대는 다케다 보병중좌의 지휘 아래 경비 임무를 맡았다. 그 본 부를 경회루(慶會樓)에 설치하고 사문(四門)을 경비하여 조선인은 대신경재(大臣卿宰)조 차 마음대로 통행하지 못하게 했다. 한편 오시마 육군소장은 경성부 내 조선군대의 무장

---

1) 참입(參入): 궁궐에 들어감
2) 만열감읍(滿悅感泣): 만열(滿悅)은 매우 만족해서 기뻐한다는 뜻이고, 감읍(感泣)은 감격해서 눈물을 흘린다는 뜻이다.

해제에 착수했다. 장위영(壯衛營)과 기타 병정들 가운데 반항하는 자들이 있어서 다소 사상자를 냈지만, 7월 25일에 모든 병기를 압수해서 용산 혼성여단사령부에 보관했다.[11]

7월 23일 오전에 정변이 발생한 후 척신(戚臣) 이하는 대부분 도망치고, 경복궁은 국왕과 소수의 종신(宗臣), 근신(近臣) 들만 남아서 거의 텅 비었다. 국왕은 이날 오후에 미국 변리공사 존 실(John M. B. Sill) 이하 외교단의 승후(承候)[3]를 받고, 다음 날인 24일에는 다시 오토리 공사를 소견(召見)해서 문안을 받았다. 공사는 성체(聖體) 무양(無恙)하심을 축하하고, 예전에 아뢴 내정개혁안 5개조를 유념해서 시행해 줄 것을 진주(陳奏)했는데, 국왕은 "우리 왕가에 본래 구장(舊章)과 규모(規模)가 있지만, 그 논의한 5개조 또한 매우 좋소."라고 답했다고 했다.[12]

이미 일본공사가 병력으로 척족을 묘당에서 몰아내고 대원군을 수뇌로 하는 신정권을 수립한 이상, 국왕과 왕비가 좋아하건 말건 묘당을 개조해서 내정개혁에 착수해야 했다. 메이지 27년 7월 24일(갑오년 6월 22일), 왕명 출납을 담당하는 승정원(承政院)과 외교관청인 통리아문은 몹시 분주했다. 메이지 28년 을미년까지 이어진 갑오개혁(甲午改革)의 첫 번째 날이었기 때문이다.

갑오개혁의 첫째 날인 7월 24일, 국왕은 우선 자신을 책망하는 윤음(綸音)을 내리고, 또 신하들에게 전교해서 개혁의 취지를 선포했다.

전교하셨다. "삼왕(三王)[4]은 예(禮)가 같지 않았고, 오제(五帝)[5]는 악(樂)이 같지 않았다. 예악(禮樂)도 인시제의(因時制宜)[6]하나니[7] 하물며 정치에 있어서겠는가? 돌아보건대, 우리나라는 동아(東亞)의 추요지지(樞要之地)[8]에 끼여 있는데 쇠퇴해서 세력을 떨치지 못하는 것은, 다만 정치가 무너지고 문란한 데도 변통할 것을 생각하지 않기 때문이다. 대체로 모국(謀

---

3) 승후(承候): 웃어른의 안부를 여쭘
4) 삼왕(三王): 중국 하(夏)나라의 우왕(禹王), 상(商)나라의 탕왕(湯王), 주(周)나라의 문왕(文王)
5) 오제(五帝): 중국 고대의 전설상의 다섯 황제. 황제(黃帝) 헌원씨(軒轅氏), 전욱(顓頊) 고양씨(高陽氏), 제곡(帝嚳) 고신씨(高辛氏), 당요(唐堯), 우순(虞舜)을 가리킨다.
6) 인시제의(因時制宜): 시대의 변화에 따라 상황에 알맞도록 융통성 있게 조처를 행함
7) 중국 한(漢)나라 때 숙손통(叔孫通)이 한고조(漢高祖)에게, "오제(五帝)는 악(樂)을 달리했고 삼왕(三王)은 예(禮)가 같지 않았습니다. 예(禮)라는 것은, 각 시대의 인정(人情)에 따라 절도를 갖추어 수식하는 것입니다. 그러므로 하(夏)·은(殷)·주(周)의 예에서 줄어들고 더한 것을 알 수 있다는 말은, 서로 중복되지 않음을 의미합니다(五帝異樂 三王不同禮 禮者 因時世人情為之節文者也 故夏殷周之禮所因損益可知者 謂不相複也)."라고 한 고사를 인용했다(『史記』, 「劉敬叔孫通列傳」).
8) 추요지지(樞要之地): 추요(樞要)는 사물의 가장 중요한 부분을 비유하는 말로, 추요지지는 최고의 요충지를 뜻한다.

國[9)]의 방도는 인재 등용이 우선이니 사색편당(四色偏黨)의 논의는 일체 타파하고, 문벌에 구애받지 않고 어질고 재능 있는 자들을 등용할 것이며, 모든 내치(內治)와 외무(外務)에 관계된 사항은 시의(時宜)에 따르고자 노력할 것이다. 대소 신료들은 각각 분려(奮勵)하는 의리를 행하여 나의 부족하고 어두운 면을 도와 정치를 새롭게 하고 보국안민(保國安民)의 방책을 속히 도모하라."

이어서 앞으로 중대한 국무 및 육해군의 업무는 대원군에게 품신(稟申)해서 그의 재결(裁決)에 따를 것을 명했다.

전교하셨다. "이제 서무(庶務)에 긴중(緊重)한 사건이 생기면 우선 대원군께 분명히 여쭈어라."

전교하셨다. "각국 사례에 군무(軍務)는 모두 친왕(親王)의 관할에 속한다. 우리나라는 해륙군(海陸軍)의 사무에 관해서는 대원군의 재결을 분명히 여쭈어라."[13]

혁신의 세 번째는 묘당의 개조였다. 영의정 심순택은 이미 7월 20일에 사직했으므로 전부터 중립에 속했던 영돈녕부사 김병시에게 그를 대신하게 했다. 7월 24일에는 병조판서 민영규, 선혜청당상 심상훈, 통위영사(統衛營使) 민영익, 총어사(總禦使) 한규설(韓圭卨), 경리사(經理使) 민영준, 장위영사(壯衛營使) 이종건(李鍾健), 강화부유수 민응식, 춘천부유수 민두호(閔斗鎬) 등의 척신(戚臣)과 그 일당을 교체하고, 후임으로 중립 또는 일본파로 지목된 유능한 인사들을 발탁했다. 병조판서 김학진, 통위영사 신정희, 장위영사 조희연, 우포도대장 안경수, 승정원 도승지 김종한, 강화부유수 김윤식, 선혜청당상 어윤중, 협판교섭통상사무 김가진, 참의교섭통상사무 유길준 등이 눈에 띄는 예다. 앞에서 언급한 전(前) 직장(直長) 정운붕도 별군직(別軍職)에 임용됐다.[14]

묘당의 개조는 동시에 내정개혁의 전제가 돼야 한다. 스기무라 서기관은 7월 24일 이후 날마다 대원군을 만나서 오카모토 류노스케와 함께 내정개혁의 실시를 요망하고 그 구체안을 제시했으나 대원군은 오직 정권 장악에 만족했으며, 자파(自派)를 끌어들여서 반대파를 몰아내고 처벌하는 데 급급할 뿐 내정개혁의 필요를 이해하지 못했다. 신정권의 성립으로 묘당에 들어선 인사들도 오로지 높은 자리에 임명된 것에 만족하거나 보

---

9) 모국(謀國): 나라를 이롭게 할 방책을 도모함

다 고위직을 얻기 위해 분주했다. 스기무라 서기관은 대원군의 나이가 이미 고희(古稀)가 돼서 시세를 알지 못하고 한갓 사견만 주장해서 정무를 지체시키는 것을 보고, 일찍부터 김홍집으로 대원군을 대신하기로 하고 그의 영의정 임명을 주장했다. 대원군도 그 말에 따라 7월 25일에 영의정 김병시가 사직한 후 김홍집을 후임으로 삼았다. 다음으로 신정권을 대표하는 행정기관을 조직하기 전까지 합의체(合議體) 임시정부를 구성하기로 결정하고, 7월 27일에 군국기무처(軍國機務處)를 설치했다. 영의정 김홍집을 군국기무처 회의 총재관(總裁官)에 임명하고 독판내무부사 박정양, 강화부유수 김윤식, 협판내무부사 김종한, 장위영사 조희연, 대호군(大護軍) 이윤용(李允用), 협판교섭통상사무 김가진, 우포도대장 안경수, 참의내무부사 이원긍(李源兢)[10] · 김학우, 참의교섭통상사무 유길준 등을 회의원(會議員)에 임명하였다. 그리고 매일 모여서 국내외 서정(庶政)을 심의하되 그 결의사항은 즉시 품지(稟旨)[11]해서 거행하기로 정했다.[15]

혁신의 네 번째는 척신(戚臣)의 처분이었다. 7월 24일 백성을 학대하고 나라를 배신했다는 죄명으로 전 의정부 좌찬성 민영준이 전라도 영광군(靈光郡) 임자도(荏子島), 전 통제사(統制使) 민형식(閔炯植)이 전라도 흥양현(興陽縣) 녹도(鹿島)로 각각 원악도(遠惡島)에 안치(安置)되고, 전 총제사(總制使) 민응식이 전라도 강진현(康津縣) 고금도(古今島)에 정배(定配)된 것을 비롯해서 각각 찬배(竄配)[12] 처분을 받았다. 또 대원군의 당여(黨與)로 지목되거나 척신들에게 미움을 사서 오랫동안 찬배됐던 이도재(李道宰), 신기선(申箕善), 윤웅렬(尹雄烈) 등은 모두 풀려났다.[16]

척신의 찬배와 불가분의 관계에 있는 것이 왕비 민씨의 처치였다. 임오변란의 진상을 아는 사람이라면 곧바로 왕비의 무서운 운명을 예견할 수 있었으리라. 하지만 이번 정변의 주된 동력은 일본공사에게 있었으므로 대원군이 단독으로 왕비의 처분을 결정하기는 어려웠다. 따라서 대원군은 극단적인 수단을 피해서 왕비를 폐서인(廢庶人)하기로 결정하고, 그 교지안(教旨案)을 작성한 후 7월 24일에 참의내무부사 이원긍에게 명하여 오토리 공사와 협의하게 했다. 하지만 공사는 스기무라 서기관, 혼노 외무성 참사관 등의 반대론을 좇아 동의하지 않았으므로, 폐비(廢妃)는 자연히 중단되었다.[17]

대원군의 신정권은 내정개혁과 동시에 청한종속관계를 폐기하는 임무를 갖고 있었

---

10) 원문에 이원경(李源競)으로 잘못 기록된 것을 바로잡았다.
11) 품지(稟旨): 임금에게 아뢰고 교지(教旨)를 받음
12) 찬배(竄配): 지방이나 외딴 섬에 유배지를 정해서 귀양 보내는 일. 정배(定配)

다. 그런데 통리아문의 혁신이 조금 지연돼서 독판교섭통상사무 조병직은 7월 26일에 수원부유수로 전임(轉任)하고, 협판교섭통상사무 김가진이 서리독판(署理督辦)에 임명됐다.[18] 오토리 공사와 스기무라 서기관 등은 조병직을 중립파로 간주해서 그의 경질을 서두르지 않았던 것 같다. 하지만 그 사이에 받은 불이익은 결코 적지 않았다.

오토리 공사는 7월 23일의 정변이 일단락되자 청한종속관계의 폐기에 주목했다. 그는 7월 25일에 경복궁에서 대원군 및 독판 조병직과 회견을 갖고 메이지 27년 7월 20일 최후통첩의 취지에 따라 중조상민수륙무역장정(中朝商民水陸貿易章程)의 폐기 선언 및 조선에 주둔한 청군의 축출 문제에 관해 협의했다. 대원군과 조병직은 장래에 청이 보복징계를 가할 것을 두려워해서 결정을 내리지 못하고 주저했다. 하지만 끝내 오토리 공사의 강경한 요구에 굴복해서 이를 승낙하고, 같은 날 청 대리교섭통상사의(代理交涉通商事宜) 당소의에게 청한(淸韓) 통상에 관한 3개 장정의 폐기를 통고했다. 그러나 청군 축출과 관련해서 오토리 공사 앞으로 보낸 조회는 매우 불만족스러운 것이었다.[19]

대조선독판교섭통상사무 조(趙)가 조회함.

이번 달 18일에 일본공사 오토리가 보낸 제84호 공문을 접수했는데, 그 내용이 다음과 같았습니다.

귀국과 청은 예전에 중조상민수륙무역장정·중강통상장정·길림무역장정을 체결했는데, 이는 모두 청이 귀국을 번봉(藩封) 혹은 속방(屬邦)으로 간주해서 스스로 군주지권(君主之權)으로 임하여 정한 것들이다. 생각건대, 예로부터 귀국의 내치와 외교가 오직 자유(自由)에서 연유한 정형(情形)을, 과거에 비춰 보고 현재에 따져 보면 부합하지 않는 것이 허다하다. 이 때문에 우리 정부는 이들 각 장정을 한갓 허설(虛設)에 속하는 것으로 봐서 굳이 상세히 따지지 않고 지금까지 개의치 않았던 것이다. 그런데 이번에 청 정부가 끝내 '보호속방(保護屬邦)'을 칭하면서 귀국에 군대를 파견했으니, 그제야 비로소 이 장정들에 기재된 각 구절이 과연 허설이 아님을 알게 되었다. 본 공사가 이 장정들을 살펴보건대 이미 구문(具文)이 아니라 일이 생기면 반드시 준수해서 시행하니, 그렇다면 귀국의 자주독립지권(自主獨立之權)이 이로 인해 매우 심하게 침해받는 것이 아닌가? 그 결과, 일조조규(日朝條規)에 기재된 '조선은 자주지방으로서 일본과 평등지권을 보유한다.'라는 구절이 도리어 구문(具文)으로 돌아갈 뿐이다. 그렇다면 귀 정부는 마땅히 스스로 그 자주독립을 호지(護持)하는 권리를 행사해야 하며, 아울러 우리나라에 대해서는 또한 조약을 준수할 책임이 있으니 사정이 참으로 가볍지 않다. 그러므로 귀 정부는 한편으로 속히 청 정부에 대해 예전에 체결한 각 장정을 모두 폐기한다고 선언하고, 한편으로 이러한 사유를 우리 정부에 통지해서 약장(約章)을 준수하고 국체(國體)를 중시하기를 간절히 바란다. 이러한 사유로 문서를 갖추어 조회하니, 귀 독판은 부디 살펴보고 시행하기 바란다.

아직 조복(照覆)하지 못했는데, 그 뒤로 오늘 일본공사가 또 이 안건을 제기하고 온갖 책언(嘖言)[13]을 하며 3개 조약 전부를 폐기하게 했습니다. 이에 회답조회 초록 1통을 옮겨 적어서 드리니, 부디 귀 대판(代辦)께서는 베이징 총리아문에 전품(轉稟)하기 바랍니다.

이상과 같이 청 대판조선교섭통상사의(代辦朝鮮交涉通商事宜) 당(唐)에게 조회함.

개국 503년 6월 23일○메이지 27년 7월 25일 20

이 조회는 사실상 청한종속관계의 폐기 통고를 의미했다. 그런데 대리교섭통상사의 당소의는 7월 19일에 도원(道員) 원세개가 귀국하고 얼마 뒤에 공서(公署)를 떠나 영국 총영사관으로 피신해서 겨우 이홍장과 전신 연락을 유지하는 데 불과했다. 하지만 당소의는 7월 22일에 이홍장에게서 "너의 대판(代辦)[14]을 주명(奏明)[15]하는 일은 그 책임이 매우 중하다. 일본이 어떤 거동을 하든지 간에 필시 너에게 해를 가하지는 않을 것이니, 절대 경솔하게 한성을 이탈하지 말라."라는 훈전(訓電)을 받았기 때문에 경성을 떠나지 않고 있다가, 7월 25일에 통리아문의 조회를 접수하고는 아무런 조복(照覆)이나 통고도 없이 당일로 경성을 떠나 인천을 거쳐 귀국했다.[21]

조선에 주둔한 청군의 축출에 관한 통리아문 조회의 내용이 매우 불만족스러웠으므로 오토리 공사는 그 수정을 요청했지만, 독판은 쉽게 동의하지 않았다. 그러나 형식적으로는 조선 정부가 일본공사에게 청군의 축출을 요청했다고 봐도 무방했으므로, 오토리 공사는 7월 26일에 혼성여단장 오시마 육군소장에게 다음과 같이 통고했다.

아산에 주둔한 청병(淸兵)을 철수시키는 건에 관해, 어제 25일 조선 정부로부터 외무독판의 기명조인(記名調印)으로 그 조처를 대신 해 달라는 의뢰가 있었습니다. 이를 확인하신 후 적절한 조처를 취하시기 바랍니다. 이상 말씀드립니다.

메이지 27년 7월 26일
특명전권공사 오토리 게이스케 22

---

13) 책언(嘖言): 남을 비난하는 말
14) 대판(代辦): 대리(代理)
15) 주명(奏明): 분명하게 상주함

그런데 오시마 육군소장은 이미 전날인 25일에 혼성여단의 주력을 이끌고 남하를 시작했고, 또 인천의 뱃길인 풍도(豐島) 앞바다에서는 이미 일청 양국 함대의 전투가 시작됐으므로, 이 조회의 수정은 이제 아무 의미가 없게 되었다.

【원주】

1 『在韓苦心錄』, 46~47쪽.

2 『在韓苦心錄』, 47쪽.

3 『在韓苦心錄』, 47~48쪽.

4 "明治二十七年七月二十五日外務大臣宛大鳥公使報告".

　　이상은 겉으로 드러난 운동이지만, 이면(裏面)에서 갖가지 정탐활동을 해 보니, 일반의 인기(人氣)는 모두 대원군에게 향하고, 대원군도 청운의 뜻이 전혀 없지는 않아 보였습니다. 따라서 예전에 보고한 것처럼 김가진, 안경수, 오카모토, 오가와(小川) 등을 이용해서, 우선 대원군을 입각시키려고 진력했습니다만, 대원군은 마지막 단계에서 결정을 주저하는 모습을 보여서 참으로 격화(隔靴: 隔靴搔癢의 준말로 몹시 답답하거나 애쓴 만큼 효과가 없어서 감질나는 마음을 비유함)의 감이 있었으므로 여러 가지로 고심했습니다. 그런데 대원군의 심복으로서 대원군이 청에서 귀국한 이래로 포도청에 구금되어 있는 정운붕을 출옥시켜서, 그에게 권유해서 대원군을 설득시키는 방법 만한 것이 없었으므로, 비상수단이라고 생각하면서도 지난달 23일 오전 1시에 고쿠분 서기생에게 병사 10명, 순사 10명을 붙여서 우포도청 옥사로 보냈습니다. 한밤중이라서 온통 적료(寂廖)하고 곁에서 보는 자도 없었으므로, 처음에는 정운붕이 이것저것 이의를 제기했지만, 결국 무난히 그를 꺼내서 공사관으로 데려왔습니다. (하략) (『日淸韓交涉事件記事』(朝鮮之部); 『在韓苦心錄』, 48, 49~50쪽; 『大阪朝日新聞』, 메이지 27년 8월 4일자, 西村天囚, "入韓日錄")

5 『在韓苦心錄』, 50쪽; 『岡本柳之助小傳』, 187쪽.

　　대원군과 오카모토 류노스케 등의 교섭과 관련해서, 기타카와 기치사부로(北川吉三郎) 씨의 이야기는 일부 착오도 있지만 오토리 공사의 보고를 충분히 보충하는 면이 있으므로 다음에 그 한 대목을 인용한다.

　　22일(메이지 27년 7월) 다시 공사가 소환했으므로 무슨 일인지 가서 보니 공사가 말하기를, "오늘 밤 11시까지 쌀 1되와 주먹밥 3개, 호신용 무기를 준비해서 짚신을 신고 가능한 한 가벼운 차림으로 오라."고 했다. 그 명령대로 다시 공사관으로 가니, 스기무라 서기관은 1통의 서한을 주면서 그것을 갖고 곧장 오카모토 류노스케 씨에게 가서 그의 지휘에 따라 행동하라고 명했다. 오카모토 씨가 말하기를, "그대는 이제부터 단신으로 대원군의 집에 가 있으라. 나중에 일본인이 대원군을 방문할 텐데, 대원군에게는 아무 말도 하지 말고 문을 열어 주어라."라고 했다. 나는 알았다고 하고 곧장 대원군의 집으로 갔다. 먼저 그 비서관인 김응원(金應元)을 찾았는데, 그는 나의 복장이 이상한 것에 놀라서 무슨 일인지 물었지만, 나는 미소만 띄운 채 아무 말도 하지 않았다. 여하튼 술을 사오게 해서 둘이서 술을 조금 마시고 있었다. 바로 그때 갑자기 4, 5명의 일본인이 도착한 것 같아서 문을 열어 주니, 오카모토 씨 등 몇 명이 스즈키 준켄(鈴木順見) 씨를 통역으로 대동하고 대원군의 방으로 곧장 들어갔다. 그 용건은, 오카모토 씨는 이준용 씨(대원군의 손자)와의 협의 결과, 대원군에게 분기할 것을 권유하려고 내방한 것이었는데 대원군은 완강히 불응하며, "그대들은 외국인이니, 우리 조선의 왕실과 관련해서 이것저것 간섭할 수 없다. 가령 상담을 받았다고 해서 그것에 대답할 수 있는 처지도 아니다."라면서 일언지하에 말을 끊었다. 오카모토 군은 다시 사람을 급파해서, 공사관에서 스기무라 서기관과 고쿠분 쇼타로 씨 등을 불러와서 두 사람에게 거듭 역설하게 했지만 대원군은 수긍하지 않고, "아무리 많은 말을 하더라도 그대들의 권유에 따라 함부로 행동할 수 없으니, 도저히 그 제의나 상담에는 응할 수 없다. 굳이 나를 움직이겠다면 한국 황제의 칙명, 또는 칙어라도 받아 올 것을 먼저 궁리하라.”라고 했다. 따라서 나는 오카모토 씨의 명을 받아 곧장 왕성(경복궁)으로 가서, 일찍이 의형제의 교의(交誼)를 맺었던 안경수를 통해 그 이유를 상주하게 했다. 전하(이태왕)도 오카모토 씨 등의 지극한 정성의 말에 감동했는지, 선뜻 흔쾌히 허락하고 칙사를 보내겠다고 했다. 나는 사명을 완수한 것을 기뻐하면서 다시 달려와 그 시말을 보고했다. 그런데 한 시간을 넘게 기다렸지만, 칙사는 저택에 오지 않았다. 나는 칙사가 오지 않는 것에 노심초사하다가 다시 왕성으로 가서 칙사를 급파할 것을 독촉했는데, 곧장 보내겠다는 대답을 듣고 돌아왔다. 때는 벌써 오전 4시를 향하고 있었다. 그때 왕성 부근에서 이치노헤 효에 소좌가 인솔하는 일본병, 다케다 히데노부 중좌가 인솔하는 일본병과 조선병 간에 전단이 열리려는 기색이 보이면서 서로 대치하고 있는 모습을 멀리서 보았다. (하략) (『居留民之昔物語』, 54~56쪽.)

6 『在韓苦心錄』, 50~52쪽.

7 메이지 27년 7월 25일자 외무대신에게 보낸 오토리 공사 보고의 한 구절이 다음과 같다.

　　(상략) 본관은 단호한 조치를 행하기로 결심하고, 한편으로 조선 정부에 별지 임호(壬號)와 같이 조회하고, 다른 한편으로 오시마 여단장과 협의한 후, 다음 날인 23일 오전 4시에 용산으로부터 보병 1개 연대 및 포병·공병 약간을 입성시켜서 왕성을 포위하려고 왕궁 쪽으로 진격했습니다. 그때 저들이 발포했으므로 우리 군대도 응사해서 마침내 저들을 물리치고 궁중에 진입한 후 사문(四門)을 폐쇄했습니다[『日淸韓交涉事件記事』(朝鮮之部)].

　　『日淸戰史』 1권, 119~120쪽.

　　『日省錄』, 李太王 甲午年 6月 21日의 기사는 극히 간단하다.

　　　　일본공사 오토리 게이스케가 그 병사들을 이끌고 영추문(迎秋門)에 돌입해서 시어소(時御所: 임금의 임시 거처)와 전정(殿庭: 궁궐의 뜰)에 접근하다.

　　　　○ 이날 새벽에 일본공사 오토리 게이스케가 그 병사들을 이끌고 영추문을 통해 참관(斬關: 빗장을 깨뜨림)하고 돌입해서, 궁내 각사(各司)를 제멋대로 유린하고, 총·포·창·검 등의 물건을 약탈하고, 시어소와 전정에 접근할 때, 포성이 진동했다.

8 『在韓苦心錄』, 51~54쪽.

9 『在韓苦心錄』, 54쪽; 北川吉三郎談話.

10 『日淸韓交涉事件記事』(朝鮮之部), “明治二十七年七月二十五日外務大臣宛大鳥公使報告”; 『在韓苦心錄』, 54~55쪽.

11 『日淸韓交涉事件記事』(朝鮮之部); 『在韓苦心錄』, 55~56쪽.

12 『日省錄』, 李太王 甲午年 6月 21·22日.

13 『日省錄』, 李太王 甲午年 6月 22日.

14 『日省錄』, 李太王 甲午年 6月 22日.

　　7월 23일 사변 후의 정세를 보고한 7월 27일자 오토리 공사의 보고는 다음과 같다[『日淸韓交涉事件記事』(朝鮮之部)].

　　　　이번 달 23일 사변 후, 계속해서 우리 군대는 왕궁을 수위하며 궁문의 출입을 감독해서, 우리 공사관에서 발부한 문표(門標)를 가진 자들 외에는 출입을 금하여 잡인들의 출입을 막고 있습니다. 대원군과 그 밖의 조선 관원 가운데는 우리 병사들의 수위를 철거할 것을 종종 바라는 자들도 있지만, 이는 표면적인 겉치레 말에 불과한 기색이 보이며, 게다가 개혁파 인사들은 개혁을 정돈(整頓)하는 동안 당분간 수위를 둘 것을 희망하고 있습니다. 본관으로서도 신정부의 조직을 마치고 흩어진 한병(韓兵)을 불러 모아서 충분히 수위를 맡길 수 있기 전까지는 왕궁의 수위를 존치하려고 생각합니다. 또 경성 안팎에 있는 한병(韓兵)의 군영에 지난 23일부터 25일까지 우리 군대를 보내서 그들을 몰아내고 병기를 모두 압수했습니다. 따라서 현재 국성(國城: 서울) 안팎에는 1명의 한병(韓兵)도 없는 상황입니다.

신정부의 창립과 개혁 실시는 진행이 지지부진해서 좀처럼 진척되지 않습니다. 대원군의 입궐에 앞서 김병시, 정범조, 조병세, 김굉집의 네 대신, 외무독판 조병직, 통어사 신정희 등 몇 명을 부르고, 또 대원군의 입궐을 전후해서 김가진, 안경수, 조희연, 유길준 등 일본파 10명 정도가 입궐했지만, 궁중의 혼잡과 한관(韓官)의 결단력 부족 때문에 지금껏 결행한 일은 겨우 개혁파 열 몇 명의 임명에 지나지 않습니다. 덧붙여 말씀드리면, 오늘은 새로 김굉집을 영의정에 임명하고, 군국기무처 회의를 열었습니다. 그 의결한 내용은 대원군을 거쳐 상주하고, 국왕의 재가를 거쳐 곧바로 시행 절차에 들어갈 것으로 생각합니다. 사변 이후 신임 및 군국기무소회의 총재와 그 의원들의 명단은 별지 갑호(甲號)와 같습니다.

우리가 청구한 아산 주재 청병(淸兵)의 철수 건은, 조선 정부는 결국 우리 청구에 응해 그저께 25일 본관이 참내(參內)했을 때 외무독판의 이름으로 대신 처리해 줄 것을 의뢰했습니다. 하지만 그 문체(文體)가 온당치 않아서 고치는 방안을 협의 중에 있습니다. 그 밖에 청한 간에 체결한 수륙통상장정·중강장정·길림무역장정의 폐기 또한 우리의 청구에 응해서, 같은 날 이곳에 주재한 청영사(원세개의 대리) 당소의(唐紹儀)에게 통고하고, 동시에 별지 을호(乙號)와 같이 본관에게도 통지했습니다. 또 당(唐) 대리는 아무런 통지도 없이 갑자기 금일 귀국길에 올랐습니다. 상세한 사정은 추후에 상신하겠습니다. 우선 개략적인 내용만 갖추어 보고합니다.

메이지 27년 7월 27일
특명전권공사 오토리 게이스케
외무대신 무쓰 무네미쓰 님

15 『日省錄』, 李太王 甲午年 6月 25日; 『日淸韓交涉事件記事』(朝鮮之部); 『在韓苦心錄』, 61~65쪽.

16 『日省錄』, 李太王 甲午年 6月 22·25日.

17 『在韓苦心錄』, 57~59쪽.

18 『日省錄』, 李太王 甲午年 6月 24·25日.

19 『日淸韓交涉事件記事』(朝鮮之部), "明治二十七年七月二十八日外務大臣宛大鳥公使報告".

20 『華案』29권, "甲午年六月二十三日".

21 『在韓苦心錄』, 44쪽; 「東征電報上」, "光緒二十年六月二十日寄朝鮮唐紹儀".

22 『日淸戰史』1권, 125~132쪽.

열강의 조정(調停)

제 29 장

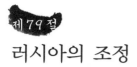

러시아의 조정

러시아는 조선과 국경을 접하면서 일청 양국 다음으로 중대한 이해관계를 갖고 있었다. 따라서 극동 3국 주재 러시아공사들은 조선 반도에서 발생한 정치적 반란에 당연히 무관심할 수 없었다.

동학비란(東學匪亂)에 관해 일찍부터 정보를 수집하고 그 중대성을 인식한 것은 주일 러시아특명전권공사 미하일 히트로포였다. 히트로포 공사는 이미 메이지 27년 2월 21일에 본국 정부에 타전해서 조선에 중대한 반란이 발생했다는 것, 그 사실상의 수괴는 국왕의 생부 대원군이라는 것, 그리고 일본인이 이 일에 관계되어 병기를 공급하고 있다는 것 등의 풍설을 전했다.[1] 곧이어 주청특명전권공사 카시니 백작도 3월 10일에 조선 반란의 중대성 및 북양대신 이홍장이 주한도원(駐韓道員) 원세개의 신청에 따라 출병 준비 중인 사실을 보고했다.[2]

카시니 공사는 질병으로 말미를 얻어 귀조(歸朝) 허가를 받고, 그의 이임(離任) 중에 주한대리공사 겸 총영사 카를 베베르가 주청임시대리공사에 임명됐다. 베베르는 이미 메이지 27년 6월 초에 경성을 출발해서 베이징으로 향했으나, 카시니 공사는 시국이 중대하다는 이유로 8월 중순까지 귀조 연기를 신청했다.[3]

그 사이에 베베르 대리공사를 대신한 주한임시대리공사 파벨 드 케르베르그(Pavel de Kehrberg, 克培)에게선 동학비란에 관해 아무 소식이 없었으므로 그 진상은 알 수 없었지만, 형세가 시시각각으로 중대화되고 있다는 것, 그리고 청이 출병에 착수한 것은 의심할 여지가 없었다. 히트로포 공사는 일본 신문의 기사를 종합해서, 일본 정부가 히로시마 제5사단에서 1,500명의 육군 파병을 결정하고 함대를 조선 근해로 집중시키라는 명령을 내린 것, 또 오토리 주한공사가 급히 귀임 명령을 받고 혼노 외무성 참사관과 해군 장교 1명을 거느리고 순양함 야에야마(八重山)에 편승해서 6월 5일에 출발한 것, 또 내무성이 군사행동을 신문에 게재하는 것을 엄금하고 일부 신문이 이를 위반했다는 이유로

정간된 것을 알게 되었다.[4]

히트로포 공사는 시국의 중대성을 감안해서 6월 7일에 무쓰 외무대신에게 회견을 요구하여 장시간 의견을 교환했다.

무쓰 외상은 먼저 '최근 주청임시대리공사의 보고에 따르면, 조선이 반란을 진정시키기 위해 출병을 요청해서 이홍장이 타이구(太沽)에서 1,500명, 산하이관(山海關)에서 약간의 육군을 파견한 사실이 있으며, 일본 정부 또한 동시에 출병하기로 결정했음'을 언명했다. 외상은 다시 '제물포조약에 따르면, 일본 정부는 거류민 보호에 필요할 경우 언제라도 조선에 출병할 수 있는 권리를 가지며, 동시에 톈진협약에 따라 일청 양국이 조선에 출병할 경우 상호 통고하는 의무를 진다.'고 설명하고, 실제로 이번에 청 정부로부터 출병 통고의 공문을 수령한 사실을 밝혔다. 그는 "만일 청이 조선에 출병한다면 일본 또한 즉시 똑같이 하는 것 외에는 방법이 없으며, 현재 출병에 관한 일체의 준비를 완료했다."라고 명언했다. 다음으로 일청 양국의 출병 목적의 차이를 논하여, 청군대는 비도(匪徒)의 토벌을 위해 출병하지만, 일본군대의 출병 목적은 한국에 주재한 공사관과 영사관, 그리고 대략 2만 명(주로 상인과 행상인)에 달하는 거류민의 생명과 재산 보호에 그친다고 보증했다.

히트로포 공사는 파견병력을 질문했는데, 무쓰 외상은 톈진협약은 일청 양국의 파견병력에 제한을 두지 않았다고 하면서 확답을 피했다.

무쓰 외상은 또 동학도(東學道)의 성격과 그 실정을 상세히 설명했다. 특히 이 신비국민(神秘國民)의 사상과 신앙을 설명하는 대목에 이르러 러시아공사는 놀라기도 하고 흥미를 느꼈다. 무쓰 외상은 더 나아가 일청 양국 민간의 전통적인 반감이 조선에 출동한 군대의 활동으로 인해 한층 더 자극받을 위험이 있음을 굳이 부정하지 않았다. 또 그는 '일본군의 임무는 공사관 및 거류민 보호에 한정되지만, 원래 일본인은 진심으로 동학도인들에게 동정심을 갖고 있기 때문에 그들이 청군에게 탄압받는 것을 묵시하기 어렵다. 조선인에 대한 일본인의 반감 또한 큰데, 최근 김옥균 암살 사건으로 인해 한층 더 선동되는 경향이 있으며, 특히 김옥균은 생전에 일본인들 사이에서 인기를 얻어서 이미 전설적인 영웅이 되었다. 도쿄에 떠도는 풍문에 따르면, 김옥균의 근친, 특히 그 동생은 동학비도(東學匪徒) 중에서 중요한 역할을 하고 있다고 한다. 무지한 일본 대중들 중에는 김옥균의 망령이 나타나서 동학비도의 대장이 되었다고 믿는 이들도 적지 않다. 이러한 사정으로 판단해 볼 때, 현재 조선에 있는 일청 양국 군대가 아주 사소한 우발적 사건을 계기로 매우 격렬한 정면충돌을 일으킬 가능성이 없다고 아무도 장담할 수 없다. 나도 이러한 종류의 위험이 있음을 인정해서, 주일청공사에게 한국 주둔 군대지휘관을 엄하게 계칙(戒飭)해서 경솔한 충돌을 예방하라고 경고를 주었다.'라고 했다. 마지막으로 무쓰 외상은 청 정부가 동학비도를 진입한 이후에도 여전히 토벌군을 주둔시켜서 힘으로 조선 정부를 지휘할 것이 가장 우려된다고 덧붙였다.[5]

6월 7일의 무쓰-히트로포 회의는 매우 중대한 의의를 가진다. 히트로포 공사는 무쓰 외상의 신중치 못한 언동의 이면에 일본 정부가 동학비란(東學匪亂)을 기회로 조선에 정치적 간섭을 행하고, 이를 위해 청과의 개전도 불사한다는 군은 결의가 있음을 알 수 있었다. 그런데 무쓰 외상은 자신이 러시아공사에게 어떤 인상을 주었는지 알아차리지 못했던 듯, 이 회담을 중요시하지 않았다. 그는 수기에 "실제로 오토리 공사의 귀임을 전후해서 도쿄 주재 러시아공사 히트로포가 내게 '최근 일본이 군대를 파견한다는 말이 자주 들리는데, 모르겠습니다. 적은 과연 어디에 있습니까?'라고 질문한 일이 있었다. 이는 물론 지나가는 희언(戲言)[1]으로 은밀히 우리 정부의 저의를 떠보려는 것이었지만, 그렇다고 해서 중대한 일로 생각한 것처럼 보이지는 않았다."라고 기록했다.[6]

무쓰 외상은 6월 7일의 회담에서 제3국의 조정을 희망하지 않았고, 일본 정부의 군은 결심을 눈치 챈 히트로포 공사도 그 의향을 표시하지 않았다. 이 때문에 오히려 휴가를 얻어서 귀국길에 있던 카시니 공사가 이홍장과 결탁해서 그 주도권을 쥐게 되었다.

카니시 공사의 귀조(歸朝) 연기는 중지됐던 듯, 그는 베이징을 떠나 귀국하던 도중에 6월 20일에 톈진에서 북양대신 이홍장과 회견했다. 당시 일본 정부의 적극방침에 당황하던 이홍장은 일본군의 조선 철수를 선결문제로 보고, 그 수단으로 주한도원(駐韓道員) 원세개로 하여금 오토리 공사에게 일청 양국의 공동철병을 제의하게 했지만 일본 정부의 승인을 얻지 못해서 실패로 끝났다. 결국 시국의 앞날을 우려한 이홍장은 구미열강의 간섭을 동원해서 일본 정부에 철병을 강제하는 것이 이 사태를 해결하는 첩경이라고 믿게 되었다.

카시니 공사의 톈진 방문은 이러한 기회를 스스로 이용한 것이었다. 이홍장은 카시니 공사를 맞이해서 극동문제에 관해 격의 없이 의견을 교환했다. 이홍장은 먼저 러시아임시대리공사 라디젠스키(Ladygensky, 拉德仁)와 회견했을 때 조선왕국의 영토 보전을 토

---

1) 희언(戲言): 실없이 하는 말

의한 사실을 언급했다. 다음으로 시사문제로 들어가서, 현재 조선의 비란(匪亂)이 거의 진정됐음에도 불구하고 일청 양국 군대가 계속 주둔하는 것은 필연적으로 양국의 충돌로 이어질 위험이 있으므로, 러시아 정부가 일본군을 조선에서 즉시 강제 철수시킬 방법을 고려해 줄 것을 청 제국의 이름으로 요청했다. 이홍장은 다시 영국공사로부터 이미 조정 제의가 있었지만, 러시아는 조선과 직접 중대한 이해관계를 갖기 때문에 당연히 유일한 조정자로서의 특권을 갖는다고 믿으며, 또 러시아 정부가 일본 정부로부터 즉시 철병 보증을 받으면 청 정부 또한 동시에 철병 서약을 할 것이라고 했다.

이홍장의 말을 들은 카시니 공사는, 지금 만약 청 정부의 간청에 응해서 일청 간의 조정을 수락한다면 자국의 아무런 희생 없이 조선과 극동 전체의 이익을 증진할 수 있을 뿐만 아니라, 러시아의 입장에서 매우 불리하며 또 불가피하다고도 생각되는 일청 양국의 충돌까지 막을 수 있기 때문에 이 기회를 놓쳐서는 안 된다고 생각했다. 이에 따라 카시니 공사는 이홍장의 의견에 대체로 동의를 표하고, 급히 본국 정부에 청훈(請訓)하겠다고 약속했다.[7]

카시니 공사와의 회견에서 이홍장은 우수한 외교가로서의 진면목을 드러냈다. 즉, 이홍장이 카시니 공사에게 설명한 일청관계는 적어도 2주 전의 것으로, 그 뒤로 정세가 완전히 변한 사실은 언급하지 않았다. 일청 간의 복잡한 정세에 무지했던 카시니 공사가 이홍장의 설명을 유일한 지침으로 조정에 나섰던 것에 우선 무리가 있었다.

처음에 이홍장은 6월 16일에 일본 정부로부터 조선의 내정개혁에 관해 중대 제의를 받은 사실에 대해 침묵을 지켰지만, 카시니 공사가 이홍장의 간청을 받아들여 조정에 나설 의향이 있음이 분명해지자 비로소 일본 정부로부터 새로운 제의가 있었던 사실을 고백했다. 즉, 6월 21일에 카시니 공사를 회배(回拜)[2]할 때, 일본 정부로부터 조선의 내정개혁에 관한 제의가 있었지만, 그 진의는 병력으로 조선의 내정에 간여하고 결국 그 영토를 침략하려는 것이라고 설명했다. 카시니 공사가 이홍장의 설명을 문자 그대로 받아들였음은 물론이다. 이 회견과 관련해서 이홍장이 총리아문에 보고한 내용은 다음과 같다.

얼마 전에 카시니 공사를 회배(回拜)할 때, "일본이 중무장한 군대를 끼고서 논의하는 것은 실로 한국의 내정에 간섭하려고 침탈(侵奪)의 계책을 행하는 것이니, 중국은 결코 윤허하지 않는다."라고 하자, 카시니 공사는 "러시아와 한국은 근린(近隣)이니 또한 결단코 일본이 제

---

2) 회배(回拜): 답방(答訪)

멋대로 간섭하는 것을 용납지 않는다."라고 하고, 또 "중국에 부임한 이래로 이 안건이 러시아에 미치는 관계가 매우 중하니, 부디 피차가 동심역지(同心力持)[3]하기를 바란다."라고 했습니다. 카시니는 톈진에 며칠 더 남아서 본국의 회전(回電)을 기다리고 있습니다. 홍(鴻), 소해(嘯亥). ○광서 20년 5월 18일 해각(亥刻)[8]

카시니 공사는 6월 22일에 이홍장의 조정 요청과 그에 대한 자신의 의견을 본국 외무대신에게 타전했다. 그리고 급히 회훈(回訓)을 내려 줄 것을 요청하고 6월 28일까지 톈진에 머물겠다고 덧붙였다.[9]

주청공사의 6월 22일자 보고를 접한 러시아 외무대신 니콜라이 카를로비치 드 기르스(Nikolay Karlovich de Giers)는 대체로 공사의 의견에 동의를 표했다. 특히 이홍장이 조정 역할로 영국보다 러시아를 선택한 점에 무게를 두어 이번에 이홍장과 청 정부의 희망대로 일청 간의 분쟁 조정에 성공한다면 극동에서의 러시아 제국의 위신을 드높이고 또 영국의 간섭을 저지하는 효과가 있을 것으로 보고, 6월 22일에 황제 알렉산드르 3세에게 상주해서 재가를 얻었다. 그런데 드 기르스 외상이 일청 조정을 결심했을 때, 사전에 히트로포 주일공사의 의견을 확인하지 않은 것에 주목할 필요가 있다. 아마 러시아 외상도 사태의 진상을 직시하지 못하고, 러시아 제국이 압력을 가하면 별 어려움 없이 일본의 동의를 강제할 수 있다고 믿었던 것이리라.

드 기르스 외상은 6월 23일에 카시니 공사에게 회훈(回訓)해서, 일청분쟁 조정의 신청이 상주를 거쳐 재가받았음을 전했다. 그리고 히트로포 공사에게는 카시니 공사의 청훈 내용을 전달하고, 칙명에 따라 일청 양국 군대가 동시에 조선에서 철수하도록 일본 정부를 설득하라고 훈령했다.[10]

일본 정부가 조선에서의 철병을 수긍하지 않는 이상, 이홍장에게 남은 유일한 방법은 열강의 병력으로 일본을 위압(威壓)해서 어쩔 수 없이 철병하게 만드는 것이었다. 하지만 그 실행 가능성은 대단히 의심스러웠다. 일본 정부는 조선 내정개혁을 제의해서 이홍장에게 거절당하자마자, 6월 22일에 이미 이른바 제1차 절교서를 청 정부에 발송해서 독자적으로 필요한 조치를 취할 것이며 그것이 끝나기 전에는 절대 철병하지 않겠다고 성명했다. 설령 강대한 제3국의 조정이 있더라도 아무 대가가 없다면 철병을 강제하기란 불가능에 가까웠다.

---

3) 동심역지(同心力持): 동심(同心)은 마음을 합치는 것이고, 역지(力持)는 온 힘을 다해 지킨다는 뜻이다.

드 기르스 외상과 카시니 공사보다 일본과 청의 정세에 밝았던 히트로포 공사는 바로 두 사람의 실책을 알아챘다. 그는 외무대신의 훈령과 주청 공사의 보고를 검토하고 다음과 같은 사실을 발견했다. (1) 이 조정은 이미 시기를 놓쳐서 일본은 이미 대규모 동원을 실행하고 있다. (2) 이홍장은 카시니 공사에게 일청교섭의 진상을 전하지 않았다. 특히 일본 정부로부터 조선 내정개혁에 관한 제의가 있었던 사실을 비밀에 부치고 있다. 또 이홍장은 조선 주재 청 대표자에게, 카시니 공사의 조정은 그의 자발적 행동이며 자신이 간청한 것이 아니라는 말을 전한 사실이 있다[뒷부분은 히트로포 공사의 오해이다. 광서 20년 5월 17일(메이지 27년 6월 20일)에 원세개에게 보낸 이홍장의 전보에 "얼마 전에 카시니 공사가 방문해서 회견했을 때, 나는 그에게 속히 외부(外部)에 타전해서 주일러시아공사로 하여금 일본과 우리의 동시철병을 권고하거나 혹은 점차 순응하게 해 줄 것을 부탁했다."라는 구절이 보인다]. 이상의 결과로부터, 그는 이 조정에 대단히 큰 어려움이 수반되리라는 사실을 간취했다.[11]

6월 25일, 히트로포 공사는 무쓰 외상에게 회견을 요구해서 본국 외무대신의 훈령에 기초해서 일청분쟁의 조정을 제안했다. 히트로포 공사는 먼저 "청 정부가 현재 형세와 관련해서 러시아의 알선을 청했으므로, 러시아 정부의 훈령에 따라 지금 면회를 요구한 것이다. 일청 양국의 군대는 현재 조선에서 개전 의사를 갖고 서로 대치하고 있다. 이러한 상황에서 러시아 정부는 가능한 한 개전에 이르지 않게 한다는 목적에 따라 일본 정부에 제안하는 것을 그 의무라고 느낀다. 청 정부가 이미 러시아 정부에 통고한 바에 따르면, 청의 출병은 전적으로 조선 정부에서 폭동 진정을 의뢰한 것에 따른 것이다. 그런데 일본도 대부대를 보내서, 이제 폭동이 진정됐음에도 불구하고 조선 사건에 관해 3개조의 제안을 내놓고 그 군대를 철수시키려고 하지 않는다고 했다."라고 말했다. 이어서 일본 정부가 청 정부에 제의한 조선 내정의 공동개혁안에 대한 청 정부의 의향을 전달하고, 일본 정부의 충분한 설명을 요구했다. 무쓰 외상은 조선의 정세와 조선에서의 청 관민의 횡포를 낱낱이 진술하고, 일본 정부가 제의한 공동개혁안이 필요한 이유를 상세하게 설명했다. 마침내 본론으로 들어가서 히트로포 공사가 말했다.

만약 청이 철병할 경우 일본 정부도 철병하는 데 동의하는가? 과연 그렇다면 이를 일본 외무대신의 낙언(諾言)[4]으로 본국 정부에 보고해도 괜찮겠는가?

---

4) 낙언(諾言): 승낙하는 말

무쓰 외상은 이 질문에 답하여, "그 제안은 대체적인 주의(主義)에서는 이의가 없을 듯하지만, 일청 양국이 대치하는 상황에서는 피차 시의(猜疑)가 일어나기 쉽고, 한번 시의가 일어나면 그것을 해소하기가 매우 어렵다. 게다가 청이 종래 음험한 수단을 써서 조선의 내사(內事)에 간섭해서 표리반복(表裏反覆)[5]의 술책을 펴는 일이 매우 많았다. 따라서 지금 양국이 철병을 실행하더라도, 청 정부가 일본군대가 철수한 이후에 바로 다시 출병해서 조선의 자주독립을 무시하려는 야심이 없다고 장담할 수 없다. 특히 청에서 출병하는 데는 13시간 밖에 걸리지 않는 반면, 일본에서는 반드시 40시간 이상이 걸린다."라고 설명했다. 그리고 일본군의 철병은 청이 먼저 군대를 철수시킨 후, 다음 2개 조건 중에 한 가지의 이행을 승낙하면 실행하겠다고 언명했다.

첫째, 청 정부가 일청 공동으로 조선 내정개혁의 완성을 담임(擔任)하는 것에 동의할 것.
둘째, 청 정부가 어떤 이유로든지 조선의 내정개혁에 관한 일청 제휴를 거절할 경우, 일본 정부가 단독으로 조선의 독립을 유지하고, 아울러 그 시설을 개선하려고 노력할 때, 청 정부는 직간접을 불문하고 일체 간섭하지 않겠다고 보증할 것.

히트로포 공사는 무쓰 외상의 말투에서 제3국의 간섭을 달갑게 여기지 않는 마음이 있음을 느끼고, 러시아 또한 "조선과 이웃한 나라이니, 여기까지 협의에 참여하는 것이 당연하다고 생각한다."라고 주의를 주었다. 무쓰 외상은, 조선의 자주는 러시아 정부도 승인한 사실이므로 문제가 조선의 자주를 존중할지의 여부에 달려 있는 한, 러시아 정부와 협의할 필요를 느끼지 못한다고 답하고, 마지막으로 다음 2개 항을 성명했다.

첫째, 일본 정부는 조선에 대해, 그 조약에 포함된 조선 독립을 유지하고 또 조선의 평화와 안녕을 확실히 하고자 하는 희망에서 비롯된 의향 외에 다른 의향은 없음.
둘째, 청 정부가 어떤 행동을 취하더라도 일본 정부는 먼저 교전을 도발하지 않을 것임. 만약 불행히 교전하게 될 경우, 일본은 어쩔 수 없이 그러한 상황에 이르렀다는 것을 알아야 함.[12]

6월 25일 무쓰 외상과의 회견을 보고하면서 히트로포 공사는 다음과 같이 소감을 서술하고, 드 기르스 외상에게 청훈(請訓)했다.

---

5) 표리반복(表裏反覆): 겉과 속이 다른 속임수

제 개인적 견해로는, 현 내각○이토 내각은 일본에서 첨예화되고 있는 조선 문제에 지나치게 깊이 개입했으므로 어떤 적당한 구실로든지, 아니면 표면적으로라도 성공을 거두지 못하면 양보는 어려울 것입니다. 그렇지만 전쟁을 바라는 자는 없기 때문에 외국의 조정이 아니더라도 전쟁은 피할 수 있을 것입니다. 이와 동시에 각 방면에서의 시사(示唆)에 따르면, 열강 가운데 몇몇 나라는 우리가 극동에서 분주히 활동하는 것을 좋아하는 경향이 강한 것 같습니다. 시국의 발전 가능성을 고려하여 저는 이 건을 강조하며, 또 우리의 권고를 문서로 제시할지, 아니면 단순히 구두로 시사하는 데 그칠지 훈령을 바랍니다.[13]

그동안 텐진에서는 카시니 공사가 드 기르스 외상의 회훈(回訓)에 기초해서, 러시아 외무대신이 일청 양국 간의 조정을 수락한 사실을 통고하기 위해 6월 25일에 공사관 2등서기관 알렉산드르 이바노비치 파블로프(Alexandr Ivanovich Pavlov, 巴維福)로 하여금 이홍장을 방문해서 본국 정부의 훈전(訓電)을 전달하게 했다. 이와 함께 카시니 공사 자신의 의견으로, "만약 일본이 준판(遵辦)[6]하지 않으면 러시아 조정에 타전할 것이다. 그러면 아마 반드시 압박을 가해서 복종시키는 방법을 쓸 것이다. 러시아는 아국(亞局)[아시아의 대국(大局)]을 저들과의 관계보다 더욱 중시하며, 현재 평안한 것을 다행으로 여긴다. 만약 일본인이 제멋대로 중국을 소란케 한다면 러시아는 마음 편히 좌시할 수 없다. 한왕(韓王)의 암약(暗弱)과 국정(國政)의 탐가(貪苛)[7]에 관해서는, 방법을 마련해서 정치를 개선해야 하지만 이는 통상각국(通商各國)이 똑같이 깊이 우려하는 바이므로 인방(隣邦)이 적절하게 도와주어야 하며, 절대 군대를 써서 강박(强迫)해서는 안 된다."라는 말을 전했다. 그리고 일본 정부가 러시아 정부의 제의에 동의해서 조선에서 철병할 경우, 청도 같은 조건으로 철병할 준비가 되어 있는지 질문했다. 이홍장은 즉각 긍정해서, "본래 그러한 논의가 있었으니, 부디 카니시 공사는 마음을 놓기 바란다. 한국의 비도(匪徒)가 사방으로 흩어지면 반드시 다시 큰 변고는 없을 것이다."라고 답했다.[14]

훗날 러시아 정부는 카시니 백작이 말한 것처럼 적극적 행동에 나설 결심이 없었다는 사실이 판명됐지만, 당시 이홍장은 그의 말을 크게 신뢰했다. 또 당시 러시아 정부가 블라디보스토크에 대규모 부대를 집결시키고 있다는 풍문은 이홍장이 카시니 공사의 말을 더욱 유리하게 해석하게 했다. 게다가 이홍장은 메이지 24년 오쓰 사건(大津事件)[8] 이

---

6) 준판(遵辦): 준수해서 처리함
7) 탐가(貪苛): 탐욕스럽고 가혹함
8) 오쓰 사건(大津事件): 1891년 5월 11일에 일본을 방문 중이던 러시아 황태자 니콜라이(러시아의 마지막 황제

래로 일본의 조야(朝野)가 모두 러시아를 두려워하고 있다는 보고를 믿고, 러시아 정부의 간섭은 반드시 효과가 있을 것으로 기대하고 있었다.[15]

히트로포 공사의 보고를 받은 드 기르스 외상은 한때 곤혹스러웠다. 왜냐하면 드 기르스 외상은 카시니 공사의 상신에 따라 일청 양국 군대의 무조건 철병만 예상하고 있었는데, 히트로포 공사의 보고에 따르면 일본 정부는 무조건 철병을 거절하고 도저히 청이 수락할 것 같지 않은 가혹한 조건을 제시하고 있었기 때문이다. 그런데 6월 28일에 케르베르그 임시대리공사는, 조선 외무아문독판이 국왕의 명에 따라 열국(列國)의 대표자들에게 '동학비란(東學匪亂)이 거의 평정됐음에도 불구하고 국내에 외국 군대가 주둔하고 있는 까닭에 분란이 생길 우려가 있다. 또 일청 양국이 협정해서 속히 철병을 실행하도록 도움을 줄 것을 희망한다.'라는 뜻을 각각 본국 정부에 전달해 줄 것을 의뢰했다고 보고했다.[16] 이 보고를 전후해서 러시아 주재 일본특명전권공사 니시 도쿠지로(西德二郎)는 외무성 아시아 국장 카프니스트(Kapnist) 백작에게 회견을 요구해서, 본국 정부의 명령에 따라 대한정책을 설명했다. 니시 공사의 말에 따르면, '일본 정부가 기도(企圖)하는 바는 조선왕국의 독립과 평화에 지나지 않는다. 그렇지만 청이 조선 내정의 일청 공동개혁에 동의하거나, 아니면 일본 정부가 단독으로 실시하려고 하는 내정개혁을 방해하지 않겠다고 공약하지 않으면 조선에서의 철병은 할 수 없다.'라는 것이었다. 카프니스트 국장은 청이 그 제안에 동의하지 않을 경우 일본 정부가 취할 행동을 반문했지만, 니시 공사는 확답을 줄 수 없었다. 카프니스트 국장은 다시, '조선의 독립과 평화는 매우 바람직하지만, 일청 양국군의 점령하에 있는 동안에는 실현가능하다고 보기 어렵다. 현재 최선의 방법은 양국이 모두 우선 조선에서 철병하고, 내정개혁은 그 뒤에 외교적 수단을 통해 협의하는 것'이라고 말하고, 또 '일본 정부가 단독행동으로 조선 문제를 위기에 빠뜨리거나, 또는 일청 간의 충돌을 초래한다면 중대 책임은 오직 일본에 돌아갈 것'이라고 경고했다.[17]

일본, 청, 조선의 세 방면에서 이처럼 서로 모순된 정보가 도착하고, 또 일청 양국 정

니콜라이 2세)가 시가 현(滋賀縣)의 오쓰(大津)에서 당시 경호를 맡고 있던 일본 경찰관 쓰다 산조(津田三藏)의 습격으로 가벼운 부상을 입은 암살 미수 사건이다. 당시 러시아 제국의 함대가 고베(神戶) 항에 정박 중인 상황에서 사건이 발생한 까닭에 일본은 러시아의 보복이 있을 것을 크게 우려했다. 이 사건의 책임을 지고 외무대신 아오키 슈조(青木周藏)와 내무대신 사이고 쓰구미치(西郷從道)가 사임했고, 6월에는 사법대신 야마다 아키요시(山田顯義)도 병을 이유로 사직했다. 암살 미수범 쓰다 산조는 무기징역을 언도받았으며 복역 중이던 1891년 9월에 옥사했다.

부의 주장이 상반되는 상황 속에서 드 기르스 외상도 곤혹스러웠을 것이다. 그는 이홍장이 카시니 백작을 통해서 간청한 것과 같은 정식 조정은 일청 양국 정부의 동의를 얻을 전망이 설 때까지 보류하고, 당분간 조선 정부의 간청을 지지하기로 결정했다. 즉, 내란이 진정된 것을 이유로 일청 양국에 조선에서 철병할 것을 요구하기로 하고, 6월 28일에 칙재(勅裁)를 받아 카시니, 히트로포 두 공사에게 훈령했다. 일본 정부가 철병에 대해 강경하게 반대하는 것은 니시 공사의 설명으로 봐도 분명했으므로, 히트로포 공사에게 보내는 훈전에는 "만약 일본 정부가 청과의 동시철병을 곤란하게 만든다면 중대한 책임을 져야 할 것"이라고 덧붙였다.[18]

드 기르스 외상의 훈전은 6월 29일에 도쿄에 도착했다. 히트로포 공사는 다음 날인 30일에 무쓰 외상과 회견했다. 그런데 히트로포 공사는 러시아 외무대신이 일청(日淸) 조정을 당분간 보류한다고 한 의미를 완전히 이해하지 못했던 듯, 일본 정부가 공동철병을 거부할 경우 중대한 책임을 져야 한다는 것만 강조했다. 무쓰 외상은 러시아 정부의 조정이 갑자기 엄중한 어조로 변한 것에 경악해서 철병문제에 관해 갖가지 해명을 시도했다. 무쓰 외상의 말에 따르면, '청은 누차 일본이 철병한 후에 즉시 철병하겠다고 성명했지만 실행하려는 성의를 보이지 않았고, 또 조선의 내란이 아직 진정되지 않아서 청군은 비도(匪徒)를 토벌하기 위해 조선 내지에서 진군하고 있다. 또 일본은 처음 파견한 부대를 증원하지 않았으나 — 히트로포 공사는 이 말을 믿지 않았다. — 청은 시시각각 증원하는 중'이라는 것이었다. 또 히트로포 공사는 시국에 대한 견해를 물었는데, 무쓰 외상은 "우리는 청에 제안했지만 거절당했다. 이제는 청의 제안을 기다릴 뿐"이라고 답했다. 다시 무쓰 외상은 청 정부가 모종의 개혁을 실행할 성의를 보인다면 일본은 철병할 용의가 있다고 말했다. 그리고 정식 회답은 각의의 의견을 구하기 전까지는 줄 수 없기 때문에 공사의 발언을 각서로 제시해 줄 것을 희망하고, 또 조선 정부가 열강의 대표자들에게 일청 양국의 공동철병에 대한 지지를 요청한 것에 관해서는 아무 보고도 받지 못했다고 단언했다. 히트로포 공사는 이날 회견에서 받은 인상을 다음과 같이 보고했다.

일반적인 인상으로는, 말로 일본인을 신복(信服)시키려는 것은 거의 쓸모가 없습니다. 저들은 자부심으로 완전히 도취되어 있기 때문에 청으로부터 반드시 받게 될 실물교훈(實物教訓)이 아니면 각성(覺醒)하지 못할 것입니다. 일본인이 일시적인 성공을 거두더라도 결국에는 청이 승리할 것입니다. 일본인은 도전받지 않으면 스스로 전쟁을 개시하지 않겠다고 약속했으므로, 청인(淸人)은 전쟁을 준비하기에 충분한 시간을 가질 것입니다. 그렇지만 어떤 경우라도 이 문제의 평화적 결말이 바람직하다고 생각하신다면, 그 해결법은 제 견해에 따르면, 베이징이나 도쿄가 아니라 경성에 있으니, 조선 정부로 하여금 청·일본·러시아의 삼국연합위원회(三國聯合委員會)를 조직해서 그 감독하에 내정개혁을 시행함과 동시에 일본군의 철수를 제의하게 해야 합니다. 그렇게 된다면 일본은 모든 구실을 잃을 것입니다.[19]

이 보고문에 보이는 일본·청·러시아 삼국연합위원회는 이홍장도 카시니 공사에게 제의한 바 있다. 이와 관련해서 이홍장이 광서 20년 5월 27일(메이지 27년 6월 30일) 총리아문에 보낸 전보에 "삼국회의를 통한 사후 처리는, 요 며칠 동안의 사의(私議)[9]에서 파(巴)○파블로프 공사관 서기관 등이 아직 제기하지 않았으므로 제가 탐문하지 않았습니다."라는 구절이 보이는데 상세한 내용은 알 수 없다.[20]

또한 외무대신의 요청에 따라 6월 30일에 히트로포 공사가 제시한 각서의 번역문은 다음과 같다.

조선 정부는 내란이 이미 진정됐다는 뜻을 공식적으로 그 나라에 주차(駐箚)하는 각국 사신들에게 통고하고, 또 청 및 일본 군대를 철수시키는 일에 관해 사신들의 도움을 청했습니다. 따라서 본관(本官)의 군주이신 황제 폐하의 정부는, 본관에게 명하여 일본제국 정부에 조선의 청구를 수용할 것을 권고하고, 또 일본이 청 정부와 동시에 조선에 있는 군대를 철수하는 일과 관련해서 고장(故障)[10]을 일으킬 경우 중대한 책임을 지게 될 것을 충고하게 하셨습니다.

이상 진술한 내용을 외무대신 각하에게 전하며, 아울러 거듭 경의를 표합니다.

러시아력(露曆) 1894년 6월 18일
즉, 1894년 6월 30일 히트로포
외무대신 무쓰 무네미쓰 각하[21]

히트로포 공사는 무쓰 외상의 설명에 만족하지 않고, 다음 날인 7월 1일에 이토 수상을 만나서 장시간 회담했지만 외무대신의 말을 확인한 것에 불과했다.[22]

---

9) 『淸光緖朝中日交涉史料』 제13권, 1048번. 「北洋大臣來電 二」에는 화의(和議)로 기록되어 있다.
10) 고장(故障): 일의 원활한 진행을 방해하는 것. 지장(支障), 장애(障碍)

【원주】

1 Communication of Hitrovo, Minister at Tokyo, to K. L. Weber, Chargé d'Affaires at Seoul, February 21, 1894. Russian Documents relating to Sino-Japanese War, 1894~95, from Krasny Archiv vols. L-LI. No. I, pp. 480~481(*The Chinese Social and Political Science Review*, vol. XVII, No. 3 1933).

2 Despatch of Count Cassini, Minister at Peking, to the Minister of Foreign Affairs, March 10, 1894. *Ibid.* No. 2, pp. 481~483.

3 Telegram of the Minister at Peking to the Minister of Foreign Affairs, June 5, 1894. *Ibid.*, No. 4, p. 484.

4 Telegram of the Minister at Tokyo to the Minister of Foreign Affairs, June 8, 1894. *Ibid.*, No. 6, p. 485.

5 Despatch of the Minister at Peking to the Minister of Foreign Affairs, June 8, 1894. *Ibid.*, No. 7, pp. 485~490.

6 『蹇蹇錄』, 66쪽.

7 『中東戰紀本末續編』卷亨, 「東征電報上」, "光緖二十年五月十七日寄總署"; 『中日交涉史料』13권, 문서번호 1009. "光緖二十年五月十八日北洋大臣來電"; Telegram of the Minister at Peking to the Minister of Foreign Affairs, June 22, 1894. *Ibid.*, No. 16, pp. 494~495.

8 『中日交涉史料』13권, 문서번호 1009. "光緖二十年五月十八日北洋大臣來電".

9 Telegram of the Minister at Peking to the Minister of Foreign Affars, June 22, 1894. *Ibid.*, No. 16, pp. 494~495.

10 The Most Devoted Note of the Minister of Foreign Affairs, June 22, 1894. *Ibid.*, No. 15, pp. 493~494.

11 Telegram of Minister at Tokyo to the Minister of Foreign Affairs, June 25, 1894. *Ibid.*, No. 20, pp. 496~497; 「東征電報上」, "光緖二十年五月十七日寄袁道".

12 『日淸韓交涉事件記事』(露國之部); 『蹇蹇錄』, 68~69쪽.

6월 25일 무쓰 외상과 히트로포 공사 회담의 내용은 다음과 같다(『日淸韓交涉事件記事』).

메이지 27년 6월 25일 외무성에서 외무대신과 러시아 공사(히트로포 씨)의 대화의 개략.

러시아 공사: 청 정부는 현재 형세와 관련해서 러시아의 알선을 청했으므로, 러시아 정부의 훈령에 따라 지금 면회를 요구했습니다. 일청 양국의 군대는 현재 조선에서 개전 의사를 갖고 서로 대치하고 있습니다. 이러한 상황에서 러시아 정부는 가능한 한 개전에 이르지 않게 한다는 목적을 갖고 일본 정부에 제안하는 것을 그 의무라고 느낍니다. 청 정부가 이미 러시아 정부에 통고한 바에 따르면, 청의 출병은 전적으로 조선 정부에서 폭동 진정을 의뢰한 것에 따른 것입니다. 그런데 일본도 대부대를 보내서, 이제 폭동이 진정됐음에도 조선 사건에 관해 3개 조의 제안을 내놓고 그 군대를 철수시키려고 하지 않는다고 했습니다. 또 청 정부는 일본 측 제안의 제1조, 즉 일청 양국이 군대를 합쳐서 동학당 폭동을 진정시키자는 것에 관해서, 동학당은 벌써 평정됐으므로 이 조항의 목적은 이미 달성됐다고 회답했습니다. 동시에 청 정부가 조선 내정에 간여하는 것은 도저히 불가능하다고 선언한 것으로 보입니다. 그런데 일본 정부는 청 정부의 의견을 받아들이지 않고, 청이 철병

하더라도 일본은 계속 그 철병을 허락하지 않겠다고 선언한 것 같습니다. 그런데 무쓰 씨는 이 건에 관해서 상세한 내용을 말씀해 주시지 않았기 때문에, 공사로서는 그 정부에 어떤 보고도 할 수 없고, 정부는 이 건에 관한 청 정부 일방의 주지(主旨)만을 알 뿐 일본의 본의를 이해할 수 없으니, 이는 참으로 유감입니다.

외무대신: 첫 번째로 일본 정부가 조선에 관한 본의를 침묵한 이유에 대해 설명드리면, 일본 정부가 처음부터 취한 주의(主義)는 오늘날까지 조금도 바뀌지 않았으므로, 이 건에 관해 일부러 러시아 공사와 협의하지 않았습니다. 또 처음에 개진(開陳)한 것처럼, 이 주의는 조선이 독립의 지위를 유지하기를 바라는 데 기초한 것입니다. 그리고 이 목적을 달성하기 위해서는 조선에서 대등한 세력권형(勢力權衡)을 유지해서 청이 단독으로 그 위력을 자행하지 못하게 하는 것이 필요합니다. 제국 정부는 항상 이 주의를 지켜서 오늘날까지 감히 변경하지 않았습니다. 다만 이번 사건은, 일시적으로 특별히 이 주의를 확실히 해 둘 필요를 크게 느꼈을 뿐입니다. 그러므로 제국 정부는 가능한 한 청과의 충돌을 피할 것을 희망하며, 이 희망을 이루는 데 필요한 조치가 정당한 이상, 무엇을 막론하고 그것을 시행하기를 원합니다. 일본의 출병은, 청의 비망(非望: 분수에 맞지 않는 바람)을 겸제(箝制: 재갈을 물려 억제함)해서 이 건을 평화롭게 매듭지으려는 것에 불과합니다. 또 동학당의 폭동은 수만 명의 난민(亂民)이 봉기한 것으로, 관군도 누차 패배해서 결국 조선 정부가 청의 원병을 청하게 할 정도로 조선을 위기에 빠뜨렸습니다. 이러한 사실로 본다면, 청군대가 탄환 1발도 쏘기 전에 이 폭동이 이미 진정됐다고 하는 것은 매우 의심스러울 뿐 아니라, 설령 일시적으로 진정됐더라도 일청이 철병한 후 다시 봉기할 우려가 없지 않습니다. 대체로 일청 양국이 모두 아침에 철병했다가 저녁에 다시 출병해야 하는 형세임은, 조선의 국정(國情)으로 볼 때 의심할 나위가 없습니다. 그러므로 일본 정부로서는, 조선의 장래의 평화와 질서에 관해 어느 정도의 보증을 얻기 전에 쉽게 철병하는 것은, 조선을 위해서만이 아니라 일본을 위해서도 득책이 아니라고 생각합니다. 따라서 일본 정부는 청 정부에게 양국 협동위원(協同委員)을 임명해서 조선 장래의 안녕을 확실히 할 개혁 시행에 관해 조선 정부에 권고할 것을 제의했습니다. 물론 청 정부에 이러한 제의를 함에 있어, 일본 정부는 감히 조선의 내정에 간여할 뜻이 없었습니다. (여기서 러시아공사가 이 개혁과 관련해서 왜 양국 위원을 임명할 필요가 있는지 묻자, 외무대신이 답했다.) 조선의 개혁을 행하는 데 일청 양국이 협동위원을 둬야만 하는 이유를 말씀드리면, 전부터 일본 정부는 청 정부에 조선과 관련해서 협동의 행동(協同ノ行動)을 취하자고 의논했습니다. 그런데 청 정부는 항상 완전히 동의한다고 공언했음에도 불구하고, 아직까지 그 공언을 실행하지 않았을 뿐 아니라, 이제 그것에 반대하는 뜻을 가진 것처럼 보입니다. 따라서 일청 양국 간에 판연히 확정된 바는 아닙니다. 일본 정부가 조선에 대해 일방(一方)의 개혁을 권고하고 있을 때, 청 정부는 그와 정반대의 조치를 권고하는 듯한 느낌을 떨칠 수 없습니다. 그러므로 이번에 일본 정부는 쌍방일치(雙方一致)의 의지를 갖고, 조선 시정의 개량을 의논하기로 결심했던 것입니다. 하지만 청 정부는 단호히 일본 정부의 제안을 거절했으니, 일본 정부는 부득이 독력(獨力)으로 조선 정부에 대해 일본과 조선의 관계상 장래 안심할 수 있는 개혁의 시행을 권고하기로 했습니다. 물론 일본 정부의 의지는, 철두철미 평화와 우의로써 조선의 개량을 의논하는 데 있습니다.

러시아 공사: 만약 청 정부가 철병할 경우, 일본 정부에서도 철병하는 데 동의합니까? 과연 그렇다면 이를 일본 외무대신의 낙언(諾言)으로 본국 정부에 보고해도 괜찮겠습니까?

외무대신: 그 의론은 대체적인 주의(主義)에서는 이의가 없을 듯하지만, 양국이 서로 대치하고 있는

상황에서는 피차간에 시의(猜疑)가 일어나기 쉽고, 시의가 한번 일어나면 그것을 해결하기 어려움은 비단 일청 양국뿐만 아니라 구주(歐洲)의 강대국들도 종종 그렇습니다. 하물며 근래의 역사로 징험하건대, 이러한 시의가 전연 이유가 없지 않음이 분명한 경우에 있어서겠습니까? 조선과의 관계상 청의 신실(信實)에 대해, 일본이 시의를 품지 않을 수 없게 만드는 사실이 매우 많습니다. 청은 일찍이 조선에 군함을 파견해서 강제로 국왕의 생부를 포박해서 청으로 송치했습니다. 또 청은 일찍이 조선의 내정에 간섭하기 위해 그 개혁을 모의했다는 풍문이 있습니다. 현재 조선 왕비의 친척인 민영익은, 그 음모에 간여했기 때문에 도망쳐서 홍콩에 있는 것 또한 사실입니다. 또 메이지 17년에 청은 일본군대가 적은 것을 틈타서 많은 수의 군대로 습격한 것도 사실입니다. 또 오늘날에 있어서도 현재 조선에 2천여 명의 병사를 주둔시킨 것 외에 이홍장 휘하의 병사 5,500명이 이미 출동 준비를 마치고 어제오늘 속속 파견됐으며, 정여창이 그 함대를 이끌고 인천에 도착한 것도 사실입니다. 이러한 사실로 미뤄 보면, 청은 이제 단독으로 철병하더라도 일본이 일단 철병하면, 곧바로 다시 군대를 파견해서 조선을 속예(屬隷)로 삼으려는 야심이 없다고 보장할 수 없습니다. 그리고 청에서 출병하는 데는 겨우 13, 14시간이 소요되는 데 불과하지만, 일본에서 출병하는 데는 40시간 이상이 필요합니다. 따라서 장래 조선의 평화와 질서를 유지하고 그 독립의 체면을 온전히 하기 위해서, 물론 청이 철병한 후, 다음 조건의 경우에 일본도 마찬가지로 철병할 것입니다.

첫째, 청 정부에서 일본과 청이 협동해서 조선 개량의 완결을 담당하는 데 동의할 경우. 또는 둘째, 청 정부에서 어떤 이유로든지 이 개혁 조치에 관해 일본과의 협동을 거절할 경우, 일본이 그 독력(獨力)으로 조선의 독립을 유지하고, 그 시정을 개량하려고 노력할 때 청 정부는 직접적으로든지 간접적으로든지 그것에 간섭하지 않겠다는 보증을 할 경우.

러시아 공사: 일청 간의 담판과 관련된 문제는 잠시 놓아두고, 러시아 또한 조선 인근의 나라이니, 여기까지 협의에 참여하는 것이 당연하다고 생각합니다.

외무대신: 조선의 독립에 관해서는, 청을 제외하고는 달리 이의가 있는 나라는 없으리라고 믿습니다. 또 러시아 정부도 완전히 일본의 의견에 동감한다는 것은, 러시아공사가 예전부터 누차 확언하신 것으로 기억합니다. 따라서 일본 정부는 러시아 정부에 협의할 필요가 없다고 생각했습니다.

그리고 마지막에 러시아 공사에게 다음 2건을 확인했다.

첫째, 일본 정부는 조선에 대해, 그 조약에 포함된 조선 독립을 유지하고 또 조선의 평화와 안녕을 확실히 하고자 하는 희망에서 비롯된 의향 외에 다른 의향은 없음.

둘째, 청 정부가 어떤 행동을 취하더라도 일본 정부는 먼저 교전을 도발하지 않을 것임. 만약 불행히 교전하게 될 경우, 일본은 어쩔 수 없이 그러한 상황에 이르렀다는 것을 알아야 함.

13 Telegram of the Minister at Tokyo to the Minister of Foreign Affairs, June 25, 1894. *Ibid.*, No. 21, pp. 497~498.

14 『中日交涉史料』 13권, 문서번호 1025. "光緒二十年五月二十二日北洋大臣來電".

15 「東征電報上」, "光緒二十年五月十七日寄總署".

16 Telegram of the Secretary of the Legation at Seoul, June 28, 1894. *Ibid.*, No. 22, pp. 498.

17 The Most Devoted Note of the Minister of Foreign Affairs, June 29, 1894. *Ibid.*, No. 24, pp. 499~500.

18 The Most Devoted Note of the Minister of Foreign Affairs, June 28, 1894. *Ibid.*, No. 23, pp. 498~499.

19 Telegram of the Minister at Tokyo to the Minister of Foreign Affairs, July 1, 1894. *Ibid.*, No. 27, pp. 502~503.

20 『中日交涉史料』13권, 문서번호 1048. "光緒二十年五月二十八日北洋大臣來電".

21 『日淸韓交涉事件記事』(露國之部).

22 Telegram of the Minister at Tokyo to the Minister of Foreign Affairs, July 1, 1894. *Ibid.*, No. 29, p. 504.

러시아의 조정[續]

러시아 정부가 갑자기 일청 간의 조정을 중단하고 엄중한 태도로 철병을 요구한 이유를 일본 정부에서는 전혀 이해할 수 없었고, 그런 만큼 경악과 우려도 컸다. 무쓰 외상은 자신의 회상록에, "러시아 정부가 이처럼 엄중한 공문을 발송한 본심이 무엇인지, 물론 쉽게 그 속셈을 헤아릴 수 없었다. 일본 정부는 어떤 이유를 불문하고 이제 사단을 국외(局外)로 키우는 것은 결코 득책(得策)이 아님을 충분히 숙지하고 있었지만, 물러서서 속으로 돌아보니, 사태는 이미 국면을 크게 변화시키고 스스로 진전되어 설령 청이 조선에서 군대를 철수하더라도 우리는 빈손으로 군대를 철수하기 어려운 사정이었다."라고 기록했다. 즉, 무쓰 외상은 오히려 내정(內政)의 이유에서 무조건 철병이 실행 불가능하다고 본 것이었다. 이 점은 히트로포 공사가 정확히 관찰한 대로였다. 무쓰 외상은 숙고한 끝에 이토 수상을 찾아가 의견을 물었는데, 그 역시 수상과 같은 의견으로, "우리가 이제 와서 어떻게 러시아의 지교(指敎)[1]에 따라 우리 군대를 조선에서 철수할 수 있겠습니까?"라고 확언했다. 외상은 이 말을 듣고, "존의(尊意)가 정확히 비견(鄙見)에 부합합니다. 장래 시국의 어려움은 오직 우리 두 사람의 책임일 뿐입니다."라고 말하고 물러갔다고 한다.[1]

7월 1일, 무쓰 외상은 이토 수상과의 협의를 거쳐 결정한 방침에 기초하여 러시아공사에게 보낼 회답을 작성했다. 그리고 각의의 결정을 받은 후, 성재(聖裁)를 청하여 7월 2일에 히트로포 공사에게 전달했다.

지난달 30일 오후에 러시아특명전권공사 각하께서 저에게 직접 전달하신 공문은 대단히 중요한 것이기 때문에 제국 정부는 신중히 살펴보았습니다.

그 공문에서, "조선 정부는 그 나라의 내란이 이미 진정됐다는 뜻을 공식적으로 그 나라에

---

1) 지교(指敎): 지도(指導)

주차(駐箚)하는 각국 사신들에게 통고했다."라고 기재하셨지만, 제국 정부가 접수한 최근 보고에 따르면, 불행히도 조선 정부의 이 통고는 매우 경솔한 판단이라고 하지 않을 수 없습니다. 따라서 이 최근 보고를 통해 제국 정부가 확신하는 바가 사실일 때는, 비단 사변을 양성한 원인이 아직 제거되지 않았을 뿐 아니라 일본군대를 부득이 파견하게 만든 변란도 아직 전혀 그 종적이 끊어진 것이 아니므로 그 처분이 필요할 것입니다. 지금 만약 이 변란의 근원을 완전히 씻어내지 않는다면 장래에 다시 언제라도 소란을 일으킬 것입니다.

제국 정부의 조치는 강토를 침략하려는 의도에서 나온 것이 아니라 전적으로 현재의 형세에 따라 부득이한 필요에 응하는 것일 뿐이다.

그러므로 제국 정부가 조선 국내의 형세가 완전히 평온을 되찾고 장래에 다시 어떠한 근심도 없다고 인정할 때 현재 조선에 있는 일본군대를 철수한다는 것은, 제가 러시아특명전권공사 각하께 주저 없이 분명히 말씀드립니다.

제국 정부는 러시아황제 폐하 정부의 우호적인 권고에 대해 사의를 표하는 것과 아울러 양국 정부 간에 다행히 현존하는 상호 신의(信義)와 호의(好誼)에 따라 지금 제가 한 명언(明言)을 러시아 정부에서 충분히 신뢰하리라는 것은 제국 정부가 믿어 의심치 않습니다.

이상 러시아특명전권공사 각하께 회답하면서 거듭 경의를 표합니다. 경구(敬具).

메이지 27년 7월 2일

외무대신 무쓰 무네미쓰

러시아특명전권공사 미하일 히트로포 각하[2]

무쓰 외상은 이 공문을 두고 "겉으로는 조금도 규각(圭角)[2]을 드러내지 않았지만, 결국에는 외교적 필법으로 완곡하게 러시아 정부의 권고를 거절한 것"이라고 칭했다.[3]

히트로포 공사는 무쓰 외상이 약속한 공문 회답을 아직 수령하지는 않았지만, 그 내용은 6월 30일 회견석상에서의 외상의 설명으로 대충 짐작할 수 있었으므로, 7월 1일에 다시 드 기르스 외상에게 타전해서 일본 정부에 단순히 철병을 강제하는 것은 전혀 효과가 없다고 강조했다.

무쓰 외상이 약속한, 각의에서 결정한 회답은 아직 수령하지 못했습니다. 전쟁 준비는 계속 진행 중입니다. 일본인은 파견한 군대의 숫자를 엄중히 비밀에 붙이고 있습니다. 제가 입

---

2) 규각(圭角): 규(圭)는 고대 중국에서 제후가 중요한 의식을 치를 때 잡은 옥으로 만든 예기(禮器)인데, 긴 막대기 모양으로 위가 뾰족하고 아래가 네모졌다. 이 뾰족한 부분을 규각(圭角)이라고 하며, 말이나 행동이 모난 것을 비유하는 말로 사용된다.

수한 정보에 따르면, 현재 8천 명의 병사를 파견한 것으로 보입니다. 약간의 용입상선(傭入商船)은 해상 경비에 적합한 무장을 갖추고, 나머지는 무장 중에 있습니다. 평화적 결말을 얻고자 할 경우, 일본이 그 국민적 자존심을 조금도 훼손하지 않고 물러서게 할 수 있는 어떤 적당한 구실을 발견하지 못한다면 도저히 목적을 달성할 수 없을 것으로 저는 확신합니다. 일본 국내는 극도로 격앙된 상태이므로 그런 구실이 없으면 정부가 원하더라도 물러설 수 없을 것입니다. 이러한 종류의 구실로서 제가 6월 17일 전보에서 기술한 삼국연합위원회의 제안도 고려하시기 바랍니다. ○하략4

히트로포 공사의 7월 1일자 전보는 특히 주목할 필요가 있다. 그는 예전부터 여러 차례 본국 외무당국이 카시니 공사의 주장을 추종해서 일본 정부의 입장을 무시하는 것에 항의하고, 일본 국내 여론의 격앙과 정부의 입장을 고려해서 상당한 대가를 제공하지 않으면 조정이든 철병 권고든 실행 불가능하다는 것을 설명하고 있다. 그는 이 전보를 발송한 다음 날인 7월 2일에 무쓰 외상의 장문의 회답을 접수했는데, 그 내용의 대요는 이미 보고했으므로 7월 6일에 간단한 요지만 타전했다.[5]

드 기르스 외상은 7월 1일자 히트로포 공사의 경고성 전보를 접수하자마자, 이를 대단히 중대시해서 7월 3일에 다음과 같이 해명성 전보를 보내고 히트로포 공사의 노력을 당부했다.

조선 내정개혁은 단순한 간섭의 구실에 불과한 것으로 의심된다. 일청 간의 오해는 극동에서 대단히 바람직하지 않은 충돌을 초래할 것이다. 일본을 위해서는 조선에서 청과 동시에 철병한 후, 외교교섭을 통하는 쪽이 훨씬 유리할 것이다. 이 방법으로 일본 정부에 권고할 것.[6]

이 훈전(訓電)에 기초해서 히트로포 공사는 7월 12일에 무쓰 외상과 회견했다. 공사가 본국 정부의 훈전을 제시하자, 외상은 6월 22일에 주일청공사에게 전달한 이른바 제1차 절교서 번역문을 제시하면서 청의 무성의를 질타하고, 다시 일본 정부는 직접 조선 정부에 내정개혁을 제의했으며 대략 동의를 얻을 것 같다고 말했다. 공사는 일본 정부가 조선과의 협정을 국제법의 원칙에 따라 조문화할 의향이 있는지 질문했는데, 외상은 확답을 피했다. 이는 히트로포 공사에게 일본 정부가 제3국의 개입을 피하고 청을 도외시하면서 조선과의 협정을 실현할 때까지 군대 주둔 기간을 연장하려 한다는 인상을 주었다. 히트로포 공사의 견해에 따르면, 그와 같은 일본의 행위를 저지하려면 일본·청·러

시아의 삼국연합위원회를 경성에 설치하는 것 외에는 방법이 없었다.[7]

이보다 앞서 드 기르스 외상은 7월 6일자 히트로포 공사의 보고를 통해 일본 정부의 회답내용을 상세히 파악하자마자 7월 9일에 히트로포 공사에게 회훈(回訓)해서, 일본 정부에 조선 침략의 의사가 없으며 조선 국내의 치안이 회복돼서 새로운 소란이 발생할 위험이 없어지면 신속하게 철병하겠다고 보증한 것에 대해 만족의 뜻을 표시하고, 이러한 정신에 기초해서 지체 없이 청 정부와 외교교섭에 들어가도록 권고하게 했다.[8]

히토로포 공사는 7월 13일에 무쓰 외상에게 회견을 요청해서, 7월 9일자 외무대신 훈전(訓電)에 기초하여 다음의 공문을 제출했다.

6월 30일(러시아력 18일)자 제282호 서간에 대해, 7월 2일자 제44호 귀 서간을 통해 회답하신 내용은 신속하게 본국 정부에 통보했습니다. 우리 지존(至尊)이신 황제 폐하의 정부는, 일본 황제 폐하의 정부의 선언 중에 조선에 대해 침략 의사가 없으며, 조선이 마침내 평온을 회복해서 변란이 재발할 우려가 없다고 인정될 경우 신속히 철병할 뜻이 있음을 인정한 것에 대해 크게 만족했다는 사실을 귀 제국 정부에 통지할 것을 금일 본 공사에게 훈령했습니다. 우리 지존이신 황제 폐하의 정부는, 귀 제국 정부가 신속히 청 정부와 협의를 개시해서 앞에 기술한 기초(基礎)에 따라 평화의 결국(結局)에 이를 것을 간절히 희망합니다.

우리 지존이신 황제 폐하의 정부는, 이웃나라로서 조선에서 일어난 사변을 방관할 수 없음에도 불구하고, 금일의 상황에서 우리 정부의 뜻은 전적으로 일청 양국 간에 조만간 생길 갈등을 예방하려는 간절한 바람에서 나온 것임을 양해하기 바랍니다.

러시아 정부가 일본 제국에 대해 가지고 있는 우호의 정을 다시 개진할 수 있게 된 것을 본 공사는 몹시 다행으로 여깁니다. 본 공사는 거듭 각하에게 경의를 표합니다. 경구(敬具).

1894년 7월 1일(13일)

히트로포

외무대신 무쓰 무네미쓰 각하[9]

히트로포 공사는 외무대신의 훈전을 전달하면서 훈령에 따라 가장 우호적인 태도를 취했으므로, 무쓰 외상이 심심한 사의를 표한 것은 당연했다.[10] 드 기르스 외상이 6월 28일 훈전의 엄중한 태도를 바꿔서 이처럼 온화한 태도를 보인 것은, 히트로포 공사의 여러 차례의 보고를 통해 일본에 강압을 가하는 것이 전혀 효과가 없음을 알고, 잠정적으로 일본과의 상의를 중단하고 그동안 톈진의 정세 변화를 관찰하기 위한 의도였다고 생각된다. 이와 관련해서 무쓰 외상이 자신의 수기에 기록한 내용은, 으레 그렇듯 과장이 없지는 않지만 대체로 정곡을 벗어나지 않은 것으로 보인다.

이 러시아 정부의 공문 또한 외교적 문서이기 때문에 일견 매우 온건한 것처럼 보이지만, 일본 정부의 선언에서 조선에 대해 침략 의사가 없고, 또 조선의 내란이 완전히 평온을 회복해서 변란이 재발할 우려가 없어지면 신속히 군대를 철수할 뜻이 있음을 인정했음을 알고 크게 만족했다고 한 것은, 이것을 통해 일본 정부가 그 명언(明言)한 범위 밖으로 벗어나는 것을 허용하지 않겠다는 뜻을 표시한 것이다. 또 러시아 정부는 이웃나라로서 조선의 사변을 방관할 수 없다고 말함으로써 암묵적으로 조선 국내 사건에 관해 언제라도 간섭할 수 있는 위치를 차지하는 등 그 본의는 여전히 헤아릴 수 없었지만, 나도 어찌 됐든 러시아 정부가 일단 언급한 '고장(故障)'을 잠시나마 철회했으므로 조금 안도했다.[11]

히트로포 공사가 드 기르스 외상의 훈령에 따라 일본 정부에 무조건 철병을 강요하고 있는 동안에 카시니 공사도 베이징에서 허송세월하지 않았다. 오히려 그는 이홍장에게서 긴박한 정세를 전해 듣고서 본국의 외무당국을 독려한 형적(形跡)이 있다.

히트로포 공사는 지난 6월 25일의 히트로포-무쓰 회담의 결과를 카시니 공사에게 보고했다. 카시니 공사는 일본 정부가 무조건 철병을 수락하지 않고 조선의 내정개혁을 강조한 사실을 중요시해서, 청은 모든 노력을 기울여 전쟁을 피하려고 하는데도 일본은 승리를 확신해서 전쟁 준비에 광분하고 있다고 관측했다. 이에 따라 6월 30일에 자기의 견해를 진술하고 외무대신에게 청훈했다.

형세가 위급합니다. 조선의 내정을 지배하려는 일본인의 의지가 명백해지고 있습니다. 청 정부는 도쿄에서 러시아 대표자로부터 제시받은 조건에 대해 어떤 효과가 있을지 대단히 노심초사하며 주목하고 있습니다. 청은 명백히 전쟁을 회피하려 함에도 불구하고, 일본은 전승이 확실할 것으로 계산해서 의도적으로 전쟁을 추구하고 있습니다. 전쟁의 위험은 일본 측에 있고, 청 측에 있지 않습니다. 이홍장은 청이 조선 내정개혁의 필요를 인정하되, 단 러시아·청·일본의 3국 대표자의 회동을 톈진 또는 경성에서 개최해서 이를 통해 심의·해결하는 형식을 채택하는 데 동의했습니다. 청이 이러한 양보를 한 것은 우리에게 막대한 이익을 가져다 줄 것입니다. 일본의 목적은 러시아의 간섭을 배제하는 데 있는 것으로 보입니다. 저는 이 점에 관해 각하○외무대신의 훈령을 청구하고자 합니다. 일본에 철병을 강제하는 데 성공하는 것이 가장 중요합니다. 청은 그와 동시에 군대를 철수할 것입니다. 일본이 첫걸음에 성공을 거둔다면 철병에 동의하기가 어려워질 것은 명백합니다. 형세가 특히 중대함을 살펴서, 제국 정부의 방침 결정에 관해 가장 신속하게 알려 주시기를 바랍니다. ○하략[12]

이와 동시에 카시니 공사는 6월 30일에 파블로프 서기관에게 명하여 일본 외무대신의 회답 요지를 이홍장에게 전달하게 했다. 일본 정부가 무조건 철병을 거부하고, 조선의 내정개혁을 철병의 전제로 내세운 것은 이홍장이 이미 예상한 바였으므로 전혀 뜻밖이 아니었다. 이홍장이 뜻밖으로 여긴 것은, 러시아 정부가 한갓 일본 정부의 의향을 전달하는 데 충실해서 일본에 대해 어떤 강압도 가하려는 의사가 없다는 사실이었다. 이에 파블로프 서기관에게 "카시니 공사가 전에 말씀하시기를, 러시아황제께서 전보로 '강압을 가해서 왜병(倭兵)을 철수시켜라. 만약 철병을 수락하지 않으면 러시아는 별도로 처리하는 방법이 있을 것'이라는 칙유(勅諭)를 내리셨다고 했는데, 현재 러시아 조정의 의향은 어떻습니까?"라고 질문했는데, 파블로프 서기관은 "그 건에 관해서는 주일공사가 본국 정부에 청훈했을 것으로 생각합니다. 카시니 공사도 오늘 일청 간의 긴장된 정세를 보고했으니, 본국 정부에서 어떤 회훈(回訓)이 있으면 보여 드리겠습니다."라고 해명했다.[13]

파블로프 서기관의 복명(復命)을 받자마자 카시니 공사는 7월 1일에 다시 외무대신에게 타전해서, 이홍장의 말에 기초해 형세가 위급함을 보고하고 정부의 결심을 촉구했다.

저의 권고에 따라 충돌을 피하기 위해 청은 조선에 증원부대의 파견을 중지했습니다. 그러는 동안 일본인은 이미 1,200명 이상의 병력을 상륙시키고, 계속 증파 중에 있습니다. 인천 부근에 주둔한 겨우 2천 명의 청의 분견대는 위험에 빠졌습니다. 일본인의 행동은 극히 도전적입니다. 이홍장의 공식성명에 따르면, 일본은 조선국왕에게 최후통첩을 전달하면서 청공사관의 경성 철수와 일본의 보호권(保護權) 승인을 요구했다고 합니다. 이홍장의 말에 따르면, 주청영국공사는 우리가 비밀리에 일본의 행동에 동의했다고 계속 지적하면서 청 정부가 우리의 조정(調停)에 반대할 것을 엄중히 경고했다고 합니다. 형세는 거의 막다른 곳에 다다른 양상이 됐습니다. 6월 24일자 귀 대신의 훈전(訓電)에 추가해서, 제국 정부가 앞으로 어떤 방침을 취할 것인지 급히 훈령을 내려 주시기를 요청합니다.[14]

7월 1일, 히트로포 공사는 6월 30일의 무쓰 외상과의 회견에 관해 카시니 공사에게 타전했다. 카시니 공사는 곧바로 파블로프 서기관에게 명하여 이홍장에게 그 내용을 전하게 했다. 이홍장은 그 결과에 실망했고, 파블로프 서기관에게 러시아 정부의 방침이 일정치 않아서 카시니 공사가 처음 한 말과 다르다는 것을 지적했다. 이와 관련해서 7월 2일에 총리아문에 보낸 이홍장의 보고가 다음과 같다.

밀신(密新). 조금 전에 카시니 공사가 보낸 파블로프 참찬(參贊) 등이 와서 말하기를, "주일 러시아공사가 보낸 전보에 따르면, 무쓰가 '반드시 중국이 먼저 3국이 한국의 내정개혁에 관한 조관(條款)을 의정(議定)할 것을 허락해야 철병할 수 있다. 그렇지 않으면 의원(議院)에 할 말이 없다.'라고 했으니, 만약 괜찮다면 즉시 윤허해서 곧장 일본에 회신하거나 아니면 러시아공사를 통해 통고하십시오."라고 했습니다. 제가 답했습니다. "일본이 예전에 3개조의 의논을 청했을 때 논박해서 돌려보냈고 그 의논을 아직 허락하지 않았는데, 이제 러시아가 조정에 나섰기 때문에 중국도 겨우 회의를 허락한 것입니다. 그 방법을 논의하려면 반드시 공동철병이 선행돼야 합니다." 파블로프가 말했습니다. "일본은 철병한 이후에 중국이 방해해서 회의가 성사되지 않을 것을 두려워하니 가부간에 윤허하십시오. 중국이 조선에 권고해서 내정을 개혁하게 한다면 러시아와 일본이 함께 조력할 것입니다. 그 조관은 3국이 회의를 열어 의견이 일치돼야 비로소 정해질 것입니다." 제가 답했습니다. "조선의 내정은 예로부터 스스로 다스렸습니다. 그 개혁을 원한다면 중국은 그렇게 권고할 수 있고, 러시아·일본 등 인방(隣邦) 또한 권고를 도울 수 있습니다. 단, 러시아는 처음 논의대로 일본에 강압을 가해서 강제로 철병을 선행시키고, 다시 각국이 사절을 파견해서 회의해야 합니다." 파블로프는 카시니에게 보고하겠다고 했습니다.

러시아공사가 전언하는 말투를 살펴보고, 또 왕(汪) 공사가 보낸 서함을 보건대, 일본은 그 뜻을 매우 견지하고 있습니다. 한국에 주둔하는 병력이 이미 1만 명이니, 아마 빈말로는 철수를 강제할 수 없을 것입니다. 염미(豔未).[15]

파블로프-이홍장 회담 후, 7월 7일에 카시니 공사는 외무대신에게 타전해서 '일본 정부의 회답은 정중하지만 러시아 정부의 권고를 단호히 거절한 것이다. 앞으로 일본의 유해한 행동을 묵인할 것인지, 아니면 탄압할 것인지 훈령을 내려 줄 것'을 청했다.

일본이 평화의 확증을 주었음에도 불구하고, 그 나라의 행동은 러시아와 청의 관여를 단호히 배척하고, 단독으로 조선의 운명을 지배할 것을 기도한다는 것을 보여 주고 있습니다. 청은 전력(全力)으로 그것에 반대하며, 또 장래 우리의 노력에 성공 가망성이 없어지지 않는 한, 전쟁행위를 회피하기로 결정했다는 뜻을 성명했습니다.

저는 일본이 독점적 세력을 만들어서 조선반도를 점령할 가능성을 용인할 것인지의 여부를 분명히 결정해야 할 시기가 도래했다고 확신합니다. 이미 명백히 드러난 일본 정치가들의 유해한 야심과 각종의 정치적 이유로 인해 일본이 아시아 대륙에서 우리의 바람직하지 않은 인국(隣國)이 되리라는 것은 의심할 여지가 없습니다.

저의 의견 여하를 불고(不顧)하더라도, 청 정부는 우리가 단호히 일본군의 조선 철수를 주장할 것인지, 또 제국 공사의 도쿄에서의 교섭이 실패로 돌아가서 불가피하게 일청 양국 간에 전쟁이 발생할 경우 우리가 청에 대해 어떤 태도를 취할 것인지에 관한 회답을 초조하게 기대하고 있습니다. 따라서 우리는 사태를 완전히 결정하지 않은 채 방치할 수 없습니다. 귀 대신께서 급히 훈령을 주실 것을 간절히 바랍니다.[16]

카시니 공사의 전보는 이미 단순한 권고만으로는 일본군을 철수시킬 수 없다는 사실을 알리고 있었다. 이제 마지막 수단으로 이홍장의 제의에 따른 일본·청·러시아의 삼국연합위원회를 조직해서 철병 및 조선의 내정개혁을 심의하는 것 외에는 방법이 없었다. 그런데 이 방법은 러시아 정부가 한층 더 일청 간의 분규에 깊이 간여하는 결과를 초래할 것이었다. 드 기르스 외상은 숙고한 끝에 이 일에는 더 이상 깊이 개입하지 않기로 결정하고, 7월 8일에 칙재(勅裁)를 청한 후 카시니와 히트로포 두 공사에게 전훈(電訓)했다. 마침 7월 7일자 카시니 공사의 청훈(請訓) 전보가 도착했으므로, 드 기르스 외상은 7월 10일에 다음과 같이 회훈(回訓)해서 이상의 방침을 설명했다.

우리의 권익을 항상 옹호할 가능성을 갖는 것은 필요하지만, 일청 양국처럼 현재 조선 분쟁에 간여하는 것은 절대 원하지 않는다. 우리는 일본에 대해 매우 엄중하게 일청 간의 충돌을 피하기 위해 청과 철병협정을 해야 한다는 의사를 표시했지만, 그것이 우호적 권고의 성질을 가진 것이었음을 잊어서는 안 된다. 일본의 회답에 따르면, 그 나라는 그런 종류의 협정에 도달할 약간의 용의가 있다. 우리는 청이 이러한 정세를 이용할 것을 희망해야 한다. 우리는 영국이 현재 우리와 대체로 동일한 방향으로 나아가고 있다고 믿을 만한 근거를 갖고 있다.[17]

드 기르스 외상의 회훈은 결국 극동에서의 러시아의 이해관계를 침해하지 않는 한, 일청 간의 분쟁에 간섭하기를 원치 않는다는 것이었다. 이는 원칙적으로 히트로포 공사의 불간섭론(不干涉論)을 승인하고, 카시니 공사가 주장한 일청 간의 분쟁에 적극적 간섭을 시도해서 극동에서의 러시아의 지위를 보다 강화한다는 적극정책을 배척한 것이다. 카시니 공사는 이 훈전(訓電)을 받고 매우 크게 실망했을 것이다. 그는 파블로프 서기관에게 명하여 이홍장에게 외무대신 훈전의 내용을 전하게 했다. 파블로프 서기관과의 회견에 관해 이홍장은 7월 10일에 총리아문에 다음과 같이 보고했다.

> 최근에 카시니 공사가 보낸 파블로프 참찬과 내(來) 영사[3]가 방문해서 회견했습니다. 그들은 조금 전에 러시아 조정의 전복(電覆)을 받았는데, "일본과 한국의 일은 명백히 일본의 무리(無理)이지만, 러시아는 단지 우의로 일본의 철병을 힘껏 권하고, 다시 중국과 선후책을 상의할 수 있을 뿐이요, 병력을 써서 일본인을 강제할 수는 없다. 조선 내정의 개혁 여부에 관해서는, 러시아 또한 간여하기를 원치 않는다."라고 했다고 했습니다. 저는 그들에게 "5월 22일 ○메이지 27년 6월 25일에 카시니 공사가 당신들을 보내서 러시아 조정은 일본에 강압을 가해서 철병시킨 후 다시 의논할 것이며, 만약 일본이 듣지 않으면 그 다음 처리방법이 있을 것이라고 했으니, 이는 앞뒤의 말이 서로 부합하지 않는 것"이라고 힐책했습니다. 그러자 파블로프가 자신들도 부합하지 않음을 알고 있지만, 아마 러시아 조정에서 따로 방인(傍人)[4]이 이간질하는 말을 들은 것 같다고 했습니다. 카시니 공사는, 앞으로 중일 회의에서 그들도 간섭하지 못할 것으로 생각한다고 했습니다.○하략18

이리하여 이홍장의 간청으로 카시니 공사가 큰 기대를 가지고 시작한 러시아 정부의 간섭은, 처음에는 일청 양국 사이를 조정하는 형태였다가 나중에는 일본 정부에 대한 철병 권고로 변했지만, 당초 기대했던 수준의 성과를 얻지 못한 채 중단될 수밖에 없었다. 카시니 공사는 청이 직접 인접국인 러시아 제국의 이익을 존중해서 조정을 의뢰했음에도 불구하고, 이를 거절하고 제3국에 일임한 채 돌보지 않는 것은 극동에서의 러시아 제국의 위신을 실추시키는 것으로서 정치적으로 중대한 과오라고 생각했다. 그는 도쿄에서 극동에 중대한 이해관계를 갖는 열국들의 회의를 소집해서, 그 압박을 통해 일본 정부로 하여금 조선 문제에 관해 최단시간 내에 청과 협정을 하지 않을 수 없게 만드는 방안을 고안했다. 이를 7월 14일과 17일에 타전해서, 히트로포 공사를 통해 일본 정부에 제안할 것을 상신했지만 아무런 회훈(回訓)도 받지 못했다.[19]

---

3) 내(來) 영사: 당시 톈진 주재 러시아영사 서리(署理) 라프테프(N. Laptev, 來覺福)를 가리킨다.
4) 방인(傍人): 옆에 있는 사람. 직접 관계가 없는 사람

러시아 정부가 일청분쟁에 관해 적극적인 간섭을 피한 이유로 카시니 백작은 이홍장에게 다음 세 가지를 열거했다.

첫째, 극동에서 러시아 육해군이 정비되지 않은 것.

둘째, 만약 러시아 정부가 청의 주장을 동조해서 일본에 철병을 독촉할 경우, 일본은 그에 불응하여 결국에는 러시아와 청이 함께 일본과 개전할 우려가 있다. 이는 러시아 정부가 원치 않을 뿐 아니라, 러시아와 청이 동맹을 맺고 갑자기 일본을 격파해서 청의 위세가 커지는 결과를 초래하는 것은 더더욱 러시아 정부가 바라는 바가 아니다.

셋째, 이번 사건에서 러시아 정부가 단독으로 적극적 행동에 나서지 않고 기회를 봐서 제3국과 협력해서 일본 정부에 철병을 권고하면, 러시아 정부가 조선에 야심을 품고 있다는 혐의를 피할 수 있고, 이로써 러시아의 공정함을 입증할 수 있다.[20]

이홍장은 카시니 백작이 외무차관 시시킨(Nikolay Shishkin)과 불화하여, 그의 말이 외무성에서 무게를 갖지 못하는 사실을 거론했다. 이것들이 모두 상당한 진실을 내포한 것은 사실이지만, 근본적인 문제는 아니었다. 당시 황제 알렉산드르 3세와 외무대신 니콜라이 드 기르스의 외교정책에는 확고한 방침이 있었다. 즉, 황제는 러시아 제국의 위기는 신흥 독일 제국에 있다고 확신해서 유럽 외교에 주력하고 있었으므로, 상대적으로 이해관계가 적은 극동문제에 깊이 개입해서 그 힘을 둘로 나누는 것을 원치 않았던 것이다.

일청 간의 분쟁에 관한 러시아의 조정은 7월 13일 전에 중단된 것으로 보인다. 그런데 7월 21일에 이르러 히트로포 공사는 외무대신의 훈령에 따라 무쓰 외상에게 회견을 요청해서, 일본이 '조선에 요구한 양여는 과연 무엇인가? 또 그 양여가 어떤 것인지를 불문하고 만약 조선이 독립 정부로서 열국과 체결한 조약과 배치될 경우 러시아 정부는 결코 그것을 유효하다고 인정할 수 없다. 장래에 쓸데없는 분쟁을 피하기 위해 이제 우의(友誼)로 다시 이를 일본 정부에 말해서 주의를 촉구해 둔다.'라고 통고했다.[21] 드 기르스 외상이 갑자기 이러한 행동을 취한 이유는 7월 17일에 받은 베베르 주한대리공사의 전보에 있었다. 즉, 이를 통해 오토리 공사가 조선 정부의 개조를 요구하면서 철도·전신의 건설, 재정 정리, 재판·경찰의 개혁 등을 요구한 사실을 알고 일본 정부가 어디까지 이 개혁에 간여할지, 그리고 경우에 따라서는 조선왕국의 주권을 침해할 것을 의심해서 이러한 통고를 했던 것이다.[22]

러시아 정부의 의사 표시에 극도로 신경질적이 되어 있던 무쓰 외상은 숙고한 후 문서로 회답하겠다고 약속했다. 그는 히트로포 공사의 질문에 대해 일본의 요구는 조선의 독립을 침해할 소지가 조금도 없으며, 따라서 비밀에 부칠 이유가 없다고 해명하고, 또 히트로포 공사의 희망대로 신속하게 오토리 공사에게 훈령해서 요구 내용을 베베르 대리공사에게 내보(內報)하겠다고 약속했다. 이와 동시에 7월 3일에 오토리 공사가 조선 정부에 제출한 내정개혁의 요지를 영역(英譯)해서 통고했다.[23]

무쓰 외상은 7월 21일 러시아공사의 통고를 중대시해서 삼국간섭의 복선이라도 되는 것처럼 서술했지만, 전술한 것처럼 이는 단순히 조선 내정개혁안의 내용에 관한 설명을 요구한 것에 불과했다. 양자 사이에는 어떤 연관성도 찾을 수 없다.[24]

【원주】

1 『蹇蹇錄』, 70~71쪽.

2 『日淸韓交涉事件記事』(露國之部).

3 『蹇蹇錄』, 72~73쪽.

4 Telegram of the Minister at Tokyo to the Minister of Foreign Affairs, July 1, 1894. *Ibid.*, No. 30, pp. 504~505.

5 Telegram of the Minister at Tokyo to the Minister of Foreign Affairs, July 6, 1894. *Ibid.*, pp. 508~509.

6 Telegram of the Minister of Foreign Affairs to the Minister at Tokyo, July 3, 1894. *Ibid.*, No. 33, p. 507.

7 Telegram of the Minsister at Tokyo to the Minister of Foreign Affairs, July 12, 1894. Russian Documents relating to Sino-Japanes War, 1894~1895, from Krasny Archiv, vols. L-LI. No. 52, pp. 633~934; (*The Chinese Social and Political Science Review*, vol. XVII, No. 4, 1934).

8 Telegram of the Minister of Foreign Affairs to the Minister at Tokyo, July 9, 1894. *Ibid.*(C. S. & p. S. R., vol. XVII, No. 3), No. 47, pp. 513~514.

9 『日淸韓交涉事件記事』(露國之部).

10 Telegram of the Minister at Tokyo to the Minister of Foreign Affairs, July 15, 1894. *Ibid.*(C. S. & p. S. R., vol. XVII, No. 4), No. 59, p. 638.

11 『蹇蹇錄』, 74~75쪽.

12 Telegram of the Minister at Peking to the Minister of Foreign Affairs, July 1, 1894. *Ibid.*(C. S. & p. S. R., vol. XVII, No. 3), No. 26, pp. 501~502.

13 『中日交涉史料』13권, 문서번호 1048. "光緒二十年五月二十八日北洋大臣來電".

14 Telegram of the Minister at Peking to the Minister of Foreign Affairs, July 1, 1894. *Ibid.*, No. 31, p. 505.

15 『中日交涉史料』13권, 문서번호 1056. "光緒二十年五月二十九日北洋大臣來電".

16 Telegram of the Minister at Peking to the Minister of Foreign Affairs, July 7, 1894. *Ibid.*, No. 42, pp. 511~512.

17 Telegram of the Minister of Foreign Affairs to the Minister at Peking, July 10, 1894. *Ibid.*, No. 48. p. 514.

18 『中日交涉史料』14권, 문서번호 1110. "光緒二十年六月八日北洋大臣來電".

19 Telegrams of the Minister at Peking to the Minister of Foreign Affairs, July 14&17, 1894. *Ibid.*, Nos. 56&61, pp. 636~637, 639.

20 『中日交涉史料』, 14권, 문서번호 1139. "光緒二十年六月十二日北洋大臣來電".
　　밀신(密新). 러시아 참찬이 주왜(駐倭) 러시아공사의 전보를 은밀히 알려 주었습니다. 전보에 따르면, 러시아의 철병 요청에 관한 왜(倭) 외서(外署)의 회신은, 비록 말은 겸순(謙順)했으나, '한국의 일에서는 단지 유익함만을 구할 뿐이다. 우리나라와 한국의 회의는 다른 나라와 관계가 없으니 다른 나라가 참견해서는 안 된다.'라고 했다고 합니다. 러시아 조정에서 카시니 공사에게 러시아가 즉시 중국을 도와 일본을 처리할 수 없는 이유에 관해 타전했는데, 다음과 같습니다.

하나, 무비(武備)와 수사(水師)를 신속히 준비할 수 없다.

하나, 러시아는 중국을 부추겨서 개전에 이르게 해서는 안 된다. 만약 러시아가 즉시 원조를 허락한다면 아마도 중국의 일처리가 매우 조급해질 것이니, 우선 강화의 가능성을 탐지해 봐야 한다.

하나, 러시아는 이번 기회를 이용해서 한국을 수중에 넣으려고 하지 않는다는 것을 천하가 모두 알게 해야 한다. 따라서 다른 나라들과 조약을 맺는 데 뜻을 두고 동양(청, 일본을 가리킴: 역자)에 철병을 권고해야 한다.

이에 대해 카시니 공사와 주왜(駐倭) 공사 모두 불평을 품었습니다. 이에 러시아 정부에 타전해서, '왜(倭)의 이러한 행동은 비단 중국에만 좋지 않을 뿐 아니라, 실로 우리 러시아에게도 좋지 않을 것이다. 중국을 명시적으로 거절하는 것은 실로 러시아를 방어한 것'이라고 했다고 합니다. 홍(鴻), 문이(文已).

21 『日清韓交涉事件記事』(露國之部);『蹇蹇錄』, 75~77쪽.

서간으로 말씀드립니다. 본국 정부에서 본 공사에게 보낸 훈령에, '귀국이 조선에 요구한 양여는 과연 어떤 것인지 확인하고, 또 어떤 양여라도 만약 조선이 독립 정부로서 각국과 체결한 조약에 위반될 경우 유효한 것이 될 수 없다는 것에 대해 귀국 정부의 주의를 촉구하라.'라고 했습니다.

러시아 정부로서는 장래에 무용한 분쟁을 피하기를 바랄 뿐이며, 이것이 진실로 우의에서 나온 것임을 귀국 정부가 알아 줄 것을 희망합니다. 이상과 같이 통지하며, 아울러 이에 각하에게 경의를 표합니다.

1894년 7월 21일
러시아 전권공사 히트로포
외무대신 무쓰 무네미쓰 님

22 Telegram of the Chargé d'Affaires at Seoul to the Minister of Foreign Affairs, July 17, 1894. *Ibid.*, No. 62, pp. 639~640; Telegram of the Minister of Foreign Affairs to the Minister at Tokyo, July 19, 1894. *Ibid.*, No. 65, pp. 642~643.

23 Telegram of the Minister at Tokyo to the Minister of Foreign Affairs, July 22, 1894. *Ibid.*, No. 71, pp. 646~647.

24 『蹇蹇錄』, 76~77쪽.

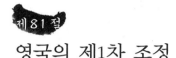

영국의 제1차 조정

북양대신 이홍장이 일청 간의 분쟁과 관련해서 가장 먼저 조정을 의뢰한 나라는 러시아가 아니라 영국이었다. 메이지 27년 6월 중순 주청영국특명전권공사 니콜라스 오코너가 톈진에 와서 이홍장을 방문했을 때 이홍장은 그와 영국의 조정에 관해 간담했다. 오코너 공사는 대단히 신중한 태도로 조정 문제를 본국 정부에 상신하는 것은 무방하다고 하면서도, 일본 정부의 수락 여부에 관해서는 우려하는 기색을 보였다.[1]

오코너 공사는 베이징에 복귀한 후 총리아문을 방문했는데, 그 자리에서 중국의 체제를 훼손할 우려가 있으므로 열국의 조정은 바라지 않는다는 총리아문의 견해를 들었다. 어쨌든 간에 이홍장과의 약속도 있었으므로, 오코너 공사는 이 문제를 본국 정부에 청훈했다. 이와 동시에 톈진 주재 영국영사 헨리 브리스토(Henry B. Bristow)에게 6월 19일에 이홍장을 방문해서 "이미 [영국] 외부(外部)에 타전해서 주영일본공사에게 본국에 전달할 것을 부탁했다. 하지만 권고를 따를지의 여부는 알 수 없다."라고 전하게 했다. 이에 영국공사의 소극적인 태도에 불만을 느낀 이홍장이 다음 날인 6월 20일에 내방한 주청러시아공사 카시니 백작에게 조정을 간청해서 흔쾌히 승낙을 얻었던 것이다.[2]

이러한 경위로 이후 러시아의 조정은 톈진을 중심으로 이홍장과 카시니 사이에서 협의되고, 영국의 조정은 베이징을 중심으로 총리아문과 오코너 사이에서 협의됐다. 양자는 서로 연락을 취하기는 했지만 교섭은 사실상 독립적으로 이뤄졌다. 여기서 총리아문과 북양의 이중외교(二重外交)의 폐단이 드러난다. 단, 카시니 공사의 조정은 적극적이어서 러시아 외에 제3국이 조정에 간여하는 것을 극력 배척한 것에 반해, 오코너 공사는 오히려 소극적이어서 가능한 한 많은 국가가 합동해서 연합간섭을 한다는 방침이었다. 따라서 후자의 조정은 진행이 매우 더뎌서, 카시니 공사의 행동을 방해한 흔적은 거의 찾아볼 수 없다.

오코너 공사는 주청임시대리공사 고무라 주타로와 친교가 있었으므로, 카시니 공사와 달리 일본의 입장도 상당히 이해했던 것 같다. 그는 이홍장의 간청을 받자마자 영국 외무대신 킴벌리(Kimberley) 백작에게 타전해서, 주영일본특명전권공사 자작 아오키 슈조(靑木周藏) 및 청특명전권공사 공조원(龔照瑗)과 의논할 것을 신청하는 한편, 주일영국 임시대리공사 랠프 패짓(Ralph S. Paget)과 연락을 취하며 일본 정부의 의향을 계속 탐지했다. 7월 2일, 브리스토 영사가 오코너 공사의 명에 따라 이홍장을 방문했다. 그는 철병에 관한 일영교섭이 아직 진행되지 않은 사실을 알리면서 러시아가 조정에 나선 것이 사실인지 질문했다. 이홍장은 사실이라고 고백하고, 또 '영국해군은 웅대하다고 들었다. 속히 오코너 공사로 하여금 본국 정부에 전보로 청하여, 영국 지나(支那)함대 사령관을 견고한 군함 10여 척과 함께 요코하마로 급히 파견하게 하라. 그리고 주일영국공사와 동행해서 일본 외무대신과 회견을 갖고, 일본이 정당한 사유 없이 극동의 통상을 방해하는 것은 영국의 이익과 중대한 관계가 있음을 역설하고 위력으로 철병과 선후상의(善後商議)를 제의한다면 일본은 수락하지 않을 수 없을 것이다. 그리하면 영국과 청의 국교는 더욱 돈독해질 것'이라고 하고, 이 말을 공사에게 전달해 줄 것을 요구했다. 또 이홍장은 비밀리에 사절을 베이징에 파견해서 해관총세무사(海關總稅務士) 로버트 하트(Robert Hart, 赫德)에게 영국공사와 총리아문 간의 알선을 종용했다. 이홍장은 이 방법을 "만약 영국이 힘써 주겠다고 수락하면, 나중에 한 번 더 회의해서 다시 러시아를 견제할 수 있을 것이다. 이는 아마도 승산(勝算)[1]이 될 것"이라고 자평했다.[3]

여하튼 오코너 공사의 태도는 소극적이었으므로 이홍장은 직접 영국·프랑스·러시아·미국 등 청 주재 각국 공사들에게 부탁해서 열강의 조정, 적어도 일청 양국에 대한 공동철병 권고의 가능성을 타진하게 했던 것 같다. 주영공사 공조원이 이미 6월 하순에 영국 외무대신에게 전한 말에 따르면, 이홍장은 카시니 공사를 움직여서 히트로포 공사를 통해 조선에 주둔한 일청 양국군의 철수 준비로 청군은 평양, 일본군은 부산으로 이동하는 안을 제시하고, 만약 일본 정부가 이 안에 동의하지 않을 경우 여러 나라의 정부들이 적절한 수단을 취할 것이라는 뜻을 성명하게 했다. 이 말을 들은 킴벌리 외상은 공(龔) 공사에게, 영국 정부는 일본을 위협할 어떠한 행동에도 참가할 뜻이 없음을 분명히 하고 또 이홍장의 제안은 부산~경성의 거리가 평양~경성의 거리보다 훨씬 멀기 때문에 공정하지 않다고 지적했다고 한다.

---

1) 승산(勝算): 반드시 이길 수 있는 좋은 계책

이른바 카시니 주청공사의 성명은, 그 사안이 매우 중대했으므로 킴벌리 외상은 주러시아영국특명전권대사 프랭크 라셀레스(Frank Lascelles)에게 전훈(電訓)해서 러시아 외무당국에 접근하여 그 진위 여부를 확인하게 했다. 라셀레스 대사는 6월 30일에 외무성 아시아국장 카프니스트 백작을 방문해서 회담했다. 카프니스트 국장은 주러시아청특명전권공사 허경징(許景澄)이 자신과 회견했을 때에는 조금도 그에 관한 설명이 없었으므로 의외라는 눈치를 보였다. 그는 카시니 공사의 성명은 사실이 아님을 확인하고, 러시아 정부는 일청 양국 가운데 어느 쪽을 위협하려는 시도에 참여할 뜻이 없으며, 그러한 풍문은 이홍장이 영국 정부를 청—러시아 교섭에 끌어들이려는 목적으로 만든 가십(gossip)에 불과하다고 부정했다.[4]

그동안 오코너 공사는 킴벌리 외상의 전훈(電訓)에 따라 총리아문에 가서 회담을 갖고, 청 정부가 조선의 내정개혁과 영토 보전의 2개 조건을 승인하면 영국 정부는 각국과 공동으로 일본 정부에 철병을 강제할 수 있을 것이라고 전했다. 총리아문은 그 정도로 타협할 수 있다면 괜찮다고 생각했지만, 조선의 영토 보전에는 "반드시 중국의 체제와 권력에 장애가 없어야 한다(必須無礙中國體制勸力).", 즉 청한종속관계에 변화가 없어야 함을 조건으로 내세웠다. 오코너 공사는 이를 수긍하고, 본국 정부에 보고한 후 주일영국공사를 통해 일본 정부와 교섭하겠다고 말했다.[5]

총리아문의 동의를 얻은 오코너 공사는 당일로 킴벌리 외상에게 보고했다. 외상은 패짓 대리공사에게 전훈(電訓)해서 총리아문의 원안을 일본 외무당국에 제시하고 그 의향을 타진하게 했다. 이에 따라 패짓 대리공사는 7월 2일에 무쓰 외무대신에게 회견을 요구해서, "만약 일본의 의도가 조선의 자주권과 내란의 예방을 논의하는 데 그치고 청한 양국 간의 본속문제(本屬問題)에 간섭하는 것이 아니라면, 청 정부는 일본 정부의 제의에 기초해서 회담 개최를 거부하지 않을 것이라는 뜻"을 전달했다. 그런데 이 제의의 전반부의 의미가 대단히 애매했으므로 무쓰 외상은 그 의미에 대해 반문했다. 패짓 대리공사와 오코너 공사가 전신을 주고받은 결과, 청 정부의 제의는 조선의 내정개혁을 의미한다는 것이 판명됐다.[6]

무쓰 외상은 일청 양국 간의 교섭에 제3국이 개입하는 것을 달가워하지 않았으나 조선의 내정개혁을 조건으로 내세운 이상 그것을 거절할 만한 이유가 없었다. 그는 곧바로 패짓 대리공사와 협의한 후, "지난번에 우리 정부가 청 정부에 제의한 조항들 가운데 조선의 내정개혁을 위한 협동위원(協同委員)의 임명을 청 정부에서 승인한다면 제국 정부는 다시 담판을 여는 데 인색하지 않을 것이다. 그런데 제국은 직접 나서서 조선 독립에 관한 논의를 꺼내지 않을 것이니, 청 또한 그 종속관계를 발의해서는 안 된다. 또 철병 문제는 회담 초두에 상의해야 하며, 또 제국 정부는 조선에서 정치와 통상에서 모두청과 동일한 지위에 설 것을 요구한다."라는 뜻을 회답했다. 그리고 이를 오코너 공사에게 전달해 줄 것을 부탁하고, 아울러 이 내용을 고무라 주청대리공사에게도 통고했다.[7]

총리아문이 영국공사에게 제시한 조정 조건의 첫 번째는 청한종속관계에 저촉되지않는 범위 내에서 조선의 내정개혁을 시행하는 것이었다. 무쓰 외상은 청한종속관계를논의하지 않는다는 데 동의하면서도, 정치와 통상에서 종주국이 가지는 권리를 균점하겠다는 양립 불가능한 요구를 제시하고 있었다. 이러한 중대한 모순을 무쓰 외상 자신은 의식하고 있지 않았던 것이다.

이보다 앞서 총리아문은 영국공사의 조정의 기본조건을 수락하고, 곧바로 7월 2일에북양대신 이홍장에게 그 내용을 알리고 의견을 물었다. 이홍장은, '조선 내정개혁의 의미를 영국공사와 총리아문 모두 완전히 이해하지 못하고 있다. 일본 정부가 주장하는 내정개혁을 실행한다면 조선은 일본의 속국이 될 우려가 있다. 그에 반해 현재 러시아공사와교섭 중인 조건은, 청·일본·러시아의 삼국연합위원회를 소집해서 내정개혁안을 심의하는 것으로 영국 안(案)에 비해 훨씬 유리하다.'라고 하면서 총리아문의 재고를 요망했다.

밀(密). 방금 전에 염미(艷未)○광서 20년 5월 29일 미각(未刻) 전보를 받았습니다. 영국공사의 조정은 그 말이 함혼(含混)[2]한 듯합니다. 일본이 왕(汪) 공사에게 보낸 조회문에서 3개 조항을 등서(謄書)한 것이 이제 막 도착했습니다. 하나, 탁지(度支)[3]를 사핵(查核)[4]할 것. 하나, 경관(京官) 및 지방관리를 도태할 것. 하나, 조선 정부로 하여금 필요한 병비(兵備)를 갖추어 국가를 보전하게 할 것. 이는 일본 영사·서사(署使)[5]가 상술(詳述)한 것과 크게 다릅니다. 이는 이른바 '내정(內政)을 정리(整理)한다는 것'이, 영국이 이집트[埃及]에게 한 것과 유사합니다. 한국이 진실로 원하지 않으면 중국은 예로부터 다스리지 않았으니 어찌 갑자기 윤허할 수 있겠습니까? 연일 러시아공사와 상의하고 있습니다. 단지 회의를 열어서 한국이 스스로 정리(整理)

---

2) 함혼(含混): 모호(模糊)
3) 탁지(度支): 조선의 육조(六曹) 가운데 국가재정을 담당한 호조(戶曹)를 지칭하는 말로, 중국에서도 위진 남북조 시대 이래로 재정을 담당하는 관직명으로 사용됐다. 갑오개혁이 추진되면서 1894년(고종 31) 6월 28일에 호조(戶曹)를 탁지아문(度支衙門)으로 개칭했으며, 1895년(고종 32) 4월 1일에 다시 탁지부(度支部)로 고쳤다.
4) 사핵(查核): 실정을 상세히 조사함
5) 서사(署使): 공사(公使)

를 행하도록 권고하는 것만 허락하고, 당장 미리 조관(條款)을 정할 필요는 없습니다. 한국의 토지를 점거하지 말라는 한 구절은, 러시아가 이미 회의 조관(條款) 내에 올릴 것을 허락했습니다. 영국은 러시아를 가장 기피합니다. 따라서 이는 러시아를 지적해서 한 말이므로 우려할 것이 없습니다. 부디 존처(尊處)에서 다시 오코너와 절실하게 상의하기 바랍니다. 일본의 원안 세 가지는 결코 논의할 수 없습니다. 탁견(卓見)은 어떠하십니까? 홍(鴻), 염해(艶亥).[8]

이처럼 오코너 공사의 조정과 관련해서는, 그 기본조건을 총리아문과 무쓰 외상 모두 충분히 이해하지 못했고, 특히 이홍장은 카시니 공사가 제시한 조건이 유리하기 때문에 오코너 공사의 조정에 반대하고 있었으므로 처음부터 많은 난관이 예상됐다.

이보다 앞서 오코너 공사는 패짓 대리공사로부터 일본 정부는 영국공사가 제시한 조건을 기본으로 조정에 응할 의향이 있다는 보고를 받고 7월 4일에 고무라 대리공사를 만나 협의했다. 고무라 대리공사는 본국 정부의 방침으로서, 가능한 한 일청 양국이 직접 교섭하고 제3국의 간섭을 원치 않는다는 뜻을 명언했다. 오코너 공사는 이를 양해하고 총리아문에 전달했다. 총리아문도 동의를 표했으므로 고무라 대리공사는 훈령을 청하고, 무쓰 외상은 7월 6일에 총리아문과 직접 상의하라고 회훈(回訓)했다.[9]

고무라 임시대리공사는 7월 7일에 총리아문 각 대신과 회견을 갖고, 본국 정부의 훈전(訓電)에 따라 청 정부가 먼저 제안할 것을 신청했다. 총리아문은 고무라 대리공사의 권한을 확인했는데, 그는 단지 청 정부가 제출한 조건을 본국 정부에 보고할 뿐 상의할 권한은 없다고 답했다. 오코너 공사의 말과 달랐으므로 총리아문에서도 다소 의외라고 생각했지만, 어쨌든 1, 2일 안으로 총리아문의 조건을 제시하겠다고 답하고 이날의 회견을 마쳤다.[10]

총리아문은 늦어도 7월 9일까지 일본 정부의 기본안에 대한 대안을 제시해야 했다. 총리아문은 7월 7일 당일로 이홍장에게 타전해서 대책을 물었다. 이홍장은 다음 날인 8일에 회답전보를 보냈다.

밀(密). 가(歌)○광서 20년 6월 6일 전보를 자세히 살펴보았습니다. 광서 11년 3월 중일회의(中日會議)의 전조(專條)[6])에, "양국이 조선에 파병할 필요가 있으면, 사건이 진정된 후 바로 철수해서 다시 유방(留防)하지 않는다."라고 했습니다. 이제 비도(匪徒)가 평정되어 중국군은 철

---

6) 톈진조약(1885)을 가리킨다.

수를 원하는데, 일본군 1만여 명이 계속 한성을 포위하는 것은 실로 조약 위반입니다. 일본이 예전에 왕봉조(汪鳳藻)에게 보낸 조복(照覆)에서, "우리가 경솔히 철병하지 않는 것은 비단 톈진조약의 취지를 준수하는 것일 뿐만 아니라, 또한 선후예방(善後豫防)의 계책"이라고 했습니다. 조약을 위반하면서도 도리어 조약을 준수한다며 억지를 부리니, 우선 저들에게 분명히 시비를 따져서 견섭(牽涉)[7]을 용납하지 말아야 할 것입니다. 만약에 선후처리(善後處理)를 해야 한다면, 단지 화충(和衷)하게 협상해서 조선에 힘껏 권고해야 할 뿐이니, 어찌 중병(重兵)으로 협박할 수 있겠습니까? 분명히 자주(自主)라고 했거늘, 천하만국이 자주지국(自主之國)을 대하는 데 이러한 전례가 있습니까? 일본에 조복(照覆)할 때 잘 헤아려서 글을 짓고, 아울러 전보로 알려 주시기 바랍니다. 러시아 조정이 연일 주왜(駐倭) 공사에게 전보를 보내는데 그 말의 기세가 매우 엄격해서, 일본에 "너희가 철병하지 않으면 러시아는 반드시 답하지 않을 것이다."라고 했다고 들었습니다. 마치 노여운 뜻이 있는 것처럼 보이기 때문에 일본이 급해져서 짐짓 와서 떠보는 것일 뿐입니다. 홍(鴻), 어(魚).[11]

같은 날 다시 총리아문에 다음과 같이 타전했다.

○상략 금일 파리[巴黎]와 뉴욕[紐約]에서 온 전보가 다음과 같습니다. "프랑스·미국 또한 일본에 철병을 권고하려고 하며, 무쓰는 이미 중국과 상의하려는 마음을 갖고 있으니, 지금이 바로 진퇴를 결정할 때입니다. 반드시 이대로 지연하는 계책을 사용하면서, 한편으로 조약 제1관에 기재된 바를 준수하라고 다시 재촉해야 합니다. 각국이 서로 도와 조정하면 저절로 실효가 있을 것입니다. 각국은 러시아가 머리를 내민 것을 보고 함께 협조해서 의논하기를 원하니, 지난달과는 정세(情勢)가 조금 달라졌습니다. 이제 다시 조회(照會)할 때 반드시 조약을 원용(援用)해서 말해야 아마도 손뼉이 맞을 것입니다." 홍(鴻), 어오(魚午).[12]

이홍장의 주장을 종합하면, '회의 개최와 동시에 톈진조약 제3관의 명문(明文)에 따라 일청 양국의 동시철병을 강조해야 하며, 내정개혁은 철병한 뒤에야 비로소 상의할 수 있다. 현재 각국이 조정에 나섰다는 소식이 있으니 힘껏 정론(正論)을 주장하면서 회의를 지연시키는 방법을 사용해야 한다.'는 것이었다. 원래 이번의 일청 회담은 영국공사의 조정에 따른 것으로, 조선의 내정개혁을 기본조건으로 한다는 것은 총리아문도 이미 승인했다. 그런데 이홍장은 이를 완전히 무시하고 자신의 지론인 일청 양국 군대의 무

---

7) 견섭(牽涉): 연루(連累). 관계를 맺음

조건 철수만을 강조한 것이다. 이는 바로 일청회담을 파멸로 이끌었을 뿐만 아니라, 영국의 조정을 무시하는 결과를 초래했다.

고무라 임시대리공사는 7월 9일에 총리아문을 방문해서 경친왕(慶親王) 이하 각 대신과 회견하고, 7일 회견에서의 약속에 따라 청 정부의 구체안을 제시할 것을 요구했다. 총리아문 각 대신은, '조선 전라도의 비란(匪亂)이 이미 평정돼서 조선은 현재 일청 양국의 동시철병을 요청하고 있다. 톈진협약의 명문(明文)에 따라 곧바로 동시철병해야 하며, 내정개혁 등은 그 후에 상의할 수 있다.'라고 주장했다. 고무라 대리공사는, '일본 정부의 방침으로 내정개혁을 협정하기 전에는 철병 문제를 검토할 수 없다. 이는 이미 러시아 정부가 조정을 시도했을 때도 명언(明言)한 바다.'라고 반박했지만, 각 대신은 여전히 앞의 말만 반복할 뿐이었다. 고무라 대리공사는, '총리아문의 주장처럼 양국 동시철병을 협정한 후 조선의 내정개혁을 상의하는 것은 우리 정부가 도저히 승인할 수 없다.'라고 주장하며 내정개혁의 구체안을 제시할 것을 요청했지만, 각 대신은, '개혁의 구체안은 미리 설명할 수 없다. 단, 조선에 유효하고 중국이 승인할 수 있는 범위 내의 조건에 관해서만 상의할 수 있다. 이 또한 철병협정을 선결조건으로 한다.'라고 답했다. 고무라 대리공사는, '내정개혁의 구체안을 심의하는 것이라면 즉시 본국 정부에 타전하겠지만, 철병을 논하는 것이라면 먼저 총리아문에서 공문으로 조회하기 바란다. 그것을 갖고 본국 정부에 청훈(請訓)하겠다.'라고 말했다. 이에 대해 각 대신은, '지금까지의 회담에서 이미 명백해졌으니 특별히 공문은 필요치 않다.'라고 답했다. 이것으로 회담은 종료됐다.[13]

7월 9일의 총리아문과 고무라 임시대리공사의 회담은, 지금까지의 기록을 통해서도 알 수 있듯이, 총리아문은 철저하게 이홍장의 주장만을 추종해서 영국공사에게 한 약속을 거들떠보지도 않는다는 것을 폭로했다. 경친왕을 수반으로 한 당시의 총리아문이 얼마나 무력했는지는 이 한 가지 사례로도 충분히 알 수 있다.

총리아문이 고무라 임시대리공사에게 새 제안의 제출을 거부해서 일본과 청의 직접 회담을 사실상 무산시킨 것은, 일본 외무당국으로 하여금, 청 조정의 신의 없음에 격분하게 했을 뿐 아니라, 오코너 공사로서도 전혀 뜻밖의 일이었다. 고무라 대리공사의 보고를 접한 오코너 공사는 7월 12일에 총리아문을 방문해서 경친왕 등 각 대신과 중요한 회담을 가졌다.[14]

오코너 공사는 먼저 총리아문이 일본공사의 요청을 거부해서 조선 문제를 상의할 기회를 놓친 것에 대해 유감을 표시했다. 총리아문의 각 대신은 일본이 먼저 철병한 다음에 조선 문제를 상의하는 것은 총리아문의 기정방침이기 때문에 어쩔 수 없다고 답했다. 오코너 공사는 이번의 조정은 전적으로 일청 양국 간의 분쟁을 해소해서 양국의 개전을 피하기 위한 것으로 추호도 다른 뜻은 없음을 보증하고, 본국 정부의 조정방침으로, '일본 정부가 이미 대규모 육군 부대를 조선에 파견하고 있으니 지금 즉시 전 병력의 철수를 요구하더라도 불가능에 가깝다. 따라서 금일 일본 정부로 하여금 그 일부를 철수하게 하고, 청군과 같은 병력에 한해 주둔을 인정한다. 그런 후에 조선의 내정개혁을 상의'하는 안을 전달했다. 총리아문은 즉시 이를 거부하고, 경성에 주둔한 일본군이 철수하지 않으면 어떤 종류의 상의에도 응할 수 없다고 단언했다. 오코너 공사는, '이 제안은 나의 시안(試案)으로 일본 정부가 실제로 동의할지 여부는 알 수 없다. 중국이 이 문제를 처리하려면 실행 가능한 방법을 고려해야 한다. 일본은 현재 이미 단독으로 조선의 내정개혁을 실행하고 있다. 따라서 중국이 자발적으로 나서서 어떤 수단을 취하지 않으면 조선에서의 중국의 실권은 자연히 소멸될 것'이라고 경고했다. 각 대신은 결국 수긍해서, '중국 입장에서는 조선에 내정개혁을 권고할 뿐 강제할 수는 없다. 현재 일본이 많은 병사를 경성에 주둔시켜서 조선에 중압(重壓)을 가해 내정개혁을 강제하고 있다. 이러한 상황에서는 일본과 상의를 개시할 수 없다. 하지만 지금 영국공사가 말한 것처럼 일본이 후속부대를 철수시키고 중국과 같은 수의 군대만 잠시 남긴 후에 상의를 시작한다면 공정하리라고 본다.'라고 말했다. 오코너 공사는 거듭, '이것은 자신의 시안이며 일본이 수락할지 여부는 알 수 없다. 이 문제에 관해서는 다른 제3국이 간여하지 못하게 하는 편이 유리하다.'는 뜻을 전했다. 또 '일본은 이미 대부대를 파견했기 때문에 소기의 목적을 달성해야 한다. 따라서 이 건은 지체 없이 상의를 시작해야 한다.'라고 주의를 주었다.

마지막으로 오코너 공사는 무쓰 외상이 패짓 대리공사를 통해 제시한 조건을 기초로 4개조로 구성된 조정안을 제시하고 총리아문의 의향을 물었다.

1. 조선의 내정개혁을 실시할 것.
2. 조선 문제를 상의하기 위해 청 고관을 조선에 파견할 것.
3. 일청 양국이 모두 조선의 영토 보전을 약속하고, 제3국이 그 영토를 점령하는 것을 불허할 것.
4. 조선에 재류하는 일본 상민(商民)은 청 상민과 동일한 특권을 균점할 것.

제1조에 관해서는 총리아문 각 대신도 동의했으나, 오직 권고만 할 뿐 강제할 수 없다

는 것을 분명히 했다. 제2조는 협의를 거쳐 결정할 문제로 미리 그 가부를 확언하기 어렵다고 하며 답변을 피하다가, 오코너 공사의 추궁을 당하자 메이지 18년 4월 톈진협약을 체결했을 때처럼 일본 정부가 중국에 고관을 파견하면 중국도 이홍장을 파견해서 톈진에서 상의하겠지만 중국이 조선에 고관을 파견하는 일은 절대 있을 수 없다며 거부했다. 제3조에 관해서는, 중국은 원래 종주국으로서 조선 보호의 책임을 지며, 이제 일본이 조선 영토의 보전과 제3국의 침략 불허를 약속한다면 중국이 동의하지 않을 이유는 없다고 했다.

제4조는 오코너 공사가 특히 중시하는 것이었다. 무쓰 외상은 정치와 통상에서 청신민과 동일한 권리를 균점할 것을 요구했지만, 오코너 공사는 이를 청이 수락하지 않을 것으로 생각해서 통상의 권리만 제시했던 것이다. 그런데 각 대신의 답은 다음과 같았다.

일본은 조선과 입약(立約)해서 평등지국(平等之國)임을 성명했으니 어찌 중국과 일률(一律)로 할 수 있겠는가? 이 조항은 논의할 필요도 없다. 조선은 따로 종래의 판법(辦法)[8]이 있다. 그대가 이미 그것이 좋다고 했으니, 이 조항은 언급하지 않는 것이 옳다.

이 말은 제4조를 거절하는 것이다. 오코너 공사는 만약 중국이 제4조에 동의하지 않으면 일본과의 협조는 끝내 무산될 수밖에 없음을 시사하고 총리아문의 재고를 청했지만, 그 자리에서 거절당했다.[15]

7월 12일의 회담에서 총리아문은 영국공사의 조정안을 전면적으로 거절했다. 당시 톈진에서의 카시니-이홍장 회담 또한 실패로 돌아간 상황은 분명히 파악되고 있었다. 그럼에도 불구하고 총리아문은 극히 강경한 태도로 영국공사를 대했으며, 한때 조정을 중단시키기까지 했던 것이다.

무쓰 외상은 애초부터 영국의 조정에 기대하지 않았다. 단지 그것을 거절할 이유가 없었기 때문에 동의했던 것이다. "잠시 그 진행경과를 냉정히 지켜본 것이었으니, 이 중재의 실패로 오히려 우리나라의 향후 행동에 자유를 얻은 것을 기뻐하면서", 마침내 조선에서의 행동을 적극화(積極化)해서 청과 국교단절의 첫걸음을 내딛기로 결정하고, 7월 12일에 고무라 대리공사에게 전명(電命)해서 이른바 제2차 절교서를 청 정부에 제시했던 것이다.[16]

---

8) 판법(辦法): 문제를 해결하는 방법, 처리(處理)

【원주】

1 『中日交涉史料』13권, 문서번호 1001. "光緖二十年五月十七日發北洋大臣電".

2 『中日交涉史料』13권, 문서번호 1005. "光緖二十年五月十七日北洋大臣來電".

3 『中日交涉史料』13권, 문서번호 1053. "光緖二十年五月二十九日北洋大臣來電".

4 Note of the Director of the Asiatic Department, June 30, 1894. Russian Documents etc. No. 25, pp. 500~501.

5 『中日交涉史料』13권, 문서번호 1057. "光緖二十年五月二十九日發北洋大臣電".

6 『日淸韓交涉事件記事』(英國之部).

7 위와 같음.

8 『中日交涉史料』14권, 문서번호 1059. "光緖二十年六月一日北洋大臣來電".

9 『中日交涉史料』14권, 문서번호 1062. "光緖二十年六月二日發北洋大臣電".

10 『中日交涉史料』14권, 문서번호 1093. "光緖二十年六月五日發北洋大臣電".

11 『中日交涉史料』14권, 문서번호 1099. "光緖二十年六月六日北洋大臣來電".

12 『中日交涉史料』14권, 문서번호 1103. "光緖二十年六月六日北洋大臣來電".

13 『中日交涉史料』14권, 문서번호 1122. "光緖二十年六月九日軍機處呈總理各國事務衙門與日使問答片·附件一總理各國事務衙門與日使小村壽太郎問答"; 『蹇蹇錄』, 80쪽.

14 『日淸韓交涉事件記事』(英國之部); 『蹇蹇錄』, 82~83쪽.

15 『中日交涉史料』14권, 문서번호 1148번. "軍機處奏錄呈總理衙門與英使歐格訥問答片·附件一總理衙門與英使寫歐格訥問答".

16 『蹇蹇錄』, 81쪽.

영국의 제2차 조정

총리아문이 오코너 영국공사의 조정안을 거부하자, 일본 정부는 영국공사가 청 조정의 신의 없음에 분노해서 당연히 조정을 단념할 것으로 예상하고 있었다.

원래 오코너 공사와 킴벌리 외상의 일청 조정은, 앞 절에서 서술한 것처럼 영국의 단독행동을 피해 관계국들과 협력하여 처리한다는 방침이었다. 이러한 의미에서 영국 정부는 관계국들의 의향을 타진하고 일본 정부의 방침도 질의했는데, 일본 정부는 열강의 간섭을 달가워하지 않고 청과의 단독 교섭을 희망했으므로, 킴벌리 외상은 당분간 현지에 파견된 오코너 주청공사와 패짓 주일임시대리공사에게 위임해서 양국 간의 알선을 담당하게 했다. 그런데 일청의 직접 교섭이 실패로 끝나자, 이제 교섭의 중심을 런던으로 옮겨 킴벌리 외상 자신이 이 국면을 담당해야 할 필요를 인식했던 것으로 이해된다.

영국 내각이 일청 간의 분쟁 조정에 어떤 확신을 갖고 나섰는지는 알 수 없다. 하지만 킴벌리 외상은 상당한 자신감을 갖고 이 일에 임했던 것 같다. 그는 오코너 주청공사가 도쿄-베이징 간의 알선에 노력하는 동안, 미국·프랑스·독일·러시아 4개국에 주재하는 영국대사에게 전명(電命)해서 영국이 일청 조정에 참가할 의향이 있는지 질문하게 했다.

주미특명전권대사 줄리언 폰스포트(Julian Pauncefote)는 7월 8일에 국무장관 월터 그레섬(Walter Q. Gresham)을 만나 영국 외무대신의 훈전(訓電)을 낭독하고, 미국 정부가 일청개전을 회피하기 위한 목적으로 영국과 연합간섭을 행할 의사가 있는지 질문했다. 또한 대사는 국무장관의 질문에 답하여, 이 간섭은 완전히 우호적인 성질을 갖는 것이라고 설명했다. 그레섬 장관은 '미국 정부가 간섭하는 것은 우호적이고 중립적인 경우에 한하며, 게다가 미국 정부는 이미 주일공사에게 훈령해서 그러한 종류의 권고를 일본 정부에 전달하게 했다. [제83절 참조] 대통령은 그 이상 개입하는 행위를 인가하지 않을 것'이라고 설명하고, 7월 9일에 일본 정부에 대한 권고와 관련해서 주일미국공사에게 보낸 훈전(訓電) 사본을 전달했다.[1]

다음으로 독일주차 특명전권대사 에드워드 말레(Edward Malet)도 외무대신 로텐한 (Wolfram von Rotenhan) 남작과 회견했다. 그런데 독일 정부는 조선 문제에 아무런 흥미를 느끼지 못했던 듯, 일청분쟁의 원만한 해결은 희망하지만 적극적으로 연합간섭에 참가할 뜻은 없다고 회답했던 것으로 보인다.[2]

프랑스주차 특명전권대사 에드먼드 먼슨(Edmund Monson)은 7월 8일에 외무대신 가브리엘 아노토(Gabriel Hanotaux)와 회견을 갖고, 조선 문제에 관해 연합간섭을 행할 것을 제의한 후 신속히 회답해 줄 것을 요망했다. 아노토 외상은, 프랑스 정부는 현재의 일청분쟁에 관해 아직 상세한 정보를 얻지 못했고 또 프랑스는 조선에 중대한 이해관계가 없다는 것을 이유로, 장래에 보다 명확한 정보를 얻기 전까지 확답을 보류했다.[3]

마지막으로 7월 9일에 주러시아 영국대사관 1등서기관 헨리 하워드(Henry Howard)는 7월 9일에 외무성을 방문해서 라셀레스 대사의 명으로 일청 간의 분쟁 조정을 위해 러시아 정부가 공동간섭에 참가할 의향이 있는지 질문했다.[4]

러시아 외무당국은 주영특명전권대사 게오르크 드 스탈(Georg de Staäl) 남작의 보고를 통해 청 정부가 영국에 조정을 간청해서 영국 외무당국이 그 수락을 고려 중이라는 사실을 알고는, 이 제안을 영국이 5개국 연합간섭을 주창하고 그것을 지도하려는 뜻을 가진 것으로 해석했다. 이 때문에 반드시 호의로 받아들이지는 않았으며, 영국 정부의 제의를 받고서도 바로 확답을 주지 않았다.[5]

이보다 앞서, 프랑스 외무대신은 영국 정부의 제의를 받고 러시아주차 특명전권대사 몬테벨로(Gustave Lannes de Montebello) 백작에게 전명(電命)해서 영국 정부가 주창한 연합간섭에 관해 러시아 외무당국과 의견을 교환하게 했다.

몬테벨로 대사는 7월 13일에 러시아 외무성을 방문해서 드 기르스 외상과 회담을 가졌다. 외상의 말을 종합하면, '러시아는 일청 양국의 충돌을 피하기 위해 양국 간에 협정이 성립되기를 충심으로 희망하며, 현재 이러한 방침에 따라 행동하고 있다. 러시아가 일청 양국 군대의 동시철병을 반복해서 강경하게 주장한 것도 이러한 뜻일 뿐이다. 이제 열강이 동일한 보조를 취하는 것에 대해서는 아낌없이 환영한다. 단, 이번 영국 정부의 제의에 관한 한, 일본과 청 두 당사국에 대해 어떤 형식의 압박을 가할 것인지 미리 알지 못하면 도움을 줄 수 없다. 조선은 러시아와 국경을 맞댄 나라이며, 중대한 이해관계를 가지기 때문에 만에 하나 발생할 수도 있는 사건에 대해 완전한 행동의 자유를 가질 필요가 있다.'라는 것이었다.[6]

킴벌리 외상의 제의에 대해 미국은 거절하고, 독일은 시큰둥하고, 러시아는 조건을 명시하기 전까지 의사 표시를 피하면서 자국의 기정 방침대로 추진하려고 하고, 프랑스는 러시아에 합세하려고 했다. 즉, 5개국 연합간섭은 실현 가능성이 희박했다. 그런데 한편으로 일청관계가 7월 14일 무쓰 외상의 이른바 제2차 절교서를 계기로 급격하게 긴장되자 오코너 공사는 다시 자발적으로 조정에 나섰다.

7월 14일의 고무라 임시대리공사의 조회는 그 내용이 대단히 준엄(峻嚴)해서 청 조정을 경악하게 했다. 이는 『옹동화 일기』의, "일본의 전보의 말이 걸오(桀驁)[1]해서, '중국 정부는 기어코 철병을 원하니, 이는 사단을 만드는 데 뜻을 둔 것'이라고 운운했다."[7]라는 구절을 통해서도 알 수 있다. 청 조정은 사태가 이 지경에 이르자 전쟁이 불가피할 것으로 예상했다. 하지만 북양대신 이홍장이 아직 종전의 협조 정책을 견지하고 있었으므로 당일로 일본공사 조회의 대요를 그에게 알리고, 사태가 이에 이르러서는 타협의 여지가 없으니 전쟁 준비가 필요하다고 하면서 그의 의견을 물었다.

밀(密). 초7일에○광서 20년 6월 7일 고무라와 우선 철병한 후 한국의 일을 다시 상의할 것을 의논했는데, 고무라가 본국에 타전하겠다고 했다. 조금 전에 받은 조회에 따르면 그 회답전보를 받았는데, "중국이 계속 철병을 주장하고 내정을 개혁하려는 뜻에 따르지 않는 것은 일을 매듭지으려는 의사가 없는 것이다. 앞으로 설령 예상치 못한 변고가 생겨도 본 정부는 책임을 질 수 없다."라고 했다고 한다. 말뜻이 매우 결절(決絶)[2]하니 아마도 전환(轉圜)[3]의 기회가 없으리라. 오늘 이미 조정에 기별했는데, 진병(進兵)의 계책을 결정할 것을 명했다. 전쟁은 마땅히 신중해야 하니, 반드시 만전을 기한 계책이 나와야 한다. 앞으로 어떻게 선후(善後)를 분별해서 순서대로 군대를 배치할 것인지 우선 전보로 회답하라. 문유(文酉).[8]

총리아문의 전보를 본 이홍장도 이제는 타협의 여지가 없이 논리적으로는 국교단절의 시기에 도달했음을 인정했다. 하지만 현재 직예제독 섭지초, 타이위안진(太原鎭) 총병(總兵) 섭사성의 부대가 충청도 아산과 공주 사이에 고립돼서 시시각각 우세한 일본군 군대에게 전멸당할 위험이 있었으므로, 이 부대를 안전한 지점으로 이동시키고 강력한 증원부대를 파견하는 데 필요한 시간을 버는 것이 초미의 급무가 됐다. 이러한 관점

---

1) 걸오(桀驁): 거칠고 사나움
2) 결절(決絶): 관계를 단호하게 끊는 모양
3) 전환(轉圜): 만회(挽回), 조정(調停)

에서 보면 당장 국교를 단절하는 것은 위험했다. 이홍장은 이러한 의미로 다음 날인 7월 15일에 총리아문에 회전(回電)했다.

밀신(密新). 문오유(文午酉)○광서 20년 6월 12일 전보를 살펴보았습니다. 일본의 조복(照覆)이 비록 매우 결절(決絶)하나, 알지 못하겠습니다. 아직 전환(轉圜)할 방법이 있지 않겠습니까? 논리로 말하자면 응당 공사를 소환해서 절교해야 합니다. 다만 저들이 한성 안팎에서 이미 군대를 엄밀하게 배치해서 틈을 노릴 만한 해이함이 없고, 우리는 겨우 섭군(葉郡) 2,500명이 한국의 절지(絶地)[4]에서 고립되고 위태로운 지경에 처했으니, 반드시 우선 지시에 따라 신중히 요충지를 점거해서 이동시켜야 비로소 타당한 방책이 될 것입니다.

생각건대, 우리가 진군할 때는 반드시 북로(北路)를 거쳐야 하니 평양이 가장 요충지가 될 것입니다. 진퇴가 여유로우려면 우선 섭군(葉軍)을 빼서 생지(生地)[5]로 들여보내야 합니다. 그리고 다시 북로로 부대를 파견해서 함께 진격해야 우세를 점할 것입니다. 현재 날짜를 정해서 화륜상선 5척을 아산으로 보내 이 군대를 대동강까지 수송한 후 평양으로 옮겨 주둔시키고, 아울러 해군을 여러 함선에 나눠 보내서 호위하고, 바로 강어귀에서 유방(留防)하여 다른 군대가 편하게 계속 진입하게 할 것을 생각하고 있습니다. 이것이 아마도 지시하신, 선후를 분별해서 순서대로 군대를 배치하라는 뜻에 부합할 것입니다. 홍(鴻), 원사(元巳).[9]

이보다 앞서 7월 14일에 오코너 공사는 총리아문에 통역관을 보내서, 영국 정부가 구미 각국에 공동간섭을 제의했는데 프랑스를 제외하고 독일·미국·러시아 3국의 지지를 얻을 전망이라는 말을 전했다. 곧이어 7월 16일에는 오코너 공사 자신이 총리아문에 가서 경친왕 등 각 대신과 회담을 가졌다.[10]

총리아문 각 대신은 7월 14일 고무라 임시대리공사의 조회를 내보이면서 그 내용이 온당치 못함을 비난하고, 또 7월 12일에 영국공사가 제시한 조정 시안에 대해서 전혀 언급이 없는 것은 의외라고 했다. 오코너 공사는 고무라 대리공사의 오해인지 모르겠다고 변명하고, 또 최근 각지, 특히 조선에서 들어오는 정보에 오류가 많다며 신뢰할 수 없는 것들을 예로 들었다. 이어서 본론으로 들어가서, 영국공사는, '구미열강은 현재 일청간 위기를 피하기 위해 청에 대해 조선의 영토 보전 및 내정개혁의 두 가지 조건으로 조정을 제시하려고 한다. 만약 청 정부가 동의한다면 일본에도 같은 조건을 제시하고 철

---

4) 절지(絶地): 험악해서 출로가 없는 지역
5) 생지(生地): 생명을 보전할 수 있는 안전한 지역

병을 요구할 것이며, 아마 동의를 얻을 수 있을 것'이라고 말했다. 각 대신은, '조선의 내정개혁은 중국으로서는 희망하지 않을 이유가 없다. 단, 전부터 누차 오코너 공사와 고무라 대리공사에게 설명한 것처럼 먼저 양국의 철병을 선결조건으로 해야 하며, 그것이 실행된 후에야 내정개혁의 조건을 논의할 수 있다.'고 주장했다. 공사는 화제를 돌려 조선 주재 일본 상민(商民)이 청 상민의 특권을 균점하는 문제를 거론하고 총리아문의 재고를 요구했다. 양측의 대화는 다음과 같다.

> 오코너: 조선에 있는 일본 상민은 중국인과 같은 우대(優待)를 받아야 한다. 중국은 이를 윤허하는가?
>
> 각 대신: 일본은 예전에 '속방(屬邦)' 두 글자를 갖고 시비를 따지며 몹시 번거롭게 했다. 만약 중국인과 동일하게 우대받는다면, 이는 속방의 의미의 절반을 나누는 것이다. 그러므로 윤허할 수 없다.
>
> 오코너: 조공(朝貢) 등은 계속 구장(舊章)을 준행하면 속국의 의미를 나눌 수 없으리라.
>
> 각 대신: 그렇다면 어째서 각국과 일률(一律)로 우대받겠다고 말하지 않고, 반드시 중국과 일률로 우대받겠다고 말하는 것인가?
>
> 오코너: 중국에 대해서 상판(商辦)하는 것이기 때문에 중국인을 갖고 말하는 것이다.
>
> 각 대신: 그 사안은 중국의 공의(公議)가 결코 응하지 않을 것이다. 속방의 의미를 나눌 수 없다면 일본에 대한 조선의 우대는 저절로 각국과 일률이 될 것이니, 또 어찌 다시 조관(條款) 속에 열거해서 넣을 필요가 있겠는가?

중국의 체제에 관계되기 때문에 총리아문은 마지막까지 이 선만큼은 지키려고 결심하고 있었다. 영국공사는 문제를 통상에서의 특권으로 제한하려고 했지만, 총리아문은 통상도 정치적 특권과 불가분의 관계에 있다고 하면서 거부했다.[11]

오코너 공사는 통상에 관한 양보를 매우 중대시하고 있었다. 그래서 총리아문의 반대에 직면하자 일단 고무라 대리공사와 협의하겠다고 약속하고 총리아문에서 물러갔다.

7월 16일 총리아문 각 대신과의 회견 후, 오코너 공사는 고무라 대리공사와 회담을 갖고 7월 14일 조회의 의미를 들은 다음에 조정(調停)의 요지에 관해 본국 정부에 청훈했다. 영국공사는 7월 17일에 다시 총리아문 각 대신과 회담을 가졌지만, 총라아문에서는 오코너 공사의 조정이 일방적으로 일본 측의 입장만 반영한다고 생각해서 불만을 느끼고 있었다. 이는 다음의 회담 기록으로도 분명히 알 수 있다.

오코너: ○중략 전에 일본이 귀 아문에 발송한 조회를○7월 14일 조회 영문으로 번역했는데, 그 내용에는 오직 귀국이 판법(辦法)을 윤허하지 않는다고만 되어 있고, 사단을 불린다거나 일 만들기를 좋아한다는 의미는 전혀 없다. 이 일을 우리 정부는 오직 조처(調處)[6] 해서 타협시키고자 하니, 오늘 밤이나 내일 새벽에는 반드시 전보가 올 것이다.

각 대신: 일본이 이처럼 무리(無理)하니, 아마 귀국의 조정을 진짜로 듣지는 않았을 것이다.

오코너: 일본은 각국에 조선을 대신해서 내정을 개혁하기를 원하는 것에 불과하며 다른 악의는 없다고 말했다.

각 대신: 악의가 없다면 어째서 여러 번 군대를 증원하는가?

오코너: 그것은 모두 귀국이 응하려고 하지 않기 때문이다.

각 대신: 일본이 군대로 조선을 협제(挾制)[7]하고 있으니, 어떤 조관(條款)을 막론하고 우리는 모두 인정할 수 없다. 저들이 철병하지 않으면 우리가 설령 인원을 파견해서 상의하더라도 바로 저들의 협제를 당할 것이다. 그러므로 응할 수 없는 것이다.[12]

오코너 공사는 이번 일청분쟁의 주동자는 일본이기 때문에 일본이 동의하는 조정안만 찾으면 마지막에 청 정부에 동의를 강제할 수 있다고 생각했던 것 같다. 그는 총리아문의 노골적인 불만을 무시하고 고무라 임시대리공사 및 패짓 주일임시대리공사와 연락을 취하면서 다시 조정에 나섰다.

오코너 공사의 부탁에 따라 패짓 주일임시대리공사는 7월 17일에 무쓰 외상에게 회견을 요청해서, 일본 정부가 다시 영국공사의 조정에 동의할 의향이 있는지 질문했다. "청 정부는 고무라 공사의 이번 달 14일의 조회를 받고 크게 분노했지만, 일본 정부가 아직까지 평화에 뜻이 있다면 다시 담판을 열 가망이 아예 없지는 않다. 일본 정부의 결의가 어떤지 알고 싶다."

무쓰 외상은 오코너 공사의 진의를 이해하지 못하고, 이 조정이 이홍장의 간청에서 비롯됐을 것으로 상상했다. 그리고 당시 조선에서의 내정개혁 문제가 크게 진전돼서 오토리 공사가 경우에 따라서는 병력을 사용해서 조선 조정에 개혁을 강제하는 일도 대략 예상됐고, 그 결과로 조선에서 일청 양국 군대가 언제 충돌할지 예측할 수 없는 시기에 "청과 한가하게 연회석상(樽俎)[8]에서 다시 회담할 겨를이 없다."고 생각했다. 하지만 영

---

6) 조처(調處): 조정해서 처리함
7) 협제(挾制): 권세 또는 남의 약점을 갖고 강제로 복종시키는 일
8) 준조(樽俎): 준(樽)은 술동이이고, 조(俎)는 고기를 차려 놓는 데 쓰는 적대(炙臺)를 말한다. 술과 요리를 벌여 놓

국공사의 조정을 거절하면 외교적으로 영국의 체면을 손상시키는 결과가 될 것이므로, 실행 불가능한 제안을 내놓아서 이홍장이 자발적으로 영국공사의 조정을 단념하게 만들기로 했다. 그는 패짓 대리공사에게, "조선 문제도 이제 크게 그 보무(步武)를 내딛어서 사국(事局)[9]이 결코 예전같지 않으니, 일본 정부는 과거에 청과 상의하겠다고 약속한 조건에 따를 수 없다. 따라서 설령 청 정부가 조선의 내정개혁을 위해 공동위원을 파견하더라도, 일본 정부가 오늘날까지 혼자 힘으로 착수한 사항에 관해서는 감히 간섭하지 않겠다고 약속해야 한다. 그리고 조선의 형세를 이 지경으로 절박하게 만든 것은 결국 청 정부가 음험한 수단과 인순(因循)의 방법을 써서 여러 가지 일들을 지연시킨 데 기인한다."라고 성명하고, 이상 일본 정부의 제의에 대해 7월 19일까지 회답하라는 뜻을 청 정부에 전달해 줄 것을 의뢰했다.[13]

오코너 공사는 일본 정부의 태도가 대단히 강압적이라고 느꼈겠지만, 아무튼 조정에 동의했으므로 7월 19일에 영국대리공사를 통해 다음의 조건을 제시했다.

첫째, 변란을 진압할 것.
둘째, 내정개혁 및 병제(兵制)·재정 혁신을 실행하기 위해 협동위원을 임명하고, 해당 위원들은 각기 자국 정부에 보고할 것. 단, 청 정부는 조선국왕에게 개혁의 채용을 권고할 수 있을 뿐, 국왕에게 억지로 채용하게 할 수 없음.
셋째, 일청 양국이 협동해서 조선 국토의 안전을 담보할 것.
넷째, 일청 양국은 조선에서 통상상(通商上) 동일한 권리를 가질 것. 단, '정치상(政治上)'이라는 문자는 기입하지 않음.
철병 문제는 담판 초두에 결정함. 속방론(屬邦論)은 제출하지 말 것.[14]

이상 4개 항목의 조정안은 지난 7월 12일에 총리아문 각 대신과 회담할 때, 오코너 공사가 시안(試案)으로 제시했다가 전면 거부당한 것들이었다. 그러나 오코너 공사는 이것을 가장 공정한 안이라고 믿고 일청 양국을 설득할 생각이었던 것 같다.

무쓰 외상의 견지에서 보면, 영국공사의 조정안은 7월 초에 자신이 제시한 타협 조건을 기초로 한 것이었다. 하지만 그 후 2주 동안에 정세가 완전히 달라졌기 때문에 그대

은 연회석상을 비유하는 말이다.
9) 사국(事局): 시국(時局), 형세(形勢)

로 수락할 수는 없었다. 그는 바로 영국공사의 원안에 대대적인 수정을 가했다. 패짓 대리공사와 무쓰 외상의 회담 내용은 알 수 없지만, 패짓 대리공사는 무쓰 외상의 수정을 부당하다고 보고, 만약 일본 정부가 원안에 동의하지 않으면 영국공사는 조정을 단념할 것이라고 성명했을 것이다. 아울러 그는 청이 현재 12,000명의 군대를 조선에 수송하고 있다는 사실을 흘리면서 넌지시 위협해 봤을 것으로 상상된다.[15]

일본 정부의 입장에서는 영국공사의 조정을 거절한 것보다 오히려 대규모의 청군대를 수송 중이라는 정보가 더 충격적이었다. 무쓰 외상은 영국공사가 제시한 원안에 대한 수정안 각서를 패짓 대리공사에게 전달하고 그 회답 기한을 7월 24일까지로 정했다. 그리고 그와 동시에, "차제에 청이 증원부대를 파견한다면 일본은 이를 위협 조처로 간주할 것"이라고 성명했다.

> 첫째, 현재 조선의 사정은 처음에 일본이 청에 제의했을 때와 비교해서 크게 달라졌기 때문에 청의 협동위원(協同委員)이 할 일은 장래의 문제에 한정하며, 절대 일본이 이미 단독으로 착수한 것에 개입하지 말 것. 양국 정부는 백방으로 진력해서 반드시 조선국왕이 개혁을 채용하게 할 것을 약속할 것.
>
> 둘째, '정사상(政事上)'이라는 문자를 기입할 것.[16]

무쓰 외상은 이번 조정안이 완전히 이홍장의 발의에서 나온 것으로 믿어서 이처럼 실행 불가능한 수정안을 제시했지만, 사실 그것은 오코너 공사가 일본이 수락할 것으로 예상하고 작성한 안이었다. 따라서 그것에 가혹한 수정을 가하는 것은 오코너 공사의 입지를 없애는 것이었다. 영국의 태도가 일변해서 엄중해진 것도 이상한 일이 아니다.

오코너 공사의 보고를 검토한 킴벌리 외상은 7월 21일에 주일영국임시대리공사에게 전훈해서, 만약 일본 정부가 이처럼 비협조적인 방침을 견지한다면 개전의 책임은 모두 일본 정부에 돌아갈 것이라고 성명하게 했다.

> 일본 정부가 이번에 청 정부에 요구한 것은 일본 정부가 담판의 기본안으로서 채용하기 어렵지 않다고 명언해서 이미 청 정부에 통지한 기본안과 모순되며, 또 그 범위를 크게 벗어난다. 금일 일본 정부가 이미 단독으로 착수한 일에 대해 청 정부의 간섭과 협의를 거부하는 것은 실로 톈진조약의 정신을 도외시하는 것이다. 따라서 만약 일본 정부가 이 정략을 고집해서 이 때문에 개전을 야기할 경우, 그 결과에 대해서는 일본 정부가 책임을 질 수밖에 없다.[17]

영국 외상의 통고는 흡사 메이지 27년 6월 30일자 러시아 외상의 통고와 마찬가지로 준엄한 내용이었다. 하지만 무쓰 외상은 영국이 무력간섭을 결의할 것으로는 생각하지 않았으므로 다음 날인 7월 22일에 패짓 대리공사에게 각서를 전달해서 일본 정부의 입장을 상세히 설명하는 데 그쳤다.

일본 정부가 지금 청 정부에 요구하는 것은 일본 정부가 담판의 기본안으로서 채용하기 어렵지 않다고 명언해서 이미 청 정부에 통지한 기본안과 모순되지 않으며, 또 그 범위를 크게 벗어나는 것이 아니다. 왜냐하면 이번에 청에 제출한 조건은, 다음의 몇 가지 점들과 관련해서 전술한 기본안과 결코 동일한 정신을 가지는 것이 아니기 때문이다.

첫째, 조선국왕에게 한갓 개혁을 권고하는 것은 추호도 이익이 없다. 왜냐하면 조선에서 권세를 가진 당파는 청의 세력 때문에 쉽게 움직일 수 없기 때문에, 가령 청이 겉으로는 일본과 협동으로 개혁 권고를 하더라도 은밀히 조선국왕으로 하여금 그 개혁들을 배척하게 할 수 있기 때문이다.

둘째, 청 사신이 조선에서 예외적인 특권을 갖기 때문에 그 권리를 남용해서 일본의 이익에 큰 해를 끼칠 수 있다. 따라서 일본 사신도 한국 조정에서 같은 대우를 받는 것이 긴요하다.

셋째, 처음에 청이 일본과 협동 처리할 것을 거부해서 부득이 일본 정부가 단독으로 조선 정부에 제의를 하게 했다. 따라서 만약 청 정부가 우리의 제의 가운데 조선 정부가 이미 승복한 것들을 승인하지 않는다면, 일본 정부는 이제 와서 최초의 지위로 돌아갈 수 없다. 톈진조약은 오직 병력을 조선에 파견하는 절차를 규정한 것으로, 조선 사건에 관해서 체맹국들이 상호 상의한 약속이 있는 것은 아니다.

사정이 이와 같기 때문에, 만약 영국 정부가 이번 갈등으로 빚어지는 결과를 전적으로 일본 정부의 책임으로 돌리더라도, 일본 정부로서는 완전히 그것이 온당치 않다고 믿는다. 생각건대, 처음에 청 정부가 일본의 제의를 수용했거나 청 주재 영국공사의 알선으로 그 정부에 제출한 제의를 배척하지 않았더라면 일이 이처럼 중대해지지 않았을 것이다.[18]

이보다 앞서 7월 상순에 킴벌리 영국 외상은 러시아·미국·독일·프랑스 4개국과 합동으로 일본에 대해 강압적인 조정을 시도할 것을 고려했으나, 앞에서 서술한 것처럼 미국 정부는 이를 거절하고 나머지 3개국도 시큰둥했다. 그럼에도 불구하고 킴벌리 외상은 여전히 조정을 단념하지 못했다. 그는 일청 양국 군대의 공동철병은 일본 정부의 반대로 가망이 없으므로 양국 군대가 조선을 공동으로 점령하되 중간에 중립지대를 설정할 것을 제의했다. 킴벌리 외상은 이러한 뜻을 7월 16일에 주영러시아공사 드 스탈 남작에게 전하면서 특별히 러시아 정부의 원조를 요청했다. 이에 대한 러시아 외무당국의 견해는, '이 방법은 공동철병에 비해 일본 측에 뚜렷이 유리하기 때문에 아마도 일본 정부의 동의를 얻을 것이다. 러시아 정부로서도 오늘날 대일 조정을 단념한 상황에서 그것에 반대할 이유가 없다.'라는 것이었다. 드 기르스 외상은 영국과 러시아의 공동조정안에 대해 프랑스·독일 양국 정부의 도움이 필요하다는 의견이었으므로, 이미 양국 주재 대사들에게 전훈(電訓)해서 원조를 요청한 일이 있었다.[19]

킴벌리 백작도 드 기르스 외상의 의견에 동의했다. 그는 이 공동점령이 청에 오히려 불리하기 때문에 과연 청의 승낙을 얻을 수 있을지 의심했던 것 같다. 그는 미리 청의 속마음을 확인할 필요가 있다고 보고, 7월 18일경에 주영청공사 공조원을 불러서 협의했다. 영국 외상의 의견은 경성에 주둔한 일본군을 인천까지 물러가게 하고, 청군도 어딘가의 지점으로 후퇴시킨다는 것이었다.[20]

공(龔) 공사는 영국 외상의 제의를 즉시 총리아문과 이홍장에게 타전했으며, 총리아문은 다시 이홍장의 의견을 물었다. 극동 정세에 무지한 영국 외상의 제안은 반드시 시의(時宜)에 적절하지만은 않았고, 특히 청군을 어느 지점으로 후퇴시켜야 할지 논의할 여지가 있었지만, 조선의 정세가 한시도 머뭇거릴 수 없는 상황이었으므로 7월 19일에 이홍장은 공(龔) 공사에게 회답전보를 보내서 원칙적으로 영국 외상의 제의에 동의한다는 뜻을 전하게 했다.[21]

킴벌리 외상은 청 정부가 확실히 승낙했음을 확인한 후, 7월 22일에 주영일본특명공사 자작 아오키 슈조에게 일청 양국 군대의 조선 공동점령을 제의했다. 아오키 공사는 즉시 본국 정부에 타전했는데, 무쓰 외상을 비롯한 외무당국은 그 의미를 파악하기 위해 고심했다. 이미 7월 21일에 패짓 임시대리공사의 엄중한 통첩을 받고서 영국의 조정은 저절로 중단됐다고 믿고 있었기 때문에 갑자기 이러한 제의가 온 이유를 이해할 수 없었다. 특히 '공동점령'의 의미도 분명치 않았으므로, 우선 고무라 주청대리공사에게 전명(電命)하여 오코너 공사에게 가서 설명을 요청하게 했다. 오코너 공사의 설명에 따르면, "예를 들면 일본군은 경성을 떠나서 남부지방 어딘가를 일시 점령하고, 청군은 아산에서 평양으로 이동함으로써 당장의 충돌을 피해서 담판할 시간을 번다는 뜻"이었으므로 그 의미는 분명해졌지만, 그처럼 고식적인 방법으로 현재 긴장된 일청관계를 얼마나 완화시킬 수 있을지는 대단히 의심스러웠다.[22]

영국 외상은 관련국의 동의를 얻었으므로 7월 24일에 러시아·독일·프랑스·이탈리아 4개국 정부에 동문통첩(同文通牒)을 보내서 일청 양국군의 조선 공동점령을 제의하고, 열국이 공동보조를 취해 줄 것을 요청했다. 이탈리아 정부를 추가한 것은 주영러시아대사 드 스탈 남작의 주장에 따른 것이라고 한다.[23]

영국 외상의 동문통첩 발송에 앞서 러시아 외상이 프랑스·독일 양국 정부의 의향을 타진한 사실도 있었으므로, 4개국 정부는 이의 없이 각기 일청 양국의 주재 공사들에게 명하여 공동으로 양국 정부에 권고를 전달하게 했다.

공동점령안에 관해서 청 정부는 원칙적으로 동의했지만 그 점령 지역에 관해서는 따져 볼 여지가 있었다. 일본군을 조선 남부, 청군을 조선 북부로 철수시키고 경성을 중립지대로 삼는 것은 이론상 타당해 보였지만, 남부와 북부의 범위가 문제가 되었다. 이홍장은 청군을 평양, 일본군을 부산까지 철병할 것을 주장했지만, 경성~평양의 거리를 경성~부산과 비교하면 공정한 안이라고는 생각되지 않았다.

일본 정부의 입장에서는 처음부터 이 안의 진의를 의심했을 뿐만 아니라, 이미 오토리 공사가 7월 22일부터 조선의 내정개혁과 청한종속관계의 폐기에 착수했으므로 영국 정부의 제의는 이미 때를 놓쳐서 더 이상 고려할 여지가 없다고 생각했다.

영국 외무당국은 일본 정부로부터 아무 회답도 없는 것에 불쾌감을 느끼고 패짓 대리공사에게 전훈(電訓)해서 독촉하게 했다. 패짓 대리공사는 7월 26일에 무쓰 외상을 만나 다음 각서를 제시했다.

'공동점령'에 관한 '킴벌리' 백작의 제의는 일청 간의 교병(交兵)[10]을 피하고, 이를 통해 담판을 할 수 있는 시일을 버는 데 그 목적이 있다.

일본 정부가 그 각서에 개진한 요구는, 청 정부의 입장에서는 단순히 자국을 격앙시키려는 수단이라고 생각했다.

청 정부는 일본 정부의 제안 중에 '정치상(政治上), 통상상(通商上) 청과 동등한 권리'라고 된 것을 '정치상, 통상상 타국과 동등한 권리'로 수정하고, 이 제의의 조건에 기초해서 담판을 계속할 것을 지금도 여전히 희망하고 있다.

---

10) 교병(交兵): 교전(交戰)

청은 시일이 지연되면 우리 권고에 쉽게 따르지 않을 것이므로, 일본 정부는 지금의 기회를 놓쳐서는 안 된다.[24]

그 전날인 7월 25일에 일청 양국 함대는 이미 조선 근해에서 개전했다. 그 소식은 아직 도쿄에 전해지지 않고 있었다. 하지만 오시마 공사가 이미 실력을 행사해서 조선 정부의 개조를 실행하고 일청 양국의 충돌이 목전에 임박한 것은 분명했으므로, 무쓰 외상은 단순히 구두로만 '정치상, 통상상 제3국과 동일한 권리는 조약을 통해 일본이 이미 향유하고 있다. 따라서 이제 청 정부와 교섭할 필요를 느끼지 못한다.'라고 회답함으로써 영국 외상의 권고에 동의할 수 없다는 것을 시사하는 데 그쳤다.[25]

【원주】

1 Mr. W. Q. Gresham, Secretary of State, to Mr. T. F. Bayard, Minister to Great Britain, July 20, 1894. No. 28.(Papers relating to Foreign Relations of the United States, 1894. Appendix I. Chinese-Japanese War). p. 38.

2 Telegram of the Ambassador at Berlin to the Minister of Foreign Affairs, July 23, 1894. Russian Documents, etc.(C. S. & P. S. R. vol. XVII, No. 4), No. 74, p. 648.

3 Telegram of the Ambassador at Paris to the Minister of Foreign Affairs, July 11, 1894. *Ibid.*, No. 50, pp. 632~633.

4 British Ambassador at St. Petersburg to the Minister of Foreign Affairs, July 9, 1894. *Ibid.*, No. 58, p. 638.

5 Telegram of the Ambassador at London to the Minister of Forign Affairs, July 11, 1894. Russian Documents, etc.(C. S. & p. S. R. vol. XVII, No. 3), No. 49, pp. 514~515; Memorandum to the Emperor by the Minister of Foreign Affairs, *Ibid.*(C. S. & p. S. R. vol. XVII, No. 4), No. 63, pp. 640~641.

6 Telegram of the Minister of Foreign Affairs to the Ambassador at Paris, July 13, 1894. *Ibid.*, No. 53, p. 635.

7 『翁文恭公日記』 23권, 光緒 20年 6月 13日.

8 『中日交涉史料』 14권, 문서번호 1138번. "光緒二十年六月十二日發北洋大臣電".

9 『中日交涉史料』 14권, 문서번호 1150번. "光緒二十年六月十三日北洋大臣來電".

10 『中日交涉史料』 14권, 문서번호 1155번. "光緒二十年六月十三日軍機處奏錄呈使照會等件片·附件 二 總理衙門與英繙譯祿福禮問答".

11 『中日交涉史料』 14권, 문서번호 1168번. "光緒二十年六月十五日軍機處奏錄呈總理衙門與英使歐格訥 問答片·附件一 總理衙門與英使歐格訥問答".

12 『中日交涉史料』 14권, 문서번호 1173번. "光緒二十年六月十六日軍機處奏錄呈總理衙門與英使歐格訥 問答片·附件一 總理衙門與英使歐格訥問答".

13 『蹇蹇錄』, 84~86쪽.

14 『日清韓交涉事件記事』(英國之部).

15 『日清韓交涉事件記事』; 『蹇蹇錄』, 85~86쪽.

16 『日清韓交涉事件記事』(英國之部).

17 위와 같음.

18 위와 같음.

19 Note of the Director of the Asiatic Department, July 18, 1894. *Ibid.*, No. 66, pp. 643~644.

20 『中東戰紀本末續編』 卷亨, 「東征電報上」, "光緒二十年六月十五日寄總署".

21 『中東戰紀本末續編』 卷亨, 「東征電報上」, "光緒二十年六月十七日寄倫敦龔欽差".

22 『日清韓交涉事件記事』(英國之部); 『蹇蹇錄』, 90~91쪽.

23 Memorandum of the Ministry of Foreign Affairs, July 24, 1894. *Ibid.*, No. 77, pp. 649~650.

24 『日清韓交涉事件記事』(英國之部).

25 『日清韓交涉事件記事』(英國之部); 『蹇蹇錄』, 90쪽.

미국·이탈리아 양국의 조정

러시아·영국 양국 정부가 일청 양국의 분쟁 조정에 나선 것은 청 정부의 요청과 함께 극동에서의 자국의 발언권을 유지하기 위해서였지만, 미국 정부가 조정을 시도한 것은 조선국왕의 요청에 따라 도덕적 견지에서 비롯된 것이었다.

당시 경성공사관 서기관(뒷날 변리공사 겸 총영사) 호러스 뉴턴 알렌(Horace N. Allen, 安連)은 처음에 선교의사로 내한해서 갑신변란 당시 민영익의 중상을 치료한 것을 계기로 국왕과 척족의 두터운 신뢰를 받았다. 이후 조선 궁정의 열렬한 미국 의존성도 알렌 서기관의 개인적 감화(感化)에 의한 것으로, 역대 주한미국공사들도 그 방침을 많이 따랐다. 이번에 조선내란을 계기로 일청분쟁이 발생했을 때도 열강은 일청 양국의 주장을 듣는 데만 급급해서 조선의 안녕과 이익을 도외시하는 경향이 있었다. 미국 변리공사 존 실(John M. B. Sill, 施逸)이 조선국왕의 요청에 따라 조정에 나선 것은 오히려 당연했다.

메이지 27년 6월 18일에 통리아문은 독판의 신함(信函) 형식으로, 양호순변사(兩湖巡邊使) 이원회의 전보에 기초해서, '동학비도(東學匪徒)의 괴수는 이미 모두 섬멸하고 잔당은 애걸하고 있다. 모두 병기를 풀고 일제히 귀화해서, 전라도 전역의 요기(妖氣)가 완전히 소멸되어 백성들이 편안히 생업을 누리고 있다.'는 사실을 통고하고, 특히 일본공사에게는 이를 이유로 철병을 요청했다.[1] 이와 동시에 일청 양국 군대를 동시에 철수시키기로 하고, 그 조정을 미국 대통령에게 의뢰하기로 결정했다. 아마도 실 공사와 알렌 서기관의 권고에 따른 것이었으리라. 이에 미국주차변리공사 이승수(李承壽)에게 전명(電命)해서―이 전보 또한 미국공사관을 경유했을 것이다.―필요한 훈령을 내렸다.[2]

이승수 공사는 미국 국무장관 월터 그레셤에게 회견을 요청해서 본국 정부의 훈령에 따라, 현재 조선에 일청 양국의 대규모 부대병력이 주둔하고 있는 것은 조선의 주권을 침해할 위험이 있음에도 불구하고 조선 정부는 이를 저지할 힘이 없는 사정을 설명하고, 미국이 공정한 권고와 우호적 조정을 해 줄 것을 요청했다.[3] 국무장관은 대통령 그

로버 클리블랜드(Grover Cleveland)에게 품신(稟申)한 후 조선국왕의 요청을 받아들이기로 결정하고, 6월 22일에 국무장관 임시대리 에드윈 얼(Edwin F. Uhl)의 이름으로 실 공사에게 전명(電命)했다.

한국과 그 국민의 복지에 관한 미국의 우호적 관심의 관점에서, 대통령의 지시에 따라 귀하에게 평화로운 상태를 보존하기 위해 모든 가능한 노력을 할 것을 명함.[4]

앞에서 서술한 것처럼 미국 정부에 단독조정을 의뢰한 것은 실 공사 등의 권고에 따른 것으로 보인다. 그런데 조선 정부는 이 때문에 관계 열강의 감정을 해칠 것을 우려해서, 6월 24일에 별도로 일본과 청 대표자를 제외한 영국·미국·독일·프랑스·러시아 등 5개국 대표자들에게 동문통첩(同文通牒)을 보내서 각각 본국 정부에 청훈(請訓)한 후 조정에 나서 줄 것을 간청했다. 그중에서 실 공사에게 보낸 조회 전문은 다음과 같다.

대조선 독판교섭통상사무 조(趙)가 조회함.

본 독판은 우리 대군주 폐하의 칙지(勅旨)를 받았습니다. 이에 우리나라의 현재 정형(情形)을 각국 공사·영사에게 알려서, 조약을 맺은 각국 정부에 편히 전품(轉稟)하게 합니다.

지금 중·일 양국 병정이 조선 경내(境內)에 웅크리고 있습니다. 중국병정은 바로 우리 정부가 근일의 토비(土匪)를 토벌하는 데 도와 줄 것을 요청했지만, 일본병정은 요청을 하지 않았는데 온 것이요, 또 조선 정부가 누차 거절하고 막았습니다. 다만 저들의 성명에 따르면, 조선에 주재하는 그 나라 인민을 보호해서 위태로운 환난을 면하게 하기 위한 것이라고 합니다. 현재 양국 병정이 모두 이곳에 있을 필요가 없습니다. 만약 일본이 철병을 수락한다면 중국은 현재 시세를 살펴서 또한 철병을 허락할 것이로되, 일본 관원은 중국이 군대를 철수하기 전에 먼저 철병하기를 원치 않으며, 그동안 상의해 온 양국의 동시철병은 일본이 또 따르려고 하지 않습니다.

이제 태평한 때를 맞이하여 오히려 대군이 경내에 주둔해서 마병(馬兵)과 포대(砲隊)가 언덕 위에 성채를 쌓고 대포를 설치하고, 길가의 요충지를 모두 점거해서 지키고 있으니, 앞으로 각국이 서로 효빈(效顰)[1]할까 참으로 두렵습니다. 생각건대, 이 일은 승평한 시세에 장애

---

1) 효빈(效顰): 중국 춘추시대 월(越)나라의 미인 서시(西施)가 속병이 있어 얼굴을 찡그리는 습관이 있었는데, 그 모습마저도 아름다워서 남자들을 설레게 했다. 이를 보고 이웃의 추녀(醜女)가 자기도 얼굴을 찡그리자 더욱 못나 보였다는 고사에서 유래한 말로, 물색없이 남을 따라하거나 남의 단점을 장점인 줄 알고 모방하는 어리석음을 비유한다.

가 될 것이요, 또한 우리 대군주 폐하께서 관할하시는 강우(彊宇)에도 지장이 있을 것입니다.

본 독판은 여쭙습니다. 각국 사신과 정부의 의견은 어떠합니까? 일본과 조선이 모두 화평(和平)하여 근심이 없는 때 일본이 조선 땅에 중병(重兵)을 보내서 주둔케 하는 것은 실로 만국공법(萬國公法)에 위배된다는 사실을, 본 독판은 우리 대군주 폐하의 칙지를 받들어 성명합니다. 이상의 각 정형을 각국 공사와 영사께서는 이미 환히 알고 계실 것이니, 부디 중간에서 방도를 마련해서 잘 조정(調停)해서 처리해 주시기를 간절히 바랍니다.

이상과 같이 대미(大美) 흠명주차조선편의행사대신(欽命駐箚朝鮮便宜行事大臣) 겸 총영사 시(施)에게 조회함.

갑오 5월 21일[5]

이 동문조회(同文照會)의 접수와 동시에 실 공사는 당일로 국무성의 훈전(訓電)에 대한 회답을 발송해서, '조선의 내란이 이미 진정됐음에도 불구하고 일본이 여전히 군대를 주둔하는 것은, 조선의 이익을 크게 침해하는 것으로 어떤 정치적 야심이 있는 것이 아닌지 의구심이 든다. 조선국왕은 국무장관이 일본 정부에 조정 의사를 표시해 줄 것을 간절히 바라고 있다.'는 뜻을 상신했다. [실 공사의 6월 24일자 전보의 마지막 문장은 "국왕은 귀 장관이 일본 정부와의 사이에서 조정해 줄 것을 부탁하셨다."라고 되어 있는데, 국무성은 이를 "국왕은 일본 정부와 열심히 조정을 진행하고 있다."라고 고쳤다. 이렇게 고친 이유는 알수 없다.]

전보 접수. 저는 평화를 위해 가능한 모든 노력을 이미 다했으며, 앞으로도 그렇게 할 것임. 한국의 반란은 자체적으로 진압됨. 수천 명의 중국군과 일본군이 한국을 점령 중임. 어느쪽도 먼저 철수하지 않을 것임. 양국 군대가 여기 주둔하는 것은 매우 위험함. 중국인은 동시 철병을 선호함. 일본인은 완고함. 그들의 최종 목표가 의심스러움. 일본은 전쟁을 바라는 것처럼 보임. 한국의 통합성(integrity)이 위협받고 있음. 국왕은 귀 장관이 일본 정부와의 사이에서 조정해 줄 것을 요청했음(국왕은 일본 정부와 열심히 조정을 진행 중).[6]

실 공사가 기대한 것, 다시 말해서 조선국왕이 기대한 것은 미국 정부가 적극적으로 일청 간의 조정에 나서고, 특히 일본 정부에 압박을 가해서 철병을 실행하게 만드는 데 있었다. 하지만 대통령은 오히려 실 공사에게 조선 국내의 평화를 유지하도록 노력할 것을 명했다. 실 공사는 통리아문으로부터 동문조회(同文照會)를 받은 영국·러시아·프랑스·독일 4개국 대표자들을 6월 25일[2])에 미국공사관으로 불러서, 일본공사와 청 주재관에게 연명통첩(連名通牒)을 보내 양국 군대의 동시철병을 요청할 것을 제의했다. 독일영사 크리엔(F. Krien)은 본국 정부에 청훈해야 한다는 이유로 거절했지만, 나머지 3개국 대표자들이 동의를 표했으므로 당일로 다음과 같은 연명통첩을 발송했다.

1894. 6. 25. 한국, 서울.

각하, 한국 정부는 한국의 현재 상황과 관련하여 우리의 우호적인 조정을 요청했으며, 아울러 현재의 난국을 해결하기 위한 방법으로 한국 영토에서 중국과 일본 군대의 동시철병을 제안했음을 알려드립니다.

아래 서명한 각국의 대표자들인 우리는, 우리 정부들이 우호적 관계를 맺고 있는 두 대국의 명예와 위엄에 부합하는 방침으로 각하께서 긍정적으로 검토하실 수 있도록 이 제안을 엄숙히 제출합니다.

한국 영토에 외국 군대가 계속 주둔하는 것은 우리 국민들의 안전을 위협하는 분규로 쉽게 이어질 수 있습니다. 따라서 우리는 이번 사건으로 인해 우리 정부의 이익이 크게 영향을 받고 있음을 각하께서 충분히 이해하시리라고 믿습니다.

각하께서 이 통첩을 최대한 조속히 귀 정부에 전달해 주신다면 매우 감사하겠습니다. 물론 우리는 동시에 한국 정부의 요청을 즉시 각각의 정부에 전달할 것입니다.

이만 줄입니다.

미국 대표 존 실(John. M. B. Sill)
러시아 대표 파울 드 케르베르크(Paul de Kehrberg)
프랑스 대표 J. 르페브르(J. Lefèvre)
영국 대표[7] C. T. 가드너(C. T. Gardner)

6월 25일의 각국 대표자들의 연명통첩에 대해 오토리 공사와 원세개는 요구에 따라 즉시 본국 정부에 보고하겠다고 약속하는 데 그쳤다.[8]

6월 26일, 오토리 공사는 국왕을 알현했다. 이 자리에서 그는 조선의 내정개혁의 필요성을 아뢰고 5개조의 개혁조건을 제시하면서 이에 대해 전면적인 동의를 얻기 전까지 철병을 거부한다는 뜻을 성명했다. 조선국왕과 척족은 6월 28일에 다시 이승수 변리공사에게 타전해서, 미국 국무장관을 만나 현재의 일청분쟁을 해결하기 위해서는 강력

---

2) 원문에 7월 25일로 되어 있으나 문맥상 6월 25일의 잘못인 것으로 보고 고쳤다.

한 열국회의를 소집할 필요가 있음을 설명하게 했다. 며칠 후 국왕은 세 번째로 이승수 공사에게 전명(電命)해서, 그레섬 장관과 회견을 갖고 일본·청·한국에 주재하는 미국 대표자에게 전훈(電訓)해서 조선의 평화를 유지하고 일본군의 즉시 철수를 요구하도록 노력해 줄 것을 요청하게 했다.[9]

세 차례에 걸친 이승수 공사와의 회담에서 그레섬 장관은, '미국 정부의 방침이 조선 정부에 동정을 가지고 그 주권의 존중을 희망하는 데 있는 이상, 국무성은 조선 및 일청 양국에 대해 엄정 중립의 태도를 취하지 않을 수 없다. 또 일본에 대해 어떤 수단을 강구하는 것은 우호적 성격을 가지는 것에 한하며, 또 제3국과의 공동간섭은 절대로 불가하다.'라고 설명했다.[10]

그레섬 장관의 말은 사실상 실 공사가 시사했던 대일 조정의 거부나 다름없었다. 그 후 실 공사는 조선 궁정과 밀접한 연락을 취하면서, 만일 경성 왕궁이 일본군대의 공격을 받을 경우 국왕, 왕실 및 정부 고관을 공사관 안으로 수용할 준비를 갖추었다.[11]

조선국왕이 실 공사를 통해 미국 정부의 조정을 요청한 것은 이렇게 실패로 끝났지만, 미국 정부의 우호적 조정은 생각지도 않은 방면에서 실현됐다.

주일미국특명전권공사 에드윈 던(Edwin Dun)은 조선의 내란을 중대시해서 이미 6월 7일에 무쓰 외상과 회견을 갖고 그의 설명을 들었는데, 6월 27일에 다시 외무차관 하야시 다다쓰와 회견을 갖고 최근의 일청교섭에 관해 설명을 요구했다. 하야시 차관은 그 날까지의 일청교섭 경과, 특히 조선 내정의 공동개혁 제안 및 청의 거절에 관해 상세히 설명했다. 하야시 차관의 말에 따르면, '현재의 형세는 물론 중대하지만, 일본 정부는 청이 마지막에 양보해서 일본의 조선 내정개혁안에 합류할 것으로 믿고 있다. 청이 일본의 희망에 동의할 것은 어쩔 수 없는 사실이다. 그렇지 않으면 오직 개전(開戰) 한 가지 길만 있을 뿐이다. 일본 정부는 현재 고려 중인 내정개혁안이 실행될 때까지 조선에서의 지위를 유지할 결심을 갖고 있지만, 일본의 이익이 영구적으로 확립되는 데 필요한 평화와 질서는 확실히 유지될 전망'이라는 것이었다.[12]

던 공사는 하야시 차관과 회견한 다음 날인 6월 28일, 국무성에, "조선 문제와 관련하여 일청관계가 중대화됨. 그러나 일본 정부는 사건이 평화적으로 해결될 것을 기대함."이라고 보고했다.[13]

당시 미국 정부는 외국에 있는 공사관과 영사관의 통신비를 극도로 삭감했다. 이에 따라 외국 주재 사신들은 가능한 한 전신 보고를 줄이고, 부득이한 경우에는 전문(電文)

을 최대한 간단히 만드는 경향이 있었다. 6월 28일의 던 공사의 전보는 그 일례로, 일본 정부의 결의를 전하기에는 매우 불충분했다. 이 전보를 받은 그레셤 장관은 던 공사 전보의 진의를 파악할 수 없었으므로, 다음 날인 29일에 다음과 같이 던 공사에게 전훈(電訓)했다.

> 미국은 일본과 한국에 대해 가장 우호적인 감정을 간직하고 있음. 후자의 무력함 (helplessness)을 고려하여 귀하는 일본이 한국에 군대를 파견한 이유 및 한국에 대한 일본의 요구와 그 이유를 조사해서 보고할 것.[14]

그런데 던 공사는 이 전훈과 서로 엇갈려서 전보를 보냈다. 그 내용은 일본 정부가 주청공사를 소환한 이후에 청에 남은 일본 정부의 공문서 보관 및 거류민 보호를 미국 정부에 의뢰하려는 뜻이 있음을 상신하는 것이었다. 국무장관은 당일로 청이 동의하기만 하면 대통령은 일본 정부의 희망을 흔쾌히 수락할 뜻이 있다고 회훈(回訓)했다.[15]

6월 29일자 국무장관의 훈전(訓電)에 기초하여 던 공사는 무쓰 외상과 회견을 가졌다. 이 자리에서 무쓰 외상은 '일본의 출병은 메이지 18년 톈진협약에 의거한 것으로, 일본 정부는 조선 국내의 평화를 유지하기 위해 청과 공동으로 조선의 내정개혁을 기도했으나 청에게 거절당해서 단독개혁을 결의한 것이다. 결코 영토적 야심을 가진 것이 아니다.'라고 설명했다. 이와 관련하여 던 공사는 7월 3일에 다음과 같이 보고했다.

> 일본 외무장관은 제게 일본군의 조선 파견은 무엇보다 '82년의 협약에 의거해서 이뤄진 것임을 확인했음. 중국의 대규모 파병의 조회 통지는 '82~84년 사건의 재발을 예방하기 위해 일본군의 증원을 불가피하게 했음. 한국의 반란은 부패와 압제에 기인함. 일본은 장래의 평화를 보장하기 위해 근본적인 내정개혁을 요구하며, 이 목적을 위해 중국과의 공동 행동을 제안했음. 중국은 거절함. 중국의 거부로 개혁은 일본에 의해 수행될 것임. 일본은 영토 확장의 의도를 전적으로 부인함. 상황의 진전은 이제 중국이 만들어야 함. 베이징에서의 미국의 거중조정(Good Offices)은 협상을 재개시킬 수 있을 것임. 또는 이곳에 있는 중국공사를 통해 거중조정을 시도할 것을 제안함.[16]

던 공사의 보고는 7월 5일에 국무성에 도착했다. 그레셤 장관은 숙고한 끝에 일본 정부가 조선내란의 진정에도 불구하고 여전히 철병하지 않고 급격한 개혁을 강요하는 것을 부당하다고 보고, 대통령의 이름으로 일본 정부에 경고하기로 결정했다. 이에 따라 7월 7일에 던 공사에게 다음과 같이 전훈(電訓)했다.

> 귀하의 다섯 번째[세 번째] 암호전보를 접수했음. 한국의 변란이 이미 진정돼서 국내가 평화로움에도 불구하고 일본이 철병을 거절하고 한국 내정의 급진적 개혁을 요구한다는 소식을 듣고 미국 정부는 크게 유감으로 생각함.
>
> 일본의 요구는 중국이 일본군과 중국군의 동시철병을 희망한다는 점에 비춰 볼 때 더욱 주목할 만한 것임. 일본과 한국 양쪽에 참된 우의를 간직하고 있는 미국은 한국의 독립과 주권이 존중받기를 희망함. 귀하는 도쿄의 정부에 만약 일본이 그 미약하고 스스로 지킬 능력이 없는 이웃나라를 부당한 전쟁(unjust war)의 참상에 이르게 한다면, 대통령은 깊이 실망할 것이라는 뜻을 전달할 것.[17]

이 훈령은 조선 문제에 대한 일본 정부의 행동을 완전히 정당하지 않다고 단정한 것으로, 그 내용의 준엄함은 메이지 27년 6월 30일의 히트로포 러시아공사의 공문, 그리고 7월 21일의 영국 외무대신 킴벌리 백작의 각서에 필적할 만했다.

그레섬 장관이 던 공사에게 훈령을 발송한 당일, 주미일본특명전권공사 다테노 고조(建野鄕三)는 다른 용건으로[아마도 일미조약의 개정 문제였을 것이다.] 국무성을 방문했다. 그레섬 장관은 다테노 공사와의 회견석상에서 불행한 조선 문제를 언급하고, 조선 정부가 미국의 도움으로 일청 양국군을 조선에서 철수시키기를 열망하고 있음을 전했다. 다테노 공사는 조선의 반란은 내정문란과 정부의 부패로 인해 발생한 것이기 때문에 그 개혁 목적을 달성하기 전에는 철병할 수 없다고 설명했다. 그레섬 장관은 일본과 미국의 다년간의 친선관계에 기초해서 솔직하게 하는 말이라고 전제한 후, 미국 정부는 일본이 약소한 이웃나라에 대해서 간절하고 공정한 태도를 취하지 않고 있으며, 또한 미국은 일청 양국에 대해 충심으로 경의를 갖고 있지만 일본이 조선 영토 내에서 청과 개전할 결의를 한 것처럼 보이는 것은 대단히 유감이라고 힘주어 말했다. 다테노 공사는, 일본 정부는 조선 영토에 대해 어떠한 야심도 없으며, 그 요구는 평화를 유지하기 위한 것이라고 해명했다. 마지막으로 다테노 공사가 매우 솔직한 태도로 일본의 정세를 설명하여, '현재 이토 내각이 취하고 있는 자유정책(自由政策)은 일본 국민들에게 매우 큰 불만을 사서 중대한 정치적 변란이 발생할 위험이 역력하다. 따라서 국민의 주의(注意)를 국내의 불안으로부터 전환시키기 위한 필요에서 청과의 개전은 오히려 진심으로 환영

하는 바'라고 말한 것은 대단히 주목할 만하다.[18]

국무장관의 훈령에 따라, 던 공사는 7월 9일에 무쓰 외상과 회견을 갖고 다음 공문을 전달했다.

서간으로 말씀드립니다. 다름이 아니라, 오늘 아침에 미국 국무장관의 전훈(電訓)을 접수했으므로 귀 대신에게 통지하기 위해 그 번역사본을 봉입(封入)합니다. 그 훈전의 내용은 다음과 같습니다.

조선의 변란이 이미 진정되어 국내가 평화로움에도 불구하고, 일본이 철병을 거절하고 조선 내정에 대해 급격한 개혁을 요구한다는 소식을 듣고 미국 정부는 대단히 유감으로 생각함. 청이 일청 양국의 동시철병을 희망하는 사실에 비춰 볼 때, 그와 같은 요구는 다른 국가의 주목을 크게 부르는 것임. 미국 정부는 일본과 조선 양국에 대해 깊은 우의(友誼)를 간직하고 있으므로 조선의 독립과 주권이 존중받기를 희망함.

따라서 본 공사는, 이 전문(電文)에서 귀국 정부에 다음과 같이 전하라는 훈령을 받았습니다.

만약 일본이 명분 없는 군대를 일으켜서 그 미약하고 방수(防守)할 수 없는 이웃나라가 병화(兵火)의 수라장(修羅場)에 이르게 한다면, 대통령은 깊이 실망할 것임.

본 공사는 이에 거듭 각하에게 경의를 표합니다.

1894년 7월 9일
아메리카합중국
특명전권공사 에드윈 던
외무대신 무쓰 무네미쓰 각하[19]

무쓰 외상은 미국 정부의 엄중한 경고를 받았지만, 종전의 일미관계로 볼 때 이는 전적으로 인도적 견지에서 나온 것으로 일청 간의 분의(紛議)에 적극적으로 간여하려는 의지를 가진 것은 아니라고 판단했다. 특히 던 공사는 기사(技師)와 외교관으로 일본에 오래 체류해서 일본 정세에 밝았다. 이를 다행으로 여긴 무쓰 외상은 조선 내란의 성격으로부터 일본이 내정개혁에 착수하기까지의 사정을 설명하고, 또 '일본 정부는 조선에 대해 어떠한 영토적 야심도 갖고 있지 않으며, 성심으로 그 자주(自主)를 희망한다. 사태가 이 지경에 이른 것은 오히려 조선의 독립을 저해하는 청 정부의 야심에 원인이 있다.'

라고 해명한 후, 당일로 회답문서를 보냈다.[20]

　서한으로 말씀드립니다. 다름이 아니라, 오늘자 귀 서한을 통해 조선 사건과 관련해서 귀국 국무장관 각하로부터 수령한 전보를 해독해서 송부하신 것과 아울러 각하께서 말씀하신 내용을 받았습니다.

　제국 정부가 현재 조선에 대해 계획하는 것은, 굳이 흔단(釁端)을 열려는 것이 아니라 오로지 그 나라의 안녕질서 및 국정(國政)의 선량(善良)을 기약하려는 것입니다. 그리고 제국 정부가 결코 그 나라의 독립 및 자주를 중시하지 않는 조처를 취한 일이 없음은 본 대신이 각하께 보증합니다.

　제국 정부는 조선의 안녕에 배치되는 마음을 추호도 갖고 있지 않으며, 따라서 양국 간에 충돌을 빚을 우려도 없습니다. 이웃나라에 흔단을 초래하는 것은 제국 정부가 더욱 바라지 않는 바일 뿐만 아니라, 제국 정부는 오히려 종래 누차 발생한 내홍(內訌)과 변란(變亂)을 장래에 예방할 것을 기약했습니다. 그리고 이러한 기망(期望)은, 그 나라 인민들의 고정(苦情)[3]의 주된 원인, 즉 관장(官場)[4]의 폐두(弊竇)[5]·탐람(貪婪)·비정(秕政)을 닥치는 대로 삼제(芟除)[6]하지 않으면 이루지 못할 것으로 믿습니다.

　제국 정부가 조선 정부에 권고한 개혁은, 정치를 개선하고 이를 통해 그 민복(民福)의 증진을 기약하려는 것입니다. 만약 조선 정부에 스스로 심사(審思)[7]한 대로 일임했더라면, 그러한 개혁을 실행했을지의 여부는 거의 의심할 필요가 없습니다. 하지만 조선 사건에 대한 청 정부의 거동은 상리(常理)에서 벗어나서 귀일(歸一)[8]하는 바가 없었습니다. 이 때문에 불행히도 조선 정부의 개선을 지연시켰을 뿐만 아니라, 끊임없이 동방아세아(東方亞細亞)의 안녕을 방해해서 불온한 우려를 낳게 한 것입니다.

　청의 조선 파병은 조선 정부의 요청에 응하여 그 변란의 진정을 돕기 위해서지만, 제국 정부의 파병은 조약의 권리에 기초한 것으로 자위를 위해서입니다. 그런데 이제 청 정부는 그 변란이 이미 진정된 것을 구실로 일청 양국 군대를 동시에 철수할 것을 제의했습니다. 그렇지만 제국 정부의 소견에 따르면, 그 변란이 발생한 원인이 아직 완전히 제거되지 않았을 뿐만 아니라, 당장 그 변란도 아직 진정되지 않은 듯 보입니다. 또 현재의 형세를 봐도 아직 안

---

3) 고정(苦情): 괴로운 사정, 고충
4) 관장(官場): 관계(官界)
5) 폐두(弊竇): 폐단(弊端)
6) 삼제(芟除): 베어서 없애 버림
7) 심사(審思): 신중하게 고려함
8) 귀일(歸一): 일치(一致), 통일(統一)

심할 수 없습니다. 따라서 제국 정부는 지금 군대를 철수할 이유가 없을 뿐더러, 철군은 득책이 아니라고 확신합니다. 그러나 제국 정부는 조선의 정형(情形)이 언젠가 우리 군대를 모두 철수할 수 있는 때가 오기를 기쁘게 기다리고 있습니다. 이에 거듭 각하께 경의를 표합니다. 경구(敬具).

메이지 27년 7월 9일
외무대신 무쓰 무네미쓰
아메리카합중국
특명전권공사 에드윈 던 각하[21]

던 공사가 무쓰 외상 및 하야시 외무차관 등과 몇 차례 회견을 하면서 받은 인상을 종합하면, '이번 조선 문제는 단순히 일본 정부의 주장에 불과한 것이 아니다. 차라리 정부가 국민의 음모 및 끝을 모르는 호전적인 국민정신에 자발적으로 뛰어든 것이다. 따라서 온 국민은 한 마음으로 정부의 조선정책을 지지하고 있다. 설령 정부가 물러서고 싶어도 그렇게 할 수 없는 상태에 빠져 있다. 정부가 당초의 목적을 달성하지 못하거나 또는 군비 배상을 획득하지 못한 채 조선에서 철병한다면, 여론의 강력한 반대에 직면해서 도저히 그 지위를 유지할 수 없으리라.'는 것이었다.

일본은 현재 조선에서의 사명이 법, 질서, 장래의 평화를 위한 것이라고 선언했음. 그 목적은 건설을 위한 것이며 파괴하려는 것이 아님. 일본이 착수한 과업에서, 강한 이웃나라가 자국에 지나치게 접근하는 것을 막기 위한 영구적인 방패로서 안정된 정부와 확고한 주권을 수립하고자 하는 희망이 의심할 여지없이 영향을 미쳤음.

일본이 착수한 과업의 성패 여부는 오직 시간만이 알려 줄 것임. 일본은 그 시도를 위해 뛰어들었고, 끝을 모르며 호전적인 정신을 가진 일본 국민은 설령 일본 정부가 물러서기를 원하더라도 그것을 용인치 않을 것임. 일본 민족은 정부의 대한정책을 지지하고, 시작한 과업의 성취를 촉구하기 위해 마지막 한 사람까지 단결하고 있음. 만약 일본 정부가 작은 목적을 달성하거나 파병의 규모와 비용에 상당하는 이익을 얻지 못하고 조선에서 철병한다면, 대단히 확고해서 무시하거나 감당할 수 없는 대중의 반감에 직면할 것임.

일본 정부는 이제 물러설 수 없음. 그들은 그 민족이 달성할 것을 요구하는 과업에 스스로 뛰어들었음.[22]

던 공사는 아마도 조선 문제에 대한 일본 정부의 결의와 여론의 실체를 파악한 유일한 외국 사신이었을 것이다. 그럼에도 불구하고, 그는 무쓰 외상의 보증을 신뢰해서 일본 정부가 먼저 전쟁을 도발하지 않을 것으로 확신하고 있었다. 7월 10일에 외무대신의 회담 요지를 국무장관에게 보고하면서 그는, "제 견해로는 일청 간에 전쟁 가능성은 없음"이라고 단언했다.[23]

그레섬 장관은 아마도 던 공사의 전신 보고에 만족하지 않았을 것이다. 그러나 그의 의도는 단순히 일본 정부에 경고를 주는 데 있었고, 적극적으로 조정에 나선 것이 아니기 때문에 더 이상 나서서 일본 정부에 의사 표시하는 것을 피했다.

한편, 러시아와 영국 두 나라는 자국의 조정(調停)에 유리하도록 미국이 일본·청·한국 3국에서 갖는 세력과 명망을 이용하고자 했다. 특히 영국의 움직임이 대단히 활발했다.

메이지 27년 7월 초, 주청영국공사 니콜라스 오코너가 일청 간의 조정을 맡게 되자 주청미국임시대리공사(후에 특명전권공사) 찰스 덴비(Charles Denby, Jr., 田貝)에게 회견을 요청해서, 미국 정부의 주도하에 여러 나라가 연합해서 일본의 적대행동을 중지하도록 경고하는 방안을 제의했다. 오코너 공사의 말에 따르면, 자신은 청 정부와 연락을 취하고 있어서 청 정부가 이러한 종류의 행동을 환영할 것을 알고 있다는 것이었다. 덴비 대리공사는 총리아문의 직접 요구가 아니면 그러한 종류의 행동에 나설 수 없다고 일단 거절했지만, 그럼에도 7월 3일에 국무성에 타전해서 현재 형세의 중대함과 청 정부가 평화적 해결을 희망해서 영국·러시아 양국에 조정을 의뢰한 사실을 보고했다.[24]

덴비 대리공사의 의향은 바로 전달됐던 듯, 7월 7일에 이홍장은 톈진 주재 미국영사를 통해 미국 정부가 열강을 주도해서 일본 정부에 철병을 강제해 줄 것을 요청했다.[25] 덴비 대리공사는 다음 날인 8일에 국무성에 타전했다. 또한 이 문제와 관련해서 이홍장이 주미청특명전권공사 양유(楊儒)에게 훈전(訓電)한 것이 있었으므로, 양유 공사는 7월 13일에 그레섬 장관을 만나 일청 양국군 철병문제의 경과를 설명하고, 미국 정부가 일본·청·한국 3국 주재 공사들에게 훈령해서 일본이 전쟁 도발 행동을 단념하도록 진력해 줄 것을 의뢰했다. 그레섬 장관은, '미국 정부는 일청 양국 간의 평화를 희망하지만 오직 권고만 할 뿐 간섭은 불가능하다. 또 이미 대통령의 명령에 따라 던 공사에게 일본 정부에 우호적 권고를 행할 것을 명했다. 미국은 제3국과 연합하여 어떠한 종류의 간섭도 행할 수 없다.'라고 설명했다.[26]

이보다 앞서 7월 8일에 영국대사 줄리언 폰스포트가 킴벌리 외상의 명에 따라 그레섬 장관과 회견을 갖고 영국과 협력해서 일본과 청 간의 조정을 제의했다가 거절당한 것은 이미 앞 절에서 서술했다.[27]

7월 19일에 주일청공사 왕봉조는 던 공사를 방문해서, 일청 간 국교단절 시 일본에 있는 청 신민의 보호를 미국 정부에 의뢰하고 싶다는 의사를 표시했다. 그런데 일본 정부도 같은 희망을 표명하고 있었으므로, 던 공사는 덴비 대리공사에게 연락을 취해서 일본 외무성과 청 총리아문의 동의를 얻은 후 국무성에 보고해서 허가를 받았다. 7월 24일 개전 직전의 일이었다.[28]

총리아문과 이홍장 모두 미국 정부의 조정에는 기대를 걸지 않았던 듯, 총리아문과 덴비 대리공사 간, 이홍장과 주미청공사 양유(楊儒) 간의 왕복 전보는 『광서조중일교섭자료(光緒朝中日交涉資料)』·『이문충공전집(李文忠公全集)』「전고(電稿)」에는 보이지 않는다.

일청분쟁의 무대에 마지막으로 등장한 나라는 이탈리아다. 이탈리아가 극동지역과 깊은 이해관계를 갖는다고는 누구도 생각하지 않았으므로 그 활동을 기대한 사람은 아무도 없었다. 메이지 27년 7월 초, 영국 외무대신 킴벌리 백작이 영국·미국·러시아·독일·프랑스 5개국과 협력해서 일본에 철병 제안을 할 것을 고려했지만, 이탈리아의 참여는 문제가 되지 않았다. 이 사실을 안 주영이탈리아대사는 자국이 무시당한 것에 경악하여 킴벌리 외상에게 항의하고 이탈리아의 참여를 인정받았다고 한다.[29] 이러한 점을 고려할 때, 이탈리아 공사가 일청개전 직전에 조정을 제의한 것은 극동에서의 자국의 지위를 관계열국에 인식시키기 위한 것으로, 조정의 성사 여부는 별개의 문제였다고 이해할 수 있다.

메이지 27년 7월 25일에 주일이탈리아특명전권공사 레나토 디 마르티노(Renato de Martino)는 외무대신과의 회견을 요구해서 일청분쟁의 조정을 제의하고, 다음 각서를 전달했다.

첫째, 청 위원과의 공동협의는 장래의 일에 한하며, 청은 일본이 청과 무관하게 이미 단독으로 수행한 사업에 관여할 수 없다.

첫째, 조선 정부가 이미 만족의 뜻을 표시한 우리의 제출안을 청 정부에서 흔연히 승낙하지 않는다면, 일본은 처음의 지위로 돌아갈 수 없다.

둘째, 양국 정부는 조선국왕에게 제출한 개혁안을 반드시 채용하게 할 것을 약속한다.

셋째, 조선에서 양국이 동등하게 향유할 수 있는 권리에 '정치상(政治上)'이라는 용어를 남겨 둔다.

둘째, 단순히 조선국왕에게 권고하는 것은 효과를 거둘 수 없다.

셋째, 일본의 대표자는 조선 궁정에서 동등한 대우를 향유할 필요가 있다.

첫째, 조선 정부에서 이미 만족의 뜻을 표시한 일본의 제출안을 청 정부에게 승인시키기 위해서는, 그 승인을 요구받은 자[즉, 청을 가리킴]에게 그 제출안을 심사하게 할 필요가 있다. 또한 그 밖의 오해를 피하고, 또 일본 정부가 혼자 힘으로 이미 수행한 사업에 관해 그것이 가진 주의(主意) 및 목적 등을 설명할 수 있는 기회를 주기 위해, 양국이 위원을 임명해서 신속히 회동하게 한다. 단, 경성에서는 불가하다.

둘째, 단순히 조선국왕에게 권고하는 것이 효과를 거두지 못한다면, 강핍(强逼)[9]의 수단을 사용하지 않고서는 어떤 수단도 결코 효과를 거둘 수 없을 것이다. 하지만 강핍의 수단을 사용하는 것은 일본 정부가 굳이 원하는 바가 아니라고 생각한다. 그러나 만약 이 첫 번째 안에 관해 청과 합의한다면, 외교상 우호적인 수단을 통해 조선국왕에게 접근하여 온전히 그 주권 내의 활동을 통해, 두 제국이 권고할 개혁안을 조사·실행하기 위한 목적으로 일본 및 청의 고문관으로 협동위원(協同委員)을 조직하고, 조선국왕에게 개혁의 실행을 보증하게 할 수 있다.

셋째, '정치상'이라는 용어의 사용은 청이 의혹을 가질 우려가 있으니 일본 정부는 이 용어를 삭제하고, 그 대신에 향유하기를 원하는 '균일대우(均一待遇)'의 요점을 열거한다.[30]

이 각서를 보면 이탈리아 공사가 진작부터 조선 문제에 대한 연구를 게을리하지 않았으며, 러시아·영국 공사에게 정보를 제공받은 사실을 알 수 있다. 그러나 어쨌든 이탈리아 공사의 제안은 이미 시기가 늦어서, 일본 정부는 벌써 실력으로 조선 정부의 개조에 착수했으므로 무쓰 외상은 구체적 대안을 제시하지 않고, 당일로 다음 각서를 전달해서 디 마르티노 공사의 조정을 거절했다.

어제 이탈리아특명전권공사 각하께서 제국 외무대신에게 보내신 각서를 통해 권고하신 말

---

9) 강핍(强逼): 강압(强壓), 강요(强要)

씀에 대해 제국 정부가 확답할 수 없음은, 결코 후의를 감패(感佩)[10]하는 뜻이 깊지 않아서가 아니며, 또 조선 문제에 관해 정당한 상량(商量)을 희망하지 않기 때문이 아닙니다. 하지만 어찌하겠습니까. 이제 사태의 현재 상황이 제국 정부에게 어느 정도 신중할 필요를 느끼게 하기 때문입니다.

지금까지 일본이 누차 내놓은 제안을 청이 여러 차례 거절했으므로, 이제 더 이상 일본이 새 안을 제출할 수 없음은 물론이며, 예전에 제시한 계획안에 (우리가 시종 희망한 목적에 기초하여) 어떤 수정을 가하더라도, 우리가 그것을 받아들일지 말지조차 이제는 따질 시기가 지난 것입니다.

이러한 상황이므로 제국 정부가 이탈리아공사 각하의 권고에 대해 그 결심을 말씀드리기 위해서는 무엇보다 먼저 청 정부의 현재 의향을 아는 것이 반드시 불가결한 요점입니다. 또 제국 정부는 지금까지 누차 양여(讓與)하라는 권유를 받았으니, 이제는 우의(友誼)를 가진 각국이 긴급한 외교수단을 취해서 청에 접근하고, 평화의 정신에 기초해서 그 나라가 바라는 것을 명확히 선언하게 해야 합니다. 그렇게 한다면 이 문제에 만족스러운 해답을 줄 만한 단서에 접근할 수 있을 것입니다.

메이지 27년 7월 26일
외무성에서[31]

---

10) 감패(感佩): 깊이 감동해서 영원히 잊지 않음

[원주]

1 『統理衙門日記』40권, 甲午年 5月 14·15日; 『美案』14권, 甲午年 5月 15日.
2 국왕이 이승수 공사에게 내려보낸 훈전(訓電)은 조선 측의 기록에는 보이지 않는다. 미국 외교문서에
따르면 다음 3통이 있다. (Foreign Relations of the United States, 1894, Appendix I, pp. 29~30.)

> 서울에 있는 외국 대표들이 회의를 가졌습니다. 일본공사는 일본군대의 철수를 거절했습니다.
> 부디 미국 대통령에게 이 난국의 조정을 요청해 주시기 바랍니다. (1894. 7. 5 수신)

경복궁, 1894. 6. 28.
금일 일본 공사가 경복궁을 방문해서, 우리 영의정이나 외무독판에게 회의를 열어 우리의 정치 구조의
변혁을 지시할 것을 제게 요청했습니다. 매우 심각한 상황으로 보이며, 그는 일본군대의 철수를 거절
했습니다.
이를 국무장관에게 즉시 보여 주시고, 이 난국을 조정하고 갈등을 회피하려면 강력한 회담
(conference)이 필요함을 설명해 주십시오.

경복궁 (날짜 미상)
중국군대와 일본군대는 여전히 조선에 남아 있습니다. 외국 공사들은 현재 상황과 관련하여 회담을 열
려고 합니다. 정중히 요청하건대, 미국 정부는 청, 일본, 조선에 주재한 그 대표자들에게 갈등을 회피하
는 데 노력할 것을 훈령해 주십시오. 아울러 앞에서 말한 나라들이 그 군대를 가능한 한 빨리 철수하게
해 주십시오.

3 Foreign Relations of the United States, 1894. Appendix I, pp. 36~37.
4 Mr. E. F. Uhl, Acting Secretary of State, to Mr. J. M. B. Sill, Minister resident to Korea, June
22,1894. U. S. Foreign Relations, 1894, Appendix I, No. 14, p. 22.
5 『美案』14권, 甲午年 5月 21日; Korean Minister of Foreign Affairs to Mr. Sill, June 24, 1894. U. S.
Foreign Relations, 1894, Appendix I, p. 23.
6 Mr. Sill to Mr. Uhl, June 24, 1894. U. S. Foreign Relations, 1894, Appendix I, No. 15, p. 22;
P. J. Treat, Diplomatic Relations between the United States and Japan 1853~1895, 1932. vol.
II(1876~1895), p. 454.
7 Mr. Sill to Mr. Gresham, June 25, 1894. U. S. Foreign Relations, 1894, Appendix I, No. 16, pp.
22~23; Joint note from the Foreign Representatives at Seoul to the Imperial Chinese and Japanese
Representatives, June 25, 1894. Ibid., pp. 23~24.
8 Mr. K. Otori's reply to Foreign Representatives, June 25, 1894; Mr Yuan's reply to the same, June
25, 1894. Ibid., pp. 26~27.
9 Korean Government(King of Korea) to Mr. Ye Sung-Soo, June 28, 1894. Ibid., pp. 29~30.
10 Ibid., No. 28, p. 37.
11 Mr. Sill to Mr. Gresham, June 29, 1894. Ibid. No. 18, pp. 25~26.
12 Treat, vol. II, op. 449~450, 458~459.

13 U. S. Foreign Relations, 1894, Appendix I, No. 28, p. 37; Treat, vol. II, p. 459.

14 Treat, vol. II, p. 450.

15 *Ibid.*, p. 459.

16 *Ibid.*, p. 461.

17 *Ibid.*, pp. 461~462.

18 *Ibid.*, pp. 459~460; U. S. Foreign Relations, 1894, Appendix I, No. 28, pp. 37~38.

19 『日淸韓交涉事件記事』(米國之部).

20 Treat, vol. II, pp. 462~463.

21 『日淸韓交涉事件記事』(米國之部).

22 *Ibid.*, p. 463.

23 *Ibid.*, p. 462.

24 Mr. Ch. Denby, Chargé d'Affaires to China, to Mr. Gresham, July 6, 1894; U. S. Foreign Relations, 1894, Appendix I, No. 21, p. 30.

25 The same, July 8, 1894. *Ibid.*, No. 22, p. 30.

26 *Ibid.*, No. 28, pp. 38~39.

27 *Ibid.*, No. 28, p. 38.

28 Treat, vol. II, p. 468.

29 Despatch of the Ambassador at London to the Minister of Foreign Affairs, July 24, 1894. Russian Documents, etc. (C. S. & p. S. R. vol. XVII No. 4), No. 78, pp. 650~652.

30 『日淸韓交涉事件記事』(伊國之部).

31 위와 같음.

일청의 위기와
청의 정세

제 30 장

북양대신 이홍장과 그 외교

메이지 27년 6월, 청 북양대신 직예총독 이홍장이 조선국왕의 청원에 따라 7영(營)의 육군을 파견한 것은 동학비도(東學匪徒)를 토벌하기 위한 것으로, 강린(强隣) 일본과의 전쟁 준비는 아니었다. 이홍장 자신도 일본과 개전할 시기가 아니라는 것을 자각하고 있었다. 이홍장이 모든 외교적 수단을 강구해서 일청개전을 피하려고 했는데도 끝내 목적을 이루지 못한 것은, 물론 일본 정부의 적극정책의 중압(重壓)에 의한 것이지만 한편으로 청의 정세에 기인한 면도 적지 않다. 여기서는 이홍장의 외교, 특히 대일정책을 재검토하고 당시 청의 정세를 살펴보기로 한다.

목종(穆宗) 동치(同治) 말부터 덕종(德宗) 광서(光緖)까지 20여 년 동안 청의 외교는 공친왕(恭親王) 혁흔(奕訢)이 주재하였고, 대학사 문상(文祥), 대학사 직예총독 1등세습후(一等世襲侯) 증국번(曾國藩), 대학사 직예총독 일등세습백(一等世襲伯) 이홍장 등 만주족과 한족의 영준(英俊)한 인물들이 그를 보필하면서 이른바 동치중흥(同治中興)에 크게 공헌했다. 공친왕의 외교정책은 과거 반세기의 쓰라린 경험을 교훈으로 삼아 열국과 협조를 유지해서 양측의 마찰을 방지한다는 것이었다. 이 협조 정책은 대일관계에서도 유감없이 발휘됐다.

일청 국교 성립에 관한 교섭은 메이지 3년에 시작됐다. 당시 일본 정부는 유신 이후의 새로운 상황에 부응해서 새로운 형식으로 일청 국교를 시작하기를 바랐다. 이에 공친왕과 문상은 증국번, 이홍장 등에게 의견을 구한 후, 일부 관료들의 반대를 물리치고 일본 정부의 요구를 승인하고, 게다가 자발적으로 주일공사를 임명하고 일본의 주요 개항장에 이사관(理事官)을 주재시켰다. 조선 문제에 관해서도 마찬가지였다. 메이지 8년 9월의 강화사변(江華事變)[1] 이후 일본 정부는 병력으로 조선 정부에 국교 개시를 요구하

---

1) 강화사변(江華事變): 이른바 운요호(雲揚號) 사건을 가리킨다. 운요호 사건에 관해서는 본서 상권의 제8장 「강화도 군함 운요 포격 사건」을 참조할 것.

고, 주청일본특명전권공사 모리 아리노리(森有禮)에게 명하여 총리아문에 경고성 통고를 하게 했다. 당시 총리아문이 직예총독 이홍장과 협의한 후, 예부를 경유해서 조선국왕에게 자회(咨會)를 보내 함부로 일본과 사단을 빚지 말라고 계칙(戒飭)한 것은 이미 앞에서 서술했다. (제31절 참조)

대일외교에서 가장 협조성을 보인 것은 아마 타이완(臺灣)사변 때였을 것이다. 이 사변은 일본 정부가 청 정부의 동의도 구하지 않고 그 영토에 서식하는 번족(蕃族)을 토벌한 것으로, 명백한 주권 침해였다. 그런데 직접 책임자인 총리선정대신(總理船政大臣) 심보정(沈葆楨)이 외교·군사·인재의 세 가지 점에서 일본과 개전해서는 안 됨을 논하자, 공친왕과 문상(文祥) 등은 아직 해군력이 부족해서 일본과의 관계 결렬은 불리하다고 보고, 영국특명전권공사 토머스 웨이드(Thomas Wade)의 조정에 따라 배상금을 지불하고 평화적으로 해결했던 것이다.[1]

타이완사변에 이어서 발생한 류큐폐번(琉球廢藩) 사건에서도 대략 마찬가지였다. 원래 류큐 추잔고쿠(中山國)[2]는 중세[3] 이래로 일본과 지나에 양쪽으로 소속된[兩屬] 양상이었다. 그런데 일본 정부는 메이지 5년 8월에 류큐 추잔고쿠를 폐하고 류큐 번(琉球藩)으로 삼고, 곧이어 메이지 12년 3월에는 류큐 번을 폐하고 오키나와 현(沖繩縣)을 설치했다. 류큐 폐번은 종주국인 청의 동의를 얻지 않은 일방적 행위였다. 류큐 번왕(藩王) 쇼타이(尙泰)[4]를 비롯하여 산시칸(三司官)[5] 등은 이 무력 병합에 극력 반대했고, 몇 차례나 청 관헌에게 밀사를 보내서 진정했다. 주일특명전권공사 하여장(何如璋)도 류큐 병합에 분노한 사람들 중 한 명이었다. 그는 이미 메이지 11년 5월에 일본 국내 정세가 매우 혼란스러운 사실을 지적하고 강압 정책으로 임하는 것이 유리하다고 건의했지만, 공친왕은 이 상신을 따르지 않고 중국의 체면을 잃지 않는 정도로 원만한 해결을 시도했다. 메이지 13년 3월, 일본 외무경 이노우에 가오루는 한학으로 명성을 떨친 대장소서기관(大藏少書記官) 다케조에 신이치로에게 은밀히 지시해서 텐진으로 이홍장을 방문하여 류큐 분

---

2) 추잔고쿠(中山國): 오키나와 섬은 14세기에 호쿠잔고쿠(北山国), 추잔고쿠(中山国), 난잔고쿠(南山国)의 3개 왕국으로 통합됐는데, 경제적으로 가장 번영했던 추잔고쿠가 1416년에 호쿠잔고쿠, 1429년에 난잔고쿠를 정복해서 최초로 오키나와 섬에 통일 왕국인 류큐왕국을 세웠다고 한다.

3) 중세: 일반적으로 일본사의 중세는 미나모토노 요리토모(源賴朝)가 가마쿠라 막부를 세운 1185년부터 오다 노부나가(織田信長)에 의해 무로마치 막부(室町幕府)가 멸망한 1573년까지의 기간을 말한다.

4) 쇼타이(尙泰, 1843~1901): 류큐 쇼(尙) 씨 왕조의 제19대이자 마지막 왕(재위 기간: 1848~1872)으로서, 류큐 번 설치 이후에는 일본의 화족(華族)으로서 류큐 번왕(재위 기간: 1872~1879)에 임명됐다.

5) 산시칸(三司官): 류큐왕국의 재상. 3인제로서 왕족과 귀족들의 투표로 선출됐다.

할을 제안하게 했다. 이홍장은 총리아문과 협의한 후 대체로 동의한다는 뜻을 표시했다.

메이지 14년 4월부터 총리아문과 주청일본특명전권공사 시시도 다마키(宍戶璣)가 류큐 분할안에 관해 정식교섭을 시작했다. 그런데 이를 계기로 이른바 청류당(淸流黨)[6]이 크게 반대해서 총리아문의 연약한 외교를 비난하는 목소리가 높아지고, 또 한편으로 류큐 분할안은 거의 실행 불가능하다는 사실이 판명됐으므로 총리아문은 일단 일본공사와 성사시킨 예비협정을 파기해야 했다.[2]

류큐 문제가 채 해결되기 전에 조선 문제가 첨예하게 대두했다. 메이지 15년에 임오변란이 발생하자 양광총독(兩廣總督) 장수성(張樹聲)은 호리직예총독(護理直隸總督)[7]으로서 북양육해군을 분파(分派)해서 성공적으로 변란을 탄압했지만, 끝내 일본의 요구를 물리치지 못해서 조선에 군대를 주둔할 수 있는 권리를 승인하고 배상금 50만 엔을 인정해야 했다. 8월 30일의 제물포조약 체결 소식이 전해지자 이과급사중(吏科給事中) 등승수(鄧承修), 한림원시독학사(翰林院侍讀學士) 장패륜(張佩綸) 등은 연달아 상주해서 조선 문제를 논하고, 우세한 육해군을 집중시켜 위력을 과시함으로써 일본이 조선·류큐에 가진 야심을 단념시켜야 한다고 주장했다. 그중에서 가장 격렬한 것은 광서 8년 8월 16일(메이지 15년 9월 27일)의 장패륜의 상소였다. 그는 여기서 제물포조약을 폐기하고, 주일공사를 소환하고, 일청통상조약을 폐기해야 한다고 논했다.

동정지책(東征之策)을 은밀히 정하여 번복(藩服)을 안정시키고 국위(國威)를 펼칠 것을 청하고자 상주문을 올리오니 살펴주시옵소서.

신(臣)은 생각건대, 도광(道光)·함풍(咸豊)[8] 이래로 천하에 대환(大患)이 4개 있었으니, 월(粵)·염(捻)·회(回)·양(洋)[9]이 그것입니다. 황태후께서 두 차례 조정에 임하셔서 그중 3개

---

6) 청류당(淸流黨): 이홍조(李鴻藻)를 중심으로 장패륜(張佩綸), 진보침(陳寶琛), 오대징(吳大澂), 보정(寶廷), 등승수(鄧承修) 등으로 구성된 일파로 총리아문과 이홍장의 외교방침을 강력히 비난했다. 특히 청불사변을 전후해서 북양(北洋)과 남양(南陽)의 외교 실패, 그리고 강신(疆臣)이 실지(失地)한 죄를 탄핵하는 상소를 많이 올렸다. 이 때문에 청 조정 내에서 부득이하게 당론(黨論)이 발생했다. 청류당의 발생과 그로 인한 청 조정의 정세 변화는 본서 상권의 제17장 제48절「조선 조정의 동요」를 참조할 것.

7) 호리(護理): 청나라 관제(官制)에서 관리가 자리를 비웠을 때 그 차관(次官)이 인신(印信)을 지키며 사무를 처리하는 것을 말한다. 즉, 서리(署理)와 같은 의미이다. 당시 직예총독 이홍장이 모친상을 당해서 100일의 휴가를 얻어 고향인 안후이 성(安徽省) 허페이 현(合肥縣)으로 귀향해 있었다.

8) 도광(道光)·함풍(咸豊): 각각 청나라 선종(宣宗)·문종(文宗)의 연호로, 도광(道光)은 1821~1850년, 함풍(咸豊)은 1851~1861년이다.

9) 월(粵)·염(捻)·회(回)·양(洋): 월(粵)은 광둥(廣東) 지역을 가리키는 말로, 이른바 태평천국운동(太平天國運動)의 본거지이자 그 창시자인 홍수전(洪秀全)의 고향이 광둥 지방이었으므로 이를 월비(粵匪)라고 했다. 염(捻)은 염비(捻匪)로, 허난(河南)·안후이(安徽)·산둥(山東) 지역을 중심으로 태평천국운동과 같은 시기인 1853년부터

의 요얼(妖孽)을 잘라내셨으니, 이제 중국의 근심은 오직 하나 양무(洋務)일 뿐입니다. 그런데 동양의 환난은 서양에 의해 더욱 급박해지고 있으니, 생각건대 이는 하늘이 서양의 독(毒)을 더욱 키워서 그 멸망을 서두르려는 것입니다. 바라옵건대 우리 황태후와 황상께서는 그 죄를 성토해서 해안지역에서 군대를 일으켜 고종(高宗)의 십전(十全)의 공렬(功烈)[10]을 계승하시옵소서.

일본은 개법(改法)한 이래로 백성들이 윗사람을 미워합니다. 처음에는 봉건(封建)을 복구할 듯하다가 나중에는 민정(民政)을 개혁했는데, 사쓰마와 조슈 두 당파가 권력을 다퉈서 서로 알력을 빚고 있습니다. 국채가 산적해서 종이로 화폐를 만들고, 매번 노역을 일으켜서 물가가 등귀하므로 백성들의 원망이 들끓고 있습니다. 비록 병제(兵制)의 보무(步武)는 대략 태서(泰西)와 유사해졌지만, 밖에는 전장(戰將)[11]이 없고 안에는 모신(謀臣)이 없습니다. 그 병선(兵船)을 물어보면, 후소(扶桑) 1척이 으뜸인데 이미 철은 녹슬고 나무는 썩어서 풍파를 견딜 수 없고, 나머지는 모두 작은 대포를 갖춘 소선(小船)일 뿐입니다. 조선 사건에 공사상선(公司商船)을 임대해서 보충했으니, 중국의 정원(定遠) 철선(鐵船)과 초용(超勇)·양위(揚威) 등의 쾌선(快船)과 차이가 큽니다. 그 병력 수를 물어보면, 육군이 4, 5만 명이요, 수군이 3, 4천 명인데 그러고도 관직에 결원이 많고 병력에 빈 숫자가 많습니다. 그래서 최근에는 비로소 무위도식하는 자들을 잡다하게 모집하여 항오(行伍)를 채웠지만, 아직 전진(戰陣)을 경험하지 못해서 태반이 겁을 집어먹고 있으니, 또 중국의 회(淮)·상(湘) 각 군(軍)과 차이가 큽니다.

국가의 형세가 이처럼 빈약하고 위태로우니 실로 오래 보존하기 어렵습니다. 그런데도 덕(德)과 힘을 헤아리지 않고 오로지 상국(上國)을 업신여기는 데만 뜻을 두어 번봉(藩封)을 잠식하는 것은, 바다가 험난한 것을 믿고 우리가 반드시 전쟁을 할 수 없을 것으로 생각하기 때문입니다.

류큐 땅을 오래 차지해서 돌아가지 않았습니다. 조선의 화란(禍亂)이 소장(蕭牆)[12]에서 일어나 재앙이 빈관(賓館)[13]에까지 미침에, 중국은 저들을 위해서 난당(亂黨)을 체포해서 다스렸으

1868년까지 지속된 반청(反淸) 반란운동을 가리킨다. 회(回)는 회비(回匪)로, 동치 연간에 중국 서북지역의 위구르 족이 일으킨 반란이다. 양(洋)은 서양이다.

10) 십전(十全)의 공렬(功烈): 청나라 건륭제(乾隆帝)가 본인이 이룩한 10개 방면에서의 군사적 업적을 칭한 말로, 『十全記』에 따르면, "10개의 무공(武功)이라는 것은, 카슈가르(喀什噶爾)를 평정한 것이 2요, 회부(回部)를 안정시킨 것이 1이요, 진촨(金川)을 청소한 것이 2요, 타이완(臺灣)을 다스린 것이 1이요, 미얀마(緬甸)와 베트남(安南)을 항복시킨 것이 각각 1이다. 지금 두 차례 구르카 족(廓爾格, Gurkha)에게서 항복을 받았으니, 합하여 10이 된다(十功者 平準噶爾爲二 定回部爲一 掃金川爲二 靖臺灣爲一 降緬甸·安南各一 即今二次受廓爾格降 合爲十)."라고 했다.

11) 전장(戰將): 전쟁을 잘하는 장수

12) 소장(蕭牆): 궁궐 안

13) 빈관(賓館): 공사관

니 이미 충분히 일본에 사과한 것입니다. 그런데도 저들은 류큐의 낡은 계책에 익숙해져서, 조선은 애초에 우리의 번속(藩屬)이 아니라고 하면서 겁박해서 조약을 맺고, 타이완 때의 액수와 똑같이 병비(兵費) 50만 원(元)을 요구해서 중국에 수치를 주었습니다. 우리는 의(義)로 시작했거늘, 저들은 이(利)로 마쳤습니다. 탐람(貪婪)이 끝이 없어 사경(師競)[14]이 이미 심하니, 이는 곧 류큐와 조선이 우리의 번속이 아닌 것이요, 일본은 가까이 다가가 그 땅을 다투다가 장차 차지하려고 할 것입니다. 그렇다면 금일의 급무는 이 두 나라를 명분으로 내세워 동인(東人)[15]의 폐해를 다스리는 것이니, 어찌 다시 생각할 것이 있겠습니까?

그러나 신 또한 감히 대번에 일본을 정벌해야 한다고 아뢰는 것은 아닙니다. 생각건대, 남양·북양 대신은 응당 수사(水師)를 선발·조련하고 전선(戰船)을 많이 건조해서 군세(軍勢)를 두텁게 해야 합니다. 또 타이완은 일본의 요충이요, 산둥(山東)은 톈진의 문호이니, 두 성(省)의 강리(疆吏)는 마땅히 정병(精兵)을 양성하고 전함을 비축해서 남양·북양과 더불어 의각(犄角)[16]을 이루어야 합니다. 아울러 군사(軍事)를 아는 신하를 간택해서 그 계책을 보좌하는 임무를 맡기십시오.

류큐 문제를 문책해서 죄를 돌리는 구실로 삼고, 조선의 조약을 꾸짖어서 격노하게 하는 단서로 삼으십시오. 그리고 군대를 나누어 해양을 순찰해서 저들이 의구심을 품게 하고, 관문을 막고 교역을 단절해서 저들을 곤란하게 하시며, 공사를 소환·귀국시켜서 저들을 궁하게 하십시오. 일본이 의구심을 품으면 필시 방비를 더할 것이요, 방비를 더하면 필시 국고를 탕진할 것입니다. 우리의 수사(水師)를 남북 각 성(省)에 대거 집결시키고, 군대를 셋으로 나눠서 조선의 정예병과 교대로 내보내서 기회를 살펴 움직인다면, 우리는 어려울 것이 없으나 일본은 그렇지 않을 것입니다. 저들의 힘이 고갈됐을 때 크게 일어나 다스린다면 한 번 전쟁으로 평정할 수 있을 것입니다.

중국이 양무(洋務)를 시행함에 매번 모책(謀策)을 정하지 못하는 것과 신하에게 일을 전담시키지 못하는 것이 문제였습니다. 부디 조정에서 추신(樞臣)[17]들에게 하문하시어 비밀리에 지계(至計)[18]를 정하십시오. 그리고 대신을 간택해서 동정(東征)하는 일을 전담시키십시오. 이홍장, 좌종당(左宗棠)은 모두 중흥(中興)의 숙장(宿將)[19]으로, 월(粵)·염(捻)·회(回)의 세

---

14) 사경(師競): 군사 경쟁
15) 동인(東人): 일본인
16) 의각(犄角): 군대를 나누어서 적을 협공한다는 뜻으로, 『左傳』, 襄公 14년조에 "비유하자면 사슴을 잡을 때, 진나라 사람들이 그 뿔을 잡고 융족(戎族)들은 다리를 잡는 것과 같이 한다(譬如捕鹿 晉人角之 諸戎犄之)."라고 한 데서 유래한 말이다. 기각(掎角)이라고도 쓴다.
17) 추신(樞臣): 재상, 중신
18) 지계(至計): 가장 좋은 계책, 또는 근본 계책
19) 숙장(宿將): 전쟁을 오래 경험한 노련한 장수

전역(戰役)에서 큰 공훈을 세웠습니다. 이 대신들에게 칙령을 내리시어 팽옥린(彭玉麟) 및 연해의 각 독무(督撫)들과 회동해서, 신속히 수륙 각 군(軍)을 조련하고, 철선(鐵船)을 더하고, 장령(將領)을 신중히 선발해서 일본에 진규(進窺)[20]할 것을 대비하게 하십시오.

일본은 서양에 원조를 구하지 않으면 중국과 경쟁할 수 없습니다. 중국이 먼저 서양과 입약(立約)했으니, 신의가 이미 무젖었습니다. 따라서 원교(遠交)를 맺어서 근공(近攻)을 편히 해야 합니다. 생각건대, 태서(泰西) 각국 또한 은밀히 저들을 원조할 나라가 없습니다. 우리는 힘이 있고 저들은 원조가 없으니, 저들을 깨뜨릴 것은 필연입니다. 그러나 만약 이 기회를 놓치고 도모하지 않는다면, 왜군이 사방으로 나와서 군대가 강해지고, 왜상(倭商)이 사방으로 통해서 나라가 부유해질 것입니다. 그런데도 중국이 한가롭게 좌시해서 융비(戎備)를 가다듬지 않고 그저 몇 년 동안 잠시 무사한 것을 복으로 여겨서 안일하게 세월을 보낸다면, 우리의 훈구(勳舊)는 점점 더 노쇠하고 저들의 세염(勢焰)은 더욱 치성(熾盛)할 것입니다. 그렇다면 저 한줌밖에 되지 않는 일본이 충분히 중국의 큰 우환이 될 것이니, 어느 겨를에 서양을 논하겠습니까?

신은 일본이 필시 조선을 위협하리라는 것과 중국이 마땅히 일본에 대해 계책을 세워야 함을 춘정(春正)[21]에 직언한 바 있습니다. 그러나 사기(事機)가 절박하니 어찌 감히 아뢰지 않을 수 있겠나이까? 엎드려 바라옵건대, 황태후와 황상께서는 살피시고 시행하시옵소서. 삼가 아룁니다.[3]

장패륜은 중요한 한 가지 사실을 간과하고 있다. 임오변란 당시 일본 관민은 크게 분격해서 조야에서 모두 개전론이 성행했고, 실제로 육군성은 일부 군대를 동원했다. 따라서 장패륜이 주장한 것 같은 비상수단 가운데 어느 한 가지라도 실행하려면, 청이 원하든 원치 않든 간에 즉시 일청 국교가 단절될 것을 각오해야 했다. 당연히 정부 당국으로서는 전쟁 준비도, 전쟁에서 이길 자신도 없이 그러한 수단을 취할 수는 없었다. 실제로 장패륜의 상주는 토의를 위해 신하들에게 내려졌다. 이 상주에 대해 의견 제출을 명받은 이홍장은 광서 8년 8월 22일(메이지 15년 10월 3일)에 상주해서, 일본을 위압하여 조선과 류큐에 대한 야심을 단념시키기 위해서는 적어도 개전할 결의를 갖고 군비를 정돈할 필요가 있으며, 가장 먼저 해군을 확장해야 함을 통렬히 논했다.

---

20) 진규(進窺): 군대를 전진시켜서 적의 빈틈을 엿봄
21) 춘정(春正): 정월(正月)

자강(自强)의 요도(要圖)[22]는 우선 수사(水師)를 조련해야 하고 그 다음에 동정(東征)을 도모해야 합니다. 유지(諭旨)에 따라 타당하게 계획해서 의견을 아뢰오니 살펴주시옵소서.

신(臣)은 군기대신(軍機大臣)의 밀기(密寄)를 받았는데, 그 내용이 다음과 같았습니다.

8월 16일에 상유(上諭)를 받았는데, 그 내용이 다음과 같다. "한림원시독 장패륜이 '은밀히 동정지책(東征之策)을 정해서 번복(藩服)을 안정시킬 것을 청하는 상주'를 올렸다. 그 내용에 따르면, '일본은 빈약하고 위태로운데 류큐 땅을 오래 차지하며 돌아가지 않는다. 조선의 화란(禍亂)이 소장(蕭牆)에서 일어나서 그 재앙이 빈관(賓館)에까지 미쳤는데, 저들은 류큐의 낡은 지혜에 익숙해져서 겁박해서 조약을 맺고 군비배상을 요청했으니 탐람(貪婪)이 끝이 없다. 오늘날 해야 할 일은, 마땅히 두 나라의 일을 명분으로 내세워서, 남양·북양 대신은 수사(水師)를 선발·조련하고 전선(戰船)을 많이 건조하며, 타이완·산둥 두 곳에서는 정병을 양성하고 전함을 비축해서 남양·북양과 의각(犄角)을 이루어야 한다. 연해의 각 독무(督撫)들은 신속히 수륙 각 군(軍)을 조련해서 일본의 진규(進窺)를 대비하게 해야 한다.'라고 했다. 그 말이 매우 절요(切要)하니, 이홍장에게 먼저 전반적으로 계획해서 신속히 의견을 아뢰게 하라."

이를 받고서 성주(聖主)께서 지계(至計)를 연구(硏求)[23]하심에 정밀하고 상세한 것을 싫어하지 않으심을 뵈었으니, 어찌 감명하지 않겠나이까? 신은 어제 등승수(鄧承修)가 군무를 아는 대신을 옌타이(烟臺)로 파견해서 주찰(駐札)시킬 것을 청하는 상주에 대한 의견을 아뢰면서, "바다를 건너 원정(遠征)하기 위해서는 수사(水師)를 정돈·훈련하고 전함을 더 준비해야 한다. 전함이 충분히 쓸 만하고, 군대를 통솔할 인재를 얻는다면 일본은 스스로 굴복할 것이니, 류큐 또한 쉽게 결론이 날 것이다."라고 했습니다. 이제 장패륜이 동정지책(東征之策)을 은밀히 정할 것을 청한 상주를 보니, 그 또한 일본을 대번에 정벌할 필요가 없으며, 남양·북양은 마땅히 수사를 선발·조련하고 전선(戰船)을 많이 건조해서 그 군세를 두텁게 해야 하며, 타이완·산둥에서는 정병을 양성하고 전함을 비축해서 의각(犄角)에 대비해야 한다고 했습니다. 이는 사전에 입을 맞추지 않았지만 신의 어리석은 계책과 대략 합치하는 것입니다.

다만 중국이 정돈(整頓)을 계획하는 데 힘을 쏟아서 때를 기다려서 움직이기로 했다면, 조선과 일본이 이번에 체결한 조약은 결국 공사관을 훼손하고 일본인을 살해한 데서 비롯된 것이므로 목전에서 꾸짖어 바로잡을 수는 없습니다. 또 조선과 일본이 몇 년 전에 조약을 맺을 때 중국이 전혀 논의에 간여하지 않았습니다. 이 때문에 저들은 비록 아직까지 조선이 우리

---

22) 요도(要圖): 중요한 계책, 또는 그 순서
23) 연구(硏求): 연구(硏究)

의 속국임을 명시적으로 인정하지 않고 있지만, 천하만국이 모두 조선이 우리의 소속임을 알고 있습니다. 따라서 류큐와 조선을 모두 명분으로 삼기보다는,[24] 오직 류큐 안건만 논해서 저들에게 허물을 돌리는 구실로 삼고, 이로써 저들을 점차 각성하게 만드는 것이 이치가 바르고 형세에 순해서 더 나을 것입니다.

일본에 국채가 많은 것과 탕장(帑藏)[25]이 고갈된 것과 사쓰마·조슈 2개 당의 권력 투쟁과 수륙 군세(軍勢)가 성대하지 못한 것은 원래 실정(實情)입니다. 단, 저들이 변법(變法) 이래로 오직 서양인들에게 아양을 떨면서 섬기는 데만 뜻을 둬서, 어느 하나 그 서여(緖餘)[26]를 훔쳐서 자웅지술(自雄之術)로 삼지 않은 것이 없습니다. 올해 참의(參議) 이토 히로부미를 유럽에 파견해서 민정(民政)을 연구하고, 다시 아리스가와(有栖川) 친왕(親王)을 러시아에 보내고, 또 사빙(使聘)을 이탈리아에 분견(分遣)하고 오스트리아(奧斯馬加)에 주재시켜서, 관개(冠蓋)[27]가 끊임없이 이어져 길에서 서로 보일 정도이니, 그 뜻을 기울이는 것은 친교를 맺어서 자기 당(黨)으로 만드는 데 있습니다. 서양인들 또한 일본이 마음을 기울여 친하게 의지하는 것을 좋아해서, 매번 중국과 일본의 교섭 사건이 생길 때마다 왕왕 저들을 비호하는 데 뜻을 둡니다. 게다가 저 나라의 양채(洋債)가 이미 많으니, 가령 위급한 일이 생기면 서양인들은 자기 재물과 이익을 지키기 위해 아마도 저들을 은밀히 원조하고 보호할 것입니다.

그러나 천하의 일은 다만 이(理)와 세(勢)를 논해야 할 뿐입니다. 이제 이(理)를 논하건대 우리는 바르고 저들은 바르지 못하며, 세(勢)를 논하건대 우리는 크고 저들은 작습니다. 중국이 과연 무비(武備)를 정밀히 갖추어서 힘껏 자강(自强)을 도모한다면, 저 서양 각국도 두려워해서 감히 나오지 못할 것이거늘, 하물며 일본에 있어서겠습니까? 다만 염려되는 것은, 저들이 만약 우리에게 동정(東征)하려는 계획이 있음을 미리 알아서 군신상하가 힘을 합치고 마음을 모으며, 서양인들과 연락해서 군정(軍政)을 강구하고 널리 양채(洋債)를 빌려서 군함과 대포를 많이 구입한 후에 우리와 일단지명(一旦之命)[28]을 다투게 한다면 끝내 상책이 아닐 것입니다. 무릇 남을 공격할 준비를 갖추기 전에 먼저 그 형적(形迹)을 드러내는 것은 병가(兵家)가 기피하는 바입니다. 이것이 신이 지난번 상주에서 그 내실을 갖추되 소문을 감추어야 한다고 아뢴 이유입니다.

옛날에 다사(多事)했을 적에 큰 임무를 맡아 큰 계획을 세운 자들은 모두 오직 그 심력(心

---

24) 류큐와 조선을 모두 명분으로 삼기보다는: 원문에는 누락된 구절인데, 원사료인 『李文忠公全集』에 의거해서 보충했다.
25) 탕장(帑藏): 국고(國庫)
26) 서여(緖餘): 고치에서 실을 뽑고서 남은 잔 실이라는 뜻으로, 어떤 물건의 나머지 혹은 부산물을 비유한다.
27) 관개(冠蓋): 원래는 관복(官服)과 관원이 타는 수레의 의미이지만, 여기서는 사신(使臣)을 비유한다.
28) 일단지명(一旦之命): 하루아침에 어떻게 될지 알 수 없는 목숨

力)을 다했을 뿐입니다. 마땅히 해야 할 인사(人事)를 다하더라도 성패(成敗)와 이둔(利鈍)[29]은 예견하기 어려웠습니다. 제갈량(諸葛亮)의 재략(才略)으로도 관중(關中)에서 군대가 패했고, 한기(韓琦)와 범중엄(范仲淹)의 경륜으로도 서하(西夏)에서 세력이 꺾였습니다. 우리 고종(高宗)[30]대에는 무공이 찬연히 빛나서 팔황(八荒)[31]을 두려움에 떨게 했지만, 부항(傅恒)과 악종기(岳鍾琪)처럼 충근(忠勤)한 장수가 있는데도 진찬(金川)을 반드시 멸망시키지는 못했고, 아계(阿桂)와 아리곤(阿里袞)처럼 지용(智勇)을 갖춘 관리가 있는데도 미얀마를 신속히 복종시킬 수 없었습니다. 그들이 천하의 전성시대를 맞아서 성명(聖明)이 위에서 주관하시어 각 성(省)의 물자를 모아서 천만의 거대한 군량을 끼고, 한 사람을 천거하면 등용되지 않음이 없고 한 가지 일을 아뢰면 시행되지 않음이 없었거늘, 오히려 세월을 천연(遷延)하며 기회를 보아 국면을 매듭지은 것은, 시기[時]와 지리[地]의 제약이 있었기 때문입니다.

일본이 서법(西法)을 추종해서 비록 근근이 형체만 닮아졌을 뿐이지만, 그래도 소유한 병선과 대포가 대략 우리와 맞서기에 충분합니다. 만약 기필코 수천 리 바다를 건너가 승부를 겨루어 그 사명(死命)[32]을 제어하고자 한다면, 신은 감히 성공할 자신이 확실히 있다고 말씀드리지 못하겠습니다. 다만 동정(東征)의 일은 반드시 있지 않더라도 동정의 뜻은 없어서는 안 되니, 중국이 수사(水師)의 보충과 조련을 하루라도 늦춰서는 안 되는 것입니다.

간절한 유지(諭旨)로 신에게 전반적인 계획을 맡기셨으나, 생각건대 이 일은 규모가 조금 크니 반드시 추신(樞臣)·부신(部臣)·강신(疆臣) 들과 한마음으로 함께 계책을 세워서 몇 년을 경영해야 비로소 결실을 맺을 것입니다. 종전에 월(粵)·염(捻) 각 비적(匪賊)을 토벌할 때, 봉강(封疆)의 책임을 맡은 신하는 1개 성(省)의 힘으로 1개 성(省)의 비적을 초멸(剿滅)했는데, 조정의 책성(責成)[33]이 이미 전일(專一)해서 일체의 병권(兵權)과 향권(餉權)[34], 그리고 용인지권(用人之權)을 모두 주었습니다. 그러므로 일은 반이 되고 공(功)은 배가 될 수 있었던 것입니다. 그러나 지금은 사세(事勢)가 점차 평이하고, 문법(文法)[35]이 점차 치밀하고, 의론(議論)이 점차 번성해지고 있습니다. 따라서 인재를 등용할 때는 반드시 자격에 따라야 하고, 군량을 조달할 때는 반드시 주발(籌撥)[36]을 청해야 하니, 일마다 추신(樞臣)·부신(部臣)이 보

---

29) 이둔(利鈍): 승패(勝敗)
30) 고종(高宗): 청나라 6대 황제 건륭제(乾隆帝)를 가리킨다.
31) 팔황(八荒): 팔방(八方)의 저 멀고 외진 지역. 곧 온 세상을 가리킨다. 팔굉(八紘), 팔방(八方)과 같은 말이다.
32) 사명(死命): 생사(生死), 목숨
33) 책성(責成): 어떤 일을 완수할 때까지 책임을 맡김
34) 향권(餉權): 향(餉)은 군량의 뜻으로 향권(餉權)은 군량 조달과 관련한 권력을 뜻한다.
35) 문법(文法): 법규(法規), 법제(法制)
36) 주발(籌撥): 계획을 세워서 지급함

이지 않는 곳에서 도와주어야 합니다. 더구나 풍기(風氣)[37]가 처음 열림에 반드시 천하의 현재(賢才)를 모아야 하니 그렇다면 고무(鼓舞)하는 도구가 없어서는 안 되고, 국세(局勢)가 지나치게 넓어짐에 반드시 각 성(省)의 심지(心志)를 연결해야 하니 그렇다면 통일된 법규가 없어서는 안 됩니다. 혹시라도 성명(聖明)께서 의연히 결단을 내리신다면, 중외(中外)의 여러 신하들이 바로 명령을 받들어 성취하는 바가 있을 것이니, 이는 아마도 미천한 신하 한 사람이 감히 논의를 결정할 바가 아닌 듯합니다.

장패륜이 말하기를, "중국 조정이 양무를 시행함에 모책(謀策)을 정하지 못한 것과 신하에게 전담시키지 못한 것이 문제였다."고 했는데, 참으로 확론(確論)입니다. 정예병을 훈련하고 군함을 건조해야 한다는 설에 관해서는 이미 자순(諮詢)하신 말씀과 상의한 말들이 모두 똑같지만, 군기(軍器)를 구입하는 데는 오직 재력(財力)을 봐야 하고, 군대를 조련하는 것은 향원(餉源)[38]의 확보가 가장 시급합니다. 그런데 예전에 호부(戶部)에서 남양·북양의 해방(海防) 경비의 조달을 매년 공히 400만 냥으로 지시했습니다. 만약 각 성관(省關)에서 결손 없이 비용을 보냈더라면, 7, 8년 안에 수사(水師)를 이미 조련해서 완성하고 철함(鐵艦)도 더 많이 구입할 수 있었을 것입니다. 따라서 이는 처음 조달을 지시했을 당시 모두 쓸모 있는 비용이 아니었던 것과는 상황이 다릅니다. 각 성(省)은 이금(釐金)[39]을 받아들이기만 하고 조달을 시행하지 않아서 언제나 고갈을 드러내며,[40] 민(閩)·월(粵)[41] 등의 성(省)은 다시 이금(釐金)을 절류(截留)[42]하고 있습니다. 신이 여러 차례 엄중히 독촉할 것을 주청(奏請)했으나, 각 성관(省關)에서 남양·북양의 국방비로 보내는 금액을 총계하면 대략 원래 조달 계획의 4분에 1에 불과할 뿐입니다. 세비(歲費)도 충당하지 못하니, 어찌 많은 선박과 기계를 구비할 수 있겠습니까?

이제 이 일을 절실하게 계획을 세워 처리하고자 할진대, 부디 호부(戶部)와 총리아문에 칙령을 내리시어 남양·북양에서 매년 거둬들이는 국방비의 실제 액수를 분명히 조사하게 하시고, 아울러 민성(閩省)에서 절류(截留)한 타이완 방어 경비는 남양(南洋)에서 보내게 하시옵소서. 그리고 이 밖에 적실한 세비(歲費)를 다시 조달해서, 원래 조달하기로 했던 400만 냥의

---

37) 풍기(風氣): 풍속(風俗)

38) 향원(餉源): 군량의 원천

39) 이금(釐金): 청 말부터 중화민국 초기까지 시행된 지방세(地方稅)로, 태평천국운동을 진압하기 위한 군비 충당의 목적으로 1853년 장쑤 성(江蘇省)에서 처음 징수됐다. 이후 전국적으로 확대되어 지방의 중요한 재원이 되었으며, 통행세와 물품세의 형태로 징수됐다.

40) 언제나 고갈을 드러내며: 원문은 '均形竭蹶'이다. 그런데 문맥상 '均'은 '時'의 잘못인 것으로 보인다. '時形'은 '항상 나타난다'라는 의미이고 '竭蹶'은 '고갈(枯渴)'의 뜻이다.

41) 민(閩)·월(粵): 민(閩)은 푸젠 성(福建省)의 별칭이고 월(粵)은 광둥 성(廣東省)의 별칭이다.

42) 절류(截留): 다른 곳으로 보내야 할 자금, 물자, 인원 등을 차단해서 잡아 두는 일

액수를 충당하시옵소서. 그리 하신다면 5년 뒤에는 남양·북양 수사 2개의 가지가 응당 완성될 것입니다.

"타이완은 일본의 요충이요, 산둥은 요해(遼海)[43]의 문호(門戶)이니, 두 성(省)의 강리(疆吏)는 참으로 병사(兵事)를 잘 아는 자가 없어서는 안 되며, 타당하게 계획해서 서로 의각(掎角)을 이뤄야 한다."라는 구절에 이르러서는, 이는 또 조정의 조종과 지휘에 달려 있는 것입니다. 신은 전에 올린「섭복인방완급기의(懾服隣邦緩急機宜)」상주문에서 이미 그 대략을 상세히 진술했습니다.

자강(自强)의 요도(要圖)는 마땅히 우선 수사(水師)를 조련해야 하고 그 다음에 동정(東征)을 도모해야 한다는 연유로 칙지에 따라 신속히 계획해서 역참(驛站)을 통해 상주로 은밀히 아뢰오니, 엎드려 바라옵건대 이 말이 타당한지 황태후·황상께서는 살펴보시고 훈시하시옵소서. 삼가 아뢰옵니다.[4]

이홍장은 제갈량, 한기, 범중엄이 실패한 전례를 인용하면서 동정(東征)의 계획은 극비에 부치고 실행에 착수하기 전에 외부에 누설해서는 안 된다고 했지만, 얼마 되지 않아 이홍장과 장패륜의 주소(奏疏)는 상하이 외국어 신문에 번역 게재됐고 나중에는 그 원문도 유포됐다. 이로 인해 청 정부 내부에 조선 문제를 계기로 일본응징론을 주창하는 자들이 있으며, 이홍장 또한 같은 의견으로 북양해군은 일본을 가상적국으로 간주하고 있음이 폭로됐다. 이 중요문서의 발표는 일본 정치가들에게 일대 경종을 울렸고, 이홍장이 우려했던 것 이상의 역효과를 낳았던 것이다.

장패륜은 계속해서 광서 8년 9월 16일(메이지 15년 10월 27일)에「조선선후사의육책(朝鮮善後事宜六策)」을 올려서 주차조선통상대신(駐箚朝鮮通商大臣)을 두고, 조선의 외교를 관장하고 군비의 실권을 거둬들여 청의 종주권을 강화하는 한편, 임오배상금 50만 엔을 대신 떠맡아 일본이 간섭하는 길을 차단해야 한다고 주장했다. 이홍장은 다시 상소해서 이를 조목조목 반박하고 그 태반이 실행하기에 부적절함을 지적했다. (제47절 참조)

당초 류큐 문제에서 대일 협조의 태도를 보였던 공친왕과 이홍장 등이 결국 마지막에 어쩔 수 없이 적극론으로 전환한 것은, 청 정부의 대외정책이 점차로 변화해 간 동향을 보여 준다. 대체로 공친왕과 이홍장 등이 효흠황태후(孝欽皇太后)의 지지를 등에 업고 실시한 협조정책은 극동에서의 평화와 현상 유지를 목적으로 하는 것이었는데, 당연히 소

---

43) 요해(遼海): 랴오둥(遼東)

극적으로 흘러서 쉽게 적극론자들의 비난을 초래했다. 사실상 도광(道光) 말의 전란 이후 20년간 대외적으로는 평화를 유지해서 혼란한 내정을 정리한 공적은 인정되지만, 동시에 조선·류큐·타이완·베트남·이리(伊犁) 등지에서 국권을 상실했다는 비난은 면할 수 없었다. 광서(光緒) 초기, 관계(官界)에 청류당(淸流黨)이 생겨나면서부터 그들의 논봉(論鋒)은 주로 외교적 실패로 향했다. 이들은 복잡한 국제 정세에 무지한 청년 정치가들로서 그 주장 또한 무책임한 방론(放論)[44]이 많았지만, 섭정을 하고 있는 효흠황태후는 그들의 말을 듣는 것을 즐겼고, 그중에 유능한 자들을 택해서 변경의 회판(會辦)에 임명했다. 그 결과, 총리아문과 지방대원(地方大員)의 외교·군사권에 견제가 가해지고, 결국 공친왕의 실각과 이홍장에 대한 탄핵상주가 이어져서 청 정부의 외교정책이 일변했던 것이다.[5]

청류당의 정계 진출은 곧바로 대일외교에 뚜렷이 반영됐다. 이미 앞에서 서술한 것처럼, 임오변란의 선후처리 당시 등승수와 장패륜 등 청류당은 이홍장, 장수성과 같은 지방대원들의 외교에 격렬한 비난을 퍼부었다. 이홍장은 청류당이 정계에 미치는 영향이 심대함을 깨닫고, 그들과 대립하는 모습을 보이면서도 결국에는 합류하는 것을 잊지 않았다.

메이지 17년 4월 8일에 공친왕이 효흠태후의 엄지(嚴旨)로 혁직(革職)[45]의 명을 받은 후, 경군왕(慶郡王)[후에 경친왕(慶親王)으로 진봉(晉封)[46]되었음] 혁광(奕劻)이 그를 대신해서 총리아문을 관리하는 지위를 차지했다. 경군왕은 "탐욕스럽고 아는 것이 적다."[6]라는 평가를 받는 인물로, 공친왕의 후계자로서 외교를 총괄하는 임무를 도저히 감당할 수 없었다. 그 결과, 북양대신의 권한이 지나치게 커지는 현상이 나타났다. 이홍장은 예전에 강소순무(江蘇巡撫)로서 상하이를 중심으로 하는 양무(洋務)의 양판(襄辦)[47]으로 명성을 떨쳤다. 그가 동치(同治) 말엽에 증국번을 대신해서 직예총독에 임명된 것도 외교 임무를 담당하기 위해서였다. 공친왕이 총리아문을 주재하는 동안 이홍장은 북양을 지키는 그의 좋은 협력자였다. 따라서 공친왕의 외교적 실책에 대한 비난은, 이홍장에게도 그 절반의 책임이 돌아가야 했다. 그런데 이홍장은 한편으로는 효흠태후의 신임을 등에 업고, 다른 한편으로는 청류당에 합류하여 그 영수인 장패륜, 오대징 등의 환심을

---

44) 방론(放論): 생각나는 대로 거리낌 없이 던지는 논의
45) 혁직(革職): 면직(免職)
46) 진봉(晉封): 원래 가진 봉호(封號)에 다시 봉호(封號)를 더해 주는 일
47) 양판(襄辦): 옆에서 도와서 처리함

사는 일을 게을리하지 않아서, 결국 공친왕을 대신해서 청의 외교를 주재하게 됐던 것이다.

이홍장이 청류당에 합류한 이후로 북양을 중심으로 하는 외교가 점차 소극정책에서 적극정책으로 변화했다. 이홍장의 대일외교에 감화(感化)를 크게 미친 것으로 생각되는 청류당 영수의 한 사람으로 오대징을 들 수 있다. 오대징은 일청전역(日淸戰役) 당시 호남순무(湖南巡撫)를 맡고 있었다. 그는 상주를 올린 후 상군(湘軍)을 이끌고 만주로 출정했으나, 쓸데없이 큰소리만 늘어놓다가 참패를 거듭했다. 이 일로 청류당이 한낱 입만 산 선비들에 지나지 않는다는 사실이 적나라하게 드러나서 세인들의 비웃음을 샀지만, 그 학식으로 보면 그는 당시의 관계(官界)에서 특출난 인물이었다. 오대징과 같은 유력자가 청의(淸議)를 배경으로 회판북양군무(會辦北洋軍務)의 지위에 있었다는 사실은 결코 경시해서는 안 된다.[7]

임오변란 이후 이홍장은 제독 오장경 소속의 회용(淮勇) 6영(營)을 경성에 주둔시켜서 조선국왕과 척신(戚臣)을 감시하고 일본 세력의 진출을 막으려고 했다. 이는 청한종속(淸韓宗屬)의 역사에 있어서 공전의 대사건이었는데, 청의 강대한 압박은 오히려 조선 군신의 반감을 불러서 메이지 17년 갑신변란의 원인(遠因)을 제공했다.

청 조정이 강력한 부대를 경성에 주둔시키고 있었으면서도 끝내 변란을 막지 못한 것은 이홍장의 강압방침의 실패를 의미한다. 그런데 이 실패가 오히려 대일외교의 승리로 전환된 것은 회판북양사의 오대징과 옛 제독 오장경의 막료 원세개의 재주와 수완 덕분이었다.

톈진협약에서 일청 공동철병에 동의한 것은 일견 이홍장의 양보처럼 보이지만, 그것은 당시 오대징과 원세개 등의 민첩하고 활발한 행동으로 조선에서 청의 종주권이 극도로 강화돼서 병사를 한 명도 남겨 두지 않아도 동요할 우려가 없었기 때문이다. 톈진협약 체결 후 10년 동안 일본은 조선에서 전면적으로 물러가고, 일개 도원(道員)에 불과한 원세개가 북양대신의 대표자로서 사실상 감국(監國)의 지위를 차지했다.

이홍장을 비롯한 당대의 청 정치가들은 일본 정부의 대륙정책이 소극적인 이유를 그 국내 정세에서 찾았다. 메이지유신 이래 일본 국내에서는 내란과 폭동이 속출하고, 계속해서 정부와 의회 사이의 격렬한 투쟁이 반복됐다. 하지만 이러한 정쟁은 의회정치의 초창기에 불가피한 것으로, 이것을 갖고 내정이 문란하고 국내 당파가 대립해서 국가가 와해될 지경에 이르렀다고 볼 수는 없다. 청 정치가들은 자국의 정세에 비추어 일본의 내정을 판단했던 것이다. 따라서 이는 애초부터 타당성이 결여돼 있었다.

일본 정부의 외교가 소극적이었던 것은 차라리 정책적 문제에 기인한 것이다. 당시 일본 외교를 이끌던 이토 히로부미와 이노우에 가오루는, 열국과의 협조를 정책 기조로 하여 전부터 현안이 되어 온 조약 개정의 목적을 달성하려고 했다. 이러한 협조정책은 당연히 청한 양국에도 파급됐고, 조선 문제에 관해서는 청과의 협조를 유지하려고 노력했다. 한러비밀협정과 함경도 방곡 손해배상 사건 등이 그 대표적인 예다.

일본 정부의 소극외교가 만약 내정상의 이유에서 비롯된 것이었다면, 하루아침에 급격히 적극외교로 전환하기가 매우 어려웠을 것이다. 이제껏 대립해 온 정부와 의회가 갑자기 제휴하는 것 또한 쉽지 않았으리라. 하지만 단순히 외교정책상의 문제라면, 소극정책에서 적극정책으로 전환해서 의회의 협조를 구하는 것도 정부당국의 정치적 수완에 따라서는 반드시 어렵지만은 않다. 이홍장을 비롯한 청 정치가들은 끝까지 이러한 점을 이해하지 못했던 것이다.

어쨌든 간에, 이홍장이 이끈 청 외교는 공친왕 시대에 비해 눈에 띄게 적극성을 띠는 것과 동시에 신중함을 잃어 갔다. 청 조정의 외교는 당시 일본 정부와 달리 내정의 영향을 크게 받았으므로 일본 정부처럼 방향을 급격히 전환하는 것이 불가능했다. 이러한 점에서 본다면, 시종일관 소극외교를 견지했던 공친왕이 이홍장에 비해 청의 정세를 보다 깊이 이해하고 있었다고 할 수 있다.

메이지 27년 6월 동학비란(東學匪亂) 당시, 원세개가 전보로 출병을 요청하자 이홍장이 주저 없이 동의한 것은 적극외교의 발로에 다름 아니었다. 이홍장과 원세개 등은 일본 정부의 협조 기조로 판단해서 청의 출병에 어떤 방해가 있을 것으로는 예상치 않고 있었다. 일본 정부가 돌연 소극정책에서 적극정책으로 전환해서 이홍장의 적극정책에 강렬한 반격을 가하고 나서야 비로소 이홍장과 원세개는 크게 당황했다. 이홍장은 즉시 적극정책에서 소극정책으로 전환해야 할 시기에 도달했음을 깨달았다. 그런데 이토 백작과는 반대로 이홍장은 내부로부터의 강경한 반대에 직면해서 생각대로 나갈 수가 없었다. 즉, 이홍장은 일본 정부의 적극정책과 청 정부의 적극정책 사이에서 딜레마에 빠졌던 것이다.

이홍장의 소극론을 일축해서 결국 개전에까지 몰아붙인 청 조정의 적극론은, 주로 내정상의 이유에 기인하고 있었으므로 그 뿌리가 깊었다. 이홍장은 한때 청불사변을 전후한 외교적 실패로 인해 청의(淸議)의 비난 대상이 돼서 그를 탄핵하는 상소가 산처럼 쌓였다. 그때 그를 비호해서 공친왕의 전철을 밟지 않게 해 준 것은 무엇보다 효흠황태후의 신임이었다. 그런데 노련한 효흠태후와 젊고 혈기가 넘치는 덕종 사이에는 당연히 피할 수 없는 간극이 처음부터 존재하고 있었다. 덕종을 보좌한 창수(常熟) 출신의 옹동화(翁同龢)와 가오양(高陽)의 이홍조(李鴻藻)는 한때 청류당의 영수로 명성을 떨쳤으며, 이홍장과 양립할 수 없는 입장에 있었다. 특히 옹동화가 오랫동안 호부(戶部)를 주재해서 재정을 담당하면서, 음으로 양으로 이홍장의 시설, 무엇보다도 북양육해군의 확장 및 정비에 견제를 가한 사실을 간과해서는 안 된다.[8]

이홍장은 문종(文宗)·목종(穆宗)·덕종(德宗)의 세 조정에서 관직을 역임하고, 섭정 황태후의 큰 은총으로 대학사로서 북양의 외교와 군무를 주재해서 그 명성이 세계적으로 널리 알려져 있었다. 이홍장이 마치 청 정부를 대표하는 것처럼 보이는 현실을, 젊고 혈기 왕성한 덕종은 아마도 좋아하지 않았을 것이다. 이홍장의 정적들은 여기서 활동할 기회를 잡았다. 이홍장이 가장 먼저 시끄러운 비난을 받은 것은 용인(用人)을 잘못했다는 데 있었다. 이홍장은 국가의 비상시국을 맞이해서 인재 등용의 권한을 해당 책임자에게 부여하고, 경력을 따지지 말고 천하의 현재(賢才)를 임용해야 한다고 주장했다. 이홍장의 용인론(用人論)은 그의 절대적인 권위와 결합해서 과도할 정도로 실현됐다. 실제로 그의 문하에서 원세개, 오정방(伍廷芳), 성선회, 오장경, 정여창, 섭사성, 마옥곤(馬玉崑) 등의 문무 인재들이 배출됐다. 하지만 동시에, "그가 인재를 등용할 적에 훈유(薰蕕)[48]가 섞여 나왔고, 재주만 중시하고 덕을 중시하지 않아 일반적으로 쓰레기통[49]으로 간주됐다."라는 비난을 면할 수 없었다.[9] 이홍장의 용인술의 일례로 도원(道員) 공조여의 경우를 들 수 있다. 광서 21년 정월 24일(메이지 28년 2월 18일) 형부(刑部) 상주에 따르면, 공조여는 이홍장과 동향인 안후이(安徽) 허페이(合肥) 출신으로, 메이지 4년에 북양천진기기제조국(北洋天津機器製造局)의 하급 관리가 되었고, 이어서 감생(監生)[50]으로 나갔다가 연납(捐納)[51]으로 부경력(府經歷)[52]을 얻고, 다시 연납으로 동지(同知), 보거(保擧)[53]로 지부분성보용(知府分省補用), 메이지 18년에 또 연납으로 도원(道員)이 되었다.

---

48) 훈유(薰蕕): 훈(薰)은 향기가 나는 풀이고, 유(蕕)는 악취가 나는 풀이다. 즉, 옥석(玉石)과 같은 뜻이다.
49) 원문은 '藏垢納汚'로, 더러운 오물을 포장한다는 뜻이다.
50) 감생(監生): 오늘날 국립대학에 해당하는 중국 명청 시대의 국자감(國子監)의 학생
51) 연납(捐納): 중국에서 일반인이 돈이나 곡식을 관에 상납하고 관직을 얻는 일
52) 부경력(府經歷): 지부(知府: 지방행정단위인 부(府)의 행정장관)에 딸린 관원으로 주로 문서를 출납하는 일을 담당함
53) 보거(保擧): 고위 관원이 휘하 관원 중의 인재를 자신의 책임하에 군주에게 천거하는 일

메이지 23년에는 보거(保擧)로 이품정대(二品頂戴)[54]를 하사받고, 총판여순선오사의(總辦旅順船隝事宜)의 명을 받고 회판북양연해수륙영무처(會辦北洋沿海水陸營務處)를 겸임했다. 메이지 27년 11월에 일본군이 뤼순(旅順)을 공격하자 싸우지도 않고 가족 전부를 데리고 즈푸(芝罘)로 달아났다는 죄명으로 형부(刑部)에 넘겨져서 참감후(斬監候)[55]의 처분을 받았다. 청 말기에 상납금을 내고 관직을 획득하는 것은 흔한 일이었지만, 이품정대(二品頂戴) 여순선오수륙영무처도(旅順船隝水陸營務處道), 즉 뤼순 요새의 육해군 총사령관 정도 되는 고급 문관이 오직 연납과 보거만으로 그 지위를 얻은 것은 극단적이라고 하지 않을 수 없다.[10]

다음으로 이홍장이 비난을 받은 것은 서양 관원을 중용한 점이다. 청 조정의 서양 관원 임용은 태평천국의 난 당시 서양 군인을 임용한 것을 시작으로, 특히 해관에서 영국인을 중용했다. 이홍장은 서양 관원의 임용에 크게 간여했다. 서양인, 특히 미국인과 영국인은 외국 정부에 임용되면 그 직무에 공정하고 충실해서 모든 파벌과 당쟁에서 초탈하고, 경우에 따라서는 본국과의 관계조차 부차적인 것으로 미뤄 뒀다. 앵글로색슨 족의 이러한 성격은 큰 존경과 신뢰를 받았으며, 이들이 외국 정부에서 근무하면서 남긴 공적이 적지 않다는 것은 잘 알려진 사실이다. 그런데 이홍장의 외국인 임용은 자국인의 경우와 마찬가지로 극단적이었다. 이홍장은 자기에게 보거(保擧)를 청한 서양인은 국적과 출신을 불문하고 즉시 임용해서 임의로 지위를 주었다. 청의 해관제도를 창립하는 데 불후의 공적을 남긴 로버트 하트[赫德]가 해관총세무사에 임용된 것은 이홍장의 천거 때문은 아니었지만, 훗날 하트가 청의 외교·군사 일체에 간여해서 단순한 해관총세무사가 아니라 청 정부의 최고 고문의 지위를 얻은 데는 이홍장의 힘이 크게 작용했다. 대체로 외국인의 임용은 특수한 학식과 기술을 이용하기 위한 것으로, 그 나라의 행정과 군정(軍政)에는 간여시키지 않는 것이 보통이다. 하지만 청의 경우는 사실상 외국인을 행정 또는 군무(軍務)의 장관에 보용(補用)했다. 앵글로색슨 족이 아무리 공정하다고 해도 그 폐단이 적었다고는 할 수 없다.[11]

---

54) 이품정대(二品頂戴): 이품(二品)은 관직의 품계이고, 정대(頂戴)는 청나라 때 관원들이 등급을 표시하기 위해 관모(官帽)에 붙인 장식을 가리킨다.

55) 참감후(斬監候): 청나라의 사형 집행에는 입결(立決)과 감후(監候)의 2종류가 있었는데, 입결(立決)은 황제의 재가가 나는 것과 동시에 사형을 집행하는 것이고, 감후(監候)는 사형 선고가 난 상태에서 집행을 유예하는 것이다. 참감후(斬監候)는 참형에 해당하는 죄인의 형 집행을 유예하고, 그 사형 집행의 당부(當否)에 관한 심사를 기다렸다가 형을 집행하거나, 그 판결을 다음 해로 미룬 것을 말한다.

【원주】

1 『同治朝籌辦夷務始末』93권, 94권, 96권, 98권; 金井之恭, 『使淸辨理始末』(明治八年).

2 多田好問, 『岩倉公實記』(昭和 2年再) 중권, 107, 1010쪽; 하권 565, 607쪽; 『光緖中日交涉史料』1권, 2권; 『李文忠公全集』, 「譯署函稿」8권, 9권, 10권; 「奏稿」39권.

3 『澗于集』, 「奏議」2권.

4 『李文忠公全集』(奏稿) 44권.

5 『淸史稿列傳』231권, 張佩綸·鄧承修; 237권, 吳大澂; 羅惇融, 『中法兵事本末』(中國近百年史資料初編下).

6 『六十年來中國與日本』2권, 1쪽.

7 『淸史稿列傳』237권, 吳大澂.

8 『淸史稿列傳』223권, 李鴻章·翁同龢; 『南通張季直先生傳記並年譜』, 56~62쪽; 羅惇融, 『中法兵事本末』(中國近百年史資料初編下).

9 『六十年來中國與日本』2권, 1~2쪽.

10 『中日交涉史料』33권, 문서번호 2639번. "光緖二十一年正月二十四日刑部奏審明失守旅順之龔照璵按例定擬摺".

11 『中日交涉史料』33권, 문서번호 1132번. "光緖二十年六月十日侍讀學士文廷式奏摺".

청 조정과 북양의 대립

앞에서 설명한 것처럼, 북양대신 직예총독 이홍장은 덕종 및 그를 보좌하는 중신 호부상서 옹동화, 예부상서 이홍조와 반목하고 있었다. 메이지 27년 6월의 조선 출병을 계기로 일청 간의 위기가 초래되고, 그에 따라 이홍장이 대일 적극정책을 전환할 필요를 느끼면서 양자의 대립은 점차 표면화됐다. 옹동화의 일기에는 다음과 같이 적혀 있다.

5월 22일, ^{메이지 27년 6월 25일} 고려에 반란민이 생겨서 천주(泉州)^{전주(全州)}를 점거하므로 국왕이 상주하여 군대를 청한다. 우리는 1,500명, 일본은 700명을 입경(入境)시키다. 회동해서 철병을 논의하는 도중에 일본이 추가로 5천 명을 그 수도에 들여보내다. 그 정치를 변화시키고 병졸을 훈련하고자 하는데, 그것이 중화의 속국임을 인정치 않아서 조정에서 누차 이상(李相)^{이홍장}에게 군대를 증원할 것을 명했지만, 겨우 3천 명의 군대로 인천·아산 일대에 주둔하면서 지회(遲徊)[1]하여 전진하지 않으니, 아아! 패할 것이다.[1]

같은 날, 군기처는 이홍장에게 다음의 상유를 전달했다고 한다.

군기대신이 북양대신 이(李)에게 밀기(密寄)[2]함. 광서 20년 5월 20일에 상유(上諭)를 받았는데 그 내용이 다음과 같았다.

이홍장이 보낸 여러 차례 전신(電信)은 모두 총리각국사무아문을 경유해서 받아 보셨다.

---

1) 지회(遲徊): 결단을 내리지 못하고 머뭇거리며 배회(徘徊)함
2) 밀기(密寄): 황제의 상유(上諭), 즉 조서(詔書)가 하달되는 형식은 그 비밀의 정도에 따라 다소 차이가 있었는데, 국내외에 공포되는 상유는 내각에서 문서의 등본을 하급 기관에 발송하고,「明發上諭」또는「明發諭旨」라고 했다. 비교적 기밀에 속하여 공포되지 않는 것은 군기대신이 기초해서 황제의 결재를 받은 다음에, 군기처에서 병부로 보내서 역참(驛站)을 통해 명령을 받는 사람에게 직접 발송했다. 이런 종류의 유지는「寄信諭旨」·「寄信上諭」또는「廷寄諭旨」·「廷寄上諭」·「字寄上諭」라고 했다. 그중에서도 특히 기밀에 속하는 것은「密寄上諭」라고 하는데, 그 서식은 '軍機大臣密寄(또는 字寄)某人 某年某月奉上諭'라는 문구로 시작하고, '爲此寄信前來'라는 문구로 끝맺는 것이 통례였다.

현재 일본이 군대로 협의(脅議)[3]하며 조선을 부추거서 자주(自主)를 하게 하니, 조선은 겁을 먹고 당황해서 그 우롱(愚弄)을 당하고 있다. 현재 정형을 살펴보건대, 말로만 다투는 것으로 는 이미 일을 해결할 수 없게 되었다. 전에 이홍장이 병대(兵隊)를 많이 파견하기를 원치 않았던 것은, 원래 흔단(釁端)이 우리에게서 시작되어 수습하기 어려울 것을 우려한 것이나 지금 왜(倭)가 이미 많은 군대를 한성에 보냈으니 상황이 매우 급박하다. 만약 협의(脅議)가 이뤄진다면 주도권이 저들에게 있어서 다시 구원하려고 해도 늦을 것이다. 현재 사기(事機)가 매우 중대하니 어떻게 시기에 알맞게 조처해야겠는가? 이홍장은 몸소 중임을 맡아서 왜(倭)·한(韓)의 사정을 잘 알고 있으니, 그에게 처리방법을 적절히 계획해서 신속히 상주하게 하라. 전에 비도(匪徒)를 토벌하기 위해 파견한 군대는 이제 어떻게 배치해야 하는가? 다른 곳으로 옮겨 주둔시켜서 긴급한 상황에 대비할 수 있도록 함께 상세히 헤아려서 처리하게 하라. 러시아공사 카시니가 톈진에 체류하면서 상의했는데, 결국 그 나라는 우리가 수습하는 것을 도울 계획인가? 아니면 따로 기회를 엿볼 음모를 꾸미고 있는가? 이홍장은 마땅히 은미한 조짐을 깊이 살펴서 그 술수에 빠지지 말아야 할 것이다. 이러한 사유로 400리에 밀유(密諭)해서 알려라.[2]

이 상유는 이홍장이 새로 채택한 대일 소극정책을 비난할 뿐만 아니라, 러시아를 비롯한 제3국 정부에 조정을 의뢰하는 방법도 거부하는 것이었다.

6월 25일의 상유에도 불구하고, 이홍장은 여전히 적극정책으로 전환하지 않고 단지 러시아공사의 조정으로 시국을 수습하려고 노력했다. 이에 따라 메이지 27년 7월 1일 (광서 20년 5월 28일)에 다시 상유가 내려와 재차 힐난을 받았다.

예전에 연이어 이홍장에게 상유를 내려서 군대의 추가 파견을 작량(酌量)하고 아울러 처리방법을 타당하게 계획하게 했는데, 모두 아직까지 복주(覆奏)[4]하지 않았다. 현재 왜(倭)의 기염(氣焰)이 점점 더 치성(熾盛)해서 조선이 그 협박을 받고 있으니 상황이 매우 위급하다. 타국의 권고도 한갓 빈말로 가탁할 뿐이니 장차 결렬될 형세이다. 이홍장은 해군을 감독하고 조련한 지 이미 몇 년이 되었고 왜(倭)·한(韓)의 사정을 깊이 헤아리고 있으니, 어떻게 사전에 도모해야 하는지 깊이 계획해서 조처하라. 혹시라도 한국이 끝내 핍박을 받아서 다른 마음을 먹는다면 그 죄를 성토하지 않을 수 없다. 그때 왜병(倭兵)이 일어나서 대항할 것도 예

---

3) 협의(脅議): 위협해서 논의한다는 뜻인데, 여기서는 일본의 내정개혁 강요를 가리킨다.
4) 복주(覆奏): 받은 공문을 검토해서 그 결과를 군주에게 상주함

상해야 하리라. 우리의 전수(戰守)하는 군대 및 양향(糧餉)[5], 군화(軍火)[6]를 반드시 하나하나 준비해서 확실히 쥐고 있어야 비로소 그때 가서 여러 가지 제약을 당하여 사기(事機)를 그르치지 않을 것이다. 이홍장은 병사(兵事)에 노련하고 오랫동안 노력했으니, 그로 하여금 바로 상세히 계획하고 신속히 복주(覆奏)해서 근념(厪念)을 위로케 하라.[7][3]

이어서 7월 6일에는 총리해군사무아문(總理海軍事務衙門)에 명하여 호부(戶部)와 합동으로 북양에서 보고한 조선 증병(增兵) 및 북양의 육해군 출동에 필요한 예산을 심의하게 했다.[4]

황제, 군기처, 총리아문 등이 모두 주전론으로 기울어서 북양을 독려하여 조선에 증병(增兵)하고, 또 북양해군을 한국 연해로 출동시켜 일본의 육해군에 대항해서 국교단절도 사절하지 않겠다는 결심을 보이자, 언관(言官)[8]들은 일제히 일어나 주전론을 외치고, 다시 논봉(論鋒)을 돌려 이홍장과 그 장령들을 탄핵하기 시작했다. 7월 4일에 이과급사중(吏科給事中) 저성박(褚成博)은 상주를 올려 이홍장이 영국·러시아의 조정에 의뢰하여 시기를 놓쳤음을 논하였고,[5] 7월 12일에 강남도감찰어사(江南道監察御史) 장중흔(張仲炘)도 상주를 올려 이홍장의 소극정책을 배척하고 주전론을 주창하며, "신은 생각건대 승패를 논하지 말고, 조선은 결코 버릴 수 없으며 일본은 결코 화친할 수 없으니, 오직 있는 힘껏 저들과 싸워서 반드시 이길 것을 기약해야 합니다."라고 역설했다.[6] 또한 이날 한림원(翰林院) 시독학사(侍讀學士) 문정식(文廷式)도 상주하여, 일본의 위협이 급박한 때 한갓 형세를 관망하며 사기(事機)를 그르친 실책을 논하고, 개전 준비에 필요한 사항을 4개 조목으로 구분해서 설명했다.

　　일강기거주관(日講起居注官) 한림원(翰林院) 시독학사(侍讀學士) 신(臣) 문정식이 엎드려 아뢰옵니다. 왜인(倭人)이 조선을 협박해서 제어하려고 하여 사기(事機)가 위급하기에 마땅히 처리해야 할 사의(事宜)를 조목별로 진술하오니 부디 살펴주시옵소서.
　　중국의 병번지국(屏藩之國) 가운데 조선만큼 중한 것이 없으니, 이해(利害)가 서로 연관되고 형세가 서로 의지함은 사람들이 모두 알고 있습니다. 이번에 왜인이 이유 없이 갑자기 중병(重兵)을 썼으니, 명분은 상인을 보호한다고 하지만 실제로는 조선을 도모하려는 의도라는 것 또한 사람들이 모두 알고 있습니다. 사건이 일어난 지 이미 몇 개월이 지났는데 중국의 대처방법은 아직도 정견(定見)이 없고, 북양의 파병 또한 주저하여 진척되지 않습니다. 왜인은 조선의 남부 5개 도(道)에서 이미 관제(官制)를 개혁하고 포대(砲臺)를 설치하고 상세(商稅)를 징수하고 있으며, 게다가 결코 시행할 수 없는 4개조를 갖고 우리를 제어하려고 하거늘, 비평하는 자들은 여전히 관망하고 있으니 이는 중국이 앉아서 사기(事機)를 잃게 하는 것이요, 조선을 왜(倭)가 되게 하는 것입니다. 서양 강적과 베트남에서 일이 생겼을 때도 중국은 전 병력을 아끼지 않고 싸웠습니다. 그러므로 10년간 조금 평안할 수 있었던 것입니다. 그런데 이제 왜소한 왜인이 이처럼 뜻을 이루게 한다면, 몇 년 후에 천하의 일을 어찌 물을 수 있겠습니까? 신은 생각건대 일에는 의심스러운 것이 없어야 하고, 적은 제멋대로 풀어 주어서는 안 됩니다. 삼가 어리석은 소견이 미친 바를, 사정을 참작해서 몇 개 조목으로 기초(起草)했으니 우리 황상을 위해 은밀히 진술합니다.

하나, 상벌(賞罰)을 분명히 하는 것입니다. 중국이 해군을 조련한 지 이미 근 10년이 되었고, 소모한 비용이 천여만(千餘萬)에 이르렀으니, 한 번 전쟁을 맡긴다면 또한 어찌 사양할 수 있겠습니까? 그러나 신 또한 창시(創始)의 어려움을 잘 알고 있습니다. 다만 신이 이해할 수 없는 것은, 왜인이 해군을 조련한 것 또한 불과 20년 밖에 되지 않았는데 무엇으로 이번에 출병했으며, 북양은 왜 감히 저들과 겨루지 못하는 것입니까? 신이 듣건대, 정여창은 본래 일개 용재(庸才)[9]로, 프랑스-베트남 전쟁 때 적을 피하다가 두려운 나머지 눈물을 흘렸다고 합니다. 그런 인물에게 제독의 중임을 맡겼으니, 실로 인재를 고르는 데 경솔한 것입니다. 또 해군의 가사(駕駛)[10]는 전부 푸젠(福建) 사람만 써서 당습(黨習)이 이미 심하고, 인재를 선발하는 데도 애로가 있습니다. 영국과 프랑스 수사장정(水師章程)은 과조(科條)[11]가 엄밀해서 사람들이 고생스럽게 여기거늘, 중국은 보거(保擧)에서 우대받고 얻는 이익이 더욱 후해서 사람들이 매양 좋은 직책으로 봅니다. 하지만 가사(駕駛)·포준(砲準)[12]·진법(陣法)을 강구하는 사람은 열에 두셋도 없을 뿐더러, 상벌이 공정치 않아서 현우(賢愚)를 판별할 수 없습니다. 그러므로 일이 생기지 않아도 이들의 무용함을 모두가 아는 것입니다. 신이 또 들으니, 섭지초 또한 근일에 평양으로 후퇴해서 수비하자는 논의를

---

9) 용재(庸才): 재주가 평범한 인물
10) 가사(駕駛): 항해술
11) 과조(科條): 과목(科目)
12) 포준(砲準): 포술(砲術)

폈다고 합니다. 아산은 한 모퉁이에 치우쳐서 이미 지리(地利)를 잃었지만 그래도 왜인을 견제하기에 충분합니다. 만약 한강[漢川]의 군대를 평양으로 후퇴해서 주둔시킨다면, 왕경(王京) 이남은 모두 왜(倭)의 소유가 될 것입니다. 마땅히 칙지를 청하여 정여창, 섭지초 등을 통절하게 질책해서 실력으로 맞서 싸우며 군대가 집결하기를 기다리게 하되, 만약 겁을 집어먹고 피하며 후퇴하는 정황이 보이면 반드시 군법으로 다스려서 왜인보다 국법을 더 두려워하게 만들어야 작은 효과나마 거둘 것입니다. 그 편비(便裨)[13] 중에 병법에 크게 통달해서 공을 세울 만한 자들은 응당 서열을 뛰어넘어 발탁하십시오. 예로부터 전쟁은 연병(練兵)의 실천이니, 이것이 옛사람의 경무(經武)[14]의 대법(大法)입니다. 신이 『각국사선표(各國師船表)』[15]를 검토해 보니, 왜인의 철갑선은 몇 척에 지나지 않았습니다. 중국이 만약 실사(實事)를 강구해서 한 번 다른 칸으로 움직인다면 해상에서 저들을 막는 일이 어렵지 않을 것입니다.

하나, 해군을 증강하는 것입니다. 종전에 이리·베트남의 두 차례 해방(海防)을 처리해서 신이 아는데, 저장(浙江)의 번고(藩庫)[16] 300여 만은 러시아를 방어하는 데 모두 쓰고, 장닝(江寧)의 번고 200여 만은 프랑스를 막는 데 모두 썼습니다. 이로써 미뤄 보면 각 성에서 소모된 비용이 매번 거의 천만이 넘을 것입니다. 신은 생각건대, 곳곳마다 방비를 갖춰서 준비가 많아지고 힘이 분산돼서 재원을 헛되이 쓰기 보다는, 각 성에 명하여 300만 금(金)을 함께 마련해서 철갑선 1, 2척과 쾌선 7, 8척을 속히 마련하고, 무기를 충분히 마련하고, 수사(水師)를 선발하는 것이 낫습니다. 그리고 현재 남양·민(閩)·월(粵)의 각 선박들과 함께 바닷길을 순찰해서, 북으로는 쓰시마(對馬)·나가토(長門)[17]의 해안을 순양하고, 남으로는 나가사키(長崎)·요코하마(橫濱)의 항구를 정찰한다면 왜인들 또한 다방면으로 방비를 갖출 것이니, 밖으로는 그 한국을 노리는 힘을 분산시킬 것이요, 안으로는 아랫사람이 윗사람을 원망하는 마음을 갖게 할 수 있을 것입니다. 또한 우리의 딩하이(定海)·타이완·충저우(瓊州) 등의 지역이 모두 서로 연락할 수 있을 것이니, 장래에 남양수사는 바로 여기서부터 경시(經始)[18]할 수 있을 것입니다. 이는 일거에 몇 가지 이점이 두루 있는 것입니다.

하나, 방교(邦交)를 살피는 것입니다. 프랑스-베트남 전쟁에서 왜인이 은밀히 군대로 프

---

13) 편비(偏裨): 각 군영의 부장(副將)

14) 경무(經武): 군사적 준비를 갖춤

15) 각국사선표(各國師船表): 사선(師船)은 곧 군함을 말하니, 『각국사선표(各國師船表)』는 각국의 군함 일람표라는 뜻이다. 1880년대 유럽 각국의 공사를 역임한 허경징(許景澄)이 『외국사선표(外國師船表)』를 만들어서 조정에 해방(海防)의 강화를 상주한 일이 있는데, 어떤 사선표(師船表)를 가리키는지는 미상이다.

16) 번고(藩庫): 성고(省庫), 즉 청대의 지방장관인 포정사(布政司)가 관할하던 돈, 식량 등을 보관하던 창고

17) 나가토(長門): 현재의 야마구치 현 서쪽 지방으로 당시로서는 조슈(長州)에 해당한다.

18) 경시(經始): 경영을 시작함

랑스를 원조했습니다. 그러므로 프랑스 인들이 은덕으로 여기는 것입니다. 영국인들은 왜 (倭)가 제도를 고친 것을 기뻐하여 자기 부류로 끌어들이고 있습니다. 러시아 인이 조선을 획득하고자 하는 마음은 왜보다 더욱 심합니다. 따라서 이번에 세 나라가 나서서 조정했지만, 진심으로 우리에게 도움을 구하는 것이 아님을 환히 알 수 있습니다. 그러나 각국의 형세로 논한다면, 동방에서의 조선의 위치는 서방에서의 터키와 같습니다. 터키는 흑해(黑海)의 요충지를 누르고 있으니 러시아가 터키를 얻지 못하면 서양에서 뜻을 펼 수 없고, 조선은 황해(黃海)의 요충지를 누르고 있으니 러시아가 조선을 얻지 못하면 동양에서 뜻을 펼 수 없습니다. 그러므로 조선의 곁에서 호시탐탐 노리는 것이니, 러시아를 왜보다 더 두려워할 만합니다. 왜인들 또한 이 사실을 알고 있습니다. 그러므로 그 몇 년 동안 계획하다가 기회를 노려서 갑자기 나온 것은 비단 중국과 일일지장(一日之長)[19]을 겨루기 위한 것만이 아니요, 또한 러시아가 선착의 효를 차지할 것을 깊이 우려한 것입니다. 이제 안으로 국세(國勢)를 헤아리고 밖으로 적정(敵情)을 살펴보건대, 만일 실제로 병흔(兵釁)[20]을 연다면 중국은 왜와 겨우 체제(體制)를 놓고 다툴 것입니다. 그러면 각국은 필시 수수방관할 것이며, 왜인은 아마도 겉으로는 우리에게 조공의 명분을 주고 속으로는 조선의 실리를 차지할 것입니다. 그러나 만약 중국의 뜻이 조선을 보존해서 러시아를 막는 데 있다면, 영국과 독일 등 여러 나라는 우리의 노성(老成)한 계모와 심원한 계산을 보고 온 힘을 다해 유지해서 동방(東方)의 대국(大局)을 보전하려고 생각할 것이요, 왜인 또한 중국이 능히 그 대국을 볼 수 있음과, 아울러 간접적으로 러시아를 막는 이익이 있음을 알고는 반드시 마음을 가라앉히고 다시 생각해서 별도로 중국과 협력할 방법을 모색할 것입니다. 이것이 천하의 대세입니다. 이해(利害)도 한 나라가 받는 것이 아니요, 권력 또한 한 나라가 홀로 행할 수 있는 것이 아니니, 장래에 전쟁을 하거나 화친을 하거나 환영을 하거나 항거를 하거나 모두 이것에 근본해서 서로 비교해야 합니다. 지금 영국인이 하는 말의 뜻이 아마 여기에 있을 것입니다. 근래 들리는 말에 북양대신이 러시아 인 베베르의 말을 대단히 신임한다고 합니다. 그러나 신이 듣건대 베베르가 조선에 있을 때 허황된 말로 사람들을 기만했는데, 이번에 급히 출경(出京)했으니 필시 장차 그 궤모(詭謀)[21]를 펼쳐서 자국만 이롭게 하고 우리에게 손해를 끼칠 것입니다. 부디 총서에 내릴 특유(特諭)를 청하여 그에게 미혹되지 않게 하십시오. 왜사(倭事)가 이미 정해진 데 이르러서는, 우리가 조선에 대해 도모하는 것은 제도 개혁을 꾀하든 중병(重兵)을 특설(特設)하든 마땅히 한 번 수고로 오랫동안 평안할 수 있는

---

19) 일일지장(一日之長): 남보다 조금 나음
20) 병흔(兵釁): 전단(戰端). 전쟁의 시작
21) 궤모(詭謀): 궤계(詭計), 즉 간사한 방법으로 남을 속이는 계책

계책을 사전에 생각해야 하니, 이는 성모(聖謨)[22]의 밀운(密運)[23]에 달려 있을 뿐입니다.

하나, 관망(觀望)을 경계하는 것입니다. 총서를 설치한 것은 원래 양무(洋務)를 처리하기 위한 것이요, 멀리서 병기(兵機)[24]를 통제하기 위한 것이 아닙니다. 예전에 프랑스-베트남 전쟁에서 각 성(省)은 사사건건 총서에서 명을 받았습니다. 그러자 군대를 통솔하는 자는 미리 책임을 회피할 구멍을 만들어 놓았으며, 총서는 끝내 몰래 병권(兵權)을 장악했습니다. 고기(顧忌)[25]가 지나치게 많음은 병가(兵家)에서 크게 꺼리는 바입니다. 또 각국의 일이, 예컨대 프랑스 인은 화친을 말하고 있는 중에 군대가 이미 지룽(基隆)을 공격했고, 러시아 인은 일찍이 실화(失和)한 적이 없지만 군대가 이미 파미르(帕米兒)를 취했습니다. 이제 조선에 있는 왜병이 그 낡은 지혜를 본받을 수도 있으니, 화의(和議)로 총서를 속이면서 유리한 기회를 노려 중국에 일격을 가한다면, 적을 앞에 둔 선봉부대들은 아직 전신(電信)을 받지 못해서 비록 상황이 유리하더라도 감히 대포를 쏘지 못할 것입니다. 이는 항상 후수를 잡고 적에게 선수를 양보하는 것이니 승리할 리가 만무합니다. 부디 칙지를 청하여 북양에 명령해서, 오래 조련한 병사와 새로 모집한 병사를 막론하고 신속히 1만 명을 파견해서, 혹은 바닷길을 통해 한강[漢川]에 접근하고, 혹은 육로를 통해 왕경(王京)에 달려가 왜인에게 충분히 대적할 수 있는 힘을 갖게 하십시오. 만약 왜인이 성급히 방자하게 구는 모습을 보이면 우리 군대가 먼저 발포해도 무방합니다. 일체를 편의(便宜)하게 종사(從事)해서 다른 핑계를 대지 못하게 하고, 만약 군대를 후퇴시키면 군법에 회부하십시오. 총서는 오직 전보 전달 및 조관(條款)의 여러 일만 관장하게 하고, 다시 멀리서 군정(軍情)을 통제하지 않게 하는 것이 아마도 또한 치우친 것을 바로잡고 폐단을 구제하는 요착(要著)이 될 것입니다.

이상 몇 개 조목은 신의 견문이 좁아서 모두 잘 알지는 못하오나, 기이하고 신비한 계책이 순식간에 천변(千變)하는 것에 이르러서는 또한 지상(紙上)에서 언급할 바가 아닙니다. 다만 신이 깊이 우려하는 것은, 이홍장이 처음 공을 세웠을 때 서양인들의 도움을 받았던 까닭에 종신토록 서양인을 믿을 만하다고 여겨서, 중국의 치법(治法)의 본원(本源)과 군모(軍謀)의 구법(舊法)에는 모두 크게 관심을 두지 않는다는 점입니다. 오늘날 천하의 이권은 하트(Robert Hart, 赫德)에게 돌아가고, 북양의 병권(兵權)은 데트링(Gustaf Detring, 德璀琳)에게 제어당하고 있으니, 그저 방황하며 어찌할 바를 모르는 것은 필연의 이치입니다. 회군(淮軍)

---

22) 성모(聖謨): 제왕이 천하를 다스리는 방책
23) 밀운(密運): 주도면밀하게 궁리함
24) 병기(兵機): 군대의 기략(機略), 또는 군사와 관련한 핵심적인 결정
25) 고기(顧忌): 여러 가지 일을 고려하고 기피함

이 톈진에 주둔한 지 이미 20여 년이 돼서 숙장(宿將)²⁶⁾과 경병(勁兵)²⁷⁾은 열에 예닐곱이 떠났고, 이제 쓸 수 있는 것은 대체로 신진(新進)의 전진(戰陣)을 경험하지 못한 자들 뿐이니, 설령 왜(倭)·한(韓)의 흔단이 없었더라도 훗날 반드시 신려(宸慮)²⁸⁾를 번거롭게 했을 것입니다.

신은 생각건대, 마땅히 이홍장에게 명하여 장병 가운데 충용(忠勇)하고 박성(樸誠)²⁹⁾한 자들을 신중히 가려 1, 20명을 열보(列保)³⁰⁾해서, 송부(送部)·인견(引見)하여 칙지를 받아 채용한 후, 혹은 즉시 각 영(營)을 나누어 통솔하게 하고, 혹은 직접 선봉부대에 임하게 한다면, 아마도 장사(將士)들로 하여금 함께 천은(天恩)을 받고 있음을 깨달아 감분(感奮)하여 보은할 것을 생각하게 만들 수 있을 것이니, 이 또한 장수를 길들이는 하나의 방법입니다.

조선의 일은 전쟁만 있고 양보는 없습니다. 이제는 일이 의심할 바 없게 되었으니, 부디 바라옵건대 신단(宸斷)³¹⁾을 시종 견지하시어 헛된 논의에 현혹되지 마시옵소서. 그리하신다면 각국이 에워싸고 다른 마음을 품지 않을 것이니, 이것이 치란(治亂)의 큰 관건입니다. 신의 우매한 견해가 타당한지 부디 황상께서는 성감(聖鑑)하시옵소서. 삼가 아룁니다.

광서 20년 6월 초10일⁷

장중흔과 문정식이 조선 대책을 논하자 이를 모방하는 언관들이 줄을 이어서, 7월 16일까지 군기처에 내려진 주소(奏疏)가 5통이었는데 모두 주전론이었다고 한다.⁸ 7월 17일에 예부우시랑(禮部右侍郎) 지예(志銳)는 상주하여 총리아문과 북양이 외국 공사의 조정만 믿고서 주저하며 세월을 보내는 것을 비난하고, 이홍장에게 명하여 조선국경에 병력을 집중해서 우리가 준비되어 있음을 과시함과 동시에 이를 바탕으로 대일교섭에 나서야 한다고 논했다. 특히 제독 섭지초와 정여창이 형세를 관망하며 우물쭈물하고, 적과 대면해서 위축되고 겁먹은 것을 엄칙(嚴飭)할 것을 주청(奏請)했다.

노재(奴才)³²⁾가 근일 전문(傳聞)에 근거하고 양보(洋報)를 참조하건대, 북양대신 이홍장과 역서(譯署)³³⁾ 대신들이 이 일을 관장하여, 오직 인순(因循)하고 완오(玩誤)³⁴⁾하며 매번 흔단

---

26) 숙장(宿將): 전쟁을 오래 경험해서 익숙한 장수
27) 경병(勁兵): 정예병사
28) 신려(宸慮): 제왕의 생각과 계획
29) 박성(樸誠): 소박하고 성실함
30) 열보(列保): 부하들 중에 공적이나 능력이 있는 자들을 열거해서 보거(保擧)함
31) 신단(宸斷): 제왕의 결단
32) 노재(奴才): 종, 하인이라는 뜻으로, 청대에 팔기(八旗)에 속하는 문무관원이 황제에 대해 자신을 겸칭하는 말
33) 역서(譯署): 총리아문의 별칭
34) 완오(玩誤): 완(玩)은 명령을 소홀히 한다는 뜻이고, 오(誤)는 탐오(耽誤), 즉 일을 지연해서 그르친다는 뜻이다.

(釁端)을 우리가 열지 않았다는 것으로 변명하며 대충 일을 끝내려 하고 있습니다. 그러나 노재(奴才)의 우견(愚見)은, 이는 크게 잘못되고 옳지 않다고 생각합니다. 어째서입니까? 흔단이 나에게서 나왔으면 '열었다[開]'라고 하지만, 흔단이 남에게서 일어났으면 '응한다[應]'라고 합니다. 이제 일본인이 조선에 웅거하여 4개조로 우리를 제어하려고 하니, 엄연히 흔단을 열려는 마음이 있는 것입니다. 우리가 만약 급히 군려(軍旅)[35]를 준비한다면 힘이 대등하고 형세가 균등해서, 그래도 저들이 두려워 감히 갑자기 전쟁을 일으키지 않을 것을 기대할 수 있으니, 이는 필전지세(必戰之勢)를 보임으로써 도리어 흔단을 막는 실마리로 삼는 것입니다. 그렇게 하지 않는다면 우리가 후퇴함에 저들은 전진해서, 비록 흔단이 없기를 바라더라도 할 수 없을 것입니다.

또 들으니, 상황이 이미 급절(急切)한데 그 대신 등은 오로지 외국 공사들이 중간에서 조정하는 것에만 기대서, 그들의 도움으로 평화를 설파하는 유세객(遊說客)을 만들어 군대를 후퇴시킬 계책을 도모한다고 합니다. 사건이 처음 생겼을 때 러시아공사에게 의뢰했는데 성공하지 못했고, 다시 영국공사에게 바랐는데 또 성공하지 못했습니다. 또 난이(難易)는 차치하고,[36] 러시아는 블라디보스토크(海參威)와 사할린(庫頁)의 각 섬들에 웅거하고, 영국은 거문도에 걸터앉아 동해를 노려서 일본인들과는 평소부터 교정(交情)이 친밀합니다. 설령 우리를 위해 편단(偏袒)[37]하게 한들, 우리에게 이미 믿을 만한 세력이 없고 또 의지할 만한 권력도 없으니, 온전히 구설(口舌)에만 의지해서 절충(折衝)한다면, 비록 러시아·영국 공사가 소진(蘇秦)·장의(張儀)[38]의 변설을 펴더라도 과연 약한 것을 강한 것으로 변화시켜서 강제로 일본을 우리 범위 안에 들어오게 할 수 있겠습니까? 이 또한 불변의 사리(事理)입니다.

종합해서 헤아려 보건대, 중국과 일본이 교섭한 이래로 타이완에서 배상금을 지불하고, 류큐에서 저들이 멸망시키는 대로 내버려 두었습니다. 조선 임오년의 난리에서는 우리가 또 대신 조정(調停)하고, 갑신년의 전쟁에서는 우리가 또 보호를 허락했습니다. 우리가 물러설수록 저들은 더욱 전진하고, 우리가 양보할수록 저들은 더욱 교만해졌으니, 종기를 키워 병을

---

35) 군려(軍旅): 군대
36) 원문에는 '又將誰易 無論俄踞海參威及庫頁各島'로 되어 있는데, 문맥상 어색하다. 『淸光緒朝中日交涉史料』 제14권, 문서번호 1169번도 구두 표기는 없지만 내용은 동일하다. 여기에서는 '誰'를 '難'의 오자로 보고, '又將難易無論 俄踞海參威及庫頁各島'로 구두를 떼어서 옮겼다.
37) 편단(偏袒): 옷을 벗어 한쪽 어깨를 드러낸다는 뜻으로, 한쪽을 편들어 비호함을 비유한다. 중국 한(漢)나라 때 여후(呂后)의 일족이 득세했는데, 여후의 사후 주발(周勃)이 여씨 일문을 축출하고자 하여 군중에 명을 내리기를, "여씨 편을 드는 자는 오른쪽 어깨를 드러내고 유씨 편에 서려는 자는 왼쪽 어깨를 드러내라."고 한 고사에서 유래했다.
38) 소진(蘇秦)·장의(張儀): 소진과 장의는 중국 전국시대의 유명한 유세객(遊說客)이다. 서쪽의 진(秦)나라의 국력이 강성해지자, 이에 대처하기 위한 방법으로 소진은 6국이 연합하는 합종책(合縱策)을 주장했고, 장의는 진나라를 섬기는 연횡책(連衡策)을 주장했다.

만든 끝에 결국 오늘날의 지경에 이르렀습니다. 오랑캐의 기염이 성하고 탐욕이 끝이 없습니다. 한 번 실수하고 두 번 실수함에 우리 중국은 이로부터 베개를 편안히 할 날이 없을 것이니, 어찌 우려하지 않겠습니까?

형세상 반드시 다툴 수밖에 없는 일본과 절대 잃을 수 없는 조선이거늘, 저들은 착착 선수를 차지하고 우리는 가는 곳마다 제압을 당하고 있습니다. 금일의 계책으로는, 응당 황상께 신충(宸衷)[39]을 독단(獨斷)할 것을 청하여, 신속히 북양대신 이홍장에게 칙령을 내려서 병력을 크게 집결해서 고려 경내(境內)에 분산해서 주둔시켰다가, 정해진 기한에 진격해서 신속히 사기(事機)에 대응하게 해야 합니다. 갑신화약(甲申和約)에 이미 "공동으로 보호한다."라고 했고, 또 "무사하면 중(中)·왜(倭)는 똑같이 군대를 주둔하지 않는다."라고 했습니다. 저 나라가 현재 난당(亂黨)을 평정하고 다시 조정(朝政)[40]을 개혁하고 있는데도 일본이 이미 중병(重兵)을 집결시켰으니 우리가 어찌 손 놓고 좌시할 수 있겠습니까? 보호는 중국과 일본이 공유하는 권리요, 진병(進兵)은 중국과 일본이 분임(分任)하는 일이니, 구약(舊約)을 실천하는데 어찌 흔단(釁端)이라고 하며, 급난(急難)을 동정(同情)하는데 어찌 용무(用武)[41]라고 하겠습니까? 이는 참으로 이치가 명확하고 말이 도리에 맞으니, 모두 일본인에게 반복해서 상세히 말하여 '흔단을 연다.'는 말을 타파해야 할 것입니다.

군대를 정돈한 뒤에는 권세가 균등해질 것이니, 그런 후에야 서서히 경장(更張)을 논의해서 신약(新約)을 상세하게 정해야 합니다. 적정(敵情)에는 본래 허실이 있고, 변환(邊患)[42]에는 다시 경중이 있으니, 무장들의 기(氣)를 군세게 한 후에야 강화(講和)할 수 있으며, 우리의 힘을 완전히 채운 뒤에야 전쟁을 말해도 무방한 것입니다. 그때가 되면 의견이 달라서 어쩌면 러시아·영국 공사가 조정자로 나설 수도 있습니다. 아마도 그들이 조정에 전력을 기울여야 비로소 협지(挾持)[43]가 온전해질 것입니다.

조선에 건너간 각 영(營)에서 가장 잘못된 것은, 직예제신(直隸提臣) 섭지초와 해군제신(海軍提臣) 정여창이 일본인보다 먼저 조선에 파견됐으면서도 철함(鐵艦)은 인천을 점거하지 못하고 육군은 한성에 들어가지 못해서, 겨우 인천 부근의 아산도(牙山島)에 머물고 있으면서 저 혼자 험요(險要)한 지역에서 의각(犄角)의 형세를 이루었다고 하며 공수(拱手)[44]하며 사양하고 있는 것입니다. 외인(外人)과 외간(外間)의 여론에 심지어 섭지초를 쫓아내고 정여창

---

39) 신충(宸衷): 제왕의 마음
40) 조정(朝政): 조정의 정치
41) 용무(用武): 무력을 사용함
42) 변환(邊患): 변경에 이민족이 침입해서 생기는 우환
43) 협지(挾持): 위력으로 상대를 순종하게 함
44) 공수(拱手): 상대에게 경의를 표하기 위해 두 손을 맞잡고 하는 인사

을 죽여야 한다는 비방까지 있으니 그들이 여러 사람들의 여망에 부응치 못했음을 상상할 수 있고, 이들이 머뭇거리며 전진하지 않는 것은 그 뜻이 관망(觀望)에 있어서 적을 마음대로 하도록 풀어놓고 소극적으로 대처하고 있음을 알 수 있습니다. 다시 무엇을 의심하기에 조선의 지세(地勢)가 해외에 현격히 떨어져 있다고 하여 성명(聖明)을 기만해서 눈치채지 못하게 하는 것입니까? 아니면 구차하게 목숨을 부지하려고 요행히 무사하기를 바라는 것입니까? 이는 모두 완오(玩誤)하는 잘못입니다. 응당 엄지(嚴旨)를 청해서 신속히 요지(要地)를 점거할 것을 명하고, 만약 다시 감히 겁을 먹고 위축된다면 즉시 중한 징계를 내려야 합니다.

요컨대 군국(軍國)[45]의 대계(大計)는 그 관계되는 이해(利害)가 매우 중합니다. 요번(要藩)[46]을 어찌 가볍게 버릴 수 있겠습니까? 따라서 교활한 오랑캐는 처리를 늦춰서는 안 됩니다. 흔단(釁端)은 함부로 열 수 없지만, 병력으로 저들을 두렵게 만들어야 합니다. 형세로 볼 때 더 이상 늦출 수 없으니 계책을 의심할 필요가 없습니다.○상략, 하략 9

같은 날, 이과급사중(吏科給事中) 여련원(余聯元)도 조선 대책을 올려서 주전론을 주장하고 상중하(上中下)의 3책(策)을 헌의했다. 그 요지는 다음과 같다.

일본인은 사사건건 서양을 모방해서, 오랫동안 뜻을 두어 조선을 엿본 것이 비단 하루 이틀이 아닙니다. 북양대신 이홍장은 노성(老成)하고 평소 중한 명망이 있는 대신이지만, 쇄약(鎖鑰)[47]의 중임을 맡아서 만에 하나 무장충돌이 발생한다면 확실히 장악할 수 있겠습니까?

지금의 계책으로는, 일본이 조선에 온 힘을 쏟아서 나라 안이 무방비인 틈을 이용하여 마치 손한(孫韓)이 위(魏)나라를 공격해서 조(趙)나라를 구원한 것처럼[48] 중병(重兵)으로 도쿄를 습격하는 것이 상책이요, 연해 요충지에 부대를 주둔시키고 수비해서 일본인이 들어올 길을 없애고 우리는 자유롭게 배치해서 조선을 호위하는 것이 중책이요, 일본인들과 조선에서 대치하다가 어쩔 수 없이 전쟁에 나가서 반드시 이길 것을 장담할 수 없는 전쟁에서 요행을 바라는 것이 하책입니다.

---

45) 군국(軍國): 통군치국(統軍治國), 즉 군대를 통수하고 국가를 다스림
46) 요번(要藩): 중요한 울타리, 즉 조선을 가리킴
47) 쇄약(鎖鑰): 자물쇠. 방수(防守)를 비유함
48) 중국의 전국시대에, 위(魏)나라와 조(趙)나라가 전쟁을 벌이다가 조나라가 패해서 조나라의 수도 한단(邯鄲)이 위나라 군대에 포위당했다. 조나라가 동맹국인 제(齊)나라에 원군을 요청하자, 제나라 위왕(威王)은 전기(田忌)와 손빈[孫濱: 손무(孫武)의 손자로『손자병법(孫子兵法)』의 공동저자]을 파견해서 조나라를 돕도록 했다. 손빈은 텅 비어 있는 위나라의 수도인 대량(大梁)을 습격해서 위나라 군대를 조나라에서 부득이 철수하게 한 후, 계릉(桂陵)에서 대파해서 조나라를 구원했다. 원문에 손한(孫韓)이라고 한 것은 손빈(孫濱)의 오자(誤字)로 생각된다.

눈앞에 닥쳐서 중·하 두 가지 방책을 논한다면 모두 우리 힘으로는 어쩔 수 없을 것이니, 형세가 필시 급격해서 전쟁에 이를 것입니다. 이홍장은 군사를 선발하고 무기를 구입한 지 몇 해가 되었고, 소비한 탕항(帑項)[49] 또한 헤아릴 수가 없습니다. 지금 조정에서는 그를 크게 신뢰하는데 그는 자기 책임을 남에게 전가하고 있습니다. 신은 모르겠습니다. 이홍장이 황상(皇上)을 대했던 것을 자문(自問)한다면, 그 감분(感奮)은 당연히 어떠해야 하며, 그 보효(報效)[50]는 또 어떠해야 합니까?○상략, 하략10

다음 날인 20일에는 한림원(翰林院)에서 증광균(曾廣鈞)의 조선 대책을 대신 상주했다. 『옹동화 일기』에는, "그가 진술한 7개조의 대지(大旨)는 일본을 멸해야 한다는 것이었으니, 그 말이 매우 호종(豪縱)[51]했다."라고 적혀 있다. 21일에는 방홍서(龐鴻書)가 상서(上書)했다. 『옹동화 일기』에, "부디 분명히 선전(宣戰)하시고 아울러 도쿄를 도모하시옵소서."라는 구절이 있는 것으로 봐서 이 또한 격렬한 주전론이었음을 알 수 있다.[11] 22일에는 국자감사업(國子監司業) 서순(瑞洵)이 주전론을 아뢰었다.[12] 23일에는 강남도감찰어사(江南道監察御史) 종덕상(鍾德祥)이 조선 사건의 발단을 논하여 주일공사 왕봉조의 실책을 논핵(論劾)했다.[13] 25일에는 공부낭중(工部郎中) 단방(端方)이 조선 사무를 논하여 일본과의 개전을 위한 준비로 동삼성(東三省)의 군비개혁, 전(前) 신강순무(新疆巡撫) 유금당(劉錦棠)의 임용, 거문도 점령, 펑톈(奉天)·지린(吉林) 두 성(省)의 엽호포수(獵戶砲手)[52]의 징발, 조선 북도(北道)의 병정 징집 등 6책(策)을 헌의했다. 같은 날 또 어사(御史) 양신(楊晨)이 조선의 병사(兵事)를 논했다.[14] 그의 주장에 따르면, 일본이 제멋대로 행동하는 것은 러시아의 지지를 받고 있기 때문이므로 영국에 통상(通商)의 특권을 줘서 한편으로 러일 양국의 협조를 견제하게 하고, 일본이 고립된 것을 이용해서 북양해군을 출동시켜 부산을 거쳐 이키(壹岐)·쓰시마(對馬)를 취하고, 남양수사(南洋水師)를 보내서 타이완으로부터 우라가(浦賀)·시나가와(品川)를 공격한다는 것으로, 자칭 원교근공(遠交近攻)의 계책이었다.[15]

이상 서술한 데서 알 수 있듯이, 언관들의 주장이 이구동성으로 주전론을 외치고 북양 및 그 장령(將領)들을 공격하는 상황에서 덕종과 그 중신들의 주전론도 점차 고무되

---

49) 탕항(帑項): 국고(國庫)의 재물
50) 보효(報效): 은혜를 갚고자 온 힘을 다함
51) 호종(豪縱): 호방해서 얽매이는 바가 없음
52) 엽호(獵戶): 사냥꾼

지 않을 수 없었다. 덕종은 이미 7월 15일에 호부상서 옹동화와 예부상서 이홍조에게 명하여, 군기대신 및 총리아문 대신과 회동해서 조선 문제의 처리방법을 상세히 논의하고 대책을 마련하게 했다. 옹동화와 이홍조는 그 뒤로 추정(樞廷)[53]의 논의에 참여할 수 있었고, 주전론의 입장을 분명히 하며 북양을 독려해서 개전에까지 이끌었던 것이다.[16]

7월 15일의 상유에 따라 다음 날인 16일에 옹동화와 이홍조는 군기대신 및 총리아문 대신과 군기처에서 회동하여 조선 문제를 토의했다. 옹동화와 이홍조는 한 목소리로 주전론을 외치며 조선에 군대를 증원해야 한다고 주장했지만, 논의는 끝까지 결론이 나지 않았다. 옹동화 등은 당연히 실망했다. 덕종도 군기처와 총리아문의 연약한 논의에 불만을 느꼈던 듯 군기대신을 엄하게 꾸짖고, 이홍장을 의처(議處)[54]한 후 선전포고까지 주장했다고 한다. 당시 사정이 『옹동화 일기』에 상세히 기록되어 있다.

6월 14일○메이지 27년 7월 16일, 맑음. 아침 일찍 이부(吏部) 조방(朝房)[55]에 갔다. 사각(四刻)[56]이 지나자 고양(高陽)○이홍조이 비로소 왔다. 또 사각(四角)이 지나 군기(軍器)에서 불렀다. 이에 치방(値房)에 가니, 경저(慶邸)○경친왕(慶親王)와 역서(譯署)의 여러분들이 모두 모여 계셨다. 전보와 주접(住接)을 보았는데, 주전(主戰)이 5통이었다. 논의가 결정 나지 않았다. 나와 고양은 모두 군대를 증원해서, 동삼성(東三省)과 뤼순(旅順)의 군대를 속히 조선에 파견해야 한다고 주장했다. 나는 또 청이 조선 내정을 다스리는 것은 체통을 잃는 것이 아니니, 이 두 가지가 모두 복주(覆奏)에 들어가야 한다고 말했다. 원고는 장경(章京)[57] 심녹평(沈鹿苹)에게 전하고, 다시 추당(樞堂) 주정(主政)에게 전했다. 이날 군기(軍機)의 현기(見起)[58]가 있었다. 상의(上意)[59]는 오직 주전(主戰)을 역설하는 것이었다. 아울러 전달된 의지(懿旨)[60] 또한 주전(主戰)이었고, 양채(洋債)를 빌리는 것을 불허했다. 또 "옹동화, 이홍조 등에게 지난번의 처리는 타당하지 않으니 이번에는 반드시 정돈(整頓)하라고 알리라."는 칙명을 전했다. 또 북양을 의처(議處)하고, 천하에 분명히 포고령을 발하려고 하셨다. 이 두 가지 일은 아직 실행되지 않았다. 들리는 말에 어제 추정(樞廷)도 꾸짖음을 들었다고 한다. 오초(午初)[61]에 헤어지고 내일 아침에 다시 모이기로 했다.

---

53) 추정(樞廷): 정권의 중추라는 뜻으로, 군기처(軍機處)를 가리킨다.
54) 의처(議處): 죄를 의정(議定)해서 처분을 내림
55) 조방(朝房): 백관이 조회에 들어가기 전에 기다리던 장소
56) 사각(四刻): 1시간. 각(刻)은 15분
57) 장경(章京): '장군(將軍)'의 만주어 음역
58) 현기(見起): 군기처에서 보내오는 중요한 정치문제에 대해 황제가 군기대신들을 접견해서 논의하는 일
59) 상의(上意): 황제의 뜻
60) 의지(懿旨): 황태후·황후·공주 등의 명령
61) 오초(午初): 오시(午時)의 초각(初刻), 즉 11시가 바로 지난 때

15일○7월 17일. 상(上)께서 서방(書房)에 오셨다. 신(臣)○웅동화이 들어가서 어제 크게 증병(增兵)한 후에 강화를 허락해야 한다고 논한 일을 아뢰었다. 상(上)께서 말씀하시기를, "철병을 협상할 수 있는가? 철병하지 않으면 협상할 수 없다."라고 하시고, 또 "황태후께서도 약한 모습을 보이는 것을 허락지 말라고 말씀하셨다."라고 하셨다. 물러나온 후, 경저(慶邸)와 배를 띄워 베이허안(北河岸)으로 갔다. 고양도 이를 받고 또한 베이허로 왔다. 앉아서 6각(刻) 남짓 기다리니 군기(軍機)에서 비로소 오라고 했다. 지예(志銳)의 접(摺)·편(片) 각각 1통, 북양이 보낸 병전(兵電) 1건, 영국공사 오코너의 문답기록 1건이 모두 이와 같았다. 한 시간 남짓 소운(小雲)이 회의해서 복주(覆奏)한 초고를 기다렸다가 두 글자를 고치고, 두 번째 구절은 고양이 몇 자를 첨가했다. 내일 전하기로 하고 헤어졌다.○상략, 하략17

7월 18일에 이르러 웅동화와 이홍조는 군기대신 및 총리아문대신과 회동해서 상의한 결과를 상주했다.

신(臣) 웅동화는 공손히 아뢰나이다. 회동해서 상세히 논의하라는 칙지에 따라 상주하여 그 결과를 진술하고 성감(聖鑑)을 바라옵니다.

이번 달 13일에○메이지 27년 7월 15일 군기대신이 어전에서 유지(諭旨)를 받았습니다. 금일 혁광(奕劻)의 면주(面奏)[62]에 따르면, "조선의 일은 관계가 중대하니, 반드시 여러 사람의 지혜를 모으고 널리 유익한 의견을 들어야 하리라. 웅동화, 이홍조를 보내서 군기대신, 총리각국사무대신들과 회동한 후 상세히 논의해서 장차 어떻게 처리할지 적절하게 계획해서 상세히 아뢰게 하라."라고 했습니다.

이를 받고서 14일에 신(臣) 웅동화, 신 이홍조는 함께 군기처로 가서 군기대신, 총리각국사무대신들과 회동하여 상세히 논의했습니다. 왜인이 한국에 중병(重兵)을 주둔시켜서 오랫동안 철수하지 않는데, 화상(和商)[63]은 아직까지 결론이 없으니 신속히 전사(戰事)를 준비하지 않을 수 없습니다. 이것이 바로 일정한 판법(辦法)입니다.

누차 유지(諭旨)를 받았는데, 이홍장에게 파병·진격한 후 적절히 계획해서 배치할 것을 명하셨습니다. 이제 그가 보내온 전보(電報)에 따르면, "예전부터 중국이 조선에 군대를 내보낼 때는 모두 평양의 북로(北路)를 경유했는데, 현재 성군(盛軍) 6천여 명을 이끌고 평양으로 진격한 총병(總兵) 위여귀(衛汝貴)와 의군(毅軍) 2천여 명을 이끌고 의주(義州)로 진격한 제독

---

62) 면주(面奏): 황제를 직접 대면해서 상주함
63) 화상(和商): 화친 논의

마옥곤(馬玉崑)은 모두 해로(海路)로 갔다. 아울러 성경장군(盛京將軍)에게 자문으로 상의해서, 좌보귀(左保貴)의 마보(馬步)[64] 8영(營)을 평양으로 보내고, 또 제독 섭지초의 한 부대는 평양으로 이동해서 주둔하고 있다. 뤼순(旅順) 등지의 해구(海口) 또한 이미 정비를 마쳤다."라고 했으니, 그 계획이 대단히 치밀합니다. 부디 유지(諭旨)를 청하여, 이홍장에게 각 군(軍)을 파견해서 신속히 전진하여 조금이라도 지연되지 않게 하십시오.

병력을 크게 집결시키고 나면 성세(聲勢)가 대략 웅장할 것입니다. 중국은 본래 조선을 보호할 권리를 갖고 있으니, 이번 파병과 관련해서는 우선 상인 보호를 명분으로 내세우고, 왜(倭)와의 실화(失和)를 명언(明言)하지 말고 조금 여지를 남겨 둔 채 동정을 지켜봐야 합니다. 현재 왜병(倭兵)이 한국에서 크게 제멋대로 창궐해서, 영국공사가 베이징에서 화상(和商)을 제안하고 있습니다. 우리는 전쟁을 미리 준비했으니 만약 왜인이 실제로 회화(悔禍)[65]하는 뜻이 있다면 그 소원대로 상의하겠지만, 단 대국(大局)에 장애를 주지 않아야 비로소 조정(調停)을 허락할 수 있습니다. 이 또한 싸우지 않고도 적을 굴복시키는 술책입니다.

대체로 국가가 부득이 용병(用兵)해야 할 때는 반드시 만전을 기해 계책을 세워야 합니다. 하물며 양인(洋人)과 전쟁을 결정해서 견제가 더욱 많은 상황에 있어서겠습니까? 현재 각국이 모두 조정을 바라는데, 영국인이 더욱 힘을 쓰고 있습니다. 이는 영국이 러시아를 가장 미워해서, 중국과 왜(倭)가 흔단(釁端)을 열면 러시아가 가운데서 이득을 취할 것을 두려워하기 때문입니다. 따라서 우리가 만약 단칼에 거절한다면 아마 영국은 은밀히 왜인을 원조해서 군함과 무기를 대 줄 것이니, 그렇게 된다면 왜인의 세염(勢焰)이 더욱 커질 것입니다. 또 병단(兵端)이 일단 일어나면 얼마나 계속될지 예측하기 어렵고, 중국의 연해는 지세(地勢)가 광활하고 탁 트여서 허점을 틈타 요란을 부린다면 방어하려고 해도 이루 다 막을 수 없을 것입니다. 또 경비가 궁핍해서 다 메꿀 수 없는 때가 오면 계속 비용을 마련하기 어려울 것입니다. 이는 모두 우려하지 않을 수 없는 것들입니다.

그러나 끝내 일이 수습할 수 없는 지경에 이른다면, 이둔(利鈍)[66]을 따져서는 안 됩니다.[67] 현재 왜인들의 의도를 관찰해 보건대, 조선 내치(內治)를 정리하고 그 토지를 보전하는 데 주안을 두고 있습니다. 중국에 대해서는 단지 그 상의(商議)를 윤허할 것만 요구하는데 그다지 절실하지는 않습니다. 단, 우선 철병하라고만 재촉했기 때문에 아직 취범(就範)하지 않는 것입니다. 이제 이미 대병(大兵)을 파견했으므로 저들과 상지(相持)[68]하는 것도 가능하니, 철병

---

64) 마보(馬步): 기병과 보병
65) 회화(悔禍): 재앙을 일으킨 것을 후회함
66) 이둔(利鈍): 유불리, 승패
67) 원문에는 "利鈍有所勿許"로 되어 있으나, 문맥상 許는 計의 오자인 것으로 보고 옮겼다.
68) 상지(相持): 서로 양보하지 않고 대치함

을 재촉할 필요가 없습니다. 저들이 만약 위원을 파견해서 상의할 것을 청한다면, 왜인의 이른바 '각 조목[各條]'이 타당하지 않을 경우에는 우리가 이의를 제기해서 물리치고, 정무(政務)에 도움이 될 경우에는 또한 우리가 명령해서 시행할 수 있을 것입니다. 이미 보호이권(保護利權)[69]을 거둬들였으니 또한 상국(上國)의 체제(體制)를 잃지 않을 것입니다. 그때가 되면 응당 다시 칙지를 청해 준행(遵行)할 것입니다. 혹시 계속해서 절대 시행할 수 없는 일을 요구하거나 끝내 먼저 멋대로 흉포한 짓을 한다면 크게 공벌해서 그 죄를 성토할 것입니다. 그리하면 군대의 명분이 바르니 기상이 굳셀 것이요, 각국도 함께 똑똑히 타이를 것입니다. 신 등이 회의한 연유로 삼가 공동으로 복주(覆奏)하오니, 그 타당성 여부는 부디 황상께서 성감(聖鑑)하시옵소서. 삼가 아뢰옵니다.

광서 20년 6월 16일

신(臣) 옹동화, 신 이홍조, 신 세탁(世鐸), 신 액륵화포(額勒和布), 신 장지만(張之萬),
신 손육문(孫毓汶), 신 서용의(徐用儀), 신 혁광(奕劻), 신 복곤(福錕), 신 숭례(崇禮),
신 요수항(廖壽恒)(差), 신 장음환(張蔭桓)(差)[18]

이 주접(奏摺)을 상세히 살펴보면, 군기처와 총리아문 모두 일본의 태도에 분격하면서도 여전히 개전을 주저하는 분위기가 농후했음을 알 수 있다. 그들은 조선에 증병(增兵)하는 데 반대하지는 않았지만, 현재 이홍장과 영국공사 간에 진행 중인 조정에 큰 희망을 걸고 그 결과에 따라서 조선의 내정개혁에 관해 일본과 직접 교섭을 개시하며, 중국의 체제를 유지할 수 있다면 약간 양보하는 한이 있더라도 시국을 원만히 해결하려는 생각이었다. 덕종의 주전론과 옹동화 등의 지지도 회의 분위기를 바꾸지 못했음을 알수 있다.

청 조정이 화전(和戰)을 결정하지 못하고 있는 동안, 해외에서 오는 전보들은 일청 간의 위기가 시시각각 임박하고 있음을 전했다. 7월 22일에 북양은 주한대리교섭통상사의(駐韓代理交涉通商事宜) 당소의에게서 받은 전보를 다시 타전해서, 7월 20일에 오토리 공사가 조선 정부에 대해 청한종속관계의 파기 및 주한 청군의 철수를 강요한 사실을 보고했다.[19] 또 주영공사 공조원이 보낸 전보를 다시 타전해서, 일본 외무대신이 주일영국임시대리공사에게 조선 정부가 내정개혁을 수락하기 전에 청 정부가 증병(增兵)할 경우 일본에 도전하는 것으로 간주하겠다고 언명한 사실을 전했다.[20]

---

69) 보호이권(保護利權): 문맥상 '保護之權'의 오자일 것으로 생각되나, 일단 원문대로 옮겼다. 『淸光緒朝中日交涉史料』 제14권, 문서번호 1172번도 보호이권(保護利權)으로 되어 있다.

7월 23일, 오토리 공사는 무력으로 조선 정부의 개조에 착수했다. 그런데 당시 의주 (義州) 이남의 전신은 불통이었고, 또 일본 내의 보도는 철저히 비밀을 지켰으므로 경성 에서 좋지 않은 사건이 생기진 않았을지 위구심을 품으면서도 그 진상은 확인할 수 없 었다. 오직 아산에 있는 제독 섭지초가 경성 주재 일본군이 시시각각 남하 준비를 하고 있음을 급보하고, 또 일본에서 다수의 육군부대가 승선 중이라는 소식이 도착했을 뿐이 었다.[21] 7월 23일의 정변은, 같은 달 26일이 돼서야 영국군함에 편승해서 즈푸(芝罘)로 탈주한 인천주찰이사관(仁川駐紮理事官) 류영경(劉永慶)의 "왜병(倭兵)이 21일[○7월 23일] 왕 궁을 포위하고 국왕을 구금함. 중국[華]의 전국(電局)[70]과 사서(使署)[71]의 원역(員役)[72]은 모두 달아남"이라는 전보를 통해 간신히 알 수 있었다.[22]

청 조정과 북양이 초조해 하는 동안 최후의 위기가 도래했다. 덕종은 개전을 결심하 고 7월 27일에 이를 선포할 예정이었으나, 경친왕 등은 아직 국교를 단절할 시기가 아니 라고 하면서 동의하지 않았다. 그런데 이날 북양이 보낸 전보는 이미 7월 25일에 양국 군함이 한국 해상에서 교전한 사실을 보고했다.[23]『옹동화 일기』에는 다음과 같이 기록 되어 있다.

6월 25일[○7월 27일]. 처음에는 추정(樞廷)이 오늘 반드시 선전포고를 하고 각국에 통보할 것 으로 생각했는데, 경저(慶邸)를 뵙고 들은 말씀은 그렇지 않았다. 또 북양이 보낸 몇 통의 전 보를 보고 조금 완만하다고 생각했다. 이어서 돌아와 추야(椎野)[○총리아문대신 장음환]의 서신을 받 고서야 비로소 왜군이 아산에서 우리 선단을 습격해서, 병기를 적재한 영국 상선 1척이 격침 되고, 제원(濟遠)은 그래도 돌아왔지만 광을(廣乙)은 폭발한 사실을 알았다.[○상략, 하략24]

청 조정은 즉시 개전을 결의했다. 이어서 주일공사를 소환하고 선전포고를 하기로 결 정했으나, 그 방법에 관해서 총리아문 및 북양과 협의하고 옹동화와 이홍조의 의견을 물을 필요가 있었다. 총리아문은 이날 바로 북양에 타전해서 주일공사의 소환시기와 각 국 공사에게 보낼 성명의 내용에 관해 협의했다.

밀(密). 유진(有辰)의 전보는 잘 살펴보았음. 왜(倭)가 먼저 흔단을 열고 영국 선함을 격침

---

70) 전국(電局): 전보국(電報局)
71) 사서(使署): 공사관
72) 원역(員役): 관원(官員)

했으니 일은 이미 결렬됐음. 영국공사는 이미 본국에 타전했으며, 아울러 "중국과 왜의 국세 (國勢)로 보면, 지구전이 될 경우 왜는 필시 지탱하지 못할 것"이라고 했음.

초전(初戰)은 마땅히 신중해야 함. 저들의 의도는 우리 병선(兵船)을 파괴하는 데 있으니, 반드시 병선들을 함께 정박시켜서 엄중히 수비하고, 한 척의 배가 따로 정박해서 교활한 계책에 빠지는 일이 없게 해야 함. 왕(汪) 공사를 즉시 소환해야 할지, 아니면 각국에 포고한 뒤에 소환해야 할지 전보로 회신하기 바람. 각국에 포고하는 조회는 반드시 늦지 않게 처리해야 하므로 본서(本署)에서 이미 문안을 기초했음. 이 일은 우리의 이치가 바르고 기세가 웅장하니 상세히 성명할 수 있음. 장차 어떻게 글을 지어야 가장 주밀(周密)할지 견해를 본서(本署)에 전보로 상세히 알려 주기 바람. 참작해서 수정한 후 발송하겠음. 유유(有酉).[25]

다음 날인 28일에 이홍장은 총리아문에 회답전보를 보내서 조회안에 대한 의견을 서술하고, 왕(汪) 주일공사의 소환은 물론, 주청일본 공사와 영사의 자발적 철수를 요구해야 한다고 주장했다.

밀(密). 유유(有酉)의 전보는 잘 살펴보았음. 왜(倭)가 먼저 개전(開戰)했으니 응당 각국에 포고해서 모든 이들에게 우리가 흔단(釁端)을 연 것이 아님을 알려야 함. 이 조회안은 선후의 정절(情節)을 상세히 밝히고 실제에 근거해서 성명해야 할 듯하니, 균서(鈞署)[73]에서 반드시 주도면밀하고 타당하게 문안을 기초해야 함. 그 안에 '속국(屬國)'에 관한 한 구절은 조선이 각국과 입약(立約)할 때 모두 성명한 것이니, 종전에 각국이 비록 명시적으로 인정하지는 않았으나 실제로는 이미 암묵적으로 허락한 것임. 가부(可否)는 문장 사이에 가볍게 적어 두었음. 지금 우리가 먼저 파병한 것에 명분이 없지 않으니, 장래에 각국의 조정(調停)과 의결(議決) 또한 그 뿌리가 숨어 있는 것임. 왕(汪) 공사는 응당 소환해야 하며, 베이징에 주재하는 왜의 공사와 각 항구의 영사들도 완곡하게 권유해서 자발적으로 철수시켜야 함. 왜의 토화(土貨)는 대부분 중국[華]의 제철(製鐵)에 의지하고 있으니, 각 관(關)에 격문을 띄워서 잠정적으로 대일통상을 중단시켜야 함. 시비를 모두 따져 본 후 처리하기 바람. 홍(鴻), 유(宥).[26]

외교적 절차에 관해서는 총리아문과 북양 사이에 합의가 이뤄졌지만, 청 조정은 아직 선전포고를 하지 않고 있었다. 아마 섭지초 부대의 전투 결과를 기다리는 의미도 있었을 것이다. 『옹동화 일기』에서는 그 소식을 다음과 같이 기록했다.

---

73) 균서(鈞署): 상대 부서(部署)의 높임말

6월 28일○메이지 27년 7월 30일, 흐림. 이른 아침에 서북풍이 불어 구름에 쌓인 태양이 드러났다가 금방 또 숨었다. 이날 상(上)께서는 양전(兩殿)께 나아가 예를 행하셨다. 일이 없으면 본래 입조(入朝)하지 않아도 괜찮다. 그래서 소식을 알아보려고 월화문(月華門)에 가서 경왕(慶王)을 찾았는데 이미 가고 없었다. 결국 나와서 황주관(黃酒館)으로 가 고양(高陽)○이홍조과 속을 터놓고 이야기했다. 장초야(張樵野)도 와서 같이 이야기했다. 사초(巳初)[74]에 헤어졌다. 잠시 후 고양이 굳이 와서는, 아산에서 승전보가 왔다고 알려 주었다. 오후에 나금헌(那琴軒)○내각학사 나동(那桐)이 왔다. 유군실(兪君實), 초야(樵野)가 앞뒤로 서신을 보내서 알리기를, "23일○7월 25일에 아군(牙軍)이 왜(倭)와 격렬한 전투를 벌여서 왜군 1천여 명을 죽이고, 우리 군대는 100여 명을 잃었다. 하지만 왜(倭)가 병사 5천 명을 증원하고, 또 평양이 이미 저들의 차지가 되었으니 득실과 승부의 결과는 아직 비교할 수 없다."라고 했다.

29일○7월 31일. 날씨가 맑아서 기분이 상쾌하다. 새벽에 입조(入朝)하다가 건청문(乾淸門) 밖에서 경저(慶邸)를 뵙고 선 채로 몇 마디 대화를 나눴는데, 평양은 아직 잃지 않았고, 어제는 와전이었다고 한다. 위(衛)·마(馬)·좌(左) 3명이 모두 의주(義州)에 도착했다. 24일에 아산에서 전투가 있었는데, 승부를 알 수 없다. 소식이 불통이기 때문이다.

7월 초1일○8월 1일. 밤에 초야(樵野)의 서신을 받았다. 북양이 전보를 보냈는데, 영국 화륜선을 고임(雇賃)해서 인천을 탐지한다고 했다. 25일과 26일에 아군(牙軍)이 승리를 거둬서 적군 2천여 명을 죽이고 한성 80리 지점까지 진격해서 주둔한다고 하니 매우 기쁜 일이다.○상략, 하략27

성환(成歡)과 아산(牙山)의 승전은 제독 섭지초가 북양에 타전한 허위보고였지만, 청 조정에서는 당연히 전선 사령관의 공식보고를 믿을 수밖에 없었다.

아산의 승전 소식에 북양은 물론, 군기처와 총리아문 모두 진심으로 안도했을 것이다. 7월 31일에 총리아문은 주청일본임시대리공사에게 국교단절을 통고하고, 다음 날인 1일에는 선전상유(宣戰上諭)를 공포했다.

---

74) 사초(巳初): 사시(巳時)의 처음. 오전 9시경

【원주】

1 『翁文恭公日記』33권, 光緖 20年 5月 22日.

2 『中日交涉史料』13권, 문서번호 1032번. "光緖二十年五月二十二日軍機處寄北洋大臣李鴻章上諭".

3 『中日交涉史料』13권, 문서번호 1051번. "光緖二十年五月二十八日軍機處寄北洋大臣李鴻章上諭".

4 『中日交涉史料』14권, 문서번호 1120번. "光緖二十年六月九日總理海軍事務衙門奏遵覆籌備戰守的款摺".

5 『中日交涉史料』14권, 문서번호 1070번. "光緖二十年六月二日給事中緖成博奏韓事日迫請伸乾斷摺".

6 『中日交涉史料』14권, 문서번호 1130번. "光緖二十年六月十日御史張仲炘奏藩屬阽危敵人叵測亟宜破除成見摺".

7 『中日交涉史料』14권, 문서번호 1132번. "光緖二十年六月二十日侍讀學士文廷式奏朝鮮事機危迫條陳應辦事宜摺".

8 『翁文恭公日記』33권, 光緖 20年 6月 14日.

9 『中日交涉史料』14권, 문서번호 1169번. "光緖二十年六月十五日禮部右侍郎志銳奏倭人謀佔朝鮮事機危急請速決大計摺".

10 『中日交涉史料』15권, 문서번호 1177번. "光緖二十年六月十七日給事中余聯元奏東事日急請申宸斷摺".

11 『翁文恭公日記』33권, 光緖 20年 6月 19日·21日.

12 『中日交涉史料』15권, 문서번호 1199번. "光緖二十年六月二十日國子監司業瑞洵奏日本垂涎臺灣請起用劉銘傳赴臺灣鎭懾片".

13 『中日交涉史料』15권, 문서번호 1208번의 부건 2. "光緖二十年六月二十日御史鍾德祥奏陳朝鮮兵事啓釁之由片".

14 『中日交涉史料』15권, 문서번호 1223번. "光緖二十年六月二十三日工部奏郎中端方因聞日本艦踞朝鮮條陳管見據呈代奏摺".

15 『中日交涉史料』15권, 문서번호 1224번. "光緖二十年六月二十三日御史楊晨奏籌劃朝鮮兵事片".

16 『中日交涉史料』14권, 문서번호 1156번. "光緖二十年六月十三日論旨"·문서번호 1157번. "光緖二十年六月十三日軍機處傳知總理衙門等奕劻面奏朝鮮之事所奉諭旨片";『翁文恭公日記』33권, 光緖 20年 6月 15日.

17 『翁文恭公日記』33권, 光緖 20年 6月 14·15日.

18 『中日交涉史料』14권, 문서번호 1172번. "光緖二十年六月十六日戶部尙書翁同龢覆陳會議朝鮮之事摺".

19 『中日交涉史料』15권, 문서번호 1201번. "光緖二十年六月二十日北洋大臣來電".

20 『中日交涉史料』15권, 문서번호 1202번. "光緖二十年六月二十日北洋大臣來電".

21 『中日交涉史料』15권, 문서번호 1204번. "光緖二十年六月二十日北洋大臣來電"·문서번호 1205번. "光緖二十年六月二十日北洋大臣來電"·문서번호 1210번. "光緖二十年六月二十一日北洋大臣來電"·문서번호 1212번. "光緖二十年六月二十一日北洋大臣來電"·문서번호 1213번. "光緖二十年六月二十一日北洋大臣來電".

22 『中日交涉史料』15권, 문서번호 1239번. "光緖二十年六月二十五日北洋大臣來電";『中東戰記本末續

編』卷亨,「東征電報上」, "光緖二十年六月二十四日寄倫敦龔欽差彼得堡許欽差".

23 『中日交涉史料』15권, 문서번호 1241번. "光緖二十年六月二十五日北洋大臣來電".

24 『翁文恭公日記』33권, 光緖 20年 6月 25日.

25 『中日交涉史料』15권, 문서번호 1248번. "光緖二十年六月二十五日發北洋大臣電".

26 『中日交涉史料』15권, 문서번호 1252번. "光緖二十年六月二十六日北洋大臣來電".

27 『翁文恭公日記』33권, 光緖 20年 6月 28·29, 7月 1日.

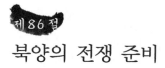

북양의 전쟁 준비

전쟁 수행에서 가장 중요한 요소는 바로 전쟁 준비이다. 전쟁 준비의 기초가 없는 전시외교(戰時外交)가 얼마나 비참한지는 따로 설명할 필요가 없으리라. 덕종 및 옹동화, 이홍조 등의 주전론(主戰論)도, 이홍장의 화평론(和平論)도 모두 전쟁 준비 상황을 고려해서 판단한 것이다. 같은 전쟁 준비를 두고서 주전론과 화평론이 생기는 것은 기이한 일이 아니며, 어떤 나라라도 개전할 때 양 극단의 의론이 대립하는 것은 일반적인 현상이다.

북양이 청의 외교를 대표하고 있었다는 것은 앞에서 이미 서술했다. 이 사실은 북양 육해군이 비록 청육해군의 전부는 아닐지라도, 그중에서 최신·최강의 군대였음을 의미한다. 전체적으로 중국에서는 비단 청조뿐만 아니라 역대 왕조를 통틀어 봐도 구미 대륙 국가 같은 강대한 육해군은 존재하지 않았다. 군(軍) 또는 병(兵)이라고 부른 것들은, 총독(總督)·순무(巡撫)로부터 지부(知府)·지현(知縣)에 이르는 지방관에 개별적으로 소속되어 그 지방의 경비를 담당했다. 따라서 항상 전쟁 준비가 돼 있고 병기와 군수품을 완벽히 갖춘 대규모의 상비군은, 일찍이 지나(支那) 관료들이 알지 못했던 바였다.

청이 훈련된 육해군을 보유하게 된 것은, 태평천국의 난 이후에 구미국가들에 의해 만들어진 것이었다. 청은 가령 백만 명의 군대가 있더라도 훈련과 무기가 모두 완전하지 않았고, 또 국내의 치안 유지를 위해 외적(外敵)과의 교전에 사용할 수 없었다. 따라서 외국과의 교전은 비교적 적은 수의 신식 상비군을 쓸 수밖에 없었다. 그 신식 육해군 중에서, 자질과 병력에서 북양육해군이 가장 큰 비중을 차지하고 있었던 것이다.

이러한 이유에서 일청전역(日淸戰役)은 사실상 북양육해군과 일본육해군의 결전이었다. 이 사실만 봐도 북양의 전쟁 준비가 청의 개전 결정에 가장 중요한 요소였음은 명백하다. 이어서 북양육해군에 관해 고찰해 보자. 해군을 먼저 검토하는 것은 일청 양국 모두 북양육군보다는 북양해군을 중요시하고 있었기 때문이다.

지나(支那)에는 예로부터 수사(水師)라는 것이 있었다. 이것은 앞에서 서술한 군(軍)·병(兵)과 마찬가지로 지방경비의 무장 정크(戎克)[1] 집단으로 편성된 것으로, 명칭은 동일하지만 청 동치·광서조의 그것과는 성질이 달랐다. 청대의 근대 해군은 목종(穆宗) 동치(同治) 원년에 그 기원을 두며, 북양(北洋)·남양(南洋)·복건(福建)·광동(廣東)의 4개 수사(水師)로 구분되어 북양수사는 북양대신, 남양수사는 남양대신, 복건수사는 민절총독(閩浙總督), 광동수사는 양광총동(兩廣總督)에게 소속되었다. 푸저우선창(福州船廠)을 중심으로 한 복건수사는 지나의 근대 해군의 시초라고 할 만한 것으로, 특별히 총리선정대신(總理船政大臣)을 두었지만 청불사변(淸佛事變) 때 거의 전멸하고 선창이 파괴돼서 청의 대표적 해군의 자격을 잃었다.[1]

복건수사를 대신한 것이 북양수사였다. 지나 근대 해군의 아버지는 초대 총리선정대신 심보정(沈葆楨)인데, 그 유지를 계승한 인물이 북양대신 직예총독 이홍장이었다. 이홍장은 메이지 10년경부터 북양수사의 정비에 착수해서, 우선 영국·독일 등 여러 나라에 신식 함정을 주문하고 복건선정학당(福建船政學堂) 출신의 우수한 해군사관들을 유럽 여러 나라에 파견해서 주문한 군함과 병기를 감독하는 한편, 해군 군사(軍事)를 연구하게 했다. 또 뤼순커우(旅順口)·웨이하이웨이(威海衛)에 군항(軍港)으로서 필요한 수륙설비(水陸設備)와 방어공사(防禦工事)를 완성하고, 톈진에 수사학당(水師學堂)과 기기제조국(機器製造局)을 설치하는 등 해군의 창설과 확장에 지대한 노력을 쏟았다.

북양수사는 메이지 14년에 진수(進水)한 순양함 양위(揚威)와 초용(超勇)을 시작으로, 이후 10년간 계속 새 함선을 건조해서 메이지 24년에는 전함 2척, 순양함 7척, 수뢰정(水雷艇)[2] 6척으로 구성된 신식 대함대(大艦隊)를 건설했다. 이처럼 북양수사는 남양·복건·광동의 세 수사와 다른 지위를 가지고 있었으므로, 이들과 구별하기 위해 북양해군이라고 칭했다. 다른 세 수사의 통령(統領)은 총병(總兵)이지만, 북양해군에는 제독 1명, 총병 2명을 두었다.[2]

북양해군은 그 병력으로 볼 때 동시대 일본해군을 훨씬 능가했다. 겨우 10년 동안에 구식 전장포(前裝砲) 2, 3문을 탑재한 정크 집단으로 구성된 수사를 신식 대함대로 개편한 노력은 경탄을 금할 수 없을 정도이다. 하지만 동시에 초창기의 불가피한 한계를 드러냈다. 첫 번째는 해군 군정상(軍政上)의 한계이다. 앞에서 서술한 것처럼, 청조의 신

---

1) 정크(戎克, junk): 중국의 연안이나 하천 등에서 사람이나 짐을 실어 나르던 전통적인 목조 범선
2) 수뢰정(水雷艇): 어뢰로 적 함선을 공격하는 소형 함정. 영어로 torpedo boat라고 한다.

식 해군은 연해의 네 장관(長官)에게 따로 소속되고, 황제의 직할 아래에 있지 않았다. 이 때문에 각 해군·수사는 독자적으로 보충 계획을 세워야 했다. 함정의 건조와 관련해서도 북양은 자국 조선소를 무시해서 전부 영국의 암스트롱(Armstrong)과 독일의 불칸(Vulkan) 두 회사에 주문했는데, 이 때문에 푸저우선창(福州船廠)이 끝까지 신식 함선을 건조할 능력과 경험을 얻지 못한 것이 좋은 예다. 인원 보충에 있어서도 각 수사는 제각기 사관 양성을 목적으로 하는 학당을 창립했고, 상호간에 어떠한 연락도 없었다. 이 때문에 각 수사의 함정과 사관의 자질이 상이해서 한 사령관의 지휘 아래 전투를 수행하지 못할 우려가 있었다.

청 조정에서도 아마 이 사실에 무관심하지 않았을 것이다. 구미국가의 선진 해군의 예를 보면, 해군은 반드시 그 나라 원수에게 직속되고, 해군성과 같은 기관을 설치해서 그 군정(軍政)을 관장하고 있다. 메이지 18년 10월에 총리해군사무아문(總理海軍事務衙門)을 설치하고, 덕종의 생부 순친왕(醇親王) 혁현(奕譞)을 총리해군아문대신(總理海軍衙門大臣), 경군왕(慶郡王) 혁광(奕劻)과 이홍장을 회판해군아문대신(會辦海軍衙門大臣), 증기택(曾紀澤)과 선경(善慶)을 방판해군아문대신(幫辦海軍衙門大臣)에 임명한 것은 아마도 영국 해군성 제도를 모방한 것으로, 군정(軍政)과 군령의 권한을 총리해군사무아문에 집중하려는 의도였다고 이해된다. 그렇지만 각 수사가 지방 대원(大員)에게 분속(分屬)된 것은 행정적 근거와 연혁을 갖고 있었으므로, 그것을 폐지하고 해군아문에 직속(直屬)시키는 데는 적지 않은 어려움이 뒤따랐다. 결국 해군아문은 해군 경상비(經常費)를 연해의 여러 성(省)에 부과해서 그 세입을 4수사 — 대부분은 북양해군에 지출됐다. — 에 분할하는 일개 기관에 지나지 않게 되었다.[3]

지나(支那)의 근대 해군의 두 번째이자 가장 큰 병폐는 파벌 문제였다. 앞에서 서술한 것처럼 지나해군의 발상지는 푸젠(福建)이고, 최초의 선정학당도 푸저우(福州)에 창설됐다. 이 때문에 선정학당 학생의 태반은 푸젠인[민인(閩人)]이었고, 간간이 소수의 광동인[월인(粵人)]이 섞여 있었다. 한민족(漢民族)은 일반적으로 동향(同鄕) 관념이 강해서 정부·군부·사회에서 동향인이 아니면 신뢰하고 중용하지 않는다는 것은 유명한 사실이다. 해군의 민벌(閩閥)이 그 전형적인 예다. 북양해군 좌익총병(左翼總兵) 임태증(林泰曾)과 우익총병 류보섬(劉步蟾)을 비롯해서 함장의 태반이 민인(閩人)이었다. 함장이 민인(閩人)이면 수병·기관병에서 하인까지 다른 성(省) 출신은 채용하지 않았다.

이와 같이 북양해군에 민벌(閩閥)의 득세를 초래한 데는 제독 정여창과 총병 류보섬의 책임이 컸다. 정여창의 자(字)는 우정(禹廷)이고, 안후이 성 루장 현(盧江縣) 출신으로 처음에 장강수사(長江水師)에 들어갔다가 후에 제독 류명전(劉銘傳)을 따라 염비(捻匪) 토벌에 참여했다. 이때 전공을 세운 정여창은 황마괘(黃馬褂)[3]를 하사받고, 나중에 총병으로 남양수사에 배속됐다. 이홍장이 북양수사를 창건할 때 수사(水師)에서 일한 경험이 있다는 이유로 통령북양수사(統領北洋水師)가 되어 기명제독직예천진진총병(記名提督直隷天津鎭總兵)을 제수받았다. 수사가 해군으로 승격하자 북양해군제독에 임명되고, 아울러 병부상서 함(銜)을 받아서[4] 무관으로서는 최고의 지위까지 도달했다. 이처럼 정여창은 이홍장의 신임을 얻어서 근대식 대함대의 사령관이라는 영광을 누렸다. 그러나 그의 경험이 보여 주듯이 그는 정크 집단을 지휘해서 비적을 토벌하는 데는 많은 경험을 쌓았지만 신식 해군을 통솔할 해장(海將)으로서는 아무런 지식도, 경험도 갖고 있지 않았다. 북양해군을 실제로 통솔한 인물은 바로 정 제독의 기함(旗艦) 정원(定遠)의 함장 겸 참모장 북양해군 우익총병 류보섬이었다. 류보섬은 푸젠 성 후관 현(侯官縣) 출신으로, 선정학당(船政學堂)의 제1회 졸업생이었다. 그는 일찍부터 구미 각국에 유학해서 해군 업무를 연구하고, 보기 드문 학식을 갖춘 인재였다. 정 제독의 명의로 내려진 명령은 모두 류 총병의 손에서 나왔고, 북양대신에게 제출된 보고의견서 또한 전부 그가 기안한 것이었다. 즉, 정 제독은 함대에서는 완전히 허수아비에 불과했고, 류 총병은 이를 이용해서 제독의 존재를 무시하고 좌익총병 임태증 이하 동향인을 끌어들여서 민벌(閩閥)의 세력을 다졌던 것이다.[4]

사령관에게 위신이 없는 것은 함대의 군기에도 중대한 영향을 미쳤다. 처음에 메이지 15년에 이홍장은 영국 해군대령 윌리엄 메트컬프 랭(William Metcalfe Lang, 琅威理)을 제독 대우 북양해군총사(北洋海軍總査)로 초빙해서 정 제독 이하의 지도교관으로 삼았다. 랭 해군대령은 성실하고 근면한 전형적인 영국해군 사관으로서, 초창기 지나해군의 훈련에 매진해서 군기를 세우는 데 큰 공적을 세웠다. 이 점은 일본 해군병학교 교관이었던 아치볼드 더글러스(Archibald Douglas) 해군원수[당시 해군중령]와 좋은 대조를 이룬다. 초창기의 일본 해군사관이 더글러스 해군중령의 엄격한 교육에 놀란 것과 마찬가지로 북양해군은 랭 해군대령을 두려워했다. 그 결과, 랭 해군대령은 류보섬과 충돌하여

---

3) 황마괘(黃馬褂): 마괘(馬褂)는 청나라 관복 양식의 일종으로, 말을 탈 때에 걸치는 옷이었다. 특히 황색은 황제를 상징하는 색이었으므로 황제의 근위무사나 황제에게서 특별히 하사받은 사람만 황마괘를 입을 수 있었다.
4) 함(銜)을 받아서: 함(銜)은 직함의 의미인데, 병부상서와 동등한 대우를 받았다는 것을 의미한다.

결국 사직하였다. 랭 해군대령이 퇴직한 이후로 북양해군에는 더 이상 군기가 존재하지 않았다. 해군장정(海軍章程)에 따르면, 북양해군이 뤼순커우(旅順口)나 웨이하이웨이(威海衛)에 정박하는 동안에 제독은 육상의 북양해군 공서(公署)에서 영무처(營務處) 이하 막료들을 지휘해서 군무를 처리하고, 총병 이하 사관은 각기 임명된 함정에 승선해서 복무해야 하는 규정이 있었다. 하지만 실제로는 함대가 입항하는 것과 동시에 모두 육지로 나가 버려서 당직하는 사관은 1명도 남아 있지 않았다. 하사관과 병사들은 모든 훈련을 내팽개치고 함 내에 뒤죽박죽 섞여서 밤낮으로 도박에 빠져 있었다.[5]

북양해군의 군기에 관해 다음의 일화가 전해진다. 메이지 24년 7월 정 제독이 북양해군을 이끌고 일본에 내항했을 때, 해군의 선배로서 추밀고문관 가쓰 야스요시(勝安芳) 백작을 방문해서 경의를 표했다. 가쓰 백작은 답례로 정 제독의 기함 정원(定遠)을 방문해서 함 내를 둘러보았는데, 그 규율이 엄격한 데 깊이 경복했다고 한다. 이는 정여창과 그 막료들의 상투적인 수단으로서, 외국 귀빈을 영접할 때만 함 내를 정돈하고 군기를 특별히 엄하게 했다. 이러한 사정을 모르는 외국 귀빈들은 북양해군의 군기가 엄격한 데 경복해서, 그 실력이 결코 일류 해군국가의 함대에 뒤지지 않는다고 하면서 북양대신에게 찬사를 늘어놓곤 했다.[6]

이런 술책은 외국인을 농락할 수는 있었지만 국내의 식자들까지 속일 수는 없었다. 북양해군의 군기 이완과 제독 정여창의 무능은 일찍부터 논의의 대상이 되었고, 이홍장도 이를 잘 알고 있었다. 일청관계가 급박해지자 한림원시독 문정식, 시랑 지예, 어사 종덕상(鍾德祥) 등은 연달아 정여창의 범용(凡庸)함과 위축으로 전쟁을 그르친 것을 참주(參奏)[5]했는데,[7] 그 가운데서도 가장 신랄한 것은 광서 20년 6월 19일(메이지 27년 7월 21일) 방홍서(龐鴻書)의 상주였다.

용병지도(用兵之道)는 장수를 고르는 것이 우선입니다. 신이 풍문을 들으니, 해군제독 정여창은 근일에 오직 주색과 노름만 일삼고, 순양(巡洋)할 때 우연히 풍파를 만나면 현기증이 나서 정신이 혼미하다고 말한다고 하니 어찌 군대를 통솔할 수 있겠습니까? 비록 적을 앞에 두고 장수를 바꾸는 것이 타당치 않은 듯하나, 군무(軍務)의 중임은 절대 잘못 맡겨서 일을 망쳐서는 안 됩니다. 북양대신 이홍장에게 명하여 엄중히 관찰하고, 만약 그래도 구책(驅策)[6]

---

5) 참주(參奏): 관리의 죄상을 적발하는 상주
6) 구책(驅策): 말을 몰 때 사용하는 채찍

을 감당할 것 같으면, 그 정신을 분발케 해서 공을 세우고 정성을 다하게 해야 할 것입니다.[8]

세 번째 통폐(通弊)는 청 조정과 지방 대원(大員) 모두 근대 해군의 본질을 전혀 이해하지 못했다는 것이다. 근대 해군의 근간을 이루는 함선의 엔진과 무기는 대단히 고가의 소모품이다. 메이지 24년에 북양해군이 완성됐다. 그 다음에는 바로 함정의 보충계획을 수립해야 했다. 해군에 속하는 엔진과 무기는 나날이 발전하기 때문에 이미 건조된 함정은 끊임없이 무기와 장비를 교체해서 근대화하고, 내구연한에 도달한 함정은 새 함정으로 교체해야 한다. 이 경우 대체하는 함정은 옛 함정보다 강력하고, 고가인 경우가 대부분이다. 대규모의 해군을 보유하는 어려움은 건설보다 오히려 유지에 있다고 해도 무방하다.

불행하게도 청 조정은 근대 해군의 창설 필요성은 인식했지만 유지의 어려움은 이해하지 못했다. 북양해군의 완성을 전후해서, 총리해군아문은 각 성(省)의 미납된 납부금이 많다는 이유로 해군 경상비 4백만 해관냥(海關兩)[7][6백만 금원(金圓)]을 대폭 삭감했다. 북양해군은 제독 정여창의 이름으로 함정 보충과 무기 교체를 상신하였고 북양대신 이홍장도 그 필요를 인식했지만, 총리해군아문을 독려하는 것을 꺼렸다. 당시 북양해군 소속 함정은 진수(進水)가 일렀기 때문에 동시대의 일본해군에 비해 엔진 효율이 낮고 병기가 구식이었다. 이에 따라 일찍부터 장비 교체의 필요성이 인식되어 이미 메이지 24년 5월에 북양해군 우익총병 류보섬은 정 제독의 이름으로 상신하고, 이홍장도 이에 동의해서 상주했지만, 호부상서 옹동화가 재정적 어려움을 이유로 앞으로 2년 동안 외국으로부터 군함 엔진과 병기의 구입을 중지할 것을 주장하는 바람에 결국 이홍장의 의견은 채용되지 않았다. 2년 뒤인 메이지 27년 3월에 이홍장은 당시 급무로 여겨진 북양해군 함정의 무장(武裝)의 근대화를 계획하고, 우선 크룹(Krupp) 사에서 신식 속사포 21문을 구입해서 일본 군함을 능가하는 단 2척의 주력함인 정원(定遠)과 진원(鎭遠)의 무장을 교체하려고 했는데, 그 소요 비용이 막대했으므로 분할 지출을 결정했다. 이 때문에 개전 당시 이 함정들은 구식의 둔중한 거포로 일본 군함의 최신식 속사포와 싸워야 했다.[9]

연간 400만 해관냥의 경상비는 동시대 일본 해군성 예산에 비해 많다고 할 수 없었

---

7) 해관냥(海關兩): 청조 후기 해관에서 장부에 기록하기 위해 만든 일종의 명목화폐로, 해관에서 수출입세를 징수할 때 전국적으로 통일된 표준이 없이 금속의 함량, 중량, 명칭이 서로 다른 화폐가 난무하는 데서 오는 불편을 해소하기 위해 만들었다. 관평냥(關平兩)·관은(關殷)·관평은(關平殷)이라고도 한다.

다. 게다가 그 전액이 해군에 지출된 경우도 거의 없었다. 청 조정은 해군비를 오히려 시급하지 않은 낭비로 보는 경향이 있어서 긴급하게 임시지출이 필요할 때는 걸핏하면 이 비용으로 충당했다. 그중에서 가장 심했던 것은 효흠태후의 만수절(萬壽節)[8] 경전(慶典)[9] 준비비용으로 유용한 것이었다. 효흠은 광서 20년 10월 10일(메이지 27년 11월 7일)의 환갑을 맞이해서, 베이징 서쪽 교외에 산장(山莊) 이화원(頤和圓)[만수산(萬壽山)]을 새로 짓고 호화로운 만수절을 거행할 예정이었다. 이 경전(慶典)의 준비, 특히 산장을 새로 짓는 데 막대한 경비가 필요했지만, 그 비용이 나올 데가 없어서 고심하고 있었다. 그때 태후의 총신 총관태감(總管太監) 이연영(李蓮英)이 해군비 중에서 매년 1백만 해관냥을 유용할 것을 진언했다. 크게 기뻐한 태후는 총리해군아문에 자순(諮詢)했다. 순친왕과 이홍장 등은 모두 효흠 덕분에 지위를 보전하고 있었으므로 반대할 수는 없는 노릇이었다. 당초에는 매년 1백만 해관냥만 가져다 쓸 예정이었지만 필요에 따라 유용한 나머지, 메이지 27년까지 그 액수가 2천여만 해관냥에 달했다고 한다. 2천만 해관냥은 3천만 금원(金圓)에 상당했고, 이 금액을 사용했다면 최신, 최정예 주력함 3척을 새로 건조할 수 있었다는 것을 기억할 필요가 있다. 호부(戶部)는 외국으로부터의 군함 및 병기 구입의 중단을 주장하고 해군 예산도 삭감했다. 이는 웅동화와 이홍장이 반목한 또 하나의 원인이 되었는데, 그 주된 이유는 해군 예산의 불법유용을 명령받은 데 있었다.[10]

이리하여 청 근대국방의 희망이었던 북양해군은 정부의 부패와 장관의 무능으로 인해 장병의 군기는 이완되고, 함체의 엔진은 수리도 이뤄지지 않고, 병기는 구식에다가 탄약은 부족했다. 이홍장이 마지막까지 화평론(和平論)을 주장하면서 개전을 피하려고 했던 근본적인 이유가 여기에 있다.

메이지 27년 7월 당시 북양해군의 전력 및 북양해군과 공동작전에 참여한 복건·광동 두 수사의 신식 함정을 다음에 열거한다.[11]

---

8) 만수절(萬壽節): 황제 등의 생일
9) 경전(慶典): 경사로운 일을 맞이해서 거행하는 예식. 축전(祝典)

청 북양해군

북양해군제독 정여창
북양해군좌익총병 임태증[진원(鎭遠)]
북양해군우익총병 류보섬[정원(定遠)]

함선명	종류	진수 (進水)	재질	배수량	마력	속력	주요 무장	장갑	정원	제조사
진원(鎭遠)	전함	1881	강철 (鋼)	(t) 7335	6200	(kn) 14.5	30.5cm 4 15cm 포 2 7.5cm 포 2 36cm 포 3	(cm) 35.5	331	독일 Stettin Vulkan 사
정원(定遠)	〃	〃	〃	〃	〃	〃	〃	〃	〃	〃
제원(濟遠)	순양함	1883	〃	2440	2800	15	21cm 포 2 15cm 포 1 5cm 포 4 35cm 발사관(發射管) 4	(갑판) 7.6	204	〃
치원(致遠)	〃	1886	〃	2300	5500	18	21cm 포 3 15cm 포 2 4.7cm 포 8 3.7cm 포 8 36cm 발사관 4	15.2	202	영국 Elswick Armstrong 사
정원(靖遠)	〃	〃	〃	〃	〃	〃	〃	〃	〃	〃
경원(經遠)	〃	1887	〃	2850	2900	15.5	21cm 포 2 15cm 포 2 7.5cm 포 2~5 36cm 발사관 4	10	202	독일 Vulkan사
내원(來遠)	〃	〃	〃	〃	〃	〃	〃	〃	〃	〃
초용(超勇)	〃	1881	〃	1350	2887	16	25cm 포 2 12cm 포 4 3.7cm 포 4		135	영국 Armstrong사
양위(揚威)	〃	〃	〃	〃	〃	〃	〃		〃	〃
평원(平遠)	포함 (砲艦)	1889	〃	2100	2300	15	26cm 포 1 15cm 포 2 4.7cm 포 8 36cm 발사관 1	(장갑) 20.3	145	청 푸저우선창 (福州船廠)
조강(操江)	〃	1866	나무 (木)	950	350	9	8cm 포 2 4.7cm 포 1			
진중(鎭中)	〃	1881	강철	447	420	10	28cm 전장포(前裝砲) 1 7.5cm 포 2			영국 Armstrong사

진변(鎭邊)	〃	〃	〃	〃	〃	〃	〃		〃
진동(鎭東)	〃	〃	〃	〃	〃	〃	〃		〃
진서(鎭西)	〃	〃	〃	〃	〃	〃	〃		〃
진남(鎭南)	〃	〃	〃	〃	〃	〃	〃		〃
진북(鎭北)	〃	〃	〃	〃	〃	〃	〃		〃
좌대(左隊) 제1호	수뢰정 (水雷艇)	1887	〃	108	1000	24	포 6 36cm 발사관 3	-	29	영국
좌대(左隊) 제2호	〃	1885	〃	65	338	18	35mm 포 2 36cm 발사관 2	-	28	독일 Vulkan사
좌대(左隊) 제3호	〃	〃	〃	〃	〃	〃	35mm 포 2 36cm 발사관 2	-	〃	
우대(右隊) 제1호	〃	〃	〃	〃	〃	〃	35mm 포 2 36cm 발사관 2	-	〃	독일 Vulkan사
우대(右隊) 제2호	〃	〃	〃	〃	〃	〃	35cm 포 2 36cm 발사관 2	-	〃	
우대(右隊) 제3호	〃	〃	〃	〃	〃	〃	〃	-	〃	〃
위원(威遠)	연습함	1877	철골 목피 (鐵骨 木皮)	1300	750	12	10.5cm 포 4 17.8cm 포 1 40lb 포 1	-	124	청 푸저우선창
강제(康濟)	〃	1882	〃	〃	750	9.5	80lb 포 1 12lb 포 3 8.7cm 포 4	-	〃	〃
민첩(敏捷)	범주 연습함 (帆柱 練習艦)							-		
이운(利運)	특무함 (特務艦)			1030	101			-	57	
광동수사(廣東水師)										
광갑(廣甲)	순양함	1887	철골 목피	1296	1600	14.7	15cm 포 2 12cm 포 4	-	150	청 푸저우선창
광을(廣乙)	〃	1890	철골 목피	1030	1200	17	12cm 포 3 36cm 발사관 4	-		〃
광병(廣兵)	〃	1891	〃	1000	1200	17	〃	-		〃
복건수사(福建水師)										
복룡(福龍)	수뢰정	1885	강철	115	1016	20	포 2 36cm 발사관 4			독일 Elbing Schichau사

청의 육군을 설명하는 것은 해군보다 더 어렵다. 대체로 역대 왕조에서 병(兵)은 주로 치안 경찰의 용도로 쓰였고, 지방관의 관리 아래 있었다. 그리고 일단 중대한 반란이 발발하거나 외부 정벌의 필요가 생기면 급히 병정을 징집하는 것이 통례였다. 팔기(八旗)와 녹영(綠營), 연용(練勇) 또한 모두 이처럼 노후하거나 급히 모집한 병(兵)을 가리키는 것으로, 유럽 국가들의 대규모 근대식 육군과 비교하는 것은 무의미하다.

청에서 근대식 육군이 생긴 것은 태평천국의 난 때였다. 당시 고용된 외국인 장교들에게 훈련과 지휘를 받은 방용(防勇)[10]의 일부가 의외로 좋은 성과를 거두자, 지방 대원(大員) 가운데 왕왕 이를 모방해서 방용을 개편하는 자들이 생겼다. 양강총독(兩江總督) 증국번 휘하의 상용(湘勇)과 강소순무(江蘇巡撫) 이홍장 휘하의 회용(淮勇)이 유명했다. 이렇게 편성된 신식 군대를 연군(練軍)이라고 한다.

연군은 유럽 국가의 군대 형식에 따라 훈련했고, 그 장비들도 모제르(Mauser), 만리커(Mannlicher), 마틴(Martin), 엔필드(Enfield) 등의 외국제 소총과 크루프(Krupp), 암스트롱(Armstrong) 등의 외국제 야산포(野山砲) 위주였다. 그중에서도 이홍장은 북양대신 직예총독에 임명되자 예전에 개편한 회군(淮軍)을 이끌고 부임해서 독일인 육군장교를 초빙하여 교관에 임명하는 한편, 톈진에 기기제조국(機器製造局)을 설치하고 모제르식 소총 및 탄약, 크루프식 야산포 탄약을 제조해서 병기의 독립을 꾀했다. 그 지휘관은 다년간 이홍장을 따라다니며 내란 진압 과정에서 명성을 떨친 장령(將領)들이었다. 북양육군은 연용(練勇) 가운데 최정예로 점차 명성을 떨쳤다.

북양육군은 훈련장비에서 군기에 이르기까지 지나(支那)육군으로서는 특출났고, 동시대의 일본육군에 비해 결코 떨어지지 않았다. 이는 메이지 15년과 17년 두 차례의 조선사변, 일청전역(日淸戰役) 초기의 성환(成歡)·평양 전투를 통해서도 알 수 있다.

직예총독은 북양대신의 직권으로 즈리(直隸) 이외에 산둥(山東)·펑톈(奉天) 두 성(省)의 연해 요지를 관할하고 휘하의 북양육해군을 주둔시켰다. 또 동삼성연병대신(東三省練兵大臣) 정백기만주도통(正白旗滿洲都統) 정안(定安)은 따로 동삼성의 연군을 관할했는데, 그의 봉군(奉軍)은 북양육군 정예에 비해 뒤떨어지지 않는다고 했다. 이상이 일본군의 공격에 맞설 제1선의 부대였다.

이홍장은 근대식 육군을 창설했지만 대륙 육군 국가의 군사제도는 수입하지 않았다.

---

10) 방용(防勇): 지방의 치안 유지 임무를 맡은 청의 병사

이 때문에 청에는 동원이라는 것이 없었다. 모병으로 이뤄진 야전군의 보충은 다시 새로운 모병을 통해서 할 수밖에 없었다. 이렇게 새로운 모병으로 급조된 보충대는 불가피하게 자질이 심각하게 떨어졌다.

일본 육군참모본부의 추산에 따르면, 개전 당시 청의 연용(練勇)은 총 349,700명에 달했고, 개전 후 새로 모집한 병용(兵勇)은 56,168명이었다고 한다. 그런데 이 병력의 태반은 지방 경비에 필요했을 뿐만 아니라, 각 성(省)의 연군에는 자질이 부족한 자들이 많아서 얼마나 북청전선(北淸戰線)에서 사용할 수 있을지 예측할 수 없었다. 산둥의 룽청(榮城)·웨이하이웨이(威海衛)가 일본군에 공략당하고 있을 때도 북양육해군만 방어전투를 하고, 산동순무(山東巡撫) 이병형(李秉衡)은 사실상 중립을 지키고 있었다. 또 북양육군이 조선과 펑톈에서 연전연패하고 즈리(直隸) 또한 위급한 상황을 보고하자 청 조정은 전국에 조칙을 내려서 용병(勇兵)을 모집했지만, 산하이관(山海關)을 넘어 전진해서 일본군과 전투를 벌인 것은 호남순무(湖南巡撫) 오대징이 이끄는 상군(湘軍) 일부에 불과했다.

이러한 견지에서 판단해 보면, 일본해군과 북양해군을 비교한 것처럼 북양육군을 위주로 일본육군과 대조하고, 여기에 동삼성연군을 더하는 것이 적절할 것 같다.

메이지 27년 7월 당시 북양육군의 배치와 병력은, 광서 20년 6월 2일(메이지 27년 7월 4일) 북양대신 이홍장의 상주에 따르면 다음과 같다. 즉, 산둥 웨이하이웨이에는 기명총병(記名總兵) 장문선(張文宣)이 통솔하는 호군(護軍) 2영(營)과 수군(綏軍) 8영, 펑톈 다롄(大連)에는 하북진총병(河北鎭總兵) 류성휴(劉盛休)가 통솔하는 명군(銘軍) 10영, 뤼순에는 사천제독(四川提督) 송경(松慶)이 인솔하는 의군(毅軍) 8영, 기명제독 황사림·총병 장광전이 통솔하는 친경군(親慶軍) 6영(갑신변란 당시의 조선 주둔부대), 산둥 즈푸에는 숭무군(崇武軍) 4영, 즈리 베이탕쿠커우(北塘口)에는 직예제독 섭지초가 통솔하는 인자군(仁字軍) 2영, 타이구(太沽) 포대에는 기명제독 라영광(羅榮光)이 통솔하는 포병 670명, 이상 도합 40영, 총 2만 명이 제1선의 방어를 맡고 있었다. 제2선 부대로는 즈리 샤오잔(小站)에 영하진총병(寧夏鎭總兵) 위여귀(衛汝貴)가 통솔하는 성군(盛軍) 16영, 준량청(軍糧城)에 명군(銘軍) 기마대 2영, 루타이(蘆臺)에 태원진총병(太原鎭總兵) 섭사성이 통솔하는 무의군(武毅軍) 2영이 주둔했다. 이 병력은 보병부대 18영, 기마대 2영으로 총 1만 명에 근접했다. 이상 북양육군의 총계는 약 3만 명에 달했고, 이홍장은 북양해군이 존재하는 한, 일본군의 침입을 충분히 방어할 수 있다고 보았다. 그리고 '현재의 정세로 판단컨대 북양육군이 국경을 넘어서 출정할 필요가 있다. 그 경우 1영이 출정할 때마다 1영을 새로

모집·보충해서, 합계가 20영 내지 30영이 되면 충분할 것'이라고 주장했다.[12]

이상은 이홍장의 설명인데, 전쟁 후 일본 참모본부가 상세히 조사한 바에 따르면 북양육군의 배치는 다음과 같았다고 한다.

부대 명칭	주둔지	보병부대	기마대	포대(砲隊)	수뢰영(水雷營)
성자군(盛字軍)	즈리(直隷) 샤오잔(小站)	13영(營)	2초(哨)	2초	
성자비기마대 (盛字飛騎馬隊)	마창(馬廠)		5영 2초		
통영연군(通永練軍)	즈리 베이탕(北塘)	2영	1영		
의승영(義勝營)	위와 같음	1영			
인자영(仁字營)	위와 같음	2영			
정정연군(正定練軍)	즈리 산하이관(山海關)	4영	1영	2초	2영
경자군(慶字軍) 의자군(毅字軍)	펑톈(奉天) 뤼순커우(旅順口)	14영	3초		2영
명자군(銘字軍)	펑톈 진저우(金州)	9영 3초	3영 3초	1영	1영
수자군(綏字軍) 공자군(鞏字軍) 북양호군(北洋護軍)	산둥(山東) 웨이하이웨이(威海衛)	10영	1초		2영
숭무군(崇武軍)	산둥 자오저우(膠州) 즈푸(芝罘)	9영	1영		
광무군(廣武軍)	산둥 자오저우 덩저우(登州)	2영	2영		

이상 합계 보병부대 66영 3초·기마대 17영[11]이고, 전체 병력은 약 3만 5천 명에 달한다. 단, 청 연군의 보병부대 1영의 정원은 500명, 기마대는 263명이었는데, 일본 참모본부의 전후 조사에 따르면 청군대 가운데는 정원에 미달하는 것들이 많았고, 또 비전투원들이 섞여 있었기 때문에 1영의 전투원은 평균적으로 보병부대는 350명, 기마대는 250명에 불과했다고 한다. 이 계산에 따르면 북양육군의 전투원은 총 3만 명 미만이다.

북양육군과 함께 제1선에 선 것은 동삼성연군(東三省練軍)이다. 당시 청 조정은 동삼

---

11) 표에 제시된 기마대의 수를 합하면 13영 11초가 된다. 당시 군제(軍制)에서 100명을 1초(哨)라고 하고, 5초(哨)를 1영(營)이라고 했으므로 이대로 환산하면 15영 1초에 불과하다. 이를 본문에서 17영이라고 한 이유는 알 수 없다. 단, 원서의 표에 보면 성자군(盛字軍)의 기마대 숫자는 다른 항목이 세로쓰기 된 것과는 달리, '二'라고 되어 있고 그 오른쪽에 '哨'라고 부기되어 있는데, 이를 2영으로 보면 총계 15영 9초가 되므로 대략 17영이 된다. 그렇게 보면 성자군의 기마대 수는 2초가 아니라 2영일 가능성도 있다. 또 같은 방식으로 표기된 성자군의 포대 또한 2초가 아니라 2영으로 봐야 한다.

성연군 중에서 북양연군에 못지 않게 정예로운 봉군(奉軍)의 출동을 계획하고 있었다. 펑톈 성(奉天省)의 연군은 봉군(奉軍) 보병부대 11영·기마대 5영, 성자연군(盛字練軍) 8영·기마대 2영으로, 그 병력은 광서 20년 6월 26일(메이지 27년 7월 28일) 동삼성연병대신(東三省練兵大臣) 정안(定安)의 상주에 의하면 합계 5,300명이었다. 이밖에 지린(吉林)·헤이룽장(黑龍江) 두 성(省)에 팔기(八旗)에서 개편한 보병부대와 기마대가 있었지만, 원래 이 두 성의 병력은 변경 방어의 임무를 맡고 있었기 때문에 이홍장의 작전계획에서는 조선반도의 작전에 사용하는 것은 고려하지 않았다.[13]

이상 북양육군과 동삼성연군을 더해서 약 3만 5천에서 4만 병력이 출정준비를 완료하고 있었다. 이홍장은 일본육군의 당시 병력을 5만 명으로 추산했으므로, 그 정도면 대륙에 출정할 일본군을 충분히 격파할 수 있을 것으로 생각하고 있었다.

당시 일본육군은 7개 사단(근위사단을 포함해서)으로 구성됐다. 야전 1개 사단의 정원은 18,492명인데 그중 전투원이 약 1만 명이기 때문에 야전 7개 사단의 병력은 7만 명을 넘는다. 따라서 이홍장이 추산한 5만 명은 지나치게 적게 잡은 것이었다. 하지만 7개 사단 중에 약간은 국내 수비를 위해 잔류해야 하므로 대륙에 출정 가능한 병력이 상당히 줄어든다는 점을 감안하면, 5만이라는 숫자는 어쩌면 실제 숫자와 큰 차이가 없었을 수도 있다. 실제로 처음 조선에 상륙한 야전 제1군은 제3사단과 제5사단의 2개 사단으로 구성됐고, 평양 공위전(攻圍戰)에 참가한 병력은 약 1만 2천 명, 압록강 도하전(渡河戰)에 참가한 병력은 약 1만 3천 명으로 모두 청군보다 수적 열세에 있었다. 그리고 제2군에 속한 제1사단이 랴오둥(遼東) 반도 남쪽 해안에 상륙한 것은 개전 후 2개월이 지난 10월 24일이었고, 제2사단과 제6사단의 2개 사단이 다롄 만(大連灣)에 집결한 것은 이듬해인 메이지 28년 1월이었다. 게다가 일본육군이 대동강 이북 연안에서 적전상륙(敵前上陸)을 감행할 수 있었던 것은, 북양해군이 패퇴해서 황해의 제해권을 상실한 이후였다. 이러한 사정을 종합하면, 이홍장이 북양육군 약 3만 명과 봉천연군 5천 명으로 5만 명의 일본군을 완벽히 격퇴할 수 있다고 확신한 것도 틀렸다고 할 수는 없다.[14]

【원주】

1 『淸史稿兵志』,「六水師」,「七海軍」; 王信忠,『福州船廠之沿革』(『淸華學報』제10권 제1기).

2 『淸史稿兵志』,「七海軍」; 池仲祜,『海軍大事記』(『中國近百年史資料續編下』).

3 『淸史稿兵志』,「七海軍」;『海軍大事記』.

4 『淸史稿列傳』247권, 鄭世昌·劉步蟾(林泰曾等); 249권, 丁汝昌;『中日兵事本末』.

5 『海軍大事記』;『東方兵事記略』4권,「海軍編」.

6 氷川淸話(『海舟全集』10권), 394~396쪽.

7 『中日交涉史料』15권, 문서번호 1208번. "光緒二十年六月二十一日御史鍾德祥奏船政廢弛請飭實力整頓摺".

8 『中日交涉史料』15권, 문서번호 1193번. "光緒二十年六月十九日龐鴻書奏海軍提督以冶遊博戱爲事請飭北洋大臣嚴察片".

9 『淸史稿兵志』,「七海軍」;『海軍大事記』.

10 위와 같음.

11 이 표는『廿七八年海戰史』,『日淸戰史』1권의 부표(附表)를 위주로 그것에 각종 사료를 참고해서 작성했다.

12 『中日交涉史料』14권, 문서번호 1071번. "光緒二十年六月二日李鴻章覆陳海陸兵數摺".

13 『中日交涉史料』15권, 문서번호 1251번. "光緒二十年六月二十六日定安裕祿等會商派兵進駐朝鮮平壤一帶摺"·문서번호 1251번의 부건 2. "定安奏請補足兵額片".

14 『淸史稿兵志』,「三防軍陸軍」;『日淸戰史』1권;『東方兵事紀略』2권.

일청개전(日淸開戰)

제 31 장

풍도(豊島)와 성환(成歡)의 전투

메이지 27년 6월 4일, 북양대신 직예총독 이홍장은 북양육군에 조선 출동 명령을 내렸다. 그중 직예제독 섭지초(葉志超)가 통솔한 부대는 6월 12일에 조선의 충청도 아산에 상륙을 마쳤다. 병력 약 2,500명, 대포 8문이었다. 또 조선 파견을 명받은 혼성 제9여단은 6월 5일에 동원령을 내리고 28일에 인천 상륙을 완료했다. 이 부대는 보병 6개 대대, 기병 1개 중대, 포병 2개 중대, 공병 1개 중대로 구성됐고, 그 병력은 약 8천 명, 대포 12문에 달했다. 청군은 조선내란을 진정하는 임무를 갖고 있었다. 일본군은 재한 공관과 거류민 보호를 표면상의 이유로 내세우고 있었지만, 사실은 청군과의 교전을 예상하고 편성되었다.

섭군(葉軍)이 아산에 도착했을 당시 동학비도(東學匪徒)는 자발적으로 해산한 상태였다. 따라서 비록 잔당이 아직 준동하고 있었지만, 출병의 이유는 소멸되었다. 그럼에도 일본군 대부대는 속속 경성과 인천에 도착했고, 이 때문에 청군은 멀리 충청도에 고립돼서 실제로 전쟁이 벌어지면 군대가 전멸할 위험이 점차 커졌다. 하지만 이홍장은 일청 양국 군대의 동시철병을 주장하고 러시아·영국 정부에 조정을 의뢰하고 있었으므로, 일본군의 수송을 방관하면서 대규모의 군사행동을 망설일 수밖에 없는 자가당착에 빠져 있었다. 그래서 섭군이 위험한 것을 알면서도 6월 25일에 보충대에 속하는 보병부대와 기마대 약 500명을 해로로 톈진에서 아산으로 수송한 것 외에 증원부대를 파견할 수 없었다. 주한도원(駐韓道員) 원세개는 우세한 일본군의 압박으로 만에 하나 섭군의 퇴로가 사라질 것을 우려해서 전군을 해로로 평양 또는 압록강 주변 지역으로 옮겨 주둔시킬 것을 상신했지만, 이홍장은 섭군이 아산에서 철수하는 일을 종주국의 위신을 훼손하는 것으로 보고 허가하지 않았다.[1]

그 사이 섭지초는 여전히 아산과 공주 사이에 체진(滯陣)하고 있었다. 그는 일본군의 후속부대가 속속 인천에 상륙하는 것을 보고 계속해서 증원을 요청하거나 일본군에 대항하기 위해 진지를 수원으로 이동할 것을 상신했지만, 이홍장은 외교적으로 불리하다는 이유로 허가하지 않았다. 섭 제독은 헛되이 시일을 허비하는 것을 참지 못하고, 7월 9일에 상·중 두 가지 방책을 상신하고 지휘를 청했다.

왜(倭)가 나날이 창궐하여 한국이 급히 구원을 청하고 있습니다. 각국의 조정(調停)은 끝내 협의에 도달하지 못했으니, 지금은 수륙 대군을 신속하게 파견해서 북쪽에서 내려오게 하고, 초(超)○섭지초는 소관부대를 이끌고 여기서 전진해서 요충지를 점거하되, 상인을 보호한다는 명분을 내세워야 합니다. 그렇게 하면 만약 결렬에 이르더라도 군대의 진로가 막히는 것을 면할 수 있을 것입니다. 이것이 상책(上策)입니다. 아니면 부디 화륜상선(火輪商船) 서너 척을 아산으로 보내서 우리 군대를 철수케 하십시오. 우리 군대는 비도(匪徒)를 토벌하기 위해 왔습니다. 이미 비도를 진무(鎭撫)했으니 즉시 철수하는 것이 올바른 처리일 것입니다. 그런 후에 각국 공사들과 왜정(倭廷)에 공문을 보내서, 동시철병이라는 과거의 조약을 저들이 준수하지 않았음을 성명하고, 추초(秋初)[1]에 다시 크게 거병할 것을 도모해야 합니다. 이것이 중책(中策)입니다. 만약 이곳을 지키면서 이동하지 않는다면 한갓 한인들이 왜(倭)에게 곤란을 겪는 것을 지켜보기만 할 뿐, 우리에게 전혀 희망이 없습니다. 또 군사들이 전쟁도 없는데 오랫동안 야영해서 더위와 장마로 인한 질병의 발생이 크게 우려됩니다. 부디 속히 전보로 지시를 내리시어 준행(遵行)하게 하소서.[2]

섭 제독의 상신에 대해 이홍장은 '현재 총리아문이 영국공사의 중개로 고무라 임시대리공사와 조선 철병을 협의 중이기 때문에 상책(上策)의 군대 증원은 시행할 때가 아니다. 중책(中策)은 원세개와 같은 의견으로, 청의 위신을 손상하는 것이기 때문에 실행 불가능하다. 다만 섭군이 야영을 하면서 환자가 많이 발생하여 쓸데없이 사기가 꺾이고 있는 실정은 깊이 고려할 필요가 있다.'고 보고, 7월 12일에 총리아문에 섭지초의 전보를 전달하고 의견을 물었다.[3]

당시 청 조정에서는 이홍장의 전쟁 회피론에 큰 불만을 느끼고 있었고, 총리아문과 고무라 임시대리공사 사이의 교섭 또한 원만히 진행될 가망이 없었으므로, 7월 16일에 군기처를 통해 화의(和議)를 기대할 수 없으니 급히 조선에 군대를 증원하라고 훈령했다.

---

1) 추초(秋初): 음력 7월

군기대신이 북양대신 이(李)에게 밀기(密寄)함.

광서 20년 6월 12일^{○메이지 27년 7월 14일}에 상유(上諭)를 받았는데, 그 내용이 다음과 같았다.

왜인이 중병(重兵)으로 조선을 위협해서, 비록 철병을 상의했으나 오래토록 단서를 찾지 못했으니 화의(和議)는 아마 기대할 수 없을 듯하다. 속히 전비(戰備)를 계획해서 교활한 계책을 막아야 하리라. 예전에 이홍장에게 누차 상유를 내려서, 일이 발생하기 전에 미리 계획해서 후수를 잡는 일이 없게 하라고 했다. 현재 사기(事機)가 긴박하니 이홍장에게 속히 계획해서 준비하게 하라. 우선 한 부대를 육로로 변경에 파견해서 주둔시키고 출동을 기다리게 하라. 송경(宋慶)의 부대는 평소 유능한 것으로 일컬어지고, 동삼성연군(東三省練軍)과 좌보귀(左寶貴)가 이끄는 부대 또한 모두 쓸 만하니, 어떻게 선발할지 분별해서 의논하고 수로(水路) 파견 계획을 신속히 세우게 하라. 섭지초 부대의 병력이 여전히 고립되어 있으니 반드시 후속부대를 두어 접응(接應)²⁾해야 한다. 뤼순(旅順), 다롄 만(大連灣), 웨이하이웨이(威海衛) 등 연해의 각 해구(海口)는 모두 중요한 지역이니, 어떻게 배치할지도 똑같이 일일이 타당하게 계획해야 하리라. 그 무기와 탄약·기계·군량 일체를 모두 약정한 기일 내에 준비하고 미리 보급해야 창졸간에 일을 그르치지 않을 것이다. 그 총독³⁾에게 이 밀유(密諭)를 받는 대로 즉시 타당하게 계획해서 처리하게 하라. 현재 누구를 보낼 것이며, 몇 영(營)이나 통솔하게 할 것이며, 어디에 주둔시키려고 생각하는지, 아울러 일체 처리한 정형(情形)을 즉시 상세히 복주(覆奏)하고, 책임을 미루거나 시일을 끌어서 죄과(罪科)를 자초하지 않게 하라. 이러한 사유를 400리에 밀유(密諭)해서 알려라.⁴

이홍장 자신도 7월 14일에 무쓰 외상으로부터 제2차 절교서를 제시받고는 평화적 해결의 여지가 거의 없음을 깨닫고 마침내 섭군(葉軍)의 진퇴를 고려하기에 이르렀다. 이에 섭지초와 원세개의 상신에 따라 해로로 평양으로 이동시킬 것을 계획하고, 그 운송선(運送船)과 용선(傭船), 호위함대의 파견 준비에 착수하는 한편, 7월 15일에 섭 제독에게 타전해서 철수 준비를 명령했다.⁵ 다음 날인 16일에는 7월 14일자 군기처 밀기(密寄)에 답하여 제1차 작전계획을 보고했다.

밀신(密新). 어제 속히 전비(戰備)를 계획하라는 12일자^{○7월 14일} 밀유(密諭)를 받았습니다. 한성·인천 부근 일대에 왜병의 수륙 배치가 엄밀합니다. 예로부터 중국이 조선에 진병(進兵)

---

2) 접응(接應): 호응(呼應)하고 지원(支援)함
3) 직예총독 이홍장을 가리킴

할 때는 모두 평양의 북로(北路)를 거쳤습니다. 이제 총병(總兵) 위여귀(衛汝貴)가 성군(盛軍) 기마병과 보병 6천여 명을 이끌고 평양으로 진격할 것이며, 송경(宋慶)의 부대와 제독 마옥곤 (馬玉崑)이 통솔하는 의군(毅軍) 2천 명도 의주(義州)로 갈 것입니다. 모두 상국(商局)의 화륜 선을 고임(雇賃)해서 해도(海道)로 다둥거우(大東溝)에 상륙할 예정입니다. 각 부대의 전진은 기회를 살펴서 타당하게 처리하겠습니다. 필요한 무기와 탄약·기계·군량의 수송은 모두 약 정한 기일 내에 준비해서 결함이 없게 하겠습니다. 그리고 성경장군(盛京將軍)과 전보로 상 의해서, 좌보귀(左寶貴)로 하여금 기마대와 보병부대 8영(營)을 거느리고 평양으로 가서 다 른 부대와 합세하여 한성을 원조하게 했습니다. 섭지초의 부대에 관해서는 어제 이미 전보로 상의했습니다. 섭 제독은 평양으로 이동 주둔해서 병세(兵勢)를 크게 집결할 것입니다. 그리 고 허가가 나는 대로 즉시 정여창으로 하여금 해군 중에 능히 전쟁할 수 있는 선박을 이끌고 조선 해안으로 가서, 그곳을 순양(巡洋)하며 포획해서 책응(策應)[4]하게 할 예정입니다. 이것 이 현재 대략의 배치 상황입니다.

뤼순·다롄 만·웨이하이웨이 등 연해의 각 해구는 이미 군대 배치와 수비가 정돈되어 있 습니다. 이번에 뤼순의 후로(後路)[5] 의군(毅軍) 2천 명을 징발했고, 그 밖에 각 장수들이 여러 차례 용기를 내서 한국으로 달려가겠다고 했지만, 모두 요충지를 방어하는 부대라 경솔히 동 원할 수 없기에 각 해구에 엄칙(嚴飭)하여 수비를 긴밀히 하게 했습니다. 성군(盛軍)은 본래 진고(津沽)[6]의 유격부대입니다. 이제 당장 위급하지 않은 지역에서 긴급한 곳으로 이동했으 니, 즉시 장수를 선발하고 모병(募兵)을 더해서 주둔군을 보충하고, 더욱 긴밀히 훈련해서 선 봉부대와 후방부대의 접응(接應)에 대비하겠습니다.

이상의 각 사유를 부디 우선 대신 상주해서 성상(聖上)의 근심을 조금이나마 풀어 주시기 바랍니다. 일체의 처리가 실마리를 찾는 대로 다시 상세히 복주(覆奏)하겠습니다. 홍(鴻), 원 오(願午). ○광서 20년 6월 14일 오각(午刻)6

이홍장의 회주(回奏)가 아직 도착하기 전인 7월 16일 당일에 총리아문은 칙지를 받고 조정의 주전(主戰) 의사를 분명히 밝히면서, 이홍장이 외교와 군사의 중임을 맡아 두려 워하는 것을 용납하지 않을 것이며 7월 14일의 취지에 따라 작전계획의 대본(大本)을 정 해서 빨리 복주(覆奏)하라는 뜻을 전했다.

---

4) 책응(策應): 아군과 호응하며 서로 다른 방향에서 적군을 공격하는 전술
5) 후로(後路): 행군 시 후방에 있는 부대
6) 진고(津沽): 톈진(天津)과 탕구(塘沽)

칙지(勅旨)를 받음.

현재 왜(倭)·한(韓)의 사정은 이미 결렬 지경에 이르러서 형세를 만회할 수 없을 것 같으니, 조정은 오직 주전(主戰)으로 뜻을 정했다. 이홍장은 몸소 중대한 임무를 맡아 병사(兵事)에 익숙하니 결코 두려워하는 마음을 가져서는 안 된다. 장차 군대 배치와 진격 등의 일체 사의(事宜)를 신속히 계획해서 복주(覆奏)하게 하라. 만약 의심하는 생각을 품어서 전진하지 않고, 한갓 연탕(延宕)[7]만을 일삼아 사기(事機)를 그르친다면 반드시 그 대신을 문책하겠다.

광서 20년 6월 14일[7]

이때까지도 이홍장은 여전히 영국 외무대신의 조정을 단념하지 못했다. 하지만 청 조정의 엄명을 받고 나서는, 조정에 지장이 될 조선에서의 병력 증가를 실행하지 않을 수 없는 처지에 놓였다. 이에 총병 위여귀의 성군(盛軍) 16영, 제독 마옥곤의 의군(毅軍) 약 2천 명, 총병 좌보귀의 봉군(奉軍) 8영에 조선 출동을 명했다. 이 가운데 성군은 즈리(直隸) 샤오잔(小站)에서 출발해서 해로로 대동강 어귀로 급히 항행한 뒤에 평양을 점거하고 남쪽의 섭군(葉軍) 부대와 호응해서 일본군을 견제한다는 계획이었다.

이홍장은 섭군에게 해로로 평양으로 이동해서 주둔할 것을 명했다. 그런데 섭 제독은 7월 18일에 이르러, "선박으로 이동하는 것은 매우 위험합니다. 육지의 요충지를 차지하며 기회를 살펴 이동해서 주둔하는 것이 더 성공적일 것입니다. 또 왜군이 한성과 부산을 왕래하는 남로(南路)를 차단해야 하니 부대의 추가를 바랍니다."라고 전보로 상신했다. 이는 당시 조선의 형세가 매우 절박하며 일본군의 활동이 활발한 것을 보고 해상 수송은 위험하다고 판단해서, 차라리 경성과 부산 간의 요충지를 차지해서 일본군의 교통선을 차단하는 것이 득책이지만 병력이 크게 부족하기 때문에 증원을 요청한다는 것이었다.

섭지초의 의견에 동의한 이홍장은, 베이징과 톈진 사이에 집결한 부대에서 약 2천 명을 징발해 섭군에 더해서 총 5천 명을 만들고, 평양에 있는 성군(盛軍) 6천 명과 책응(策應)하면 경성과 인천에 있는 8천 명의 일본군을 충분히 견제할 수 있을 것으로 생각했다.[8]

이상의 계획은 긴장된 일청관계를 감안하면 신속히 실시해야 했다. 하지면 징진(京

---

7) 연탕(延宕): 지연(遲延)

津)[8]·진저우(金州)로부터 동시에 대규모의 육군을 수송하기에는 운송선이 부족했으므로 외국 상선을 빌려야 했고, [성군(盛軍)의 상륙지를 다둥거우(大東溝)로 변경한 것도 한 가지 이유일 것이다.] 또 아직 성군의 출동 준비도 갖춰지지 않아서 7월 20일 이전에는 출발할 수 없었다. 이 일주일의 지연이 일본군에게 대항 준비를 완성할 시간을 주어서, 선발 파견된 청의 육해군 부대가 우세한 일본육해군의 반격을 당했던 것이다.

일본 정부의 입장에서 보면, 혼성 제9여단이 6월 28일에 경성과 인천에 모두 집결했으므로 하루라도 개전을 서두르는 편이 유리했다. 다만 현재 러시아와 영국 정부가 조정을 시도하고 있어서 즉시 개전은 불가능했다. 7월 상순이 되자 러시아 정부는 일본에 조정을 강제할 결심이 없어졌다. 영국 정부의 조정은 처음부터 방침이 애매했으므로, 총리아문은 일단 영국공사의 조정을 거부하는 태도를 보였다.

무쓰 외상은 이제 제3국으로부터 받는 일체의 방해가 제거됐다고 믿었다. 그래서 7월 14일에 청 정부에 최후통첩의 성격을 갖는 제2차 절교서를 발송하고, 오토리 주한공사에게는 조선의 내정개혁을 촉진하라는 전훈(電訓)을 보냈던 것이다.

하지만 일본 정부의 예상과 반대로 오코너 영국공사는 7월 16일에 총리아문의 각 대신과 회견을 갖고 고무라 임시대리공사와의 사이에서 조정을 시도했다. 이에 따라 총리아문과 이홍장 모두 개전을 피하는 방침을 취했기 때문에 일청개전은 실현되지 않았다.

7월 19일에 오코너 공사는 패짓 주일임시대리공사를 통해 자신의 독자적 견해에 따라 만든 조정안을 제시했다. 이때 패짓 대리공사는 킴벌리 외상에게서 온 전보에 근거해서, 일본 정부가 "7월 20일까지 어떤 조처를 취하지 않는다면, 청 정부는 12,000명의 병력을 인천에 파견할 것이라는 소식"을 전했다.

영국 대리공사의 말은 이홍장이 성군(盛軍)·의군(毅軍)·봉군(奉軍)에 조선 출동 명령을 내린 사실을 가리킨 것이다. 당시 이 정보는 아직 도착하지 않았던 것으로 보이는데, 이홍장이 조선 주재 육해군을 증원하려는 징후는 주청공사관 무관 가미오(神尾) 보병소좌 및 즈푸(芝罘) 주재 영사 이주인 히코키치(伊集院彦吉)의 보고를 보더라도 명백했다. 정부는 청의 증병을 도발행위로 간주하고, 7월 19일에 외무대신이 영국 대리공사에게 전달한 회답각서에서 그 의미를 강조했다.

---

8) 징진(京津): 베이징(北京)과 톈진(天津)

청의 음험한 지연수단 때문에 조선의 형세가 대단히 절박한 지경에 이르렀다. 따라서 청 정부가 오늘부터 5일 이내에 관계기관을 거쳐 제의해 오지 않는다면, 제국 정부는 이를 용납하지 않을 것이다. 또 차제에 청이 증병(增兵)할 경우, 일본은 이를 위협 조치로 간주할 것이다.[9]

일본 정부가 제시한 조건을 청 정부에서 수락하지 않으리라는 것은 자명한 사실이었다. 따라서 7월 24일을 기해 국교는 단절될 것으로 봐야 했다. 대본영은 정부와 밀접한 연락을 취하면서 예정된 행동을 시작했다. 대본영은 곧바로 7월 19일에 경성에 주둔한 오시마 혼성여단장에게 전훈(電訓)해서, 청이 조선에 군대를 증파할 경우 독단으로 처리해도 좋다는 허가를 내렸다. 다음 날인 20일에는 다시 청군대가 증원되는 상황이 발생하면, 1개 부대를 경성에 잔류시켜서 공사관과 거류민의 보호 임무를 맡길 것, 주력부대로 가장 근접한 적 부대, 즉 섭군을 공격할 것을 명했다.[10] 이와 동시에 7월 20일에 대본영은 해군 군령부장(軍令部長) 해군중장 자작 가바야마 스케노리를 연합함대의 집합지점인 사세보(佐世保)에 파견해서 사령관 이토(伊東) 해군중장에게 출동 명령을 전달하게했다.[11] 경성에서는 마침 7월 19일에 혼노 외무성 참사관과 후쿠시마 육군 보병중좌가 도쿄에서 귀환해서 정부의 결의를 오토리 공사에게 전달했다. 이에 오토리 공사는 다음 날인 20일에 통리아문에 조회를 보내서, 청한종속관계(淸韓宗屬關係)의 폐기와 중조상민수륙장정(中朝商民水陸章程)의 파기를 요구하여 일청 충돌의 단초를 열었다.

혼성여단장 오시마 육군소장은 이미 7월 20일에 대본영에서 행동 개시 명령을 받았지만, 청한종속관계의 폐기를 전제로 하는 조선 정부의 개조를 위해서는 병력이 필요했으므로 오토리 공사와의 협의를 거쳐 출발을 연기했다. 이 때문에 일청전역(日淸戰役)을 개시하는 역할이 해군에 돌아갔던 것이다.

7월 20일에 도쿄를 출발한 가바야마 해군 군령부장은 22일에 사세보에 도착해서 이토 연합함대 사령관에게 대본영의 출동 명령을 전달했다. 이토 사령관은 7월 23일에 본대·제1유격대·제2유격대로 구성된 순양함과 해방함(海防艦) 13척·포함(砲艦) 2척·수뢰정(水雷艇) 6척·특무함(特務艦) 1척을 직접 통솔해서 사세보를 출항, 조선의 전라도 군산 앞바다로 향했다. 함대의 목적지를 군산으로 한 이유는 명확하지 않은데, 그곳에서는 전신이 가능했으므로 도쿄 대본영 및 경성에 있는 야스하라(安原) 해군소좌와 연락을 취하기 위해서였을 것이다.

이토 사령관은 7월 24일 저녁에 흑산도에 도착하자마자 제1유격대 사령관 해군소장

쓰보이 고조(坪井航三)에게 요시노(吉野)[기함(旗艦)]·나니와(浪速)·아키쓰시마(秋津洲) 순양함 3척을 이끌고 아산만 부근을 강행정찰(强行偵察)할 것을 명했다. 그리고 자신은 본대·제2유격대·부속 함정들을 직접 거느리고 25일 오후에 군산 앞바다에 도착했다.[12]

쓰보이 사령관은 제1유격대를 이끌고 7월 25일 새벽에 아산만 외해 풍도(豊島) 앞바다에 도달했다. 그런데 사전에 사령관의 명령에 따라 회합하기로 약속되어 있던, 인천에 정박 중이던 군함 야에야마(八重山)·무사시(武藏)·오시마(大島)를 인식하지 못하고 부근 해양을 수색하던 중, 오전 6시 30분경에 아산만 방면에서 북상하는 2척의 함선 그림자를 발견하고 접근했다가 그것이 청 북양해군 소속 순양함 제원(濟遠)과 남양수사 소속 순양함 광을(廣乙)이라는 것을 확인했다.

쓰보이 사령관은 청 군함이 출현한 것을 보고 야에야마 등 작은 일본 군함이 이미 격파된 것이 아닌지 의심했다. 게다가 그는 이토 사령관으로부터 만약 적 함대보다 우세하면 공격하고 열세면 전투를 피하라는 명령을 받았음에도 불구하고, 적 함대가 나타나면 병력과 관계없이 먼저 공격하겠다는 결심을 하고 있었으므로 즉시 전투 개시를 결정했다. 먼저 협소한 수로를 피해서, 일단 뱃머리를 돌려 넓은 바다로 나왔다. 그리고 다시 정면으로 방향을 돌리고 전투 깃발을 올렸다. 오전 7시 52분, 제원(濟遠)과의 거리가 약 3천 미터로 다가왔을 때 함포의 발사로 전단(戰端)을 열었다.[13]

이보다 앞서 7월 19일에 이홍장은 섭군(葉軍)을 증원(增援)하기 위해 즈리(直隷) 루타이(蘆臺)에 주둔한 인자영(仁字營) 2영·무의군(武毅軍)의 일부, 통영연군(通永練軍) 2영·의승영(義勝營) 1영 등 합계 약 2,300명의 군대에 출동명령을 내렸다. 이 부대는 상하이 이화양행(怡和洋行)[Jardine, Matheson & Co. Ltd.]에서 고임한 영국 상선 3척을 이용해서 해로로 아산까지 수송하기로 결정했다. 첫 번째 함선 애인호(愛仁號)와 두 번째 함선 비경호(飛鯨號)에 인자영과 무의군 약 1,300명의 병력을 탑승시키고, 북양해군 중영부장(中營副將) 방백겸(方伯謙)이 통솔하는 군함 제원과 광을의 호송을 받으며 7월 21일에 타이구(大沽)를 출발, 23일에 아산에 도착해서 육군을 상륙시켰다. 세 번째 함선 고승호(高陞號)[총 톤수 2,134톤]는 총병 대우 보용부장(補用副將) 낙패덕(駱佩德)과 보용부장 오점오(吳占鰲) 등이 이끄는 통영연군, 총병 대우 보용부장 오병문(吳炳文)이 통솔하는 의승영 병사 1천 명과 포 12문을 태우고 7월 23일 오후에 타이구를 출발해서 아산으로 향했다. 이홍장의 군사고문으로 유명한 독일 육군 포병소령 콘스탄틴 폰 한네켄(Konstantin von Hannecken)도 고승호에 편승했다. 애인호와 비경호의 호송을 마친 방(方) 부장은 다시

고승호를 호송하기 위해 아산에서 타이구로 회항하던 도중 25일 새벽에 일본 함대와 맞닥뜨린 것이다.[14]

7월 25일 아산만 풍도 앞바다에서 조우한 일청 양국 함대 중에 어느 쪽이 먼저 발포해서 전단을 열었는지 문제가 되고 있다. 일본 해군 군령부(軍令部)에서 편찬한『27 · 8년 해전사(廿七八年海戰史)』에는 "그런데 청 전함은 우리 대장기에 대해 예포(禮砲)를 쏘지 않았을 뿐만 아니라 전투준비를 하고 있었으므로, 쓰보이 사령관은 '저들이 이미 전단을 열어서 인천에 정박 중이던 제국 군함 야에야마 등을 격파하고, 다시 우리 함대를 요격하기 위해 나왔을 것이다. 과연 그렇다면 저들의 본대 또한 반드시 근해에 있을 것'이라고 추정하고 더욱 엄중히 경계했다. (중략) 오전 7시 52분, 양측의 거리가 거의 3천 미터로 근접했을 때 청 군함 제원이 먼저 우리를 향해 발포했다."[15]라고 기술되어 있지만, 부장 방백겸의 회고록인『원해기문(寃海紀聞)』에 따르면, 그는 전혀 전투를 예상하지 못했고, 전투준비를 명하기도 전에 우세한 일본 군함이 맹격을 가했다고 한다.[16]

양측의 주장이 상반되지만, 전략상의 견지에서 보면 쉽게 그 실상을 판단할 수 있다. 즉, 청 함대의 본래 임무는 군대운송선의 호송이었고 당시 그 임무에 종사하고 있었으므로 전투는 가능한 한 피해야 했다. 또 청 군함은 일본 군함에 비해 크게 열세였던 데다가 속력도 뒤처졌기 때문에 공해(公海)에서 전투를 벌일 경우 우세한 일본 함대에 아무런 피해도 입히지 못하고 전멸할 것은 당연했다.

전투는 대체로 이와 같이 진행됐다. 제원의 관대(管帶)[9] 방백겸이 전투준비를 명령하기 전에 요시노에서 발사한 포탄 1발이 함교(艦橋)[10]에 명중해서 방백겸과 함께 적함의 행동을 주시하던 대부(大副)[부장(副將)] 도사(都司) 심수창(沈壽昌)이 전사했다. 그 다음 1발은 앞부분 21센티미터 포탑에 명중해서 이부수비(二副守備) 가건장(柯建章)이 전사하고, 학생수비(學生守備) 황승훈(黃承勳)이 중상을 입었다. 눈 깜짝할 사이에 함교(艦橋) · 대장(大檣)[11] · 해도실(海圖室)[12] · 연돌(煙突)[13]은 적함이 발사한 15센티미터 · 12센티미터 유탄(榴彈)[14]에 파괴되고, 특히 앞 포탑 부근은 쓰러진 시체가 첩첩이 쌓여서 대포를 돌

---

9) 관대(管帶): 함장(艦長)

10) 함교(艦橋): 함장이 함선을 조종 · 지휘하기 위해 갑판 앞 한가운데에 높게 만든 지휘대

11) 대장(大檣): 기선의 두 돛대 중에 뒤쪽에 있는 것(main mast)으로, 선기(船旗) 등을 게양하는 데 쓴다.

12) 해도실(海圖室): 해도나 그 밖의 항해기기로 항법을 계산하고, 항해 위치를 기록하는 등의 작업을 하는 방

13) 연돌(煙突): 굴뚝

14) 유탄(榴彈): 탄알 속에 작약(炸藥)이나 화학약품을 다져 넣어서 만든 포탄. 탄착점에서 터지면 많은 수의 탄알이 튀어 나가거나 화학약품이 퍼진다.

리기도 어려웠다. 이 첫 번째 전투에서 제원은 전사자 13명, 중상자 27명을 냈고, 특히 상갑판(上甲板)에서 전투를 지휘한 장교의 태반이 죽거나 부상을 입었다고 한다. 속력이 15노트를 넘지 않는 구식 순양함 제원이 20노트 이상을 낼 수 있는 신예 순양함 요시노의 추격에서 벗어날 수 있었던 것은, 쓰보이 사령관이 첫 해전에서 신중히 행동할 필요가 있다고 판단했기 때문일 것이다. 광을은 아키쓰시마(秋津洲)의 포격을 받아서 전사자 10명, 부상자 40명이 발생했다. 선체가 크게 파손돼서 달아날 가망이 없었으므로, 관대(管帶) 참장(參將) 임국상(林國祥)은 명령을 내려 충청도 태안현 기슭[충청남도 서산군 이북면(梨北面)]에 함선을 좌초시키고, 탑승원을 상륙시킨 다음에 함선을 폭파시켰다.

그러는 동안 요시노와 나니와의 추격을 받아 도주하고 있던 제원은 경기도 덕적진(德積鎭) 울도(蔚島) 부근에서 예정대로 운송선 고승호 및 그것과 동행한 포함(砲艦) 조강(操江)을 만났다. 제원은 조강에 대해 "우리는 이미 개전했음. 당신들은 속히 돌아갈 것"이라고 신호를 보냈지만, 당시 해상은 그을음과 포연이 뒤섞인 연기로 사방이 자욱해서 깃발 색깔을 식별하기 어려웠고, 조강이 신호를 충분히 이해하기도 전에 일본 함대가 들이닥쳤다. 조강의 관대(管帶) 참장(參將) 왕영발(王永發)은 도저히 대적할 수 없어서 아키쓰시마에 항복했다.[17] 고승호는 영국 상선 깃발을 게양하고 있었으므로 오전 9시가 지나 나니와 함장 해군대좌 도고 헤이하치로가 선박을 임검(臨檢)했다. 그 결과 그것이 청군대의 수송선임을 확인하고, 선장 토머스 라이더 골즈워디(Thomas Ryder Galsworthy)에게 수항(隨航)[15]을 명했다. 선장은 동의했지만, 청 영관(營官) 낙패덕·오점오·오병문 등이 강경하게 반대하고, 또 선장을 위협해서 도주하려고 했으므로 선장은 이러한 사정을 나니와 함장에게 보고했다. 도고 나니와 함장은 영국 상선이 청군대에 의해 점거된 것으로 인정해서 포격을 가해 격침시키고, 선장·1등 운전사·조타수 이 3명을 구조해서 수용했다. 오후 1시 46분이었다. 고승호의 탑승원 가운데 울도에 상륙한 147명을 제외하고 1천여 명이 익사했다. 낙(駱)·오(吳) 등의 영관(營官)들도 자신들이 탄 배와 운명을 같이 했다. 폰 한네켄 포병소령은 다행히 구조됐다.[18]

다음으로 육군의 행동을 대략 기술한다. 혼성 제9여단장 오시마 육군소장은 오토리 공사와 협력해서 7월 23일 정변에 참가하여 대원군 신정권을 수립한 후, 7월 25일에 경성을 출발해서 충청도에 주둔한 섭군(葉軍)을 공격하기로 결정했다. 그때 총병 위여귀

---

15) 수항(隨航): 다른 선박의 뒤를 따라 항해함

(衛汝貴)가 통솔하는 성군(盛軍)이 조만간 평양에 도착할 것이라는 정보가 있었으므로, 그 남하에 대비하기 위해 임진진(臨津鎭)에 보병 약 1개 대대·기병 1개 소대·포병 1개 중대·공병 1개 소대로 구성된 독립 수비대를 배치하고, 또 경성과 인천에도 각각 수비병을 잔류시켰다. 이 때문에 여단장의 직접 인솔 아래 남진할 수 있는 병력은 보병 4개 대대·기병 1개 중대·포병 2개 중대·공병 2개 소대로, 이 가운데 전투원은 약 보병 3천 명, 산포(山砲) 8문에 지나지 않았다.

혼성여단은 7월 25일에 경성을 출발해서 26일에 수원부에서 숙영하고, 27일에 진위(振威)에 도착해서 노영(露營)했다. 이날 여단장은 청군 주력부대가 성환역(成歡驛) 부근의 견고한 진지에 웅거하고 있음을 확인했다.[19]

이보다 앞서 7월 22일, 경성에 있는 대리교섭통상사의 당소의가 아산의 섭 제독에게 "어제 왜(倭)가 곧 군대를 아산으로 파견해서 흔단(釁端)을 찾을 것이라고 들었습니다. 인천에 있는 소공(小工)[16] 1천여 명이 오늘 밤 수원으로 가서 무기와 탄약 등을 운반한다고 하니 방비를 서두르십시오."[20]라고 밀보했다. 이때 성군(盛軍)은 아직 평양에 도착하지 않았고, 증원부대를 실은 운송선 애인호와 비경호도 타이구에서 출발했다는 소식만 있을 뿐이었다. 총병 섭사성은 제독 섭지초와 협의한 끝에 경성·공주 간의 큰길을 차단하는 성환역의 고지를 점령해서 일본군의 남하를 막기로 결정하고, 26일 자기 휘하의 무의군 2영과 고북구연군(古北口練軍) 1영을 거느리고 그곳에 진지를 구축했다. 애인·비경 두 함선에 분승(分乘)한 정자영(正字營) 2영은 7월 24일에 아산 상륙을 마쳤다. 하지만 고승호에 탑승한 2영의 부대는 선박과 함께 전멸했다는 소식이 7월 27일에 아산에 전해져서 청군대에게 큰 충격을 주었다.[21]

7월 27일, 일본군이 벌써 성환 앞 소사들[17]에 나타났으므로 섭 총병은 섭 제독에게 증원을 요청했다. 섭 제독은 새로 도착한 인자영(仁字營) 2영을 성환에 급파하고, 다음 날인 28일에는 자신이 직접 성환으로 달려갔다. 섭사성은 섭지초에게 설명하기를, "최근에 바닷길이 막혔습니다. 원군은 날아서 건너올 수 없습니다. 아산은 외진 지역이라 지킬 수 없습니다. 공주는 산을 등지고 강을 마주한 천혜의 유리한 지형이니 빨리 가서 차지하십시오. 다행히 이긴다면 공께서 후원(後援)이 될 것이요, 이기지 못하더라도 길을

---

16) 소공(小工): 옛 역참(驛站)이나 부두 등에서 화물을 운반하는 역부
17) 소사들: 성환읍과 평택 사이에 있는 들판으로, 흔히 소사평(素沙坪)이라고 쓴다. 원문에 '素砂場'이라고 한 것은 오자로 보인다.

우회해서 벗어날 수 있습니다. 그 사이에 전쟁은 마땅히 온 힘을 다해 방어하다가 기회를 살펴서 진퇴를 정해야 합니다.”라고 했다. 섭 제독도 이 말에 동의해서 정정연군(正定練軍) 4영을 이끌고 공주를 점거했다.[22]

섭사성의 말을 통해 알 수 있듯이, 멀리 적지에 고립돼서 지원받을 길이 이미 끊어진 청군은 우세한 일본군과의 결전을 피하면서 주력부대로 성환을 방어하면서, 패퇴할 것을 대비해서 공주에 강력한 수용진지(收容陣地)를 설치한 다음에 일본군을 피해서 우회해서 북상한다는 작전이었다. 즉, 성환에는 섭사성 소관의 5영 약 2천 명의 병력과 포 8문, 그리고 공주에는 섭지초가 통솔하는 4영 약 1,500명의 병력을 배치했던 것이다.

오시마 혼성여단장은 7월 28일 오전에 소사들에 도착해서 적의 진지를 정찰한 후, 이날 자정을 기해 공격을 개시하기로 결정했다. 섭사성은 주력부대로 성환역의 동북쪽 월봉산(月峰山) 일대의 고지를 점령하고, 일부를 서북쪽 우헐리(牛歇里) 일대에 배치하고 있었다. 이에 여단장은 일부 병력으로 우헐리를 양공(陽攻)[18]해서 적의 주력부대의 발목을 이쪽 방면에 묶어 두고, 자신이 직접 주력을 이끌고 도감리(都監里)에서 우회해서 성환 진지를 공격한다는 작전을 세웠다.[23][19]

일본군은 예정된 작전계획에 따라 29일 오전 0시를 기해 행동을 개시했다. 우헐리 공격부대는 보병 제21연대장 보병중좌 다케다 히데노부가 이끄는 보병 1개 대대·공병 2개 소대로 구성되어 있었다. 29일 오전 2시, 이 부대가 소사들을 출발해서 안성천(安城川)을 건너 가룡리(佳龍里)에 이르렀을 때 마을 안쪽에서 갑자기 맹렬한 사격이 가해져 적지 않은 사상자가 발생했다. 그것은 톈진무비학당(天津武備學堂) 학생 우광흔(于光炘), 주헌장(周憲章), 이국화(李國華), 신득림(辛得林)이 이끄는 한 부대였다. 이들은 어둠 속에서 불시의 사격으로 일본군을 혼란에 빠뜨려 잠깐 전진을 막았으나, 섭 총병이 지원부대를 보내지 않았기 때문에 결국 우세한 일본군에게 포위당해서 4명의 학생들은 전사하고 나머지 병사들은 성환 방면으로 달아났다. 다케다 중좌는 청군을 격퇴하고, 오전 5시를 지나 가룡리를 출발, 우헐리의 진지를 공격하기 위해 전진했다. 지난밤의 격렬한 전투를 본 섭사성은 일본군의 공격 목표가 서북 방면에 있다고 판단해서 직접 주력부대를 이끌고 우헐리 방어를 지휘했다. 그 사이 오시마 여단장이 지휘하는 주력부대는 전

---

18) 양공(陽攻): 적의 주의를 돌리기 위해 일부러 주된 공격 목표가 아닌 지역을 제한적으로 공격하는 작전
19) 원서의 본문에는 주석번호 23번이 2개이고, 그에 해당하는 미주(尾註)는 22번이 2개이다. 즉, 원서 본문의 주석번호는 22·23·23·24, 미주 번호는 22·22·23·24의 순으로 표시되어 있다. 여기서는 본문의 내용과 그 인용문헌을 대조해서 양쪽 모두 22·23·24·25로 수정했다.

혀 적의 공격을 받지 않고 29일 오전 5시를 지난 시각에 도감리를 통과해서, 월봉산 동북쪽 기슭 신정리(新井里)에서 이동을 마치고 그 고지(高地) 일대에 격렬한 공격을 가했다. 이미 주력을 우헐리 방면으로 이동시킨 청군은 용감하게 저항했지만 중과부적이었고, 섭 총병이 급히 증원(增援)을 시도했지만 결국 때를 놓쳐서 오전 7시가 넘어 월봉산 진지가 돌파당했다. 일본군은 더 나가서 성환역을 점령하고 궤주하는 청군대에 사격했다. 우헐리 방면의 청군대도 성환 방면의 패전을 알고 큰 저항 없이 퇴각했으므로, 다케다 중좌는 오전 8시가 넘어 청군의 진지를 점령했다.

오시마 여단장은 청군이 아산 방면으로 퇴각했을 것으로 판단해서 그곳을 정찰하게 했는데, 실제 아산에는 1명의 병사도 없으며 청군은 천안·공주 방면으로 퇴각했다는 정보를 얻었다. 당시 평양 방면의 적의 동태가 불안했으므로 청군의 추격을 중지하고, 여단을 이끌고 8월 1일부터 귀환길에 올라 5일에 경성에 도착했다. 이 전투에서 발생한 일본군 사상자는 83명이었다.[24]

섭사성은 패잔병을 이끌고 공주로 퇴각해서 섭지초에게 합류했다. 이들은 일본군의 추격을 두려워해서 충청도 청주목(淸州牧)으로 다시 퇴각했다가, 8월 초에 다시 출발해서 멀리 충청도와 강원도를 우회하여 8월 하순에 평양에 도착했다. 성환전투에서 입은 손해가 적지 않았고, 더욱이 평양으로 북진하는 도중에 많은 환자와 도망병이 발생해서 병력은 현저히 감소했다.[25]

풍도 앞바다의 해전과 성환전투는 일본과 청의 육해군 주력부대의 결전을 알리는 전초전이자, 양국 군대의 실력을 판단하는 데 중요한 자료를 제공한 시금석이었다. 정치적 의의는 더 중대했다. 이미 7월 23일 정변에서 청한종속관계의 폐기를 선언했지만, 청의 위세를 두려워해서 아무 것도 할 수 없었던 대원군의 신정권으로 하여금 설령 표면적이라고 해도 일본의 실력을 인정해서 일한공수동맹협약(日韓攻守同盟協約)의 체결을 수락하게 했던 것이다. 덧붙여 말하자면, 영국 상선 고승호의 격침으로 인해 곤란한 일영교섭(日英交涉)이 야기된 사실 또한 주목할 필요가 있다.

【원주】

1 『中東戰紀本末續編』卷亨,「東征電報上」, "光緒二十年六月六日遞朝鮮成歡葉軍門".

2 『中東戰紀本末續編』卷亨,「東征電報上」, "光緒二十年六月十日寄譯署".

3 위와 같음.

4 『中日交涉史料』14권, 문서번호 1147번. "光緒二十年六月十二日軍機處密寄北洋大臣李鴻章上諭".

5 「東征電報上」, "光緒二十年六月十三日復總署".

6 『中日交涉史料』14권, 문서번호 1154번. "光緒二十年六月十四日北洋大臣來電".

7 『中日交涉史料』14권, 문서번호 1164번. "光緒二十年六月十四日軍機處電寄李鴻章諭旨".

8 『中日交涉史料』15권, 문서번호 1187번. "光緒二十年六月十八日北洋大臣來電".

밀신(密新). 두 통의 전보는 모두 살펴보았습니다. 전에 섭(葉) 제독의 군대가 위험지역에 고립된 것을 우려해서 함선을 써서 평양으로 옮기는 방안을 상의했습니다. 방금 회답전보를 받으니, '선박으로 이동하는 것은 매우 위험합니다. 육지의 요충지를 차지하며 기회를 살펴 이동해서 주둔하는 것이 더 성공적일 것입니다. 또 왜군이 한성과 부산을 왕래하는 남로(南路)를 차단해야 하니 부대의 추가를 바랍니다.'라고 했습니다. 현재 톈진에 주둔한 군대에서 정예병 2천여 명을 조발(調發)할 것을 생각하고 있습니다. 섭 제독의 원래 부대와 합쳐서 총 5천 명으로 남로(南路) 한 방면을 담당할 수 있을 것입니다. 한민(韓民)은 왜(倭)에게 복종하지 않고 섭 제독을 신뢰하므로 곤경을 겪지는 않을 것입니다. 장래 만약 화의(和議)가 성사되지 않을 경우, 북쪽에서는 평양 대대(大隊)가, 남쪽에서는 섭군(葉軍)이 힘을 합쳐 전진해서, 저들을 견제하여 우세를 차지할 것입니다. (하략)

9 『日淸韓交涉事件記事』(英國之部).

10 『日淸戰史』1권, 118~119쪽.

11 『廿七八年海戰史』상권, 77~78쪽.

12 『廿七八年海戰史』상권, 79~84쪽.

13 『廿七八年海戰史』상권, 85~88쪽.

14 『中日交涉史料』15권, 문서번호 1241번. "光緒二十年六月二十五日北洋大臣來電"; 姚錫光, 『東方兵事紀略』4권,「海軍篇」.

15 『廿七八年海戰史』상권, 87~88쪽.

16 『中東戰紀本末』4권,「寃海紀聞」.

17 『廿七八年海戰史』상권, 88~92, 106, 109~113쪽; 『東方兵事紀略』4권,「海軍」; 『寃海紀聞』.

18 『廿七八年海戰史』상권, 92~94, 96~98쪽; 『大阪朝日新聞』, 메이지 27년 8월 16·17·18일 "高陞號沈沒顚末"(外務大臣宛末松法制局長官報告); Mr. Sill to Mr. Gresham, August 3, 1894. U. S. Foreign Relations, 1894, Appendix I, pp. 44~47, No. 36(Inclosure in No. 36) Mr. von Hannecken's statement.

19 『日淸戰史』1권, 118~120, 125~133쪽.

20 『中日交涉史料』15권, 문서번호 1210번. "光緒二十年六月十一日北洋大臣來電".

21 『東方兵事紀略』1권,「援朝篇」.

22 위와 같음.

6월 26일 새벽에 섭지초도 달려왔다. 섭사성이 섭지초에게 말했다. "최근에 바닷길이 막혔습니다.

원군은 날아서 건너올 수 없습니다. 아산은 외진 지역이라 지킬 수 없습니다. 공주는 산을 등지고 강을 마주한 천혜의 유리한 지형이니 빨리 가서 차지하십시오. 다행히 이긴다면 공께서 후원(後援)이 될 것이요, 이기지 못하더라도 길을 우회해서 벗어날 수 있습니다. 그 사이에 전쟁은 마땅히 온 힘을 다해 방어하다가 기회를 살펴서 진퇴를 정해야 합니다." 이날 왜병(倭兵)이 벌써 소사들에 접근했다. 성환과의 거리는 10여 리이다. 이에 섭지초는 스스로 섭옥표(葉玉標)의 1영(營)을 이끌고 공주로 가고, 섭사성은 5영을 통솔해서 성환에 주둔했다.

23 『日淸戰史』 1권, 135~138쪽.

24 『日淸戰史』 1권, 138~157쪽; 『東方兵事紀略』 1권, 「援朝篇」; 『大阪朝日新聞』, 메이지 27년 8월 7 · 9 · 10일 "成歡戰鬪".

25 『日淸戰史』 2권, 267쪽; 『東方兵事紀略』 1권, 「援朝篇」.

【참고지도】 조선총독부 5만분의 1 지도. 수원(水原) · 남양(南陽) · 이천(利川) · 안성(安城) · 오산(烏山) · 천안(天安) · 평택(平澤) · 발안장(發安場) · 아산(牙山) · 광정리(廣亭里) · 공주(公州) 수로부해도(水路部海圖) 326호(조선 서해안 한강 근해).

국교단절과 선전(宣戰)

풍도 앞바다 해전은 7월 25일, 성환전투는 7월 29일에 발생했지만, 통신기관이 대단히 미비한 조선의 지방에서 일어난 사건이었던 까닭에 그 공식 보고가 부산을 경유해서 도쿄 대본영에 도달한 것은 전자가 7월 27일 오후 2시, 후자가 8월 2일 오전 9시였다. 청 측에서도 웨이하이웨이(威海衛)에 복귀한 제원(濟遠) 관대(管帶) 방백겸의 보고가 톈진과 베이징에 도착한 것은 7월 27일이었다.[1]

풍도 앞바다 해전은 선전포고를 하기 전에 일어난 사건이었다. 국교단절 문제는 패자 쪽에서 먼저 논의했다. 이미 7월 27일에 이홍장은 "화(華)·왜(倭)가 아직 선전(宣戰)하지 않았는 데도 왜선(倭船) 대부대가 갑자기 접근해서 순찰하며 호위하는 우리 선박을 공격했다. 저들이 먼저 대포를 쏘았으니, 실로 공법을 위반했다."라고 논했다.[1] 총리아문은 그 보고를 접수한 것과 동시에 국교단절을 결의하고, 당일로 주미공사 양유(楊儒)에게 전명(電命)해서 일본에 거류하는 청 신민의 보호를 미국 정부에 의뢰하게 했다.[2] 또 이홍장에게 타전해서 왕(汪) 주일공사의 소환, 각국 공사에 대한 성명서 문안 등에 관해 의견을 물었다.

밀(密). 유진(有辰)○광서 20년 6월 25일(메이지 27년 7월 27일) 진각(辰刻)의 전보는 잘 살펴보았음. 왜(倭)가 먼저 흔단을 열고 영국 선함을 격침했으니 일은 이미 결렬됐음.○중략 왕(汪) 공사를 즉시 소환해야 할지, 아니면 각국에 포고한 뒤에 소환해야 할지 전보로 회신하기 바람. 각국에 포고하는 조회는 반드시 때에 맞게 처리해야 하므로 본서(本署)○총리아문에서 현재 문안을 기초했음. 이 일은 우리의 이치가 바르고 기세가 웅장하니 상세히 성명할 수 있음. 장차 어떻게 글을 지어야 가장 주밀(周密)할지 견해를 본서(本署)에 전보로 상세히 알려 주기 바람. 참작해서 수

---

1) 원문에는 7월 20일로 되어 있는데, 풍도해전이 7월 25일에 발생했으므로 이는 오기이다. 풍도해전에 관한 이홍장의 보고가 처음 군기처에 도달한 것은 7월 27일(광서 20년 6월 25일)이었다.

정한 후 발송하겠음. 유유(有酉).[3]

이홍장은 7월 28일에 회전(回電)해서 각국에 대한 성명서 문안에 관해 의견을 서술했다. 또 주일청공사의 즉시 소환, 주청 일본공사·영사에 대해 자발적 철수 요청, 일본 상품의 수입 금지 등을 주장했다.

밀(密). 유유(有酉)○광서 20년 6월 25일 유각(酉刻)의 전보는 잘 살펴보았음. 왜(倭)가 먼저 개전(開戰)했으니, 응당 각국에 포고해서 모든 이에게 흔단(釁端)을 우리가 연 것이 아님을 알려야함. 이 조회안은 선후의 정절(情節)을 상세히 밝히고 실제에 근거해서 성명해야 할 듯하니, 균서(鈞署)에서는 반드시 주도면밀하고 타당하게 문안을 기초해야 함. 그 안에 '속국(屬國)'에 관한 한 구절은, 조선이 각국과 입약(立約)할 때 모두 성명한 것이니, 종전에 각국이 비록 명시적으로 인정하지는 않았으나 실제로는 이미 암묵적으로 허락한 것임. 가부(可否)는 문장 사이에 가볍게 적어 두었음. 지금 우리가 먼저 파병한 것이 명분이 없는 것이 아니니, 장래 각국의 조정(調停)과 의결(議決) 또한 그 뿌리가 숨어 있는 것임. 왕(汪) 공사는 응당 소환해야하며, 베이징에 주재하는 왜(倭)의 공사와 각 항구의 영사들도 완곡하게 권유해서 자발적으로 철수시켜야 함. 왜(倭)의 토화(土貨)는 대부분 중국[華]의 제철(製鐵)에 의지하고 있으니, 각 관(關)에 격문을 띄워서 잠정적으로 대일통상을 중단시켜야 함. 시비를 모두 따져 본 후 처리하기 바람. 홍(鴻), 유(宥).[4]

그런데 교전 중에 일본 상품의 수입은 중립국 상선을 통해 이뤄졌으므로 그것을 금지하는 일은 불가능했다. 이 사실이 판명되자 이홍장은 스스로 이 주장을 철회했다.[5]

다음 날인 7월 29일에 군기처는 이홍장을 경유해서 주일청공사 왕봉조에게 소환 귀국 명령을 내렸다. 그리고 7월 30일에는 총리아문에서 주청 각국 공사에게 조회를 보내서, 사변이 발생한 이래로 일본이 저지른 불법을 논하고 개전의 책임이 전적으로 일본에 있음을 성명했다.[6]

조회함.

전에 조선의 전라도에서 난민(亂民)이 사단을 일으켜서, 그 국왕이 공문으로 원조를 청하고, 북양대신을 경유해서 우리 조정에 분명하게 상주했습니다. 그 나라의 예전 두 차례 변란을 모두 중국이 평정해 준 일이 있습니다. 그러므로 특별히 군대를 파견한 것입니다. 한성에는 들어가지 않고 곧장 전주성 일대로 달려가 토벌하니, 그 비도(匪徒)는 풍문을 듣고 궤멸했습니다. 우리 군대가 난민(難民)을 구휼하고 막 개철(凱撤)[2]하려고 할 때, 어찌 생각이나 했겠습니까? 일본 또한 한국에 파병했으니, 명분은 토벌을 돕는다는 것이었으나 실제로는 곧장 한성으로 들어온 후 군대를 나눠서 요충지[要隘]를 점거했습니다. 그 뒤로 또 여러 차례 증병(增兵)해서 1만여 명에 달할 때까지 그치지 않다가, 마침내 조선을 협박해서 중국의 번복(藩服)임을 인정하지 않게 하고, 많은 조관(條款)을 나열하고는 그 국왕을 핍박해서 일일이 이행하게 했습니다.

조선이 중국의 속방(屬邦)이 된 지 오래되었으니 천하가 모두 알고 있습니다. 그 나라가 여러 나라와 조약을 맺을 때도 모두 똑같이 성명했으니 문안이 남아 있을 것입니다. 일본이 이를 강제로 인정하지 않게 한 것은 중국의 체제에 장애가 있으니 이미 예로부터의 우의를 잃었습니다. 이웃한 나라가 그 정무(政務)의 정리를 권하는 것은 원래 아름다운 의도이지만 오직 좋은 말로 권면(勸勉)할 수 있을 뿐이니, 어찌 중병(重兵)으로 기압(欺壓)[3]하고 핍륵(逼勒)[4]해서 억지로 시행시키는 이치가 있겠습니까? 이는 비단 중국만 좌시할 수 없었던 것이 아니요, 각국 정부도 모두 옳다고 여기지 않았습니다. 러시아·영국 정부는 누차 저 나라에 주찰(駐紮)하는 대신에게 명령해서 저 나라 외무대신에게 중단을 권했고, 아울러 영국 외부대신은 한성에서 철병한 다음에 중국군대와 서로 다른 지역에서 주둔하면서 화평하게 조선사무를 상의할 것을 권고했으니, 그 논의가 참으로 공평했습니다. 그런데 저 나라는 거리낌 없이 흉포하게 도리어 더욱 군대를 증원했으니, 조선 인민과 그 나라에 있는 중국 상민이 날마다 더욱 놀라고 동요했습니다.

그러나 중국은 각국이 함께 화호(和好)를 돈독히 하는 뜻을 생각해서, 결코 대번에 저들과 흔단(釁端)을 일으켜서 생령(生靈)을 도탄에 빠뜨리고 상무(商務)에 지장을 초래하지 않으려고 했습니다. 비록 나중에 군대를 추가 파견해서 보호하게 했지만, 한성과의 거리가 멀기 때문에 일본군과 조우해서 흔단을 여는 데 이르지 않은 것입니다. 그런데 어찌 생각이나 했겠습니까? 저 나라는 갑자기 음모를 펼쳐서, 마침내 이번 달 23일에○메이지 27년 7월 25일 아산 앞바다에 갑자기 많은 병선을 보내고, 먼저 대포를 쏴서 우리 운송선을 손상시키고 아울러 영국 깃발을 건 영국의 고승호를 격침했습니다. 이는 흔단이 저들에게서 열린 것이니, 공론(公論)이 용납하기 어렵습니다. 중국은 비록 방교(邦交)를 깊이 생각하나, 두 번 다시 뜻을 굽혀서 시일을 끌기 어려우니 부득불 따로 계획해서 대처방안을 결의하지 않을 수 없습니다. 아마도

---

2) 개철(凱撤): 승리해서 철군함
3) 기압(欺壓): 기만하고 압박함
4) 핍륵(逼勒): 핍박(逼迫), 강박(強迫)

각국 정부는 이 괴이한 소식을 듣고, 또한 모두 놀라며 그 책임은 전적으로 일본에 돌아가야 한다고 생각할 것입니다. 이제 특별히 일본의 패리위법(悖理違法)과 먼저 흔단을 연 사정의 시말에 관해 문서를 갖추어 조회하니 귀 대신께서는 귀 정부에 전달하시어 살펴보시기 바랍니다.[7]

7월 31일, 총리아문은 고무라 임시대리공사에게 국교단절을 통고했다.

대청흠명총리각국사무(大淸欽命總理各國事務) 왕대신(王大臣)이 조회함.
예전에 조선 사안은 중국과 귀국의 의견이 같지 않았지만, 그래도 종장계의(從長計議)[5]해서 방교(邦交)를 해치지 않기를 바랐거늘, 귀국 병함이 갑자기 이번 달 23일에 조선의 아산 해구(海口)에서 우리 운송선을 손상시켰으니, 먼저 흔단(釁端)을 열어서 양국의 수호지약(修好之約)이 이로부터 폐기되는 결과를 초래했다. 앞으로 본서(本署)와 귀서(貴署) 대신(大臣)은 다시 상의할 일이 없을 것이니 매우 애석하다.
이상과 같이 대일본서리흠차대신 고무라에게 조회함.

광서 20년 6월 29일[8]

이날 주일청공사 왕봉조는 본국 정부의 훈령에 따라 공사관 철수를 통보하고, 아울러 8월 3일에 공사관원을 인솔해서 귀국길에 오른다는 사유로 여권 발급을 신청했다.

대청흠차출사일본국대신(大淸欽差出使日本國大臣) 왕(汪)이 조회함.
본 대신이 우리 정부의 전보 지시를 받았는데, 그 내용이 다음과 같았습니다.

아산 전투는 일본 병함이 먼저 우리 함선에 포격해서 실화(失和)와 개흔(開釁)[6]을 초래한 것이다. 유지(諭旨)를 받으니, 사서(使署)를 철수시키라고 하셨다.

본 대신은 이에 따라 즉시 행장을 꾸려서 7월 초3일, 즉 양력 8월 3일에 공사관원들을 데리고 도쿄에서 출발하기로 결정했습니다. 요코하마로 가서 상하이로 가는 배를 기다렸다가 바로 편승해서 귀국할 것입니다. 소지한 행리(行李)[7]와 옷상자는 모두 200개입니다. 부디 귀

---

5) 종장계의(從長計議): 급하게 결정을 내리지 않고 천천히 해결방법을 모색한다는 뜻으로, 『左傳』, 僖公 4년조에, "시초(蓍草)는 짧고 귀복(龜卜)은 기니, 긴 쪽을 따르는 것이 낫다(筮短龜長 不如從長)."고 한 구절에서 유래했다.
6) 개흔(開釁): 전쟁을 도발해서 일으킴
7) 행리(行李): 여장, 행장

대신은 호신노조(護身路照)[8] 1장과 행리의 출구면단(出口免單)[9] 1장을 발급해서 속히 귀국할 수 있게 해 주십시오. 사서(使署)·이서(理署) 및 각 항구에 거류하는 우리나라 상민들은, 모두 미국 공사와 영사가 대신 보살펴서 일체 처리할 것입니다. 중국[華]에 재류하는 귀국 상민들에 관해서는, 각 항구에 명령을 내려서 모두 적당히 보호할 것을 이미 우리 정부에 전보로 청했습니다. 이를 아울러 성명합니다. 문서를 갖추어 조회하니 부디 귀 대신께서는 살펴보신 후 시행하시기 바랍니다.

이상과 같이 대일본 외무대신 무쓰에게 조회함.

광서 20년 6월 29일[9]

무쓰 외상은 왕(汪) 공사의 요청에 따라 당일로 여권을 송부하면서, 동시에 왕 공사의 조회문 가운데 풍도 앞바다 해전에서 일본 군함이 먼저 발포했다는 구절을 반박했다.

서간(書簡)으로 말씀드립니다. 다름이 아니라 금일 보내신 귀 서간에서, 귀 대신께서는 귀국 정부의 전명(電命)을 받아서 공사관을 철수하고 귀국하신다는 뜻을 전해 오셨습니다. 모두 잘 살펴보았으며, 이에 관해서는 청구하신 대로 통행권(通行券) 및 통관면장(通關免狀) 각 1통을 송부하니 잘 살펴보신 후 수령하시기 바랍니다.

귀 서간 중에 제국 정부가 먼저 귀국 군함을 향해 포격을 가했다고 했지만, 이는 귀국 군함이 먼저 제국 군함을 향해 전단(戰端)을 연 것으로, 사실은 말씀하신 것과 완전히 상반되므로 이를 회답해서 알려드립니다. 경구(敬具).

메이지 27년 7월 31일
외무대신 무쓰 무네미쓰
대청특명전권공사 왕봉조 각하[10]

8월 1일(광서 20년 7월 초1일), 청 조정은 선전(宣戰)의 상유(上諭)를 공포했다. 그 내용은 7월 30일의 총리아문 조회와 동일했다.

광서 20년 7월 초1일, 내각에서 상유(上諭)를 받았다.

조선이 우리 대청(大淸)의 번속(藩屬)이 된 지 200여 년 동안에 해마다 직공(職貢)[10]을

---

8) 노조(路照): 통행 허가증
9) 출구면단(出口免單): 통관 허가증을 말한다. 무쓰 외상의 회신에 나오는 '통관면장(通關免狀)'과 뜻이 같다.
10) 직공(職貢): 번국(藩國)이 종주국에 대해 때에 맞춰서 바치는 공납(貢納)

행한 것은 중외(中外)가 모두 아는 바다. 최근 십수 년 이래로 그 나라에 내란(內亂)이 많았는데, 조정에서는 자소(字小)[11]의 뜻을 품어서 여러 차례 파병해서 평정해 주고, 아울러 관원을 파견해서 그 나라 도성에 주찰(駐紮)시켜서 수시로 보호했다. 금년 4월에 또 토비(土匪)의 변란이 생겨서 그 국왕이 군대로 토벌을 도와줄 것을 청했다. 그 진정하는 말이 절박했기에 즉시 이홍장에게 군대를 선발해서 달려가 구원하게 했는데, 처음 아산에 도착하자마자 비도(匪徒)들은 뿔뿔이 달아나고 말았다.

그런데 왜인(倭人)은 아무 연고 없이 파병해서 한성에 돌입하고, 그 후에 또 1만여 명으로 증병(增兵)했다. 그리고는 조선을 다그쳐서 국정(國政)을 경개(更改)[12]하게 하고 갖가지로 위협하고 있으니, 이치로 깨우쳐 주기 어렵다. 우리 조정은 번복(藩服)을 무수(撫綏)[13]해서 그 국내 정사(政事)를 예로부터 스스로 다스리게 했다. 일본은 조선과 조약을 맺어서 여국(與國)에 속하니, 다시 증병(重兵)으로 기만하고 압박해서 내정개혁을 강요할 수 있는 이치가 없다. 각국의 공론(公論)이 모두 일본의 출병은 명분이 없고 정리(情理)[14]에 맞지 않는다고 여겨서 철병(撤兵)한 후 화평하게 상의해서 처리할 것을 권고했다. 그런데도 끝내 흉포하게 이를 돌아보지 않아서 지금까지 협의가 이뤄지지 않았는데, 도리어 다시 계속 군대를 증원했으니 조선 백성과 중국 상민이 날마다 더욱 놀라고 동요했다. 그러므로 군대를 추가파병해서 보호하게 한 것인데, 어찌 생각이나 했겠는가? 가는 도중에 돌연 다수의 왜선(倭船)이 우리가 미처 준비하지 못한 틈을 이용해서 아산구(牙山口) 외해(外海)에서 갑자기 대포를 쏴서 우리 운송선을 파손했으니, 그 변사(變詐)[15]의 정형(情形)은 미처 예측할 수 있는 바가 아니었다.

저 나라가 조약과 공법을 준수하지 않고 제멋대로 치장(鴟張)[16]해서, 오로지 궤계(詭計)[17]만을 일삼아 혼단(釁端)이 저들에게서 열렸으니 공론이 소연(昭然)[18]하다. 이로써 특별히 천하에 포고해서 우리 조정에서 이 일을 처리한 방식이 실로 이미 인(仁)과 의(義)를 다한 것이었음을 분명히 알리노라. 그러나 왜인들은 맹약을 저버리고 혼단을 열어서 그 무

---

11) 자소(字小): 대국이 소국을 보살핀다는 뜻으로, 『孟子』, 「梁惠王 下」에, "대국으로서 소국을 섬기는 자는 천리를 즐기는 사람이요, 소국으로서 대국을 섬기는 자는 천리를 두려워하는 사람이니, 천리를 즐기는 자는 천하를 보전하고, 천리를 두려워하는 자는 그 나라를 보전한다(以大事小者 樂天者也 以小事大者 畏天者也 樂天者 保天下 畏天者 保其國)."라는 구절이 있다.

12) 경개(更改): 개혁(改革)

13) 무수(撫綏): 어루만져 편안하게 함

14) 정리(情理): 인정과 도리

15) 변사(變詐): 교묘하게 말이나 태도를 바꿔서 남을 기만함

16) 치장(鴟張): 올빼미가 날개를 폈다는 뜻으로, 제멋대로 날뛰고 흉포한 모양을 비유함

17) 궤계(詭計): 간사하게 남을 속이는 계책

18) 소연(昭然): 명백(明白)

리함이 이미 극에 달했으니, 형세상 다시 고용(姑容)[19]하기 어렵다. 이홍장으로 하여금 각군(軍)의 파견을 엄칙(嚴飭)해서 신속히 나아가 토벌하며, 웅장한 군대를 대거 집결시키고 계속 출진해서 한민(韓民)을 도탄에서 구원하게 하라. 강과 바다 연안의 각 장군과 독무, 그리고 군대를 통수하는 대신들은 융행(戎行)[20]을 정칙(整飭)[21]하라. 만약 왜인의 윤선(輪船)이 각 해구에 진입하는 것을 보면 즉시 먼저 통격(痛擊)해서 전부 섬멸하되, 조금이라도 물러서거나 위축돼서 죄려(罪戾)를 자초하지 말라. 이 통유(通諭)[22]를 알려라.[11]

일본에서도 8월 1일에 선전조칙(宣戰詔勅)이 환발(渙發)[23]됐다. 이 조칙은 내각서기관장(內閣書記官長) 이토 미요지(伊東巳代治)의 기안으로 만들어졌으며, 쇼쇼시키(詔書式)[24]의 새로운 영역을 개척한 것이었다.[12]

천우(天佑)를 보유하여 만세일계(萬世一係)의 황조(皇祚)[25]에 오른 대일본제국 황제는 충실(忠實)하고 용무(勇武)[26]한 너희 신민들에게 선시(宣示)하노라.

짐은 이에 청에 대해 전쟁을 선포하노라. 짐의 백료유사(百僚有司)는 마땅히 짐의 뜻을 체득해서, 육상에서 해면에서 청에 대한 교전에 종사하여 국가의 목적을 달성하기 위해 노력해야 하리라. 진실로 국제법에 저촉되지 않는 한, 각자의 권능에 따라 일체의 수단을 다함에 반드시 실수가 없기를 기약하라.

생각건대, 짐이 즉위한 이래로 20여 년 동안 문명의 교화를 평화의 통치에서 구해서, 외국과 사단을 빚는 것이 절대로 불가하다고 믿어 유사(有司)들로 하여금 항상 우방(友邦)과 우의를 돈목히 하는 데 힘쓰게 했으니, 다행히 열국의 교제는 해가 갈수록 친밀을 더하고 있다. 그러나 청이 조선사건과 관련하여 우리에 대해 차츰 인교(隣交)에 어긋나 신의를 잃는 행동으로 나올 줄 어찌 예상했겠는가?

조선은 제국이 처음에 계유(啓誘)[27]해서 열국의 반열에 나아가게 한 독립된 일국이다. 그런데 청은 매번 스스로 조선을 속방(屬邦)이라고 칭하며 음으로 양으로 그 내정에 간섭했고,

---

19) 고용(姑容): 고식적으로 관용을 베풂
20) 융행(戎行): 군대의 진군 행렬
21) 정칙(整飭): 엄숙하게 질서를 갖춤
22) 통유(通諭): 포고(布告)
23) 환발(渙發): 제왕의 명령을 천하에 널리 선포함
24) 쇼쇼시키(詔書式): 조서의 서식이나 작성, 시행 절차를 규정한 율령
25) 황조(皇祚): 황위(皇位)
26) 용무(勇武): 용맹(勇猛)
27) 계유(啓誘): 깨우쳐 주고 유도함

내란이 발생하면 속방을 어려움에서 구원한다는 구실로 군대를 조선에 파견했다. 짐은 메이지 15년의 조약에 따라 군대를 파견해서 변란에 대비하게 하며, 더 나아가 조선으로 하여금 화란(禍亂)을 영원히 제거해서, 장래에 치안을 보존하여 동양전국(東洋全局)의 평화를 유지하고자 했다. 우선 청에 협조할 것을 충고했는데, 청은 갑자기 태도를 바꾸고 갖가지 구실을 만들어서 이를 거절했다. 제국은 이에 조선에 그 비정(秕政)을 이혁(釐革)해서, 안으로는 치안의 기틀을 다지고 밖으로는 독립국의 권의(權義)를 온전히 할 것을 권고했다. 조선은 이미 이를 승낙했으나 청은 시종 은밀하게 백방으로 이러한 목적을 방해했다. 게다가 말을 좌우로 돌리며 시간을 끌고 그 사이에 수륙 병비(兵備)를 정돈하다가, 일단 그것이 완료되자 곧바로 병력으로 그 욕망을 달성하려고 다시 대병(大兵)을 한토(韓土)에 파견해서 우리 함선을 한해(韓海)에서 요격했으니, 망상(亡狀)[28]이 거의 극에 달했다. 즉, 청의 의도는 분명히 조선 치안의 책임이 귀속되는 바 없게 해서, 제국이 솔선해서 독립국의 반열에 오르게 한 조선의 지위를, 그것을 표시하는 조약과 함께 몽회(蒙晦)[29]에 부쳐서 이로써 제국의 권리와 이익을 손상하고, 동양의 평화를 영원히 담보하지 못하게 하는 데 있다고 의심하지 않을 수 없다. 그 행동을 관찰하여 그 모계(謀計)를 깊이 헤아려 보건대, 실로 처음부터 평화를 희생해서 그 비망(非望)[30]을 이루려 한 것이라고 하지 않을 수 없다. 사태가 이미 여기에 이르렀으니, 짐의 뜻은 오로지 평화로 일관해서 제국의 광영(光榮)을 중외(中外)에 선양(宣揚)하는 데 있을 뿐이나 또한 공식적으로 전쟁을 선포하지 않을 수 없다. 너희 신민들의 충실용무(忠實勇武)에 기대어 속히 평화를 영원히 회복해서 제국의 광영을 온전히 할 것을 기약하노라.

어명(御名) 어새(御璽)

메이지 27년 8월 1일

국무대신 부서(副署)[13]

---

28) 망상(亡狀): 무례(無禮), 무법(無法)

29) 몽회(蒙晦): 불분명하고 어두움

30) 비망(非望): 분수에 맞지 않는 희망

【원주】

1 『中日交涉史料』15권, 문서번호 1241. "光緖二十年六月二十五日北洋大臣來電".

2 『中日交涉史料』15권, 문서번호 1247. "光緖二十年六月二十五日發出使楊大臣電".

3 『中日交涉史料』15권, 문서번호 1248. "光緖二十年六月二十五日發北洋大臣電".

4 『中日交涉史料』15권, 문서번호 1252. "光緖二十年六月二十六日北洋大臣電".

5 『中日交涉史料』15권, 문서번호 1253. "光緖二十年六月二十六日北洋大臣電".

6 『中日交涉史料』15권, 문서번호 1260. "光緖二十年六月二十七日軍機處發李鴻章轉汪鳳藻電".

7 『中日交涉史料』15권, 문서번호 1262의 부건 1. "光緖二十年六月二十八日總理衙門致各國公使照會片".

8 『日淸韓交涉事件記事』(淸國之部).

9 위와 같음.

10 위와 같음.

11 『中日交涉史料』15권, 문서번호 1289번. "光緖二十年七月一日上諭";『淸德宗實錄』344권, 光緖 20년 7월 을해(乙亥) 초1일 조에 수록된 상유는 전쟁이 끝난 후 수정한 것이다.

12 『伯爵伊東已代治』상권, 211~214쪽.

13 『官報』, 메이지 27년 8월 2일 호외.

타이슈 번(對州藩)을 중심으로 한 중심으로 한 일한관계

타이슈 번(對州藩)을
중심으로 한
일한관계

별편

조선 통신사
역지행빙고(易地行聘考)

서론

에도시대부터 메이지 초기까지 타이슈 번주(藩主) 소씨(宗氏)를 중심으로 하는 일한 관계에서 양국의 국교를 위태로운 지경에 빠뜨리고, 게다가 그 진상을 파악하기가 대단히 어려운 사건이 세 개 있다. 간에이(寬永) 연간의 야나가와 사건(柳川事件)[1], 분카(文化) 이래의 역지행빙(易地行聘), 메이지 신정부의 일한외교접수가 그것이다. 간에이의 야나가와 사건은 소씨가 자기 가문의 존립에 급급해서 그 가신을 보호할 여력이 없었고, 조선 또한 임진역(壬辰役)이 끝난 후 얼마 되지 않아 일본 측의 감정을 자극하는 것을 꺼려서 소씨의 책임을 불문에 붙였으므로 순수한 국내 문제로 취급됐고, 따라서 그 해결도 크게 어렵지 않았다. 타이슈 번에서도 이 사건의 관계문서와 기록 일체를 막부(幕府)[2]에 제출했기 때문에 당시에도 그 진상은 비교적 명료했을 것으로 생각된다.

세 번째 메이지 신정부의 일한외교접수는 다음 사건을 가리킨다. 즉, 게이오(慶應) 3년의 왕정복고(王政復古)와 함께 신정부는 당시 에도막부에서 관장하던 외교권을 접수했다. 그런데 일한외교만큼은 타이슈 번주 소씨가 자신의 가역(家役)이라는 특권을 주장했으므로 잠시 그 권리를 유지하는 것을 승인했다. 그러나 오래지 않아 소씨의 구식외교가 새 시대에 걸맞지 않다는 사실이 폭로됐고, 이에 신정부는 그 접수에 착수했다. 그런데

---

1) 야나가와 사건(柳川事件): 17세기 초, 타이슈 번주 소 요시나리(宗義成)와 그 가로(家老) 야나가와 시게오키(柳川調興)가 조선과 일본 사이에 왕복한 국서의 위조 문제를 놓고 대립한 사건이다. 임진왜란과 정유재란을 인해 조일(朝日), 명일(明日) 관계는 단절됐다. 이 때문에 생계를 전적으로 조선에 의존하고 있던 타이슈 번은 직접적인 타격을 입었는데, 마침 에도막부를 개창한 도쿠가와(德川) 가문은 조선·명과의 국교 회복을 시도했다. 이 과정에서 타이슈 번주 소 요시나리는 조선의 통신사를 다시 받아들이기 위해 수차례 조선에 보내는 일본 국서를 위조했다. 그런데 당시 타이슈 번의 가로(家老)였던 야나가와 시게오키는 번주로부터 독립해서 하타모토(旗本)가 될 기회를 노리고 번주 소 요시나리와 대립하고 있었다. 결국 야나가와는 타이슈 번의 국서 위조 사실을 막부에 고발했다. 야나가와 사건 후 막부에서는 교토고잔(京都五山)의 승려를 이테안(以酊庵)에 윤번제(輪番制)로 파견해서 서계(書契)의 작성, 통신사 영접, 무역 감시 등을 맡게 했다. 그 결과 조일외교는 여전히 타이슈 번에 위임하면서도 막부의 직접적 통제가 강화됐다.
2) 원문은 '바쿠가쿠(幕閣)'로, 막부의 최고 수뇌부를 의미한다. 하지만 의미상 '막부(幕府, 바쿠후)'로 옮겨도 큰 차이가 없다고 생각되어 이하에서는 바쿠가쿠는 모두 막부로 표기하였다.

당시 조선에서는 국왕의 생부 대원군 하응(昰應)이 집정(執政)으로서 배외정책(排外政策)을 채택해서 일본과의 사이에 곤란한 외교 문제를 야기했으며, 전후 9년이라는 시간을 거쳐 완전히 새로운 형식으로 수호조약을 체결했던 것이다. 이 사건은 메이지 초기의 중대한 문제였기 때문에 외무성에서 그 전말을 편찬하였고, 관계자의 문서기록과 전공자의 연구 또한 적지 않다. 그러나 그 대부분은 불완전한 사료에 기초하거나 또는 왜곡된 견지에서 논단했기 때문에 신빙할 만한 것이 참으로 적다. 필자는 일본 정부·타이슈 번청(藩廳)·조선 정부 기록을 통해 그 실체를 규명해서 이 책 제2편에서 상세히 서술했다.

두 번째 역지행빙은 분카(文化) 8년에 조선 통신사의 에도(江戶) 내빙을 중단하고 타이슈 번의 후추(府中)[3]이즈하라(嚴原)에서 빙례를 거행했다가, 다시 오사카(大阪)로 후추를 대신했다가, 또 다시 타이슈로 돌아온—막부 말의 혼란으로 인해 실행되지는 않았으나—사건으로, 이것이 바로 이번 편의 주제이다. 역지행빙은 원래 보좌 겸 집정 마쓰다이라 사다노부(松平定信)의 긴축재정의 일환으로 덴메이(天明) 6년에 쇼군(將軍) 이에나리(家齊)가 습직(襲職)[4]한 후 바로 입안됐다. 당시 조선에서도 재정적 어려움이 극에 달했고, 특히 통신사 파견으로 인한 막대한 경비 지출에 고심하고 있었으므로 양국 관계가 무리 없이 관리되는 상황이라면 큰 어려움 없이 원만히 타협점에 이를 수 있는 성질의 것이었다. 그런데 그 교섭에 20여 년의 시간이 걸리고, 일대 의옥(疑獄)을 야기해서 조선 군신(君臣)이 양국 국교가 위기에 빠졌다고 의구심을 품게 된 이유는 무엇일까.

분카(文化) 역지행빙이 이처럼 오랜 세월이 걸린 것에 대해, 당시 막부(幕府)는 전혀 그 이유를 알지 못했다고 해도 무방하다. 게이초(慶長) 이래의 전통적 정책에 따라 타이슈 번은 자기에게 불리한 정보는 일체 전달하지 않고, 막부 또한 직접 이해관계가 걸리지 않는 한 타이슈 번의 행동에 간섭하지 않았기 때문이다. 오히려 타이슈 번조차 극히 적은 수의 사람들만 역지행빙 교섭의 진상을 이해하고 있었을 것이다. 그리하여 일한외교사상 중대한 의미를 가지는 역지행빙의 실체는 전혀 규명되지 않았던 것이다.

가에이(嘉永) 연간에 막부가 『통항일람(通航一覽)』의 편찬을 명했을 때, 편찬자가 가장 고심한 부분은 바로 분카 역지행빙이었을 것이다. 대체로 편찬자는 막부의 명을 내세워 타이슈 번과 교섭했고, 타이슈 번도 문제가 자기의 기밀이 관계되지 않는 한 상당히 정직하게 조선 관계 기록을 제출한 사실은 인정되지만, 역지행빙의 중심을 이루는 간세이

---

3) 후추(府中): 일본 율령제 아래에서 고쿠후[國府: 각 쿠니(國)마다 둔 일종의 행정 관청]의 소재지
4) 습직(襲職): 직무를 계승함

(寬政) 7년 을묘(乙卯)부터 분카 원년 갑자(甲子) 사이의 기록은 완전히 누락돼 있다. 『통항일람(通航一覽)』의 제33권 「조선국부9(朝鮮國部九)」, '분카 원년 6월 조선국 통신사 내빙 공포(文化元年六月朝鮮國通信使來聘公布)'조(條) 아래에, "역지빙례와 관련해서는, 이보다 앞서 [소(宗)] 요시카쓰(義功)부터 그 나라와의 교섭 시말 등이 상세하지 않다."라고 주기(注記)되어 있는 것 또한 주의할 필요가 있다.

필자가 근대조선정치외교사를 고찰하면서 역지행빙에 착안한 것은, 한편으로는 『통항일람』의 결함을 보완하려는 의도에서 비롯됐음을 여기서 밝혀 두고자 한다. 처음에 필자는 타이슈 번이 역지행빙 관계 기록을 보존하고 있으면서도 일부러 제출을 거절한 것으로 해석했지만, 타이슈 번 문서와 기록을 상세히 열람한 결과 반드시 그렇지만은 않다는 것을 깨달았다. 즉, 가에이(嘉永)를 전후한 시점에 타이슈 번에는 물론 역지행빙 관계 사료가 보존은 됐지만, 전혀 정리되어 있지 않았다. 우선 조선에서 타이슈 번에 보낸 수백 통의 소차서계(小差書契) 원본은 봉피(封皮)와 함께 소중히 보존되어 있지만, 역지행빙에 관계된 소차서계는 단 1통도 찾을 수 없다. 덴메이(天明)·간세이·교와(享和)·분카 시기의 조선 관계 기록은 방대한 분량의 대책(大冊) 수십 권을 헤아리지만, 대개 부교(奉行)·메쓰케(目付)·유히쓰(右筆) 또는 그 하급 관리가 집필해서 역지행빙처럼 중대한 국책(國策)을 다룬 것은 매우 적다. 따라서 『통항일람』의 편찬자로부터 역지행빙 관계 사료의 제출을 요청받더라도 거절하는 것 외에는 다른 도리가 없었을 것이다.

실상이 이러해서는 타이슈 번청(藩廳)의 문서기록도 크게 기대하기 어렵다. 단, 예외적이라고 할 만한 것이 『소씨실록(宗氏實錄)』으로, 이 서적은 후대의 유신(儒臣)이 편찬한 것이지만, 비록(秘錄)이기 때문에 기밀에 속하는 사항들도 기탄없이 기록되어 있다. 이 문제를 연구하는 데 『소씨실록』은 대단히 중요한 사료들을 제공한다. 단, 그 선별이 적절치 않고 연월일이 부정확한 것은 매우 유감이다.

이테안(以酊庵)은 타이슈 영내(領內)에서 그 경비를 사실상 타이슈 번에서 지급받으면서도 막부에 직속되어 일한외교문서를 관장했다. 이테안은 타이슈 번주 소씨의 권한 밖에 있었기 때문에 린반초로(輪番長老)의 손을 거친 문서들은, 타이슈 번의 유불리와 관계없이 그 기록이 남아 있다. 이테안 기록 중에서 가장 중요한 것은 아마도 『본방조선왕복서(本邦朝鮮往復書)』일 것이다. 국보의 가치가 있는 이 귀중한 외교문서집의 원본 126권은 현재 조선총독부 조선사편수회에서 소장하고 있다. 이 문서집은 역지행빙에 관한 일본 측 기본사료로는 유일한 것이다.

타이슈 번을 중심으로 하는 일본 측 사료는 『본방조선왕복서』와 『소씨실록』을 제외하면 그 양에 비해 내용이 빈약하다는 평가를 면하기 어려운데, 조선 측 기록에서는 매우 풍부한 사료를 발견할 수 있다. 현재 규장각 문고에 수장되어 있고 경성제국대학 부속 도서관에서 관리하는 이 방대한 기록들은, 일한병합을 전후해서 산일(散逸)된 부분도 적지 않지만, 남아 있는 것만 봐도 그 분량이나 사료적 가치에 있어 다른 기록과 비교도 할 수 없다. 일단 왕가(王家)의 비록(秘錄)인 정조(正祖)·순조(純祖)·헌종(憲宗)·철종(哲宗)조의 각 『실록(實錄)』, 국왕의 일록(日錄)인 『일성록(日省錄)』·『승정원일기(承政院日記)』, 정부 기록인 『비변사등록(備邊司謄錄)』을 제외하고 ─ 실록·일기·등록이 일한외교, 특히 역지행빙에 대한 기본사료임은 물론이지만 ─ 특히 여기서 가장 먼저 꼽아야 하는 것이 『동문휘고(同文彙考)』이고, 두 번째가 『통신사등록(通信使謄錄)』이다. 『동문휘고』는 원래 인조(仁祖) 이후의 승문원(承文院)[예조에 속해서 사대교린 문서를 관장했다.] 등록을 편찬, 인쇄하여 관계 관청에서 참고할 수 있게 한 것으로, 정편(正編)─속편(續編)을 포함해서 총 96권이며, 그 유일한 완본이 앞에서 말한 규장각 문고에 수장되어 있다. 일본[교린]관계문서는 부편(附編)으로 분류하고, 국서(國書)·서계(書契) 종류를 전부 수록하고 있다. 이 책은 『본방조선왕복서』에 견줄 만한 기본사료일 뿐만 아니라, 나중에 왜학역관(倭學譯官)·왜관관수(倭館館守) 등에 의해 수정되기 전의 승문원에서 기안한 서계 원안을 보존하고 있다는 점에서 특히 귀중한 사료가 된다. 『통신사등록』은 사역원(司譯院) 역관이 편찬한 것으로, 『동문휘고』와 대략 비슷한 시기인 인조부터 순조 중기까지의 통신사와 관계되는 국왕의 전교(傳敎), 대신경재(大臣卿宰)의 계언(啓言), 비변사·예조·호조의 장계(狀啓)와 경상도 관찰사·동래부사·부산첨사의 장보(狀報), 왜학훈도(倭學訓導)·별차(別差)의 수본(手本)을 수록하고 있다. 이 점에서 보면 『통신사등록』을 첫 번째 기본사료로 꼽아야 하지만, 불행히도 누락이 많은 데다가, 특히 정조 말부터 순조 초기까지의 부분은 초등(草謄)으로 잘못 필사한 대목이 적지 않다. 또한 안타깝게도 보존 상태도 양호하지 않다. 이 책은 원본(사본)의 일부만 규장각 문고에 남아 있다.

끝으로 애석함을 금할 수 없는 것은 『동래부계록(東萊府啓錄)』의 산일(散佚)이다. 이 책은 동래부사가 비변사에 올린 장보(狀報)를 전부 수록한 것으로, 조선 특유의 대책(大冊) 90여 권이 존재했으리라는 것은 대략 추측할 수 있지만, 규장각 문고에 현존하는 것은 헌종(憲宗)·이태왕조(李太王朝) 가운데 잔결(殘缺)된 몇 권에 불과하다. 만약 이 책이 적어도 정조·순조 시기까지 남아 있었더라면 앞으로 다룰 문제의 연구에 적지 않은 도움을 주었을 것이다.

이번 편을 논술하면서 필자에게는 두 가지 목적이 있다. 첫 번째는 조선 및 타이슈 번의 실록·일기·등록에 근거해서 우리 덴메이(天明) 말엽에 마쓰다이라 사다노부 등이 입안한 역지행빙이 어떤 형태로 막부에서 타이슈 번에, 또 타이슈 번에서 조선에 전달됐는지, 조선에서는 이를 어떻게 해석했기에 수락을 거부했는지, 그 결과 타이슈 번이 일한외교를 관장하는 직책으로 보더라도, 또한 자번(自藩)의 정치적·경제적 상태로 보더라도 매우 큰 곤경에 빠져서 어떻게 결국 비상수단에 호소하게 되었는지, 그리고 그 수단이 불법이라는 것은 조선 군신(君臣)이 충분히 인식하고 있었음에도 불구하고 마지막에 왜 그것을 승인할 수밖에 없었는지, 이러한 경과들을 규명해서 지난한 근대 조선 정치외교사 연구에 기여하는 것이다. 두 번째로 이 문제에 관한 필자의 논고(論考)는 완전하다고 할 수 없기 때문에, 다시 근대 일본사 및 조선사 전공 연구자들에게 재검토의 기회를 주기 위해서 필자가 사용한 사료를 가능한 한 원형 그대로 제공하는 것이다. 앞에서 서술한 것처럼 이 편에서 인용한 사료들은 이조실록(李朝實錄)을 제외하면 그 원본의 오직 일부만 경성제국대학 부속 도서관과 조선총독부 조선사편수회에 수장되어 있기 때문에 열람할 기회를 얻기 어렵다. 뿐만 아니라 방대한 분량의 권질(卷帙) 가운데서 난해한 이문(吏文)과 조선인 특유의 한자·서풍에 고전하면서 필요한 문서와 기록을 찾는 것은 누구에게라도 쉬운 작업이 아닐 것이다.

이 편은 이러한 두 가지 목적을 동시에 성취하려고 했다. 그런 까닭에 첫 번째 목적에 대해서는 전체적인 구상이 장황하게 흘러서 논지가 철저하지 못했고, 두 번째 목적에 대해서는 첫 번째 목적의 영향으로 매우 불충분한 형식과 내용이 될 수밖에 없었던 점은 매우 유감스럽다.

통신사 내빙(來聘) 연기 / 역지행빙(易地行聘)의 기원

덴메이(天明) 6년 9월 8일[조선 정조 병오(丙午) 8월 8일] 쇼군 이에하루(家治)가 홍서(薨逝)[1]하고, 양사(養嗣)[2] 이에나리(家齊)가 히토쓰바시 가(一橋家)에서 나와서 쇼군 직을 계승하자, 막부는 선례에 따라 타이슈 번주 소 요시카쓰(宗義功)^{이사부로(猪三郎) 쓰시마노카미(對馬守)}에게 명하여 쇼군의 홍서(薨逝)와 새 쇼군의 승계를 조선에 통고하게 했다. 타이슈 번은 이듬해인 덴메이 7년[정조 정미(丁未)] 3월에 고부대차사(告訃大差使)^{관백신사고부대차사(關白身死告訃大差使)·대부참판사(大訃參判使)} 정관(正官) 다와라 군자에몬(俵郡左衛門)[등번경(藤蕃卿)], 도선주(都船主) 사이토 간에몬(齋藤官右衛門)[등경명(藤敬明)], 봉진압물(封進押物) 고지마 우자에몬(小島宇左衛門)[등구통(藤久通)]을 파견해서, 예조참판·참의·동래부사·부산첨사에게 보내는 서계(書契)와 예물을 갖고 전 쇼군의 홍서를 통고하게 했다. 이어서 같은 해 7월에는 새 쇼군의 습직(襲職)을 통고하기 위해 고경대차사(告慶大差使)^{관백승습고경대차사(關白承襲告慶大差使)·대경참판사(大慶參判使)} 정관 히라타 하야토(平田準人)[평창상(平暢常)], 도선주 가와우치 소메에몬(河內染右衛門)[귤신현(橘信賢)], 봉진압물 가미카와 군에몬(上川郡右衛門)을 파견했다. 또한 고경대차사(告慶大差使)에 앞서 재판(裁判) 하라 다쿠에몬(原宅右衛門)[등창규(藤暢規)]을 보내서, 쇼군 홍서의 조위(弔慰)와 새 쇼군의 습직(襲職) 치하(致賀)를 위한 도해역관(渡海譯官)의 파견을 조선에 요청했다.[1]

조선에서는 동래부사 홍문영(洪文泳)의 치계(馳啓)를 통해 고경(告慶)·고부대차사(告訃大差使)가 온다는 것을 알고, 경접위관(京接慰官)과 차비역관(差備譯官)을 동래부에 내려보내서 규정에 따른 연향(宴享)을 설행(設行)하고 타이슈 번주의 서계와 예물을 접수한 후 예조·동래·부산의 회답서계와 예물을 대차사에게 전달하게 했다. 이와 동시에 타이슈 번의 요청에 응하여 선규(先規)에 따른 조위(弔慰) 겸 치하역관(致賀譯官)을 도해(渡海)

---

1) 홍서(薨逝): 왕후(王侯)의 죽음을 일컫는 말
2) 양사(養嗣): 양자(養子)를 들이는 일. 또는 그 양자

시키기로 결정하고, 사역원(司譯院)의 인선에 따라 당상역관(堂上譯官) 이명화(李命和)와 당하역관(堂下譯官) 정일성(丁一聖)을 지명했다. 이리하여 도해역관(渡海譯官) 일행 66명은 도해역관호송재판(渡海譯官護送裁判) 하라 다쿠에몬을 따라 덴메이 7년 12월 25일에 쓰시마노쿠니(對馬國) 후추(府中)에 도착해서 번주 소 요시카쓰를 접견하고, 전 쇼군의 홍서에 대한 조위와 새 쇼군의 승습(承襲)[3]에 대한 경하의 뜻을 표했다.[2]

오랜 관례에 따르면, 간바쿠(關白)(쇼군)[4] 승습고경대차사(承襲告慶大差使)가 온 후 3년 이내에 통신사(通信使)를 보내야 한다. 이미 지난해 병오년 10월(덴메이 6년 윤10월)에 일본 간바쿠의 홍서 소식이 전해지자, 조선은 일찍부터 그 준비에 착수했다. 즉, 호조판서 정일상(鄭一祥)은 통신사행에 필요한 예단삼(禮單蔘)(통신사가 예물로 가져가는 산삼)의 준비를 아뢰었고, 국왕도 그 말에 따라 예단삼 200근을 정미(丁未) 말(덴메이 7년) 가을까지 평안도 강계부(江界府)에서 준비할 것을 명했던 것이다.[3]

당시 일본에서는 선례에 따른 통신사의 내빙(來聘)에 대해 아직 방침을 결정하지 못하고 있었다. 즉, 에도막부에서는 다누마 도노모노카미(田沼主殿頭)[5]오키쓰구(意次)가 실각한 직후, 후사(輔佐) 겸 로주힛토(老中筆頭)[6] 마쓰다이라 엣추노카미(松平越中守)사다노부(定信)는 오로지 기강 확립과 재정 정리에만 부심했고, 또 타이슈 번에서는 번주 소 요시카쓰는 유약해서 번정(藩政)의 중임을 감당하지 못하고, 중신들은 정권 다툼에 골몰하고, 재정은 거의 파탄에 직면해 있었다. 게다가 이것이 원인이 되어 이테안(以酊庵)과 충돌했고, 그 결과 막부로부터 계칙(戒飭)을 받을 정도였다. 즉, 막부와 타이슈 번 모두 현상이 그대로 유지된다면 통신사의 내빙을 요청하는 것조차 매우 곤란했던 것이 사실이다. 이에 막부 내에서는 과거 쇼토쿠(正德) 연간에 아라이 지쿠고노카미(新井筑後守)[하쿠세키(白石)]간미(君美)의 유책(遺策)에 따라 통신사의 에도 내빙을 중단하고 쓰시마에서 빙례(聘禮)를 받아야

---

3) 승습(承襲): 계승(繼承)

4) 간바쿠(關白): 헤이안시대 이후 일본천황의 최고보좌관으로 '백관의 상주에 관해서(關) 의견을 아뢴다(白)'는 뜻에서 그 관직명이 유래했다. 『漢書』, 「霍光傳」에 "모든 일은 먼저 곽광(霍光)에게 관백(關白)한다."는 구절이 있다. 도요토미 히데요시(豊臣秀吉)가 간바쿠(關白)가 된 이후로 조선에서는 일본의 최고 통치자라는 의미로 사용했으며, 에도막부의 실질적 통치자인 쇼군, 즉 세이타이쇼군(征夷大將軍)을 '일본국왕' 또는 '간바쿠'라고 불렀다.

5) 도노모노카미(主殿頭): 도노모료(主殿寮)의 장관을 뜻하는 말로, 도노모료는 일본 율령제(律令制)하에서 궁내성(宮內省)에 부속되어 천황의 행차 시에 쓰이는 물품이나 기타 궁궐의 소모품 등의 공급과 시설관리를 담당하던 관청이다.

6) 로주힛토(老中筆頭): 로주(老中)는 쇼군에 직속되어 국정을 총괄하는 최고위 관직으로서, 통상적인 사무는 4~5명의 로주가 월별로 돌아가며 담당했고, 중요한 정무는 함께 모여서 협의했다. 힛토(筆頭)는 여러 사람들 가운데 대표자, 또는 제1인자라는 뜻이다.

한다는 의견과 내빙을 당분간 연기해야 한다는 의견이 대립해서 아직 어떠한 결론도 내리지 못하고 있었다. 이러한 모습을 보고 분기한 인물이 타이슈 번의 수석 가로(家老)[당시 에도즈메(江戸詰)[7]] 스기무라 나오키(杉村直記)[아리스케(蕃祐)]였다. 스기무라의 주장은 통신사의 내빙을 이용해서 번정(藩政)의 위기를 극복한다는 것이었다. 우선 타이슈 번주 소 요시카쓰는 나이가 어려서 쿠니(國)에 머문 채로 습봉(襲封)[8]해서 아직 쇼군에게 첫 알현을 마치지 못했으므로 가격(家格)에 의한 관위서임(官位敍任)의 은전(恩典)을 받지 못했다. 스기무라는 일단 번주(藩主)가 쿠니에서 관위서임의 특전을 받은 다음에 통신사 호행(護行) 임무로 막부에 참내(參內)하고, 이를 첫 참근(參勤)[9]으로 이용할 것을 고려했다. 아직까지 그러한 전례는 전혀 없었지만, 이제 만약 스기무라가 막부를 설득할 수만 있다면 첫 참근에 소요되는 막대한 경비는 자연히 막부가 부담하게 될 것이었다. 다음으로 타이슈 번의 극단적인 재정난은 과거 다누마 도노모노카미(田沼主殿頭)의 집정 시기에 간조부교(勘定奉行) 마쓰모토 이즈노카미(松本伊豆守)[히데모치(秀持)]의 조사로 막부에서도 잘 알고 있었으므로, 통신사 내빙에 따른 경비는 막부에서 전액 보조를 받을 것이 거의 확실했다. 스기무라는 이 막대한 보조금을 요령껏 운용하면 통신사 내빙에 필요한 모든 경비를 처리하고 완전히 곤궁에 빠진 타이슈 번의 재정을 일시적으로나마 구제할 수 있다고 생각했다. 이 두 가지 방안은 모두 일석이조라고 할 만한 묘안이었다. 그런데 교묘하게 짜 맞춘 이 2개의 방안을 실행하려면 통신사가 반드시 즉시 에도에 내빙해야 했다. 스기무라의 활동은 여기서부터 시작된다.

덴메이 6년 9월에 쇼군이 훙서하자 스기무라 나오키는 일찍부터 로주 미즈노 데와노카미(水野出羽守)[다다토모(忠友)] 등의 관저에 출입하면서 그 고요닌(公用人)을 만나 통신사의 유래와 일한외교에서의 타이슈 번의 중요한 지위를 역설하고, (1) 선례에 따른 통신사의 즉시 에도 내빙, (2) 타이슈 번주의 첫 참근 이전의 관위서임(官位敍任), (3) 통신사 내빙에 필요한 경비 전액 보조 등 3건의 승인을 바란다는 뜻을 내비쳤다. 스기무라는 다누마 도노모노카미에게 큰 보살핌을 받았으므로 다누마, 미즈노 두 가쿠로(閣老)의 위세가 등등한 시절이었더라면 그의 요청은 아마도 받아들여졌을 것이다. 하지만 이제 시대가 바뀌었다. 같은 해 11월에 미즈노 가쿠로(閣老)는 스기무라 나오키를 불러서, 소 요시카쓰의

---

7) 에도즈메(江戸詰): 자기의 번(藩)을 떠나 에도에 머물고 있는 다이묘(大名)나 가신을 일컫는 말
8) 습봉(襲封): 제후가 선대의 영지를 물려받음
9) 참근(參勤): 참근교대(參勤交代)의 준말. 참근교대는 에도막부의 다이묘 통제책의 일환으로서, 원칙적으로 여러 다이묘들을 1년마다 에도와 자신의 영지에서 번갈아 거주하게 한 제도를 말한다.

첫 참근이 끝나기 전에는 관위서임을 허락할 수 없고, 통신사 내빙 건 또한 심의할 수 없다고 전했다. 얼마 후 무쓰노쿠니(陸奧國) 시라카와(白河) 번주(藩主) 마쓰다이라 엣추노카미가 후사(輔佐) 겸 로주힛토(老中筆頭)에 임명되자 전대(前代) 이래 다누마 가쿠로(閣老)의 심복이었던 막부 관리들을 대부분 견책, 파면해서 막부 내부의 분위기가 일신됐으므로, 스기무라는 다시 마쓰다이라 엣추노카미 이하 각 가쿠로의 저택에 출입하면서 앞에서 말한 3건을 설득시키려고 온 힘을 쏟았다. 하지만 마쓰다이라 엣추노카미는 다누마 도노모노카미의 신임을 받는 스기무라를 기피했을 뿐만 아니라, 통신사 문제에 관해서도 스기무라는 엣추노카미 고요닌(公用人)의 양해를 얻는 데 실패했으므로 전도는 대단히 비관적이었다.[4]

덴메이 8년[정조 무신(戊申)] 3월 7일, 마침내 스기무라 나오키는 번주(藩主)의 명의로 월번(月番) 로주(老中) 마쓰다이라 스오노카미(松平周防守)^{야스요시(康福)}에게 조선통신사 내빙 청구를 정식으로 신청하고, 또 번주가 어리고 병이 많아서 참근을 감당할 수 없으니 우선 내빙 시기를 조선에 분명히 전달한 후 통신사가 오기를 기다렸다가 호행(護行)을 겸해서 참근하겠다고 청원했다. 이윽고 3월 20일에 막부는 소씨의 동족 야나기사와 시나노노카미(柳澤信濃守)^{10)사토유키(里之)}에게 출두를 명하여, 로주 마쓰다이라 스오노카미가 내린 "조선인의 내조(來朝)는 선례대로 해야 하며, 그 시기는 조만간 전달할 것"이라는 명령을 소 요시카쓰에게 전하게 했다. 또 별도로 타이슈 번의 에도 루스이(留守居)¹¹⁾를 스오노카미의 저택으로 불러서, 소 요시카쓰의 참근 시기는 나중에 명령할 것이며 통신사 내빙 시기는 조만간 전달하겠다는 명이 있었는데 뒷날 막부에서 내시(內示)하는 것을 기다렸다가 다시 타이슈 번주가 그 시기를 상신해야 한다고 주의를 주었다.[5]

대체로 소씨는 타이슈 번주로서 일한외교를 관장했기 때문에 쇼군 습직(襲職)의 축하를 위해 정식으로 통신사 내빙 청구를 신청하는 것은 그의 당연한 직무였고, 막부는 이를 거부할 수 없었다. 하지만 막부는 당시 통신사의 내빙을 실행할 의사가 없었으므로, 소씨의 상신을 받고 나서 겉으로는 그 신청을 승인하면서도 실제로는 그것을 막았던 것

---

10) 원문에는 '信濃守'가 '信澤守'로 잘못 표기되어 있다.

11) 루스이(留守居): 에도막부 및 번(藩)에 설치된 직명의 하나. 막부의 루스이(留守居)는 로주(老中)에게 부속돼서 오쿠(大屋: 쇼군가의 거처)의 단속, 여행허가증의 관리, 쇼군 부재 시 에도 성의 루스(留守)를 지키는 역할 등을 담당했다. 번(藩)의 루스이는 번주(藩主)의 에도 부재 시 그 번저(藩邸)를 지켰으며, 번주가 에도에 있을 때는 에도 성에 출입하며 막부의 동정 파악, 막부의 새로운 법령의 입수와 해석, 막부에 제출하는 문서의 작성 등을 담당했다.

이다. 이는 스기무라 나오키의 시도가 완전히 실패로 돌아갔음을 뜻한다. 당시 마쓰다이라 엣추노카미는 스기무라가 번정(藩政)의 실권을 장악하고 있는 동안에는 통신사제도를 변혁하기 어려울 것으로 생각해서, 이 가쿠로(閣老)를 몰아내고 그에게 맞설 수 있는 타이슈 번의 가쿠로를 불러들인 뒤에 그에게 조선관계 사무를 자순(諮詢)하려는 생각이었다고 한다. 이것이 『소씨실록』의 "초모(草茅)[12]의 조령(朝令)에 익숙하지 않은 자를 얻고자 위세로 그를 굴복시켰다."라는 구절의 의미이다. 이에 덴메이(天明) 8년 정월 5일 소 요시카쓰에게 본국에 있는 상석(上席) 가쿠로 후루카와 즈쇼(古川圖書)^{노부유키(暢往)}를 참부(參府)[13]시키라는 내명(內命)을 전했다. 후루카와는 3월 30일에 에도에 도착했다. 며칠 뒤인 4월 9일에 엣추노카미는 후루카와를 와카도시요리(若年寄)[14] 혼다 단조쇼히쓰(本多彈正少弼)^{다다카즈(忠籌)}의 집으로 불러서 조선의 사정을 상세히 하문하고, 그가 충실히 막부의 명을 받들 만하다는 것을 확인했다고 한다. 이것이 『소씨실록』의 "천천히 그 부앙(俯仰)[15]을 살폈다."라는 구절의 의미이다.[6]

타이슈 번 가로(家老) 후루카와 즈쇼의 소견(召見)을 통해 마쓰다이라 엣추노카미의 자신감은 더욱 상승했다. 그는 4월 16일에 다시 후루카와를 불러서, 막부가 통신사 내빙을 당분간 연기할 의향이 있음을 전하고 그의 의견을 물었다. 사안이 매우 중대했으므로 후루카와는 즉답을 피하고 저택으로 돌아가서 스기무라 나오키와 협의한 끝에, 타이슈 번에서 조선 당국에 일본의 정세를 설명하고 통신사 내빙 연기를 교섭하겠다고 대답했다. 그러나 엣추노카미는 '천재지변과 전염병은 어떤 나라라도 피할 수 없으니 추호도 비밀에 부칠 일이 아니다. 신정(新政)을 맞이하여 인혜(仁惠)를 베풀어 흉황(凶荒)을 진휼(賑恤)하기 위해 통신사 내빙 연기를 희망한다는 뜻을 공식적으로 서계에 적어서 교섭할 것'을 명했다고 한다. 이번 일로 스기무라 나오키의 세력이 여전히 후루카와 즈쇼를 견제하기에 충분하다는 사실이 드러났다. 마쓰다이라 엣추노카미는 그를 물리치기 위해 4월 26일에 고요닌(公用人)에게 명하여 후루카와를 관저로 불러서, 예로부터 번리(藩吏)가 공무로 가쿠로(閣老)의 저택을 방문하는 것은 오직 에도(江戶) 루스이(留守居)에게만 허락돼 있음에도 불구하고 스기무라 나오키는 가로(家老)의 신분으로 막부 고관들

---

12) 초모(草茅): 민간, 재야

13) 참부(參府): 에도시대에 다이묘나 번의 관리가 에도에 참근하는 것

14) 와카도시요리(若年寄): 에도막부의 직명(職名)으로, 로주(老中)가 국가 행정을 처리했다면 와카도시요리는 주로 쇼군가의 가정(家政)을 담당했다. 아이즈(会津)나 센다이(仙台) 등 일부 번에도 이러한 관직이 있었다.

15) 부앙(俯仰): 앞으로 수그리고 고개를 든다는 뜻으로, 행동거지를 뜻한다.

의 저택에 출입한 것, 그리고 조선관계 사무를 집행하면서 번주(藩主)를 무시하고 월권 행위를 저지른 것을 지적하면서 엄중히 계칙(戒飭)하게 했다. 스기무라는 할 수 없이 에도를 떠나 그 지교쇼(知行所)[16]로 물러가 근신했다. 곧이어 엣추노카미의 내명(內命)으로 스기무라 나오키 대신에 후루카와 구로도(古川藏人)를 에도즈메가로(江戶詰家老)에 임명했다.[7]

이렇게 해서 마쓰다이라 엣추노카미의 준비 공작은 착착 진행됐다. 그는 5월 2일에 후루카와 즈쇼를 관저로 불러서 통신사 내빙을 당분간 연기해 줄 것을 조선에 청구하라고 직접 명령했다.

지난번에 내빙(來聘)은 선례대로 하되, 그 시기는 조만간 다시 아뢰라는 뜻으로 분부하셨습니다. 통빙(通聘)은 지금까지 특별히 연기한 일이 없지만, 묘년(卯年)○안에이(安永) 8년 기해(己亥) 이래로 흉년이 계속되어 아랫사람들이 곤궁하고 슈쿠에키(宿驛)[17]가 쇠미해서 다이묘들 중에서도 도저히 여의치 않은 자들이 많으니, 이러한 때 내빙을 받는 것은 어려운 일이 될 것입니다. 통빙 또한 가볍게 볼 수는 없지만, 아랫사람들이 곤궁에 빠지는 것이 가장 중대합니다. 마침내 아래 백성들이 머지않아 과거로 돌아갈 것이니 잠시 내빙의 연기를 교섭하라는 분부가 있었습니다. 흉년이 계속 이어지는 것을 외국에 알리는 것은 고통스러운 일이 아니라 인교성신(隣交誠信)의 문제입니다. 흉년 등의 일을 드러내지 않아서 피차가 모른 척 한다면 성신지도(誠信之道)에도 위배됩니다. 또 사람들이 모두 어렵게 여기는 일이니 조선에서도 마찬가지로 꺼릴 것입니다. 지금은 오로지 구황(救荒)만이 있을 뿐이니, 인혜(仁惠)를 베푸셔서 통빙의 연기를 분부하신 것입니다. 조선의 입장에서도 마찬가지로 생각할 것이니 성실하게 교섭하십시오. 예로부터의 관례는 일본어로 이테안(以酊庵)에 보내면 그곳에서 서한을 검토하는 것이지만, 일본어로는 오히려 오해가 생길 수 있습니다. 따라서 초안문장을 직접 검토하셨으니 그것을 이테안에 보내서 검토하게 하십시오. 조만간 조선에 전달할 때, 피차가 교섭하는 일도 있을 것입니다. 역관(譯官)과 통변(通辨)이 통역할 때 만약 조금이라도 말뜻이 달라진다면 곤란하며, 특히 조금이라도 의심이 생기면 일이 이뤄지지 않을 것입니다. 따라서 이번에는 모두 필담으로 상호 교섭하고, 일일이 이테안 등에도 보내게 하십시오. 타이슈 쪽에서 즉답하기 어렵다는 취지의 말도 있었으니 빨리 간토(關東)에 아뢰고, 또한 게린인(惠林

---

16) 지교쇼(知行所): 하타모토(旗本)의 봉지(封地)
17) 슈쿠에키(宿驛): 교통의 요지에 여행객들이 지나가다 머물 수 있는 숙박시설이나 수송에 필요한 말 등을 갖춘 작은 마을. 에도시대에는 에도로 들어가는 5개의 큰길[고카이도(五街道)]이나 샛길[와키오칸(脇往還)]을 중심으로 번성했다.

院)이 출부(出府)해 있으니 그에게도 똑같이 말씀드리십시오. 빨리 이테안에도 말씀하시기 바랍니다. 이러한 것들도 명심하십시오.[8]

이 명령과 동시에 조선에 보낼 대차사서계안(大差使書契案)을 내렸다. 후루카와 즈쇼는 명을 받고 물러 나온 다음 날인 5월 3일에 서계안의 수정을 품신(稟申)했는데, 엣추노카미는 문안(文案) 등에 관해서는 이테안(以酊庵) 린반(輪番)과 협의해서 적당한 조치를 강구하라고 지시했다.[9]

후루카와 즈쇼는 막부의 명에 따라 본국으로 갔다. 그리고 다시 본국에 있는 중신 및 이테안 린반 조코인(常光院) 겐테(玄諦)와 협의한 후, 후루카와가 직접 이 임무를 맡기로 결정했다. 곧바로 같은 해 10월, 통신사청퇴대차사(通信使請退大差使)[연빙참판사(延聘參判使)] 정관(正官) 후루카와 즈쇼[평창왕(平暢往)], 도선주(都船主) 오우라 사에몬(大浦左衛門)[평창형(平暢亨)], 봉진압물(封進押物) 시게타 도이노스케(重田土肥之介)[귤정일(橘政一)] 일행은 서계와 예물을 갖고 부산 초량왜관(草梁倭館)에 도착했다. 이때의 대차서계(大差書契)는 막부에서 내린 원안에 일부 수정을 가한 것으로, 그 전문은 다음과 같다.

일본 쓰시마 주(對馬州) 태수(太守) 다이라노 요시카쓰(平義功)가 조선 예조참판 대인(大人) 합하께 글을 바칩니다.

때는 바야흐로 금운(金運)이 성대합니다. 엎드려 귀국이 협녕(協寧)[18]할 것을 생각하니 공경하며 축하드리는 마음 한이 없습니다. 이제 우리 다이쿤(大君)께서 처음 지위를 물려받으셨으니, 관례상 귀국이 통빙할 때가 가까워졌습니다. 그러나 본방(本邦)은 요 몇 해 동안 흉검(凶儉)[19]이 들어서 곡물이 익지 않아 억조(億兆)[20]가 이산(離散)하고 조폐(凋弊)[21]하는 환난이 생겼습니다. 다이쿤(大君)의 신정(新政)의 요체는 인혜(仁惠)에 있으니, 여러 관리들이 그 뜻을 받들어 오직 무휼(撫恤)에 힘쓰고 있지만, 아마도 세월이 더 지나야 은택이 남김없이 미칠 것입니다. 그런데 지금 귀국의 대사(大使)가 엄연(儼然)[22]히 방문하신다면, 곳곳마다 조발(調發)[23]하고 백성들이 요역(徭役)하며 분명(奔命)[24]할 것이니, 그 노고(勞苦)하는 모습은 마

---

18) 협녕(協寧): 화합하며 평안함
19) 흉검(凶儉): 천재지변으로 인한 재앙. 특히 가뭄을 가리킨다.
20) 억조(億兆): 백성
21) 조폐(凋弊): 피폐하고 쇠잔함
22) 엄연(儼然): 엄숙하고 장중한 모양
23) 조발(調發): 징발(徵發)
24) 분명(奔命): 명을 따르기 위해 분주함

치 막 싹이 트려는 초목이 중간에 꺾이는 것과 같을 것입니다.

다이쿤께서는 이를 깊이 우려하시어 여러 관리들에게 의논할 것을 명하시고, 오로지 통빙하는 일을 천천히 연기하시고자 저에게 사실대로 정성된 마음을 전하게 하셨습니다. 부디 바라옵건대 진실하게 아뢰시어 승낙해 주시옵소서.

이에 특별히 정관(正官) 평창왕(平暢往), 도선주(都船主) 평창형(平暢亨)을 파견해서 구진(口陳)을 바칩니다. 다음의 변변치 않은 예물을 기록합니다. 이로써 애오라지 정성을 표시하오니 부디 기꺼이 받아 주시고, 다시 때에 맞게 휴색(休嗇)[25]해서 멀리 있는 사람의 소망에 부응하시기 바랍니다. 이만 줄입니다[不備].[26]

덴메이(天明) 8년 무신(戊申) 8월 일

쓰시마 주(對馬州) 태수(太守) 다이라노 요시카쓰(平儀功)

별폭(別幅)[27]

첩금중병풍(貼金中屛風) 2쌍, 대화진주(大和眞朱) 2근, 채화침자괘연(彩畵枕子掛硯) 2개,
혁과대부갑(革裹大簿匣) 1비(備), 채화일척렴경(彩畵一尺奩鏡) 1면(面),
적동누오관반(赤銅累五盥盤) 1부(部), 청금화로(靑金火爐) 2원(圓).
계(計).

덴메이 8년 무신 8월 일

쓰시마 주 태수 다이라노 요시카쓰[10]

통신사청퇴대차사 정관 후루카와 즈쇼, 도선주 오우라 사에몬은 왜관에 도착한 후, 관수(館守) 도다 다노모(戶田賴母)[원창명(源暢明)]와 협의를 거쳐 전례대로 왜학훈도(倭學訓導) 김덕연(金德淵)과 별차(別差) 최국정(崔國禎)에게 왜관 방문을 독촉했다. 관수는 대차(大差)의 도착을 알리고, 그의 사명을 대략 설명한 후 서계 등본을 제시하면서 선례에 따른 접대, 즉 경접위관(京接慰官)과 차비역관(差備譯官)의 하송(下送)과 연향설행(宴享設行)을 요청했다.

---

25) 휴색(休嗇): 미상. 문맥상 오탈자가 있을 것으로 생각되나, 상고하기 어려워 일단 본문대로 옮겼다.
26) 불비(不備): 서신을 끝맺을 때 쓰는 상투어로, "아직 할 말은 많지만 이만 줄인다."는 뜻이다. 높은 사람이 낮은 사람에게 보낼 때는 '不具', 낮은 사람이 높은 사람에게 보낼 때는 '不備', 친구 사이에 보낼 때는 '不宣'이라고 쓴다.
27) 별폭(別幅): 교린문서로 예물의 종류와 수량을 적은 목록

"신사청래대차사(信使請來大差使)를 올해 마땅히 보내야 하는데, 폐방(弊邦)에 마침 흉년이 들고 또 실화(失火)로 인해 싸그리 사라져 버렸습니다. 접대 의절을 시행할 도리가 없으니 형편상 우선 퇴정(退定)²⁸⁾해야 합니다. 그런데 우리 간바쿠(關白)께서는 '경조사를 막론하고 사절을 보내서 사유를 알리고, 대차(大差)를 보내서 신사(信使)를 보내도록 청하는 것이 바로 전례(前例)이다. 그런데 전례를 따르지 못해서 이미 부끄럽기 짝이 없는데, 또 실상을 알리지 않는다면 성신지도(誠信之道)를 크게 해칠 것이다. 대차(大差)를 따로 정해서 전말을 상세히 알리는 것이 당연한 도리이다. 송사선(送使船) 편에 서계(書契)를 순부(順付)²⁹⁾한다면 소홀함을 면치 못할 것이다.'라고 생각하시어 대차사(大差使)를 파견해서 이제 나온 것입니다. 경접위관과 차비당상·당하 역관 1명씩을 속히 내려보내서 접대하십시오."라고 하거늘 ……

훈도 김덕연과 별차 최국정은 통신사청퇴대차사가 규정 외라는 이유로 서계 등본의 수리와 진달을 거부했다. 이 때문에 정관 후루카와 즈쇼, 도선주 오우라 사에몬, 관수 도다 다노모는 연일 훈도와 별차에게 회견을 요구해서, 통신사청퇴대차사의 의의와 통신사 내빙 연기의 이유에 관해 논란을 벌였다.

훈도와 별차가 가장 난색을 보인 부분은 통신사청퇴대차사가 규정 외라는 점, 그리고 통신사 연기의 이유가 다소 불분명해서, 정관 등의 말에 따르면 흉작과 실화(失火) 때문이라고 하지만 서계 등본에는 실화에 관한 언급이 없고 또 연기 기간도 명기하지 않은 점 등이었다. 정관, 도선주, 관수는 훈도, 별차의 비난을 일일이 해명하여, '통신사청퇴대차사가 규정 외인 것은 사실이나, 이 차개(差价)³⁰⁾의 파견에 부득이한 이유가 있음을 양해해 주기 바란다. 원래 선례에 따르면 올해 무신년에 바로 통신사청래대차사(通信使請來大差使)를 보내야 하지만, 이미 지금까지 보내지 않은 데다가 또 앞으로 이대로 몇 년을 보낸다면 신의가 없다는 힐책을 면하기 어렵다. 차라리 규정을 저버렸다는 혐의를 받더라도 신의가 없는 잘못을 범하는 것보다 낫다. 게다가 선례를 조사해 보면, 지난 쇼토쿠(正德) 3년[숙종 계사(癸巳)]에 새 쇼군이 가계를 승습(承襲)했을 때, 타이슈 번이 재정 궁핍을 이유로 통신사 내빙을 쇼토쿠 5년 을미(乙未)년으로 연기한 사실이 있다. 또 내빙 연기 건을 연례송사(年例送使)에 맡기지 않고 별도로 대차사를 보낸 것은 에도 정부에서 특명이 있었기 때문이다. [당시 대차(大差)는 정부에서 직접 명령을 내리는 경우에 보내고,

---

28) 퇴정(退定): 기한을 늦춰서 정함
29) 순부(順付): 다른 일로 가는 인편에 물건이나 편지 등을 맡겨서 보내는 일
30) 차개(差价): 사신(使臣)

소차(小差)는 타이슈 번주의 권한으로 파견하는 것이 선례로 인정됐다.] 실화(失火) 건은 지나치게 세세해서 일일이 논하지 않은 것이다. 기간을 명기하지 않은 것은, 우선 재정이 충실해지기를 기다렸다가 나중에 그 시기를 협정하려는 뜻인데, 미리 예상하기 어렵기 때문'이라고 했다.[11]

　원래 규외차왜(規外差倭)는 에도시대 연례송사를 엄격히 제한하기 위해 만든 합법적인 조약을 위반한 것으로 간주되었으며, 조선에서는 이것을 일한국교의 암적인 존재로 보고 그 대책 마련에 부심하고 있었다. 그러므로 조선에서는 대신경재(大臣卿宰)에서부터 동래부사, 왜학훈도에 이르기까지 규외차왜가 올 때마다 그 임무 여하를 불문하고 우선 그것을 거부하는 태도로 나왔으며, 몇 차례 논란을 벌인 뒤에야 비로소 허접(許接)을 승낙하는 것이 일반적인 관행이었음을 먼저 알아 둘 필요가 있다. 이번의 통신사청 퇴대차사에 관해서도, 훈도와 별차는 그 파견 이유는 충분히 인정해서 허접이 불가피하다는 것을 잘 알면서도 "임관(任官)[31]의 직분은 오직 조약을 근수(謹守)하는 데 있을 뿐이니 규외(規外)의 별사(別使)는 인접(引接)[32]할 수 없고, 규외의 서계는 봉상(捧上)[33]할 수 없다."라고 고집을 부렸다. 하지만 결국 같은 해 11월에 이르러 정관, 관수의 주장이 부득이함을 인정해서 서계 등본을 동래부사에게 진달할 것을 승낙했다. 이에 따라 정관은 다음의 각서를 훈도와 별차에게 보내서, 이번 건이 에도막부의 직접 명령에서 나온 것임을 역설하며 동래부사의 주의를 환기했다.

　　이번 빙사(聘使)의 기한 연기는, 도부(東武)[34]의 조의(朝議)가 실로 교린대체(交隣大體)를 추성동인(推誠同仁)[35]하는 뜻에서 나왔습니다. 그 간곡한 마음이 태수(太守)의 글에 환히 드러나 있으니 제가 다시 변설할 필요가 없을 것입니다. 이번 사행은, 지난번에 저를 동도(東都)[36]로 소환하시어 이러한 사정을 태수에게 알리고 귀국에 통고하게 하신 데 따른 것이니, 이는 도부(東武)에서 특별히 인맹(隣盟)을 공고히 하려고 생각한 것입니다. 임관(任官)의 직분은 두 나라의 성의(誠誼)를 깊이 체인(體認)해서 간절히 주선하고, 동래부에 상세히 진술해

---

31) 임관(任官): 『增訂交隣志』에 따르면, 동래 왜관의 임관은 훈도(訓導) 1명, 별차(別差) 1명, 감동관(監董官), 별견당상관(別遣堂上官), 문정관(問情官) 등으로 구성됐다(『增訂交隣志』 卷之三, 「任官」).
32) 인접(引接): 불러들여서 만남
33) 봉상(捧上): 진상품을 받아서 조정에 올리는 일
34) 도부(東武): 에도막부
35) 추성동인(推誠同仁): 추성(推誠)은 성심으로 대한다는 뜻이고, 동인(同仁)은 일시동인(一視同仁)의 준말로 만물을 차별 없이 평등하게 사랑하는 것이다.
36) 동도(東都): 동쪽의 도읍이라는 뜻으로 여기서는 에도(도쿄)를 가리킨다.

서 속히 조정의 승낙을 받아 순조롭게 해결되도록 힘쓰는 것입니다.

무신(戊申) 11월 일   대차사(大差使)[12]

동래부사 김이희(金履禧)는 훈도 김덕연과 별차 최국정의 수본(手本)을 읽고『동래부등록(東萊府謄錄)』을 조사한 결과, '대차사 정관과 관수 등이 선례로 인용한 쇼토쿠 3년 계사년의 통신사청퇴차사(通信使請退差使)는 통신사 청래(請來)를 예보하기 위한 것으로, 이듬해인 쇼토쿠 4년 갑오에 통신사청래대차사 파견이 양해된 상황에서 특별히 허접(許接)한 것이다. 따라서 이는 조정의 수원지의(綏遠之意)[37]에서 나온 것으로서 절대 선례로 삼을 만한 성질의 것이 아니다. 지금 정관과 관수 등이 전례가 있다고 하면서 조약을 위반하고 제멋대로 나온 것은 매우 큰 불법이다.'라는 견해를 갖게 되었다. 이에 따라 훈도와 별차에게 엄칙해서, 정관 등을 엄한 말로 책유(責諭)하고 서계와 예물을 물리치게 했다.

동래부사의 명에 따라 훈도 김덕연과 별차 최국정은 왜관에 가서 정관 후루카와 즈쇼, 관수 도다 다노모 등에게 서계와 예물을 물리치라는 명령이 내려온 사실을 전했다. 하지만 정관은 앞의 말을 반복하면서 응하지 않았을 뿐 아니라, 다시 다음의 말을 덧붙였다. "저희가 이곳에 와서 체류한 지 벌써 한 해가 지났습니다. 그런데도 아직 복명(復命)하지 못하고 있으니, 저희의 저죄(抵罪)[38]는 고사하고, 교린의 두터운 정의(情誼)에 흠결이 생기지 않겠습니까? 지난 계사년에도 신사(信使)를 퇴정(退定)할 일이 있어서 도주(島主)의 명으로 재판(裁判)의 예(例)에 의거해서 사개(使价)를 보냈는데, 특별히 허접을 받았을 뿐만 아니라 심지어 우대(優待)하시는 은혜를 입었습니다. 하물며 이번에는 간바쿠(關白)께서 특별히 파견하신 것이니 도주(島主)의 파견과는 경중이 판이하고,○중략 간바쿠께서 차개(差价)[39]를 대차(大差)로 보내신 것은 오로지 신의(信義)를 서로 알리기 위해서니, 아마도 규정을 저버렸다는 혐의는 없을 듯합니다. 부디 임관께서는 이러한 사정을 동래부사께 잘 아뢰십시오." 훈도와 별차는 이 말을 반박해서 규외대차(規外大差)의 파견은 교린성신지도(交隣誠信之道)가 될 수 없음을 지적했지만, 정관 등은, "저희의 사정을 전후로 모두 진술했으니 다시 반복할 필요가 없습니다. 몸소 간바쿠의 명령을 받고 나와

---

37) 수원지의(綏遠之意): 수원(綏遠)은 유원(柔遠)과 같은 뜻으로, 멀리서 온 사람 혹은 먼 나라 사람을 편안히 위무한다는 뜻이다. 『書經』, 「舜傳」에 "멀리서 온 자를 편안히 하고 가까운 자를 길들인다(柔遠能邇)."라는 구절이 있다.

38) 저죄(抵罪): 지은 죄에 따라 상응하는 형벌을 받음

39) 차개(差价): 사절(使節)

서 이미 한 해가 지났거늘, 끝내 서계를 정납(呈納)하지 못한다면 장차 돌아가 무슨 말로 간바쿠께 아뢰겠습니까? 설령 몇 달을 더 머무는 한이 있어도 서계를 정납하기 전에는 절대 돌아갈 수 없습니다. 저희의 생사는 모두 임관께 달려 있습니다."라고 극언했다.

원래 훈도, 별차는 통신사청퇴대차사의 파견 이유가 정당함을 인정하고 있었다. 뿐만 아니라, 종전의 경험으로 보더라도 이러한 종류의 규외차왜(規外差倭)를 엄한 말로 책유해도 돌려보내기는 사실상 불가능하며, 결국 차왜(差倭)의 왜관 체류 기간만 늘어나서 날마다 그들을 먹이는 비용만 늘어나는 데 불과하다는 사실을 잘 알고 있었다. 그럼에도 불구하고 훈도, 별차의 책임상 동래부사의 독책(督責)에 대해 변명거리가 필요했으므로 정관, 관수와의 무익한 토론으로 부질없이 날짜만 보낼 뿐이었다. 중앙정부에 대한 동래부사의 태도 또한 부사에 대한 훈도와 별차의 그것과 다를 바 없었다.

동래부사와 훈도, 별차가 규외차왜를 거듭 물리치더라도, 이러한 상황에서는 조만간 차왜를 어쩔 수 없이 허접하는 것이 일반적이었다. 과연 이듬해인 간세이 원년[정조 기유(己酉)] 2월 1일에 이르러, 동래부사 김이희는 훈도, 별차의 보고에 기초해서 통신사청퇴대차사의 척퇴(斥退)가 불가능함을 인정하여 이러한 뜻을 치계(馳啓)하고 또 대차사가 가져온 서계 등본을 진달했다.

지금 이 차왜(差倭)는, '간바쿠(關白)의 명령이 있어서 신의(信義)를 알리기 위해 나왔으므로 아마도 규외(規外)의 혐의가 없을 듯하다. 또 도주(島主)의 파견과는 차이가 있다.'라고 하면서 시끄럽게 떠들기를 그치지 않고 허접(許接)을 희망하고 있습니다. 이는 연례적인 입송사(入送使)나 고부(告訃)·고경(告慶)·표민영래(漂民領來) 등의 명색(名色)에서 벗어난 것이니 참으로 마땅히 엄한 말로 물리치기에도 겨를이 없어야 할 것이로되, 왜정(倭情)이 교완(狡頑)[40]하여 끝내 순종하지 않아 아직도 돌려보내지 못하고 있습니다. 이는 신이 직무를 다하지 못한 죄이니 황공함을 이기지 못하겠습니다. 다시 여러 가지로 책유(責諭)해서 돌려보내라는 뜻으로 훈도·별차에게 엄칙(嚴飭)했사오니, 이러한 연유를 아울러 치계(馳啓)합니다.[13]

동래부사 김이희의 장계가 도착하자 정조는 그것을 비변사(備邊司)에 내려서 품처(稟處)하게 했다. 비국(備局)[41]에서는 동래부사 장계와 대차서계(大差書契)를 심사한 끝에 이

---

40) 교완(狡頑): 교활하고 흉악함
41) 비국(備局): 비변사(備邊司)의 다른 말

미 동래부사와 훈도, 별차가 여러 차례 반복했던 것과 같이 약조를 엄수(嚴守)해서 규외차왜를 물리치기로 결정하고, 2월 15일에 이러한 뜻을 아뢰었다. 그런데 국왕은 비변사와 견해를 달리하여, "이는 약조의 심상한 위반과는 다르다. 수신사를 보낼 때가 됐는데 그 일에 드는 노고가 매우 커서 이처럼 기한을 늦춰 줄 것을 청했으니, 우리의 교린지도(交隣之道)에 있어 어찌 사절을 보내온 것이 원래 정한 것과 조금 다르다고 하여 계속 막기만 해서 객관(客館)에 오래 체류시키는 폐를 끼칠 수 있겠는가? 특별히 허락해서 시행하게 하고, 즉시 접위관(接慰官)을 내려보내서 접대하라."라고 하교했다.[14]

국왕이 대국(大局)을 살펴 통신사청퇴대차사에 이유가 있다고 인정해서 허접(許接)을 명한 이상, 이는 동시에 통신사 내빙의 당분간 연기도 수락한 것이었다. 이에 2월 24일에 접위관과 차비당상·당하역관을 임명하는 한편, 승문원(承文院)에 명해서 회답서계를 짓고 예조·호조에 명해서 별폭(別幅)의 예물을 준비시켰다.[15]

간세이 원년 3월 7일에 동래부사 김이희는 접위관과 함께 통신사청퇴대차사 정관 후루카와 즈쇼, 도선주 오우라 사에몬 등을 접견하고 연향을 거행했다. 그리고 쓰시마 도주가 예조·동래·부산에 각각 보낸 서계와 예물을 수령하고, 회답서계와 예물을 전달했다.[16] 예조참판의 회답서계는 다음과 같다.

> 조선 예조참판 김노순(金魯淳)이 일본 쓰시마 주 태수(太守) 다이라 공(平公) 합하께 답신을 올립니다.
>
> 성사(星槎)[42]가 멀리서 옴에 화찰(華札)[43]이 함께 도착하여 계거(啓居)[44] 진비(珍毖)[45]하심을 알게 되었으니 참으로 크게 위안이 됩니다. 이에 듣건대, 귀 다이쿤(大君)께서 예전의 공렬(功烈)을 능히 계승해서 홍서(洪緖)[46]를 크게 계승하셨다고 하니, 마땅히 옛 관례에 따라 신속하게 축하사절을 보내야 할 것입니다. 그런데 귀 다이쿤의 신정(新政)이 인자해서, 흉년의 민폐(民弊)를 깊이 진념(軫念)하여 기한의 연기를 청하고 이렇듯 자세히 통보하셨습니다. 이미 그 뜻을 조정에 전달했으니, 신사(信使)의 행차 시기는 마땅히 다시 지시를 기다려야 할 것입니다. 별폭(別幅)의 진품(珍品)은, 참으로 후의(厚誼)에 감사드립니다. 변변치 못한 토의(土

---

42) 성사(星槎): 은하수를 오가는 뗏목이라는 뜻으로, 흔히 범선을 비유한다.
43) 화찰(華札): 상대의 편지에 대한 존칭
44) 계거(啓居): 무릎 꿇는 것과 앉는 것으로 일상생활을 뜻한다.
45) 진비(珍毖): 평안함
46) 홍서(洪緖): 왕가의 계통. 흔히 홍서(鴻緖)로 쓴다.

宜)⁴⁷⁾로 답례하니 부디 살피시기 바랍니다. 이만 줄입니다.

기유년 3월 일
예조참판 김노순

별폭(別幅)

인삼(人蔘) 2근, 호피(虎皮) 1장, 표피(豹皮) 1장, 백저(白苧) 10필, 백면주(白綿紬) 10필, 흑마포(黑麻布) 7필, 백목면(白木綿) 20필, 화석(花席) 5장, 사장부유둔(四張付油芚) 3부(部), 황모필(黃毛筆) 30병(柄), 진묵(眞墨) 30홀(笏). 제(際).

기유년 3월 일
예조참판 김노순¹⁷

덴메이 8년의 통신사 내빙 연기 교섭은 당초 막부에서도 많은 난관이 있을 것으로 예상했지만, 통신사청퇴대차사 정관 후루카와 즈쇼, 도선주 오우라 사에몬, 왜관관수 도다 다노모 등의 교섭이 적절했고, 거기에 더해 동래부사 김이희, 왜학훈도 김덕연, 별차 최국정 등의 이해심 깊은 태도와 정조의 영단으로 간신히 반년 만에 성사됐다. 규외대차(規外大差)로는 대단히 예외적인 성공이었다고 하지 않을 수 없다. 타이슈 번에서는 통신사청퇴대차사 복귀 후 정관 후루카와 즈쇼가 병에 걸려서 6월 29일에 그를 대신해서 도선주 오우라 사에몬을 에도로 급히 보냈다. 오우라는 윤6월 29일에 마쓰다이라 엣추노카미를 알현, 복명하고 예조의 회답서계를 봉정했다. 막부에서도 소씨 군신의 공을 인정해서, 7월 11일에 소 요시카쓰에게 포상을 내리고 가로(家老) 후루카와 즈쇼, 오우라 사에몬에게 시복(時服)⁴⁸⁾과 백은(白銀)을 하사했다.¹⁸

통신사 내빙 연기의 성공은 역지행빙의 첫걸음이었다.

---

47) 토의(土宜): 토산물
48) 시복(時服): 시복(時服)은 계절에 맞는 옷이라는 뜻으로, 특히 매년 봄과 가을, 또는 여름과 겨울에 조정이나 쇼군이 신하에게 하사하는 의복을 가리킨다.

1 『續德川實紀文恭院實紀』1권(『國史大系』48권); 『淨元院(宗義功)實錄』상권.

2 『本邦朝鮮往復書』85권, “天明七年遣朝鮮國規外書”; 『淨元院實錄』상권; 『通信使草謄錄』, 正祖 丙午年 10월 6일, 11월 11일, 12월 日, 丁未年 3월 25일, 4월 4·7·11일, 5월 日, 6월 7·12·18·25일, 7월 9·18 日, 11월 6일; 『同文彙考(附編續)』, 「告慶一」, 「告訃一」; 『增正交隣志』6권, 「問慰行」.

3 『通信使草謄錄』, 正祖 丙午年 10월 11일.

4 『淨元院實錄』상권.

　　이보다 앞서(병오년 9월) 슌메다이쿤(俊明大君)[도쿠가와 이에하루(德川家治)]이 훙서했을 때, 스기무라 나오키가 집정가(執政家)의 요닌(用人) 등에게 신행(信行)의 유래 및 우리가 교린 사무를 맡은 일을 말하고, 타이슈에서 배관(拜官: 관직 임명)할 것과 출금(出金)해서 비용을 충당해 줄 것을 요청하다. 이는 쇼토쿠(正德) 연간에 아라이 지쿠고노카미(新井築後守)가 경상(境上)에서 빙례를 거행할 것을 제의했는데, 이번에 조정에서 그것을 중단할까 우려했기 때문이다. 11월[정미년(丁未年)]에 이르러, 미즈노 데와노카미(水野出羽守)가 알현을 마치지 못했는데 의빙(議聘)과 배관(拜官)을 미리 논할 수 없다고 하여, 조금 차도가 있기를 기다렸다가 참근하라고 서시(書示)하다. 정미년 겨울에 이르러, 나오키는 다시 앞의 안건들을 로주(老中) 등에게 설득하고, 쇼토쿠 이래의 구례(舊例)를 기록해서 제출하다. 당시 다누마 도노모노카미(田沼主殿頭)가 이미 실각해서 정신(廷臣)들이 출입이 많았다. 마쓰다이라 엣추노카미(松本越中守)가 상렬(上列)에 있으면서 오직 경장폐사(更張弊事)의 논의를 세우니, 나오키와 그 가문의 요닌 등의 논의가 이뤄지지 않았다. (하략)

5 『通航一覽』(國書刊行會本 1권) 33권, 「朝鮮國部九」; 『淨元院實錄』상권.

　　그달[덴메이(天明) 8년 3월] 7일, 번주(藩主)의 공문을 마쓰다이라 스오노카미(松平周防守)에게 전했다. 그 내용에, “예전에 역사(譯使)[도해역관(渡海譯官)]가 와서 문의했으니, 신빙(信聘) 시기를 제가 당연히 참근해서 품신(稟申)해야 하지만, 병후(病後)라 그렇게 할 수 없으니 참으로 황송합니다.”라고 했다. 그리고 말하기를, “대례(大禮)의 지연은 참으로 불안하니, 부디 빙례 시기를 하명하시옵소서. 속히 저 나라에 통보해서, 신사(信使)가 건너오기를 기다렸다가 함께 참근하겠습니다. 부디 잘 아뢰어 주십시오.”라고 했다. 이윽고 20일에, 야나기사와 시나노노카미(柳澤信濃守)가 대신 조정에 들어왔는데, 로주(老中)들이 자리에 있었다. 마쓰다이라 스오노카미가 명령을 전하며 말하기를, “신사(信使)의 일은 오직 전례를 따라야 한다. 그 빙례 시기는 추후에 분부가 있을 것이다.”라고 했다. 또 루스이(留守居)를 스오노카미의 저택으로 불러서 서시(書示)하기를, “참근 시기는 추후에 분부가 있을 것”이라고 하고, 또 “빙례 시기는 비록 추후에 분부가 있을 것이라고 했지만, 내지(內旨)가 있기를 기다렸다가 품백(稟白)하라.”라고 했다. 이는 당시 이미 빙례 시기를 늦추는 논의가 있었기 때문이다.

6 『淨元院實錄』상권.

7 『淨元院實錄』상권; 川本達, 『對馬遺事』(大正 15年刊), 12~13쪽.

8 『通航一覽』 33권, 「朝鮮國部九」; 『淨元院實錄』상권.

9 『淨元院實錄』상권.

10 『本邦朝鮮往復書』86권, “天明八年戊申遣朝鮮國規外書”; 『同文彙考(附編續)』, 「通信一」; 『通信使草謄錄』, 正祖 己酉 3월 7일.

대차사를 파견할 때는 예조참의·부산첨사에게도 동시에 서계와 예물을 보낸다. 그 글은 다음과 같다(이하 동일한 예에 따르므로 예조참의·동래·부산에 보내는 서계는 생략한다.).

일본 쓰시마 주(對馬州) 태수(太守) 다이라노 요시카쓰(平義功)가 조선 예조참의 대인(大人) 합하게 글을 바칩니다.

이 좋은 가을 날씨를 합하와 함께 하고 있습니다. 멀리서 체후 충유(冲裕)하실 것을 생각하니, 참으로 위안되고 우러르는 마음 깊습니다. 다름이 아니라, 우리 다이쿤(大君)께서 사위(嗣位)하신 경사가 있었으니, 귀국에서는 마땅히 구장(舊章)에 따라 통빙(通聘) 시기를 정하려고 생각하실 것입니다. 그러나 본방(本邦)에 흉년이 연이어 억조의 백성들이 식량이 넉넉하지 않아, 거의 곤궁에 빠지게 됐습니다. 도부(東武)의 신정(新政)은 오직 은혜를 베풀어 구제하는 데 달려 있습니다. 이러한 때 귀국 사신이 바다를 건너오신다면, 곳곳마다 조발(調發)하고 백성들이 요역에 동원돼서 비단 쉴 겨를이 없을 뿐만이 아니요, 또 더욱 피폐해질까 두렵습니다. 그러므로 조의(朝議)가 내빙 시기를 당분간 연기하고자 해서, 저에게 이러한 사유를 상세히 통고하게 하신 것입니다. 이제 정관(正官) 평창왕(平暢往), 도선주(都船主) 평창형(平暢亨)을 보내서 이러한 뜻을 전합니다. 부디 체찰(體察)해서 잘 아뢰어 주셔서 승낙을 받는다면 참으로 다행이겠습니다. 자세한 것은 사자(使者)들이 품달(稟達)할 것입니다. 별도로 보잘 것 없는 예물을 마련해서 비천한 마음에 대략 부칩니다. 살펴보신 후 받아 주시면 영광이겠습니다. 나머지는 계절에 맞게 다복하시기만을 바랄 뿐입니다. 이만 줄입니다.

덴메이(天明) 8년 무신(戊申) 8월

쓰시마 주(對馬州) 태수(太守) 다이라노 요시카쓰(平儀功)

별폭(別幅)

첩금소병풍(貼金小屛風) 2쌍, 채화괘연(彩畵掛硯) 1개, 수랍중명완(粹鑞中茗盌) 20개, 채화대층갑(彩畵大層匣) 1비(備), 채화무부대원분(彩畵無跌大圓盆) 10매, 적동명로(赤銅茗爐) 1위(圍). 계(計).

덴메이 8년 무신 8월 일

쓰시마 주 태수 다이라노 요시카쓰

일본 쓰시마 주 태수 다이라노 요시카쓰가 조선 동래·부산 두 영공(令公) 합하께 글을 바칩니다. 바야흐로 이 계절에 두 분의 체후가 모두 다복하실 것을 멀리서 생각하니 위로되는 마음 참으로 깊습니다. 다름이 아니라 우리나라에 큰 경사가 있으니, 귀국의 통빙(通聘)을, 구장(舊章)에 따라 머지 않아 사신을 동쪽으로 보내려고 생각하실 것입니다. 그러나 본방(本邦)은 해마다 흉년이 들어서 민폐(民弊)를 버티기 어렵습니다. 조의(朝議)는 우선 내빙 시기를 연기하기를 원합니다. 이제 정관(正官) 평창왕(平暢往), 도선주(都船主) 평창형(平暢亨)을 파견해서 서계를 남궁(南宮: 예조의 별칭)에 바치게 했으니, 부디 즉시 전달해 주시기 바랍니다. 나머지는 사자(使者)들의 구술(口述)을 용납하시기 바랍니다. 보잘 것 없는 예물을 함께 보내니 부디 한번 비웃고 받아 주시기 바랍니다. 이만 줄입니다.

덴메이 8년 무신 8월

쓰시마 주 태수 다이라노 요시카쓰

별폭(동래)

채화유부반반(彩畵有趺飯盤) 10매, 적칠무부대원분(赤漆無趺大圓盆) 30매, 문지(紋紙) 400근, 주간연기(朱竿煙器) 20악(握), 적동명로(赤銅茗爐) 1위(圍), 적동대약관(赤銅大藥罐) 6개. 계(計).

덴메이 8년 무신 8월 일

쓰시마 주 태수 다이라노 요시카쓰

별폭(부산)

수정립서(水晶笠緒) 1결(結), 채화오촌렴경(彩畵五寸奩鏡) 2면(面), 흑칠중층갑(黑漆中層匣) 1비(備), 적동대약관(赤銅大藥罐) 3개, 문지(紋紙) 500근. 계(計).

덴메이 8년 무신 8월 일

쓰시마 주 태수 다이라노 요시카쓰

11 『通信使草謄錄』, 正祖 戊申年 11月 6日.

12 『通信使草謄錄』, 正祖 戊申年 11月 6日; 『通航一覽』33권, 「朝鮮國部九」.

13 『通信使草謄錄』, 正祖 己酉年 2月 15日.

14 『正祖實錄』27권, 正祖 13年 2月 辛丑; 『日省錄』, 正祖 290권, 己酉年 2月 14日; 『通信使草謄錄』, 正祖 己酉年 2月 15日.

15 『通信使草謄錄』, 正祖 己酉年 2月 24日.

16 『通信使草謄錄』, 正祖 己酉年 3月 7日.

17 『本邦朝鮮往復書』86권, "天明八年遣朝鮮國規外書"; 『同文彙考(附編續)』, 「通信一」; 『通信使草謄錄』, 正祖 己酉年 3月 7日.

또한 예조참의·동래·부산의 회답서계와 별폭은 다음과 같다(이하 동일한 예에 따르므로 예조참의 이하의 서계는 생략한다.).

조선 예조참의 김이정(金履正)이 일본 쓰시마 주 태수 다이라 공(平公) 합하께 회신을 보냅니다. 사절이 멀리서 와서 보내신 서한을 받고, 흥거(興居) 충적(沖迪)하심을 알게 되었으니 위로되고 윤택한 마음 참으로 깊습니다. 이에 귀 다이쿤(大君)께서 전서사복(傳序嗣服: 전서(傳序)는 죽은 아비의 유물을 물려받는 것이고, 사복(嗣服)은 선대의 위업이나 왕위를 계승한다는 뜻)해서 오랜 홍서(洪緖)를 더욱 공고히 하셨다고 들었습니다. 인호(隣好)에 있어 축하사절을 보내야 하지만, 귀국이 흉년의 민폐(民弊)를 깊이 진념(軫念)해서 기한 연기를 통보해 오셨습니다. 이미 조정에 전달했으니, 신사(信使)의 장래 행차 시기는 응당 뒷날의 지시를 기다려야 할 것입니다. 진귀한 예물에서 더욱 후의를 볼 수 있었습니다. 보잘 것 없는 예물로 애오라지 작은 정성을 표하니 부디 살피시기 바랍니다. 이만 줄입니다.

기유년 2월 일

예조참의 김이정

별폭(別幅)

인삼(人蔘) 2근, 호피(虎皮) 1장, 표피(豹皮) 1장, 백저포(白苧布) 7필, 백면주(白綿紬) 7필, 흑마포(黑麻布) 5필, 백목면(白木綿) 20필, 화석(花席) 5장, 사장부유둔(四張付油芚) 2부(部), 황모필(黃毛筆)

30병(柄), 진묵(眞墨) 30홀(笏). 제(際).

기유년 2월 일
예조참의 김이정

조선 동래부사 김이희(金履禧)가 일본 쓰시마 주 태수 다이라 공 합하께 회신합니다.

이에 보내 주신 서한을 받고서 기거 충적(沖迪)하심을 알게 되었으니 참으로 위안되고 상쾌합니다. 이에 귀 다이쿤께서 사복(嗣服)해서 더욱 빛을 내신다고 들었으니, 어찌 기쁘고 축하하는 마음이 다 하겠습니까? 신사 행차 시기의 연기는 이미 남궁(南宮)에 전달했습니다. 진귀한 예물들은 대단히 감사합니다. 보잘 것 없는 예물로 공경하는 마음을 표하니, 부디 살피시기 바랍니다. 이만 줄입니다.

기유년 2월 일
동래부사 김이희

별폭(別幅)

백면주(白綿紬) 5필, 백저포(白苧布) 5필, 흑마포(黑麻布) 3필, 백목면(白木綿) 10필, 화석(花席) 3장, 사장부유둔(四張付油芚) 1부(部), 황모필(黃毛筆) 20병(柄), 진묵(眞墨) 20홀(笏). 제(際).

기유년 2월 일
동래부사 김이희

조선 부산첨사 조택진(趙宅鎭)이 일본 쓰시마 주 태수 다이라 공 합하께 회신합니다.

사신 편으로 보내신 서한을 받고서 기거 진적(珍迪)하심을 알게 되었으니 한량없이 위로가 됩니다. 이에 귀 다이쿤께서 새로 비기(조기: 왕업)를 계승하신 것을 들었으니, 기쁜 마음이 어찌 다하겠습니까? 신사 행차 시기의 연기는 남궁의 회신에 상세히 적혀 있습니다. 보내신 귀한 물건들은 공경히 받았습니다. 보잘 것 없는 예물로 마음을 표하니, 부디 살피시기 바랍니다. 이만 줄입니다.

기유년 2월 일
부산첨사 조택진(별폭의 물품 목록은 동래부사와 동일)

18 『淨元院實錄』 상권; 『通航一覽』 33권, 「朝鮮國部九」.

타이슈 빙례(聘禮) 거행의 교섭

　통신사 내빙 연기는 타이슈 번 가로(家老) 후루카와 즈쇼 등의 노력으로 간세이 원년 [정조 기유(己酉)] 3월에 조선의 동의를 얻었다. 그런데 마쓰다이라 엣추노카미는 다시 한 걸음 더 나가 통신사의 에도 내빙을 중단하고, 타이슈에서 예빙을 거행할 것을 — 이른 바 역지행빙(易地行聘) — 궁리하고 있었다. 이는 통신사제도의 일대 변혁일 뿐만 아니라, 타이슈 번의 이해(利害)에도 매우 큰 관계가 있었으므로 단순히 막부의 입장만 고려해서 강제하기는 어려웠다. 그런데 다행히 당시 타이슈 번의 인심도 막부의 방침에 우호적으로 변화하고 있었다.

　당시 타이슈 번의 중신(重臣)[1] 중에 오모리 시게에몬(大森繁右衛門)^{노리히사(功久)}이라는 사람이 있었다. 원래 다카조(鷹匠)[2] 출신이지만, 뛰어난 정치적 수완 덕분에 갑자기 등용돼서 마침내 갓테카타(勝手方)[3] 겸 군시하이사야쿠(郡支配佐役)로 영진(榮進)했다. 간세이 2년 6월 13일, 번주 소 요시카쓰의 습직(襲職) 후 첫 알현에서는 히라타 하야토, 후루카와 사에몬[구로도(藏人)]과 함께 가로(家老)의 자격으로 쇼군 알현을 허락받고, 다치(太刀)[4]와 바다이(馬代)[5]를 헌상하는 영광을 입었다. 오모리는 일찍부터 스기무라 나오키를 대신해서 번정(藩政)의 실권을 장악하려는 야심이 있었다. 그는 스기무라가 다누마 도노모노카미(田沼主殿頭)와 결탁해서 성공한 것을 모방해서 마쓰다이라 엣추노카미의 세력에 기대서 목적을 달성하고자 했다. 마침 엣추노카미가 통신사제도를 개혁하려는 의견을 갖고 있는 것을 본 오모리는, 자기가 먼저 그에게 접근해서 여러 가지 진언을 했다.

---

1) 중신(重臣): 막부나 다이묘 가문의 중요한 신하로 로주(老中)·와카도시요리(若年寄)·가로(家老) 등이 이에 해당한다.
2) 다카조(鷹匠): 에도시대 막부나 다이묘 등의 전속 매[鷹] 훈련사
3) 갓테카타(勝手方): 간조부교(勘定奉行)나 와카도시요리(若年寄) 가운데 재정을 담당하는 직분
4) 다치(太刀): 일본도 중에서 길이가 2척 이상 되는 장검
5) 바다이(馬代): 무가(武家) 사이에 말 대신 바치는 금은(金銀)

스기무라 나오키가 통신사의 즉각적인 에도 내빙을 주장한 것은 타이슈 번의 이익의 관점에서 계산한 것이었는데, 오모리 시게에몬이 통신사 빙례를 타이슈에서 거행해야 한다고 주장한 것 또한 마찬가지로 타이슈 번의 이익을 고려한 데서 나왔다. 대체로 오모리 시게에몬의 의도는, 막부의 방침에 따라 역지행빙을 실행함과 동시에 그 보상으로 막대한 보조금을 받아서 ─ 차라리 가소(加增)[6]를 희망했다. ─ 타이슈 번정을 근본적으로 개혁하는 데 있었다. 이러한 점에서 본다면 스기무라와 오모리 두 가로(家老)의 최종적인 목적은 똑같이 타이슈 번의 구제에 있었다. 하지만 그 입장이 상반된 데다가 한 명은 세습 명족(名族)이고 다른 한 명은 미천한 신분에서 자수성가한 인물로서 감정적 충돌까지 더해져서, 이후 타이슈 번은 스기(杉)·모리(森) 2개 파로 분열되어 오랫동안 번(藩) 내부에 당쟁의 화근을 남겼다.[1]

이리하여 마쓰다이라 엣추노카미는 타이슈 번을 완전히 자기의 지배하에 두고 난 후, 마침내 역지행빙 문제를 표면화했다. 즉, 간세이 3년[정조 신해(辛亥)] 5월 3일에 타이슈 번의 가로(家老) 히라타 마타자에몬(平田又左衛門)[조칸(暢寬)]과 오모리 시게에몬을 자신의 관저로 불러서 통신사 빙례의 타이슈 거행에 관해 정식으로 조선과 교섭할 것을 명령했다. 그 대요는 다음과 같다. "예전에 조선과 통신사 연기를 약속했는데, 세월이 흘러서 이제 곧 그 기한이 되려고 한다. 그런데 근래 천재지변이 계속돼서 상하가 곤핍(困乏)하다. 올해는 마침 풍년을 맞이했지만 아직 요익(饒益)[7]에는 부족하다. 내빙 건을 생각해 보건대, 이 한 가지 대사(大事)는 관계되는 바가 가볍지 않으므로 정부로 하여금 내빙 문제를 다시 의논하게 하신 것이다. 타이슈노카미(對馬守)도 이 뜻을 잘 이해해서 피아 양국 사이에서 적절히 알선하여 우리의 성의(誠意)를 저 나라에 이해시켜야 하리라."[2]

마쓰다이라 엣추노카미는 히라타, 오모리 두 가쿠로(閣老)에게 역지행빙의 교섭 개시를 명하면서도, 통신사 연기 때처럼 이번 교섭에서 쉽게 조선의 수락을 얻을 것으로는 예상하지 않았다. 따라서 역지행빙의 이유가 정당하며, 이는 막부의 특명에서 나온 것으로 타이슈 번의 독단이 아니라는 점을 조선 당국에 설명하기 위해 많은 고려를 한 것으로 보인다. 이를 위해 대차사서계안(大差使書契案) 이외에 대차사(大差使) 고조오보에(口上覺)[8] 한역(漢譯)[사자구점(使者口占)[9]], 소(宗) 쓰시마노카미(對馬守)에게 내리는 명령

---

6) 가소(加增): 영지나 녹봉을 더해 주는 일
7) 요익(饒益): 여러 사람들에게 널리 이익을 베풂
8) 고조오보에(口上覺): 중요한 사항을 잊지 않기 위해 기록해 두는 것을 각(覺), 또는 각서(覺書)라고 하는데, 그중에서도 사자(使者) 또는 당사자가 상대에게 보이지 않으려고 따로 기록해 둔 것을 고조오보에(口上覺)라고 한

[영대마수서초(令對馬守書草)], 그리고 「의조선빙사요저대마준례사상(議朝鮮聘使邀諸對馬竣禮事狀)」이라고 제목 붙인 방대한 한문 논책(論策)을 하달했다. 이 논책은 마쓰다이라 옛 추노카미를 비롯하여 도리이 단바노카미(鳥居丹波守)^{다다오키(忠意)}, 마쓰다이라 이즈노카미(松平伊豆守)^{노부아키라(信明)}, 마쓰다이라 이즈미노카미(松平和泉守)^{노리히로(乘寬)}, 도다 우네메노카미(戶田采如正)^{우지노리(氏教)}, 혼다 단조다이히쓰(本多彈正大弼)^{다다카즈(忠籌)}의 여섯 가쿠로가 연명으로 통신사 역지행빙이 단순히 재정상의 이유에서만이 아니라 이론적으로도 정당한 사유가 있음을 논증하는 것이었다. 이들 문건을 모두 한문으로 쓴 것만 봐도 대차사를 통해 조선의 관계관원에게 제시하려는 의도였다는 것을 알 수 있다.[3]

예전에 이미 내빙(來聘) 연기를 수락받았습니다. 이후 정부는 칙지(勅旨)를 받들어 다시 의논했는데, "통빙(通聘)은 본래 용이한 일이 아니니, 피차 번극(煩劇)[10]과 비용의 심함을 어찌 말할 것이 있겠는가? 게다가 혹시라도 또 흉년이 들어서 다시 연기를 통고한다면 아마도 양국 결호(結好)의 본의를 잃을 것이다. 요컨대 오래 지속될 수 있는 방법은 간이(簡易)하게 하는 것이 최선이다. 따라서 지금부터 매년 귀국 사신이 올 때마다 우리 쓰시마 주에서 맞이하고 접대해서 빙사(聘事)를 마칠 것이다. 그 의도는 다른 것이 아니라, 아마도 교통(交通)할 때 간이하게 하는 데 힘쓰고, 때에 맞게 예를 행할 것을 서로 약속해서, 영구히 일정한 제도로 만들어야 인교(隣交)가 오래될수록 더욱 견고해질 것이기 때문이다."라고 했습니다. 이에 저에게 특명하시어 자세히 알리게 하셨습니다. 이에 정관(正官) 아무개, 도선주(都船主) 아무개를 파견해서 이러한 뜻을 대신 전달하오니 부디 자세히 살피시기 바랍니다. 조정에 잘 아뢰셔서 속히 승낙을 얻게 하신다면 더없이 다행이겠습니다.

우참판(右參判)

사자구점(使者口占)

하나, 이번의 일은 정례적인 사신이 간략하게 품백(稟白)하면, 오히려 변혁한 것 때문에 의아심을 일으킬까 우려하셨습니다. 그러므로 과군(寡君)께서는 특별히 정부에 청해서 의장(議狀)을 등서해서 함께 바치게 하신 것입니다. 부디 이러한 뜻을 양찰해서 속히 귀조정에 진달하고, 상확(商確)해서 승낙을 얻게 하신다면 매우 다행이겠습니다.

다. 참고로 말로 설명한 것을 다시 기록해서 상대에게 전달하는 것을 고조쇼(口上書)라고 한다.

9) 구점(口占): 원고를 준비하지 않고 용건을 구두로 전달하는 일

10) 번극(煩劇): 번거로운 사무

하나, 이번의 일은 얼핏 들으면 혹시 의아할 수도 있으나, 자세히 따져 보면 참으로 구차한 일이 아닙니다. 이제 명량(明良)[11]한 때를 맞이하여 모든 정술(政術)이 오직 정고(貞固)[12]함을 근간으로 삼아 과장된 것을 배척하고 순박한 것을 숭상해서, 참으로 상하를 평안케 하여 이로써 장구(長久)한 계책을 도모하고 있으니, 지금 이 논의 또한 여기서 벗어나지 않습니다. 부디 귀국 또한 이러한 마음을 체인(體認)해서 영원토록 변치 않는 인맹(隣盟)을 보전하기를 바랄 뿐입니다.

하나, 폐읍(弊邑)은 사실상 양국의 교제를 담당하고 있습니다. 오로지 성신(誠信)에 힘쓸 뿐이니, 만약 혹시라도 억지로 막아서 뜻이 통하지 않거나, 고식책으로 일이 구차하게 이뤄지는 것은 모두 본의를 잃는 것입니다. 이번의 일은 양측이 협화(協和)해서 함께 장구한 계책을 이루길 간절히 바랍니다.

하나, 이번에 대례(大禮)를 고친 이후에 그중에서 의식(儀式)을 품절(品節)[13]에 맞게 편의대로 고치는 것이 있을 것입니다. 따라서 전체적으로 의정한 후, 짧은 시일 내 피차 문의해서 일일이 약정해야 양편지의(兩便之意)를 잃지 않을 것입니다.[4]

오모리 시게에몬이 막부의 명령을 받아서 7월 21일에 복귀했으므로, 타이슈 번에서는 오모리를 중심으로 다시 협의를 거듭했다. 당시 번(藩) 내에는 '역지행빙은 간단치 않은 일대 사건이다. 갑자기 대차(大差)를 파견했다가 조선이 조약 위반을 이유로 굳게 거절하면 타이슈 번은 진퇴양난에 빠질 우려가 있다. 먼저 간사재판(幹事裁判)을 파견해서 예비교섭을 시도하고, 그 결과에 따라 조처해야 한다.'는 논의가 다수였지만, 오모리 등은 '이번 막부의 명령은 매우 엄중해서 한갓 지연만 하다가 만약 성사되지 않으면 반드시 헤아릴 수 없는 큰 죄를 받을 것이다.'라고 생각해서, 이 주장에 반대하는 자들을 모두 파면하고, 막부의 명령대로 곧바로 대차사를 파견하기로 확정했다고 한다.[5]

간세이 3년 7월, 통신사의정대차사(通信使議定大差使)[의빙참판사(議聘參判使)] 정관(正官)에 히라타 하야토[평창상(平暢常)], 도선주(都船主)에 시게타 도이노스케(重田土肥之介)[귤정일(橘政一), 후에 후쿠시마 사쿠베(福島作兵衛, 平正良)로 교체], 봉진압물(封進押物)에 아비류 소시로(阿比留惣四郎)[후에 하야카와 조스케(早川恕介)로 교체]를 임명해서 서계 및 예물과 함께 파견했다. 서계의 내용은 막부에서 내려보낸 문안 그대로였으며, 단지 계절인사를 덧붙인

---

11) 명량(明良): 현명한 군주와 충량(忠良)한 신하가 정치를 펼침
12) 정고(貞固): 정도(正道)를 굳게 지켜서 변하지 않음
13) 품절(品節): 등급(等級)

것에 불과했다. 단, 「의조선빙사요저대마준례사상(議朝鮮聘使邀諸對馬竣禮事狀)」과 「사자구점(使者口占)」은 반드시 타이슈 번의 이해(利害)와 일치하지는 않았으므로 그 전달은 보류했던 것 같다.[6]

통신사의정대차사 일행은 간세이 3년 12월에 부산에 도착했다. 이들은 곧장 왜관관수 오가와 누이도노스케(小川縫殿助)[귤덕구(橘德久)]와 협의한 후, 왜학훈도 김덕연, 별차 최국정에게 왜관 방문을 청해서 서계 등본을 제시하며 자신들의 임무를 설명하고 선례에 따른 접대를 요구했다.

"무신년○덴메이(天明) 8년에 마땅히 신사(信使) 내빙을 청했어야 하나, 폐방(弊邦)이 마침 흉년을 당하고 또 실화(失火)가 있어서 싸그리 사라져 접대의절을 시행할 방도가 없었습니다. 그러므로 기한을 늦추고 싶다는 뜻을 일전에 자세히 고하여 이미 내빙 연기의 처분을 받은 것입니다. 따라서 마땅히 풍년을 기다렸다가 내빙을 청하기에도 겨를이 없어야 할 것이오나, 내빙을 청하는 일은 본래 용이한 것이 아니요, 또 번극(煩劇)하고 비용이 많이 듭니다. 그런데 불행히도 연달아 흉년을 당해서, 갑자기 경기(經紀)[14]하기 어려워서 다시 기한 연기를 통고한다면, 예의(禮意)[15]를 오래 표시하지 못해서 아마도 인호(隣好)를 잃을 것입니다. 따라서 지금의 계책으로는 간편하게 하는 것이 제일입니다. 이제부터 신사가 에도에 들어가지 않고 본주(本州)○쓰시마(對馬)에서 전명(傳命)한다면, 통빙(通聘)할 때 비단 비용을 절약할 뿐 아니라 아마도 제때 일정하게 예를 행할 수 있을 것입니다. 이러한 뜻을 대차사(大差使)를 별도로 파견해서 귀국에 성실히 통보하고, 일정한 제도를 약속하라고 또 에도에서 폐도(敝島) 폐수(敝守)에게 분부가 있었습니다. 그러므로 서계를 수찬(修撰)해서 저희를 파견하신 것입니다."라고 하므로 ······.[7]

조선 정부의 입장에서는 통신사 문제는 간세이 원년 3월의 연기로 일단락되었으며, 앞으로 일본에 풍년이 들기를 기다렸다가 그 요청에 따라 통신사를 파견할 것으로 예상하고 있었다. 따라서 이번에 통신사청래대차사(通信使請來大差使)가 아닌 의정대차사(議定大差使)가 온다는 소식을 듣고는 이를 이해할 수 없는 일로 보고, 대차사가 도착하기 1개월 전인 간세이 3년 11월 13일에 대차선문사(大差先問使)[선문지래두왜(先文持來頭倭)]가 도착하자마자 바로 관수(館守) 오가와 누이도노스케를 꾸짖었다. 하지만 관수는 단순히

---

14) 경기(經紀): 어떤 일을 조직적으로 계획해서 처리함
15) 예의(禮意): 예를 통해서 드러나는 공경의 마음

의정대차사를 파견한다는 구두 전달만 받았고, 그 사명(使命)에 대해서는 전혀 모른다고 말할 뿐이어서 전혀 요령부득이었다. 이에 동래부사 류형(柳炯)은 "이른바 의빙대차왜(議聘大差倭) 선문두왜(先文頭倭)가 이미 나왔으니 그 의논할 일을 관수왜(館守倭)가 필시 모를 리가 없거늘, 끝내 분명히 밝히지 않으니 따져 보면 그 정태(情態)가 극히 오출(汚黜)[16]합니다. 무신년에 저 나라의 실화(失火)와 흉작으로 별도로 차왜(差倭)를 파견해서 신사(信使)의 파견 연기를 청한 것이 이미 규외(規外)였는데, 그럼에도 불구하고 조가(朝家)에서 특별히 유원(柔遠)의 성의(盛意)로 그렇게 하도록 허락해 준 것입니다. 그렇다면 조만간 신사청래(信使請來) 등의 절목을 마땅히 선례에 따라 거행해야 하며, 별도로 사개(使价)를 보내서 의정(議定)할 일이 없는 것입니다. 그런데도 이제 또 교활하게 의빙(議聘)을 명목으로 감히 규외차왜(規外差倭)를 보낼 계책을 꾸미는 것은 사체(事體)로 헤아려 보건대 만만부당합니다. 그러므로 선문두왜(先文頭倭)는 즉시 돌려보내고 대차왜(大差倭)는 절대 보내지 말라는 뜻으로 훈별(訓別)○훈도와 별차에게 엄칙(嚴飭)해서, 각각 관수왜(館守倭)에게 따로 책유(責諭)하게 했습니다."라고 장계를 올렸다. 의정부 좌의정 채제공(蔡濟恭)도 같은 의견이었으므로, 국왕에게 아뢰고 통신사의정대차사 척퇴(斥退)의 재가를 받았다.[8]

동래부사가 아무리 강경한 의견이더라도, 사명(使命)의 내용이 아직 판명되지 않은 통신사의정대차사를 단순히 선문사(先問使)의 통고만 갖고 막는 것은 사실상 불가능했다. 하지만 조선 정부와 그 지방관원들이 이미 통신사 문제에 관해서는, 몇 년간 연기하는 것을 제외하고는 모든 교섭을 거부하는 태도를 갖고 있었던 것은 미리 염두에 두어야 한다.

통신사의정대차사 정관 히라타 하야토, 도선주 시게타 도이노스케 등은 동래부사 류형이 이러한 의견을 갖고 있다는 것은 전혀 예상하지 못하고 도착하자마자 훈도, 별차에게 접대를 요구했으므로, 훈도와 별차는 당연히 처음부터 난색을 표시했다. 훈도, 별차는 정관, 도선주, 관수 등의 설명을 듣고 난 후, "지난 덴메이 8년 무신년 통신사청퇴대차사가 도착했을 때, 그것이 규외(規外)였음에도 불구하고 조정에서는 특별히 그들을 접대하고 통신사 파견의 연기를 수락했다. 그런데 쓰시마에서 또 새로 명목을 지어내서 규외차사(規外差使)를 자주 보내는 것은, 조정의 관대함을 이용해서 접대물품을 탐하는

---

16) 오출(汚黜): 미상. 문맥상 오자가 의심되나 상고하기 어려워 일단 원문대로 옮겼다.

뜻이 없지 않다."라고 힐난하고, 다시, "신사가 에도에 가서 전명(傳命)하는 것이 양국 간에 얼마나 중대한 일이며, 또 바꿀 수 없는 예(禮)이거늘, 비용을 절감한다는 핑계로 갑자기 쓰시마에서 전명할 것을 청하는 것은 무슨 도리이며, 무슨 예제(禮制)인가? 사체(事體)를 존중하는 도(道)에 있어 절대로 감히 이처럼 예에서 어긋난 말로 조정을 번거롭게 해서는 안 된다."라고 주장하며 서계 등본의 진달을 거부하고, 또 대차사 원역(員役)의 왜관 퇴거를 요구했다. 정관 등은, '역지행빙은 결코 조약을 무시하거나 통신사의 예제(禮制)를 멸시하는 것이 아니다. 오직 일본이 근년에 조잔(凋殘)[17]이 심해서 선례에 따라 영접을 거행할 여력이 없으니 어쩔 수 없이 간이(簡易)하게 하는 데 힘쓰는 것'이라고 해명하고, 속히 서계와 예물을 봉납(捧納)해 줄 것을 간청했다.

훈도, 별차의 보고를 접한 동래부사 류형은 지난번 선문사(先問使)가 나왔을 때와 마찬가지로 '통신사의정대차사 그 자체가 규외(規外)라서 물리치는 것만은 아니다. 그 사명(使命)의 내용으로 봐도 통신사가 국서를 받들고 에도에 들어가서 직접 간바쿠(關白)에게 전달하는 것은 약조에 명기된 바이니, 단순히 경비 절감이나 흉년을 이유로 이를 변혁하는 것은 사체(事體)를 존중하고 약조를 엄수하는 도리가 아니다.'라는 의견을 갖고 있었지만, 대차사는 에도 정부의 명으로 나왔기 때문에 자신의 권한으로는 결정하기 어려웠다. 이에 예조에 보내는 서계 등본을 진달하면서 동시에 대차사를 물리쳐야 한다는 의견을 장계로 아뢰었다.

동래부사의 장계는 12월 21일에 조정에 도착했다. 국왕은 바로 비변사에 내려보내서 품처(稟處)하게 했다. 비변사에서는 덴메이(天明) 8년의 통신사청퇴대차사조차 규외라서 물리쳐야 한다는 의견이었으므로, 이번 통신사의정대차사 같은 것은 거의 문제시되지도 않았다. 12월 25일에 좌의정 채제공은, "의빙(議聘) 두 글자는 실로 일찍이 없었던 것입니다. 왜(倭)의 교활한 실정이 참으로 몹시 악독합니다."라는 이유로 동래부사의 장계대로 훈도와 별차를 독려해서 의정대차(議定大差)를 속히 척퇴(斥退)해야 한다고 아뢰고, 국왕의 재가를 얻은 후 비변사 관문(關文)으로 동래부사에게 명령했다.[9]

이처럼 조선에서는 통신사 역지행빙을 무조건 거부했고, 이로 인해 타이슈 번은 조선과 막부의 중간에서 한때 진퇴양난의 처지에 빠졌다. 통신사의정대차사 정관 히라타 하야토와 도선주 시게타 도이노스케 등은 관수 오가와 누이도노스케 등과 협의한 후, 동

---

17) 조잔(凋殘): 잎이나 꽃이 말라서 떨어짐. 쇠락(衰落)

래부사의 퇴거 요구에 불응하고 왜관에 머물면서 훈도와 별차의 양해를 구해 무언가 타협점을 찾으려고 계속 노력했다.

타이슈 번에서도 통신사 역지행빙 교섭이 지난번 연기 교섭처럼 원활하게 진행될 것으로는 예상하지 않았다. 따라서 통신사의정대차사의 보고를 받고서도 그다지 전도를 비관하지 않았다. 오히려 히라타 하야토 등의 타협 시도에 기대를 걸었던 듯, 막부에 비공식적으로 '역지행빙에 관해서는 조선에서도 원칙적으로 동의했지만, 그 나라 정부 내에 찬반양론이 있어서 급히 확정할 수 없는 사정이 있다.'고 보고했다. 막부에서도 이를 양해해서, 처음 역지행빙 교섭을 명령하고 1년이 지난 간세이 4년 8월 13일에 마쓰다이라 엣추노카미는 타이슈 번 에도즈메가로(江戶詰家老) 히라타 마타자에몬을 관저로 불러서 번주(藩主)에게 보내는 호쇼(奉書)[18]를 전달하고, 역지행빙의 시기는 굳이 다툴 일이 아니며 조선에게 우리의 참뜻을 소재를 충분히 이해시켜서 양국 국교를 영원히 확립하는 것을 요체로 하라고 명령했다.[10]

역지행빙은 타이슈 번의 낙관과 달리, 대차사가 건너간 지 이미 1년이 다 되어 가는데도 교섭은 여전히 중단된 상태였다. 타이슈 번 수뇌부도 마침내 당황한 기색을 보였고, 이 일의 책임자인 오모리 시게에몬은 국면을 타개하기 위해 부심했다.

이보다 앞서 타이슈 번에서는 공사무역(公私貿易)이 중단되고, 특히 조선에서 들어와야 할 공목(公木)·공작미(公作米)를 비롯한 물화(物貨)가 크게 정체된 데다가 ─ 타이슈 번에서는 그 이유를 역지행빙 교섭 때문에 조선의 감정을 해친 것에서 찾았다. ─ 영내에서 풍수해 등이 발생해서 사민(士民)이 먹을 쌀을 확보하기도 어려워졌다. 간세이 5년 정월 12일에 오모리 시게에몬은 막부로 가서 마쓰다이라 엣추노카미를 알현하고, 번(藩) 내의 궁핍한 사정을 소상히 설명하면서 구제를 청원했다. 엣추노카미도 타이슈 번의 곤궁의 주된 원인이 역지행빙에 있다고 들었으므로 이를 묵시할 수 없어서 2월 1일에 늠미(廩米)[19] 1만 석을 대부하라는 지령을 내렸다.[11]

물론 오모리 시게에몬이 에도로 올라간 이유는 번민(藩民)의 구제를 청원하기 위한 것만은 아니었다. 그는 통신사의정대차사가 건너간 이래의 교섭경과를 상세히 보고하고, 그 전도는 조금도 비관할 필요가 없으며 또 역지행빙은 국가재정상 어떤 어려움을 무릅쓰고서라도 반드시 성사시켜야 한다고 역설했다. 엣추노카미도 이 말을 수긍해서, 오모

---

18) 호쇼(奉書): 쇼군의 명령을 전달하는 문서
19) 늠미(廩米): 관청에서 저장했다가 필요할 때 백성들에게 나눠 주는 쌀

리 자신이 조선에 건너가서 히라타 하야토를 도와 국면의 전개를 시도하라고 명했다.

　이미 히라타 하야토가 통신사의정대차사 정관으로 왜관에 머물고 있는 이상, 그를 소환해서 오모리로 교체하는 일은 불가능했다. 그런데 마침 간세이 4년 7월에 쇼군 세자 다케치요(竹千代)가 탄생해서 선례에 따라 고경대차사(告慶大差使)^{경탄참판사(慶誕參判使)·관백생자} ^{고경대차(關白生子告慶大差)}를 보내야 했다. 오모리 시게에몬[귤공구(橘功久)]은 스스로 고경대차사 정관을 맡아서, 도선주 후쿠시마 사쿠베[평정량(平正良)]와 함께 간세이 5년[정조 계축(癸丑)] 7월에 조선에 건너가 동래부사 윤필병(尹弼秉)에게 연향을 받고 서계와 예물의 전달을 마쳤다. 고경대차(告慶大差)는 선례에 따른 것이었으므로 이 접대는 문제없이 거행됐다. 하지만 오모리는 임무가 끝난 뒤에도 계속 왜관에 머물면서 히라타 하야토, 관수 도다 다노모^{노부아키(暢明)}와 함께 여러 차례 훈도 김덕순(金德淳), 별차 최창겸(崔昌謙)을 만나 역지행빙에 관해 타협점을 찾으려고 부심했다. 오모리는 역지행빙이 조선의 입장에서도 경비를 크게 절감할 수 있다는 것, 타이슈에서 빙례를 거행하더라도 에도에 들어갈 때에 비해 통신사의 예제(禮制)는 조금도 생략하지 않으며 쇼군의 대리로 가쿠로(閣老)가 직접 타이슈에 출장한다는 것 등을 상세히 설명했을 것이다.¹²

　훈도 김덕순과 별차 최창겸은 오모리 시게에몬의 권유를 받고서도 여전히 예전의 말을 고집했다. 또한 오모리의 주장을 실제로 동래부사가 확실히 이해했는지도 의심스러웠다. 따라서 오모리는 부득이 부사 윤필병과 훈도의 임소(任所)²⁰⁾인 성신당(誠信堂)에서 비밀리에 회견하려고 했지만 병 때문에 실현되지 않았다고 한다. 이는 오모리 자신의 말인데, 뒷날 분카(文化) 4년 9월에 타이슈 번 루스이(留守居) 고지마 우자에몬(小島宇左衛門)^{히사미치(久通)}이 조센고요가카리(朝鮮御用掛) 지샤부교(寺社奉行) 와키사카(脇坂) 나카쓰카사다이후(中務大輔)^{야스타다(安董)}에게 제출한 보고서에 다음과 같은 구절이 보인다.

　　그런데 또 이미 의빙사(議聘使)를 보낸 상황에서, 분부대로 고쿄인(孝恭院) 님^{○다케치요(竹千代)}의 경사스러운 탄생을 저 나라에 고하는 참판사(參判使)에 오모리 시게에몬을 임명했습니다. 의빙사(議聘使)에 관해서도 시게에몬이 교섭해 보았는데, 그때 동래부사가^{○윤필병} 내밀히 사카노시타(坂之下)^{○성신당의 속칭}라는 곳에서 직접 만나고 싶다는 뜻을 제의해 왔습니다. 그 날짜까지 정했는데, 시게에몬에게 구사일생(九死一生)의 큰 병이 생기는 바람에 어쩔 수 없이 대면하지 못하고 귀국했습니다.^{○상략, 하략}

---

20) 임소(任所): 지방관원의 집무장소

원래 동래부사가 차사(差使)나 관수(館守)와 만나는 것은 동래부아(東萊府衙)에서의 숙배(肅拜)나 왜관에서의 연향과 같은 의식에 한하며, 공무는 모두 훈도와 별차에게 위임하고 부사 자신이 나서는 경우는 절대 없었다. 앞에서 인용한 기사의 주석에도 "단, 동래부사가 사카노시타(坂之下) 등에서 쓰시마노카미(對馬守)의 야쿠닌(役人)과 직접 대화하는 것은 통교(通交) 이래로 없었던 일이라고 들었습니다."라는 구절이 있는 것을 보면, 타이슈 번리(藩吏)조차도 오모리의 말을 사실로 듣지 않았음을 알 수 있다. 오모리 시게에몬이 고경대차사의 임무가 끝났는데도 귀국하지 않고 히라타 하야토, 도다 다노모와 함께 분주했던 것은 『통신사등록(通信使謄錄)』에서도 확인되는 틀림없는 사실이지만, 그의 사명(使命)도 결국 실패로 돌아가서 막부와 타이슈 번청(藩廳)의 기대를 크게 저버렸으므로 궁여지책으로 부사와의 회견이라는 장면을 고안해 내고, 마치 질병 때문에 성사되지 않은 것처럼 핑계를 댔던 것으로 이해된다.[13]

오모리 시게에몬의 수완으로도 조선 정부의 기정방침을 바꿀 수 없다는 것이 판명된 이상, 역지행빙 교섭은 이제 단념해야 했다. 통신사의정대차사[21] 정관 히라타 하야토는 오모리 시게에몬, 관수 도다 다노모 등과 신중히 협의해서 타이슈 번에 청훈(請訓)한 후, 마침내 최후수단을 취하기로 했다. 즉, 역지행빙의 거부는 어쩔 수 없더라도, 자신이 가져온 예조참판·참의, 동래·부산에 보내는 서계만은 수리해서 적당한 회답을 내려 줄 것을[타이슈의 요구를 거절할 때는 서계만 받고 예물은 거부하는 것이 통례였다.] 요청하기로 결정하고, 간세이 5년[정조 계축(癸丑)] 12월에 훈도 김덕순, 별차 최창겸에게 공문을 전달하고 동래부사에게 진달해 줄 것을 간청했다.

> 의빙서계(議聘書契)를 즉시 정납(呈納)하지 못해서 회답을 받지 못한 채 돌아간다면, 비단 저희가 득죄(得罪)할 뿐만이 아니요, 실로 주주(州主)께서도 도부(東武)로부터 어떤 견책을 받을지 알 수 없습니다. 오로지 서계를 정납하기만을 바라오니, 조정 공의(公議)의 처분에 따라 회답을 받아 속히 돌아가게 해 주시기를 희망합니다. 만일 사자(使者)를 허접(許接)하기를 원치 않으신다면, 단지 회답서계라도 내려 주시면 매우 다행이겠습니다. 이 별폭(別幅)의 정납 여부와 서계의 정납 절차 또한 공의(公議)에 따라서 시행하겠습니다.[14]

이보다 앞서 동래부사 윤필병이 부임한 이후 "속히 돌려보낼 것"이라는 명령이 내려

---

21) 원문에 통신사청퇴대사차로 되어 있는데, 이는 통신사의정대차사의 잘못이므로 바로잡았다.

졌음에도 불구하고, 통신사의정대차사의 왜관 체류 기간이 길어지면서 결국 자신의 책임 문제가 야기될 것을 두려워한 부사는 훈도 김덕순과 별차 최창겸을 독려해서 정관 히라타 하야토, 관수 도다 다노모 등을 엄한 말로 책유(責諭)하며 계속 대차사의 귀국을 요구하고 있었다. 그런데 이제 대차사가 자신의 목적을 단념하고 오직 서계 수리와 접대 거행으로, 귀국할 때 자신의 체면을 세워 줄 것만 간청하는데도 여전히 무조건 귀국만 요구했다. 정관과 관수는 거듭 간세이 3년에 조선에 건너온 이래 교섭의 경과를 설명하고, 다시 "이 몸이 사개(使价)가 되어 명을 받들어 왔으니, 용무가 비록 허락받지 못하더라도 만약 서계마저 정납(呈納)하지 못한다면, 이 사개는 돌아가서 어떻게 도주(島主)께 보고하며, 도주께서는 무슨 말로 에도에 복명하시겠습니까? 서계를 정납해서 회답을 받기 전에는 결코 돌아갈 수 없습니다. 임관(任官)○훈도, 별차께서도 사세(事勢)가 부득불 그러함을 알면서도 좋은 말로 보고하지 않고, 책유(責諭)를 전령(傳令)할 때 매번 이처럼 엄하게 하시니, 저희는 죽음을 각오했다는 것 말고는 드릴 말이 없습니다. 부디 이러한 정상(情狀)을 동래부에 상세히 보고해서, 남궁(南宮)○예조에 전달하여 서계를 정납하고, 저희가 회답을 받아서 살아서 돌아갈 수 있게 해 주십시오."라고 덧붙였다.

통신사의정대차사는 이제 양보할 수 있는 최대한도를 제시했다. 훈도와 별차는 물론이고 동래부사도 그 이상 대차사에게 강요하는 것은 사실상 불가능하다는 것을 잘 알면서도, 여전히 '격외(格外)'라는 한 가지 문제에 집착해서 서계 접수를 거부한 채 즉시 귀국할 것만 요구하고 있었다. 이에 대차사는 마지막 수단으로 타이슈 번주(藩主)의 책임문제를 거론했다. "지금 저희 섬의 소식을 들으니, 며칠 전에 에도의 엄명이 내렸는데, "전개(專价)[22]가 조선과 상의하라는 명을 받고 나갔으니 일의 가부는 고사하고 회답하는 글이라도 있어야 하거늘, 이제 4년이 되도록 아직까지 한 글자도 회보(回報)가 없는 것은 필시 도주가 애초에 교린지의(交隣之誼)에 있어 신뢰를 받지 못했기 때문일 것이다. 군명(君命)을 지연되게 했으니, 그 죄를 용서할 수 없다."라고 했다고 합니다. 그 말씀이 매우 엄절(嚴截)합니다. 그러므로 도주께서는 지금 대감(待勘)[23]하며 어쩔 줄 몰라 하고 있으니, 죄를 받을 날이 조석(朝夕)에 닥쳤습니다. 저희의 사정이 이러한 곤경에 처했습니다. 전후의 공무를 놓아두어 이 지경에 이르렀거늘, 임관(任官)께서는 마치 대수롭지 않은 일로 봐서 조금도 가련히 여기는 마음이 없으시니, 이것이 어찌 화호(和好)의 정의(情誼)

---

22) 전개(專价): 특정한 목적을 위해 파견하는 사신
23) 대감(待勘): 지은 죄에 대해 심리와 처분을 기다림

이겠습니까? 또 도주께서는 대대로 두터운 은혜를 입어서 승습(承襲)한 지 수백 년 동안에 각근진성(恪勤盡誠)하여 감히 추호도 태만하거나 소홀히 하는 마음이 없었습니다. 그런데 이제 이 일 때문에 장차 헤아릴 수 없는 죄과(罪科)에 빠지게 생겼으니, 이것이 어찌 일시지택(一視之澤)이며 종시지은(終始之恩)[24]이겠습니까? 조가(朝家)에서 만약 저희의 곤궁하고 절박해서 불쌍히 여기고 슬퍼할 만한 상황을 굽어 살피신다면, 필시 저희 섬의 상하(上下)의 곤액을 구활(救活)해 주실 것입니다. 부디 임관께서는 이러한 실상을 속히 보고해서 생성(生盛)하는 은택을 입게 해 주시옵소서."[15]

동래부사 윤필병은 훈도, 별차의 보고를 통해 규외차왜(規外差倭)의 징계 목적을 충분히 달성했으므로 이제 저들의 간청을 받아들여도 괜찮다고 보고, 간세이 6년[정조 갑인(甲寅)] 7월 3일에 비변사에 장계를 올려서, 대차(大差)의 간청을 인정해서 그들이 가져온 예조와 동래·부산으로 보내는 서계의 봉납(捧納)을 허락하되 통상적인 대차사 허접의 관례를 따르지 않으며, 예물은 받지 않고 오직 회답서계만 전달할 것을 상신했다.

> ○^{상략}저들이 걸련(乞憐)[25]하는 글을 보니, 그 간청하는 바가 접위관(接慰官)을 내려보내서 허접하는 데 있지 않고, 단지 회답을 받아서 돌아가 보고할 수 있게 해 주기만 원할 뿐이니, 사정(事情)을 헤아리건대 괴이할 것이 없을 듯하다. 또 이번 일은 허시(許施)할 수 없다는 뜻으로 회답을 만들어 보내더라도 피차의 정(情)을 통하고 조약의 엄격함을 보이는 데 지장이 없을 테니, 그 서계는 해조(該曹)○^{예조}에 올려 보내서 회답하게 하라. 그리고 저들의 소원대로 허접을 하지 않은 다음에는, 서계를 정납(呈納)하는 절차는 응당 순부(順付)하는 예(例)에 따라야 한다. 비록 별폭(別幅)이 있더라도 일체 봉납해서는 안 된다. 이러한 뜻을 잘 알아서 성신(誠信)을 신중히 지키고 약조를 잃지 말라.

동래부사의 장보(狀報)와 통신사의정대차사가 가져온 서계 등본은 7월 17일에 도착했다. 정조는 비변사에 관련 서류를 내려보내서 품처(稟處)하게 했다. 비변사도 이 건은 지난 간세이 3년[정조 신해(辛亥)]에 일단 결정된 문제이지만 교섭 내용에 전과 조금 달라진 것이 있었으므로 재의(再議)에 부쳤다. 그 결과 동래부사의 장계대로 서계 봉납에 한해서만 인정하고 예물은 받지 않으며, 경접위관(京接慰官)의 차하(差下)도 허락하지 않기

---

24) 일시지택(一視之澤), 종시지은(終始之恩): 일시지택(一視之澤)은 공간적으로 만물에 차별 없이 두루 미치는 은택이며, 종시지은(終始之恩)은 시간적으로 처음부터 끝까지 변치 않는 은혜를 뜻한다.
25) 걸련(乞憐): 남의 동정을 구함

로 확정했다. 8월 22일에 비변사는 이러한 내용으로 계언(啓言)해서 재가를 얻은 후, 27일에 예조에 이첩해서 역지행빙을 거부하는 회답서계를 작성하게 했다.[16]

이렇게 해서 조선에서는 역지행빙 거부 방침이 확정됐다. 하지만 이 교섭이 장기간 이어졌음에도 불구하고 대차사로 하여금 사명을 달성하지 못한 채 빈손으로 귀국하게 했으며, 그 결과 쓰시마 도주(島主)도 에도 정부로부터 엄한 견책을 당하게 되었다는 소식을 접하고는 쓰시마 인심의 동요를 우려했던 것 같다. 8월 30일에 영의정 홍낙성(洪樂性)은 '역지행빙은 조약에 위배되기 때문에 따를 수 없고, 통신사의정대차사는 규외(規外)이기 때문에 물리쳤다. 그 서계에 한해서 봉납(捧納)한 것은 당연하지만, 예물을 돌려보낸 것은 상관지도(相款之道)[26]가 아니다.'라고 보고, 8월 22일에 비변사의 계언(啓言)을 완화해서 특별히 서계와 함께 별폭(別幅)도 봉납하게 하고, 또 대차사 원역(員役)들에게 왜관 체재 중의 일공주미(日供酒米)를 지급하되 오직 경접위관과 차비역관(差備譯官)을 내려보내는 것만 중지해야 한다고 아뢰었다. 영상의 말을 옳다고 여긴 정조는 9월 4일에 비변사에 명하여 동래부사에게 관문(關文)을 내려보내게 했다.[17]

동래부사 윤필병은 묘당의 명령에 따라 훈도 김덕연과 별차 최창겸에게 예조의 회답서계를 전달하게 했다. 정관 히라타 하야토와 관수 도다 다노모는 우선 그 등본을 수령한 후 타이슈에 급히 보내서 지령을 청했다. 덧붙여 말하자면, 이 회답서계는 『통신사등록(通信使謄錄)』・『동문휘고(同文彙考)』에 수록된 원문과 『이테안기록(以酊庵記錄)』・『타이슈 번기록(對州藩記錄)』에 수록된 문서 사이에 적지 않은 차이가 있다. 후자는 왜학역관(倭學譯官)과 부산 주재 타이슈 번리(藩吏)의 협의를 거쳐 수정된 문안이라고 생각되는데 그 2통의 서계를 나란히 인용한다.

승문원(承文院) 원문	개작문(改作文)
조선 예조참판 서매수(徐邁修)가 일본 쓰시마 주(對馬州) 태수(太守) 습유(拾遺) 다이라 공(平公) 합하께 회신합니다.	조선 예조참판 서매수가 일본 쓰시마 주 태수 습유 다이라 공 합하께 회신합니다.
서신이 와서 귀체 평안하심을 알게 되어 기쁘고 위로됨이 참으로 큽니다. 빙사(聘使)가	서신이 와서 귀체 평안하심을 알게 되어 기쁘고 위로됨이 참으로 큽니다. 빙례역지(聘禮易地)의 논의는 즉시 조정에 아뢰었으며,

---

26) 상관지도(相款之道): 서로 친하게 교제하는 도리

귀주(貴州)에 가서 일을 마침은, 그 뜻이 오직 피차 노고와 비용을 줄이려는 데 있음을 본래 알고 있습니다. 다만 생각건대, 교린지의(交隣之誼)는 오직 성신(誠信)에 힘써야 할 뿐이요, 통빙(通聘)의 시기에 달려 있지 않습니다. 그 형편과 여력에 따라 연기(年期)를 늦추더라도 비난할 수 없는 아름다운 일이요, 더욱 정지(情志)의 상통(相通)을 드러낼 수 있을 것이니, 어찌 소절(小節)에 구애되어 신례(新例)를 만들 것이 있겠습니까? 설령 기한을 여러 번 늦추더라도 예(禮)에 무방하나, 일이 혹시라도 구차하게 완성되면 의(義)에 불가합니다. 부디 더욱 양찰해서, 기한을 늦추는 것을 꺼리지 말고, 오직 서력(紓力)[27]만 생각하시는 것이 실로 구구한 바람입니다.

보내신 선물은 감사히 잘 받았습니다. 보잘 것 없는 물품으로 조금이나마 정을 표시합니다. 이만 줄입니다.

갑인년(甲寅年) 9월 일
예조참판 서매수

조선 예조참의 서영보(徐榮輔)가 일본 쓰시마 주 태수 습유 다이라 공 합하께 회신합니다.

귀 사개(使价)가 막 도착하심에 보내신 서한도 함께 이르러, 생활이 평안하심을 알게 되었으니 기쁘고 위로됨이 여느 때의 배가 됩니다.

의빙(議聘)과 교의(交誼)는 본래 구장(舊章)이 있습니다. 양국이 성신(誠信)으로 서로 믿는다면 일개 사개의 파견 시기를 어찌 논할 것이 있겠습니까? 조약을 근수(謹守)하고, 빙

그 뜻이 오직 피차 노고와 비용을 줄이려는 데 있음을 본래 알고 있습니다. 다만 생각건대, 교린지의는 오직 성신에 힘써야 할 뿐이요, 통빙의 시기에 달려 있지 않습니다. 그 형편과 여력에 따라 연기를 늦추더라도 비난할 수 없는 아름다운 일이요, 더욱 정지(情志)의 상통을 드러낼 수 있을 것이니, 어찌 완기(緩期)[28]에 구애되어 신례를 만들 것이 있겠습니까? 설령 기한을 여러 번 늦추더라도 예에 무방하나, 일이 혹시라도 구차하게 완성되면 의(義)에 흠결이 있을 것입니다. 부디 더욱 양찰해서, 기한을 늦추는 것을 꺼리지 말고, 오직 서력만 생각하시는 것이 실로 구구한 바람입니다.

보내신 선물은 감사히 잘 받았습니다. 보잘 것 없는 물품으로 조금이나마 정을 표시합니다. 이만 줄입니다.

갑인년 9월 일
예조참판 서매수

조선 예조참의 서영보가 일본 쓰시마 주 태수 습유 다이라 공 합하께 회신합니다.

귀 사개가 막 도착하심에 보내신 서한도 함께 이르러, 생활이 평안하심을 알게 되었으니 기쁘고 위로됨이 여느 때의 배가 됩니다.

의빙(議聘)에 관한 사항은 즉시 초정에 전달했습니다. 그러나 성신으로 서로 믿는다면 일개 사개의 파견 시기를 어찌 논할 것이 있겠습니까? 조약을 근수하고, 빙기를 자꾸 늦

기(聘期)를 자꾸 늦추는 것을 꺼리지 않기만을 바랄 뿐입니다.

보내신 선물은, 이렇게 깊이 생각해 주신 데 크게 감사드립니다. 보잘 것 없는 물품으로 멀리서나마 애오라지 정성을 표시합니다. 이만 줄입니다.

갑인년 9월 일
예조참의 서영보

추는 것을 꺼리지 않기만을 바랄 뿐입니다.

보내신 선물은, 이렇게 깊이 생각해 주신 데 크게 감사드립니다. 보잘 것 없는 물품으로 멀리서나마 애오라지 정성을 표시합니다. 이만 줄입니다.

갑인년 9월 일
예조참의 서영보[18]

이보다 앞서 간세이 5년 7월 23일에 마쓰다이라 엣추노카미^{사다노부(定信)}는 후사(輔佐) 겸 로주힛토(老中筆頭)에서 면직되어 다마리즈메(溜詰)[29]가 되고, 마쓰다이라 이즈노카미(松平伊豆守)^{노부아키라(信明)}가 대신 로주힛토에 임명돼서 조선 통신사 내빙 사무를 관장했다. 원래 역지행빙에 가장 열심이었던 마쓰다이라 엣추노카미가 막부의 수반(首班) 지위에서 물러남에 따라 타이슈 번은 책임을 크게 면할 수 있었지만, 동시에 타이슈 번의 사정과 통신사 내빙 사무에 정통한 엣추노카미의 배후 지원을 잃게 되어 큰 타격을 입은 것은 부정할 수 없다.

마쓰다이라 이즈노카미를 수반으로 한 막부는, 역지행빙에 관해서는 전임자의 방침을 답습해서 타이슈 번의 조처에 갑자기 간섭하려고 하지 않았다. 그런데 역지행빙에 관한 예조의 회답서계 등본이 도착하자마자 곧바로 소 요시카쓰에게 내명(內命)을 전해서 가로(家老) 오모리 시게에몬의 참부(參府)를 독촉했다. 타이슈 번은 오모리가 왜관에 있을 때 병에 걸려서 아직 귀국하지 않았다고 하고, 가로 다다 사젠(多田左膳)^{카쓰타네(功種)}에게 대신 참부할 것을 명했다.

타이슈 번의 가로 다다 사젠은 간세이 6년 11월 6일에 에도에 도착해서, 마쓰다이라 이즈노카미에게 통신사의정대차사의 사명이 실패해서 조선이 끝내 역지행빙을 거절했음을 알렸다. 마쓰다이라 이즈노카미는 이를 어쩔 수 없는 일로 인정해서 예조 회답서

---

27) 서력(紓力): 재정적인 어려움에서 벗어나 힘을 쓰는 것
28) 완기(緩期): 기한을 늦춤
29) 다마리즈메(溜詰): 에도막부의 직제(職制) 중 하나로, 에도 성 구로쇼인(黑書院) 내 쇼군을 알현하는 대기실[溜の間]에 자리를 차지하고(詰め) 로주(老中)와 중요한 정사를 의논했다.

계의 수리를 허가했다. 다다 사겐은 이를 본번(本藩)에 보고하고, 번청(藩廳)은 통신사의 정대차사 정관에게 훈령을 내렸다.[19]

당시 아직 왜관에 머물고 있던 대차사 정관 히라타 하야토는 다음 단간(短簡)을 동래부사에게 보내서 역지행빙을 거부한 회답서계를 수리한 이유를 밝혔다.

보내 주신 서한을 받고 나서 소리 높여 반복해서 읽고 그 간절하고 정성스러운 마음에 깊이 감격했습니다. 생각건대, 양국 교제의 요체는 성신(誠信) 두 글자에 있을 뿐입니다. 예전에 본방(本邦)이 서술한 바는, 오로지 일을 간편히 하고 비용을 줄여서, 영원토록 용이하게 시행해서 변치 않게 하려는 것이었습니다. 이는 본래 성신에서 나온 것이거늘, 귀국의 대답은 오직 약맹(約盟)을 지켜서 옛 제도를 준수하며 변혁하지 말아야 한다는 것이었습니다. 그러나 이 또한 어찌 성신에서 벗어난 것이겠습니까? 다만 정의(情誼)는 비록 다르지 않더라도, 일은 간혹 차질이 생길 때가 있기 때문입니다.

제가 사신(使信)을 받아 여기 와서 오랫동안 받아들여지지 않다가, 이제 회간(回簡)을 받고 나서는 다시 의위(依違)[30]해서 도투경보(桃投瓊報)[31]의 아름다움을 완성하지 못했습니다. 그러나 이는 사자(使者)가 진퇴를 신중히 결정하려는 것이었으니 부디 헤아려 주시기 바랍니다. 비록 그러하나 사신의 직분은 통신(通信)에 있습니다. 이미 회보(回報)를 받았으니 어찌 속히 돌아가서 반명(反命)[32]하지 않을 수 있겠습니까? 장차 주수(州守)께 전달해서 정부에 아뢸 것이나, 후명(後命)이 있을지는 감히 알 수 없습니다. 부디 양찰하시기 바랍니다. 이만 줄입니다.

갑인(甲寅) 12월 일 　　　의빙사(議聘使)

이듬해인 간세이 7년[정조 을묘(乙卯)] 벽두에 대차사 정관 히라타 하야토는 예조 참판·참의의 회답서계와 별폭을 수령했다. 그리고 2월에 타이슈로 귀환해서 3월에 서계 정본을 막부에 진달했다.[20]

막부에서는 이미 전년 11월에 다다 사겐의 해명으로 역지행빙을 거절당한 것을 어쩔 수 없는 일로 대략 인정하고 있었다. 그런데 이제 조선 예조의 회답서계가 도착하자, 역

---

30) 의위(依違): 가부를 결정하지 못하고 우물쭈물함
31) 도투경보(桃投瓊報): 『詩經』, 「衛風」, '木瓜'의 "내게 큰 복숭아를 주기에 아름다운 옥구슬로 보답했네(投我以木桃 報之以瓊瑤)."라는 구절을 인용한 것으로, 남이 베푼 호의에 더욱 크게 보답하며, 그러면서도 이를 보답했다고 여기지 않고 오로지 서로 잘 지내기만을 바란다는 의미를 함축하고 있다.
32) 반명(反命): 복명(復命)

지행빙 교섭의 취지가 전적으로 일본과 조선 양국을 위해 무익한 경비를 절감하는 데 있었음에도 불구하고 조선이 그것을 거부한 이상 다시 지난번처럼 통신사 내빙의 당분간 연기 방침을 조선에 통고할 필요를 느꼈다. 간세이 7년 5월 22일에 마쓰다이라 이즈노카미는 타이슈 번의 가로 히라타 마타자에몬을 관저로 불러서 다음과 같은 한문 명령서를 주고 조선 정부에 전달하게 했다.

지난번에 빙례(聘禮)를 상의한 것은, 오직 피차 노력과 비용의 절감을 생각해서 간이(簡易)한 이치를 따라 영구히 지속할 계책을 보지(保持)하기 위한 것이었다. 그런데 조선의 통보를 살펴보니, "강화(講和)의 구장(舊章)을 마땅히 따라야 하니, 역지(易地)의 신례(新例)는 장차 허락하기 어렵다."라고 하고, "형편과 여력에 따라 여러 차례 연기(年期)를 늦추는 것은 애초부터 무방하니 어찌 감히 그 뜻에 맡기지 않을 수 있겠는가? 일에 비록 조금 차질이 생기더라도 정(情)이 별도로 진실하게 이른다면 또한 허락할 수 있다."라고 했다.

참으로 우리가 하고 싶은 바를 고집해서 다른 사람이 원치 않는 바를 강요하는 것은 인호지의(隣好之誼)를 크게 저버리는 것이니, 또한 공정하게 일을 처리하는 이치가 아니다. 따라서 저들이 원하는 대로 다시 의정(議定)해서 빙례의 연기를 약속하고, 천시(天時)[33]가 풍년을 내려서 국민(國民)이 넉넉해지기를 기다렸다가 이빈(利賓)[34]의 의례를 온전히 한다면, 어찌 양쪽이 모두 괜찮은 방법이 아니겠는가? 아직까지도 오랫동안 버티고 있을 뿐이니, 이러한 뜻을 받들어 저들에게 전하라. 이와 같이 명령하노라.[21]

타이슈 번주 소 요시카쓰는 막부의 명령에 따라 간세이 7년 6월에 간사재판(幹事裁判) 가와우치 도쿠자에몬(河內德左衛門)[귤정양(橘政養)]을 부산에 파견해서, 동래부사에게 보내는 단간(短簡)을 첨부하여 「하대마주령등문(下對馬州令謄文)」[35]을 전달했다. 막부가 이처럼 공정한 태도를 취하리라고는 조선 당국도 아마 예상치 못했을 것이다. 같은 해 8월 동래부사 윤장렬(尹長烈)은 타이슈 번주에게 회신을 보내서 역지행빙의 요청에 응할 수 없었던 것에 대해 유감의 뜻을 밝히고, "그 사력(事力)에 맞게 여러 차례 연기(年期)를 늦추는 것은 무방합니다."라고 하여 막부의 요구를 승인했다.[22]

---

33) 천시(天時): 기후(氣候)
34) 이빈(利賓): 『周易』, 「觀卦」, '六四爻'에 "나라의 영광을 보는 것이니 왕에게 손님으로 가는 것이 이롭다(觀國之光 利用賓于王)."라고 한 구절을 인용한 것으로, 다른 나라에 사신으로 가는 일을 뜻한다.
35) 하대마주령등문(下對馬州令謄文): '쓰시마에 내린 명령을 옮겨 적은 문서'라는 뜻이다.

1 『淨元院實錄』상권;『對馬島事』17~18쪽.

2 『淨元院實錄』상권.

3 위와 같음.

4 『淨元院實錄』상권;『古事類苑』(外交部九兩足院朝鮮記錄議聘三).

5 『淨元院實錄』상권.

이때 중론은, "이 일은 실로 용이한 것이 아니니, 갑자기 사절을 보냈다가 저들이 혹시 이치에 근거해서 굳게 거절한다면, 아마 수습할 방도가 없을 것이다. 마땅히 먼저 간사재판(幹事裁判)을 보내서 저들 내부의 반응을 은미하게 본 후에 서서히 진퇴를 도모해야 한다."라고 했다. 하지만 당시 조지(朝旨)가 지엄해서 혹시라도 성사되지 않으면 반드시 헤아릴 수 없는 죄를 받을 것이었으므로, 이 말을 듣지 않고, 이의(異議)로 지척(指斥)해서 물리쳤다.

6 『淨元院實錄』상권.

예조참판에게 보낸 서계는 다음과 같다(참의 이하에게 보낸 서계와 별폭은 생략함).

일본 쓰시마 주 태수 습유(拾遺) 다이라노 요시카쓰가 조선 예조참판 대인합하께 글을 바칩니다.

한겨울 엄동에 기거 다복하실 것을 생각하니 저도 모르게 마음이 쏠리고 우러르게 됩니다. 전에 이미 빙례 연기의 승낙을 받았습니다. 이후 정부에서는 칙지를 받들어 다시 논의했는데, "통빙(通聘)은 본래 용이한 것이 아니다. 피차 번극(煩劇)과 비용의 심함을 어찌 말할 필요가 있겠는가? 게다가 혹시라도 다시 흉년이 들어서 재차 연기를 통고한다면, 아마 양국이 우호를 맺은 본의를 잃을 것이다. 요컨대 오래 지속할 수 있는 방법은 간이(簡易)하게 하는 것이 제일이다. 따라서 지금부터 매번 조선사신이 올 때마다 본주(쓰시마 주를 가리킴)에서 영접해서 빙사(聘使)를 마치고자 한다. 그 의도는 다른 것이 아니다. 아마도 통호(通好)할 때, 간이하게 하도록 힘쓰고 때가 되면 예를 행하는 것으로 피차 약속해서 영원히 정제(定制)로 삼아야 인호(隣好)가 오래될수록 더욱 굳건해질 것이다."라고 하고, 저에게 특명을 내려서 성실히 통보하게 했습니다.

이에 정관 평창상(平暢常), 도선주 귤정일(橘政一)을 파견해서 이러한 뜻을 대신 전달하게 하셨으니, 부디 체찰(體察)하셔서 잘 아뢰어 즉시 윤허를 받게 해 주신다면 무엇보다 다행일 것입니다. 애오라지 보잘 것 없는 예물을 갖추어 미천한 정성을 표하오니 부디 한번 비웃고 받아 주시기 바랍니다. 이만 줄입니다.

간세이 3년 신해 11월   일

쓰시마 주 태수 습유 다이라노 요시카쓰

(『本邦朝鮮往復書』87권, "寬政三年遣朝鮮國規外書";『同文彙考(附編續)』,「通信一」.)

7 『通信使草謄錄』, 正祖 辛亥年 12月 21日.

8 『正祖實錄』33권, 正祖 15年 11月 乙未.

9 『日省錄』, 正祖 辛亥年 12月 25日;『通信使草謄錄』, 正祖 辛亥年 12月 21·25日.

10 『淨元院實錄』상권.

13일(간세이 4년 8월)에 마쓰다이라 엣추노카미가 히라타 마타자에몬을 불러서 로주(老中) 연서(連署)로 공에게 보내는 호쇼(奉書)를 주었다. 그 내용에, '의빙(議聘)'에 관해서는 저 나라의 의론이 즉시 결정되지 않을 듯한데, 그 늦고 빠름은 우리가 논할 바가 아니다. 이 일은 곧 양국의 통신(通信)을 장구히 하기 위한 방책이니, 저들이 조가(朝家)의 성신(誠信)의 뜻을 환히 깨닫게 하는 것이 묘책이다.'라고 했다. 9월 18일에 호쇼(奉書)를 갖고 타이슈에 도착했다.

11 『淨元院實錄』상권.

12 『本邦朝鮮往復書』88권, "寬政五年遣朝鮮國規外書"; 『同文彙考(附編續)』, 「告慶一」; 『淨元院實錄』상권.

13 『文化二年至四年文化信使記錄(江戶書留)』卷天; 『通信使草謄錄』, 正祖 甲寅年 7月 17日.

14 『通信使草謄錄』, 正祖 甲寅年 7月 17日.

15 『通信使草謄錄』, 正祖 甲寅年 7月 17日.

16 『正祖實錄』40권, 正祖 18年 8月 辛巳; 『日省錄』, 正祖 甲寅年 8月 27日; 『通信使草謄錄』, 正祖 甲寅年 8月 22日.

17 『正祖實錄』40권, 正祖 18年 8月 甲申; 『日省錄』, 正祖 甲寅年 8月 30日, 9月 4日; 『通信使草謄錄』, 正祖 甲寅年 9月 4日.

18 『本邦朝鮮往復書』88권, "寬政七年朝鮮國規外回翰"; 『同文彙考(附編續)』(通信一), 『通信使草謄錄』, 正祖 甲寅年 8月 22日.

19 『淨元院實錄』상권.

20 위와 같음.

21 『本邦朝鮮往復書』89권, "寬政七年遣朝鮮國規外書"; 『淨元院實錄』상권.

22 『本邦朝鮮往復書』89권, "寬政七年朝鮮國規外回翰".

　　동래부 회한(回翰)의 전문은 다음과 같다.

　　　　예전에 의빙(議聘)하는 서신을 받았습니다. 참으로 양국의 통신에서 수고와 비용을 절감해서 영구히 지속하려는 성의(誠意)를 보았으나, 빙례 지역을 바꾸는 신례(新例)는 저희로서는 허용하기 어려운 사정이 있었습니다. 그 사력(事力)에 맞게 여러 차례 연기(年期)를 늦추는 것은 일에 무방합니다. 그러므로 빙례를 연기하는 통보가 있었던 것이니 이 또한 부득이한 형편에서 나온 것입니다. 귀 조정의 뜻에 부응하지 못해서 우리 조정에서도 편치 않았는데, 이제 귀 조정에서 우리 사정을 양해해서 더욱 정성스러운 말씀을 받게 되었으니, 감패(感佩)가 어찌 다하겠습니까? 그 인의(隣誼)를 더욱 돈독히 하는 데 이르러서는, 우리 조정에서 어찌 염두에 두지 않겠습니까? 부디 양찰하십시오. 이만 줄입니다.

을유년 8월　일

동래부사 윤장렬(尹長烈)

쓰시마 주 태수 습유 다이라 공(平公)

제 4 절

무오(戊午) 역지행빙 조약의 성립

통신사 역지행빙과 관련된 교섭은 통신사의정대차사 정관 히라타 하야토 등의 귀국과 막부의 교섭중지 명령으로 막부와 조선 모두 완전히 중단된 것으로 인정했다. 그런데 타이슈 번에는 더 복잡한 사정이 있었다. 역지행빙은 원래 막부의 명령에서 나왔지만, 이제 와서는 타이슈 번의 이해(利害)에 깊이 결부되어 그 성패가 직접적으로 번(藩) 내에 영향을 미치게 되었다. 원래 역지행빙에 반대였던 전(前) 가로(家老) 스기무라 나오키는 막부의 명으로 어쩔 수 없이 치사(致仕)[1]했지만, 그 위세는 여전히 은연중에 건재해서 당장 일어나 오모리 시게에몬, 히라타 하야토 등과 대결을 벌이기에 충분했다. 따라서 오모리, 히라타 일파는 어떤 어려움을 무릅쓰고서라도 역지행빙을 실현시키지 않으면 그 정치적 운명이 끝날 위험에 직면했다. 이에 교섭이 단절된 뒤에도 타이슈 번과 에도에서는 오모리 시게에몬, 출장지에서는 왜관관수 도다 다노모가 중심이 되어 어떤 형식으로라도 에도 대신에 타이슈에서 통신사 빙례를 거행하려고 부심했다. 그러는 와중에 도다 다노모가 먼저 왜학훈도 박준한(朴俊漢)과 의견을 교환하는 데 성공했다.

하루는 훈도 박준한이 통사(通事)를 통해 관수 도다 다노모에게 양국의 생폐(省弊)[2]를 전제로 역지행빙의 실현 가능성이 있음을 시사했다. "의빙(議聘)을 허락하지 않은 것은, 단지 귀국만 생폐하고 우리나라에는 대체로 유익함이 없기 때문이다. 만약 역지행빙을 원한다면, 먼저 우리나라가 사원(使員)과 일행 인원을 감축하고, 아울러 별폭(別幅)의 증급물건(贈給物件)을 크게 줄일 수 있게 하라. 그리하면 의정(議定)할 수 있으리라. 이제 이 일이 순조롭게 성사되기를 바란다면, 귀국이 먼저 수빙사(修聘使)를 보내서 고상(故常)[3]에 따를 것을 청하라. 그러면 우리나라도 흉년으로 인해 그 기한을 늦추겠다는 답을

---

1) 치사(致仕): 나이가 많아 관직을 사임함
2) 생폐(省弊): 폐단을 줄임
3) 고상(故常): 옛 제도, 관습

할 것이다. 그때 양국이 각각 간이(簡易)하고 적절하게 하려는 뜻으로 상의하면 성사시키기 어렵지 않을 것이다." 도다 다노모는 이 말을 듣고 다시 훈도에게 그 진위 여부를 문의했다. 훈도는 간세이 7년[정조 을묘(乙卯)] 10월에 동래부사 윤정렬의 단간(短簡)을 제시하면서 이 말이 정부의 내명(內命)에서 나온 것임을 입증했다고 한다.

이제 초겨울을 맞이해 타지에 나오신 체후(體候)를 증위(增衛)[4]하시는지요. 위안됨과 그리움이 번갈아 도탑습니다. 병 때문에 상선연(商船宴)을 미처 설행(設行)하지 못해서 끝내 직접 뵙고 이별하지 못했으니 서운한 마음이 어찌 다하겠습니까? 임관(任官)의 말은 이미 들으셨을 줄 압니다. 피차가 생폐(省弊)하는 것은 성신(誠信) 간에 아름다운 일이니, 타이슈로 돌아가시는 날 별도로 더욱 주선하셔서 즉시 성사되게 하신다면 큰 다행이겠습니다. 이만 줄입니다.

을묘 10월 일　　　동래부사 윤장렬

도다 다노모는 왜관관수의 임기가 만료돼서 조만간 귀국할 예정이었으므로 동래부사에게 고별하는 서신을 보냈다. 그런데 부사는 답서를 보내서 도다가 귀국한 후 역지행빙을 성사시켜 줄 것을 부탁했다고 한다.

구관(舊館)[5]의 사공(司公)에게 감사드립니다. 방금 보내신 서간의 뜻은 모두 잘 알았습니다. 공께서 타이슈(對州)로 돌아가실 때 임관(任官)이 구두로 말씀드린 사정은 필시 양찰하셨을 것이니, 이제 다시 언급하지 않겠습니다. 빙례(聘禮) 건과 관련해서 몇 해 전에 의빙사(議聘使)가 나왔을 적에 우리 조정에서 그 요청을 허락하지 않았던 것은 교린(交隣)의 사체(事體)가 중대함을 생각했기 때문입니다. 제 생각에 통신대례(通信大禮)는 반드시 시행해야 하는 일입니다. 수빙사(修聘使)를 선례에 따라 보내신 다음에 피차 생폐(省弊)할 방도를 충분히 상의해서 결정한다면, 귀 타이슈에서 거행하는 것도 자연히 성사될 가망이 있으니 크게 염려하지 마십시오. 기쁘게 주선해 주신다면 천만다행이겠습니다.

동래부사 윤장렬

귀국한 도다 다노모에게서 이러한 사실을 보고 받은 오모리 시게에몬은 크게 기뻐하

---

4) 증위(增衛): 더욱 위생에 힘씀
5) 구관(舊館): 1678년(숙종 4)에 왜관을 기존의 두모포(豆毛浦)에서 초량포(草梁浦)로 확장 이전한 후, 두모포 왜관을 구관(舊館), 또는 고관(古館)이라고 불렀다. 하지만 문맥으로 볼 때 여기서 구관(舊館)은 옛 관수, 즉 도다 다노모를 가리키는 것으로 이해된다.

고, 간세이 8년[정조 병진(丙辰)] 2월 6일에 에도에 있는 가로(家老) 다다 사젠(多田左膳)에게 급보해서 로주 마쓰다이라 이즈노카미에게 상신하게 했다. 이즈노카미는 4월 20일에 다다를 불러서 조선의 사정을 상세히 청취했다. 그 결과, '지금 동래부사가 주장하는 것처럼 통신사청래대차사[수빙대차(修聘大差)]를 일본 측에서 파견하는 것은 국가의 체면상 온당치 않다. 역지행빙을 하려는 이유는 지난 간세이 3년 5월 3일 타이슈 번에 하달한 「의조선빙사사요제대마준례사상(議朝鮮聘使邀諸對馬竣禮事狀)」에서 상세히 밝혔다. 만약 조선이 먼저 역지행빙에 동의하지 않는다면 기타 생폐 방법도 상의할 수 없으니, 이러한 뜻을 조선에 통고하기 바란다.'라고 하고, 타이슈 번주(藩主)에게 이 말을 전달하게 했다.[1]

이러한 막부의 방침은 타이슈 번의 입장에서는 뜻밖이었지만, 상부의 명령이 떨어진 이상 어쩔 수 없었다. 이에 왜관관수 히구치 사콘(樋口左近)[평치효(平致孝)]에게 전명(傳命)하고, 훈도 박준한을 경유해서 동래부사에게 전달하게 했다. 이리하여 역지행빙 교섭은 성사되기 직전에 또 한 차례 좌절을 겪었다.

이보다 앞서 쇼군의 세자 다케치요가 간세이 5년 6월 24일에 서거했으므로, 같은 해 9월 15일에 쇼군 이에나리는 서자 도시지로(敏次郎)[이에요시(家慶)][간세이 5년 5월 13일 탄생]를 세자로 정했다. 타이슈 번은 이 경조(慶弔)를 위해 간세이 6년[정조 갑인(甲寅)] 2월에는 고부차사(告訃差使)[관백사자신사고부차사(關白嗣子身死告訃差使)] 정관(正官) 하라 구마노조(原熊之丞)[등창방(藤昌房)]와 봉진압물(封進押物) 구라다 한조(倉田半藏)를, 이듬해인 간세이 7년[정조 을묘(乙卯)] 5월에는 입저고경대차사(立儲告慶大差使)[건저참판사(建儲參判使)·관백입저고경대차(關白立儲告慶大差)] 정관 히구치 미노(樋口美濃)[평창명(平暢明)]와 도선주(都船主) 히라타 기미노리(平田主典)[평상기(平尙祺)], 봉진압물 나카가와 요스케(中川要助)를 서계·예물과 함께 파견했다. 또 이보다 앞서 타이슈 번주 소 요시카쓰가 간세이 3년[신해(辛亥)] 4월에 봉작(封爵)을 받았으므로 그 다음 해 5월에 도주환도고지차사(島主還島告知差使) 정관 다쓰타 로쿠자에몬(龍田六左衛門)[등칙정(藤則政)]이 이미 파견되어 있었다. 이에 타이슈 번은 세자 서거에 따른 조위(弔慰), 입저(立儲)[6]에 따른 치하(致賀), 도주의 환도(還島)에 따른 문위(問慰)[7]의 3건을 겸한 도해역관(渡海譯官)의 파견을 조선에 요청하기로 하고, 간세이 7년 10월에 호영재판(護迎裁判) 구로키 가쓰미(黑木勝見)[원조직(源調直)]를 파견했다.[2]

---

6) 입저(立儲): 세자를 책봉함
7) 문위(問慰): 위문(慰問)

조선에서는 간세이 8년[정조 병진(丙辰)] 2월에 타이슈 번의 요청에 따라 당상역관 박준한^{사정(士正)}과 최창겸, 당하역관 임서무(林瑞茂)를 치하겸문위조위도해역관(致賀兼問慰弔慰渡海譯官)에 지명했다. 이들 3명의 역관 일행은 도해역관 호영재판 구로키 가쓰미와 동행해서 8월 29일에 쓰시마쿠니 후추(府中)에 도착한 후, 9월 6일에 번주 소 시게카쓰를 만나 다례(茶禮)를 거행하고 예조참의 박종갑(朴宗甲)의 서계와 예물을 전달했다. 22일에는 선례에 따른 반쇼인(萬松院)⁸⁾ 연석(宴席)이, 10월 9일에는 마찬가지로 이테안(以酊庵) 연석이 있었다. 그리고 28일에 회답서계와 별폭(別幅)을 수령한 후, 11월 1일에 상선연(上船宴)을 거행하고, 9일에 호영재판 구로키 가쓰미와 함께 후추(府中)에서 출범해서 12월 13일에 부산에 복귀했다.³

당상역관 박준한이 쓰시마에 체류한 두 달은 역지행빙을 논의하기에 충분한 시간이었다. 즉, 타이슈 번 가로 오모리 시게에몬과 다다 사젠은 사람들의 이목을 피해 가이간지(海岸寺)로 박준한을 불러서 이 문제에 관해 협의를 거듭했다. 박준한은, "생폐를 전제로 하지 않으면 조선 묘당에서 역지행빙의 동의를 얻는 것은 불가능하다. 생폐도 적은 것으로는 가망이 없고, 상당히 큰 희생을 치를 결심이 필요하다. 만약 타이슈 번이 생폐에 관해 막부의 동의를 얻기 위해 노력한다면, 나도 귀조(歸朝)해서 복명한 후 백방으로 뛰어다니면서 반드시 묘당이 역지행빙에 동의하게끔 할 용의가 있다."라고 했다. 이어서 이듬해 4, 5월까지 동래부에 와서 왜관관수를 통해 성사 여부를 타이슈 번에 알려 주겠다고 약속하고, 생폐 조건을 제시했다.⁴

하나, 에도의 예단(禮單) 인삼은 모두 25근을 넘지 않도록 각별히 주선할 것.

하나, 태수(太守)에게 보내는 공사예단(公私禮單)의 인삼 근수(斤數) 및 이테안(以酊庵)에 증여하는 인삼은 모두 7, 8근으로 정할 것.

하나, 사자(使者) 1명은 인삼 1근, 2명은 2근으로 정할 것.

하나, 쓰시마 주(州)의 전후(前後) 사자(使者)의 예단 인삼은 추후에 의정할 것.⁵

오모리와 다다 두 가로(家老)는, 막부의 방침은 조선이 먼저 역지행빙에 동의하지 않으면 생폐 조건을 심의하지 않는다는 것, 그리고 역관이 제시한 생폐 조건이 타이슈 번

---

8) 반쇼인(萬松院): 쓰시마의 후추(府中) 이즈하라(嚴原)에 있는 천태종(天台宗) 사원으로, 쓰시마 도주 소씨(宗氏) 가문의 묘역이 있다.

에 지나치게 가혹한 희생을 강요하고 있다는 것 등 2가지 이유로 크게 난색을 표시했다. 하지만 역지행빙의 성사가 초미의 급무였으므로 결국 이 조건에 동의하고, 게다가 이 일이 만약 예정대로 진행되면 동철(銅鐵) 2천 근과 그 밖에 많은 물품을 선물하겠다는 수표(手票)까지 주었다. 박준한은 이를 받고, 자신이 귀국한 이후에 이 문제에 관해 조용히 교섭할 필요가 있으면 관수를 통해 왜학훈도 박치검(朴致儉)에게 글을 보낼 것을 부탁했다고 한다.[6]

당상역관 박준한은 약속한 대로 간세이 9년[정사(丁巳)][9]봄에 의정역관(議定譯官)의 임무를 띠고 동래부에 내려왔다. 그리고 왜관관수 도다 다노모[히구치 사콘이 병사해서 간세이 8년 정월부터 재임(再任)함]와 전년에 제시한 조건에 기초해서 역지행빙에 관한 교섭을 시작했다. 그 결과, 9월에 이르러 다음과 같은 생폐를 조건으로 통신사의 에도 파견을 중단하고 타이슈에서 빙례를 거행하는 것으로 협정이 이뤄졌다.

(1) 통신정사(通信正使)·부사(副使)·종사관(從事官)[서장관(書狀官)] 3명 가운데 부사와 종사관 중 1명을 줄일 것.
(2) 통신사 예단 인삼의 약 3분의 1을 감액할 것.
(3) 통신사 파견을 금년부터 적어도 7, 8년 동안 연기할 것.

왜관관수 도다 다노모는 동래부사가 이 협정을 승인할 것을 요청하고, 부사의 서계 문안까지 제시했다. 의정역관은 이를 수락하고, 이해 9월부로 동래부사 정상우(鄭尙愚)의 명의로 서계 및 별진(別陳)을 관수에게 전달했다. [조선 당국에서 간역(奸譯)의 위조서계라고 주장한 첫 번째 문건이다.]

조선 동래부사 정상우(鄭尙愚)가 일본 쓰시마 주 태수 습유 다이라 공(平公) 합하(閣下)께 봉서(封書)를 드립니다.

요즈음 가만히 생각건대, 아후(訝候)[10]가 청슬(淸瑟)[11]하시리니 참으로 크게 위안이 됩니다. 통신(通信)의 일은, 요전에 빙례(聘禮)에 관해 의논하기를 원한다고 하셨습니다. 그런데 당시 우리나라의 입장에서 함께 의논할 일이'있어서 그 사유를 자세히 회보(回報)했는데, 다

---

9) 원문에는 무오(戊午)로 되어 있으나 정사(丁巳)의 잘못이므로 바로잡았다.
10) 아후(訝候): 상대의 체후(體候)
11) 청슬(淸瑟): 맑은 거문고 소리를 뜻하는 말로, 맑고 선명한 모양을 비유한다.

행히 잘 양해해 주셔서 실로 염려를 썻을 수 있었습니다. 이후 다시 조정의 논의를 거쳤습니다. 예전에 보내신, 피차의 민폐(民弊)가 염려되므로 귀주(貴州)에서 빙례를 거행하되 모든 것을 생폐(省弊)를 위주로 의정(議定)하는 일과 관련해서 이제 진술합니다. 이 일을 지금 꺼리지 않으신다면, 부디 사세(事勢)를 체량(體諒)해서 도부(東武)에 아뢰시기 바랍니다. 이만 줄입니다.

정사년(丁巳年) 9월 일

동래부사 정상우

별진(別陳)

이번 서한에서 통고하신 빙례(聘禮)와 관련해서는 진술한 대로 그 허락하시는 날짜를 받겠습니다. 글에서 포고하신 것처럼 오직 생폐(省弊)를 위주로 한다면, 우리나라에서 파견하는 사신은 이번에 2명으로 예를 거행할 것입니다.

하나, 귀주(貴州)에서 빙례를 거행하는 논의를 완전히 정하는 날에, 사신이 가져가는 인삼에 있어 구장(舊章)을 답습한다면 진퇴유곡(進退維谷)일 것입니다. 우리나라 인삼이 해가 갈수록 씨가 말라서 아무리 많이 파내도 전부 마련할 수 없습니다. 그러므로 가져가는 인삼의 총수를 33근으로 한정할 것을 바랍니다. 이 한 가지는 우리에게 생폐의 첫 번째 항목이니, 부디 이 한도를 넘지 않기를 특별히 간청합니다.

하나, 이번에 진술하는 바를 도부(東武)에서 윤허한 후, 신사(信使) 파견 시기를 지금부터 7, 8년 이후로 연기할 것을 바랍니다. 아니면 우리나라는 현재의 기한을 따르기 어려운 상황입니다. 이 건을 부디 깊이 양찰해서 잘 재처(裁處)하시기 바랍니다.

정사년 9월 일 동래부사 정상우[7]

동래부사의 서계와 별진(別陳)이 도착하자 타이슈 번은 가로 오모리 시게에몬에게 참부(參府)하게 했다. 오모리는 같은 해 12월 13일에 마쓰다이라 이즈노카미에게 서계와 별진을 전달했다. 곧이어 23일에 다시 마쓰다이라 가쿠로(閣老)가 소견(召見)하는 자리에서 오모리는 이번 교섭이 간세이 8년 4월 20일의 내명(內命)에 모순되지 않는다고 해명하고, 또 생폐 조건에 관해서도 상세히 설명하면서 그의 양해를 얻기 위해 노력했다.[8]

원래 역지행빙은 마쓰다이라 엣추노카미가 주창한 것으로, 그 후임인 마쓰다이라 이즈노카미도 이것이 성사되기를 희망하고 있었다. 이제 직접책임자인 오모리 시게에몬의 설명을 들은 막부에서는 간세이 8년 4월 20일의 내명을 완화해서, 조선이 먼저 역지행빙을 제의한다면 생폐를 조건으로 그 교섭에 응해도 괜찮다고 승인했다. 이듬해인 간세이 10년[정조 무오(戊午)] 5월 17일에 마쓰다이라 이즈노카미는 오모리 시게에몬을 관저로 불러서 소 요시카쓰에게 보내는 호쇼(奉書)를 주고, 정사년 9월에 동래부사가 별진을 통해 제시한 3개 조건을 기초로 하여 역지행빙의 교섭을 재개할 것을 정식으로 명령했다. 아울러 동래부사에게 보내는 회답서계안과 그의 별진에 대한 대안(對案)이라고 할 만한 부계안(副啓案), 그리고 이쪽에서 희망하는 조건으로 볼 수 있는 별진안(別陳案)을 전달했다. 여기서 주목해야 할 것은, 막부에서는 역지행빙 조약이 성립된 이상 7, 8년을 기다리지 말고 가능한 한 빨리 내빙할 것을 희망했다는 점이다.[9]

일본 쓰시마 주 태수 습유 다이라노 요시카쓰가 조선 동래부사 영공(令公) 합하께 답신합니다.

요즈음 가만히 생각건대, 문후(文候)가 형가(亨嘉)[12]하실 것이니 참으로 위로가 됩니다. 이제 빙례(聘禮)를 의논하는 일에 관해 귀 조정에서 거듭 상의한 끝에 폐주(弊州)에서 예를 거행해서 비용 절감을 도모하신다는 서장(書狀)을 보내셨습니다. 이러한 말씀을 어찌 감히 뜻밖의 일로 치부할 수 있겠습니까? 이에 도부(東武)에 아뢰니 다음과 같이 명하셨습니다. ○도부(東武)의 교령(敎令)은 생략함 참으로 양국의 기쁜 일이니, 모쪼록 서로 재작(裁酌)[13]해서 준비를 마친다면 참으로 다행이겠습니다. 이만 줄입니다.

간세이(寬政) 10년 무오(戊午) 7월   일
쓰시마 주 태수 습유 다이라노 요시카쓰

부계(副啓)

주신 말씀은 모두 잘 알았습니다. 이미 비용 절감을 위주로 하기로 했으니, 3명의 사신을 2명으로 줄이는 것은 처분에 일임하겠습니다.

하나, 가져오는 인삼을 총계 33근 이하로 하신다는 말씀은, 귀국에서 나는 인삼이 해가 갈수록 씨가 마른다면 또한 어쩔 수 없는 사정일 것이니 우리가 어찌 독촉하여 구용(勾用)[14]할 것을 논하겠습니까? 모두 간략하게 처리하십시오.

하나, 역지행빙을 합의한 이후에는 다이쿤(大君)께서 즉위하신 지 이미 오래되었으니 반드

---

12) 형가(亨嘉): 모든 아름다움이 모여서 형통하다는 뜻으로, 태평성대를 의미함
13) 재작(裁酌): 숙고하여 판단함. 재량(裁量)
14) 구용(勾用): 의미가 분명치 않다. 갈고리로 모두 끌어다 쓴다는 정도의 뜻으로 보인다.

시 늦지 않게 빙례(聘禮)를 거행해야 합니다. 어찌 별 다른 이유 없이 7, 8년을 기한으로 하겠습니까? 만약 혹시라도 차제(差第)[15]해서 연시(年時)를 늦추는 것은 또한 논할 바가 아닙니다.

간세이 10년 무오(戊午) 7월 일   쓰시마 주 태수 습유 다이라노 요시카쓰

별진(別陳)

하나, 빙례(聘禮)를 타이슈에서 거행하는 것은 참으로 신례(新例)입니다. 따라서 천만세(千萬世)가 지나도 변치 않을 법식(法式)으로 만들기 위해서는 마땅히 서로 참작하고 상량(商量)해서 빠뜨리는 바가 없어야 합니다. 그 요체는 치대(侈大)를 버리고 절검(節儉)을 숭상하며 화비(華費)를 제거하고 박실(朴實)을 일삼아서, 예의(禮義)에 근본하고 인정(人情)에 순응해야 아마도 양국 백성이 영원히 인호지의(隣好之誼)를 구가(謳歌)할 것입니다.

하나, 주신 말씀에 3명의 사신을 2명으로 줄인다고 하셨으니, 당연히 정사(正使)와 부사(副使)가 될 것입니다. 그들의 품계 또한 예전의 경우와 같습니까? 그렇다면 전체 인원과 선박 수는 얼마입니까? 부디 알려 주시기 바랍니다.

하나, 인삼을 33근 이하로 한다고 했으니, 그 밖의 의물(儀物)도 그에 따라 줄여야 할 것입니다. 부디 그 대략을 알려 주시고, 세세한 것은 나중에 상세히 알려 주시기 바랍니다. 그 밖에 혹시 바라는 것이 있거나 꺼리는 것이 있으면 가슴에 쌓아 두지 말고 일일이 말씀해 주시면 다행이겠습니다.

간세이 10년 무오(戊午) 7월 일   쓰시마 주 태수 습유 다이라노 요시카쓰[10]

오모리 시게에몬의 보고에 따라 타이슈 번은 마침내 정식으로 역지행빙 교섭을 재개하기로 결정하고, 간세이 10년 7월에 관수 도다 다노모에게 이러한 뜻을 훈령하는 한편, 동래부사에게 보낼 회답서계·부계(副啓)·별진(別陳) 등을 송달했다.

간세이 10년 8월, 왜관관수 도다 다노모는 강정역관(講定譯官) 박준한에게 앞의 공문서들을 제시하고 교섭을 시작했다. 원래 이번 막부의 명령에 의한 생폐 조건은 작년 간세이 9년 9월의 동래부사 별진에서 명시된 3개 조건을 승인하고 오직 일부만 수정할 것을 희망했으므로, 통신사 파견 연한을 제외하고 교섭은 별 문제없이 강정역관의 동의를 얻었다. 협정이 성립되자 관수는 예조의 승인과 동래부사의 명의로 된 약정서를 요청하

---

15) 차제(差第): 등급을 나눔

고 그 문안을 제시했다. 그런데 이때 강정역관 박준한이 사망해서, 훈도 박치검(朴致儉) 경화(景和)이 12월 19일에 예조참의 서계 및 동래부사 서계·별진을 관수에게 전달했다. [조선 당국이 간역(奸譯)의 위조서계라고 주장한 두 번째 문건이다.]

조선 예조참의 윤행원(尹行元)이 일본 쓰시마 주 태수 습유 다이라 공(平公) 합하께 글을 올립니다.

때는 바야흐로 한겨울인데, 계거(啓居)가 담박하실 줄 압니다. 이번에 빙례(聘禮) 지역을 바꾸는 일로 동래부에 부탁해서 성의(誠意)를 전달케 했습니다. 귀주(貴州)에서 실로 잘 체량(體諒)해서 도부(東武)에 아뢰었는데, 다행히 저희가 진술한 바를 윤허해서 귀주에 하교(下教)가 있었고, 귀주에서는 이에 따라 동래부에 자세히 통보해서 즉시 우리 조정에 전달케 하셨습니다. 생각건대, 양국의 교제와 화평(和平)을 강구하는 논의는 실로 인덕상의(隣德相依), 통교영구(通交永久)의 심려(深慮)에서 나온 것으로, 도부(東武)의 관홍(寬洪)한 성의(盛意)에 넉넉히 힘입고, 아울러 귀주가 주선하는 힘에 오로지 기대었으니, 감패(感佩)가 어찌 다하겠습니까? 자세한 사정은 차차 동래부에서 말씀드릴 것입니다. 부디 작량(酌量)해서 대례(大禮)가 완전히 정해지면 큰 다행이겠습니다. 이만 줄입니다.

무오년 11월 일
예조참의 윤행원

조선 동래부사 김달순(金達淳)이 일본 쓰시마 주 태수 습유 다이라 공 합하께 글을 올립니다.

멀리서 생각건대, 이 추운 날씨에 동지(動止) 청유(淸裕)하시리니 우러러 향하는 마음이 끝이 없습니다. 이번에 빙례(聘禮) 지역을 변경하되 모두 생폐(省弊)를 위주로 한다는 것은, 바로 조정의 뜻을 받들어 성의(誠意)를 전달한 것이었습니다. 좌우(左右)[16]가 특별히 주선해 주셔서 도부(東武)에 아뢰었는데, 다행히 모두 허락을 받아서 귀주(貴州)에 하교(下教)하시고, 귀주에서는 저희에게 자세히 알려 주셨으니, 감패(感佩)가 끝이 없습니다. 즉시 우리 조정에 전달했습니다. 예전에 우리가 옳지 않다고 했던 일을 이제 와서 다시 요청하게 되어 도부의 의향이 어떨지 염려했는데, 이 자세한 소식을 받고 그 선린(善隣)의 교제(交際)와 너그럽고 큰 덕의(德義)를 특히 깨닫게 됐습니다. 이는 남궁(南宮)[17]의 서한에서 모두 진술했습니다. 또 이제 통고해야 할 안건들을 별도로 작성해서 회신하니, 부디 모두 살피시기 바랍니다. 이

16) 좌우(左右): 상대를 높이기 위해 상대를 바로 지칭하지 않고, 주변의 하인들을 일컫는 말
17) 남궁(南宮): 예조(禮曹)의 별칭

만 줄입니다.

무오년 11월   일

동래부사 김달순

별진(別陳)

하나, 타이슈에서의 빙례(聘禮)를 상호 작량(酌量)해서 앞으로 약조를 저버리지 않는 것은, 성
신(誠信) 속에서 절검(節儉)을 숭상하는 대본(大本)이니, 지극히 선한 인의(隣誼)입니다.

하나, 3명의 사신을 2명으로 줄인다면 당연히 정사(正使)·부사(副使)를 보낼 것이며, 품계
또한 예전과 같을 것입니다. 인원과 선박의 총계는 강정(講定)을 마치기 전에 그 수를
말씀드리기 어렵지만, 2, 3년 내로 계산해서 그 실상(實狀)을 통고할 수 있을 것입니다.

하나, 인삼을 33근으로 제한하는 것에 관해 다행히 용납하셨으니 대단히 감사합니다. 그 나
머지 의물(儀物)을 줄이는 문제 또한 2, 3년 내에 계산해서 상의할 수 있을 것입니다.
원하건 원치 않건 간에 가슴에 쌓아 두지 말라는 말씀은 양국의 화호지의(和好之誼)에
있어 더욱 감사할 일입니다. 덕분에 일이 잘 이뤄진다면 몹시 다행이겠습니다.

무오년 11월 일   동래부사 김달순[11]

덧붙여 말하자면, 여기서 통신사의 파견 연한에 주의할 필요가 있다. 막부는 쇼군이
습직(襲職)한 이후로 이미 오랜 시일이 흘렀기 때문에 역지행빙의 약조가 성립된 이상
신속히 빙례(聘禮)를 거행할 것을 희망했다. 그래서 타이슈 번에 내린 서계안(書契案)에
서도 이를 명기했지만, 타이슈 번에서는 그것을 원치 않았던 것 같다. 따라서 타이슈 번
은 별도로 왜관관수 도다 다노모에게 연기할 것을 명하여 강정역관 박준한과 교섭하게
했다. 조선에서는 타이슈 번과 마찬가지로 오래 연기할 것을 — 적어도 7, 8년 — 희망하
고 있었으므로, 생폐(省弊) 조건과 별도로 간세이 10년 8월의 통신사 파견을 정묘년(丁卯
年)[분카(文化) 4년]까지 10년간 연기하기로 확정하고 막부의 승인을 얻었다. 동래부사의
별진(別陳)에서 연한을 언급하지 않은 것은 이 때문이다.[12]

이것으로 역지행빙 협정이 성립되자 관수 도다 다노모는 곧장 본번(本藩)에 이 사실을
보고했다. 번청(藩廳)은 막부에 있는 가로(家老) 오모리 시게에몬에게 명하여 이듬해인
간세이 11년 2월 5일에 막부에 보고하고 관계문서를 진달하게 했다.[13]

간세이 8년 당상역관 박준한의 도해(渡海)로부터 간세이 10년 역지행빙의 성립까지 3
년 동안의 교섭에 관한 타이슈 번 기록과 이테안(以酊庵) 기록은 지금까지 서술한 것과

같다. 그런데 이것들을 조선 측 기록과 비교해 보면 중대한 차이가 있다. 이 차이점이 뒷날 일한국교를 한때 위기에 빠뜨리는 복선이 된다. 이제 그 차이점을 밝히고 설명을 덧붙이고자 한다.

첫 번째는 간세이-무오 협정의 발안자(發案者)이다. 타이슈 번 측의 주장에 따르면 앞에서 서술한 것처럼 조선이 자발적으로 생폐를 조건으로 역지행빙을 제의한 것이지만, 조선 측의 기록은 명백히 이를 부정하고 있다. 즉, 왜학역관 박준한이 타이슈 번의 뇌물에 유혹되어 독단적으로 교섭을 진행한 것으로, 조선 정부는 물론 왜학역관의 감독관인 예조당상, 동래부사조차 전혀 간섭하지 않았으며, 역지행빙에 관한 간세이-병진년(丙辰年)부터 간세이-무오년까지의 예조참의와 동래부사의 서계·도서(圖書)는 모두 위조이며, 따라서 무오 역지행빙 약정은 전부 무효라고 주장하고 있다. 실제로 뇌물을 수수한 역관 2명, 서계 위조 죄인·도서(圖書) 위조 죄인 2명이 동래부에서 체포, 처형된 것을 보더라도(제5절 참조) 서계의 위조는 의심할 여지가 없으나, 박준한이 나서서 독단적으로 역지행빙을 제의했는지, 아니면 타이슈 번이 박준한을 매수했는지 여부는 쉽게 단정할 수 없다. 이 문제를 판단하는 데 중요한 사료는 『일성록(日省錄)』 정조(正祖) 정사년(丁巳年) 2월 10일의 기사이다. 즉, 당상역관 박준한이 도해(渡海) 복명한 후 정조가 우의정 윤시동(尹蓍東)을 비롯한 비변사 당상을 소견(召見)해서 통신사 문제를 협의한 기사인데, 이 복잡하게 뒤얽힌 사건을 해석하는 데 한줄기 빛을 던져 준다.

시동(蓍東)○우의정 윤시동(尹蓍東): 통신사가 머지않아 나가야 하는데, 인삼을 마련하는 일이 참으로 근심스럽사옵니다.

여(予)○정조: 신삼(信蔘)[18] 가격의 내력(來歷)을 모두 초출(抄出)[19]했는가?

시수(時秀)○호조판서 이시수(李時修): 아직 모두 초출하지 못했으나, 본조(本曹)○호조(戶曹)는 연조(年租)에 간간이 낙루(落漏)[20]가 있사옵니다. 그러므로 해도(該道)○평안도에 지시해서 초출하여 보내게 했사옵니다.

여: 와서 통신사를 청한 것은 전해 들은 말인가, 분명한 말인가?

시동: 와서 통신사를 청하는 규칙은, 쓰시마 도주가 에도로 간 다음에 비로소 요청을 보낼 수 있는데, 요청을 할 때는 반드시 대차왜(大差倭)○통신사청래대차(通信使請來大差)를 보내야 하옵니다.

---

18) 신삼(信蔘): 수신사가 예물로 가져가는 인삼
19) 초출(抄出): 장부 등에서 필요한 부분만 발췌하여 정리함
20) 낙루(落漏): 대장(臺帳)에 기록되어 있어야 할 사항이 빠짐

대차왜가 온 다음에 수신사를 보내는데, 그가 가지고 들어갈 인삼은 반드시 160여 근이 필요합니다. 그런 뒤에야 미삼(尾蔘)[21]을 제거하고 비로소 120여 근을 만들 수 있기 때문입니다.

여: 몇 해 전에 예비삼(預備蔘)이 있었는데, 아직 남아 있는가?

시수: 이미 다 내주었사옵니다. 신삼 값도 크게 부족한데, 용처가 분명치 않으니 본도(本道)에 ○평안도 물어보겠사옵니다.

여: 호조에서 어찌 그 용처를 모르는가?

시수: 묘당에서 전담하기 때문에 호조에서는 상세히 알지 못하옵니다. 신은 생각건대, 통신사행을 쓰시마까지만 들어오게 한다는 것은 필시 도주(島主)의 교활한 말일 것이옵니다.

여: 수신사가 반드시 에도에 들어가는 것이 바로 약조이거늘, 약조에서 벗어난 일을 어찌 허락할 수 있겠는가?

시동: 도해역관(渡海譯官)○박준한의 말을 들으니, 수신사가 왕래할 때 쓰시마에서 에도까지 접대하는 데 온 나라의 힘을 쓴다고 하옵니다. 그러므로 그 말이 이와 같은 것이니, 왜인의 쇠미함을 알 수 있사옵니다.

여: 수신사가 쓰시마까지만 간다면, 단삼(單蔘)[22]을 쓸 곳 또한 비례해서 많이 줄어들겠다.

시동: 비단 인삼뿐이 아니요, 다른 예물도 많이 줄어든다고 하옵니다.

여: 참으로 그 말이 사실이라면 피차 무방하리라. 그러나 대체로는 약조를 위반한 것을 언급하면서 당분간 불허하고, 역관들로 하여금 시일을 지연케 하는 것이 좋으리라.

시동: 도주는 수신사 파견의 허락 여부를 확인한 이후에야 비로소 에도에 들어갈 수 있다고 하옵니다.

여: 예전 선조(先朝)○영조 갑신(甲申) 때에 최(崔) 씨 역관○왜학훈도 최학영(崔鶴齡)이 서울에서 동래부로 내려가 수신사 파견 요청을 거절했는데, 상(上)께서 특별히 예외적인 상전(賞典)을 베푸셨으니, 그들에게 물어보면 필시 알 수 있으리라. 지금 역관들이 비록 옛날 역관들만 못하더라도 몇 년 기한을 늦추는 데 무슨 어려움이 있겠는가?

시동: 도주가 에도를 왕래하고 우리나라가 수신사를 보내는 데는 본래 절차가 있습니다. 기한을 몇 년 늦추는 것은 아마 우려할 것이 없을 듯하옵니다.

여: 몇 년만 늦추지 말고 4, 5년 정도 늦추면 더욱 좋을 것이다.

시동: 왜인의 사정은, 쓰시마에 속한 자들은 모두 수신사가 에도에 들어가기를 원하지만, 도주와 각 주(州)의 태수(太守)들은 모두 쓰시마에서 멈추기를 바란다고 하옵니다. 수신사가

---

21) 미삼(尾蔘): 인삼의 잔뿌리
22) 단삼(單蔘): 예단 인삼

행차할 때 도주와 각 주 태수들이 영송(迎送)을 담당하기 때문에 그런다고 하옵니다.

시수: 역설배(譯舌輩)[23]의 말은 신뢰하기 어렵사옵니다. 그들이 성심으로 국사(國事)를 위해 저들의 사정을 정탐했는지 어떻게 알겠사옵니까?

시동: 기한을 늦추는 것은 어렵지 않으나, 차왜(差倭)가 빈번히 나오는 것은 또한 재물을 탕진하는 단서가 될 것이옵니다.

여: 차왜도 나오지 못하게 하는 것이 좋겠다.

시동: 그것은 역설배(譯舌輩)가 막을 수 있는 바가 아니옵니다. 그런데 이들은 수신사가 쓰시마까지만 가는 것이 마땅하다고 한다 하옵니다.

여: 필경은 허락한다고 해도, 당분간은 그들로 하여금 천연(遷延)하며 기한을 늦추게 하라.

시동: 왜인들은 예전에 수신사를 맞이할 물품이 화재로 소실되어 10년 늦출 것을 청했는데, 우리나라에서 그것을 허락했사옵니다. 저들이 이미 기한을 10년 늦췄으니, 우리나라 수신사 또한 어찌 4, 5년을 연기할 수 없겠사옵니까? 수신사가 쓰시마까지만 가는 것은 약조에서 벗어난 것이옵니다. 그러므로 허락할 수 없다는 말을 하면서 거절한다면 좋은 구실이 될 것이옵니다.○상략, 하략14

이상 정조와 우의정 윤시동, 호조판서 이시수의 문답을 통해, 조선 묘당에서는 통신사가 일본의 쇼군, 세자, 고산케(御三家)[24], 로주(老中), 교토쇼시다이(京都所司代)[25] 등부터 타이슈 번주(藩主), 이테안(以酊庵), 반쇼인(萬松院)까지 예물로 증여해야 할 인삼(산삼), 이른바 '예단삼(禮單蔘)' 혹은 '신삼(信蔘)'의 생산량 감소에 고심했고, 그 대책을 마련할 길이 없어서 일본이 즉시 통신사 내빙을 요청해도 응할 수 없는 곤란한 상황에 처해 있었음을 알 수 있다. 이에 예전에 타이슈 번이 제의했던 통신사 역지행빙을 다시 고려해서, 신삼의 감액을 조건으로 그에 응할 의향이 생긴 것을 충분히 간취할 수 있다. 정조의 말 중에, "수신사가 대마도까지만 간다면, 단삼(單蔘)을 쓸 곳 또한 비례해서 많이 줄어들겠다."라고 한 것에 특히 주의할 필요가 있다. 우의정 윤시동과 호조판서 이시수 모두 그 의견에는 다소 차이가 있지만, 이론상 국왕과 같은 견해였음을 알 수 있다. 이미 국왕과 묘당 모두 역지행빙에 기울고 있었다는 점을 고려하면, 왜학역관 박준한의 말과

---

23) 역설배(譯舌輩): 역설(譯舌)은 역관(譯官), 또는 사역원(司譯院)의 관리를 가리킨다.

24) 고산케(御三家): 에도시대에 도쿠가와(德川) 쇼군가의 일족으로 쇼군가 다음가는 지위에 있었던 오와리토쿠가와(尾張德川家)・기슈토쿠가와(紀州德川家)・미토토쿠가와(水戸德川) 세 가문의 경칭이다.

25) 교토쇼시다이(京都所司代): 에도시대에 교토의 치안 유지 임무를 담당한 부서로, 정원은 영지 3만 석 이상의 후다이다이묘(譜代大名: 세키가하라 전투 이전부터 대대로 도쿠가와 집안을 섬겨 온 다이묘) 1명이었다.

일맥상통하는 부분이 있음을 간취할 수 있다.

그렇지만 역지행빙은 통신사제도의 근본적 변혁을 의미했으므로 조종(祖宗)의 가법(家法)을 묵수(墨守)하는 조선의 군신(君臣)은 이 문제를 막부나 타이슈 번의 중신(重臣)들이 예상한 것보다 훨씬 더 중대시했다. 따라서 어떤 형식으로라도 조선의 사신이 자발적으로 이를 제의하는 것은 상상하기 어렵다. 히라타 하야토, 오모리 시게에몬, 다다 사젠 등 타이슈 번의 중신들이 권모에 능한 왜관관수 도다 다노모에게 밀명해서 훈도 박준한과 박치검 등을 교묘히 유혹했다고 보는 편이 온당할 것이다. 박준한과 박치검은 묘당의 분위기를 충분히 파악하고 있었으므로, 타이슈 번에서 제시한 조건대로라면 묘당의 동의를 얻을 것으로 확신해서 독단적으로 이 교섭을 진행했다. 그런데 직접감독관인 동래부사 윤장렬의 동의를 얻기도 전에 관수 도다 다노모가 귀국하면서 부사의 보증을 요청했으므로, 어쩔 수 없이 부사의 서계를 위조해서 그 일족인 박윤한(朴潤漢)에게 베껴 쓰게 하는 한편, 도서(圖書) 「동래부사지장(東萊府使之章)」은 동래부 상인 김한모(金漢謨)에게 모각(模刻)하게 한 후 을묘년 10월에 서계를 위조해서 관수에게 주었을 것이다. 관수도 이 서계가 위조라는 것을 알고 있었던 형적이 있다.[15] 얼마 후 도해역관을 파견할 때 박준한은 다행히 수역(首譯)(수석역관)에 들었고, 타이슈로 가서 오모리, 다다 두 가로(家老)와의 협의를 거쳐 구체적인 성안(成案)을 마련한 후, 귀조 복명하는 자리에서 역지행빙을 실현시키기 위해 최대한 노력했던 것이다. 앞에서 인용한 『일성록(日省錄)』의 기사에서 우의정 윤시동이, "역설배들은 수신사가 쓰시마까지만 가는 것이 마땅하다고 한다."라고 한 말이 이를 입증한다.

왜학역관 박준한의 노력은 묘당으로 하여금 역지행빙이 조선에도 유리하다는 것을 깨닫게 했지만, 여전히 기대했던 결과를 얻지는 못했다. 그 이유는, (1) 역지행빙이 에도 정부의 직접 명령에 의한 것인지, 아니면 타이슈 번의 독단에서 나온 것인지 여전히 의문의 여지가 있었다는 것이다. 호조판서 이시수의 말에, "신은 생각건대, 통신사행을 쓰시마까지만 들어오게 한다는 것은 필시 도주(島主)의 교활한 말일 것이옵니다."라고 한 것은 이를 의미한다. 게이초(慶長)·겐카(元和) 연간에 국교가 회복된 이래로 타이슈 번의 대한방침이 철두철미하게 권모술수로 일관해서 성신(誠信)의 실제를 조금도 볼 수 없었던 사실을 생각하면, 이시수의 위구심은 참으로 당연했으며 결코 조선 관료의 시의심(猜疑心)이라고 단정할 수 없다. (2) 조선 관료의 보수적 사상 때문에 사안의 시비선악을 불문하고 신례(新例)를 만들기를 주저했다는 것이다. 정조처럼 송학(宋學)에 넉넉히 일가를 이룬 군주에게는 이러한 경향이 한층 더 강했을 것이라고 생각하지 않을 수 없다. 이러한 두 가지 이유에 따라 조선 군신(君臣)이 내린 결론은, 정조의 말에서 보이듯이 "필경은 허락한다고 해도, 당분간은 천연(遷延)하며 기한을 늦추게 하라."는 것이었다. 다시 우의정 윤시동의 말로 부연하자면, '역지행빙은 동시에 예물 생폐를 조건으로 수반하기 때문에 일한 양국에 대단히 유리하다. 따라서 조만간 그것에 동의하게 될 것이다. 단, 이는 약조에 위배되며, 또 에도 정부의 의향도 아직 불확실하므로 조선으로서는 당분간 구체적인 의사 표시를 미루고, 다만 조약 위반을 명분으로 내세워 요청을 거절하고 천연을 시도해야 한다. 또한 통신사 파견은 조선의 현재 상황으로 미뤄 볼 때 앞으로 14, 15년간 연기하도록 교섭해야 한다.'는 것이다.

묘당의 논의가 이렇게 결정됨에 따라 박준한은 단지 통신사의 파견 연기만을 위한 강정역관에 임명됐다. 박준한은 크게 실망했다. 그는 재차 관수로 부임한 도다 다노모와 협의를 거듭한 끝에 — 도다의 종용도 있었을 것이다. — 무오년 11월에 예조참의 윤행원의 서계, 동래부사 김달순의 서계·별진(別陳)을 위조하기에 이르렀다. 서계의 위조는 더할 나위 없이 위험한 일이지만, 그는 종래의 경험을 통해 타이슈 번이 사정을 충분히 알고 있는 이상 역지행빙만 성립한다면 적당히 은폐하는 것도 그다지 어렵지 않다고 생각했을 것이다.

두 번째로 따져 볼 문제는 왜학역관 박준한, 박치검의 '수뢰매국(受賂賣國)'의 죄에 타이슈 번이 공모했는지 여부이다. 타이슈 번은 막부 및 조선에 대해 역관에게서 전달받은 예조참의, 동래부사 서계의 진실성을 한 번도 의심한 사실이 없다고 강조하면서(제5절, 제6절 참조) 공모 혐의에 대해 완강히 무죄를 주장했고, 결국 성공했다. 현실적으로도 위조서계 및 그에 관련된 문서기록은 타이슈 번의 손에서 신중히 처리됐고, 왜학역관 2명은 일이 발각되기 전에 사망했으며, 증빙할 만한 물건들은 모두 파기됐기 때문에 타이슈 번의 유죄를 입증할 증거는 아무것도 남아 있지 않았다. 그러나 타이슈 번은 과거 200년 동안 상습적으로 국서를 비롯한 서계를 위조, 변조했다. 이번 사건에 한해서 서계 위조에 관여하지 않았다고 변명해도 믿을 사람은 아무도 없다. 더욱이 타이슈 번의 비록(秘錄)을 정밀히 조사해 보면, 다소 의문스러운 단서가 발견된다.

『조겐인(淨元院)소 요시카쓰(宗義功) 실록』 간세이 9년 10월, 동래부사 정상우 서계[정사년(丁巳年) 9월자를 기술한 조(條) 아래에, "이 서사(書詞)[26]를 살펴보건대, 박 첨지(僉知)의○첨지중추부사(僉知中樞府事) 박준한 말에 따라 우리에게 글을 쓰라고 한 다음에 그가 그대로 서계를 만들었다. 비밀스러운 일이라서 전해지는 것이 없다."라고 하고, 또 간세이 10년 5월, 예조참의 윤행원·동래부사 김달순의 서계·별진을 기재한 조(條) 아래에, "이 문서를 살펴보면, 또한 우리가 기초한 것을 그가 그대로 만든 것이다."라는 주석이 기록돼 있다. 즉, 문제의 위조서계는 모두 타이슈 번에서 제시한 문안에 기초해서 작성된 것이며, 또 저간의 상세한 사정은 비밀이라서 전해지지 않는다고 말하고 있는 것이다. 또 간세이 12년 5월, 렌판야쿠(連判役)[가로(家老)의 차석(次席)] 무라오카 사쿄(村岡左京)에게 사명(使命)을 줘서 에도로 파견한 조(條)에는, "18일에 직접 말씀하시기를, 빙례역지(聘禮易地) 건은 저들이 실로 허락하지 않고, 오직 구례(舊例)대로 빙례를 행하기만을 원하고 있다고 하셨다."라는 구절이 보인다.[16] 이미 간세이 11년에 타이슈 번주(藩主)와 조선의 예조참의·동래부사 간에 역지행빙에 관한 공문서가 왕복했고, 그에 따라 막부에 협정의 성립을 정식으로 보고한 마당에 다시 번주(藩主)가 막부에 중신(中臣)을 파견해서 조선은 역지행빙에 동의하지 않으며 구례(舊例)에 따라 수신사의 에도 파견을 희망하고 있다고 진정(陳情)한다면, 대부분의 사람들이 그 이유를 납득할 수 없을 것이다.

이러한 사정을 종합해 보면 타이슈 번이 서계 위조의 공범이었다는 것은 거의 의심할 여지가 없다. 즉, 가로(家老) 오모리 시게에몬 일파는 역지행빙의 성사를 희망한 나머지 관수 도다 다노모에게 지시해서 왜학역관 박준한, 박치검과 결탁하게 하고, 위조된 서계로 막부에 대해 상황을 호도하고 있었다. 또 이 때문에 번의 민심이 비등해서, 그 진상을 폭로하려고 한 일파가 존재한 사실 또한 간취할 수 있다.

역지행빙 문제는 마침내 타이슈 번 내부에 중대한 위기를 초래했다. 처음에 스기무라 나오키가 막부의 명으로 은퇴하자 오모리 시게에몬 일파는 막부를 등에 업고 세력을 얻었다. 오모리는 자이후(在府),[27] 그 사위 히라타 하야토노부쓰네(暢常)는 자이고쿠(在國) 가로(家老)로서 정권을 장악하고, 다다 사젠가쓰타네(功種), 히구치 미노노부아사(暢朝), 요시카 슈젠노리타카(功孝) 등 여러 중신들과 결탁한 후 번주 소 요시카쓰의 유약함을 이용해서 전횡을 자행했다. 그런데 오모리 등이 창도한 역지행빙이 여러 차례 차질을 빚은 것은 은폐할 방법이 없었다. 이는 번 내부의 유력자들에게 간세이 8년 이후로 행해진 역지행빙 협정은 관수 도다 다노모와 조선 왜학역관의 결탁에서 나왔을 것이라는 의심을 갖게 했고, 간세

<hr>

26) 서사(書詞): 서신(書信), 서사(書辭)

27) 자이후(在府): 에도시대에 다이묘나 그 가신이 에도에서 근무하는 것. 에도즈메(江戶詰め)와 같은 말이다. 자이고쿠(在國)는 그 반대말로 다이묘나 가신이 본국에 있는 것을 말한다.

이 10년 협정의 진정성을 의심하는 사람들까지 생겼다. 이 때문에 유언비어가 성행해서 번 내부의 물정이 크게 소요했다. 이런 상황을 우려한 번주도 여러 차례 내유(內諭)를 내려서 번사(藩士)의 동요를 계칙하고, 또 중신들을 여러 신사(神祀)에 보내서 역지행빙의 성공까지 기도하게 했다. 당시 전(前) 가로(家老) 스기무라 나오키는 은퇴한 후였지만, 차마 번 인심의 동요를 두고 볼 수 없다고 하면서 오모리, 히라타의 전횡에 반대하는 일파와 밀의(密議)했다.

간세이 12년 윤4월 20일, 무라오카 사쿄^{교인(功殷)}·등 번사(藩士) 100여 명이 히라타 나오에몬(平田直右衛門)과 하라 다쿠에몬^{노부키(暢規)}의 집에 모여서 상의한 후, 연서(連署)로 히라타 하야토, 요시카 슈젠의 실정(失政)을 상주하고 탄핵했다. 스기무라는 명을 기다리지 않고 바로 등청(登廳)해서 번주를 알현하고 번정쇄신(藩政刷新)을 건언했다. 번주는 그의 말에 따라 히라타, 요시카 일파를 파면하고 그 지교(知行)²⁸⁾를 삭감했다. 그리고 무라오카 사쿄, 이쿠도 가쿠자에몬(幾度格左衛門)^{가쓰마루(功圓)} 등을 렌판야쿠에 임용하고, 또 스기무라 나오키의 장자 지카라(主稅)^{가쓰카(功加)}를 가로에 임명했다. 같은 해 5월 7일에 번주는 특별히 무라오카 사쿄에게 참부(參府)를 명했다. 그리고 막부에 역지행빙 교섭의 진상을 보고하면서, 조선은 역지행빙에 동의하지 않고 여전히 구례(舊例)를 고집해서 통신사의 에도 파견을 주장하고 있다는 것도 상신하게 했다.

스기무라 나오키의 잠재력은 히라타, 요시카 등을 정국 밖으로 몰아내는 데는 성공했지만, 그 핵심인 오모리 시게에몬까지 미치기에는 부족했다. 무라오카 사쿄의 조부 사쿄(左京)^{유키타카(如喬)}는 쓰시마 도주 소 요시미치(宗義方)의 아들로, 가신인 무라오카 씨의 양자로 들어가서 그 가문을 계승한 번(藩) 내의 명족(名族)일 뿐이었다. 그런 그가 에도에 특파되어 역지행빙 교섭의 진상을 막부에 폭로하고 오모리의 실각을 시도하자, 사태는 전혀 예상하지 못한 방향으로 전개되었다. 원래 역지행빙은 마쓰다이라 엣추노카미의 집정 이래 엄연한 국책(國策)이었고, 이론상 타이슈 번은 어떤 희생을 치르더라도 그 실현을 위해 노력해야 할 의무가 있다. 따라서 이제 무라오카 사쿄의 양해운동(諒解運動)은 번주의 암약(暗弱)을 틈타 자기 가문의 세력을 키우려는 정쟁이 통신사 문제에까지 파급된 것으로 받아들여졌던 것이다. 게다가 무라오카가 그 친족인 마쓰다이라 우콘쇼겐(松平右近將監)^{다케치카(武厚)}[고즈케노쿠니(上野國) 다테바야시(館林) 번주(藩主)]의 가로 마쓰

---

28) 지교(知行): 막부나 번에서 가신들에게 봉록으로 내려 준 토지

쿠라 몬도(松倉主水)에게 밀서를 보내서 역지행빙의 과실을 비난하고, 그 주모자인 오모리 시게에몬의 면출(免黜)[29]을 주장한 일이 막부에 알려지자 사태는 더욱 악화됐다. 교와(享和) 원년 정월 21일, 마쓰다이라 이즈노카미는 특별히 오모리 시게에몬을 관저로 불러서, 스기무라 나오키가 무라오카 사쿄 등을 사주하여 그 가문의 세력을 키우고 특히 통신사 문제를 방해한 것에 대해 엄중히 계칙했다.

이리하여 스기무라 일파의 혁신운동은 완전한 실패로 끝났다. 무라오카 사쿄는 귀국 도중 후시미(伏見)에서 자인(自刃)하고, 스기무라 지카라 이하 혁신운동에 관여한 번사(藩士)들은 번청(藩廳)에서 일소됐다. 스기무라 나오키는 그 지교쇼(知行所)로 물러났지만, 나중에 막부의 명에 따라 에도로 소환되어 불행한 최후를 맞았다. 이쿠도 가쿠자에몬도 오모리 일파에게 암살당했다. 즉, 역지행빙은 일한 양국에 어려운 외교교섭을 야기했을 뿐만 아니라, 타이슈 번의 입장에서도 이후 반세기 동안 불행한 내홍(內訌)의 원인이 됐던 것이다.[17]

---

29) 면출(免黜): 관직을 강등하거나 면직시키는 일

1 『淨元院實錄』상권.

2 『本邦朝鮮往復書』88권, "寬政六年遣朝鮮國規外書", "朝鮮國規外回翰"; 89권, "寬政七年遣朝鮮國規外書"·"朝鮮國規外回翰"; 『同文彙考(附編續)』, 「告慶一」, 「告訃」, 「告還」; 『淨元院實錄』상권.

3 『本邦朝鮮往復書』89권, "寬政七年朝鮮國規外回翰"; 『同文彙考(附編續)』, 「告慶一」; 『淨元院實錄』상권.

4 『淨元院實錄』상권.

　　박 첨지(첨지중추부사 박준한)가 도해(渡海)해서 다다 사젠, 오모리 시게에몬에게 글을 바치면서 말하기를, "오늘 상의한 일은 오직 생폐역지(省弊易地)에 있습니다. 생폐하는 방법에는 또한 다소(多少)가 있는데 많이 하면 다행이겠습니다. 감액하는 숫자가 적으면 일에 무익하니 이를 양해해서 처리하십시오. 하나, 이번에 일을 마치고 올라간 후에 신행(信行)에 대해 묘당에 상세히 진술할 것입니다. 생폐와 빙례 지역을 바꿔서 접대하는 뜻을 허락하신다는 분부를 흔쾌히 받아서, 내년 4, 5월 중으로 동래에 내려와 관사(館司)에게 통지해서 귀주(貴州)에 보고하게 할 생각입니다. 생폐역지를 또한 귀주(貴州)에서 각별히 주선해서 중간에 어긋나지 않게 하신다면 천만다행이겠습니다. 하나, 신행의 대체(大體)를 이번에 올라가 조정에 상세히 진술해서 허시(許施)하는 분부를 흔쾌히 받고, 즉시 공(公)의 체통을 위해 왕복할 생각입니다. 생폐하는 일을 또한 귀 조정에 잘 아뢰어서, 반드시 많이 감액하게 하시기를 간절히 바랍니다." (상략·하략)

5 『淨元院實錄』상권.

6 『淨元院實錄』상권; 『邊例集要』14권, 「雜犯」.

7 『本邦朝鮮往復書』90권, "寬政十年朝鮮國規外回翰"; 『淨元院實錄』상권.

8 『淨元院實錄』상권.

9 『淨元院實錄』상권.

　　타이슈 번주에게 보낸 가쿠로(閣老)의 연서호쇼(連署奉書)의 한역문은 다음과 같다.

　　예전에 의빙(議聘)하는 일을, 사실에 따라 자세히 진술했는데, 저들은 일찍이 옳다고 하지 않고 오직 구장(舊章)을 따라야 한다고 주장했다. 이 또한 부득이한 인의(隣誼)에서 나온 것이었으니, 우리는 그 의론을 그만둘 것을 허락하고, 조정에 아뢰어 그 일을 이미 거둬들였다. 그런데 지금 생각을 바꿔서 역지(易地)를 청하니 매우 의심스럽다. 하지만 요구하는 바가 비용 절감에 있으니, 우리의 이른바 '간이(簡易)'와 그 뜻이 서로 같다. 3건의 요청은 또한 허용할 수 있다. 너는 이러한 뜻을 체인해서, 서로 재작(裁酌)하여 준비를 다하라. 이상과 같이 명하노라.

　　　　　　　　간에이 10년 무오 5월　일(『本邦朝鮮往復書』90권, "寬政十年遣朝鮮國規外書")

10 『本邦朝鮮往復書』90권, "寬政十年遣朝鮮國規外書".

11 『淨元院實錄』상권.

12 『增正交隣志』5권, 「通信使行」.

　　또한 통신사 10년 연기에 관한 왜관관수의 단간(短簡)은 다음과 같다.

　　이제 본주(本州)의 부교(奉行)가 에도에 들어갈 때 통신사행의 10년 연기를 도부(東武)에 품정(稟定)했는데, "신행(信行)은 교린지의(交隣之誼)에 있어 응당 행하지 않을 수 없는 관례이다. 임시청래(臨時請來)는 다시는 기한을 늦추지 말고 미리 약정해서 기다릴 것"이라고 했습니다.

　　　　　　　　　　　　　　　　　　　　　　　　무오년 8월　일

13 『淨元院實錄』상권.

14 『日省錄』, 正祖 丁巳年 2月10日.

15 『邊例集要』14권,「雜犯」.

16 『淨元院實錄』상권.

17 『淨元院實錄』상·하권. 또한『通航一覽』33·34권의「朝鮮國部九·十」에 수록된 분카 4,5년 타이슈 자이킨간조(在勤勘定) 구보타 기치지로(久保田吉次郎), 가치메쓰케(徒目付) 노나카 신사부로(野中新三郎)의 보고는 당시 타이슈 번의 일반적 실정을 설명한 것으로 특히 중요한 사료이다.

제 5 절

을축통신사행절목강정(乙丑通信使行節目講定) /
왜학역관옥(倭學譯官獄)

간세이 10년 무오년, 타이슈 번주와 조선의 동래부사 간 왕복문서를 통해 통신사의
에도 내빙을 중단하고 타이슈 번에서 예빙을 거행하는 것으로 ― 그 문서의 효력에 관해
서는 여전히 중대한 의문점이 남아 있었지만 ― 확정됐다. 그렇지만 이른바 역지행빙은
통신사 제도를 근본적으로 개혁하는 것이라서 세부항목에 관해서는 여전히 많은 상의
가 필요했다. 무오년 11월 동래부사 김달순의 서계와 별진(別陳)에서도 통신사 원역(員
役)과 선박의 수, 그리고 신삼(信蔘) 이외의 예물을 얼마나 줄일지 2, 3년 내에 격의 없이
상의하겠다고 명기되어 있다. 일반적인 순서는 통신사를 파견하기 2, 3년 전에 조선이
당상역관을 타이슈에 보내서 타이슈 번 가로(家老)와 통신사에 관한 세부항목을 협정하
면[신행절목강정(信行節目講定)], 그 다음 해에 타이슈 번에서 통신사청래대차사(通信使請
來大差使)를 파견해서 정식으로 통신사 파견을 요청하는 것이다. 그런데 이번 경우에는
도해 역관(渡海譯官)을 기다릴 겨를이 없이, 먼저 통신사절목강정재판(通信使節目講定裁
判)을 급파해서 조선 역관과 협정을 행해야 했다.

간세이 10년으로부터 2년이 지난 간세이 12년 경신년 6월에 정조가 훙서(薨逝)하고,
어린 순조가 즉위함에 따라 정순대왕대비(貞純大王大妃) 김씨의[영조 계비(繼妃)] 수렴섭정(垂簾
攝政)이 정해졌다. 이 때문에 간세이 10년 무오협정의 실행에 약간의 불안을 느꼈던 듯,
교와(享和) 원년 8월에 타이슈 번의 자이후가로(在府家老) 오모리 시게에몬은 통신사행
절목에 관한 교섭 개시를 신청했다. 막부는 조선이 국상(國喪) 중인데 그런 시급하지 않
은 교섭은 거부하지 않겠느냐고 질문한 후, 12월 11일자 호쇼(奉書)로 그 신청을 허가하
고 동시에 번주 소 요시카쓰의 참근(參觀)[1] 연기 신청도 허가했다.[1]

통신사행절목의 강정(講定)[2]은 매우 중요한 임무였으므로, 그 인선은 특별히 신중을

---

1) 참근(參觀): 참근(參勤)과 뜻이 같다.
2) 강정(講定): 협상해서 결정함

기해야 했다. 최종적으로 왜관관수 도다 다노모[원창명(源暢明)]가 선발됐다. 이에 따라 교와 2년 7월에 도다를 진급시켜 구미가시라(與頭)[3]로 삼고 강정재판(講定裁判)으로 전임(轉任)하는 한편, 관수 후임으로 오우라 효자에몬(大浦兵左衛門)[평공승(平功勝)]을 지명했다.[2] 당시 예조참의 및 동래·부산에 보내기 위해 재판에게 준 서계에서 다음과 같은 중대한 차이점이 발견된다.

이태안(以酊庵) 원문	『승문원등록(承文院謄錄)』 수록문
일본 쓰시마 주 태수 습유 다이라노 요시카쓰가 조선 예조 대인 합하께 글을 올립니다.	일본 쓰시마 주 태수 습유 다이라노 요시카쓰가 조선 예조 대인 합하께 글을 올립니다.
멀리서 생각건대, 겨울 끝자락에 문후(文候)가 다복(多福)하시리니 그리운 마음 몹시 간절합니다.	아직 한풀 꺾인 더위가 남아 있는 이때에 가만히 생각건대, 귀국은 청태(淸泰)하고, 본방(本邦)은 화집(和輯)[5]하니 모두 뛸 듯이 기쁜 일입니다.
다름이 아니라, 빙례역지(聘禮易地)는 오직 처음 한 말과 같이 해야 합니다. 그러므로 귀국 강정관(講定官)이 이미 동래부에 도착했으니, 폐주(弊州)로서도 마땅히 그 사신을 보내야겠기에 이에 원창명(源暢明)에게 그 직무를 명했습니다. 지금 이 대례(大禮)는 답습할 만한 전례가 없으니, 피차 유의해서 절목을 강청하여 반드시 일에 임하여 간삽(艱澁)[4]되는 바가 없게 해야 할 것입니다. 부디 양찰하십시오.	우리 다이쿤(大君)께서 보위(寶位)를 계승하신 지 이미 16년이 지났거늘, 귀 사신의 내빙이 아직까지 없었으니, 항규(恒規)를 폐절(廢絶)하고 인의(隣誼)에 흠결(欠缺)됨이 어찌 이러한 지경에 이르렀습니까? 예전에 수고롭게 상기(象寄)[6]가 기한을 늦출 것을 요구했는데, 사정을 깊이 생각해서 기쁘게 그 뜻을 받들어 거스르지 않았습니다. 이제 성사(星槎)가 건너오실 때가 점차 다가오니, 접응의절(接應儀節)을 미리 강의(講議)[7]해야 합니다. 이에 옛 관수 원창명(源暢明)에게 이 일을 전적으로 위임해서 보내니, 부디 총애해 주시기 바랍니다. 다시 한 번 차례대로 보중하시기를 기원합니다. 이만 줄입니다.
변변치 못한 토의(土宜)로 대략 멀리 있는 사람의 정성을 표시하오니, 부디 받아 주시기 바랍니다. 이만 줄입니다. 　　　　교와 2년 임술 12월 일 　　쓰시마 주 태수 습유 다이라노 요시카쓰	교와 2년 임술 6월 일 　　쓰시마 주 태수 습유 다이라노 요시카쓰

3) 구미가시라(與頭): 조장(組長)

일본 쓰시마 주 태수 습유 다이라노 요시카쓰가 조선 동래·부산 두 영공(슈公) 합하게 글을 올립니다.

요즈음 두 분의 형편이 가승(佳勝)하시리니 두 분께 향하는 마음이 더욱 깊습니다. 다름이 아니오라, 빙례역지(聘禮易地) 한 가지 사안은 피차가 약속한 대로 해야 합니다. 그러므로 귀국에서 이미 강정관(講定官)을 임명한 것이니, 폐주(弊州) 또한 원창명(源暢明)에게 그 직책을 맡겼습니다. 생각건대, 이번의 대례(大禮)는 모두 처음 시행하는 것이니, 그 시말절차(始末節次)를 정밀히 상의해서, 반드시 그 때 당해서 일에 삽체(澁滯)하는 바가 없게 해야 할 것입니다. 오직 이러한 뜻을 진술하기 위해 남궁(南宮)에 글을 보내오니, 부디 신속히 전달해 주십시오. 모든 것을 파견하는 사신에게 맡겼으니, 여기서는 장황히 말씀드리지 않겠습니다. 보잘 것 없는 물품을 함께 보내오니 부디 받아 주시면 감사하겠습니다. 이만 줄입니다.

교와 2년 임술 12월 일
쓰시마 주 태수 습유 다이라노 요시카쓰[3]

일본 쓰시마 주 태수 습유 다이라노 요시카쓰가 조선 동래·부산 두 영공(슈公) 합하게 글을 올립니다.

늦여름에 멀리서 두 분의 기거(起居)가 진승(珍勝)하실 것을 생각하니 바라며 흠모하는 마음이 몇 배나 절실해집니다.

귀 사신이 내빙(來聘)할 때가 머지않았으니, 이제 옛 관수 원창명(源暢明)을 보내서 절목을 상의하고자 합니다. 예조에 글을 보내서 이 일을 고하오니, 부디 속히 전달해 주시기 바랍니다. 이만 줄입니다.

교와 2년 임술 6월 일
쓰시마 주 태수 습유 다이라노 요시카쓰

이상 두 가지 종류의 서계를 비교해 보면, 이테안(以酊庵) 원문은 그 날짜가 교와 2년 12월이고, 『승문원등록(承文院謄錄)』의 수록 문서는 같은 해 6월이기 때문에 당연히 계

---

4) 간삽(艱澁): 일의 진행이 막혀서 꼼짝하지 못함
5) 화집(和輯): 백성들이 화목하여 서로 단결함
6) 상기(象寄): 원문에는 '상관(象官)'으로 되어 있는데, '상기(象寄)'의 잘못이다. 상기(象寄)는 상기역제(象寄譯鞮)의 준말로 역관을 가리킨다. 『禮記』, 「王制」에, "다섯 방향의 백성들이 언어가 통하지 않고 기호가 같지 않기 때문에 그 뜻을 전달하고 그 욕구를 통하게 했으니, 동방은 '寄'라 하고, 남방은 '象'이라 하며, 서방은 '狄鞮'라 하고, 북방은 '譯'이라 한다(五方之民 言語不通 嗜欲不同 達其志 通其欲 東方曰寄 南方曰象 西方曰狄鞮 北方曰譯)."라고 했다. 일반적으로 상관(象官)이라고 하면 관상감(觀象監)의 관원을 뜻한다.

절인사에 차이가 있다. 원래 강정재판(講定裁判)을 교와 2년 7월에 지명한 사실을 감안하면 서계의 날짜는 적어도 그 이전이 돼야 한다. 아마도 이테안 원안은 교와 2년 6월에 작성됐을 것이다. 그러나 지금 그 원안은 전해지지 않고, 12월자 수정 서계밖에 구할 수 없기 때문에 대조하기에는 조금 온당치 않은 감이 있지만, 그럼에도 불구하고 그 내용에 중대한 차이점이 있음을 알 수 있다. 두 가지를 비교해 보면 전자는 대차서계(大差書契)의 전례를 답습하고 후자는 재판체대서계(裁判替代書契)[소차(小差)]의 전례에 따른 것으로, 형식적인 면으로 보자면 후자 쪽이 타당하다. 다음으로 내용의 차이는 더욱 중대하다. 전자에 따르면, 역지행빙의 약조는 이미 성립됐지만 전례 없는 큰 의전이라서 미리 세목(細目)을 강정(講定)하기 위해 옛 관수를 파견한다고 되어 있다. 또 후자에 따르면, 단순히 '전년에 조선이 역관을 파견해서 통신사의 내빙(來聘) 연기를 요구했는데, 사세(事勢)를 깊이 헤아려서 그것에 동의해 주었다. 이제 마침내 그 시기가 가까워졌으니 옛 관수를 파견해서 신행절목(信行節目)을 강정하겠다.'는 것이다. 그리고 주안점이 되는 역지행빙에 관해서는 전혀 언급하지 않고 있다. 이테안 원안에는 처음부터 '빙례역지 한 가지 사안(聘禮易地一款)' 운운하는 자구가 있었을 테지만, 그렇게 해서는 도저히 조선 측에서 수리할 가능성이 없었으므로, 타이슈 번 가로(家老), 강정재판(講定裁判), 강정역관(講定譯官) 등이 협의한 끝에 그것을 수정했던지, 아니면 별도로 『승문원등록』에 수록된 것과 같은 서계를 만들어서 강정역관에게 준 것이리라.

전 왜관관수 도다 다노모는 통신사강정재판(通信使講定裁判)의 자격으로 교와 2년[순조 임술(壬戌)] 7월에 왜학훈도 최경(崔瑄)[최강(崔鋼)], 별차 민정운(閔鼎運)과 회견을 갖고, 간세이 12년 강정역관 박준한과의 교섭 전말부터 통신사 내빙을 10년 연기하기까지의 사실들을 일일이 설명했다. 또 이번 신행절목의 강정을 위해 재판의 명을 받았다 — 도다 다노모는 막부의 명이라고 했다. — 는 뜻을 전하고, 쓰시마 도주(島主)의 서계 진달과 강정역관의 파견을 요구했다. 여기서 역지행빙에 관해서는 한마디 언급도 없는 것에 주목할 필요가 있다.

"몇 해 전 무오(戊午)년에, ○간세이 10년 귀국 수역(首譯)이 ○당상역관 박준한 인삼이 씨가 말라서 신행(信行)을 10년 연기해 줄 것을 요청했습니다. 그러므로 쓰시마 주 태수가 이 뜻을 에도에 전했는데, 간바쿠(關白)께서 말씀하시기를, '양국이 통화(通和)한 이후로 신사(信使)가 왕래

---

7) 강의(講議): 논의(論議)

한 것이 이미 10번을 넘었는데, 인삼이 부족해서 사행시기를 늦춘다는 말은 들어 본 적이 없다. 실제로 인삼 농사가 흉년이라면, 당분간 5, 6년만 늦추더라도 인의(隣誼)에 있어 예(禮)에 무슨 어긋남이 있겠는가?'라고 회유(回諭)하셨습니다. 그래서 이러한 뜻을 수역에게 말했더니, 수역이 말하기를, '만약 10년을 늦추면 일본이 소비하는 금루선(金縷船)과 차려 놓는 음식들을 간략하게 줄일 수 있을 것이다.'라고 했습니다. 태수는 이 폐단을 제거하는 말을 듣고는, 자신의 공적을 위해 저와 왕복하며 상의해서 10년 늦출 것을 허락했습니다. 그리고 부교(奉行)를 간바쿠에게 보내서 자세히 보고했는데, 간바쿠께서는 제멋대로 10년 연기를 허락했다고 하면서 태수와 저를 무겁게 질책하셨습니다. 그리고 '쓰시마 부근에 조선을 우러러 의지하는 자들이 매우 많다. 그러므로 매사에 오직 조선의 지시만 받들고 그 목숨이 에도에 달려 있는 것은 생각하지 않는 것이다.'라고 하시고는, 다시 한마디 처단도 내리지 않으셨으니, 부교가 이 말씀을 듣고 모골이 송연해서 에도에서 대죄(待罪)한 것이 이제 5년째입니다.

재작년에 태수가 에도에 입조(入朝)했을 때, 간바쿠께서는 신행(信行) 등의 일에 관해서는 한마디도 거론하지 않으셨으니, 태수는 더욱 황송해서 돌아왔습니다. 저 또한 지금까지 왜관에 머물고 있었는데, 뜻밖에 지난달에 에도에서 전령을 받았습니다. 그 내용에, '신행(信行)의 입송(入送)을 이미 10년 연기했다. 정묘(丁卯)가 무오(戊午)로부터 10년이 되니, 양국이 마땅히 행해야 할 일을 당연히 전례에 따라 차례대로 행해야 한다. 그런데 그때 가서 강정(講定)을 거행하면 매양 군속(窘速)한 폐단이 없지 않으리라. 지금 미리 절목을 강정한다면, 피차 모든 사항을 충분히 준비해서 반드시 양편(兩便)할 것이다. 대차사(大差使)와 청래도해관(請來渡海官)의 출송(出送)으로 말하자면, 양국의 소비가 또한 적지 않다. 구관(舊館)○엣 관수은 당초 기한 연기를 상의하기 위해 보냈는데 이미 왜관에 있으니, 그대로 이 일을 맡겨서 그에게 절목을 강정하게 한 후 속히 회보(回報)하라.'라고 했습니다.

태수는 몇 년 동안 두렵고 근심하던 중에 이 전령을 보고는 뛸 듯이 기뻐했습니다. 그리고는 앞의 배로 저에게 사서(私書)를 보내서 자세히 알리고 서계를 정납(呈納)하게 했는바, 임관 등께서는 이 상황을 본부(本府) 영감(令監)○동래부사께 아뢰시고, 그 서계를 조정에 전달하셔서 수역(首譯) 가운데 말 잘하는 1명을 급히 내려보내서 절목을 강정하게 하십시오."라고 했으므로 …….[4]

훈도 최경과 별차 민정운은 재판 도다 다노모의 주장을 반박하여, '신행절목강정(信行節目講定)이라고 하는 것은, 일반적으로 통신사가 들어가기 1, 2년 전에 도해역관(渡海譯官)이 타이슈에 가서 그 강정을 행하면, 타이슈에서 대차사(大差使)를 보내서 다시 세목(細目)을 강정하는 것이 관례이다. 지금처럼 통신사를 파견할 정묘년이 아직 5년이나 남은 때에, 게다가 옛 관수가 그것을 행한 전례는 없다.'라고 주장했다. 재판은, '이번의 절목강정은 무오약조의 결과인데, 약조 그 자체가 전례가 없는 것'이라고 주장하고, '이번의 절목강정은 에도 정부의 명에 따른 것이므로 그 명을 이행하지 못하면 태수와 재판모두 목숨을 보전하기 어렵다. 도해역관을 청하지 않고 통신사절목강정대차사(通信使節目講定大差使)를 파견하지 않은 것은 양국의 경비를 절감하기 위한 것에 불과하다. 만약훈도와 별차가 내 간청을 받아들이지 않아서 속히 서계 등본을 진달하지 않는다면, 내가 직접 동래부사를 만나서 수리를 요청할 수밖에 없다.'라고 했다.

재판의 말을 들은 훈도와 별차는 그 주장에 따를 수밖에 없다고 생각해서 동래부사서유련(徐有鍊)에게 상신했다. 부사는 훈도·별차의 수본(手本)을 읽고『동래부등록』을참조한 결과, 통신사가 들어가기 5년 전에 절목강정을 하는 것과 옛 관수를 곧바로 통신사절목강정재판(通信使節目講定裁判)에 임명한 것을 대단히 부당한 일이라고 생각했지만, 이것이 에도 정부의 명령에서 나왔다는 점을 중시해서 교와 2년 7월에 비변사에 첩정(牒呈)하고 서계 등본을 진달했다.

동래부사의 첩보(牒報)를 수리한 비변사는 다음과 같이 판단했다. 즉, 통신사 연기 문제는 결국 폐단을 줄이려는 취지에서 나왔는데, 우리가 요구한 것이 아니라 일본의 희망에 기초한 것으로 우리로서는 수호(修好)의 성의(誠意)에서 수락한 것이다. 따라서 이제 재판서계에 "수고롭게 역관이 기한을 늦출 것을 요구했거늘(勞象寄求退期)"이라고 한것은 사실과 크게 반대된다. 생각건대, "무오년에 도해관(渡海官)을 보낸 것은, 대체로저들이 와서 빙례(聘禮)의 의논을 청했기 때문이다. 이는 구례(舊例)와 크게 다르지만, 몇년간 서로 버티면 사체(事體)를 상하게 할 우려가 있었다. 그러므로 위임해서 약정하게한 것이다. 그때 도해관이 가서 상의할 때 무슨 말을 했는지는 모르겠으나, 어찌 감히 조정이 알지 못하는 일을 제멋대로 떠들었단 말인가? 과연 오늘 한 말대로라면, 어찌 그죄가 관문(館門)○왜관에 목이 내걸리는 형벌을 피할 수 있겠는가? 지금은 이미 그가 죽었으니 비록 논할 것은 없지만, 일언이폐지(一言以蔽之)하면 처음부터 기한의 연기를 주장한 것은 저들이지 우리가 아니었다. 절목 강정이 비록 지나치게 이른 듯하나, 이제 귀국할 때에 이르러 서로 폐단을 제거하기로 한 뜻이 매우 좋으니 어찌 막을 필요가 있겠는가?" 단, 서계에 사실과 다른 자구(字句)가 있는 것은 양국의 성신(誠信)을 손상하므로 결코 수리할 수 없다. 따라서 훈도, 별차에게 급히 해당 어구를 수정해서 제출하게 한 뒤에통신사절목강정에 동의하기로 결정했다. 8월 10일에 영의정 심환지(沈煥之)가 이러한

방침을 아뢰고, 섭정 정순대왕대비의 재가를 받아 동래부사에게 회훈(回訓)했다.[5]

동래부사 서유련은 비변사의 관문(關文)을 받고 바로 훈도와 별차에게 강정재판 도다 다노모, 관수 오우라 효자에몬과 서계에서 사실과 다른 어구를 수정하도록 교섭할 것을 명했다. 재판과 관수 모두 이에 대해, "조센카타(朝鮮方)[8] 가로(家老)가 올해 봄에 명을 받아 참부(參府)하는 바람에 전후 사정을 알 수 없어서 끝내 이러한 실태(失態)[9]를 초래한 것 같다."— 이런 사실은 확인되지 않는다. —라고 해명하고, 속히 본번(本藩)에 상신하겠다고 약속했다.

재판은 타이슈 번의 개수서계(改修書契)[10] 등본을 9월 말일에 훈도, 별차에게 제시했다. 그것을 보면, "예전에 수고롭게 상기(象寄)가 기한을 늦출 것을 요구했는데, 사정을 깊이 생각해서 기쁘게 그 뜻을 받들어 거스르지 않았습니다(疇年勞象寄求退期 深念事勢 歡奉無違)."라는 어구를, "이제 성사가 바다를 건너올 때가 머지않으니(玆者星槎超海之期匪遠)"라고 고치고, 그 밖에 자구에서도 타당하지 않다고 생각되는 것들을 전부 수정했다. 훈도와 별차는 10월 1일에 이를 동래부사에게 보고했는데, 부사는 12월이 돼서야 서계 개수(改修)의 전말을 묘당에 보고하고 서계를 정납했다.[6]

이미 고(故) 당상역관 박준한이 전년에 강정(講定)할 때 월권행위를 한 사실이 이번 재판서계에서 드러났음에도 불구하고, 영의정 심환지를 비롯해서 비변사 당상, 동래부사 서유련이 이를 문제 삼지 않고 오직 서계의 개수만을 조건으로 이례적이라고 할만한 옛 관수의 통신사행절목강정을 쉽게 허가한 것은, 거의 전적으로 왜학역관 최경과 최국정의 노력 때문이었을 것이다. 최경과 최국정은 도다 다노모에게 무오약조 가운데서 역지행빙이 아직까지 조정의 승인을 받지 못한 사실을 전달했다. 그리고는 반드시 조정의 재가를 얻어 주겠다고 보증하고, 그 보수를 요구했다. 도다 다노모도 사태가 부득이하다고 생각해서, 본번(本藩)의 승인을 받아 간세이 12년[정조 경신(庚申)]조의 공목(公木)[11] 중에서 291동(同)[12] 37자[尺](가격 2만 3천여 냥)를 건네주었다고 한다.[7] 이 막대한 보수를 최경 이하 왜학역관들끼리만 나눠가졌는지, 아니면 그 윗선까지 올라갔는지는 분명치

---

8) 조센카타(朝鮮方): 쓰시마 번의 직명(職名)으로 조선 관계 업무를 담당했다.
9) 실태(失態): 추태(醜態), 실수(失手)
10) 개수(改修): 잘못된 부분을 수정함
11) 공목(公木): 쓰시마와의 공무역에 사용된 무명을 가리키는 말로, 쓰시마에서 동·납·단목(丹木)·흑각(黑角) 등을 조선에 헌납하면 그 대가로 지급했다.
12) 동(同): 세종 때의 포백척(포목 무역이나 의복 제작에 쓰는 자)에 따르면, 1동은 50필(疋)이고, 1필(16.35× 32.7센티미터)은 35자[尺]이다.

않다.

　비변사에서는 동래부사의 첩보와 재판서계를 검토한 결과, "이제 이 서계의 요청을
옛 관수에게 대행시킨 것은 대체로 폐단을 제거하려는 뜻에서 나온 것이니 특별히 장애
될 것이 없다. 기한을 몇 년 늦추는 것 또한 인색하게 굴 것이 없다."라고 하고, 쓰시마
도주의 요구에 응해 신행절목강정을 거행하기로 결정했다. 그리고 섭정 정순대비의 재
가를 받아 동래부사에게 회훈(回訓)함과 동시에 사역원에서 강정역관을 선발해서 내려
보내게 했다.[8]

　교와 3년[순조 계해(癸亥)] 정월에 사역원 당상역관 박치검이 강정역관에 임명됐다. 그
는 2월(순조 계해년 윤2월)에 동래부에 도착해서 재판서계에 대한 예조참의 윤광안(尹光
顔)의 회답서계를 재판에게 전달했다. 박치검은 박준한의 생전에 이미 그 대리자로 지
명되었다. 따라서 박치검이 강정역관에 임명돼서 파견된 데는 그 이면에 최경, 최국정
등의 공작이 있었을 것으로 상상할 수 있다.

　강정역관 박치검은 동래부에 도착한 후 곧바로 강정재판 도다 다노모, 관수 하마다
겐자에몬(濱田源左衛門)을 만나 신행절목의 강정을 시작했다. 박치검이 박준한의 유책
(遺策)을 답습해서 역지행빙을 기본조건으로 교섭을 진행한 것은 물론이다. 강정절목의
내용은 극비에 부쳐서 동래부사에게조차 보고되지 않았는데, 역지행빙의 근본 이유인
생폐(省弊)에 주안을 두었다. 그 대요는 다음과 같다.

　첫째,　　공예단(公禮單)의 감생(減省)
　　　　　쇼군에 대한 예물
　　　　　　　인삼 33근(斤), 대수자(大繻子) 5필(疋), 대단자(大緞子) 5필, 백저포(白苧布) 15필,
　　　　　　　생저포(生苧布) 15필, 백면주(白綿紬) 25필, 흑마포(黑麻布) 15필, 호피(虎皮) 7장(張),
　　　　　　　표피(豹皮) 10장, 청려피(靑黎皮) 15장, 어피(魚皮) 50장, 색지(色紙) 15권,
　　　　　　　채화석(彩花席) 10장, 각색필(各色筆) 30병(柄), 진묵(眞墨) 30정(丁),
　　　　　　　황밀(黃蜜) 50근, 청밀(淸蜜) 5기(器), 매[鷹子] 10마리[居], 준마(駿馬)[안구(鞍具)] 1필
　　　　　세자에 대한 예물
　　　　　　　대수자(大繻子) 5필, 무문능자(無紋綾子) 10필, 백저포(白苧布) 15필,
　　　　　　　흑마포(黑麻布) 10필, 호피(虎皮) 5장, 표피(豹皮) 7장, 청려피(靑黎皮) 10장,
　　　　　　　어피(魚皮) 50장, 색지(色紙) 15권, 각색필(各色筆) 30병, 진묵(眞墨) 30정,

화연(花硯) 3면, 매[鷹子] 5마리, 준마(駿馬)^{안구(鞍具)} 1필

둘째,　사예단(私禮單)의 감생

쇼군에 대한 예물(세자에 대한 예물도 같음)

표피(豹皮) 2장, 호피(虎皮) 2장, 백저포(白苧布) 5필

셋째,　회례단(回禮單)의 감생

쇼군이 보내는 회례물

병풍(屛風) 10쌍(雙), 안(鞍)^{모두 갖춤} 10구(口), 요지연상(料紙硯箱) 3통(通),

색우이중(色羽二重) 50필, 다저(茶苧) 100단(端)

세자가 보내는 회례물

병풍(屛風) 10쌍(雙), 안(鞍)^{모두 갖춤} 10구(口), 요지연상(料紙硯箱) 3통(通),

색우이중(色羽二重) 50필, 다저(茶苧) 100단(端)

넷째,　통신정부사(通信正副使)의 사예단(私禮單)에 대한 회사물(回賜物) 및 당상역관 이하
에 대한 사물(賜物)은 모두 선례에 따른다.

다섯째, 로주(老中)·교토쇼시다이(京都所司代)에 대한 예조참판의 서계·별폭(別幅)은 모두
없앤다.

여섯째, 타이슈에 파견될 상부사(上副使) 및 접반원(接伴員)에 대한 사예단은 시행하지 않는다.

일곱째, 산케(三家)·산쿄(三卿)[당시 시미즈(淸水)·다야스(田安)의 두 쿄(卿)만 있었다.]·다
마리즈메쇼코(溜詰諸侯)에 대한 사예단은 폐지한다.

여덟째, 마상재(馬上才)¹³⁾를 거느리는 것은 폐지한다.

이 밖에 다음 2개조는 강정역관을 임명하기 전에 이미 훈도 최경이 제시하고, 강정재
판 도다 다노모도 대략 동의했던 것으로 생각된다.

첫째, 상사(上使)는 로주(老中)에서 임명하지 않더라도, 선례대로 시이(四位)¹⁴⁾의 인물을 차
출할 것. [이와 관련해서 막부는 타이슈 번에 다카(高)¹⁵⁾ 10만 석(石)의 후다이쇼코(譜

---

13) 마상재(馬上才): 달리는 말 위에서 여러 가지 기예를 펼치는 것으로, 여기서는 그러한 기예를 시연하는 군졸,
즉 마상재군(馬上才軍)을 뜻한다. 마상재군이 처음으로 통신사행에 포함돼서 일본 쇼군 앞에서 기예를 시연한
것은 1636년(인조 14)의 일로서, 당시 일본의 쇼군 도쿠가와 이에미쓰(德川家光)는 물론 서민들에 이르기까지
이 기예를 보고 경탄을 금치 못했다고 한다.

14) 시이(四位): 일본 율령제하 위계(位階)의 일종으로, 그 등급은 황족의 친왕(親王)의 경우 잇폰(一品)부터 시혼
(四品)의 4단계, 왕(王)은 쇼이치이(正一位)부터 슈고이노게(從五位下)의 14단계, 신하들은 쇼이치이(正一位)
부터 쇼소이노게(少初位下)의 30단계가 있었다. 각각 위계에 따라 오를 수 있는 관직이 정해져 있었다.

15) 다카(高): 고쿠다카(石高)를 가리킨다. 고쿠다카는 근세 일본에서 토지의 생산성을 고쿠(石) 단위로 표시한 것

代諸侯) 가운데서 인선할 것을 약속했다.]

둘째, 조선의 국서와 일본의 회답국서를 교환할때는, 양국 사신이 각각 자국의 국서에 대해
사배(四拜)한 후 교환할 것.[9]

강정역관 박치검은 신행절목의 강정을 마치지 못하고 분카(文化) 원년 갑자년 12월에
동래부에서 사망했다. 이에 따라 조선 정부는 이듬해인 분카 2년 을축년 정월에 당상역
관 최국정^{화언(華彦)}을 강정역관에 임명했다. 최국정 또한 고(故) 당상역관 박준한·박치검
과 같은 일파에 속했음은 물론이다.[10]

강정역관 최국정은 동래부에 내려온 후 강정재판 도다 다노모와 회견을 갖고 신행절
목을 상의했다. 그런데 절목 가운데 생폐에 관한 중요안건은 이미 전임 강정역관 박치
검의 힘으로 태반이 해결되어 있었고, 이제 남은 문제는 국서의 형식, 일본 쇼군의 칭호,
별폭(別幅)에 관한 선례와 주의를 요하는 사항, 당상역관·제술관(製述官)의 인선 등이었
다. 이러한 것들은 모두 선례가 있었으므로 강정재판이 제출한 원안이 수정 없이 승인
될 수 있었다. 다만 특히 주의할 것은, 강정역관이 타이슈 소씨(宗氏)의 저택에서의 빙례
는 에도에서의 그것과 차이가 있기 때문에 통신사 원역(員役)의 예복을 간략히 할 것을
희망한 반면, 강정재판은 이에 동의하지 않아서 끝내 확정하지 못한 점이다.[11]

교와 3년 2월(순조 계해년 윤2월)부터 분카 2년 5월에 이르기까지 2년 동안에 역지행빙
을 전제로 한 신행절목은 거의 강정을 마쳤다. 이 교섭을 진행하면서 강정역관 박치검
과 최국정은 왜학훈도 현식(玄烒)이 관여하는 것을 막았고, 감독관인 동래부사 정만석
(鄭晩錫)[교와 2년 2월 제수(除授)]에게조차 보고하지 않았다.

분카 2년[순조 을축(乙丑)] 5월에 이르러 묘당은 통신사 강정재판이 왜관에 체류한 지 3
년이 되는데도 그동안 강정결과에 관한 보고가 없었던 것에 대해 의심했다. 당시 강정
역관 박치검은 이미 사망했으므로 놓아두고, 현(現) 강정역관 최국정은 함경도 명천부
(明川府)에 정배(定配)하고, 동래부사 정만석 또한 감독이 부주의했다는 이유로 종중추
고(從重推考)[16]했다. 그리고 같은 해 6월 당상역관 현의순(玄義洵)을 통신사절목강정역관
(通信使節目講定譯官)에 임명했다.[12]

으로서, 다이묘(大名)나 하타모토(旗本)의 수입을 표시하거나 군역 등을 부담할 때의 기준이 되었다. 영지의
규모 또한 면적이 아니라 고쿠다카를 기준으로 표시하는 것이 일반적이었다.

16) 종중추고(從重推考): 관리의 죄과(罪科)를 엄중히 따져서 경고함

신임 강정역관 현의순은 왜학훈도 현식과 마찬가지로 박준한, 박치검, 최경, 최국정 등의 당여(黨與)에 속하지 않았고, 따라서 무오약조의 존재를 알면서도 관여하지 않은 인물 중 하나였다. 이제 통신사절목의 강정 임무를 받고 동래부에 내려와 재판 도다 다노모, 관수 하마다 겐자에몬[등공영(藤功英)]과 만나 두 명의 전임 강정역관과의 교섭경과를 청취하는 자리에서 그는 다음과 같은 사실을 듣게 되었다.

병진(丙辰)년○간세이 8년 박준한이 도해(渡海)했을 때 쓰시마에서 빙례(聘禮)를 거행하는 문제를 간청하자 그가 답하기를, "돌아가 조정에 아뢰어서 기필코 성사시키겠다."라고 했습니다. 그리고 문서를 만들고 동철(銅鐵) 2천 근과 각종 물화(物貨)를 가져가면서 앞으로 모든 일은 박치검에게 연락할 것을 부탁했습니다. 그 후 최경과 최국정이, "빙례를 논의하는 데 비용이 필요하다."라고 하기에 경신년의 공목(公木) 291동(同) 37자[尺]를 그가 요청하는 대로 내어 주었더니, 곧바로 쓰시마의 통빙(通聘)을 조정에서 허락했다는 말을 했습니다. 2명의 박(朴), 2명의 최(崔)의 언질과 자필 문서의 말이 한 가지로 같았으니, 전후의 문서가 매년 쌓여서 책 1권이 될 정도입니다.

강정역관 현의순은 이 사실을 동래부사 정만석에게 보고했다. 부사는 이 사태를 중대시해서 박준한, 박치검, 최경, 최국정 등 4명의 역관의 심리(審理)를 묘당에 상신했다.[13]

묘당에서는 진작부터 강정역관과 재판·관수 사이에 무언가 비밀이 있을 것으로 의심해 오다가 이제 동래부사의 상신을 받고는 사태가 간단치 않음을 깨달았다. 이에 분카 2년 8월 6일(순조 을축년 7월 6일)에 승정원 동부승지 윤명렬(尹命烈)을 동래부 안핵사(按覈使)에 임명해서 심문하는 일을 맡겼다.[14]

동래부 안핵사 윤명렬은 분카 2년 윤8월(순조 을축년 8월)에 동래부에 내려왔다. 그는 먼저 형조에 이관(移關)[17]해서, 명천부 정배죄인 최국정과 예전에 이포(吏逋)[18]한 죄로 전라도 장흥부(長興府)에 찬배된 전(前) 왜학훈도 최경을 동래부로 압송하여 동래부사 정만석이 입회한 가운데 심리를 시작했다. 그 결과, 간세이 8년 병진년 이후로 고(故) 강정역관 박준한, 박치검이 독단으로 통신사 역지행빙을 수락하고 그 대가로 타이슈에서 동철(銅鐵) 2천 근과 그 밖의 많은 물화(物貨)를 받은 것, 여기에는 고(故) 왜학역관 김형우

---

17) 이관(移關): 관문(關文)을 보냄
18) 이포(吏逋): 구실아치가 공금이나 관청의 물건을 유용함

(金亨禹)도 관계가 있지만 이미 많은 세월이 지나 관계자 대부분이 죽어서 자세한 사정은 알 수 없다는 것, 또 왜학훈도 최경과 강정역관 최국정은 박준한, 박치겸의 흉계를 모방해서 간세이 12년 경신년의 공목(公木) 가운데 291동(同) 37자[尺]의 대전(代錢)[19] 2만 3천여 냥을 증여받아서 그중에 최경이 1만 6천여 냥, 최국정이 7천 냥을 갖다 쓴 것을 확인했다. 또한 박준한과 박치겸의 은밀한 부탁을 받고 예조참의·동래부사의 서계를 위조한 범인을 취조한 결과, 위조서계를 등서(謄書)한 것은 동래부에 거주하는 서생 박윤한(朴潤漢)이며, 도서(圖書)[도서는 원래 사인(私印)의 의미지만, 조선에서는 관인(官印)까지 포함한다.]를 위조한 것은 동래부의 상인 김한모(金漢謨)라는 사실이 판명됐다. 그리고 사환통사(使喚通事)[배소통사(陪小通事)] 김무언(金武彦)이 간역(姦譯)과 재판·관수 중간에서 뇌물수수의 중개인 역할을 한 사실이 밝혀졌다.[15]

동래부 안핵사 윤명렬은 관련 죄인의 죄상과 그 죄안(罪案)을 밀계(密啓)하고 국왕의 재가를 청했다. 그리고 어명에 따라 9월 6일 동래부사 정만석이 입회한 가운데 부산 초량 앞길에서 수뢰매국죄인(受賂賣國罪人) 최경, 최국정, 박윤한, 김한모를 효수하고, 죄인 김무언은 정상을 참작하여 전라도 강진현(康津縣) 고금도(古今島)에 감사정배(減死定配)[20]했다. 또 최경, 최국정 등이 수수한 공목(公木)은 동래부에 명하여 두 사람의 지속(支屬)[21]들에게 기한을 정해서 징수한 후, 그 대금을 경사(京司)[22]에 상납하게 했다. 이미 사망한 죄인 박준한과 박치겸은 그 죄가 가장 중하지만, 추율(追律)[23]하지 않고 단지 그 자식들에게 산배(散配)[24]의 형전을 시행하는 것으로 그쳤다.[16]

조선에서는 왜학역관 최경, 최국정 등을 수뢰매국죄(受賂賣國罪)로 사형에 처한 후, 뇌물을 준 죄인도 처분할 필요를 느꼈다. 조선 당국의 견해에 따르면, 이 사건은 일본의 봉건제후 중 하나인 타이슈 번주 소 요시카쓰가 자신의 중신에게 명하여 왜학역관을 매수한 것이었다. 하지만 타이슈 번주를 처분할 권한은 조선국왕에게도 없었으므로, 단순히 동래부 안핵사가 경상도 관찰사를 경유해서 동래부사에게 적당한 조처를 취하라는 명령을 내리는 것에 불과했다.[17]

---

19) 대전(代錢): 현물 대신에 주는 돈
20) 감사정배(減死定配): 죽을 죄를 지은 죄인의 사형을 감해 유배를 보냄
21) 지속(支屬): 친족(親族)
22) 경사(京司): 서울에 있는 관아(官衙)
23) 추율(追律): 죄인이 사망한 뒤에 그 죄과가 드러났을 경우 시신에 형벌을 소급해서 적용하는 일
24) 산배(散配): 흩어서 귀양 보냄

강정재판 도다 다노모는 처음에 강정역관 최국정의 찬배(竄配)와 신임 강정역관 현의순의 파견과 관련해서, 분카 2년 7월에 최국정이 병 때문에 파면됐다고만 보고했다. 그렇지만 3명의 역관이 처형되기 하루 전인 9월 5일에 강정역관 현의순과 훈도 현식이 동래부사의 명으로 왜관에 와서 최국정과 최경 등의 처형을 정식으로 통고하자 더 이상 사실을 은폐할 수 없었다. 단, 9월 13일자로 본번(本藩)에 올린 보고에 따르면, 최경과 최국정의 죄상에 관해, "백옥(伯玉)과 화언(華彦) 모두 중대한 공무를 담당하던 중에 지난번에 공목을 배차(拜借)[25]한 사실이 탄로 나서, 공직에 있으면서 사욕을 좇은 데 대한 공분을 일으켰습니다. 무엇보다 타이슈의 일은 조정에서도 후하게 대우할 터였는데, 앞에서 말씀드린 것처럼 많은 양의 공목을 배차해서 타이슈에 폐를 끼치고 공무를 무시했을 뿐 아니라, 게다가 훈도 재임 중 인삼 1건과 그 밖의 발칙한 처리 등이 마침내 탄로 났기 때문에 급히 유배지에서 소환한 것입니다. 화언(華彦)은 이번에 조정에서 차하(差下)해서, 동래(東萊)에서 마찬가지로 죄상을 규명한 뒤에 이상과 같이 재허(裁許)[26]했습니다." 라고 설명하여, 간역(奸譯)의 처형이 역지행빙과 무관하다고 서술한 것은 주의할 필요가 있다.[18]

　　강정역관 박준한에게 전달한 동(銅) 2천 근, 최경과 최국정에게 전달한 공목 291동 남짓에 관해 타이슈 번은 단순히 거래상의 일시적인 융통에 불과하다고 주장하고, 조선은 뇌물의 의미를 가진 증여로 인정하고 있었다. 이는 마치 오늘날 독직사건과 흡사한데, 박준한 등 사망자를 제외한 최경, 최국정 등이 모두 수뢰 사실을 자백했으므로 타이슈 번의 주장은 근거가 없는 것이라고 하지 않을 수 없다. 그럼에도 타이슈 번은 조선에 타이슈 번주와 관계 번리(藩吏)를 체포·심문할 수 있는 권한이 없는 것을 이용해서 뇌물을 증여한 사실을 완강히 부인했다. 결국 표면상 타이슈 번은 어떤 부정행위도 하지 않았으며, 강정역관이 타이슈 번을 속여서 많은 재물을 편취하고 그 대가로 위조서계를 주었다고 하는 가공(架空)의 사실을 만들어 내는 데 성공했다. 이 부분은 다음 절 이하에서 설명한다.

---

25) 배차(拜借): 꾸어 가거나 빌려 쓰는 일을 겸손하게 칭하는 말
26) 재허(裁許): 재결해서 허가함

【원주】

1 『淨元院實錄』하권.
2 『淨元院實錄』하권.

   (교와 2년 12월) 이보다 앞서, 경화(景和) 박주부(朴主簿)[박준한 자(字) 경화]가 강정관(講定官)이라고 칭하며 나와서, 동래부사의 글을 주며 생폐역지절목(省弊易地節目)의 강정(講定)을 명분으로 내세웠다. 다노모는 조선에 계속 있으면서 여러 집사(執事)들의 윗자리로 승임(陞任)되어 강정관(講定官)이 되었다. (하략)

3 『本邦朝鮮往復書』92권, "享和二年遣朝鮮國規外書";『通信使草謄錄』, 正祖 壬戌年 7月 29日.
4 『通信使草謄錄』, 正祖 壬戌年 7月 29日.
5 『日省錄』, 純祖 壬戌年 8月 4·10日;『通信使草謄錄』, 純祖 壬戌年 12月.
6 『通信使草謄錄』, 純祖 壬戌年 12月.

   또한『通信使草謄錄』에 수록된 수정 서계는 다음과 같다.

   일본 쓰시마 주 태수 습유 다이라노 요시카쓰가 조선 예조 대인합하께 글을 바칩니다.

   찬 서리가 내리는 이 계절에 귀국은 평안하고, 본방(本邦)은 화목한 것을 가만히 생각하니, 모두가 뛸 듯이 기쁜 일입니다. 우리 다이쿤(大君)께서 보위(寶位)를 계승하신 지 이미 16년이 되었거늘, 귀 사신의 빙례를 아직 거행하지 못했으니, 이로 인해 인호지의(隣好之誼)에 흠결이 있습니다. 이제 성사(星槎)가 바다를 건너올 시기가 머지않으니, 접응의절(接應儀節)을 미리 상의하고자 합니다. 이에 옛 관수 원창명(源暢明)에게 이 일을 위임해서 보내오니 부디 총애해서 허락해 주시기 바랍니다. 절서(節序)에 따라 보중하시기를 바랍니다. 이만 줄입니다.

   교와 2년 임술 9월 일
   쓰시마 주 태수 습유 다이라노 요시카쓰

7 『邊例集要』14권, 「雜犯」.
8 『日省錄』, 純祖 癸亥年 正月 6日;『通信使草謄錄』, 純祖 壬戌年 12月 27日, 癸亥年 正月 6·18日.

   당시 예조의 회답서계는 다음과 같다.

   조선 예조참의 윤광안(尹光顔)이 일본 쓰시마 주 태수 습유 다이라 공(平公) 합하께 회신을 보냅니다.

   사절이 갑자기 오심에 화한(華翰)이 함께 이르러 계거(啓居) 청적(淸迪)하심을 알았으니 참으로 크게 위로가 됩니다. 지난번에 역관을 보내서 미리 절목을 강정했는데, 귀국은 옛 관수를 그대로 사절로 임명했으니, 또한 간이(簡易)하게 하는 데 힘씀을 볼 수 있습니다. 생폐(省弊)는 편의하게 강정하면 되니 어찌 간삽(艱澁)을 염려할 것이 있겠습니까? 보내 주신 진귀한 물품은 잘 받았습니다. 대략 회례(回禮)를 펼치니, 모두 양찰하시기 바랍니다. 이만 줄입니다.

   계해년 윤2월 일
   예조참의 윤광안
   (『本邦朝鮮往復書』93권, "享和三年朝鮮國規外回翰".)

   『宗氏實錄』의 편찬자는 이 서계 아래에, "이 서계의 내용을 살펴보건대, (기한 연기 요청이—역자) 실로 저들에게서 나온 것은 의심할 수 없고, 저들이 나중에 간역(姦譯)의 소행이라고 한 것은 의심스럽다. 그런데 이 서계에서 역지(易地)에 관해 한 마디 언급도 없음은 어째서인가? 우선 뒷날의 고증을 기다리기로 한다(『淨元院實錄』하권)."라는 주석을 부기했다. 하지만 이는 크게 잘못된 것이다. 이 서계

는 앞에서 서술한 강정재판 도다 다노모 파견에 관한 교와 2년 6월의 소차서계(小差書契)에 대한 회답
서계로, 물론 위조서계가 아니다. 조선에서 위조됐다고 주장한 것은, 제4절에서 인용한 정사년 9월 동
래부사 정상우(鄭尙愚) 명의의 서계와 별진(別陳), 무오년 11월 예조참의 윤행원(尹行元) 명의의 회답
서계, 같은 달 동래부사 김달순(金達淳) 명의의 회답서계와 별진으로서, 이번의 회답서계는 해당하지
않는다. 또 회답서계에서 역지(易地)를 언급하지 않은 것은 당연하다. 왜냐하면 당초 이테안(以酊庵)
원본에는 명기되어 있던 것을, 타이슈 번의 가로(家老)·강정재판·강정역관 등이 삭제했기 때문이다.
결국 이 주기(注記)는 역지행빙 교섭이 타이슈 번에서는 극비에 부쳐져서 관계자 이외에는 누구도 진
상을 알지 못했다는 한 가지 증거로 볼 수 있다.

9 『文化二年至同三年修聘使御用錄』;『淨元院實錄』;『文化信使記錄』2권, 文化 2年 正月.

10 『通信使草謄錄』, 純祖 乙丑年 正月 11日;『文化信使記錄』2권, 文化 2年 正月.

11 『文化修聘使御用錄』;『文化信使記錄』2권, 文化 2年 3·4·5月;『文化信使記錄(江戸書留)』8권, 文化 5年 10月.
  또한 당시 강정된 신행절목(信行節目) 중에 주요한 것들은 다음과 같다.
  하나, 국서의 체식(體式)은, 예전대로 대호(大號)는 '대군(大君)'으로 칭할 것. 또 문체·양식·어휘
  (御諱)·어보(御寶)의 압인, 외면(外面)의 문서 모양 모두 예전대로 할 것.

        奉書   朝鮮國王御姓御諱 謹封
      日本國大君殿

  위와 같이 어휘(御諱)·어보(御寶)를 쓸 것.
  도부(東武)의 회신·문체·양식 모두 선례에 따름.
  하나, 예조에서 폐주(弊州)(타이슈)에 보내는 서한은 물론 '귀 다이쿤(貴大君)'으로 기재할 것.
  하나, 별폭은 양국 성경(誠敬)의 첫째가는 물품이니, 각 품목들을 각별히 신중히 고르고, 아울러 양사
  (兩使)(통신정부사(通信正副使)]의 헌상품도 부디 신중히 골라서 소홀히 하는 일이 없게 할 것.
  하나, 양사(兩使)가 결정되면 관위(官位)와 성명을 공문으로 신속히 강정사(講定使)(강정재판)에게
  제출할 것.
  하나, 별폭의 매[鷹]는 모쪼록 주의하고, 죽을 수도 있으니 여유 있게 보낼 것.
  하나, 준마(駿馬)는 가져올 마형(馬形)의 그림을 보낼 것. 또한 귀국의 기록에도 있으므로, 정밀히
  고른 다음에 안장을 채워서 가져올 것.
  하나, 이마(理馬)는 선례대로 준마에 덧붙여서 보내고, 또 매를 먹이고 치료하는 일에 익숙한 사람
  한두 명을 일행에 추가해서, 양사(兩使)가 도해(渡海)할 때 함께 오기 바람.
  하나, 학사(學士) 및 서예·그림에 뛰어난 사람을 정밀히 선발해서 함께 올 것.
  하나, 상상관(上上官)(당상역관)은 행중(行中)의 긴요한 당직자이니, 우리나라의 풍속과 사체(事
  體), 무엇보다 언어에 익숙한 사람을 간택해서 보낼 것.
  하나, 보내신 서한을 상사(上使)가 받을 때, 빙사(聘使)에게 쇼군의 말씀이 있거나 향응을 베풀어
  주시면, 그 사의 표시는 상상관(上上官)이 할 것.
  하나, 빙사에게 쇼군의 말씀이 있거나 향응을 베풀어 주시는 일이 있으면, 그때 도부(東武)에 사의
  표시를 할 때마다 빙사가 이쪽에도 말씀해 주실 것.
  하나, 이번부터 타이슈에서 거행하는 예식을 예전 에도에서의 예식처럼 준비하기는 어려우므로,
  빙사가 건너오신 후 에도에서의 선례 등을 제기하는 일이 없게 도와달라는 것은 지난번에 통
  보했으니, 또한 빙사에게도 말씀해 주실 것.

하나, 이번은 타이슈에서 처음 예식을 준비하는 것이니 만단(萬端) 온순(穩順)할 것을 명심하고, 빙례(聘禮)가 지체되지 않고 이뤄지도록 일행이 앞으로 도착하면, 추호도 도리에 어긋나는 일이 없게 충분히 명령할 것.

하나, 전하(조선국왕)의 서한과 별폭, 기타 모든 서간 등은 사전에 사본(寫本)을 제출할 것.

하나, 양사(兩使)에게 회신을 건네는 것은, 귀국의 서간을 도부(東武)에 보내서 어람(御覽)하신 후, 회신·예물 등을 타이슈에 보내면 양사에게 전달할 것임.

12 『日省錄』, 純祖 乙丑年 5月 28日;『通信使草謄錄』, 純祖 乙丑年 6月 3日.

13 『邊例集要』14권, 「雜犯」. 이 글 중에 공목(公木)은 공무역에서 쓰는 목면(木棉)으로, 1동(同)은 1속(束)이라고도 하는데 50필(匹)이고, 1필은 35자[尺][포백척(布帛尺)]이다.

14 『純祖實錄』7권, 純祖 5年 7月 丙辰;『日省錄』, 純祖 乙丑年 7月 6日.

15 『純祖實錄』7권, 純祖 5年 8月 戊辰;『日省錄』, 純祖 乙丑年 8月 21·28日;『邊例集要』14권, 「雜犯」.

왜학역관 등의 죄상은 극비에 부쳐져서, 동래부 안핵사 윤명렬의 보고가 밀계(密啓)로 올라갔기 때문에 승정원을 경유하지 않고 직접 국왕에게 봉정(捧呈)됐다. 이 때문에 사관도 그것을 열어 볼 수 없어서 『承政院日記』와 『日省錄』에도 기록이 없다. 오직 사역원(司譯院)의 선규집(先規集)인 『邊例集要』에만 그 대체적인 내용이 기록되어 있는데, 그것을 인용하면 다음과 같다.

8월(순조 을축)에 안핵사 윤명렬이 내려왔습니다. 전라도 장흥에 정배된 역관 최경과 함경도 명천에 정배된 역관 최국정 등을 형조(刑曹)에서 나장(羅將)을 보내 압송해 왔는데, 전후 범죄의 정절(情節)을 조사하니, 경신(庚申)년 공목(公木)의 대전(代錢) 2만 3천여 냥을, 빙사(聘使)의 파견을 주선한다는 명목으로 두 역관이 수표(手標: 물건을 빌릴 때 써 주는 증서)를 써 주고 받아서, 그중 7천냥은 국정(國禎)이 갖다 쓰고, 1만 6천여 냥은 최경이 갖다 쓴 것이 확실합니다. 박준한, 박치검, 최경, 최국정, 김형우 등 다섯 역관은, 을묘년부터 을축년까지 11년 동안 쓰시마(馬島)에 통빙(通聘)하는 일로 수표(手標)를 써 주었고, 예조·동래·부산 서계를 위조해서 준 정절이 낱낱이 탄로나서 자복했습니다. 함께 위조서계를 써 준 본부(本府)(동래) 거주 박윤한, 위조도서를 파 준 장사치 김한모, 사환통사(使喚通事) 김무언 등의 죄상 또한 사핵(查覈)했사오니, 전후의 문적등서(文蹟謄書)와 함께 별단(別單)으로 치계(馳啓)합니다.

회하(回下)에 이르기를, "간역배(奸譯輩)가 저들과 교통하며 수뢰매국(受賂賣國)한 죄상과 전후 문적(文蹟) 등 허다한 정절이 남김 없이 탄로났으니, 이는 실로 고금에 없는 극악한 대죄(大罪)이다. 선창수악(先倡首惡)한 박준한과 박치검, 연명동참(聯名同參)한 김형우는 방헌(邦憲)을 받기도 전에 귀신의 주살(誅殺)을 먼저 당했으니 참으로 분완(憤惋)하다. 그러나 추율(追律)에는 금제(禁制)가 있으니 다시 거론할 수 없다. 박준한, 박치검 두 놈의 자식들에게 산배(散配)의 형전을 시행하라. 흉모(凶謀)를 전습(傳襲)해서 서계를 위조한 최경과 최국정, 서계를 베껴 쓴 박윤한과 도서(圖書)를 새긴 김한모는, 안핵사와 동래부사에게 군위(軍威)를 크게 떨쳐서, 저들이 볼 수 있는 왜관 문밖에 효수하게 하라. 증물(贈物)을 전달한 김무언은 엄형을 내려 감사정배(減死定配)하라. 통신사가 에도에 들어갈 때의 예물을 오직 구례(舊例)에 따르는 일은, 동래부사가 관수(館守)에게 통지해서 속히 강정하게 하라. 안핵사는 죄인에게 형률을 시행한 후 복명하라."라고 했다.

16 『純祖實錄』7권, 純祖 5年 9月 戊申;『日省錄』, 純祖 乙丑年 8月 28日, 乙丑年 9月 10日.

17 『日省錄』, 純祖 乙丑年 9月 22日.

18 『文化信使記錄』2권, 文化 2年 7月;『淨元院實錄』하권.

제 6 절
역지행빙 협정의 폐기

　간세이(寬政) 10년 무오협정을 통해 조선 통신사는 정묘년, 즉 분카 4년 봄에 내조 (來朝)하되 쓰시마노쿠니(對馬國) 후추(府中)에서 빙례를 거행하기로 확정하고, 재판 도 다 다노모는 이제 신행절목강정(信行節目講定)의 임무를 받아서 왜관에 체재하고 있었 다. 그런데 당시 쓰시마 번 내부에서는 오모리 시게에몬 일파의 역지행빙론(易地行聘論) 과 스기무라 나오키 일파의 에도내빙론(江戶來聘論)이 대립하고 있었다. 번주 소 요시카 쓰는 막부의 명을 받들어 역지행빙을 실행할 생각이었던 것 같지만, 걸핏하면 스기무라 일파의 세력에 견제당해서 번정(藩情)의 동요가 항상 끊이질 않았다. 게다가 당시 타이 슈 번은 조선무역의 부진으로 거의 파산 상태였음에도 불구하고, 막부의 거액의 보조금 만 믿고 번주 이하 모든 이가 극도로 사치하면서 재정문제에는 그다지 많은 주의를 기 울이지 않았다. 이러한 상황에서는 타이슈 번이 예정된 시기에 빙례를 거행할 수 있을 지 우려하지 않을 수 없었다.[1]

　이러한 때, 마쓰다이라 이즈노카미(松平伊豆守)노부아키라(信明)가 교와(享和) 3년 12월 22일 부로 로주힛토(老中筆頭) 직에서 파면되고, 도다 우네메노쇼(戶田采女正)우지노리(氏教)가 그를 대신해서 임명됐다. 오모리 시게에몬은 분카 원년 5월 26일에 도다 가쿠로(閣老)를 직접 알현해서 번정(藩情)을 상세히 설명하고, 번(藩) 내는 일치단결해서 통신사문제에 전력 을 기울일 것이니 이를 위해 통신사 내빙을 다시 연기해서 기사년(己巳年) 봄, 즉 분카 6 년에 거행하게 해 달라고 청원했다.

　막부에서도 협의를 거쳐 타이슈 번의 청원을 허가하고, 분카 원년 6월 1일에 오는 기 사년에 통신사 빙례를 타이슈에서 거행하겠다고 공표했다. 역지행빙은 이미 간세이 10 년에 결정났지만, 그 발표를 6년간 연기했던 것이다. 곧이어 다음 날인 6월 2일에는 로 주힛토 도다 우네메노쇼를 조센진라이헤고요가카리(朝鮮人來聘御用掛)에 임명하고, 같 은 해 9월 이후로 지샤부교(寺社奉行) 와키사카 나카쓰카사다이후[뒷날의 로주(老中) 와키사카 아와지노카미(淡路守)[야스타다(安董)], 와카도시요리(若年寄) 교고쿠 빗추노카미(京極備中守)[다카히사(高久)], 오메쓰케(大目付) 이노우에 미노노카미(井上美濃守)[도시야스(利恭)], 유자(儒者) 하야시 다이가쿠노카미(林大學頭)[줏사이(述齋)][다이라(衡)], 간조부교(勘定奉行) 야규 슈젠노카미(柳生主膳正)[히사미치(久通)], 나카가와 히다노카미(中川飛驒守)[다다테루(忠英)] 등을 고요가카리(御用掛)에 추가해서, 마침내 통신사 내빙 준비에 착수했다. 같은 해 11월 28일에는 라이헤고요(來聘御用)로 타이슈 번주 소 요시카쓰에게 분카 2년 6월까지 참근(參觀)할 것을 명했다.[2]

타이슈 번주 소 요시카쓰는 분카 2년 5월 3일에 에도 번저(藩邸)에 도착했다. 막부는 5월 19일에 요시카쓰에게 등영(登營)[1]을 명하고, 로주(老中) 도이 오이노카미(土井大炊頭)[도시아쓰(利厚)]는 조선 통신사의 내빙이 오는 분카 6년 기사년 봄으로 확정됐음을 조선 정부에 통고할 것을 명했다. 6월 2일에 조센진라이헤고요가카리 전원이 지샤부교(寺社奉行) 와키사카 나카쓰카사다이후[하리마노쿠니(播磨國) 다쓰노(龍野) 번주(藩主)]의 저택에 모였다. 그리고 타이슈 번 가로(家老) 오모리 시게에몬을 불러서, 통신사 빙례 거행과 관련해서 타이슈 번 후추(府中)[이즈하라(嚴原)]의 상사(上使) 이하 접반위원(接伴委員)들의 숙소, 통신사 원역(員役)의 숙소, 기타 연향 준비, 후추(府中)의 선창(船艙) 건축 및 타이슈 번의 영접 인원에 관해 상세히 질문하고, 나중에 그것을 문서로 제출할 것을 명했다. 그리고 앞으로 매달 2일과 19일에 고요가카리 일동은 주임관(主任官)인 다쓰노(龍野)의 번저(藩邸)에 모여 오모리 시게에몬도 포함해서 회의를 열기로 했다. 이윽고 7월 16일에 막부는 타이슈 번주 소 요시카쓰에게 통신사 내빙 경비로 금 1만 냥 하사의 은명(恩命)을 전했다.

이보다 앞서 타이슈 번에서는 통신사 내빙의 분부가 떨어지자, 번주를 수행해서 에도에 체재 중인 가로(家老) 후루카와 즈쇼(古川圖書)[평공재(平功載)], 즈쇼(圖書) 노부유키(暢往)의 아들]를 통신사청래대차사(通信使請來大差使)[수참빙판사(修參聘判使)] 정관(正官), 간조부교(勘定奉行) 가노 고자에몬(加納鄕左衛門)[등격(藤格)]을 도선주(都船主), 야기 규자에몬(八木久左衛門)을 봉진압물(封進押物)에 임명하고, 예조참판·참의, 동래부사·부산첨사에게 보내는 서계와 별폭을 주었다. 그 내용은 일반적인 통신사청래대차사 서계와 아무런 차이가 없다.[3]

일본 쓰시마 주 태수 습유 다이라노 요시카쓰가 조선 예조참판 대인 합하께 글을 올립니다.

---

1) 등영(登營): 막부에 출사(出仕)함

삼추(三秋)[2]도 저물고 있습니다. 엎드려 생각건대, 귀국은 목정(穆靖)하실 것입니다. 본방 (本邦)도 안녕(安寧)합니다. 이제 우리 다이쿤(大君) 전하께서 즉위하셨으니, 전례에 따라 수 신사가 기사년 봄에 바다를 건너와야 합니다. 앞으로는 예전에 고한 것처럼 수신사를 폐주 (弊州)에서 맞이하여 빙례를 거행할 것입니다. 이에 정관(正官) 평공재(平功載), 도선주(都船 主) 등격(藤格)을 보지(報知)하기 위해 파견합니다. 애오라지 보잘 것 없는 예물을 갖추어 비 천한 마음을 전합니다. 절서(節序)에 맞게 보중하시기를 거듭 기원합니다. 이만 줄입니다.

분카 2년 을축(乙丑) 9월 일

쓰시마 주 태수 습유 다이라노 요시카쓰[4]

통신사청래대차사는 분카 2년 9월 23일에 후추(府中)에서 승선하여 출발할 예정이었 다. 그런데 마침 그때 강정재판 도다 다노모에게서 최경, 최국정 두 역관의 효수에 관한 밀보가 도착했다. 그 상세한 내용은 여전히 확실치 않았지만, 이 처형이 역지행빙과 관 계가 있다는 것은 의심할 여지가 없었다. 이러한 때에 통신사청래대차사를 특파하려면 매우 중대한 용건이 있어야 했다. 이 때문에 정관 후루카와 즈쇼 등의 출발은 당연히 연 기됐지만, 원래 대차사 파견은 막부의 명령에 의한 것이었으므로 타이슈 번이 자기의 권한으로 중지할 수는 없었다. 통신사청래대차사의 사명을 달성할 수 있을지 크게 우려 했겠지만, 결국 출발시키기로 해서 일행은 10월 13일에 후추(府中)를 출항, 순풍을 기다 리며 시간을 보내다가 마침내 11월 21일에 초량왜관에 도착했다.[5]

강정역관의 처형에 불안을 느끼던 타이슈 번을 더욱 경악케 한 소식이 10월 25일에 도착했다. 즉, 10월 10일 막부가 '타이슈 실지 조사[對州見分]'를 위해 다음 해인 병인년 봄에 메쓰케(目付) 즈치야 다테와키(土屋帶刀), 간조긴미야쿠(勘定吟味役) 마쓰야마 소에 몬(松山惣右衛門)을 파견한다는 것이었다. 후요(芙蓉)[3]를 차지하는 막부의 고급관리가 타 이슈에 내려온 것은 물론 전례가 없는 일이었다. 그에게는 무언가 특별한 사명이 있을 것으로 짐작됐다. 타이슈 번의 인심은 크게 동요했다. 이에 번주는 특별히 고유(告諭)를

---

2) 삼추(三秋): 가을의 석 달
3) 후요(芙蓉): 다이묘(大名)나 하타모토(旗本)가 쇼군을 배알하기 위해 에도 성(江戸城)에 등성(登城)했을 때 지위 나 역직(役職)의 고하에 따라 그 자리가 정해져 있었는데, 후요(芙蓉)는 소자방(奏者番)이 차지하는 자리였다. 소자방은 주로 성내(城内)의 의식을 관리했는데, 구체적으로는 다이묘·하타모토가 쇼군을 배알하거나 헌상품 이 올라왔을 때, 그 헌상품을 확인해서 쇼군에게 보고하고 쇼군이 하사한 물품을 전달하는 일을 맡았다. 또 특 별한 일이 있을 때 다이묘가에 상사(上使)로 파견되거나 쇼군이 참열(參列)할 수 없는 경우에 대리를 맡기도 했 다. 막부 내 후요의 정원은 대략 20~30명이었으며, 다이묘·하타모토와 쇼군 사이의 연락을 맡았기 때문에 오 메쓰케(大目付)·메쓰케(目付)와 함께 막부의 중요한 역직(役職)이었다. 원래 뜻은 연꽃이다.

내려서 역지행빙은 엄연한 국책이니 그 진행에 어떤 장애도 없을 것이라고 설명하고, 유언비어에 동요하지 말 것을 계칙(戒飭)했다.[6]

왜관에 도착한 통신사청래대차사 정관 후루카와 즈쇼, 도선주 가노 고자에몬은 곧바로 강정재판 도다 다노모, 관수 하마다 겐자에몬 등과 협의한 후, 강정역관 현의순, 훈도 현식, 별차 정낙승(丁樂升)을 왜관으로 불러서 자신들의 사명을 설명하고 서계 등본을 전달하면서 대차사가 나왔을 때의 전례에 의거해서 접대해 줄 것을 요청했다. 훈도와 별차는 이 요청이 타당하다고 인정했지만, '단, 대차사가 가져온 서계가 통신사청래대차사의 선규(先規)에 크게 위배된다. 지난 간세이 3년 신해년(辛亥年)에 통신사의정대차사(通信使議定大差使)가 나와서 통신사의 역지행빙을 희망했지만 조선에서 엄한 말로 거절한 바 있다. 따라서 당연히 선례대로 에도 입송(入送)을 요청해야 함에도 불구하고, 앞의 말을 고집해서 기사년 봄에 수신사를 타이슈에서 맞이한다고 하는 것은 매우 부당하다. 이처럼 규외대차(規外大差)와 관련된 건은 묘당에 보고할 수 없고 서계 또한 진달하기 어렵다.'라고 말했다. 정관 등은 이 말을 반박해서, '예전에 통신사의정대차사가 귀국한 후, 조선이 자발적으로 역지행빙과 생폐(省弊) 등을 제의해서 통신사의 빙례(聘禮)를 타이슈에서 거행하는 것과 그 시기를 기사년으로 하는 것 등을 양국이 이미 확정했다. 지금 그 관계문서도 있는데 이제 와서 반대의견을 내는 것은 실로 양해하기 어렵다.'라고 주장했다. 훈도와 별차는 다시 '의빙(議聘) 차개(差价)[4]를 이미 엄히 물리쳤거늘, 역지행빙이나 생폐같은 말을 어찌 우리나라에서 다시 낼 리가 있겠는가? 네가 말하는 문자(文字)[5]라는 것은, 바로 4명의 역관들이○박준한·박치검·최경·최학정 조정을 기만하여 중간에서 간계를 부려 뇌물을 받고 위조한 것이다. 조정에서 그 죄를 엄히 조사해서 왜관 문에 효수한 사실을 쓰시마 주에서도 필시 들었을 터인데, 짐짓 전혀 모르는 척하며 갑자기 나온 것은 더욱 무엄하다. 또 교린을 맺은 이후로 에도(江戶)에서 통신(通信)하는 것은 본래 양국 사이에 바꿀 수 없는 대례(大禮)인데, 위조문서를 갖고 와서는 문자(文字)라고 하면서 막중한 전명(傳命)을 쓰시마에서 하려는 것은 전혀 이치에 가깝지도 않으니 결코 허접(許接)할 수 없다.'라고 힐책했다. 이 점은 매우 중대했으므로 정관은 바로 자신들은 위조서계와 전혀 관계가 없다고 힘주어 말했다. "위조 등의 말씀은 애초에 폐주(弊州)에서 아는 바가 아닙니다. 폐주는 오로지 귀국 문자에 빙거(憑據)해서 이미 에도에 보고했

---

4) 차개(差价): 사절(使節)
5) 문자(文字): 문서(文書)

으며, 수신사행은 폐주에서 영접하는 것으로 완전히 결정됐습니다. 이러한 상황을 잘 아뢰시옵소서."

통신사청래대차사의 말이 매우 중대했으므로 훈도 현식과 별차 정낙승은 곧장 동래부사 정만석에게 상신하고, 부사는 이를 급히 치계(馳啓)했다.[7]

이보다 앞서 묘당에서는 고(故) 역관 박준한과 박치검이 조선 예조참의·동래부사 명의로 교환한 공문서를 파기하고 협정사항을 무효로 할지 신중히 고려하고 있었다. 당시 조선 군신(君臣)들 간에 최근 10년간 역지행빙에 관한 교섭은 타이슈 일개 번(藩)의 이해타산에서 시작된 것으로 이 일에 에도 정부는 관여하지 않은 것 같다는 관찰에서부터 이번 역관 부정 사건의 상세한 내막을 직접 에도 정부에 통고하고 재고를 요구하는 것이 좋겠다는 의견 등이 대두하고 있었던 것은 주목할 필요가 있다.

처음에 분카 2년 윤8월(순조 을축년 8월)에 동래부 안핵사 윤명렬의 밀계(密啓)가 도착해서 박준한 등의 죄상이 뚜렷해지자, 예조판서[사역원(司譯院) 제조(提調)] 한용구(韓用龜)는 도해역관(渡海譯官)을 에도에 파견해서 종전에 왜학역관 무리가 쓰시마 도주와 결탁하여 다년간 중간에서 부정행위를 저지른 것을 상세히 통보하고, 에도 정부의 반성을 촉구해야 한다고 앞장서서 주장했다. 이 주장에는 순조도 크게 동조해서, 윤8월 21일과 28일에 걸쳐 대신경재(大臣卿宰)를 소견(召見)해서 이 문제를 심의하게 했다. 광주부유수(廣州府留守) 이만수(李晩秀), 병조판서 김사목(金思穆), 호조판서 김달순(金達淳), 총융사(總戎使) 이인수(李仁秀), 형조판서 서영보(徐榮輔), 형조참판 박종경(朴宗慶) 등은 대체로 예조판서의 주장을 지지했으나, 유독 우의정 이경일(李敬一)만 강경하게 반대했다. 그의 주장에 따르면, '이제 역관의 부정을 직접 에도 정부에 통고하려고 한다면, 타이슈 번주는 자신의 사활이 걸린 문제이므로 백방으로 저지하려고 할 것이니 도저히 에도까지 갈 가망이 없다. 게다가 파견역관 자체가 중간에서 매롱(賣弄)[6]을 일삼아 반드시 신뢰할 수 있는 자가 아니라는 것은 종전의 경험으로 봐도 분명하다.'라는 것이었다. 병조판서 김사목과 형조참판 박종경 등은 왜학역관 이외의 적임자를 구해서 쓰시마를 경유하지 않고 바닷길로 에도까지 직항할 것을 주장했지만, 우의정은 역관이 없으면 일본어를 이해할 수 없으니 쓸모가 없고, 타이슈를 경유하지 않는 바닷길은 조선인이 모르기 때문에 에도 직항은 실행할 수 없다고 하고, "도해(渡海) 요청은 반드시 이뤄지지 않을 일이니,

---

6) 매롱(賣弄): 권세를 이용하여 뇌물을 받고 농간을 부림

또한 우리의 도리를 다할 뿐입니다."라고 단언했다. 하지만 이러한 우의정의 강경한 반대에도 불구하고, 역관의 에도 파견론은 척신(戚臣) 박종경이 강력하게 지지했으므로 순조도 이 의견에 기울었고, 결국 뒷날 다시 제기되기에 이른다.[8]

도해역관의 에도 파견론보다 더 현실적이라고 생각한 것은 동래부 안핵사 윤명렬이 주장한 역관제도 개혁론이었다. 윤명렬은 9월 22일에 복명하는 자리에서 이번의 경험을 기초로 다음의 개혁론을 상주했다.

이번에 흉역배(凶譯輩)가 저지른 짓은 옛날부터 없던 변고입니다. 그러나 건단(乾斷)[7]을 크게 발휘하사 왕의 법이 이미 펼쳐졌으니 신은 흠앙(欽仰)을 이기지 못하겠나이다. 대체로 모든 왜관과 관계되는 일은 공사(公私)를 막론하고 역관에게 일임했습니다. 그러므로 이 자들이 기화(奇貨)[8]로 보고 매번 공간(公幹)[9]이라고 하면서 저들과 시도 때도 없이 접촉해서 혹은 물화(物貨)를 상통(相通)하고, 혹은 매매를 부탁했습니다. 그 중간에서 환롱(幻弄)[10]하는 폐단과 피차 은밀히 비밀에 부치는 정상(情狀)이, 예전에도 이미 그러했지만 오늘날에 이르러서는 극에 달했습니다. 앞으로는 크고 작은 공간(公幹)을 다시는 임역(任譯)에게 전담시키지 말고, 반드시 부산첨사가 몸소 왜관에 가서 서자(書字)로 수답(酬答)하게 하고, 임역배(任譯輩)는 단지 중간에서 통정(通情)[11]만 하게 한다면, 교무(矯誣)하고 농간(弄奸)하는 폐단을 아마도 금단(禁斷)할 수 있을 것이옵니다. 도해(渡海)하는 일로 말하자면, 도해역관(渡海譯官)은 반드시 3명을 들여보내는 것이 정식(定式)인데, 행중(行中)의 모든 일을 수역(首譯)○수석역관이 독단으로 결정했습니다. 그러므로 병진년○간세이 8년에 도해(渡海)했을 때 박준한의 각종 음모를 다른 사람이 알 수 없었으니, 일이 소홀하기가 막심합니다. 이제 크게 징창(懲創)[12]하는 때를 맞이하여 아마도 변통지도(變通之道)가 없어서는 안 될 듯합니다. 앞으로는 도해(渡海)할 때도 역관에게 전담시키지 말고, 당하무신(堂下武臣) 가운데 자격과 경력이 있고 문장에 능한 자로 하여금 역관들을 인솔해서 들여보낸다면, 옛날부터 내려오는 폐단의 근원을 아마도 이혁(釐革)하고, 저들의 사정 또한 상세히 탐지할 수 있을 것입니다. 그러나 처음 시작하

---

7) 건단(乾斷): 제왕의 결단
8) 기화(奇貨): 기이한 재화. 전국시대 말기 양적현(陽翟縣)의 대상인이었던 여불위(呂不韋)의 고사에서 유래한 말로, 그는 조(趙)나라에 볼모로 끌려와서 천대받고 있던 진(秦)나라 공자 자초(子楚)를 만난 후 그를 '사둘 만한 기화(奇貨可居)'라고 판단했다. 그리고 계책을 써서 그를 진나라의 왕이 되게 함으로써 그의 아들 진시황 대에 이르기까지 진나라의 승상을 지낼 수 있었다.
9) 공간(公幹): 공무(公務)
10) 환롱(幻弄): 교묘한 수단으로 남을 농락함
11) 통정(通情): 서로 감정이나 사정을 전달함
12) 징창(懲創): 징벌(懲罰), 경계(警戒)

는 일이며 또한 관제(官制)에 관계되니, 부디 대신들에게 하순(下詢)하여 처분하시옵소서.

순조는 이 건의를 대신경재(大臣卿宰)에게 자순(諮詢)했는데, 우의정 이경일은, "왜인들은 자고로 우리나라의 접대에 조금이라도 전례(前例)와 다른 것이 있으면 매번 규외(規外)라고 하면서 죽음을 불사하고 순종치 않았습니다. 우리나라에서 비록 새 법식(法式)을 정하더라도, 저들이 만약 굳게 거절한다면 서로 버티는 사이에 한갓 국위(國威)를 손상할 것이니, 필시 질애(窒碍)[13]하는 사단이 생길 것입니다."라는 이유로 반대했고, 광주부유수 이만수, 호조판서 김달순, 호군 박종경 등 대부분의 신하들도 같은 의견이었다. 결국 국왕도 중론을 따라서 개혁론은 실현되지 않았다.[9]

안핵사 윤명렬의 개혁론은, 첫 번째로 앞으로 일한 양국에 관계되는 공간(公幹)은 모두 부산첨사가 직접 왜관에 가서 문서로 처리할 것, 다음으로 도해관(渡海官)은 당하무신(堂下武臣) 가운데 자격과 경력을 갖춘 학식이 있는 자에게 맡길 것, 즉 역관 대신에 무신을 임명한다는 것으로 획기적인 개혁이라고 할 만했다. 이것이 실현된다면 이번과 같은 역관 부정 사건의 화근도 어쩌면 근절할 수 있을 것이었다. 하지만 이는 동시에 타이슈 번에 치명적 타격을 주는 것이었다. 타이슈 번의 존립이 전적으로 조선무역에 기대고 있는 것은 두말할 나위가 없다. 이 때문에 타이슈 번은 약조 말고도 모든 기회를 이용해서 조선의 특혜를 얻는 데 여념이 없었다. 그 중간에 있는 것이 왜학역관이었다. 왜학역관이 없어지면 약조가 엄격하게 이행돼서 종전에 묵인되어 오던 특혜는 거의 대부분 사라지고, 그 결과는 곧 쓰시마 전체의 사활이 걸린 문제가 될 것이다. 타이슈 번은 어떤 희생을 치르더라도 역관제도의 개정을 저지하려고 할 것이며, 그 결과 타이슈와 조선 간에 좋지 않은 사태가 발발하지 않으리라고 장담하기 어려웠다. 우의정 이경일은 이러한 사정을 잘 알고, 그것이 실행 불가능함을 완곡하게 말했던 것이다. 순조가 그의 말에 따른 것도 당연했다.

무오(戊午) 역지행빙 협정에 대한 조선의 방침이 아직 결정되기 전에 이 협정에 따른 통신사청래대차사가 도착했다는 소식이 도착하자 묘당의 분위기는 오히려 강경해진 것 같은 감이 있다. 즉, 동래부사 정만석의 치계(馳啓)가 도착하자 비변사에서는 이번의 통신사청래대차사는 신해(辛亥) 통신사의정대차사와 같은 규외차왜(規外差倭)일 뿐 아니라

---

13) 질애(窒碍): 일이 원활하게 진행되지 않고 막히거나 방해를 당함

이번에 간역(奸譯)들이 처형된 사정을 잘 알고 있으면서도 짐짓 모르는 척 가장하는 것은 매우 심한 불법이라고 보고, 동래부사에게 명하여 허접(許接)을 승인하지 말고 퇴거를 요구하기로 결정했다. 이에 분카 3년[순조 병인(丙寅)] 정월 5일에 국왕의 윤재(允裁)를 받아 동래부사에게 관문(關文)을 보냈다.[10]

하지만 타이슈 번이 역관옥(譯官獄)에 무관한 것처럼 가장하는 교활함이 아무리 가증스럽다고 해도, 또 통신사 역지행빙 협정을 조선에서 승인할 수 없다고 해도, 통신사청래대차사 그 자체는 선례에 따른 것이기 때문에 물리칠 이유가 충분치 않았다. 실제로 동래부사 정만석은 비변사에서 내린 처분의 착오를 지적했고, 묘당에서는 이 문제를 재의(再議)에 부쳤다. 그 결과, 통신사청래대차사는 선례에 따른 것이므로 그 접대를 인정하되 회답서계에서 조선의 주장을 분명히 하는 것이 옳다는 결론을 내리고, 분카 3년 3월 10일에 영의정 이병모(李秉模)가 상주해서 윤재(允裁)를 받았다. 이에 홍문관교리 서능보(徐能輔)를 접위관(接慰官), 당상역관 이사공(李思恭)과 당하역관 현상위(玄商緯)를 차비관(差備官)에 차하하고, 승문원에 명하여 회답서계를 제출하게 했다.[11]

분카 3년 5월 12일, 동래부사 오한원(吳翰源)과 접위관 서능보는 차비역관, 강정역관, 훈도, 별차 등을 거느리고 왜관 연향대청(宴享大廳)에서 통신사청래대차사 정관 후루카와 즈쇼 및 원역(員役)의 하선연(下船宴)을 거행하고, 예조 및 동래·부산에 보내는 서계와 별폭(別幅)을 접수했다. 연향석상에서 후루카와 즈쇼는 동래부사와 접위관에게 서계 중에 기사년의 통신사 내빙을 타이슈에서 거행한다는 자구가 있는 것에 대해 주의를 주고, 부사와 접위관이 진력해 줄 것을 희망한다는 취지의 말을 했다. 이에 대해 부사는 역지행빙은 조선에서 제의한 것이 아니므로 그 실행 여부는 오직 조정의 처분을 공손히 기다려야 할 뿐이라고 답했다. 연례(宴禮)를 마치고, 정관(正官)은 거듭, '오늘은 연향이라서 우리가 하고 싶은 말을 다하지 못했다. 부사와 접위관이 떠난 후 강정역관에게 상세히 설명하겠다.'라고 다짐해 두었다. 나중에 도선주 가노 고자에몬을 시켜서 강정역관 현의순, 훈도 현식, 별차 정낙승을 만나 역지행빙과 기사신행(己巳信行)은 이미 양국 간에 강정(講定)이 끝난 문제라고 주의를 주었으나, 강정역관 등은, '네가 말하는 강정이라는 것은 간역배(奸譯輩)의 부정행위로, 그들이 이미 법에 따라 처벌된 이상 이제 논할 수 있는 것이 아니다.'라고 주장하며 그 말을 듣지 않았다. 강정재판 도다 다노모도 대화에 끼어들어서 무오협정 당시의 예조참의·동래부사 서계 2통을 제시했지만, 강정역관은 흉역배(凶譯輩)의 위조라고 하면서 검토를 거부해서 결국 양측 사이에 어떠한 타협점

에도 도달하지 못했다.[12]

통신사청래(通信使請來) 서계·별폭에 대한 예조의 회답서계·별폭이 6월 11일에 도착했으므로, 예단다례(禮單茶禮)에 앞서 동래부사 오한원은 훈도 현식과 별차 정낙승을 왜관에 보내서 등본을 제시하려고 했다. 그런데 도선주 가노 고자에몬은 회답서계가 만약 이번 일의 순조로운 성사를 뜻하는 것이라면 받겠지만 그렇지 않다면 절대 받지 않겠다고 명언(明言)했으므로, 훈도와 별차는 분란이 생길 것을 두려워해서 그 제시를 중단했다. 도선주 등은 이를 선례에 위배되는 것으로 보고 훈도와 별차를 크게 힐책했다. 부사와 접위관도 만일의 사태를 우려했지만, 무기한 방치할 수도 없어서 6월 24일에 상선연, 25일에 예단다례를 거행하고, 차비역관 이사공, 훈도 현식, 별차 정낙승에게 명하여 예조참판·참의의 회답서계, 동래부사·부산첨사의 회답서계·별폭을 정관 후루카와 즈쇼에게 전달하게 했다.[13] 예조참판의 서계는 다음과 같다.

> 조선 예조참판 조덕윤(趙德潤)이 일본 쓰시마 주 태수 습유 다이라 공(平公) 합하께 회신합니다.
>
> 성사(星槎)가 멀리서 오심에 화찰(華札)이 뒤따라와서 흥거(興居)[14]를 살피고 때에 맞게 숭위(崇衞)하심을 알았으니 참으로 깊이 위안되고 근심이 사라집니다. 신개(信价)[15]의 행기(行期)[16]는 예전에 약정한 바가 있습니다. 하지만 교빙(交聘)하는 장소와 폐물을 증정하는 예절은 다만 구장(舊章)을 준수해야 할 뿐이니, 신규(新規)를 새로 열어서는 안 됩니다. 갑인(甲寅)○간세이 6년 회답서계에, "양국은 반드시 정녕(丁寧)[17]한 말을 양해해서 함께 성신(誠信)의 뜻에 힘쓴다."고 명시되어 있습니다. 예전에 임역(任譯)에게 미리 의절을 강정(講定)하게 한 것은 상부(相孚)[18]를 귀하게 여겨서 인의(隣誼)가 더욱 돈독해지기를 바란 것이었습니다. 그런데 이제 말씀을 받으니 또 '폐주(弊州)로 수신사를 부르겠다.'는 말을 마치 예전에 통고한 것처럼 하고 있으니, 반복해서 생각해 보건대 아혹(訝惑)이 번갈아 마음속에서 일어납니다. 참으로 예전의 말을 반복한 것이 아니라면, 혹시 기만을 당한 것이 아니겠습니까? 폐방(弊邦)의 상역배(象譯輩)[19]가 간계(奸計)를 자행해서 양국 사이를 기만했으니, 사표(私標)[20]의 정절(情

---

14) 흥거(興居): 일상생활. 기거(起居)
15) 신개(信价): 통신사(通信使)
16) 행기(行期): 출발 날짜
17) 정녕(丁寧): 간곡한 모양
18) 상부(相孚): 성실과 신의로 서로를 믿음
19) 상역(象譯): 역관
20) 사표(私標): 개인의 신표(信標)

節)을 숨길 수 없고, 위계(僞契)[21]의 진적(眞贓)[22]이 모두 탄로 났습니다. 강 건너 왜관에서도 아마 이러한 사유를 들었을 것이니 바다를 건너가서 자세히 통고하는 것은 도리어 문구(文具)[23]가 될 뿐이요, 죄인들을 경계까지 끌고 나가서 현륙(顯戮)한 것은 상헌(常憲)을 어길 수 없었기 때문입니다. 조정의 처분이 이와 같았습니다. 그 일이 어찌 다만 우리만 관계된다고 하겠습니까? 또한 고린(高隣)[24]에도 관계가 있으니, 그에게 들을 수 있었을 것입니다. 그런데 뜻밖에 보내신 서계의 뜻은, 마치 이 사실을 아직 다 분명히 알지 못하시는 것 같았습니다.

노고와 비용을 줄이고자 대번에 빙례의절을 고친다면 비단 사면(事面)을 크게 해칠 뿐만이 아닙니다. 만약 교폐(交蔽)로 인해 구차하게 사사(使事)를 마친다면 성신우호에 결함이 생길까 크게 우려됩니다. 국가가 숭상하는 것은 예의(禮儀)입니다. 예(禮)는 일정한 것을 따름보다 큰 것이 없고 의(儀)는 옛것을 지킴보다 절실한 것이 없으니, 이를 양찰하여 조약을 신중히 준수하는 것이 참으로 저의 구구한 바람입니다. 보내 주신 귀한 물품을 받았으나 저의 감격이 어찌 물건 때문이겠습니까? 이에 보잘 것 없는 예물로 멀리서나마 정성을 표하오니 살피시기 바랍니다. 이만 줄입니다.

병인년 5월 일

예조참판 조덕윤[14]

정관 후루카와 즈쇼 등은 예조참판의 회답서계를 한번 보고는 정색하며, "일전에 우리가 이미 누차 이야기했음에도 불구하고, 이 서계는 실로 우리가 생각했던 바가 아니니 결코 받을 수 없습니다."라고 하고 서계와 예단 모두 받지 않으려고 했다. 예조서계는 조정에서 내린 것으로 차사(差使)가 그 수리를 거부할 수 있는 것이 아니라고 역관이 주의를 주었지만, 후루카와 등은, "역지행빙이 이뤄지지 않으면 우리 섬은 반드시 망할 것입니다. 우리 섬이 망하면 우리만 홀로 살 길이 없습니다."라고 외치면서 응할 기색을 보이지 않았다. 얼마 후 차비역관과 훈도 등이 왜관을 떠날 때, 왜관에 재류한 번리(藩吏)와 상민(商民) 40여 명이 그 뒤를 따라서 훈도의 임소(任所)인 성신당(誠信堂)까지 몰려가 불온한 언사를 했다고 한다.[15]

얼마 후 8월 19일에 병인년의 제1·제2·제3 송사선(送使船)의 하선연(下船宴)을 설행(設行)하기 위해 동래부사 오한원(吳翰源), 부산첨사 이석배(李奭培)가 왜관에 들어오자,

---

21) 위계(僞契): 위조한 서계(書契)
22) 진적(眞贓): 도적질한 물품
23) 문구(文具): 문식(文飾). 겉치레
24) 고린(高隣): 이웃의 존칭. 여기서는 왜관을 가리킴

통신사청래대차사 도선주 가노 고자에몬은 공간(公幹)이 있다고 하면서 부사에게 회견을 요구했다. 부사는 연례송사(年例送使)의 연례(宴禮)와 대차공간(大差公幹)은 문제의 성격이 전혀 다르다는 이유로 그 요청을 거절했으나, 도선주는 굴하지 않고 연례와 예단 전달이 끝나자마자 연향대청(宴饗大廳)에 나가서, "저희들은 공간(公幹)이 순조롭게 이뤄지지 않으면 귀국서계를 가져갈 수 없습니다. 간역배(奸譯輩)가 발급한 서계가 지금 에도에도 있는데, 이제 갑자기 성사되지 않았다는 말을 또 도부(東武)에 전한다면 쓰시마가 중간에서 말을 바꾼 것이 저절로 무망(誣妄)이 될 것이니, 앞으로 어떤 죄를 받을지 알 수 없습니다."라고 진정했다. 동래부사는 이를 불고하고, "간역(奸譯)들이 서계를 위조한 일은 이미 떳떳한 형벌을 받았다. 통신사가 반드시 에도로 가는 것은 본래 오랜 규칙이니, 이제 갑자기 간역의 일을 인용해서는 안 된다. 또 양국이 기만당한 사정을 에도에 전달하는 데 안 될 이유가 어디 있는가? 방자하게 회답서계를 수리하지 않고 갑자기 뛰쳐나와서 시끄럽게 떠드는 것 또한 매우 무엄하니, 앞으로는 절대 이렇게 하지 말라."라고 힐책해서, 가노는 진정(陳情)한 목적을 이루지 못했다.[16]

당시 강정재판 도다 다노모는 역관 부정 사건의 책임자라는 이유로 기피되고, 옛 관수(館守) 하마다 겐자에몬과 새 관수 스즈키 이치노신(鈴木一之進)[등칙정(藤則定)] 들도 아무 일도 하지 않아서, 대차사 도선주 가노 고자에몬만이 홀로 동래부사·강정역관·훈도 사이를 분주히 오가며 예조의 회답서계를 개수(改修)하고 역지행빙의 승인을 받으려고 노력했지만 전도는 매우 비관적이었다. 이에 대차사 정관 후루카와 즈쇼는 그 다음 해인 분카 4년 정묘년 2월 17일에 도선주 가노 고자에몬에게 명하여 일단 귀국해서 사태의 중대성을 보고하게 했다. [가노는 3월 22일에 왜관에 복귀했다.][17]

타이슈 번주 이하 모든 이들은, 전년 5월에 통신사청래대차사가 받은 예조의 회답서계의 내용 및 그 개수(改修) 교섭의 전도가 매우 어렵다는 보고를 받고 우려를 금치 못했다. 분카 3년 7월에 번주는 다음의 지키쇼(直書)[25]를 통신사청래대차사에게 보내서 더 노력해 줄 것을 간곡히 당부했다.

예전에 내빙 시기를 명하시고 수빙사(修聘使)를 보내서 조선에 통고하게 하셨으므로, 그 일을 아뢴 후 그대는 사자(使者)가 되어 작년에 조선으로 건너갔다. 당시 명하신 것처럼, 그대는 일찍이 고요가카리(御用掛)에 임명되어 에도(江戶)에도 다년간 있었고, 점차 고헨(公

25) 지키쇼(直書): 작성한 사람이 직접 보내는 공문서

邊)²⁶⁾에 출입해서 분부를 받는 품계에까지 이르렀으니, 고요(御用)의 행도(行道)를 명심하도록 당부하셨다. 이번의 수빙사는 비록 이름은 구례(舊例)와 같지만 일은 모두 신례(新例)이다. 특히 다년에 걸친 외국과의 관계라서 어떤 곡절이 생길지 알 수 없음은 물론이니, 일행들까지도 조정의 공무를 취급함에 지난 몇 년간의 경위를 명심하도록 당부하셨다. 최근에 그대와 도다 다노모가 내밀히 보낸 보고를 갖고 가로(家老)들에게까지 아뢴 모양이다. 대충 듣기로는 반한(返翰)²⁷⁾의 일에 이르러 교섭을 중단하라고 했다는데, 이제 다시 그런 사정이 생길 도리는 없다고 생각하지만, 설령 그런 일이 생기더라도 지금까지 교섭경과도 막바지에 이르렀으니 모두 놀랄 만한 일은 아닐 것이다. 다년간 관계해 온 과정을 감안해서 조용히 대의(大義)를 온전히 할 수 있는 방법을 일치일화(一致一和)해서 다해야 하리라. 이는 필시 중간에서 착오가 나온 데서 기인하는 것이리라. 다노모 등이 다년간 조치한 것을, 그대 또한 신중히 상의해서 일을 온전히 할 수 있는 방법을 확실하게 다하라. 최근 조정의 야쿠닌(役人)이 직접 실지답사를 했다. 이제 다시 일이 틀어진다면 우리의 목이 달아날 것은 물론이요, 또한 국가의 위난(危難)이 닥칠 것도 깊이 생각해서, 반드시 할 수 있는 방법을 다하기 바란다. 가로들께서도 말씀이 있을 것이다.

7월

후루카와 즈쇼에게¹⁸

처음에 타이슈 번은 통신사청래대차사가 늦어도 분카 4년 3월경까지는 회답서계를 가지고 복명할 것이라고 막부에 상신했다. 하지만 그 기한이 다 돼서도 귀조하지 않자 막부는 마침내 타이슈 번에 대해 의혹을 품기 시작했다. 타이슈 번의 자이후가로(在府家老) 오모리 시게에몬은 조센신시라이헤고요가카리(朝鮮信使來聘御用掛) 지샤부교(寺社奉行) 와키사카 나카쓰카사다이후, 오메쓰케(大目付) 이노우에 미노노카미(井上美濃守), 유자(儒者) 하야시 다이가쿠노카미(林大學頭)의 독책(督責)에 대해, 회답서계가 아직 도착하지 않아서 대차사가 지금까지 귀조하지 못하는 것이라고 일시 호도(糊塗)하는 한편, 번청(藩廳)에 에도의 사정을 상세히 보고하고 막부의 도움을 받아 조선에 단호한 태도를 취해야 한다고 계속 요청했다. 하지만 5, 6월이 되도록 대차사의 귀조 소식이 없자 오모리는―아마 와키사카 나카쓰카사다이후의 주의도 있었을 것이다.―6월 하순에 별도로 요닌(用人) 겸 에도 루스이조야쿠(留守居助役) 고지마 우자에몬을 급히 귀국시켜서 막

---

26) 고헨(公邊): 막부(幕府)
27) 반한(返翰): 회신(回信), 회답(回答)

부의 의향을 상세히 설명하고, 조선과의 교섭경과를 알아오게 했다.[19]

고지마 우자에몬은 7월 18일에 타이슈에 도착했다. 그의 사명은 번주 소 요시카쓰 이하 모두를 당황케 하고도 남았다. 타이슈 번은 스스로 조선과 에도 정부 사이에서 양쪽을 적절히 조정해서 역지행빙을 성립시킬 수 있을 것으로 기대했다. 하지만 일한 양국이 타이슈 번의 각본대로 움직이지 않았기 때문에 도리어 자신의 목덜미가 잡히는 상황을 초래했다. 타이슈 번이 이미 막부에 역지행빙의 조건을 분명히 보고하고 그 성립을 보증한 이상, 이제는 조선의 양보를 기대하는 것 외에는 방법이 없었다. 즉, 예조의 회답 서계를 개찬(改撰)해서 역지행빙과 기사년 빙례 거행을 승낙하게 할 수밖에 없었다. 이에 고지마 우자에몬이 복귀하고 겨우 이틀이 지난 7월 20일에, 요닌(用人) 시게마쓰 고노모(重松此面)[등공교(藤功喬)]를 통신간사재판(通信幹事裁判)에 지명했다.[20] 시게마쓰에게 부여된 임무는 번(藩) 전체의 운명을 결정짓기에 충분했다. 따라서 번주는 특별히 시게마쓰를 인견(引見)해서 그 임무를 상세히 설명하고, 그가 취해야 할 행동에 관해 훈령을 내렸다. 다음의 『소씨실록(宗氏實錄)』에 의거해서 그 대요를 기록한다.

> 회서(回書)를 개찬(改撰)하여 수빙사(修聘使)의 입송(入送)이 지연됨.
> 빙사(聘使)의 도해(渡海)가 기사년 봄에 있을 것이니, 본주(本州)에서 맞이한다는 뜻으로 예전에 도부(東武)의 지시를 받았다. 전례에 따라 수빙사를 파견해서 저 나라에 전달하고 정서(呈書)를 이미 수납했으니 조만간 응접이 끝나야 하거늘, 회서(回書)를 개찬하는 논의가 일어나서 지금까지 사신의 발이 묶인 것이 약 3년이 된다. 그런데도 그 개찬은 전일과 마찬가지로 지체되고 있으니 멀리 있는 사람의 근심을 어찌 말하겠는가?
> 빙례(聘禮)의 신약(新約)은 양국에 관계된다. 사신이 가져간 서계가 이미 도부의 간절한 뜻을 담고 있으니, 저 나라가 회서를 보낼 때 도부의 뜻에 부응한 연후에야 두 나라가 마땅하게 행했다고 할 수 있다. 더구나 정사(丁巳)년 이래로 두세 차례 왕복해서 강정한 것이 상밀(詳密)함에 있어서겠는가?
> 그런데 뜻밖에 이제 와서 이처럼 집요하게 구니, 영원히 양국 사이에 있을 본주(本州)는 저 나라를 위해 괴이하게 여기는 것이다. 또 빙례를 새로 만들 것을 도부에서 이미 하령(下令)해서 본부(本府)[28]에 사관(使館)을 신축하거나 수선하고, 아울러 상사(上使) 이하 관원들의 여관도 모두 한 달 내로 완공될 것이다. 게다가 도부는 근래 특별히 관리를 파견해서 빙사(聘

---

28) 본부(本府): 타이슈 후추(府中) 이즈하라(嚴原)를 가리킨다.

事)를 감찰했다. 이러한 때에 회서가 지연된다는 말을 오히려 처음 풍문으로 듣게 되었으니, 도부에서 대단히 괴이하고 의아해 하는 것이다.

사체(事體)가 이와 같으니, 만약 회서를 전달해 올리는 것이 늦어진다면 중간에 있는 직책으로서 본주(本州)의 위난(危難)을 실로 이루 다 말할 수 없을 것이다. 이로써 본다면, 본주가 폐하고 흥함은 오로지 저 나라의 회서가 우리 요구에 응하는지 여부에 달려 있다. 비유하자면 위태롭기가 얼음을 밟고 깊은 못에 임한 것과 같다. 본주에 대한 저 나라의 구호(舊好)가 오래되어 이미 300년을 드리우고, 조종(祖宗) 이래로 인의(隣誼)의 두터움은 대대로 감탄해 마지않는 것임을 깊이 생각하라. 이제 본주의 위급한 정형을 밝게 살펴서, 수빙사(修聘使)의 회서를 신속하게 보내 준다면, 온 주(州)의 백성들이 마치 거꾸로 매달렸다가 풀려난 것 같으리니, 여기서 두터운 교의(交誼)를 더욱 볼 수 있으리라. 이제 너 시신(侍臣)에게 재판직(裁判職)을 관장할 것을 특별히 명하여 부사의 큰 힘에 의뢰하고자 하노라. 자세한 사항은 너의 혀끝에 맡긴다. 그 바다를 건너가는 날부터 신속하게 주선해서 이 바람에 부응하라.[21]

그 사이 초량왜관에서는 통신사청래대차사 정관 후루카와 즈쇼와 도선주 가노 고자에몬의 집요한 노력이 계속됐다. 6월 17일에 동래부사 오한원과 부산첨사 구강(具絳)이 신임 왜관관수번(倭館館守番) 모리노스케(盛之介)[평시지(平時之)]의 하선연 설행을 위해 왜관을 방문했을 때, 가노 고자에몬 등 300여 명이 부사에게 회견을 강요해서 조선의 동정적인 조치를 진정했지만 부사는 거들떠보지 않았다. 이에 최후의 강압수단으로 난출(欄出)을 결행하기로 했다. 7월 13일에 도선주 가노 고자에몬, 봉진(封進) 야기 구자에몬(八木九左衛門)은 재관원역(在館員役) 90여 명을 이끌고, 이와 별도로 정관 후루카와 즈쇼는 작은 배를 타고 설문(設門)을 돌파했지만, 부산첨사 구강이 많은 군교(軍校)와 서리, 백성들을 모아서 저지하는 바람에 동래부까지 도달하지 못했다. 이들은 어쩔 수 없이 훈도·별차의 임소(任所)인 성신당(誠信堂)으로 물러가서 훈도 현의순, 별차 최석(崔晳)을 통해 동래부사와 부산첨사에게 서계의 개찬(改撰)을 요청했지만, 대차의 요청은 이미 묘당에 상신했다는 언질을 얻는 데 그쳤다.[22]

동래부와 초량왜관 사이의 공기가 긴장감으로 팽배하던 8월 25일에 통신간사재판(通信幹事裁判) 시게마쓰 고노모가 부산에 도착했다. 시게마쓰는 지금까지의 교섭경과를 듣고 관수번 모리노스케와 선후책을 협의한 끝에 통신사청래대차사의 강압방침은 헛되이 사태를 악화시킬 뿐이라는 것을 인정했다. 그는 먼저 도선주 가노 고자에몬에게 귀국 근신을 명하고, 또 강정재판 도다 다노모, 메쓰케 하야카와 조스케 및 통사(通事) 3명의 직무를 정지하고 앞으로 조선 당국과의 교섭은 시게마쓰 자신이 모두 책임지고 맡는 것으로 결정했다. 그는 또 이와 같은 대한방침의 근본적 갱신과 함께 마침내 통신사청 래대차사 서계에 대한 예조의 회답서계를 수정 없이 수령할 것을 승낙했다. 이에 따라 9월 2일에 훈도 현의순과 별차 최석은 왜관을 방문해서 예단다례(禮單茶禮)를 거행하고, 예조 및 동래·부산의 회답서계 및 회례별단(回禮別單)을 정관 후루카와 즈쇼에게 전달했다.[23]

시게마쓰 고노모가 타이슈 번주의 특명을 받아 조선에 건너온 뒤로 타이슈 번의 대한 방침을 근본적으로 바꿔서 협조 위주로 나온 것은 확실히 시의(時宜)에 적절했다. 원래 역지행빙이 생폐(省弊)의 견지에서 보면 일본과 마찬가지로 조선에도 유리하다는 사실은 이미 정조 당시부터 조선 묘당에서 인식하고 있었다. 왜학역관의 수뢰 사건 또한 현재 상황으로는 타이슈 번리와의 공모 증거를 찾을 수 없다는 것도 잘 알고 있었다. 이에 따라 분카 4년 8월의 왜관난출을 계기로 조선에서도 협조 분위기가 조성되기 시작한 것은 사실이다. 단, 남은 문제는 역관의 서계 위조에 관해 조선의 체면을 세우는 것, 그리고 역지행빙은 막부의 직접 명령에서 나온 것으로 타이슈 번의 천단(擅斷)이 아님을 증명하는 것이었다. 이를 위해 역관을 에도에 파견해서 막부와 직접 교섭을 하거나, 또는 막부가 직접 명령을 내려서 대차사를 파견해서 이 두 가지 건에 관해 해명하는 방법이 고려됐다. 9월 27일에 이르러 동래부사 오한원은 이러한 의향을 훈도·별차에 대한 전령(傳令) 형식으로 간사재판에게 전달하게 했다.

200년 약조가 금석(金石)처럼 견고하니, 왕복의 가부는 오직 양국 조정의 처분에 달려 있을 뿐이다. 수신사의 거동이 얼마나 중대한데, 간역배(奸譯輩)가 중간에서 위조한 것에 기초해서 이처럼 강박(强迫)을 하고 이어서 그 위조한 것에 의거해서 그것을 시행하려고 하니, 이것이 어찌 성신(誠信)으로 함께 하는 도리겠는가? 이는 비단 우리나라의 입장에서 결코 시행할 수 없는 일일 뿐만이 아니다. 쓰시마 주가 도부(東武)를 섬기는 도리로 말하더라도, 이제 간역(奸譯)의 기무(欺誣)가 발각됐는데 어째서 실상을 도부에 상세히 보고하지 않는 것인가? 예전에는 비록 저들이 몹시 난처하더라도 우리가 순순히 따라 준 적이 없음을 저들이 잘 알고 있다.

이 일에 이르러서는 사체(事體)가 극히 중대하니, 참으로 어쩔 수 없는 이유가 있다면 도부(東武)에서 상세히 사정을 진술해서 다시 서계를 보내서 청한다면 혹 가능할 수도 있다. 아니면 우리나라 역관이 도부에 들어가서 직접 그 아문(衙門)의 말을 듣고, 또 우리나라 조정과 쓰시마가 함께 간역에게 기만당한 실상을 분명히 밝히고, 그런 뒤에 서계를 받아서 우리나라 조정에 보고해서 처분을 기다려야 비로소 사체에 합당하리라. 이렇게 하지 않는다면 비록 쓰시마라도 강요할 수 없는데, 하물며 대차(大差)가 어찌 이렇게 한단 말인가?

이제 저들의 말이, 간역(奸譯)의 죄를 도부에서 알까 두려워하는 듯하다. 이로써 미뤄 본다면, 도부는 아마 쓰시마 주가 이런 일을 한 것을 모르고 있을 것이다. 도부가 모르고 있음을 우리나라가 이미 아는데, 어찌 쓰시마 주와 서로 합의할 수 있겠는가? 신약(信約)이 무거우며 사체(事體)가 중대하니, 비록 백 번 난출(闌出)을 하더라도 한갓 저들의 위약(違約)과 범금(犯禁)의 죄만 더할 뿐이다. 법규에서 벗어난 재판(裁判)이 더욱 번거로움과 소동을 키우고 있다. 서계를 보내지 않고 혀끝으로 말하겠다고 하는 것에서 이 사실을 도부가 전혀 모르고 있음을 더욱 알 수 있다. 설령 10년을 이렇게 하더라도 결코 이로울 바 없으니 어리석게 고집을 부리지 말라. 사체(事體)와 도리(道理)로 볼 때 부당함을 깊이 깨닫고 즉시 돌아가라는 뜻으로 재판에게 효유(曉諭)하라.

정묘 9월 27일[24]

역관의 에도 파견 또는 대차서계 제출의 2개 조건을 제시받은 재판 시게마쓰 고노모는 고려 끝에 후자를 선택하기로 결정했다. 이 문제에 관해 상의를 거듭한 결과, 10월에 훈도와 별차는 재판의 희망에 따라 단간(短簡)으로 타이슈 번이 간역(奸譯)의 일을 에도 정부에 보고해서 양해를 얻고, 그 다음에 다시 별도로 대차서계(大差書契)로 역지행빙을 간청하면 순조롭게 성사될 것을 보증했다.

수빙공간(修聘公幹)의 시급한 사정을 조정에서 이미 알고 있으니 아마도 이 일은 순조롭게 이뤄질 것입니다. 그러나 역지(易地)의 요청은 사안이 중대합니다. 그 사이에 간역(奸譯)의 일이 있었고, 또 지금 모양은 마치 도부(東武)에서는 알지 못하는 듯하니, 귀주(貴州)에서 다시 별도로 간청한다면 자연히 순편(順便)할 것입니다.

정묘 10월 일[25]

대차서계의 발송은 간사재판의 권한으로 결정할 수 있는 사안이 아니었다. 시게마쓰는 급히 타이슈 번에 보고하고, 번청(藩廳)도 에도에 급보해서 막부의 승인을 신청했다.[26] 그러는 동안 시일이 흘렀고, 동래부사는 10월 24일에 거듭 전령(傳令)으로 앞의 말을 반복하고 통신사청래대차사 정관 후루카와 즈쇼가 회답서계를 갖고 귀국하지 않는 것을 힐책했다. 이어서 11월에 훈도, 별차는 단간(短簡)을 보내서 대차서계에 관해 속히 확답을 줄 것을 독촉하고, 재판과의 협의를 거쳐 만든 별대차서계안(別大差書契案)도 제시했다.

한위(寒威)가 숭엄(崇嚴)한데 가만히 생각함에 귀국은 안녕하고 본방(本邦) 또한 마찬가지
이니, 기뻐서 송축함이 평소의 배가 됩니다. 우리 다이쿤(大君) 전하의 습위(襲位)로 인해 기
사년 봄에 신사(信使)가 나오기로 했는데, 폐주(弊州)로 맞이해서 빙례(聘禮)를 새로 만든 것
은 오직 도부(東武)의 간절한 뜻에서 나왔습니다. 전례에 따라 수빙사(修聘使)^{○통신사청래대차}를
파견해서 왜관에 체류한 지가 곧 3년이 되는데, 그 사이에 사고가 있음을 상세히 알고 복첩
(覆帖)을 보내셨습니다. 상관(象官)[29]의 기폐(欺蔽)로 아마도 흔극(釁隙)이 생길 것이니 어찌
두려운 마음을 금하겠습니까? 도부에 보고했으니 아마 지연된 이유를 아셨을 것입니다. 이
에 경례제만(慶禮禔晚)[30]에게 명하여 빙의(聘儀)를 마치고 성의를 전달하게 하셨습니다. 폐
주(弊州)의 흥폐(興廢)가 오직 회서(回書)^{○개찬(改撰) 회답서계}의 응낙 여부에 달려 있습니다. 비천
한 마음을 별차정관(別差正官)^{성명}이 전달했을 것이니, 폐주의 위급한 사정을 환히 아실 것입
니다. 속히 순편(順便)하게 회서를 써서 사신을 급히 보내신다면 인의(隣誼)가 더욱 돈독해질
것입니다. 보잘 것 없는 예물로 애오라지 멀리서 정성을 표하오니, 한번 비웃고 받아 주시면
다행이겠습니다. 부디 살피시기 바랍니다.[27]

간사재판 시게마쓰 고노모는 11월 하순에 오메쓰케(大目付) 스즈키 마가라(鈴木眞柄)
를 귀국시켜서 관계 서류 전부를 진달하고 번청(藩廳)의 지휘를 청했다. 역지행빙 교섭
이 중단된 사실은 타이슈 번의 사민(士民) 모두가 알고 있었다. 하지만 이 공사문서(公
私文書)를 받아 본 번리(藩吏)들은 사태가 예상보다 더 악화된 것에 경악했을 것이다. 당
시 타이슈 번 내부에서는 이 문제를 두고 의견이 대립했다. 자이후가로(在府家老) 오모
리 시게에몬 등은 타이슈 번이 조선 역관의 서계 위조와 무관하며, 따라서 간세이 무오
협정이 유효하다고 주장했다. 이들은 만약 조선 당국이 무오협정을 승인하지 않는다면
막부의 원조를 얻어서 비상수단에 호소하는 것도 감수해야 한다는 강경론을 펼쳤다. 이
에 반해 가로(家老) 니이 규마(仁位求馬) 등은 조선의 감정을 자극하는 등의 과격수단을
극력 피해서, 역지행빙만 원만히 협정할 수 있다면 타이슈 번의 체면 같은 것은 어느 정
도 희생해도 어쩔 수 없다는 견해를 갖고 있었다. 오모리 시게에몬은 조후(定府)[31]와 마

---

29) 상관(象官): 역관(譯官)
30) 경례제만(慶禮禔晚): 미상
31) 조후(定府): 에도시대에 참근 교대를 행하지 않고 에도에 계속 머물면서 쇼군이나 번주(藩主)를 섬기는 사람

찬가지로 번 내부의 최근 사정을 알지 못했다. 따라서 그의 강경론은 실제에 맞지 않는 오활한 논의였다. 그럼에도 불구하고 그의 주장은 막부 안팎에서 강력한 지지를 얻어서 번의 방침을 충분히 견제했다. 후자의 의견은 번 내부의 대세를 이루었고 번주(藩主)도 이를 따랐지만, 막부에서는 니이 규마를 스기무라 나오키의 일파로 간주해서 항상 의심의 눈초리로 보고 있었다.[28]

이상이 당시 타이슈 번 내부의 정세이다. 번 내부가 이처럼 일치하지 않았기 때문에 여하튼 막부로부터 의심을 샀고, 타이슈 번과 막부의 관계로 보면 역지행빙 교섭에는 여전히 아무런 서광도 보이지 않았다. 그중에서도 가장 난관이 된 것은 별대차서계(別大差書契)의 차송(差送)이었다.

별대차서계의 차송은 재판 시게마쓰 고노모와 훈도 현의순, 별차 최석 사이에서 성립한 최종 타협안이었다. 타이슈 번으로서는 어떤 어려움을 무릅쓰더라도 막부의 승인을 얻어야만 했다. 이에 번청(藩廳)은 자이후가로 오모리 시게에몬에게 훈도·별차의 단간(短簡) 등본을 보내고, 이 건에 관해 훈령을 내렸다. 이 훈령과 단간(短簡) 등본은 11월 20일에 에도 번저(藩邸)에 도착했다. 오모리는 그것들을 와키사카 나카쓰카사다이후에게 진달하고 지휘를 청했다. 나카쓰카사다이후는 이번에 별대차서계를 보내면 모든 문제를 해결할 자신이 있는지 묻고 타이슈 번의 신청을 허가했다. 단, 단간(短簡)에 '간역(奸譯)'이라는 문자가 있는 것에 주목해서, "간역(奸譯)이라는 것은 굳이 저 나라(조선) 사람이라고 한정하기 어렵다. 이쪽의 사람이라도 그런 일을 한 것이 없겠는가? 만일 그렇다면 일본인이 저 나라에 대해 그런 괘씸한 일을 한 것은 당치도 않은 중대한 일이니 가만히 놔둘 수 없다."라고 힐책했다. 이 말에 크게 당황한 오모리 시게에몬과 고지마 우자에몬 등은 '간역'은 조선 역관을 가리키는 것이라고 해명해서 일단 해결을 봤지만, 막부는 여전히 의혹을 거두지 않았고 그 후로도 오랫동안 타이슈 번에 대한 불신은 계속됐다.

11월 25일에 오모리 시게에몬은 와키사카 나카쓰카사다이후의 내명(內命)에 따라 별대차서계안을 기안해서 진달했다. 이 안은 우선 조센진라이헤고요가카리(朝鮮人來聘御用掛)에서 심의해서 다소 수정하고, 로주 마키노 히젠노카미(牧野備前守)다다키요(忠精)의 결재를 거쳐 오모리 시게에몬에게 하달됐다. 오모리는 서계안을 12월 2일에 본번(本藩)에 급송해서 같은 달 24일에 타이슈에 도착했다.[29]

그런데 그 사이에 타이슈 번의 방침이 크게 변하고 있었다. 앞에서 서술한 정묘년 10월의 훈도·별차의 단간(短簡)을 막부에 진달한 지 얼마 되지 않아 재판 시게마쓰 고노모로부터 병인년 6월자 예조·동래·부산의 회답서계와 정묘년 9월 27일자 동래부사 전령 및 그 관계문서가 도착했다. 대차회답서계가 도착한 이상 막부에 진달하지 않을 수 없었다. 하지만 그렇게 하면 예전부터 극비에 부쳐온 타이슈와 조선 사이의 비밀이 폭로될 위험이 있었다. 게다가 훈도·별차가 별대차서계안을 제시한 이상, 그것과 내용이 다른 별대차서계는 이미 막부의 결재를 거쳤더라도 원안 그대로 보내기 어려웠다. 타이슈번은 그야말로 진퇴양난에 빠져서 번정(藩情)이 크게 비등했다. 하지만 결국 뾰족한 수가 없었으므로 마지막에 가로(家老) 니이 규마의 주장에 따라 예조의 회답서계와 기타 전년 6월 이후 교섭문서들의 등본은 전부 막부에 진달해서 지휘를 청하고, 또 막부의 결재를 거친 별대차서계안은 잠시 차송(差送)을 보류하기로 결정했다. 그리고 니이 규마에게 참부(參府)해서 이 건에 관해 직접 막부에 설명하게 했다. 니이는 이듬해인 분카 5년 무진년 정월 4일에 출발해서 2월 12일에 에도 번저(藩邸)에 도착했다.[30]

니이 규마의 의견은 오모리 시게에몬의 주장과 근본적으로 상반됐으므로 두 사람 사이에 격론이 있었을 것으로 생각된다. 같은 번(藩)의 중신들이 서로 다른 의견서를 조센진라이헤고요가카리에 제출했으므로 고요가카리의 입장에서도 어느 쪽이 맞는지 판단하는 데 큰 어려움을 겪었다. 단, 니이가 가져온 예조의 회답서계 이하 관계문서들은, 아무리 오모리라도 막지 못해서 분카 5년 2월 16일에 고요가카리 아키사카 나카쓰카사다이후에게 제출됐다.[31]

예조의 회답서계 등본의 제출은 통신사청래대차사의 파견이 실패로 돌아갔음을 자인하고 더 나아가 역지행빙 협정이 허위였음을 고백하는 것으로, 타이슈 번으로서는 배수의 진을 친 격이었다. 하지만 그 이면에 오모리 시게에몬의 눈부신 공작이 있었던 듯, 이 중대한 문서들에 대해 조센진라이헤고요가카리는 아무 문책도 하지 않고 3월 22일에 다음의 지령과 함께 전부 돌려보냈다.

이번에 조선에서 가져온 반간(返簡)[32] 및 전령서(傳令書) 등의 사본을 쓰시마노카미(對馬守)가 그대들을○오모리·니이 두 가로(家老) 통해 제출하고 조처를 내려 줄 것을 상신했다. 그런데 이 반간 등의 내용은 매우 가볍지 않으므로 사본만으로 상신하는 것은 있을 수 없다. 이러한 사정을 경솔하게 로주께 아뢴다면 어떤 분부가 내릴지 알 수 없다. 쓰시마노카미의 신분으로는 참으로 용이하지 않은 처지일 것으로 생각되니, 우선 근신할 것을 전하라. 제출한 서면(書面)

---

32) 반간(返簡): 답장이라는 뜻으로, 여기서는 예조의 회답서계를 가리킨다.

은 이쪽○라이헤고요가카리(來聘御用掛)에서만 일람하고 모두 돌려준다.○하략32

　예조의 회답서계 등본 문제는 의외로 쉽게 해결됐다. 그런데 여기서 전혀 예상치 못
한 문제에 봉착했다. 그것은 별대차서계(別大差書契) 건이었다. 처음에 니이 규마는 별대
차서계의 발송을 중지하는 임무를 받아 참부(參府)했고, 조센진라이헤고요가카리에도
이러한 취지로 상신했다. 하지만 오모리 시게에몬의 강경한 반대의견이 있었으므로, 분
카 5년 2월 16일에 이르러 오모리, 니이 두 가로(家老)가 연명으로 전년 12월 2일에 결재
를 마친 별대차서계는 그대로 발송하되, 훈도·별차가 제시한 별대차서계안에 의거해서
부한(副翰)을 작성해서 동시에 발송하면 역지행빙 교섭이 순조롭게 이뤄질 것이라고 상
신했다. 라이헤고요가카리는, 니이 규마가 별대차서계의 발송을 중단하라는 번명(藩命)
을 받고 참부(參府)했으면서도 이제 갑자기 앞에 한 말을 번복한 것, 별대차서계는 전혀
수정하지 않고 부한(副翰)을 함께 보내야 한다고 하는 것에 대해 이유를 물었다. 두 가로
는 각각 곤욕스러운 답변서를 제출했다. 그런데 원래 별대차서계의 발송은 이미 전년
12월 2일에 지령이 내려졌고, 부한도 역지행빙 교섭에 이롭다면 굳이 막을 이유가 없었
으므로 3월 22일에 두 가로의 신청을 인가했다. 며칠 후 29일에 와키사카 나카쓰카사다
이후는 특별히 고지마 우자에몬을 불러서, 타이슈 번의 실정에 관한 니이 규마의 말은
대단히 신뢰하기 어려우니 급히 귀번(歸藩)하고, 상황을 봐서 조선에 건너가 그 사정을
정탐할 것을 명했다.33

　이리하여 별대차서계와 부한을 보내는 건도 조센진라이헤고요가카리의 호의적 태도
로 원활히 성사된 것으로 생각됐다. 그런데 여기서 생각지도 못한 사건이 벌어졌다. 즉,
재판 시게마쓰 다노모의 보고를 통해 훈도·별차가 별대차서계의 제출을 독촉하는 것을
안 타이슈 번이 일단 그 발송 중지를 신청해 놓고, 막부의 지령도 기다리지 않고 독단으
로 조선에 별대차서계를 보내 버린 것이다. [이 사건은 다음 단락에서 상세히 서술한다.]이 사
건은 4월 23일에 오모리 시게에몬이 라이헤고요가카리(來聘御用掛)에 보고하면서 실제로
문제가 되었고, 이는 번주 소 요시카쓰의 실태(失態)이기 때문에 근신을 상신해야 한다는
의견도 있었다. 하지만 오모리가 당시 다마리즈메(溜詰)였던 마쓰다이라 엣추노카미(松平
越中守)사다노부(定信)를 통해 양해를 구하는 데 힘쓴 결과, 막부에서도 이를 불문에 부쳐서 6월
2일에, "이 서간의○별대차서계 차송(差送)은 구랍(舊臘)에 히젠노카미○로주 마키노 다다키요 님께 이미
아뢴 일이니, 어떤 것을 보내는가는 문제가 되지 않는다.(상·하략)"라는 통고가 내렸다.

타이슈 번이 별대차서계의 발송을 중단시키기 위해 특별히 가로(家老) 니이 규마를 막부에 보냈으면서도, 그가 출발한 직후에 갑자기 예정을 변경해서 막부의 지령을 기다리지도 않고 별대차서계를 보낸 이유는 이해하기 어렵다. 아무튼 타이슈 번은 분카 5년 2월에 구미가시라(與頭) 오우라 효자에몬[평공승(平功勝)]을 통신사공간강사대차사(通信使公幹講事大差使)^{수빙강사참판사(修聘講事參判使)} 정관(正官)[도선주는 빠짐]에 임명하고, 예조참판·참의, 동래·부산에 보내는 서계 및 예물과 함께 조선에 파견했다.

일본 쓰시마 주 태수 습유 다이라노 요시카쓰(平義功)가 조선 예조참판 대인 합하께 글을 바칩니다.

점점 따스해지는 중춘(仲春)에 문후(文候)가 다복하실 것을 생각하니 우러르는 마음 참으로 간절합니다. 다름이 아니라, 빙례역지(聘禮易地) 한 가지 일을 몇 해 전부터 여러 차례 상의했는데, 이는 본디 도부(東武)의 지시에서 나온 것으로 그 본의는 더욱 통교(通交)를 오래하고 인의(隣誼)를 돈독히 하려는 것입니다. 그러나 귀국 또한 부득이한 사정이 있어서 수빙사(修聘使)가 바다를 건너간 이후로 몇 해가 지나도록 지연되고 있지만, 현재 형편에 관해서는 제가 조정에 있는지라 그에게 무슨 말씀을 하셨는지는 거의 알지 못합니다. 그러므로 침식(寢食)이 불안해서 황송해 몸 둘 바를 모르겠으니, 오직 날마다 윤허하셨다는 보고가 오기만을 간절히 기다릴 뿐입니다.

대체로 폐주(弊州)는 귀국으로부터 수백 년 동안 간의(懇誼)를 입었습니다. 이제 이 급박하고 난처한 상황을 양찰해서, 부디 기사년 봄에 폐주에 와서 예사(禮事)를 마치겠다는 회신을 속히 보내 주시기 바랍니다. 그리하신다면 양국의 통교가 더욱 오래 지속될 것이요, 저 또한 비할 바 없이 직분을 완수할 것이니, 그 품어 주신 은혜를 어떻게 형언하겠습니까?

이 때문에 정관 평공승(平功勝)을 보내오니 이러한 뜻을 살피시어 부디 맞이해 주십시오. 변변치 않은 토산물로 미천한 정성을 애오라지 부치니, 한번 비웃으시고 받아 주시기 바랍니다. 이만 줄입니다.

분카 5년 무진년 2월 일
쓰시마 주 태수 습유 다이라노 요시카쓰³⁴

통신사공간강사대차사 정관 오우라 효자에몬은 분카 5년 4월 14일에 부산에 도착해서 곧장 훈도 현의순, 별차 현상위(玄商緯)에게 접대를 요구했다. 조선 당국은 통신사청래대차사 정관 후루카와 즈쇼와 간사재판 시게마쓰 고노모가 이미 왜관에 체류하고 있는 상황에서 이제 또 규외차왜(規外差倭)가 온 것을 달가워하지 않았다. 하지만 이번의 대차(大差)는 형식적으로 보면 정묘 10월의 훈도·별차와 재판 간 협정에 따라 별대차서계를 갖고 온 것으로 볼 수 있었으므로, 동래부사 오한원은 서둘러 같은 달 12일의 대차사서계 등본을 조정에 올려 보내고, 또 정관의 설명에 따라, "예전에 (예조) 회답서계를 에도에 봉납(奉納)했더니, '만약 서계의 말이 사실이라면 조선이 허락에 인색한 것도 당연하다. 그러나 근래 일본은 한황(旱蝗)[33]이 거듭되고, 또 대재(大災)가 있어서 전례대로 통빙(通聘)할 도리가 전혀 없다. 그러므로 전에 연빙(延聘)·의빙사(議聘使)를 보낸 것은 역지통신(易地通信)해서 피차 생폐(省弊)하려는 생각이었다. 이제 중간에서 기만을 당했다고 놓아둘 수 없으니, 이러한 뜻으로 다시 요청해서 반드시 윤허를 얻도록 하라.'라고 했으므로 ……."라는 뜻을 상신했다.[35]

통신사공간강사대차사가 파견된 것은 대체로 조선의 주장이 관철된 것으로 보였다. 따라서 동래부사의 보고를 접한 묘당은 대차(大差)를 허접(許接)하고 회답서계를 주는 데 이의는 없었다. 하지만 그 방식에 관해서는 여전히 묘당과 동래부, 특히 왜학역관 간에 상당한 의견 차이가 있었다. 즉, 역관은 별대차서계만 가져오면 모든 문제를 해결해 주겠다고 사실상 타이슈 번에 공약했지만, 이 말은 의례히 그렇듯이 역관의 독단적인 월권행위로서 묘당에서는 전혀 알지 못했다. 묘당에서는 여전히 역관을 에도에 파견할 것을 고집하는 이들이 적지 않았다. 즉, 5월 30일에 순조가 대신경재(大臣卿宰)를 창덕궁 희정당에 소견(召見)해서 이 안건을 자순(諮詢)하자 우의정 김재찬(金載瓚)은, '통신사공간강사대차사서계의 문의(文意)를 보고 또 정관(正官)이 하는 말을 전해 들으니, 대차사를 접대하고 서계를 수리해도 무방하지만 원래 왜정(倭情)은 교활해서 이번 일이 참으로 에도 정부의 명령에서 나왔는지 확신하기 어렵다. 그렇다면 역지행빙은 양국의 막중한 대사이니, 회답서계를 한갓 대차사의 말만 믿고 쓸 수는 없다. 이제 대차사의 말에 따르면 이번 서계는 에도 정부의 명에서 나왔다고 한다. 따라서 즉시 조선에서 도해역관을 에도에 보내서 그 진위 여부를 확인한 후에 결정하겠다는 뜻을 기재해야 한다.'는 취지로 아뢰었다. 국왕이 그 현실성을 의심하자, 우의정은, "저들이 만약 듣지 않는다면 잘못이 저들에게 있는 것입니다."라고 말하는 데 불과했다. 김재찬 자신이 역관의 에도 파견이 불가능함을 인식했던 것이라고도 생각된다. 또한 이날의 회의를 통해 홍문관교리

---

33) 한황(旱蝗): 가뭄과 병충해

서장보(徐長輔)를 접위관, 당상역관 현식을 차비관에 임명했다.[36]

묘당에서 통신사공간강사대차사의 허접(許接) 결정이 난 지 1개월 후, 즉 분카 5년 6월 27일(순조 무진년 윤5월 27일)에 고지마 우자에몬[등구통(藤久通)]이 통신사공간강사대차사 정관[도선주는 없음]으로서 초량왜관에 도착했다. 그 전에 고지마는 조센진라이헤고요가카리 와키사카 나카쓰카사다이후의 내명(內命)에 따라 4월 3일에 에도를 출발해서 5월 5일에 타이슈로 복귀했는데, 바로 부한(副翰)을 보낼 대차사 정관에 임명돼서 6월 22일[순조 무진년 윤5월 22일]에 승선해서 도착한 것이다.

고지마 우자에몬이 가져온 대차서계(大差書契)는 통칭 부한(副翰)이라고 불렸는데, 전년 11월에 훈도·별차가 간사재판의 동의를 얻어 작성한 원안을, 타이슈 번이 다시 일본어로 번역해서 막부에 진달하고, 그것을 조센진라이헤고요가카리의 수정을 거쳐 다시 이테안(以酊庵)에서 한역(漢譯)한 것이었다.

　일본 쓰시마 주 태수 습유 다이라노 요시카쓰(平義功)가 조선 예조참판 대인합하께 글을 바칩니다.

　기후는 무더워지는데 멀리서 동지(動止) 다복(多福)하실 것을 생각하니 어찌 우러르고 의지되는 마음을 이기겠습니까. 우리 다이쿤(大君) 전하의 습위(襲位)로 인해 예전에 도부(東武)의 명에 따라 수빙사(修聘使)를 파견해서 기사년 봄에 신사(信使)가 건너오시되, 폐주(弊州)에서 맞이해서 예의(禮儀)를 거행하겠다고 통고했습니다. 그런데 사자(使者)가 지금까지 지체하고 있습니다. 이 상황을 헤아려 보건대, 양국 사이에 혹시나 흔극(釁隙)이 열리지 않을까 두려우니 몹시 마음 아프게 생각합니다. 대체로 빙례역지(聘禮易地)의 논의는 실로 도부에서 양국의 우호를 영원히 도모할 것을 깊이 생각한 성의(誠意)에서 나온 것입니다. 근년 이래 왕복한 모든 건들은 도부에서 본디 환히 알고 있습니다. 이제 귀국의 허락 유무가 폐주의 흥폐(興廢)를 결정할 것입니다. 그래서 전에 편지 1통을 써서 진심을 털어놓았으나, 그 뒤로 사체(事體)가 더욱 엄해지기만 하니 어찌할 바를 모르겠습니다. 행여 체찰(體察)하셔서 속히 회한(回翰)을 내려 빙례(聘禮)가 순편(順便)히 이뤄지게 하신다면, 인호지의(隣好之誼)에 그보다 더한 행복이 무엇이겠습니까? 이 때문에 다시 사자(使者) 등구통(藤久通)을 파견해서 글로써 확실히 성의(誠意)를 전달하게 했으니 부디 살피시기 바랍니다. 보잘 것 없는 예물로 애오라지 비천한 충심을 표하오니 부디 한번 비웃고 받아 주시기 바랍니다. 이만 줄입니다.

분카 5년 무진 5월 일

쓰시마 주 태수 습유 다이라노 요시카쓰[37]

고지마 우자에몬의 출현은 조선 당국 뿐만 아니라 왜관에 체재하던 타이슈 번리(藩吏)에게도 뜻밖이었을 것이다. 동일한 공간(公幹)을 위해 세 번째 대차(大差)가 왜관에 체류하는 것은 전례가 없는 일이었으므로 동래부사가 재강사대차사(再講事大差使)의 허접(許接)을 거절한 것도 당연했다. 단, 동래부사는 재강사대차사가 가져온 서계가 전년 11월에 훈도·별차가 제시한 원안에 의거한 것이라는 보고를 받고, 6월 29일에 특별히 대차서계 등본을 비변사에 올려 보냈다.[38]

접위관 서장보는 6월 26일[순조 무진년 윤5월 26일]에 동래부에 도착했다. 그리고 부사 오한원과 협의한 후, 윤6월 4일[순조 무진년 6월 4일]에 하선연을 설행하고 통신사공간강사대차사(通信使公幹講事大差使) 정관 오우라 효자에몬에게서 서계와 예물을 받았다. 이윽고 7월 11일, 접위관과 동래부사는 선규(先規)에 따라 예단다례(禮單茶禮)를 설행하기에 앞서 훈도 현의순, 별차 현상위에게 통신사공간강사대차사서계에 대한 예조의 회답서계 등본을 제시하게 했다. 그런데 서계 중에 좌의정 김재찬[순조 무진년 윤5월 5일에 우의정에서 승임(陞任)됨]의 주장에 따라, "사절을 파견해서 도부에 직접 상의한다(差遣一价面議於東武)."는 구절이 첨가되어 있었다. 왜관에서는 이 뜻밖의 일에 경악했다. 통신사청래대차사 정관 후루카와 즈쇼, 통신사공간강사대차사 정관 오우라 효자에몬, 재강사대차사 정관 고지마 우자에몬, 통신사간사재판 시게마쓰 고노모는 바로 훈도·별차에게 회견을 요구해서, 이는 전년 9월 동래부사의 전령에 위배된다고 지적하고, 또 도해역관의 에도 파견은 타이슈 번을 궁지에 빠뜨리는 것이라고 하면서 수정해 줄 것을 간청했다.[39]

삼거병자(三去丙子)[34]에○간에이(寬永) 13년 처음 신사(信使)를 논의할 때 원래 도부(東武)에 서계를 왕복한 일이 없고 단지 쓰시마 주의 서계에 빙거(憑據)하여 완정(完定)했으니, 그렇다면 지금 갑자기 도부와 상의하려는 것은 쓰시마 주를 의심하기 때문입니다. 그렇다면 쓰시마 주와 전후로 왕복한 서계들을 모두 허망한 것으로 돌리게 될 것입니다. 귀국의 간역(奸譯)은 비록 서계를 위조했지만, 폐방(敝邦)은 원래 그러한 일이 없었습니다. 또 크고 작은 교린의 의절을 쓰시마 주로 하여금 왕복하면서 시행하게 한 것은 모두 전임(傳任)하는 뜻에서 나온 것인데, 이를 생각지 않고 억지로 에도에서 논의하려는 것은 실로 은연중에 에도에 가탁해서 쓰시마 주를 멸망시키려는 뜻이니 어찌 매우 원통하지 않겠습니까? 예전 전령 중에 '만약 만

---

34) 삼거병자(三去丙子): 현재를 기준으로 과거로 거슬러 올라가서 세 번째 병자년이라는 뜻이다. 이 서한은 1808년에 쓴 것인데, 이 해를 기준으로 이전의 병자년에 해당하는 서력은 1756년, 1696년, 1636년이다. 따라서 여기서 삼거병자(三去丙子)는 1636년을 가리킨다.

부득이한 사유가 있으면 국서나 서계를 갖고 다시 와서 청하는 것이 당연한 도리'라고 했습니다. 그래서 그 글을 가지고 즉시 귀국해서 다시 강사사(講事使)를 파송(派送)해서 청했으니, 귀국을 공경하는 도리에 이처럼 극진히 한 적이 없습니다. 그런데 지금 또 이렇게 하시니 어찌 등루거제(登樓去梯)[35]의 뜻이 아니겠습니까?○상·하략

훈도·별차는 묘당의 명령이 동래부사의 견해와 다르다는 것을 인정했다. 하지만 그 결정을 번복할 힘은 없었으므로, 오직 대차사가 회답서계의 수리를 거절하는 것은 불법이라고만 지적했다. 하지만 후루카와 즈쇼 등은 이 말에 따르지 않고, "이제 불허하는 서계를 갖고 갑자기 돌아가면 필시 멸망에 이를 것입니다. 그렇다면 서계를 받아서 귀환하는 날은 곧 도주(島主)의 생명이 끝나는 날이 될 것입니다. 더구나 도주는 섬의 주군이요, 저희는 도주의 신하입니다. 처음에 생명을 부지하려고 나왔는데, 장차 반드시 망하고 반드시 죽을 것을 알면서도 귀환하는 것은 군주를 사지에 몰아넣는 것입니다. 도주와 저희는 모두 조선 땅에서 죽어서 차라리 귀신이 되어 지금까지 보살펴 주신 은혜에 보답하는 것이 낫겠습니다."라고 단언하고 교섭을 끝냈다.[40]

서계 등본을 제시하는 과정에서 이처럼 정면충돌을 빚은 이상, 상선연(上船宴)과 예단다례(禮單茶禮)는 물론 거행할 수 없었다. 이에 동래부사 오한원과 접위관 서장보는 그 전말을 묘당에 급보하고 지휘를 청했다.[41]

애초에 동래부사는 별대차서계를 봉납하면 사건을 해결해 주겠다고 공약한 책임도 있으므로, 사태가 이 지경에 이른 이상 무언가 타협점을 찾을 의무가 있었다. 이에 조선 측에서는 훈도 현의순과 별차 현상위, 타이슈 측에서는 재강사대차사 정관 고지마 우자에몬과 간사재판 시게마쓰 고노모를 대표로 해서 상의를 거듭한 결과, 다음과 같은 타협점에 도달할 수 있었다. 즉, 당시 통신사 내빙과 관련해서 에도 정부의 특파위원이 타이슈에 체재하고 있으므로 — 사실은 이제부터 위원의 특파를 막부에 신청할 예정이었다. — 도해역관을 에도에 파견하는 대신에 타이슈로 보내서 그 위원과 상의한다는 것이었다.

동래부사 오한원과 접위관 서장보는 이 타협안을 비변사에 급히 장보(狀報)했다. 묘당에서는 도해역관을 에도에 파견해서 타이슈 번을 위기에 빠뜨리는 것을 바라지 않았

---

35) 등루거제(登樓去梯): 다른 사람이 누각에 오른 것을 보고 아래에서 사다리를 치운다는 뜻으로, 감언이설로 남을 꼬드긴 후에 궁지에 빠뜨리는 것을 비유함

고, 주창자인 좌의정 김재찬도 이를 강행할 결심은 없었으므로 신속히 동래부사의 상신에 동의했다. 그리고 8월 5일에 국왕에게 계언(啓言)해서 도해역관을 쓰시마로 보내서에도 정부의 특파위원과 역지행빙을 상의한다는 내용으로 예조의 회답서계를 수정하기로 확정했다.[42]

수정된 예조의 회답서계는 8월 23일에 동래부에 도착했다. 동래부사와 접위관은 훈도·별차에게 명하여 27일에 예단다례를 설행하고 회답서계·회답별폭을 통신사공간 강사대차사 정관 오우라 효자에몬에게 전달하게 했다. 이 회답서계는 다시 다음과 같이 중대한 수정이 가해졌다.

조선 예조참판 윤서동(尹序東)이 일본 쓰시마 주 태수 습유 다이라 공(平公) 합하게 회신합니다.

사신이 멀리서 오심에 화독(華牘)[36]이 뒤따라 와서 평소 잘 조섭하고 계심을 알았으니, 위로되고 흐뭇한 마음 참으로 깊습니다[慰沃良深].○개작문(改作文)에서 '많음[多]'으로 고침 역지수빙(易地修聘)에 관해서는 전후의 말씀이 이미 자세하지만, 우리나라가 지금까지 근지(靳持)[37]한 것은 간역의 속임수[奸譯之欺賣]○개작문에서 '임역의 미혹된 보고[任譯之迷告]'로 고침의 계책을 이뤄 줄 수 없고, 누세(屢世)의 약조를 쉽게 고칠 수 없었기 때문입니다. 보내 주신 가르침이 더욱 도탑고 말은 더욱 간절해서, 도부(東武)의 뜻을 알려 주시고 거듭 안위(安危)의 급박한 사정을 말씀하시니, 인의(隣誼)로 보건대, 어찌 우려하지 않을 수 있겠습니까. 우리나라는 귀주(貴州)에 대해서, 평소에 돈독히 돌봐서 일에 따라 곡진히 들어준 것이 지금까지 수백 년이 됐습니다. 그럼에도 유독 이 일에 대해서만 이렇게 신중히 한 것은 귀주를 믿지 못해서 그런 것이 아니요, 다만 신서(信誓)[38]의 지엄(至嚴)한 사체(事體)를 또 갑자기 강정(講定)할 수 없었기 때문입니다.

이제 정지(情地)[39]를 다 알았고 사세(事勢)가 또 우려할 만하니, 우리나라에서 우선 귀주에 사절을 파견해서 직접 상의할 것입니다. 또 듣건대 도부의 집정(執政)○개작문에서 '관원(官員)'으로 고침이 귀주에 머무르고 있다고 하니, 또한 그와 상확(商確)해서 도부에 전달하여 수신사의 일을 강정할 것입니다. 그런 뒤에야 신서(信誓)를 밝히고 사체를 바로잡아서 영원히 양국에 할 말이 있을 것입니다. 속히 회보를 보내 주시면 매우 다행이겠습니다. 보내 주신 진귀한 물품

---

36) 화독(華牘): 상대방의 편지를 높여 부르는 말
37) 근지(靳持): 마음이 내키지 않아 미루는 모양. 원문에는 '靳時'로 되어 있으나 문맥상 '靳持'의 오기이므로 바로잡았다.
38) 신서(信誓): 성심으로 한 맹세
39) 정지(情地): 딱한 처지

들을 받았으나, 저의 감격이 어찌 물건 때문이겠습니까? 이에 보잘 것 없는 예물로 멀리서 정성을 표시하니 살펴시기 바랍니다. 이만 줄입니다.

무진 8월 일

예조참관 윤서동○별폭은 생략함**43**

여기서 주의할 것은 서계에 역지행빙에 관한 언급이 없다는 사실이다. 조선의 입장에서는 도해역관이 에도 정부의 특파위원과 직접 상의한 뒤에 최종결정을 내리려고 했으므로 이는 당연했지만, 강사대차사로서는 역지행빙을 허락한다는 뜻이 명기돼 있지 않은 회답서계를 갖고 귀국하는 것은 의미가 없었다. 이 점에 관해 훈도·별차, 재강사대차사 정관 등이 협의를 거듭한 결과, 동래부사와 접위관의 명으로 강사대차사에게 별도로 각서를 전달해서 묘당에서 역지행빙 방침이 확정된 것을 보증했다.

각(覺)

하나, "이번 회답서계에는 비록 역지(易地)의 허락이 없지만, 조정에서는 이미 결단했으니 조금도 의심하는 생각을 갖지 말라. 즉시 봉입(捧入)하고 속히 도해관(渡海官)을 요청하라."라는 뜻으로 두 사또께서○접위관·동래부사 분부하셨으니, 이 서계를 즉시 가져가기를 바란다.

무진 8월 일

훈도^{경천(敬天)} 현동지(玄同知)○동지중추부사 현의순, 자(字) 경천

차비관^{양원(陽元)} 현첨지(玄僉知)○첨지중추부사 현식, 자(字) 양원

별차^{군미(君美)} 현주부(玄主簿)○현상위, 자(字) 군미

차비관^{옥여(玉汝)} 변관관(卞判官)○변문규(卞文圭), 자(字) 옥여**44**

이와 동시에 재강사대차사 정관 앞으로 훈도·별차·차비역관 명의로 각서를 보내서, 이번에 쓰시마에 파견할 도해역관은 통신사행절목강정역관(通信使行節目講定譯官)의 선례에 따르므로 속히 타이슈 번에서 서계를 보내서 정식으로 강정역관의 도해(渡海)를 요청할 것, 그리고 그와 동반할 도해역관호행재판(渡海譯官護行裁判)은 경비절감을 위해 통신사간사재판 시게마쓰 고노모에게 맡길 것을 희망했다.**45**

분카 4년 10월 간사재판 시게마쓰 고노모, 훈도 현의순·별차 현상위 간에 협정된 별대차서계의 발송을 통해 역지행빙을 해결하는 안은 이러한 우여곡절 끝에 성립됐다. 통

신사공간강사대차사와 재강사대차사의 사명은 이것으로 달성됐다. 이에 재강사대차사의 허접(許接)이 전혀 결정되지 않았음에도 불구하고, 정관 고지마 우자에몬은 강사대차사 회답서계본을 갖고 9월 11일에 왜관을 출발해서 귀번(歸藩)했다.

고지마 우자에몬은 며칠 뒤인 9월 21일에 타이슈를 출발, 10월 14일에 에도 번저(藩邸)에 도착해서 16일에 조센진라이헤고요가카리(朝鮮人來聘御用掛) 와키사카 나카쓰카 사다이후에게 복명했다. 막부에서는 지난 윤6월 4일의 하선연 설행부터 서계봉납 후 회답서계의 수수(收受), 강사대차사·재강사대차사의 귀번에 관한 보고를 접하지 못했으므로, 타이슈 번의 행동을 크게 의심해서 자이후가로(在府家老) 오모리 시게에몬을 독책(督責)한 일이 있었다. 하지만 이제 고지마의 보고를 받고는 대략 소기의 목적을 달성한 것으로 인정해서 도해역관의 파견 청구 및 교섭 임무를 담당할 특파위원의 임명을 허가했다.[46]

고지마 우자에몬보다 늦게, 통신사공간강사대차사 정관 오우라 효자에몬은 10월 16일, 통신사청래대차사 정관 후루카와 즈쇼는 12월 말에 각각 회답서계 원본과 회례별폭(回禮別幅)을 갖고 타이슈로 복귀했다. 분카 3년 6월 이래 분규를 거듭했던 역지행빙 교섭도 이제야 앞길에 광명이 비치는 것 같았다.[47]

[원주]

1 『淨元院實錄』하권 참조.

2 『文化信使記錄』1권, 文化 元年; 2권 文化 2年.

3 『文化信使記錄』2권, 文化 2年;『文化信使記錄(江戶書留)』卷天, 文化 2年;『通航一覽』42권,「朝鮮國部一八」.

4 『本邦往復書』94권, "文化二年遣朝鮮國規外書";『同文彙考(附編續)』,「通信一」.

5 『文化信使記錄』2권, 文化 2年 10·11月.

6 『文化信使記錄』2권, 文化 2年 10月;『通航一覽』42권,「朝鮮國部一八」.

7 『純祖實錄』7권, 純祖 5年 11月 丁卯;『日省錄』, 純祖 乙丑年 11月 12日;『通信使草謄錄』, 純祖 乙丑年 12月 10日.

8 『日省錄』, 純祖 乙丑年 8月 21·22日.

9 『日省錄』, 純祖 乙丑年 9月 22日.

10 『日省錄』, 純祖 丙寅年 正月 6日;『通信使草謄錄』, 純祖 丙寅年 正月 5日.

11 『純祖實錄』8권, 純祖 6年 3月 戊午;『日省錄』, 純祖 丙寅年 3月 10·27日;『通信使草謄錄』, 純祖 丙寅年 3月 10日.

12 『純祖實錄』9권, 純祖 6年 5月 丁卯;『日省錄』, 純祖 丙寅年 5月 20日;『通信使草謄錄』, 純祖 丙寅年 5月 20日.

　　또한 이 건에 관한『文化信使記錄』3권, 文化 3年 5月 18日條의 기사는 다음과 같다. 이를 보더라도 타이슈 번이 역지행빙 교섭을 극비에 부쳐서, 소수의 핵심 관계자 외에 그 진상이 누설되는 것을 극력 방지한 사실을 알 수 있다.

　　　　조선에서 소식이 있었다. 지난 12일(5월) 수빙사(修聘使)(통신사청래대차사)의 다례(茶禮)를 거행하고 서한을 전달했는데, 서면(書面)이 적절하니 속히 아뢰어서 서울에 올려 보내겠다고 접위관과 동래(부사)가 답했다. 또한 일찍이 지시한 강정 교섭에 관해, 차비관·강정관·훈도·별차가 도선주를 불러서 일일이 이야기하기를, 지시한 취지는 삼가 받들 것이며, 불일내로 회신이 내려오면 지체하지 않고 말씀드리겠다고 답했다. 또 강정사(講定使)가 말한 각 건들도 전달했고, 강정사의 신청과 정부와의 교섭 모두 순편(順便)하게 이뤄졌으므로 계속해서 15일에 봉진연(封進宴)을 거행해서 여러 가지 일들을 절차대로 시행하겠다고 말했다.

13 『日省錄』, 純祖 丙寅年 7月 3日;『通信使草謄錄』, 純祖 丙寅年 7月 3日;『文化信使記錄』, 文化 3年 5·6月.

14 『文化信使記錄(江戶書留)』卷地, 文化 5年 2月;『同文彙考(附編續)』,「通信一」.

15 『日省錄』, 純祖 丙寅年 7月 3日;『通信使草謄錄』, 純祖 丙寅年 7月 3日.

16 『日省錄』, 純祖 丙寅年 8月 26日;『通信使草謄錄』, 純祖 丙寅年 8月 26日;『文化信使記錄』3권, 文化 3年 9月.

17 『淨元院實錄』하권;『通信使草謄錄』, 純祖 丁卯年 2月 28日, 3月 28日.

18 『文化信使記錄』3권, 文化 3年 7月.

19 『文化信使記錄(江戶書留)』卷天, 文化 3年 7·9月.

20 『文化信使記錄(江戶書留)』卷天, 文化 3年 9月;『淨元院實錄』하권.

21 『淨元院實錄』하권.

22 『通信使草謄錄』, 純祖 丁卯年 6月 24日, 7月 29日, 8月 1日;『文化信使記錄(江戶書留)』卷天, 文化 4年

10 · 11月.

23 『通信使草謄錄』, 純祖 丁卯年 9月 2 · 10日;『文化信使記錄(江戶書留)』卷天, 文化 4年 10月.

24 『文化信使記錄(江戶書留)』卷地, 文化 5年 2月;『淨元院實錄』하권.

25 『文化信使記錄(江戶書留)』卷地, 文化 4年 2月.

26 『文化信使記錄(江戶書留)』卷天, 文化 3年 11月.

27 『文化信使記錄(江戶書留)』卷天, 文化 4年 2月.

별대차서계안(別大差書契案)에 관해서 훈도와 별차는 대통사(大通詞) 히사미쓰 이치지로(久光市次郎)에게 다음과 같이 주의를 주었다. [원래는 한글 문서임.]

각(覺)

하나, 동래영감(東萊令監)의 전령으로 봐도, 서계가 다시 오지 않는 것은 공무에 순편(順便)하지 않을 것으로 생각되니 속히 주선할 것.

하나, 서계의 문법은 하서(下書)와 같이 한다면 대단히 좋겠지만, 글자 배열 방법이 귀주(貴州)와 우리나라가 다르기 때문에, 문의(文意)는 똑같이 하되 문자(文字)는 귀주의 문자로 고쳐 쓸 것.

하나, 귀주(貴州)의 서계가 우리나라의 문체(文體)에 완전히 비슷하게 해도 좋지 않을 듯함.

하나, 별송사(別送使)가 건너올 때 편승해서 온다면, 예조참판 · 참의에게 보내는 서계를 가져온 것을 문정(問情)할 때 명확히 주장할 것.

하나, 서계가 이번 달 안에라도 빨리 오면 정말 좋을 것임.

정묘 10월 일

훈도 경천(敬天) 현동지(玄同知) 별차 명원(明遠) 최판관(崔判官)

히사미쓰 이치지로

28 『文化信使記錄』(江戶書留) 卷天, 文化 4年 9月 · 10月 · 11月 · 卷地 文化 5年 正月 · 2月;『淨元院實錄』卷下,『通航一覽』34권,「朝鮮國部一〇」.

29 『文化信使記錄(江戶書留)』卷天, 文化 4年 11 · 12月.

30 『文化信使記錄(江戶書留)』卷地, 文化 5年 2月;『淨元院實錄』하권.

31 『文化信使記錄(江戶書留)』卷地, 文化 5年 2月.

32 『文化信使記錄(江戶書留)』卷地, 文化 5年 3月.

33 『文化信使記錄(江戶書留)』卷地, 文化 5年 2 · 3月; 卷人, 文化 5年 6月.

34 『本邦朝鮮往復書』95권, "文化五年遣朝鮮國規外書";『同文彙考(附編續)』,「通信一」;『通信使草謄錄』, 純祖 戊辰年 6月 7日.

35 『日省錄』, 純祖 戊辰年 4月 12日;『通信使草謄錄』, 純祖 戊辰年 4月 12 · 22日.

36 『純祖實錄』11권, 純祖 8年 5月 乙丑;『日省錄』, 純祖 戊辰年 5月 30日;『通信使草謄錄』, 純祖 戊辰年 5月 30日;『文化信使記錄』卷人, 文化 5年 7月.

37 『日省錄』, 純祖 戊辰年 6月 7日;『文化信使記錄(江戶書留)』, 文化 5年 7月.

38 『本邦朝鮮往復書』95권, "文化五年遣朝鮮國規外書".

39 『日省錄』, 純祖 戊辰年 6月 7日.

40 『日省錄』, 純祖 戊辰年 6月 7日, 7月 20日;『通信使草謄錄』, 純祖 戊辰年 6月 7日, 7月 20日.

41 『日省錄』, 純祖 戊辰年 7月 20日.

42 『日省錄』, 純祖 戊辰年 7月 20 · 22日.

43 『純祖實錄』11권, 純祖 8年 8月 己亥;『日省錄』, 純祖 戊辰年 8月 6·12日;『通信使草謄錄』, 純祖 戊辰年 8月 6日.

44 『本邦朝鮮往復書』95권, "文化五年遺朝鮮國規外書";『同文彙考(附編續)』,「通信一」.

45 『文化信使記錄(江戶書留)』卷人, 文化 5年 10月.

재강사대차사에게 준 훈도·별차·차비관 각서의 전문은 다음과 같다.

각(覺)

하나, 강사사(講事使)의 회답서계 문제는, 이제 막 역지(易地)가 순조롭게 성사됐으니 이보다 큰 다행이 없다. 예로부터 신행(信行)할 때는, 도해강정(渡海講定)이 본디 전례(前例)이니 이제 또한 반드시 그것에 의거해서 행해야 한다. 그런데 쓰시마 주의 사세(事勢)가 대단히 긴급하다고 한다. 들어가서 강정(講定)할 도해관(渡海官)은, 에도의 공론(公論)이 어떠한지는 모르겠으나, 지금 마침 정관(正官) 존공(尊公)들은 급히 돌아갔으니 반드시 순편(順便)하게 주선해야 할 것이다. 간사재판은 이제 또 왜관에 잔류했다. 그는 본말(本末)을 잘 알아서 심력(心力)을 다해 공간(公幹)을 순조롭게 성사시켰으니, 만약 호행재판(護行裁判)을 겸임한다면 더욱 순편할 것이요, 또 생폐(省弊)하는 방도가 있을 것이다. 그가 피차 두건의 일을 더욱 주선해서 성사시킨다면 매우 다행이리라.

무진 8月 일

훈도 경천(敬天) 현동지(玄同知) 차비관 양원(陽元) 현첨지(玄僉知)

별차 군미(君美) 현주부(玄主簿) 차비관 옥여(玉汝) 변판관(卞判官)

재강사(再講使) 존공(尊公)

46 『文化信使記錄(江戶書留)』卷人, 文化 5年 8·9·10·12月.

47 『文化信使記錄(江戶書留)』卷人, 文化 5年 11月;『通信使草謄錄』, 純祖 戊辰年 9月 19日, 12月 11日.

기사통신사행절목(己巳通信使行節目)의 강정(講定)

분카 5년[순조 무진(戊辰)] 8월의 예조의 회답서계 및 훈도·별차·차비관 각서의 취지에 따라, 같은 해 10월 23일에 타이슈 번주 소 요시카쓰는 조선에 도해역관의 파견을 요구할 것을 신청했다. 막부는 12월 4일자 호쇼(奉書)로 타이슈 번주의 신청을 허가하고, 동시에 도해역관과 상의할 위원으로 메쓰케 도야마 사에몬(遠山左衛門)[사에몬노조(左衛門尉)]¹⁾가게미치(景晋)를 임명했다.¹

도해역관 파견을 요청하기 위해서는 선례에 따라 도해역관호위재판(渡海譯官護衛裁判)을 보내야 했다. 지난번 조선 당국의 회망도 있었으므로 통신사간사재판(通信使幹事裁判) 시게마쓰 고노모[등공교(藤功喬)]에게 맡기기로 결정하고, 예조참의에게 보낼 예물과 서계를 왜관에 머무르고 있던 시게마쓰에게 보냈다.²

일본 쓰시마 주 태수 습유 다이라노 요시카쓰가 조선 예조 대인합하께 글을 바칩니다.

늦겨울 추위가 한창인 요즘 체도(體度)가 모두 순조로우실 것을 생각하니 위안되는 마음 한량이 없습니다. 빙례(聘禮)를 폐주(弊州)에서 시행할 것을 예전에 청했는데, 귀국의 교의(交誼)가 깊고 보살핌이 간절해서 황송하게 승낙을 얻었으니[枉蒙允容], 어찌 마음에 새길 뿐이겠습니까? 양국이 이로 인해 평안해져서 인호(隣好)가 더욱 장구할 것입니다. 이는 오로지 귀국 여러 관리들의 주선과 진력 덕분이니 어찌 감격과 다행스러운 마음을 이기겠습니까? 또한 강사사(講事使) 회서(回書)의 내용을 보니 역사(譯使)를 보내서 빙사(聘事)를 강정(講定)하겠다고 하셨습니다. 즉시 그 뜻을 도부(東武)에 아뢰어 그 관원이 지금 본방(本邦)에 있으니, 아마도 조정의 뜻은 직접 만나서 수빙(修聘) 한 가지 일을 주전(週全)²⁾에 이르게 하는 데 있는 듯합니다. 섬에 돌아온 지 이미 오래됐는데 아직도 역사(譯使)를 청하지 못했으니[還島已久,

---

1) 사에몬노조(左衛門尉): 일본 율령제의 관직으로 사에몬후(左衛門府)의 한간(判官)
2) 주전(週全): 다른 사람이 목적을 이루는 것을 곁에서 도움. 또는 완전무결하게 구비함

未請譯使], 귀국은 부디 잘 체량해서 속히 역사를 보내시기를 간절히 바랍니다. 이에 간사재판 등공교(藤功喬)를 호영역관(護迎譯官)에 임명했으니, 부디 살피시어 모두 그에게 지휘를 내리십시오. 보잘 것 없는 물품으로 애오라지 비천한 정성을 표하오니 한번 혀를 차고 받아 주시면 다행이겠습니다. 이만 줄입니다.

분카 5년 무진 12월 일

쓰시마 주 태수 습유 다이라노 요시카쓰[3]

역관호영재판(譯官護迎裁判) 이차(移差)[3)]에 관한 소차서계(小差書契)는 분카 6년[순조 기사(己巳)] 정월 15일에 재판 시게마쓰 고노모로부터 훈도 현의순·별차 현상위에게 전달됐다. 동래부사 오한원은 서계 중에 "빙례(聘禮)를 폐주(弊州)에서 시행할 것을 (중략) 황송하게 승낙을 얻었으니"라고 한 구절에 주목해서, 훈도·별차로 하여금 재판에게 이 말이 사실과 다른 것을 지적하고 수정을 요구하게 하는 한편, 조정에 서계 등본을 진달했다. 비변사에서는 동래부사의 조치가 타당하다고 인정해서 새로 고친 서계가 오기를 기다렸다가 역관의 도해(渡海)를 명하기로 결정하고, 국왕의 재가를 받아 역관 인선에 착수했다. 그리하여 분카 6년 2월 24일에 사역원의 천거에 따라 대마도주환도문위당상역관(對馬島主還島問慰堂上譯官)에 현의순, 당하역관에 변문규, 통신면의당상역관(通信面議堂上譯官)[4)]에 최석을 차하했다.[4]

분카 6년 3월 8일에 재판 시게마쓰 고노모는 수정한 서계를 훈도·별차에게 제시했다. 그것을 보니 '황송하게 승낙을 얻었으니[枉蒙允容]'라는 4글자는 '황송하게 진념을 입었으니[枉蒙軫念][5)]'로, 또 '섬에 돌아온 지 이미 오래됐는데 아직도 역사를 청하지 못했으니[還島已久, 未請譯使]'라는 구절은 '삼역의 일은 사절의 구두에 맡기니[三譯事在价舌]'라고 수정했다. 동래부사는 이를 타당하다고 인정해서 비변사에 장보(狀報)하고, 4월 1일에 재판 시게마쓰 고노모의 하선연을 설행해서 서계와 예물을 수령하고 또 회답서계와 예물을 전달했다.[5]

이리하여 역지행빙의 전제인 역관도해(譯官渡海) 문제는 결정되었다. 그런데 조선의

---

3) 이차(移差): 사무가 번잡하거나 급할 때 임시로 다른 일을 맡아보게 하는 것

4) 원문에는 통신면천당상역관(通信面譚堂上譯官)이라고 되어 있는데, 여기서 '譚'은 '議'의 잘못이다. 이하에서는 별도 주석 없이 일괄적으로 고쳐서 옮겼다.

5) 진념(軫念): 존귀한 사람이 아랫사람의 딱한 사정을 염려한다는 뜻인데, 보통 임금이 백성을 생각한다는 의미로 사용된다.

입장에서 역지행빙의 근본적인 이유는 바로 생폐(省弊)에 있었으므로, 그 정도와 방법에 관해서 특별히 신중하게 연구할 필요가 있었다. 생폐의 가장 중요한 문제는 예단삼(禮單蔘)의 감액, 다음은 통신사 원역(員役)의 감원이었는데, 이와 같은 구체적 문제는 해당 책임자인 예조와 사역원에 위임하고, 정부당상(政府堂上)은 조선과 타이슈 간에 현존하는 제반 제도와 관례를 재검토했다. 왜냐하면 '임진역(壬辰役) 이후 일한국교는 타이슈 번의 노력으로 재개되었으므로 타이슈가 에도 정부의 절대적인 위력을 등에 업고 요청한 것들 중에는 조선이 부당하다고 느끼면서도 할 수 없이 승인해 온 것이 적지 않다. 그 가운데는 타이슈가 도부(東武)의 이름으로 요청했지만 그것이 사실인지 의심스러운 것조차 있다. 이번에는 도부의 희망을 받아들여서 저들을 위해 역지행빙에 동의했기 때문에 조선에서도 예전부터 불리하다고 느낀 몇몇 조항의 수정을 요청하는 것은 당연한 요구이다. 특히 에도 집정(執政)이 타이슈에 와서 교섭을 담당할 것이라는 소식이 있으니, 타이슈 번주와 에도 집정의 면전에서 예전부터 간과돼 온 타이슈 번의 간폐(奸弊)를 일일이 적발한다면 간폐를 제거하는 데 도움이 될 것'이라고 생각했던 것이다. 좌의정 김재찬은 관계 재상들과 협의를 거듭한 결과, 이번 도해역관이 폐지 또는 개선 방안을 교섭할 폐해 16개 조목을 만들어서 국왕에게 아뢰고 5월 12일에 재가를 받았다. 그 가운데 중요한 것은 다음 7개 조목이다.

1. 부특송사(副特送使)[6]의 정지: 부특송사는 원래 타이슈 번 가로(家老) 야나가와(柳川) 씨의 공적에 따라 인정된 것인데, 간에이(寬永) 연간 야나가와 씨의 멸망과 함께 번주 소 요시나리(宗義成)에게 인계됐다. 그것이 현재까지 1, 2, 3 특송사(特送使)·이테안송사(以酊庵送使)[7]·반쇼인송사(萬松院送使)[8]와 병존해 있는 것은 그릇된 관례 중에서도 가장 잘못된 것이니 속히 이를 폐지한다.

2. 중절오선(中絶五船)의 정지: 중절오선은 간에이 연간 수직인(受職人)[9] 5인에 대해 송사

---

6) 부특송사(副特送使): 원래 임진왜란 이후 조·일 국교 회복에 공을 세운 야나가와 시게노부(柳川調信)와 야나가와 가게나오(柳川景直) 부자에게 지급한 배로서, 이른바 국서개작사건(國書改作事件)이 폭로된 이후에 쓰시마 도주가 인계해서 부특송사라는 이름으로 조선에 도항했다.

7) 이테안송사(以酊庵送使): 임진왜란 이후 조·일 간 국교 회복에 노력했던 승려 겐소(玄蘇)에게 허가한 배로서 1611년부터 조선에 도항했다. 겐소 사후에는 그 제자 겐보(玄方)가 인계했고, 국서개작사건으로 겐보가 유배되자, 1638년부터 쓰시마 도주가 인계했다.

8) 반쇼인송사(萬松院送使): 조·일 간 국교 재개에 공을 세운 쓰시마 도주 소 요시토시(宗義智)가 1615년 사망하자, 조선에서 그의 공적을 기리고 제사를 돕기 위해 도서(圖書)를 발급해서 도항을 허락한 배이다.

9) 수직인(受職人): 외국인이 귀화해서 조선의 관직을 받은 사람

(送使)를 인정한 것에 기원을 두며, 제1특송(特送)[10]에 딸려 보내서 그 별폭·공무역 합계 공목(公木) 56동(同)을 지급한 것인데, 지금에 와서는 무의미하기 때문에 폐지한다.

3. 환도고지차사(還島告知差使)의 정지: 타이슈 번주 소씨는 관례상 3년에 한 번 에도에 참근 (參覲)하는데, 참근을 마치고 귀번(歸藩)할 때마다 환도고지차사를 보낸다. 이 차사는 소차(小差)의 예에 따라 서계와 예물을 가지고 온다. 조선에서는 그때마다 연향을 설행하고, 일공주미(日供酒米)를 공급하고, 회답서계와 회례단(回禮單)을 전달해야 한다. 타이슈 번주의 참근은 이미 관례가 되었기 때문에 섬에 돌아올 때마다 세견선에 함께 보내면 충분하다. 특별히 소차를 파견해서 고지할 필요가 없고, 그것에 드는 비용은 용비(冗費)[11]에 속하니 영구히 고치거나 폐지해야 한다.

4. 공작미(公作米)[12] 제도의 개정: 매년 조선에서 타이슈에 지급하는 공작미 2만 석(石)은 공목(公木) 500동(同)의 대전(代錢)이다. 공작미 제도는 당초 타이슈 번의 간청에 따라 5년 한도로 인정한 것이었는데, 기한이 만료될 때마다 공작미청득재판(公作米請得裁判)을 파견해서 그 갱신을 요구하고, 조선에서도 매번 5년을 한도로 승인하는 것이 관례가 됐다. 이것은 아무 의미도 없으므로 공작미 기한이 만료될 때마다 무조건 계속할지 여부를 신중히 고려하고, 또 재판 접대비의 절약 방법도 연구해야 한다.

5. 퇴삼(退蔘)[13]의 엄금: 예단삼(禮單蔘)은 원래 조선에서 하사하는 것임에도 불구하고 타이슈 번리(藩吏)는 그 품질을 따질 뿐만 아니라, 심지어는 전부 불합격품이라며 수납을 거절하기도 한다. 이 때문에 수년 간 쌓여서 부패해 버리는 것이 적지 않으니, 이러한 폐단은 엄금해야 한다.

6. 공목(公木) 점퇴(點退)[14]의 금지: 공목을 주는 것은 해당 도(道)에서 그해에 새로 봉납(捧納)한 물품을 지급하는 것으로, 그 연례(年例)에는 정한(定限)이 있다. 그런데 타이슈 번리는 공목의 품질과 너비를 따질 뿐만 아니라 그 규정에 맞지 않는 것을 점퇴(點退)해서, 그해 안에 가져가지 않는 수가 300, 400백 동(同)을 넘을 때도 있다. 타이슈 번의 의도는 오로지 뇌물을 챙기는 데 있으니, 이 폐단은 엄히 금지해야 한다.

7. 왜관수리법(倭館修理法)의 개정: 초량왜관은 원래 원인수무(遠人綏撫)[15]의 뜻에서 조선의 국비(國費)로 건축·유지하는 객관(客館)임에도 불구하고, 그것을 신축하거나 보수할 때

---

10) 제1특송(特送): 제1특송사선(特送使船)
11) 용비(冗費): 소용없는 비용
12) 공작미(公作米): 공목작미(公木作米)의 약칭으로, 쓰시마와의 공무역에서 그들이 가져온 목면(木棉)과 교환해 준 쌀을 가리킨다.
13) 퇴삼(退蔘): 쓰시마 인들이 예단삼(禮單蔘)을 살펴보고 그중에 마음에 들지 않는 삼을 돌려보내는 일
14) 점퇴(點退): 받은 물건을 조사해서 마음에 들지 않는 것을 돌려보내는 일
15) 원인수무(遠人綏撫): 멀리서 온 사람을 안정시키고 어루만져 위로함

타이슈 번은 공장(工匠) 전부를 본국에서 데려오고, 게다가 한 칸에 쓸 재목과 기와에 대해 서너 칸 분을 청구하고, 한 달이면 끝마칠 공사를 서너 달이나 끌어서 그 경비가 왕왕 수십만 냥을 넘는다. 그 폐해를 제거하기 위해 왜관의 신축·보수에는 일체 조선인 공장(工匠)을 쓰되, 타이슈 번의 희망에 따라 적절하게 시공해야 한다.[6]

문위당상역관(問慰堂上譯官) 현의순, 당하역관 변문규, 면의당상역관(面議堂上譯官) 최석 일행은 기선(騎船)과 복선(卜船)[16] 각 1척에 나눠 타고, 역관호영재판 시게마쓰 고노모를 태운 배와 함께 분카 6년[순조 기사(己巳)] 6월 27일에 부산을 출항해서 7월 5일에 타이슈 번 후추(府中)[이즈하라(嚴原)]에 도착했다. 같은 달 11일에 다례(茶禮)를 거행하고, 번주(藩主) 소 요시카쓰를 접견해서 예조의 서계와 예물을 전달했다.[7]

조선 예조참의 김노경(金魯敬)이 쓰시마 주 태수 습유 다이라 공(平公) 합하께 글을 바칩니다.

예전에 회신을 보냈으니 아마 살펴보셨을 것입니다. 멀리 깊은 바다를 건너간 사신이 다시 편안해졌다고 하니 기쁨과 위로됨이 어찌 다하겠습니까. 이에 구규(舊規)에 따라 안부를 여쭙니다. 수빙(修聘)을 당초 인색하게 한 것은, 참으로 교린조약(交隣條約)은 그 일이 가볍게 고치기 어렵고 역지통사(易地通使)는 이치상 신의를 보존해야 하니, 충분히 신중히 하려는 뜻에서 그렇게 한 것입니다. 예전에 자세히 말씀드렸으니 필시 양해하실 것입니다.

근래 보내신 글을 받으니 그 말씀이 더욱 간절했습니다. 그 일을 도부(東武)에 아뢰셨다고 하고, 또 집정(執政)○개작문에서 '관원(官員)'으로 고침이 쓰시마 주에 왔다고 했으니, 귀주(貴州)의 급박한 사정을 풀어 주고자 우선 세 역관을 보내서 직접 만나 상의하게 하는 것입니다. 또 도부의 집정(執政)○관원과 옳고 그름을 깊이 상의하는 것이[熟講當否],○개작문에서 '응당 역지행빙을 해야 함을 강정하는 것[講定當易]'으로 고침 귀주(貴州)의 전후의 요청을 혹시라도 믿지 못해서 그런 것이겠습니까? 사체(事體)를 신중히 하고 약조를 보존하는 도리에 불가불○개작문에 '귀주(貴州)에 왕복한 이후에 의정할 수 있다[往復貴州後可以.]'의 7자를 보충함 의정(議定)해서, 더욱 확실히 상의해서 분명한 신의를 보이기를 바라기 때문입니다. 사신의 임무는 반드시 이번 사신들이 돌아온 뒤에야 논의를 마칠 수 있습니다[有以講完].○개작문에 '비로소 들여보낼 수 있다[始可入送]'로 고침 보잘 것 없는 예물로 정성을 표시하니, 한번 비웃고 받아 주시기 바랍니다. 이만 줄입니다.

기사년 4월 일
예조참의 김노경[8]

---

16) 기선(騎船), 복선(卜船): 기선(騎船)은 사람이 타는 배이고, 복선(卜船)은 짐을 싣는 배를 말한다.

서계와 별도로 세 역관은 각서 2통을 제시했다. 한 통은 이번 도해관(渡海官)의 사명이 중대함을 역설하고, 역지행빙은 도해관의 보고에 따라 조선에서 결정할 것이며, 또한 에도 정부의 특파위원과 회견해서 확인할 것이 있다는 내용이었다. 다른 한 통은 묘당의 명령에 따른 생폐(省弊) 조건을 열거한 것이었다.

각(覺)

하나, 중절선(中絶船)은 영구히 폐지함.

하나, 고환차사(告還差使)는 오직 서계만 세견선 편에 맡겨서 보내되, 태수가 승습(承襲)하고 처음 환도(還島)했을 때만 단 1번 차개(差价)를 파견함.

하나, 공목(公木) 1필은 공작미(公作米) 10말로 함.

하나, 감동연한(監董年限)[17]은 40년을 기한으로 함.

하나, 감동물력(監董物力)은 양국이 나눠서 마련함.

하나, 좌우 연해에 표류선박의 급료(給料)는 평미레[平木][18]를 사용함.

하나, 관우(館宇) 서쪽에 담장을 세우고 문을 설치함.

이상의 조목은 용이치 않음을 알고 있지만, 우리나라에서 폐단이 매우 심하기 때문에 이제 간청하시는 분부를 받아서 온 것입니다. 오래된 약조를 이제 와서 공론(公論)하는 것이 비록 매우 편치 않으나, 형편이 이와 같으니 사정을 밝게 살펴서 속히 허락을 내려 주신다면 매우 다행이겠습니다.

7월 일

도해당상관 경천(敬天) 현동지(玄同知)(印)

명원(明遠) 최첨지(崔僉知)(印)

당하관 옥여(玉汝) 변판관(卞判官)(印)[9]

7월 11일의 다례는 선례에 따른 의례였다. 역지행빙에 관한 교섭은 같은 달 15일 별연(別宴)에서 시작됐다. 이날 도해역관은 처음으로 메쓰케 도야마 사에몬노조(遠山左衛門尉)가게미치(景晉)와 회견할 수 있었다. 역관은 도야마 사에몬노조와 이날 함께 출석한 타이슈 번주 소 요시카쓰에게 다음 각서를 제시하면서, 자신의 사명이 에도 정부의 특파고

---

17) 감동(監董): 나라에서 시행하는 책의 편찬이나 성곽·건물 등의 작업을 감독함

18) 평미레[平木]: 말이나 되로 곡식을 잴 때 윗부분에 수북이 쌓인 곡식을 밀어서 고르게 만드는 나무방망이를 가리킨다. 원문에는 '抔木'으로 잘못 되어 있다.

관 및 타이슈 태수와 직접 회견을 갖고 역지행빙에 관해 거듭 상의하는 데 있다고 설명하고, 이러한 뜻을 에도 정부에 전달해 줄 것을 요청했다. 그리고 만약 여기에 동의한다면 통신사 파견은 제시하는 시기에 시행할 것이라고 성명했다.

　　각(覺)

　　하나, 저희들은 이제부터 귀주(貴州)에서 역지빙례(易地聘禮)를 거행한다는 명을 받았습니다. 이번에 태수 존공(尊公)과 도부(東武) 관원(官員) 존공을 직접 만나서 품정(稟定)하는 국명(國命)은 마치 금석(金石)의 조약(條約)과도 같습니다. 사연(辭緣)이 극진하니 도부에 전달하시기 바랍니다. 이와 같이 약정한다면, 신사(信使)는 그 시기에 별도로 들여보낼 것입니다.

　　　　　　　　　　　　　　　　　　　　　　　　　　　　　기사 7월 15일

　　　　　　　　　　　　도해당상관　경천(敬天) 현동지(玄同知)(印)

　　　　　　　　　　　　　　　　　명원(明遠) 최첨지(崔僉知)(印)

　　　　　　　　　　　　당하관　옥여(玉汝) 변판관(卞判官)(印)[10]

　　도해역관의 주장에는 막부와 타이슈 번 모두 이의가 없었으므로, 도야마 사에몬노조는 각서로 역지행빙이 막부의 방침에서 나왔음을 보증하고, 타이슈 번주는 다시 덧붙여서 도해역관의 요청을 승인하며 이번에 상의한 건들을 즉시 에도 정부에 전달하겠다고 공약했다. 또 통신사의 내빙 시기를 에도 정부의 명령에 따라 조선에 청구하는 대로 신속히 실행해 줄 것을 간청했다.

　　각(覺)

　　하나, 역지통사(易地通使)는 본래 도부(東武)의 뜻으로, 쓰시마 도주(島主) 태수(太守)가 여러 해 동안 글을 올려 간청한 것입니다. 제가 지시를 받았는데, 빙례(聘禮)가 지체돼서 바다를 건너와 엄류(淹留)하며 1년을 허비했습니다. 세 역관은 조선에 보고해서, 속히 사신에게 명을 내려 인의(隣誼)를 더욱 돈독히 하시기를 바랍니다.

　　　　　　　　　　　분카 6년 기사 7월 일　　　도야마 사에몬노조(印)[11]

　　타이슈에서 빙례를 거행하는 것은 본래 도부(東武)의 성념(盛念)에서 나왔습니다. 그래서

누차 번거롭게 했던 것인데, 조정에서 특별히 의의(擬議)[19]를 더해서, 이번 역지(易地)의 일이 결정돼서 세 역관을 보내시고, 금일 저와 도부 관원(官員) 도야마 사에몬노조와 면회하여 역지(易地)의 요지가 정해졌으니, 즉시 도부에 아뢸 것입니다. 이는 실로 양국의 통신(通信)을 영구히 지속시키는 우의(友誼)이니, 기쁘고 다행스러운 마음이 어찌 다하겠습니까. 그 빙례 시기와 관련해서는, 도부의 분부에 따라 부디 속히 바다를 건너오시기 바랍니다.

기사 7월 15일　　쓰시마 태수 소 요시카쓰(印)

세 역관 첨중(僉中)[12]

　　에도 정부의 특파위원과 타이슈 번주 모두 공문으로 조선의 주장을 승인했으므로, 이 제 마침내 역지행빙에 따른 통신사절목(通信使節目)을 강정(講定)할 단계에 도달했다. 타 이슈 번에서는 조센진라이헤고요가카리(朝鮮人來聘御用掛) 가로(家老) 우지에 사오리(氏 江左織)[고지(功志)], 히라타 하야토(平田隼人)[노부쓰네(暢常)], 오노 나오에(小野直衛)[노부카도(暢廉)]가 도해 역관호영재판(渡海譯官護迎裁判) 시게마쓰 고노모[요시타카(功喬)]를 지휘해서 이 일을 맡기로 결정했다. 이번 통신사는 에도 성 오히로마(大廣間)[20]에서 쇼군을 알현하고 국서와 예물 을 봉정하는 대신에 타이슈 후추(府中) 소씨 거관(居館)[21] 오히로마에서 쇼군의 대리인 상부사(上副使)를 알현하고 국서와 예물을 대정(代呈)할 것이므로, 예전부터 시행해 온 의주(儀注)[22]는 일부만 제외하고 근본적으로 개혁해야 했다. 다음으로 이번의 역지행빙 은 표면적으로 양국의 생폐(省弊)가 가장 큰 이유이기 때문에 신행절목을 강정할 때 이 문제도 충분히 고려해야 했다. 마지막으로 종전에 협정된 신행절목 가운데 역지행빙에 저촉되지 않는 조항들은 선규(先規)를 답습하는 것으로 해석됐다.

　　이러한 방침에 기초해서 라이헤고요가카리는 의주(儀注) 및 신행절목안을 작성해서 도야마 사에몬노조에게 승인을 받은 후, 시게마쓰 고노모에게 명하여 7월 19일부터 이 를 세 역관에게 제시하고 구체적 교섭을 개시하게 했다.[13]

　　첫째, 통신사 접견·국서 교환에 관한 의주(儀注)이다. (1) 객관위로의(客館慰勞儀), (2) 전서진현의(傳書進見儀), (3) 사연의(錫宴儀), (4) 전회답의(傳回答儀)의 4부(部)로 구성된 대 단히 상세한 절차인데, 여기서는 번거로움을 피해 생략하고 신행절목만 나열해서 검토

---

19) 의의(擬議): 의정부나 육조에서 중신들이 모여서 중요 국무의 가부를 의논하는 일
20) 오히로마(大廣間): 쇼군이 다이묘(大名)의 방문을 받던 방
21) 거관(居館): 저택(邸宅)
22) 의주(儀注): 의례절차

하기로 한다.

둘째, 신행절목 중에 이번에 개정이 필요한 것 또한 그 성격에 따라 다시 두 가지로 나눌 수 있다. (1) 역지행빙에 따라 구례(舊例)를 폐기하고 그것을 대신할 신례(新例)를 새로 만드는 것, (2) 구례를 약간만 수정하는 것이다. 이른바 제폐(除弊)의 의미로 보면 (2)가 중요한 의미를 가진다는 것을 알 수 있다. 다음은 (1)에 속하는 새로 강정(講定)할 신례(新例) 14개조이다.

귀(貴) 빙사(聘使)가 타이슈에서 빙례를 거행하는 것은 본래 피차 생폐(省弊)를 위주로 하여 교제를 영구히 지속하려는 성의(盛意)에서 나온 것입니다. 귀국에도 그 이치는 같을 것이니, 어찌 피차를 따지겠습니까? 이번에 도부(東武)가 타이슈에 하교(下敎)해서, 귀국과 미리 상의할 것들을 이제 조목별로 열거해서 약속을 신명(申明)합니다. 만약 다음 열거한 조목 중에 귀국에 편치 않은 것이 있으면 속히 통지하십시오. 만일 그때 가서 요청하면 대단히 난처할 것이므로 특별히 간청합니다.

하나, 이번 빙례역지(聘禮易地)는, 쓰시마노카미(對馬守)의 저택을 도부의 성내(城內)와 똑같이 보고, 그 광전(廣殿)을 도부의 광전과 동일시해서, 상사(上使)가 먼저 광전에 도착하고 빙사(聘使)가 참견(參見)하는 예수(禮數)[23]는, 모두 도부 성내에서의 구의(舊儀)를 본따서 오직 그 의주(儀注)대로 거행하는 것이 어떻겠는가? 대례(大禮)를 새로 만든다면 그때 가서 분란이 일어날까 두렵다. 이제 특별히 조목을 구별해서 제시하니, 만약 하고 싶은 말씀이 있으면 즉시 고지할 것.

이 항목은 쓰시마노카미의 광전을 도부의 광전과 동일시한 것이니 어찌 도부의 구의와 다르게 하겠는가? 빙사의 뒤에서 시립(侍立)하는 것은 제외함. 예를 행하고자 할 때는 예전 의례와 같이 할 것.

하나, 도부상사(東武上使)는 구례(舊例)에 따라 사위(四位)의 인물로 정하되, 저군상사(儲君上使)[24]가 겸대(兼帶)[25]해서 나올 것임. 씨족(氏族)과 관명(官名)은 다음과 같음.

상사(上使)　　　오가사와라 다이젠노다이부(小笠原大膳大夫)

부상사(副上使)　와키사카 나카쓰카사다이후(脇坂中務大輔)

하나, 신사(信使)가 후추(府中)에 도착하면, 상사가 도부의 뜻을 받들어 객관(客館)으로 가

---

23) 예수(禮數): 주인과 손님이 서로 만나는 예절
24) 저군(儲君): 황태자, 왕세자
25) 겸대(兼帶): 한 명의 관리가 본래 직책 이외의 다른 직책을 겸임하는 것

서 위로할 것임. 그 의주(儀注)는 별주(別注)와 같음.○의주(儀注)는 생략함

하나, 빙사가 쓰시마노카미의 광전에서 참견(參見)할 때 세 번 예를 행하니, 전서진현(傳書進見)이 한 번이요, 사연(錫宴)이 한 번이요, 회서사견(回書辭見)이 한 번임.

하나, 이번에 빙례(聘禮)를 경상(境上)에서 행한다면, 과거 도부에서 예를 행할 때의 의주를 모두 그대로 정확히 따르기 어려움. 하지만 빙사가 예를 행하는 일수(日數)는 전규(前規)와 다르지 않으니 온순(穩順)하게 예를 마칠 것을 간청함. 또 일행 인원들에게도 미리 신칙(申飭)해서 유월(踰越)[26]하는 근심이 없게 할 것.

하나, 국서(國書)와 별폭(別幅), 기타 서계(書契) 문서들을 신사(信使)가 도해(渡海)하기 전에 보내면, 우리도 회답문서들을 신사가 도해하기 전에 보낼 것임.

하나, 국서(國書)는 상사가 공경히 받아서 즉시 도부에 전달할 것임. 그러면 도부는 회답문서와 폐백을 타이슈로 보내서 빙사에게 전달할 것임.

하나, 국서를 광전에 봉안(奉安)하고 빙사와 상상관(上上官)이○당상역관 배례(拜禮)한 후, 도부의 상사에게 공경히 전달할 것임. 그 의주는 별주와 같음.

하나, 도부의 회답서계를 전달하는 의례는, 상사와 빙사가 함께 광전으로 가서 회답서계를 광전에 봉안하면, 빙사 이하는 배례한 후 그것을 공경히 받아 감. 그 의주는 별주와 같음.

하나, 상사, 부상사와 빙사는 함께 쓰시마노카미의 광전에 가서 진현(進見)·사향(賜饗)·사견(辭見)을 행함. 나머지 상사의 객관위로(客館慰勞) 등의 절차는 저군의 배사(拜謝)[27]가 그것을 겸하니, 상상관을 상사와 부상사의 여관으로 보내서 배사할 것. 또 쓰시마노카미의 저택에도 보내야 하는데, 그 예절은 이와 똑같이 할 것.

하나, 빙사가 직접 상사와 부상사의 여관에 와서 신하(伸賀)·문안(問安)의 예를 행하면 상사와 부상사도 빙사의 여관에 가서, 사자(使者)를 송출(送出)할 때와 똑같이 할 것임. 빙사가 후추(府中)에 도착하는 날에 쓰시마노카미의 저택에 와서 문안의 예를 행하면, 상사의 여관에서도 그것을 준용(準用)할 수 있음. 그 밖에 임시로 사자가 왕복하는 일은 미리 통보할 것.

하나, 귀 국왕의 예단 물건 및 빙사의 사예단(私禮單) 물건을 별주에 따라 시행하면, 다이쿤(大君)과 저군(儲君)의 회례 물건은 다음과 같이 할 작정임.

---

26) 유월(踰越): 지정된 기한을 넘김
27) 배사(拜謝): 감사의 뜻을 표하기 위해 예를 행함

다이쿤

　　병풍(屛風) 10쌍, 안구(鞍具) 10부(副), 화전갑(華箋匣) 3개, 채우견(彩羽絹) 50필,

　　다우견(茶宇絹) 100단(端)

저군

　　대탁(大卓) 1각(脚), 염사릉(染紗綾) 100단(端), 에치젠 면(越前綿) 300파(把)

하나, 피차 예물을 이번에 이처럼 감축하면, 다이쿤과 저군이 빙사 이하에게 하사하시는
　　것은 모두 전규(前規)에 따라 시행할 것임. 그중 상관(上官) 이하에게는 그 인수(人
　　數)에 따라 거행함.

하나, 이번 신사행중(信使行中)에 금주(禁酒)가 있는지의 여부는 미리 문의해야 할 것.

이상 14개조는 새로 창설하는 것이라서 미리 강정(講定)하는 것입니다.

다음으로 (2)에 속하는 개정은 공사예단(公私禮單)의 감액이나 통신사 원역(員役)의 감
소와 같은 것으로, 순수한 생폐(省弊) 조건이다.

　　이번 빙례역지(聘禮易地)는 근본적으로 양국의 생폐(省弊)를 위한 것이니, 귀국에서 다이
　　쿤(大君)과 저군(儲君)에게 보내는 예단(禮單)과 빙사(聘使)의 사예단(私禮單) 물건을 다음과
　　같이 줄여서 시행하는 것이 어떻겠습니까? 부디 속히 통지하십시오.

다이쿤

　　인삼(人蔘) 33근, 대수자(大繻子) 5필, 대단자(大緞子) 5필, 백저포(白苧布) 15필,

　　생저포(生苧布) 15필, 백면주(白綿紬) 25필, 흑마포(黑麻布) 15필, 호피(虎皮) 7장,

　　표피(豹皮) 10장, 청려피(靑黎皮) 15장, 어피(魚皮) 50장, 색지(色紙) 15권, 채화석(彩花席) 10장,

　　각색필(各色筆) 30병(柄), 진묵(眞墨) 30홀(笏), 황밀(黃蜜) 50근, 청밀(淸蜜) 5기(器),

　　매[鷹子] 10연(連), 준마(駿馬) 1필^{안구(鞍具)}

저군

　　대수자(大繻子) 5필, 무문능자(無紋綾子)[28] 10필, 백저포(白苧布) 15필,

　　흑마포(黑麻布) 10필, 호피(虎皮) 5장, 청려피(靑黎皮) 10장, 표피(豹皮) 7장,

　　어피(魚皮) 50장, 색지(色紙) 15권, 각색필(各色筆) 30병(柄), 진묵(眞墨) 30홀(笏),

---

28) 무문능자(無紋綾子): 능자(綾子)는 원래 무늬를 놓은 비단을 가리킨다. 원문에 무교능자(無紋綾子)로 잘못 된
　　것을 바로잡았다.

화연(花硯) 3면(面), 매[鷹子] 5연(連), 준마(駿馬) 1필^{안구(鞍具)}

빙사(聘使) 사예단(私禮單)

다이쿤

표피(豹皮) 2장, 호피(虎皮) 3장, 백저포(白苧布) 5필

저군

위와 같음

하나, 매사 생폐(省弊)하기로 작정했으니, 비록 전례(前例)가 있더라도 이번에는 정·부사 2명이 나오고, 관함(官銜)은 모두 전례에 따를 것.

하나, 위와 같음. 기선(騎船) 2척과 복선(卜船) 2척이 건너올 것.

하나, 일행의 인원은 아마도 300명을 넘지 않을 것이니, 보내는 대로 정당(停當)하게 통보할 것.

하나, 빙사(聘使)는 도부(東武)에 들어오지 않으니, 도부의 집정(執政)과 경윤(京尹)에게^{ㄲ 토쇼시다이(京都所司代)} 예조에서 보내는 서계와 폐백의 증급(贈給)을 생략함.

하나, 위와 같음. 도부(東武)의 종실(宗室)^{산케(三家)} 및 응접하는 여러 관리들에 대한 빙사(聘使)의 사폐(私幣)를 생략함.

하나, 예조와 폐주(弊州)의 서계 증답(贈答)은 모두 구규(舊規)에 따름.

하나, 이테안(以酊庵)의 가반초로(加番長老)[29], 그리고 반쇼인(萬松院) 등의 서계·폐백의 증답(贈答) 또한 생략함.

하나, 마상재(馬上才)와 예마(藝馬)는 금번에는 생략함.

하나, 타이슈에 나온 도부(東武)의 상사·부상사에게는 별도로 빙사(聘使)가 사폐(私幣)를 보내야 함. 회례(回禮) 또한 그에 따라 보낼 것임.

셋째, 간에이 이래 몇 차례 신행절목(信行節目)을 강정하면서 대략 확정된 것으로, 역지행빙에서도 특별히 수정할 필요가 없다고 판단한 조항들이다.

각(覺)

하나, 귀 국왕의 서계 체식(體式)은 전례(前例)에 따르며, 대호(大號)는 응당 '다이쿤(大君)'으로 호칭해야 함. 또 문체(文體) 양식은, 어휘(御諱)·어보(御寶)의 압인(押印)·외면서식

---

29) 가반초로(加番長老): 에도막부의 성(城)의 경비를 담당하는 직제(職制)로서, 오사카카방(大阪加番), 슨부카방(駿府加番)이 있었다. 여기서는 통신사 일행을 호행하기 위해 막부에서 파견한 승려를 가리킨다.

(外面書式) 모두 전례(前例)에 따름.

奉書 　　　　　　　　　　朝鮮國王姓御諱 謹封

日本國大君殿下

위 서식에 따라 시행하고 어보(御寶)로 압인할 것.

도부(東武)의 회답서계 문체 양식 또한 전례에 따름. 도부의 회답서(回答書)와 저군(儲君) 의 별폭(別幅)은, 이번에는 네 글자를 새긴 인장(印章)으로 시행함.

하나, 귀국의 휘자(諱字)와 기일(忌日)을 속히 통지할 것. 빙사(聘使)의 기일(忌日) 또한 통 지할 것.

하나, 예조에서 폐주(弊州)에 보내는 서계에 '귀 다이쿤(貴大君)'이라고 쓰는 것은 본래 전 례(前例)가 있으니 지금 거론하지 않음.

하나, 별폭(別幅)의 물건은 양국이 성경(誠敬)을 나누는 첫째가는 물품이니, 정밀하게 골 라서 준비해 줄 것을 간청함. 또 빙사(聘使)의 사폐(私幣) 또한 좋은 물건을 정밀하 게 골라서 준비할 것.

하나, 빙사(聘使)를 임명한 후, 관함(官銜)과 성명을 신속히 써서 통보할 것.

하나, 별폭의 매[鷹子]는 미리 골라서 준비하되, 험난한 해로(海路)를 거치고 게다가 다른 풍토로 인해 만에 하나 폐사하는 우환이 생기면 당장 다른 물건으로 변통하기 어려 울까 우려됨. 따라서 정해진 수 외에 여분을 가져올 것.

하나, 별폭의 준마(駿馬)는 그 형색(形色)에 관해 전례에 따라 그림을 보냈으니 아마도 귀 국의 등록(謄錄) 중에 있을 것임. 전례를 참조해서 정밀히 고르고 안장을 채워 가져 올 것.

하나, 이마(理馬)[30]는 전규(前規)에 따라 준마(駿馬)를 끌고 오고, 또 매[鷹子]를 먹이고 치 료하는 방법을 잘 아는 사람 1, 2명을 행중(行中)에 충원해서 데려올 것.

하나, 글과 서예와 그림에 능한 사람을 정밀히 간택해서 데려올 것.

하나, 상상관(上上官)은○당상역관 행중(行中)의 긴요한 직책이니, 우리나라의 언어와 풍습을 잘 알고 무엇보다 사정에 밝은 사람을 차출할 것.

이상의 항목은 미리 강정(講定)함. 만약 하고 싶은 말이 있으면 속히 통보할 것.[14]

이상 타이슈 번에서 제출한 의주(儀註)와 신행절목안(信行節目案)을 원안으로 해서 7

---

30) 이마(理馬): 조선시대 사복시(司僕侍)의 정6품 잡직(雜織)으로 임금의 말을 관리했음

월 19일부터 26일까지 재판 시게마쓰 고노모는 도해역관과 심의를 거듭했다. 하지만 절목 중에는 역관의 권한으로 결정하거나 역관의 입장에서 적절하다고 인정하기 어려운 것이 있었으므로, 역관은 다시 5개조로 구성된 대안(對案)을 제출했다. 그런데 이 대안에는 대단히 중대해서 역지행빙 그 자체를 무효화하는 것과 다름없는 수정 의견도 포함되어 있었다. 각 조목을 열거하고, 설명을 덧붙이기로 한다.

1. 양국 국서를 봉안(奉安)하고 행례(行禮)할 때, 피차가 똑같이 마련(磨鍊)함.

의주(儀註)의 전서진현의(傳書進見儀)에 따르면, 조선의 국서(國書)·별폭(別幅) 및 일본 세자에게 보내는 별폭을 오히로마(大廣間) 상단(上段)에 안치하고, 통신정·부사는 중단(中段)의 현관[椽側]에서 상단 세 번째 다다미[三疊目]까지 나와서 타이슈 번주의 지휘에 따라 사배(四拜)를 행한 후, 그것을 일본 상사(上使)에게 전달하는 규정이 있다. 또 전회답의(傳回答儀)에도 쇼군의 회답국서·별폭 및 세자의 회례별폭(回禮別幅)을 오히로마 상단에 안치하고, 통신정·부사는 조선국서를 대할 때와 똑같이 사배를 행하는 규정이 있다. 도해역관은 조선사신은 일한 양국 국서에 배례(拜禮)하는데 일본사신은 전혀 배례하지 않는 것을 부당하다고 보고, (1) 양국 사신이 평등하게 양국 국서에 각각 사배를 하든지, (2) 조선사신은 조선 국서에, 일본사신은 일본 국서에 각각 사배를 하든지, (3) 양국 사신 모두 국서에 전혀 배례를 하지 않든지, 이 중 하나로 수정할 것을 제의했다.

이에 대해 재판 시게마쓰 고노모는, '조선사신이 자국 국서에 사배를 하는 것은 자발적으로 하는 것으로 일본이 요구한 것이 아니다. 또 조선사신이 일본의 회답국서에 사배를 하는 것은 쇼토쿠(正德) 연간의 신례(新例)에 그 기원을 둔다. 일본의 상사·부사가 국서에 배례하는 것은 일본의 의례가 아니기 때문에 받아들일 수 없다.'라고 전했다. 도해역관은 조만간 귀국해서 묘당에 상신해서 확정방침을 전달하겠다고 말하는 데 그쳤다.

당시 타이슈 번 조센진라이헤고요가카리(朝鮮人來聘御用掛)에서는, '조선사신이 자국 국서에 배례하는 것은 전적으로 자발적인 것이며, 또 조선사신이 일본의 회답국서에 배례한 선례인 쇼토쿠(正德)의 신례(新例)는 사실상 교호(享保) 연간에 철폐됐으므로 이 2개 조항을 조선에 강제할 근거가 없다. 따라서 조선이 강경한 태도로 나온다면 결국 (3)과 같이 양국 사신 모두 국서에 전혀 배례를 행하지 않는 것에 동의할 수밖에 없을 것'으로 내다보고 있었다.

2. 조선국서를 도부(東武)에 전달할 때 상상관(上上官) 1명이 배왕(陪往)[31]함.

조선국서와 예물을 통신사가 에도 정부에서 특파한 상사(上使)에게 전달하고, 상사가 그것을 가지고 막부로 복귀할 때 통신사를 수행하는 당상역관 1명이 국서배왕(國書陪往)의 명목으로 에도까지 동행하는 것이다. 이는 예전에 조선이 제의했지만, 타이슈 번이 사활을 걸고 극력 반대해서 결국 철회했던 도해역관 에도 입송(入送) 문제의 재현(再現)이었다. 재판은 이에 대해, "그렇게 한다면 타이슈는 빙사(聘使)와 도부(東武)의 상사(上使)가 직접 만나서 하시는 말씀을 전해 듣는 데 불과할 것입니다. 양국의 서한을 타이슈에서 쌍방의 사절이 주고받는 것이 타이슈에서 빙례를 거행하는 주된 의도입니다. 그것을 지금 말씀처럼 한다면 주된 의도를 저버리는 것이니 조의(朝議)가 어떻겠습니까? 그것은 잘못 생각하신 것 같습니다. 또 귀국에서 그렇게 한다면, 그와 똑같이 도부(東武)의 야쿠닌(役人)이 회답을 갖고 귀국 수도까지 동행하라는 분부가 내릴 경우에는 어떻게 하시겠습니까? 이는 귀국에서 잘 생각하시면 알 수 있을 것입니다. 부디 신중히 판단하시기 바랍니다."라고 주장했다. 일본의 회답국서에 막부 특파위원이 수행해서 조선 수도까지 동행하는 것은 이 경우 문제가 되지 않으므로 재판의 주장 또한 무의미했지만, 도해역관은 이 안건을 고집하지 않고 자발적으로 철회해서 관계자들을 안심시켰다.

3. 조선의 빙사(聘使)는 3명의 사신을 마련함.

조선 통신사는 정사·부사·종사관(서장관)의 3명으로 구성하는 것이 관례였는데, 생폐(省弊)의 의미로 종사관의 감원이 거의 확정돼 있었다. 막부와 타이슈 모두 이러한 방침에 따라 원안에 "정사·부사 2명의 사신을 마련함[正副二使磨鍊]"이라는 1개 조항을 추가할 정도였다. 그런데 도해역관은 갑자기 사신 3명을 유지해야 한다고 주장했다. 만약 종사관을 부활시키면, 당상역관 1명과 대솔군관(帶率軍官) 몇 명도 증원해야 한다. 이에 따라 중하관(中下官)도 저절로 늘어서, 어쩌면 탑승할 선박이 1척 더 추가되는 결과를 초래할 것이었다. 덧붙여 말하자면, 이 문제에 관한 도해역관의 설명은 다음과 같았다.

하나, 교린 이래로 신사(信使)를 보낼 일이 있으면 3명의 사신으로 치하(致賀)하는 것이 그 일을 중시하는 도리다. 생폐(省弊)를 본의로 하여 역지행빙(易地行聘)을 하더라도 3명

---

31) 배왕(陪往): 모시고 감

을 보내야 한다. 정사·부사·종사관 3명은 하나의 체면(體面)으로 보내는 것이니, 2명의 사신은 도부(東武)에 실례가 된다. 예전처럼 3명의 신사를 보내기로 할 것.

이어서, "전일의 사정은 아마도 들어서 알 것입니다. 이번의 도해(渡海) 또한 신사(信使)가 역지면의(易地面議)하는 것이니 만사(萬事)를 소제(掃除)해서 매사를 순편(順便)히 하면 매우 다행이겠습니다. 그러나 3명의 신사를 보내더라도 상상관(上上官) 1명을 추가로 차하(差下)하는 것이니 결국 350명은 넘지 않을 것입니다."라고 말했다.

재판은 이에 대해, 통신사 2명은 이미 전년에 양해가 이뤄져서 에도 정부에도 상신했으며, 현재 통신사 여관도 그 예상에 맞춰서 신축하고 있기 때문에 이제 와서 인원 변경은 불가능하다고 설명했다. 도해역관은 통신사를 3명 파견하는 것은 곧 국서를 중시하는 의미로서 이미 묘당에서 확정한 사항이기 때문에 역관으로서는 이의를 제출하기 어렵지만, 다만 타이슈에서 이미 2명의 사신에 맞춰서 준비하고 여관을 신축 중인 것을 봤으니 귀조한 후 묘당에 상신해서 적절한 조치를 강구하겠다고 답했다. 통신사 2명을 3명으로 복구하는 것은 생폐(省弊) 조건의 의미가 반감되는 것이었다. 이는 타이슈 번이 체면을 잃을 뿐 아니라 접대 준비에도 중대한 차질을 빚을 우려가 있으므로, 라이헤고요가카리(來聘御用掛)는 재판을 독려해서 도해역관에게 이 주장을 철회하게 했다.

4. 일본사신 또한 3명을 차송(差送)함.

이 조항은 셋째 조항에 수반되는 것으로, 조선 통신사가 정사·부사·종사관의 3명으로 구성될 경우 균형을 맞추기 위해 일본사신도 3명이 필요하다는 의미이다. 재판은 일본사신이 상사와 부사 2명으로 구성되는 것은 통신사가 에도에 내빙했을 때 통신사 여관에 위문 차 방문한 전례에 따른 것으로 통신사의 인원수와는 무관하다고 설명했다. 도해역관도 이를 양해했다.

5. 저군(儲君)에게 보내는 별폭은 인삼 3근 이내로 마련할 것.

쇼군의 세자 앞으로 보내는 예물에서 인삼을 빼는 것은 조선의 생폐(省弊) 조건이었지만, 도해역관은 인삼을 전혀 포함시키지 않는 것은 예경(禮敬)을 잃는 혐의가 있으므로 3근 혹은 5근 정도의 인삼을 별폭에 추가할 것을 희망했다. 재판은 별폭의 생폐는 이미 막부의 결재를 거쳐 확정된 사항이라서 타이슈 번의 권한으로 고치기 어렵다고 주장했다.

6. 신사(信使) 일행의 인원은 350명을 넘지 않을 것.

타이슈 번의 원안은 300명인데, 이는 통신사 2명을 기준으로 한 것이다. 앞에서 서술한 것처럼 종사관을 추가할 경우 대솔(帶率)의 관계상 전체적으로 증원이 불가피했다.

7. 나머지는 모두 절목에 따라 시행함.

의주(儀註)와 신행절목(信行節目) 가운데 이상 6개 조항을 제외한 나머지는 모두 원안을 승인한다는 의미이다. 이는 물론 묘당의 승인을 전제로 한다.

7월 27일에 신행절목에 관한 도해역관과 재판 사이의 협상도 일단락됐다. 같은 달 29일에 역관은 각서로 양국 간 현안이 된 조항들을 통고하고, 나머지 조건에 관해서는 귀국한 후 묘당에 보고해서 승인을 얻도록 노력할 것을 약속했다.

각(覺)

하나, 양국 국서의 봉안행례(奉安行禮) 시에 피차가 똑같이 마련함.

하나, 조선 빙사(聘使)는 3명의 사신을 마련함.

하나, 상상관(上上官) 또한 3명을 마련함.

하나, 저군(儲君)에게 보내는 별폭의 인삼은 3근 이내로 마련함.

하나, 신사(信使) 일행의 인원은 350명을 넘지 않음.

하나, 나머지는 모두 절목에 따라 시행함.

기사(己巳) 7월   일

도해당상관 경천(敬天) 현동지(玄同知)

명원(明遠) 최첨지(崔僉知)

당하관 옥여(玉汝) 변판관(卞判官)[15]

신행절목강정과 별도로 통신사의 내빙 시기도 논의됐다. 타이슈 번은 가능한 한 빨리 하는 것이 이롭다고 보고 다음 해인 경오년(庚午年) 봄에 시행할 것을 주장했지만, 도해역관은 준비 형편상 빨라도 9, 10월경이나 돼야 한다고 주장하고, 그 시기는 묘당에 품청(稟請)한 뒤에 통고하겠다고 약속했다.[16]

7월 중순부터 하순까지 도해역관과 재판의 강정(講定)을 통해 신행절목은 대략 성안(成案)이 마련됐다. 그런데 조선이 요구한 생폐(省弊) 조건에 관해서는 많은 토의가 필요치 않았다. 그것은 주로 타이슈 번의 희생을 요구했으므로 타이슈 번은 크게 난색을 보였지만, 타이슈 번의 현재 처지에서는 설령 상당한 희생을 치르더라도 역지행빙을 실행하는 것이 초미의 급무였다. 뿐만 아니라 현실적으로 조선에서 입는 손실을 막부에서 보상받을 수도 있었다. 이에 따라 우선 7월 11일의 다례(茶禮)[하선연(下船宴)]에서 제출된 7개조의 생폐 조건에 대해 제5조의 감동물력(監董物力)만 추후에 구체적으로 교섭한다는 조건을 붙이고, 나머지는 원칙적으로 전부 승인하기로 확정했다. 8월 11일에 라이헤고요가카리(來聘御用掛) 가로(家老) 우지에 사오리는 도해역관을 방문해서 각서로 이러한 뜻을 통고했다.[17]

타이슈 번에서는 생폐 7개조를 원칙적으로 승인하는 것을 최대한도의 양보로 생각해서, 이것으로 조선이 요구하는 일체의 생폐 문제는 해결됐다고 믿었던 것 같다. 이에 라이헤고요가카리 가로 우지에 사오리, 히라타 하야토, 오노 나오에의 연명으로 도해역관에게 유시(諭示)를 보내서 역지행빙을 전후해서 타이슈 번이 에도 정부와 조선 사이에서 겪은 고충을 서술하고, 또 '이번의 역지행빙절목은 모두 에도 정부의 지휘에서 나온 것이기 때문에 이후로 조선에서 구실을 만들어 신행(信行)을 지연시킨다면 어떤 엄한 명령이 내려질지 알 수 없다. 도해역관 등은 부디 이런 사정을 이해해서 귀국한 후에 주선에 노력해 줄 것'을 요망했다.

> 역지수빙(易地修聘)으로 인해 수년간 왕복했음에도 일이 지체됐으니 도부(東武)의 사명(辭命)[32]과 강박(强迫)이 마치 직물을 짜듯 촘촘했습니다. 본주(本州)는 양국 사이에서 교린 사무를 관장했으니, 이렇다 할 공적을 세우지 못한 책임에서 참으로 벗어날 수 없었습니다. 당시 귀국의 승낙 여부가 실로 우리 주[我州]의 존망에 관계됐습니다. 그러므로 이러한 사정을 상세히 진술하여 누차 예조와 동래부를 번거롭게 했던 것입니다. 그런데 지난번에 강사사(講事使)의 복서(復書)[33]를 보니, "이러한 사정을 잘 알았으며 사세(事勢)가 또 딱하니, 우선 사절을 보내서 신사(信使)의 일을 강정(講定)한 후에 신서(信誓)를 밝히고 사체(事體)를 바르게 할 수 있으리라."고 하셨습니다. 이에 첨공(僉公)이 바다를 건너오셔서 역지맹약(易地盟約)이 비로소 이뤄지게 됐습니다. 이는 도부의 성념(盛念)에 크게 부응하는 것이라 그 자세한 사유를 신속히 아뢰었으니, 아마도 첨공(僉公)이 가지고 계신 회서(回書)에 그 사의(謝意)가 모두 드러나 있을 것입니다. 이제 와서 생각해 보건대, 혹시라도 그것이 이뤄지지 않았더라면 누세

---

32) 사명(辭命): 사령(辭令). 즉 임명, 해임 따위의 명령
33) 복서(復書): 답장

(累世)의 구의(舊誼)가 크게 무너졌을 것이니 장래 형세에 과연 어떤 경색(梗塞)을 낳았겠습니까? 양국 사이에 있는 우리 주로서는 정부의 독과(督過)[34]가 어떻게 나올지 알 수 없었으니 그 두려움을 이루 다 말씀드릴 수가 없습니다. 누차 간절하고 정성껏 말씀드렸던 것은 다만 이러한 이유 때문입니다.

이제 다행히 조정의 돌보심을 입어서 역지통신(易地通信)의 서약이 금석과 같이 되었으니 이보다 큰 양국의 행복이 없을 것입니다. 역지(易地)에 관해서 다시는 그 사이에 참견이 있어서는 안 됩니다. 그 뒤로 상의해서 확정한 모든 건들과 일체의 빙례절목(聘禮節目)은 참으로 도부(東武)의 뜻에서 나온 것이니, 예전에 강정한 것들을 부디 순편(順便)하게 구처(區處)[35] 하시기를 간절히 바랍니다. 만에 하나라도 사체(事體)가 다시 지연된다면 도부에서 다시 어떤 엄한 명령을 내릴지 어찌 알겠습니까? 더구나 양국이 빙문(聘問)한 지 오래되어 임염(荏苒)[36] 수십 성상(星霜)이 지났으니, 통신의 시기는 반드시 가까운 시일로 정해야 합니다. 우리 주는 양국의 빙례가 늦어지는 것에 대해 깊이 전전긍긍하고 있습니다. 이렇듯 어려운 상황을 귀국이 특별히 밝게 살펴서서 우리 태수가 능히 직분을 마치게 해 주신다면 저희들에게도 그보다 더한 행복이 어디 있겠습니까? 역지(易地) 건에 대해 이미 승낙을 받았는데도 다시 이러한 요청을 하는 것은 조첩(稠疊)[37]에 속하니 몹시 부끄럽습니다. 생각건대, 첨공(僉公)께서 잠시 본부(本府)에 머무르면서 기찰(譏察)하신 바에 따라 아마도 사체를 양촉(諒燭)하셨을 것입니다. 오직 태수의 말로는 미진한 바가 있을까 걱정했습니다. 그러므로 저희들로 하여금 상세히 개유(開諭)하게 한 것입니다. 간절히 바라옵건대, 이러한 정형(情形)을 살펴서 귀국한 후에 잘 주선해서 강정(講定)한 모든 건들을 속히 조정에 아뢰어 영원히 변치 않는 계책이 되게 하신다면 어찌 아름답지 않겠습니까? 이 때문에 글을 보냅니다.

기사(己巳) 8월   일

평공지(平功志) ○우지에 사오리 (印)

평창상(平暢常) ○히라타 하야토 (印)

원창렴(源暢廉) ○오노 나오에 (印)[18]

도해역관은 세 가로(家老)의 유시(諭示)에 대해서는 아무런 답도 하지 않고, 오직 통신사 입송(入送)의 지연에 관해서만 열심히 해명했다. "더구나 수신사행의 장식(粧飾)[38]은

---

34) 독과(督過): 과실(過失)을 추궁함
35) 구처(區處): 변통해서 처리함
36) 임염(荏苒): 일을 미루며 시간을 흘려보냄
37) 조첩(稠疊): 조밀하게 중첩됨
38) 장식(粧飾): 꾸밈새. 원문에는 장칙(粧飭)으로 되어 있는데, 문맥상 장식(粧飾)의 잘못인 것으로 보고 바로잡

일시에 처리하기 어려우니, 형편상 금년에 징발(徵發)하는 것은 두루 갖추기가 매우 어렵다. 지금 이렇게 청하는 것은 우리나라에 실로 사정이 있어서 그런 것이니, 부디 밝게 살펴서 그 기한을 늦추고, 다시 도부(東武)의 지휘를 받아서 빙례 시기를 통보해 준다면 그보다 더한 다행이 어디 있겠는가?"**¹⁹**

타이슈 번 라이헤고요가카리(來聘御用掛) 가로(家老)와 조선의 도해역관 간에 이와 같은 공문서가 교환된 이상, 신행절목강정과 생폐절목강정 모두 이미 끝난 것으로 인정해야 했다. 하지만 뜻밖에도 도해역관은 8월 중순부터 9월까지 계속 생폐절목을 추가로 제출해서 타이슈 번을 경악시켰다. 추가절목을 상세히 살펴보면 애초에 묘당의 지휘에서 나온 것도 있지만, 다른 한편으로 동래부사가 단속의 필요에서 역관에게 제출하게 한 것이나 역관이 자신의 이해타산으로 추가한 항목도 발견된다. 이제부터 그 가운데 주요한 7개 조항에 관해 설명한다.

1. 연례(年例)・특송(特送) 각 송사(送使)의 별폭 및 공무역의 단목(丹木)[소방(蘇芳)]은 100근을 한 벌로 하는 것이 관례인데, 여기에 단목을 묶는 새끼줄의 무게 5근을 더하는 것은 부당하므로 앞으로는 새끼줄을 제거한 다음에 무게를 잴 것.

2. 각 송사의 예단삼(禮單蔘)은 품질이 떨어진다는 이유로 점퇴(點退)하는 경우가 많은데, 이는 교린성신(交隣誠信)의 본의에 반하기 때문에 앞으로는 품질을 따지지 않으며 점퇴를 불허함.

3. 세견(歲遣) 제1・제2・제3선의 각 송사, 이테안(以酊庵) 송사・세견 제4선 송사의 상선(上船)・하선연(下船宴)은 각각 한날에 설행함에도 불구하고, 정관(正官)이 출석하지 않아서 결국 정관에 대한 연향을 따로 거행한다. 이는 매우 부당하므로, 앞으로는 이를 개선해서 각 연향에 정관도 출석해서 한날한시에 설행할 것.

4. 초량왜관에 대해서, 부산진(釜山鎭)에서 관수(館守) 이하에게 일정한 분량에 한해 무상으로 땔감을 지공(支供)[39]하는 규정이 있다. 그런데 관왜(館倭) 등이 정해진 한도를 무시하고 억지로 더 받아 내고 있으며, 심한 경우에는 하왜배(下倭輩) 중에 숯막[炭幕]에 난입하는 자들까지 있다. 이러한 폐단을 엄금할 것.

5. 잠화(潛貨)[밀무역] 및 노부세(路浮稅)[사금융]를 엄금할 것. 노부세는 조선인 장사꾼에게 무역자금으로 고리(高利)로 현금을 대부하는 것을 가리킨다. 이 때문에 동래부 장사꾼들은

왔다.

39) 지공(支供): 관비물품(官備物品)을 지급하는 일

타이슈 상인들에게 거액의 부채를 져서 ─ 타이슈 번청(藩廳)이 상인에게 공금을 융통해 줘서 노부세를 장려한 형적마저 발견된다. ─ 일본상품을 부당한 고가로 수입하고, 반대로 조선상품을 부당한 염가로 수출하는 폐해가 발생한다고 생각하여 예전부터 조선에서는 금령을 내렸지만 근절하기가 어려워서 기회가 있을 때마다 적극적으로 엄금할 것을 요구해 왔던 것이다.

6. 초량왜관에 조시(朝市)의 규정이 있다. 매일 새벽 수문(守門) 밖에 부산의 각 포민(浦民)[40]들이 시장을 열어서 왜관을 위해 생선이나 야채, 기타 일용품 구매의 편의를 제공한 것인데, 하왜배(下倭輩)가 감독관인 문장(門將)·통사(通事)의 명을 듣지 않고 난잡하게 구매하며, 심지어는 생선과 야채를 강제로 뺏는 경우도 적지 않다. 이를 엄금할 것.

7. 공목(公木)[공무역에 사용하는 목면(木棉)]이 규정된 길이에 미치지 않거나 또 품질이 조악한 것을 이유로 점퇴(點退)되는 경우가 빈번하고, 근래에는 1년 중 과반에 달한다. 이 공목 미제분(未濟分)은 왜학훈도가 그 부담을 지고 임소(任所)에서 보관하고 있는데, 저절로 비에 젖거나 벌레가 좀먹어서 손실이 적지 않다. 현재 점퇴된 공목(公木)이 최고 350동(同)에 달한다. 그것들을 전부 타이슈에 수출해서 그 매상으로 여비를 충당할 생각이니, 반드시 예전처럼 점퇴하지 말도록 주의를 줄 것.[20]

이상 7개조는 사소한 것 같지만, 조선에서는 이 문제들로 인해 적지 않게 고심하며 계속 손해를 입었으므로 역지행빙의 생폐(省弊)를 계기로 전부 수정 또는 철폐를 요구한 것이다. 그렇지만 이는 동시에 번청(藩廳)의 수입을 감소시키고, 타이슈 상인에게 직접적인 손해를 끼치거나 혹은 초량왜관에 재근하는 번리(藩吏)와 거류상민의 생계를 위협하는 문제였다. 따라서 타이슈 번청은 조선의 요구가 지당함을 인정하면서도 그것에 동의해서 구폐(舊弊)를 일소할 수는 없었다. 도해역관이 출발할 때 겨우 제3조의 생폐 조건만 인정하고 나머지 조항은 일체 거절하지 않을 수 없었다.

각(覺)
하나, 연조(年條) 제1선 송사(送使)·제2선·3선의 정관연향(正官宴享)은, 구례(舊例)에 하루 두 번 연회를 설행하게 되어 있으나 이제부터는 같은 날, 같은 시각에 합동으로 설행함.
하나, 이테안(以酊庵) 송사와 제4선 정관연향도 앞의 조항에 빙준(憑準)해서 예를 거행함.

---

40) 포민(浦民): 포구에서 고기잡이하는 백성

이상의 항목들은 원래 구례(舊例)에 속하니, 비록 갑자기 개혁하기는 어렵지만 이제 간청에 따라 약정하는 것으로서 내빙한 후에 비로소 거행할 수 있습니다. 나머지는 만약 이 예(例)를 원용해서 다시 변격(變格)을 요청한다면 뒷날 적지 않은 폐단을 일으킬 것입니다. 따라서 이 요청에 덧붙여서 요구해서는 절대로 안 됩니다. 이에 상세히 적어서 보냅니다.

기사(己巳) 10월 일   부교(奉行)○가로(家老) (印)[21]

이 교섭의 진행 중에 도해역관 현의순, 최석, 변문규는 도해역관에 대한 관례적인 의례, 즉 8월 23일에 반쇼인(萬松院) 연석(宴席), 28일에 중연석(中宴席), 9월 6일에 이테안(以酊庵) 연석(宴席)에 참석하고, 9월 21일에 예단다례(禮單茶禮)에서 타이슈 번주의 회답서계와 회례별폭(回禮別幅)을 받았다. 22일에 상선연(上船宴)을 마치고 10월 7일에 승선, 12일에 후추(府中)를 출항해서 11월 5일에 부산에 도착했다. 시게마쓰 고노모[등공교(藤功喬)]가 도해역관호환재판(渡海譯官護還裁判)[41]에 임명되어 일행과 함께 부산에 왔다.[22]

역관의 도해(渡海)는 일한 양국의 분규를 해결하는 데 매우 큰 효과가 있었다. 도해당상역관 현의순과 최석은 수본(手本)과 문견별단(聞見別單)을 통해 일본과 타이슈 번의 정세를 상세히 설명하고, 역지행빙이 전적으로 에도 정부의 직접 지휘에서 나온 것과 생폐(省弊)에 대한 타이슈 번의 성의를 보증했다. 이에 이듬해인 분카(文化) 7년[순조 경오(庚午)] 정월 14일에 우의정 김사목(金思穆)은 속히 역관호환재판(譯官護還裁判)에게 줄 회답서계를 작성하고, 통신사의 쓰시마 입송(入送)에 동의할 것을 상주했다.

신사역지(信使易地)를 요청한 지 이미 10년이 지났는데, 조정에서 지금까지 불허한 것은 비단 조약을 가볍게 고칠 수 없기 때문만이 아니요, 그 이른바 에도(江戶)의 뜻이라는 것에 대해 끝내 적확하게 신뢰할 만한 증거가 없었기 때문입니다. 그런데 그 말이 갈수록 간절해지고 거조(擧措)가 점점 더 급해져서 계속 책유(責諭)만 할 수 없었습니다. 그러므로 사신을 도해(渡海)시켜서 그 허실과 정형(情形)을 살피게 했는데, 과연 집정(執政) 및 도주(島主)와 상세히 면담하고 또 집정의 신적(信蹟)을 받아 왔으니, 그것이 에도의 지휘에서 나온 것이요, 도주의 주장이 아님은 다시 의심할 것이 없습니다. 그런데도 계속해서 굳게 거절한다면 또한 성신무수(誠信撫綏)의 도리가 아닐 것입니다. 저들이 이미 생폐(省弊)를 간청했으니 우리 또한 혹시라도 예경(禮敬)에 장애될 것이 없고, 이미 그 정실(情實)에 특별히 달리 우려할 만한

---

41) 원문에는 도해재판호환재판(渡海裁判護還裁判)으로 되어 있는데, 도해역관호환재판(渡海譯官護還裁判)의 잘못으로 보고 바로잡았다.

것이 없음을 알았으니 이제 또 층절(層節)을 만들어서 다시 인색하게 버틸 필요가 없습니다. 사세(事勢)를 헤아려 보건대, 그 역지(易地)의 청을 허락하는 것이 아마도 마땅할 듯하옵니다. ○상·하락23

호조판서 이만수(李晩秀), 공조판서 남공철(南公轍), 예조판서 심상규(沈象奎), 이조판서 김희순(金羲淳), 병조판서 박종경 등도 같은 의견이었으므로 국왕은 승문원에 명하여 회답서계를 만들어서 호환재판(護還裁判)에게 주게 했다.

조선 예조참의 남이익(南履翼)이 일본 쓰시마 주 태수 습유 다이라 공 합하게 회신합니다.

성사(星槎)가 멀리서 건너옴에 화독(華牘)이 함께 도착해서, 삼가 흥거(興居) 숭비(崇毖)하심을 알았으니 참으로 크게 위안되고 근심이 풀립니다. 상선(象船)[42]의 귀환을 호위해 주신 것은 더욱 고맙게 생각합니다. 역지수빙(易地修聘)의 일은, 귀주(貴州)에서 전후로 간청한 것이 비단 한두 번이 아니었는데, 우리나라에서 지금까지 인색하게 허락하지 않은 것은 참으로 약조를 가볍게 고쳐서는 안 되며, 또 사체(事體)를 지극히 신중히 해야 했기 때문입니다. 그런데 최근에 귀 사개(使价)의 간절한 말에 따라 도해(渡海)해서 이미 도부(東武)의 관원과 면의(面議)하고 문자신적(文字信蹟)도 가져왔습니다.

또 하신 말씀에 이 일은 도부의 지휘에서 나온 것이라 했으니, 도부의 입장에서도 필시 기뻐하며 다행스럽게 여길 것입니다. 귀주(貴州)의 사정이 급박함을 생각하고 양국의 인의(隣誼)가 평소 돈독함을 돌아볼 때, 계속 상지(相持)하는 것은 성신상여(誠信相與)의 도리가 아닐 것입니다. 이에 상관(象官)[43]을 파견해서 역지신사(易地信使)를 강정하게 한 것이니 부디 양찰하기 바랍니다. 진기한 물품을 받았지만, 저의 감격이 어찌 물건 때문이겠습니까? 보잘 것 없는 예물로 멀리서 정성을 표시합니다. 이만 줄입니다.

경오년(庚午年) 정월 일

예조참의 남이익[24]

이것으로 역지행빙은 비로소 정식으로 조선의 수락을 받았다.

타이슈 번에서는 이미 전년인 분카(文化) 6년 7월에 강정역관이 와서 신행(信行)과 생폐절목(省弊節目)을 강정(講定)한 것을 역지행빙이 확정된 것으로 이해해서, 이를 막부에

---

42) 상선(象船): 역관이 탄 배
43) 상관(象官): 역관

보고함과 동시에 이 교섭에서 큰 공을 세운 오우라 효자에몬, 시게마쓰 고노모, 고지마 우자에몬을 크게 포상하고, 이어서 같은 해 10월에 도해역관이 귀국한 뒤에는 라이헤고 요가카리(來聘御用掛) 가로(家老) 우지에 사오리, 히라타 하야토, 오노 나오에 등에게 상을 내렸다. 막부에서도 타이슈 번주 소 요시카쓰의 공로를 인정해서, 신사(信使) 내빙(來聘)이 지연된 것에 대한 보상의 의미로 11월 11일에 금 3만 냥의 대부를 허가하고, 같은 해 12월 23일에는 다음 명령이 있을 때까지 특별히 참근(參覲)을 연기하고 본국에 있으면서 내빙 준비를 하라는 은명(恩命)을 전했다.[25]

역지행빙약조가 확정된 이상, 이제 막부에서 통신사 내빙 시기를 지정하고, 타이슈 번은 그것을 조선에 통고해야 했다. 처음에 재판 시게마쓰 고노모와 도해역관 사이에서는 경오년 9, 10월 사이에 내빙하는 것으로 협정이 이뤄졌지만, 분카 7년 경오년 3월에 이르러 역관은 귀국 후 준비 형편상 경오년 12월에 승선해서 이듬해 신미년 정월에 도해(渡海)하는 것으로 예정을 변경하기를 희망한다는 뜻을 호환재판을 통해 전했다. 번주 소 요시카쓰는 곧바로 슈자가쿠로(首座閣老) 마키노 히젠노카미(牧野備前守)[다다키요(忠精)]에게 보고하고 지휘를 청했다. 막부에서는 조선의 희망에 불가피한 사유가 있음을 인정해서 4월 12일에 내빙 시기를 다음 해인 신미년 봄으로 결정하고 이를 공포하는 한편, 소 요시카쓰에게 회훈해서 조선에 통고하게 했다.[26]

막부에서 통신사 내빙 시기를 명시하면, 타이슈 번은 통신사청래대차사(通信使請來大差使)를 파견해서 통고하는 것이 관례였다. 그런데 통신사청래대차사는 이미 분카 2년 을축년에 파견돼 있었기 때문에 같은 명목으로 대차사를 또 파견할 수 없었다. 이에 통신사호행대차사(通信使護行大差使)를 파견해서 청래(請來)와 호행(護行)을 동시에 맡기기로 하고 분카 7년 4월 중순에 가로(家老) 다다 사젠[평공종(平功種)]을 대차사 정관에 임명했지만, 그가 질병을 이유로 사퇴하는 바람에 같은 달 20일에 가로 오노 나오에[원창렴(源暢廉)]를 정관, 하야카와 조자에몬(早川長左衛門)을 도선주에 임명했다. 그런데 오노도 노병(老病)을 이유로 사퇴했으므로, 결국 5월 3일에 슈세키가로(首席家老) 우지에 사오리[평공지(平功志)]를 대차사 정관, 마치부교(町奉行) 이와사키 우헤이(岩崎右平)[평령행(平令行)]를 도선주에 임명했다.[27] 6월 18일에 통신사호행대차사 일행은 타이슈 번주가 예조참판에게 보내는 서계와 예물을 지참해서 출발했다. 서계에는 다음과 같이 기재돼 있었다. "역지행례(易地行禮)는, 예전에 승낙을 받았으니 감사하는 마음이 어찌 다하겠습니까? 우리 다이쿤(大君) 전하께서 습위(襲位)하신 지 이미 몇 해가 지났습니다. 전례에 따라 신사(信使)가 신미년 봄에 바다를 건너오실 것이니, 이에 정관 평공지(平功志)와 도선주 평령행(平令行)을 임명해서 특별히 사신 일행을 맞이합니다. 또 도부(東武)의 여러 관리들이 미리 폐주(弊州)에 도착해서 성사(星使)를 기다릴 것이므로 출발 시기를 어기지 마시기를 간절히 바랍니다."[28]

이보다 앞서 조선에서는 도해역관 현의순과 최석의 복명에 따라 타이슈 번 가로(家老)와 도해역관이 만든 협정안(協定案)에 기초해서 신행절목을 강정하기로 결정하고, 분카 7년 정월 19일에 당상역관 현식을 강정역관(講定譯官), 2월 27일에 당상역관 현의순을 별견강정역관(別遣講定譯官)에 차하해서 도해역관호영재판 시게마쓰 고노모와 상의하게 했다. 그런데 신행절목의 강정이 끝나기도 전에 통신사호행대차사가 도착했으므로 이를 이례적인 것으로 여겼지만, 정관 우지에 사오리와 재판 시게마쓰 고노모가 거듭 양해를 구했으므로 동래부사 윤노동(尹魯東)도 결국 대차사서계 등본을 묘당에 올려 보내고 지휘를 청했다. 묘당에서는 그 파견 시기는 일단 차치하고, 통신사호행대차사의 도래(渡來)는 선규(先規)에 따른 것으로 거절할 만한 이유가 없다고 판단했던 듯, 9월 2일에 동래부사에게 관문을 보내서 대차사를 허접(許接)하게 했다.[29]

그동안 강정역관 현식, 별견강정역관 현의순과 재판 시게마쓰 고노모는 계속 신행절목의 강정을 진행하고 있었다. 이 협상에서 가장 큰 난관은 신삼(信蔘)·예단삼(禮單蔘)의 환품(換品)[44]에 있었던 것 같다. 대체로 강정역관은 신삼·예단삼은 조선 조정의 예사(禮賜)[45]이기 때문에 품질을 따져서는 안 된다고 주장하고, 재판은 단삼(單蔘)은 그렇다 쳐도 신삼은 에도에 진헌하는 물품이기 때문에 타이슈 번의 권한으로 품질을 바꿀 수 없다고 주장하면서 물러서지 않았다. 강정역관도 결국 재판의 주장을 인정해서, 신삼은 빼고 단삼에 한해 환품을 허락하기로 했다.[30] 곧바로 9월 상순에 신행절목의 강정이 타결되어 동래부사가 비변사에 첩보(牒報)[46]하고, 분카 7년 11월 3일에 국왕의 재가가 내려졌다.

당시 강정한 절목은 「통신사행인원수별단(通信使行人員數別單)」과 「신행절목(信行節目)」의 두 부분으로 구성됐다. 「통신사행인원수별단」에 기초해서 옛 규정의 인원과 비교하면 다음과 같은 감원이 이뤄졌음을 알 수 있다.

---

44) 환품(換品): 하자 있는 물건을 새로 교환함
45) 예사(禮賜): 예(禮)로 접대해서 하사하는 물건
46) 첩보(牒報): 서면으로 상급 관청·관원에게 보고하는 일

원역(員役)	구정원(舊定員)	분카(文化) 신정원(新定員)
정사(正使)	1	1
부사(副使)	1	1
종사관(從事官)	1	·
당상역관(堂上譯官)	3	3
상통사(上通事)	3	3
차상통사(次上通事)	2	2
압물관(押物官)	4	2
제술관(製述官)	1	1
사자관(寫字官)	2	1
의관(醫官)	3	2
화원(畫員)	1	1
자제군관(子弟軍官)	5	·
군관(軍官)	12	8
서기(書記)	3	2
별파진(別破陳)	2	·
마상재(馬上才)	2	·
전락(典樂)	2	
이마(理馬)	1	1
반당(伴倘)	3	2
기선장(騎船將)	3	2
복선장(卜船將)	3	2
배소동(陪小童)	19	15
노자(奴子)	52	32
향서기(鄉書記)	·	2
소통사(小通事)	10	7
도훈도(都訓導)	3	2
예단직(禮單直)	1	1
청직(廳直)	3	·
반전직(盤纏直)	3	2
사령(使令)	18	14
취수(吹手)	18	12
절월수(節鉞手)	4	4
포수(砲手)	6	4
흡창(吸唱)	·	4

도척(刀尺)	7	5
사공(沙工)	24	16
형명수(刑名手)	2	2
둑수(纛手)	2	2*
월도수(月刀手)	4	4*
순시기수(巡視旗手)	6	4*
영기수(令旗手)	6	4*
청도기수(淸道旗手)	6	4*
삼지창수(三枝槍手)	6	·
장창수(長槍手)	6	4*
마상고수(馬上鼓手)	6	4*
동고수(銅鼓手)	6	4*
대고수(大鼓手)	6	4*
삼혈총수(三穴銃手)	3	2*
세악수(細樂手)	3	4*
쟁수(錚手)	3	2*
풍악수(風樂手)	18	12
도우장(屠牛匠)	1	1*
격군(格軍)	270	160
합계	580	328

〈비고〉 * 표시가 있는 것은 격군(格軍)[뱃사람]의 겸정질(兼定秩)[47]이다. 그 밖에 위응(喂鷹)[매에게 먹이를 주는 사람] 1명이 분가 신정원 중에 있었는데, 실제로 도해(渡海)하지 않았기 때문에 생략했다. 덧붙여 말하자면, 정원 가운데 둑수(纛手)에서 쟁수(錚手) 까지의 58명은 덴와(天和) 원년(숙종 7년)[48] 신행(信行)부터 겸정질(兼定秩)로 정해졌다.[3149]

분카 신정원(新定員)에서 가장 눈에 띄는 것은, 타이슈 번의 주장을 수용해서 종사관을 감하(減下)한 사실이다. 종사관은 관례상 대관(臺官)[50]을 겸해서 수행원을 단속하는 것이 직분이었는데, 이제 그 일은 부사의 소관이 됐다. 종사관을 감하한 결과, 당상역관을 제외하고 대솔원역(臺率員役)이 크게 준 것은 앞의 표로 분명히 알 수 있다. 즉, 정·부사, 종사관은 각각 기선(騎船)[사람이 타는 배]과 복선(卜船)[화물선] 1척씩을 거느리는 것이 관례였지만, 이제 정·부사 2명이 되었으므로 기선(騎船)과 복선(卜船) 각 1척 및 선장(船

---

47) 겸정질(兼定秩): 겸직(兼職)
48) 원문은 "덴와 원년(숙종 8년)"으로 되어 있으나, 덴와 원년은 서력 1681년으로 숙종 7년에 해당하므로 바로잡았다.
49) 위 표의 구정원(舊定員)에서 둑수(纛手)로부터 쟁수(錚手)까지의 인원을 합산하면 60명이다. 〈비고〉에서 58 명이라고 한 것은 격군 2명이 각각 형명수, 둑수를 겸했기 때문이다. 『增正交隣志』 제5권, 「通信使行」.
50) 대관(臺官): 조선시대 사헌부(司憲府)의 대사헌(大司憲) 이하 지평(持平)까지의 관리를 가리킨다. 관리의 비리를 감찰하는 것이 주요 임무였다.

將)·사공(沙工) 이하 원역의 3분의 1을 줄일 수 있게 된 것이다.

다음으로「신행절목」에서 주요한 조항은 다음과 같다.

1. 역지통신(易地通信)을 이제 처음 시작하니 약조를 영원히 준수해서 어기지 말 것.

이 조항은 특별히 설명할 것이 없다.

2. 양국의 서식은 모두 구규(舊規)를 따를 것.

3. 대호(大號)는 마땅히 '다이쿤(大君)'으로 칭해야 하니, 이에 의거해서 서계를 보낼 것. 예조
가 일본사신 및 쓰시마 주(對馬州)에 보내는 서계도 모두 '귀 다이쿤(貴大君)'이라고 칭할 것.

제2·제3조는 신행절목에서 우선 협정된 사항이다. 특히 일본 세이타이쇼군(征夷大將
軍)의 호칭이 다이쿤(大君)과 국왕(國王) 두 가지가 혼용됐으므로 어느 쪽으로든지 협정
해 둘 필요가 있었다.

4. 양 국서의 영송의절(迎送儀節)은 피차 동일하게 할 것.

앞에서 서술한 것처럼, 국서배례(國書拜禮)에 관해 타이슈 번 가로(家老)가 도해역관에
게 제시한 의주(儀註) 원안은 균형을 상실한 감이 있었다. 이번 절목강정에서 강정역관
의 주장에 따라 이와 같이 수정됐다.

5. 조선사신은 상·부사(上副使)를 차출하고, 일본사신 또한 상·부(上副)를 차출할 것.

이 조항은 통신사와 일본 상사(上使)의 균형을 취한 형식이 되었는데, 원래 일본은
상·부 2명의 사신으로 제한돼 있었고, 조선에서도 생폐(省弊)의 의미로 정·부·종사관
3명의 사신에서 종사관을 빼기로 내정하고 있었으므로 실질적으로는 기정사실을 열거
한 것에 지나지 않는다.

6. 양국 사신의 상견례(相見禮)를 피차 동일하게 할 것.

의주(儀註)에 기재할 일한 양국 사신의 상견례가 서로 균형이 맞아야 한다는 뜻인데, 의주의 상세한 내용은 번잡함을 피해 여기서 논하지 않는다.

7. 조선 양사(兩使)의 기일(忌日)을 즉시 써서 보내고, 일본의 휘자(諱字)를 써서 보낼 것.

이 조항도 원래 있던 신행절목에 따른 것이다. 일본 측의 휘자는 쇼군 및 세자의 이름[諱] 두 글자에서 뒤의 한 글자를 피하는 것이었는데, 당시 휘자는 康·忠·光·綱·吉·宣·宗·重·治·基(家基)·齊·慶의 12자였다. 이 때문에 교린관계 문서에서는 '不宣'을 '不備'로, '慶尙道'를 '景尙道'와 같이 개서(改書)할 필요가 있었다.

8. 사신의 관함(官銜)과 성명(姓名)은 모두 구규(舊規)에 따라 써서 보내고, 일본사신의 성명 도 써서 보낼 것.

이 조항 또한 선례에 따른 것이다. 통신정사는 '문관당상(文官堂上), 결함(結銜)[51] 이조참의(吏曹參議)', 부사는 '문관당하정삼품(文官堂下正三品), 결함(結銜) [홍문관(弘文館)]전한(典翰)[52]'의 규정이 있다. 일본 상사(上使)는 부젠노쿠니(豐前國) 고쿠라(小倉) 번주(藩主) 오가사와라 다이젠노다이부(小笠原大膳大夫)다다카타(忠固), 부사는 조센진라이헤고요가카리(朝鮮人來聘御用掛) 지샤부교(寺社奉行) 와키사카 나카쓰카사다이후야스타다(安董)[하리마노쿠니(播磨國) 다쓰노(龍野) 번주(藩主)]로 결정돼 있었다.

9. 일행의 인원은 350명을 넘지 않을 것.

앞의 표에서 본 것처럼, 그 실제 숫자는 「신행인수별단(信行人數別單)」에 따라 328명이었다.

10. 기선(騎船) 2척·복선(卜船) 2척이 도해(渡海)할 것.

종사관을 뺀 결과 기선과 복선 각 1척이 줄었다는 것은 앞에서 서술했다.

---

51) 결함(結銜): 임시로 다른 벼슬의 직함을 겸임하는 것
52) 전한(典翰): 홍문관(弘文館)의 종삼품(從三品) 관직

11. 마상재(馬上才)를 감원할 것.

마상재는 '조선인 곡마(曲馬)⁵³⁾'의 기수(騎手)이다. 통신사가 에도에 내빙할 때는, 에도성 다야스몬(田安門)의 마장(馬場)에서 마상재의 마술(馬術)을 쇼군이 관람하고, 산케(三家) 이하 막부에 있는 여러 다이묘들 전부에게도 배관(陪觀)이 허락됐다. 그 후 소씨(宗氏)가 상명(上命)에 따라 통신사를 번저(藩邸)에 초대할 때도 마상재는 마술을 펼치고 배석한 제후들이 관람했다. 이러한 점으로 볼 때 마상재는 신행(信行)의 꽃이었으며, 그 말들을 데리고 다니는 데 적지 않은 경비가 소요됐으리라는 것을 상상할 수 있다. 마상재는 분카(文化) 신행절목의 강정을 계기로 폐지됐다.

12. 별폭(別幅)의 물건은 양국의 상경(相敬)이 제일이니, 정밀하게 골라서 준비할 것.
13. 매[鷹子]와 준마(駿馬)는 세심히 골라서 들여보내되, 폐사할 수 있으므로 전례에 따라 여분을 더해서 보낼 것. 매[鷹子]의 먹이를 줄 사람 1, 2명을 전례에 따라 데려올 것. 이마(理馬) 및 준마는 안장을 갖춰서 먼저 보낼 것.

이 2개 조항도 선례에 따른 것으로 특별히 설명할 필요가 없다.

14. 문장·서예·그림에 능한 사람을 데려올 것.
15. 사신은 올해 섣달^{○분카 7년 12월}에 내려와서, 오는 정월에 도해(渡海)할 것.

이 2개 조항도 선례에 따른 것으로 특별히 설명할 필요가 없다.

16. 상상관(上上官)은 사정에 익숙하고 언어를 잘 아는 사람을 차출할 것.

상상관은 사역원 당상역관의 잘못된 호칭이다. 당상역관은 단순한 통역이 아니라 사실상 외교통상의 당국자였으며, 정·부사는 인원을 채우는 것에 불과했다. 따라서 그 인선 여하는 타이슈 번의 이해(利害)에 중대한 영향을 미쳤다. 그러므로 타이슈 번은 관례적으로 신행절목을 강정할 때마다 이 한 조항을 덧붙였던 것이다.

---

53) 곡마(曲馬): 말을 타고 하는 곡예

17. 조선이 일본사신에게 주는 서계 초본은 사전에 등서(謄書)해서 보내고, 일본의 답서 또한 등서해서 보내서, 피차가 쓰시마 주(對馬州)에서 만났을 때 오래 지체되는 폐단을 없앨 것.

이 조항 또한 선례에 따른 것으로 설명할 필요가 없다.

18. 사신에 에도에 내려올 때 집정(執政)·경윤(京尹)·종실(宗室) 및 연로(沿路)의 응접하는 여러 관리들에게 주는 예조서계 및 사신의 사예단(私禮單)을 모두 폐지할 것.

통신사가 에도에 들어갈 때, 로주(老中)[집정]와 교토쇼시다이(京都所司代)[경윤]에게는 예조참판 서계와 예물을, 산케(三家)와 응접제후(應接諸侯)[관반(館伴)]를 비롯한 관계 관원들에게는 사신의 사예단(私禮單)을 예물로 증여하는 것이 관례였는데, 이번에 생폐(省弊)의 의미로 그것들을 일체 폐지했다.

19. 이테안(以酊庵)의 가반초로(加番長老)와 반쇼인(萬松院) 등은 피차 증급(贈給)을 일체 제거할 것.

이테안의 린반초로(輪番長老)는 1명이지만, 통신사가 내빙할 때는 응접을 위해 임시로 1명을 증원했다. 그것을 가반초로라고 불렀던 것 같다. 이테안의 가반초로와 반쇼인 모두에 공사예단(公私禮單)과 회례단(回禮單)이 있었는데, 이것들도 생폐(省弊)를 이유로 폐지했다.

20. '일본국정사원공합하(日本國正使源公閤下)', '일본국부사등공합하(日本國副使藤公閤下)'. 서계의 내용과 겉봉 모두 이렇게 쓸 것.

일본의 상·부사의 호칭에 관한 규정이다. 덧붙여 말하자면 오가사와라(小笠原) 씨는 미나모토(源) 씨, 와키사카(脇坂) 씨는 후지와라(藤原) 씨이다.

21. 에도의 접대관(接待官) 6명의 성명은 쓰시마 주(對馬州)에 도착한 후 상세히 파악해서 써서 보낼 것.

통신사의 접반원(接伴員)으로 조센진라이헤고요가카리에서 오메쓰케(大目付) 이노우에 미노노카미(井上美濃守), 유자(儒者) 하야시 다이가쿠노카미(林大學頭), 간조부교(勘定奉行) 야규 슈젠노카미(柳生主膳正) 등 6명이 타이슈에 내려가기로 내정돼 있었다.

22. 이 밖에 미처 다 강정하지 못한 것들은 추후에 강정함.

이상 「신행절목(信行節目)」과 함께 공사예단의 수량을 협정했다. 공예단에 관해서는 타이슈 번 가로(家老)와 도해역관의 강정을 설명할 때 일부 서술했으므로 여기서는 중복을 피하기 위해 생략한다.[32]

통신사호행대차사는 이미 건너와서 왜관에 체재 중이었고, 이제 또 통신사행절목의 강정도 끝나서 분카 7년 11월에 국왕의 재가를 받았다. 이제는 그 시기를 기다렸다가 통신사 일행과 함께 바다를 건너는 일만 남아 있었다.

1 『文化信使記錄(江戶書留)』, 文化 5년 12月;『通航一覽』42권,「朝鮮國部一八」.

　　이보다 앞서 분카 5년 11월 1일, 메쓰케(目付) 도야마 사에몬, 사노 우에몬은 타이슈의 신축 객관(客館) 및 타이슈 번 감독을 위해 출장 발령을 받았는데, 얼마 후 12월 4일자로 도야마 사에몬은 다음과 같은 명령을 받았다.

　　　　오메쓰케(御目付) 도야마 사에몬은 이상 조선 신사 내빙과 관련한 공무로 타이슈에 파견함. 이번에 오는 역관사(譯官使)가 면회를 원하면 응대하도록 조처할 것(『文化信使記錄(江戶書留)』, 文化 5년 12月 4日).

2 『淨元院實錄』하권.

3 『本邦朝鮮往復書』5권, "文化五年遣朝鮮國規外書";『純祖實錄』12권, 純祖 9年 正月 壬午;『日省錄』, 純祖 己巳年 正月 22日;『同文彙考(附編續)』,「通信一」.

4 『日省錄』, 純祖 己巳年 2月 15日;『通信使謄錄』, 純祖 己巳年 2月 15·24日.

5 『日省錄』, 純祖 己巳年 3月 15日, 4月 8日;『通信使謄錄』, 純祖 己巳年 3月 15日.

6 『純祖實錄』12권, 純祖 9年 5月 辛未;『日省錄』, 純祖 己巳年 5月 12日.

　『日省錄』에 따르면, 좌의정 김재찬[호는 해석(海石)]의 계언(啓言)은 다음과 같다.

　　좌의정 김재찬: 도해역관(渡海譯官)을 애초 금일 보내려고 했는데, 아직 보내지 않았습니다. 대저 이번 사행(使行)은 간바쿠(關白)가 도주(島主)의 정위(情僞: 진실과 거짓)를 알고 있는지 탐지하려는 것이니, 그 허실(虛實)과 진위(眞僞)를 적확히 안 뒤에야 비로소 통신사를 들여보낼 수 있을 것입니다. 통신사를 보낸 지가 이미 50년에 가깝습니다. 제반 조약이 거의 대부분 이폐(弛廢)하고, 관왜배(館倭輩)의 간폐(奸弊)가 날로 불어나니 한번 분명히 정리하지 않을 수 없습니다. 또 신사(信使)는 우리가 이미 저들을 위해 제폐(除弊)했으니, 저들도 우리를 위해 제폐할 것을 생각함이 당연한 사리입니다. 이제 이번에 도해(渡海)할 때 우선 마땅히 잘 거행해야 할 약조와 마땅히 혁제(革除)해야 할 유례(謬例: 그릇된 관례)를, 조목별로 열거해서 저들에게 일일이 고치게 해야 합니다. 또 여러 폐단들을 에도에서 반드시 모두 알고 있는 것은 아니니, 만약 도주 및 에도의 집정과 마주한 자리에서 명확히 분변해서 강력하게 말한다면, 또한 간폐를 제거하는 데 일조할 것입니다. 그러므로 신과 재상들이 타당하게 상의했으니, 그것이 15, 6개 조가 됩니다. 그중에 소소한 조건들은 일일이 열거해서 아뢰기 어려우나, 가장 중대한 것을 꼽으면 다음과 같습니다.

　　가장 폐단이 큰 것은 **부특송사선(副特送使船)**입니다. 이전에 약정한 세견선(歲遣船) 20척은 제1선부터 제17선과 1·2·3 특송선(特送船)입니다. 그런데 이테안(以酊庵)은 겐소(玄蘇)가 도서(圖書)를 받은 것인데 지금까지 서승(書僧)에 의탁하고 있고, 반쇼인(萬松院)은 도주(島主) 다이라노 요시토시(平義智)가 약조를 맺을 때 공이 있다고 하여 설치한 것입니다. 이 두 곳의 송사(送使)는 약정한 20척의 세견선 이외의 것이니 잘못된 관례라고 할 만합니다. 더구나 부특송사선은 잘못된 관례 중에서도 잘못된 것입니다. 우리나라에 폐를 끼치는 것을 생각하지 않고 스스로 자신들의 생업을 위해서 임의로 왕래하다가 관례가 되었으니, 이는 마땅히 영구히 혁파해야 합니다.

　　중절오선(中絶五船)은, 처음에 도주(島主)가 진상(進上)과 공무역(公貿易)을 간청해서 전식(前式)에 따라 제1특송사선에 딸려서 보내게 했습니다. 그러므로 진상가(進上價) 공목(公木) 20동(同)과 공무역가(公貿易價) 공목 36동, 도합 공목 56동을 매년 지급한 것이니, 전혀 의의가 없습니다. 이 또한 폐단이 큽니다.

고환차왜(告還差倭)는, 도주(島主)가 에도에서 섬에 귀환한 후 고지하는 것입니다. 3년에 1번 에도를 왕래하는 것이 이미 전례가 됐습니다. 따라서 사절을 보내서 고지할 필요가 없고, 단지 환도서계(還島書契)를 세견선 편에 보내면 매우 편하고 좋을 텐데, 도주는 전례에 따라 다녀올 때마다 계속해서 왜사(倭使)를 보내고 있습니다. 이는 더욱 문구(文具)에 속해서 폐단이 심하니, 이 또한 영원히 혁파해야 할 것입니다.

매년 왜(倭)에 지급하는 **공작미(公作米)**는, 공목 500동의 대전(代錢)입니다. 당초 저들이 굳이 간청해서 단지 5년 한도로 허락했는데, 그 기한이 다 되자 공작미청득재판왜(公作米請得裁判倭)라는 것이 나와서 또 기한을 물려 줄 것을 청해서 다시 5년 한도로 허락해 주었습니다. 그것이 관례가 되어 5년마다 기한이 차면 저들은 의례히 나오고, 우리나라는 의례히 허락해서 항규(恒規)가 되었으니, 이는 크게 의의가 없습니다. 또 재판왜(裁判倭)가 5년마다 나와서 100여 일 동안 체류하는 사이에 지공(支供)하는 비용이 대단히 많으니, 이 일은 참으로 통탄스럽습니다.

또 **단삼(單蔘)**은 조선 조정에서 예사(禮賜)하는 물건입니다. 따라서 설령 품질이 열등하더라도 하사를 받는 자는 감히 점퇴(點退)할 수 없는데, 근래 단삼을 점퇴하는 폐단이 거의 한절(限節)이 없어서 어떨 때는 전부를 물리치기도 하고, 1년이 넘게 서로 버티다가 끝내 부패해서 쓸 수 없는 지경에 이릅니다. 사체(事體)로 논한다면 어찌 이런 도리가 있겠습니까?

공목(公木)의 지급은 본래 연례(年例)의 정한(定限)이 있습니다. 매번 그 해에 새로 봉납(捧納)한 것을 그 해에 모두 지급하는 것이 정해진 규칙인데, 근래 저들의 점퇴(點退)가 갈수록 심해지니 그 의도가 단지 뇌물을 챙기려는 것 뿐 만이 아닙니다. 오직 지연하면서 받아 가지 않는 것을 일삼고 있으니 그 습성이 참으로 가증스럽습니다. 앞으로는 저들이 만약 그 해를 넘길 경우, 가져가지 않는 숫자가 설령 300, 400동에 이르더라도 우리는 지급할 필요가 없고 저들은 징색(徵索: 세금 등을 내놓으라고 요구함)해서는 안 된다는 뜻으로 엄하게 과조(科條)를 세운다면, 아마도 뇌물을 요구하는 폐단이 사라질 것입니다.

왜관수리(倭館修理)는 참으로 막대한 고폐(痼弊: 고질이 된 폐단)입니다. 매번 수리할 때마다 저들은 자신들의 공장(工匠)을 데리고 와서는 한 칸에 들어갈 목재에 대해 서너 칸에 필요한 목재를 내놓으라고 하고, 한 달이면 끝날 공사를 대여섯 달이나 지연시킵니다. 그런 사이에 아무 이유 없이 추가지급하는 우리나라의 물력(物力)이 거의 한절(限節)이 없어서, 한 번 수리를 거칠 때마다 십수만 냥이 허비되니 이는 한번 이혁(釐革)하지 않을 수 없습니다. 지금부터 대소 감동(監董)을 막론하고 반드시 우리나라 공장(工匠)이 들어가서 작업하되 저들의 소원에 따라 개급(改給)한다는 뜻으로 영원히 정규(定規)를 만든다면 아마도 허비하는 근심이 사라질 것입니다.

연읍(沿邑)의 표류선에 급료(給料)할 때 쓰는 두승(斗升: 한 말과 한 되들이 됫박)은 새로 낙인(烙印)을 만들어서, 하나는 내부(萊府)(동래부)에 두고, 하나는 관수(館守)(왜관관수)에게 두며, 또한 연읍(沿邑)에 나눠 보내서 그것으로 재서 지급합니다. 그런데 근년 이래로 이러한 법식을 따르지 않고, 왕래하는 선박이 각 포구에 표박(漂迫)할 때마다 두량(斗量: 한 말들이 됫박)으로 급료(給料)하니, 그 됫박 위로 수북이 쌓여서 추가로 가져가는 것이 거의 6, 7되에 이릅니다. 앞으로는 호조(戶曹)에서 교정(較正)한 곡자(斛子: 곡식의 양을 재는 그릇)를 가져다 쓰고, 본부(本府)에서 보낸 평미레(平木: 곡식을 말이나 되로 잴 때, 그 위를 평평하게 밀어 고르게 하는 둥근 나무방망이)를 쓰게 해서 전처럼 난잡한 폐단이 사라지게 해야 할 것입니다.

이상의 폐단들을 어찌 모두 쉽게 제거할 수 있겠습니까? 그러나 만약 잘 설득해서 불요불굴(不撓不屈) 이치로써 절충한다면, 반드시 개혁할 방도가 있을 것입니다.

여(予)(순조): 저들이 만약 통신사가 언제 들어오는지 묻는다면 어떻게 대답할 것인가?

김재찬: 그것은 역관이 돌아와 보고할 것이니, 우리나라는 마땅히 처분을 내릴 것이라고 답해야 합니다. (하략)

7 「文化六年譯官玄同知崔僉知卞判官記錄」;『日省錄』, 純祖 己巳年 7月 22日.

8 『本邦朝鮮往復書』96권, "文化六年朝鮮國規外回翰";『同文彙考(附編續)』,「通信一」.

9 「文化六年講定譯官附錄(御用向眞文幷和解共)」.

10 「譯官玄同知等記錄」;「講定譯官記錄附錄」.

11 『純祖實錄』12권, 純祖 9年 8月 乙卯;『日省錄』, 純祖 己巳年 8月 27日.

12 「講定譯官記錄附錄」.

13 「譯官玄同知等記錄」;「講定譯官記錄附錄」.

14 「講定譯官記錄附錄」.

15 위와 같음.

16 위와 같음.

17 조센진라이헤고요가카리 타이슈 가로(家老)의 각서는 다음과 같다.

각(覺)

하나, 중절오선(中絶五船)은 영구히 혁파함.

하나, 고환차사(告還差使)는 단지 서계만 세견선(歲遣船) 편에 순부(順付)하고, 태수가 승습(承襲)한 후 첫 번째 환도(還島)했을 때만 1번 사절을 파견함.

하나, 공목(公木) 1필은 공작미(公作米) 10말을 마련함.

하나, 감동연한(監董年限)은 40년을 한계로 함.

하나, 감동물력(監董物力)은 수를 나눠서 마련함.

하나, 좌우연해에 표류한 선박에 대한 급료(給料)는 평미레[平木]를 사용함.

하나, 화관(和館) 서쪽에 담을 세우고 문을 설치함.

하나, 이상 7개 조는, 이번에 신사면의역관(信使面議譯官)이 나올 때 별도로 조정의 분부를 받아 사실대로 간청한 것입니다. 이와 같은 약조는 그 유래가 오래되었으니 비록 일시에 변개(變改)하기는 어려운 사정이 있지만, 그 요청에 특별히 부응하는 것은 실로 성신(誠信)을 저버릴 수 없는 우의(友誼)에서 나온 것입니다. 그런데 감동물력(監董物力)은 미리 약정하기 어려우니 뒷날 상세히 수를 나누기로 약속합니다. 세 역관은 귀국하는 날에 마땅히 이러한 뜻을 조정에 전달해야 합니다.

기사 8월 일 부교(奉行)(印), 현동지(玄同知) 최첨지(崔僉知) 변판관(卞判官).(「講定譯官記錄附錄」.)

18 「講定譯官記錄附錄」.

19 위와 같음.

20 도해역관이 제시한 생폐 조건을 적기하면 다음과 같다.

각(覺)

하나, 각 송사(送使)의 진상 및 공무역 단목(丹木)은 관례상 100근(觔)을 한 벌로 하는데, 한 벌을 묶을 때 5근짜리 새끼줄로 원래 무게 재는 방법을 위반하고 있으니, 소견이 매우 경악스럽다.

이후로는 새끼줄을 제거할 것.

하나, 각 송사(送使)의 단삼(單蔘) 무게를 잴 때, 품질이 떨어진다고 하면서 오로지 점퇴(點退)를 일삼는다. 비록 단삼의 품질이 조금 떨어지더라도 이것이 어찌 예단(禮單)의 본의이겠는가? 오늘부터는 예전처럼 점퇴하지 못하게 해서 성신(誠信)을 온전히 할 것.

하나, 제1·2·3선 및 이테안·제4선의 연향은 이미 같은 날 설행하는데, 정관(正官)이 동시에 나오지 않아서 일에 대단히 의의가 없고 한갓 폐단만 만들 뿐이다. 제1·2·3선 및 이테안·제4선의 연향을 각각 한날한시에 함께 설행할 것.

하나, 땔감의 지대(支待): 공무로 지방에 파견된 관원의 음식과 물품 등을 그 지방관아에서 공급하는 일에는 원래 정해진 수가 있으니, 감히 정해진 수 이외에 억지로 받아 내지 말고, 제 집에서 밥을 먹는 자들은 난출(欄出)해서 숯막[炭幕]에서 야료(惹鬧)를 부리지 못하게 할 것.

하나, 화관(和館)에 이미 물화(物貨)가 있으니 매매가 없을 순 없으나, 잠화(潛貨)와 노부세(路浮稅)가 그 틈을 노려 간계를 이룸은 과연 성신(誠信)이 아니다. 이러한 뜻을 잘 알아서 약조에 의거해서 엄금할 것.

하나, 화관(和館)의 수문(守門) 밖에서 매일 조시(朝市)가 열릴 때, 법규를 지키지 않고 난잡하게 매매하고, 생선이나 채소를 횡탈(橫奪)하는 자들을 일체 엄금할 것.

하나, 화관인(和館人)이 큰 이유 없이 임의로 출입하는 것을 오직 약조에 따라 엄칙할 것.

하나, 왜관에 있는 화인(和人)이 교린의 우의를 알지 못하고 근래 요란을 부리는 폐단이 있으니, 이후로는 오직 공경에 뜻을 둬서 화기(和氣)를 잃지 않게 할 것.

기사 8월 일

각(覺)

하나, 공목(公木)의 점퇴가 최근처럼 심한 적이 없었다. 한번 화관(和館)에 들어갔다가 봉납하지 않은 태반을 임관(任官)이 사적으로 떠맡아서 임소(任所)에 쌓아 두니, 비에 젖고 벌레가 좀먹는 폐해를 이루 다 기록하기 어렵다. 지금 물리친 공목 350동[同]을 귀주(貴州)에 들여보내서 무역을 해서 여비로 쓰려고 하니 부디 교역을 특별히 허가해서 들여보내게 하고, 또한 분부를 내려서 다시는 예전처럼 점퇴하지 않게 한다면 매우 다행스럽겠다.

기사 9월 일

21 「講定譯官記錄附錄」.
22 「譯官玄同知等記錄」;『日省錄』, 純祖 己巳年 8月 27日, 9月 27日;『通信使謄錄』, 純祖 己巳年 8月 27日.
23 『純祖實錄』 13권, 純祖 10年 正月 己巳;『日省錄』, 純祖 庚午年 正月 15·17日;『備邊司謄錄』, 純祖 庚午年 正月 15·16日.
24 『本邦朝鮮往復書』 97권, "文化七年朝鮮國規外回翰";『同文彙考(附編續)』, 「通信一」.
25 『淨元院實錄』 하권;『文化信使記錄』 6권, 文化 6年 8·9·10月; 7권 文化 7年 正月.
26 「講定譯官記錄附錄」;『淨元院實錄』 하권;『文化信使記錄』 7권, 文化 7年 3·4月.

또한 통신사 내빙 시기에 관한 호쇼(奉書)의 전문은 다음과 같다.

보내신 글을 열어 보았습니다. 조선 신사(信使)의 도해(渡海) 시기와 관련해서, 금년 9, 10월에 도해하는 것은 어려우니 12월에 저 나라에서 승선해서 내년 정월 중에 도해(渡海)해야 한다고 말씀하셨습니다. 이에 따라 상세히 기록하신 지면(紙面)의 취지를 아뢰었더니, 오는 신미년 봄에 내빙하라는 분부가 있었습니다. 그 뜻을 잘 이해해서 조선에 통고하십시오. 외람되나 삼가 말씀드립니다.

4월 12일   마키노(牧野) 히젠노카미(備前守) 다다키요(忠精) (花押)

소(宗) 쓰시마노카미(對馬守) 님

27 『文化信使記錄』7권, 文化 7年 4月.

28 『本邦朝鮮往復書』96권, "文化七年遣朝鮮國規外書";『同文彙考(附編續)』, 「通信一」.

29 『純祖實錄』13권, 純祖 10年 7月 戊辰, 9月 戊辰;『日省錄』, 純祖 庚午年 7月 17日, 己巳年 9月 2·3日, 10月 2日.

30 『日省錄』, 純祖 己巳年 9月 2日;『通信使謄錄』, 純祖 庚午年 8月 2日.

31 『純祖實錄』13권, 純祖 10年 11月 壬戌;『日省錄』, 純祖 庚午年 11月 11日;『通信使謄錄』, 純祖 庚午年 11月 3·10日;『增正交隣志』5권, 「通信使行」.

32 『通信使謄錄』, 純祖 庚午年 11月 10日;『增正交隣志』5권, 「通信使行」.

타이슈 빙례의 거행

통신사 빙례를 타이슈에서 거행하기로 결정했지만, 원래 그 한치후추(藩治府中)^{이즈하라}
^(嚴原)는 적당한 설비를 갖춘 도시가 아니었다. 따라서 통신사의 내빙에 앞서 소씨(宗氏)의
거관(居館)을 개축하고, 후추(府中)의 구역을 정리하는 일이 급무였다. 역지행빙의 입안
자 마쓰다이라 엣추노카미는 그것에 필요한 거액의 비용을 전부 막부가 부담하는 일은
상상하지도 못했을 것이다.

분카 2년 5월에 막부가 소(宗) 쓰시마노카미(對馬守)의 보고에 기초해서 기사년 봄에
역지빙례(易地聘禮)를 거행할 것을 명하자 타이슈 번은 바로 통신사청래대차사(通信使請
來大差使)를 파견하고, 그와 동시에 후추에서 신사를 영접할 준비에 착수해서 필요한 예
산을 계상했다. 당시 계획한 것은 신사객관(信使客館)의 신축, 상사여관(上使旅館)의 개
축, 소씨 거관의 대규모 증축, 후추의 구역 정리, 부두의 개량 공사 등이었다. 같은 해 6
월 타이슈 번 가로(家老) 오모리 시게에몬은 이와 관련한 설계도와 명세서를 조센진라이
헤고요가카리(朝鮮人來聘御用掛) 지샤부교(寺社奉行) 와키사카 나카쓰카사다이후^{야스타다(安}
^{董)}에게 진달하고, 고요가카리의 심의를 거쳐 허가를 받았다.¹

통신사 영접에 따른 새 공사 중에서 가장 큰 것은 신사여관의 신축이고, 다음은 소씨
저택의 증축 공사였다. 신사여관은 소씨의 보다이지(菩提寺)¹⁾ 고쿠분지(國分寺) 경내에
신축하기로 결정했지만, 부지가 좁아서 분카 2년 11월부터 정원을 헐고 또 인근 번사(藩
士)의 주택과 민가를 사들여서 지역을 확장했다. 그리고 이듬해인 분카 3년 2월에 기공
해서 분카 5년 7월에 낙성하고 와요칸(和陽館)이라고 명명했다. 또 소씨 거관의 이른바
야카타(屋形)²⁾는 종전부터 통신사가 에도를 내빙할 때 상선연(上船宴)·하선연(下船宴)을
설행하였고 도해역관의 접견 장소이기 때문에 상당한 규모와 설비를 갖추고 있었지만,

---

1) 보다이지(菩提寺): 선조 대대의 위패를 봉안한 사찰
2) 야카타(屋形): 귀인의 저택, 숙소

이번에 오히로마(大廣間)와 연향실(宴享室)을 증축하고 기존 건축물도 개축하기로 했다. 우선 여러 야쿠쇼(役所)[3]들을 거관 밖으로 이전하고, 분카 3년 2월부터 공사에 착수해서 분카 6년 2월에 준공했다. 또 상사여관으로 긴세키베쓰칸(金石別館)을 개축하고, 부사·라이헤고요가카리 이하 막리(幕吏)의 숙사(宿舍)로는 주요 번사(藩士)의 주택을 신축하기로 했다. 그 밖에 여러 야쿠쇼의 개축과 구역 정리는 물론, 사스나(佐須奈)·와니우라(鰐浦) 등 통신사 선박의 기항지에도 마찬가지로 개수(改修) 공사를 시행했다. 즉, 빙례(聘禮) 거행의 결과로 타이슈의 외관이 일신했던 것이다.[2]

통신사여관의 신축과 기타 건축·개량 비용으로 막부에서 분카 2년 7월에 금 1만 냥, 분카 4년 3월에 8만 냥, 분카 6년 11월에 금 3만 냥이 내려왔다. 이 거액의 대부분이 협소하고 빈약한 쓰시마 섬에 뿌려지자 도민들이 크게 윤택해졌고, 이 일을 계기로 갑자기 졸부가 된 자들도 생겼다고 한다.[3]

역지행빙이 국책인 데다가 이처럼 중대한 부담을 지게 된 이상, 막부도 손 놓고 타이슈 번의 보고만 믿고 있을 수는 없었다. 타이슈 번이 영접 준비에 착수하자 막부는 분카 2년 10월에 메쓰케(目付) 즈치야 다테와키(土屋帶刀)[기요타다(廉直)], 간조긴미야쿠(勘定吟味役) 마쓰야마 소에몬(松山惣右衛門)[다다요시(直義)]에게 '실지답사[見分]'의 명목으로 타이슈 출장을 명했다. 일행은 분카 3년 4월에 타이슈에 내려와서 통신사여관, 상사여관을 비롯한 각종 신축·수선 공사와 집기(什器) 등을 검열하고 7월에 돌아갔다. 이듬해인 분카 4년에 이르러 막부는 건축 공사의 감독뿐만 아니라 타이슈 번의 정세에 불안감을 느꼈던 듯, 간조쇼(勘定所), 지샤카타(寺社方), 간사쓰카타(監察方)의 속리(屬吏)를 교대로 타이슈에 주재시키기로 결정했다. 그 첫 번째로 분카 4년 4월에 간조(勘定) 구보타 기치지로(久保田吉次郎)와 가치메쓰케(徒目付) 노나카 신자부로(野中新三郎)에게 부임을 명했다. 그 뒤로 통신사가 내빙할 때까지 1년마다 교대가 이뤄졌다. 또 분카 5년 11월에는 건축 공사의 태반이 끝났다는 보고도 있었으므로, 그 검열을 겸해서 타이슈 번주 이하의 감시 임무를 받은 메쓰케(目付) 도야마 사에몬(遠山左衛門)[가게미치(景晉)]과 사노 우에몬(佐野宇右衛門)[쓰네사다(庸貞)]이 타이슈에 출장했다. 출장에 앞서 도야마 사에몬은 도해역관과 다시 절충하라는 명을 받았으며, 분카 6년 4월에 타이슈로 내려갔다가 8월에 복귀했다.[4]

이처럼 신사(信使) 내빙(來聘)과 관련해서 타이슈 번의 준비는 막부의 엄밀한 감독 아

래 이뤄졌고, 당초 내빙이 예정된 분카 6년 기사년 봄에는 일체의 준비가 완료돼서 언제 통신사가 와도 지장이 없을 정도였다.

일본 정도는 아니더라도 조선에서도 통신사 파견 준비에 적지 않은 경비와 시일이 필요했다. 중앙정부인 호조(戶曹)와 공조(工曹)의 주요 소관 사항으로는, 우선 공사예단(公私禮單)의 준비 ― 인삼이 약 3분의 1로 감액된 것은 호조와 평안도 당국을 안도시켰으리라. ―, 여비로 은화의 준비 ― 조선 내의 통화는 속칭 엽전이라고 하는 상평전(常平錢)만 사용되고 은화는 통용되지 않았다. 이 때문에 호조에서는 연행(燕行)이나 통신사행을 위해 특별히 은화를 수집하거나 장사꾼을 통해 임시로 매입할 필요가 있었다. ―, 또 정·부사 이하 전체 원역(員役)의 의복 일체의 제작·지급이 있었다. 또 경상도에서는 통신사가 탑승할 선박 건조, 통사(通事)·격군(格軍) 등 조달, 예단 일부 제작 등을 담당했다. 이것들은 모두 단시일 내 준비할 수 없었다. 게다가 조선에서는 역지행빙에 관한 간세이(寬政)-무오(戊午)협정을 무효라고 주장했으므로, 기사년 봄의 신행(信行) 같은 것은 진지하게 생각하지 않아서 전혀 준비할 필요를 못 느끼고 있었다.

조선에서 신행 준비를 고려하기 시작한 것은 분카 6년 기사년 도해역관의 신행절목 강정 이후였다. 이 강정을 통해 통신사가 다음 해인 분카 7년 경오년 말에 출발하기로 확정됐으므로 ― 나중에 분카 8년 신미년 봄으로 연기됐지만 ― 그해 안으로 모든 준비를 마쳐야 했다. 이에 분카 7년(순조 경오년) 10월 11일에 선례에 따라 청 예부에 통신사 파견을 자보(咨報)하고, 26일에는 통신사 출발 기일을 이듬해인 신미년 정월 20일로 택했다. 또 통신정사에 홍문관부제학 김이교(金履喬)[원임(原任) 이조참의], 부사에 함경도 영흥부사 이면구(李勉求)를 차하했다. 그런데 여기서 뜻밖의 분란이 발생해서 통신사의 출발도 부득이 일시 연기됐다.[5]

지금까지 여러 차례 반복 설명한 것처럼, 역지행빙의 근본적 이유가 생폐(省弊)에 있다는 것에는 일한 양국 모두 전혀 이의가 없었다. 특히 조선에서는 통신삼사(通信三使) 가운데 종사관을 줄였을 뿐만 아니라 에도 대신에 타이슈로 신사(信使)를 파견하게 됐으므로, 통신사 예산 편성 과정에서 호조와 선혜청은 경비 절감을 최우선으로 해서 복정인삼(卜定人蔘)[4] 20근과 별반전인삼(別盤纏人蔘)[5] 15근에서부터 군관(軍官)·역원(譯員)의 반전(盤

---

4) 복정(卜定): 규정된 공물(貢物) 이외에 필요에 따라 각 지방의 산물을 징수하는 일
5) 별반전(別盤纏): 반전(盤纏)은 사행(使行)에 지급하는 노자를 뜻하는데, 별반전은 원래 지급하기로 된 반전 외에 따로 지급하는 노자를 말하는 것으로 보인다.

纏)에 이르기까지 엄중히 사정했다. 이 때문에 통신정사 김이교는 신행(信行)에 지장이 있을 것으로 보고, 호조판서 심상규와 선혜청당상 이조판서 박종경에게 각종 반전(盤纏)은 종사관을 뺀 것만큼의 액수만 줄이고, 나머지는 에도와 타이슈까지의 거리 차이에 관계없이 구례(舊例)에 따라 같은 금액을 지급해 줄 것을 요청했지만, 모두 받아들여지지 않았다. 그러자 김이교는 11월 29일에 격렬한 논소(論疏)를 올려서 호조판서와 선혜청당상을 비난하고 통신정사를 사직했다. 호조판서 심상규와 선혜청당상 박종경도 12월 2일과 3일에 각각 상소를 올려 김이교의 상소를 반박하고, 동시에 책임을 자인(自引)해서 사표를 제출했다. 김이교, 심상규, 박종경은 모두 당시 정계의 유력자였기 때문에 국왕과 좌의정 김재찬은 그 처리에 고심해서 우선 세 사람의 사표를 반려했다. 하지만 김이교는 12월 11일에 다시 상소해서 호조판서와 선혜청당상을 비난하고 거듭 사직 의사를 밝혔으므로, 국왕은 사신의 일을 재차 피한 죄로 의금부에 명하여 김이교를 나문감처(拿問勘處)하고, 동시에 후임 통신정사의 인선을 명해서 12월 15일에 승정원좌승지 김상휴(金相休)를 차하했다. 이 소식에 깜짝 놀란 김상휴는, 자신은 늙고 병들어 바다를 건너면 항상 계사(悸死)[6]할 우려가 있다며 사임했다. 이에 12월 22일에 다시 김이교를 통신정사에 차하하는 한편, 좌의정 김재찬의 노력으로 호조와 선혜청 모두 김이교의 주장대로 반전(盤纏)의 증액을 승낙하고, 선례에 따라 은자(銀子) 3천 냥의 대하(貸下)[7]도 시행하기로 결정했다. 이러한 분란 때문에 통신사의 출발 날짜도 원래 신미년 정월 20일에서 약간 연기됐다.[6]

분카 8년(순조 신미년) 정월 10일, 정·부사 이외의 통신사 원역(員役)이 두 전조(銓曹)[8]의 천거에 따라 다음과 같이 확정됐다.

당상역관(堂上譯官)[상상관(上上官)]
　　지중추부사(知中樞府事) 현의순
　　대호군(大護軍) 현식
　　동지중추부사(同知中樞府事) 최석

상통사(上通事)
　　전(前) 판관(判官) 변문규

---

6) 계사(悸死): 심장이 빨리 뛰어서 사망함
7) 대하(貸下): 상급 관아에서 돈이나 곡식 등을 하급 관아에 빌려주는 일
8) 전조(銓曹): 각각 문관과 무관의 천거를 담당한 이조(吏曹)와 병조(兵曹)를 통칭하는 말

전(前) 직장(直長) 최인민(崔仁民)

전(前) 정(正) 이의룡(李儀龍)

차상통사(次上通事)

전(前) 봉사(奉事) 김조경(金祖慶)

전(前) 판관(判官) 진동익(秦東益)

압물관(押物官)

부사맹(副使猛) 조행륜(趙行倫)

전(前) 판관(判官) 홍득준(洪得俊)

제술관(製述官)

봉상시첨정(奉常寺僉正) 이현상(李顯相)

서기(書記)

[정사서기(正使書記)] 유학(幼學) 김선신(金善臣)

[부사서기(副使書記)] 통덕랑(通德郞) 이명오(李明伍)

의관(醫官)

전의감생도(典醫監生徒) 김진주(金鎭周)

부사용(副司勇) 박경도(朴景都)

사자관(寫字官)

호군(護軍) 피종정(皮宗鼎)

화원(畵員)

부사과(副司果) 이의양(李義養)

군관(軍官)

[정사군관(正使軍官)]

전(前) 수사(水使) 서익순(徐翼淳)

전(前) 부사(府使) 이일우(李一愚)

사복시내승(司僕寺內乘) 이종영(李鍾英)

통덕랑(通德郞) 조만석(趙晩錫)

[부사군관(府使軍官)]

　　상의원주부(尙衣院主簿) 이면현(李勉玄)

　　사복시내승(司僕寺內乘) 이운식(李運植)

　　오위장(五衛將) 정택승(鄭宅升)

　　전(前) 현감(縣監) 김최행(金最行)

이마(理馬)

　　사복시이마(司僕寺理馬) 백복기(白福基)

　　정사군관(正使軍官) 중에서 전(前) 수군절도사 서익순과 사복시내승 이종영은 모두 별군직에 선발돼 있었으므로 문제가 되었다. 이 때문에 정사 김이교는 의금부에서 거듭 나문(拿問)을 받았지만 통신사의 임무가 중하다는 이유로 사정이 참작됐고, 서익순과 이종영은 사문(查問)을 받은 후 상군관(上軍官)에서 제외됐다. 그리고 다시 2월 6일에 정사군관으로 전(前) 영장(營將) 구의화(具毅和), 전(前) 군수(郡守) 류상필(柳相弼), 한량(閑良) 문영철(文永喆)이 추가됐다.[7]

　　분카 8년 2월 12일에 통신정사 김이교와 부사 이면구는 순조에게 사폐(辭陛)한 후, 원역(員役)을 인솔해서 경성을 출발, 윤2월 1일(순조 신미년 3월 1일)에 동래부에 도착했다. 그리고 22일에 부산진에서 승선해서 기선(騎船)과 복선(卜船) 각 2척씩을 이끌고 통신사 호행대차사 정관 우지에 사오리, 도선주 이와사키 우헤이, 도해역관호환재판 시게마쓰 고노모 등과 함께 3월 12일(순조 신미년 3월 12일)에 부산진을 출항하여, 다음 날인 13일에 쓰시마노쿠니(對馬國) 사스우라(佐須浦)에 입항하고, 순풍을 기다려서 3월 29일(신미년 윤3월 29일)에 후추(府中)에 도착했다. 그리고 타이슈 번주 소 요시카쓰의 영접을 받으며 당일 상륙해서 고쿠분지(國分寺) 객관(客館)에 들어갔다.[8]

　　타이슈 번에서는 통신사 빙례 준비에 태만하지 않았지만, 불행히도 번주 소 요시카쓰가 분카 7년 가을, 겨울경부터 풍질(風疾)에 걸려서 접반(接伴) 임무를 감당하지 못할 우려가 있었으므로, 사전에 막부에 상신해서 소 요시카쓰의 질병이 중해지면 사자(嗣者) 이와치요(岩千代)요시카타(義質)에게 대행시켜도 좋다는 허가를 받았다. 당시 이와치요는 겨우 11세에 불과했지만, 가로(家老) 다다 사젠이 번주의 명에 따라 정성껏 보좌한 덕분에 식일(式日)에 "그 몸가짐이 어른보다 낫다."라는 칭찬을 들었다고 한다.[9]

　　막부에서는 이미 분카 4년 3월에 부젠노쿠니(豐前國) 고쿠라(小倉) 번주(藩主) 오가사와라 다이젠노다이부(小笠原大膳大夫)^{다다카타(忠固)}를 상사(上使), 지샤부교(寺社奉行) 와키사카 나카쓰카사다이후^{야스타다(安董)}를 부사(副使)에 임명했다. 그리고 조센진라이헤고요가카리(朝鮮人來聘御用掛) 중에서 오메쓰케(大目付) 이노우에 미노노카미(井上美濃守)^{도시야스(利恭)}, 유자(儒者) 하야시 다이가쿠노카미(林大學頭)[줏사이(述齋)]^{다이라(衡)}, 간조부교(勘定奉行) 야규 슈젠노카미(柳生主膳正)^{히사미치(久通)}, 메쓰케(目付) 도야마 사에몬노조(遠山左衛門尉)[사에몬(左衛門)]^{가게미치(景晉)}, 사노 히고노카미(佐野肥後守)[우에몬(宇右衛門)]^{쓰네사다(庸貞)}, 간조긴미야쿠(勘定吟味役) 무라가키 사다유(村垣左大夫)^{사다유키(定行)}에게 접반원(接件員)으로서 타이슈 출장을 명했으나, 그 후 일한교섭이 중단됨에 따라 일행의 출발도 자연히 연기됐다. 이제 역지행빙이 확정되자, 오가사와라, 와키사카 상·부사를 비롯해서 접반원―간조긴미야쿠 마쓰야마 소에몬(松山惣右衛門)^{다다요시(直義)}이 무라가키 사다유를 대신했다.―들은 분카 8년 정월 하순부터 2월 중순에 걸쳐 연달아 에도를 출발했다. 그런데 통신사가 도착했을 때 타이슈에 와 있던 것은 먼저 출발한 메쓰케 사노 히고노카미와 간조긴미야쿠 마쓰야마 소에몬 일행에 불과했다. 특히 사실상의 전권위원인 소자(奏者) 겸 지샤부교(寺社奉行) 와키사카 나카쓰카사다이후가 아직 도착하지 않아서 예정된 계획에 적지 않은 차질이 생겼다(이노우에 미노노카미와 야규 슈젠노카미는 4월 3일, 도야마 사에몬노조는 4일, 오가사와라 다이젠노다이부는 15일, 와키사카 나카쓰카사다이후와 하야시 다이가쿠노카미는 5월 2일에 타이슈에 도착했다.).¹⁰

상사와 부사, 접반위원들의 도착은 이처럼 많이 지연됐지만, 원래 규정상 타이슈 번주가 설행하기로 되어 있는 빙례 일부는 그들의 도착과 관계없이 진행됐다. 즉, 4월 3일에 당상역관 현의순, 현식, 최석은 소씨 거관(居館)으로 타이슈 번주 소 요시카쓰를 방문해서 예조참의의 서계와 예물을 전달했다.¹¹

조선 예조참의 정관수(鄭觀綏)가 일본 쓰시마 주 태수 습유 다이라 공 합하께 글을 바칩니다.

계절은 어느덧 따뜻한 봄날인데, 멀리서 흥거(興居)를 때에 맞게 조섭하실 것을 생각하니 참으로 위로되고 저도 모르게 마음이 쏠립니다. 조정에서는 귀 다이쿤(大君)이 비서(丕緒)⁹⁾를 계승한 소식을 듣고, 전개(專价)¹⁰⁾를 보내서 축하하고 수호(修好)를 돈신(敦信)하게 하고자 합니다. 부디 이 지극한 뜻을 양찰해서, 특별히 정성껏 보호하여 그가 속히 다녀오게 하신

---

9) 비서(丕緒): 왕위(王位), 대통(大統)
10) 전개(專价): 전사(專使)와 같은 말로 특정한 임무를 주어 파견하는 사신을 말함

다면 매우 다행이겠습니다. 보잘 것 없는 예물을 드리오니 아울러 한번 비웃고 받아 주시기 바랍니다. 이만 줄입니다.

신미년 2월 일
예조참의 정관수

별폭(別幅)

인삼(人蔘) 3근, 호피(虎皮) 2장, 표피(豹皮) 3장, 백저포(白苧布) 10필, 백목면(白木綿) 20필, 흑마포(黑麻布) 5필, 화석(花席) 5장. 제(際).

신미년 2월 일
예조참의 정관수[12]

4월 4일에 소 요시카쓰는 이칸다이켄(衣冠帶劍)[11]의 예장(禮裝)을 갖추고 객관으로 통신정·부사를 방문했다. 회견석상에서 소 요시카쓰는 각서를 제출하면서, 이번 빙례는 완전히 신례(新例)에 속하는 것이니 혹시 소홀한 부분이 있더라도 부디 타이슈 번의 입장을 헤아려서 무사히 대례(大禮)를 마치게 해 줄 것을 희망했고, 통신사들도 이 말을 양해했다.[13]

아직 상·부사는 물론이고 접반원들도 전부 도착하지 않았지만, 시일을 허비할 순 없었으므로 4월 9일에 하선연을 설행하기로 결정했다. 이날 소 요시카쓰는 가리기누(狩衣)[12]를 입고, 가로(家老) 우지에 효고(氏江兵庫), 우지에 사오리, 다다 사젠, 오노 나오에 등을 거느리고 객관에 도착했다. 또 접반원 이노우에 미노노카미, 야규 슈젠노카미, 도야마 사에몬노조, 사노 히고노카미도 참석했는데, 여기서 의주(儀註)에 관해 분의(紛議)가 생겼다. 즉, 통신사는 인신(印信)과 관첩(關帖)[13]을 회견석상에 안치할 것을 주장하고, 접반원들은 이를 부당하다고 본 것이다. 타이슈 번리들은 신사기록(信士記錄)에 비춰 볼 때 통신사의 요구가 지당하다고 인정했던 것 같지만, 접반원들이 동의하지 않았으므로 적지 않은 시간을 허비했다. 결국 접반원들은 아직 상·부사와 하야시 다이가쿠노카미가 도착하지 않았으므로 잠정적으로 통신사의 주장을 인정하고 이날 저녁부터 밤까지

---

11) 이칸다이켄(衣冠帶劍): 이칸(衣冠)은 헤이안시대 이후로 귀족이나 관리들이 궁중에서 입는 근무복을 가리킨다. 다이켄(帶劍)은 검을 찼다는 의미다.
12) 가리기누(狩衣): 원래 사냥할 때 입는 복장을 뜻하는데, 일본에서는 헤이안시대 이후로 귀족의 평상복, 또는 무가(武家)의 예복으로 입었다.
13) 관첩(關帖): 관문(關文)과 첩문(帖文)을 병칭하는 말로, 공문서를 뜻한다.

연향을 설행했다. 또한 객관이 협소했기 때문에 첫째 날에는 통신정·부사와 당상역관의 하선연만 설행하고, 11일에는 상관(上官) 24명(이 가운데 3명은 불참)과 차관(次官) 7명, 13일에는 소동(小童) 15명, 중관(中官) 154명, 하관(下官) 134명의 하선연을 설행했다.[14]

이윽고 상사와 부사, 하야시 다이가쿠노카미도 도착했으므로, 인신·관첩 건에 관한 타이슈 번 가로(家老)와 조선 당상역관 간의 교섭경과를 보고했다. 5월 10일에 이르러 와키사카 나카쓰카사다이후는 타이슈 번 가로와 당상역관의 타협안을 승인했다. 그 요지는 소씨 거관(居館)과 객관(客館)에서 상·부사와 통신사가 회견할 때는 에도 성에서의 의례에 준해서 인신과 관첩을 쓰기노마(次の間)[14]에 안치하고, 소 요시카쓰 및 접반원들이 통신사와 회견할 때는 석상에 안치한다는 것이었다.

5월 11일, 소씨 거관에서 상·부사, 접반원, 수행원 일동이 모여서 습례(習禮)[15]를 만족스럽게 거행했다.

5월 13일, 와키사카 나카쓰카사다이후는 이칸다이켄(衣冠帶劍)의 예장(禮裝)을 갖추고 이노우에 미노노카미, 하야시 다이가쿠노카미 이하 접반원들을 거느리고 상사(上使) 자격으로 객관을 방문해서, 통신정사 김이교와 부사 이면구를 만나 상의(上意)를 전달하고 노고를 위로했다. 이날 소 요시카쓰는 병을 무릅쓰고 먼저 객관에 도착했지만 결국 견디지 못해서 내현관(內玄關)에서 돌아오고, 뒤따라온 아들 이와치요가 번주의 직무를 대행했다.

타이슈 번주 소 요시카쓰가 병에 걸렸을 경우 사자(嗣子) 이와치요가 대리한다는 것, 그 경우 이와치요는 관직이 없지만 특별히 의관과 가리기누(狩衣)를 착용한다는 것은 이미 막부의 허가를 받은 사항이었다. 하지만 통신사는, 5월 13일은 돌발적인 사건이라서 묵인하지만 앞으로도 국서전명(國書傳命) 이하의 의식에서 도주(島主)의 아들이 계속 대행하는 것은 관례에 어긋난다고 하면서 동의하지 않았다. 이 때문에 5월 18일 국서전명(國書傳命)의 의식도 자연히 연기됐다. 타이슈 번은 통신사호영재판(通信使護迎裁判) 시게마쓰 고노모와 호환재판(護還裁判) 다다 겐에몬(多田源右衛門)에게 명하여 당상역관 현의순, 현식, 최석과 교섭하게 했다. 그 결과, 5월 18일에 이르러 타이슈 번주의 이름으로 통신사에게 정식 서계를 보내서 번주가 병 때문에 아들 이와치요에게 대리시킨 것을 통고하고, 또 이 일에 관한 분카 7년 경오년 12월 17일자 막부의 명령 한역본도 제출하기로 했다.[15]

---

14) 쓰기노마(次の間): 주군이 쓰는 큰 방에 딸린 작은 방
15) 습례(習禮): 의식의 예법을 미리 익힘

5월 20일, 가로(家老) 우지에 사오리와 오모리 시게조(大森繁藏)는 대리서계(代理書契)를 갖고 객관을 방문해서 세 당상역관에게 제시했다.

　　일본 쓰시마 주 태수 습유 다이라노 요시카쓰(平義功)가 조선 통신양사(通信兩使) 대인 합하께 글을 바칩니다.

　　초여름에 두 공(公)의 여행 중 기거(起居)가 모두 순조로우시니 참으로 크게 위안이 됩니다. 저는 오랫동안 병에 시달리고 있으니 심경이 괴롭습니다. 만약 빙례(聘禮)를 거행할 때 그 직무를 감당할 수 없거든 아들 이와치요가 대행해서 예를 마치라는 공명(公命)을 받았으니, 이는 직사(職事)를 한 사람에게 돌린 것입니다. 복제(服制)를 모두 저와 똑같이 한 뜻은 별지(別紙)에 상세히 기록했습니다.○별지는 생략함 이제 병고(病苦)가 날로 더해서 언제 회복할지 알 수 없습니다. 그러므로 이와치요에게 대신하게 한 것입니다. 속히 귀 국서(國書)를 받아서 예사(禮事)를 마치는 것은 상사(上使)의 허락에 달려 있으니, 제가 직분을 관장함에 참으로 편치 않은 것이 있어서, 더욱 힘껏 약을 쓰고 의원을 알아보았지만 아직 그 효과를 보지 못했습니다. 이러한 이유로 대례(大禮)가 저절로 지연되고 있으니 무서움과 두려움이 번갈아 이룹니다. 지금은 이와치요가 대신해서 예를 마치기를 바라지만, 앞으로는 이러한 전례를 원용하지 않을 것이니 부디 양해해 주신다면 천만다행이겠습니다. 이만 줄입니다.

분카 8년 신미 5월　일

쓰시마 주 태수 습유 다이라노 요시카쓰

통신사도 사태가 부득이함을 인정해서 이와치요의 대행에 동의하기로 결정하고, 그날 밤 당상역관 최석에게 소씨의 거관(居館)을 방문해서 가로(家老) 오노 나오에, 재판 시게마쓰 고노모와 회견을 갖고 회답서계를 전달하게 했다.

　　조선 통신정사 김이교[통신부사 이면구]가 일본 쓰시마 주 태수 습유 다이라 공 합하께 회신합니다.

　　보내신 서한을 기쁘게 받았으나, 숙환이 계속해서 악화되는 것을 알았으니 참으로 적잖이 염려가 됩니다. 저희들이 객관에 머문 지 한 달이 지나도록 국서(國書)의 전수(傳授)를 처리하지 못했으니 참으로 황송합니다. 예전에 영윤(令胤)[16]의 대행에 관해 논의가 있었지만, 공식문서로 오지 않고 단지 말로만 왕복했으니 체모(體貌)를 높이고 사체(事體)를 신중히 하는

---

16)　영윤(令胤): 남의 아들에 대한 경칭(敬稱)

도리가 아니었습니다. 그러므로 다시 상의하게 된 것이니 몹시 안타깝고 답답했습니다. 그런데 지금 기록해서 보내신 공명(公命)을 받아 보니, 대체로 이미 편의하게 성첩(成牒)[17]했으니 대행 문제를 어떻게 다시 논의하겠습니까? 이후로 이러한 전례를 원용하지 않겠다고 하신 말씀에 이르러서는, 참으로 그 말씀이 옳으니 그 주도면밀함에 깊이 감복했습니다. 더욱 조장(調將)[18]해서 속히 병환을 치유하여 구구한 바람에 부응하시기를 깊이 바랄 뿐입니다. 이만 줄입니다.

신미년 5월   일

통신정사 김이교

통신부사 이면구[16]

5월 22일, 소씨 거관(居館)의 오히로마(大廣間)에서 조선국서 전달식을 거행했다. 이날 상사, 부사, 이노우에 미노노카미는 이칸다이켄(衣冠帶劍)을, 하야시 다이가쿠노카미, 야규 슈젠노카미, 도야마 사에몬노조, 사노 히고노카미는 다이몬(大紋)[19]을, 마쓰야마 소에몬은 포의(布衣)를 착용했다. 조선 통신사와 당상역관은 흑단령(黑團領)을 입고, 소 요시카쓰의 대리 이와치요[이칸다이켄(衣冠帶劍)]의 인도로 조선국서와 별폭, 그리고 쇼군의 세자에게 보내는 별폭을 전달했다. 국서와 별폭은 다음과 같다.[17]

조선국왕 이강(李玜) '爲政以德'의 어보(御寶)를 찍음이 일본 다이쿤(大君) 전하께 글을 보냅니다.

빙사(聘使)의 예를 4년간 행하지 않고 걸렸습니다. 멀리서 전하께서 능히 홍서(洪緖)를 계승해서 크게 구역을 어루만지신다는 소식을 들었습니다. 아름다운 소문이 들림에 어찌 기쁜 마음이 이루 다하겠습니까? 이에 선례에 따라 하의(賀儀)[20]를 시행합니다. 역지행빙(易地行聘)의 거행은 양국이 우호를 도탑게 하는 뜻에서 나온 것입니다. 변변치 못한 토산물로 애오라지 멀리서 정성을 부칩니다. 오직 훌륭한 계책에 더욱 힘쓰시어 큰 복을 받으시기 바랍니다. 이만 줄입니다.

신미년 2월   일

조선국왕 이강(李玜) '爲政以德'의 어보(御寶)를 찍음

---

17) 성첩(成牒): 공문으로 보고함
18) 조장(調將): 건강이 회복되도록 몸을 보살핌
19) 다이몬(大紋): 커다란 가문(家紋)을 다섯 군데 물들인 베로 지은 옷으로 5위(五位) 이상 무사들의 예복이었음
20) 하의(賀儀): 축하의식

별폭

인삼(人蔘) 33근, 대수자(大繻子) 5필, 백저포(白苧布) 15필, 생저포(生苧布) 15필,
백면주(白綿紬) 25필, 흑마포(黑麻布) 15필, 호피(虎皮) 7장(張), 표피(豹皮) 10장,
청려피(靑黎皮) 15장, 어피(魚皮) 50장, 색지(色紙) 15권, 채화석(彩花席) 10장,
각색필(各色筆) 30병(柄), 진묵(眞墨) 30홀(笏), 황밀(黃蜜) 50근, 청밀(淸蜜) 5기(器),
매[鷹子] 10연(連), 준마(駿馬)^{안구(鞍具)} 1필. 제(際).

신미년 2월　일

조선국왕 이강(李玜) ^{'爲政以德'의 어보(御寶)를 찍음}

별폭○^{세자 앞으로 보냄}

인삼(人蔘) 3근, 대수자(大繻子) 5필, 무문능자(無紋綾子) 10필, 백저포(白苧布) 15필,
흑마포(黑麻布) 10필, 호피(虎皮) 5장, 표피(豹皮) 7장, 청려피(靑黎皮) 10장, 어피(魚皮) 50장,
색지(色紙) 15권, 각색필(各色筆) 30병(柄), 진묵(眞墨) 30홀(笏), 화연(花硯) 3면(面),
매[鷹子] 5연(連), 준마(駿馬)^{안구(鞍具)} 1필

신미년 2월　일 ^{연월 위에 '爲政以德'의 어보(御寶)를 찍음. ○세자에게는 관례상 별폭만 있고 서계는 없음}**18**

이윽고 5월 26일에 소씨 거관(居館)에서 연향을 열었다. 이것은 통신사가 에도에 들어갈 때 '관백다례(關白茶禮)'라고 부른 것에 상당하는, 국서전달식과 더불어 가장 중요한 의식이었다. 이날 통신사는 흑단령, 상사, 부사, 소 이와치요는 가리기누(狩衣), 이노우에 미노노카미 이하는 다이몬(大紋)을 착용했다. 상사와 부사의 쇼반(相伴)[21]으로 시치고산(七五三)[22]의 교젠(饗膳)[23]을 대접하고 ─ 에도 성에서는 산케(三家)가 쇼반(相伴)을 했다. ─ 당상역관 이하에게도 각각 신분에 맞는 향응을 베풀었다.[19]

5월 28일, 당상역관 현의순, 현식, 최석은 예조참판의 서계와 별폭을 갖고 상사(上使) 오가사와라 다이젠노다이부, 부사(副使) 와키사카 나카쓰카사다이후의 여관을 방문해서 각각 전달했다.

조선 예조참판 윤서동이 일본 정사 원공(源公) 합하께○^{부사 등공(藤公) 합하} 글을 보냅니다.

---

21) 쇼반(相伴): 주빈의 상대가 돼서 함께 접대를 받는 것
22) 시치고산(七五三): 주연(酒宴)의 예법으로 상차림과 술안주 등을 세 번 내오는 것을 말한다. 첫 번째 상에는 7
　　종의 야채, 두 번째 상에는 5종의 야채, 세 번째 상에는 3종의 야채가 나오는 성연(盛宴)이다.
23) 교젠(饗膳): 진수성찬을 차린 상

귀 다이쿤(大君)께서 영서(令緒)[24]를 크게 계승해서 능히 전대의 공렬(功烈)을 두텁게 하셨다는 소식을 멀리서 듣고서, 우리 국왕 전하께서는 구호(舊好)를 지속할 것을 생각하셔서 사절을 파견해서 멀리서 하의(賀儀)를 행하셨으니 이는 인의(隣誼)를 화목하게 하고 신의를 돈독히 하려는 것입니다. 오직 바라건대, 정화(政化)[25]를 보필해서 영원히 홍조(洪祚)[26]를 부지(扶持)하시기 바랍니다. 보잘 것 없는 예물로 대략 정성을 표하오니 모두 살피시기 바랍니다. 이만 줄입니다.

신미년 2월 일
예조참관 윤서동

별폭

호피(虎皮) 2장, 표피(豹皮) 2장, 백면주(白綿紬) 10필, 백저포(白苧布) 10필,
흑마포(黑麻布) 5필, 색지(色紙) 2권, 황모필(黃毛筆) 20병(柄), 진묵(眞墨) 10홀(笏). 제(際).

신미년 2월 일
예조참관 윤서동

통신사 정·부사, 당상역관 이하의 사예단(私禮單)도 이날 각각 전달됐다.[20]

6월 15일에 소씨 객관(客館) 오히로마(大廣間)에서 회답국서와 별폭의 전달이 행해졌다. 그 절차는 조선국서 전달 때와 동일했다.

일본 미나모토노 이에나리(源家齊)^{이름 위에 도서(圖書)를 찍음}가 조선국왕 전하께 공경히 회답합니다.

사절이 오심에 화함(華緘)이 함께 도착해서, 계거(啓居) 영비(寧謐)하심을 알게 되었으니 기쁨과 다행스러움이 이를 데 없습니다. 이제 제가 통업(統業)[27]을 계승한 것 때문에 빙의(聘儀)를 베풀어 주시고 또 진기한 선물이 빽빽이 왔으니 크신 우의(友誼)에 매우 감격했습니다. 쓰시마(津島)에서 빙례를 거행한 것으로 말하자면, 일은 비록 새 것이나 뜻은 옛 것을 좇았으니 탁시제의(度時制宜)[28]해서 양국의 우호를 돈독히 하려는 것입니다. 이에 보잘 것 없는 물품을 돌아가는 사신 편에 부칩니다. 부디 찬란한 공렬(功烈)을 더욱 드날리시어 진실로 순하

---

24) 영서(令緒): 선대의 훌륭한 공업(功業)
25) 정화(政化): 정치와 교화
26) 홍조(洪祚): 큰 복. 융성한 국운(國運)
27) 통업(統業): 제왕의 업(業)
28) 탁시제의(度時制宜): 인시제의(因時制宜)와 같은 말로 시대의 변화에 따라 알맞게 융통한다는 뜻

(純暇)29)를 받으시기 바랍니다. 이만 줄입니다.

분카 8년 신미 6월 　일
일본 미나모토노 이에나리(源家齊)^{이름 위에 도서(圖書)를 찍음}

별폭

화병풍(畫屛風) 10쌍(雙), 안구(鞍具) 10부(副), 연지갑(硯紙匣) 3부(副), 염증(染繒) 50필(疋), 채증(彩繒) 100단(端). 계(計).

분카 8년 신미 6월 　일
일본 미나모토노 이에나리(源家齊)^{이름 위에 도서(圖書)를 찍음}

별폭○세자회례(世子回禮)

안(案) 1장(張), 염증(染繒) 100단(端), 면(綿) 300파(把). 계(計).

분카 8년 신미 6월 　일^{연월 아래에 성명도서(姓名圖書)를 찍음21}

국서전달의식을 마친 후, 상사 오가사와라 다이젠노다이부와 부사 와키사카 나카쓰카 사다이후는 사명을 완료한 것으로 보고 6월 19일에 후추(府中)에서 승선해서 귀국했다.[22]

6월 19일, 소씨 거관(居館)에서 소 이와치요가 번주대리로 별연(別宴)을 설행하고, 선례에 따라 노(能)30)도 공연했다. 원래 별연은 타이슈의 에도번저(江戶藩邸)에서 막부의 명에 따라 설행하고 막부에 참근(參覲)하고 있는 여러 제후들을 배빈(陪賓)으로 초대했다. 이는 한편으로 통신사를 일본의 귀족들에게 소개하는 의미를 갖고 있었으며, 주객 모두 거창하게 즐기는 것이 관례였다. 따라서 소씨는 별연을 매우 중요시해서, 이번의 역지행빙에서도 구규(舊規)를 지켜서 번주대리까지 소쿠타이(束帶)31)를 입을 정도였다. 또 상사와 부사는 이미 출발했지만, 접반원들은 아직 남아서 별연에 참석했다. 특히 유자(儒者) 하야시 다이가쿠노카미는 유자 고가 야스케(古賀彌助)[세리(精里)]^{스나오(橫)}와 그 문인들을 독려해서 선례에 따라 정사 김이교, 부사 이면구, 제술관 이현상 등과의 응수(應酬)에 노력했는데, 그것은 여기서 상술하지 않는다. 또한 연회 시작에 앞서 정사 김이교는 특별히 소 요시카쓰의 병실을 찾아가서 위문했다. 소 요시카쓰의 병환 여부를 확인

---

29) 순하(純暇): 대복(大福)
30) 노(能): 일본의 전통 가무극(歌舞劇)의 일종
31) 소쿠타이(束帶): 헤이안시대 이후 천황 이하 공가(公家)의 정장

하는 의미도 있었으리라.[23]

6월 22일에 가로(家老) 오노 나오에는 번주(藩主)의 명에 따라 예조서계와 예물에 대한 회답서계와 회례단(回禮單)을 전달했다. 이리하여 일체의 의례가 끝났으므로, 통신사 원역은 6월 25일에 후추에서 승선해서 귀국길에 올랐다. 타이슈 번은 통신사호환대차사(通信使護還大差使) 정관(正官) 오노 나오에[원창렴(源暢廉)], 도선주(都船主) 하야카와 조자에몬[등무(藤茂)], 봉진압물(封進押物) 다치바나 이치로에몬(立花市郎右衛門), 통신사호환재판(通信使護還裁判) 다다 겐에몬[귤공칙(橘功則)]에게 명해서 일행을 호위하게 했다.[24]

통신정사 김이교와 부사 이면구 일행은 분카 8년 7월 2일에 무사히 부산진에 도착했다. 그리고 7월 27일에 입경해서 일본국서 및 회례별폭(回禮別幅)을 갖고 순조를 알현, 복명했다. 며칠 후 8월 4일에 정사 김이교와 부사 이면구, 당상역관 현의순과 최석, 군관 이일우와 정택승, 상통사 변문규는 나란히 가자(加資)되고, 이하 원역들도 모두 상을 받았다.[25]

신사빙례(信使聘禮)가 무사히 끝나고 분카 8년 8월에 상사 오가사와라 다이젠노다이부, 부사 와키사카 나카쓰카사다이후도 막부에 복귀해서 복명했으므로, 막부에서는 상·부사를 포함해서 조센진라이헤고요가카리(朝鮮人來聘御用掛) 로주(老中) 마키노 히젠노카미[다다키요] 이하 관계 관리들에게 은사(恩賜)를 내렸다. 간조카쿠오쿠유히츠쇼즈메(勘定格奧右筆所詰) 야시로 타로(屋代太郎)[히로카타(弘賢)]는 회답국서와 별폭을 작성한 공로로 지후쿠(時服)[32] 2벌을 하사받았다. 며칠 후 12월 25일에는 소(宗) 쓰시마노카미[요시카쓰(義功)]에게 칼 1자루, 백은(白銀) 300개, 시복(時服) 30벌이 상으로 내려졌다.

타이슈 번에서도 마찬가지로 은상(恩賞)이 행해졌다. 역지행빙의 최대 공로자는 가로(家老) 오모리 시게에몬이었지만, 불행히도 그는 빙례가 거행되는 것을 보지 못하고 분카 6년 4월 27일에도 재근(在勤) 중에 사망했으므로, 분카 9년 9월 3일에 그 사자(嗣子) 시게조(繁藏)와 가로(家老) 히라타 하야토에게 간조(感狀)[33]를 수여하고, 분카 9년 현재부터 20년간 매년 금 3개(은 30냥)를 지급한다는 은명(恩命)을 내렸다. 요닌(用人) 시게마쓰 고노모와 고지마 우자에몬에게는 각각 새로 영지 100석을 더해 주고, 또 가로(家老) 우지에 사오리, 후루카와 즈쇼, 다다 사젠, 오노 나오에 이하 내빙 관계 번리(藩吏)들에게도 각각 은상(恩賞)을 베풀었다.[26]

---

32) 지후쿠(時服): 천황이나 쇼군이 신하에게 녹(祿)으로 하사하던 계절 의복
33) 간조(感狀): 특별한 공로를 세운 신하에게 주군이 그 공적을 기리기 위해 수여하는 문서

이윽고 분카 14년 2월 28일, 막부는 타이슈 번조 소(宗) 쓰시마노카미^{요시카타(義質)·이와치요}
^(岩千代)의 취봉(就封)[34]에 즈음하여 특별히 '파격적인 뜻'으로 히젠노쿠니(肥前國) 마쓰우라
군(松浦郡), 치쿠젠노쿠니(築前國) 이토 군(怡土郡) 및 시모쓰게노쿠니(下野國) 쓰가(都賀)·
안소(安蘇) 두 군(郡)에서 2만 석의 가소(加增)를 행했다. 이 가소는 역지행빙의 포상이라
기보다는 오히려 그 실시로 인해 타이슈 번이 입은 손해를 보상하는 의미를 갖고 있었
다고 한다.[27]

---

34) 취봉(就封): 수봉(受封). 새로 즉위한 다이묘가 봉작(封爵)을 하사받음

【원주】

1 『文化信使記錄』2권, 文化 2年 8月.

2 『文化信使記錄』2권, 文化 2年 11月; 3권 文化 3年 正月, 2月; 5권 文化 5年 7月; 6권 文化 6年 2月; 『淨元院實錄』하권.

3 『淨元院實錄』하권; 『對馬遺事』26쪽.

4 『通航一覽』43권, 「朝鮮國部第一九」; 『淨元院實錄』하권.

5 『純祖實錄』13권, 純祖 10年 10月 辛卯; 『承政院日記』, 嘉慶 15年 10月 10日; 『日省錄』, 純祖 庚午年 10月 10·11·26日.

6 『純祖實錄』13권, 純祖 10年 11月 丙辰·庚辰, 12月 壬午·辛卯·癸巳; 14권, 純祖 11年 正月 丙辰; 『承政院日記』, 嘉慶 15年 11月 5·29日, 12月 2·11·13日; 『日省錄』, 純祖 庚午年 10月 5日, 11月 29日, 12月 2·3·11·12·13·15·22·25日, 辛未年 正月 8日.

7 『日省錄』, 純祖 辛未年 正月 8·10·11·21日.

8 『文化八年易地信使記錄』상권, 文化 8年 3月; 『純祖實錄』14권, 純祖 11年 2月 辛卯, 閏3月 戊戌, 4月 辛酉; 『承政院日記』, 嘉慶 16年 2月 12日; 『日省錄』, 純祖 辛未年 2月 12日·辛未年 閏3月 20日·辛未年 4月 14日; 『通信使謄錄』, 純祖 辛未年 閏3月 13日·4月 14日.

9 『文化信使記錄』8권, 文化 8年 正月; 『淨元院實錄』하권; 『通航一覽』71권, 「朝鮮國部四七」.

10 『文化信使記錄』8권, 文化 8年 3·4·5月; 『通航一覽』43권, 「朝鮮國部一九」.

11 『文化八年易地信使記錄』상권; 『文化信使記錄』8권, 文化 8年 4月; 16권, "信使持渡候禮曹より之書翰請取之次第".

12 『本邦朝鮮往復書』97권, "文化八年遣朝鮮國規外書"; 『同文彙考(附編續)』, 「通信一」.

13 『文化八年易地信使記錄』상권, 文化 8年 4月; 『文化信使記錄』8권, 文化 8年 4月; 『淨元院實錄』하권.

14 『文化信使記錄』8권, 文化 8年 5月; 『通航一覽』86권, 「朝鮮國部六二」.

15 『文化八年信使易地記錄』상권, 文化 8年 5月; 『文化信使記錄』8권, 文化 8年 5月; 18권, "客館え上使之次第"·"同手續書".

16 『文化八年信使易地記錄』상권, 文化 8年 5月.

17 『文化八年信使易地記錄』상권, 文化 8年 5月; 『文化信使記錄』8권, 文化 8年 5月; 16권, "書翰受取之次第"·"同手續"; 『通航一覽』86권, 「朝鮮國部六二」; 『純祖實錄』14권, 純祖 11年 6月 己未; 『日省錄』, 純祖 辛未年 6月 13日; 『通信使謄錄』, 純祖 辛未年 6月 13日.

18 『文化八年信使易地記錄』상권; 『同文彙考(附編續)』, 「通信一」.

19 『文化八年信使易地記錄』상권, 文化 8年 5月; 『文化信使記錄』8권, 文化 8年 5月; 17권, "御饗應之次第"·"同手續書"; 『通航一覽』86권, 「朝鮮國部六二」.

20 『文化八年信使易地記錄』상권, 文化 8年 5月; 『文化信使記錄』8권, 文化 8年 5月; 『同文彙考(附編續)』, 「通信一」.

21 『文化八年信使易地記錄』상권, 文化 8年 6月; 『文化信使記錄』9권, 文化 8年 6月; 16권, "御返翰渡之次第"·"同手續"; 『通航一覽』86권, 「朝鮮國部六二」; 『純祖實錄』14권, 純祖 11年 7月 甲申; 『日省錄』, 純祖 辛未年 7月 8日; 『通信使謄錄』, 純祖 辛未年 7月 8日; 『同文彙考(附編續)』, 「通信一」.

22 『文化信使記錄』9권, 文化 8年 6月.

23 『文化八年信使易地記錄』상권, 文化 8年 5月;『文化信使記錄』9권, 文化 8年 5月; 17권 "聘使着船歸國
御自分御饗應之次第".

24 『文化八年信使易地記錄』상권, 文化 8年 6月;『文化信使記錄』9권, 文化 8年 6月.

25 『純祖實錄』14권, 純祖 11年 7月 甲申·壬寅;『日省錄』, 純祖 辛未年 7月 8·16·25日, 8月 4日;『通信使
謄錄』, 純祖 辛未年 7月 8·26日, 8月4日.

26 『通航一覽』44권, 「朝鮮國部二O」;『文化信使記錄』10권, 文化 8年 正月, 9年 9月;『淨元院實錄』하권.

27 『德川實紀文恭院實紀』52권, 文化 14年 2月.

역지행빙의 재강정(再講定)

간세이(寬政) 3년부터 분카(文化) 7년까지 전후 20년에 걸쳐 성립한 타이슈 역지행빙 약조는 당연히 영구적인 효력을 가지며, 앞으로 쇼군이 즉위할 때마다 이 약조에 따라 통신사를 타이슈에 보내는 것으로 간주됐다.

덴포(天保) 8년[헌종 정유(丁酉)] 4월 2일, 쇼군 이에나리(家齊)는 50년간 재직한 후 세자 이에요시(家慶)에게 쇼군직을 넘겼다. 통신사 내빙을 당연히 고려해야 했다. 같은 해 12월 8일에 타이슈 번주 소(宗) 쓰시마노카미 요시카타(義質)^{이와치요}는 조센진라이헤고요가카리(朝鮮人來聘御用掛) 로주(老中) 마쓰다이라 이즈미노카미(松平和泉守)^{노리사토(乘邑)}에게 조선에 통신사 내빙을 청구할 것을 요청했다. 마침 막부 내에서는, "오고쇼(大御所)¹⁾님께서 천하를 다스린 지 50여 년 동안 일본과 중국에 유례없이 덕택(德澤)이 펼쳐졌습니다. 특히 세 고쇼(御所)님²⁾ ○전(前) 쇼군 이에나리, 쇼군 이에요시, 세자 이에사치(家祥)께서 모이셨으니 무한히 축하해야 할 때입니다. 인목지간(隣睦之間)에 있는 조선에서도 아마 기뻐할 것으로 생각됩니다. 이번에 고다이레(御大禮)³⁾를 축하하기 위해 신사(信使)가 내빙(來聘)할 때, 오고쇼님께 축하드리는 의식도 겸했으면 합니다."라는 의견이 계속 대두했으므로, 소 요시카타는 이를 고려해서 새 쇼군 승습하경(承襲賀慶)⁴⁾의 관례를 겸해서 전 쇼군의 치세(治世)의 장구(長久)함과 국가의 평안을 송축하는 국서를 보내오도록 조선과 교섭해야 할지에 관해 2월 12일에 거듭 내의(內意)를 문의했다.¹

덴포 9년[헌종 무술(戊戌)] 10월 24일에 이르러, 막부는 새 타이슈 번주 소 쓰시마노카미 요시아야(義章)[요시카타의 사자(嗣子)]에게 조선인 내빙 문제는 선례대로 하되, 그 시기는 추후에 지시하겠다고 지령했다. 막부의 지령이 이처럼 지연된 데는 이해 3월 10일의

---

1) 오고쇼(大御所): 쇼군의 생부를 호칭하는 말로, 여기서는 은퇴한 쇼군 이에나리를 가리킨다.
2) 고쇼(御所): 천황이나 쇼군 등 지위가 높은 귀인의 저택, 또는 그 귀인을 지칭함
3) 고다이레(御大禮): 쇼군의 즉위 등 조정의 중대한 의례
4) 승습하경(承襲賀慶): 승습(承襲)은 뒤를 이어 물려받는 것이고, 하경(賀慶)은 경사를 축하한다는 뜻이다.

에도 성 니시노마루(西丸)의 화재가 한 가지 원인이 됐을 것이다.

또한 이 지령과 함께 막부는 타이슈 번주에게 다음의 주의를 주었다.

하나, 조선인 내빙에 관한 제반 사항은 최근 관례대로 타이슈에 분부하실 것임.

하나, 내빙 시기는 근년에 흉작이 이어지고, 또 니시노마루의 화재 등 여러 가지로 다사(多事)한 때이니 니시노마루의 수리가 끝난 후 문의할 것.

하나, 오고쇼(大御所) 님의 치세(治世) 50여 년과 세 고쇼(御所)님이 모이셔서 무한히 축하해야 할 때이므로 신사(信使)가 내빙할 때 오고쇼 님께 축하드리는 의식을 겸할지 문의한 것에 관해, 각각은○로주(老中) 가만히 있고 그대만○소요시아야 저 나라와 교섭할 것.²

막부의 명령은 통신사 내빙 시기를 명시하지 않고 내빙만 조선에 청구하라는 것이었다. 하지만 이런 선례는 전혀 없었기 때문에 타이슈 번은 막부에 의견을 개진했지만, 선대(先代) 줏사이(述齋) 이래로 통신사 관계를 관장하던 유자(儒者) 하야시 다이가쿠노카미[테우(樫宇)]히카루(㫪)는 타이슈 번의 의견을 쉽게 받아들이지 않았다. 타이슈 번은 하야시 다이가쿠노카미와 수차례 협의한 끝에 다음과 같은 타협안에 도달했다. 즉, 신사 내빙의 당분간 연기를 타이슈 번이 왜관관수를 시켜서 조선에 통고하고, 막부에서 내빙 시기를 확정한 다음에 다시 통신사청래대차사(通信使請來大差使)를 파견한다는 것이었다. 곧이어 덴포 10년 10월 8일에 이러한 의미의 우카가이쇼(伺書)⁵⁾를 막부에 제출해서 바로 허가를 얻었다. 또 내빙 연기에 관한 타이슈 번주의 명령은 왜학역관(倭學譯官)에게 등서(謄書)해서 제시하면 조선의 묘당까지 진달될 것이므로, 그 문안을 특별히 하야시 다이가쿠노카미에게 제출해서 수정을 받았다.³

이번에 도부(東武)에 소습(紹襲)⁶⁾의 경사가 있었으니, 저 조정에서 신사(信使)를 보내서 진하(陳賀)하는 것은 인목(隣睦)에 있어 참으로 마땅한 일이다. 작년에 역사(譯使)가 나왔을 때 내빙 시기를 지휘해 줄 것을 청했는데, 도부의 통보를 전해 들으니, "내빙(來聘) 건은 마땅히 신미년○분카 8년의 선례에 따라 쓰시마 주(對馬州)에서 빙례를 거행해야 하지만, 내빙 시기는 추후에 지휘할 것이다. 단, 빨리 내빙 시기를 지시하지 않는 것은 근년 흉겸(凶歉)⁷⁾의 재난 때

---

5) 우카가이쇼(伺書): 관청 등에서 지시를 구하기 위해 상급 기관에 올리는 문서
6) 소습(紹襲): 계승(繼承)
7) 흉겸(凶歉): 흉작(凶作)

문이다."라고 했다. 엄명(嚴命)이 이와 같다. 내빙 시기의 명이 내려오면 선례에 따라 마땅히 사절을 보내서 고지할 것이니, 그때 가서 지연되는 폐단이 없게 하기를 바란다. 이러한 내용을 훈도·별차에게 통고하고, 부사(府使)○동래부사로 하여금 조정에 품달(稟達)하게 해서 속히 답변을 받아야 할 것이다.

기해(己亥) 11월 일

태수(太守) (印)

이상 관사(館司)○왜관관수(倭館館守)에게 친유(親諭)함[4]

타이슈 번은 요닌(用人) 오기 한에몬(扇半右衛門)을 덴포 10년[헌종 기해(己亥)] 12월 2일에 부산에 별사(別使)로 파견해서, 왜관관수 요시카와 우콘(吉川右近)[평승휘(平勝輝)]에게 전명(傳命)했다. 관수는 훈도 현학로(玄學魯)미재(美哉), 별차 고재만(高在晩)영천(永天)을 불러서 타이슈 번주의 명령을 등서해서 제시했다. 그리고 통신사 내빙 시기를 확언할 수 없는 사정을 상세히 설명하고 동래부사 성수묵(成遂黙)에게 보고해 줄 것을 부탁했다.[5]

당시 묘당에서는 통신사 파견 시기를 한두 달 안에 결정할 수도 없고, 그렇다고 해서 그동안 별사를 왜관에 머무르게 하는 것도 유리할 것이 없었으므로, 통신사 파견 시기는 뒷날 관수와 협의해서 결정하겠다는 뜻을 전하고 일단 별사를 퇴거시키기로 했다. 동래부사는 묘당의 회훈(回訓)에 따라 다음 해인 덴포 11년 4월 7일에 훈도·별차의 각서 형식으로 이상의 내용을 관수에게 통고했다.

각(覺)

하나, 친유(親諭)하신 사정은 본부(本府) 사또○동래부사께 전달하고, 사또 역시 그 사정을 묘당에 아뢰었습니다. 묘당의 의향은, "신행(信行) 시기는 한두 달 사이에 갑자기 결정할 수 있는 것이 아니다. 이 지체되는 사유를 우선 왜관에 통지하면, 나중에 강정한 뒤에 사전에 통지하겠다."는 것입니다. 그러므로 이상과 같이 말씀드립니다. 이를 서량(恕諒)하시면 크게 다행이겠습니다.

경자(庚子) 4월 초7일   훈도미재(美哉) 현첨지(玄僉知)   별차영천(永天) 고주부(高主簿)

관사존공(館司尊公)

별사 오기 한에몬은 다소 애매하기는 하지만 그 사명을 완수하고 같은 해 5월 8일에 타이슈로 복귀했다.[6]

이보다 앞서 별사가 출발하고 얼마 후 덴포 10년 12월 16일에 니시노마루의 신축이 끝나서, 그 축하의식을 거행하기 위해 총출사(總出仕)의 명이 내렸다. 타이슈 번은 전년 10월 24일 명령의 취지에 따라 통신사 내빙 시기에 관해 문의했으나, 조센진라이헤고 요가카리(朝鮮人來聘御用掛) 로주(老中) 미즈노 에치젠노카미(水野越前守)다다쿠니(忠邦)는 여전히 전에 한 말을 반복하면서 나중에 지시하겠다고만 했다. 이래서는 언제 내빙을 거행할 수 있을지 알 수 없었으므로, 타이슈 번은 에도 루스이(留守居) 히구치 우나이(樋口右內)에게 명하여 덴포 11년 6월 4일에 미즈노 가쿠로(閣老)에게 진정하게 했다. 즉, 통신사 내빙과 관련해서, 일한 양국 모두 그것을 준비하는 데 2, 3년이 걸릴 뿐 아니라, 오랫동안 내빙 시기를 명시하지 않는 것은 조선에 대해서 신의를 잃고 쓰시마노카미(對馬守)의 '누대(累代)의 책임'에도 지장이 있을 것이라고 설득했다. 이에 막부도 사태가 부득이함을 인정해서 8월 16일에 본국에 있는 소 요시아야에게 선격(先格)에 따라 통신사 내빙 시기를 정식으로 문의할 것을 명했다.[7]

타이슈 번은 가로(家老) 이쿠도 하치로자에몬(幾度八郎左衛門)을 에도에 급파해서 11월 10일에 우카가이쇼(伺書)를 제출하게 했다. 이윽고 12월 16일에 로주 오타 빈고노카미(太田備後守)스케모토(資始)로부터 '신사 내빙은 오는 진년(辰年)○고카(弘化) 원년 갑진(甲辰) 봄에 시행할 것'이라는 지령이 내려졌다.[8]

이렇게 해서 통신사 내빙은 갑진년 봄으로 확정됐다. 타이슈 번은 이쿠도 하치로자에몬의 복명과 함께 선례에 따라 통신사청래대차사를 파견하기로 결정하고, 이듬해인 덴포 12년 윤(閏)정월에 가로(家老) 오가와 단게(小川丹下)[귤질신(橘質信)]를 정관, 조센카타아라타메야쿠(朝鮮方改役) 오우라 도쿠노신(大浦德之進)[평수도(平守道)]을 도선주, 유히쓰(右筆) 우에하라 류에몬(上原隆右衛門)을 봉진압물에 임명했다.[9] 대차서계(大差書契)는 다음과 같다.

　　일본 쓰시마 주 태수 습유 다이라노 요시아야(平義章)가 조선 예조참판 대인 합하께 글을 올립니다.
　　때는 바야흐로 삼양(三陽)[8]이 시작되는데, 귀국은 화목하고 본방(本邦)은 안녕합니다. 이

---

8) 삼양(三陽): 음력 정월을 뜻하는데,『周易』에서 유래한다.『周易』에서 태괘(泰卦, ䷊)는 하삼효(下三爻)가 모두 양효(陽爻)이므로 삼양(三陽)이라 부르는데, 동짓달부터 양효가 하나씩 생겨 올라와서 정월에는 양효가 셋이 되므로 정월을 삼양이라 한다. 참고로 동짓달은 복괘(復卦, ䷗)로서 일양(一陽), 섣달은 임괘(臨卦, ䷒)로서 이양(二陽)이라고 불렀다.

제 우리 다이쿤(大君) 전하께서 습위(襲位)하셨으니, 전례에 따라 신사(信使)가 갑진년 봄에 바다를 건너와야 합니다. 그때가 되면 폐주(弊州)에 오시기를 희망합니다. 이에 정관 귤질신, 도선주 평수도를 보내서 통지합니다. 애오라지 보잘 것 없는 예물을 갖추어 비천한 충심을 전합니다. 아울러 절서(節序)에 따라 보중하시기를 기원합니다. 이만 줄입니다.

덴포 12년 신축(辛丑) 정월   일

쓰시마 주 태수 습유 다이라노 요시아야[10]

통신사청래대차사는 덴포 12년[헌종 신축(辛丑)] 5월 16일 부산 왜관에 도착해서, 22일에 훈도 현학로, 별차 변의규(卞義圭)^{군선(君善)}를 불러서 사명을 개진하며 대차서계 등본을 제시하고, 또 선례에 따른 접대를 요청했다.[11]

훈도 현학로는, '원래 신미년의 대마도 역지행빙은 한때의 편의적인 정책으로, 일본이 간청해서 어쩔 수 없이 수락했지만 피치 못하게 200년 약조를 위반했다. 따라서 앞으로 신미년의 전례를 따를지의 여부와 신사(信使) 파견 시기는 전적으로 조선의 지시에 따라야 하며, 일본의 간섭을 받을 문제가 아니다.'라고 주장하고, 이를 동래부사에게 상신했을 뿐 아니라 묘당에도 들어가 설명했던 것 같다.

동래부사의 장보(狀報)를 살펴본 비변사는 훈도 현학로의 주장을 인정해서, 영의정 조인영(趙寅永)이 헌종에게 아뢰어 재가를 받고 신임 동래부사 강시영(姜時永)에게 관문을 보냈다. 부사는 6월 24일에 신임 훈도 이의서(李宜敍)^{성오(聖五)}와 별차 김계운(金繼運)^{성시(聖始)}에게 명하여, 동래부사 전령의 형식으로 비변사의 명령을 관수 후루카와 우네메(古川采女)[평민덕(平敏德)]^{화도(和道)}에게 전하고 대차서계의 개수(改修)를 요청하게 했다.[12]

동래부사의 전령은 바로 간세이(寬政) 무오년(戊午年) 이래 수차례에 걸친 역지행빙 협정을 무시하는 것이었으므로, 대차사는 그 불법에 분격해서 관수에게 전령 등본을 수리하지 말 것을 명했다. 크게 당황한 훈도와 별차는 역지행빙의 경위가 동래부사와 묘당에 상세히 전해지지 않은 사정을 설명하고, 당시의 강정서(講定書) 등본을 보여 줄 것을 간청했다. 관수는 이 요청을 거들떠보지도 않았지만, 6월 30일에 전 훈도 현학로가 급히 왜관에 와서 간청하자 7월 1일에 대차사가 관수에게 명해서 경오년(庚午年) 10월의 강정역관 현의순, 현식의 강정서(講定書) 등본을 제시하게 했다.[13]

원래 신미 역지행빙 강정은 한때의 편의적인 정책이었으며, 따라서 이번에는 200년 간의 약조에 따라 통신사를 에도에 들여보내고 또 그 시기는 조선의 지시에 따라야 한다는 주장은, 앞에서 서술한 것처럼 전 왜학훈도 현학로에게서 나온 것으로 보인다. 현학로가 이처럼 명백한 사실을 왜곡하려고 한 동기는 알 수 없지만, 일단 통신사청래대차사의 강경한 반대에 맞닥뜨리자 갑자기 앞의 말을 번복하고 사태 수습에 바빠졌다. [현학로는 말을 번복한 죄로 의금부에 의해 체포되어 심문받은 후 강원도 원주목(原州牧)에 정배 (定配)됐다.]¹⁴

신임 동래부사 강시영은 경오강정서(庚午講定書) 등본을 받아 보고, 또 대차사의 주장을 청취하고는 그 주장이 정당하다고 인정했다. 묘당에서도 동래부사의 장보(狀報)에 따라 견해를 시정했지만, 현실적으로 재정 여건상 3년 뒤인 경진년에 통신사를 파견하는 것은 불가능했다. 이 때문에 갑진년에서 다시 2, 3년을 연기해서 병오(丙午)[고카(弘化) 3년]·정미(丁未)[고카 4년]년 사이에 파견할 것을 희망하고 있었다. 이에 따라 대차서계 가운데, "신사(信使)가 갑진년 봄에 바다를 건너와야 합니다(信使超溟須在甲辰之歲春間)."라는 구절을 '병오년(丙午之歲)'으로 수정시키기로 결정하고, 국왕의 재가를 받아 동래부사에게 회훈했다.

동래부사는 묘당의 방침에 따라 훈도·별차에게 명해서, 대차사에게 신행 연기를 의미하는 내용으로 서계의 수정을 요청하게 했다. 대차사도 부득이한 사정을 양해했는데, 막부에 상신하는 조건으로 동래부사의 단간(短簡)을 요구했다. 부사는 이를 거절했지만, 그럼에도 여전히 훈도·별차 등에 명해서 관수(館守)에게 간청하게 했다. 결국 훈도·별차의 각서로 부사의 단간을 대신하기로 결정했다. 그 문안도 관수가 제시했다.

신사청래서계(信使請來書契)에서 빙례 시기를 갑진년으로 한다고 했으니, 응당 시유(示諭)⁹⁾하신 대로 입송(入送)해야 하지만 우리나라의 형편이 그렇게 빨리하기 어렵습니다. 게다가 근년에 겸황(歉荒)¹⁰⁾이 있어서 말씀대로 시행할 도리가 전혀 없습니다. 인교(隣交)의 사이에 지극히 중대한 예(禮)를, 어찌 쉽게 기한을 늦춰 달라고 간청할 수 있겠습니까? 그러나 시세(時勢)가 이와 같으니, 비록 시유를 어기더라도 회답서계에서 병오년 봄으로 정해서 보내 달라고 간청할 것입니다. 이를 서량(恕諒)해서 주선해 주시기를 바랍니다.¹⁵

이 각서는 9월 4일에 제출됐다. 그런데 문제의 대차서계를 개수(改修)하려면 대차사

---

9) 시유(示諭): 고지(告知)
10) 겸황(歉荒): 흉년(凶年)

가 타이슈 번을 거쳐 막부의 허가를 받아야 했으므로 많은 시간이 필요했다. 따라서 서계는 일단 원문 그대로 수리한 후, 예조의 회답서계에서 신행 연기의 요구를 명시하는 것으로 협정이 이뤄졌다.[16]

9월 10일, 접위관(接慰官) 홍문관교리 심승택(沈承澤)과 동래부사 강시영이 배석해서 하선연(下船宴)을 설행하고 대차서계를 수령했다. 이윽고 10월 24일에 예조 회답서계가 도착했으므로, 훈도·별차에게 명해서 우선 그 등본을 대차사에게 전달하게 했다.

> 조선 예조참판 조병구(趙秉龜)가 일본 쓰시마 주 태수 습유 다이라 공(平公) 합하께 회신합니다.
>
> 외람되게 화함(華緘)[11]을 보내 주셔서 성의(盛意)를 모두 깨달았으니 위안과 감격이 번갈아 도탑습니다. 수신사행의 시기는 단지 옛 법칙을 준수해야 하지만(信价行期 但當遵奉舊章), 지금 보내신 글을 보면 귀 다이쿤(大君)이 사위(嗣位)하시고 국내가 화평해서, 우리 인호지의(隣好之誼)에 있어 수빙지례(修聘之禮)를 행할 것을 희망하셨으니 그 뜻이 참으로 근면합니다.[12] 이에 이미 계품(啓稟)했으니, 장차 병오년에 전사를 보낼 것입니다(將於丙午年差送專使). 별폭의 진귀한 물품들은 즉시 받아서 수납(收納)했습니다. 이에 보잘 것 없는 예물들로 대략 공경하는 마음을 펼칩니다. 절서(節序)에 맞게 보중하시기를 바랍니다. 이만 줄입니다.
>
> 신축(辛丑) 10월   일
>
> 예조참판 조병구

이 서계 등본은 예전에 훈도·별차를 통해서 동래부사와 협정한 사항들을 완전히 무시하고 신행은 구약(舊約)을 준봉(遵奉)해야 한다고 명기했을 뿐 아니라, 신행 연기를 간청한다는 뜻도 충분하지 않았다. 대차사 정관 이하는 이를 대단히 뜻밖으로 여기고 다음 날인 25일에 훈도·별차에게 개찬(改撰)을 요구했다. 훈도·별차는 이미 회답서계가 내려온 이상, 일단 그것을 수령해서 타이슈 번에 복귀한 후에 다시 개수(改修)를 신청해 줄 것을 간청했지만, 대차사는 응하지 않고 다시 수정안을 제시했다. 즉, '수신사행의 시기는 단지 옛 법칙을 준수해야 하지만, 지금 보내신 글을 보면(信价行期 但當遵奉舊章 而今承來示)'의 15자를 삭제해서 '이에 듣건대(仍聞)'의 2글자로 바꾸고, '국내가 화평해서(國

---

11) 화함(華緘): 상대의 편지를 높이는 말

12) 원문은 '此意良勒'으로 되어 있는데, 勒은 강요·속박의 뜻으로 문맥에 맞지 않는다. 勒은 勤의 잘못인 것으로 보고 옮겼다.

內和平)’의 아래에 ‘그 이웃나라의 우호에 있어 손뼉 치며 기뻐해 마지않습니다(其在隣好欣抃無已)’의 8자를 추가하고, 다시 ‘장차 병오년에(將於丙午年)’의 5자를 삭제하고 ‘그 빙례 시기로 말하자면 보내신 고지에 부응하기 어려운 사정이 있으니, 부디 병오년 봄에(至如其聘期 有難副來示之狀 請以丙午年春間)’라는 19자로 대체했다. 예조참의의 회답서계도 같은 이유로 수정안을 제시했다.[17]

대차사로부터 회답서계 수정안을 제시받은 훈도 이의서는 접위관 심승택, 동래부사 강시영에게 보고했다. 접위관과 부사도 사태가 부득이함을 인정해서 신속히 비변사에 상신하기로 했다. 10월 28일에 훈도는 이 소식을 갖고 왜관을 방문해서, 수정회답서계가 내려올 때까지 약 1개월간 대차사가 왜관에 머물 것을 요청했다.

수정회답서계는 12월 28일에 동래부에 도착했다. 다음 날인 29일에 훈도는 왜관을 방문해서 그 등본을 제시했다. 대차사가 그것을 자세히 살펴보았는데, 지난번에 훈도에게 전달한 수정안이 거의 그대로 반영되어 있었으므로 이의 없이 동의했다. 이에 따라 이듬해인 덴포 13년[헌종 임인(壬寅)] 정월 2일에 차비역관과 훈도·별차는 왜관을 방문해서 예조·동래·부산의 회답서계를 통신사청래대차사 정관에게 전달했다. 그 내용은 다음과 같다.[18]

외람되게 화함(華緘)을 보내 주셔서 성의(盛意)를 모두 깨달았으니 위안과 감격이 번갈아 도탑습니다. 이에 듣건대, 귀 다이쿤(大君)이 사위(嗣位)하시고 국내가 화평하다고 하니, 인교(隣交)에 있어 손뼉 치며 기뻐해 마지않습니다. 우리 인호지의(隣好之誼)에 수빙지례(修聘之禮)를 행할 것을 희망하셨으니, 그 뜻이 참으로 근면합니다. 이에 이미 계품(啓稟)했지만, 그 빙례 시기로 말하자면 보내신 고지에 부응하기 어려운 사정이 있으니 병오년 봄에 전사(專使)를 보낼 것입니다. 별폭의 진귀한 물품들은 즉시 전달받아서 수납(收納)했습니다. 이에 보잘 것 없는 예물들로 대략 회경(回敬)을 펼칩니다. 절서(節序)에 맞게 보중하시기를 바랍니다. 이만 줄입니다.[19]

이번 회답서계의 수정은 대차사의 권한으로 요구한 것인데, 타이슈 번청에서 다시 이를 부당하다고 봐서 재수정을 요구할 가능성이 없지 않았다. 대차사는 그러한 경우를 대비해서 훈도·별차에게서 재수정 요구가 있을 때는 지체 없이 수락한다는 보증과 더 나아가 타이슈 역지행빙은 대차서계에 명시된 대로 실행한다는 공약을 받아 낼 필요를 느꼈다. 차비관·훈도·별차는 이를 수락하고, 회답서계를 전달한 당일에 다음 각서를 제출했다.

귀주(貴州)의 서계 중에, 신개(信价)를 귀주(貴州)로 보내는 건에 관한 말씀이 있었습니다. 그런데 그 빙례 시기로 말하자면, 갑진년 봄에 시행할 것을 말씀하셨음에도 우리나라의 회답 서계에서 병오년 봄에 보내겠다고 했으니, 이는 인의(隣誼)에 있어 부끄러운 일인 듯합니다. 비록 그러나, 우리나라의 형편이 천서만단(千緒萬端)해서 그 말씀에 부응하기 어렵습니다. 그러므로 전일에 간청한 것이 비단 한두 번이 아니었던 것입니다. 그런데 또 그 뜻에 부응하 라는 말씀을 받았습니다. 그래서 만방으로 시도해 보았지만, 끝내 어찌할 방법이 없습니다. 이 회답서계는 기한을 늦출 것을 간청하는 것입니다. 단, 행여나 하신 말씀을 저버릴까 두려 워서 이제 저희들에게 확실히 진심을 전달하게 한 것이니, 부디 급박한 사정을 상세히 살피 시기 바랍니다. 바라건대, 이러한 뜻을 믿고 중간에서 주선해 주신다면 우리나라는 인의(隣 誼)의 두터움에 영원히 감격할 것이요, 저희들 또한 관대한 덕을 입을 것입니다. 이상의 사유 를 딱하게 여겨서 살피신다면 매우 다행이겠습니다.

통신사청래대차사는 이 회답서계와 예물을 갖고 덴포 13년 정월 9일에 승선해서 17 일에 타이슈 후추(府中)에 도착했다.[20]

쇼군 이에요시(家慶)의 습직(襲職)에 따른 하경(賀慶)을 위한 통신사 파견은 이렇게 해 서 병오년(고카 3년) 봄으로 협정됐다. 그런데 그 파견에 앞서 정국에 중대한 변혁이 생 겨서 통신사 문제는 다른 방면에서 고려됐다.

그 첫 번째는 쇼군 이에나리(家齊)가 덴포 12년 윤(閏)정월 30일(헌종 신축년 2월 30일) 에 69세를 일기로 훙서(薨逝)한 것이었다. 이로 인해 전(前) 쇼군의 재직 50년 하경(賀慶) 건은 자연히 소멸됐다. 이 사건은 정치적으로 중대한 의의를 가진다. 즉, 쇼군 이에요시 가 이때부터 비로소 친정을 시작하고, 로주(老中) 미즈노 에치젠노카미(水野越前守)는 전 대(前代)의 견제에서 벗어나 그가 일찍부터 구상해 온 혁신정책을 단행할 기회를 얻은 것이다. 이른바 '덴포의 개혁(天保の改革)'이 덴포 12년 5월 17일에 공포된 사실은 별도 의 설명이 필요치 않으리라.

미즈노 에치젠노카미는 마쓰다이라 엣추노카미(松平越中守)의 선례를 본받아 통신사 제도의 개혁을 계획했다. 즉, 마쓰다이라 엣추노카미가 주창한 분카(文化)·신미(辛未) 역지행빙은 경비 절감의 측면에서 보면 전혀 소기의 목적을 달성하지 못하고 있었으므 로, 다시 절약의 취지를 철저히 달성하기 위해 역지행빙을 고려했던 것으로 보인다.

로주 미즈노 에치젠노카미는 덴포 12년 9월에 타이슈 번 자이후카로(在府家老) 후루카와 쇼겐(古川將監)을 불러서, 분카 역지행빙이 막부의 당초 기대와 달리 경비 절감의 효과를 거두지 못한 사실을 설명했다. 그리고 막부는 타이슈를 오사카로 바꾸려는 의향을 갖고 있음을 전하고, 타이슈 번의 책임으로 극비리에 조선과 교섭할 것을 내명(內命)했다. 후루카와 쇼겐은 이 뜻밖의 말에 당황해서, 이미 타이슈 역지행빙 거행의 임무를 주고 통신사청래대차사를 파견한 이상 중간에 그 명령을 변경하면 조선의 신뢰를 잃을 것이라고 역설했지만, 미즈노 가쿠로(閣老)는 부드러운 말로 위유(慰諭)[13]하고, 막부의 내명(內命)을 본국에 있는 번주 소 쓰시마노카미 요시요리(義和)[요시아야(義章)의 친동생으로 덴포 12년 5월에 상속함]에게 전달하게 했다.

타이슈 본번(本藩)의 의향도 후루카와 쇼겐과 다르지 않았다. 즉, 통신사청래대차사를 파견해서 서계 등본까지 제시한 마당에 그것을 회수해서 내용에 중대한 수정을 가하는 일은 불가능했다. 하지만 막부의 내명(內命)을 무시할 수도 없었으므로, 우선 별사(別使)를 부산에 파견해서 관수(館守)에게 명을 전달하겠다고 막부에 보고하고, 통신사청래대차사가 회답서계를 갖고 귀조하면 그 보고에 따라 적절히 조처하기로 결정했다. 단, 타이슈 번이 예전에 큰 희생을 치르고 성취한 역지행빙이 하루아침에 변혁을 맞는 것은 전체 번(藩)의 사활 문제와도 관계됐다. 따라서 미즈노 가쿠로에 대한 원성이 저절로 터져 나올 수밖에 없었으므로, 번청(藩廳) 당국은 막부의 내명을 극비에 부치고 이와 관련한 유언비어를 엄금했다고 한다.[21]

덴포 13년 정월 통신사청래대차사도 사명을 완수하고 귀번(歸藩)했으므로, 타이슈 번청은 예조의 회답서계를 진달한다는 명목으로 같은 해 4월 3일에 정관 오가와 단게(小川丹下)를 에도에 파견해서, 후루카와 쇼겐과 함께 미즈노 가쿠로를 면알(面謁)하여 조선의 사정을 상세히 설명하고, 병오년에 타이슈에서 통신사 빙례를 거행한다는 것을 조선 의정부의 영의정이 국왕에게 상주하고 재가를 받아 회답서계에도 명기한 이상 이제 와서 그 수정을 요청하는 것은 불가능하다고 진술하게 했다. 그런데 미즈노 가쿠로는 오가와 단게의 설명 중에 조선에서도 신미 역지행빙을 편의적인 정책으로 해석하는 견해가 강하다고 한 것에 주목해서, 후루카와, 오가와 두 가로(家老)의 진정(陳情)을 받아들이지 않고 당초 방침을 유지했다. 그리고 마침내 덴포 14년 6월에 이르러, 타이슈 번주 소 요시

---

13) 위유(慰諭): 위로하고 타이름

요리에게 번주의 책임 아래 오사카에서 역지행빙을 거행하는 문제를 조선과 교섭할 것을 정식으로 명령했다.²²

막부에서 정식명령이 떨어진 이상, 타이슈 번은 번(藩)의 이해관계를 제쳐 두고 복종하지 않을 수 없었다. 이에 덴포 14년[헌종 계묘(癸卯)] 7월 12일에 가로(家老) 이쿠도 하치로사에몬[평질명(平質明)]을 통신사강정대차사(通信使講定大差使)[강빙참판사(講聘參判使)] 정관, 히라야마 신조(平山新藏)[등상적(藤尙迪)]를 도선주, 오우라 나오자에몬(大浦直左衛門)을 봉진압물에 임명했다. 대차사서계는 막부에서 내려온 원안에 약간 수정을 가했는데, 그 내용은 다음과 같다.²³

일본 쓰시마 주 태수 습유 다이라노 요시요리(平義和)가 조선 예조참판 대인 합하께 글을 바칩니다.

늦가을 날씨는 점점 차가워지는데 멀리서 문후(文候) 다복(多福)하실 것을 생각하니 우러러 의지하는 마음 참으로 간절합니다. 다름이 아니라, 귀국 대사(大使)의 내빙(來聘)을 분카(文化)·신미(辛未)에 처음 본주(本州)에서 영대(迎待)¹⁴⁾했습니다. 일에 간이(簡易)함을 숭상해서 귀국 사신이 바다를 멀리 건너는 수고를 생략했으니, 이는 참으로 후의(厚意)에서 나온 것이었습니다. 그런데 귀국 사신이 엄숙히 오셨을 때, 채익주(彩鷁舟)¹⁵⁾가 정박하는 해도(海島)에서 갑자기 접대를 시행해서 예절에 미진한 바가 있는 듯했습니다. 그러므로 조정에서는 다시 의논해서 셋슈(攝州)¹⁶⁾ 오사카(大阪)에서 귀국 사신을 영대(迎待)하려는 것입니다. 오사카는 도회지로서, 인가에서 나는 연기가 조밀하고 배와 수레가 폭주해서 에도와 별 차이가 없습니다. 빈객과 사신을 영접하고 연향하는 데 만사가 대단히 편리하니, 본주(本州)와 같이 좁고 외진 황폐한 지역에 비할 바가 아닙니다. 또 본주(本州)에서 오사카까지의 거리는 비록 가깝지 않지만 내해(內海)를 통해 배로 갈 수 있으니, 멀리 에도까지 가면서 산과 강을 건너는 수고에 비교하면 큰 차이가 있습니다. 따라서 영대할 지역을 고른다면 그곳이 가장 적합합니다. 일은 비록 새로 시작하는 것이나 그 뜻은 실로 성헌(成憲)을 준수하는 것이니, 예(禮)로써 접대하는 마음이 전에 비하면 오히려 더욱 융성합니다. 대체로 조정에서는 인교(隣交)를 더욱 두텁게 해서 영원히 변치 않게 할 것만을 생각합니다. 그 규모와 계획이 넓고 깊으니, 비단

---

14) 영대(迎待): 맞이하여 대접함
15) 채익주(彩鷁舟): 익(鷁)은 익새를 말하는데, 물귀신이 이 새를 두려워한다고도 하고 바람을 잘 견딘다고 하여 고대에는 뱃머리나 돛대 끝에 이 새를 만들어 달았다고 한다. 이로부터 후대에는 익(鷁) 자체가 선박을 뜻하는 글자로 사용됐다. 채익주(彩鷁舟)는 화려하게 채색한 배라는 뜻이다. 원문에는 '彩鷁甫'로 되어 있는데, '甫'는 '舟'의 잘못이다.
16) 셋슈(攝州): 셋쓰노쿠니(攝津國)의 별칭으로 현재 오사카 서남부와 효고 현(兵庫縣) 동남부에 해당한다.

한때의 편리함만을 생각한 것이 아닙니다. 귀국 또한 이러한 성의(盛意)를 체인(體認)해서 의외라고 여기지 마시기 바랍니다.

빙례역지(聘禮易地)에 관해서는 조정의 의론이 오래전에 이미 정해졌습니다. 그러므로 3년[17] 전에 사신을 본주(本州)에 보내서 이러한 사유를 알리려고 했지만, 마침 풍파에 가로막혀 오랫동안 발이 묶여서 시일을 지체했습니다. 그러다가 도착했는데, 마침 본주(本州)에서는 영접에 관한 의론이 이미 정해지고 수빙사(修聘使)는 회답서계를 받고 곧 출항하려는 때였으므로 감히 말씀드리지 못하고 귀국한 것입니다. 이제 갑자기 이러한 의론을 꺼내게 돼서 앞뒤의 말이 맞지 않지만, 부디 의아하게 생각하지 마시기 바랍니다. 이제 특별히 저에게 명해서, 정관 평질명(平質明)과 도선주 등상적(藤尙迪)을 파견해서 이러한 뜻을 자세히 설명하게 하셨으니, 과연 윤허를 받을 수 있다면 그만한 다행이 없을 것입니다. 애오라지 보잘 것 없는 예물로 작은 정성을 다소나마 표하오니 한번 비웃고 받아 주시기 바랍니다. 이만 줄입니다.

덴포 14년 계묘 윤9월 일

쓰시마 주 태수 습유 다이라노 요시요리[24]

통신사강정대차사는 덴포 14년 11월 24일에 부산에 도착해서, 당일로 훈도 이의서에게 대차서계 등본을 제출하고 동래부사에게 진달해 줄 것을 부탁했다. 훈도는, "사신을 보내서 그 사유를 알렸지만(俾一使諭其事由)"이라는 구절에 주목해서 질문했는데, 오쓰지카야쿠(大通詞假役) 히로세 도요키치(廣瀬豊吉)나오유키(直行)는, "수빙사가 귀국할 때, 막부의 어사(御使)가 건너왔습니다. 어떤 일이 있었는지 그 경위는 모르지만, 아마 그러한 논의가 있었을 것입니다."라고 하면서 확답을 피했다.[25]

며칠이 지나 12월 5일에 훈도 이의서와 별차 김정구(金鼎九)가 왜관에 들어와서 대차사를 접견했다. 정관은 도선주 히라야마 신조에게 자신의 사명에 관해 다음과 같이 개진하도록 명했다고 한다. "이번에 대차(大差)께서 건너오시는 일과 관련해서 신사(信使)의 빙례를 일단 타이슈로 옮겨서 거행하는 것으로 이미 결정됐지만, 타이슈는 협소한 변두리 지역이라서 모든 것을 구비하기 어렵습니다. 귀국 사신의 대접이 소홀할까 염려하셔서 오사카에서 접응하시려는 것이니, 이것이 오직 성신(誠信)의 후의(厚意)에서 나온 것임은 서한에 상세히 적혀 있으므로 자세히 말씀드리지 않겠습니다. 여러분들도 이를 충분히 명심해서 정의(情意)가 전해지도록 동래부사께 말씀드려 접위관(接慰官)이 속히

---

17) 원문에 2년으로 되어 있으나, 『同文彙考』에 의거해서 3년으로 바로잡았다.

내려오게 하십시오. 이 용무를 귀국에 말씀드리고, 회답을 받는 대로 곧장 도부(東武)에 복명해야 합니다. 그러므로 보통 대차(大差)처럼 정해진 날짜에 거행하는 연향은 사절하고, 하루라도 빨리 승낙하시는 회신을 받아서 타이슈로 돌아갈 생각입니다. 이를 명심해서 모든 일을 신속히 처리해 주십시오." 통례적인 대차사에 대한 일체의 접대를 사절한 것으로 봐도, 대차사 자신이 이 사명을 달성하는 데 자신이 없었음을 알 수 있다.[26]

훈도·별차는 대차서계 등본을 동래부사 강시영에게 진달했지만, 부사는 강정대차가 규외(規外)일 뿐 아니라 최근에 접수한 통신사청래대차서계의 수정을 요청하는 것이었으므로 거들떠보지 않고, 곧바로 훈도·별차에게 엄칙(嚴飭)해서 규외대차(規外大差)를 물리치게 했다.

강정대차사는 동래부사가 엄한 말로 물리쳤다는 소식을 들었지만, 다른 한편으로 훈도에게서 부사가 대차서계의 등본을 묘당에 진달한 사실을 전해 듣고는 묘당에서 동래부에 지령을 내릴 때까지 기다렸다가 다시 잘 조처해 보려고 했다. 그런데 다음 해인 고카 원년[헌종 갑진(甲辰)] 2월 27일에 왜학당상역관 현학로가 부산훈도에 중임(重任)[18]되어 내려왔다. 그리고 다음 날인 28일에 전(前) 훈도 이의서와 함께 왜관을 방문했다. 대차사는 도선주 히라야마 신조에게 명하여 대차사 허접(許接)에 관한 묘당의 방침을 알아보게 했다. 현학로는 묘당의 방침은 동래부사의 의견과 마찬가지로 규외대차(規外大差)를 물리치는 것이라고 하고, 다음 각서를 주면서 정관에게 전해 달라고 했다.

작년 겨울에 장계를 올릴 때, "비단 규외(規外)로 사절을 보냈을 뿐만 아니라 약조를 크게 위반했습니다. 그러므로 임관(任官)이 각별히 효유(曉諭)해서 속히 돌아가게 했습니다."라고 아뢰었으니 이것으로 처분을 기다리는 것이 상례입니다. 새 훈도가 내려올 때 별반 회하(回下)[19]는 없었고, 묘당에서 분부하기를, "신미년의 약조를 신축년의 서계에서 왕복하며 질정(質定)했으니 그것이 아직까지 분명히 게재되어 있다. 어찌 그와 같은 이치가 있겠는가? 응할 수 없다는 뜻으로 왜관에 효유(曉諭)하고 상지(相持)하지 말라."라고 하셨습니다. 그러므로 이와 같이 말씀드리는 것입니다.[27]

새 훈도 현학로의 말대로라면 오사카의 빙례 거행은 절망적이었다. 하지만 대차사는

---

18) 중임(重任): 거듭 같은 직위에 임명됨
19) 회하(回下): 신하가 올린 안건에 대해 임금이 살펴보고 답변을 내리는 일

조선에서 오래 근무해서 조선 사정에 정통한 관수 후루카와 우네메(古川采女)와 협의를 거듭한 끝에, 대통사 히로세 도요키치에게 명하여 현학로에게 타이슈 번이 진퇴양난에 빠진 사정을 호소하고 동래부사를 통해 묘당의 재고를 구하도록 간청하게 했다.

대통사 히로세 도요키치는 3월 3일에 임소(任所) 성신당(誠信堂)으로 훈도 현학로를 방문해서 오사카 역지행빙에 관해 간담했다. 훈도는 타이슈 역지행빙은 이미 묘당의 확정 방침이라고 말하고 그 변경을 강경하게 반대했다. 하지만 히로세 도요키치 등이 누차 간청하자 태도를 조금 누그러뜨려서, 만일 오사카에서 역지행빙을 거행할 경우 타이슈에서 그 대가를 지불할 수 있는지 물었다. 히로세는 대가의 성질에 따라서는 수락할 수도 있다고 답했다. 훈도는 조선의 재정난을 이유로, 통신사 파견을 병오년(丙午年)(고카 3년)에서 병진년(丙辰年)[안세이(安政) 3년]으로 다시 10년 연기하는 것을 조건으로 오사카 역지행빙에 암묵적인 동의를 표시했다.

생각건대, 당시 묘당에서는 병오년 통신사 파견을 제의했지만 애초부터 실현가능성이 없었고, 병오년이 점차 다가오자 다시 그것을 연기하고 싶어 했다. 이러한 분위기를 파악한 당상역관 현학로는 타이슈에서 오사카 역지빙례 교섭을 제의한 것을 기회로, 그것을 승인하는 대가로 신행(信行)의 10년 연기를 제의할 것을 영의정 조인영에게 건의했다. 이에 영의정은 오사카 역지행빙은 수락하더라도 생폐(省弊)는 신미년 타이슈 역지행빙의 전례에 따른다는 조건으로 동의하고, 특별히 현학로를 부산훈도에 복직시켜서 대차사와 교섭하게 한 것이 틀림없다. 현학로가 계속 사견을 전제로 하면서도 신행(信行)의 10년 연기 및 타이슈 역지행빙에 확실한 자신감을 보인 것 또한 이 때문이다.

훈도 현학로의 신행(信行) 10년 연기론은 전혀 예상치 못한 발언이었다. 크게 당황한 히로세 도요키치는, '한두 해 연기하는 것은 혹시 가능할지도 모르지만, 병진년이라면 당초 일본이 요청한 갑진년에서 13년이나 연기하는 것이다. 그렇게 오래 연기하는 것은 도저히 막부의 승인을 얻을 가망이 없다.'라고 역설했다. 하지만 훈도는 이 말을 반박해서, '전(前) 쇼군 문공공(文恭公)[20]의 빙례를 거행하는 데 25년이 걸린 것에 비하면 13년은 결코 길다고 할 수 없다. 10년 연기에 동의하지 않으면 오사카 역지행빙은 도저히 성립할 가망이 없다.'라고 단언했다.[28]

통신사 10년 연기설은 그 파급 결과가 매우 중대할 것이었다. 대차사 정관 이쿠도 하

---

20) 문공공(文恭公): 쇼군 도쿠가와 이에나리(德川家齊: 재임 1787~1837)를 가리킨다.

치로사에몬, 도선주 히라야마 신조, 관수 후루카와 우네메는 협의를 거쳐 3월 13일에 훈도 현학로가 왜관을 방문한 것을 기회로 도선주를 시켜 신행(信行)의 연기는 어쩔 수 없더라도 부디 5년 이내로 해 줄 것을 간청했지만, 훈도는 10년을 고집하면서 양보하지 않았다. 다음 날인 14일에 대통사 히로세 도요키치 등에게 명하여 다시 5년을 제의하게 했지만, 이번에도 아무 소득이 없었다. 이제 강정대차사도 태도를 결정해야 했다. 같은 날 정관 이쿠도 하치로사에몬은 대차사원역(大差使員役) 외에 당시 왜관에 체류하던 도서청개대차사(圖書請改大差使) 정관(正官) 후루카와 지에몬(古川治右衛門)[평장양(平章養)], 관수 호루카와 우네메[평민덕(平敏德)], 일대관(一代官)[조센카타아라타메야쿠(朝鮮方改役)·라이헤고요가카리(來聘御用掛)] 아사오카 오이노스케(朝岡老之助)[기납해(紀納海)]를 소집해서 협의했다. 그 결과, 최종 타협안으로 도선주와 통사를 시켜 7, 8년 연기를 제의하고, 만약 훈도가 동의하지 않을 때는 대차사는 10년 연기에 동의할 수 있는 권한이 없어서 본번(本藩)에 보고해야 하므로 그동안 회답을 기다려 줄 것을 요구하기로 결정했다.

고카 원년 3월 15일에 통사(通詞)와 도선주는 훈도에게 최종 타협안을 제시했지만 그 자리에서 거절당했다. 단, 본번(本藩)에 청훈하는 것은 훈도의 동의를 얻었다. 또한 이때 훈도는 오사카에서 역지행빙을 하더라도 생폐(省弊)는 신미년의 전례에 따른다고 보증할 것을 요구했는데, 도선주는 자신의 권한 밖이라는 이유로 훈도에게 요구사항을 각서로 제출할 것을 요청했다. 이에 따라 훈도는 3월 18일에 다음 각서를 제출했다.

각(覺)

하나, 강빙역지(講聘易地)는 귀주(貴州)의 요청에 따라 오사카 성에서 예를 행하더라도, 우리 나라가 연달아 겸황(歉荒)을 당했으니 병오년으로 허락했던 기한을 병진년 봄으로 연기할 것. 행례절차(行禮節次)와 가져갈 각종 예단(禮單)은 오로지 신미년 귀주(貴州)에 신행(信行)했을 때의 조건에 의거해서 조금도 차이가 없게 할 것.

하나, 부교(奉行) 존공(尊公)○타이슈 번 가로(家老) 이쿠도 하치로사에몬을 가리킴은 오직 앞 조항의 조건에 따른다는 약정서(約定書)를 보내서 묘당에 정납(呈納)하게 할 것.

하나, 공간(公幹)이 잘 성사된 후, 앞 조항의 조건을 피차 일일이 준행(遵行)하고 다시 연기(年期)를 위약(違約)하지 않으며, 기한 연기 요청 및 역지(易地)에 관한 말은 오직 회답 서계에만 쓸 것.

갑진 3월 일   훈도^{미재(美哉)} 현동지(玄同知) (印)

강빙대차사(講聘大差使) 도선주 존공(尊公)

대차사 정관 이쿠도 하치로사에몬은 오모테메쓰케(表目付) 오모다 간스케(小茂田貫介) [등상식(藤尚式)]를 3월 18일에 타이슈로 급파하여 훈도의 각서를 전하고 신행(信行)의 10년 연기 및 부대조건에 관해 청훈하게 했다. 당시 정관이 오모다 간스케에게 맡긴 훈령 [함서(含書)]에 이 문제에 관한 대차사의 태도가 잘 드러나 있다.[29]

그대에게 이번에 중도 귀국을 분부하는 용건은, 오사카 역지행빙에 관해 아직까지 허접(許接) 분부가 없는데, 신임 훈도○현학로가 내려온 뒤에 통사(通詞)에게 빙례의 10년 연기를 은밀히 제안했습니다. 이쪽에서 매달리면 이용당해서 어떤 결과를 낳을지 더욱 알 수 없었으므로 계속 답변하지 않고 그대로 며칠 놓아 두었습니다. 하지만 점차 재촉하기에 기한 연기는 쉽지 않다는 것을 며칠 전에 어사(御使)○대차사 정관에게도 말씀드렸습니다. 그런데 좀처럼 타협에 이를 수 있는 상황이 아니라서 수고를 줄이기 위해 여러 가지로 교섭했지만, 10년 내에 입송(入送)하는 것은 어렵다는 말만 반복한다고 들었습니다. 도선주도 교섭을 했지만, 10년 연기를 허락하지 않는다면 바람직한 결과에 이르지 못할 것으로 보입니다. 이 때문에 상세히 서장(書狀)과 구두로 말씀드린 것입니다. 그대○오모다 간스케와도 구두로 상의했던 것처럼, 동렬중(同列中)○타이슈 번 가로에게도 이러한 상황을 자세히 보고하십시오.○중략

하나, 서한 접수와 관련해서 의빙사(議聘使)○통신사의정대차사의 전례대로 아직 접위관(接慰官) 등도 차출하지 않은 모양이니, 연향 등은 거행하지 않더라도 접위관을 차출하지 않는다면 서한 또한 전달하지 않겠다고 응수해 두었습니다.

하나, 앞의 10년 연기의 건은 신임 훈도 개인의 생각이라서 극비에 말해 온 것입니다. 따라서 그대도 알고 있는 것처럼, 여기서는 예전처럼 은밀히 처리하고 있습니다. 만약 쿠니(國)에서 분부가 있으면 바로 이쪽에 알려 주십시오. 만에 하나라도 신임 훈도의 신분에 지장이 생겨서 그 처리가 중단돼서는 안 될 것입니다. 신임훈도의 답변을 받기 전에는 극비에 부치도록 깊이 건의하십시오.

하나, 연빙(延聘)이 성사되지 않는 것으로 결정되면, 부득이 돌파하는 응수○왜관난출(倭館欄出)을 가리킴를 하게 될 것입니다. 원래 이 일은 무리한 분부였으니 이쪽에도 약점이 있습니다. 미재(美哉)○왜학훈도 현학로의 재임 중에는 결코 이야기가 원만히 이뤄치지 않을 것이니, 실력으로 미재를 왜관에 억류하거나 어떤 물품을 보내지 않으면 해결되지 않을 것입니다. 하지만 그동안 입송물(入送物)이 지체되는 것은 물론, 어떤 귀찮은 일이 생길지 알 수 없습니다. 10년 연기하는 정도로 용무의 본체(本體)를 타결할 수 있다면 그것으로 끝내야 할 것으로 사료됩니다.○중략

하나, 생폐간이(省弊簡易)를 또 어떻게 바꿀지 밖에서 교섭 중인 것으로 보입니다. 그에 따라 신미년의 전례대로 하겠다는 서면(書面)을 신청했다고 들었습니다. 서면을 보내지 않으면 지금의 이야기는 이뤄지지 않을 것입니다. 이 점을 충분히 염두에 두실 수 있게 말씀하십시오.[30]

오모다 간스케는 3월 26일에 타이슈에 복귀해서 곧바로 정관의 보고를 제출했다. 타이슈 번 수뇌부의 견해는, 신행의 10년 연기는 지나치게 길지만 오사카 역지행빙에 동의를 얻을 수만 있다면 수락하는 것 외에 다른 방법이 없다는 데 일치했다. 이에 막부의 지휘를 청하기 위해 4월 2일에 안쇼야쿠(案書役) 사토 쓰네에몬(佐藤恒右衛門)과 오시마 히로요시(大島廣吉)를 에도에 급파했다.[31]

사토, 오시마 두 안쇼야쿠(案書役)는 고카 원년 5월 상순에 도착해서 에도즈메가로(江戸詰家老) 후루카와 쇼겐, 루스이(留守居) 니이 군에몬(仁位郡右衛門)에게 상세히 보고했다. 니이 군에몬은 사토 쓰네에몬을 데리고 하야시 다이가쿠노카미^{히카루(煒)}를 방문해서 통신사강정대차사의 교섭경과를 상세히 보고하고, 신행의 10년 연기와 신미년의 전례에 따른 생폐(省弊) 2개 조건에 관해 보고했다.

이보다 앞서 오사카 역지행빙의 주창자였던 미즈노 에치젠노카미가 덴포 14년 윤9월 13일에 면직됐으므로, 타이슈 번에서도 이 문제가 저절로 중단되기를 적지 않게 기대하고 있었다. 그런데 니이 군에몬의 말을 들은 하야시 다이가쿠노카미는 그것을 "선뜻 승낙해서(ずばりと御聞濟)" 오히려 타이슈 번을 놀라게 했다. 뿐만 아니라, '최근 고카 원년 5월 10일에 에도 성 혼마루(本丸)²¹⁾가 불타서 그 재건 문제를 논의하는 중이니, 신사 내빙의 연기는 조선의 요구가 없어도 우리가 희망할 정도이다. 단, 앞으로 13년 연기하는 것은 지나치게 길기 때문에 가능하면 4, 5년 단축하기를 희망한다. 그렇다고 해도 오사카 역지행빙을 희생해서는 안 된다.'라고 했다. 이 문제에 관해 하야시 다이가쿠노카미가 막부의 내명(內命)에 따라 하달한 훈령은 다음과 같다.

역지빙례와 관련해서 연기(年期)를 늦출 것을 저 나라에서 요청했으니, 저들이 보내온 회신은 우선 그대로 받아 둘 것. 그 회신은 여기서 말씀드린 다음에 지시가 있을 것이니 이를 명심하고 향후 교섭에 진력할 것. 또 오사카 빙례를 신미년의 전례대로 간이생폐(簡易省弊)한

---

21) 혼마루(本丸): 성의 중심이 되는 건물

다는 내용을 공문으로 보내는 것은 승낙하기 어렵다. 추후 오사카 역지(易地) 건에 관해 결정한 서한을 보내면, 그때 여기에 신청해서 지시를 받은 다음에 공문을 보내겠다고 임역(任譯)들에게 응수할 것.

또한 하야시 다이가쿠노카미는 오사카 역지행빙에 관한 막부의 방침을 비공식적으로 니이 군에몬에게 전달했다.

첫째, 간이생폐(簡易省弊)를 조선에서 제안한 것과 관련해서 진상물 및 기타 선물에 관해 아뢰었는데, 신미년의 전례대로 해도 무방함.

둘째, 두 상사(上使) 가운데 1명은 조다이(城代)○오사카 조다이22)로 충원할 것.

셋째, 간조부교(勘定奉行)직은 마치부교(町奉行)○오사카 마치부교로,

넷째, 메쓰케(目付)직은 조선에서 근무하는 오쓰카이반(御使番)으로 충원하고, 그 밖에 나니와(浪花)23)에서 근무하는 관리들로 충원할 수 있는 직위는 가능한 한 그들로 충원하라는 평의(評議)임.

다섯째, 오사카 성 화재에 관련해서 이쪽에서 기한을 연기하라는 분부를 받았는데, 저 나라에서 원하고 있으니 더욱 유리함.

여섯째, 오사카 성의 보수 계획은 완성됐지만, 이번의 대변(大變)에 관해 경솔하게 하지 말 것.[32]

막부가 오사카 역지행빙의 대가로 신행(信行)의 13년 연기를 문자 그대로 '선뜻' 승낙한 것은, 에도 성의 화재를 감안하더라도 타이슈 번으로서는 뜻밖이었다. 이제 타이슈 번의 수뇌부는 선후책을 마련하는 데 당황하기 시작했다. 가장 우려한 것은 내빙의 연기에 따라 막부의 보조 또한 자연히 연기된 점이었다. 당시 타이슈 번이 막부에 진 채무의 총액은 판명되지 않았지만, 매년 상환해야 할 금액이 1,333냥이었다. 그런데 타이슈 번의 재정 상태로는 경상비에서 이를 지출하는 것이 불가능했고, 또 산토(三都)24) 금융업자와의 관계에서는, "그런데 또 지금 생계 때문에 여러 방면에서 빌린 돈의 상환을, 오

---

22) 조다이(城代): 원래 성주(城主)를 대신해서 성을 지키던 가신을 가리키는 말이었는데, 에도시대에는 막부의 직제가 되었다. 에도막부는 오사카·슨푸(駿府)·후시미(伏見)·교토 니조(二条) 4개 성에 조다이를 설치하고 수비, 관리를 맡겼다. 특히 오사카 조다이는 특별히 쇼군의 직속으로 후다이다이묘(譜代大名) 중에서 임명했다.

23) 나니와(浪花): 오사카의 옛 이름

24) 산토(三都): 교토, 도쿄, 오사카의 세 도시를 지칭하는 말

는 오년(午年)²⁵⁾에 신사(信使)의 공무를 마칠 때까지 유예해 달라고 부탁하고 있었는데, 그 승낙 여부가 결정되기도 전에 13년이나 연기한다면 그 결과가 어떻게 될지 매우 당혹스러운"³³ 상황에 있었다. 따라서 내빙 연기 기한은 가능한 한 단축하는 편이 타이슈 번에 유리했으므로 막부의 내명(內命)이 온 것을 다행으로 여기고 대차사에게 4, 5년을 단축하도록 훈령을 내리기로 했다.

안쇼야쿠(案書役) 사토 쓰네에몬은 이 훈령을 받고 6월 초에 에도를 출발해서 타이슈로 복귀했다. 자이고쿠가로(在國家老)들은 자이후가로(在府家老) 후루카와 쇼겐 등의 주장을 검토한 결과, 재정 문제가 시급하기는 하지만 연한 단축에 구애돼서 오사카 역지행빙을 희생해서는 안 된다고 결정하고, 다시 쓰네에몬을 조선에 보내서 대차사 정관 이쿠도 하치로자에몬에게 훈령을 전달하게 했다.

쓰네에몬은 7월 20일에 왜관에 도착해서 곧장 대차사에게 관계문서를 전달하고, 에도와 타이슈의 의향을 상세히 설명했다. 정관 이쿠도 하치로자에몬은 관수 후루카와 우네메와 협의한 후, '연한 단축은 훈도의 태도로 볼 때 성공 가능성이 없다. 잔꾀를 부리면 오히려 오사카 역지행빙 문제가 난관에 빠질 것'이라고 보고, 이 문제를 더 이상 발의하지 않기로 했다.

고카 원년 7월 21일, 대차사 도선주 히라야마 신조, 봉진압물 오우라 나오자에몬은 훈도 현학로를 불러서 통신사 내빙의 10년 연기와 신미년의 전례에 따라 빙례를 거행하는 안에 대해 막부의 승인을 얻은 사실을 전하고, 또 타이슈 번 가로(家老) 명의의 각서를 전달했다. 그런데 다음 날인 22일에 훈도는 동래부사의 명으로, 10년 연기가 강정 대차사 정관[타이슈 번 가로의 자격으로]과 왜관관수의 간청에 따른 것이라는 내용의 문서 제출을 요구했다. 대차사는 연기를 간청하는 문서는 조선이 먼저 제출했으니, 그것을 수락한다고 회답하는 정도면 무방하다고 주장했다. 훈도는 이 말에 따라 8월 12일에 다음 각서를 제출했다.³⁴

각(覺)

하나, 강빙역지(講聘易地)는 귀국의 요청에 따라 오사카에서 예를 거행하되, 병오년의 신행(信行)을 병진년 봄으로 미루는 일은 뒷날 회답서계를 통해 간청할 것이니, 부디 약속을 저버리지 말아서 임관(任官)들이 죄를 받는 지경에 이르지 않게 할 것을 바람.

---

25) 오년(午年): 간지(干支)가 '오(午)'로 된 해를 가리키는 말로, 여기서는 병오년(丙午年)을 뜻한다.

하나, 병진년 봄에 신사(信使)를 입송(入送)하기로 피차가 이미 약조했으니, 기한이 되면 호행대차사(護行大差使)가 나오는 것이 본래 관례이지만, 그 사이에 만약 미진한 조건이 있으면 관사존공(館司尊公)이 임관(任官)을 통해 전달해서 조정에서 의정함.

갑진 8월 12일

훈도 미재(美哉) 현동지(玄同知)○현학로　　　(印)

별차 사규(士圭) 현주부(玄主簿)○현풍서(玄豐瑞)　　(印)

강빙대차사 도선주 존공(尊公)

각(覺)

하나, 병오년 신사(信使)를 병진년 봄으로 연기할 것을 요청한 사안은 도부(東武)에 상세히 품고(稟告)했으니 상지(相持)하는 폐단에 이르지 않게 할 것.

하나, 병진년 봄의 신행(信行)은 관례에 따라 오직 호행대차사만 나올 것이지만, 그 사이에 만약 미진한 조건이 있으면 관사(館司)를 통해 임관(任官)에게 말해서 조정에 전달함.

갑진 8월　일　강정대차사　(印)[35]

훈도 현학로는 대차사 각서를 수령해서 동래부사 임영수(林永洙)에게 진달하는 것과 동시에 영의정 조인영에게 직접 사서(私書)를 보내서 상세히 보고했다. 묘당에서는 동래부사의 장계를 받고 이를 심의했는데, 이미 척족의 거두(巨頭)인 영의정이 동의한 이상, "지금은 우리나라의 사체(事體)에 조금도 손상이 없고, 또한 사력(事力)을 다소 절감할 수 있다."는 이유로 오사카 역지행빙 및 신사(信使) 10년 연기에 관한 통신사강정대차사와 왜학훈도의 협정을 승인하기로 결정하고, 국왕의 재가를 받아 9월 7일에 동래부사에게 회훈했다.[36]

통신사강정대차사 사명을 완수하기 직전에 정관 이쿠도 하치로자에몬이 고카 원년 8월 28일에 왜관에서 병사했으므로, 타이슈 번은 그 후임으로 같은 해 9월에 가로(家老) 히라타 가나메(平田要)[평질태(平質泰)]를 파견했다.[37]

신임 정관(正官)이 부임하기 4일 전, 훈도 현학로는 영의정 및 우의정 김도희(金道喜)의 사서(私書)를 보여 주면서 신행(信行)의 10년 연기 및 오사카 역지행빙이 묘당에서 확정된 사실을 은밀히 통보했다고 한다.[38]

대차사 정관의 경질과 관련해서 대차서계에 기재된 간지(干支)와 정관의 이름을 수정하고 ─ 덴포 14년 계묘(癸卯) 윤9월 일(헌종 9년 9월)을 덴포 15년^{고카 원년}(헌종 10년) 갑진(甲

辰) 9월 일로, 정관 평질명(平質明)을 평질태(平質泰)로 수정했다. ㅡ아울러 정관 교체에 관해 타이슈 번주가 동래부사와 부산첨사에게 보내는 별부서(別副書)를 제시할 필요가 있었으므로 그 절차로 인해 대차사의 접대는 크게 지연됐다. 그 사이에 훈도는 묘당의 내명(內命)에 따라 예조의 회답서계안을 대차사에게 귀띔하고 승인을 받았다.[39]

고카 원년 12월 19일에 접위관 홍문관교리 이제달(李濟達)과 차비당상역관 이학술(李學述)술보(述甫)이 동래부에 내려왔으므로, 12월 27일에 접위관 이제달, 동래부사 강기(姜耆), 훈도 현학로가 참관해서 하선연을 설행하고 예조·동래·부산에 보내는 서계를 수령했다. 이어서 다음 해인 고카 2년[헌종 을사(乙巳)] 정월 25일에 차비역관 이학술, 훈도 현학로가 왜관에 들어와 회답서계를 대차사에게 전달했다.

> 조선 예조참판 임한진(林翰鎭)이 일본 쓰시마 주 태수 습유 다이라 공(平公) 합하께 회신합니다.
> 사신이 멀리서 바다를 건너오심에 방함(芳函)[26]이 함께 와서 계거(啓居) 청적(淸迪)하심을 알았으니 참으로 위안되고 마음이 상쾌합니다. 예빙(禮聘)할 곳을 오사카로 바꾸는 것은 비록 전일의 약조와 다르지만, 교린에 있어 성의(盛意)를 저버리기 어려웠습니다. 다만 생각건대, 바다를 건너는 거리가 크게 다르고 체류 기간을 아직 계산하지 못했으니, 왕복하며 강정하는 사이에 저절로 세월이 지연되어 원래 정한 병오년에 신사(信使)를 채비해서 보내기 어렵습니다. 더구나 본방(本邦)은 대례(大禮)를 여러 차례 치러서 사력(事力)이 또한 크게 미치지 못하니, 다시 10년을 연기해서 병진년 봄으로 정한다면 아마도 인의(隣誼)에 가손(加損)되는 바 없이 양국의 사정을 서로 신뢰할 수 있을 것입니다. 부디 이러한 뜻을 도부(東武)에 전달하시기 바랍니다. 보내 주신 귀한 예물은 잘 받았습니다. 보잘 것 없는 예물로 정성을 표시합니다. 부디 절서(節序)에 따라 보중하시기 바랍니다. 이만 줄입니다.
>
> 을사년 정월　일
> 예조참판 임한진[40]

고카 2년 정월 26일에 상선연을 설행한 후, 대차사는 2월 10일에 왜관을 출발해서 13일에 타이슈 후추(府中)에 귀환했다.[41]

이렇게 해서 미즈노 에치젠노카미가 마쓰다이라 엣추노카미의 선례를 모방해서 입

---

26) 방함(芳函): 상대방의 편지에 대한 경칭

안한 오사카 역지행빙은 전후 13년 연기를 조건으로 성립했다. 덴포 14년 11월에 통신사의정대차사가 도한(渡韓)한 이래로, 비록 정관(正官)이 교체되고 미즈노 가로(家老)가 견파(譴罷)[27]당하기는 했지만, 겨우 1년여 만에 이 난제에 관해 원만한 협정이 성립된 것은 예상 밖의 성공이었다고 할 수 있다.

타이슈 번은 역지행빙의 협정이 이뤄지자, 막부의 정식명령이 내려오기도 전에 병진년이 아직 10년이나 남았음에도 불구하고 통신사신행절목(通信使信行節目)의 강정을 행하기로 결정했다. 이에 고카 4년 정미(丁未)년 초에 왜관에 체재 중인 옛 관수(館守) 후루카와 우네메에게 명령해서 강정재판(講定裁判)의 자격으로 교섭하게 했다. 후루카와 우네메는 관수(館守) 히구치 단조(樋口彈正)[평질친(平質親)]와 협의를 거듭한 후, 훈도 이학술과 별차 변의규에게, '통신사의 오사카 입송(入送)에 관해 신행절목(信行節目)을 강정하기 위해 선례에 따라 전개(專价)[28]를 파견해야 하는데, 이번에는 특별히 그 비용을 절약하기 위해 옛 관수에게 이 일을 맡겼으니, 조선에서도 강정역관을 내려보내기를 바란다.'라고 요구했다. 동래부사 강기는 훈도·별차의 의견을 듣고, 원칙적으로 이의는 없지만 따로 강정역관을 파견하는 것은 번거로우므로 이번만 훈도·별차를 시켜서 옛 관수와 신행절목강정을 거행하겠다고 묘당에 상신했다[고카 4년 5월]. 묘당에서는 동래부사의 장계를 심의한 끝에, '신행절목의 강정은 관례적으로 통신사 파견 2, 3년 전에 행했음에도 불구하고 이번에는 9년 전에 청구해 왔다. 이는 지나치게 이른 것이지만, 중대한 문제는 아니다. 옛 관수에게 강정재판을 대행시키는 것 또한 선례가 있고, 또 생폐(省弊)의 의미도 있기 때문에 거부할 것은 아니다. 단, 신행절목을 강정하려면 반드시 쓰시마주(對馬州) 번주가 예조참의에게 서계[즉, 소차(小差)]를 보내서 정식으로 청구해야 한다. 단순히 관수의 말만 믿고 응할 수는 없다.'라고 결정하고, 우의정 박회수(朴晦壽)가 헌종에게 상주해서 재가를 받은 후 7월 7일에 동래부사에게 회훈했다.[42]

신행절목의 강정에 관해 타이슈 번주가 서계로 청구하는 일은 막부의 정식명령 없이 실행하기 어려웠다. 다행히 조선에서 절목의 강정을 거절한 지 얼마 지나지 않아서, 고카 4년[헌종 정미(丁未)] 8월 15일에 막부는 에도에서 재근 중인 타이슈 번주 소 요시요리에게 오는 병진년[안세이(安政) 3년]에 신사빙례(信使聘禮)를 오사카에서 거행할 예정이니 조선에 통고하라는 정식명령을 내렸다. 이윽고 8월 17일에 소 요시요리에 대해 오사카

27) 견파(譴罷): 잘못에 대해 견책해서 파면함
28) 전개(專价): 특정한 임무를 주어 파견하는 사신

역지행빙 협정을 성립시킨 공을 인정하고, 또 앞으로 절목강정 등의 경비를 보조하는 의미로 금 1만 5천 냥 대하(貸下)의 은명(恩命)을 전했다.[43]

막부에서 정식명령을 받은 이상, 타이슈 번은 선례대로 통신사청래대차사를 보내야 했다. 그런데 그 대차사는 이미 덴포 12년에 나갔으므로, 같은 일로 똑같은 대차사를 다시 보낼 수는 없었다. 이에 통신사행절목강정재판(通信使行節目講定裁判)을 파견해서 내빙 시기를 통고하면서 동시에 절목강정의 임무도 맡기기로 결정하고, 가에이(嘉永) 4년 [철종 신해(辛亥)] 5월에 후루카와 우네메[평화도(平和道)민덕(敏德)]를 판장관(判掌官)의 명의(名義)로 파견했다. 그 서계는 다음과 같다.

일본 쓰시마 주 태수 습유 다이라노 요시요리(平義和)가 조선 예조 대인 합하께 글을 올립니다.

중하(仲夏)[29]에 문후동지(文候動止)가 가승(佳勝)하실 것을 멀리서 생각하니, 기쁜 마음이 여느 때의 배가 됩니다. 다름이 아니라, 빙례 지역을 오사카로 바꾸는 논의에 대해 이미 윤락(允諾)을 받았는데, 귀국에 사정이 있어서 빙례 시기를 병진년 봄으로 할 것을 도부(東武)에서도 윤허했습니다. 다만 막중한 예(禮)를 새로 지역을 바꿔서 거행하게 되었으니 더욱 신중히 해야 합니다. 그때 가서 만에 하나라도 간삽(艱澁)[30]이나 유루(遺漏)[31]가 생긴다면, 피차 유쾌하지 않을 것입니다. 그러므로 미리 절목을 강정하는 것입니다. 이에 평화도(平和道)에게 이 일을 관장할 것을 명했으니, 귀국 또한 이러한 뜻을 체찰(體察)해서 함께 절목을 강정하신다면 매우 큰 다행이겠습니다. 보잘 것 없는 특산물로 멀리서 공경하는 마음을 약간이나마 펼치오니, 한번 비웃고 받아 두시기 바랍니다. 이만 줄입니다.

가에이 4년 신해 5월 일
쓰시마 주 태수 습유 다이라노 요시요리[44]

판장관 후루카와 우네메는 가에이 4년 4월 14일에 부산에 도착해서, 곧바로 훈도 박진영(朴晉榮), 별차 최면식(崔勉植)에게 서계 등본을 제시하고 강정역관을 내려보낼 것을 요청했다. 동래부사 이의익(李宜翼)은 판장관이라는 명의에 난색을 비쳤지만, 조사해 본 결과 숙종 갑술(甲戌)[겐로쿠(元祿) 7년] 정월에도 그러한 전례가 있었고 게다가 판장관은

---

29) 중하(仲夏): 한여름이라는 뜻으로 음력 5월을 가리킴
30) 간삽(艱澁): 일이 원활히 진행되지 않음
31) 유루(遺漏): 실수. 중요한 일을 빠뜨림

소차(小差)의 예(例)에 따른 접대가 필요 없다는 사실이 판명됐으므로, 비록 규외(規外)이기는 하지만 이를 인정하기로 하고 묘당에 상신했다. 묘당에서는, "이는 수백 년 동안 거의 없었던 예(例)"라는 이유로 동래부사의 상신을 일단 각하했다가, 결국 부사의 의견에 동의해서 같은 해 9월 3일에 당상역관 현학로를 강정역관(講定譯官)에 차하했다.[45]

판장관 후루카와 우네메와 강정역관 현학로가 신행절목을 강정하고 있을 때 막부의 방침이 다시 일변했다. 당시 일본은 외국 함선의 불시(不時) 내항이 여러 차례 이어져서 그 대비에 거액의 자금이 필요했을 뿐 아니라, 가에이 5년 임자(壬子) 5월 22일에 에도 성 니시노마루(西丸)가 소실돼서 그 복구에도 많은 경비가 소요될 전망이었다. 따라서 조선 통신사처럼 급하지 않은 사업은 다시 연기해도 무방하다고 보고, 같은 해 10월 19일에 소 요시요리를 영중(營中)으로 불러서, "조선의 신사(信使)가 오는 진년(辰年)[32]에 오사카에 내빙하는 일은 우선 연기함. 그 시기는 추후에 분부하실 것"이라는 뜻을 조선에 통고하라고 명했다. 요시요리는 명을 받고 바로 귀번(歸藩)해서, 판장관 후루카와 우네메에게 밀명을 내려 강정역관 현학로와 교섭하게 했다.[46]

막부의 명령은 당분간 연기하라고만 하고 그 기한을 명시하지 않았다. 조선도 사정상 통신사 파견을 하루라도 늦추는 것을 선호했다. 그에 반해 타이슈 번의 입장에서는 내빙을 오래 연기하는 것은 크게 불리했다. 판장관과 강정역관이 숙의한 결과, 다음 해인 가에이 6년 5월에 이르러 내빙 시기를 병진년(안세이 3년)에서 다시 5년을 늦춰 신유(辛酉)[분큐(文久) 원년]에 거행하기로 합의했다. 이에 따라 판장관은 타이슈 번을 경유해서 막부에, 강정역관은 묘당에 각각 협정 결과를 상신했다.

신행을 다시 5년 연기하는 안에 대해, 막부는 이견이 없지만 다만 조선이 정식으로 예조서계를 보내서 요청하도록 하라고 타이슈 번에 지령했다. 비변사에서도 이 요구에 이의를 제기하지 않고, 9월에 이르러 예조서계를 통해 정식으로 요청했다.[47]

조선 예조참의 박제소(朴齊韶)가 일본 쓰시마 주 태수 습유 다이라 공(平公) 합하께 글을 올립니다.

추량(秋涼)[33]에 계거(啓居) 충유(冲裕)[34]하실 것을 멀리서 생각하니, 위로되고 합하께 향하

---

32) 진년(辰年): 간지(干支)가 '진(辰)'으로 된 해로서, 여기서는 병진년(丙辰年)을 가리킨다.
33) 추량(秋涼): 서늘한 가을이라는 뜻으로 음력 8월을 가리킴
34) 충유(冲裕): 담백하고 여유 있음

는 마음이 모두 도탑습니다. 지난 기사(己巳)년에 이미 예빙(禮聘) 지역을 오사카로 바꿀 것을 상의해서 확정하고 사행 시기를 병진(丙辰)년으로 정했으니 참으로 다른 사유가 없다면 어찌 누술(縷述)[35]하겠습니까마는, 뜻밖에 본방(本邦)이 거듭 겸황(歉荒)을 당해서 이제 사력(事力)이 크게 미치지 못하니 가까운 시기에 신사(信使)를 차비하기 어렵습니다. 다시 5년을 늦춰서 신유(辛酉)년 봄에 하더라도 아마도 사정에 거의 구애(拘碍)가 없을 것이며, 또 인교(隣交)가 더욱 돈독해질 것입니다. 부디 이러한 뜻을 도부(東武)에 전달해서 구구한 마음에 부응하시기를 깊이 바랍니다. 애오라지 보잘 것 없는 예물로 작은 정성을 펼치니 한번 비웃고 받아 주시기 바랍니다. 이만 줄입니다.

계축(癸丑)년 9월 일
예조참의 박제소[48]

이보다 앞서 가에이 6년[철종 계축(癸丑)] 6월 22일에 쇼군 이에요시(家慶)가 훙서(薨逝)하고, 사자(嗣子) 이에사다(家定)가 그 뒤를 이어 즉위했다. 어리고 병약해서 통신사 내빙을 연기한 이에쓰구(家繼)를 제외하면 재직 중에 조선 통신사를 받지 않은 최초의 쇼군이었다. 이듬해인 안세이(安政) 원년[철종 갑인(甲寅)] 9월 6일에 타이슈 번주 소 요시요리는 선례에 따라 새 쇼군의 승습하경(承襲賀慶)을 위해 조선에 통신사 내빙을 청구할지 문의했는데, 12월 9일에 막부로부터 내빙은 선례에 따를 것이며, 그 시기는 추후에 분부하겠다는 지령이 내려졌다.

당시 신사 내빙은 벌써 세 차례나 연기되었으며 그것조차 과연 언제 실현될 수 있을지 예상하기 어려웠다. 타이슈 번에서는 여러 차례의 연기로 인해 입은 적지 않은 손실에 대한 보상의 의미도 포함해서, 분카(文化) 신미년의 전례를 좇아 오사카 역지행빙을 중지하고 다시 타이슈에서 빙례를 거행하려고 가에이 6년 10월경에 자이후가로(在府家老) 사스 이오리(佐須伊織) 등에게 막부를 설득하게 한 것 같다. 이에 대해 막부는, 이미 일본 측에서 오사카 역지행빙을 요청해서 조선의 동의를 얻었는데 이제 또 타이슈에서 거행할 것을 요청하기는 어려우니, 조선이 자발적으로 타이슈 역지행빙을 제기하도록 타이슈 번이 책임지고 교섭할 것을 은밀히 명했다고 한다.[49]

타이슈 재역지행빙(再易地行聘)의 강정에는 큰 난관이 예상됐으므로 조선에서 오래 근무해서 경험이 풍부한 후루카와 우네메[평화도(平和道)]를 통신사퇴정간사재판(通信使

---

35) 누술(縷述): 상세히 서술함

退定幹事裁判)에 지명했다. 후루카와 우네메가 왜관에 도착한 후 훈도·별차와 교섭한 상세한 내용은 조선과 타이슈 번 기록 어느 쪽에서도 찾을 수 없는데, 동래부사 송정화(宋廷和)는 일본, 특히 타이슈 번이 양국 간의 신의를 저버리고 자기의 이해관계만 따져서 빙례 거행 지역을 수시로 변경하는 것을 대단히 부당하다고 보고, 훈도·별차에게 명해서 간사재판을 물리칠 의향을 갖고 있었던 것으로 생각된다. 그런데 묘당에서는 동래부사의 장보(狀報)를 상세히 검토한 후, 현재 궁핍한 국고 상태로는 도저히 협정대로 신유년에 통신사를 파견할 가망이 없으므로, 요컨대 신행 연기를 주안으로 해서 그것만 동의를 얻는다면, "어찌 에도는 말하지 않고 오사카만 고집하겠습니까? 신미년에 이미 쓰시마 주(馬州)로 간 전례가 있습니다."라는 견해에 따라 타이슈 번의 요청을 승인하기로 결정하고 동래부사에게 회훈했다. 동래부사는 훈도 현학로에게 명해서 간사재판 후루카와 우네메와 교섭하게 했다. 재판은 선례도 있었으므로 신행을 약간 연기하는 것은 불가피하다고 예상하고 있었던 것 같다. 그는 훈도와 협의한 끝에 신유년에서 다시 5년을 연기해서 병인년(丙寅年)[게이오 2년]에 빙례를 거행하는 데 동의했으며, 이 조건으로 타이슈 재역지행빙(再易地行聘)의 합의가 성립했다. 이에 재판은 타이슈에 급보해서 막부에 이의가 없음을 확인한 후, 다시 훈도에게 조선 측에서 자발적으로 예조서계를 보내서 신행(信行)의 5년 연기와 타이슈 재역지행빙(再易地行聘)을 요청할 것을 간청했다. 훈도도 이를 양해해서 묘당에 상신했다. 묘당에서도 이의가 없었지만, 이번 역지행빙에 한해 특별히 통신사강정대차사(通信使講定大差使)를 파견하지 않는다는 조건하에 승인했다. 그리고 예조참의의 회답서계와 예물을 내려보내서 간사재판에게 전달하게 했다.[50]

조선 예조참의 이병문(李秉文)이 일본 쓰시마 주 태수 습유 다이라 공(平公) 합하께 글을 올립니다.

계춘(季春)[36]에 계거(啓居) 청유(淸裕)하실 것을 멀리서 생각하니 합하를 우러르고 향하는 마음이 끝이 없습니다. 얼마 전에 빙례(聘禮)하는 지역을 오사카로 바꾸었습니다. 그런데 이제 귀 다이쿤(大君)께서 새로 홍서(洪緖)를 계승하셨으니 마땅히 선례에 따라 축하사절을 보내야 합니다. 다만 본방(本邦)은 거듭 겸황(歉荒)을 당해서 사력(事力)이 크게 미치지 못합니다. 비용을 아끼는 일은 간이(簡易)하게 하는 것이 제일이니, 부디 신미년의 전례에 따라 귀주(貴州)에서 빙례를 거행하되, 그 빙례는 또한 서서히 늦춰서 병인년에 거행한다면 아마도 재

---

36) 계춘(季春): 늦은 봄이라는 뜻으로 음력 3월을 가리킨다.

민(災民)의 노고를 줄일 수 있을 것이요, 영원히 인의(隣誼)의 두터움에 감사할 것입니다. 부디 이러한 뜻을 도부(東武)에 전달해서 구구한 마음에 부응하시기를 깊이 바랍니다. 애오라지 보잘 것 없는 예물로 작은 정성을 표하니 한번 비웃고 받아 주시기 바랍니다. 이만 줄입니다.

을묘년 5월 일

예조참의 이병문[51]

타이슈 번은 안세이 2년[철종 을묘(乙卯)] 9월에 이 서계를 조센진라이헤고요가카리 로주힛토(老中筆頭) 아베 이세노카미(阿部伊勢守)[마사히로(正弘)]에게 진달하고 교섭경과를 보고했다. 그런데 막부는 당시 안팎으로 다사했던 까닭에 이듬해인 안세이 3년[철종 병진(丙辰)] 7월 23일에 이르러서야 통신사 빙례의 5년 연기와 타이슈 재역지행빙(再易地行聘)을 승인하고, 또 병인년 봄에 빙례를 거행하는 것을 정식으로 조선에 통고하라고 명했다. 이와 동시에 통신사 빙례 거행에 대한 막부의 방침에 관해 소 요시요리에게 다음과 같이 훈시했다. "필경 지금까지의 상황으로는 제반사항이 점차 어려워지고, 그에 따라 비용 또한 적지 않았습니다. 따라서 빙례를 용이하게 거행하기 어려워서, 몇 년 전부터 번번이 연기해서 이미 일대(一代)에 궐례(闕禮)하고[37] 인교(隣交)의 후의(厚誼)도 각박해진 상황이니 이는 저 나라 또한 본의(本意)가 아닐 것입니다. 양국이 격외(格外)로 간이생폐(簡易省弊)하는 것은 예전부터 여러 차례 통보한 취지도 있고, 특히 이번에 저쪽에서도 간이한 내용으로 역지(易地)를 거행하기를 원하고 있으니 앞으로 격외(格外)로 생략할 부분들을 조금씩 분부하실 것입니다. 따라서 저쪽에서도 이를 명심해서 가능한 한 간이하게 마치도록 제반사항을 특별히 생략해서 쌍방 모두 무익한 수고를 전부 생략하고 간이한 관례를 세운다면, 용이하게 빙례를 거행해서 상호 국력의 피폐도 줄이고 인교성신(隣交誠信)의 참뜻을 세울 수 있을 것입니다. 그러니 더욱 간이생폐를 주장하시고, 지금부터 방심하지 말고 협상해서 생략할 부분을 조사해서 보고하십시오. 이 일에 관해서는 더 이상 연기를 상신해서는 안 됩니다. 오는 병인년에는 틀림없이 빙례를 거행하도록 명심해서 조처하십시오."[38] 곧이어 이듬해인 안세이 4년[철종 정사(丁巳)] 8월 14일에 특

---

37) 전대(前代)의 쇼군 이에요시(家慶)의 재직 중에 통신사 내빙이 없었다는 뜻이다.

38) 원문에는 오탈자가 많아서 일본 규슈국립박물관에 소장된 문서를 참고해서 옮겼다. 인용한 문서의 원문은 다음과 같다.

畢竟是迄之振合ニ而者諸事追々手重ニ相成, 随而費用も亦不少候ニ付容易ニ聘礼難被行, 先年より度々延期相成候次第ニ至, 既ニ御一代御闕礼ニ相成, 御隣交之厚誼も薄く相成候姿ニ而, 彼国おいても不本意之儀ニ可有之, 両国格外簡易省弊之儀者兼々相達置候趣も有之, 殊ニ今度彼方よりも簡易之筋を以易地之儀をも相

별히 금 2만 냥 하사의 은명(恩命)을 하달하고, 간사재판 후루카와 우네메와 대통사(大通詞) 히로세 도요키치에게도 상사(賞賜)[39]를 내렸다.[52]

쇼군 이에사다는 병인년이 되기 전인 안세이 5년[철종 무오(戊午)] 7월 4일에 훙서(薨逝)하고, 양사(養嗣)[40] 이에모치(家茂)가 그 뒤를 이었다. 타이슈 번주 소 요시요리는 이듬해인 안세이 6년[철종 기미(己未)] 11월 초하루에 쇼군의 습직(襲職)과 관련해서 선례에 따라 조선에 통신사 내빙을 요구해야 한다고 아뢰었다. 또 종전 역지행빙의 경과를 상세히 진술하면서, '통신사 내빙이 단절된 지 이제 50년이 되는데, 이에요시·이에사다 양대(兩代)에서는 결국 이 일을 거행하지 못했다. 이미 병인년 봄에 타이슈에서 빙례를 거행하기로 확정한 이상, 더 이상 시기를 어기지 않고 반드시 실현할 것을 기대하고 있다. 따라서 조선이 또 연기 요청을 발의하는 것을 방지하기 위해서라도 미리 강정사를 파견하는 편이 차제에 적당할 것'이라고 아울러 상신했다.

이 상신에 대해 막부는 아무 지령도 내리지 않았다. 하지만 다음 해인 만엔(萬延) 원년[철종 경신(庚申)] 정월에 타이슈 번이 다시 독촉하고, 특히 오는 3월에 전 쇼군의 훙서 및 새 쇼군의 승습(承襲)에 대한 조위(弔慰)와 하경(賀慶)을 위해 역관의 도해(渡海)가 예정되어 있어서 그때까지 빙례 시기를 확정해야 한다는 진정(陳情)도 있었으므로 막부에서도 이 문제를 방임하기 어려웠다. 만엔 원년 2월 8일에 로주(老中) 안도 쓰시마노카미(安藤對馬守)[노부유키(信睦)]는 오는 병인년 봄 타이슈 신사 빙례 거행에 관해 조선에 통고할 것을 정식으로 명령했다. 이어서 조센진라이헤고요가카리 로주 와키사카 나카쓰카사다이후(脇坂中務大輔)[야스오리(安宅)]가, "이번의 일은 예전부터 분부하신 대로 양국이 격외(格外)로 간이생폐(簡易省弊)할 것을 오직 저 나라와 담판하되 제반사항을 선격(先格)에 구애받지 말고 쌍방 모두 생략해서, 용이하게 빙례를 거행하여 인교(隣交)를 정돈(整頓)하도록 명심할 것"이라고 지령했다.[53]

타이슈 번은 막부의 명에 따라 만엔 원년 11월에 요시카와 나이키(吉川內記)[평화승(平和勝)]를 통신사강사대차사(通信使講事大差使) 정관, 히라타 시즈마(平田志津馬)[기일홍(紀

願候事＝付, 以後格外省略之廉々追々可被仰出候間, 彼方＝おいても其心得を以成丈簡易＝相済候様諸事格別＝省略致し, 双方共都而無益之手数相省簡易之御作法相立候ハヽ, 容易聘礼行ハれ, 互＝国力之疲弊をも相省, 御隣交誠信之御実意相立可申候間, 弥以簡易省弊之儀を主張致し, 此節より無油断被及懸合, 省略之廉々取調可被相伺候, 右＝付而者此上延期之申立等無之, 来丙寅年＝ハ無相違聘礼被行候様, 精々厚く相心得可被取計候事

39) 상사(賞賜): 상으로 재물을 하사함
40) 양사(養嗣): 양자를 들임. 또는 양자로 들어와서 후계자가 된 사람

一興)를 도선주, 고쿠분 마사스케(國分政助)를 봉진압물에 지명했다. 타이슈 번에서는 이번 대차(大差)는 단순히 내빙 시기를 통고하는 것에서 그치며, 내빙 연기 또는 생폐(省弊)를 위한 절목 강정에는 절대로 응하지 않는다는 방침을 세우고 정관 요시카와 나이키에게 훈령했다.

통신사청래대차사(通信使請來大差使)[41] 일행은 분큐(文久) 원년[철종 신유(辛酉)] 10월 22일에 왜관에 도착했다. 그리고 곧장 훈도 현학로, 별차 이본수(李本修)를 불러서 사명(使命)을 개진한 후 서계 등본을 전달하고 선례에 따른 접대를 요구했다.[54]

> 일본 쓰시마 주 태수 습유 다이라노 요시요리가 조선 예조참판 대인 합하께 글을 올립니다.
> 때는 바로 한여름인데, 귀국은 목정(穆靖)하고 본방(本邦)은 안녕합니다. 우리 다이쿤(大君) 전하께서 습위(襲位)하심에 따라 선례로 신사(信使)가 병인년 봄에 건너와야 하니, 기한에 맞게 폐주(弊州)에 오시기를 희망합니다. 이에 정관 평화승(平和勝), 도선주 기일홍(紀一興)을 파견해서 보지(報知)합니다. 애오라지 보잘 것 없는 예물로 비천한 정성을 표시합니다. 나머지는 절서(節序)에 맞게 보중하시기만을 바랄 뿐입니다. 이만 줄입니다.
>
> 분큐 원년 신유 4월   일
> 쓰시마 주 태수 습유 다이라노 요시요리[55]

훈도 현학로는 통신사강사대차사의 사명이 단순히 신사 내빙 시기의 통고인지, 아니면 새로 신행절목을 강정하는 것인지 질문했다. 이에 대해 단순히 내빙 시기를 통고하기 위한 것이라는 회답을 받자, 그는 통신사청래(通信使請來)의 의미를 갖는 대차(大差)는 이미 안세이 2년 을묘(乙卯)에 그 전사(專使)를 보내지 않기로 양해가 성립한 사실을 언급했다. 대차사는 안세이 2년 당시와 달리 새 간바쿠(關白)가 승습(承襲)한 이상 당연히 새로 전사(專使)를 보내야 한다고 주장했다. 훈도·별차는 대차사의 주장을 동래부사 조규년(趙奎年)에게 보고하고, 대차서계 등본도 진달했다.

묘당에서는 동래부사의 장보(狀報)를 심의한 후, 통신사청래대차사가 어떤 의미를 갖고 있든지 간에 즉시 물리치기로 방침을 정하고 동래부사에게 회훈했다.

---

41) 통신사강사대차사 요시카와 나이키를 가리킨다. 본문에서는 이 대목에서 '통신사청래대차사'와 '통신사강사대차사'를 혼용해서 기술하고 있다. 이는 다음 단락에서 서술되듯이, 철종 을묘년(1855)에 통신사강사대차사를 보내지 않기로 한 협의에 따라 일본에서는 요시카와를 '통신사강사대차사'의 명의로 파견한 반면, 조선에서는 이를 상례에 따른 '통신사청래대차사'로 이해한 데서 연유하는 것으로 보인다.

훈도·별차는 묘당의 명을 전하며 퇴거(退去)를 요구했지만 대차사는 불응했다. 양측은 한때 대치하는 모습을 보였지만, 결국 대차사가 훈도의 주장에 굴복해서 신행절목을 새로 강정하고 생폐(省弊)의 요구에 응함으로써 대차(大差)의 허접(許接)을 수락받았던 것 같다. 훈도 현학로는 이 타협안을 갖고 묘당에 들어가서 설명했다. 묘당에서도 이를 승인해서, 분큐 2년[철종 임술(壬戌)] 2월 18일에 홍문관교리 류광목(柳光睦)을 접위관(接慰官), 당상역관 김계운을 강정역관에 차하했다.[56]

이윽고 3월 15일에 접위관 류광목, 동래부사 조규년이 차비역관·훈도·별차와 함께 참관한 자리에서 하선연을 설행하여 대차서계와 예물을 수령하고, 4월 27일에 회답서계와 예물을 대차사에게 전달했다. 강정역관 김계운은 이미 4월 13일에 왜관에 들어와 있었는데, 대차사는 절목을 강정하려면 막부의 특별허가가 필요하다고 주장하면서 자신이 귀조, 복명할 때까지 연기해 줄 것을 간청해서 동의를 얻었던 것 같다.[57]

통신사강사대차사는 분큐 2년 5월 23일에 타이슈에 복귀했다. 타이슈 번은 12월 5일에 예조의 회답서계를 조센진라이헤고요가카리 로주 미즈노 이즈미노카미(水野和泉守)다다기요(忠精)에게 진달했다. 즉, 신행(信行)은 4번 연기된 끝에 병인년[게이오(慶應) 2년]으로 확정됐다.

통신사강사대차사가 귀국한 후, 신행절목의 강정은 관수(館守) 후루카와 나이키와 강정역관 김계운 간에 진행됐다. 강정역관은 묘당의 명에 따라 재정적 어려움을 이유로 공사예단(公私禮單), 특히 예단삼(禮單蔘)의 감액을 주장했다. 타이슈 번은 크게 난색을 보였지만, 막부에서 선례에 구애받지 말고 경비 절감을 위주로 하라는 내명(內命)도 받았으므로 적극적으로 반대할 수는 없었다. 따라서 막부의 내의(內意)를 확인한 후 대체로 그 주장에 동의했다.[58]

이즈음 에도막부의 위세는 완전히 실추돼 있었다. 막부는 통신사 내빙을 급하지 않은 사업으로 간주해서 협정대로 병인년(게이오 2년)에 거행할 자신도, 준비도 없었다. 철종 말기의 조선 또한 대략 비슷한 상황이었다. 게다가 타이슈 번에서도 간세이·분카 무렵에 스기무라 나오키와 오모리 시게에몬의 고집과 불화로 싹트기 시작한 내홍(內訌)이 곪을 대로 곪아서, 분큐 2년 12월 번주 소 요시요리의 은퇴와 사자(嗣子) 젠노조(善之允)요시아키라(義達)[시게마사(重正)]의 상속을 계기로 번(藩) 내부에서 서로 살육을 벌이는 상황에 빠졌다.[59]

이러한 사정에 따라, 막부·타이슈 번·조선 중에 어디서 발의했는지는 알 수 없지만,

분큐 3년경부터 통신사 내빙의 연기 문제가 대두됐다. 왜관관수와 강정역관 김계운이 협의를 거듭한 결과, 겐지(元治) 원년[이태왕 갑자(甲子)] 3월에 이르러 병인년에서 다시 10년, 즉 병자(丙子)[메이지 9년]까지 연기하기로 확정하고, 타이슈 번은 막부의 내의(內意)를 문의했다. 막부도 동의하고, 조선이 정식으로 예조서계로 청구하게 할 것을 명했다. 조선에서도 이의 없이 갑자년 8월에 다음 소차서계(小差書契)를 제시했다.

> 조선 예조참의 윤치현(尹致賢)이 일본 쓰시마 주 태수 습유 다이라 공(平公) 합하께 글을 올립니다.
> 중추(仲秋)[42]에 계거(啓居) 충유(沖裕)하실 것을 멀리서 생각하니, 위로되고 합하께 향하는 마음이 모두 도탑습니다. 빙례 지역과 빙례 시기의 두 논의를 이미 임술년(壬戌年)에 약조했으니 응당 병인년에 축하사신을 보내야 하지만, 뜻밖에 본방(本邦)은 거듭 겸황(歉荒)을 당해서 현재 사력(事力)이 크게 미치지 못하니 기한에 맞추어 신사(信使)를 차비해서 보내기가 어렵습니다. 다시 10년을 연기해서 병자년(丙子年) 봄에 빙례를 행한다면 장차 사정에 구애(拘碍)가 없을 것이며, 또 재민(災民)의 어려움을 줄여서 길이 두터운 인의(隣誼)에 감사할 것입니다. 부디 이러한 뜻을 도부(東武)에 전달해서 이 구구한 마음에 부응하기를 깊이 바랍니다. 애오라지 보잘 것 없는 예물로 작은 정성을 펼치니, 한번 비웃고 거둬 주시기를 바랍니다. 이만 줄입니다.
>
> 갑자년 8월   일
> 예조참의 윤치현[60]

예조참의 서계는 게이오 원년[이태왕 을축(乙丑)] 4월에 타이슈 번주 소 쓰시마노카미 요시아키라가 막부에 진달했다. 막부는 같은 해 6월 18일에 소 요시아키라에게 오는 병자년까지 통신사 내빙을 연기한다는 정식명령을 내렸다.[61] 이에 따라 타이슈 번은 7월에 예조참의에게 회답서계를 보내서 병자년에 타이슈에서 예빙을 거행하는 건은 막부의 허가를 얻어 동의한다고 통고했다.[62]

---

42) 중추(仲秋): 한가을이라는 뜻으로 음력 8월을 가리킴

1 『天保九年至十三年修聘參判使記錄(日帳)』, 天保 9年 正月.

2 『修聘參判使記錄』, 天保 9年 12月.

3 『修聘參判使記錄』, 天保 10年 11月.

4 『修聘參判使記錄』, 天保 10年 12月.

5 『修聘參判使記錄』, 天保 10年 12月.

이번 친유(親諭)에, 근년에 흉작이 연이어서 시기는 추후에 분부하시겠다는 문의(文意)가 있었습니다. 저 나라에서는 신사(信使)의 일은 반드시 연빙(延聘)으로 생각하는 것으로 사료됩니다. 하지만 에도 쪽의 상황을 생각하면 가능할 것 같지 않습니다. 니시노마루(西丸)의 보수도 금년 중에 모두 끝난다고 들었으니, 내년 봄에는 시기에 관해 분부를 여쭐 것입니다. 그런 뒤에는 아마도 3, 4년 내 내빙을 분부하실 것으로 생각됩니다. 그때는 선례대로 속히 수빙사(修聘使)를 파견해서 고지하고, 시기를 지체하는 일이 없도록 관수(館守)에게 말해서 임관(任官)에게 단단히 일러둘 것입니다. [덴포 10년 11월 별사자(別使者) 오기 한에몬(扇半右衛門)에게 보낸 타이슈 번 가로(家老)의 훈령]

6 『修聘參判使記錄』, 天保 11年 5月;『兆德院(宗義章)實錄下調』2권.

7 『修聘參判使記錄』, 天保 11年 2·6·9月.

8 『修聘參判使記錄』, 天保 12年 正月;『兆德院實錄下調』2권.

9 『修聘參判使記錄』, 天保 12年 閏正月.

10 『本邦朝鮮往復書』112권, 天保 12年, "遣朝鮮國規外書";「天保十二年修聘參判使記錄(御書翰別幅返翰別幅」;『同文彙考(附編續)』,「通信一」.

11 『修聘參判使記錄』, 天保 12年 3·4·5月.

12 『修聘參判使記錄』, 天保 12年 6月;『日省錄』, 憲宗 辛丑年 8月 20日;『備邊司謄錄』, 憲宗 辛丑年 8月 20日. 또한 전령의 전문은 다음과 같다.

방금 도착한, 비변사 계하관문(啓下關文)에 의거한 순영(巡營: 감영)의 관문에 따르면, '통신청래(通信請來)의 사개(使价)가 이미 왜관에 도착했으니, 경접위관(京接慰官)과 차비역관(差備譯官) 등을 예조에서 최촉(催促)해서 내려보내 전례대로 접대해야 하리라. 단, 신미년에 신행(信行)을 쓰시마(馬島)에서 거행한 것은 한때의 권의(權宜)적인 조처에 불과하고, 또한 저들이 10년이나 간청해서 허시(許施)하지 않을 수 없었다. 그러나 200년 약조를 생각하면 위월(違越)을 면치 못한다. 또 당시 강정(講定)할 때 일찍이 계속 신행을 반드시 쓰시마에서 거행한다고 말한 적이 없다. 그렇다면 지금 신행의 요청은 응당 구례(舊例)로 다시 돌아가서 우선 질정(質定)한 다음에야 언제 파견할 것인지 다시 의논할 수 있거늘, 차개(差价)가 대뜸 쓰시마와 갑진(甲辰)을 요청하는 것은 성신교린(誠信交隣)의 우의(友誼)가 아니다. 이 서계는 임역(任譯)에게 엄칙(嚴飭)해서 물리치고, 개수(改修)해서 다시 정납(呈納)하게 하라.'고 했다. 관문의 뜻을 관수(館守)와 대차사(大差使)에게 효유(曉諭)해서, 그 서계를 즉시 개수한 후 정납해서 다시 계문(啓聞)할 수 있게 하라.

신축 6월 24일(『修聘參判使記錄』, 天保 12年 6月 24日).

13 『修聘使參判記錄』, 天保 12年 6·7月.

14 『日省錄』, 憲宗 辛丑年 8月 20日, 9月 20日, 10月 27·30日, 11月 3·4日;『備邊司謄錄』, 憲宗 辛丑年 8月 20日, 9月 20日.

15 『修聘參判使記錄』, 天保 12年 7·8·9月.

16 『修聘參判使記錄』, 天保 12年 9月.

17 『修聘參判使記錄』, 天保 12年 10月.

18 『修聘參判使記錄』, 天保 12年 10·11·12月.

19 『本邦朝鮮往復書』 113권, "天保十三年壬寅朝鮮國規外書"; 『修聘參判使記錄(御書翰返翰)』; 『同文彙考 (附編續)』, 「通信一」.

20 『修聘參判使記錄』, 天保 12年 12月, 13年 正月.

21 『日鮮通交史(古代編)』, 346~348쪽.

22 「朝鮮通信事務一件附錄信使接遇易地顚末」; 『兆德院實錄下調』 2권; 『日鮮交通史(古代編)』, 347~348쪽.

23 『天保十四年至十六年講聘參判使記錄(正官幾度八郎左衛門)(日帳)』, 天保 14年 7月.

24 『本邦朝鮮往復書』 114권, "天保十四年遣朝鮮國規外書"; 『天保十四年講聘參判使(御書翰返翰)』; 『同文 彙考(附編續)』, 「通信一」.

25 『講聘參判使記錄』, 天保 14年 11·12月, 『天保十四年至十六年講聘參判使御用談錄』, 天保 14年 11月.

26 『講聘參判使御用談錄』, 天保 14年 12月.

27 『講聘參判使御用談錄』, 天保 15年 正月, 2·3月.

28 『講聘參判使御用談錄』, 天保 15年 3月.

29 『講聘參判使御用談錄』, 天保 15年 3月.

30 위와 같음.

31 『講聘參判使御用談錄』, 天保 15年 4月.

32 『講聘參判使御用談錄』, 天保 15年 7月.

33 위와 같음.

34 『講聘參判使御用談錄』, 天保 15年 7·8月.

35 『講聘參判使御用談錄』, 天保 15年 8月; 『講聘參判使記錄』, 天保 15年 8月.

36 『日省錄』, 憲宗 甲辰年 9月 7日.

37 『講聘參判使記錄』, 天保 15年 8月; 『講聘參判使記錄(正官平田要)(日帳)』, 天保 15年 9月.

38 『講聘參判使御用談錄』, 天保 15年 9月 21日.

39 『講聘參判使御用談錄』, 天保 15年 9·10·11月; 『講聘參判使記錄(書翰返翰)』.

40 『本邦朝鮮往復書』 114권, "弘化二年朝鮮國規外回翰"; 『講聘參判使記錄(書翰返翰)』; 『同文彙考(附編 續)』, 「通信一」.

41 『講聘參判使御用談錄』, 天保 15年 12月, 16年 正月; 『講聘參判使記錄』, 天保 15年 12月, 16年 正月.

42 『日省錄』, 憲宗 丁未年 5月 28日, 7月 5日.

43 『朝鮮通信事務一件』, 「附錄信使接遇易地始末」.

44 『本邦朝鮮往復書』 118권, "嘉永四年遣朝鮮國規外書"; 『同文彙考(附編續)』, 「通信一」.

45 『日省錄』, 哲宗 辛亥年 4月 26日, 9月 3日.

46 『宗義和履歷』 3권, 嘉永 5年 10月; 『朝鮮通信事務一件』, 「附錄信使接遇易地始末」.

47 『日省錄』, 哲宗 癸丑年 5月 7日, 9月 17日.

48 『本邦朝鮮往復書』 119권, "嘉永六年朝鮮國規外回翰".

49 『朝鮮通信事務一件』 1권; 『宗義和履歷』 4권, 嘉永 8年 9月.

50 『日省錄』, 哲宗 乙卯年 正月 10日, 6月 19日.

51 『本邦朝鮮往復書』120권, "安政二年朝鮮國規外回翰"; 『同文彙考(附編續)』, 「通信一」.

52 『朝鮮通信事務一件』1권; 『宗義和履歷』4권, 安政 3年 7月.

53 『安政六年至文久二年修聘參判使記錄(日帳)』, 安政 6年 12月, 7年 3月; 『朝鮮通信事務一件』1·2권; 『宗義和履歷』5권, 安政 5年 3月, 7年 2月.

54 『修聘參判使記錄』, 萬延 元年 11月, 文久 元年 10月.

55 『同文彙考(附編續)』, 「通信一」.

56 『修聘參判使記錄』, 文久 元年 9·11·12月, 文久 2年 3月; 『日省錄』, 哲宗 辛酉年 9月 10日, 11月 18日, 壬戌年 正月 18日.

57 『修聘參判使記錄』, 文久 2年 3·4月

58 『修聘參判使記錄』, 文久 2年 5月; 『朝鮮通信事務一件』, 「附錄信使接遇易地始末」; 『宗義和履歷』7권, 文久 2年 12月.

59 『宗義和履歷』7권; 『對馬遺事』.

60 『朝鮮通信事務一件』2·3·5권; 『日省錄』, 李太王 甲子年 3月 17日·乙丑年 11月 26日.

61 『本邦朝鮮往復書(建仁寺本)』, "元治元年朝鮮國規外回翰".

62 『朝鮮通信事務一件』5권, 「附錄信使接遇易地始末」.

결론

지금까지 8개 절의 논술을 통해 덴메이(天明) 말엽 마쓰다이라 사다노부 등이 입안한 통신사 역지행빙이 타이슈 번과 조선 간의 어려운 절충을 거쳐 일단 성립했지만, 그 뒤로 당국의 방침이 일변함에 따라 다시 문제가 역전돼서 에도막부의 치세가 끝나기까지 결말에 이르지 못한 경과를 고찰했다. 이제 마지막으로 역지행빙의 기원, 근거, 성과, 타당성을 일별(一瞥)하는 것으로 이 글을 마무리하고자 한다.

게이초(慶長) 초기 수년에 걸친 참담한 외정(外征)[1] 끝에 신정권을 수립한 도쿠가와 이에야스(德川家康)는 국내 치안 확립의 필요에서 대외정책은 평화를 기조로 할 수밖에 없었다. 그중에서도 우세한 명군(明軍)의 점령하에 있는 조선과 친선관계를 회복하는 것이 초미의 급무였다. 이러한 이유도 있었으므로 에도막부의 대한정책은 모두 상대국 본위로 입안됐다. 도쿠토미 씨가 조선의 군신(君臣)들이 불구대천의 원수로 간주한 도요토미(豐臣) 씨를 멸망시킨 최대 권력자임을 인식시키려고 노력한 것이 그 일례이다. 또 쇼토쿠(正德) 연간의 신사 내빙 당시, 승려와 비구니가 구경꾼 가운데 섞여 있는 것을 금지하는 특명을 내려서 조선사신에게 남녀유별을 지적당하는 것을 방지하고, 또 국서에서 '조선국왕'의 칭호와 균형을 맞춘다고 하면서 쇼군 스스로 '일본국왕'을 참칭(僭稱)[2]한 일 등이 그 두드러진 사례이다.[1]

통신사가 후세 역사가들로부터 많은 논의의 대상이 된 것은 에도시대 경제에 미친 영향 때문이다. 신사 내빙에 따른 막부, 타이슈 번, 관계된 여러 번(藩)과 연도(沿道)의 백성들의 부담 총액을 정밀하게 계산하는 것은 불가능하지만, 쇼토쿠 원년 산토(三都)에서의 통신사 여관 및 기타 휴게소의 수리, 효고(兵庫)와 에도를 오가는 데 필요한 인마(人馬)의 경비를 합쳐서 금 192,301료(兩)·은 10몬메(匁) 1훈(分), 겐마이(現米) 5,335.48고쿠(石),

---

1) 외정(外征): 대외정벌의 뜻으로 여기서는 임진왜란(壬辰倭亂)과 정유재란(丁酉再亂)을 가리킨다.
2) 참칭(僭稱): 분수와 신분을 넘는 호칭을 함부로 사용하는 것

구레키(榑木)[3] 54,645초(挺)가 소요됐고, 메이와(明和) 2년에는 오사카·에도 사이를 '왕복할 때의 숙박과 인마(人馬)를 구비하는 것'만으로 합계 금 10만 료(兩)를 썼다고 한다. 이 밖에 막부에서 타이슈에 허락한 대부금(貸付金)—사실상 지급에 가까웠다.—과 막부 자신의 각종 지출, 관반(館伴)[4] 다이묘(大名)가 부담한 통신사 체재 및 연향 비용, 연도(沿道)의 여러 번(藩)과 일반 백성들의 직간접 비용을 합산하면 경악할 만한 금액이 될 것이다. 100만 료(兩)를 너끈히 넘었다는 것은 물론 과장된 수치지만, 신사 내빙의 지출이 당시 국력에 비해 지나치게 많았던 사실은 부정할 수 없다.[2]

신사 내빙에 이처럼 거액의 경비가 든 것은 막부와 타이슈 번 모두에게 책임이 있다. 막부를 보면, 쇼군 히데타다(秀忠)와 이에미쓰(家光) 모두 호화로운 것을 좋아하고, 의례를 웅장하게 해서 조선사신에게 우리의 부강을 과시하고 싶어 했다. 관반(館伴)과 다른 관계 제후들도 쇼군의 뜻에 영합해서 온 번(藩)의 힘을 쏟아 경쟁적으로 성대한 영접을 했고—실제로 조선사신은 우리 재력의 풍부함과 사치스러움에 경탄했다.—타이슈 번은 또 그 떡고물을 얻으려고 옆에서 그것을 조장했다. 단 한 차례의 신사 내빙에 이처럼 거액의 자금이 소요되는 것은, 막부 및 여러 번(藩)의 재정 곤란과 함께 경시할 수 없는 중대한 문제로 논의되기에 이르렀다.

통신사제도에 이처럼 중대한 결함이 있는 이상, 조만간 이 문제를 전반적으로 검토하지 않을 수 없었다. 그 계기는 에도막부의 개혁기였던 겐로쿠(元祿)·쇼토쿠(正德) 무렵에 만들어졌다. 원래 막부의 관학(官學)은 하야시(林) 씨가 세습하면서 송학(宋學)[5]을 조술(祖述)[6]하고, 일반적으로 사학(斯學)[7]의 선진국인 조선 유림에게 큰 존경심을 품고 있었다.—하야시 씨가 직무상 통신사 문제를 관장하면서 타당성이 결여된 제도를 수립하고, 또 그것을 유지한 책임은 매우 크다.—그런데 이때부터 유자(儒者)들 가운데 단순한 성리학 해석에 만족하지 않고, 더 나아가 우리나라의 고대사·제도·언어 등의 연구에 종사하는 사람들이 나타났다. 고전 연구는 당연히 국가사상의 함양을 조장한다. 이 점에서 유자 기노시타 헤이노조(木下平之允)[준안(順庵)]^{사다모토(貞幹)}의 공적이 가장 크다. 준안(順庵) 문하의 준수한 제자들이 막부와 타이슈 번에 중용되어 종래 무관심 속에서 유지되어

---

3) 구레키(榑木): 노송 등으로 만든 판재(板材)로 지붕널 따위를 만드는 데 사용됐다.
4) 관반(館伴): 외국 사신과 함께 머물면서 응접하는 관원
5) 송학(宋學): 성리학(性理學)
6) 조술(祖述): 선학(先學)의 학설에 기반을 두고 그 의미를 밝힘
7) 사학(斯學): 유학(儒學)

온 통신사제도에 통렬한 비판을 가하고 개혁을 주장했다. 역지행빙은 그 최대의 유산이었다. 특히 타이슈 번에 미친 영향이 대단히 컸다. 원래 소씨(宗氏) 및 스기무라(杉村), 히라타(平田), 후루카와(古川) 등의 여러 중신들은 학식도, 재주도 없어서 따로 언급할 것도 없지만, 막부의 명에 따라 외교문서를 관장한 이테안(以酊庵)의 린반초로(輪番長老) 또한 아시카가씨(足利氏) 쇼군으로 하여금 명분을 그르치게 만든 고잔(五山) 학승(學僧)의 후예였기 때문에 이들이 무역의 이익만 따지고 국가의 존엄에 무관심했더라도 이상할 것이 없다. 그런데 시대의 진운(進運)[8]은 구태(舊態)의 묵수(墨守)를 용납하지 않았다. 특히 타이슈는 그 재력을 바탕으로, 번주(藩主)는 많은 녹(祿)으로 명성이 높은 유사(儒士)를 초빙하고, 번사(藩士)는 교토에서 유학하며 신시대의 풍조를 흡수했다. 전자의 예로는 아메노모리 도고로(雨森東五郎)[호슈(芳洲)]노부키요(誠淸), 마쓰우라 기에몬(松浦儀右衛門)[가쇼(霞沼)]마사타다(允任)(이상 이테안 문하), 나카에 야사부로(中江彌三郎)[조세(常省)스에시게(季重)][도주(藤樹)의 삼남(三男)][9]와 그 자손들이 있었고, 후자는 가시마 효스케(賀島兵介)[조켄(恕軒)]나리시로(成白), 스야마 쇼에몬(陶山庄右衛門)[도쓰안(訥庵)]아키라(存) 등이 있었다. 이들은 당시 신인이었던 만큼 타이슈인의 기질에 물들지 않고, 마치 일한양속(日韓兩屬)[10]처럼 보이는 불합리한 상황을 시정할 필요를 통감했다. 스야마 도쓰안의 경우, 타이슈가 경제적으로 조선에 예속되어 있는 한 조선과 타이슈 관계를 시정할 가망은 없다고 보고, 타이슈 전체 섬의 자급자족 계획을 수립했다―한갓 이상으로 끝날 운명이었지만―. 타이슈 번의 이러한 자각이야말로 후대에 통신사제도를 개정하는 데 무형의 바탕이 됐다.

이러한 시대를 배경으로 출현한 대표적인 학자가 준안(順庵) 문하의 준수한 제자였던 아라이 지쿠고노카미(新井筑後守)[하쿠세키(白石)]긴미(君美)다. 하쿠세키의 이른바 '쇼토쿠의 개혁(正德の改革)'에 관해서는 상세한 서술을 피하지만, 여기서 주의할 것은 하쿠세키 자신의 회상기와 기록에 흘러넘치는 강렬한 자기의식에 매혹되어 그를 실제 이상으로 평가하는 경향이 있다는 사실이다. 하쿠세키의 정치·재정상의 여러 개혁들과 마찬가지로, 통신사제도의 개혁 또한 도쿠가와씨 쇼군의 존엄을 높이기 위해 그것을 분식(扮飾)하는 것이 중요한 동기가 되었음을 간과해서는 안 된다. 하쿠세키는 통신사제도의 폐해를 많이 열거하고 있지만, 구체적으로 개혁한 것은 조선사신과 덴조(殿上)[11] 사이의 예

---

8) 진운(進運): 앞으로 나아가려는 기운
9) 원문에는 나카에 도주(中江藤樹)의 차남으로 되어 있는데 이는 삼남의 잘못이므로 바로잡았다.
10) 일한양속(日韓兩屬): 일본과 조선 양쪽에 종속되어 신복(臣服)함
11) 덴조(殿上): 궁전(宮殿)을 비롯해서 여러 가지 뜻이 있는데, 여기서는 천황의 거처인 세료덴(淸涼殿)에 오르는

절을 다퉈서 수정을 얻어낸 의주(儀註)의 말절(末節)과 일본 '다이쿤(大君)'을 '국왕(國王)'으로 고친 것, 두 가지에 불과했다.

유감스럽게도 하쿠세키의 개혁은 한갓 큰소리만 쳤을 뿐 실제 수반된 성과는 없었지만, 사실 그는 통신사제도 개혁에 위대한 이상을 품고 있었다. 이 이상론이야말로 거액의 자금을 소비한 쇼토쿠의 개혁보다도 후세에 훨씬 큰 영향을 미쳤다. 하쿠세키의 말에 따르면, 그는 쇼토쿠 6년 4월에 소바요닌(側用人) 마나베 에치젠노카미(間部越前守)^{아키후사(詮房)}를 경유해서 쇼군에게 건의서를 올렸다. 그 취지는, '후한(後漢) 광무제(光武帝)가 옥문관(玉門關)을 폐쇄해서 서역(西域)의 제번(諸蕃)¹²⁾을 사절한 고사에 따라 조선사신을 타이슈에서 영접하고, 접반관(接伴官)으로 고케(高家)¹³⁾ 2명에 쓰카이반(使番)¹⁴⁾ 2명을 붙여서 파견한다. 조선이 동의하지 않으면 국교를 단절해도 무방하다.'는 것이었다. 그는 그 이유를 다음과 같이 말했다. "조선과 우리의 관계는, 조종(祖宗) 이래로 저 나라의 사신은 왔지만 우리나라의 사신은 간 일이 없다. 설령 저 나라가 우리의 답례를 바란 일이 없더라도, 우리가 저 나라에 보답하는 데 어찌 똑같이 비례(非禮)로 잘못을 할 수 있겠는가? 저 나라가 만약 전왕(前王)의 호의를 잊지 않고 고맙게도 우리나라를 존문(存問)¹⁵⁾하겠다면, 앞으로는 그 사신이 우리나라 변경까지만 오고, 우리 사신도 변경으로 가서 영접하고 답례해야 한다. 그렇게 한다면 저들도 오고 우리도 가서, 왕래하는 예(禮)에 양국이 모두 잘못하는 바가 없을 것이다. 저 나라가 만일 이를 원치 않는다면 이제부터 우리나라에 오지 말라고 청해야 한다. 이러한 사유를 쓰시마노카미에게 명해서 저 나라에 고지하면 반드시 우리의 뜻에 따를 것이다."³

하쿠세키의 주장에는 사실을 무시한 것이 적지 않다. 조선이 우리 사신을 변경에서 접대했더라도, 일한 양국의 사신은 본래 그 성질이 달랐다. 조선사신은 삼사(三使) 모두 의정부 당관(當官)¹⁶⁾으로서 일국의 대표자로서 자격에 부족함이 없지만, 타이슈 번이 막부의 명에 따라 파견하는 대차사는 육위관복(六位冠服)을 참용(僭用)¹⁷⁾한 타이슈 번 중신

것이 허락된 삼위(三位) 이상의 고관을 뜻하는 덴조비토(殿上人)를 가리키는 것으로 보인다.
12) 제번(諸蕃): 변경의 소수민족
13) 고케(高家): 에도막부에서 의식이나 예전을 관장하던 관직
14) 쓰카이반(使番): 에도막부의 관직으로 전시에는 전령, 순찰 등의 역할을 하고, 평상시에는 다이묘나 관원의 동정을 살펴 쇼군에게 보고했다.
15) 존문(存問): 찾아가서 안부를 물음
16) 당관(當官): 현직 관리
17) 참용(僭用): 신분이나 분수에 맞지 않는 물건을 사용함

에 불과했다. 게다가 이들은 봉사(奉使)의 기회를 이용해서 무역으로 큰 이익을 얻으려는 자들이었다. 조선이 그 폐해를 감당하지 못해서 수도에 들어오는 것을 막고 변경에서 접대하는 것으로 바꾼 것이었다. 현실적으로도 하쿠세키의 개혁안은 타이슈 번의 입장을 전혀 고려하지 않은 실현 가능성이 없는 것이었다.

쇼군 요시무네(吉宗)의 치세에 이르러 하쿠세키의 정적 하야시 다이가쿠노카미(林大學頭)[호코(鳳岡)]노부아쓰(信篤)가 중용됐다. 이 때문에 역지행빙은 도외시됐고, 이에시게(家重)와 이에하루(家治) 두 쇼군의 치세에서도 전례를 답습했다. 그런데 덴메이(天明) 말, 쇼군 이에나리(家齊)의 치세에 마쓰다이라 사다노부가 집정이 되어 각종 개혁을 단행하면서 통신사 문제도 다시 대두됐다. 『소씨실록(宗氏實錄)』의 기록에 따르면, 덴메이 8년 3월 막부에서 신사 내빙의 청구를 타이슈 번에 명령했을 때, 이미 막부 내부에서는 아라이 지쿠고노카미의 주장에 따라 타이슈 역지행빙론이 널리 퍼져 있었다고 한다.

타이슈 역지행빙을 발의한 인물로 보이는 마쓰다이라 사다노부의 통신사에 관한 견해가 명기된 기록은 찾을 수 없다. 하지만 그가 일찍부터 『조선빙사후의(朝鮮聘使後議)』·『수호사략(殊號事略)』 등을 보면서 하쿠사키의 주장을 반복해서 연구했음은 의심할 여지가 없다. 간세이(寬政) 3년 5월에 역지행빙을 명령하면서 타이슈 번에 하달한 「의조선빙사요저대마사상(議朝鮮聘使邀諸對馬事狀)」에서는 역지행빙의 이유를 다음과 같이 설명하고 있다.

내빙(來聘)은 참으로 양국의 대전(大典)이니, 한때의 향례(享禮)의 극성(極盛)은 논외로 하더라도, 쓰시마(馬島)에서 에도까지 해륙(海陸) 수천 리를 이동할 때 주객(主客)이 앙장(鞅掌)[18]하고 상하(上下)가 요요(撓擾)[19]해서 가는 곳마다 장엄하며 신중히 노력한다. 그러면서도 행여나 소홀하거나 잘못된 부분이 있어서 국가가 대빈(大賓)을 접대하는 예(禮)에 실수가 있을까 두려워한다. 비록 한때의 관광(觀光)[20]을 기뻐할 만하나, 그 노고와 근심을 이루 다 말할 수가 없다. 우리가 생각해도 저들 사신의 지역(祗役)[21]과 행장의 독원(篤遠)[22]에 그 노고와 근심을 이루 다 말할 수 없으리라. 예전에 흉험(凶險)한 재앙을 당해서 빙례 연기의 요청

---

18) 앙장(鞅掌): 매우 분주히 일하는 모양
19) 요요(撓擾): 번잡하고 시끄러움
20) 관광(觀光): 나라의 광휘(光輝)를 관람함
21) 지역(祗役): 왕의 명령에 따라 멀리 나가서 공무를 처리함
22) 독원(篤遠): 원래 멀리 있는 사람을 돈독히 대한다는 뜻인데, 정확한 의미는 미상이다.

이 있었다. 대체로 세운(歲運)[23]이 재앙을 만나는 것이 어디고 그런 일이 없겠는가마는, 혹시라도 연달아 재앙을 당한 뒤에 회복하기 어려워서 때에 맞게 예를 행하지 못한다면 『춘추(春秋)』의 비난을 면치 못할 것이니, 이는 또 피차가 마땅히 불안한 것을 서로 해결해야 하는 것이 아니고 무엇이겠는가? 그러므로 반복해서 생각해 보건대, 내빙은 서로 한 번씩 불러서 예를 마치는 것이[24] 제일이다. 그래야 아마도 천백세(千百世)가 지나도 변치 않을 인덕(隣德)과 국가의 체통이 온전해질 것이다. 무릇 각실(慤實)[25]한 업(業)은 조무(祖武)[26]의 법도요, 치미(侈靡)한 풍습은 본래 다스렸다.[27] 『주역(周易)』에 이르기를, "간략함과 쉬움에서 천하의 이치를 얻는다(易簡而天下之理得矣)."[28]라고 하고, 또 "간략하고 쉬움의 선이 지덕에 배합한다(易簡之善配至德)."[29]라고 했으니, 참으로 이 말이 옳지 않은가? 또 듣건대, 예(禮)는 왕래함을 숭상한다고 했다. 우리가 가는데 저쪽에서 오지 않고, 저쪽에서 오는데 우리가 가지 않는 것은 모두 예가 아니다. 그렇다면 지금의 개혁은 또한 예(禮)의 본의(本意)가 아니다.○상·하략4

이는 『조선빙사후의(朝鮮聘使後議)』의 내용과 구체적으로 아무런 차이가 없다.

여기서 주의할 것은 마쓰다이라 사다노부와 오사카의 처사(處士) 나카이 젠타(中井善太)[지쿠잔(竹山)]세키토쿠(積德)의 관계이다. 사다노부는 덴메이 8년에 다이리(內裏)[30]를 조영(造營)하라는 명을 받고 상경했다가 간세이 원년에 임무를 완수하고 막부로 돌아오는 길에 오사카로 갔다. 지쿠잔은 부름에 응해서, 그의 자순(諮詢)에 답하고 자신이 저술한 『초모위언(草茅危言)』 10권을 바쳤다고 한다. 이 책은 통신사 문제를 적절하게 논했다. 하쿠세키는 고급 막리(幕吏)였기 때문에 자연히 막부의 정책을 옹호하는 경향이 있었지만, 지쿠잔은 재야의 일개 유생으로서 그가 보고 들은 폐해를 솔직하게 서술했다. 지쿠잔은 먼저 "오늘날 묘당이 이러한 폐단을 잘 깨달아서 한빙(韓聘) 시기를 당분간 연기한 것은 외람되지만 감사한 일이다. 그러나 예전에도 종종 있었던 일이니, 이제 또 폐관(閉關)해서 사절하더라도 어찌됐건 몇 년 뒤에는 다시 이 예전(禮典)을 거행하실 것이다. 그

---

23) 세운(歲運): 그 해의 운수
24) 원문은 '竣襄'으로 되어 있는데, 문맥상 '襄'은 '禮'의 오자로 보고 옮겼다.
25) 각실(慤實): 성실(誠實)
26) 조무(祖武): 선조가 남긴 자취
27) 원문은 '夫慤實之業, 武業繩也, 侈靡之習, 本易撥也'로 되어 있다. 여기서 '易'는 '是'의 오자이다. '武'도 '祖武'를 잘못 기록한 것으로 보인다.
28) 『周易』, 「繫辭傳上」에 나오는 말로, 간략함[簡]은 곤도(坤道)요, 쉬움[易]은 건도(乾道)이다. 또 "하늘은 쉬움[易]으로써 주장하고, 땅은 간략함[簡]으로써 능히 한다(乾以易知 坤以簡能)."라고 했다.
29) 『周易』, 「繫辭傳上」에 나온다.
30) 다이리(內裏): 궁성 내 천황의 사적인 공간

렇다면 구식(舊式)을 크게 변혁해서 길가의 후국(侯國)³¹⁾의 고통이 되지 않게 하는 조치를 정하시기를 엎드려 기다릴 뿐"이라고 하여 통신사 내빙의 당분간 연기를 예찬한 다음에 한 걸음 더 나가 막부에서 역지행빙의 영단을 내릴 것을 희망했다. "한인(韓人)의 내빙은 결코 빠뜨릴 수 없는 인교(隣交)의 예(禮)이지만, 오늘날에는 크게 양국의 고통이 되었으니, 서로 생략해서 어느 정도 일을 줄이더라도 인교(隣交)의 예(禮)만 세울 수 있다면, 선유(先儒)○아라이 하쿠세키도 논한 것처럼 저쪽에서 최소한의 인원만 타이슈까지 보내면 우리는 국서(國書)와 빙물(聘物)만 받아서 상달(上達)하며, 이쪽에서도 반간(返簡)과 수폐(酬幣)를 타이슈까지 보내서 상대방과 타이슈에서 예를 마치고 사자(使者)를 돌려보내야 한다. 그렇게 하면 이것으로 일을 끝마쳐서 저쪽도 크게 기뻐할 것이며, 관(官)에서도 크게 경비를 절약하고 천하의 제후와 억조의 백성이 모두 어깨의 짐을 내려놓고 쉴 수 있으리라. 이는 참으로 가장 간편한 방법 하나를 만드는 것이다. 어쨌건 내빙은 일대(一代)에 한 번 밖에 하지 않으니 특별히 기피할 것은 아니다. 후국(侯國)에서도 잘못 과도한 연향을 하지 않도록 주의한다면, 일을 크게 줄여서 별로 백성을 수고롭게 하지 않고 재물을 낭비하지 않는 방법이 얼마든지 있을 것이다.○중략 그런데 절역(絶域)의 한인(韓人)이 만리제항(萬里梯航)³²⁾해서 오는 것은 미요(御代)의 위광(威光)에 참으로 아름다운 일이지만, 옛일로 상고해 보면 천재속국(千載屬國)³³⁾인 소이(小夷)에게, 시세(時勢)라고는 해도 인교(隣交)로 항례(抗禮)³⁴⁾를 하게 하는 것은 본래 소망(素望)이 아니다. 이것이 타이슈에서 역지행빙을 거행하는 간편한 방법이 제기된 이유이다. 그렇지만 갑자기 행하기 어려운 형편도 있으니, 오늘날 대번에 그렇게 해야 한다고 말하는 것이 아니다. 우선 기록해서 후대 사람들에게 고할 뿐이다."⁵

지쿠잔의 설은 막부의 방침까지 고려해서 하쿠세키 안(案)처럼 급진적으로 개혁을 주장하지 않았던 만큼 온건적이며 실제적이었다. 하지만 그것이 전부였으며 하쿠사키의 주장에서 한걸음도 나가지 못했다. 마쓰다이라 사다노부의 입장에서는 역지행빙에 대한 확신만 강화시켰을 뿐, 지쿠잔의 주장에서 배운 것은 없다고 해도 무방하다.

신사 내빙 문제에 대한 막부의 방침은 이와 같았지만, 원래 이 문제는 막부의 독단으로 결정할 수 있는 것이 아니었다. 원래 대한외교는 막부가 직접 지휘하는 것이 아니라

---

31) 후국(侯國): 번(藩)을 가리킨다.
32) 제항(梯航): 梯山航海의 준말로, 사다리를 놓아 산을 건너고 배를 타고 바다를 항행한다는 뜻
33) 천재(千載): 천년(千年)
34) 항례(抗禮): 대등한 예

타이슈 번에 위임한 것이었던 만큼 조금이라도 그 형식과 내용을 변경하려면 반드시 그 동의가 필요했다. 역지행빙도 마찬가지였다.

하쿠세키가 역지행빙을 주장했을 때 그에 대한 타이슈 번의 태도가 기록된 문헌은 없지만, 아마 실행 불가능하다고 보고 절대 반대했을 것이다. 그렇지만 시세(時勢)는 타이슈 번에 옛 제도를 묵수(墨守)하는 것이 이롭지 않음을 깨닫게 했다. 즉, 게이초(慶長) 이래로 간분(寬文) 무렵에 이르기까지 타이슈의 조선무역은 큰 이익을 거둬서 번(藩)의 상하를 불문하고 큰 부(富)를 천하에 과시했지만, 그 뒤로 나가사키와 지나(支那) 무역이 발달하면서 타이슈 무역은 점차 쇠퇴하여 마침내 재정 곤란에 허덕이게 되었다. 그렇지만 사정상 타이슈 번은 급속히 긴축정책을 시행할 수 없었으므로 막부의 보조와 산토(三都)의 고요쇼닌(御用商人)[35]의 임시차입금으로 근근이 재정을 지탱하고 있었다. 때마침 스야마 도쓰안, 아메노모리 호슈 등이 나와서 타이슈 번이 그 존립을 조선에 의탁하는 것이 이론적으로도 경제적으로도 불가능하다는 사실을 인식시켰다. 이른바 '고다이간(御大願)', '고시간(御至願)'이라는 용어가 인구에 회자되기 시작한 것도 이때부터였다. 그 뜻은 타이슈 번이 자번(自藩)의 수입으로 존립을 유지하되, 그 부족분을 조선에서 구하지 않고 막부의 가소(加增)[36]를 통해 보충한다는 것이다. 가소(加增)의 후보지는 타이슈의 인접 지방, 즉 이키노쿠니(壹岐國)·히젠노쿠니(肥前國) 마쓰우라 군(松浦郡)이 첫 번째로 꼽혔고, 나중에는 규슈 북부 지방도 고려됐다. 마지막에는 막부 말의 가로(家老) 사스 이오리(佐須伊織)^{모토유키(實行)}의 가와치노쿠니(河內國) 30만 고쿠(石) 전봉론(轉封論)[37]으로까지 진전됐다.

『소씨실록(宗氏實錄)』에 따르면, 쇼토쿠(正德) 연간의 신사 내빙으로부터 40년 뒤에 타이슈 번주 소 쓰시마노카미 요시시게(義蕃)[호레키(寶曆) 2년 습봉(襲封), 12년 치사(致仕)]는 통신사 개혁과 가소(加增)의 관계에 대해 여러 중신들에게 의견을 물었는데 구체적 결론에 도달하지 못했다고 한다.

다이준 공(大順公)^{○소 요시시게(宗義蕃)}은 일찍이 개혁과 비용 절감의 대가로 우리가 평소 바라던 땅을 간청하는 것에 대해 여러 집사(執事)들에게 논의를 명한 적이 있다. 각각 소견을 아

---

35) 고요쇼닌(御用商人): 에도시대 막부·다이묘의 관용물품을 조달, 처분하던 특권상인
36) 가소(加增): 영지·봉록 등을 더해 주는 것
37) 전봉(轉封): 제후의 영지를 딴 곳으로 옮김. 이봉(移封)

뢰었으나 실행되지 않았다. 아메노모리 도고로(雨三東五郎)가 저술한 『신사정지서부(信使停止書付)』는 대체로 갑작스런 행동을 크게 경계하면서 그 세 가지를 어렵게 여겼으니, 각각 적합한 시기와 인물이 있기 때문이다. 말하기를, "도다이(東臺)[38]와 조선, 그리고 우리 중에 하나라도 없으면 필시 국사(國事)를 그르칠 것"이라고 했으니, 그 뜻을 대략 알 수 있다.[6]

아메노모리 호슈의 『신사정지서부(信使停止書付)』는 오늘날 전해지지 않지만, 이 기사를 통해 그가 통신사제도 개혁에는 소극적 반대론자였음을 추측할 수 있다.

마쓰다이라 사다노부가 역지행빙을 주장한 목적이 주로 경비 절감에 있었던 것에 반해, 타이슈 번 가로(家老) 오모리 시게에몬(大森繁右衛門)[노리히사(功久)]이 그의 주장을 추종해서 이를 달성하기 위해 노력한 것은, 의심할 바 없이 가소(加增) 문제를 일거에 해결하려는 의도에서 나온 것이었다. 오모리는 역지행빙의 실행을 보지 못하고 사망했지만, 만약 그가 분카(文化) 14년까지 살아서 타이슈 번이 자기의 존립을 걸고 성취한 역지행빙에 대한 은상(恩賞)이 겨우 2만 고쿠(石)의 가소에 불과한 것을 보았더라면 실망을 금치 못했을 것이다.

지금까지 논의가 다소 번쇄했으나, 이를 요약하면 겐로쿠(元祿)·쇼토쿠(正德) 연간은 막부와 타이슈 번 모두 통신사제도에 근본적 개혁을 할 수 있는 시기가 아니었다. 아메노모리 호슈의 이른바 '세 가지 가운데 하나라도 없으면 국사를 그르칠' 시대였다. 하지만 이후 100년간의 정치적·경제적 변천은 막부와 타이슈 번으로 하여금 각각 다른 각도에서 통신사제도의 근본적 개혁이 절대적으로 필요하다는 것을 깨닫게 했다.

다음으로 분카(文化) 역지행빙의 성과에 대해 언급하겠다. 아라이 하쿠세키의 『조선내빙후의(朝鮮來聘後議)』에는 타이슈에서 빙례를 거행할 것, 접반원(接伴員)으로 고케(高家)를 파견할 것 외에는 구체적으로 아무런 기술이 없다. 마쓰다이라 사다노부 또한 하쿠세키 이상의 의견을 갖고 있지 않았다. 이러한 점에서 사다노부와 그 후임자들은 오직 하야시 다이가쿠노카미(林大學頭)[줏사이(述齋)][다이라(衛)]와 타이슈 번 가로(家老) 오모리 시게에몬의 의견을 따를 수밖에 없었다.

하쿠세키가 우리 사신을 간략하게 한 이상, 조선사신의 감원도 예상했을 것으로 생각된다. 그런데 타이슈 번은 빙례 거행 지역을 타이슈로 변경하는 것을 제외하고는 통신사원역(通信使員役)·공사예단(公私禮單)을 옛 법규 그대로 유지하고자 했다. 조선의 강

---

38) 도다이(東臺): 에도막부

경한 요구로 인해 할 수 없이 통신삼사(通信三使)에서 종사관과 그 대솔(帶率)[39]을 감원하고, 공사예단(公私禮單)을 약간 줄였을 뿐이다. 막부도 오직 타이슈 번의 주장을 따를 뿐이었다. 하쿠세키는 신사의 여관에 위문하는 상사(上使)로 로주(老中)를 보내는 것은 부당하다고 보고 고케(高家)로 대신했는데, 이번에 타이슈에서 빙례를 거행하면서 옛 제도를 복구해서 로주에 상당하는 다이묘(大名) 2명을 상·부사(上副使)로 파견하고, 하야시 다이가쿠노카미와 별도로 오메쓰케(大目付)와 간조부교(勘定奉行) 각 1명, 메쓰케(目付) 2명, 간조긴미야쿠(勘定吟味役) 1명을 접반원에 임명했다. 상·부사 이하 막부의 고급관리들이 각각 수십에서 수백 명에 달하는 종자(從者)를 이끌고 에도와 타이슈 간을 왕복하는 여비와 연도(沿道) 지방민들이 져야 할 부담은 통신사의 그것에 비할 바는 아니지만 결코 가볍지 않았다. 게다가 타이슈 번은 한치후추(藩治府中)[이즈하라(嚴原)]의 설비가 불완전함을 상신하고, 소씨 거관(居館)부터 부두, 번사(藩士)의 저택에 이르기까지 전부를 국비로 개수(改修)하게 했다. 역지행빙은 결국 타이슈의 구제(救濟)로 끝난 것과 다름없었고, 에도 대신에 타이슈에서 빙례를 거행한 한 가지 사실만 제외하면, 하쿠세키의 이상과 거리가 먼 것은 물론이고 사다노부의 원안조차 실행되지 않았던 것이다.

　미즈노 다다쿠니(水野忠邦)의 날카로운 눈은 역지행빙이 의외로 성과 없이 끝난 사실을 놓치지 않았다. 오사카(大阪) 역지행빙안(易地行聘案)은 그 귀결이었다. 오늘날 오사카 역지행빙에 관한 강정절목은 전해지지 않아서 그 실상을 파악하기는 어렵지만, 분명히 상사(上使) 이하 접반원(接伴員)의 감원이 가장 먼저 거론됐을 것이다. 오사카 성에는 조다이(城代)·조반(城番)[40]·마치부교(町奉行) 등 막부의 고급관리들이 적지 않게 근무하고 있었으므로, 우선 상·부사 중 1명을 조다이로 충원하고 간조부교(勘定奉行) 대신에 마치부교, 메쓰케 대신에 재근(在勤)하는 쓰카이반(使番), 그 밖의 수행원들도 가능한 한 오사카에서 근무하는 막부관리로 충당한다는 방침이었다. 이러한 방침을 통해 여비와 각종 수당을 크게 삭감하고 그 지방 백성의 부담이 줄어들 것으로 기대됐다. 또 웅장한 오사카 성과 니시혼간지(西本願寺)는 대대적인 보수를 하지 않아도 바로 빙례식장과 신사 여관으로 사용할 수 있었고, 집기(什器) 등 필요한 물품 또한 즉시 조달할 수 있었다. 신사 여관의 신축을 비롯해서 집기·진상품·연향재료부터 요리사에 이르기까지 일일이 산토(三都)에서 인솔하고 조달했던 분카(文化)·신미(辛未) 당시와 비할 바가 아니었

---

39) 대솔(帶率): 거느리는 하인
40) 조반(城番): 에도시대에 성을 지키는 병사, 또는 조다이(城代)을 보좌하는 직책

다. 요컨대, 오사카 역지행빙은 막부 말기의 다사(多事)함으로 인해 유야무야 타이슈 역지행빙으로 환원됐지만, 만약 예정대로 실행됐다면 미즈노 가쿠로(閣老)의 기대에 부응할 정도는 아니더라도 분카·신미에 비해 크게 경비를 절감할 수 있었을 것이다.

다음으로 일한관계 전반의 관점에서 역지행빙의 타당성에 관해 한 마디 덧붙이고자 한다. 원래 일한관계는 멀리 유사(有史) 이래로 존재해 왔지만, 에도시대처럼 일본이 조선에 협조적이었던 때는 없었다. 이 일한관계의 조정(調整)에 가장 중요한 역할을 한 것이 바로 통신사이다. 통신사는 일한 양국의 친선관계를 유지하는 데 절대적으로 긴요해서, 결코 후한(後漢) 초기의 서역(西域) 제번(諸蕃)과 같이 관문을 폐쇄하고 그 내조(來朝)를 사절할 수 있는 성질의 것이 아니었다. 에도막부가 이들을 정성껏 접대하는 데 노력해서 행여 부족함이 있을까 전전긍긍했던 성의(誠意)는, 조선 군신(君臣)을 만족시켜서 그들의 선천적 시의심(猜疑心)을 푸는 데 대단히 큰 효과가 있었다. 인조 병자역(丙子役)[41] 당시 남쪽 일본의 침략을 조금도 고려하지 않고, 이태왕 병인양요를 당했을 때조차 양이(洋夷)와 일본의 통모(通謀)를 전혀 고려하지 않았던 것이 그 좋은 예일 것이다. 일반적으로 통신사의 큰 폐단만 열거하면서, 통신사의 내조(來朝)가 300년 동안 일한관계를 조정하고 우리나라 문화 발달에 간접적이지만 적지 않은 공헌을 한 사실을 간과하는 것은 정당한 견해가 아니다.

통신사가 긴요한 것이라면, 결함이 있으면 시정해서 이 제도를 유지해야 했다. 그 결함으로 들 수 있는 것은, 이미 여러 차례 반복한 것처럼 통신사가 오는 것에 대해 우리 사신이 가지 않는 것과 경비 문제였다. 전자는 대차(大差)·소차(小差)의 구제(舊制)를 폐지하고, 막부에서 직접 사신을 파견할 것을 고려해야 했다. 『경국대전(經國大典)』에 국왕사(國王使)[42] 접대에 관한 명문(明文)이 있다. 후자는 통신사의 대솔(帶率)과 의장(儀仗)을 간소하게 하고 예물을 줄이며, 막부 또한 접대를 가볍게 하고 쓸데없는 허식을 철폐해서 양국 모두 부담을 경감하는 데 주안점을 두어야 했다. 또한 이 문제는 아메노모리 호슈의 삼전론(三全論)을 고려해서 지극히 신중하게 다루어야 했다. 하쿠세키가 통신사의 현상(現狀)에 집착해서 그 개선을 주장하면서도 도리어 번폐(煩弊)를 조장한 일 같은 것은 절대로 반복하지 말아야 했다. 성호(星湖) 이익(李瀷)은 일찍이 통신사 문제에 대해 다음과 같이 논했다.

---

41) 병자역(丙子役): 1636년의 병자호란(丙子胡亂)을 가리킴
42) 국왕사(國王使): 에도막부의 쇼군이 보내는 사절

교린신명(交隣信命)[43]은 선왕의 아름다운 법이다. 이제 저쪽 사신은 변경까지만 오고, 우리는 또 그 요청이 온 이후에야 사신을 보내는 것은 성신(誠信)을 크게 결여한 것이다. 따라서 마땅히 다시 약조를 맺어서, 3년에 1번씩 우리가 가면 저들이 오되 각각 수도로 가서 그 번비(煩費)[44]를 줄이고 농간을 금한다면 정(情)이 통하고 의(義)가 가까워질 것이니, 유원지도(悠遠之圖)[45]에 이보다 더 나은 방법이 없을 것이다.○상략·하략 7

이 말은 평이하지만 통신사제도의 참된 의의를 완벽히 설파하고 있다. 불행히도 우리나라의 명상(名相)·숙유(宿儒) 중에는 단 한 사람도 성호의 탁견에 이르지 못했고, 한갓 하쿠세키를 추종해서 통신사제도의 개혁을 오직 역지행빙 한 가지 점에만 고착시킨 것은 유감이다. 호레키(寶曆) 13년의 통신사를 끝으로 에도에 들어온 조선인은 없었고, 분카(文化) 8년 이후로는 반세기 동안 조선사신이 막부의 고급관리와 접견한 일이 없었다. 일체를 타이슈 번에 위임해서 거들떠보지도 않는 것은 일한국교를 존중해서 그 영속(永續)을 도모하는 방법이 아니었다. 과연 그 뒤로는 걸핏하면 양국관계가 괴리하는 조짐이 나타났고, 결국 메이지 신정부의 성립을 계기로 정면충돌을 초래하기에 이르렀다. 이는 양국 정세에도 원인이 있지만, 만약 통신사제도가 성호의 주장에 따라 근사하게 개선돼서 양국 정부 사이에 과거와 같은 관계가 성립했더라면 양국의 오해가 그 정도까지 이르지는 않았을 것이다. 일한국교가 다시 조정된 것이 메이지 9년 병자(丙子) — 마침 과거에 통신사 입송(入送)을 약속했던 바로 그해 — 수신사 파견 이후였음을 생각하면 이 유감은 더욱 깊어진다.

마지막으로 한마디 덧붙이고 싶다. 근대에 일한국교의 근간은 통신사에 있었다. 그리고 통신사의 입송은 에도막부·타이슈 번·조선의 모든 정치기구와 밀접한 관계가 있었다. 따라서 그 연구는 단순히 통신사에 국한된 것이 아니라, 일한관계의 본질을 천명하고, 또 양국 정세의 한 부분을 밝히는 것이 된다. 이 정밀한 연구를 도외시한다면, 에도시대의 일한관계를 밝힐 수 없음은 물론이고 메이지 초기의 일한관계가 정체된 이유를 도저히 이해할 수 없을 것이다.

[쇼와(昭和) 11년 9월 24일, 한성 낙산(駱山) 아래 이화초당(梨花草堂)에서 탈고함.]

---

43) 신명(信命): 사신이 가져가는 국왕의 명령이나 서신
44) 번비(煩費): 번잡하게 많이 드는 비용
45) 유원지도(悠遠之圖): 장구한 계책

【원주】

1 『通航一覽』113권, 「朝鮮國部八九」.

2 『通航一覽』118권, 「朝鮮國部九四」.

3 『朝鮮聘使後議』(『新井白石全集』5권 수록), 682쪽.

4 『淨元院實錄』상권, 寬政 3年 5月.

5 『草茅危言』4권, 「朝鮮の事」(역자 주: 실제로 「朝鮮の事」와 본문의 인용문은 『草茅危言』제2권에 수록 되어 있다.)

6 『淨元院實錄』상권, 寬政 3年 5月 3日注.

7 『星湖僿說』5권(上), 「人事編」, "交隣".

메이지유신기의
타이슈 번 재정 및 번채(藩債)에
관하여

별편 2

제 1 절
타이슈 번 재정의 실체

　에도시대 중기 이후 무가(武家) 경제의 성장이 완전히 정체되자 막부를 비롯한 전국의
모든 번(藩)은 세출입의 균형을 맞출 수 없어서 적자에 허덕였으며, 그 보전책으로서 고
요킨(御用金)[1]이라는 이름으로 에도·교토·오사카 산토(三都)의 조닌(町人)[2], 특히 오사
카의 구라모토(藏元)[3]·고요다시(御用達)[4]에게 자금 조달을 의뢰했다. 이른바 번채(藩債)
이다. 이 번채의 인수가 산토(三都)의 대금융업자의 발달을 촉진해서 현대금융자본주의
의 먼 연원이 된 것은 여기서 다시 설명할 필요가 없다.

　타이슈 번은 그중에서 특수한 경우였다. 에도시대를 통틀어 쓰시마노쿠니 일대는 무
다카(無高)[5]였는데, 히젠노쿠니(肥前國)의 기이(基肄)·야부(養父) 두 군(郡)[오늘날의 미야
키 군(三養基郡)]에서 13,400고쿠(石)[타이슈에서는 그 주읍(主邑)의 이름을 따서 다시로료(田
代領)라고 불렀다.]를 영유하는 것만으로 '다카(高) 10만 고쿠 이상의 가카쿠(家格)'라고 하
면서 준코쿠슈다이묘(准國主大名)[6]의 체면을 보전한 것은 전적으로 조선무역에서 나오
는 수입 덕분이었다. 이런 이유도 있어서 타이슈 번리(藩吏)의 상술이 조닌(町人)보다 훨
씬 낫다고 할 정도였다. 그런데 타이슈의 조선무역이라는 것은 공무역(公貿易)은 물론
사무역(私貿易)조차도 사실은 조선에 재정상의 원조를 앙청(仰請)하는 것과 같아서 시대

---

1) 고요킨(御用金): 막부나 번(藩), 하타모토(旗本)가 재정난을 해결하기 위해 상인·농민들에게 임시로 거둬들인
　차입금이다. 반강제적으로 부과되기는 했지만 징발은 아니고 이자를 붙여서 변제하는 것으로 오늘날의 국채와
　유사한 성격을 갖고 있었다.
2) 조닌(町人): 도시에 거주한 상공업자 계층
3) 구라모토(藏元): 오사카·오쓰·사카다(酒田) 번의 구라야시키(藏屋敷: 각 번에서 거둬들인 연공미(年貢米)나 특
　산물을 팔기 위해 설치한 창고 겸 거래소)에서 물건 출납을 담당하던 관리
4) 고요다시(御用達): 고요쇼닌(御用商人). 즉, 막부나 번에 출입하면서 물자 등을 조달하고, 그 대가로 각종 특권
　을 부여받은 상인을 말한다.
5) 무다카(無高): 고쿠다카(石高)가 없는 땅
6) 준코쿠슈다이묘(准國主大名): 소유 영지와 성의 규모에 따른 다이묘의 등급 중 하나로, 최상급인 구니모치다이
　묘(영지가 1개 쿠니(國) 이상인 다이묘)의 다음 등급이었다. 그 아래로 조주다이묘(城主大名), 조주카쿠다이묘
　(城主格大名), 무조다이묘(無城大名)가 있었다.

의 변화에 따라 도저히 영구히 지속될 수 없는 것이었다. 에도시대 중기 이후로 공무역은 거의 수지(收支)를 맞추지 못했고, 사무역은 자연히 중단된 양상이었다. 이 때문에 타이슈 번은 심각한 타격을 받았다. 이에 무역에서 보여 준 상업상의 재능이 각종 자금의 조달 방면에서 발휘됐다. 타이슈 번이 여러 가지 구실로 막부에서 받은 보조금과 임시 대부금의 총액은 당시 재정 사정을 고려하면 막대한 금액이었다. 그럼에도 불구하고 이것만으로는 도저히 10만 고쿠(石)의 번계(藩計)를 지탱할 수 없었으므로 영내(領內)와 오사카, 그리고 안세이(安政) 개국 이후에는 구미의 무역상인들에게서 갖가지 구실과 기회를 이용해서 차입할 수 있을 만큼 차입했다. 빈약한 쓰시마는 당연히 투자자에게 아무 매력도 없었다. 국내외의 금융업자들은 교묘한 번리(藩吏)들의 위계(僞計)에 완전히 속아서 절망적인 상태에 있던 조선무역의 공허한 이익에 현혹됐던 것이다. 안에이(安永) 5년에 타이슈 번 가로(家老) 스기무라 나오키(杉村直記)^{아리스케(蕃祐)}는 막부에 공작을 펼쳐서 매년 12,000료(兩)의 보조금을 받아 냈으며, 그 공으로 번주 소 쓰시마노카미^{요시나가(義暢)}로부터 간조(感狀)를 받았다고 한다. 원래 간조(感狀)는 전장에서의 공적에 대해 수여하는 것임에도 그것을 차금(借金)의 성공에 하사한 타이슈 번은, 과연 금융에 관해서도 독특한 수완을 갖고 있었다. 메이지 4년 7월 14일 폐번치현(廢藩置縣) 당시 번채(藩債)는 엄청난 액수였다. 특히 외채(外債)는 전국에서 세 번째로 많았고, 그 다종다양(多種多樣)함은 실로 보는 이를 경악시켰다. 이번 편에서는 봉건제도가 붕괴하던 시기의 무가경제(武家經濟)를 배경으로 타이슈 번 재정의 일반을 약술해서, 타이슈의 번채(藩債) ― 주로 외국 상인과 관계되는 채무 ― 의 기원과 상환한 방법을 설명하고자 한다.

순서에 따라, 메이지 2년 6월 17일 판적봉환(版籍奉還) 당시 타이슈 번의 일반 현황을 살펴보자. [타이슈 번은 메이지기에 이르러 한치후추(藩治府中)의 새 명칭에 따라 이즈하라(嚴原)라고 불렸다.]

이즈하라 번(嚴原藩) 한치(藩治) 이즈하라(嚴原)[후추(府中)]

료분(領分)[7]	쓰시마노쿠니(對馬國) 일원(一圓), 히젠노쿠니(肥前國) 야부(養父)·기이(基肆)·마쓰우라(松浦) 3개 군(郡)의 일부, 치쿠젠노쿠니(築前國) 이토 군(怡土郡)의 일부, 시모쓰케노쿠니(下野國) 아소(安蘇)·쓰가(都賀) 2개 군(郡)의 일부
아즈카리치(預地)[8]	분고노쿠니(豐後國) 구스(球珠)·나오리(直入) 2개 군(郡)의 일부, 부젠노쿠니(豐前國) 우사 군(宇佐郡)의 일부
구사다카(草高)[9]	52,174.7783石
겐고쿠(現石)[10]	35,413.222
치지(知事) 가록(家祿)	3,541.222
아즈카리치(預地) 구사다카(草高)	35,190
치지(知事)	종사위(從四位) 소 요시아키라(宗義達)[시게마사(重正)]쓰시마노카미(對馬守)
호수(戶數)	13,975

인구(人口)	66,624	남	34,160
		여	32,464
사족(士族)[11] 호수(戶數)	1,837		
사족(士族) 인구(人口)	10,960	남	5,585
		여	5,375
소쓰조쿠(卒族)[12] 호수(戶數)	1,082		
소쓰조쿠(卒族) 인구(人口)	4,102	남	2,506
		여	1,596
샤닌(社人)[13] 호수(戶數)	173		
샤닌(社人) 인구(人口)	910	남	475
		여	435

* 이 중에서 쓰시마노쿠니에 속하는 것은 다음과 같다. 사족(士族)과 소쓰조쿠(卒族)는 모두 이즈하라(嚴原)에 재적(在籍)되어 있으므로 다시 거론하지 않는다.

호수(戶數)	3,142		
인구(人口)	14,639	남	7,536
		여	7,103

세출입(歲出入) 통상부(通常部)					
세입(歲入)	전조(田租)	27,137.02772石		전조(田租)타이슈 본번(本藩)	337.84083
				전조(田租)료분(領分) 및 아즈카리치(預地)	26,799.18689
	잡조잡세(雜租雜稅)금납(金納)	64,822.에이(永)雨 19.82 文 (14)		전조(畑租)타이슈 본번(本藩) 보리[麥]	43,311.에이(永) 580
				전조(畑租)료분(領分) 대두(大豆)	11,172.에이(永) 718.8
				잡세(雜稅)료분(領分) 및 아즈카리치(預地)	10,337.에이(永) 721.02
세출(歲出)	번비(藩費)미불(米拂)	33,864.58017石			
	번비(藩費)금불(金拂)	61,384.에이(永)雨704.9文			
재정수지	부족미불(米拂)	6,727.55245石			
	초과금불(金拂)	3,437.에이(永)石214.92文			
	실부족(實不足)미불(米拂)	6,345石			

(비고) 쌀 1고쿠(石)를 9료(兩)로 환산하여 금 3,437료가 쌀 382고쿠에 해당하는 것으로 대략 계산해서 실부족(實不足)을 산출함.

세출입(歲出入) 특별부(特別部)					
세입(歲入)	조선관계수입(朝鮮關係收入)금납(金納)	56,618.雨1分 [니주긴(二朱銀)](15) 6.953勺		공작미(公作米)(16)세사미(歲賜米)(17)와 기타 절미(折米)(18)를 포함	8,808.65102石
				공목(公木)은납(銀納)	3,440.909,619貫勺
				대두(大豆)세사태(歲賜太)를 포함	95.196.1
				잡물절가(雜物折價)(19)	3.652.05
				공무역(公貿易)육전(六錢)	14,692.657.36貫勺
세출(歲出)	조선관계비(朝鮮關係費)	왜관양관소비(倭館兩關所費)미불(米拂)	819.17258石		
		동(同)전불(錢拂)	815.043貫文		
		표민입송비(漂民入送費)미불(米拂)	93.83146石		
		동(同)전불(錢拂)	13,809.074貫文		
		왜관비(倭館費)미불(米拂)	4,615.65819石		
		동(同)전불(錢拂)	27,679.948貫文		
		동(同)금불(金拂)	2,000雨		

		동(同)단목(丹木)	1,450 ^斤
		동(同)목면(木綿)	150 ^匹
		동(同)대두(大豆)	20 ^俵
		동(同)동(銅)	1,000 ^斤
		대차사비 (大差使費)미불(米拂)	62.10378 ^石
		동(同)목면(木綿)	450
		동(同)전불(錢拂)	3,344.748 ^{貫 文}
		일본표민비 (日本漂民費)미불(米拂)	80.00942 ^石
		동(同)전불(錢拂)	5,486.822 ^{貫 文}
		역관도래비 (譯官渡來費)미불(米拂)	523.8259 ^石
		동(同)전불(錢拂)	26,846.544 ^{貫 文}

---

7) 료분(領分): 영지(領地)

8) 아즈카리치(預地): 막부가 그 영지 주변의 막부령(幕府領)의 관리를 다이묘 등에게 위임한 토지

9) 구사다카(草高): 영지에서 거둬들이는 고쿠다카(石高)의 총액

10) 겐고쿠(現石): 구사다카(草高) 가운데 영주가 실제로 연공(年貢)으로 징수하는 고쿠다카(石高)

11) 사족(士族): 1869년(메이지 2) 판적봉환에 따라 옛 무사 가문에 속하는 자들에게 부여된 신분 호칭으로, 가조쿠(華族)와는 달리 아무런 법률상의 특전도 없었다. 1947년(쇼와 22)에 폐지됐다. 일본어 발음으로는 '시조쿠'가 되지만, 일반적으로 '사족'으로 사용되므로 이 책에서도 이를 따랐다.

12) 소쓰조쿠(卒族): 메이지 초기 하급 무사에 대한 신분 호칭으로, 1872년(메이지 5)에 대대로 세습한 자를 사족(士族), 그 당대만 해당하는 자를 평민으로 편입하면서 폐지됐다.

13) 샤닌(社人): 진자(神社)의 말단 업무에 종사하는 신관(神官)

14) 에이(永): 에도시대에 영락전(永樂錢)의 통용이 금지된 이후, 이세(伊勢) 이동(以東)의 막부령에서 편의적으로 연공·물가 등의 계산기준으로 사용된 가상 통화 단위

15) 니주긴(二朱銀): 에도시대 말기 일본에서 유통된 은화의 일종

16) 공작미(公作米): 쓰시마에서 들어오는 목면(木綿)의 대가로 지급하던 쌀

17) 세사미(歲賜米): 세종 25년(1443) 계해조약(癸亥條約)에 따라 매년 쓰시마 도주 소씨(宗氏)에게 하사하는 쌀

18) 절미(折米): 어떤 물건의 대가를 쌀로 지급하는 일. 또는 그 쌀

19) 절가(折價): 가격을 환산해서 결정한 것

이 표는 주로 메이지 2, 3년경 타이슈 번의 가키아게(書上)[20]에 기초해서 임의로 타이슈 본청(本廳)에 속하는 회계를 통상부(通常部), 조선 관계 회계를 특별부(特別部)로 분류해서 계산한 것인데, 이것이 대단히 불완전한 것임은 말할 필요도 없다. 통상부에 관해서 말하자면, 세입에서는 조세수입만 있고 임시차입 또는 번찰(藩札)[21] 발행에 의한 수입 등은 전혀 기재되어 있지 않다. 또 세출에서는 번청(藩廳)의 경상비만 있고, 신정부에 대한 상납금, 번주(藩主)[지번사(知藩事)] 및 중신(重臣)[대소참사(大小參事)]의 출장 여비, 교토·도쿄 체재비 등 임시지출은 일체 기재되어 있지 않다. 다만 막연하게나마 알 수 있는 것은 임시지출이 경상지출보다 크게 적지 않고, 그것이 거의 전부 차입금으로 처리되고 있다는 점이다. 특별부 항목에 속하는 회계는 통상부보다 더 부정확하며, 각 항목과 합계가 맞지 않는다. 게다가 그 세출에 속하는 부분에 분명히 중요한 기재사항이 누락돼 있기 때문에 총합을 산출하기가 불가능하다.

이와 같은 이유들로 인해 이 표는 대단히 부정확하다. 하지만 이를 통해 알 수 있는 것은, 첫째 쓰시마노쿠니에서 공과(公課)를 부담하는 백성과 조닌(町人)은 총 14,639명에 불과한 반면, 지교(知行)[22]를 지급받고 일체의 공과(公課)에서 면제되는 무가계급은 사족(士族) 10,960명과 소쓰조쿠(卒族) 4,102명으로 합계 15,062명에 달했다는 것이다. 이는 백성·조닌의 숫자에 비해 323명 많은 것이었다. [무가계급이 백성·조닌보다 많은 것이 타이슈 번의 특특한 현상이었음은 말할 것도 없다.] 둘째, 타이슈 번의 영지가 가장 넓었던 때[메이지 2년 9월 10일]조차 조세수입이 번(藩)의 경상비보다 18% 남짓 부족했다는 사실이다. 조세수입이 무가경제에서 세입(歲入)의 거의 전부를 차지한 사실을 감안하면, 이상의 사실은 타이슈 번이 에도막부와 메이지 신정부로부터 최대의 은전을 받았음에도 경제적으로 자립할 수 없었던 이유를 가장 명확하게 보여 준다.[1]

---

20) 가키아게(書上): 하급 관리나 하급 기관에서 상급으로 올리는 문서
21) 번찰(藩札): 번(藩)에서 발행한 지폐
22) 지교(知行): 무사들에게 지급된 봉토나 봉록

【원주】

1 『補正明治史要』(昭和 8年 復刊) 하권, 부록. 26쪽;『藩制一覽』(日本史籍協會本) 상권, 1~20쪽.

타이슈 번채와 그 정리(整理)

이미 심각한 재정난에 시달리던 무가계급을 결국 파산 직전까지 몰고 간 것은 메이지유신이었다. 정치적으로 궁지에 몰린 무가계급은 경제적으로도 완전히 자신을 잃고 하루살이같이 극단적인 차금정책(借金政策)으로 나날을 보내고 있었다. 따라서 당장에 현금을 제공한다는 사람만 있으면 그 조건 같은 것은 따질 겨를이 없었다. 이미 차용증서에 조인하고 현금을 써 버린 다음에야 비로소 그 부당한 이율에 놀라고, 상환기한이 만료돼서 채권자들의 엄중한 독촉을 받고는 부랴부랴 상환 방법을 궁리하는 것이 일상사였다. 그 결과는 다시 더 심한 악성 대금(貸金)에 손을 벌리는 악순환의 반복이었다.

메이지유신과 같은 정치·경제계의 혼란기에는 자금을 적절히 운용하면 일확천금을 얻는 것도 어렵지만은 않았다. 장사 기회에 민감한 조닌(町人)들 가운데 일약 거부가 된 사람들이 많았다는 것은 널리 알려진 사실이다. 무가계급의 일부는 여기에 착안했다. 이들 대부분은 오사카 구라야시키(藏屋敷)에서 근무하는 루스이(留守居)나 회계원, 또는 신시대의 껍데기만 이해하는 무책임한 청년들이었는데, 교활한 상인의 말에 속아 번명(藩名)을 이용해서 각종 사업에 투자하고, 자기와 번(藩)을 위해 일거에 큰 이익을 거두려고 했다. 이들 대다수가 당시에 가장 투기적이고 위험성이 큰 해외무역에 눈을 돌린 것은 당연했다. 그 결과는 완전히 '사족(士族)의 상법(商法)'[1]으로서, 대다수는 참담하게 실패했고, 어느 정도 수지(收支)를 맞춘 사업은 중개자인 조닌이 이익을 차지해서 무가(武家)는 손실만 부담했다. 뒤에서 설명할 외채의 대부분은 이와 같은 무모한 투자의 결과였고, 이 중에는 완전히 사기당한 것과 다름없는 경우도 있었다. 구번(舊藩)의 외채 조사 임무를 맡은 대장소승(大藏少丞) 오노 기신(小野義眞)이, "각 번(藩)의 포채(逋債)[2]는 천차

---

1) 사족의 상법: 메이지유신 직후 상업에 종사한 구 무사들의 대부분이 실패한 데서 유래한 말인데, 나중에는 익숙하지 않은 일에 손을 데서 실패하는 것을 비유하는 말로 사용됐다.
2) 포채(逋債): 상환하지 않은 채무

만별이라서 단일한 법으로 처리할 수 없는데 대체로 번용(藩用)을 공급하고 국비(國費)에 충당해서 어쩔 수 없이 지게 된 채무는 얼마 되지 않고, 모두 한때 상법(商法)의 설에 현혹되고 교활한 관리와 간사한 상인들이 그 사이에서 반원(攀援)[3]해서, 번청(藩廳)을 종용해 함부로 차금(借金)하고 낭비하게 하여 공무를 가장해서 사욕을 이루다가 마침내 금일의 큰 채무를 만든 것들이다."라고 한 것은 바로 이를 지적한 말이었다.[1]

타이슈 번의 내외채(內外債)는 그중에서도 가장 악성에 속했다. 메이지 4년 7월 폐번치현 당시, 타이슈 번이 이마리 현(伊萬里縣)[후에 사가(佐賀)·나가사키(長崎) 2개 현으로 분리됨]에 인계한 번채(藩債)는 실제로 1백만 료(兩)를 넘었다. 빈약한 타이슈 번이 이처럼 막대한 채무를 지게 된 원인에 대해 당시 권대참사(權大參事) 사가라 마사키(相良正樹)[단조(丹藏)] 등 타이슈 번 당국은 다음과 같이 설명했다.

> 타이슈 땅은 교각척로(磽确瘠鹵)[4]해서 미곡이 부족하여 예로부터 한토(韓土)에 식량을 청하고, 한갓 상리(商利)로 전체 번(藩)의 경비를 대어 왔습니다. 시세(時勢)의 변천으로 한지무역(韓地貿易)이 점차 쇠퇴함에 국가의 경비가 부족하여 안에이(安永)에 세급(歲給) 2천 고쿠(石), 분카(文化)에 증지(增地) 2만 고쿠를 막부에서 받아서 그 부족분을 메워 왔습니다. 그럼에도 회계는 계속 궁핍했고, 특히 만엔(萬延) 원년 이후로 외국 선박이 매년 도래하는 바람에 분명(奔命)[5]에 피폐해져 한층 더 쇠퇴했습니다. 게다가 한토무역(韓土貿易)은 이미 단절된 상황에 이르렀으니, 소씨(宗氏)에게는 영지를 잃은 것과 같아서 많은 인구를 부지하기 어려워 전체 번(藩)의 곤란이 극에 달했습니다. 결국에는 불모(不毛)의 풍토(風土)라서 오래전부터 무역의 뜬구름 같은 이익에 의지했으니, 명(名)은 제후의 반열에 있다고는 하나 실(實)은 장사치와 같이 조불모석(朝不謀夕)했습니다. 특히 근세의 형세는 대의(大義)에 있어 편치 않은 상황이니, 이익을 좇지 않고 한 번(藩)의 생활을 영위하며 위급한 때는 번병(藩屛)의 임무를 다하고자 여러 해 동안의 소원과 국정(國情)의 전말을 누차 옛 막부에 탄원·간청하고, 애오라지 정실(情實)을 모두 전달해서 증지(增地)의 내의(內議)가 있기를 기대했지만, 그 논의는 저절로 방치돼서 실망했습니다.
>
> 그런데 신유(辛酉)분큐(文久) 원년·임술(壬戌)분큐 2년 사이에 천하가 다사(多事)해짐에, 다시 종래의 국정(國情)과 이런저런 일들을 탄원했습니다. 이에 계해(癸亥)분큐 3년 여름에 다카(高) 10만

---

3) 반원(攀援): 넝쿨 따위가 다른 물건에 엉켜서 뻗어 나가는 모양을 뜻하는 말로, 권세 있는 사람에게 빌붙어서 목적을 이루는 것을 비유한다.
4) 교각척로(磽确瘠鹵): 교각(磽确)은 자갈이 많은 메마른 땅이고, 척로(瘠鹵)는 염분이 많아 척박한 땅을 말한다.
5) 분명(奔命): 명령을 충실히 수행하기 위해 분주함

고쿠에 상당하는 연조세(年租稅) 3만 고쿠를 하사(下賜)하셔서, 평소 바람대로 외방(外邦)에 기대지 않고 다른 번들과 어깨를 나란히 하게 됐습니다. 이로부터 번병(藩屛)의 실적(實績)을 올리기를 맹서하고 기망(期望)했는데, 이 연조(年租)의 지급은 계사^{분류 3년}·갑자^{겐지(元治) 원년} 이 태 동안만 이뤄졌을 뿐, 그 뒤로 중단됐습니다.[6] 그래서 또 군궁(窘窮)한 정실(情實)을 옛 막부에 탄원했지만 을축(乙丑)^{게이오(慶應) 원년}·정묘(丁卯)^{게이오 3년}에 얼마 되지 않는 곡식이 내려왔을 뿐입니다. 그 뒤로 본번(本藩)과 히젠(肥前)·지쿠젠(築前)의 연조(年租) 1만 8천 고쿠와 기타 잡세(雜稅)를 더해서 관내의 구조(救助)와 모든 경비를 간신히 처리했으나, 원래 번조(藩租)가 매우 적기 때문에 전체 번(藩)의 양식도 공급하기 어렵습니다. 또 몇 년 전부터 번채(藩債) 때문에 조세가 크게 줄어서, 해마다 매입하는 쌀이 대략 1만 고쿠 남짓 됩니다. 그때부터 쌀값이 등귀하고 대금(代金)이 수만이라, 번(藩)의 힘으로는 버틸 수 없어서 부득이 차금(借金)으로 쌀을 매입했습니다. 그 조달금은 모두 연조(年租)를 담보로 하지 않으면 마련하기 어려워서 결국 추수(秋收)를 담보로 했으니, 이른바 '천조적(賤糶糴)'[7]의 일이 됐습니다. 기타 이자의 지급으로 매년 손해가 적지 않을 뿐 아니라, 다음 해의 조세를 금년으로 당겨 쓰고 있으니, 요컨대 후환을 돌아볼 겨를 없이 목하(目下) 고식(姑息)의 시책만 있을 뿐입니다.

특히 매년 임시의 용비(冗費)를 계산할 수 없고, 온갖 액운이 폭주하여 번세(藩勢)가 날마다 쇠퇴해서 번(藩)이 모두 궁곤(窮困)에 빠져 있을 때, 무진(戊辰)^{메이지 원년} 봄에 대정유신(大政維新)을 만났습니다. 이에 종사위(從四位)^{소 요시아키라(宗義達)}가 무진^{메이지 원년}·기사(己巳)^{메이지 2년} 2년간 상경했을 때, 사민(士民)들이 각자 고혈(膏血)을 다 짜내서 상경 비용을 조달했지만, 그 뒤로 사졸(士卒)의 급봉(給俸)과 급여(給與)를 지급하기 어렵게 되었고, 주(州)가 거의 기아(飢餓)에 빠져서 그 참상이 비할 바 없었습니다.

종사위(從四位)는 기사년 재경(在京) 중에 본번(本藩)의 곤란함을 듣고는, '이러한 상황에서는 귀번(歸藩)한 뒤에 개혁에 착수할 방법이 없다. 번의 상황에 관해서는 전년에 올린 글도 있으니, 이러한 때 다소 지휘를 청하지 않고 빈손으로 번에 돌아갈 수는 없다.'라고 생각해서, 상세히 간원(懇願)을 아뢰었습니다. 그러자 번정(藩情)의 원의(願意)[8]와 곡절(曲折)을 깊이 들어주시고, 또한 전의(詮議)[9]로 연조(年租) 3만 고쿠를 다시 더할 것을 명하셨으니 감명해

---

6) 1863년에 타이슈 번을 구제하기 위해 겐고쿠(現石) 가급(加給)의 명이 내렸는데, 마침 조슈 정벌과 겹쳐서 취소 됐다. 타이슈 번은 이를 부활시키고, 가능한 한 국고 보조를 얻기 위해 광분해 있었다. 이와 관련해서는 본서 상 권, 제7절 "타이슈 번의 일한외교 관장" 참조.

7) 천조적(賤糶糴): 조적(糶糴)은 곡식을 매매한다는 뜻이다. 천조적(賤糶糴)이라는 말의 전거는 알 수 없다. 아마 도 오탈자가 있는 것 같으나, 상고하기 어려워서 원문 그대로 옮겼다. 원문의 전거가 되는 「舊藩外債處分錄」의 기록도 이와 같다.

8) 원의(願意): 바라는 생각

9) 전의(詮議): 평의(評議)하여 사안의 가부를 결정함

마지않았습니다.

기사년 겨울 종사위(從四位)가 번에 돌아온 후에 새 영지로 교환했습니다. 경오(庚午)^{메이지 3년} 4월에 이르러 나가사키·히타케(日田) 2개 현(縣)에서 기사년 조세를 거둬들였는데, 기사년 의 흉작으로 절반 이상이 줄었고 또 빈민의 구제로 인해 현재 전량(錢糧)에 세입(歲入)을 더 하더라도 근년의 부족분을 메우기 어렵습니다. 그렇지만 길거주무(拮据綢繆)¹⁰⁾하여 이재(理 財)의 길을 조금씩 강구하고, 부채 해결의 방법을 미리 마련해서 차츰 이혁(釐革)의 경역(境 域)에 이르렀습니다.○^{중략}

앞에서 누차 서술한 것처럼, 일찍이 3만 고쿠의 가급(加給)을 받았지만 곧바로 중단됐고, 기사(己巳) 가을에 파격적인 은혜로 새로운 영지의 관할을 분부받았지만 그해에 미증유의 흉 작이 들어서 수입이 매우 적었습니다. 이 때문에 지극히 두터운 황은(皇恩)도 종래의 곤폐(困 弊)를 바로잡을 겨를이 없어 결국 금일의 상황에 이르렀으니 통곡하며 눈물만 흘릴 뿐입니다. 이미 외채의 시말(始末)이○^{외채는 제3절에서 상세히 서술함} 출장원역(出張員役)의 전단(專斷)에서 나온 것이기는 하나 요컨대 이는 임용을 잘못한 것이요, 또 지휘가 미치지 못한 바이니 구지사(舊 知事)[소 요시아키라]를 비롯해서 번청(藩廳)의 관리들은 그 책임을 면하기 어렵습니다. 어떤 질책을 받더라도 사양할 수 없을 것이나 종래 핍박한 번정(藩情)을 이리저리 짐작하고 명변 (明辨)하신 다음에 정죄(情罪)¹¹⁾을 통찰하시어 부디 조처를 내려주시기 바랍니다.○^{상·하략2}

이 글은 진정서가 으레 그러하듯이 과장된 부분이 있고 그 내용에 관해서도 따져 봐 야 할 것이 많지만, 재정 궁핍과 번채(藩債)의 중압에 시달린 것은 사실이다. 그리고 이 글에서 조금씩 재정 정리를 계획하고 번채 상환을 입안했다는 구절이 보이는데, 이는 앞 절에서 설명한 것처럼 빈말일 뿐, 채무 상환 등은 거의 생각하지도 않았다.

이 방만하기 짝이 없는 재정 계획도 마침내 강제로 청산될 때가 왔다. 메이지 2년 6 월 17일의 판적봉환이 그것이다. 이날을 기해 각 번주(藩主)들은 봉건제후의 신분을 상 실하고 조정에서 임명하는 지방관이 됐다. 즉, 지번사(知藩事) 이하 가록제도(家祿制度)가 정해져서, 종전과 같이 번(藩)의 공비(公費)인지 번주의 사비(私費)인지 애매하게 처리하 는 것이 더 이상 용납되지 않게 되었다. 이윽고 메이지 3년 9월 10일에 다시 각 번의 재 정 계획을 수립하고 번채의 상환 방법을 모색하는 한편, 지번사 이하 번리(藩吏)의 가록

---

10) 길거주무(拮据綢繆): 길거(拮据)는 힘써 일하는 모양이고, 주무(綢繆)는 환란이 오기 전에 미리 대처한다는 뜻 이다.
11) 정죄(情罪): 사정과 진상

(家祿)과 번비(藩費) 등을 절약해서 편의하게 상환 비용을 염출(捻出)[12]하고, 번찰(藩札)도 점차 태환(兌換)할 것을 명했다. 그러나 당시의 지번사는 옛 번주, 대소참사(大小參事)는 옛 번(藩)의 가로(家老)와 와카도시요리(若年寄) 등을 임용했으므로, 조정의 명에 승복해서 형식적으로는 정리 방법을 입안했지만 그것을 실행하려는 성의는 보이지 않았다. 심지어 조정의 명을 무시하고 번채(藩債)를 증발(增發)하는 경우마저 있어서 아무런 실효도 거두지 못했다.[3]

메이지 4년 7월 14일에 이르러 정부는 마침내 폐번치현을 단행해서 지번사 전원을 파면하고, 새로 중앙정부에서 영사(令事)·참사(參事)를 임명했다. 이 조치로 유신 이래의 문제였던 봉건세력를 일소할 수 있었지만, 동시에 번채 상환과 번찰 교환은 중앙정부의 책임으로 귀속됐고, 대장성이 당연히 그 책임을 떠맡게 되었다.

새로 설치된 부현(府縣)에 주어진 가장 중대한 임무는 옛 번의 재정을 인계하는 것이었다. 그 가운데 조세 징수는 당분간 옛 번의 관례를 따르더라도, 폐번(廢藩) 당일로 무효가 된 번채와 번찰을 정리하는 것이 목전의 급무가 되었다. 대장성은 폐번치현 발령 후 열흘이 지난 7월 24일에 옛 번들은 일정한 서식에 의거해서 번채를 정리하여 제출하고, 옛 번의 채권을 가진 지방민들은 발령 이후 30일 이내에 해당 부현에 신고할 것을 명했다. 이리하여 전국의 각 부현이 신고를 받아 대장성에 보고한 채무는 막대한 숫자에 달했는데, 대장성에서는 그것을 전부 번채로 인정하지는 않았다. 번채 승인과 관련해서 다음 3개조의 근본 원칙이 마련됐다.

(1) 옛 막부와 관계된 채권·채무는 "본래 도쿠가와 요시노부(德川慶喜)가 조적(朝敵)의 죄명을 입어 그 일가가 한 번 멸망하고, 또 린노지노미야(輪王寺宮)[13]도 적도(賊徒)에 가담해서 그대로 놓아두기 어려운 상황이었다. 이 때문에 왕사(王師)[14]를 수고롭게 해서 토벌한 시대이므로, 거병하기 전의 자금은 평정한 뒤에 인정하지 않는 것이 지당한 조리(條理)이다."라는 이유로 일체 무효화했다. 이로써 신정부는 옛 막부의 채권을 포기하는 대가로 그보다 훨씬 더 큰 채무를 인계하지 않는 이익을 얻었던 것이다.

---

12) 염출(捻出): 필요한 비용을 어렵게 걷어서 마련함
13) 린노지노미야(輪王寺宮): 린노지(輪王寺)는 일본 도치기 현(栃木県) 닛코 시(日光市)에 있는 사찰로, 황족의 자제가 그 법통을 계승했다. 이와 같은 사찰을 몬제키(門跡)라 하고, 황족으로서 출가한 승려를 호신노(法親王)라고 하는데, 린노지노미야(輪王寺宮)는 린노지 호신노의 칭호이다.
14) 왕사(王師): 왕의 군대. 여기서는 천황을 옹립한 메이지 정부군을 가리킨다.

(2) 덴포(天保) 14년 이전의 채권은 시효 만료로 간주해서 일체 승인하지 않는다.

(3) 옛 번(藩)의 채무 중에는 번(藩)의 공비(公費)에 충당한 것과 번주 개인의 생활비에 충당한 것이 있다. 그 경계가 불분명한 것이 많지만, 번명(藩名) 또는 번인(藩印)으로 차입한 것은 일체 공비(公費)로 쓴 것으로 간주해서 번채에 포함시킨다.[4]

이렇게 해서 전국 276개 번(藩)에서 신고한 번채는 합계 78,132,927.47엔에 달했다. 대장성에서는 이를 내외채(內外債)로 구분한 후, 다시 앞에서 서술한 근본 원칙에 따라 유효·무효로 나누었다. 유효채는 다시 세부적으로 분류해서 상환 방법을 구별했다. 그 방법은 다음과 같았다.

【유효채】

(1) 구채(舊債): 고카(弘化) 원년부터 게이오(慶應) 3년까지의 채무.

(2) 신채(新債): 메이지(明治) 원년부터 메이지 4년 7월 14일 폐번치현 전까지의 채무.

(3) 즉상채(卽償債): 옛 번(藩)의 사족(士族)·소쓰조쿠(卒族)의 쇼텐로쿠(賞典祿)[15]를 담보로 한 번채, 지번사(知藩事) 가록(家祿) 가운데 메이지 2년 6월의 판적봉환에서 메이지 3년 10월까지의 지급 부족 혹은 각지의 위체회사(爲替會社)[16]에 진 부채 등.

(4) 조세채(租稅債): 메이지 3년도의 조세(租稅)로, 대부받은 관금(官金)의 반납, 군자금의 헌납 혹은 번채 상환 등의 용도에 사용하고 그에 대한 증권을 영내 백성들에게 교부한 후 다시 조세를 징수한 경우의 채무.

(5) 관금채(官金債): 관금(官金) 대부에 따른 채무.

【무효채】

(6) 고채(古債): 덴포 14년 이전의 채무.

(7) 막채(幕債): 옛 막부의 대부에 의한 채무.

(8) 사채(私債): 옛 지번사에게 명하여 사비(私費)로 상환시켜야 할 채무.

(9) 채권 반납(債券返納): 채권자가 자발적으로 증권을 반납해서 채권을 포기한 것.

(10) 숙채(宿債): 메이지유신 당시 일단 성지(城池)가 몰수된 후 재흥(再興)의 명을 받은 여러

---

15) 쇼텐로쿠(賞典祿): 메이지 정부가 보신전쟁(戊辰戰爭), 하코다테전쟁(函館戰爭) 등에서 전공을 세운 사람이나 유신의 공신 등, 막부를 쓰러뜨리는 데 공을 세운 공경, 제후, 번사에게 내린 은상(恩賞)

16) 위체(爲替): 현금은 이동시키지 않은 채 서로 떨어져 있는 사람 간에 채권, 채무를 결제하는 것, 즉 환업무(換業務, exchange)를 말한다.

번(藩) − 시즈오카 번(靜岡藩)[도쿠가와씨(德川氏)]·도나미 번(斗南藩)[아이즈마쓰다이라
씨(會津松平氏) 등] − 의 재흥 전의 채무.

⑾ 공채(空債): 증권 위조나 사위(詐僞)에 의한 채무.

⑿ 기채(棄債): 메이지 3년 11월의 번채 신고 기한 내에 신고를 게을리하거나, 증권을 유실하
거나, 대장성에서 심사한 결과 번채에 해당하지 않는 것으로 인정한 채무.

⒀ 고채체리(古債滯利): 대장성에서 심사한 결과, 채권자의 신고와 달리 고채(古債) 또는 그
이자로 인정할 수 있는 채무.

유효번채(有效藩債)의 상환 방법에 관해서는, (3) 즉상채와 (4) 조세채는 모두 현금상
환, (5) 관금채는 당연히 소멸, (1)과 (2)의 구(舊)·신(新) 양채(兩債)는 메이지 6년 1월 28일
자 태정관 포고 제115호「신구공채조례(新舊公債條例)」에 의거해서 공채증서가 내려왔
다. 구공채는 무이자로서, 원금은 메이지 5년부터 메이지 54년까지 50년 부(賦)로 매년
2회 6월과 12월에 지급한다. 신공채는 4푼 이자로, 메이지 8년부터 메이지 29년까지의
22년 사이에 편의하게 분할해서 지급한다. 또 (8) 사채 상환과 (9) 채권 반납에 관해서는
각종 포상을 내려서 장려한다는 방침이었다.

이상의 분류에 따라 타이슈 번채를 정리하면 다음과 같다.

번채 총액	1,053,017.363	내국채	693,327.157	공채	508,959.041	신채	205,506.019
						구채	236,301.595
						즉상채	172.5
						조세채	4,104.35
						관금채	62,874.577
				무효채	184,368.116	고채	82,739.366
						막채	2,176
						고채체리	99,452.75
		외국채	359,690.206	공채	290,926.301		
				사채	27,718.364		
				감액	41,045.541[5]		

격식은 10만 고쿠(石) 이상이라고 해도, 구사다카(草高)가 겨우 5만 2천 고쿠인 타이슈
번이 내외의 채무가 100만 엔을 넘고, 신정부가 인계한 채무가 내채(內債) 508,959엔, 외

채(外債) 290,926엔으로 합계 799,885엔[이 금액은 『번채집록(藩債輯錄)』에 의거한 것이다. 『구번외채처분록(舊藩外債處分錄)』에 따른 계산과 차이가 나는 것은 사채를 공채로 포함시키고, 또 묵은(墨銀)[17] 환산율의 차이에서 비롯된 것으로 생각된다.]에 달했다. 전국적으로도 찾아보기 어려운 수치이다. 구사다카(草高)나 실수입, 또 번(藩)의 재정 상태를 고려하면, 옛 타이슈 번 재정의 난맥상은 전국에서 일등은 아니더라도 둘째가라면 서러워할 정도였다고 하지 않을 수 없다.

---

17) 묵은(墨銀): 멕시코 은화로, 은화의 질이 고르고 중량이 일정해서 아시아에서 무역화폐로 많이 사용했다.

1 『舊藩外債處分錄』(『明治前期財政經濟史料集成』9권 수록), 219쪽.
2 『舊藩外債處分錄』, 319~321쪽.
3 『補正明治史要』상권, 210~211쪽;『大藏省沿革志』(『明治前期財政經濟史料集成』2권 수록), 112~113쪽.
4 『藩債處分錄』(『明治前期財政經濟史料集成』9권 수록), 9~16쪽;『大藏省沿革志』, 179, 193, 324~325쪽.
5 『藩債處分錄』, 123~124, 40~54, 73쪽;『藩債輯錄』(『明治前期財政經濟史料集成』9권 수록), 211쪽.

제 3 절
타이슈 번 외채와 상환

    번채(藩債) 중에 내채(內債)에 속하는 것은 유효와 무효로 분류해서 장기 공채 발행을
통해 정리한다는 계산을 세웠지만, 가장 곤란한 것은 외채(外債)였다. 외채의 기원이 국
방상 필요한 군함과 병기, 기타 국내에서 생산되지 않는 군수품 수입과 관련한 대금 지
불에 있는 것은 분명하지만 그 액수는 비교적 적었다. 외채의 대부분은 외국상인의 말
에 솔깃해서 무모한 산업진흥계획을 입안한 후 그것에 필요한 자금을 차입하거나 일반
경비에 충용(充用)한 차입금이었다. 채권자인 외국무역상은 일본의 내란을 이용해서 일
확천금을 노리고 온 무리들이었다. 따라서 이들은 극히 단기(短期)·고리(高利)로[최저 월
1% 복리(複利)] 대부를 융통했다가, 일단 상환 기한이 되면 곧장 해당국 영사를 통해 일본
외무성에 독촉하는 것이 일반적이었다. 그럼에도 불구하고 외국인에게서 현금을 차입
하는 것은 정부가 엄금했기 때문에, 채무자인 여러 번(藩)들은 모든 미봉책을 강구해서
어떤 불리한 조건을 감수하고서라도 차환(借換)[1]을 희망하고 있었다. 처음에는 그렇게
까지 큰 금액이 아니었더라도 몇 차례 차환을 거치면 2, 3년 뒤에는 원금의 몇 배가 되는
것이 보통이었다. 그렇지만 당시 번(藩)들은 모두 재정 문란이 극에 달해서 산토(三都)의
금융업자들에게는 신용이 전무했으므로 이들의 중개로 새로 차입을 할 가망도 없었다.
게다가 극도로 현금이 필요했기 때문에 외국상인으로부터의 차입이 위험하다는 것을
알면서도 당장 발등에 떨어진 불을 끄기 위해 그것에 의지하는 자들도 적지 않았다. 그
사이에 일본인·지나인 중개업자가 끼어들어서 어지럽게 활동했다. 도슈 번(土州藩)[2]의
이와사키 야타로(岩崎彌太郎)[3]를 대표로 하는 쓰쿠모상회(九十九商會)가 대표적인데, 악
랄한 외국무역상과 범용하고 무력한 번리(藩吏)들 사이에서 기민하게 활동해서 그들이

---

1) 차환(借換): 새로 채권을 발행해서 이미 발행한 채권을 상환(償還)하는 것
2) 도슈 번(土州藩): 도사노쿠니(土佐國)의 별칭
3) 이와사키 야타로(岩崎彌太郎, 1835~1885): 일본의 실업가로 미쓰비시(三菱) 기업의 창립자이자 초대 총수

두려워하는 존재가 되었던 것이다.

타이슈 번의 외채는 8건으로 6명의 외국인이 관계되었으며 금액으로는 357,503엔에 달했다. 이것은 전국에서 세 번째로 많은 액수였다. 그 내용을 살펴보면 모두가 번비(藩費)의 긴급한 필요 때문에 차입한 것인데, 몇 차례에 걸쳐 매우 불리한 차환(借換)을 했기 때문에 거액이 됐다고 한다. 이제 그 각각의 건들에 관해 대략적으로 설명한다.

(1) 영국상인 웨틀러스(ウヲトロス) 관계 채무

이 건은 타이슈 번 외채의 기원으로서, 두 번째 및 세 번째 채무와 밀접한 관계를 갖고 있으며, 외국인 관계 채무의 전형적인 예다. 메이지 2년 9월 타이슈 번 재정이 극도로 궁핍했을 때 자금 마련을 명받은 오사카 구라야시키(藏屋敷) 생산력감찰(生産力監察) 사노 다다요시(佐野但嘉)[단시로(談四郎)]가 속료(屬僚) 생산방(生産方) 다니 간지로(谷寬次郎) 등과 함께 오사카 거류지의 영국상인 웨틀러스의 헤야즈케(部屋附)[이른바 매판(買辦)일 것이다.] 가시와야 유타로(柏屋由太郎)를 통해 현금 차입을 교섭한 것이 발단이 되었다. 웨틀러스는 곧 회항할 기선(汽船) 사카나(サカナ)의 매입을 조건으로 현금대부를 승낙했다. 사노와 다니 등은 부대조건에 난색을 표하고, 기선 운항비를 지출하기 어려운 사정을 설명하면서 거절하려고 했다. 하지만 웨틀러스는 가시와야 유타로에게 명해서, 기선은 오사카통상회사(大阪通商會社)에 대여해서 운임 수입으로 선박 비용을 갚고, 남는 이윤으로 번내(藩內) 산업 진흥의 자금으로 쓰는 방법을 상세히 설명하게 했다. 사노와 다니는 이 말에 크게 솔깃해서 오사카 체재 중인 이즈하라 번(嚴原藩) 권대참사(權大參事) 오시마 마사토모(大島正朝)[도모노조(友之允)]에게 설명했다. 하지만 오시마는 기선 구입을 주저하였고, 일단 번청(藩廳)과 협의할 것을 명한 후 오사카를 떠났다. 그 뒤로 번청에서는 아무런 지령이 없었고, 웨틀러스의 독촉은 계속됐다. 더욱이 타이슈 번이 대장성 및 오사카부(大阪府) 외무국(外務局)에 납부해야 할 금액의 체납과 기타 경비의 절박함으로 노심초사하던 다니는, 이해 11월에 그와 마찬가지로 자금 마련에 분주하던 하리마노쿠니(播磨國) 아코 번(赤穗藩)[하야시(林) 씨 다카(高) 2만 고쿠(石)] 생산방(生産方) 요시무라 마키타로(吉村牧太郎)와 협의한 끝에 타이슈·아코 두 번(藩)이 공동으로 현금 차입과 기선 매입을 하기로 결정했다. 두 사람 모두 번청(藩廳)의 정식명령을 기다리지 않고, 메이지 2년 12월 27일에 두 번(藩)의 재판생산방(在阪生産方) 명의로 웨틀러스와의 계약서에 조인했다.

이 계약에 따르면, 타이슈·아코 두 번(藩)의 공적 비용으로, 웨틀러스로부터 차입금 묵은(墨銀) 5만 8천 달러(타이슈 번 3만 달러·아코 번 2만 8천 달러), 기한 1개월, 이자 월 2%, 3개월마다 이자 지불 등이 명기되어 있고, 부대계약으로 기선 사카나를 매입하는 조건이 있었다. 이 선박은 영국제로, 총 톤수는 약 200톤, 목재와 철재 혼합 건조선이었다. 16년 사용보증이 붙어 있었고, 가격은 묵은(墨銀) 7만 달러였다. 그중에 1만 달러는 즉시 지불하고, 6만 달러는 메이지 3년 3월부터 4년 8월까지 18개월부, 단리이자 월 2%로 원리금을 지불해야 했다. 그리고 만약 이 계약을 중도파기할 경우에는 과태금으로 묵은(墨銀) 5만 달러를 추징한다는 데 동의했다.

차입금 5만 8천 달러는 메이지 2년 12월 말부터 메이지 3년 정월 중순까지 전액 교부받아 각각의 용도에 충당했다. 그런데 마침 아코 번청에서 번리(藩吏) 요시무라 마키타로가 번청의 인가를 받지 않고 조인한 것을 이유로 계약탈퇴를 통고하고 아코 번의 할당금 2만 8천 달러를 반환해 왔기 때문에 사노와 다니는 대단히 곤혹스러워졌다. 그렇다고 해서 5만 달러의 과태금을 지불할 생각도 없었으므로, 결국 웨틀러스와 협의한 끝에 전부 타이슈 번에서 인수하기로 결정하고, 아코 번의 할당금 2만 8천 달러도 수령했다. 같은 해 2월 하순에 기선 사카나가 오사카에 도착했으므로, 매입절차를 마무리하고 계약에 따라 대금 가운데 1만 달러를 현금으로 지불한 후, 오사카통상회사에 대여해서 도쿄~고베 운항에 배선(配船)했다. 하지만 당초 예상과 달리 용선료(傭船料)로는 채산이 맞지 않고, 운항비만으로도 대단한 거액이었기 때문에 결국 사카나는 도쿄회조회사(東京回漕會社)에 대금 6만 5천 료(兩), 3개월 부로 매각됐다. 대금 가운데 1만 9천 료(兩)를 받아서 그 일부로 상기 5만 8천 달러의 이자를 지불하고, 대부분은 오사카 구라야시키(藏屋敷)에서 소비했다. 이에 따라 계약에 따른 기선 대금의 월부금이 체납되고, 또 차입금 5만 8천 달러도 기한이 도래했는데도 원리(元利) 대부분이 미불됐기 때문에 채권자 웨틀러스는 메이지 3년 11월에 오사카·고베 외무국에 제소했다. 사노, 다니는 채권자에게 간청해서 소송을 취하시키는 대신 결국 채권자의 요구에 따라 기선 대금의 상환 기한을 3개월 앞당겨서 메이지 4년 5월로 하고, 메이지 3년 11월 이후의 이자를 3% 인상하며, 또 차입금의 이자도 메이지 4년 2월 이후로 월 3%로 인상하는 데 동의했지만, 메이지 4년 7월의 폐번(廢藩)까지 원금과 이자 모두 한 푼도 변제하지 않았다.

(2) 영국상인 루카스(ル-カス) 관계 채무

이것은 앞의 웨틀러스 채무와 관련이 있다. 메이지 3년 8월, 타이슈 번 오사카 구라야

시키 루스이(留守居) 요시무라 사쿠마(吉村左久磨), 생산방감찰(生産方監察) 사노 다다요시, 생산방(生産方) 다니 간지로 등은 웨틀러스의 기선 대금의 월부금을 지불하지 못해서 채권자의 독촉에 시달리다가 결국 다른 외채를 고려하기에 이르렀다. 이들은 웨틀러스 상회(商會) 내의 린도프(リンドフ)의 헤야즈케(部屋附) 헤이시치(平七)의 소개로 고베에 거류하는 영국상인 루카스에게 융자를 의뢰했다. 루카스의 헤야즈케 규베(久兵衛)는 자신의 수중에 있는 외국쌀 약 150만 긴(斤)을 35,500료(兩)로 매입한 후 그것을 다른 곳에 전매하면 이익을 볼 것이라고 꼬드겼다. 사노, 다니는 이 말에 따라 8월에 계약서에 조인했다. 이 계약에 따르면, 외국쌀 대금 35,500료 가운데 7,000료는 즉시 지불하고, 28,500료는 메이지 3년 10월부터 메이지 4년 정월까지 9,500료씩 3회 분할 지불해야 했다. 이후로 사노 등은 백방으로 진력해서 외국쌀 전부를 매각한 후(금액은 명기되어 있지 않다), 내금(內金)[4]을 갖고 웨틀러스 기선 대금의 월부금 가운데 묵은(墨銀) 9천 달러와 네덜란드상인 아델리안(アデリャン) 채무의 이자를 지불했다. 그 대부분은 으레 그렇듯 잡비로 사용되어 용처가 불분명했다. 따라서 외국쌀 대금의 분납 기한이 됐지만 지불할 현금은 한 푼도 없었고, 이들은 다시 고베외무국에 제소당했다. 고베외무국에서도 지불을 엄중히 경고했으므로, 이들은 크게 당황해서 백방으로 자금을 마련한 끝에 11월 7일에 먼저 금 8,500료를 루카스에게 지불하고, 2만 료는 메이지 4년 정월 30일부터 향후 1개월 이내에 3회 분할 지불하는 것으로 재계약했다.

외국쌀 대금은 재계약으로 일단락됐지만, 타이슈 번이 계약을 이행할 가망은 거의 없었다. 이에 루카스는 다시 대량의 백사탕(白砂糖)·각색나사(各色羅紗)를 타이슈에 팔아서 그 이익으로 외국쌀 대금의 일부를 회수하고, 또 웨틀러스 기선 대금의 월부에도 충당시키려고 했다. 사노는 외국쌀의 전철을 밟을 것을 두려워했지만, 당시 내외 상인들에 대한 채무 지불 기한이 임박하는 데도 현금이 전혀 없어서 고심하고 있었으므로, 일단 루카스에게서 사탕과 나사를 매입해서 다른 번(藩)에 전매한다는 계획을 세웠다. 그 와중에 우연히 시모쓰케노쿠니(下野國) 가라스야마 번(烏山藩)[오쿠보(大久保) 씨, 다카(高) 3만 고쿠(石)] 상법방(商法方) 야마모토 조자부로(山本長三郎)를 알게 되었다. 이들은 타이슈·가라스야마 두 번(藩)이 공동으로 사탕과 나사를 매입하기로 결정하고, 메이지 3년 12월 13일에 루카스로부터 백사탕 약 24만 긴(斤)을 대금 31,200료, 각색나사 4,656

---

4) 내금(內金): 지급해야 할 금액 중에서 일부를 미리 지급하는 것

야드를 대금 5,820료, 후목면(厚木棉) 208단(反)[5]을 대금 1,040료로, 합계 금 38,060료에 매입했다. 이 가운데 11,418료(3할)는 즉시 지불하고, 잔액 26,642료는 계약이 조인된 날부터 80일 내 지불하기로 계약했다.[6] 당시 가라스야마 번은 현금이 급히 필요하지 않았기 때문에 가라스야마 번에 할당된 부분을 일시적으로 타이슈 번에 지급하는 것으로 협정했다. 이듬해인 메이지 4년 정월에 이르러 백사탕을 담보로 영팔십번(英八十番)[7]에서 3개월 기한으로 금 2만 료, 또 나사와 목면을 담보로 효고통상사(兵庫通商社)로부터 금 4천 료를 차입했다. 그리고 내금(內金)으로 사탕·나사의 즉금(卽金)[8]을 지불하고, 또 루카스에게 매입한 외국쌀 대금 가운데 7천 료, 기타 부채 2천 료를 지불했지만, 그 뒤로 루카스에 대한 채무는 물론, 가라스야마 번에서 융통해 준 금액조차 변제할 수 없었던 것이다.

(3) 미국상인 월시(ウヲ-ルス) 관계 채무

이 건은 타이슈 번 외채 중에서도 가장 복잡한 성격을 가지고 있다. 처음에 메이지 2년 7월에 사노 다다요시는 조선무역 개발을 구실로, 오사카 상인 도요시마야 진에몬(豐島屋甚右衛門)의 소개를 통해 도슈(土州) 쓰쿠모상회(九十九商會) 이와사키 야타로와 금 5만 료를 차입하되 내금(內金) 3만 료(이자 월 2푼, 1년 기한)는 즉시 지불하고, 2만 료는 추후에 지불한다는 계약에 조인했다. 그런데 잔금 2만 료가 계약대로 실행되지 않았으므로 몇 차례에 걸쳐 17,250료를 차입하고 히젠노쿠니(肥前國) 다시로료(田代領)의 조미(租米)[9]를 담보로 했다. 이듬해인 메이지 3년 10월의 기한이 다 돼서도 원금과 이자 모두 한 푼도 변제되지 않자 이와사키는 변제를 엄중히 독촉했고, 결국 11월에 계약을 갱신해서 원리(元利) 합계 7만 2천 료, 메이지 4년 4월 기한, 다시로(田代)의 조미(租米) 1만 6천 고쿠(石)를 담보로 하는 조건으로 계약을 맺었다. 당시 이와사키의 수법은 외국상인들보다 훨씬 더 악랄해서, 두 번째로 1만 7천여 료를 차환(借換)할 때 담보 쌀의 시가[당시 흉작으로 쌀값이 폭등하고 있었다.]로 환산했기 때문에 이와 같은 거액의 부채가 되었다고 한다. 이 계약과 함께 이와사키는 고베 아메리카이치방월시상회(アメリカ一番ウヲ-ル

---

5) 단(反): 피륙을 세는 단위로, 길이 2장(丈) 6척(약 10미터), 폭 9치 5푼(약 36센티미터) 정도이다. 1단(反)으로 성인 옷 한 벌을 만들 수 있다고 한다.

6) 원문에는 38,060료의 3할인 11,048료를 즉시 지급하고 잔액 26,542료를 계약일로부터 80일 이내에 지급하기로 계약했다고 되어 있으나, 38,060료의 3할은 11,418료이고, 그 잔액은 26,642료가 되므로 바로잡았다.

7) 영팔십번(英八十番): 미상

8) 즉금(卽金): 물건을 매매할 때 그 자리에서 즉시 치르는 대금

9) 조미(租米): 조세로 납부하는 쌀

ㅈ商會)에 채권을 양도했다. 이 때문에 다시 월시상회와 재계약을 맺어서, 금 7만 2천 료를 메이지 3년 11월부터 이듬해 메이지 4년 4월까지 모두 변제할 경우 1개월 이자를 3%로 할인하기로 약속하고, 메이지 4년 4월에 불입할 다시로(田代) 쌀 1만 6천 고쿠의 쌀 어음을 월시상회에 주었다. 그런데 기한에 이르러 지불할 현금은 물론, 쌀 한 톨도 없어서 담보로 제시한 쌀 어음이 완전히 공수표라는 사실이 드러났다. 이에 채권자 월시와 이와사키 야타로, 도슈(土州) 번으로부터 엄중한 독촉을 받게 되자 타이슈 번청(藩廳)에서도 지불 연기를 간청하는 한편, 자금 마련을 위해 분주하던 중에 폐번(廢藩)을 맞이했던 것이다.

(4) 포르투갈 인 로레이로(ロレイロ) 관계 채무

이 건은 메이지 원년 타이슈 번 대포방(大砲方) 시라미즈 지로사쿠(白水治郎作)가 나가사키에 근무하던 중에 번명(藩命)에 따라 번에서 생산한 한천(寒天)[10] 수출과 관련해서 포르투갈상인 로레이로와 교섭해서 선금 3,200료를 차입했는데, 상하이·홍콩에서 이 한천을 매각한 결과 오히려 손실이 발생했다. 메이지 3년 2월에 지불초과(支拂超過)로 묵은(墨銀) 1,371달러 남짓의 청구를 받게 되자, 결국 이자 월 1%, 메이지 4년 4월까지 원금과 이자를 모두 변제하는 조건의 계약을 체결했다. 하지만 원금과 이자 모두 한 푼도 변제하지 않았다.

(5) 네덜란드 인 아델리안(アデリアン) 관계 채무

메이지 3년 6월에 네덜란드상인 아델리안에게서 외국쌀 823,700긴(斤)을 대금 24,711료(兩) 3슈(朱)로 매입해서, 이 가운데 4천 료는 즉시 지불하고 잔액은 같은 해 9월 28일까지 전액 지불하기로 약속했다. 기한에 이르러 잔금 18,000료와 메이지 4년 2월 15일까지의 연체이자 3천 료, 합계 21,000료를 차입하는 것으로 재계약하고, 담보로 다시로(田代) 쌀 4,500고쿠(石)의 쌀 어음을 제출했다. 하지만 기한인 메이지 4년 2월 15일에 이르러 체납금의 원리(元利) 합계는 18,551료 3슈에 달했고, 쌀 어음은 언제나 그렇듯 공수표로 판명됐다.

(6) 프랑스상인 레아르(レアル) 관계 채무

이 건은 메이지 3년 10월에 다시로(田代) 쌀 5천 고쿠(石)를 담보로 프랑스상인 레아르에게서 금 2만 료, 이자 월 1.7%, 기한 메이지 4년 3월 29일의 조건으로 차입했으나, 쌀

---

10) 한천(寒天): 우무(우뭇가사리를 끓인 후 식혀서 만든 끈끈한 식품)를 얼려 말린 해조가공품

과 돈 모두 전혀 변제하지 않은 것이다.

(7) 프러시아상인 키니플(キニフル) 관계 채무

이 건은 메이지 3년 11월 10일 프러시아상인 키니플에게서 옷감 대금 10,666료(兩) 1부(分)를 차입하면서, 200일 기한 내 지불, 담보로 다시로(田代) 구라마이(藏米)[11] 2,700고쿠(石)의 쌀 어음을 교부했으나, 기한인 메이지 4년 5월이 돼서도 쌀과 돈 모두 전혀 변제하지 않은 것이다.

(8) 프러시아상인 텍스톨(テキストル) 관계 채무

이 건은 메이지 3년 6월에 프러시아상인 텍스톨에게서 외국쌀 1,016,568긴(斤)을 대금 29,887료(兩) 2슈(朱)에 매입하면서, 대금의 절반은 즉시 지불하고 나머지 절반 14,943료(兩) 1부(步) 1슈(朱)는 30일 기한에 이자 월 2.7%로 하되, 담보로 부젠(豊前)과 다시로(田代) 쌀 2천 고쿠(石)의 쌀 어음을 교부하고, 만약 기한 내에 원금과 이자 모두 변제하지 못할 경우에는 과태금 2천 료를 추징한다는 데 동의한 것이다. 그런데 기한이 도래했는데도 변제하지 못해서, 다시 메이지 4년 2월 18일에 기한을 연장하는 대신 과 태금을 5천 료로 인상했다. 그 기한이 돼서 금 4천 료를 변제했지만, 여전히 12,641료 2부(分)의 미변제 금액이 있었다. 여기에 별도 차입금 896료를 더해서, 같은 해 4월 9일을 기한으로 하고 다시 과태금 5천 료 추징을 계약했다. 두 번째 기한에 이르러서도 원금과 이자 모두 변제하지 못하고, 담보로 한 쌀 어음은 공수표에 불과했으므로 과태금 5천 료가 원리(元利)에 포함됐다. 같은 해 4월 타이슈 번이 고베 외무국(外務局)을 경유해서 텍스톨과 교섭한 끝에 이자 월 1%(과태금은 이자 월 0.5%), 메이지 4년 6월부터 5년부 상환으로 계약을 갱신했다.

이상 외국인 관계 채무 8건은 모두 옛 채무를 갚기 위해 새 채무를 보탠 것이다. 그런데 그중 일부는 오사카 주재 번리(藩吏)가 쓰고, 실제로 번비(藩費)에 충당된 것은 비교적 적은 금액이었던 것 같다. 그리고 이 중에 가장 거액이었던 (1) 웨틀러스, (2) 루카스, (3) 월시는 모두 오사카 주재 번리 사노 다다요시, 다니 간지로 등이 독단으로 기채한 것이었다. 당초 번청(藩廳)에서는 오사카 주재 번리들의 보고를 받고도 크게 개의치 않았다. 하지만 메이지 3년 5월 이후 미변제로 인해 제소당하자 갑자기 당황해서 번청(藩廳)에서

---

11) 구라마이(藏米): 에도시대 번(藩)에서 설치한 상관(商館)인 구라야시키(藏屋敷)를 통해 상품화된 쌀을 말한다. 반대로 구라야시키를 경유하지 않고 상인에 의해 상품화된 쌀은 나야마이(納屋米)라고 했다.

오사카로 중신(重臣)을 보내서 수습책을 모색했지만, 오히려 오사카 주재 번리들에게 이용당해서 다시 새 채무를 보탠 결과가 됐던 것이다. 메이지 4년 2월 이후 결국 지번사(知藩事)는 가록(家祿)을 나누고, 번비(藩費) 가운데 15,000고쿠(石)로 외채상환 자금으로 쓰려고 했으나 모두 여의치 않았고, 결국 같은 해 7월에 폐번치현(廢藩置縣)을 맞이했다.[1]

메이지 4년 7월에 폐번치현을 단행한 후, 같은 해 11월에 대장성(大藏省)에 명하여 옛 번(藩)들로부터 인계한 외국인 관계 채무를 우선 정리하게 했다. 이는 채권자들이 각각 자국 공사와 영사를 통해 일본 정부에 강경한 요구를 제출했기 때문으로 생각된다. 그런데 번(藩)들의 외채는 앞의 설명에서도 대략 알 수 있는 것처럼 극히 착종(錯綜)돼서 그 진상을 파악하기가 대단히 어려웠다. 따라서 대장성 내에 임시로 판리국(判理局)을 설치하고, 대장소승(大藏少丞) 오노 기신을 국장으로 해서 각 현(縣)에서 신고한 구번외채(舊藩外債)를 심리하게 했다.[2]

타이슈 번 관계 외국인 채무는 이마리 현(伊萬里縣)에서 신고했다. 이에 판리국원(判理局員) 와다 미치유키(和田道之)가 주임이 돼서 옛 타이슈 번의 제출서류 및 옛 번리(藩吏)들을 조사했다. 하지만 이러한 종류의 작업은 심리(審理) 중에서도 가장 어려운 것으로서, 실제 번비(藩費)로 쓴 금액이 얼마나 되는지 확인할 수가 없었다. 이에 따라 전액을 공채(公債)로 간주하고, 신고 총액 357,503엔(圓) 49센(錢) 가운데 이자 인하 및 기타 요인에 의해 40,168엔 59센을 감액한 후, 그 차액 317,334엔 90센을 메이지 4년 11월부터 메이지 5년 2월 사이에 상환했다. 그 계산은 다음과 같다.

(1) 웨틀러스 채권

총액^{묵은(墨銀)}　148,720^{달러}

상환액　122,000

감액　26,720

[비고] 메이지 4년 11월 28일에 웨틀러스상회 이토 월트슨(イトワルトスヘン)과 교섭해서 감액하고, 같은 해 12월 3일에 상환 완료. 단, 상환액 122,000달러 가운데 27,718달러 36.39센트는 기선 사카나의 월부금 미납으로 도쿄회조회사(東京回漕會社)에서 추징하고, 잔액 94,218달러 63.61센트는 국고에서 부담함.[12]

---

12) 27,718달러 36.39센트와 94,218달러 63.61센트의 합은 121,937달러가 되므로 상환액 122,000달러와 맞지 않지만, 상고하기 어려워서 일단 원문대로 옮겼다.

(2) 루카스 채권

부담 총액　　52,142^{엔}

상환액　　　50,444.5

감액　　　　1,697.5

[비고] 메이지 4년 11월 28일, 영국공사관 통역관 어네스트 사토(Ernest M. Satow)와 교섭해서 감액하고, 같은 해 12월 3일에 상환 완료.

(3) 월시 채권

부담 총액　　81,744.093^{엔}

상환액　　　80,379.515

감액　　　　1,364.578

[비고] 대장성보(大藏省輔) 이노우에 가오루가 직접 요코하마 거류지의 토머스 월시(Thomas Walsh, Hall & Co. Ltd.)와 교섭해서 감액한 후 상환 완료.

(4) 로레이로 채권

총액$^{묵은(墨銀)}$　　1,728^{달러}

상환액　　　1,728

(5) 아델리안 채권

총액　　　　21,896^{엔}

상환액$^{묵은(墨銀)}$　13,600^{달러}

감액　　　　8,296^{달러}

[비고] 메이지 4년 12월 17일, 메이지 5년 정월 11일, 요코하마 주재 네덜란드영사 보두인(Bauduin)과 교섭하고, 같은 해 2월 30일에 감액한 후 상환 완료.

(6) 레아르 채권

총액　　　　24,250^{엔}

상환액$^{묵은(墨銀)}$ 21,683.65^{달러}

감액　　　　2,565.35^{달러}

[비고] 메이지 5년 정월 28일, 오사카에서 감액한 금액을 상환.

(7) 키니플 채권

총액　　　　10,986.623^{엔}

상환액묵은(墨銀) 10,984달러

감액 2.623엔

[비고] 메이지 5년 2월 9일, 고베에서 상환 완료.

(8) 텍스톨 채권

총액 18,223.49엔

상환액묵은(墨銀) 17,825달러

감액 398.49

[비고] 메이지 5년 2월 17일, 고베에서 상환 완료.[3]

대장성 관리국에서는 외국채(外國債) 심사와 함께 당사자에게 불법행위의 책임을 묻기로 하고, 번(藩)들의 차입 절차를 조사해서 위법이나 사기에 해당하는 것은 관계서류를 사법성으로 보냈다. 사법성에서는 각 재판소에 명하여 심문한 후 형법에 저촉되는 자는 그 경중에 따라 도형(徒刑)·삭적(削籍)·견책(譴責) 등의 선고를 내리고, 외채상환에 따른 국고 손실을 추징했다.

타이슈 번에서는 외채의 계획자인 생산력감찰(生産力監察) 사노 다다요시, 생산방(生産方) 다니 간지로 등은 형법의 처분을 면할 수 없었다. 또 오사카 구라야시키 루스이 요시무라 사쿠마 이하 오사카 주재 회계방(會計方) 번리(藩吏)들에게도 연대책임이 지워졌으며, 옛 지번사(知藩事) 소 시게마사[요시아키라], 옛 권대참사(權大參事) 오시마 마사토모, 사가라 마사키 이하 옛 번의 중신(重臣)들도 감독 소홀의 견책을 받아야 했다. 그런데 타이슈 번의 경우는 사건이 매우 복잡하게 얽혀 있는 데다가, 옛 번리(藩吏)들의 대부분이 멀리 떨어진 외만 섬에 거주하고 있었으므로 조사하기가 매우 어려웠다. 이 때문에 사노가 오사카 재판소에서 도형(徒刑), 다니가 삭적(削籍) 선고를 받은 것 외에 메이지 5년 5월까지도 형벌이 확정되지 않았다고 한다.

【원주】

1 『舊藩外債處分錄』, 321~329쪽.

2 『大藏省沿革志』, 189~190쪽;『舊藩外債處分錄』, 219쪽.

3 『舊藩外債處分錄』, 329~335쪽.

결론

  지금까지 타이슈 번[이즈하라 번]의 메이지유신 당시의 재정 상태, 특히 번채(藩債)의 성격을 설명했다. 타이슈 번 재정난의 진짜 원인은, 예전에 가시마 조켄(賀島恕軒), 아메노모리 호슈, 마쓰우라 가쇼(松浦霞沼), 스야마 도쓰안(陶山訥庵) 등 선각지사가 누차 지적했던 것처럼, 생계에 필요한 물자를 거의 무상으로 조선에서 지원받으면서도 걸맞지도 않은 고록(高祿)에 어울리는 의용(儀容)을 과시하고 많은 수의 무사를 양성한 데 그 이유가 있었다. 따라서 만약 진짜로 재정 정리의 실효를 거두고자 한다면 조선에서 받는 보조를 단념하고, 우선 번후(藩侯)의 살림 규모를 줄이고 불필요한 무사들에게 휴가를 줘서 적어도 쓰시마 섬과 히젠노쿠니(肥前國) 분지(分地)의 수입으로 수지 균형을 맞춰야 했다. 그런데 스기무라 아리스케(杉村蕃祐), 오모리 노리히사(大森功久), 사스 모토유키(佐須質行), 오시마 마사토모 등을 비롯해서 번정(藩政)을 담당하던 중신(重臣)들은 무사에게 어울리지도 않는 장사 수완에 기대서, 내부 정리는 생각하지도 않고 보조금과 차입금으로 재정을 유지할 수 있다고 믿었다. 그 결과가 메이지 2, 3년의 문란을 초래했다. 물론 이는 타이슈 번에 국한된 현상은 아니었다. 봉건제가 붕괴하면서 오직 옛 권력에만 의지했던 무가계급은 눈앞에 닥친 대재앙(catastrophe)을 보고서 어찌할 바를 모르고 한갓 그것을 피하려고만 해서 오히려 그 위기를 촉진했던 것이다. 이 글에서는 타이슈 번의 예를 통해 무가계급의 재정을 논했다. 이는 물론 타이슈 번 뿐만이 아니며, 재정에 국한된 문제도 아니었다. 당시 무가계급은 자신이 보유한 모든 봉건적 권력에 자신감을 상실했다. 다시 말해서 가마쿠라 우다이쇼게(鎌倉右大將家) 이래로 연면한 전통을 가진 통치자계급의 지위에서 완전히 추락하고 있었던 것이다. 대정봉환(大政奉還)·판적봉환(版籍奉還)·폐번치현(廢藩置縣)·조세미납(租稅米納) 폐지·태양력 채용 등의 대사건들이 연달아 쉽게 시행된 사실에 경탄하기에 앞서, 이러한 정세를 깊이 염두에 두지 않으면 안 된다.

  [쇼와 9년 1월 15일 한성 낙산(駱山) 아래 이화초당(梨花草堂)에서 탈고함.]

인용사료
서목(書目)

부 록

부록 「인용사료 서목」은 부록 1, 부록 2로 구성되며, 부록 1에는 종전에 저자가 발표한 논문 중에서 이 책과 직접 관계가 있는 것들을 수록했다. 그 배열은 연도순에 따른다.

부록 2는 이 책에서 인용한 사료 가운데 중요한 문서목록을 수록했다. 크게 둘로 나누어 제1부에서는 관공문서기록(官公文書記錄) 및 관문서와 동일한 가치가 있는 개인 문서와 일기를 수록하고, 제2부에서는 일반사료 목록을 실었다. 제1부와 제2부 모두 일본·조선·지나(支那)·기타 외국 사료로 분류했다. 각각의 분류 내에서도 원칙적으로 관찬 문헌을 앞에, 개인 저서를 뒤에 게재했으며, 그 안에서 다시 연도순으로 배열했다. 또 각 문서 목록에 사본(寫本)을 주석으로 기록한 것 외에는 전부 간행본이며, "寫本(原)"이라고 표시한 것은 해당 관청에서 편찬한 원본임을 뜻한다.

다보하시 기요시(田保橋潔) 논문목록초(論文目錄抄)
[일청(日淸)·일선(日鮮) 관계 연구와 관련된 것]

『近代日支鮮關係の研究』(톈진조약(天津條約)에서 일청개전(日淸開戰)까지) (京城帝國大學法文
　學部研究調查册子 第3輯) 京城帝國大學刊　昭和 5年.

『明治外交史』(岩波講座日本歷史) 岩波書店刊　昭和 9年.

「明治五年の‘マリア·ルス’事件」(『史學雜誌』第40編 第2·第3·第4號)　昭和 4年.

「國際關係史上の朝鮮鐵道利權」(『歷史地理』第57編 第4號)　昭和 6年.

「淸同治朝外國公使の觀見」(『靑丘學叢』第6號)　昭和 6年.

「李太王丙寅洋擾と日本國の調停」(『靑丘學叢』第11號)　昭和 8年.

「琉球藩民殺害事件に關する一考察」(『市村博士古稀紀念東洋史論叢』)　昭和 8年.

「日支新關係の成立」(『史學雜誌』第44編 第2·第3號)　昭和 8年.

「丙子修信使とその意義」(『靑丘學叢』第13號)　昭和 8年.

「近代日鮮關係史の一節-公使駐京及び國書捧呈に就いて」(『靑丘學叢』第15號)　昭和 9年.

「(明治維新期に於ける)對州藩財政及び藩債に就いて」(『靑丘學叢』第16號)　昭和 9年.

「近代朝鮮に於ける開港の研究」(『小田先生頌壽記念朝鮮論集』)　昭和 9年.

「壬午政變の研究」(『靑丘學叢』第21號)　昭和 10年.

「日淸講和の序曲」(『京城帝國大學創立紀念論文集史學編』)　昭和 11年.

「朝鮮國通信使易地行聘考」(『東洋學報』第23卷 第3·第4號, 第24卷 第2·第3號)　昭和 12~13年.

「日淸日露戰役に見る政治外交事情」(『歷史教育』第12卷 第7號)　昭和 12年.

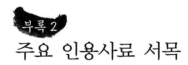

주요 인용사료 서목

제1부 관공문서(官公文書) 기록 및 그에 준하는 문헌

1. 일본 정부 기록(에도막부 기록 포함)

『通航一覽』林煒等編(明治 45年~大正 2年 國書刊行會 刊) 8卷.

『續通信全覽類輯』外務省 編 寫本 1,317卷.

  * 이 유집(類輯) 가운데 조선 관계 기록은 외항문(外航門) 중 2부, 잡문(雜門) 1부에 불과하다. 그 서명은 다음과 같다.

  「平山圖書頭古賀筑後守渡韓奉命一件(外航門)」 寫本 5卷.

  「平山圖書頭古賀筑後守渡韓奉命一件附錄(同)」 寫本 1卷.

  「朝鮮通信事務一件 附錄 信使接遇易地顚末(雜門)」 寫本 6卷.

  * 이 책은 안세이(安政) 2년부터 게이오(慶應) 3년까지 조선 통신사 내빙에 관한 에도막부의 기록이다.

『大日本外交文書』外務省調査部編(昭和 11年 續刊, 日本國際協會 發行) 9卷.

  * 쇼와 15년 1월까지 간행된 것은 게이오 3년 10월부터 메이지 7년 12월까지의 9권뿐이다.

『朝鮮交際始末』外務中錄 奧義制 編 寫本 3卷.

『善隣始末』外務省編 寫本 10卷.

『善隣始末 附錄 竹島始末』外務省 編 寫本 1卷.

『再撰朝鮮尋交摘要』外務省 編 寫本 1卷.

『朝鮮交際錄』外務省編 寫本 1卷.

『(自明治八年至明治九年) 朝鮮關係考證彙輯』外務省 編 寫本 1卷.

『花房外務大丞朝鮮行日涉』寫本 1卷.

『航韓必携』外務大錄 坂田諸遠 編 寫本 18卷.

『使鮮日記』寫本 2卷.

『信使滯京日記』寫本 2卷.

『宮本外務大丞朝鮮理事始末』寫本 10卷.

『花房公使朝鮮關係記錄』寫本 11卷.

* 자작(子爵) 하나부사 고타로(花房孝太郎) 씨가 소장한 고(故) 하나부사 요시모토 관계 기록 중에 조선주차공사 재임 시의 훈령·보고·일기 등의 원본을 경성제국대학 부속도서관에서 촬영, 등사한 것으로 내용은 다음과 같다.

「外務卿訓令及委任狀」 寫眞　1帙.

「釜山日本國公館雜綴」 寫本　1卷.

「(明治11年)花房代理公使復命槪略」 寫本　1卷.

「(明治12年)在朝鮮國公使館來翰拔萃」 寫本　1卷.

「(明治13·14年)花房辨理公使朝鮮事務撮要」 寫本　1卷.

「(自明治14年至明治15年)朝鮮國仁川開港一件」 寫本　2卷.

「(明治15年)朝鮮激徒暴動顚末記」 寫本　1卷.

「(明治15年)花房辨理公使復命書」 寫本　1卷.

「(明治15年)花房辨理公使日乘」 寫本　1卷.

「(明治15年)花房辨理公使歸朝旅中日記」 寫本　1卷.

「曾根海軍大尉煙臺日記」 寫本　1卷.

『(秘書類纂)朝鮮交涉資料』伊藤博文 撰　金子堅太郎·平塚篤 編　昭和11年 刊　3卷.

『朝鮮京城事變始末書』1卷.

* 『明治文化全集』 제6권, 「外交編」, 193~203쪽에 수록.

『竹添公使朝鮮京城事變始末書』寫本　1卷.

* 다케조에 변리공사의 기안(起案)과 관련된 것으로, 앞에서 나온 『朝鮮京城事變始末書』와 내용이 다르다.

『井上特派全權大使復命書及附屬書類』2卷.

* 『明治文化全集』 제6권, 「外交編」, 206~232쪽에 수록.

『伊藤特派全權大使復命書』明治18年 刊　1卷.

* 『明治文化全集』 제6권, 「外交編」, 233~325쪽에 수록. 이 복명서는 태정관(太政官) 대서기관(大書記官) 이토 미요지(伊東已代治)가 편집한 것으로 생각되며, 일문과 영문으로 기술되어 있다. 『明治文化全集』에 수록된 복명서는 영문이 생략되어 있다. 이 책에서는 원본을 인용했다.

『東學黨匪亂史料』寫本　1卷.

* 경성 주재 일본공사관·인천·부산 일본영사관 기록 등에서 저자가 발췌해서 편찬한 것이다.

『日韓交涉略史』外務書記官 加藤增雄 編　明治27年　外務省 刊 1卷.

『日淸韓交涉事件記事』外務省政務局 編　明治27年　外務省 刊 1卷.

『(明治27,8年)在韓苦心錄』杉村濬 撰　昭和7年　杉村陽太郎 刊 1卷.

『蹇蹇錄』陸奧宗光 撰　明治29年　外務省 刊 1卷.

* 원본은 외무성에서 간행됐지만, 후에 가타카나를 히라가나로 고친 전문이 『伯爵陸奧宗光遺稿』, 281~561쪽에 수록됐다. 쇼와 8년에 이와나미 문고(岩波文庫) 936~937권으로 다시 복간

됐다. 이 책에서는 원본을 인용했다.

『韓國條約類纂』統監府 編　明治 41年　統監府 刊　1卷.

『舊條約彙纂』第三卷(琉球及朝鮮) 外務省條約局 編 昭和九年 外務省 刊　1卷.

『朝鮮史』朝鮮總督府朝鮮史編修會 編　昭和 7年~15年　朝鮮史編修會 刊　37卷.

　 * 이 책에서 인용한 것은 제5편[조선 광해군 무신(戊申)년부터 정조 경신(庚申)년까지] 10권, 제6편[조선 순조 경신(庚申)년부터 이태왕 갑오(甲午)년까지] 4권이다.

『琉球處分』內務大書記官 松田道之 編　明治 12年　內務省 刊　3卷.

　 * 이 책에서 인용한 것은 상권 소에지마(副島) 특명전권대사 관계 기사 뿐이다.

『官報』明治 16年~明治 27年 8月.

『大日本帝國議會誌』大正 15年~昭和 5年　大日本帝國議會誌刊行會 刊　17卷.

『(明治 27, 28年)日淸戰史』參謀本部 編　明治 37年~41年　參謀本部 刊　8卷.

『二十七八年海戰史』海軍軍令部 編　明治 38年　海軍軍令部 刊　3卷.

2. 구타이슈(舊對州) 번청(藩廳) 기록

『淨元院實錄幷附錄』寫本(原)　3卷.

　 * 타이슈 번주(藩主) 소 요시카쓰(宗義功)의 실록이다.

『兆德院實錄下調(自文化四年至天保一三年)』寫本(原)　2卷.

『兆德院實錄下取立(自天保四年至天保一三年)』寫本(原)　2卷.

　 * 타이슈 번주 소 요시아야(宗義章)의 실록 초안이다. 타이슈 번에서는 역대 번주의 한문실록을 편찬하는 것이 관례였는데, 요시아야·요시요리(義和)·요시아키라(義達)[시게마사(重正)]의 3대는 초안, 또는 그 준비로 사료만 수집한 상태에 지나지 않는다.

『宗義和履歷集(自嘉永二年至明治四年)』寫本(原)　6卷.

　 * 타이슈 번주 소 요시요리의 실록 사료로 편찬된 것으로 제1권과 제2권이 빠져 있다.

『宗重正履歷集』寫本(原)　5卷.

　 * 타이슈 번주 소 요시아키라(宗義達)[시게마사(重正)]의 실록 사료로 편찬된 것으로 제2권이 빠져 있다.

『宗重正家記』寫本(原)　4卷.

　 * 태정관(太政官) 수사국(修史局)의 명에 따라 제출한 것으로, 게이오 2년부터 메이지 4년 폐번(廢藩)까지 주로 조선 관계 사료를 수록했다.

『(自文化元甲子年至文化九壬申年)信使記錄』寫本(原)　20卷.

『(自文化二乙丑年至文化三丙寅年)修聘使御用錄幷附錄』寫本(原)　2卷.

『(自文化二乙丑年至文化五戊辰年)文化信使記錄(江戶書留)講事使再講使記錄』寫本(原) 3卷.

『(文化六己巳年)譯官敬天玄同知明遠崔僉知玉汝卞判官記錄』書役 吉田兵左衛門　寫本(原) 1卷.

『(文化六己巳年)講定譯官記錄^附遠山左衛門尉下向覺』勘定奉行所　寫本(原) 2卷.

『(文化六己巳年)譯官記錄附錄御用向眞文^幷和解』朝鮮方　寫本(原) 1卷.

『(文化八年辛未三月)易地信使記錄』朝鮮方　寫本(原) 2卷.

『(自天保九戊戌年至天保十三壬寅年)修聘參判使記錄』正官 小川丹下　寫本(原) 6卷.

『(自天保十四癸卯年至天保十六己巳年)講聘參判使記錄』正官 幾度八郞左衛門　寫本(原) 4卷.

『(自天保十四癸卯年至天保十六己巳年)修聘參判使御用談錄』寫本(原) 1卷.

『(天保十五甲辰年九月)講聘參判使記錄』正官 平田要　寫本(原) 1卷.

『(自天保十四癸卯年至天保十六己巳年)講聘參判四諸方往復書狀控』寫本(原) 1卷.

『(天保十四年)公儀弔慰對州慶吊回棹譯官美哉玄同知述甫李僉知伯綏崔主簿記錄』寫本(原) 2卷.

『(自安政六己未年至文久二壬戌年)修聘參判使記錄』正官 吉川左近　寫本(原) 7卷.

　＊제1권부터 제6권까지 결락(缺落), 제7권 일기장(日記帳)만 현존한다.

『大修參判御用手續覺』大修參判使都船主 菰田尙式　寫本(原) 1卷.

『大修參判使往復書狀控』寫本(原) 1卷.

『(明治五年)壬申年在朝鮮日記』外務省十等出仕 相良正樹　寫本(原) 1卷.

『本邦朝鮮往復書』以酊庵 編　寫本(原) 126卷.

3. 구한국 정부 기록

『英祖實錄』實錄廳 編　昭和7年　京城帝國大學 刊　83卷.

『正祖實錄』實錄廳 編　昭和7年　京城帝國大學 刊　56卷.[1]

『純祖實錄』實錄廳 編　昭和7年　京城帝國大學 刊　36卷.

『憲宗實錄』實錄廳 編　昭和7年　京城帝國大學 刊　9卷.

『哲宗實錄』實錄廳 編　昭和7年　京城帝國大學 刊　9卷.

『日省錄』奎章閣 編

　　正祖朝　寫本(原) 676卷.

　　純祖朝　寫本(原) 637卷.

　　憲宗朝　寫本(原) 199卷.

　　哲宗朝　寫本(原) 220卷.

　　李太王朝　寫本(原) 562卷.

『承政院日記』承政院 編.

---

1) 원문에는 51권으로 표기되어 있다.

正祖朝　寫本(原)　447卷.

純祖朝　寫本(原)　485卷.

憲宗朝　寫本(原)　179卷.

哲宗朝　寫本(原)　185卷.

李太王朝　寫本(原)　378卷.

＊『承政院日記』는 이태왕 31년 갑오 6월 승정원 폐지와 함께 중단됐다.

『備邊司謄錄』備邊司 編　寫本(原)　116卷.

＊ 정조 원년부터 이태왕 29년까지이다.

『同文彙考』承文院 編　正祖一一年承文院刊　60卷.

『同文彙考續編』承文院 編　36卷.

『通信使謄錄』司譯院 編　寫本(原)　14卷.

『通信使草謄錄』司譯院 編　寫本(原)　1卷.

＊ 정조 6년부터 순조 8년까지이다.

『東萊府啓錄』備邊司 編　寫本(原)　9卷.

＊ 헌종 15년부터 이태왕 22년까지이다.

『巡撫營謄錄』禁衛營 編　寫本(原)　5卷.

＊ 이태왕 3년 기보연해순무영(畿輔沿海巡撫營)의 등록(謄錄)이다.

『京畿水營啓錄』備邊司 編　寫本(原)　2卷.

＊ 철종 9년부터 이태왕 8년까지이다.

『黃海監營啓錄』備邊司 編　寫本(原)　22卷.

＊ 순조 32년부터 이태왕 26년까지이다.

『平安監營啓錄』備邊司 編　寫本(原)　37卷.

＊ 순조 30년부터 이태왕 21년까지이다.

『倭使日記』議政府 編　寫本(原)　14卷.

＊ 이태왕 12년부터 18년까지이다.

『倭使問答』議政府 編　寫本(原)　3卷.

＊ 이태왕 13년부터 16년까지이다.

『日使文字』議政府 編　寫本(原)　2卷.

＊ 이태왕 13년부터 16년까지이다.

『沁行日記』申櫶 撰　寫本　2卷.

＊ 이태왕 13년 병자(丙子) 강화도조약 협상 당시의 접견대관 신헌의 일기이다. 현재 상권만 존
재한다.[2]

---

2) 다보하시는 『沁行日記』의 하권을 볼 수 없었으나, 최근에 국립중앙도서관 고전운영실에서 발견됐다. 『沁行日

『統理交涉通商事務衙門日記』統理交涉通商事務衙門 編　寫本(原)　44卷.

　　* 이태왕 20년 8월부터 31년 8월까지이다.

『統署日記』統理交涉通商事務衙門 編　寫本(原)　16卷.

　　* 이태왕 25년 4월부터 31년 8월까지이다.

『修信使日記謄草』司譯院 編　寫本　1卷.

　　* 이태왕 13년 수신사의 일기이다.

『修信使書契謄錄』承文院 編　寫本　1卷.

『漢城旬報』統理衙門 博文局 編.

　　* 이태왕 20년 10월부터 21년까지이다.

『日本聞見事件』趙準永 等編　寫本(原)　5卷.

　　* 이태왕 18년에 일본을 유람한 조사(朝士)들의 기록이다.

『啓下咨文册』承文院 編　寫本(原)　19卷.

　　* 이태왕 7년부터 29년까지 조선국왕이 청 예부에 보낸 자문안(咨文案)이다.

『公文謄錄』統理交涉通商事務衙門 編　寫本(原)　1卷.

　　* 이태왕 26년부터 31년까지이다.

『兩湖招討謄錄』寫本　1卷.

　　* 이태왕 31년 양호초토사(兩湖招討使) 홍계훈(洪啓薰)의 등록(謄錄)이다.

『日案』統理交涉通商事務衙門 編　寫本(原)　78卷.

　　* 이태왕 19년부터 광무(光武) 원년까지 통리아문 및 외부(外部)와 주한일본공사 간의 왕복문서
　　를 편찬한 것이다.

『日原案』統理交涉通商事務衙門 編　寫本(原)　5卷.

　　* 이태왕 13년부터 31년까지 통리아문에서 접수한 일본공사의 공문 원본을 편차(編次)한 것이다.

『華案』統理交涉通商事務衙門 編　寫本(原)　29卷.

　　* 이태왕 20년부터 31년까지 통리아문과 주한 청관헌 간의 왕복문서를 편차한 것이다. 이 중에
　　주차조선총리교섭통상사의(駐箚朝鮮總理交涉通商事宜) 원세개(袁世凱)의 조회 원본이 다수
　　봉입(封入)되어 있다.

『美案』統理交涉通商事務衙門 編　寫本(原)　13卷.

　　* 이태왕 23년부터 29년까지 통리아문과 주한미국공사 간의 왕복문서를 편차한 것이다.

『英案』統理交涉通商事務衙門 編　寫本(原)　11卷.

　　* 이태왕 24년부터 31년까지 통리아문과 주한영국총영사 간의 왕복문서를 편차한 것이다.

『俄案』統理交涉通商事務衙門 編　寫本(原)　7卷.

　　* 이태왕 22년부터 31년까지 통리아문과 주한러시아공사 간의 왕복문서를 편차한 것이다.

　　記』상·하권은 우리말로 번역되어 졸역,『심행일기: 조선이 기록한 강화도조약』(푸른역사, 2010)으로 간행됐다.

『德案』統理交涉通商事務衙門 編　寫本(原)　12卷.
　　＊이태왕 19년부터 29년까지 통리아문과 주한독일영사 간의 왕복문서를 편차한 것이다.
『法案』統理交涉通商事務衙門 編　寫本(原)　7卷.
　　＊이태왕 21년부터 31년까지 통리아문과 주한프랑스영사 간의 왕복문서를 편차한 것이다.

『左捕盜廳謄錄』左捕盜廳 編　寫本(原)　15卷.
『右捕盜廳謄錄』右捕盜廳 編　寫本(原)　26卷.
『鞫案』義禁府 編.
　　＊『국안(鞫案)』은 의금부에 갇힌 모반·대역 등 정치범의 조서(調書)로,『포도청등록(捕盜廳謄
　　錄)』과 함께 근대 조선사 연구에 가장 중요한 기본 사료이다. 추안(推案)과 국안(鞫案)으로 현
　　존하는 것은 선조 때부터 이태왕까지 327권에 달하는데, 이 책에서 인용한 부분은 다음과 같
　　다. 덧붙여 말하자면,『국안(鞫案)』의 표제에는 간지(干支)와 죄인의 이름(성은 기록하지 않는
　　다.)을 기재하는 것이 통례이지만, 다음에서는 편의상 연차와 죄인의 성을 부기해서 대조하기
　　쉽게 했다.
　　『憲宗甲辰逆賊閔晋鏞李遠德等獄案』義禁府 編　寫本(原)　1卷.
　　『哲宗壬戌逆賊金順性李競善獄案』義禁府 編　寫本(原)　1卷.
　　『哲宗壬戌逆賊任駠熺鞫案』義禁府 編　寫本(原)　1卷.
　　『李太王丙寅罪人南鍾三洪鳳周等鞫案』義禁府 編　寫本(原)　1卷.
　　『李太王辛未逆賊李弼濟鄭岐鉉等鞫案』義禁府 編　寫本(原)　1卷.
　　『李太王癸酉罪人崔益鉉鞫案』義禁府 編　寫本(原)　1卷.
　　『李太王辛巳大逆不道罪人安驥永權鼎鎬等鞫案』義禁府 編　寫本(原)　2卷.
　　『李太王辛巳罪人李晩孫姜晋奎等鞫案』義禁府 編　寫本(原)　1卷.
　　『李太王辛巳罪人洪在鶴鞫案』義禁府 編　寫本(原)　1卷.
　　『李太王壬午大逆不道罪人金長孫等鞫案』義禁府 編　寫本(原)　1卷.
　　『李太王癸未大逆不道罪人許煜等鞫案』義禁府 編　寫本(原)　1卷.
　　『李太王甲申大逆不道罪人李喜貞等鞫案』義禁府 編　寫本(原)　1卷.
　　『李太王乙酉大逆不道罪人金春來朴永植等鞫案』義禁府 編　寫本(原)　1卷.
　　『李太王乙酉大逆不道罪人尹景純等鞫案』義禁府 編　寫本(原)　1卷.
　　『李太王丁亥罪人申箕善鞫案』義禁府 編　寫本(原)　1卷.

『全瑋準供草』法部 編　寫本(原)　1卷.

4. 청 정부 기록
『大淸德宗皇帝實錄』康德4年　滿洲國 國務院 刊　110卷.
『東華續錄 光緒朝』朱壽朋 編　宣統元年 刊　64卷.

『淸史稿』柯邵忞 等撰　中華民國 16年 刊　131卷.

『淸同治朝籌辦夷務始末』中華民國 19年　故宮博物院 刊　40卷.

『淸光緖朝中日交涉史料』故宮博物院 編　中華民國 21年 刊　44卷.

『光緖條約』許同莘 等編　中華民國 2年 刊　34卷.

『約章成案匯覽』北洋洋務局 編　光緖 31年 刊　46卷.

5. 외국 정부기록

British Parliamentary Papers, China. No. 1(1887). Correspondence respecting the Temporary Occupation of Port Hamilton by Her Majesty's Government.

United States of America, *Papers relating to Foreign Affairs accompanying Annual Message of the President to the 2nd Session 40th Congress.* Washington, 1868. 3 vols.

Papers relating to Foreign Affairs accompanying Annual Message of the President to the 3rd Session 40th Congress, Washington, 1869. 2 vols.

Papers relating to the Foreign Relations of the United States transmitted to Congress with the Annual Message of the President. December 4, 1871. Washington, 1871.

Papers relating to the Foreign Relations of the United States transmitted to Congress with the Annual Message of the President. December 4, 1876. Washington, 1876.

Papers relating to the Foreign Relations of the United States transmitted to Congress with the Annual Message of the President. December 1, 1884. Washington, 1885.

Papers relating to the Foreign Relations of the United States transmitted to Congress with the Annual Message of the President. December 3, 1894. Washington, 1895. Appendix 1, pp. 5~106, Chinese-Japanese War.

U. R. S. S. *Krasny Archiv. Russian Documents relating to Sino-Japanese War. 1894-1895,* from Krasny Archiv, vol. L-LI. Traslated from Russian original.(*The Chines Social and Political Science Review*, vol. XVII No. 3. pp. 480~515. No. 4, pp. 632~670)

China, *Imperial Maritime Customs, Treaties, Conventions, etc. China and Foreign States: with a Chronological List of Treaties and Regulations based on Treaty Provisions, 1689~1886.* Shanghai: Inspectorate General of Customs, 1887.

China, *Imperial Maritime Customs, Treaties, Regulations, etc. between Corea and other Powers, 1876~1889.* Shanghai: Inspectorate General of Customs, 1891.

제2부 일반 사료

6. 일본 사료

『續德川實記』黑板勝美 校訂　昭和 8年~11年 刊　5卷.

　*『新訂增補國史大系』제48~52권.

『藩制一覽』修史局 編　昭和 3~4年　日本史籍協會 刊　2卷.

『復古記』修史局 編　昭和 5~6年　東京帝國大學史料編纂所 校訂　15卷.

『明治史要』修史局 編　昭和 8年　東京帝國大學史料編纂所 修補　2卷.

『百官履歷』修史局 編　昭和 2年　日本史籍協會 刊　2卷.

『(明治史料)顯要職務補任錄』金井之恭 編　明治 35年 刊　2卷.

『大藏省沿革志』大藏省 編　昭和 7~9年 刊　2卷.

　*『明治前期財政經濟史料集成』제2·3권.

『藩債處分錄』大藏省國債局 編　昭和 8年 刊　1卷.

『舊藩外國連債處分錄』大藏省判理局 編　昭和 8年 刊　1卷.

『藩債輯錄』大藏省國債局 編　昭和 8年 刊　1卷.

　* 이상 3책은 『明治前期財政經濟史料集成』제9권에 수록됨.

『古事類苑外交部』佐藤誠實 等編　明治 35年　神宮司廳 刊　2卷.

『朝鮮の類似宗敎』村山智順 編　昭和 10年　朝鮮總督府 刊　1卷.

　*『朝鮮總督府調査資料』제42집.

『方谷先生年譜』山田準 編　大正 5年　岡山縣內務部 刊　1卷.

『德川慶喜公傳』澁澤榮一·萩野田之 等撰　大正 7年　龍門社 刊　8卷.

『三條實美公年譜』宮內省 編　明治 34年 刊　29卷.

『岩倉公實記』多田好問 編　大正 12年　皇后宮職(重刊)　3卷.

『松菊木戶公傳』妻木忠太 撰　昭和 2年　木戶公傳記編纂所 刊　2卷.

『木戶孝允日記』妻木忠太 編　昭和 7~8年　日本史籍協會 刊　3卷.

『木戶孝允文書』妻木忠太 編　昭和 4~6年　日本史籍協會 刊　8卷.

『大久保利通日記』昭和 2年　日本史籍協會 刊　2卷.

『大久保利通文書』大久保利和 編　昭和 2~10年　日本史籍協會 刊　10卷.

『岩倉具視關係文書』大塚武松·藤井甚太郎 編　昭和 2~8年　日本史籍協會 刊　8卷.

『大隈候八十年史附風雲偉觀』大正 5年　大隈候八十五年史編纂會 刊　4卷.

『大隈重信關係文書』渡邊幾治郎 編　昭和 7~10年　日本史籍協會 刊　6卷.

『大隈伯昔日譚』圓城寺淸 編　大正 3年 刊　1卷.

『子爵花房義質君事略』花房義質 談 黒瀬義門 編[3]　大正 2年　花房子爵古稀祝賀會 刊　1卷.

『明治十五年朝鮮事變と花房公使』武田勝藏 撰　昭和 4年　花房子爵家 刊　1卷.

『壬午鷄林事變』宮武外骨 編　昭和 7年　花房子爵家 刊　1卷.

『丸山作樂傳』丸山正彦 撰　明治 32年 刊　1卷.

『森先生傳』木村匡 撰　明治 32年 刊　1卷.

　　＊ 자작(子爵) 모리 아리노리(森有禮)의 약전(略傳)

『中牟田倉之助傳』中村孝也 撰　大正 8年　中牟田子爵家 刊　5卷.

『世外井上公傳』堀田璋左右 撰　昭和 8~9年　井上公傳記編纂會 刊　5卷.

『福澤諭吉傳』石川幹明 撰　昭和 7年 刊　4卷.

『福澤全集』福澤諭吉 撰 時事新報社 編　大正 15年 刊　10卷.

『青淵先生五十年史(近世實業發達史)』澁澤榮一 編　明治 33年　龍門社 刊　2卷.

『伯爵後藤象次郎』大町桂月 撰　大正 3年 刊　1卷.

『田健次郎傳』黑田甲子郎・園田寬 撰　昭和 7年　田男爵傳記編纂會 刊　1卷.

『伊藤博文秘錄』平塚篤 編　昭和 4年 刊　1卷.

『續伊藤博文秘錄』平塚篤 編　昭和 5年 刊　1卷.

『公爵山縣有朋傳』德川猪一郎・山崎三郎 撰　昭和 8年　山縣有朋公事業記念會 刊　3卷.

『伯爵伊東已代治』昭和 13年　晨亭會 刊　2卷.

『伯爵陸奧宗光遺稿』陸奧廣吉 編　昭和 4年 刊　1卷.

『元帥寺內伯爵傳』黑田甲子郎 撰　大正 9年　元帥寺內伯爵傳記編纂所 刊　1卷.

『大鳥圭介傳』山崎有信 撰　大正 4年 刊　1卷.

『岡本柳之助論策[附]小傳』井田錦太郎 編　明治 31年 刊　1卷.

『東鄕元帥詳傳』小笠原長生 撰　大正 15年 刊　1卷.

『伯爵山本權兵衛傳』淺井將秀 撰　昭和 13年　故伯爵山本海軍大將傳記編纂會 刊　2卷.

『征韓論の舊夢談』佐田白茅 撰　明治 36年 刊　1卷.

『漢城之殘夢』井上角五郎 撰　明治 24年 刊　1卷.

『妾の半生涯』福田(景山)英子 撰　昭和 12年　改造文庫　1卷.

『(大阪日報附錄)國事犯事件傍聽筆記』明治 20年 5~9月　1卷.

『天佑俠』淸藤幸七郎 撰　明治 36年 刊　1卷.

『明治文化全集』吉野作造 編　昭和 3~4年 刊　24卷.

『明治政史』指原安三 編　明治 25年 刊　3卷.

『西南記傳』川崎三郎 編　明治 41~42年　黑龍會 刊　6卷.

---

3)　원문에 關新吾編으로 되어 있는 것을 바로잡았다.

『國憲編纂起原附錄』宮島誠一郎 編　明治 41年 刊　1卷.

　*『明治文化全集』第22권,「雜史編」에 ‘朝鮮國遣使에付閣議分裂事件’으로 제목이 바뀌어 수록
　　됐다.

『征韓論實相』煙山專太郎 撰　明治 40年 刊　1卷.

『自由黨史』板垣退助・宇田支猪・和田三郎 編　明治 43年 刊　2卷.

『東邦關係』渡邊修二郎 撰　明治 27年 刊　1卷.

『日本外交秘錄』東京朝日新聞社 編　昭和 9年 刊　1卷.

『圖錄日本外交大觀』東京朝日新聞社 編　昭和 11年 刊　1卷.

『(國際法より觀たる)幕末外交物語』尾佐竹猛 撰　大正 15年 刊　1卷.

『朝鮮開國交涉始末』奧平武彦 撰　昭和 10年　京城帝國大學法學會 發刊　1卷.

『朝鮮開國外交史』渡邊勝美 撰　昭和 9年　普成專門學校 刊　1卷.

『日淸戰役國際法論』有賀長雄 撰　明治 29年 刊　1卷.

『英船高陞號之擊沈』高橋作衛 撰　明治 35年 刊　1卷.

　*『國際法外交論纂』제1권.

『日淸戰役外交史』巽來治郎 撰　明治 35年 刊　2卷.

『その頃を語る』東京朝日新聞社 編　昭和 3年 刊　1卷.

『(近世)海軍史要』廣漱彦太 編　昭和 13年　海軍有終會 刊　1卷.

『(戰袍餘薰)懷舊錄第一輯 日淸戰役之卷』海軍有終會 編　大正 15年 刊　1卷.

『朝鮮史講座』朝鮮史學會 編　3卷.

『朝鮮史大系』朝鮮史學會 編　昭和 2年 刊　5卷.

　* 上世史(小田省吾), 中世史(瀨野馬熊), 近世史(瀨野馬熊), 最近世史(杉本正介・小田省吾), 年表
　　(大原利武)

『對馬遺事』川本達 撰　大正 15年 刊　1卷.

『日鮮通交史附釜山史』川本達 編　大正 4年　釜山甲寅會 刊　2卷.

『京城府史』小田省吾・岡田貢 編　昭和 9・10年　京城府 刊　2卷.

『仁川府史』小谷益次郎 編　昭和 8年　仁川府 刊　1卷.

『元山發展史』高尾新右衛門 編　大正 5年　元山府 刊　1卷.

『朝鮮王國』菊池謙讓 撰　明治 28年 刊　1卷.

『韓半島』信夫淳平 撰　明治 32年 刊　1卷.

『朝鮮開化史』恒屋盛服 撰　明治 34年 刊　1卷.

『居留民之昔物語』藤村德一 編　昭和 2年 刊　1卷.

『小田先生頌壽記念朝鮮論集』藤田亮策 編　昭和 9年 刊　1卷.

『稻葉博士還曆記念滿鮮史論叢』中村榮孝 等編　昭和 13年 刊　1卷.

『(朝鮮最近外交史)大院君傳附王妃之一生』菊池謙讓 撰　明治 43年 刊　1卷.
『(朝鮮名士)金氏言行錄』鈴木省吾 編　明治 19年 刊　1卷.
『金玉均』葛生東介 編　大正 5年 刊　1卷.
『(正傳)袁世凱』內藤順太郎 撰　大正 2年 刊　1卷.

『(新聞集成)明治編年史』中山泰昌 編　昭和 9~11年　財政經濟學會 刊　15卷.
『大阪朝日新聞』明治 27年 6~28年 12月.
『日淸戰爭實記』博文館 編　明治 27~28年　52卷.
『靑丘學叢』靑丘學會 編　昭和 5~14年　30卷.
『朝鮮』朝鮮總督府官房文書課 編　明治 44年　續刊中.

7. 조선 사료

『增補文獻備考』弘文館 編　隆熙 2年 刊　51卷.
『邊例集要』司譯院 編　寫本　18卷.
『邊例續集要』司譯院 編　寫本　1卷.
『增正交隣志』金健瑞 編　純祖 2年 刊　2卷.
『通文館志』金慶門 編　明治 40年　韓國珍書刊行會 刊　1卷.

『璿源系譜紀略』8卷.
『萬姓大同譜』具羲書·尹植求 編　昭和 6年 刊　1卷.
『萬姓大同譜續編』昭和 8年 刊　1卷.

『玄皐記』朴宗謙 撰　寫本　2卷.
『玄駒記事』朴宗謙 撰　寫本　1卷.
『政治日記』寫本　16卷.
『龍湖閒錄』寫本　23卷.
『滄槎記』寫本　1卷.
『聚語』寫本　1卷.
『甲午實記』寫本　1卷
『星湖僿說』李瀷 撰　昭和 4年 刊　5卷.
『楓皐集』金祖淳 撰　哲宗 4年 刊　8卷.
『梅山集』洪直弼 撰　李太王 3年 刊　28卷.
『雲石遺稿』趙寅永 撰　李太王 5年 刊　10卷.

『經山集』鄭元容 撰　李太王 三三年 刊　11卷.

『凝窩集』李源祚 撰　12卷.

『嘉梧藁略』李裕元 撰　寫本　13卷.

『瓛齋集』朴珪壽 撰　大正 3 年 刊　5卷.

『華西集』李恒老 撰　22卷.

『勉庵集』崔益鉉 撰　隆熙 2 年 刊　24卷.

『鼓山集』任憲晦 撰　12卷.

『淵齋集』宋秉璿 撰　24卷.

『古歡堂收草』姜瑋 撰　李太王 22 年 刊　1卷.

『敬庵遺稿』朴齊近 撰　李太王 32 年 刊　2卷.

『甲申日記』金玉均 撰　寫本　2卷.

『以政學齋日記』金弘集 撰　寫本　2卷.

『雲養集』金允植 撰　大正 2 年 刊　8卷.

『雲養續集』金允植 撰　昭和 5 年 刊　2卷.

『陰晴史』金允植 撰　寫本　2卷.

『天津談草』金允植 撰　寫本　1卷.

『從政年表』魚允中 撰　寫本　3卷.

『梅泉野錄』黃玹 撰　寫本　7卷.

『闢衛編』李晚采 編　昭和 6 年 刊　8卷.

『韓史綮』金澤榮 撰　中華民國 7 年　江蘇南通 刊　3卷.

『近世朝鮮政鑑(上)』朴齊炯 撰　明治 19 年 刊　1卷.

『興宣大院君傳』明治 21 年 刊　1卷.

　＊『會餘錄』제1집에 수록.

『朝鮮基督教及外交史』李能和 編　昭和 3 年 刊　1卷.

『天道教書』朴寅浩 編　大正 10 年 刊　1卷.

『天道教創建史』李敦化 編　昭和 8 年 刊　1卷.

『海月神師實史』昭和 2 年 刊　1卷.

　＊『天道教會月報』제195호 해월신사출세백년기념호(海月神師出世百年記念號)에 수록.

『上帝教歷史』金仁泰 編　昭和 7 年 刊　1卷.

8. 지나(支那) 사료

『淸史列傳』中華民國 17 年 刊　80卷.

『李文忠公全書』李鴻章 撰・吳汝綸 編　光緖 34 年 刊　100卷.

『適可齋紀言紀行』馬建忠 撰　光緒 22年 刊　4卷.

『庸庵全集』薛福成 撰　光緒 10~24年 刊　47卷.

『翁文恭公日記』翁同龢 撰・張元濟 編　中華民國 14年 刊　40卷.

『張季子九錄』張謇 撰・張怡祖 編　中華民國 20年 刊　30卷.

『南通張季直先生傳記^{附年表・年譜}』張怡祖 編　中華民國 19年 刊　1卷.

『近代中國外交史資料輯要』上・中卷　蔣廷黻 編　中華民國 20・23年 刊　2卷.

『淸季外交史料』王彦威・王亮 編　中華民國 22~23年 刊　176卷.

『中東戰紀本末及續編』蔡爾康・林樂知 編　光緒 22年 刊　12卷.

『中國近百年史資料初編』左舜生 編　中華民國 20年 刊　2卷.

　＊『中法兵事本末』(羅惇曧).

　　『中日兵事本末』(羅惇曧).

『中國近百年史資料續編』左舜生 編　中華民國 22年 刊　2卷.

　＊『東方兵事紀略』(姚錫光).

　　『海軍大事記』(池仲祐).

『東方兵事紀略』姚錫光 撰　光緒 23年 刊　5卷.

『六十年來中國與日本』王芸生 撰　中華民國 21~22年　天津大公報社 刊　7卷.

『中日甲午戰爭之外交背景』王信忠 撰　中華民國 26年 刊　1卷.

9. 구문(歐文) 사료

Bland, J. O. P., & Sir Edmund Backhouse, *China under the Empress Dowager being the History of the Life and Times of Tzu Hsi compiled from State Papers and the Private Diary of Comptroller of her Household.* London: William Heinemann, 1910.

Brandt, Max von. *Dreiunddreissig Jahre in Ostasien. Erinnerungen eines Deutschen Diplomaten.* Leipzig: Georg Wigand, 1901. 3 vols.

Ditto. *Drei Jahre Ostasiatischer Politik 1894~1897. Beitrage zur Geschichte des chinesisch-Japanischen Krieges und seiner Folgen*, Stuttgart: Strecker und Moser, 1897.

Cordier, Henri. *Histoire des Relations de la Chine avec les Puissances Occidentales, 1860~1900.* Paris: Félix Alcan, 1901~1902. 3 vols.

Dallet, Charles, *Histoire de l'Eglise de Corée précédée d'une introduction sur l'histoire, les institutions, la langue, les moeurs et coutumes coréennes.* Paris: Victor Palmé, 1874. 2 vols.

Dennett, Tyler. *Americans in Eastern Aisa. A Critical Study of the Policy of the United States with reference to China, Japan and Korea in the 19th Century.* New York: Macmillan, 1922.

Foster, John W. *American Diplomacy in the Orient*, Boston: Houghton, Mifflin & Co.,

1904.

Griffis, Willaim Elliot, *Corea the Hermit Nation. I. Ancient and Mediaeval History. II. Political and Social Corea, III. Modern and Recent History. 7th Edition, revised and enlarged.* London: Harper and Brothers, 1905.

The Korean Repository. Edited by F. Ohlinger, H. G. Appenzeller and others. Seoul: Trilingual Press, 1892~1898. 5vols.

Lane-Poole, Stanley & F. V. Dickins. *The Life of Sir Harry Parkes, K. C. B., G. C. M. G. Sometime Her Majesty's Minister to China and Japan.* London: Macmillan, 1894. 2 vols.

Launay, Adrien. *Histoire générale de la Société des Missions Etrangères.* Paris: Téqui, 1894. 3 vols.

Ditto, *Mémorial de la Société des Missions Etrangères, Première Partie 1658~1912. Etat de la Société des Missions Etrangères. Missions et Etablissements communs. Ordre par diocèses. Morts. Noms chinois et annamites des missionnaires, etc. Deuxième Partie. 1658~1913. Notices biographiques, Bibliographies. Notes. bio-bibliographiques. Biographies. Additions et Rectifications, Titres archépiscopaux des archevêques et évêques de la Société. Noms chinois, annamites et malais des missionnaires.* Paris: Séminaire des Missions étrangères, 1912 & 1616. 2 vols.

Macnair, Harley Farnsworth. *Modern Chines History Selected Readings. A Collection of Extracts from various Sources chosen to illustrate some of the Chief Phases of China's International Relations during the past Hundred Years.* Shanghai: Commercial Press, Ltd., 1923.

Macnair, Harley Farnsworth, & Hosea Ballou Morse. *For Eastern International Relations.* Boston & New York: Houghton, Mifflin & Co., 1931.

Mission de Séoul. *Documents relatifs aux Martyrs de Corée de 1839 et 1846.* Hongkong: Imprimerie de Nazareth, 1924.

Moellendorff, R. von. P. G. von Moellendorff. *Ein Lebensbild.* Leipzig: Otto Harrasswitz, 1930.

Morse, Hosea Ballou. *The International Relations of the Chinese Empire. 1834~1911.* Shanghai: Kelly & Walsh, 1910~1918. 3 vols.

Oppert, Ernst. *A Forbidden Land: Voyages to the Corea. With an Account of its Geography, History, Productions, and Commercial Capabilities. &c.* London: Sampson Low, 1880.

Paullin, Charles Oscar. *Diplomatic Negotiations of American Naval Officers 1778~1883.(the Albert Shaw Lectures on Diplomatic History, 1911).* Baltimore: The Johns Hopkins Press. 1912.

Piacentini, l'Abbé Arthur. *Mgr. Ridel évêque de Philippopolis vicaire apostolique de Corée, d'après sa Correspondence. 3me édition.* Lyon: Emmanuel Vitte, (1890).

Rostaing, Vicomte de. "Note sur une récente exploration du Hang-Kyang en Corée." (*Bulletin de la Société de Géographie*, vol. XLLL pp. 210~225).

Thomas, A, *Histoire de la Mission de Pékin. Tome I. Depuis les origines jusqu'à l'arrivée des Lazaristes. Tome II. Depuis l'arrivée des Lazaristes jusqu'à la révolte des Boxeurs.* Paris: Vald. Ramussen, 1923 & 1933.

Treat, Payson Jackson. *Diplomatic Relations between the United States and Japan 1853~1895.* California: Stanford University Press, 1932. 2 vols.

Volpicelli, Zinovi, *alias* Vladimir. *The China-Japan War compiled from Japanese, Chinese and Foreign Sources.* London: Sampson Low, Marston & Co., 1896.

Zuber, Henri. "Une expédition en Corée." (*Tour du Monde*, vol. XXV, 1873, pp. 301~415).

부록

근대 조선외교사 연표(1885~1894)

* 이 연표는『근대 일선관계의 연구(하)』에서 서술한 근대 조선외교사의 주요 사건들을 연도순으로 정리한 것으로, 1885년 1월부터 청·일전쟁의 선전 포고가 이뤄지는 1894년 8월 1일까지의 사건들을 수록했다. 각 사건들의 날짜는 기본적으로 본서의 기록에 의거했다.

* 본서에서 누락된 사건들은『年表로 보는 現代史』(신석호 외, 新丘文化社, 1972)와『日本外交年表竝主要文書』(日本外務省 編, 外務省, 1975) 등을 참고해서 보완했다.

* 양력은 아라비아 숫자로, 음력은 한자로 표기했다. 조선의 경우 묘호(廟號)를, 청·일본의 경우는 각각 고유한 연호(年號)를 병기하는 것으로 각국의 사건들을 구분했다(조선: 高宗, 청: 光緖, 일본: 明治). 일본은 1872년 12월 19일부터 양력을 전용했으므로 음력을 따로 표기하지 않았다.

* 어떤 사건의 시점에 대해 월(月)만 알 수 있고 그 일자가 불명확한 경우 해당 월의 말미에 배치했다.

양력	연호, 날짜	주요 사건
1. 2	高宗二十一年 十一月十五日	주일러시아 공사관 서기관 슈페이에르(Alexei de Speyer), 고종 알현
1. 15	高宗二十一年 十一月三十日	고종, 갑신정변에 대해 자책하는 전교를 내림
2. 16	高宗二十二年 一月二日	전권대신 서상우(徐相雨)·묄렌도르프(Paul George von Möllendorff) 일행, 도쿄(東京)에 도착
3. 16	明治 18年	후쿠자와 유키치(福澤諭吉), 「탈아론(脫亞論)」 발표
4. 15	高宗二十二年 三月一日	영국 함대, 거문도 무단 점령(거문도 사건)
4. 18	光緒十一年 三月三日	이홍장(李鴻章)·이토 히로부미(伊藤博文), 톈진조약(天津條約) 조인
5. 16	高宗二十二年 四月三日	정여창(丁汝昌)·엄세영(嚴世永)·묄렌도르프, 영국 군함의 거문도 철수 요청 을 위해 나가사키(橫濱)로 건너가 도웰(W. Montague Dowell) 사령관과 회견
5. 26	明治 18年	갑신정변 실패 후 일본에 망명한 개화당 수령 중 김옥균(金玉均)을 제외한 박영효(朴泳孝)·서광범(徐光範)·서재필(徐載弼) 등 미국행
5.		고종의 밀명으로 러시아 블라디보스토크에 잠행한 권동수(權東壽)·김용원 (金鏞元) 등 귀국
6. 10	高宗二十二年 四月二十八日	주일러시아공사관 서기관 슈페이에르 입국(6월 20·24일, 7월 2일 김윤식(金 允植)과 회견, 7월 7일 출국)
7. 3	明治 18年	주청일본공사 에노모토 다케아키(榎本武揚), 이홍장(李鴻章)에게 조선 내정 의 공동개혁 및 대원군의 귀국 제의
7. 10	高宗二十二年 五月二十八日	남정철(南廷哲), 천진주차독리통상사무(天津駐箚督理通商事務)에 임명
7. 17	光緒十一年 六月六日	이홍장, 국정 간여를 엄금하는 조건으로 흥선대원군(興宣大院君)의 석방· 귀국을 총리아문에 건의
7. 21	高宗二十二年 六月十日	청·일본 군대, 톈진조약(天津條約)에 따라 경성에서 철수
7. 27	高宗二十二年 六月十六日	묄렌도르프, 한러밀약사건으로 협판교섭통상사무에서 해관총세무사로 감 하(減下)(8월 25일, 총세무사직에서 해임)
10. 3	高宗二十二年 八月二十五日	대원군, 인천으로 귀국
10. 6	高宗二十二年 八月二十八日	러시아대리공사 겸 총영사 베베르(Karl Ivanovichi Weber) 부임
10. 14	高宗二十二年 九月七日	김윤식, 베베르와 한러수호통상조약 비준 교환
		메릴(Henry Ferdinand Merrill), 해관총세무사에 임명됨
11. 17	高宗二十二年 十月十一日	원세개(袁世凱), 주차조선총리교섭통상사의(駐箚朝鮮總理交涉通商事宜)로 부임

1885 (행 시작)

양력		연호, 날짜	주요 사건
1885	11. 23	明治 18年	자유당원 오이 겐타로(大井憲太郎)·고바야시 구스오(小林樟雄) 등, 조선에서 폭동을 계획한 혐의로 오사카(大阪)에서 체포됨
	11. 25	高宗二十二年十月十九日	묄렌도르프, 조선을 떠나 톈진으로 귀환
	12. 22	明治 18年	일본, 내각제 확립. 제1차 이토 히로부미 내각 성립
1886	3. 4	高宗二十三年一月二十九日	박제순(朴齊純), 주진대원(駐津大員)에 임명
	3. 5	高宗二十三年一月三十日	이헌영(李鑑永), 주일판리공사(駐日辦理公使)에 임명
	4. 17	高宗二十三年三月十四日	원세개, 방판조선상무(幇辦朝鮮商務)에 담갱요(譚賡堯), 한성공서좌리(漢城公署佐理) 겸 번역사의(繙譯事宜)에 당소의(唐紹儀) 임명 통고
	6. 12	明治 19年	일본 정부, 김옥균에게 추방 명령을 내림
	8. 6	光緖十二年七月七日	원세개, 이홍장에게 고종 폐위를 건의
	8. 7	明治 19年	김옥균, 오가사와라 제도(小笠原諸島) 치치지마(父島)에 억류됨
	8. 13	光緖十二年七月十四日	원세개, 이홍장에게 한러밀약설 보고
1887	3. 1	高宗二十四年二月七日	영국 군함, 거문도에서 철수
	3. 14	高宗二十四年二月二十日	일본임시대리공사 다카히라 고코로(高平小五郞) 귀임
	7. 6	高宗二十四年五月十六日	민영준(閔泳駿), 주일판리공사에 임명
	7. 20	高宗二十四年五月三十日	서상우, 독판교섭통상사무에 임명
	8. 18	高宗二十四年六月二十九日	박정양(朴定陽)을 주미공사, 심상학(沈相學)을 영국·독일·이탈리아·러시아·프랑스 5개국 겸임공사에 임명(심상학은 신병으로 9월 16일에 조신희(趙臣熙)로 교체됨)
	9. 19	高宗二十四年八月三日	주한일본대리공사 곤도 마스키(近藤眞鋤) 부임
	9. 20	高宗二十四年八月四日	조병식(趙秉式), 독판교섭통상사무에 임명
	11. 16	高宗二十四年十月二日	박정양(朴定陽), 미국 부임을 위해 출국(1888년 1월 9일, 워싱턴 도착. 17일, 미국 대통령 클리블랜드(Stephen Grover Cleveland)에게 국서 봉정)
1888	4. 10	高宗二十五年二月二十九日	연군교사(練軍敎師)로 초빙한 미국 육군소장 다이(William McEntyre Dye) 등 4명 입국
	5. 29	高宗二十五年四月十九日	중앙 군제를 통위영(統衛營), 장위영(壯衛營), 총어영(摠禦營)으로 개편

양력		연호, 날짜	주요 사건
1888	8. 20	高宗二十五年七月十三日	조병식, 베베르와 한러육로통상장정 조인. 함경도 경흥(慶興) 추가 개시(開市)
	12. 17	光緒十四年十一月十五日	북양해군 설치, 북양해군제독에 정여창 임명
1889	2. 11	明治 22年	대일본제국헌법(大日本帝國憲法)·의원법(議院法)·중의원의원선거법(衆議院議員選擧法)·귀족원령(貴族院令) 반포
	3. 4	光緒十五年二月三日	광서제(光緒帝), 친정(親政) 시작
	10. 11	高宗二十六年九月十七日	독판교섭통상사무 민종묵(閔種黙), 일본대리공사 곤도 마스키에게 함경도의 방곡령 시행을 통고(방곡령 사건)
	10. 24	高宗二十六年十月一日	함경도에서 방곡 시행
	11. 7	高宗二十六年十月十五日	일본공사 곤도 마스키, 통리아문에 조회를 보내서 방곡령 철폐 주장, 손해 배상 요구 시사
	11. 12	高宗二十六年十月二十日	조일통어장정(朝日通漁章程) 의정
1890	1. 27	高宗二十七年一月十二日	박제순, 조신희의 후임으로 유럽 5개국 공사에 임명
	3. 9	高宗二十七年二月十九日	르젠드르(Charles W. Le Gendre), 협판내무부사(協辨內務府事)에 임명
	3.		황해도에서 방곡 시행
	4. 15	高宗二十七年閏二月二十六日	협판내무부사 데니(O. N. Denny), 고용 기간 만료로 해임
	5. 9	高宗二十七年三月二十一日	미국공사 겸 총영사 허드(Augustine Heard) 부임
	6. 4	高宗二十七年四月十七日	대왕대비 조씨 훙서(薨逝)
	11. 13	高宗二十七年十月二日	미국공사관 참찬관 알렌(Horace Newton Allen), 주경대리총영사(駐京代理總領事)에 임명
1891	1. 3	高宗二十七年十一月二十三日	미국인 그레이트하우스(Clarence Ridgeby Greathouse), 협판내무부사에 임명
	1. 21	高宗二十七年十二月十二日	일본과 월미도지기조차조약(月尾島地基租借條約) 체결
	5. 2	高宗二十八年三月二十四日	신임일본공사 가지야마 데스케(梶山鼎介) 부임
	5. 11	明治 24年	러시아황태자 니콜라이(Aleksandrovich Nikolai), 사가 현(滋駕縣)의 오쓰(大津)에서 일본 경찰관 쓰다 산조(津田三藏)에게 피습(오쓰 사건)
	6. 21	高宗二十八年五月十五日	일본 어선 수십 척이 제주도 건입포(健入浦)에 들어와서 주민 16명 살해

양력		연호, 날짜	주요 사건
1891	12. 7	高宗二十八年 十一月七日	가지야마 공사, 통리아문에 함경도 방곡령 시행에 따른 일본상민의 손해 및 이자 총액 147,168,322엔의 지불 요구
1892	4. 1	高宗二十九年 三月五日	주청영국특명전권공사 오코너(Nicholas R. O'Conor) 부임
		高宗二十九 年六月	전환국방판(典圜局幫辦) 안경수(安駉壽), 화폐제도 연구를 위해 일본행
	11. 17	高宗二十九年 九月二十八日	가지야마 공사, 황해도 방곡령 실시로 인한 손해배상금 69,469,289엔 요구
	11. 24	高宗二十九年 十月六日	일본 다이이치은행(第一銀行)과 미국 상인 타운센드(W. D. Townsend)에 게서 차관한 양은(洋銀) 14만여 원을 상환하기 위해 청에서 고평은(庫平銀) 10만 냥의 차관 도입
	12. 3	高宗二十九年 十月十五日	가지야마 공사 귀국. 서기관 스기무라 후카시(杉村濬), 임시대리공사에 임명
	12. 20	高宗二十九年 十一月二日	일본에서 은화 25만 엔 차관 도입. 인천에 전환국(典圜局) 설치 결정
	12. 29	高宗二十九年 十一月十一日	신임일본공사 오이시 마사미(大石正巳) 부임
1893	2. 20	高宗二十九年 十二月二十四日	오이시 공사, 나주·김해 방곡령 철폐 및 몰수한 미곡의 배상 요구
	3. 7	高宗三十年 一月十九日	독판교섭통상사무 조병직, 오이시에게 함경도 방곡령으로 인한 적정 배상 금은 47,575원 5각 4푼 9리 3호 3사 1홀 2합임을 통보
	3. 29	高宗三十年 二月十二日	동학교도 박광호(朴光浩)·손병희(孫秉熙) 등 40여 명, 교조신원을 위해 광화 문에서 3일간 복합상소
	4. 6	高宗三十年 二月二十日	조병직, 오이시 공사에게 가지야마·민종묵 협정에 따라 방곡 배상 문제를 처리할 것을 제의
	4. 26	高宗三十年 三月十一日	동학교도 2만여 명, 충청도 보은군 속리면에 모여 집회(~ 5. 18)(보은집회)
	5. 2	高宗三十年 三月十七日	어윤중(魚允中), 동학교도 해산을 위해 양호도어사(兩湖都御史)에 임명됨(5 월 10일 양호선무사(兩湖宣撫使)로 개차(改差)됨)
	5. 4	高宗三十年 三月十九日	오이시 공사, 고종을 알현하고 방곡 배상액 등에 관해 상주
	5. 14	高宗三十年 三月二十九日	남정철(南廷哲), 독판교섭통상사무에 임명
			김사철(金思轍), 주일공사에 임명
	5. 19	高宗三十年 四月四日	남정철, 오이시 공사의 주장대로 방곡 배상금 11만 원(元)을 수락하는 서한 발송
	6. 6	高宗三十年 四月二十二日	일본공사관 서기관 스기무라 후카시, 임시대리공사에 임명
	7. 6	明治 26年	일본 각의, 서양 열강과의 조약 개정 교섭 방침 결정

양력		연호, 날짜	주요 사건
1893	7. 19	高宗三十年 六月七日	일본 정부, 주청일본공사 오토리 게이스케(大鳥圭介)의 주한공사 겸임 통보
	7. 30	高宗三十年 六月十八日	방곡 배상금 지불을 위해 청에서 은(銀) 35,000원(元)의 차관 도입
	10. 4	高宗三十年 八月二十五日	영국인 브라운(John McLeavy Brown), 해관총세무사에 임명
	10. 5	高宗三十年 八月二十六日	신임일본공사 오토리 게이스케, 고종 알현
	12.12	高宗三十年 十月二十四日	부산·원산에서 방곡 시행
	12.22	高宗三十年 十一月十五日	전봉준(全琫準) 등 60여 명, 고부군수 조병갑(趙秉甲)에게 만석보(萬石洑) 수세(收稅) 등 학정의 중단을 진정
1894	1. 2	高宗三十年 十一月二十六日	조병직, 독판교섭통상사무에 임명
	2. 15	高宗三十一年 一月十日	고부군민, 전봉준의 지도하에 봉기(동학농민운동)
	2. 25	高宗三十一年 一月十一日	고부군민, 자발적으로 해산
	3. 28	高宗三十一年 二月二十二日	김옥균, 상하이에서 홍종우(洪鍾宇)에게 피살
			이일식(李逸植), 도쿄 친린의숙(親隣義塾)에서 박영효 암살을 시도했으나 실패
	4. 14	明治27年	오토리 공사, 조선 정부에 대해 김옥균 시신 처형에 관한 권고안을 제출하는 문제로 경성 주재 외교단 회의 소집
		高宗三十一年 三月九日	김옥균의 시신이 양화진에서 능지처참(陵遲處斬)의 극형을 당함
	4. 26	高宗三十一年 三月二十一日	고부군 동학교도와 농민, 안핵사 이용태(李容泰)의 부당한 처사에 반발해 재차 봉기
	4. 30	高宗三十一年 三月二十五日	미국 공사 겸 총영사 실(John M. B. Sill) 부임
	5. 4	高宗三十一年 三月三十日	오토리 공사 귀국. 스기무라 후카시, 임시대리공사에 임명
	5. 6	高宗三十一年 四月二日	홍계훈(洪啓薰), 양호초토사(兩湖招討使)에 임명(8일 경군(京軍) 800명·야포 2문·개틀링 구식 기관포 2문을 이끌고 경성 출발, 11일 전주 입성)
	5. 11	高宗三十一年 四月七日	동학군, 황토현(黃土峴)에서 관군 격파(황토현 전투)
	5. 13	高宗三十一年 四月九日	동학군, 무장(茂長) 점령. 전봉준, 창의포고문(倡義布告文) 발표
	5. 20	明治 27年	김씨우인회(金氏友人會), 도쿄 시 아사쿠사 구(淺草區) 니시혼간지(西本願寺) 별원에서 김옥균을 위한 법요 개최

양력		연호, 날짜	주요 사건
1894	5. 22	高宗三十一年 四月十八日	고종, 전라도민에게 윤음을 내려 비정(秕政)의 개혁을 약속함
			스기무라 공사, 외무대신에게 조선 출병의 필요성을 상신
	5. 27	高宗三十一年 四月二十三日	동학군, 장성(長城) 월평리(月坪里)에서 관군 격파(장성 전투)
	5. 31	高宗三十一年 四月二十七日	동학군, 전주성 점령
			고종, 김옥균의 처형을 치하하며 특별사면의 전교를 내림
	6. 1	高宗三十一年 四月二十八日	조선 조정, 원세개를 통해 이홍장에게 동학군 진압을 위한 출병 요청
	6. 2	明治 27年	일본 각의, 청의 출병에 대항하여 1개 혼성여단의 조선 파병 결정
	6. 3	高宗三十一年 四月三十日	조선 조정, 의정부 조회로 청에 공식 출병 요청
	6. 4	光緒二十年 五月一日	이홍장, 북양육군에 조선 출동을 명함
	6. 5	明治 27年	일본 군부, 조선 파견군의 지휘 및 청과의 개전을 위해 최고 군통수부로 대본영(大本營) 설치. 혼성 제9여단의 동원령 반포(보병 6개 대대·기병 1개 중대·포병 2개 중대·공병 1개 중대로 구성. 병력 약 8천 명, 대포 12문)
	6. 6	明治 27年	주일청국공사 왕봉조(汪鳳藻), 텐진조약에 따라 조선 출병을 일본 정부에 통고
	6. 7	高宗三十一年 五月四日	일본, 공사관 및 거류민 보호 명분으로 조선 정부에 파병 통고
		光緒二十年 五月四日	직예제독 섭지초(葉志超), 약 1,500명의 병력을 이끌고 산하이관(山海關)에서 출항(9일 충청도 아산에 도착)
		明治 27年	주청임시대리공사 고무라 주타로(小村壽太郎), 일본 정부의 조선 출병과 텐진조약에 의거해서 이를 공문으로 통지한다는 뜻을 청 정부에 통고
	6. 8	高宗三十一年 五月五日	독판교섭통상사무 조병직, 스기무라 공사에게 조회를 보내 일본군의 무단 입경(入京)에 대해 항의, 철군 요청
			산서태원진총병(山西太原鎭總兵) 섭사성(聶士成), 900명의 병력을 이끌고 충청도 아산에 도착
	6. 9	高宗三十一年 五月六日	일본공사 오토리 게이스케, 군함 야에야마(八重山)에 편승하여 인천에 도착. 일본 해군중장 이토 스케유키(伊東祐亨), 마쯔시마(松島), 찌요다(千代田) 등 군함 2척을 이끌고 인천에 입항
		光緒二十年 五月六日	이홍장, 주청영국공사 오코너에게 일본의 조선 파병 저지를 요청(20일에 주청러시아공사 카시니(Arthur Paul Nicholas Cassini)에게 청일 간의 중재 요청. 23일에 러시아 외상 드 기르스(Nikolay Karlovich de Giers), 주일러시아공사 히트로포(Mikhail Aleksandrovich Hitrovo)에게 일본군의 조선 철병을 요청할 것을 지시. 30일에 히트로포 공사는 일본 정부에게 조선 정부의 철병 요구에 응할 것을 권고)
	6. 10	高宗三十一年 五月七日	일본공사 오토리 게이스케, 해군육전대 400명과 야포 2문을 이끌고 경성에 무단 입성. 조선 정부가 항의했으나 묵살함

양력	연호, 날짜	주요 사건
1894	6. 11 高宗三十一年 五月八日	동학군, 전주성에서 자진 해산
		원세개·오토리, 청일 양국의 조선 철병 문제에 관해 회담(~6. 12)(외무독판 조병직이 13일에는 원세개, 14일에는 오토리 공사에게 조회를 보내서 공식적으로 철군 요청함. 15일에 원세개와 오토리 공사는 일부 군대만 잔류시키고 철군하는 데 합의. 일본 외무성의 반대로 무산)
	6. 14 明治 27年	일본 각의, 조선 내정개혁에 관한 수상 이토 히로부미와 외상 무쓰 무네미쓰(陸奥宗光)의 초안 승인(6월 15일 각의에서 청이 조선 내정개혁에 동의하지 않을 경우 단독개혁을 추진하고, 이를 위해 조선에 강력한 군대를 주둔시키기로 결정)
	6. 16 明治 27年	일본외상 무쓰, 주일청국특명전권공사 왕봉조(汪鳳藻)에게 동학군 공동 진압 및 조선 내정의 공동개혁 제안(21일 청은 이 제안을 거절. 23일 무쓰 외상은 조선의 내정개혁이 완료될 때까지 철군하지 않는다는 뜻을 천명)
		일본군 혼성여단 제1차 파견부대 인천 상륙
	6. 20 光緒二十年 五月十七日	이홍장, 주청러시아공사 카시니에게 청일 간 조정(調整) 요청
	6. 22 明治 27年	일본 각의, 조선에 대한 단독개혁 방침 확정
		무쓰 외상, 이홍장에게 제1차 절교서 발송
		미국 국무장관 에드윈 얼(E. Uhl), 조선 정부의 의뢰에 따라 실 조선 주재 변리공사에게 청일 간 조정 시도를 훈령
	6. 23 明治 27年	도쿄지방재판소, 김옥균 암살 및 박영효 암살 미수 사건 피의자 이일식에 대한 구형공판에서 사형 선고(27일 결심판결에서 무죄 선고)
	6. 24 高宗三十一年 五月二十一日	조선 정부, 영국·미국·독일·프랑스·러시아 등 5개국 대표자들에게 동문통첩(同文通牒)을 보내서 각각 본국 정부에 청훈(請訓)한 후 조정에 나설 것을 요청
	6. 25 高宗三十一年 五月二十二日	경성 주재 영국·러시아·프랑스 대표자, 실 미국공사의 주도로 청과 일본의 동시 철병을 요청하는 연명통첩(連名通牒) 발송
	6. 26 高宗三十一年 五月二十三日	오토리 공사, 창덕궁에서 고종 알현. 조선 내정개혁안 제출
	6. 27 高宗三十一年 五月二十四日	고종, 경복궁으로 이어(移御)
	6. 28 高宗三十一年 五月二十五日	일본군 혼성여단 제2차 파견부대, 인천에 상륙
		오토리 공사, 조병직에게 왕봉조 주일청공사의 조회 중 '보호속방(保護屬邦)' 자구에 관한 조선 정부의 견해를 힐문
	6. 30	영국, 러시아에 대해 공동행동 제안
		주일러시아공사 히트로포, 무쓰 외상에게 일본이 공동철병에 동의하지 않을 경우 중대한 책임을 져야 할 것임을 경고
	7. 2	주일영국임시대리공사 패짓(Ralph S. Paget), 청일 간 조정안 제의(12일에 청은 영국의 안 거절. 14일에 주청일본공사 고무라는 이후 사태는 전적으로 청의 책임이라고 성명)

양력	연호, 날짜	주요 사건
7. 3	高宗三十一年 六月一日	오토리, 조병직에게 내정개혁안 5개 조 제시
7. 4	高宗三十一年 六月二日	김홍집(金弘集), 총리교섭통상사무에 임명
7. 8	高宗三十一年 六月六日	고종, 내정(內政)의 혼란을 통유(痛諭)하고 교정책의 강구를 명하는 전교를 내림
7. 8		러시아외상 드 기르스, 카시니와 히트로포에게 조선 문제에 대한 불개입 훈령
7. 9	明治 27年	주일미국특명전권공사 에드윈 던(E. Dun), 무쓰 외상과 회견을 갖고 일본이 명분 없는 전쟁을 벌이는 것에 대해 엄중히 경고
7. 10	高宗三十一年 六月八日	독판내무부사 신정희(申正熙), 오토리 공사와 노인정(老人亭)에서 내정개혁안 협의(~7. 15)(노인정 회의)
7. 12	明治 27年	무쓰 외상, 주청대리공사 고무라를 통해 총리아문에 제2차 절교서 전달
7. 12	光緒二十年 六月十日	청 주재 영국공사 오코너, 총리아문을 방문해서 청일 간 중재 시도. 총리아문, 중재안 거절
7. 13	高宗三十一年 六月十一日	교정청(校正廳) 설치
7. 13	高宗三十一年 六月十一日	러시아공사 베베르 귀임
7. 13	明治 27年	무쓰 외상, 오토리 공사에게 조선 현지 사정에 따라 조선 정부에 대해 어떠한 강압 수단을 써도 좋다는 밀명 전달(참사관 혼노 이치로(本野一郎), 밀명을 갖고 19일에 경성 도착)
7. 16	高宗三十一年 六月十四日	조병직, 오토리 공사에게 내정개혁의 선결 조건으로 일본군의 철수 제시. 자주적 개혁 시행 방침 통고
7. 16	明治 27年	영일통상항해조약(英日通商航海條約) 조인
7. 17	高宗三十一年 六月十五日	오토리 공사, 7월 16일자 조병직 조회에 대해 출병과 내정개혁은 구분되는 사안이며, 조선 정부가 내정개혁을 거부한 이상 일본의 이익을 위주로 해서 단독개혁을 강행하겠다고 통고
7. 19	高宗三十一年 六月十七日	원세개, 비밀리에 경성 탈출, 톈진으로 복귀. 대리교섭통상사의(代理交涉通商事宜) 당소의(唐紹儀)가 업무 대행
7. 19	高宗三十一年 六月十七日	오토리 공사, 조병직에게 조회를 보내서 일본군에 의한 경성~부산 전신 가설 성명, 병영 신축 요구
7. 20	高宗三十一年 六月十八日	오토리 공사, 조병직에게 7월 22일까지 청한종속관계의 해결을 독촉하고, 조선에 주둔한 청군대의 철수 및 조청상민수륙무역장정·중강통상장정(中江通商章程)·길림무역장정(吉林貿易章程) 등 3개 장정의 폐기를 요구하는 최후통첩 발송
7. 21	明治 27年	영국외상 킴벌리(Kimberley), 무쓰 외상에게 일본의 비협조로 인해 청일전쟁이 발발할 경우 그 책임은 일본에 돌아갈 것이라고 엄중히 경고
7. 23	高宗三十一年 六月二十一日	일본군 보병 제21연대가 경복궁을 무단 점령. 대원군을 수뇌로 하는 신정권 수립(대원군의 제3차 집정)
7. 23	高宗三十一年 六月二十一日	아산에 청군 1,300명 도착

(1894)

양력	연호, 날짜	주요 사건
1894	7. 24	高宗三十一年 六月二十二日	고종, 자신의 실정(失政)을 자책하고 개혁의 취지를 선포하는 윤음을 내림
			아산에 청군 정자영(正字營) 2영(營)(약 1,000명) 도착
			영국외상 킴벌리, 러시아·프랑스·이탈리아·독일 4개국 정부에 동문통첩(同文通牒)을 발송해서 청과 일본의 조선 공동점령 및 열강의 공동간섭 제안
	7. 25	高宗三十一年 六月二十三日	조선 정부, 오토리 게이스케의 강요로 조청상민수륙무역장정·중강통상장정·길림무역장정 등 3개 장정의 폐기를 청 대리교섭통상사의(代理交涉通商事宜) 당소의에게 통고. 당소의, 조회를 접수하자마자 귀국
			김홍집, 영의정에 임명
			일본 함대, 풍도(豐島) 앞바다에서 청군 수송선 고승호(高陞號) 격침(고승호 사건)
	7. 27	高宗三十一年 六月二十五日	군국기무처(軍國機務處) 설치. 영의정 김홍집, 군국기무처회의 총재관(總裁官)에 임명(1차 갑오개혁)
	7. 29	高宗三十一年 六月二十七日	일본군 혼성 제9여단, 충청도 성환에서 섭사성(聶士成)의 부대 격파함(성환 전투)
	7. 30	光緖二十年 六月二十八日	총리아문, 각국 공사에게 개전의 책임이 전적으로 일본에 있음을 성명
	7. 31	光緖二十年 六月二十九日	총리아문, 주청일본공사에게 국교 단절 통고
	8. 1	光緖二十年 七月一日	청 조정, 선전상유(宣戰上諭) 공포
		明治 27年	일본 조정, 선전조칙(宣戰詔勅) 공포

조선 묘호(廟號)와 일본 연호(年號) 대조표(1777~1869)

서기	간지	조선	일본
1777	정유(丁酉)	정조(正祖) 1	안에이(安永) 6
1778	무술(戊戌)	2	7
1779	기해(己亥)	3	8
1780	경자(庚子)	4	9
1781	신축(辛丑)	5	덴메이(天明) 1
1782	임인(壬寅)	6	2
1783	계묘(癸卯)	7	3
1784	갑진(甲辰)	8	4
1785	을사(乙巳)	9	5
1786	병오(丙午)	10	6
1787	정미(丁未)	11	7
1788	무신(戊申)	12	8
1789	기유(己酉)	13	간세이(寬政) 1
1790	경술(庚戌)	14	2
1791	신해(辛亥)	15	3
1792	임자(壬子)	16	4
1793	계축(癸丑)	17	5
1794	갑인(甲寅)	18	6
1795	을묘(乙卯)	19	7
1796	병진(丙辰)	20	8
1797	정사(丁巳)	21	9
1798	무오(戊午)	22	10
1799	기미(己未)	23	11
1800	경신(庚申)	24	12
1801	신유(辛酉)	순조(純祖) 1	교와(享和) 1
1802	임술(壬戌)	2	2
1803	계해(癸亥)	3	3
1804	갑자(甲子)	4	분카(文化) 1
1805	을축(乙丑)	5	2

서기	간지	조선	일본
1806	병인(丙寅)	6	3
1807	정묘(丁卯)	7	4
1808	무진(戊辰)	8	5
1809	기사(己巳)	9	6
1810	경오(庚午)	10	7
1811	신미(辛未)	11	8
1812	임신(壬申)	12	9
1813	계유(癸酉)	13	10
1814	갑술(甲戌)	14	11
1815	을해(乙亥)	15	12
1816	병자(丙子)	16	13
1817	정축(丁丑)	17	14
1818	무인(戊寅)	18	분세이(文政) 1
1819	기묘(己卯)	19	2
1820	경진(庚辰)	20	3
1821	신사(辛巳)	21	4
1822	임오(壬午)	22	5
1823	계미(癸未)	23	6
1824	갑신(甲申)	24	7
1825	을유(乙酉)	25	8
1826	병술(丙戌)	26	9
1827	정해(丁亥)	27	10
1828	무자(戊子)	28	11
1829	기축(己丑)	29	12
1830	경인(庚寅)	30	덴포(天保) 1
1831	신묘(辛卯)	31	2
1832	임진(壬辰)	32	3
1833	계사(癸巳)	33	4
1834	갑오(甲午)	34	5
1835	을미(乙未)	헌종(憲宗) 1	6
1836	병신(丙申)	2	7
1837	정유(丁酉)	3	8

서기	간지	조선	일본
1838	무술(戊戌)	4	9
1839	기해(己亥)	5	10
1840	경자(庚子)	6	11
1841	신축(辛丑)	7	12
1842	임인(壬寅)	8	13
1843	계묘(癸卯)	9	14
1844	갑진(甲辰)	10	고카(弘化) 1
1845	을사(乙巳)	11	2
1846	병오(丙午)	12	3
1847	정미(丁未)	13	4
1848	무신(戊申)	14	가에이(嘉永) 1
1849	기유(己酉)	15	2
1850	경술(庚戌)	철종(哲宗) 1	3
1851	신해(辛亥)	2	4
1852	임자(壬子)	3	5
1853	계축(癸丑)	4	6
1854	갑인(甲寅)	5	안세이(安政) 1
1855	을묘(乙卯)	6	2
1856	병진(丙辰)	7	3
1857	정사(丁巳)	8	4
1858	무오(戊午)	9	5
1859	기미(己未)	10	6
1860	경신(庚申)	11	만엔(萬延) 1
1861	신유(辛酉)	12	분큐(文久) 1
1862	임술(壬戌)	13	2
1863	계해(癸亥)	14	3
1864	갑자(甲子)	고종(高宗) 1	겐지(元治) 1
1865	을축(乙丑)	2	게이오(慶應) 1
1866	병인(丙寅)	3	2
1867	정묘(丁卯)	4	3
1868	무진(戊辰)	5	메이지(明治) 1
1869	기사(己巳)	6	2

주요 인명 색인

【일본】

【청(淸)】

【서양】

『근대 일선관계의 연구 (상)』차례

부록

지은이

다보하시 기요시(田保橋潔, 1897~1945)

일제강점기 경성제국대학 법문학부 교수와 조선총독부 산하 조선사편수회(朝鮮史編修會)의 근대사 편찬주임을 역임한 사학자로서, 동아시아 3국의 정부문서 및 외교문서 발굴과 엄밀한 실증주의에 입각한 역사 서술을 통해 조선 근대사와 근대 동아시아 외교사 연구의 초석(礎石)을 놓았다. 홋카이도(北海道) 하코다테 시(函館市) 출신으로 1921년 도쿄제국대학 문학부를 졸업하고, 같은 대학 문학부 사료편찬소에서 근무했다. 1927년에 경성제국대학 법문학부 교수로 부임해서 1945년에 세상을 떠날 때까지 국사학(일본사) 강좌를 담당했다. 1933년에는 조선사편수회의 촉탁으로 조선 근대사 편수주임이 되어 『조선사(朝鮮史)』 제6편(순조 ~ 고종 31년, 전 4권)의 편찬을 주도했다. 그의 주저 『근대 일선관계의 연구(近代日鮮關係の研究)』는 방대한 분량의 조선 · 청 · 일본의 정부문서 및 외교문서를 인용하면서 근대 이행기 조선을 중심으로 한 동북아시아 국제관계의 내적 동학을 규명한 노작으로서 오늘날까지도 조선 근대사 및 근대 동아시아 외교사 분야에서 반드시 참조해야 할 일급 연구서로 평가받고 있다. 그 밖에 주요 저서로는 『近代日支鮮關係の研究』, 『明治外交史』, 『日清戰役外交史の研究』 등이 있다.

옮긴이

김종학(金鍾學)

서울대학교 외교학과와 동 대학원을 졸업하고, 『개화당의 기원과 비밀외교: 1879~1884』로 외교학박사학위를 받았다. 민족문화추진회(현 한국고전번역원) 국역연수원과 해동경사연구소에서 한학을 수학하고, 2007년부터 근대한국외교문서 편찬사업에 참여하면서 19세기 조선(대한제국) 및 관계 열강의 외교문서를 발굴 · 편찬하는 작업에 종사하였다. 서강대 · 이화여대 · 서울시립대 · 한국방송통신대 등에서 한국외교사 및 세계외교사를 강의하고 있다.

저서로 『근대한국외교문서 1~11』(공편, 2010~2015), 『동아시아 개념연구: 기초문헌해제(II)』(공저, 2013), 『근대한국 국제정치관 자료집(I)』(공편, 2012), 역서로 『심행일기: 조선이 기록한 강화도조약』(2010), 『근대 일선관계의 연구(상)』(2013), 『을병일기』(2014)가 있으며, 「조일수호조규는 포함외교의 산물이었는가?」, 「이노우에 가쿠고로와 갑신정변: 미간사료 〈井上角五郎日記〉에 기초하여」 등의 논문을 발표했다.

근대 일선관계의 연구 下

1판 1쇄 펴낸날 2016년 3월 21일

지은이 ㅣ 다보하시 기요시(田保橋潔)
옮긴이 ㅣ 김종학
펴낸이 ㅣ 김시연

펴낸곳 ㅣ (주)일조각
등록 ㅣ 1953년 9월 3일 제300-1953-1호(구 : 제1-298호)
주소 ㅣ 03176 서울시 종로구 경희궁길 39
전화 ㅣ 734-3545 / 733-8811(편집부)
              733-5430 / 733-5431(영업부)
팩스 ㅣ 735-9994(편집부) / 738-5857(영업부)
이메일 ㅣ ilchokak@hanmail.net
홈페이지 ㅣ www.ilchokak.co.kr

ISBN 978-89-337-0706-7   93910
값 70,000원